太平洋戦争期の
物資動員計画

山崎志郎

日本経済評論社

The Materials Mobilization Plan during the Pacific War

YAMAZAKI Shiro

Nihon Keizai Hyoronsha Ltd., 2016
ISBN 978-4-8188-2433-1

はしがき

1 研究史と課題

　本書は、太平洋戦争期に東北アジアおよび東南アジアを日本の覇権の下に置き、戦略資源の安定確保と長期持久戦体制を目指した大東亜共栄圏構想の経済的実態を、物資動員計画を中心に検討したものである。日中戦争期の対外関係と総動員体制の進展を扱った前著『物資動員計画と共栄圏構想の形成』[1]の「はしがき」でも指摘したが、総動員諸計画の根幹を担った物資動員計画（以下「物動計画」と呼ぶことがある）は、戦時日本の対外関係、資源開発、産業別生産拡充方針、中小商工業の整理再編、金融統制、労務動員を決定する基本計画であった。国家総動員諸計画のうち、兵器・航空機に関する軍需動員計画、重要素材・機械に関する生産力拡充計画、資金統制計画、企業整備・流通機構整備、それらに関連する中央、地方の動員行政については、既に拙著『戦時経済総動員体制の研究』[2]で扱った。これらの総動員諸計画は、物資動員計画の編成や需給調整方針に沿って年度ごと、あるいは四半期ごとに見直され、さらに四半期の途中でも修正されながら実施されていた。戦時経済総動員の実態とその推移は、基礎にある物資動員計画とその実績を丹念に追うことによって初めて全体像を結ぶことになる。その他のさまざまな戦時動員政策の相互関係やその変容も物資動員計画の変遷の解明によって理解できるのであって、本書で扱う物資動員計画は戦時経済研究における最も基礎的な領域となる。

戦時経済研究の軌跡

　経済関係の各省庁が刊行していた統計類の多くが1939年頃を最後に公表されなくなる。戦後になって各種統計データの秘匿が解かれた後も、質のよいデータを得ることは難しい。その一方で、経済総動員政策の根幹となる膨大な計画書類が秘密裏に作成されていた。なかでも、物資動員計画は総動員諸計画に

接合される固有の基本計画であり、そのデータは戦時期の経済実態を知ることができる数少ない基本資料である。軍需産業や各種の事業法による戦略産業に対する物的支援や、民需産業や国民生活に対するしわ寄せを直接に示すものであった。

しかし、物資動員計画を扱った研究は極めて少ない。太平洋戦争期については、保有船舶の推移や海上輸送計画と鉄鋼等の戦略物資生産の実績をもって国内経済状況の推移に代替させる分析がほとんどであった。海上輸送力が決定的に重要であることは本書でも指摘しているが、輸送力の運航地域別、輸送物資の事業別配分に踏み込まなければ、海上輸送計画に込められた共栄圏経済の総合的な運営方針は判明しない。さらに鉄道等の陸上輸送力も含めた物資別輸送計画を物資動員計画にリンクさせなければ、その先の国家総動員諸計画との関連が解明できない。帝国内の諸領域で重点化される事業や徹底的に整理される事業への波及効果を考察することもできない。太平洋戦争期の経済史研究では、今日までそのような基本的な作業がほとんどなされてこなかった[3]。

物資動員計画の総合的検討は、戦後直後に関係者の証言を商工省商務局調査課が「物動史編纂資料」としてまとめており、GHQ参謀第二部歴史課も日本人関係者への聞き取り記録を残している[4]。防衛研修所でも企画院に出向した元軍人や、企画院官僚による報告書をまとめた[5]。その後、内政史研究会による企画院総裁ら、関係者への聞き取りも行われ[6]、商工行政全般にわたって調査が実施されるなど[7]、多くの証言類が残されている。物資動員計画史の編纂が企画された時期もあり、国民経済研究協会「未定稿　物動輸送史」や、同「物動輸送史中間報告」などの形で、終戦直後から1947年頃まで調査・分析が続けられたものの、編纂事業としては完結しなかった。そのなかで、国民経済研究協会が物動計画と生産力拡充計画の主要対象物資と産業について、年度計画・四半期実施計画のデータを抽出した総括表[8]を作成し、船舶運営会が戦時期の海上輸送計画の実績や、統制規則、統制組織と運営について、『船舶運営会々史　前編』[9]にまとめたことの意義は大きい。また大量の船舶喪失の要因の一つとなった海上護衛戦力・戦術の弱体という問題については、海上護衛参謀であった大井篤が『海上護衛戦[10]』（日本出版協同、1953年）で詳細な検討を加え、その後防衛庁防衛研修所戦史室『海上護衛戦』（朝雲新聞社、1971年）が

船舶建造計画、陸海軍徴傭、輸送計画、護衛戦の推移をまとめている。しかし、海上輸送力の算定を基に、物資動員計画の年度計画が立案される経緯や、四半期実施計画の立案や改訂作業とその実績など、計画の全過程が立ち入って検討されたことはない。結局、安藤良雄、前田靖幸、中村隆英、原朗[11]らの先駆的研究によって、物資動員計画の総動員計画における根幹的役割が指摘されたのちは、散逸した資料の発掘、整理が進まなかったこともあって、物動計画と関連計画を繋ぐ作業は不十分であった。

　物資動員計画の立案事情や基礎データは、田中申一『日本戦争経済秘史──十五年戦争下における物資動員計画の概要』の中で、その一部が初めて紹介された。同書は原朗の提供した物動計画資料と企画院調査官であった田中の回想から構成されており、特に1943年以降の事情について詳しい。しかし、同書の執筆方針は計画そのものの推移を追ったものではなく、エピソードの紹介に重きを置いているため、計画内容が逐次変更される時系列的推移や海上輸送計画などとの調整がトレースされていない。紹介されるエピソードは、正確な時期が判明しないか、あるいは不正確であるという問題も抱えている。軍の計画への介入事例などは、物動計画に携わった当事者であるだけに貴重な証言であるが、その後に発掘された資料を含め、可能な限り正確なデータを基に、物資動員計画の立案経過、計画内容、実施と計画の変更経緯、計画実績を、海上・陸上輸送計画と合わせて検証するという課題は残されたままである。

　こうした研究状況の中で、1970年代以降、さまざまなアプローチによる戦時経済研究が生まれた。生産力拡充計画やそれを構成する鉄鋼、軽金属、工作機械、石炭鉱業の個別産業研究、航空機等の軍需工業研究、統制会等の業界団体の独自機能の研究、労働市場統制、労使関係の変容、技術開発・高級・中下級技術者の役割、金融市場統制、価格統制、原価計算・経理統制、企業統治構造、流通の整理再編、中小商工業の整理などが総動員体制を支える重要な柱として研究され、戦後日本の経済システムの重要な構成要素と評価するなどの多彩な研究が現れた[12]。いずれも初期の統制経済研究に見られる統制法令・規則の解説レベルを超えて、平時の市場による生産要素の交換が戦時統制や総動員計画によってどのように変容し、市場制度としてどう設計され、定着したのかを読み取ることができる重要な研究成果であった。

しかし、前著でも指摘したように、物資動員計画は総動員諸計画の根幹であり、これを起点に物資、労働力、金融、技術、情報等が統制されていたにもかかわらず、多くの戦時経済研究では正面から扱ってこなかった。物動計画が改訂されれば、生産拡充計画、資金統制計画（国家資金計画）、労務動員計画、電力統制計画、軍需動員計画も改訂され、政策目標も変更される関係であった。その意味でそもそも物資動員計画の研究は、計画の周辺領域（計画）への影響を含めたものとして解明されるべきものであったが、安藤らの初期の戦時経済研究では、物資動員計画内の膨大なデータを繋ぐ作業は省かれていた。主として鉄鋼製品の配当計画における陸軍需、海軍需、民需の配分問題に絞ってその適否が論じられ、軍需の肥大化と民需の圧迫や縮小再生産への転落が指摘されるにとどまっていた。

こうした中で、岡崎哲二の鉄鋼統制の研究[13]は、鉄鋼関係の物動計画の策定・実施と鉄鋼連盟、鉄鋼統制会の関係を詳細に分析した画期的なものであり、中央の数量指令的な計画経済に親和性を持つ鉄鋼統制団体の協力を得ながら経済諸計画が一定の水準まで整然と機能したことを明らかにした。岡崎の物動計画分析は、鉄鋼統制を中心に比較的平時的な様相を残していた1941年度頃までをこのように捉えた上で、太平洋戦争期には、市場性の喪失や利潤動機の否定の行き過ぎが、生産の停滞や計画の齟齬を生み、43年頃からの利潤原理の導入や現場での臨機の対応によって補完せざるをえなくなった事情を解明した。

これに対して筆者は総動員諸計画が当初より軍需ブームを市場誘導に利用しており、軍需産業、機械工業や成長の見込める素材産業を中心に企業設立・拡張競争を創出し、機械工業内部で有力組立メーカーが関連事業を組織化するなど、市場経済の上で誘導政策が機能している面を強調してきた。鉄鋼統制を例に見ると、鉄鉱石、原料炭、副資材の厳格な海上輸送計画によって鉄鋼メーカーごとの生産計画が厳格に統制された統制会が、適正な価格設定と利潤確保を要求したことに、岡崎は企業性の発現を見た。これに対して、筆者は鋼材品種別生産計画における陸海軍などの大量発注者の影響力や、金属加工など機械工業における原料調達力のある有力企業の下請け企業の囲い込み、企業買収など、産業の中・下流にいくほど競争的になる関係が動員計画に組み込まれていることを指摘し、総動員諸計画における市場的要素の重要性を主張してきた。物資

動員計画によって歪められ、計画性を導入した商品、金融、労働市場では、こうした独自の歪みをもった「市場」が形成された。序章第1節で指摘するように、①新産業の成長、新興企業の勃興、事業拡大意欲によって生産力拡充計画が支えられ、②金融機関の統合等による業態別に棲み分けてきた市場の流動化と資金運用の大規模化が進む一方、リスク回避のための協調融資が資金統制計画を支えたことが、計画化ないし統制された市場のあり方であった。その一方で、③労働市場では、賃金上昇、労働力の移動を計画に沿って制御することは難しく、労務動員と並行して賃金モデルの設計や、学歴・職種を越えた流動的昇任制度の導入などが試みられた。結局強力な移動制限、徴傭制度によって労務動員を補完することになったが、そこで生じる摩擦は包括的な社会保障制度の導入で利害を調整した。また、④太平洋戦争期には最もリスクの高い事業となった海運業界は、形式的に全面的な賃貸業者となって、運航手数料収入を保障され、喪失船舶は産業設備営団が一元的に発注し代金支払いを代行した計画造船によって補償されることで、リスク回避を図ることになった[14]。

　意図的に歪めた「市場」では通常以上にさまざまな隘路が発生する。そのたびに個別の補修をすることで市場の特性に変化が生じる。そうした戦時総動員諸計画の経験がその後の経済システムを長期にわたって規定したという議論は、1990年代に入って盛んになった。主要な論者となった岡崎哲二は戦時統制のシステムを現代日本経済の「源流」とし、数十年の単位で捉えた日本の特質とした[15]。戦時経済総動員体制の長期的影響については、確かに戦後の産業政策の手法、特に産業合理化促進法や各種事業法、外貨予算制度、行政指導による生産・投資調整などが、総動員政策を起点にしていたことを指摘できる。外貨管理の「連続性」は、1970年代に原朗が発表し、同『日本戦時経済研究』（東京大学出版会、2013年）に収録された為替管理政策の諸論考でも念頭に置いていた。さらに言えば、戦時生産力とそれに適合的な合理的社会諸制度の生成という議論は、大河内一男『戦時社会政策論』（日本評論社、1940年）など、戦時期から見られた。その視点は社会学的アプローチの山之内靖『システム社会の現代的位相』（岩波書店、1996年）にも、社会理論と史実との摺り合わせを欠きつつも、継承されているように思われる。ただし、山之内は戦時における階級社会からシステム社会ないし現代社会への移行といった概念をもって歴史の大

転換を説いているが、個々の動員計画・政策の背景や決定に至る諸機関の関係、それによる社会関係の具体的な転換力学を解明しているわけではない。この点で岡崎の現代経済システム論は適切な分析枠組みと実証研究を兼ね備えていた。

しかし、総じてこの種のシステマチックな制度の定着に関する議論では、戦時下の計画実施体制が流動的で状況依存的であり、一時的な措置に過ぎないものも多いことや、戦時統制期の中でも環境変化とさまざまな制度変更があったことが軽視されている。「現代日本経済」の特徴とする制度が前提として想定されており、それを戦時総動員の諸相から抽出する手法が取られた結果、その現代への影響力が直結され、誇張される面もあった。戦後の制度、システムの設計において戦時経済総動員の経験が経路依存的に相当大きな影響をもったことは間違いないが、市場制度は常に制度再編が行われ、歴史的には、国際社会秩序の変質や日本の国際的位置づけによって幾度も変遷した。「現代日本経済」の特質の抽出や、戦時期での相似性の指摘やルーツ探しは、特定の戦時の事象を誇張しすぎている印象を与える。実際の国内外の市場（金融、商品、労働）の制度は流動的であり、隘路の補正方法も多様な可能性から種々の選択可能性を持っていた。

振り返れば、戦前・戦後日本経済に関する連続・断絶論争でも同様の誇張があったように思われる。産業構造や産業組織の変容と政策（特に財政・金融措置）を中心に階級関係・蓄積構造の変容を重視した「国家独占資本主義論」のような「大段階」論や、兵器生産体系や農業・土地制度の変容を中心に、市場制度の歴史構造を重視した「大構造」論をベースとして、戦時動員と動員解除の過程や占領改革は、そうした歴史理論の実証材料として使用されてきた[16]。しかし、個々の事象を見れば、政策対応は臨時的、応急的なものの積み重ねであることも多く、数十年を丸ごと規定する「大理論」の根幹的要素とするには、土地所有、産業組織、独占体、財政・金融構造、経済諸政策、労使関係のいずれもやや荷が重いように思われる[17]。本書では戦時経済をめぐる政策環境の激変の中に総動員諸計画を置いて、流動的な政策対応や経営者、労働者の行動との対応関係を追うことが一義的には重要な作業であると考える[18]。こうした政策と経済主体の諸々の関係や市場のあり方は常に流動的であり、戦時に限らず、占領期の広範な社会改造期、高度成長期、低成長期における国内外の市場環境

の変容と経済主体の関係も同様に流動的であった。家族、ジェンダー、雇用慣行といった社会構造や人的関係、土地・自然環境、利用可能なエネルギー・資源などの自然制約、国際的市場ルールの設計変更など、経済の内的・外的原因によって市場制度は補修を繰り返してきた。こうした市場の比較的小刻みな補修によって形成された「小段階」ないし「小構造」を、筆者は市場に対する官民共同の制度設計と見ようとしている。戦時経済は市場の歪みも大きく、多彩な応急的補修が次々と実施され、さまざまな制度設計の実験場であった。しかし、戦前・戦後のさまざまな環境や状況に対応しながら、制度設計は常に行われてきたと考えている。

　一方、経済総動員体制の外部環境である1930年代以降のアジアと日本の経済関係についても、近年急速に研究が進んだ。貿易関係では、1920年代以降、東南アジアと欧州宗主国との経済的結合が後退し始め、東アジア、東南アジア諸国間の貿易が拡大することを杉原薫、加納啓良らが指摘し[19]、さらに、1930年代における日本との分業関係の深化を、戦後に繋がるアジアの経済発展の機動力の一つと見る堀和生の見解など[20]、国際分業の中でのアジア諸国の経済的自立と発展を見据えた研究も現れるようになった。

　大東亜共栄圏をめぐる実証研究も原朗の先駆的研究によって、極度の片貿易と帝国外縁部で暴走するインフレなどの略奪的性格が指摘され[21]、山本有造の一連の著作が、貿易構造、金融・決済構造、資本移動を分析し、日本と帝国圏との関係が詳細に解明されてきた[22]。太平洋戦争期の日本の対共栄圏貿易については、平井廣一が交易計画とその実績データを利用して、貿易額としては縮小しながらも日本からの消費材や産業開発用機器の輸出が続いたことを明らかにしている[23]。これらによってアジア間貿易やアジアと日本の経済関係の長期的な変容過程に、大東亜共栄圏構想を位置づけることも可能になってきた。しかし、貿易（交易）計画、海上輸送計画、戦略物資の供給計画、部門別の配当計画などから構成される物資動員計画を中心に、大東亜共栄圏と経済総動員体制の総合的な関係を捉えた研究は少ない。

　アジア諸地域の占領統治の研究でも、政治史、社会史的研究に加えて、経済史分野でも軍政に関する早稲田大学大隈記念社会科学研究所編『インドネシアにおける日本軍政の研究』（紀伊國屋書店、1959年）、太田常蔵『ビルマにおけ

る日本軍政史の研究』(吉川弘文館、1967年)の先駆的研究や、軍政の当事者でもあった岩武照彦による資料渉猟に基づく研究成果などを踏まえつつ、実証研究が進んでいる[24]。しかし、終戦時の文書廃棄などによって依然として資料の不足は克服できず、共栄圏内の物資交流計画や産業再編計画自体を解明することは困難である。そのなかで、圏内の米需給状況、ゴム・サトウキビから綿作等への転換、華僑・印僑による海運依存からの自立を試みる鉄道輸送の強化とその挫折といった自給圏内の内部分業構想の実態が解明されつつある[25]。日本からの積極的な企業進出についても、疋田康行編著『「南方共栄圏」──戦時日本の東南アジア経済支配』(多賀出版、1995年)、戦間期を扱った柴田善雅『南洋日系栽培会社の時代』(日本経済評論社、2005年)や戦時期を扱った同『中国占領地日系企業の活動』(日本経済評論社、2008年)など[26]、多くの優れた実証研究が現れ、共栄圏内の企業活動も明らかになってきた。

しかし、日満および日満支ブロックや満支それぞれの域内物資需給計画や、南方占領地域内における物資需給(交流)計画自体は資料がほとんど発掘されておらず、日本の物資動員計画との接合関係は解明されていない。大東亜共栄圏からの取得物資で最も重要であった南方石油については、三輪宗弘『太平洋戦争と石油──戦略物資の軍事と経済』(日本経済評論社、2004年)があり、資源確保をめぐる外交交渉、油田地帯・精製施設の占領を詳細に論じている。同書では、海軍資料を利用して燃料自給政策や需給計画とその実績を明らかにしているが、南方石油地帯のほとんどを所管した陸軍の現地軍政と石油開発の実情は不明である。液体燃料の需給計画は、本来物資動員計画と不可分であったが、陸海軍が文官の関与を忌避し多くのデータが秘匿されていた。三輪の研究でも総合的な液体燃料の需給計画についてはカバーしていない。

原油生産とその還送実態など、占領下のアジア諸地域の実態研究と日本の物動計画を接合し、大東亜共栄圏経済の全体像を解明することが、日本戦時経済の実態把握には不可欠な作業になると思われる。しかし、軍事占領地域を含む帝国圏内各地の物資動員計画に関する現在の資料発掘状況では依然として不可能である。この欠落を埋めるため、本書の第1章以下の各章では、十分とは言えないものの、日本の総動員計画に組み込まれた範囲で共栄圏内での物資交流、交易計画に触れている。

物資動員計画の射程

　物資動員計画は、計画的な資源配分としてのみ分析するだけでなく、総動員諸計画の根幹として、それによって生じる市場や競争構造の歪み、政策的調整を含めて、総合的にその制度設計を解明する必要がある。こうした問題意識から、前著『物資動員計画と共栄圏構想の形成』では総動員構想の形成過程を通じて物資動員計画と、それを基礎に軍需動員計画、貿易統制、資金統制、生産力拡充政策などが官民の協力で組み立てられていたことを明らかにした。その上で、総動員諸計画が国民、企業、植民地・占領地のあらゆる生産要素を動員したこと、さらに太平洋戦争の開戦判断など、重大な政治的・軍事的判断の材料として利用されていたことも指摘した。本書は日中戦争勃発後の国際対立、第2次欧州大戦という国際的秩序が揺らぐ中での大東亜自給圏構想の形成と、太平洋戦争開戦以後の物資動員計画や関連計画の解明を課題としている。そこで現れる特徴的な政策手法、企業間取引、雇用制度、対外的貿易・資本関係は、戦後も継承されることが多く、一旦途切れてもしばしば浮上した。その意味で、物資動員計画やその政策思考回路は、1980年代までその痕跡を残したと考えている。

　物動計画の立案方法と射程を簡単に確認しておこう[27]。物動計画は、年間の供給計画と配当計画からなり、年度によって約100から300の重要物資について、供給可能性を算定し、関係する生産・需要団体や、軍・省庁からの要望を査定して、これを軍需用、生産力拡充計画用、鉄道等の官庁需要、輸出用製品・原料用、一般消費財産業用などに配分したものである。機械・設備などの製品として入手しようとする要望も、鋼材・銅・セメントなどの素材に還元した形で配当した。計画の策定に当たっては、設備・原料等としての財の投入と産出を経験値から割り出し、産業間の資源配分を調整しながら目標値とのズレを極小にする組み合わせを探っていたと見られるが、本書ではこのうち、鉄鋼および同原料、非鉄金属類、ボーキサイト、石炭、塩、油脂類、穀類、液体燃料など、十数種の主要物資の需給計画を検討している。

　供給計画は、第三国からの輸入可能量、国内および植民地・軍事占領地域の生産と輸移入可能量、国内在庫や回収可能量などから算出されている。日中戦争期の輸入計画量は、輸出予想額、新産金額、正貨現送、相手国からのクレジ

ットなどを基礎に算定していたが、満洲国、汪兆銘政権の中華民国、太平洋戦争期に日本軍政下に入った南方諸地域など、仏印、タイ以外の円系通貨決済圏になった地域からの輸入は外貨制約が外れ、ある程度自由な設定が可能になった。これら地域では、域内の生産見込みから域内消費を控除した輸出余力を基に、同盟国の独伊や日本などへの輸出可能量を算出し、それに海上輸送力の限度を考慮して日本の輸入見通しを立てていた。共栄圏内の貿易の均衡も計画上は考慮されており、日本からの資本輸出、生活必需品、資源開発用資材の輸出の見込みを算出して貿易計画も策定された。ただし、物動物資の輸入計画が詳細であるのに対して、日本からの製品別輸出計画はほとんど資料が見いだせず、物動計画上は、配当計画の輸出用に区分された素材ベースのものにとどまっている。

　供給計画のうち、生産計画は共栄圏全域からの資源確保の見通しをベースに策定されたが、太平洋戦争期の資源投入量の決定には、海上輸送力やそれを補完する陸上交通機関による物資ごとの輸送計画が供給力の上限を規定した。最も重要な輸送手段である海上輸送力は、新造船量、船舶修繕量、拿捕・傭船、陸海軍の作戦に応じた徴傭規模や、機帆船等の沿岸輸送力からの転用・動員規模といった政策判断によって、常に変動していた。

　海上輸送計画は、基本的に汽船・貨客船の船腹量を基に積載重量と稼航率から算定され、これを海域ごとに日満支間輸送や南方の甲地域・乙地域輸送に割り振った。開戦の前後から総保有量の半分を陸海軍が徴傭し、その後も度重なる増徴や喪失徴傭船の補填によって、残された民需船の輸送力は厳しく制約された。製品段階では軍需品になることも多い金属、化学物資や直接軍需となる石炭なども含めて物動計画の対象物資の輸送は民需船が担った。徴傭船は国内からの兵員や軍需物資の輸送に利用され、復航で物動関連物資の還送に協力することもあったが、その比重はわずかであった。大陸からの還送に耐えうる大型機帆船については、国家使用船として国内から集約し、運航機帆船株式会社等が物動物資の輸送に当たった。輸入する物動物資のほとんどはこの民需汽船と大型の運航機帆船が担った。国内の沿岸輸送は小規模機帆船会社を数十社に集約した企業と大規模汽船会社が1943年以降に設立した機帆船運航会社が担ったが、このうち物資動員計画に組み込まれたのは主に西日本機帆船運航と北

部機帆船運航等の石炭輸送と大規模汽船会社系の機帆船会社による南鮮中継の分であった。こうした輸送力は重量表示で算定され、物動物資ごとに海上輸送計画が策定された。陸上輸送については鉄道輸送計画と小運送計画が策定され、鉄道輸送は物資ごとに計画化され、陸海輸送計画を総合して交通動員計画が策定された。これが、物動計画の物資別供給計画に接合されていた。

　供給計画の一部を構成する在庫の取り崩し分は、統制会等の下にある一元化された配給統制機関やその傘下にある倉庫や生産者、製品加工業者の在庫情報を集約して策定された。加えて、1939年下期から輸入途絶に備えて特別輸入を実施した鉄・非鉄金属原料等の重要物資があり、摘発された闇物資などと合わせて、42年に設立された重要物資管理営団が買い取り、保管した[28]。42年度にはその取り崩しが始まり、南方占領地の生産施設が破壊から復興し、開発輸入が成功するまでの需要の一部を満たした。屑鉄、故銅（銅スクラップ）など金属原料の回収計画も太平洋戦争期には重要な給源であった。

　物資の配当計画は、それぞれの需要部門である陸海軍需A、B、生産力拡充計画産業C_2、官営事業C_3、輸出産業C_4、一般民需産業C_5の基本分類から構成された。軍需分はさらに陸海軍の工廠等の動員部隊や軍の管理・監督工場に配当され、民需分は統制会、工業組合等の産業別団体を通じて所管省から詳細な配分計画が示された。太平洋戦争期には重点課題の発生に応じてC_2から造船用Bxが分離され、民需全体から陸上輸送力・港湾増強用Cx、南方開発用Cy、民間防空施設用Czが分離された。陸海軍需からは航空機用D、沈船引揚げ用資材㉚、液体燃料対策用㉝、ロケット燃料開発用㉺などが重点化のために分離・新設された。この結果、一般民需配当C_5などは内部の枠組が頻繁に組み替えられ、途中から軍需、生産力拡充計画用や上記の輸送力増強用、南方開発用、防空対策用が分離されたため、年度を跨いで推移を見る場合は慎重な検討を要する。いずれにしても、物資動員計画の立案資料からは、その要求量や査定過程が判明し、重点施策の推移を見ることができる。こうした配当区分と重点化・非重点化の措置は、配当を受ける部門の成長や抑制を原材料面から規定する決定的な要因となった。

　その意味で物資動員計画は一連の総動員諸計画の基本条件やマクロ的な経済発展環境、さらに経済圏構想を設定しただけでなく、産業別の消長や企業の生

き残りと成長戦略を規定する総合的な経済計画であった。それは、C_2、C_3、Bx として配当を受ける重要産業の生産拡充だけでなく、不要不急とされた民需産業の衰退を見る上でも重要な計画であり、C_4 や Cy 向け資材は、共栄圏経済全域の安定と開発計画を規定した。民需向け資材配当 C_5 の削減や、屑鉄の回収計画は、企業整備、設備スクラップ化の推進目標であり[29]、Cz の検討資料からは重要施設以外の国土防衛がほとんど考慮されなかったことが判明する。

　さらに物資動員計画の原料供給計画、製品配当計画は、産業連関を通じて計画の多様な産業部門の事業計画をも規定した。原料炭・燃料炭の産業別配当計画が、それぞれの産業の稼働率を直接規定したのは言うまでもなく、ほぼ全量が輸入であった工業塩の供給はソーダ工業の稼働状況を規定し、ソーダ灰・苛性ソーダの配当計画は、ガラス、石鹸、薬品、爆薬、軽金属、人絹スフ、紙パルプ、染料をはじめとする広範な産業の死命を制した。物資動員計画の下位にある計画にも広範な影響力があった。化学薬品の配当は医薬品需給計画の基礎となって国民生活に深く影響し、一般民需向け C_5 の穀類、食用塩、砂糖、植物油脂、繊維原料の配当計画は、生活必需物資動員計画の基礎となり、衣料品、食料品、生活雑貨工業を規定した。

　物財的な関連だけでなく、物資動員計画を基にした種々の事業計画は、株式・社債の発行、産業資金融資の需給を調整した資金統制計画や、技術者、一般労働者の需給調整である労務動員計画、さらに物資・旅客輸送、電力需給を調整した交通動員計画や電力動員計画を規定し、物資動員計画との整合性を追求してそれらが策定されている。

　物動計画の「実績」に関しては、企画院・軍需省総動員局から配給統制団体への割当実績、配給統制団体の加盟企業への発券実績、出荷統括機関の出荷指示・出荷実績、需要者の現物化実績など、多様なデータが混在している。企画院内部で速報値として実績を検討する際は、多くの場合、配給統制団体が直近の生産実績、四半期生産見通し、現物化されない空切符の残存状況を踏まえ、所管企業等へ割り当てた配給量をもって「実績」と称していると見られる。太平洋戦争期には需給調整の厳格化や配給機構の一元的整備によって空切符の状況や現物化率が判明するケースもあるが、空切符を最終的に処理する時以外には、現物化（入手）の実績はほとんど集計されていないので、正確な実績把握

は困難である。全てのデータが極秘扱いを受けていたことから、鉄鋼販売統制株式会社や船舶運営会のような統制団体の政府向け実績報告や、政府部内で集計・報告された文書など、数少ない残された資料から推測するほかないのが実情である。

　海上輸送実績についても、信頼できる確実なデータは乏しい。連続的データとしては、戦略爆撃調査団の報告があり、太平洋戦争期を通じた傾向を理解するには便利であるが、終戦直後に短期間で集計されたため不正確さを免れない。戦時中に作成された資料のデータとも異なる場合が多く、諸産業の生産データも含めて確度の高いデータとは言えない。また、国家使用船舶の運航を一元的に担当した船舶運営会によって集計されたデータは運航管理の当事者であるだけに相当に信頼できるが、集計範囲、方法が判明せず、戦時中に物動計画と一体のものとして海務院（1943年11月海運総局に改組）が策定し、利用していた海上輸送計画のデータとの間にも若干のズレがある。本書第1章から第4章では海上輸送計画の立案、改訂作業を物動計画と連動したものとして追跡するため、可能な限り総動員計画に直接関与した企画院やその後の軍需省（1943年11月設置、企画院を吸収）と海務院の資料をつなぎ合わせることにした。戦後の集計データは月別推移や年度を越えた長期の趨勢を理解する場合に利用し、太平洋戦争期を通じた物動計画の推移を検討した終章の海上輸送計画や供給計画と実績については、船舶運営会や産業団体の戦後の集計データを利用している。

　計画が計画である以上、実績との乖離の問題と、その実態を明らかにすることは重要な課題である。しかし、計画の細かな変遷や関連計画との調整を裏付ける資料の発掘が進まないまま、初期の戦時経済研究では、毎年4月頃に閣議決定された年度計画と生産実績を比較し、計画達成率が著しく低いと評価してきた。それがまた統制経済の「非合理性」や「混乱」の根拠とされ、時には実態の乏しい計画として扱われることもあった[30]。これは供給計画を生産計画に読み換えている点や、計画が随時変更されながら政策的有効性を維持していることを見落としている点で誤った評価である。こうした研究状況を生み出した背景には、国立公文書館に年度当初の年間計画が所蔵される一方で、改訂作業の資料がほとんど発掘されなかったことも影響していたと思われる。前著『物

資動員計画と共栄圏構想の形成』でも明らかにしたように、4月時点の計画は、毎月の貿易推移、国際環境の変化、中国占領地域の生産、集荷状況、資源開発状況に応じて頻繁に変更され、実施計画では実態との乖離を極力回避しようとしていた。太平洋戦争期においても、企画院や軍需省は目まぐるしく変化する国際環境と資源制約、海上輸送力の制約の中で、産業間の生産要素の投入計画を再調整して傾斜配分を設計し、改訂後の計画の実効性を担保していた。

　物動計画の達成のためには、犠牲産業の現物資産の再資源化（スクラップ化）をも大胆に供給計画に組み込み、代替材の開発と利用拡大などに精力的に取り組んでいた。物動計画の実施機関に組み込まれた統制会などでも、生産者在庫や流通在庫量の調査に基づき、加盟企業への資材割当・発券を調整して、計画的な資源配分を実現しようとしていた。改訂作業が幾度も繰り返されることは、物資需給の「計画性」に重大な問題を孕むことは言うまでもないが、改訂されることは計画やそれに沿った統制が無効になったことを意味しない。計画決定とともに直ちに年間供給計画のほぼ全量を企業に割り当て、下期の縮小改訂で混乱を招いた1938年計画や、年度末に多くの既発行の空切符を無効とした1941年度計画の混乱を除けば、年度末の割当て整理・調整が例年不可避であり、第4四半期の割当が大幅に削減されたとしても、物動計画が大きく効力を損なう事態は生じなかった。本書の各章で確認していくように、大東亜共栄圏構想は大きく損なわれ、物資の供給は縮小に縮小を重ねていったが、終戦まで物資別輸送計画、重点的生産と選別的な配当計画によって総動員体制は維持され、軍備計画、生産拡充計画や、非軍需産業の物的資産の再資源化などの総動員機能を果たしていた。

　計画と実績の解明だけでなく、たびたび改変される物資動員計画の変更事情を追うことも、本書では重要な課題と考えている。単なる生産要素の投入と産出の関係を明らかにするだけでなく、立案環境の変化に対する、立案担当者の判断とその変更方針や、それに対する各主体の対応こそが、計画や政策と産業団体の関係を表しており、計画と実態の乖離とその補正作業は、総動員体制の構造と力学を的確に示すものもあるといえるのである。

　戦時経済総動員のあり方を決定し、広範な射程を保つ計画であるにもかかわらず、物資動員計画そのものを扱う研究が少ないのは、残された資料が膨大で

あることや、敗戦後の公文書破壊によってその多くが断片化したことが関係している。このことを筆者はたびたび指摘しているが、こうした状況を今日われわれが克服できるのは、前著同様に当事者たちの資料保存努力や、国民経済研究協会の収集資料を引き継いだ原朗による独自の収集・整理努力に依っている[31]。資料の散逸回避に尽力された方々に改めて謝意を表したい。

2 本書の構成

簡単に各章の位置づけと概要を紹介しておこう。

序章「経済総動員体制の体系化と大東亜共栄圏」は、前著『物資動員計画と共栄圏構想の形成』と本書の接合部と位置づけている。第1節では本書の前史となる日中戦争期を扱い、物資動員計画を核とした総動員体制を概観した。1930年代前半から資源局の総動員構想の一部が各種の事業法として実現し、満洲事変後の日満ブロック構想に基づく戦略産業の育成と自立化が図られた。37年度の軍備拡張予算案の公表とともに37年1月に始まった為替管理が、日中戦争勃発と軍需動員計画の発令によって一挙に強化され、内閣に設置された第一委員会が同年10月からの為替割当を実施した。これをもって実質的に物動計画が動き始めた。38年（暦年）の物動計画と並行して、各種の統制法規が整備され、39年1月から3月の四半期計画を挟んで、39年度からは、生産力拡充計画、労務動員計画、資金統制計画、貿易計画が物資動員計画と連動した形で年度単位の動員計画が策定された。39年9月の第2次欧州大戦の勃発とともに海上輸送の計画化も進み、総動員諸計画の体系が整備された[32]。さらに40年頃からは、計画の体系化・厳格化だけでは容易に処理しえない問題、すなわち、①統制とインセンティブの相克、②複雑な取引関係を持つ部品組立・加工産業の企業間関係の調整、③多段階で錯綜した流通機構に起因する統制の混乱と物流コストの増大、④不確実な特殊事業に関する金融的リスクの増大、⑤賃金水準を抑制しつつ移動や争議を封じ込めた労使関係の不安定性などが顕在化した。こうした市場を動揺させるさまざまな問題に、協調的、組織的な市場管理や社会的脆弱部門への保護主義的介入と社会政策を通じて対処した。そうした協調関係に補完されて日中戦争期の物資動員計画は機能していたことを指摘している。

第2節では、日中戦争期の総動員計画を支える自給圏構想とその変質を外交・軍事の面から概観する。物資動員計画を核とする自給的、階層的な帝国経済圏構想は、第2次欧州大戦が勃発すると、中立的立場を利用して日中戦争の最終処理と日本側が主導権をもつ日満支経済圏構想へと拡張され、さらに「空白」となった南方諸地域の重要資源の安定確保を目指した。1940年春にドイツの大攻勢が始まると、日独伊三国同盟の世界分割構想を最大限に利用した大東亜共栄圏構想が台頭する。中国における新中央政府との経済協力構想、日独伊ソ連の四国協商構想、日蘭経済交渉、さらに日米通商航海条約の再建を目指す交渉など、強硬外交による経済協力の拡大路線を進めた。しかし、軍事的圧力による自給圏構想の思惑は、その後の独ソ開戦や欧州大戦の中東、北アフリカ、イランへの拡大と長期化といった事態に挫折した。この状況で打ち出した関東軍特種演習、南部仏印進駐などの軍事力を前面に出した強引な自給圏戦略は、41年7月末、対日資産凍結による経済断交措置によって決定的な打撃を受けた。かくして、大東亜共栄圏は、日中戦争の処理を急ぎつつ、軍事力を背景に可能な限り平和裏に外交的に自給圏の拡張を目指す構想から、対英米蘭開戦によって南方資源地域を軍事的に占領し、確保する構想へと変質した。

　前著『物資動員計画と共栄圏構想の形成』では、資源局の総動員期間計画の策定や、日中戦争期の企画院による物資動員計画の策定・実施過程を中心に見ており、外交・軍事関係の記述は最小限度にとどめていた。国際的に孤立した自給圏構想の形成を扱っている本節では、第1節で触れた日満ブロック構想が、中国占領地域の拡大や欧州大戦下の国際秩序の変質の中で、大東亜共栄圏構想へと拡張される過程を通観する。政治・外交史研究の分野では、帝国日本の破局的な暴走の過程について、多くの研究が積み重ねられているが、ここでは満洲事変期から日中戦争期の総動員構想の変遷や物資動員計画と深くかかわる形で、資源をめぐる外交が帝国圏相互の思惑を孕みながら展開していたことを明らかにする。

　第1章から第4章では、1942年度以降の物資動員計画の立案と実施過程を扱う。各章の構成は、前年秋頃から始まる海上輸送力の算定、それを基にした動員物資の供給見通し、需要量の査定作業といった基礎案の検討過程から、年度当初の年間計画、四半期ごとの海上輸送、物資動員の計画やその改訂経緯と

実績からなっている。刻々と変化する実施過程の特徴を、総動員体制の推移に位置づけて分析し、各章の「おわりに」では、物資動員計画の推移から要請される総動員政策や行政再編についてまとめた。

　第1章「太平洋戦争初期の経済総動員構想とその実態——1942年度物資動員計画」は、対日資産凍結と対米英蘭貿易関係の遮断という深刻な状況に追い込まれてからの物資動員計画を扱っている。1942年度物資動員計画の策定は、41年8月から始まり、日満支経済圏に封じ込められた10月初めの第1次案は、鉄鋼等の重要物資で初めての大幅な縮小計画になった。この計画案は、時間を掛けてでも日米交渉をまとめようとしていた政権末期の第3次近衛文麿内閣に、決定的打撃を与えることになった。後を襲った東條英機内閣では、開戦を前提に南方資源の軍事占領による獲得を組み込んだ計画が検討され、企画院を中心に関係機関の総動員計画の担当者を組織した第六委員会が南方諸地域の占領と戦略物資の開発輸入計画を立案した。開戦前より南方各地の陸海軍の軍政地域が決められ、当面の取得可能物資を基にした物資動員計画と中長期の総動員計画に沿った資源開発計画が準備された。

　一方、軍による貨物船徴傭の激増によって、民需用貨客船の海上輸送力は急減した。海上輸送に大きく依存する石炭、鉱物・植物原料、塩、木材などの物資別の輸送力配分が、関連産業の供給計画を強く規制する事態となった。開戦当初は、作戦が一段落する1942年度下期に民需船舶が開戦時の170万総噸程度から300万総噸に復元し、長期戦に対応した輸送体制が整備される予定であった。しかし、陸海軍からの船舶の徴傭解除（解傭）は大幅に遅れ、結局、特殊船舶を除く物動物資輸送用の民需船舶（C船）が300万総噸に戻ることはなかった。海上輸送力の節約のため、中国資源を極力南鮮諸港まで鉄道によって運び、海上輸送を節約する南鮮中継方式が42年12月から始まり、輸送計画は鉄道、港湾整備と一体となって複雑化した。

　物資動員計画の実施以来、さまざまな物資で毎年の需給計画にズレが生じる事態は、相変わらずであった。鉄鋼配給でも割当機関で発券を調整し、次期に繰り越すなどの措置を取ってズレを処理していた。しかし、1941年度末には品種別・寸法別の需給のギャップが拡大したことから、未入手分の配給を原則的に全て無効とし、改めて42年度からの鉄鋼需給計画を厳格化した。にもか

かわらず、原料輸送の縮小によって42年度の生産計画は縮小された。軍需用、造船用の厚板・鋼管・線材などの特定品種では著しい逼迫が生じ、さまざまな機械、金属工業の生産計画を狂わす事態となった。一般民需用の鋼材配当計画の実績は軒並み60％台になった。

　物資動員計画とは別枠で策定された液体燃料需給計画については、民需用を大幅に削って需給計画を成立させた。南方油井の多くは占領前に破壊されたが、その復元を急ぐとともに、原油・製品在庫を大量に戦利品として確保できたことから、国内への還送が始まり、軍事用は南方での作戦を支える程度には確保されることになった。

　液体燃料の国内需給計画は、大量のこの戦利品を配給に回したことから、第1四半期の民需配当は月間基準とした15.8万トンをほぼ維持することができたが、第4四半期には月10万トン程度となり、以後この水準が太平洋戦争期の最低基準に設定されることになった。その中で船舶燃料用の重油不足は早くから深刻な問題として浮上し、太平洋戦争期を通じて輸送力の重大な隘路になった。

　さまざまな計画に齟齬が生じると、総合的な金属加工、組立工業である機械工業では生産計画が大きく狂うようになった。軍需品を最優先にすると、民需用の機械は生産力拡充産業ですら入手率が低くなり、ほとんどの業種で5割を切るようになった。こうした至る所で発生する問題を受けて、1942年11月から年度末にかけて、内閣制度の強化、行政権限の一元化が実施され、重大隘路の迅速な処理に取り組むことになり、臨時生産増強委員会、戦時行政特例法、内閣顧問制度などが整備されることになった。こうした物資動員計画の齟齬、改訂に伴う、総動員政策や行政機構の緊急対応がとられた。

　第2章「共栄圏構想の挫折──1943年度物資動員計画」では、海上輸送力の復元の見通しがなくなった1942年秋に始まる43年度物動計画の立案と、その実施過程を扱っている。立案の段階から民間船舶の陸海軍による増徴が数次にわたって行われ、その都度大幅に物資動員計画用の輸送力が縮小された。南鮮中継は本格的に増強され、九州・北海道炭の海上輸送は、途中港から鉄道輸送に振り替えて船舶稼行率を上げるなど、内地の沿岸輸送でも最高度の輸送効率を発揮する計画が策定された。満洲国、中国占領地に加えて、軍政が本格化

した南方甲地域・乙地域からの供給計画も最大限に組み込まれた。

　鉄鋼生産では、粉鉱、褐鉄港、鉄滓、銅滓等の低品質鉱の活用、簡易特殊製鋼法の試行、屑鉄の非常回収など、あらゆる措置を集中することで、鉄鋼生産は最高度に引き上げられた。しかし、鉄鋼配当は、軍需と造船用を重点化した結果、公共事業、生活関連工業、民需用機械向けが大幅に削減されることになった。破壊された石油施設の復旧を図り、南方での液体燃料生産はやや軌道にのったとはいえ、現地の軍需消費が拡大し、内地への還送は計画を大きく下回った。民需用の液体燃料配当は前年度の 190 万トンから、圧縮の限界と見られる 128 万トンとなった。

　ソロモン諸島での激戦を経て大量の船舶増徴が求められた結果、共栄圏物資の獲得は後回しとなり、下期には鉄鋼、造船、航空機などの超重点産業の生産維持を中心に当初計画を組み替えることになった。鉄鋼配給規則の厳格化にもかかわらず、陸海軍の割り込み発注などによる混乱が拡大した結果、重要物資の一元的発注によって統制の正常化を図ろうとする総動員体制の再編が重大案件となった。最終的に陸海軍航空本部や商工省の航空機関連行政を統合して航空兵器総局とし、1943 年 11 月設置の軍需省にこれを包摂して重要産業の一元的統制を目指すことになり、同時に陸上・海上輸送、通信行政を一体化した運輸通信省も設置された。また、年度末には戦時行政特例法や内閣顧問制度によって首相の下に権限を集中し、44 年度に向けて航空機、船舶の増産に総力を挙げる体制が整備されることになった。

　第 3 章「太平洋戦争末期の総動員体制——1944 年度物資動員計画」は、第 3 次、第 4 次の船舶増徴に翻弄される輸送計画の策定過程と、輸送力を喪失する中で鉄鋼生産と軍需との調整を付けようとした 1944 年度計画の推移を追っている。輸送力問題を解決する方法として、東條首相が強く期待したのが雪達磨造船という鉱石専用船と船舶増産用鋼材のリンク制度であった。このため藤原銀次郎国務大臣を中心に関係事務官を組織した臨時鉄鋼増産協議会が組織された。43 年度下期の集中措置で建造された船舶の一部を物動計画の外側に置いて鉄鋼増産用の特別船舶とし、増産された鋼材を優先的に造船用に回すという奇策も実施された。しかし、鉄鋼・造船のリンクの効果はほとんどなかった。7 月のサイパン島失陥によって絶対国防圏が崩れ、南方物資の還送は極めて困

難となった。東條内閣の末期には工作機械等の機械関連工業をそのまま航空機関連の部品加工に再編し、緊急かつ大規模に技術者を転換しようとするなど、実施不可能な計画を立案する事態になっていた。

東條辞任後の小磯國昭内閣は、脆弱な輸送力基盤の上でかろうじて維持されていた総動員諸計画を大幅に組み替えて、南方との関係が完全に途絶する直前に大量の船舶を南方物資輸送に投入することを決定した。この結果、かつてない大量の船舶を喪失し、物資動員計画の主要物資の生産は一挙に崩壊した。

1944年度は統帥部と政府機関の関係、政府と統制団体の関係、太平洋戦争の推移と共栄圏の交易関係の変容など、総動員計画をめぐる環境が激変した。下半期には原材料不足から遊休となった工場施設や、直前まで完成を急いでいた未稼働施設など、鋼材100万トン分の設備を一挙に破砕し、屑鉄ないし転用鋼材として最後の鉄鋼給源とする計画も動きだした。高炉の稼働が急速に縮小する中で、太平洋戦争末期にはこうした既存のインフラストラクチャや生産設備の自発的破壊が最大の物資給源とされた。

第4章「総動員体制の破綻――1945年度物資動員計画」では、戦争終結に向けた意思決定が容易にできない中、軍備計画の維持と食糧問題の深刻な相克が生じた1945年度物動計画の推移を扱った。44年10月頃から海上輸送力を基に鉄鋼、軽金属の生産見通しを策定しても、到底本土決戦を想定した軍需動員目標には達しないことが明らかになっていた。それどころか、大陸からの糧穀・食料塩のために相当の輸送力を割かなければ、飢餓の発生が予測される事態となって、45年度は年間の需給見通しが全く立たなくなった。第1四半期のみで始まった物動計画の輸送力、石炭配当は、44年度第4四半期の2分の1ないし3分の1という低水準のものであった。数ヶ月以内に戦争継続が困難になるという予測から、素材生産のための原料輸入から輸送計画を順次停止し、動員計画は現存原材料が尽きるまで加工作業を維持しようという計画になった。加工途中の半製品を残したまま総動員体制が終結することを回避しようとしていた。しかし、6月には早くも第1四半期計画が到底達成されないことが明らかになるなど、急激に経済の麻痺状態が拡大した。第2四半期と合わせて第1四半期計画の目標を満たそうと計画したところで、敗戦を迎えることになった。こうした最後の総動員のあり方は、軍需用の在庫以外、あらゆる産業で原材料

在庫を消尽させてしまい、その後の復興計画の大きな足枷となった。

　終章「大東亜共栄圏構想の崩壊過程」では、物資動員計画、海上輸送計画の推移を振り返るとともに、太平洋戦争期総動員体制の最重要課題であった造船、航空機工業の推移と、重点産業の背後にあった民需産業の徹底した破壊について概観し、物資動員計画の戦後の統制廃止までを見通して、段階的特徴を総括した。

　太平洋戦争期の総動員諸計画が海上輸送力を基礎に立案されていたことは既によく知られている。本書では、船舶建造計画、物資別輸送計画、物動供給力といった計画相互の関連を解明し、国内給源の徹底的な利用と諸産業を破壊していく動員実態を可能な限り明らかにした。日本の総動員計画の衰退を数量的に確定することで、太平洋戦争期に実施された中小企業整備と労働力供出、未稼働設備の回収・資源化、国内軽金属原料や液体燃料の開発計画など、さまざまな動員政策の意味を検討した。

　前掲『戦時経済総動員体制の研究』では、総動員期間計画や物動計画と連動した形で生産力拡充計画、資金統制計画、貿易計画、労務動員計画が策定される過程を明らかにした。本書は物資動員計画がそうした総動員諸計画の立案の根底で計画内容を規定したこと、また太平洋戦争期に推進された航空機、造船事業の徹底した拡充政策や、それを支えた鉄鋼、軽金属、石炭の増産政策、さらには動員政策の裏面で進められた大規模な民需産業の整理と物的・人的資源の再資源化についても規定していたことを明らかにした。

　前著でも触れておいたが、こうした政策介入による資源の傾斜配分、企業の誘導は、ほぼ20世紀を通じた特徴であり、1990年頃まで、さまざまに形を変えながら日本経済に定着していた。また太平洋戦争期の物資動員計画は、アジア全域での開発輸入計画でもあり、世界経済のアウタルキー化の中で、総動員体制を支える資源の確保を目指すものであった。先進諸国間の自由貿易体制が推進された戦後世界でも、資源独占や資源ナショナリズムの緩和策として開発輸入は幅広く実施された。戦後のアジアと日本の経済関係は長い中断を経て60年代から活発になり、資源・工業製品交換を超えて高度な連携関係を生み出しつつ今日に至っている。こうした現代のアジアと日本の経済関係を考える

上で、戦時日本のアジア開発輸入構想とその実態を、歴史的に解明していくことが不可欠であると考える。

なお、物資動員計画に関連する専門用語については、「はしがき」末尾の「太平洋戦争期の物資動員計画の固有用語」を適宜参考にされたい。

最後に、本書を構成する論考の初出を挙げておこう。各章は、以下の形で発表したものを素材に、いずれも大幅に加筆して本書に組み込んだ。このほか、全章にわたって、原朗・山崎志郎編『開戦期物資動員計画資料』第1巻（現代史料出版、1999年）、同編『後期物資動員計画資料』第1巻（現代史料出版、2001年）、同編『物資動員計画重要資料』第1巻（現代史料出版、2004年）所収の「資料解題」をベースにしている。

第1章　「戦時統制経済」吉田裕ほか編『岩波講座 日本歴史』第18巻、岩波書店、2015年5月、所収
　　　　「総動員自給圏構想の形成と変質」Research Paper Series No.143、（首都大学東京社会科学研究科）2015年2月
第2章　「太平洋戦争初期の経済総動員構想とその実態——1942年度物資動員計画を中心に」Research Paper Series No.52、2008年7月
第3章　「1943年度物資動員計画と共栄圏構想の挫折」Research Paper Series no.115、2012年9月
第4章　「太平洋戦争末期の総動員体制——1944年度物資動員計画を中心に」Research Paper Series No.136、2014年3月
第5章　「1945年度物資動員計画——総動員体制の破綻」Research Paper Series No.142、2015年1月
終章　　前掲「戦時統制経済」
　　　　「太平洋戦争期の物資動員計画——大東亜共栄圏構想とその崩壊」Research Paper Series No.155、2015年10月

注
　1）山崎志郎『物資動員計画と共栄圏構想の形成』日本経済評論社、2012年。

2）山崎志郎『戦時経済総動員体制の研究』日本経済評論社、2011年。
3）満洲事変期から日中戦争期について、物資需給計画の策定とその諸産業や産業組織への波及過程を検討したのが、前著『物資動員計画と共栄圏構想の形成』であった。
4）陸軍省整備局戦備課にあって物動計画に深く関与した岡田菊三郎は、石油備蓄、人造石油問題、船舶問題について語り（佐藤元英・黒沢文貴編『GHQ歴史課陳述録 終戦史資料』上、原書房、2002年）、海上護衛総司令部の作戦参謀であり『海上護衛戦――太平洋戦争の戦略的分析』（日本出版協同、1953年）などの著書もある大井篤は、南方海上交通、陸海民連合輸送等について語っている（同『GHQ歴史課陳述録 終戦史資料』下）。
5）三島美貞「日華事変前の経済計画」、同「初期物資動員計画の回顧」防衛研修所『研修資料別冊第96号 経済計画及経済動員研究資料其の5』1955年所収、岡田菊三郎「戦前におけるわが国の備蓄対策」防衛研修所『研修資料別冊第174号 重要物資備蓄対策資料その1』、1957年所収、真山寛二「太平洋戦争以前の国際情勢の概要と開戦前一ヶ年の物動的情勢判断」、同「太平洋戦争勃発後約一ヶ年の物動計画と実施の概要」同上所収、田中申一「戦時物動概史」、同「物資動員計画の基幹としての輸送計画とその実績の概要」防衛研修所『研修資料別冊第107号 経済計画及経済動員研究資料其の6』1956年所収。物資動員計画の立案に関わった田中申一は、商工省調査課の「物動史編纂資料」の中でも物動輸送の経緯を語っており、「日本戦争経済秘史1～25」（『エコノミスト』毎日新聞社、1951年連載）など、企画院関係者の中では最も多く物動計画について回想を書き残し、それを、田中申一（原朗校訂）『日本戦争経済秘史――十五年戦争下における物資動員計画の概要』（コンピュータ・エージ社、1975年）としてまとめている。
6）内政史研究会『星野直樹氏談話速記録』1964年、同『田中申一氏談話速記録』1972年、日本近代史料研究会『鈴木貞一氏談話速記録』上下、1971、74年など。
7）商工省、通商産業省行政の全般的な聞き取り調査では、商工行政史刊行会『商工行政史』上中下（1954～55年）の編纂の際の聞き取り記録が『商工行政史談会速記録』第1・第2分冊（産業政策史研究所、1975年）として刊行され、吉野信次『商工行政の思い出――日本資本主義の歩み』（商工行政史刊行会、1962年）などの個人回想録も刊行されている。1970年代半ば以降、産業政策史研究所による聞き取りも本格化し、岩武照彦の『戦時戦後の商工行政の一端』（同、1984年）などのほか、『産業政策史回想録』が、1979年以降シリーズとして残されている。岩武の南方軍政と物資動員計画に関する証言は、上記以外にも、東京大学教養学部国際関係論研究室「特定研究『文化摩擦』インタヴュー記録D. 日本の軍政 5.岩武照彦」（1980年）、インドネシア日本占領期史料フォーラム編『証言集――日本占領下のインドネシア』（龍渓書舎、1991年）があり、南方の経済軍政について多くの証言が残された。
8）経済安定本部産業局『自昭和十三年度至昭和二十年度物資動員計画総括表』1951年。同総括表は岡崎文勲らの物動計画の関係者が国民経済研究協会の中でとりまとめたものであり、その後長期にわたって物動計画、生産（力）拡充計画に関するほとんど唯

一の基礎資料として利用された。ただし、これは物動計画の年度計画、四半期実施計画の数値を収録したものであるが、状況に応じて頻繁に策定された改訂計画の全体をカバーしてはいない。このため、同総括表のデータは、年度当初の計画が最終的に相当程度まで修正され、実績との乖離を埋めようとしていたことを反映していない。しかも、同総括表の供給実績欄には、生産（力）拡充計画書類に記された生産実績を転記しただけになっている。物資動員計画の供給計画は、生産計画のほかに、輸・移入計画、回収計画、在庫の取り崩し計画などから構成されており、太平洋戦争期になると生産計画以外の給源が比重を高めていた。にもかかわらず、同総括表は給源全体の供給実績に代えて、国内生産実績を物資動員計画全体の供給実績であると誤解させる表記をしている。このため、注意深く観察しないと、当初計画と生産実績の大きな差が強調されることになる。このことが、物動計画を実態の乏しい空文であるかのように扱う研究動向に少なからず影響している。

9）船舶運営会『船舶運営会々史（前編）』上中下、1947年。後編は未刊。同書は1942年の船舶運営会の設置以降の国家管理船などの海上輸送計画について、海運政策と同会の運行管理業務を詳細に解説している。通信省海務院、運輸通信省海運総局が策定した海上輸送計画とその実績、船舶建造・陸海軍徴用・船舶喪失の推移についても体系的・連続的なデータを提供しており、戦時下の海運力集中と崩壊過程を明らかにしている。しかし、海上輸送計画と一体のものであった物資動員計画との関係についてはほとんど触れていない。保有船舶データも物動計画物資の輸送に関係しない特殊船等を含んだものであり、物動物資の輸送用船舶を急速に喪失した敗戦間際になると、保有船舶と物動輸送の崩壊に若干のデータの齟齬が生じることになっている。物資動員計画に結合した保有船舶のみの輸送力と運航地域別、物資別の輸送計画の関連性には関心を寄せておらず、船舶の運営管理の立場に徹した記述になっている。

10）同書は、その後改訂されて『海上護衛参謀の回想』原書房、1975年。

11）安藤良雄『太平洋戦争の経済史的研究』東京大学出版会、1987年（同書は物資動員計画を扱った同『日本資本主義の展開過程 第2部 稿本』東京大学出版会、1961年を中心に、原朗が安藤の関連論文を編集したもの）、経済産業省編（前田靖幸著）『商工政策史』第11巻、通商産業研究社、1964年（同書は「安藤教授には未公刊の資料を多数利用させていただいた」と記しているように、『日本資本主義の展開過程』に沿って資料的な補強をした内容になっている）。そのほか、物資動員計画については、中村隆英・原朗『現代史資料』第43巻、国家総動員1 経済（みすず書房、1970年）の解説、原朗「統制経済の開始」『岩波講座日本歴史20』近代7（岩波書店、1976年所収）、同「経済総動員」大石嘉一郎編著『日本帝国主義の研究 3 第二次大戦期』（東京大学出版会、1994年所収）がその概要をまとめている。1970年代半ばには、日本経済における国際的契機と内的な制度変容を重視した原朗の統制経済研究がまとめられ、満洲の産業開発計画の研究を起点に大東亜共栄圏構想が拡張し、太平洋戦争とともに崩壊する共栄圏の全体像も示された（原朗『日本戦時経済研究』東京大学出版会、2013年、同『満州経済統制研究』東京大学出版会、2013年）。

物資動員計画の先駆的分析である安藤の研究を簡単に紹介しておこう。物資動員計画を戦時経済研究の総括的表現として分析したのは安藤が最初である。安藤は企画院、軍需省が作成した計画書類を利用して、軍需部門への物資の優先的な配当と生産材部門の軽視による「縮小再生生産的傾向」を「戦争経済の矛盾」の集中的表現とし、その崩壊を「軍部ファシズム支配下の日本の政治構造にとって当然の進路」だったと批判するなど、配当計画の不合理性に特に強い関心を持っていた。安藤は「戦略物資の全面的海外依存」、「輸入力の脆弱性」、「対日封鎖政策」などを供給計画の致命的問題とした上で、不合理な分配問題によって日中戦争期の日本経済を「総括」した（前掲『太平洋戦争の経済史的研究』222～224頁）。

　しかし、事態はそう単純ではない。ほぼ日中戦争期を通じて危惧されていた致命的な対日制裁の発動は回避したこと、第2次欧州大戦の勃発と大戦初期におけるドイツの軍事的成功、三国同盟締結などの外交戦略が南方戦略物資確保に有効になると考えられた局面があり、戦争に依らない自給圏も構想していたこと、また正貨準備を取り崩した緊急輸入物資の備蓄やその後の資源回収の強化など、経済環境が激変することへの対応力を強化していたことなど、物動計画の供給計画からは総動員体制の整備と、対英米戦争に適合的な準備も見ることができるのである。

　物資動員計画の供給計画の詳細な検討からは、対英米蘭開戦の危機を瀬戸際で回避しつつ「共栄圏」の実現を目指したことや、強引な外交手法と国際情勢の急変が最終的に日米交渉の妥協機会を喪失させ、太平洋戦争期には民需産業の膨大な犠牲と自給圏構想の崩壊に至った経過を丹念に検証することができる。安藤は太平洋戦争期の物動計画について、①国内生産力の制約、②生産力拡充計画の不振、特に工作機械の低位、③日満支ブロックの限界、南方補給路の混乱、④船舶徴用による海上輸送力の崩壊、⑤爆撃による工業、海陸交通の崩壊、⑥物動計画における陸海軍セクショナリズムの抗争、⑦物動作業・運営における科学性・合理性の欠如、⑧軍需優先による縮小再生産などを指摘している（同書376～378頁）。総合的に見て、これらの指摘に大きな異論は出ないと思われるが、機械工業の低位性や生産力拡充計画の挫折が過度に強調される傾向、その原因としての陸海軍の対立、経済政策の非科学性・不合理性が前面に打ち出され、安藤の戦時経済分析の基調になった。しかし、戦時における政治・軍事の優先が経済政策の合理性を損なうことは、日本に固有の問題ではなく、官僚セクショナリズムも日本社会の後進性に固有の現象ではない。貿易決済問題、輸送力不足も戦争当事国が共有する難問であり、それ故に総動員計画の分析では、多国間の同盟と経済協力関係が重要になる。日本経済の前近代性、不合理性の問題など1950年代の研究が共有した過度なバイアスを排し、本書では計画立案作業、改訂作業に内在して、総動員計画にどのような自給圏経済の可能性を見ようとしていたのか、その策定意図と実施プロセスを検討する。

　安藤の研究は、主に年度当初の年間計画の閣議説明、上奏文などの文書資料を取り上げ、「良質な資料をして語らせる」という形で計画の特徴、変質過程を描いている。これが特徴的な研究スタイルであるが、海上輸送力の算出と地域別配分、供給力計画、

配分計画などの内容に立ち入った検討はしていない。実際の計画は四半期実施計画ごとに大きく変質し、年度計画が改訂されているにもかかわらず、四半期ごとの輸送力、供給力、配分計画の内実や改訂事情が解明されていないという問題もある。前年度半ばから始まる年度計画の立案経過についても検討されていないが、この半年にわたる立案作業には、作戦の推移を反映した統帥部と政府との調整や、動員のあり方を規定することになる共栄圏内の輸送力の配分など、重要な戦略上の決定過程があった。また、統制会等の統制団体が計画にどのように参画していたのかについても、ほとんど注目していない。総じて、官と民の間で、協力と摩擦を孕みながら情報を共有して計画が実施されるという運営方法にも関心が乏しかった。この点は、前掲『戦時経済総動員体制の研究』の「はしがき」でも、1980年代以降の戦時経済研究では、市場性、営利性、企業経営、業界団体による利害・リスク調整などの市場の問題や民の協力が重視されていることを指摘したところである。

　とはいえ、戦時経済研究における関心の変化は資料の発掘状況によってもたらされた面が大きい。安藤が依拠した1950年代までの資料発掘状況と大きく異なり、今日では企画院、軍需省、運輸通信省、陸海軍省の内部資料だけでなく、重要産業の統制団体等の要望をはじめ、大量の関連文書が利用可能になった。計画の策定要領の段階から目まぐるしく変遷する立案過程や、実施段階での改定過程が詳細に判明するようになっている。その意味で、1970年代初め頃までの先行研究に対する過度な批判は慎むべきであり、資料発掘の努力に報いるべく、新たな資料にふさわしい分析視点を開発することが後学の役割だろう。

12) 1970年代末以降の日本の戦時統制経済の研究動向は、前掲『戦時経済総動員体制の研究』、前掲『物資動員計画と共栄圏構想の形成』の「はしがき」や、同『戦時金融金庫の研究』（日本経済評論社、2009年）の「はじめに」で整理しており、これらに収録した論稿でも触れている。政策や統制と市場・企業との関係では、多くの実証研究が積み重ねられている。その一方で、三輪芳朗『政府の能力』（有斐閣、1998年）に見られる市場の計画化・統制に否定的な見解も現れた。三輪は、政府の市場介入能力に対する懐疑的見方を前提に、政策の実施過程、とりわけ物資動員計画の立案や実施過程の検証なしに、戦時の工作機械の成長と工作機械製造事業法の関係をほぼ全面的に否定している。また、同『計画的戦争準備・軍需動員・経済統制』（有斐閣、2008年）では、安藤良雄らの研究を素材に、軍需動員計画、物資動員計画、生産力拡充計画のいずれもがソヴィエト型指令経済と類似のものであり、政府にはその実施能力がないという主張を、これもまた実証抜きに繰り返している。しかし、近年の研究では、一次資料に基づいた政策（計画）と市場、民間（企業）の対応の検証が進み、日中戦争期の重点的動員計画には事業の収益性に基づく生産要素の移動などの市場原理が通底しながら、公定価格の設定、動員目標の設定、各種事業法による減税、助成金、参入障壁の設定や動員計画などの政策介入が総動員計画全体を担保していたことを実証している。また統制会等による情報・技術・経験の交流などが産業の成長や安定化をもたらし、民需部門の商工業組合による企業整理の負担を分散することで転廃業や合

理化を促進するなど、総動員計画がさまざまな政策装置によって機能していたことが指摘されている。そうした計画と市場ないし競争原理の共生関係は、近代日本研究会『戦時経済』（山川出版社、1987年）、岡崎哲二「日本──戦時経済と経済システムの転換」『社会経済史学』（60-1、1994年）、同「戦時計画経済と価格統制」近代日本研究会『年報・近代日本研究 9 戦時経済』（山川出版社、1987年所収）、原朗編『日本の戦時経済』（東京大学出版会、1995年）、原朗・山崎志郎編『戦時日本の経済再編成』（日本経済評論社、2006年）などに収録された政策研究や、下谷政弘編著『戦時経済と日本企業』（昭和堂、1990年）、下谷政弘・長島修編著『戦時日本経済の研究』（晃洋書房、1992年）、龍谷大学社会科学研究所編『戦時期日本の企業経営』（文眞堂、2005年）などの民間企業の研究によっても実態解明が進んでいる。前掲『戦時経済総動員体制の研究』もそうした観点から総動員体制を検討したものであった。その後も、柴田善雅『戦時日本の金融統制』（日本経済評論社、2011年）が産業資金統制と会社経理統制の実態を詳細に解明し、沢井実『近代日本の研究開発体制』（名古屋大学出版会、2011年）、同『マザーマシンの夢　日本工作機械工業史』（名古屋大学出版会、2013年）、同『八木秀次』（吉川弘文館、2013年）が、戦時期も含めた技術発展における技術者や諸団体・政府のネットワークの役割を丹念に解明して、産業史・政策史研究に新たな視点を提供している。

13) 岡崎哲二「第二次世界大戦期の日本における戦時計画経済の構造と運行」『社会科学研究』40-4、1988年、同「日中戦争期日本における経済の計画化と鉄鋼部門」『社会科学研究』41-3、1989年。鉄鋼統制会や商工省の原資料を利用して、岡崎は統制会と物資動員計画の立案過程や政策調整を検証した。

14) 詳しくは、前掲『戦時経済総動員体制の研究』の資金統制、生産力拡充計画、計画造船、軍需動員計画、航空機産業拡充計画などの分析を参照のこと。

15) 岡崎の戦時経済論は、労使関係、資金調達構造、企業統治構想へと拡張され、現代日本経済システムの源流論としてまとめられた（岡崎哲二「戦時計画経済と企業」東京大学社会科学研究所編『現代日本社会 4 歴史的前提』東京大学出版会、1991年、前掲「日本──戦時経済と経済システムの転換」岡崎・奥野（藤原）正寛「現代日本の経済システムとその歴史的源流」同編『現代日本経済システムの源流』日本経済新聞社、1993年）。現代への起点という点では、野口悠紀雄『1940年体制──さらば「戦時経済」』（東洋経済新報社、1995年）も、1980年代の戦時経済研究の成果から、現代日本経済システムの類似点を見いだし、構造改革、規制緩和に向けた政策提言を行った。ただし、政策提言における「歴史利用」はもう少し慎重であるべきだと考える。

16) 1930・40年代の日本経済をめぐる構造論的把握と段階論的把握に関しては、周知のように大石嘉一郎「戦後改革と日本資本主義の構造変化──その連続説と断絶説」（東京大学社会科学研究所編『戦後改革』第1巻、東京大学出版会、1974年所収）による整理があり、大石は両視角の統合を提唱した。段階区分をめぐっては、「国家独占資本主義論」の観点から、労使関係の変容・安定を重視し現代社会への転換を精緻化した加藤榮一『ワイマル体制の経済構造』（東京大学出版会、1973年）、それを継承しつつ

経営者資本主義、会社主義へと続く金融資本の発展段階を指摘する馬場宏二『富裕化と金融資本』（ミネルヴァ書房、1986年）などの研究がある。

17) このほか、現代への連続説の一つに、1930年代に活発になる陸軍、満鉄調査部、陸軍関係者など満洲国官僚や満鉄調査会、日満財政研究会などの民間シンクタンクの役割を強調する小林英夫『超官僚』（徳間書房、1995年）、同『「日本株式会社」を創った男　宮崎正義の生涯』（小学館、1995年）がある。これは、中村隆英『戦前期日本経済成長の分析』（岩波書店、1971年）での石原完爾構想の役割の解明や、中村隆英・原朗編『日満財政経済研究会資料』第1巻「解題」での指摘を、拡張した見解であるが、実証的には相当の無理がある。1918年の軍需工業動員法に基づいて設置された資源局などの総動員政策検討機関やそれに協力した既存の行政機関の計画立案作業が総動員計画の直接の前史であり、資源局の動員計画案とその後の物資動員計画や生産力拡充計画の基本構想、さらに計画書式の類似性と連続性を検証すれば、政府機関以外の独自の役割が大きくないことは明らかである。これらの総動員諸計画の立案経緯や日満財政経済研究会案の扱いについては、前掲『物資動員計画と共栄圏構想の形成』第1章を参照のこと。

18) 計画性の導入によって市場環境、企業間競争にどのような変化が生じるか、それによって政策のあり方が変容するという視点を見出した初期の研究は、疋田康行「戦前期日本航空機工業資本の蓄積過程」（『一橋論叢』77-6、1977年）、同「ファシズム下の独占間競争と天皇制権力の独自性」（『歴史学研究』第451号、1977年）であった。戦時統制下の企業戦略、企業組織改革については、下谷政弘編『戦時経済と日本企業』（昭和堂、1990年）、下谷政弘・長島修編『戦時日本経済の研究』（晃洋書房、1992年）などの共同研究で、その独自の歴史的意味が明らかにされた。

19) 加納啓良「国際貿易から見た二〇世紀の東南アジア植民地経済——アジア太平洋市場への包摂」『歴史評論』第539号、1995年、杉原薫『アジア間貿易の形成と構造』ミネルヴァ書房、1996年、同「国際分業と東南アジア植民地経済」池端雪浦ほか編『岩波講座東南アジア史』第6巻 植民地経済の繁栄と凋落、岩波書店、2001年。

20) 堀和生『東アジア資本主義史論』第1巻 形成・構造・展開、ミネルヴァ書房、2009年。

21) 原朗「『大東亜共栄圏』の経済的実態」『土地制度史学』第71号、1976年（同著『日本戦時経済研究』東京大学出版会、2013年に収録）。同論文は1974年10月の土地制度史学会共通論題報告であり、一連の国内経済統制や満洲経済統制の研究と合わせて日本帝国経済の拡張と破綻の全体像を打ち出した最も早い研究であった。

22) 山本有造『日本植民地経済史研究』名古屋大学出版会、1992年、同『「満洲国」経済史研究』名古屋大学出版会、2003年、同『「大東亜共栄圏」経済史研究』名古屋大学出版会、2011年。

23) 平井廣一「『大東亜共栄圏』期の日本の物資供給」『北星論集』50-1、2010年。

24) 岩武昭彦『南方軍政下の経済政策』上下（汲古書院、1981年）、同『南方軍政論集』（巌南堂書店、1989年）。1930年代から日本軍政期を扱ったアジア地域研究を見ると、

著作だけを挙げても、倉沢愛子『日本占領下のジャワ農村の変容』(草思社、1992年)、同編『東南アジア史のなかの日本占領』(早稲田大学出版部、1997年)、同『資源の戦争「大東亜共栄圏」の人流・物流』(岩波書店、2012年)、後藤乾一『日本占領期インドネシア研究』(龍渓書舎、1989年)、池端雪浦編『日本占領下のフィリピン』(岩波書店、1996年)、明石陽至編著『日本占領下の英領マラヤ・シンガポール』(岩波書店、2001年)、前掲『岩波講座 東南アジア史』第6巻 植民地経済の繁栄と凋落、ポール・H・クラトスカ『日本占領下のマラヤ 1941-45』(みすず書房、2005年、原書は1998年) などが占領下の経済問題を取り上げている。

25) 南方地域での米穀需給問題については、倉沢愛子「米穀問題に見る占領期の東南アジア——ビルマ、マラヤの事情を中心に」前掲『東南アジア史のなかの日本占領』所収、吉村真子「日本軍政下のマラヤの経済政策——物資調達と日本人ゴム農園」前掲『日本占領下の英領マラヤ・シンガポール』所収、フィリピンにおける糖業の再編、棉花の増産については、永野善子「日本占領期フィリピンにおける糖業調整政策の性格と実態」前掲『東南アジア史のなかの日本占領』所収、同「棉花増産計画の挫折と帰結」前掲『日本占領下のフィリピン』所収が詳しい。

26) 日本帝国圏内への戦時期の企業進出については、柴田善雅による一連の研究がある。同「南洋興発株式会社の関係企業投資」『東洋研究』第185号、2012年、同「日中戦争期東洋拓殖株式会社の朝鮮内関係会社投資」『大東文化大学紀要』第50号、2012年、同「日中戦争台湾拓殖株式会社の関係会社投資」『大東文化大学紀要』第51号、2013年、同「『満洲国』における日系証券会社の現地化」『東洋研究』第189号、2013年など。

27) 物資動員計画の構想から具体化に至る経緯、計画の構造については、前掲『物資動員計画と共栄圏構想の形成』第1〜3章を参照のこと。

28) 日米通商航海条約破棄通告後の、鉱石、特殊鋼、原油等の特別輸入・繰上輸入等については、前掲『物資動員計画と共栄圏構想の形成』232〜237、295〜296頁を参照のこと。

29) 国民更生金庫を利用した民需産業の企業整備計画の推移は、原朗・山崎志郎編『戦時日本の経済再編制』日本経済評論社、2006年を参照のこと。

30) そうした事例として、小林英夫「15年戦争下の日本経済」(『駒沢大学経済学論集』16-1、1984年) を挙げておく。同論文では、第1次、第2次生産力拡充計画の長期計画の目標値や年度当初の計画と生産実績を比較する方法で、計画からの乖離が過度に強調されている。

31) 物資動員計画に関連する諸計画とその立案資料は、原朗との共同編集で『初期物資動員計画資料』全12巻、『開戦期物資動員計画資料』全12巻、『後期物資動員計画資料』全14巻、および補遺として『柏原兵太郎文書』(国立国会図書館憲政資料室所蔵)を中心にした『物資動員計画重要資料』全4巻 (現代史料出版、1997〜2004年) が公刊されている。同資料集には、物資動員計画を根幹とした資金、労働力、交通、電力などに関する国家総動員諸計画についても収録している。原朗の収集した原資料の整

理作業の経緯については、前掲『物資動員計画と共栄圏構想の形成』の「あとがき」を参照のこと。

32) 前掲『戦時経済総動員計画の研究』は、物資動員計画の基礎の上で展開する資金統制計画、生産力拡充計画、軍需動員計画、労務動員計画、企業整備による企業設備の再資源化と、動員体制の再編過程を扱ったものであり、前掲『物資動員計画と共栄圏構想の形成』と本書を合わせて、一体的な戦時経済総動員計画体系を示すことになる。

目　　次

はしがき　3
　1．研究史と課題　3
　　　戦時経済研究の軌跡／物資動員計画の射程
　2．本書の構成　17
　物資動員計画の用語説明　57

序　章　経済総動員体制の体系化と大東亜共栄圏　　　　　　　　　　1

はじめに　1
第1節　戦時経済総動員体制　2
　1　経済総動員体制の準備　2
　　　軍需工業動員法と総動員計画／総動員計画の具体化／経済統制の開始
　2　総動員諸計画の始動　6
　　　軍需動員計画／物資動員計画／生産力拡充計画／資金統制計画／
　　　労務動員計画／海上輸送の計画化
　3　経済統制機構の再編　18
　　（1）　経済新体制——組織的協調による「計画化」
　　　経済統制と利潤の調整／政策協力機関の実態
　　（2）　国際環境の変化と統制機構の整備
　　　経済統制の硬直性問題／統制機構の制度的整備
第2節　総動員自給圏構想の形成と変質　24
　1　日満支経済提携構想　25
　　（1）　対重慶政府分裂工作と日満支経済提携構想
　　　物資動員計画と占領地開発計画／対重慶政府和平工作と東亜新秩序構想／
　　　日満支ブロック開発構想
　　（2）　国際的反共連携と中国新政権樹立構想
　　　近衛東亜新秩序構想の頓挫／平沼内閣の反共軍事同盟と中国新中央政府構想
　2　大東亜共栄圏構想の形成　31
　　（1）　第2次欧州大戦への中立戦略と自給圏構想

「大正新時代の天佑」の再現と資源戦略／東南アジア貿易の拡大構想／
第2次欧州大戦と東亜新秩序構想の再構築／重慶政府封じ込めと南京政府の承認

(2) 日独伊三国同盟と自給圏構想

日独の連携強化構想／近衛内閣の世界4分割構想／対アジア外交の積極化／
対米英戦争の「国力判断」／三国同盟を利用した共栄圏構想

(3) 蘭印経済交渉と自給圏構想

蘭印交渉の開始／小林一三蘭印経済使節団／芳沢謙吉蘭印経済使節団

(4) 日華基本条約の締結

「大持久戦」への転換／汪兆銘政権の承認と「日満支新秩序」／
対アジア貿易の拡大

(5) 日ソ中立条約と資源外交の頓挫

日ソ国交調整の懸案／三国同盟と日ソ国交調整構想／独ソ関係の険悪化／
対ソ国交調整案／独ソ対立と日ソ中立条約

3 日米通商航海条約の破棄と対米交渉　64

(1) 条約破棄後の国交調整

対米国交調整案／野村・グルー会談

(2) 米国の対日姿勢の硬化

(3) 東南アジアでの緊張拡大と戦時「国力判断」

東南アジア積極外交と対英関係／陸軍の「国力判断」／企画院の「国力判断」／
海軍の「国力判断」

4 日米交渉と開戦判断　72

(1) 日米諒解案

日米諒解案の作成／日米諒解案の内容／野村大使の諒解案理解

(2) 陸海軍統帥部と松岡外相の対応

陸海軍統帥部の歓迎／松岡外相の反発と交渉の膠着

(3) 対米英蘭関係の破綻

蘭印経済交渉の打ち切りと南部仏印進駐／第3次近衛内閣の対米交渉／
日米首脳会談の開催交渉／米国の原則回帰／東條内閣期の日米交渉——甲案、乙案

5 南方軍事占領と資源獲得構想　86

対日資産凍結と日本経済の衰微／軍事占領と戦略物資の取得計画／
石油備蓄状況

おわりに　91

第1章　太平洋戦争初期の経済総動員構想とその実態
　　　——1942年度物資動員計画　………………………………… 119

はじめに　119
第1節　1942年度物資動員計画第1次案の構想　120
　　　対日資産凍結と物資動員計画第1次案／第1次案の供給力／
　　　第1次案の配当計画
第2節　1942年度物資動員計画の策定　129
　1　開戦と南方資源獲得見通し　129
　　　開戦の決定／南方物資の獲得見通し／南方物資と海上輸送力問題／
　　　南方共栄圏の開発と交流
　2　海上輸送計画　139
　　　海上輸送力の算定／海上輸送計画
　3　陸上輸送計画　144
　　　交通動員計画の課題／鉄道輸送の需給計画／自動車輸送の需給計画
　4　1942年度物動供給計画　148
　　（1）　共栄圏経済対策
　　　開戦直後の共栄圏物資需給判断／共栄圏の石油需給見通し／輸入決済方法／
　　　輸入計画／軍政地域の物資交流計画
　　（2）　供給計画
　　　鉄鋼関係の供給計画／鉄鋼以外の供給計画／米穀の確保対策／
　　　需給逼迫物資の需給対策
　5　1942年度物動配当計画　164
　　　配当計画の構造変化／生産拡充計画向け配当／一般民需向け配当／
　　　官需向け配当
　6　液体燃料需給計画　175
　　　石油禁輸後の需給見通し／液体燃料の配給計画／南方油田の確保／
　　　液体燃料計画の所管問題／1942年度液体燃料需給計画
第3節　1942年度海上輸送計画の推移　187
　　　保有船舶の推移／第1四半期海上輸送計画／第2四半期以降の海上輸送計画／
　　　第1次船舶増徴／海上輸送計画の実績／その他の海上輸送計画／
　　　沿岸輸送用機帆船の動員

第 4 節　物資動員計画の実施過程と実績　203
　　　1　鉄鋼需給の計画化とその実績　203
　　　　（1）　鉄鋼需給の混乱と計画化
　　　　需給計画の厳格化構想／需給計画厳格化への対応
　　　　（2）　1942 年度上期の鉄鋼需給計画の実績
　　　　鋼材需給計画の実績／鉄鋼原料の需給実態
　　　　（3）　1942 年度下期の鉄鋼需給計画
　　　　鉄鋼生産計画の改訂／鉄鋼配当計画の改訂
　　　　（4）　1942 年度鉄鋼需給計画化の実績
　　　　配給の実績／需給計画化の内実／屑鉄回収計画と実績
　　　　（5）　需要部門別鉄鋼配当の推移
　　　　需要部門別の積出実績／陸海軍・官需向け配当実績／一般民需向け配当実績／
　　　　鋼材滞貨問題
　　　2　鉄鋼以外の供給実績　228
　　　　鉄鋼以外の供給実績／鋼材以外の民需向け配当実績
　　　3　液体燃料の供給・配給実績　236
　　　　南方石油の確保／第 1 四半期の供給実績／
　　　　製品別・月別の液体燃料の供給・配当実績
　　　4　機械類の需給混乱と生産隘路の多発　250
　　　5　大東亜共栄圏の経済交流　253
　　　　大東亜審議会／国内流通機構の整備／関満支輸出入機構の整備／
　　　　南方乙地域の輸出入統制／南方甲地域の輸出入統制／
　　　　共栄圏の物資交流計画とその実績
　おわりに　総動員体制の拡張と再編　264

第 2 章　共栄圏構想の挫折──1943 年度物資動員計画　………………　289

　はじめに　289
　第 1 節　1943 年度物資動員計画の策定　291
　　　1　1943 年度輸送計画の初期構想（1942 年 10 月）　291
　　　　船舶の解傭延期と輸送力の復元見通し／鉄鋼統制会による生産見通し
　　　2　1943 年度物資動員計画第 1 次案の策定　296

　　　　(1)　物動物資輸送計画の見直し
　　　　(2)　供給力第1次案
　　　　鉄鋼等の第1次供給計画案／緊急対策による御前会議案
　　3　物資動員計画第2次案の策定　303
　　　　(1)　輸送計画第2次案の策定
　　　　(2)　供給力第2次案の策定
　　　　鉄鋼以外の第2次供給見通し／鉄鋼需要の激増と追加配当案／
　　　　鉄鋼統制会の増産計画案／商工省の増産計画案
　　4　物資動員計画第3次案と最終案の策定　312
　　　　(1)　輸送力第3次案の策定
　　　　(2)　輸送計画とその調整
　　　　輸送力の捻出と3月1日案／附録修正計画／修正第3次案／
　　　　1943年度の共栄圏海上輸送計画／海上輸送力の確保対策／
　　　　鉄道・小運送の輸送力増強・調整対策
　　5　1943年度供給計画の策定　325
　　　　(1)　満洲国との調整
　　　　(2)　中国占領地域からの輸入見通し
　　　　(3)　南方軍政地域からの輸入見通し
　　　　(4)　乙地域（仏印、タイ）からの輸入見通し
　　　　(5)　枢軸国・中立国からの輸入見通し
　　　　(6)　供給計画
　　　　計画の拡張／鉄鋼関係の供給計画／鉄鋼以外の供給計画
　　6　配当計画の策定　344
　　　　(1)　主要物資の配当計画
　　　　鉄鋼配当の増額方策／主要物資の部門別配当計画
　　　　(2)　液体燃料の配当計画
　　　　(3)　生産力拡充計画用資材の配当
　　　　(4)　一般民需用資材の配当
　　　　民需配当の重点化方針／民需配当計画
　第2節　海上輸送計画の推移　359
　　1　第1四半期海上輸送計画　359

保有船舶の推移と海上輸送計画の具体化／第1四半期の海上輸送計画

 2 第2次船舶増徴問題 363

第1次増徴船舶の復帰問題／第2次船舶増徴／海上輸送力の見直し／
輸送力縮小の影響

 3 第2四半期海上輸送計画 369

 4 第3次、第4次船舶増徴問題と下期輸送計画 371

船舶の大量喪失と増徴要求／陸海軍の戦力増強策・㋩研究／
増徴規模をめぐる攻防／下期経済動員計画の見通し／第3四半期海上輸送計画／
第4四半期海上輸送計画

 5 輸送実績 383

民需船（C船）・機帆船輸送実績／陸送転移の実績／その他沿岸輸送

 6 機帆船統制の進展 388

各地機帆船業者の組織化と計画輸送への動員／遊休機帆船問題への対応／
木造船の計画造船・計画修繕

 7 鉄道輸送実績 396

第3節 物資動員計画の上期実施過程 398

 1 上期鉄鋼生産増強対策 398

年度当初の鉄鋼増産政策／第2四半期の生産増強政策／
鉄鋼統制会による増産対策

 2 第1四半期の実施状況 406

鉄鋼関係計画の実績／その他物資の実績／需給計画厳格化の実績

 3 第2次船舶増徴と第2～第4四半期計画の調整 411

輸送力縮小の産業間調整／鉄鋼資源の日満支間輸送の調整／鉄鋼増産対策／
南方開発計画の見直し

 4 1943年度上期生産・配給計画の実績 419

鉄鋼生産実績／鉄鋼配当実績／液体燃料の需給実績

第4節 物資動員計画の下期実施過程 425

 1 下期改訂物資動員計画 425

鉄鋼・軽金属増産に向けた徹底重点施策／下期鉄鋼生産計画／
鉄鋼以外の下期改訂計画

 2 下期鉄鋼生産増強対策と実績 436

鉄鋼関係の生産実績／中国占領地域の鉄鋼生産状況

3　物資動員計画のシステム課題　440
　　　　鉄鋼販売統制の問題点／鉄鋼販売統制の改善策／
　　　　陸軍省整備局の鉄鋼配給改革構想／年度末需給ギャップの調整／
　　　　軍需省による発注一元化の具体策／統制会の計画参画状況と改善要求
　　4　普通鋼以外の下期実績　457
　　　　素材供給／石油・石炭供給／北支物資動員計画の実績
　おわりに　465

第3章　太平洋戦争末期の総動員体制──1944年度物資動員計画　491

　はじめに　491
　第1節　1944年度物資動員計画大綱の立案　492
　　1　計画策定基準　492
　　　　1944年度物資動員計画の策定方針／1944年度の重点施策
　　2　重点物資の供給見通しの策定　497
　　　　第1次鉄鋼生産計画案／ソーダ類の供給見通し／石炭の供給見通し
　　3　第1次物資動員計画大綱　503
　　　　海上輸送力の見通し／地域別・物資別の海上輸送の見通し／
　　　　主要物資の供給見通し
　　4　日満支重要物資交流計画　511
　第2節　第3次船舶増徴と1944年度総動員諸計画の見直し　517
　　1　船舶増徴と鉄鋼・船舶・航空機の増産要求　517
　　　　船舶補填問題の再検討／陸海軍による増徴可能船舶の独自推計／
　　　　陸海軍による海上輸送力の独自推計／陸海軍主導の主要物資増強構想
　　2　陸海軍の鉄鋼増産対策案　526
　　　　陸海軍の鉄鋼増産見通し／陸海軍の海上輸送力予想／
　　　　統帥部・企画院合同作業／1944年度総動員基本骨格の決定
　第3節　1944年度第2次物動計画大綱　532
　　1　鉄鋼生産見通しの策定　532
　　　　第2次鉄鋼生産計画／第2次鉄鋼生産計画の条件
　　2　第2次物資動員計画大綱　537
　　　　海陸輸送力の捻出／第2次物動輸送計画大綱／航空機優先の物動計画と配給体制

3 軍需省鉄鋼局による鉄鋼増産構想　544

生産対策／原料対策／輸送対策／労務対策／技術対策／
鉄鋼二次製品の生産対策

4 計画の縮小見通しと重点主義的組み替え　554

海上輸送力の縮小／物資別海上輸送計画の縮小

第4節　第4次船舶増徴と1944年度計画の大幅見直し　558

1 第4次船舶増徴　558

陸海軍30万総噸の増徴要求／軍需省の輸送力推計／
軍需省の重要物資供給見通し／東條内閣末期の政権「強化策」／
第4次船舶増徴の最終決定／計画の破綻を回避する強引な行政査察

2 第4次船舶増徴後の輸送力と重要物資供給　571

輸送力の捻出／主要物資の供給見通し

3 臨時鉄鋼増産協議会による物動計画の二重化　575

臨時鉄鋼増産協議会の設置／臨時鉄鋼増産協議会の隘路打開策／
物資動員計画外の鉄鋼・船舶増産計画／鉄鉱石増産措置／
物動輸送計画の二重化

4 1944年度民需配当見通し　584

民需配当の基本方針／官需配当／一般民需配当／陸運増強資材の配当

第5節　1944年度物資動員計画の決定　592

1 1944年度計画および第1四半期実施計画の基本骨格　592

重要物資供給見通し／計画達成の諸条件

2 1944年度物資動員計画の確定　595

曖昧な問題決着／海上輸送計画／物資別海上輸送計画

3 供給計画　601

外地依存を外した供給計画／鉄鋼増産措置の問題点／非鉄金属等の増産措置／
石炭供給の増強措置

4 配当計画（基準）　609

配当区分の再編／鋼材配当計画／鋼材配当計画の問題性／
石炭配給の大幅削減／ソーダ類の供給削減

5 共栄圏交流計画　621

日満支物資交流計画／対南方向け物資供給計画／
南方経済交流計画と現地自給計画／液体燃料の配当計画

6 交通動員計画　634

海上輸送計画／陸上輸送計画

第6節　輸送計画と実績　638

   1　第1四半期輸送計画　638

   　船舶保有の年間推移／第1四半期海上輸送計画／液体燃料の供給状況／
   　交通動員計画の実施状況

   2　第2四半期輸送計画　647

   　第2四半期海上輸送計画の策定／絶対国防圏の瓦解と南方物資の繰上還送／
   　東條内閣の総辞職／小磯国昭内閣と第5次船舶増徴／
   　海上輸送計画の改訂とその実績／鉄道輸送計画の実績

   3　下期輸送力の見通し　658

   　小磯内閣の輸送力見直し作業／機帆船増徴後の輸送力見通し／
   　ABC船の一体化による南方輸送力の捻出構想／陸運輸送力の見通し／
   　液体燃料の下期供給見通し／内閣顧問制度の拡充と綜合計画局

   4　第3四半期輸送計画　669

   　ABC総合輸送計画／第6次船舶増徴と輸送力／第7次船舶増徴と輸送力／
   　「雪達磨式」造船・特別船舶体制に対する批判

   5　第4四半期輸送計画　677

   　輸送計画の策定／第4四半期の当初輸送計画の虚構と縮小改訂／
   　輸送力の統合運用体制と第8次船舶増徴／海上輸送計画の年間実績／
   　鉄道輸送計画の年間実績

第7節　物資動員計画の上期実施過程　697

   1　第1四半期実施計画　697

   　第1四半期供給計画／第1四半期配当計画

   2　第2四半期実施計画　704

   　第2四半期鉄鋼供給見通し／第2四半期の供給・配当計画／
   　鉄鋼生産の急減回避措置

   (1)　現状における生産確保対策

   (2)　空襲被害の拡大防止、保安対策

   (3)　被害復旧計画の策定

   (4)　生産転移計画の策定

   (5)　非常時における労務対策

   (6)　非常時における運搬対策

   (7)　戦時災害補償制度の実施

　　　　(8)　急変時における日満支生産・配当調整
　　　　(9)　大陸における鉄鋼生産設備の急速拡充
　　3　第2四半期改訂実施計画　713
　　　　輸送力の急減と計画の改訂／第2四半期石炭改訂計画／鉄鋼統制会の要望／
　　　　短期決戦か長期戦体制か／戦略物資の第2四半期改訂計画
　　4　第2四半期液体燃料配当計画　725
第8節　物資動員計画の下期実施過程　727
　　1　第3四半期実施計画　727
　　　　第3四半期計画の策定方針／第3四半期供給計画／第3四半期配当計画／
　　　　液体燃料の供給状況
　　2　未稼働物資の「戦力化」と下期配当計画への補充　737
　　　　未稼働物資への期待と第11回行政査察／未稼働物資の指定状況／
　　　　未稼働物資の回収状況
　　3　第4四半期実施計画　745
　　　　第4四半期供給計画／石炭・塩の第4四半期需給計画／第4四半期配当計画／
　　　　第4四半期液体燃料需給計画
　　4　第4四半期改訂物動計画　754
　　5　1944年度物資動員計画の実績　756
　　　　鉄鋼生産実績／液体燃料供給の実績
おわりに　761

第4章　総動員体制の破綻——1945年度物資動員計画 …………… 793

はじめに　793
第1節　海上輸送計画の策定　794
第2節　1945年度物資動員計画の策定準備　799
　　1　1945年度第1次国力予測　799
　　　　第1次海上輸送力予測と配炭見通し／重点物資の第1次供給見通し
　　2　1945年度第2次国力予測　808
　　　　第2次海上輸送力予測と配炭見通し／重点物資の第2次供給見通し
　　3　決勝非常措置構想　812

        4　1945年度第3次国力予測（物動基本計画）　816
            第3次海上輸送力予測／エネルギー供給の見通し／
            「特殊想定」による物的国力の推計
    第3節　1945年度物資動員実施計画　824
        1　第1四半期の海上輸送力の配分問題　824
            隘路の多発と計画の簡素化／海上輸送力の急減と食糧問題／小磯内閣の瓦解／
            海運一元化／食糧・軍需相克問題の処理
        2　第1四半期物資動員実施計画　833
            (1)　第1四半期海上輸送計画
            (2)　物資需給計画
            石炭需給計画／液体燃料需給計画／物資需給計画
        3　第1四半期物資動員計画の実施過程　845
            (1)　主要物資輸送力の修正と総動員体制の瓦解
            海上輸送力の縮小と本土決戦構想／「国力ノ現状」
            (2)　物資需給計画の行き詰まり
            海上輸送計画の変更／重要物資の需給不均衡
            (3)　第1四半期物資動員計画の実績
        4　第2四半期物資動員計画の策定と実績　859
            (1)　第2四半期物資動員計画の編成方針
            計画構成の変更／部門別重点措置
            (2)　海上輸送計画の一元化
            (3)　7月配船計画
            (4)　第2四半期輸送計画
            (5)　第2四半期物資需給計画
            石炭・液体燃料需給計画／主要物資の需給計画
            (6)　1945年度上期物資動員計画の実績
            海上輸送計画の実績／石炭・鉄鋼の生産実績／燃料需給計画の実績
おわりに　877

終　章　大東亜共栄圏構想の崩壊過程 ……………………………… 889

はじめに　889

第1節　海上輸送力と重要物資輸送の推移　890

　　　船舶建造／船舶管理体制／船舶保有／海上輸送計画／海上物資輸送実績

第2節　物資動員計画の推移　901

　　(1)　年度別計画の特質

　　1942年度物資動員計画／1943年度物資動員計画／1944年度物資動員計画／
　　1945年度物資動員計画

　　(2)　主要物資の供給推移

　　石炭／ソーダ類／鉄道

　　(3)　共栄圏の物資交流実績

第3節　物資動員計画と総動員体制　915

　　　物資動員計画と航空機工業／物資動員計画と軍工業会／
　　　物資動員計画と民需産業の犠牲／物資動員計画と総動員行政／
　　　戦時経済動員体制の諸段階

おわりに——戦後統制とその解除　924

あとがき　929

索引　　　935

図表一覧

序　章
表序-1	1939年度物動鉄鋼需給計画とその細分計画	
表序-2	1939年度資金統制計画	
表序-3	1939年度一般労働者需給調整	
表序-4	1939年度技術者需給状況	
表序-5	日満支不足物資の南方補給期待	
表序-6	対蘭印重要物資輸入要求（1940年）	
表序-7	対蘭印重要物資輸入要求と回答（1941年）	
表序-8	1941年7月時点の重要物資在庫状況	
表序-9	南方軍事占領後の重要物資供給見通し	
表序-10	開戦時の軍用、民需用の貯油量	

第1章
表1-1	1942年度物資動員計画第1次案の主要物資供給力（1941年10月）	
表1-2	非鉄金属割当船腹量	
表1-3	1942年度第1次アルミニウム生産計画案の原料別内訳	
表1-4	1942年度第1次案の民需用液体燃料供給力	
表1-5	1942年度物資動員計画第1次案の配当計画（1941年10月）	
表1-6	開戦後の南方甲地域での物資取得目標（1941年12月11日）	
表1-7	開戦後の南方甲地域繰綿生産目標（1942年4月）	
表1-8	1942年度南方期待物資対前年度比率（1942年3月）	
表1-9	マレーを中心とした南方物資交流計画（1942年4月）	
表1-10	開戦時の保有船舶	
表1-11	開戦から1942年度末までの保有船舶運用基準	
表1-12	1942年度汽船輸送力	
表1-13	1942年度第1四半期・年間輸送計画（1942年3月）	
表1-14	1942年度日満支海上輸送計画（1942年3月）	
表1-15	1942年度鉄道輸送需給調整計画（1942年6月）	
表1-16	1942年度大型自動車整備計画（1942年6月）	
表1-17	1942年度自動車輸送需給調整計画（1942年6月）	
表1-18	大東亜共栄圏の1943年度石油需給調整計画	
表1-19	大東亜共栄圏の石油開発構想	
表1-20	1942年度四半期別の外貨資金計画（1942年4月）	

表 1-21	物動 X 資金による 1942 年度輸入計画
表 1-22	鉄鋼統制会の 1942 年度鉄鋼計画案
表 1-23	1942 年度物資動員計画供給力（1942 年 4 月）
表 1-24	1943 年度の供給と在庫補填の見通し
表 1-25	1942 年度物資動員計画配当計画（1942 年 4 月）
表 1-26	1942 年度甲造船計画と所要鋼材
表 1-27	1942 年度計画造船用主要資材配当計画（1942 年 3 月）
表 1-28	1942 年度内地一般民需向け鋼材配当計画
表 1-29	1942 年度内地一般民需向け配当計画（鋼材以外）
表 1-30	軍需・民需の対前年度の配給比率
表 1-31	1942 年度官需査定作業
表 1-32	1940〜42 年度官需配当推移
表 1-33	1941 年度下期以降の民需用液体燃料需給状況（1942 年 10 月）
表 1-34	自動車用揮発油の民需割当と規制率の推移（1938 年 5 月〜42 年 3 月）
表 1-35	南方原油開発輸入の見通し（1942 年 5 月）
表 1-36	1942 年度原油需給計画（1942 年 5 月）
表 1-37	1942 年度液体燃料供給の内訳
表 1-38	1942 年度液体燃料需給計画（1942 年 5 月）
表 1-39	液体燃料差引陸海軍純配当計画
表 1-40	100 総噸以上船舶の増減推移
表 1-41	100 総噸以上船舶の保有量の推移
表 1-42	1942 年度第 1 四半期物動輸送計画と実績
表 1-43	1942 年度第 2 四半期以降の輸送力見通し（1942 年 6 月）
表 1-44	1942 年度輸送力の推移
表 1-45	1942 年度第 4 四半期物動物資輸送計画（1942 年 12 月）
表 1-46	開戦期から 1942 年度の民需船の輸送計画と実績
表 1-47	1942 年度物資別海上輸送計画の実績
表 1-48	1942 年度運航機関別輸送実績
表 1-49	鋼材需要取扱区分
表 1-50	鋼材品種別需要趨勢
表 1-51	1942 年度第 1 四半期の厚板・鋼管需給状況
表 1-52	1942 年度第 1 四半期の鋼材種類別生産実績
表 1-53	1942 年度第 1 四半期の鋼材生産・輸送実績と在庫数量
表 1-54	1942 年度第 1〜第 3 四半期鉄鋼配当実績と 12 月末改訂計画
表 1-55	1942 年度普通鋼鋼材種類別配給実績
表 1-56	1942 年度各四半期契約の鉄鋼需要区分別の履行状況

表1-57	1942年度四半期別厚板・鋼管需給状況	
表1-58	鉄鋼推定割当実施状況	
表1-59	1942年度四半期別鉄屑回収・使用実績	
表1-60	1942年度鉄鋼需要別割当と積出実績	
表1-61	1942年度陸海軍四半期別鋼材購入実績	
表1-62	1942年度陸海軍四半期別銑鉄購入実績	
表1-63	1942年度官需鉄鋼配当実績	
表1-64	1942年度各四半期の一般民需用鋼材の用途別配当実績	
表1-65	鉄鋼生産・配給の計画と実績（1940〜42年度）	
表1-66	1942年度物資動員計画主要物資の供給実績	
表1-67	1942年度物資動員計画主要物資の配給実績	
表1-68	1942年度一般民需向け物動物資の四半期別配当の推移	
表1-69	南方占領油田の復旧状況（1943年3月）	
表1-70	南方原油生産量の推移（暦年）	
表1-71	南方石油取得実績（暦年）	
表1-72	1942年度第1四半期液体燃料供給実績	
表1-73	1942年度第1〜第3四半期の国内液体燃料原料・製品の供給・配当実績（第4四半期は計画）	
表1-74	1942年度液体燃料種別供給・配給実績	
表1-75	1942年度需要団体別機械入手状況	
表1-76	1942年度主要機械機種別入手状況	
表1-77	機械関係統制会の1942年度上期主要資材入手状況	
表1-78	機械入手遅延による生産阻害状況	
表1-79	1942年度ビルマ輸出入計画（1942年5月）	

第2章

表2-1	1942年9月末保有C船の月間輸送力	
表2-2	1943〜44年度地域別海上輸送力（1942年10月22日案）	
表2-3	乙地域・日満支からのC船・運航機帆船の1943、44年度輸送計画見通し（1942年10月）	
表2-4	1943年度木船石炭輸送計画（1942年10月）	
表2-5	1943年度内地石炭用途別配当計画見通し対前年度比較	
表2-6	1943年度C船輸送力第1次案（1942年11月30日）	
表2-7	1943年度地域別海上輸送力第1次案（1942年11月30日）	
表2-8	1943年度物資別海上輸送計画第1次案（1942年11月30日）	
表2-9	鉄道輸送への転換による輸送力第1次案の増強計画	
表2-10	1943年度輸送計画第1次案の対前年度、前々年度比較	

表 2-11	1943 年度総合輸送力第 1 次案	
表 2-12	第 1 次供給計画鉄鋼関係内訳	
表 2-13	重要物資供給力第 1 次案（対前年度）	
表 2-14	鋼材 380 万トン確保案（1942 年 12 月）	
表 2-15	1943 年度輸送力第 2 次案（1942 年 12 月 29 日）	
表 2-16	1943 年度物資動員計画供給力第 2 次案（1943 年 1 月）	
表 2-17	1943 年度民需用鉄鋼配当概案（1943 年 2 月）	
表 2-18	鉄鋼 450 万トン供給案（1943 年 2 月）	
表 2-19	1943 年度鉄鋼生産計画の年間所要輸送力比較	
表 2-20	1943 年度輸送力第 3 次案（1943 年 2 月 22 日）	
表 2-21	1943 年度地域別輸送計画の推移	
表 2-22	機帆船による石炭以外の 1943 年度物動物資輸送力各地海務局管内出港の沿岸航路輸送物資（1943 年 2 月）	
表 2-23	1943 年度輸送力修正第 3 次案（1943 年 4 月 1 日）	
表 2-24	1943 年度汽船・運航機帆船の輸送増強と需給調整計画（1943 年 4 月 1 日）	
表 2-25	1943 年度鉄道輸送需給調整計画（1943 年 4 月）	
表 2-26	1943 年度陸上小運送需給調整計画	
表 2-27	満洲国からの 1943 年度輸入見込み	
表 2-28	満洲国の対日期待物資（1942 年 11 月）	
表 2-29	1943 年度満洲国物動計画における対日供給計画と対日期待物資	
表 2-30	中国占領地域からの 1943 年度輸入見通し	
表 2-31	甲地域内陸軍所管地域（A 地区）からの主要物資の 1943 年度取得見通し（1943 年 1 月）と実施計画（4 月）	
表 2-32	甲地域内海軍所管地域（B 地区）からの主要物資の 1943 年度取得見通し（1943 年 1 月）と実施計画（4 月）	
表 2-33	乙地域（仏印・タイ）からの 1943 年度物資輸入見通し	
表 2-34	物動 X 資金による乙地域輸入計画	
表 2-35	物動 Y 資金による乙地米穀輸入計画	
表 2-36	1943 年度鉄鋼関係供給計画（1943 年 4 月）	
表 2-37	1943 年度物資動員計画供給力（1943 年 4 月）	
表 2-38	1943 年度鉄鋼最大供給量の見込み	
表 2-39	普通鋼々材配当計画（1943 年 4 月）	
表 2-40	1943 年度物資動員計画配給計画	
表 2-41	液体燃料の 1943 年度民需（$C_2 \sim C_5$）配当基準（1943 年 3 月）	
表 2-42	1943 年度石油供給計画	
表 2-43	1943 年度液体燃料配当計画	

表 2-44　生産拡充用資材（C_2）の割当
表 2-45　1943 年度一般民需資材配当計画（1943 年 5 月）
表 2-46　第三分科物資の 1943 年度一般民需配当計画（1943 年 5 月）
表 2-47　1943 年度船腹保有量（100 総噸以上）の推移
表 2-48　1943 年度第 1〜第 3 四半期の海上輸送計画
表 2-49　1943 年度の民需船の新規稼働船腹計画の推移
表 2-50　1943 年度 C 船輸送力の改訂（1943 年 6 月）
表 2-51　ABC 船による第 2 四半期以降の 43 年度輸送計画の調整
表 2-52　陸海軍の新規増徴（5〜35 万総噸）による物資輸送計画への影響と補填後の輸送力
表 2-53　1943 年第 4 四半期輸送力の状況
表 2-54　軍徴傭による 1943 年度の C 船輸送力計画の改訂経過
表 2-55　1943 年度物資別海上輸送計画とその実績
表 2-56　1943 年度民需船（C 船）稼航率の推移
表 2-57　1943 年度機帆船輸送計画と実績
表 2-58　海上輸送物資の陸運転移実施状況
表 2-59　1943 年度における南鮮諸港への到着と船積の実績
表 2-60　機帆船保有状況（1944 年 4 月）
表 2-61　国家使用機帆船の運航地域と担当輸送（1944 年 7 月 1 日現在）
表 2-62　地域別遊休機帆船（1943 年 7 月）
表 2-63　1944 年 1 月の主要航路輸送力
表 2-64　修繕を必要とする機帆船・艀船調査
表 2-65　1943 年度物資別鉄道輸送実績の推移
表 2-66　1943 年度上期に策定された鉄鋼増産対策
表 2-67　夏期生産確保対策懇談会で問題処理の要望があった事項
表 2-68　1943 年度の物動第 1 四半期供給計画（上段）と実績（下段）
表 2-69　1943 年第 2〜第 4 四半期輸送計画の調整と改訂計画
表 2-70　日本製鉄輪西製鉄所使用原料構成と出銑量
表 2-71　鋼材計画の第 2 四半期以降の調整
表 2-72　1943 年度上期銑鉄生産計画と実績
表 2-73　1943 年度上期鋼塊・鋳鋼の生産実績
表 2-74　1943 年度上期鋼材積出（入手）状況
表 2-75　1942 年度、43 年度上期の部門別鋼材割当と陸海軍超過発券状況
表 2-76　南方における石油採油、精製計画と上期実績
表 2-77　石油内地還送計画と実績
表 2-78　1943 年度下期鉄鋼生産計画案の推移
表 2-79　下期鋼材特配とその捻出方法

表 2-80	1943 年度下期銑鉄・鋼塊・鋼材増産計画
表 2-81	1943 年度下期配当計画の改訂
表 2-82	1943 年度下期石炭地域間需給計画
表 2-83	1943 年度下期産業別石炭配当計画の改訂
表 2-84	鉄鋼生産確保打ち合わせ会議の増産措置検討結果
表 2-85	1943 年度鉄鋼生産計画と実績
表 2-86	1943 年度下期鉄鋼生産割当と実績
表 2-87	中国占領地域の高炉操業状況（1944 年 3 月）
表 2-88	業務考査によって指摘された鉄鋼販売統制の業務実態
表 2-89	鉄鋼推定割当実施状況
表 2-90	1943 年度部門別鋼材割当・取得状況と調整作業
表 2-91	国家総動員諸計画への統制会の参画状況（1943 年 12 月）
表 2-92	国家総動員諸計画に対する各統制会の要望事項（1943 年 12 月）
表 2-93	1943 年度北支主要物資の供給実績

第 3 章

図 3-1	輸送計画の体系
表 3-1	1944 年度ソーダ類供給見通し（1943 年 8 月）
表 3-2	1944 年度石炭供給計画（1943 年 8 月）
表 3-3	民需船（C 船）保有量、輸送力の見通し（1943 年 8 月）
表 3-4	1944 年度海上輸送力見通し対前年度比較（1943 年 8 月）
表 3-5	日満支配船計画 1943 年度、44 年度大綱の比較
表 3-6	甲地域配船計画 1943 年度計画、44 年度計画大綱の比較
表 3-7	乙地域配船計画の 1943 年度計画と 44 年度大綱の比較
表 3-8	1943 年度計画と 44 年度計画大綱（1943 年 8 月）の供給力比較
表 3-9	重要物資の日満支交流 1944 年度基幹計画案（1943 年 8 月）
表 3-10	1944 年度普通銑対日供給見通し（1943 年 8 月）
表 3-11	1943 年度下期鉄鋼関係船腹の捻出見通し
表 3-12	1943 年度下期の鉄鋼関係を除く輸送削減案
表 3-13	陸海軍による輸送力増強と増徴可能船腹の推計（1943 年 9 月）
表 3-14	1943 年 9 月以降 36 万総噸増徴、毎月 12 万総噸補填を想定した 43 年度の C 船（汽船）輸送力
表 3-15	1944 年度 C 船（汽船）保有・稼働状況と基本輸送力（1943 年 9 月）
表 3-16	1944 年度主要物動物資の輸送見通し（1943 年 9 月）
表 3-17	1943 年度、44 年度重要物資の生産見通し（1943 年 9 月）
表 3-18	1943 年度、44 年度鋼材配当計画（1943 年 9 月）

図表一覧　51

表 3-19　1944 年度鉄鋼生産計画（1943 年 10 月 7 日閣議稟請案）
表 3-20　第 2 次 1944 年度物動計画大綱案鉄鋼生産計画の対 43 年度比較
表 3-21　1944 年度民需船（C 船、運航機帆船）輸送力見通し（1943 年 10 月）
表 3-22　1944 年度鉄道貨物輸送計画（1943 年 10 月）
表 3-23　1944 年度内地陸送小運送計画（1943 年 10 月）
表 3-24　1944 年度第 2 次物資動員計画大綱の供給力（1943 年 10 月）
表 3-25　1944 年度の内地鉄鉱山の設備拡充計画（1943 年 11 月）
表 3-26　砂鉄増産設備の拡充計画（1943 年 11 月）
表 3-27　1944 年度第 2 次物動大綱の鉄鋼輸送計画（1943 年 11 月）
表 3-28　1944 年度鉄鋼部門労働者充足計画（1943 年 11 月）
表 3-29　1944 年度鉄鋼部門新規学卒技術者学科別・学校別所要数（1943 年 11 月）
表 3-30　1944 年度重要鉄鋼二次製品の需給計画案（1943 年 11 月）
表 3-31　1944 年度海上輸送力および重要物資供給力の見通し（1943 年 12 月末）
表 3-32　1944 年度日満支海上輸送見通し（1943 年 12 月）
表 3-33　1943 年度第 4 四半期以降の民需汽船（C 船）輸送力の見通し（1944 年 2 月 18 日）
表 3-34　第 4 次増徴後の年間輸送力の見通し（1944 年 2 月 18 日）
表 3-35　1944 年度 C 船・運航機帆船の物資別日満支輸送見通し（1944 年 2 月 18 日）
表 3-36　1944 年度甲地域 C 船輸送見通し（1944 年 2 月 18 日）
表 3-37　1944 年度乙地域 C 船輸送見通し（1944 年 2 月 18 日）
表 3-38　第 4 次増徴後の主要物資供給力見通し（1944 年 2 月）
表 3-39　主要物資の最低供給力維持に必要な海上輸送の増送量（1944 年 2 月）
表 3-40　太平洋戦争期の陸海軍新規徴傭
表 3-41　1944 年度民需船、運航機帆船、北海道機帆船の輸送力
表 3-42　1944 年度および第 1 四半期の物資別海上輸送力（1944 年 3 月 6 日）
表 3-43　1944 年度主要物資の供給力見通し（1944 年 3 月 6 日）
表 3-44　1944 年度鉄鋼生産計画概案（1944 年 3 月）
表 3-45　甲造船 255 万総噸計画を前提とした限定品種生産見通し
表 3-46　1944 年度朝鮮産鉄鉱石需給見通し（1944 年 3 月）
表 3-47　鉄鉱貯鉱 1944 年度買上予定
表 3-48　官需の部門別鋼材配当計画の推移
表 3-49　一般民需普通鋼鋼材配当推移（1940〜43 年度）と 44 年度配当案
表 3-50　1944 年度陸運増強用 C_x 鋼材査定
表 3-51　重要物資の 1944 年度および第 1 四半期の供給・配当見通し（1944 年 3 月 25 日）
表 3-52　1944 年度海上輸送力と地域別配分
表 3-53　1944 年度物資動員計画の物資別海上輸送力の配分（1944 年 4 月）
表 3-54　1944 年度陸海軍徴傭船による物動輸送支援と連合輸送計画（1944 年 4 月）

表 3-55	1944 年度物資動員計画供給見通し（1944 年 4 月）	
表 3-56	1944 年度重要物動物資供給力対前年度比較	
表 3-57	1944 年度輸送手段別配炭計画（1944 年 4 月）	
表 3-58	1944 年度石炭地域間需給計画（1944 年 4 月）	
表 3-59	1944 年度物資動員計画配当計画（1944 年 4 月）	
表 3-60	1942～44 年度官需普通鋼鋼材配当推移	
表 3-61	1944 年度産業別石炭配当計画（1944 年 4 月）	
表 3-62	1944 年度ソーダ類供給計画	
表 3-63	1944 年度鉄鉱石・石炭の日満支共栄圏交流計画（1944 年 6 月）	
表 3-64	1944 年度南方向け普通鋼鋼材配当案	
表 3-65	1944 年度南方向け機械・機具生産用主要原材料および関連資材の配当査定案	
表 3-66	1944 年度南方向け紡績用棉花	
表 3-67	1944 年度大東亜圏交易計画（1944 年 5 月）	
表 3-68	1944 年度南方南部の経済交流計画	
表 3-69	1944 年度南方自給工業整備計画（1944 年 7 月 23 日）	
表 3-70	1944 年度液体燃料需給の見通し（1944 年 4 月）	
表 3-71	1944 年度交通動員計画総括表（1944 年 5 月）	
表 3-72	1944 年度鉄道輸送需給調整計画（1944 年 5 月）	
表 3-73	1944 年度民営自動車貨物輸送計画と車両整備計画（1944 年 5 月）	
表 3-74	1944 年度小運送計画（1944 年 5 月）	
表 3-75	1944 年度官営自動車輸送計画と車両整備計画（1944 年 5 月）	
表 3-76	1944 年度の船腹（100 総噸以上）保有量の推移	
表 3-77	1944 年度第 1 四半期物動物資海上輸送力の配分（1944 年 4 月）	
表 3-78	1944 年度 C 船輸送力の推移	
表 3-79	1944 年度第 1 四半期甲地域海上輸送計画と積地実績	
表 3-80	専航機帆船運用状況（1944 年 7 月）	
表 3-81	1944 年度第 1 四半期貨物輸送実績	
表 3-82	1944 年度第 2 四半期から 45 年度第 1 四半期の C 船輸送力の見通し（1944 年 6 月）	
表 3-83	1944 年度第 2 四半期物動物資海上輸送力の配分（1944 年 6 月）	
表 3-84	1944 年の機帆船の徴傭実施状況	
表 3-85	1944 年度機帆船輸送計画の実績と見通し（1944 年 8 月）	
表 3-86	1944 年度下期 C 船輸送力の見通し（1944 年 8 月末時点）	
表 3-87	1944 年度第 3 四半期物動基礎輸送力および下期交通動員調整計画（1944 年 10 月）	
表 3-88	1944 年度下期民需船舶用 B 重油需給見通し（1944 年 10 月）	
表 3-89	1944 年度第 4 四半期遊休機帆船と活用見通し（1944 年 10 月）	
表 3-90	1944 年度国有鉄道貨物輸送計画の上期実績と下期改訂計画（1944 年 10 月）	

表 3-91　1944 年度国有鉄道陸運転移計画（1944 年 10 月）
表 3-92　1944 年度下期民営小運送計画（1944 年 10 月）
表 3-93　1944 年度民営自動車燃料等需給状況
表 3-94　1944 年度下期南方液体燃料還送計画（1944 年 10 月）
表 3-95　1944 年度第 3 四半期地域別機関別輸送計画（1944 年 10 月）
表 3-96　1944 年度第 3 四半期物資別輸送機関別海上輸送計画（1944 年 10 月）
表 3-97　1944 年度第 3 四半期石炭増送緊急措置
表 3-98　1944 年度第 4 四半期民需船輸送力
表 3-99　1944 年度第 4 四半期民需船の日満支海上輸送力とその地域配分
表 3-100　1944 年度第 4 四半期物資別輸送機関別海上輸送計画（12 月 30 日）とその改訂計画（1 月 28 日）
表 3-101　1944 年度 C 船・機帆船輸送計画の推移
表 3-102　1944 年度物資別海上輸送計画の実績
表 3-103　1944 年度における南鮮諸港への到着と船積の実績
表 3-104　1943・44 年度品目別鉄道輸送計画の推移
表 3-105　1944 年度第 1 四半期実施計画供給力計画（1944 年 4 月）
表 3-106　1944 年度第 1 四半期供給力計画における甲地域、乙地域輸入依存物資
表 3-107　1944 年度第 1 四半期主要物資配当計画（1944 年 4 月）
表 3-108　1944 年度第 2 四半期内地鉄鋼関係生産計画の推移
表 3-109　1944 年度第 2 四半期実施計画供給力計画（1944 年 6 月）
表 3-110　1944 年度第 2 四半期主要物資配当計画（1944 年 6 月）
表 3-111　1944 年度第 2 四半期鉄鋼原料配給見通し（7 月 20 日）
表 3-112　1944 年度第 2〜第 4 四半期石炭物動改訂計画（1944 年 7 月）
表 3-113　1944 年度の産業別改訂石炭配当計画（1944 年 7 月）
表 3-114　1944 年 7 月 20 日時点の各地製鉄所の貯炭状況および必要貯炭量
表 3-115　1944 年 7 月主要製鉄所貯鉱状況
表 3-116　鉄鋼関係設備休止計画（1944 年 8 月）
表 3-117　1944 年度第 2 四半期主要物資供給計画の改訂（1944 年 8 月）
表 3-118　1944 年度第 2 四半期ソーダ類配当計画の変更（1944 年 8 月）
表 3-119　1944 年度第二四半期改訂液体燃料需給計画（1944 年 8 月）
表 3-120　1944 年度第 3 四半期鉄鋼計画の変遷
表 3-121　1944 年度第 3 四半期実施計画供給力計画（1944 年 9 月）
表 3-122　1944 年度第 3 四半期主要物資配当計画（1944 年 10 月）
表 3-123　1944 年 4〜11 月の石油生産・還送・精製・配給
図 3-2　第 11 回行政査察運営組織
表 3-124　第 1 次査察における活用物資見込み

表 3-125　1944 年度第 3 四半期鋼材追加配当
表 3-126　1944 年度物動実績見込（1944 年 12 月時点）
表 3-127　1944 年度第 4 四半期実施計画供給力暫定計画（1944 年 12 月）
表 3-128　1944 年度第 4 四半期石炭地域間需給計画
表 3-129　1944 年度第 4 四半期主要物資暫定配当計画（1944 年 12 月）
表 3-130　1944 年度第 4 四半期液体燃料暫定需給計画（1944 年 12 月）
表 3-131　1944 年度第 4 四半期実施計画供給力暫定計画（1945 年 1 月）
表 3-132　1944 年度鉄鉱石海送実績
表 3-133　1944 年度鉄鋼原料入手状況
表 3-134　1944 年度鉄鋼生産の推移
表 3-135　南方原油生産実績（1943～45 年）
表 3-136　南方石油取得実績（1943～45 年）

第 4 章

表 4-1　1945 年度民需汽船輸送力の算定（1944 年 8 月）
表 4-2　1944 年度輸送計画と 45 年度輸送力の見込み（1944 年 8 月）
表 4-3　1945 年度輸送力増加対策（1944 年 11 月）
表 4-4　1944 年度第 3 四半期以降の各期首船腹量予想（1944 年 10 月）
表 4-5　1945 年度汽船、機帆船等の輸送力の見通し（1944 年 10 月）
表 4-6　1945 年度物資別輸送機関別輸送計画（1944 年 10 月）
表 4-7　1945 年度石炭地域間需給計画（1944 年 10 月）
表 4-8　1944 年度第 4 四半期および 45 年度鉄鋼需給見通し（1944 年 10 月）
表 4-9　1945 年度液体燃料需給見通し（1944 年 10 月）
表 4-10　1944 年度下期、45 年度日満支液体燃料努力目標（1944 年 10 月）
表 4-11　1945 年度内地主要食糧需給見通し（1944 年 10 月）
表 4-12　食糧等の農商省所管物資の 1945 年度需給見込み（1944 年 10 月）
表 4-13　1945 年度海上輸送力第 1 次・第 2 次推計比較
表 4-14　1945 年度産業別石炭配当計画案（1944 年 11 月）
表 4-15　1945 年度鉄鋼関係生産計画（1944 年 11 月）
表 4-16　1944 年度非鉄金属配船計画第 1・第 2 次案比較
表 4-17　決勝非常措置要綱（1945 年 1 月）における年間目標
表 4-18　1945 年度主要物資供給の見通し（1945 年 2 月）
表 4-19　1945 年度海上輸送力（基本計画・第 3 次国力推計）
表 4-20　1945 年度物資別輸送力配分計画（1945 年 3 月）
表 4-21　1945 年度上期大陸・朝鮮物資輸送ルート別取得計画（1945 年 3 月）
表 4-22　1945 年度液体燃料供給計画（1945 年 3 月）

表 4-23	1945 年度上期食糧関係配船の削減による軍需生産等への影響（4 月 5 日）
表 4-24	1945 年度上期食糧関係配船の削減による軍需生産等への影響（4 月 16 日）
表 4-25	1945 年度第 1 四半期物資別輸送機関別輸送計画（1945 年 4 月）
表 4-26	1945 年度第 1 四半期石炭地域間需給計画（1945 年 4 月）
表 4-27	1945 年度第 1 四半期石炭産業別、地域別配当計画（1945 年 4 月）
表 4-28	1945 年度第 1 四半期液体燃料供給計画（1945 年 4 月）
表 4-29	1945 年度第 1 四半期主要物資需給計画（1945 年 4 月）
表 4-30	1945 年度重要課題と鋼材所要量
表 4-31	1945 年度第 1 四半期各月 C 船輸送計画の推移
表 4-32	1945 年度第 1 四半期火薬類の生産状況（1945 年 6 月）
表 4-33	1945 年度第 1 実績と第 2・第 3 四半期の塩需給見通し（1945 年 6 月）
表 4-34	国家使用船舶の現況（1945 年 6 月 1 日）
表 4-35	1945 年 7 月配船計画
表 4-36	物資別輸送機関別輸送計画の第 1、第 2 四半期比較
表 4-37	1945 年度第 2 四半期石炭地域間需給計画（1945 年 7 月）
表 4-38	1945 年度第 2 四半期石炭産業別、地域別配当計画（1945 年 7 月）
表 4-39	1945 年度第 2 四半期液体燃料供給計画（1945 年 7 月）
表 4-40	1945 年度第 2 四半期主要物資需給計画（1945 年 7 月）
表 4-41	1945 年度第 2 四半期民需用鋼材地方総監府別部門別配当計画（1945 年 7 月）
表 4-42	1945 年 4〜8 月（終戦時）の主要物資海上輸送計画とその実績
表 4-43	1945 年度石炭産出実績
表 4-44	1945 年度鋼材生産と配炭実績

終　章

表終-1	100 総噸以上の船腹の増減推移
表終-2	100 総噸以上の船舶保有量の推移
表終-3	1941〜45 年度（終戦時まで）の海上輸送計画と実績
表終-4	民需船向け燃料割当の推移
表終-5	1941〜45 年度（終戦時）の海上輸送物資別計画と実績
表終-6	石炭事業の推移（1940〜45 年度）
表終-7	1941〜47 年度の内地石炭需給状況
表終-8	ソーダ灰部門別配当実績（1941〜46 年度）
表終-9	苛性ソーダ部門別配当実績（1941〜45 年度）
表終-10	戦時下の鉄道輸送実績（1937〜45 年度）
表終-11	マレー地区食糧輸入実績
表終-12	主要物資南方交流実績

物資動員計画の用語説明

A	陸軍需。陸軍が造幣廠等で直接消費する資材に加え、陸軍が直接発注する管理、監督工場等の原材料を含む。
A_1	充足陸軍需。陸軍発注民間工場等の工場建設、機械用の資材。1939年度のみ使用された区分で公式にはAに内包され、40年度からC_1に統合。
B	海軍需。海軍が艦政本部で所管する工廠等で直接消費する資材に加え、海軍が直接発注する管理、監督工場等への原材料を含む。
B_1	充足海軍需。海軍発注民間工場等の工場建設、機械用の資材。1939年度のみ使用された区分で公式にはBに内包され、40年度からC_1に統合。
C_1	充足軍需、陸海軍の民間発注工場の工場建設、機械用資材。資源局策定の総動員期間計画の中では、「充足需要」の名称で扱われた。物資動員計画では1940年度から42年度まで使用された区分。当初より曖昧との批判があり、43年度から廃止。
C_2	生産力拡充計画用資材。担当企業の設備拡充・補修、工場建設、労働者用住宅、運転資材を含む。
C_3	官需。ほとんどは鉄道省鉄道事業用の資材。このほかに、大蔵省所管アルコール事業、内務省所管建設工事などの所要資材を含む。
C_4イ	輸出用のうち、満洲・中華民国の円決済圏向けの資材。製品としての輸出のほか、原料・部品として輸出分も含まれる。
C_4ロ	輸出用のうち第三国向けの資材。製品としての輸出のほか、原料・部品として輸出分も含まれる。
C_5	一般民需用資材。主に民間の一般消費財用の資材。しかし、生産力拡充計画に関連する重要機械に必要な資材もこの計画に含まれる。
C_6	1940年度下期改訂計画の際、「在庫繰入」の翌年度配当枠として使われ、41年度概略案以降は「生産確保用」と呼ばれ、鉱物などそれ自体としてはC_1～C_5への配当計画をほとんど持たない物動物資について、この枠にまとめて配当した。銑鉄の場合は一部をC_1～C_5に配当し、鋼材原料の分をC_6に配当した。
C_7	1944年度第1四半期計画に設けられた汎用電動機・電磁開閉器、乾電池、鍛圧機械用の資材。各部門の配当から所要分を再配当する形をとった。
移管船舶造修	1942年4月の42年度計画に海軍需に別掲された民間造船業用の資材配当枠。
移管航空機	1941年8月決定となった第2～第4四半期物動から陸軍需、海軍需に別掲された配当枠。C_1から移されたものとみられる。
B_x	1943年度から設けられた船舶造修用資材の配当区分。
C_x	1944年度から公式に設定された輸送力増強用の配当区分。鉄道、自動車、軽車両等の「車両用」（満洲分、国内製作の中国占領地分、官需分を一括）と、荷役、港湾関係の「施設用」からなる。ただし、43年度にも1,681トンがこの区分に基づいて配分されている。
C_y	1943年度から設定された南方開発用の配当区分。従来陸海軍需から負担していた南方甲地域での石油・鉱石開発、木造船、鉄道・通信事業の資材を民需枠に移したもの。
C_z	1944年度から設定されたC_2、C_3、C_5に含まれていた民間の防空施設用を一括した区分。
㋚	沈船処理用資材。海軍需要の項目として1943年度から設定された沈船引き揚げ用資材。
D	1944年度から設定された航空機および関連兵器の所要資材の配当区分。陸海軍航空本部を統合した軍需省航空兵器総局に配当。
㋺	呂号兵器（ロケット推進機）用資材。

㊧		1945年度から設けられた液体燃料対策用の資材。
自給圏		南京国民政府成立を機に1940年度以降、日満支と表記される地域区分。日本、満洲、南京国民政府の統治範囲。
補給圏		1941年度の第2四半期以降使われる貿易地域区分。第一～第三に区分し、第一は仏印・タイ、第二はフィリピン、マレー、蘭印等、第三は豪州、ビルマ、インド、北米、南米、アフリカ。
甲地域・乙地域		太平洋戦争以後、1942年度計画から使われる地域区分。甲地域は、フィリピン、マレー、ビルマ、蘭印、ボルネオ等の軍事占領地域。乙地域は仏印、タイ。
A地区・B地区		甲地域内の陸海軍の所管地域。A地区（陸軍）は、フィリピン、北ボルネオ、ジャワ、マレー・スマトラ、ビルマ。B地区（海軍）は、セレベス、ボルネオ、南洋諸島。
A船・B船		陸軍A、海軍Bによる徴傭船。
X資金		米を除く物動物資の輸入外貨資金。FOB価格表示。
Y資金		外米の輸入外貨資金。FOB価格表示。
Z資金		蘭印との協定貿易の決済用の外貨資金。
a資金		物動外物資の輸入資金。1944年度から策定されなくなる。
限定品種		1944年度物動計画の策定段階から鋼材計画の中に設けられた、重要品目。需要引受量を限定して生産計画を立てることになった厚板、鋼管、鋼索の3種。
調整保留分		1944年度計画の策定から情勢の変化に敏活に対応するために軍・官・民需に設けた調整用。
緊急保留		1945年度に44年度の「調整保留分」に代わって設定されたもの。
液体燃料拡充用		1945年度に設定された、人造石油、アルコール、松根油等の増産用施設の建設用需要。
食糧増産用		1945年度に設定された食糧増産用の資材需要。
C船		保有総汽船から陸海軍徴傭船と、特殊船や特定航路で特定物資輸送に就航している船舶を除き、物資動員計画の海上輸送計画に利用される民需用の貨物汽船・貨客汽船。
一般船舶・特別船舶		1944年度から採用された物動用民需船（C船）の区分。物動物資全般を輸送する従来のC船から、雪達磨方式で増産された船舶を切り離し、鉄鉱石等の鉄鋼原料輸送に専用化されたものを特別船舶とした。これによって増産された鋼材を利用して建造された船舶も特別船舶に組み込んだ。
ABC連合輸送		1944年度から採用された輸送方式。一定割合の陸海軍徴傭船を利用し、復路で物動物資を輸送し、同様に一般船舶の一部の往路で軍需物資を輸送し、効率を上げようとしたもの。
ABC総合輸送		1944年度第3四半期以降、南方甲地域で実施された輸送方式。民需船と陸海軍徴傭船を一体的に運用したもの。

序章　経済総動員体制の体系化と大東亜共栄圏

はじめに

　本章は前2著『物資動員計画と共栄圏構想の形成』、『戦時経済総動員体制の研究』[1]と本書の接合部に当たっている。第1節では、物資動員計画を基礎に組み立てられる総動員諸計画の運行システムの形成と定着過程を概観する。対象としているのは主に総動員計画の立案を始めた満洲事変期から日中戦争期末の1941年である。1930年代初めから資源局の総動員構想の一部が各種の事業法として実現し、戦略産業の育成・自立化が図られ、日中戦争勃発と軍需動員計画の発令によって一挙に総動員体制が始動する。38年の物資需給計画の発動とともに、各種の統制法規が整備され、39年度の物資動員計画から、生産力拡充計画、労務動員計画、資金統制計画、貿易計画とともに相互に体系化され、海上輸送の計画化も進んで、総動員諸計画が一応の完成をみた。さらに40年頃からは、計画の厳格化だけでは容易に処理しえない市場の不安定要因を、協調的・組織的な市場管理で処理し、総動員体制の周辺部や底辺部での産業再編や転廃業の問題を回避しようとしたことを指摘する。

　第2節では、総動員体制構想の変遷を規定した対外経済関係を検討している。資源局での総動員計画の検討以来、自給圏の確保が重要課題とされていたが、満洲事変を機に満洲の資源開発と日満一体のブロック構想が台頭し、国際的な対立・孤立の中で自給圏をもつ国防国家建設に動き出した。満洲国建国、北支分離工作、日中戦争勃発と極東の紛争が拡大しても、米国の中立法発動や、九カ国条約違反を理由とする制裁措置が本格化しなかったことから、日満ブロック構想は、日満支一体のブロック構想へと拡張された。北支、中支の開発構想が物資動員計画に組み込まれていく。

　第2次欧州大戦の勃発後は、東アジア全域の秩序再編を射程にいれた自給圏

構想、すなわち大東亜共栄圏構想へと拡張する。日本は第2次欧州大戦に対する中立的立場を利用して日中戦争の最終処理と日本側が主導権をもつ日満支経済圏の確立を目指した。さらに1940年春にドイツの大攻勢が始まると、日独伊三国同盟を利用した世界分割とアジアにおける大東亜共栄圏構想を推進する。しかし、アジアにおける軍事バランスの変化を利用した政治的覇権の拡張戦略は、40年末頃から激しい国際対立を招き、東南アジアの資源開発と確保は、当初の思惑から大きく離れていった。蘭印経済交渉の失敗、41年7月末の対日資産凍結と経済断交という致命的な制裁措置を受け、大東亜共栄圏構想は、対英米蘭開戦と南方諸地域の軍事占領構想へと変質していく。前2著で触れられなかった太平洋戦争に至る資源外交を物資動員計画の変質過程と合わせて概観することが本節での課題となる。

第1節　戦時経済総動員体制

1　経済総動員体制の準備

軍需工業動員法と総動員計画

　第1次欧州大戦の総力戦のあり方に衝撃を受けた政府は、戦時における総動員体制の構築を急ぎ、1918年に軍需工業動員法を制定した。同法は、軍需関連工場・事業場・土地・施設等に対する管理・使用・収用、従業員の徴用、重要物件の徴発、鉄道・船舶・車両等の交通事業に対する統制を定めており、これを機に日本でも戦時統制経済の準備が始まった[2]。同法とともに動員計画・関連政策の策定機関として設置された軍需局、それを継承した国勢院第二部は本来の計画策定が進まないうちに廃止となったが、陸軍では兵器局工政課が独自に軍需工業動員計画の策定を進めた。18年には「大正九年度陸軍軍需工業動員計画要領[3]」が策定され、軍需品およびその原料、燃料、電力、動力、輸送力を対象とした需要調査、物資の動員・貯蔵・輸移入の見通しや、民間工場の対象範囲等も検討された。その後も工政課は「国家カ重大ナル変災ニ遭遇シ国家機関ノ全部又ハ若干カ合成協同ノ活動ヲ為スノ必要アル場合ニ於テ神速ニ善処シ」（ママ）、「平時ヨリ中央機関ニ於テ之カ対策ヲ攻究シ置クノ要アルコトハ客年

［1923年－引用者］大震災ノ救護警備業務ニ鞅掌シタル各省官吏ノ等シク体験確認シタル所[4]」として、軍需品補給のための中央機関の再建を訴えていた。

　1920年代半ばに欧米各国で総動員機関が設置され始めると、26年4月に若槻礼次郎内閣は国家総動員機関設置準備委員会の設置を決定した。金融恐慌後に若槻が退陣すると、27年5月に田中義一内閣の下で総動員計画の立案機関として資源局が設置された。資源局の業務は、①重要資源の培養、統制運用に関する制度の研究、法令の準備、立案（総務課）、②資源の現況調査、戦時需要の調査（調査課）、③資源の培養助長、統制運用計画の遂行に資する平時施策の検討（施設課）、④資源の統制運用機関の整備計画、資源の補填配当、その他資源統制運用計画に関する事項（企画課）とされ、人的・物的資源の統制運用計画の策定を統括した[5]。総動員計画は、①総動員機関の組織、②資源の配当・補填、③資源の編成利用管理、④総動員に必要な情報、宣伝、警備、⑤戦時法令の準備等からなる「総動員基本計画」と、一定期間（2年ないし2年半）における鋼材や船舶などの重要資源の供給と、軍需・民需への配当・補填を計画化した「総動員期間計画」の二種からなっていた。このうち、基本計画は29年度内にほぼ成案を得たものの、最終確定には至らなかった。しかし期間計画は32年半ばに「暫定期間計画」がまとまり、次いで34年6月には「応急総動員計画」が策定され、34、35年度にわたる戦略物資の需給見通しが策定された。特に鉄、硝酸、石炭、石油といった最重要物資については、生産力の拡充計画を含めて、精密な戦時の需給調整が検討された。また、満洲事変後の国際対立を背景として、自給圏構想も急速に台頭した。34年3月の閣議決定「日満経済統制方策要綱[6]」では、資源の賦存状況や既存産業の状態を基に適地適応主義に基づいて、日満両国の経済を合理的に融合することなどが謳われるなど、日満一体のブロック構想がスタートした。34年度からは一層精緻な需給調整を目指して、「第二次総動員期間計画」の策定が始まり、これも36年中に作業を終えていた。

総動員計画の具体化

　戦時において著しい不足が予測される重要資源については、平時段階からの施策が求められた。資源局は、この時期に活発化した鉱物資源の調査探鉱に向

けた各省協議会や、液体燃料の各省協議会、自動車工業確立協議会などの政策協議機関に参画し、石油業法（1934年）、自動車製造事業法（1936年）など一連の戦略産業育成法の策定を推進した。さらに産業技術の基盤整備に必要な各種技術用語の統一、重要技術の研究開発情報の発信、工業研究奨励金・日本学術振興会奨励金の交付、研究機関相互の連絡強化などに深く関与した。機械工業の基礎に当たる工作機械の生産力拡充に向けて、陸海軍、商工省、鉄道省、民間企業関係者による機械委員会にも資源局は参画しており、その後38年7月には中小機械メーカー向けに「Ｓ型」と呼ばれる量産型工作機械の標準形式の設定、設計図・仕様書が資源局と後述の企画庁を統合した企画院から公表されている。

　こうして1936年頃には、総動員に向けた機構構想、重要物資需給計画、貿易統制、物価・金融対策、産業界の組織化等の戦時政策が準備され、緊急対応が困難な隘路物資・資源については備蓄計画や増産奨励政策が始められていた。2・26事件後に成立した広田弘毅内閣では、軍の圧力に押される形で総動員体制に向けた行政機構の改革が実施され、商工省の燃料局、貿易局を外局化して拡充した。同年8月には、「帝国トシテ確立スベキ根本国策」として「東亜大陸ニ於ケル帝国ノ地歩ヲ確保スルト共ニ南方海洋ニ進出発展スル」ための政策大綱「国策ノ基準」を閣議決定した。その内容は、①「東亜ニ於ケル列強ノ覇道政策」の排除、②国防軍備の充実、③日満支3国の提携による「蘇連ノ脅威」の除去、さらに、海軍が強い関心を持っていた、④東南アジアへの進出を目指すというものであった。こうして、帝国諸国への刺激を避けつつ「漸進的和平的手段」で「南方南洋ニ進出発展」し、「我民族的経済的発展」を期すとする南進政策が、初めて国策として認知されることになった[7]。陸軍軍備については、ソ連の極東兵力に「開戦当初一撃ヲ加ヘ得ル」程度までの増強、海軍軍備は軍事力の発動準備というよりは、米海軍に対して西太平洋の制海権を確保するに足る兵力が目標とされた。この具体化のため、産業の振興、貿易の伸張、対満洲移民・投資の助長、行政機構の整備などが打ち出された。産業・貿易振興では、軍の要望を受け入れて、①電力事業の民有国営、配電統制による低廉かつ大量の電力供給、②液体燃料の自給に向けた油田開発、代用燃料の研究、③銑鉄100万トン・屑鉄180万トンの輸入に代替する鋼塊600万トン自給

体制、そのための鉄鉱山開発、製銑設備の増強、④棉花・羊毛の増産、代替品による繊維資源の確保、消費規制、⑤輸出市場の開拓、各国の自由貿易・保護主義のいずれにも対応した貿易伸張策、ブロック経済化への対応、⑥航空工業の振興、内外航路の開拓、民間航空機保有の助成、航空要員の養成、航空気象・通信施設の整備、航空行政の統一等による航空産業の振興、⑦千総噸以上船舶を600万総噸保有するという目標に向けた船舶金融、建造助成、航路補助の拡充、航路開発、船員の優遇、造船業における標準化・合理化、外国船輸入の制限、⑧邦人の蘭領インド、仏印、フィリピン、英領マレー、ビルマ等の南方諸地域への進出助成など、多岐にわたる広域的自給圏の拡張構想が打ち出された[8]。これらはいずれも、第二次総動員期間計画や策定中の第三次総動員期間計画と一体のものであった。

　陸軍は対ソ戦を想定し、海軍は太平洋地域での対米戦を想定した軍事バランスを目指す大型予算を獲得して、1937年度からの「陸軍軍備充実六カ年計画」や、「海軍第三次補充計画」に着手した。高橋財政期に22億円前後を推移した一般会計予算は、2・26事件後の36年11月に30億円を超える37年度予算案が閣議決定となり、この結果、年末には物価上昇を見越した思惑輸入が急増する事態になった。これに対して輸出、産金能力、資本輸入の拡大には限度があることから、37年1月には大蔵省令による為替管理が実施され、重要物資の輸入資金手当を優先する措置をとった。周知のように、これが戦時経済統制の起点となった[9]。

　昭和恐慌から好況局面への転換に加え、1937年に入ると軍需を起点とする鉄・非鉄金属、石炭、自動車、鉄道車両、造船、工作機械等の需要も急速に拡大し、開発可能性が高いと考えられていた満洲国と一体となった生産力拡充計画も検討が始まった。しかし、浜田国松議員の腹切り問答を機に議会と陸軍の対立を収拾できなくなった広田内閣は2月2日に崩壊した。陸軍参謀本部の石原莞爾や中堅将校の支持を背景に首班指名された林銑十郎も、石原の推す池田成彬、津田信吾に入閣を固辞され、板垣征四郎の陸軍大臣案も軍中枢に拒否されるなど、有力な人材を得られなかった。生産力拡充計画を検討するため、5月に内閣調査局を拡充して企画庁を設置したものの、林内閣も短命に終わり、総動員諸計画の準備は遅延した。

経済統制の開始

　経済統制を実施しつつ、軍需工業拡充計画、生産力拡充計画を実現する強力な内閣を求めた陸軍は、1937年6月貴族院議長等の要職を歴任した近衛文麿内閣を実現した。近衛は軍内に支持者も多く、計画的経済運営を目指す「革新派」官僚を組織した昭和研究会をブレーントラストとして抱え、大蔵省主計局長賀屋興宣を大蔵大臣に、犬養内閣時の商工次官で東北興業総裁等を歴任した吉野信次を商工大臣にするなど、昭和研究会と関係の深い人材を多く登用した。資源局を中心に検討されていた総動員構想は、賀屋蔵相によって「国際収支の均衡」、「重要物資の需給統制」、「生産力拡充」からなる財政経済三原則としてまとめられ、軍備増強を支える国力を統制経済を通じて実現するため、総合的な生産力拡充計画の立案も始められた。

　しかし、直後の7月に日中の軍事衝突が生じると、近衛はその拡大を阻止できなかった。むしろ、この状況を利用して、9月には企画庁の設置以来準備していた企業新設・増資、社債発行、金融機関の設備資金融資、定款変更などの長期資金市場を統制する臨時資金調整法や、輸入為替の割当や国内での輸入関連物資の取引を統制し、配給統制制度の根幹となった輸出入品等臨時措置法を制定した。同法の統制範囲は非常に広く、主要物資のほとんどは、同法によって需給統制の対象になった。さらに「軍需工業動員法適用ニ関スル件」を公布し、経済界から反発が予想される戦時統制法令・規則の基本法を一挙に整備した。10月には文官出身の資源局長官松井春生が発動に慎重な態度をとってきた陸軍軍需動員計画も発動されることになり、一挙に戦時統制経済へ移行することになった。

2　総動員諸計画の始動

軍需動員計画

　発動された陸軍軍需動員計画は[10]、第二次総動員期間計画を基礎にしながらも、造兵廠、航空本部、兵器廠、被服廠、運輸部、糧秣廠、衛生材料廠などの各動員部隊の調達額はそれを上回り、造兵廠傘下の東京工廠・火工廠（東京）・大阪工廠・名古屋工廠・小倉工廠の生産計画は激増した。民間の「利用工場」への発注額も急増し、従来からある工場監督制度に加えて、1938年1月から

は必要に応じて工場事業場管理令（38年4月以降は国家総動員法）に基づく「管理工場」が指定され、民間企業の生産計画や、設備・雇用計画への介入、工程管理の指導、標準的会計制度、購買価格管理を実施するための原価計算制度の導入などを内容とする工場管理制度も始まった。統制経済の下で、資材調達に関する軍の斡旋や、臨時資金調整法などでの優遇措置もあって、軍需品の素材、部品、加工メーカーは軍の発注工場として陸海軍それぞれの工業会に組織化されていった。

物資動員計画

　陸軍軍需動員計画の発動に伴う投機的な輸入に対処するため、内閣に第一委員会が設置され、八つの分科に区分された重要素材について、1937年度第3四半期の輸入為替許可額を軍需、民需に分けて決定した。これが戦時経済総動員の基本計画となる物資動員計画の原型となった[11]。11月には内閣の資源局と企画庁を統合した企画院が設置され、第一委員会の作業を継承した。企画院は、38年1月に年間の国内総需要を圧縮査定し、国内供給の可能量との差を輸入で補填するという形で、100余の物質の需給を均衡させた「重要物資需給対照及補填対策一覧表」を策定した。これによって思惑輸入を抑制し、前年実績を基準に30億円と見込んだ年間輸入外貨枠（輸入力）を、重点物資に割り当てようとした。しかし、前年1月からの為替制限で原綿・羊毛・人絹用パルプなどの輸出産業用の原料輸入を抑圧していた上に、日貨排斥の影響もあって、発足直後から輸出は振わず、6月には輸出目標を24億円に縮小した。既に下期分の一部まで割り当てを許可していたことから、下期の新規割り当ては大幅に削減され、一方短期に収束すると見込まれた戦争は長期化し、軍需は拡大を続けた。このため、当初の「軽度の統制」で済ます見込みは大きく狂い[12]、輸出入品等臨時措置法に基づく割当制度は急速に整備され、輸出実績に応じて原料輸入を認める輸出リンク制などが実施されることになった。

　物資需給の補填対策は、生産・在庫・輸入等からなる供給計画と、細分化された部門別の配当計画からなる総合的な物資動員計画に整理された。そして、1939年1〜3月の四半期計画を挟んで、39年度からは予算制度に合わせて4月を起点とする年度計画となった。輸入量は、貿易委員会での輸出や、外国銀行

とのクレジットの設定、産金計画、正貨取り崩しの検討を基に策定された。在庫取り崩しの見通しは、メーカー、流通段階、需要者の保有状況を一斉調査して当たりをつけ、生産計画は統制団体の把握する加盟企業の設備能力と原料供給見通しを基に策定された。

　物動計画は年度計画を状況に応じて適宜半期、四半期単位で修正し、需給調整の基準としたが、1940年度からは年度計画のほかに四半期実施計画を策定し、供給計画量と、配当計画に基づく原料割当・発券量に大きな乖離が生じないよう調整した。

　国家総動員諸計画が体系的に整うようになった1939年度計画の鉄鋼の物動計画を事例に、その下位の諸計画との関連を見よう。表序-1のように、624万トン余の鉄鋼供給計画を部門別に割り当てており、物動配当を受けて、陸軍需A90万トン余、海軍需B50万トンは、陸・海軍省から陸軍造兵廠、海軍艦政本部、陸海軍航空本部などの動員部隊に軍需動員計画に沿って割り当てられた。軍が民間に発注する製品や加工委託の場合の原材料なども、この枠から個々の民間企業に支給された。軍の生産施設や設備の製造に要する民間企業向けの資材は、一般民需のなかに充足軍需C_1という区分を設けたが、そこは軍需との仕切りが曖昧であった。生産力拡充計画用C_2は、拡充計画産業の施設・設備用と製造用の原材料などであり、物動割当200万トン余は、若干の保留分を残して15の計画産業に割り当てられ、産業ごとの設備拡充や生産計画の基礎になった。官需C_3は鉄道などの官営事業を抱える省庁に対して年度予算と事業計画に沿って割り当てられた。輸出用C_4はそれ自体が輸出品の場合と輸出製品の生産に要する原材料としての配当の合計であり、さらに、日本と一体の計画として経済開発に取り組む円系通貨ブロック向けの輸出ないし輸出品製造用の原材料$C_{4イ}$と、外貨獲得につながる第三国向け輸出用$C_{4ロ}$に区分された。その他が一般民需配当C_5であったが、このうちの機械鉄工業には軍需産業や生産力拡充計画に準ずる戦略産業もあり、機帆船等の小型船舶も太平洋戦争期には重点化されることになって、一般民需内には大きな格差構造があった。これらを基本区分とし、太平洋戦争期にはさらに重点施策ごとに新たな区分が設けられた。また、こうした事業部門別の区分の下位に、内地、台湾、朝鮮、樺太、南洋などの地域別区分も設けられていた。たとえば朝鮮内の仁川陸軍造兵廠や

表序-1　1939年度物動鉄鋼需給計画とその細分計画

(千トン)

大分類	中分類	項目	数量	大分類	項目	数量
物資動員計画	供給	生産	5,798	官需内の配当	鉄道省	220
		回収・在庫	300		内務省	12
		第三国輸入	150		大蔵省	14
		合計	6,248		逓信省	20
	配当	陸軍需 A	929		朝鮮総督府	170
		海軍需 B	500		台湾総督府	23
		生産力拡充 C_2	2,008		樺太庁	5
		官需 C_3	481		その他	17
		関満支輸出 $C_{4イ}$	781		計	481
		第三国輸出 $C_{4ロ}$	282	関満支内の配当	満洲・関東州	511
		一般民需 C_5	1,266		北支	203
陸軍内の配当		造兵廠	441		蒙疆	32
		航空本部	9		中支	35
		兵器廠	176		南支	1
		運輸部	13		計	781
		衛生材料廠	14	一般民需内の配当	国民生活関連	302
		被服廠	12		公共団体	62
		糧秣廠	8		私鉄	36
		建築課	69		小型船舶	38
		関東軍	113		ガス	30
		その他	55		鉱業	20
		計	909		土木建築	40
生産力拡充計画内の配当		鉄鋼	504		機械鉄工業	438
		石炭	238		化学	40
		軽金属	124		電気通信	9
		非鉄金属	161		その他民需	46
		石油・同代用品	180		充足軍需 C_1	95
		船舶	322		計	1,147
		自動車	62			
		電力	245			
		その他	144			
		計	1,980			

出所：山崎志郎「経済総動員体制の経済構造」歴史学研究会・日本史研究会編『日本史講座』第9巻、東京大学出版会、2005年所収、216〜227頁より作成。

　平壌兵器製造所などは陸軍需から割当を受け、鉄道事業の場合、朝鮮総督府鉄道は官需の総督府分に計上され、私鉄の朝鮮鉄道等は一般民需の朝鮮分に計上された上で、朝鮮総督府などの統治機関に一括して割り当てられた。

　配給の下部機構として、業種別に全国主要企業を組織した工業組合などの業界団体が整備され、ここが所管省から原材料の配当を受け、傘下企業への配給

切符等の割当を行い、各社の受注状況や生産計画をとりまとめた。しかし、一般民需産業の場合、個々の企業の原材料消費が少なく、分散的であることも多い。全国的な業種別の工業組合を組織することが困難である場合は、一括して府県別工業組合に組織され、地方行政を通じて所要資材の割当・発券を受けることになった。こうした民需関連事業は、平時であれば最大の需要部門であり、張り巡らされた流通網を通じて多様な所要資材を調達していたが、戦時下では強く圧迫を受けることになり、1940年末頃からは、流通機構全体の整理と並行して、政策的に店舗や設備が廃棄された。

　産業部門間の原材料需給を適正にするため、1938年5月の需給調整協議会令に基づき所管省には主要物資ごとに協議機関が置かれた。商工省に設置された鉄鋼統制協議会には、鉄鋼各社の能力・受注状況を把握した生産者団体や、鉄鋼需要をとりまとめた需要者団体、最大の需要者である軍関係者、関係各省の係官が組織され、物動計画の鉄鋼供給計画や配当計画をさらに品種別、業種別に細分して、需給計画を精緻化しようとした。

　生産力拡充計画については企画院の発足直後の1938年1月に生産力拡充委員会が設置され、物動計画の立案と一体で計画が策定されたが、貿易・資金・労働力・輸送力・電力等の複数の需給計画や法制の整備には、相互の連携や体系化が必要であった。そのため、38年9月には動員計画ごとに関係省庁の係官が組織され、総動員計画委員会を中心に、物資動員委員会、貿易委員会、労務動員委員会、資金統制委員会、交通電力動員委員会、総動員法制委員会などの国家総動員業務委員会が設置された。以下では、生産力拡充計画、資金統制計画、労務動員計画、さらに海運を中心に交通動員計画などを見ていこう。

生産力拡充計画

　重要物資の需給計画の長期的補填対策として早くから資源局で課題とされていた生産力拡充計画の策定は[13]、1937年5月に設置された企画庁に引き継がれた。そして、陸軍参謀本部作戦部長などを歴任した石原莞爾のシンクタンクであった日満財政経済研究会の提案[14]やそれを基にした陸軍省の「重要産業五ヶ年計画要綱」や、商工省・逓信省が産業界の意見を聴取しながら拡張可能性を探った産業ごとの生産力拡充計画案を勘案しつつ、9月には37年を起点

とする「生産力拡充五ヶ年計画」の原案がまとめられた[15]。41年を目途とした設備拡充計画は、鋼材の生産能力を37年の573万トンから41年には890万トンとし、銑鉄は320万トンから783万トンに、鉄鉱石は165万トンから550万トンに、アルミニウムは1万2,350トンから6万8,780トンに、工作機械生産は4,000万円から1億3,000万円に、自動車は1万1,000台から8万2,000台ないし11万台を目標にした。不足分は満洲、第三国からの輸入で補填するというもので、満洲国での産業開発計画と合わせて日満両国のブロック経済を強化する構想であった。

しかし、実際の設備拡充は依然として米国や欧州からの機械輸入に依存しており、1937年7月の日中の軍事衝突とその拡大は、米国中立法の発動による輸出規制や中華民国に多くの利権を持つ英国の対日制裁の可能性もあって見通しが立たず、開戦後、立案作業は一時中断した。10月には内閣に第二委員会が設置され、経済封鎖の回避手段や、制裁への対抗策を検討していたが、制裁を回避できる見通しになった38年1月に、物動計画の策定と平行して、生産力拡充計画の検討が再開された。3月には満洲国側の拡充計画に高い期待をかけつつ、日満一体の生産力拡充計画大綱が決定された。38年度からの本格スタートを予定したものの、膨大な設備・資材、それを調達する外貨が必要であったため、正式決定は遅れた。その後貿易委員会による39年度外貨見通しの検討を経て、ようやく39年1月に15産業に関する「生産力拡充四ヶ年計画」が閣議決定となった。41年度までの3ヵ年計画であったが、実質的に計画が動き始めた38年度を初年度とする「四ヶ年計画」と称した。資源局の総動員期間計画は機密扱いとされ、存在すら公にはされていなかったが、この頃になると数量目標は伏せられたものの、「ブロック経済論」や可能な限りの物資「自給」を唱える言説が溢れ、経済政策思想として定着し始めた[16]。

生産力拡充計画用として配分された鉄・非鉄金属材料、石炭などは、生産力拡充計画委員会で計画産業ごとに設備拡充用、原材料、労働者住宅用の配分を決定した。次いで、産業別の統制団体に配当され、各社は所属する統制団体からの割当・発券を受けて、指定配給機関から入手するという形で計画化が図られ、統制経済のなかでは軍需産業に次いで優遇された。産業育成政策としても、前記の石油業法、自動車製造事業法に次いで、1937年には産金法、製鉄事業法、

人造石油製造事業法、38年には工作機械製造事業法、硫酸アンモニア増産及配給統制法、重要鉱物増産法、39年には造船事業法、軽金属製造事業法、40年には有機合成事業法などが制定され、減税、資金・資材・労働力調達の優遇や、当該事業への新規参入基準を設ける許可会社制度によって、産業や企業へのさまざまな支援が行われた。このため、計画産業内では満洲事変期ブームを引き継ぐように、許可会社の指定を求める新規参入の申請、下位企業の積極的な設備投資が始まり、やや遅れ気味に大手企業の設備投資計画が続いて、大規模な設備投資計画が始動することになった。

しかし、1938年冬からの西日本を中心とした干ばつと水力発電能力の低下、39年の第2次欧州大戦による機械類の輸入遅延、さらに米国による40年6月の工作機械輸出制限、10月の屑鉄禁輸措置といった対日圧力など、資源外交の想定を超えた事業環境の悪化によって、ほとんどの計画産業で当初の拡充目標は達成できなかった。とはいえ、計画最終年度となる41年度末の生産能力は、38年度末に対して、銑鉄60％増、鋼材36％増、特殊鋼87％増、アルミニウム3.1倍、銅53％増、航空揮発油73％増、工作機械2.5倍になるなど、集中的に生産要素を投入することには成功していた。

資金統制計画

2・26事件後に成立した広田内閣が大幅な軍備拡張予算を含む1937年度予算案を提示すると、大蔵省理財局では賀屋興宣らを中心に、思惑的な物価騰貴や、国債の増発による金融・証券市場の混乱を回避するための統制案が検討されるようになった[17]。37年1月から為替管理が始まるとともに、林内閣の結城豊太郎蔵相期には、マクロ的な資金需給計画の原型が策定された。新規預貯金増などの資金供給見込みと、国債・社債発行、融資増、満洲・北支開発資金の新規需要見込みを「昭和十二年度資金需給見込概算」としてまとめ、日銀信用の膨張を極力回避して資金の需給均衡を達成しようとする資金統制計画が打ち出された。金融市場の統制は、公債の膨張と時局産業の資金需要の増大に対し、不要不急産業への資金の流入を抑制し、消費節約と貯蓄奨励で資金需給を調整するものであった。

金融市場の全面的計画化は商品市場よりも遙かに困難であったが、第1次近

衛内閣の賀屋蔵相は早くから資金統制立法を準備し、1937年9月の臨時資金調整法で長期資金の統制を始めた。同法は金融機関に対して産業別重要度を6段階に示した事業資金調整標準を示して自治的な融資規制を掛け、一定額を超えた案件については日本銀行で開かれる臨時資金審査委員会の同意を求めた。しかし、実際に審査案件が不許可になることは少なかった。物資動員計画や生産力拡充計画が始まると、その担当官も審査委員会に参画し、物資配給計画や設備投資計画との整合性も考慮して融資案件が審査された。金融機関の融資窓口においても、調整準則が他の動員諸計画における現物経済での統制と連動していたことから、「自治的」でありながら、臨時資金審査委員会で不許可になる案件は事前に窓口で排除するなど、統制実績は良好であった。同法は、さらに一定規模以上の企業設立、株式増資、第2回目以降の株式払込、社債発行、企業の定款変更を許可制とし、資金需要者である企業側からも長期資金を統制した。

国家総動員業務委員会の資金統制委員会が設置されると、1939年度からは表序-2のように資金統制計画が策定され、金融市場が1年間に新規に膨張する部分について計画を策定した。39年度の新規資金需要は、公債60億円余、社債・株式、産業資金融資など36億円、円系ブロックへの投資9億円の計105億円余と見込まれた。これに対して、国民精神総動員運動の一環として38年度から本格的に展開した消費節約、貯蓄増強運動によって金融

表序-2 1939年度資金統制計画

(百万円)

資金需要増	公債発行	6,025
	国債	5,925
	地方債	100
	産業資金	3,600
	満洲国円資金	650
	中国占領地円資金	250
	合　計	10,525
新規資金蓄積	銀行預金	4,350
	特別銀行	300
	普通銀行	3,400
	貯蓄銀行	650
	金銭信託	250
	銀行・信託積立金等	37
	保険会社資金	500
	生命保険	470
	損害保険	30
	郵便貯金	1,000
	預金部資金（郵貯以外）	288
	簡易保険積立金	200
	郵便年金積立金	25
	産業組合関係資金	500
	無尽会社資金	65
	私人有価証券投資	2,785
	合　計	10,000
	差引不足分	525

出所：企画院「昭和十四年度資金統制計画綱領（案）」1939年7月3日 原朗・山崎志郎編『初期物資動員計画資料』第9巻、現代史料出版、1998年所収、465〜478頁。

機関の預貯金を増加させ、金融機関別に設定された公債消化目標を達成させようとした。個人・企業の有価証券保有増も27億円余を見込んだ。需給バランスでは金融機関の資金が5億円余不足すると見られたが、こうした計画に沿った統制をかけることで、無制限の日銀信用の膨張によって悪性インフレが発生することを回避しようとした。また、39年4月の会社利益配当及資金融通令では、拡大した企業収益に対して配当を抑制し、内部留保を厚くするよう利益分配への介入を強めるとともに、日本興業銀行等の特殊銀行に対しては、政策的に重要でありながら民間金融機関から融資を受けにくい融資案件について、損失の政府補償をつけて命令融資を発動できるようにした。

1939年9月に第2次欧州大戦が勃発すると、運転資金の貸出が急激に拡大したことから、日本銀行は長期資金以外の融資についても、実績を報告するよう金融機関に求めて監視を強めた。そして、40年10月の銀行等資金運用令によって、長期資金と同様に自治的調整を基本にしつつ、一定額以上の短期融資についても臨時資金審査委員会で審査することになった。運転資金の審査も金融機関から出された申請が不許可になることは少なく、金融市場は長短の自治的な融資統制、大規模融資に対する共同融資、証券市場の動向を見ながら四半期ごとに許可枠を設定した株式・社債発行とともに、概ね円滑に推移し、戦時統制期を通じて1920年代から30年代に頻発した企業・銀行の連鎖的破綻という事態は回避された。

労務動員計画

高橋財政期から続く景気拡大によって、陸軍軍需動員計画が発令される時には、既に労働市場は逼迫気味であった。そうした中で、常に大量に移動している労働者を計画的に配置することは、金融市場と同様に困難な課題であった。軍需動員計画の発動直後から内務省の職業紹介業務を強化し、軍工廠の労働需要に対応したが、1938年7月には全国の職業紹介事業を国営化して、民間軍需工業、生産力拡充計画産業への斡旋を強化した。景気過熱感の出る中で需要の高い熟練工の移動は増加した。商工省も技術者の短期養成に乗り出すとともに、軍工廠や軍関係企業の熟練工の移動を制限するための徴用制度も開始された。38年からの物資動員計画によって民需産業への資材供給が制限され、同

年半ばの縮小改訂によって民需産業の労働者の大量失業が危惧されることもあったが、前年の思惑輸入や物価先高感からの在庫の積み増しが相当あったため、民需産業の急激な縮小は回避された。一方、軍需関連産業の労働力需要は旺盛で、労働市場は逼迫したまま推移した。同年8月には学校卒業者使用制限令によって、新規工鉱学校卒業者の就業を規制し、39年1月には将来の技術者の計画的配置に向けて国民職業能力申告令が公布され、技術者の技能、経験が登録された。3月には技能者不足への本格的対応が始まり、工場事業場技能者養成令によって民間企業に技能者養成を義務づけ、従業員雇入制限令によって技術者・熟練工の移動を規制し、賃金統制令によって顕著な上昇を示していた技能者の賃金を抑制した。7月には軍需工業への労働者の強制配置を可能とする国民徴用令が公布された。申告令、徴用令は直ちにそれに基づいて労働市場の統制を全面化するものではなかったが、需給逼迫が深刻な技術者・熟練工から順次労働市場への規制を強めていった。

労務動員委員会で検討・策定された1939年度の総合的な需給調整（労務動員計画）は、表序-3のようになった。査定された一般労働者の新規需要は軍需産業、生産力拡充計画産業とその関連工業などを中心に66万人余、諸産業における労働者減耗の補填37万人余、満洲移民5万人余の109万人余であった。これを主に新規小学校卒業者、農村等の未就業者、物動計画の原材料配当の削減による離職者によって補填し、商業・サービス部門などの冗員、未就業女子、移住朝鮮人などを合わせた113.9万人を需要部門に就業させることで調整しようとした。

技術者と熟練工の確保は短期的に

表序-3　1939年度一般労働者需給調整

(千人)

需要	新規需要計	667
	軍需産業	161
	生産力拡充	143
	同付帯部門	169
	輸出・必需品	95
	運輸通信	99
	損耗補充	375
	満洲移民	53
	合　　計	1,095
供給目標	新規小学校卒	467
	物動離職者	101
	農村未就業等	256
	その他未就業	87
	節減可能事業	93
	女子無業者	50
	移住朝鮮人	85
	合　　計	1,139

出所：企画院「昭和十四年度労務動員実施計画綱領（案）」1939年6月20日　原朗・山崎志郎編『初期物資動員計画資料』第9巻、現代史料出版、1998年所収、457〜459頁。

表序-4 1939年度技術者需給状況

(上段:上級技術者、下段:下級技術者)

	需要	供給
機械科	6,270 15,100	1,090 5,430
電気科	3,630 8,570	720 2,160
応用化学科	1,400 1,910	580 1,200
採鉱冶金科	2,250 3,230	260 650
その他	3,900 22,520	1,300 4,880
計	17,450 51,330	3,950 14,320

注:上級技術者は工業専門学校卒業以上かそれと同等の技能を有するもの、下級技術者は中等学校卒業程度の技能を有するもの。
出所:前掲「昭和十四年度労務動員実施計画綱領(案)」460〜461頁。

は極めて困難であった。日中戦争勃発前から、生産力拡充政策の一環として、技術者・熟練工の養成問題が認識されており、官立・私立の大学、工業専門学校の学生定員を拡大していた。しかし、1939年度も表序-4のように上級・下級技術者ともに需要数は供給見通しの数倍に上り、不就業者の就労勧奨、配置の適正化、作業経験者の再教育施設の拡充などで需給の緩和に努めた。

全般的な産業別・企業別需給計画が策定されることはなかったが、生産力拡充計画の担当企業については、技術者、熟練工、一般労働者の需給計画が策定された。労働市場の統制は新規学卒者の職業紹介においては比較的有効に機能し、重点産業・企業へ誘導できたが、青壮年労働者の移動規制は困難であった。このため1940年2月にはまず青少年雇入制限令を公布し、一般青少年の民需産業への流入を規制した。

しかし、規制対象外の一般労働者が高賃金によって移動することは止まらず、従業員雇入制限令を廃止し、1940年11月には対象を拡張した従業者移動防止令を公布した。こうした一連の労働市場統制は、41年12月の労務調整令に集約され、同年3月の国民労務手帳法によって個々の労働者を労務手帳で管理することになった。これによって、日雇いなどの一部の職種を除けば、ほとんど抜け穴のない移動規制がかけられ、さらに軍工廠や軍管理工場では移動を禁止する現員の徴用や、一般成人に対する徴用検査による新規徴用などの強圧的措置も始まった。

海上輸送の計画化

総動員計画の実施とともに、海上輸送力は早くから最大の隘路の一つと認識

された[18]。1937年7月の日中戦争勃発直後に、海運大手7社は第1次世界大戦期の異常な海上運賃の騰貴と船舶の集中発注や、その後の船舶過剰問題という事態の再発を回避するため、海運自治連盟を組織した。38年3月には市場対策協議会を設置し、それを継承した海運自治統制委員会（同年4月改称）によって、運賃の自治的規制を行った。第2次欧州大戦の勃発直前の39年9月初めには、物動計画と一体となった輸送の計画化のため、海運自治連盟、海運自治統制委員会の「自治」を外して海運連盟、海運統制委員会とした。そして、不要不急の輸送引受を抑制する一方、重要物資の場合には、海運組合法（39年4月）に基づいて11月に設立された海運統制輸送組合（35社）による共同引受を開始し、迅速な輸送に努めた。同年9月には配船計画の大綱を検討する官民協議機関として、逓信省に海運統制協議会が設置された。こうした動きに呼応して、小型木造船による特定地域の沿岸輸送を取り扱っていた機帆船業界でも、3,000余りの業者が40年5月に全国34地区で機帆船海運組合を組織した。同年9月には中央団体として全国機帆船海運組合連合会も設立され、重要物資輸送の計画化や優先扱いに協力することになった。

配船自体の計画化は、1940年9月の海運統制国策要綱によって、運航業者の共同引受方式を徹底させる形で進められた。政府による輸送計画の立案に基づいて、①運賃・傭船料の公定、②自由取引の禁止、③全運航業者を組織した輸送組合による共同引受、④運賃・傭船料の共同計算が実施された。配船の計画化は、重要物資の所管省が品目別・期別・積揚地・荷主別輸送要求量を企画院・逓信省に提示し、逓信省の海運統制協議会が年別・期別・月別輸送計画を立案して、関係機関、海運組合に指令するという手順がとられた。このため海運業界は同年11月に海運統制輸送組合を改組して、運航会社95社を12ブロックに再編し、全国機帆船海運組合連合会も加えた海運中央統制輸送組合を結成した。これによって、石炭、鉄鉱石、塩、木材、穀類、鉄鋼、セメント、油、肥料など物資動員計画の重要15品目を対象に輸送の計画化をはかり、41年3月からは本格的に事業を開始した。40年10月の米国による屑鉄対日禁輸措置等の経済制裁によって、日満支ブロックないし大東亜共栄圏の諸原料を増産し、自国船で還送する必要が高まった1941年度物資動員計画の策定からは、それと一体となった海上輸送計画の精緻化が図られた[19]。

このように1938年の物資動員計画、とりわけ下期の縮小改訂を機に、物資別の使用制限規則、配給統制規則が一斉に制定され、物資配給機構も整備され、39年度には総動員諸計画が緊密な関係を持って動き始めた。初期の総動員体制は、不要不急事業での物資、資金、労働力、輸送力の利用を抑制する一方、膨大な戦時需要を発生させた軍需産業や重要基礎産業に物資、資金、労働力が流れ込むことを促進する形で機能していた。

3　経済統制機構の再編

(1)　経済新体制——組織的協調による「計画化」

経済統制と利潤の調整

1939年9月の第2次欧州大戦勃発によって戦争当事国に膨大な戦時需要を発生させた結果、国際的な物価上昇が生じ、計画的経済運営に齟齬を来すことになった。これに対して、政府は差しあたり10月の価格等統制令によって、9月18日時点の取引価格に固定する緊急措置をとり、その後公定価格の対象を拡張しつつ産業間の利害を調整する方針をとったが、実際には価格の改定を避け、低価格政策を維持しようとした。その結果、40年度に入ると、その影響は、重要基礎物資の生産が停滞し始めるという形で現れた。物資配給や資金統制の整備を40年度までに急いだのも、極力統制の漏れを塞ぎ、統制違反を封じ込めようとしたためであった。しかし、従来の動員方式、すなわち計画産業については市場環境を有利にし、高収益を保証した上で競争的に設備拡大を誘導し、不要不急部門については資材・資金・労働力の割当を抑制し、事業転換を促すという動員方式には修正が必要になった。

公定価格の維持による生産の停滞や、国策会社の株式・社債発行、消化の不振、熟練労働力の争奪と賃金上昇などの問題に対して、計画的な資源配分の徹底強化によって打開しようと考える革新官僚からは「経済新体制構想」が提示され、これが第2次近衛文麿内閣の象徴的な政策構想となった[20]。その政策理念は、計画の精緻化、「経営と資本の分離」、利潤原理から「公益優先」・「職分奉公」への経済観念の転換、「指導者原理」による業界リーダーシップ等であり、市場機能を利用した従来の動員システムから市場的要素を極力排除しようとする試みであった。これに対して、閣内では小林一三商工大臣が強く反対

し[21]、官僚独善を批判してきた経済界も反発した。紆余曲折の末、1940年12月にこの構想が経済新体制確立要綱として閣議決定になる頃には文言は曖昧にされ、逆にその「社会主義的」言説によって、革新官僚の一部からは、治安維持法違反容疑で検挙者が出るという「企画院事件」も起こった。

　そうした抵抗のある中、新体制理念に基づく団体的統制の具体化として、公益規定、会員企業に対する指導性を定めた重要産業団体令が1941年8月に公布された。重点産業部門では主要企業を組織した統制会が設立され、「政治新体制」では40年10月に大政翼賛会が発足するなど、「新体制」は新国際秩序の建設、自由主義的・市場主義的な国内体制の全体主義的刷新を唱えた近衛内閣を象徴する基本理念となった。とはいえ、「経済新体制」に関する限り、新たな経済動員システムは計画化の徹底ではなく、市場主義との妥協の上で成立した協調的・組織的な市場管理方式であった。以後、自治的統制機関が官治的統制の中に共棲する関係を続けたのである。

政策協力機関の実態

　統制会やその連絡協議機関である重要産業協議会は、官庁権限の統制会委譲を歓迎する一方で、一連の「新体制」理念については極力市場原理的に読み替えて対応した。「公益優先」や「職分奉公」の実現手段として経営権や利潤の重要性を強調し、「厳格な計画化」に代えて、リスク回避のための共同行為によることで、初めて計画に順応できることを主張した。こうした組織的対応によって計画性を担保し、革新官僚の革新理念との妥協を作り出した。その一方で、財界人は自治的な統制権能や計画策定への一層の参画を求め、総動員体制下のリスクを回避し、企業の健全性を維持しようとした。この結果、動員体制のあり方を巡っては、経済団体と革新派官僚との間に常に思惑のずれや相互不信を孕むことになった。

　統制会の統制機能は、軍の直接的介入が少なく、カルテルによる自治的統制の長い経験を持つ素材部門では総じて良好であった。需要調査、生産能力調査などで、個別企業の生産計画を把握し、商工省所管部局と連絡をとりながら、需給調整協議会での製品配当計画にも参画していた。その一方で機械部門では、製品種類・仕様が多様である上、陸海軍が計画を逸脱した膨大な発注をしてい

た。受注企業は、正規ではない軍ルートの資材供給や斡旋を受けることから、機械関係の統制会では、会員企業の受注・生産計画、資材入手状況が把握できなかった。統制会の設立時に約束された、軍による工場管理の解除や、資材割当の統制会による一元化も、結局最後まで実現しなかった。鋼材はじめ重要物資の生産が滞るようになると、機械企業やその下請企業の多くは益々軍の資材配給ルートに依存した。統制会への改組後も業界団体の市場・企業統制力は弱体であり、陸海軍が組織する工業会との二元的統制を避けられなかった。

(2) 国際環境の変化と統制機構の整備

経済統制の硬直性問題

第2次欧州大戦を機に国際的な物価上昇が急潮化した。各国の対日貿易制限が本格化すると、それに起因する経済統制上のさまざまな問題が生じた。それは、第一に、低物価安定政策を継続することによる生産の停滞という事態に対し、どのように増産のインセンティブを与えるか。第二に、それと不可分ではあるが、長期に固定された価格体系の歪みによって、加工工業部門、特に機械組立部門などで生じる原料・資材・部品の入手難と、それによる生産計画の齟齬をどのように克服するか。第三に、どのようにして生産性の低い膨大な小商工業者を整理して労働力需給を緩和し、流通コストの引き下げを実現するか。第四に、中国占領地の開発に伴う膨大な資金需要と政府保証債券の売れ行き不振や、強制預金、命令融資を懸念させる新体制論が持つリスク要因を払拭し、どのようにして金融市場を安定させるか。第五に、需給が逼迫した労働市場に対して規制強化で移動を封じ込めたとはいえ、どのようにして労働意欲、参加意識を引き上げるか、そして内部で育成した熟練工に対する安定した長期的な雇用制度をどう設計するかという問題であった。これに対する革新官僚の処方箋は、既に見たように、国家目的に沿った計画化、利潤原理から公益優先への経営・経済理念の転換、労働観念の職分奉公への転換などであったが、実際には以下に見るような団体的協調を通じて動員計画の硬直性を回避し、経営や生活の安定性を保障した。1940年から41年頃に展開した、統制経済と市場性の調整経緯を見ておこう。

統制機構の制度的整備

　第一の低物価維持による生産の停滞問題は、主に基礎素材部門で生じたが、これに対しては、公定価格の下で稼働率の引き上げを実現する手法として、プール平準価格制度が実施された[22]。各社の生産原価に企業優劣を加味した適正利潤を加えた価格で共販機関が買い上げ、それを公定価格で販売するというもので、共販機関に損失が出る場合は公定価格を変更するか、損失補償金として財政から補填するというシステムであった。これに対して、低コスト企業からは優良企業の利益を不良企業に配分するものであるという不満がくすぶり続けたが、生産性の低い企業も最大限稼働させつつ経営を安定化する方式として多くの素材産業で普及した。そして、原材料の安定供給が困難となり、稼働率の低下が進むと、原料配給を絞ることで企業統合と高コスト設備を廃棄するなど、増産手法としても企業整理の手法としても利用された。

　第二の価格体系の歪みによって不採算製品の生産が停滞するという問題は、価格規制が難しい機械工業など加工度の高い製品部門を中心に起きていた。これに対して、1940年12月の機械鉄鋼製品工業整備要綱は、広範な中小企業の下請加工への専属化、機械工業内部分業の系列化を打ち出し、親工場を通じた工程の組織化と資材供給によって、資材・部品の横流しを防止し、工賃・単価管理などの生産管理を期待した[23]。日中戦争の開戦当初、中小の金属加工メーカーの多くには、下請化・専属化を回避する傾向があったが、豊富な資材供給を梃子に軍工廠・軍管理工場による優良な部品工場や加工下請工場の選別的組織化が先行した。その後資材難が進むにつれて行政機関による親工場の斡旋を求める小規模事業者の動きも出るようになった。

　第三の複雑な流通取引を厳格に管理するとともに可能な限り冗員を節減するという課題に対しては、1941年1月の配給機構整備要綱に基づいて、流通機構のドラスティックな再編が進められた。消費財で広く見られる全国をカバーする大問屋から地方問屋・小売商組合・小売店等に連なる複雑な取引体系を徹底的に整理・簡素化した。物品別にアドホックに設立された配給統制機関に問屋・小売商が重複加盟して配給を受ける問題を処理するため、大括りの配給統制機関に統合して、一元管理するとともに配給機関の権限強化も図った。

　そして、1940年頃から消費財向け資材割当が急減し、生産が縮小すると、

生産性の低い設備をもつ工場の統廃合・系列化や、問屋、小売商の組織的な整理を進めた。不急不要産業を縮小し、徹底して生産と流通を合理化して軍需部門へ「剰余」資源を集中するという積極的な産業転換の意味を込めて、これを「企業整備」と呼称した。しかし、実際には所属商工業組合からの共助金交付と政府による資産買い上げなどの手厚い補償措置をもって、間引くように企業を整理・清算したケースが多く、これを厳格な原料・製品配給機関からの配給差し止め圧力が後押しした。

　第四の金融リスク問題は、欧州大戦による物価上昇によって低金利政策が継続困難になったことから始まった。1939年下期から公債の消化は低調となり、6大都市債4.2％、その他市債4.3％、銀行債4.2％、一流社債4.3％などと発行条件を決めていた債券の消化も不調になった。このため、40年9月には日本銀行を中心に全国手形交換所連合会、全国地方銀行協会などの業態別金融団体を組織して全国金融協議会が設立された。協議会は、都市銀行中心の従来の公債引受シンジケート団の枠組みを拡大して、大蔵省預金部を含む全国の金融機関による公債消化の申し合わせをするなど、全金融機関による自治的な証券の割当消化を実施した。41年8月には重要企業の資金需要の拡大に伴う融資リスクを分散するため、興銀と民間十大銀行によって時局共同融資団が発足し、融資相談、調査情報の共有や共同融資によって資金需給を調整した。42年5月に日本銀行を中心に全国金融統制会と傘下の業態別統制会が設立されると、こうした証券市場、貸出市場の協調的組織化を継承して、金融市場の動揺・破綻を回避することに成功した。

　民間主体の協調だけでは処理しきれない長期金融市場のリスクに対しては、工場施設を買い入れ、賃貸するなど、企業の固定資本の流動化を図る産業設備営団が、1941年12月に設立された。また、高リスク企業への長期資金融資、株式引受によって資金調達難を補完し、株式市場へ介入して株価の安定を図る戦時金融金庫も42年4月に発足した[24]。

　第五の労務動員問題では、賃金と移動の規制のみでは、労働モラルの維持が困難になることから、労働者の地位向上が配慮され[25]、公的な社会保障制度が導入された。雇用制度の改善に向けた動きは、従業員50人以上の企業を対象とした1937年1月施行の退職積立金及退職手当法など、日中戦争以前から始

まっていたが、38年には第1次産業の事業主を対象に国民健康保険法が施行された。39年には、俸給生活者、船員を対象とした職員健康保険法、船員保険法が成立し、41年には労働者年金保険法も制定された。

　雇用制度の改良を巡っても、労働団体、経営者団体、政府の対応が見られた。保守的な労働運動団体や労使協調を提唱してきた協調会などが、内務省、厚生省の支援を受ける形で産業報国連盟が発足し、全国労働組合同盟、日本労働総同盟を吸収しつつ、1940年11月には全国産業報国会が発足した。労働運動は官主導の勤労精神動員運動の性格を強めながらも、全国産業報国会は、近衛新体制の一環である勤労新体制の具体化として、資本・経営・労働の有機的一体の企業観念や、経営陣・職員層を含む全従業員の組織原則、国家への貢献としての「勤労」観念を打ち出し、労働者の地位向上を求めた。これに対して技能工の内部養成に取り組む企業側は、高い移動率に伴う生産性低下を回避すべく長期雇用と安定化を望んだ。この結果、待遇問題を協議する懇談制度などの労働組合側の要求は退けられたが、40年以降、日本工業協会や中央物価協力会議は、賃金制度の改革を提唱し、公正な雇用制度の標準化を目指した。それは重工業労働者の賃金を、従来定額日給あるいは定額日給と出来高給という構成から、年齢・性別、勤続、経歴といった生活要素に基づく項目と、資格、能率という業績項目と諸手当という構成に変えることを提唱し、労働者とその家族の生活を保障することを、経営側に求めるものであった。42年2月の重要事業場労務管理令はそうした賃金制度への切り替えを強く求め、太平洋戦争後半には一般の職場へも普及した。戦時期を通じて、経営側は出来高給による賃金刺激を優先してはいたが、一方で生活給費目や賃金統制の抜け穴としての諸手当を開発し、賃金制度として定着を図ったことの意味は大きかった。

　このようにして、1940年度末頃から41年度にかけて、物資動員計画、設備拡充計画、労務動員計画、資金統制計画、重要物資輸送の計画化に関する統制機構は、官民協調による補完的措置を伴って一応の制度的な完成を見た。しかし、統制システムの国内的整備をもってしても、自給的経済圏を形成することはできない。国際的な緊張と東アジアにおける覇権的秩序の揺らぎを捉えつつ、冒険的な自給圏の拡張外交が推進されることになった。

第2節　総動員自給圏構想の形成と変質

　統制経済の生成と変容の経緯は、第1節で見たように国際環境の変化とこれに対応した経済総動員構想の変質によるところが大きかった。本節では、日中戦争期から太平洋戦争の開戦に至る外交・軍事史研究の蓄積に依拠しながら、対外経済関係の変容を中心に外交・軍事関係から見た物資動員計画の推移を概観する。この間には、対国民党重慶政府への和平工作、第2次欧州大戦への中立方針、三国同盟の締結、日ソ中立条約の締結、北部・南部仏印進駐、太平洋戦争の開戦と、対外関係を巡る重大な政策選択があり、物資動員計画を中心とする国家総動員諸計画の推移に決定的な影響を及ぼしていた。こうした外交・軍事戦略、国内政治状況に関する研究は、大きな資料的制約があった経済面の研究に比して、比較的早くから進捗し、1950年代には外務省や米国側資料を利用した研究蓄積がある[26]。それらの政治・外交史研究は、日中戦争の長期化や日米英開戦の原因論を中心に、国内外の政治主体の思想・行動を多彩に分析してきた。しかし、政治、外交、軍事の研究では、国内の経済総動員計画との密接な関係を検討してはこなかった。ここでは戦時経済総動員体制の研究の一環として、戦略的物資の開発・輸入交渉と自給圏構想の形成・変質を、資源外交の視点から見ていこう。

　なお、節タイトルの「総動員自給圏構想」の「自給圏」とは、ポンド・スターリング・ブロックほどの広大な領域をもって初めて可能になるような完全に近い自給圏を意味してはいない。戦略資源の優先的確保や日本企業による資源の開発輸入による相対的に安定的な資源確保のことであり、帝国諸国の覇権的な相互交易の成立を指している。それは必ずしも新植民地の建設や併合、国境線の変更や、軍事同盟を前提としていない。覇権的経済圏は、植民地帝国が相互に対立しつつも戦略資源を極力圏内で確保し、戦略物資の相互給付の形で不足資源を補い、相対的な安定供給を実現するという意味での自給圏である。経済的断交が深刻な軍事対立を招くことを、相互に認識するに十分の軍事力と迅速な動員体制を構築することで、「力の均衡状態」を維持するという構図は、帝国主義に共通する本来的属性である。

本書では、国内の経済統制の進展段階として、日中戦争期の軍需ブームを利用した動員段階、第2次欧州大戦を契機とする協調的な市場組織化の段階、太平洋戦争期の南方開発の遅れと輸送力急減に対応した臨機の隘路補整段階、最終局面の計画破綻段階を想定している。そのいずれも、対外関係の変化を起点にした総動員システムの変容であり、国際環境の推移と国内の総動員諸計画は相互に密接な関係があった。本節では総動員体制の変遷を扱った前著『物資動員計画と共栄圏構想の形成』で十分に取り上げなかった日満ブロック構想、日満支ブロック構想[27]を外交・軍事関係を踏まえて明らかにし、さらに第2次欧州大戦を機に南方資源の優先的確保や開発輸入権を目指した自給圏構想が台頭し、日米交渉の行き詰まりから、ついには太平洋戦争期の南方諸地域を含む軍事的占領による資源獲得と開発構想へと、総動員構想が変質していく過程を見ていく[28]。

1　日満支経済提携構想

(1)　対重慶政府分裂工作と日満支経済提携構想

物資動員計画と占領地開発計画

　日中戦争の勃発直後の1937年10月には、占領地域における工場・鉱山の接収、破壊施設の補修、開発構想をまとめるため、陸軍・商工省・外務省関係者からなる第三委員会が内閣に設置された。さらに同委員会を継承して38年12月に興亜院が設置され、次々に占領地域の開発構想が打ち出された[29]。満洲事変期の日満ブロック構想は、中国占領地域を円系通貨圏に包摂した日満支ブロック構想に拡張された。軍に接収された工場の委託経営や、資源開発などの形で多くの日本企業が進出し[30]、北支・中支の資源開発を通じて欧米経済圏からの資源制約を軽減しようとした。しかし、軍需動員計画や生産力拡充計画は第三国からの輸入への依存が大きく、円系通貨圏に輸出を向けても第三国からの輸入力拡大に寄与しなかった。このため、占領地の開発用設備・装置の輸出は、円ブロック向け輸出品用の資材割当 C_{4f} が優先されず、占領地開発は容易ではなかった。

　国内より早いインフレの進行もあって、中国向け輸出業界には引き合いが殺到した。1938年11月に主要経済団体が協力して発足した日本貿易振興会は、

中国占領地での生活必需品需要も拡大しているとして、翌39年2月に政府に中国貿易の促進を要望した。しかし、9月には関満支輸出調整令により円系通貨圏への輸出をさらに抑制して、日満支連携による広域自給圏の構築よりも外貨獲得を優先せざるをえなかった[31]。また中国での物価騰貴と輸出難は、第三国からの戦略物資の直接輸入を困難にし、中国と第三国との貿易も円滑を欠くことになった。

対重慶政府和平工作と東亜新秩序構想

　一方、九カ国条約の枠組を利用して問題を処理しようとする国民党政府との和平交渉は、挫折を繰り返した。近衛首相は駐華ドイツ大使トラウトマン（Oskar P. Trautmann）による和平工作を早々に打ち切り、1938年1月に「爾後蒋介石政府ヲ対手トセズ」とした第1次近衛声明を出して、短期収束の見通しを失った。その後、38年5月の内閣改造で軌道を修正し、宇垣一成を外相として対重慶講和工作を進めたが、陸軍は中国占領地政策の主導権を巡って第三委員会に替わる対支院（その後の興亜院）の設置を求め、外交一元化を主張する外務省の弱体化を図るなど、早々と9月末には宇垣を辞任に追いやった[32]。

　1938年11月に武漢作戦が終了する頃から、陸軍は参謀本部の影佐禎昭、今井武夫を通じて重慶政府から汪兆銘らの講和派を切り崩し、陸軍主導の和平工作を本格化した[33]。近衛も11月3日に第1次声明を修正し、「東亜共同体論」を唱えて、重慶政府あるいは新中央政府との講和を求める第2次近衛声明を発した。「東亜共同体論」は昭和研究会グループが中心になって唱えた日本、満洲国、中華民国の連携による反共・反ソ、汎アジア主義構想であった。陸軍は38年7月に起きた満洲国東南端の張鼓峰の領有をめぐる軍事衝突もあって反共・反ソ姿勢を強めており、反共理念による経済連携構想によって、37年8月の中ソ不可侵条約以来、ソ連の武器援助等に支えられてきた国共合作に楔を打ち込もうとした。一方、蒋介石は国際紛争に対して中立主義をとる米国を、38年1月頃から日中戦争に引き込む工作を強め、12月には、日本の東亜新秩序構想への反発を利用して軍需品輸入借款2,500万ドルの供与を実現した。さらに英国からもビルマ、広東・雲南の鉄道敷設借款1,000万ポンドを実現して[34]、日本の経済封鎖と講和工作に対抗しつつ、政権基盤を固めようとしてい

た。

　一方、影佐、今井の講和工作の結果、汪兆銘派の高宗武・梅思平との上海重光堂での協議を経て、1938年11月20日に講和条件が「日華協議記録」としてまとめられた。その理念は、共産主義を排撃するとともに、侵略的諸勢力より東亜を「解放」して「東亜新秩序」を建設するというもので、日本との善隣友好・共同防共・経済提携を謳うものであった。具体的には、①日華防共協定の締結、②中国の満洲国承認、③日本人の中国国内での住居、営業の自由の承認と、日本の治外法権の撤廃、租界の返還、④日中の経済提携、北支資源の日本による開発利用、⑤日本人居留民への損害補償と日本政府に関する戦費賠償の放棄、⑥平和・治安回復後、2年以内の完全撤兵などを内容としていた。そして、この方針に沿って汪兆銘を蔣介石と絶縁させ、新政権を建設するというものであった[35]。

　さらに、この時の「秘密協議記録」では、「東亜新秩序」の建設に向けた具体的措置として、①双方で親日、親中国の教育や政策を実施すること、②ソ連に対する共同の宣伝機関を設置し、内蒙古に日本軍、新疆に中国軍を駐屯させ、戦時において共同作戦を実施すること、③共同して東洋を半植民地的地位から解放し、日本は中国の不平等条約撤廃を援助すること、④東洋の復興を目的として経済的に合作し、南洋等においても同一主義をもって合作すること、⑤両国以外のアジア諸国を本協定に加盟させるよう努力することなどで合意した。

　こうして、蔣介石政権による満洲国の承認、資源開発における日本の優先権の承認などによって、中国の国土保全を謳った九カ国条約との齟齬を極力回避した形をとりつつ、日満ブロックを中国政府承認の日満支ブロックに拡張することを目指した。経済的な連携強化の見返りに、治外法権の撤廃、租借地の返還と、期限を設定した中国からの撤兵など、蔣政権に対して表面的には独立的地位の保全を約束し、東洋の経済的・政治的自立と関係強化を謳っていた。

日満支ブロック開発構想

　この「日華協議」を受けて、1938年11月30日には御前会議で中国新中央政府の成立を想定した「日支新関係調整方針」が決定された[36]。この方針のなかから、日本側の考える具体的な日満支の連携構想を見ておこう。「日華協議」

では互恵を基調とした日満支の提携、善隣友好、防共協定、経済提携を掲げ、半植民地的地位からの解放を謳っていたが、この調整方針の中では、北支・蒙疆は国防上、経済上（特に資源）の必要から「日支強度結合地帯」を設定して日本側の主導権を要求していた。さらに揚子江下流域にも経済上の「日支強度結合地帯」を設定し、南支沿岸、特定島嶼にも「特殊地位」を設定する方針であり、日本の強い政治介入地域を設定していた。これに基づき「新支那ノ政治形態ハ分地合作主義ニ則」るとして、蒙疆は「高度ノ防共自治区域」とし、上海、青島、厦門は、特別行政区域とすることを求めていた。さらに日本側は新中央政府および強度結合地帯に顧問を派遣して、経済建設に協力するとしたが、一方で「日満支善隣関係ノ具現」の後、「漸次租界、治外法権ノ返還ヲ考慮ス」として、日本側は撤兵はおろか、租界地・治外法権問題の解消も先送りにしようとしていた。

　日満支3国の経済相互連携、共同防衛については、「産業経済等ニ関シ長短相補有無相通ノ趣旨ニ基キ共同互恵」を旨とし、①日満支の資源開発、関税、交易、航空、交通、通信、気象、測量等について協定を結ぶこと、②資源の開発利用では、北支蒙疆における日満の不足資源、特に埋蔵資源を重視し、中国側は「特別ノ便宜ヲ供与」し、他の地域の特定資源の開発も同様の措置をとること、③一般産業については中国側の事業を尊重し、農業の改良とともに、日本が援助し、民生の安定と、日本の所要原料資源の培養を図ること、④中国の財政経済政策の確立を日本は援助すること、⑤妥当な関税、海関制度を採用し、一般通商を振興して日満支、特に北支の物資需給を円滑にすること、⑥中国の交通、通信、気象、測量、航空、北支の鉄道、日支間海運、中国沿岸海運、揚子江水運等の発展を日本が援助すること、⑦「新上海」を建設することなどの方針を掲げていた。日満ブロックを日満支ブロックに拡張し、日本による資源開発、インフラ整備を進め、重点都市を特別行政地区として、日本側の主導権を確保するというものであった。こうした日満支ブロックの形成を想定して、1938年秋からは国内の国家総動員業務委員会、満洲国企画委員会、第三委員会を引き継いだ興亜院の経済部などが連携して、日満と北支の開発構想を結合させた本格的な生産力拡充計画が検討された[37]。前節で指摘したように1939年度からは資金統制計画、労務動員計画、交通電力動員計画などの国家総動員

諸計画が一斉に発足することになった。

(2) 国際的反共連携と中国新政権樹立構想
近衛東亜新秩序構想の頓挫

　第2次声明への対応を巡って重慶政府内部では、蒋介石と汪兆銘の対立が深まった。汪が重慶を脱出しハノイに到着するのを待って、1938年12月22日に「日華協議記録」の内容が第3次近衛声明として発表された。しかし、声明では肝心の2年以内の撤兵条項が陸軍の反対で削除されるなど、汪派の要人を失望させる結果となった。一方、日本側も汪が重慶政府支配下の西南地域で汪派の四川、雲南の軍を抱き込んで新政権を樹立するという構想が実現しなかったことに失望し、この時点の和平工作は十分な成果を生まなかった。第2次声明によって事変収拾の方向を示して辞任する意向を示していた近衛は、結局講和の見通しが立たないまま、39年の年明けに辞任した。

　この間、1938年初頭にドイツから提案された日独伊防共協定の強化案は、ソ連封じ込めや重慶政府との交渉において利用価値が高いと考えられ、第1次近衛内閣の重要案件になっていた。これに積極的に応じた陸軍は「防共枢軸」による対ソ軍事同盟色を強化し、さらに英米仏の援蒋政策を停止させ、日本に好意的な諸国と共同して北・中支の資源・経済開発を進めるなどの方針を打ち出し、7月19日の五相会議は一歩踏み込んだ日独伊防共協定の研究を決めている。

　しかし、外務省には防共協定を対ソ軍事同盟にすることに消極的意見が多く、1938年8月12日の五相会議で宇垣外相は、日独の提供関係の強化を対ソ関係のみに限定し、ドイツが欧州で軍事紛争を起こした場合でも、ソ連が参戦しない限り日本側は関与しないなどの原則を提示し、9月10日には軍事同盟色を弱めた新条約案も提示している。これはドイツによる3月のオーストリア併合、さらにチェコスロバキアに対するズデーテン地域の併合要求など、欧州における軍事紛争の危機が高まったことを受けて、これに日独の提携強化を利用されることを明確に避けようというものであった。宇垣の辞任後も、近衛が外相を兼務し、10月に日独防共協定締結時に外相だった有田八郎が外相に就任したが、新協定案は飽くまで防共協定の延長上にあり、ソ連のみを対象とすることが確

認され、多くの閣僚もそれを了解した。しかし、ドイツとの提携を軍事同盟へと強化し、対英米仏の牽制手段にしようとする陸軍との対立は深まり、事実上内閣は瓦解状態となった[38]。この点からも、近衛内閣は追い詰められ、中国全域を対象とした日満支一体の経済開発構想は実現せず、北支・中支の占領地域の開発構想にとどまることになった。

平沼内閣の反共軍事同盟と中国新中央政府構想

　1939年1月5日に発足した平沼騏一郎内閣は、前年11月の御前会議決定の和平工作を継承し、5月の汪兆銘来日後、国際的反共連携の下で占領下中国での新中央政権を樹立する交渉を続けた。6月6日には、五相会議で「新中央政府樹立方針」を打ち出し[39]、前年11月の「日支新関係調整方針」に沿って、分治合作主義をとりつつ汪派や占領下の既存政権を統合した中央政府を日本占領地域内に樹立し、重慶政府を切り崩す方針が決定された。

　また平沼内閣では独伊との防共協定を反共軍事同盟に拡張することによってソ連に対抗するとともに、反共姿勢を鮮明にすることで米英の日中戦争への介入を牽制し、その上で中国に新中央政権を樹立し、日満支経済協力を実現する構想を掲げた。しかし、反共構想に呼応した国際連携の動きは、米英ともになく、これを支援する板垣征四郎陸相と、対米英関係の悪化を危惧し、これに反対する米内光政海相はじめ、有田外相、石渡荘太郎蔵相らとの対立で閣議は長期にわたって紛糾を続け、再び閣内に深刻な亀裂を作り出した。

　この間、1939年4月の中華民国臨時政府天津海関官吏の程錫庚殺害事件に端を発した治安問題から、6月に北支那方面軍による天津英租界地封鎖事件が起き、その後、租界地の治安維持をめぐる日英の協議が紛糾した。通商・通貨政策を通じて援蔣政策が実施されている英租界地の封じ込めを検討していた陸軍が強硬姿勢を維持したことで、結局英国側が抗日活動家の取り締まりなどで譲歩し、7月22日に有田・クレーギー協定が締結された。しかし、米国内では重慶爆撃などの戦線の拡大に対して、対日制裁を主張してきた国務長官特別顧問のホーンベック（Stanley Kuhl Hornbeck）らの強硬派が急速に台頭していた。同協定の締結に反発した米国は、7月26日に日米通商航海条約の破棄を通告した。6ヶ月後の40年1月には条約が失効し、いつでも対日貿易制限を

発動できる事態となった。これは鉄屑、液体燃料の大部分を米国に依存しつつ、決定的対立は回避するという帝国日本の自給圏構想に致命的な問題を突きつけるものであった。

他方で、1939年5月から9月にかけて生じた満洲国と蒙古（モンゴル）人民共和国の国境紛争（ノモンハン事件）では、ソ連機械化部隊との戦闘で陸軍は消耗を強いられ、ソ連の軍事的脅威に晒されることになった。しかも、その最中の8月に突然独ソ不可侵条約が締結され、「反共」を掲げた三国同盟によって対中講和工作に対する英米の暗黙の了解を取り付けるという国際連携構想も崩壊し、平沼内閣は瓦解した。

新内閣には、日独伊三国同盟の強化問題を巡る推進派の陸軍と反対派の海軍という近衛・平沼内閣期を通じた対立関係を解消することが求められる中で、8月末に阿部信行陸軍大将に大命降下があった。その際、天皇は、①陸軍大臣に梅津美治郎または畑俊六を選任すること、②英米協調方針をとること、③治安保持のため内務・司法大臣の人選を慎重にすることなどを指示した。親独派を抑え、英米との妥協を図るという陸軍内での合意形成が難しい天皇の指示に「大将も聊か事の意外なるに困惑」したが[40]、阿部内閣では「自主外交」を掲げて新たな軍事的・経済的な安定構想を模索することになった。日満支の協力関係を想定して発足した1939年度の物資動員計画、生産力拡充計画は、平沼の親独外交姿勢、中国新中央政府構想、軍の対英米強硬姿勢が日米通商航海条約の破棄を招くことによって前提条件が崩れた。前年からの干ばつによる電力不足、さらに第2次欧州大戦による資本財輸入の不調も手伝って、発足直後から困難の連続となった。

2 大東亜共栄圏構想の形成

(1) 第2次欧州大戦への中立戦略と自給圏構想

「大正新時代の天佑」の再現と資源戦略

1939年8月30日に阿部信行内閣が発足すると、直後の9月1日、独ソ不可侵条約の秘密議定書に基づいたドイツのポーランド侵攻と英仏の対独宣戦布告によって第2次欧州大戦が勃発した。ソ連も9月17日にポーランド侵攻を開始し、バルト三国に軍の駐留を認めさせ、11月にはフィンランド侵攻を開始

した。この欧州の混乱によって、物資動員計画は見直しを迫られた。その一方で、対重慶和平工作や対米英関係の行き詰まりなど、7月の日米通商航海条約の破棄通告によって生じた事態を、この状況を利用して好転させようという構想が台頭した。

欧州諸国の戦時動員は国際取引物資の急騰と、世界海運市場の逼迫を招いたことから、日本は対日制裁をかいくぐって工業製品の輸出拡大を図るとともに、東南アジア諸地域との関係を強化する方針を打ち出した。また屑鉄・非鉄金属・石油などの対外依存の高い重要物資については、1939年度第4四半期の輸入計画のうち8,891万円分の繰上輸入を実施し、正貨準備を取り崩した1億9,963万円分の特別輸入を年間24億円の物動輸入計画の外で実施し、これを主に米国市場で買い付けて備蓄に回す緊急対策をとった[41]。

大戦勃発直後の9月4日、阿部内閣は日本の中立と戦争への不介入方針を声明するとともに、日満支の自給圏の安定化構想を打ち出すべく、企画院を中心とした時局経済対策委員会を設置し、9月11日に「時局下帝国経済政策大綱」を閣議決定した。この政策大綱で想定した当面の国際情勢は、①独ソ等によるポーランド分割後、ドイツと英仏との対立は本格的段階に入り、長期戦化する、②イタリアはドイツ側に立って参戦する、③米国は当分中立を維持し、ソ連はドイツ側に好意的中立を維持する、④中国における交戦国の勢力および対蔣介石政権への支援は後退する、⑤米国は英仏の中国利権擁護の態度を維持する、⑥ソ連の極東政策は現状で維持される、というものであった。アジアにおける覇権的対立の隙間を突いて、「政策大綱」は日本、満洲国、中国占領地域における総合的計画経済によって「帝国ノ自主的経済建設ノ基礎ヲ確立」するため、「支那事変ノ解決促進」を図り、「帝国ノ不足資源ノ補給圏」を東亜大陸[42]および南方諸地域[43]に求めて経済的進出を進め、一方で米大陸等との貿易も維持・増進しつつ英米帝国圏への依存を軽減し、自給的な貿易関係の安定を目指すものであった。

「東亜自給経済態勢」の基礎固めに必要な措置は、①国家総動員態勢の強化、総理大臣の指導権の確立、②労務動員、物資・金融統制の強化、③重要産業の国家統制の強化、④日満支を通じた重要産業の拡充、食糧対策、物価対策の強化、⑤日満支間、日満支の第三国貿易の総合的な企画運用などとされた。つま

り、対中和平工作の実現による日満支ブロックの強化であった。貿易対策では、①日満支貿易の連携強化を図るため、外務省の通商業務を分離して貿易省を設置すること、②1940年1月の日米通商航海条約の失効に備えて、39年度第4四半期の輸入計画を繰上げ、正貨準備や新産金を利用して屑鉄・非鉄金属等を物動計画の外で輸入すること、③世界的な船舶逼迫に対して海運統制を実施すること、④そして可能な限り日米の通商関係を改善すること、を打ち出した。これは、第1次世界大戦期の貿易拡大と重化学工業の飛躍的成長と、帝国的覇権の拡張を実現した「大正新時代の天佑[44]」の再現を期待したものであった。

　日米通商航海条約が破棄されたとはいえ、日本側はその制裁措置を必ずしも重大視していなかった。米国が近々に中立法を改正し、英国に限定した武器輸出を計画していると伝えられていたことから、これを可能にするために、最恵国待遇の規定をもつ日米通商航海条約を破棄する必要があったと外務省は考えており、条約破棄はあくまで米国の国内問題であるとしていた。このため、課税問題、企業関係者の入国問題は直ちに起こると認識していたものの、兵器以外の通商は維持されるだろうという見通しをもっていた[45]。

東南アジア貿易の拡大構想

　一方、欧米依存からの離脱を目指す日本の東亜大陸および南方諸地域への輸入依存度は徐々に上昇し、1938年度は総輸入実績の13%、39年度の輸入計画では15%を占めていた。特に、錫、生ゴム、ボーキサイト、トウモロコシ、マニラ麻、クローム鉱、南洋材、無煙炭などは、7割以上をアジア地域に依存し、鉄鉱、マンガン鉱、タングステン鉱、ニッケル鉱、銅鉱、鉛鉱、亜鉛鉱、石油類も1割から5割を占めていた。対日経済圧迫に対処するためには、表序-5のように日満支の不足重要資源について、これら地域からの輸入を確保、増強する必要があった。このための方策を企画院は10月初めにまとめ[46]、①現地および本国政府による対日輸出禁止措置を回避すること、②軍事的・政治的意図を持たないことを徹底しつつ、日本からの開発投資を促進すること、③為替差損問題を調整するための民間輸入機関の統制と十分な為替割当を確保すること、などの対策をまとめた。

　また日本からの輸出増強も必要とされた。香港・ビルマを除く南洋地域の

表序-5　日満支不足物資の南方補給期待

重要物資	取得地域
屑鉄	蘭印
マンガン鉱	海峡植民地
ニッケル鉱	蘭印
タングステン鉱	<u>フィリピン</u>
鉄鉱	英領マレイ、仏印、フィリピン
銅鉱	フィリピン
鉛・鉛鉱	<u>フィリピン</u>、<u>ビルマ</u>
錫	海峡植民地、<u>ビルマ</u>、<u>蘭印</u>
ボーキサイト	蘭印、海峡植民地
石油	蘭印、英領ボルネオ、英領マレイ
マニラ麻	フィリピン、英領ボルネオ
生ゴム	<u>ビルマ</u>、<u>蘭印</u>
工業塩	<u>仏印</u>、<u>ビルマ</u>、<u>蘭印</u>

注：下線は特に輸入増を求められる地域。
出所：企画院「帝国必要資源の海外特に南方諸地域に於ける確保方策」1939年10月2日 中村隆英・原朗編『現代史資料』第43巻、国家総動員1、みすず書房、1970年、173頁。

1938年度の輸入に占める日本の比重は13％と、既に第1位になっており、本国からの輸入が53.5％を占めた仏印でも、この大戦によって急激に日本との貿易が拡大すると見込まれていた。企画院も「之等諸地域との経済近接は我が経済圏設定上極めて重要」であるとしていた。

地域別に対応策を見ると、蘭印については英国系資本と日本の関係が石油類の輸出に影響しないようオランダ本国を説得し、「平穏裡に経済関係の緊密化を策する」とし、仏印についても同様の対応をとるとした。英領地域についても、蘭領、仏領と同様であるが「特に現地に於ける政治的刺戟を避くる」とし、ビルマに対しては「積極的経済接近を策し」、「求償の買付を考慮する」として、日本からの必需品等の輸出保証を梃子とした貿易拡大を目指した。フィリピンについても「米本国の精神を不要に先鋭化せざる如く特に戒心の要あり」と、政治・軍事的野心のないことを示しつつ、経済関係の強化を図った。また、中南米からの鉱物資源、天然原料輸入についても、求償貿易、開発輸入などによる経済関係の強化を図り、ソ連とも日ソ間貿易協定を締結し、鉱物、天然原料、鉄鉱等の輸入貿易の復活を求めた。大洋州諸地域や欧州・地中海沿岸地域は、交戦国関係地域のため、原料輸入の確保が困難であるが、「外交工作」を通じて確保するなど、中立国の地位を生かした貿易拡大方針を打ち出した。

第2次欧州大戦と東亜新秩序構想の再構築

第2次欧州大戦に伴う国際情勢の変化と日本の外交方針については、外務省内部や、陸・海軍、外務省間の調整が続いた。外務省内では、欧亜局の穏健拡

張路線と、調査部の積極進出路線の意見対立が生じていた[47]。大戦勃発直前に欧亜局で検討した方針は、東南洋における各国の植民地領土を尊重する代償として、援蒋政策の放棄と南洋の経済的門戸開放を確約させ、日満支南洋からなる「東亜新秩序」の経済圏を確立するという最も穏健な「大東亜共栄圏」構想であった。これに対して、国際秩序の再編に積極的な調査部は、「東亜新秩序」の建設には、西欧諸国、ソ連の権益を一掃する必要があるとして、海南島を即時独立させ日本の保護下に置くこと、英仏蘭領植民地には謀略工作によって現地人による反抗運動を起こさせ、独伊の優勢が続く場合は英仏蘭の植民地を占領するというものであった。こうした多様な意見の調整のため、欧州大戦勃発直後に外務省内に欧州戦対策審議委員会が設置されることになった。

一方、1939年9月18日には、陸軍軍務局から陸軍省、参謀本部の決定文書として「欧州戦争ニ伴フ当面ノ対外施策」が示され、これを外務、陸・海軍3省の決定としたいとの意向をもって外務省にその検討を依頼した[48]。その特徴は、ドイツ外相リッベントロップ（Joachim von Ribbentrop）の提案に沿って日ソ関係を正常化し、独ソ不可侵条約で距離が生じた独伊との友好関係を保持し、英仏米を牽制しつつ、国防自給圏の確立を目指すというものであった。さらに、これを梃子に蘭印との通商交渉、タイとの相互親善関係の推進、中南米・西南アジア方面での経済進出を図るなどとしていた。その後、外務省内の検討結果は、11月15日の「対外施策方針要綱」としてまとめられた[49]。これは、欧州大戦への不介入と独伊との「適度ノ提携及友好関係ヲ持続シ特ニ之カ利用」して日中戦争を有利に処理するというもので、陸軍提案を意識しつつも、米英との協調をも模索したものであった。

具体的内容は、第一に、対ソ関係では防共方針を維持しつつ、ノモンハンの停戦協定を受けて、紛争を平和的折衝で処理する。国交正常化には国境問題の解決、通商協定・漁業基本条約の締結、北樺太の石油・石炭開発利権の拡大などの懸案事項の解決を前提とし、不侵略条約の交渉は、対支援助の放棄、日満に脅威となる軍備の解消が「大体確実」になるか、日本側の対ソ軍備が充実するまでは公式に扱わないというものだった。第二に、対米関係では、日本と新たにできる中国中央政権は、第三国に対して公正であり、「東亜新秩序建設」について「我方ト同調シ得サル理ナキコトヲ領得」させ、新たな通商条約の締

結を目指すというものだった。新中央政権を米国が全面的に否認すれば、問題打開の余地がなくなることを「了解」させて、日中戦争処理への同調を求め、場合によっては独ソや中南米との連携を仄めかす「牽制的手段」を利用する。欧州大戦の太平洋方面への波及を回避し、日本の南洋政策を容易にするため、米国との政治的了解を取り付ける。フィリピンの独立は南方アジアの解放の「第一歩」として扱い、米国の対日不安を除去し、日本・フィリピンの「友好経済関係」を拡充する。こうしてアジアにおける公正な国際新秩序形成への協力を強調するというものだった。第三に、英国に対しては、英国の中国にある権益の保護のために、「帝国ノ企図スル東亜新秩序建設」に「同調スルノ已ムヲ得サル」ように仕向けるとともに、「欧洲情勢ノ機微ヲ利用」して英帝国諸地域との通商の障害を取り除き、特に南洋への日本の進出を可能にしようとしていた。第四に、フランスに対しては対英措置に準じ、特にアジアにおける「立脚点ノ脆弱ナルヲ利用」して、仏印に対しては、援蔣政策の停止と日本との通商関係の改善、排他的独占政策の修正を求めた。第五に、独伊については、防共協定が事実上消滅したものの、世界新秩序建設の共通目標の下、「適度ノ提携及友好関係」を維持し、米ソとの対立を回避して北方、南方の利害を調整するというものであった。

　ソ連との関係はドイツからの度重なる関係改善の提案と仲介の申し入れがあったものの、外務省は慎重な姿勢を崩していなかったが、その後陸海軍の修正要求を入れて、日満に脅威となる軍備の「解消等ヲ前提条件トシ其ノ見透シ確実トナル迄公式ニ取扱ハス」とした。対独伊関係では、「世界新秩序ノ建設上帝国ト共通ノ立場」としつつも一定の距離を置こうとした外務省案の「適度ノ提携及友好関係」という表現を、陸軍の要求をいれて「依然提携及友好関係」に差し替えて、これが1939年12月28日に外務、陸・海軍3省大臣間の決定事項となった[50]。こうして、欧州大戦に対する中立的地位を最大限に利用し、覇権的圧力の低下したアジア地域の秩序に関して対ソ関係の現状維持、独伊との提携・友好関係を維持し、対米関係では独ソとの連携の可能性を仄めかして「東亜新秩序」建設への妥協を取り付け、対英仏でも欧州大戦の深刻な事情を利用した妥協を引き出し、南方圏での日本の経済活動の保障を求めることが大戦勃発後の外交基本方針となった。

重慶政府封じ込めと南京政府の承認

　欧州情勢の緊張など国際秩序の動揺を利用しつつ、安定的自給圏となる「東亜新秩序」の建設を目指したが、対重慶和平工作には大きな進展がなかった。このため、1939年半ばから汪兆銘を中心とする重慶政府内の和平派は日本側の構想に沿って中華民国中央政府を日本の中国占領地域内に設立すべく、王克敏の中華民国臨時政府（北京）、梁鴻志の中華民国維新政府（南京）との統合交渉を始めた。一方、平沼内閣の反共連携構想に代わる外交方針を模索した阿部内閣期の陸軍は、39年末から陸軍支那派遣軍参謀の今井武夫らによる重慶政府との和平交渉（桐工作）を続けたが、これは進捗がないままに打ち切られ、新中央政府に重慶政府を合流させることは困難になった。

　一方、1939年7月の条約破棄通告後、阿部内閣は米国との新通商条約ないし暫定協定の締結を目指した。後述のように11月からの野村吉三郎外相とグルー（Joseph Clark Grew）米駐日大使の会談の際には、アメリカの中国権益の尊重、揚子江下流域の開放の可能性などを伝えたが、米国は新通商条約の締結に関心を示さなかった。この結果、日米新通商条約の締結は当分諦めることとし、南京国民政府を利用した「東亜新秩序」の建設構想を先行させ、対独問題に集中せざるをえない米国の妥協を引き出すことを目指すことになった。

　こうした中で、広田内閣時の総動員行政の検討以来、懸案の一つであった通商行政を一元化した貿易省の設置案が、一度は閣議決定となりながら外務省幹部の強い反対で実現できないという事件が起きた[51]。この結果、1939年末になって阿部内閣の求心力は急速に低下し、後述のように日米の新通商条約締結の協議も不調に終わったことから、日米通商航海条約の失効とともに、40年1月に阿部内閣は瓦解した。後を襲った米内光政内閣は、重慶政府の参加しない新政府の樹立には慎重であったが、結局日本の傀儡政権としての性格を隠せないまま、40年3月末に南京に汪兆銘を首班とする国民政府を発足させることになった。これに対して米国は、アジア地域の米国利権の危機を訴え、南京国民政府の発足を非難し、財政支援を求める重慶政府に対し、3月に2,000万ドルの第2次借款の供与を決めた。重慶政府の支援に傾斜する米英との亀裂が深まっていった[52]。

　重慶政府抜きで新中国中央政権の構想が進む中で、参謀本部第二部長土橋勇（つちはしゆう）

逸は 1939 年 12 月の着任以来、対ソ関係改善による北西援蒋ルートの遮断を検討し始めた。1940 年 4 月には仏印国境、香港・九龍方面、ビルマ国境、蒙古・新疆方面の封鎖を目指す「新外交方針[53]」を策定して、第 2 次欧州大戦を機に全方向から重慶政府への支援を遮断する方針を提案した。この方針を武藤章陸軍軍務局長、岡敬純海軍軍令部第二部長も了解し、ソ連との国交正常化を戦略的に推進することになった。独ソ不可侵条約以来、ドイツの外交方針に疑念を抱く外務省内でも、革新派を中心に対ソ国交調整とソ連と連携した強硬外交路線が強まっていった。

一方、重慶政府の包囲と、中国新政権の発足を検討した 1939 年度から、興亜院を中心に占領地国防資源の調査は本格化し[54]、40 年度の物資動員計画からは日満支一体の計画を整えるようになった。輸出入計画は、日満支の 3 国政府間の調整を基に策定することになり、南京国民政府の統治下の貿易決済は通貨協定による円決済が可能になった。この結果、国内生産を「供給」とし、円ブロック輸入、第三国輸入などを「補填」項目とした従来の区分を止め、生産、在庫・回収、円ブロック輸入までを「供給」とし、第三国貿易だけを「補填」計画として扱い、円ブロック圏全体で第三国輸入為替を手当することになった。

こうして、米内内閣期から重慶政府の支配地域を除く日満支ブロックの一体化構想が推進されていた[55]。政権末期にとりまとめられた「内政関係緊急対策要綱」では、銑鋼一貫設備の完成、輸入屑鉄依存からの脱却、炭鉱開発の推進による日満支ブロックによる鉄鋼自給態勢を目指した総合的な政策構想を策定していた[56]。ただし、九カ国条約の牴触問題を回避すべく、重慶政府との和平にも期待を繋いでおり、次の第 2 次近衛内閣では日独伊三国同盟による軍事的圧力を利用した重慶政府の合流を画策した結果、汪兆銘政権の正式承認は対重慶工作を放棄した 1940 年 11 月までずれ込むことになった。しかし、この新政権承認は蒋介石政権支援国、ないし九カ国条約締結国との対立を決定付けるものであった。

(2) 日独伊三国同盟と自給圏構想
日独の連携強化構想
　欧州の西部戦線でドイツの攻勢が強まった 1940 年 4 月頃から、独ソ不可侵

条約の締結やノモンハン事件で国内での政治力を失いかけた陸軍や、外務省親独派が息を吹き返した。「反共」国際連携の理念はひとまず置いて、既存の国際秩序の再編による自給圏構想を打ち出しているドイツとの関係を強化し、南方資源外交を強化する方針が強まった。日独伊三国同盟の構想から太平洋戦争の開戦に至る外交に関しては、当事者の回想や優れた研究が多い[57]。ここでは主として経済的自給圏に視点を当てて、物資動員計画を取り巻く国際環境の変遷を見ておこう。

　戦況がドイツ有利に傾いた1940年5月頃から日本は、仏印、香港、ビルマの援蔣ルートの遮断要求を強めるとともに、イタリア特派使節の佐藤尚武大使をドイツに立ち寄らせて、ドイツの戦後構想を探り、ドイツと連携することで外交攻勢をかけようとした。外務省からは佐藤大使に対して日本の世界戦略が伝えられ、今後の世界が、東亜および南洋地方、欧州およびアフリカ地方、南中北米地方の3大地域となって、「安定勢力タル国家」がそれを支えるという国際新秩序構想を示した上で、「帝国トシテハ南洋地方ヲ含ム東亜ノ諸民族ト共ニ之等地域ノ安定」を目指すことを、独側に伝えるよう指示した。7月10日のリッベントロップ外相との会談で、佐藤は米国に対する日本の「依存関係ハ現在ニ於テモ可ナリ広範囲ニシテ経済断交ノ結果ハ日本ニ取リ軽視スヘカラサルモノアリ万一石油補給ノ途ニテモ途絶スルコトアリトセハ日本ハ之ヲ死活問題トシテ南洋ニ目ヲ転スヘク茲ニ日米戦争ノ危機皆無ト言ヒ難シ」とし、対米牽制に共通利益があることと、南方資源が日本の生命線であることを説明している。リッベントロップからは、ドイツの対英作戦が「極メテ短期間ニ完全ナル戦果ヲ獲得」する見通しが示され、「其ノ結果世界ノ大勢ハ経済的ニ見テ欧州及阿弗利加ハ独伊、東亜ハ日本、其ノ余ノ亜細亜ハ蘇聯邦ノ各分野トナリ之ニ米国ヲ加ヘ各区域間ノ主人公ナル国々ニ於テ自己消費ノ余剰ヲ交易スルコトトナルベシ」との認識が示され、両国の利害が概ね共通することを確認した[58]。

　こうした状況の中、1940年7月12日には陸海軍、外務省関係者が対独交渉の事務レベルの原案となる「日独伊提携強化策」を協議している[59]。外務省の安東義良欧亜局第一課長の説明では、連携強化の内容は、ドイツが「英国ヲ屈服セシメ欧洲及阿弗利加ニ於ケル覇権ヲ掌握シ欧洲阿弗利加ニ新秩序ヲ建設ス

ルコトヲ前提」した上で、ドイツに東アジア、東南アジアにおける日本の覇権を認めさせる一方、参戦義務の要求には、「現在ノ日本ノ国内情勢特ニ経済状態ニ鑑ミ又蘇及ヒ米トノ関係ヨリ見テモ参戦ヲ避ケルヲ賢明トスル（此ノ点ニツキ陸海軍トシテノ意見ヲ求メタル処陸海トモ全然同意ノ旨意思表示シタリ）而シテ参戦ニ至ラサル限度ニ於テ最大限ノ提携ヲ計」るというものであった。対米戦争を回避する方針の下、7月16日の第2回協議で陸海軍側とも事務レベルでこれに合意した。

近衛内閣の世界4分割構想

こうした検討が進む最中、政権中枢で政変が起きた。陸軍は日独伊三国同盟の締結交渉を強力に要求し、これに反対する米内光政内閣から畑俊六陸相を辞任させて倒閣に成功し、7月22日に第2次近衛内閣を成立させた。近衛は、松岡洋右を外相として積極的な外交攻勢を強め、26日の閣議決定「基本国策要綱」では、「世界ハ今ヤ歴史的一大転機ニ際会シ数個ノ国家群ノ生成発展」の過程にあるとする国際情勢の理解に立って、英帝国の解体と、欧州・アフリカを勢力圏とする独・伊、ソ連、米国の3勢力圏に対抗して、日満支を中心に、さらに南方を包容した「大東亜新秩序」の建設を目指す世界4極構想を打ち出した。これはリッベントロップの世界分割構想と軌を一にするものであった。

こうした基本方針の下、新内閣は国民道徳、新国民組織による新政治体制と国防経済の建設を目標に掲げた。国防経済の内容は、①大東亜を包容した自給自足経済、②官民協力による計画経済、重要物資の一元的統制、③財政計画、金融統制の強化、④世界新情勢に対応した貿易政策の一新、⑤生活必需物資、特に食糧自給方策の確立、⑥重化学工業、機械工業の画期的発展、⑦科学の画期的振興、⑧交通運輸施設の整備拡充、⑨国土計画の確立、などであった。

次いで7月27日の大本営政府連絡会議では、「世界情勢ノ推移ニ伴フ時局処理要綱」を決定し、ドイツ優位の情勢を利用して日中戦争の終結を急ぐとともに、好機を捉えて南方対策を打ち出すとした。具体的には、①独伊との政治的結束を強化すること、②米国に対しては「厳然タル態度」をとり、関係悪化は「敢テ之ヲ辞セサルモ」、可能な限り摩擦を避けること、③仏印に対しては援蒋行為遮断の徹底、日本軍の補給担任軍隊の通過、飛行場使用を容認させ、必要

資源を獲得すること、④英国については、ビルマ援蒋ルートを遮断させ、香港の「敵性」を強力な工作によって取り除くこと、⑤中国の租界地に関しては、「敵性」の除去、交戦国軍の撤退を図り、逐次汪兆銘政府に回収させること、⑥蘭印に対しては当面外交的措置によって重要資源を確保すること、⑦南洋の旧独領・仏領島嶼については、国防上の重要性から、可能であれば領有すること、⑧その他南洋諸地域については友好的措置により日本側に同調させることなどの方針を定めた。武力行使の可能性については、中南支に経済的拠点と、シンガポールに軍事拠点を持つ英国に局限しつつも、危険な外交攻勢に打って出る方針を固めた。

対アジア外交の積極化

　仏印の援蒋ルートの遮断交渉は、1940年6月のフランスの降伏を利用して進められ、7月20日には国境封鎖が実現した。8月末にはフランス・ヴィシー政権との間で、松岡外相とアンリー（Charles Arsène-Henry）駐日仏大使による北部仏印進駐の協定を締結した。これは、フランスが極東における日本の経済的・政治的な優越的利益を認め、日本が仏印におけるフランス政府の主権を認めるとともに、フランスが日本・仏印の経済交流の便宜を保障し、重慶政府との軍事紛争処理のために中国国境地域への日本軍進駐を認めることなどを内容としていた。これに基づいて、9月23日には北部仏印進駐が開始された。こうして、最大の援蒋ルートであった仏印ルートを閉鎖し、「時局処理要綱」に定めた対仏印課題は果たされた。

　並行して進められていた経済協力交渉についても、10月から南方経済問題に関する特命全権大使の松宮順をハノイに派遣し、翌41年5月に日・仏印経済協定が締結された。この結果、米、トウモロコシ、ゴム等の農産品のほか、鉄鉱石、満俺鉱、石炭など、独仏の停戦後に、仏印に対する英国領からの貿易制限によって輸出量が急減していた仏印物資を日本に輸出する協定を締結した。そのほか、日本からの入国、居住、航海、企業経営等に関し、本国人並みの待遇を認めさせ、関税免除ないし最低税率の適用や、円貨決済などの優遇措置を獲得した。

　こうした仏印に対する外交攻勢と並行して、1940年7月12日には対独戦に

集中せざるをえない英国が援蔣政策の要であるビルマルートを3ヶ月間閉鎖することを決定した。一方、この日本の外交攻勢に、蔣介石は対米工作を強め[60]、米国は7月26日に石油製品と屑鉄を輸出許可品目に指定し、日本への経済圧力を強化した。その後英国の物資支援も再開されるなど、蔣介石は米英を対日戦略に引き込むことに成功したため、北部仏印進駐と援蔣ルートの遮断の効果は限定的であった。

　独伊との連携強化の方策については、8月1日の松岡外相と駐日大使オット (Eugen Ott) の会談の直前の7月30日に、松岡の考えを整理したと見られる「日独伊連携強化ニ関スル件[61]」がまとめられた。それは、有田前外相時の事務レベル合意「日独伊提携強化策」を継承したものであり、日本側の経済協力の具体的内容は、独伊の希望する日満支の農林水産物の取得、南方における特殊鉱産物、ゴム物資の取得に便宜を供与し、東亜・南方での経済活動を保障する一方で、英国の経済活動を圧迫するというものであった。独伊に対しては、航空機、機械類、化学製品や技術の提供を求めるというものであった。その際、日本の生存圏範囲は、日満支を根幹に、旧独委任統治諸島、仏印・仏領太平洋諸島、タイ、英領マレー、英領ボルネオ、蘭印、ビルマ、豪州、ニュージーランド、インドと想定していたが、独伊との交渉では南洋をビルマ以東、蘭印・ニューカレドニア以北と規定し、その他については領土・管理の変更は望まないという方針であった。ただし、事務レベル案より大きく踏み込んだのは、対英米開戦の可能性についてであり、「独伊側ヨリ対英軍事的協力ヲ求メ来ル場合帝国ハ原則トシテ之ニ応スル」とし、また「一方カ米国ト戦争状態ニ入ル危険アル場合ニハ両者ハ執ルヘキ措置ニ関シ協議スル」として軍事的協力の可能性を含ませていた。そして、これ以降、松岡の三国同盟締結の動きは徐々に独走の色合いを強めていく。

対米英戦争の「国力判断」

　しかし、仮に対英、対米軍事衝突が起きれば、日本経済に壊滅的な影響を与えることも明らかであった。ドイツの攻勢という情勢の下、陸軍参謀本部第20班（戦争指導課）の種村佐孝は、「支那で交戦権を発動して徹底的に事変処理をやろうという議論がある」として、その場合の物動計画の影響について、

1940年6月半ばに陸軍省整備局戦備課長岡田菊三郎に相談をした。正規の依頼の形を避けた「事務連絡」扱いであったが、重慶政権に対して公式に交戦権を行使することは、「若干の武力衝突は覚悟」した上で中国の港湾・欧米租界地の封鎖等を実施することを含み、その結果として英仏米から経済封鎖を受ける事態が予想された。

　岡田は6月21日、企画院総裁竹内可吉に対して、①輸入は完全に途絶し、日満支の産出物資だけで供給計画を立てる、②陸海軍需は従来水準を維持する、③重要物資の供給は3年間維持することを希望する、という条件で「過不足の実情を計数的に明らかにされたい」と依頼した[62]。企画院は第2次近衛内閣の成立を挟んで、8月2日にその結果を「応急物動計画試案[63]」としてまとめ、40年8月を起点にした2年間の重要物資の需給見通しを示した。その結果は、開戦後1年間の物動主要物資の輸入額は40年度計画の19億9,789万円から3億7,884万円に激減し、鉄鋼供給は備蓄原料等を利用しても40年度計画の65％、紡績用棉花は3分の1になった。軍需部門も民生部門も極めて悲観的な結果になったことで、岡田も「積極急進論者に対し一応の鎮静剤となった」と回想している[64]。この検討作業は海軍にも知られ、吉田善吾海軍大臣は「非常に危険視し陸軍が無理に国策をある方向にひきずろうとする」と批判し、岡田は「三国同盟をおさえるためならむしろ必要な研究だった[65]」と回想している。物動計画から見る限り、対英仏、対米武力衝突は避けねばならないという認識が広がることになった[66]。

三国同盟を利用した共栄圏構想

　吉田海軍大臣は、病気により辞任するまで海軍部内の親独派に抗し、3国の軍事同盟によって対米英開戦のリスクを高めることに反対していた[67]。しかし、8月26日のベルリンでの来栖三郎駐独大使とリッベントロップ外相の会談から三国同盟の動きが一挙に進んだ。日独の連携強化によって米国を「本来ノ勢力範囲タル米大陸ニ帰ヘラシ」、「日本カ毅然タル態度ヲ示サルルニ於テハ対米経済関係ハ却ツテ好転」するとの見通しを外相から示され、さらに東亜、欧州での戦時・戦後の協力を交渉するため、ドイツからスターマー（Heinrich Georg Stahmer）公使を日本に派遣する意向が伝えられた[68]。9月4日には、四

相会議で交渉方針「日独伊枢軸強化ニ関スル件」が決定され、独との協力姿勢を明確にしたものの、吉田の後任である及川古志郎海軍大臣は「自動的参戦義務」を含む軍事同盟に「絶対反対」を唱え、これ以後、この「自動的参戦」が最大の焦点になった。9日と10日の松岡・スターマー非公式会談では[69]、ドイツ側の意向として、①欧州大戦へのアメリカ参戦をドイツは回避したいこと、②ドイツは対英戦争に日本の軍事的援助を求めていないこと、③日本には米国を牽制し、参戦防止の役割を期待していること、④日独伊の協定と毅然とした姿勢こそが米国との戦争を防ぐことになること、⑤日本に対して航空機・戦車等の軍事的装備を支援すること、⑥ドイツは日本の大東亜における政治的指導を認めた上で、ドイツ人企業の容認、必要資材の確保などの経済的利益を求めること、⑦日ソ親善にドイツは仲介の用意があることなどが示され、対英米軍事同盟ではあるが、歯止めのあることを説明した。これを受けて、及川海軍大臣は、①ドイツは日本の欧州大戦への参加を要望しないこと、②ドイツもアメリカの参戦防止を強く求めていること、③同盟締結後も参戦決定は日本の自主的判断によること、④日ソ関係を極力良好なものとすることについて、保障されるなら反対の理由がなくなったとして、同盟の締結を承認した。

9月14日の大本営政府連絡会議で、三国同盟の締結が承認され[70]、その後、16日の閣議では松岡外相が、①旧ドイツ委任統治領の南洋諸島は無償で、旧ドイツ領の南洋諸島は日本への有償譲渡を実現すること、②ソ連・ルーマニアの石油の一部を日本に輸出させること、③海軍艦艇用重油の良質な原料としてそのほとんどを海軍徳山燃料廠で処理してきた北樺太石油の利権をドイツの斡旋によって確実なものとすること、場合によっては全部買収することなど、南方及びソ連の資源を獲得する独自の楽観的見通しを伝えて議論をリードした[71]。

松岡とオット、スターマーの交渉過程で最大の争点となったのは、米国を想定した「他の一国」からの攻撃に対する相互の自動的参戦義務であった。自動的参戦にならないことを附属議定書等の形で明記したい日本と、自動的参戦義務によってこそ、米国の参戦を抑制することができるとするドイツ側の交渉が続き、結局、9月27日に締結された三国同盟は、以下のような構成になった。①日本は独伊の欧州の新秩序建設における指導的地位を認め尊重する（第1条）、②独伊は日本の大東亜（仏印、タイ、ビルマ、海峡植民地、蘭印、ニューギニア、

ニューカレドニア等を含むオセアニアの島嶼）の新秩序建設における指導的地位を認め尊重する（第2条）、③3国が欧州戦争・日中戦争に参加していない国から攻撃された場合は、3国はあらゆる政治的、経済的、軍事的方法により相互に援助する（第3条）、④条約実施のため3国の混合専門委員会を設ける（第4条）、⑤前記諸条項はソ連との政治状態には影響を及ぼさないものであることを確認する（第5条）。この第5条は「他の一国」がソ連を想定したものでないことを明確にしたものであった。第3条は米独の開戦の場合に日本が参戦を含む援助義務を負う条項であった。一方、日本が求めていた条約実施にかかわる混合委員会に関する規程は、第4条として条約本文に入ることになった。これについて松岡外相は、9月26日の枢密院審査委員会で、第4条の混合専門委員会の協議によって「何時如何ナル方法ニ依リ援助スルヤハ締約国各々自主的ニ決定シテ協議スル」として、自動的な参戦義務は負わないと説明した[72]。近衛首相も「本条約ノ根本ノ考ヘ方ハ日米ノ衝突ヲ回避スルニ在リ然レ共下手ニ出レバ米国ヲツケ上ラセル丈ナルニ依リ毅然タル態度ヲ示ス必要アリト思考ス[73]」と発言して、対米開戦回避が主目的であると説明した[74]。交渉の最終局面でスターマーが妥協し、オット大使と松岡の交換公文の形で、①日英開戦の場合のドイツの全面的支援、②欧州大戦終結後の独領南洋植民地の有償譲渡、③混合専門委員会の決定はそれぞれの政府が承認しなければ実施されないこと、④第3条の攻撃された場合の判断は3国の協議によること、⑤欧州大戦・日中戦争に参加していない一国から日本が攻撃された場合に、ドイツはあらゆる軍事的、経済的手段で日本を援助すること、⑥日ソとの友好関係の増進にドイツは「其ノ力ノ及ブ限リ」努めること、⑦日本の大東亜新秩序建設のためドイツは自国の工業能力、技術的・物質的資源を提供し、日本とドイツは原料品、鉱物、石油を相互に援助することなどの「約束」を取り付けた[75]。

　こうしてドイツ勝利の見通しの下、日本の自動参戦義務を回避した上で、危惧していたドイツによる仏印・蘭印支配の可能性を抑え、独伊による欧州新秩序建設と大東亜新秩序構想の相互承認を実現した。第3条によって米国を強く牽制しつつ、アジアにおける軍事的圧力を利用して、本国貿易の比重が低下しつつあった仏印や蘭印との交渉で戦略物資の輸入枠を確保するなど、対英仏、対米戦争を回避して、有利な貿易条件によって東亜共栄圏構想を具体化しよう

とした。日米修好通商条約の破棄以来、特別輸入などによって備蓄用に回された物資は、1940年10月頃までに、屑鉄95万トン（国内特別回収を含む）、特殊鋼1万トン、マンガン鉱21万トン、銅8万トン、鉛6万トン、亜鉛2万トン、第1種原油28万kl、第2種原油22万トン、航空揮発油20万klなどに達したが[76]、貿易途絶に備えたものとしてははなはだ不十分であった。枢密院審査委員会で河合操顧問官から長期戦となった場合の物資面を尋ねられた星野直樹企画院総裁は、21億円の輸入計画のうち19億円を英米に依存しているとしながらも、「数年前ヨリ我国ハ諸物資ノ自給自足ヲ覚悟シテ準備」しているとして、鉄鉱については「民需官需ヲ制限スレバ左程窮境ニハ立タザル見込」であると説明した。また、ほとんどを米国に依存している石油については、国内での増産、米国以外からの輸入のほか、「相当ノ備蓄」をしたものの、「出来得ル限リ速ニ蘭印又ハ北樺太ヨリ石油獲得権ヲ確保スル必要アリ」とし、三国同盟を踏まえれば石油交渉を進められ、総動員計画の維持が見込めるかのような説明をした[77]。

しかし、スターマーとの条約交渉の最中、ヒトラー（Adolf Hitler）は対英上陸作戦を翌年以降に延期することを決定し、ドイツによるヨーロッパの覇権の早期獲得の見通しは失われていた。にもかかわらず、そうした情報は日本側に伝えなかった。米国は三国同盟の締結直前に重慶政府への2,500万ドルの第3次借款を決め、対抗姿勢を鮮明にしており、10月の屑鉄禁輸措置によって下期の物資動員計画は圧縮せざるをえなくなった。曖昧にした自動参戦義務の条項は、その後も対米交渉の大きな障害となるなど、日本外交の選択肢を奪っていくこととなった。

(3) 蘭印経済交渉と自給圏構想
蘭印交渉の開始

三国同盟によって対米開戦を回避し、ドイツの斡旋を利用して仏印・蘭印の資源確保と日ソ国交調整による北樺太石炭・石油権益維持を図るのが、松岡が考える国際秩序の再編構想であった。それは、南方最大の資源地域であり、物資動員計画の根幹にかかわる重要物資を供給する蘭印との交渉の中で、早くも予想を超えたオランダ及び英米の強硬姿勢と衝突することになった。ここでは、

大東亜共栄圏構想の一環として蘭印に求めた対日協力について確認しておこう[78]。世界恐慌と日本製品輸入の拡大を機に制定された1933年の非常時輸入制限令、34年の事業制限令などによって蘭印政府は強力な保護主義を採用した。それは、33年4月のインド政庁の高関税政策と踵を接した強固なブロック経済・バーター貿易制度への転換であった。34年の第1次日蘭会商の決裂後、37年4月の石沢・ハルト協定で暫定協定が締結されたが、以来、通商の拡大と輸出入物資の割当が懸案になっていた。

表序-6　対蘭印重要物資輸入要求（1940年）

(千トン)

	5月20日	6月28日
錫（含鉱石）	3	3
ゴム	20	20
石油	1,000	1,000
ボーキサイト	200	200
ニッケル鉱	150	150
マンガン鉱	50	27
タングステン	1	できるだけ多量
モリブデン	1	輸出可能量
屑鉄	100	輸出可能量
クローム鉄鉱	5	5
工業塩	100	100
ヒマシ	4	4
キナ皮	0.6	0.6

出所：板垣與一「太平洋戦争と石油問題——日蘭会商を中心として」前掲『太平洋戦争原因論』所収、614頁。

オランダがドイツに席巻された際、蘭英仏間で蘭印物資の利用割当が協議されたとの情報に接した日本は、この機会を捉えて1940年5月20日に表序-6の戦略物資13品目（石油、生ゴム、錫・錫鉱石、ボーキサイト、ニッケル鉱、マンガン、タングステン、クローム鉄鉱、モリブデン、屑鉄、工業塩、ヒマシ、キナ皮）の対日輸出の拡大を要求した[79]。蘭印からは一部に産出・輸出可能量を超えるとの留保がついたものの、6月6日に要求をほぼ受け入れるとの回答があり、それを踏まえて6月28日改めて要求量を提示し、確認を求めた。基本的に5月の要求と同じであるが、マンガン鉱は当初要求に輸出困難との回答を受けて削減し、当初1,000トンを求めたタングステン、モリブデンについても要求を弾力的にした。屑鉄については要求が過大であるが制限はしないとの回答を受けて、同様の扱いとした。石油については、適時契約であれば可能との回答を受けて100万トン以上を求めた。工業塩についても40年9月以降の契約であれば可能との回答を受けて10万トン以上を求めた。これに対する7月26日の回答も概ね好意的であり、タングステン、モリブデンについては産出量が僅少であるために悲観的との回答があったが、屑鉄、工業塩については希望に

添うよう努力するとのことだった。石油についても商社との交渉次第では増量が可能であるとの回答であった。

こうして蘭印当局は日本への輸出拡大に協力的対応をしていたが、米国務省は日本の輸入拡大に強い関心を表明し、特に日本への長期契約の締結に反対した。700万トン台を推移する蘭印の石油生産能力自体を拡張し、日本への優先的確保を実現するには、開発輸入方式での蘭印進出が不可欠だった。

小林一三蘭印経済使節団

しかし、依然として日本人の入国、資源開発に関する蘭印側の規制は厳しかった。このため、石油輸入枠の追加要求と並行して、油田の開発権を求める交渉を本格化することになり、小林一三商工大臣を代表とする蘭印経済使節団をバタビアに派遣することになった。8月27日に閣議決定された小林に対する指示「小林特派使節携行対蘭印交渉方針[80]」は、米国の重要物資禁輸措置をカバーしようというもので、蘭印政府に対する政治的優位を確保し、以下のことを求めた。①欧州との連携を絶ち東亜共栄圏に協力すること、②インドネシア人に完全な自治を認めること、③東亜共栄圏の平和に向けた防衛協定を締結すること、④日本人の入国、居住・旅行・身体・財産の保護、動産・不動産取得、商業・企業（航空を含む）の経営、通商、航海をオランダ人と平等にすること、⑤日本の所要物資の輸出規制をしないこと。

しかし、こうした蘭印の主権を脅かす直截的な要求では、そのまま英米に通報された上、拒否されると見られたため、具体的には次の基本姿勢を伝えて交渉するよう指示していた。①6月6日に回答のあった重要物資の対日供給の将来にわたる保障と、依然認められていない日本人の入国、企業の投資に日本が強い要望を持っていること、②資源開発の制限を廃し、企業の自由を一般原則とすべきこと、③蘭英企業中心の近年の不合理な閉鎖主義をやめ、「東亜民族進ンテハ世界人類ノ繁栄ト福祉トノ為ニ」地理的に近接した日本による開発を認めるべきこと、④日蘭間の伝統的親善関係に立って日本の要求への同意を求めること。こうした機会均等、自由原則という、米国が対中政策で日本に要求している原則を前面に立て、輸出の増量だけでは越えられない壁を直接投資と開発輸入によって乗り越えようとした[81]。

この方針をより具体的にまとめたのが、第五委員会の10月16日の「対蘭印経済発展の為の施策[82]」であり、蘭印資源を開発し大東亜経済圏の一環に組み込むことを露骨に示していた。その要点は多岐にわたるが、①蘭印経済の欧米経済ブロック依存を清算し、大東亜経済圏の一員とすること、②邦人企業の活動を阻害する制限的措置を撤廃・緩和すること、③重要物資を大東亜圏内で確保し、資源的独立を図るため、蘭印の共同開発を提議すること、要すれば島嶼地域を租借、買収すること、④先の輸入確保量を超える種類、数量について蘭印の合意を求めること、さらに、「世界的独占商品」の錫、ゴム、キナを日本の支配下に置き、貿易を管理すること、⑤蘭印農業を日本の要請に向けて誘導し、農産物を買い付け、蘭印の購買力を培養すること、⑥日本製品の輸出を増進すること、⑦大東亜金融圏の形成に向けて蘭印の新金融制度を設計し、蘭印の為替管理を日本の指導下に置くこと、⑧交通・通信に関して日本の指導的地位を確保すること、⑨漁業での日本の地歩を強化すること、⑩第三国の蘭印権益の新規設定を認めないこと、⑪蘭印の対内、対外経済政策に参与し、日本との提携強化のため邦人を加えた経済建設委員会等を設けること、⑫新聞等の対日悪論調を徹底的に取り締まること、⑬華僑の援蒋・抗日態度を取り締まること、⑭現地有力者の宥和を図ること、⑮地域経済施策を共栄圏の確立と調和させることなどであり、11月5日これを閣議決定した。ここでは、日本の指導的地位、経済的連携の強化、「世界的独占商品」の貿易管理を通じて自給圏の補強を謳っていた。

　しかし、5年間毎年300万トンの石油輸入を確保する方針で、9月13日に始まった対蘭印交渉は、9月27日の三国同盟の締結を契機に頓挫した。日本企業の開発権や総合的な連携構想は強い反発を受けることになった。蘭印側は三国同盟条約第2条が規定する日本の大東亜新秩序建設に関する指導的地位を蘭印に要求しないという前提で交渉に臨んだ上で、交渉は遅延を続けた。毎年60～90万トン程度だった対日輸出を300万トンにするには、石油会社との商談を待つことになり、10月22日には小林商相を召還し、替わって三井物産会長向井忠晴を中心に交渉を続けることになった。蘭系のBataafsche Petroleum Maatschappij（B.P.M）社、英・蘭系 Royal Dutch Shell（R.D.S）社に対して、日本側の求める契約は315万トンであり、これに従来から日本での販売を手掛

けるライジングサン社、スタンダード社が蘭印から輸入する分の65万トンを加えると、年間購入量は380万トンになった。このうち交渉団に松岡外相から伝えられていた既契約分は101.2万トンであったが、蘭印側の認識する民間の成約済み供給予定は、バタビア交渉以前の分が航空揮発油用原油12万トン、普通原油36万トン、普通揮発油10万トンの計58万トン（いずれも1年間）であった。したがって契約未了分の43.2万トンも含めて輸入の増量を交渉することになった。

しかし、バタビアでの交渉において、蘭印側が新規引き受け可能量として10月29日に確答したのは、航空用原油を含まず、品質においても懸隔が著しい72.65万トンにとどまり、既成約分や東京での現物買付4.9万トンと合わせて130.65万トンに過ぎなかった。しかも契約期間は米国に配慮して40年11月1日からの6ヶ月間、B.P.M社の航空揮発油用原油12万トンと普通原油36万トンは1年間というもので、直ちに買い付け、積み出しをすることを求められた。結局11月12日、この線で契約をすることとなり、日本側が輸入を見込めた石油はライジングサン社、スタンダード社等の分と合わせて200.55万トンにとどまった。それでも、米国側の牽制にかかわらず、蘭印側の2社は、ともに日本側を硬化させないための協力をしており、大幅な輸入契約の拡大を実現した[83]。

しかし、向井の石油輸入交渉と並行して進められた石油開発権の交渉は進捗がなかった。蘭印側からは、既存企業が取得した鉱区以外で日本側に開放しうる地域として、ボルネオ・サンクリラン地区130万ha、セレベス・ベレン島対岸地域16.3万ha、ニューギニア・北東および南東地域1,490万haの提案があったが、日本の希望する地域とはズレがあり、オランダ政府が出資する開発会社の蘭印石油株式会社（Nederlandsch-Indische Aardolie Maatschappij）への資本参加要求には回答がないまま、鉱区問題は未解決となった。

芳沢謙吉蘭印経済使節団

1941年度物動計画の策定に当たって、蘭印からの一層の輸入拡大と資源開発が重要課題となると、改めて元外務大臣芳沢謙吉を代表として蘭印に派遣し、41年1月15日から交渉を再開した。要求項目は「小林特派使節携行対蘭印交

渉方針」の基本要求とほぼ同じであったが、買付要求は物動重要物資の36品とし、年間輸出要求は石油380万トン、錫1万トン、ボーキサイト40万トン、ニッケル鉱18万トンなど、前年に了解されていた量を大きく上回り、このほか椰子油3万トン、ゴム3万トン、砂糖10万トンなどもあった。しかし、1月21日の松岡外相の議会での発言、すなわち蘭印を大東亜共栄圏に包摂し、指導権を持ち、日本蘭印関係を根本的に建て直すなどの発言が、仏印に対するものと同様に支配権の行使を意図しているとの反発を招くことになった。2月3日の蘭印側の対案は、①蘭印住民の福祉、進歩、解放が蘭印政府の主要目的である、②住民の利益に反する措置は避ける、③外国との経済関係は厳格な無差別主義をとる、④貿易等の経済活動が間接に敵国ドイツの利益になることを防止する、⑤蘭印の資源開発が不十分であるとの日本の批判は当たらない、⑥日本蘭印関係を日本側は相互依存と主張するが、蘭印の輸出に占める日本の地位は低く、蘭印は世界貿易に依存するというものだった。蘭印側は、大東亜共栄圏には包摂されず、日本の指導的地位は認めない、ドイツへ再輸出される可能性のある石油、ゴム、錫等の戦略物資の輸出増量は認めないと主張した。石油開発権については、日本側は契約可能な地域から順次契約をまとめる方針で臨んだが、蘭印側は他の物資を含む一般的会商が全て終了した時に一括して確定する方針をとったため大きな進展はなかった。重要物資の供給拠点である蘭印からの物資見通しが立たないため、1941年度の物資動員計画は、年間計画が立たず、第1四半期のみの暫定計画でのスタートとなった。

　5月20日にまとめた対蘭印輸入要求と、それに対する回答は、表序-7の通りである。石油輸入については380万トンを希望していたが、差しあたりの要求は180万トンとし、蘭印政府が増産その他の方法で380万トンの要望を満たすよう要請するというものであった。日本側では今後5年間毎年380万トンまで買い付ける用意があるとしたが、蘭印側は前回同様に商社との交渉によると回答したため、前年10月末の130万トン程度から上乗せをすることができなかった。ゴムについては、前回交渉より少ない1.5万トンに削減され、錫は前回と同量、ボーキサイトは前回より僅かに増加したが、40万トンの要求の6割にとどまった。製鉄原料の屑鉄・マンガン鉱は要求を下げても回答は厳しく、特殊鋼原料は可能性なしとして鉄鋼生産にも余り貢献しないことが明らかにな

表序-7　対蘭印重要物資輸入要求と回答(1941年)

(千トン)

	5月20日 要求	6月6日 回答
錫(含鉱石)	3	3
ゴム	20	15
石油	1,800	商社との交渉により
ボーキサイト	400	240
ニッケル鉱	180	150
マンガン鉱	20	6
屑鉄	60	可能な範囲で
タングステン鉱	積極的努力の確約	可能性なし
モリブデン		
クローム鉄鉱		
雲母		
工業塩	100	—
ヒマシ	6	6
キナ皮	0.6	0.6
コーヒー	0.48	
木材	65	
縞黒檀	0.34	
ダマル及びコパル	1.45	1.5
カポック	1	1.2
カポック種子・棉種子	5.5	6
トウモロコシ	80	支障ない限り
コプラ	25	19.8
カッサバート	8	—
藤	1	1.2
パーム油	12	12
棉花	1.6	—
タンニン材料	4	1.5
砂糖	100	
キニーネ	80	60
ピッチコークス	25	商社との交渉により
黄麻	1.3	1.3
糖蜜	60	回答難しい
サイザル	40	
豆類・ココア・貝殻・蒟蒻芋　千円	800	—

出所:前掲「太平洋戦争と石油問題——日蘭会商を中心として」
　　646頁。

った。樹脂類、農産物で若干の増量はあったものの、ほとんど成果はなかった。石油採掘権についても、ボルネオ・サンクリラン地区のほか、将来セレベス、ニューギニア東北部で若干を考慮するという回答があったのみで日系企業による増産の見込みもなくなった。

この対応の硬化には、米国が1941年に入って急速に対日石油輸出の規制を強め、5月頃から一層対日圧力を高めたことが大きく影響していた。蘭印は英米と連携しつつ、交渉を引き延ばした上、軍需物資の対独供給の可能性を理由に対日供給の増強に難色を示した。結局、大本営政府連絡会議はこの状況での交渉妥結は難しいと判断して[84]、現状の経済関係の維持、再交渉の意思を確認して、6月11日に交渉を打ち切ることになった。これによって、1941年度物資動員計画の立案は対日資産凍結と第三国貿易の途絶という条件で

8月末に第2～第4四半期計画をまとめるまで、大幅に遅れる事態となった[85]。

(4) 日華基本条約の締結
「大持久戦」への転換

　一方、1939年末に始められた対重慶政府と南京汪兆銘政権との統合および日華基本条約の締結を目指していた講和交渉（桐工作）は、不調なまま三国同盟締結と同時に当面の講和方針は放棄された。40年9月末、多様なチャンネルを利用してきた交渉を「帝国政府ノ行フ対重慶謀略ノ一筋ニ統合スル」ことを四相会議で決定し、新たな「支那事変処理要綱」が検討されることになった。陸軍では、10月8日に東條英機陸相から要綱案が参謀本部に提示され、参謀総長、次長、第一部長、陸相、陸軍次官、軍務局長の下で陸軍案が策定された。しかし、この案には事変解決の一環として、南方問題の解決を目指し、「好機ヲ補足シ武力ヲ行使」するなど、7月27日の大本営政府連絡会議決定「世界情勢ノ推移ニ伴フ時局処理要綱」の第3条には「支那事変処理概ネ終了セル場合」の開戦規定が含まれていた。10月29日以降、参謀本部次長、軍令部次長らの協議が続けられたが、一旦時局処理要綱で決定されている武力による南方問題の解決に海軍側が強く反対し、要綱からこの問題を一切削除する形で、11月13日の御前会議で支那事変処理要綱が決定となった[86]。

　新たな日中戦争の処理案が検討された背景には、対重慶政府の軍事作戦が短期的には終結せず、1950年までの10年（5期）にも及ぶ「大持久戦[87]」へと転換せざるをえないとの支那派遣総軍参謀部の判断があった。汪兆銘政権を唯一の政府として正式に承認し、今後は対重慶工作は新中央政府の下に一本化して、日満支3国の協力関係と長期動員態勢の整備を進めることになった[88]。支那事変処理要綱[89]の基本方針は、①武力戦を継続する一方で、日ソ国交調整を図るなどの外交戦略で英米の援蒋政策を絶ち、政戦両略で重慶政府の抗戦意志を低下させること、②内外の態勢を改善し、長期大持久戦に適応し、大東亜新秩序建設に要する国防力の弾撥性を回復させるなどの長期動員態勢を固めること、③このために日独伊三国同盟の外交面での効果を最大限に利用すること、というものであった。具体的には、①重慶政府に対する汪・蒋合作工作は、ドイツの仲介や対ソ国交調整の動きを利用して圧力をかけつつも、40年11月末の新

中央政府承認をもって打ち切る。②重慶政府との和平が実現しない場合は、長期武力戦態勢に転換する。確保すべき地域は、蒙疆、北支、漢口付近より下流の揚子江流域、広東の一角、南支沿岸要点として、用兵的弾発力を維持しつつ治安を確保し、封鎖と航空作戦で重慶政府の屈服を期す。③新中央政府には占領地域への政治力浸透を通じて日本の総合戦力の強化に必要な施策を求める。経済建設は国防資源の開発・取得と民心の安定を根本方針とする。

　新政府と締結される基本条約に盛るべき内容は、①満洲国の承認、②日支善隣友好、日本と共同による東亜の防衛、③共同防衛に必要な期間の日本軍の蒙疆、北支3省の駐屯、艦艇部隊の海南島、南支沿岸特定地域への駐留、④揚子江下流三角地帯への一定期間の保障駐兵、⑤日本による国防資源の開発利用の承認、⑥汪蒋合作の際の日本の立場の尊重などであった。

汪兆銘政権の承認と「日満支新秩序」

　汪兆銘政権との新条約締結に向けた交渉は、1940年7月の正式交渉開始以来、39年11月3日の第2次近衛声明、同月末の日支新関係調整方針を基礎に進められた。しかし、結局11月末に期限を切った対重慶工作は進まず[90]、11月30日、先延ばしにされていた汪兆銘政権の正式承認と日華基本条約および附属議定書・協約・協定などの関連文書の締結に踏み切った[91]。それは日本の軍事行動と総動員計画の遂行に、汪政権のみで中華民国からの広範な協力を引き出そうとするものであった。日華基本条約は、両国間の善隣友好（第1条）、文化融合（第2条）、反共共同防衛と所要期間の日本軍の蒙疆・華北駐屯（第3条）、日本軍撤退までの共同治安維持（第4条）、日本艦隊の所要期間の駐留（第5条）などの政治的・軍事的協力のほか、経済面では互恵的経済提携、北支・蒙疆における特定国防資源の開発における日本優先措置、物動計画に組み込まれている日本と北支・蒙疆の物資需給に緊密に協力すること、揚子江下流域での経済交流、日本からの産業・金融・交通・通信の復興協力（第6条）などを定めた。また中華民国に対する日本の治外法権の撤廃、租界の還付と日本人の居住の自由（第7条）なども定めていた。

　附属議定書では、①中華民国領内での日本の戦闘継続の諒解、②中華民国臨時政府、中華民国維新政府の継承、③本条約および現行約定によって駐屯する

軍以外の2年以内の撤退、④日本国民の権利・利益の損害に対する補償などを定めた。さらに、両国全権委員間の了解事項として、①中華民国で実施されている軍事税制の平時化、②日本軍管理の官民工場、鉱山、商店のうち軍事上必要なもの以外を中華民国側に移管すること、③日華合弁事業の資産再評価、④中華民国の貿易統制は日本側と協議し、日華経済提携に牴触しないこと、⑤中華民国の交通、通信に関し必要な調整は日本と協議することなど、日本の総動員計画に協力することが定められた[92]。

こうして中華民国による軍事面、経済面の全面的な対日協力を確約させると同時に、満洲国を含む3国によって「新秩序ヲ建設」し、「恒久的平和ノ枢軸」とする日満華共同宣言を発表して、3国の互恵、主権、領土の尊重、善隣友好、共同防共、経済提携を打ち出した。それは日本の総動員計画に全面的に占領地域を組み込むことを意味していた[93]。

対アジア貿易の拡大

こうした中、1940年上期の貿易実績は国際的需要拡大と価格上昇に支えられて拡大を続けた。円ブロック貿易も輸出11億6,300万円、輸入4億9,600万円と、対前年同期で32％増、16％増を記録し、特に物価上昇率の高い中国、満洲向け輸出が伸びている。第三国貿易も、輸出8億5,500万円、輸入13億5,900万円と、対前年同期で16％増、17％増となった。しかし、これは価格高騰による影響も大きく、英帝国圏をはじめとする対欧貿易は、各国の輸出入統制、為替管理、地中海航路のリスク拡大などによって制約も強まっていた。このため日本貿易振興協議会は、上半期の実績を受けて「今後ノ対外貿易ハ米大洲ヲ目的トスルノヲ第一義トセネバナラナイガ、中南米ヘノ喰込ミハ或ル程度以上望メナイ」、「対合衆国モ自ラ限度」があるとして、「勢ヒ極東地域ノ仏印、蘭印等ニ主力ヲ注グコトニナル」と指摘していた[94]。最大商社の三井物産では、40年3月、本店に東亜課、上期に神戸支店に欧亜近東課を設置し、欧州貿易の制約に対応した新市場の開拓を進めている。また、英米からの制裁を配慮して対独貿易を慎重にしていた方針を三国同盟締結前後から転換し、ドイツ支店を充実させるとともにロンドン支店を縮小し、中南米や円域での事業拡大を図った。仏印、蘭印支店の開設も急ぎ、9月から始まった小林一三による蘭印交

渉では、同社会長が同行するなど、国策に順応した経営戦略を立て、東南アジア貿易の一元的管理にも積極的に対応している[95]。他の商社も各国市場での商圏が狭まり、中国占領地、東南アジア市場での取引拡大に向けて、輸出入統制機関への協力関係を深めた。こうした企業の動きは、太平洋戦争が勃発し、軍事占領地域が拡大すると、大手商社が軍政地域の割当や輸出入業務の委託をめぐって指定競争を演じる背景になっている。

しかし、こうした日本主導で進む日満支一体の経済開発構想に対して、日華基本条約の締結直後に、米国が1億ドル、英国が1,000万ポンドの借款供与を決定し、ソ連が物資支援を約すなど、重慶政府を通じた日本の軍事的・経済的な消耗が図られた。日中戦争の早期終結と自給圏の確保には、ソ連、米国との国交調整を早急に処理しなければならなくなり、松岡外相は一挙に外交攻勢に出ることになった。

(5) 日ソ中立条約と資源外交の頓挫
日ソ国交調整の懸案

三国同盟を利用した東亜新秩序建設と対米抑止という松岡外交の要の一つが、日ソの国交調整であった。ソ連に対する政治的・軍事的な封じ込め政策は、日独関係で常に焦点であった。1939年夏、ノモンハンでの大規模な軍事衝突の事態収拾を探る中、突然日独伊防共協定を無視する形で、独ソ不可侵条約が締結された。この衝撃で日独の軍事同盟の強化を検討していた平沼騏一郎内閣は崩壊し、後を襲った阿部内閣は、ソ連極東軍備の一層の拡充を恐れ、事件の早期収束を目指すことになった。8月末には満洲・蒙疆とソ連との国境画定問題、通商条約の締結問題など、日ソ間の懸案を処理するよう東郷茂徳駐ソ大使に伝え、ドイツの仲介にも期待しつつ、9月15日停戦協定を締結した。

その後、前述のように対ソ関係は現状維持方針がとられたが、1940年4月頃から日独伊三国同盟構想と並行して、ソ連との関係改善を探った。北西方面の援蒋ルートの遮断と北樺太資源を確保し、南方に対する軍事的圧力を高める方針が打ち出された。5月には外務省内で日ソ中立条約草案がまとめられた。それは、①1925年1月の日ソ基本条約を両国関係の基礎として確認する、②日ソのいずれかが平和的態度にかかわらず第三国から攻撃を受けた場合には中

立を維持する、③協定期間を5年間とし、延長を可能とすることなどを内容としていた。

1940年7月2日東郷駐ソ大使は、この中立協定をソ連側に提案し、外務人民委員モロトフ（Vyacheslav Mikhailovich Molotov）は「貴使ノ提議ハ日蘇両国ノ利益ニ合致スル」と回答した。さらに東郷は、新協定が25年の日ソ基本条約に基づいて締結され、北洋漁業、北樺太利権事業に好影響を与えることに日本側が「深ク期待」していること、ソ連が「自発的ニ重慶政府ニ対スル援助ヲ打切ル」ことを希望していることを伝えた。ソ連からは東郷の提案を「其ノ意アルノ所ヲ汲ミテ審議」し、「貴使ノ述ヘラレタル各種ノ希望モ右審議ニ当リ充分考慮スヘシ」との回答を得ていた[96]。第2次近衛内閣成立後も、東郷駐ソ大使は交渉の継続を希望し[97]、松岡新外相もまずソ連側の審議結果の報告を求めた。しかし、8月14日のソ連側の回答は、独ソの緊張関係を背景にして相当に厳しい条件を突きつけるものであった。ソ連はこの中立協定の思想に「肯定的態度ヲ以テスヘキコトヲ確認ス」とした上で、①満洲全土に50万の軍を派遣している事態は鉄道守備兵の駐留のみを認めたポーツマス条約に違反しており、条約効力について審議の必要がある。②日ソ基本条約に基づく石炭事業は最近3年間は休業状態である。石油採掘事業は、試掘・採油ともに事業が停滞していることから「利権ノ生存力」を失っている。41年12月に石油試掘権が満了することから、ソ連側は公正なる補償をした上で石炭・石油利権を解消する。ただし、今後5年間は過去2年間の平均採油量の年約10万トンを日本に供給する。③ポーツマス条約、日ソ基本条約ともに「重要ナ修正ヲ加フル要アリトノ事実ヲ認識スル」。④今回の日ソ中立条約は、日本にとって「南方ニ対シ積極的行動ヲ進展セシムル為北方ニ於ケル日本ノ地位ヲ改善セシムル」ものであるのに対して、ソ連は「支那並ニ太平洋及南洋ニ於テ重大ナル関心ヲ有スル諸国トノ関係ノ悪化ニ付危険ヲ負担スル」という「重大ナ損失」があるとして、この損失を「最少ナラシムル為ノ措置」など、ポーツマス条約や日ソ基本条約で負った「失地」の回復を求めていた。

これに対して東郷は、石油採掘事業はソ連側と常に紛糾し、「日本政府より巨額の補助を得て配当し居る状況」であったことから、この際ソ連の要求を受け入れた上で強固な日ソ関係を築くことを提案した。東郷の構想は、国交調整

を日ソ不侵略条約にまで進めて、援蔣政策の打ち切りを条項に加えるというものであった[98]。

三国同盟と日ソ国交調整構想

　しかし、松岡外相は三国同盟締結の圧力とドイツの仲介を利用してソ連を四国協商に包摂した方が交渉が有利になると考え、8月末に東郷を召喚して担当から外し、松岡主導で条約交渉を進めた。対ソ連だけでなく、この前後に松岡は大使クラスの大幅な入れ替えを実施し、三国同盟を利用した強硬な外交姿勢によって大臣主導で大東亜共栄圏構想を進めようとした。

　三国同盟の締結後、1940年10月4日に外務省が陸海軍関係者との意見調整の上で新たに作成した「日蘇国交調整要綱案（試案）[99]」は、「支那事変終結ニ資シ対南方施策ヲ容易ナラシムルト共ニ差当リ北方ヨリ来ル脅威ヲ除キ以テ大東亜共栄圏ノ確立ヲ促進スル」との方針の下、「飛躍的国交調整」を目指したものであった。その要点は、ポーツマス条約、日ソ基本条約の前提を取り除き、友好的関係を築くため「不侵略協定」を締結し、①領土の相互尊重、②一方が第三国に攻撃された場合の中立の維持、③一方を敵対目標とする国家群への不参加、④満洲・ソ連国境、満洲・蒙疆国境の紛争処理、国境画定の委員会の設置、⑤相互に秩序・安寧を危殆ならしむる行為の禁止、⑥政治経済問題の調整の開始、⑦10年の条約有効期間などを目指した。経済関係の調整内容は、①北樺太の石油・石炭利権と輸入の確保、②北洋漁業安定のための漁業協定、③ソ連の必要とする中国、南洋物資の供給、④日本と欧州間のシベリア鉄道による貿易物資の通過に運賃・輸送量で便宜を提供することなどであった。軍事・政治面の調整内容は、①日満とソ連蒙疆の国境に非武装地帯を設定すること、②ソ連は日本の内蒙古、北支三省に対する伝統的関心を承認し、日本は外蒙古、新疆に対するソ連の伝統的関心を承認すること、③ソ連は日本の大東亜共栄圏への進出を容認し、日本はソ連の中央アジアへの進出を容認すること、④ソ連は援蔣政策を一擲し、中国共産党の抗日運動を抑制し、他方、日本は中国共産党が北西三省（甘粛、陝西、寧夏）を地盤として存続することを容認するなどであった。こうした交渉を、米ソの接近を牽制しつつ、独伊の対ソ政策と協調して進めることなどの方策をまとめた。

これについて、外務省の「日蘇国交調整案ニ関スル説明」は、ソ連を三国同盟に加入させ、近東・印度方面の南進コースに引き入れ、日本の対英米外交に同調させることを目指すとしていた。既存条約を前提としないなどの「大ナル譲歩」は、「ヤガテ到来スヘキ徹底的解決ノ日ニ於テ全面的ニ我カ要望ノ達成セラルヘキコトヲ見透シ得ルカ為ニ外ナラス」としており、三国同盟後のアメリカのソ連接近に先んじて、相当の譲歩をしてでも、対ソ関係を強化する必要があると指摘していた。不侵略条約の内容は、1939年8月の独ソ不可侵条約と同様のものとし、既に生じている国境紛争の処理のため、委員会を設置するとした。経済関係の調整では、従来の利権に固執せず、「万一ノ場合ニハ是等利権ヲ抛棄スルモ辞セサルノ肚ヲ定メ他方今後ノ国防国家体制確立ニ必要ナル物資ノ獲得（殊ニ北樺太石油ノ獲得）ニ努ムルヲ要ス」としていた。また対重慶戦略としても、「深刻ナル打撃ヲ与フルモノト認」められるとし、特に中国共産党の「抗日性ニ関スル理念的根拠ヲ奪ヒ又或ル限度ニ於テ之ヲ抑制セシムルコトハ特ニ重要」として、「大持久戦」構想に沿った封じ込めと資源確保を図った。

独ソ関係の険悪化

　しかし、三国同盟の締結時点で、松岡が想定していた四国協商の環境は崩れ始めていた。ソ連は独ソ不可侵条約の秘密議定書に基づいて1939年9月にドイツに続いてポーランド、11月にフィンランドに侵攻したことで12月に国際連盟を除名された。これによって、英仏と緊張関係に入ったものの、40年6月にバルト3国の併合と平行してルーマニア進駐を実現し、バルカン半島にも地歩を固めるなど、軍事的成功を収めた。これに対して7月末にヒトラーは国防軍首脳に対ソ戦構想を語り、40年3月のモスクワ講和条約でソ連に対して領土割譲等を認めたフィンランドが、8月になって独軍の国内駐留を認めてソ連に対峙し始めた。さらに、バルカン半島やボスポラス、ダーダネルス両海峡の軍事的要衝をめぐっても、ドイツとの緊張を急速に高めることになった。

　独ソ間の利害の境界を画定できるかを探るため、1940年11月にベルリンでモロトフと、リッベントロップ、ヒトラーの会談が開かれた。その際、ソ連側は以下の項目を求めた。①フィンランドからの独軍の撤退、②ソ連・ブルガリ

ア相互援助条約への支持、③ボスポラス海峡、ダーダネルス海峡地域でのソ連陸海軍基地の設定、④ソ連にとって生命線となるバツーム、バクーからペルシャ湾地域への油田地帯に対する領土的野心の承認。これに加えて、日本がドイツに仲介を求めた北樺太の石油・石炭利権の確保についても、日本に放棄を求める方針であることを伝えるなど、独ソ双方の勢力圏の拡張と資源の排他的利用という対立構図は決定的になった。12月18日、ヒトラーは対ソ戦の準備を41年5月半ばまでに完了させるバルバロッサ作戦（Unternehmen Barbarossa）を命じた。

　ベルリン会議から戻ったモロトフは、対独開戦に備えて日本との関係改善を模索し、11月18日に建川美次新駐ソ大使に日ソ中立条約案および議定書案を提示した。提案された条約案は、日ソの平和・友好関係の維持、相互の領土保全（第1条）、いずれかが第三国からの軍事行動の対象となった場合の中立遵守（第2条）、5年間の効力、1年前の廃棄通告がない場合の5年間の自動継続（第3条）というもので、日ソ基本条約を否定した上で、中立条約を締結するというものであった。しかし、議定書案は、①北樺太の石油・石炭利権の解消、利権企業財産のソ連への帰属、②同企業の投資に対する公平な代償の支払い、③ソ連政府による通常の商業条件での5年間、年10万トン以内の樺太石油の供給というもので、日本側の期待を完全に裏切るものであった[100]。

対ソ国交調整案

　ベルリン会議以降、四国構想には進展がなく、欧州での報道や各国の大使からは独ソ関係の険悪化の情報が外務省に伝えられていた。東郷も帰国後、11月に近衛、松岡に対して、ソ連が欧州における独伊の指導権を認めることはないこと、独ソ関係が「変調を来して居り」、ドイツが日ソ間の懸案解決を仲介することは「思ひもよらざること」と説明していた[101]。しかし、松岡はこうした情報を生かさず、独伊、ソ連との直接交渉を決め、翌1941年2月3日の大本営政府連絡会議で「対独伊蘇交渉案要綱」を提案した[102]。

　その内容は、①ソ連に三国同盟への同調を求め、欧州・アジアの新秩序と日独伊の指導的地位の承認と引き替えにソ連領土の尊重を約し、相互に敵対的国家群に参加しないなどのリッベントロップ提案を受諾させ、英国打倒を目指す

四国協商への同調と、日ソ国交調整を進める。②調整の条件は、(a) 独の仲介により北樺太を日本へ売却させ、ソ連が同意しない場合は、利権を有償放棄する代わりに今後5年間で250万トンの石油を供給させ、日本は増産を支援すること、(b) 日本はソ連の新疆外蒙古の地位を了承し、ソ連は日本の北支蒙疆における地位を了承すること、(c) ソ連が援蒋政策を放棄すること、(d) 満洲、ソ連、外蒙古間の「国境画定及紛争処理委員会」を設置すること、(e) 漁業交渉は建川提案により妥結を目指すが、国交調整上必要であれば、漁業権は放棄すること、(f) 日独間の貨物輸送に必要な貨車を配車し、運賃の割引を約すこと、などとする。③日本は大東亜共栄圏地帯の政治的指導者の地位を占め、居住民族の独立を維持し、または独立させ、英仏蘭の属領民族には、その独立能力に応じて自治を認める。日本は共栄圏内の国防資源に関する優先的地位を留保するが、一般的通商企業に対しては共栄圏との互恵的な門戸開放・機会均等主義を適用する。④英国には豪州、ニュージーランドを残し、世界を大東亜圏、欧州圏（アフリカを含む）、米州圏、ソ連圏（インド・イランを含む）の4大圏に分割することを欧州大戦の講和条約で実現する。⑤日本は極力米国の参戦を不可能とする行動施策についてドイツの諒解を受ける。⑥独伊はソ連を牽制し日満への攻撃があった場合は、ソ連を攻撃する。⑦日本が欧州大戦に参加する場合は独伊等の同盟諸国と単独不講和協定を締結する。⑧中国戦線を全面的に縮小し重慶政府との全面和平の実現を目指す。⑨松岡外相は独伊ソ連との間で、①～⑧を交渉し、要すれば条約を締結するという四国提携構想であった。

　大本営政府連絡会議での重要な論点となったのは、以下のとおりであった。②(a)の石油について、松岡は、年間10万トンにも満たない現在の北樺太の産出量を100万トンにすることが可能であるとし、強くその獲得意欲を示した。また、②(f)の鉄道輸送力が現状では60～70万トンに過ぎず、これを若干増加するよう求めることは、容易に実現できると説明をした。③の民族独立については、陸軍から朝鮮を刺激しないよう慎重な対応が求められた。④の世界4分割案については、松岡はリッベントロップの構想と同一歩調をとると説明した。⑤の米国の参戦回避のための行動については、陸海軍ともに兵力の行使にならぬよう極めて慎重に対応し、ドイツに言質をとられぬよう要望した。⑥の対ソ軍事行動についても、松岡は独側に日本との挟撃の考えがあることを説明

したが、海軍は松岡が単独で協定を締結しないよう釘を刺すなど、陸海軍ともに日本の欧州大戦への参戦、対ソ開戦、シンガポール攻略といったアジアでの新たな戦争を、いずれも回避することをこの交渉に求めていた。⑧の戦線の縮小と重慶政府との和平については、中国からの軍の撤収と南方配置によって講和が可能になるとする松岡に対して、陸海軍ともに反対した結果、軍備の撤退なしに講和方法を独と協議するという方針に修正した。総じて新たな開戦を回避しつつ、重慶政府との講和と、北方・南方資源を確実に獲得する自給圏構想であり、近く開かれると想定した欧州講和会議で主導権を握るであろうドイツの外交力を全面的に利用しようとしていた。

独ソ対立と日ソ中立条約

　しかし、松岡外相の訪独前から、ドイツによる日ソ国交調整への仲介は期待できない情勢であった。1941年2月25日の大島駐独大使とリッベントロップの会談で、リッベントロップはドイツが「生活圏」と認めるバルカン方面、ダーダネルス海峡への進出を狙っており、このソ連とのバルカン問題を処理した後に改めて日ソの斡旋に乗り出すこともあると曖昧な回答をした[103]。しかし、この黒海からの出口は、ソ連が確保を目指す軍事的要衝であり、独ソ間で調整することは困難であった。翌26日の会談でリッベントロップは「大東亜共栄圏ハ剣ニ依ラサレハ之ヲ樹立シ得サルヘシ新嘉坡ハ右共栄圏確立ノ為ノ要点ト思ハルルカ日本ハ之カ攻略ニ関シ如何考ヘラルルヤ」と、外交交渉による自給圏の建設という日本の構想の可能性を否定し、対英開戦とシンガポール攻略を求めていた。

　日ソ交渉に先立ち、ドイツに立ち寄った松岡外相は、リッベントロップとの1941年3月27日の会談で、この間の独ソの交渉経緯を説明された。その内容は、ソ連側がフィンランドに関するドイツの譲歩、トルコ領におけるダーダネルス海峡の基地の設定や、ブルガリアとの特殊関係の設定を要求してきたこと、これをヒトラーが明白に拒否したこと、40年6月に英国の駐ソ大使に就任した左派人民戦線論者のクリップス（Sir Stafford Cripps）がソ連との関係改善に動いていることなど、独ソ関係が急速に悪化していることを示すものであった。リッベントロップは、ソ連が英国に同調するようであれば、「数ケ月ヲ以テ蘇

軍ヲ撃滅スルノ自信ヲ有ス」と、対ソ開戦の可能性を匂わせた。当日の松岡・ヒトラー会談でも、ヒトラーは「今次戦争ハ既ニ独逸勝利シ居リ、従テ日本ガ立チテ新嘉坡ヲ叩ク絶好ノ機会ニシテ右ハ英国打倒ノ為有効ナルノミナラズ東亜ニ於ケル新秩序建設ノ為ニモ必要ナルベシ」と対英参戦による英海軍力の分散を求めた。こうして、対英米戦を回避するために締結した三国同盟が、高いリスクを伴うことを思い知ることになった[104]。

モスクワへの移動後、1941年4月9日からの松岡・モロトフ会談では[105]、松岡は当初の交渉要綱に沿って北樺太の買収と不可侵条約の締結を求めた。しかし、利権を回収するなどの「失地恢復を伴はぬ不可侵条約は困難[106]」と拒否され、ソ連側に応じる可能性がないことが判明した。さらに北支・内蒙古を日本に、外蒙古・新疆をソ連側とする勢力範囲の画定にもソ連は関心を示さず、交渉は難航した。ソ連側が日本の北樺太利権を解消する議定書の締結に強く固執したため、交渉打ち切りも考慮されたが、帰国の直前になってスターリンとの会談で中立条約の締結を合意し、13日調印することになった。これは、両国の領土保全・不可侵、第三国による軍事行動を受けた場合の中立と、5年の有効期間等を定めた簡素なもので、新たに声明書の形で、日本による蒙古人民共和国領土の保全と、ソ連による満洲国領土の保全を取り決めた。懸案であった通商協定、漁業権、北樺太利権については、モロトフから「半公信」の形で、25年に契約された北樺太利権の整理（liquidation）問題を数ヶ月以内に解決し、同様にノモンハン停戦協定後の国境画定なども共同委員会ないし混合委員会で処理することを提案し、これに松岡が同意した。

結局、援蒋政策の放棄などの文言はいずれの文書にも盛り込まれなかった。松岡は短時日での条約調印について「最近独ソの関係が頓に悪化し来りましたことが、スターリンをして日ソ国交調整を急がしめた最大原因[107]」であったと帰国後に説明しており、四国協商のような強い国際的圧力を持つものとはならなかった。北樺太利権の強化も約束されず、石油資源の問題には全く寄与しなかった。しかし、中立条約の形で日ソ両国はともに紛争要因の除去には成功した。また中国領土への侵犯を相互に承認しあった日ソ共同声明は、1937年8月の中ソ不可侵条約に牴触する点で重慶政府に衝撃を与えるなど、松岡の対ソ外交は政治・軍事上の一定の成果は生んだと見られる。

松岡の帰国後、4月24日の枢密院での条約審査の際[108]、河合操顧問官よりソ連の援蔣政策の見通しなどの質問が出たが、松岡は日ソ中立条約の「今後ノ運用ニ俟ツ外ナシ」とし、援蔣政策の中断には明確な見通しを示せなかった。北樺太利権から「一切手ヲ引クコトヲ意味スルヤ」との石井菊次郎顧問官の問いには、「liquidation ハ北樺太ノ買収トモ取レル余地ヲ残シテ挿入シタリ要ハ石油ヲ成ルベク多ク獲得スルニ在リ」と説明したが、liquidation に日本による買収を含むという解釈は無理であると指摘され、それは松岡も認めざるをえなかった。南弘顧問官からの北樺太利権への圧迫を緩和できるのかとの問いに、松岡は「極メテ困難」と答え、年間10万トンを5年間供給するというソ連側の提案を紹介したが、それは年間50万トンという当初の期待量を大きく下回った。またシベリア鉄道による日独国防戦略物資の輸送力確保という課題も、独ソ関係の緊張の中で有効な解決を見いだせず、6月の独ソ開戦によってドイツの工作機械、スウェーデンの特殊鋼・軸受など戦略物資の輸入は困難になり、北樺太石油の供給もこれ以後激減することになった。8月には英国・ソ連が石油資源の確保のためペルシャ（イラン）に侵攻し、ドイツも長期戦に備えてコーカサスの石油資源確保に動くなど、松岡には一挙に戦線が拡大する状況を見通すことができなかった。結局、四国協商による米国参戦の牽制、援蔣ルートの完全封鎖、北樺太資源の確保、シベリア鉄道による日欧物資輸送力の増強など、物資動員計画の根幹にかかわる経済的重要課題を担った資源外交では、ほとんど成果がなかった。そして、6月の独ソ開戦、7月の南部仏印進駐と対日資産凍結が1941年度の生産力拡充計画をはじめ、総動員諸計画にも重大な影響をもたらす事態となった[109]。

3　日米通商航海条約の破棄と対米交渉

(1)　条約破棄後の国交調整

対米国交調整案

既に見たように、対独連携の強化を軸に、対中講和工作、対ソ・対英米外交を調整すべく、陸海軍、外務省が協議し、1939年11月に「対外施策方針要綱」がまとめられた。この間、通商航海条約の破棄通告後の対米関係については、10月20日に海軍の「対米外交施策案[110]」を外務省、陸軍が了解し、日米東京

会議が開催されることになった。その「懸案解決要領」の骨子は、①互恵主義に基づく新日米通商条約の締結を目指す。やむを得ぬ場合は暫定的に互恵的概括的なもので忍ぶ、②事実上空文となった九カ国条約については、中国新政権成立後に再検討を提案するが、当分この問題には触れない。条約の見直しに際してはアジア全域における門戸開放、機会均等政策の実現を説く、③前記２項の交換条件もしくは日米経済提携の代償として揚子江、珠江を航行回数、寄港地に制限を付して解放する、④租界回収等の根本問題については、間接的工作により租界の無力化を図り、好機を得るまで回収を延期する、⑤中立義務に基づいて交戦国の軍隊が撤退した後の共同租界の警備は、日米協議で決定する、⑥日本側の責任による中国にある米国権益の損害については賠償する、⑦米国の一般平和企業を歓迎し、桐油の買付・輸送、石油重油の販売を許可する、葉煙草・毛皮等の買付制限を緩和する、⑧排外運動を禁止する、⑨日本占領地域における米国人の宗教、教育、医療事業は制限しない、などであった。それは、中国新政府成立後の九カ国条約の再協議まで、日本の門戸開放・機会均等主義に対する違反問題は棚上げにし、援蒋物資の輸送を規制した上で、アジア全域における日本主導の門戸開放と機会均等を実現しようというものであった。

野村・グルー会談

　しかし、米国政府内では駐日大使グルーなどの対日穏健派を抑えて、国務長官特別顧問ホーンベックらの強力な制裁論が有力になり、条約失効を前にした４回にわたる野村・グルー会談は成果のないままに終わった。1939年11月４日からの野村外相とグルー駐日大使との会談で、日本側は中国での米国権益の保障、空爆等による損害補償を提示しつつ、新条約の締結を目指した。しかし、日本側が賠償責任を認めず、提示額も低いことにグルーは不満を抱くとともに、北支那開発、中支那振興とその子会社などの「独占的企業ハ第三国人ノ利益ニ対シ重大ナル影響ヲ及ホシ居ル処、斯カル制限乃至独占的企業ハ軍事行動終熄ト共ニ解消サルルモノナリヤ」などと、日本による排他的な市場支配の問題を指摘した。これに対し野村は、損害賠償の問題は元来日本政府が「責ヲ負フヘキ立場ニアラサル」こと、「慰藉ノ意味」で「実質上ノ損害補填」をしている事情を伝え、また独占企業、為替管理は「新中央政府」の下で「漸次緩和」さ

れるだろうとし、「支那開発ニ当リ米国資本ヲ歓迎」し、「日本側ニ於テ排他独占ノ意嚮無キ次第」と説明している。

しかし、12月22日の第4回会談で示された米国側の回答は、新通商条約または協定締結の代償として、相手国およびその第三国の出先機関に対して通商上の無差別、機会均等主義の保障を求めるという原則に回帰したものであった。そして、日本が中国占領地域で実施している為替・通貨管理、輸出入課税と制限、独占、通行・旅行・居住・貿易の制限は差別待遇であるとし、新条約・協定の交渉を拒否した。こうした協議の最中、米国は航空揮発油製造設備等の道義的禁輸措置（moral embargo）を発令し、対日輸出規制を本格化した。阿部内閣は、1940年1月26日の条約失効を前に新条約の締結はおろか暫定協定締結の見通しも失った。前年の組閣早々に陸軍の圧力に屈し外務省権限に著しく牴触する貿易省の設置を閣議決定し、結局外務省幹部の激しい反発を受けてそれを撤回するという失態に次ぐ大きな失策となり、総辞職を余儀なくされた。

一方、米国の条約破棄通告を受けて対応を検討してきた外務省対米政策審議会の幹事会は12月27日、こうした米国の経済権益の均等待遇の要求は、「必然的ニ日本ノ支那ニ対スル政治的計画ノ変更ヲモ要求スル」ものであり、1922年の九カ国条約当時の原状復帰を求めていると反発を強めた。そして、妥協を探る交渉方針が成果を出せなかったことから、外務省革新派らの強硬姿勢によって事態の打開を目指す方向が台頭した[111]。

(2) 米国の対日姿勢の硬化

1940年5月に、ドイツの攻勢によって仏印・蘭印の国際的地位が不安定化すると、米国はハワイ海域で実施された太平洋艦隊の軍事演習ののち、そのまま主力部隊をハワイに駐留させた。6月1日には、国防上の理由をもって大統領権限による軍需関連機械類や工作機械の輸出制限が実施されるなど、ドイツへの接近を窺わせる日本に対して、米国は姿勢を硬化させた。6月10日、グルーは野村との私的会談の中で、前回の会談以後に生じた空爆、侮辱行為、通商制限による権益侵害のリストを示すとともに、「武力ヲ以テ国家的目的ヲ達成セムトスル限リ」、両国の「根本的ナル親善関係」は困難であることを伝えている。有田は「米国海軍ノ太平洋集中ノ理由ヲ諒解スルニ苦シム」と指摘し

たが、グルーは「海軍ノ都合ニ出ツルモノニシテ別ニ対日威嚇ニ非ズト御座ナリノ辨解」をするだけだった[112]。これは米国国務省内で、グルーの穏健的な利害調整路線が後退し、強硬派の対応が主流になりつつあったことの反映であった。

さらに日本国内での日独関係強化の動きが伝えられると、7月2日、米国は軍需関連物資の輸出許可制を実施した。それには、軽金属・特殊鋼原料、石綿、マニラ麻、水銀、雲母、皮革、ゴム、各種繊維、アンモニア、硝酸などの爆薬原料などとそれを含む製品など、物資動員計画の重要物資が網羅されていた。さらに、中立法に基づく武器輸出許可制に規定されたもの以外の飛行機部品、装甲板、防弾ガラス、透明プラスチック、広範な金属加工工作機械が対象となり[113]、対日経済圧迫を一層強化した[114]。

7月11日の会談の際、グルーは通商関係を重視すべき日本はアウタルキー制度の下では繁栄できないとして、以下の要求を提示した[115]。①米州、アジアの開発投資リスク回避のための広範囲な機会均等、無差別待遇、②日本の蘭印交渉における通商、企業の機会均等主義の遵守、③太平洋内における交戦国属領の現状維持、④対中国・南洋の通商制限が一時的措置である保障。そして、米国は重慶政府を承認しており、「支那民衆大半ノ真ノ支持ヲ受ケタル指導者ヲ承認スルニ非レハ支那統一政府ノ強固性実現ノ見込」はないとした。また、各国の完全独立と通商の自由が地域の秩序、正義、安定をもたらすとし、それは「武力ヲ以テ他国ヲ経済的又ハ政治的ニ支配セントスル政策トハ正反対ノモノ」であると日本を非難した。有田が重慶政府に対する米ソの仏印・ビルマルートを封鎖する方針を伝えると、グルーは「米国トシテハ対支供給ヲ停止スル時ハ対日供給ノ問題モ亦考慮」せざるをえないと、全面的に対日貿易を制限する可能性があることを示唆した。これが有田・グルー会談の最後となった。経済封鎖を想定した「応急物動計画試案」が深刻な内容になったことは前述の通りである。

既に見たように、陸海軍・外務省の事務レベルでは「日独伊提携強化策」がまとめられており、政変後の近衛内閣では松岡外相が新たな世界分割構想の下で三国同盟にソ連を加えた四国協商による自給圏構想を打ち出すことになった[116]。実際、米国は9月23日の北部仏印進駐や三国同盟締結の動きに対して、

締結前日の9月26日に屑鉄の全面禁輸措置を発表し、対日経済制裁を強めていった。

しかし、その一方で1940年のアメリカの対日石油輸出は、航空機用燃料を除けば過去最高の水準を記録しており、日本側は後述のように着々と石油備蓄水準を引き上げていた。11月には欧州大戦への不参戦を公約にローズベルト (Franklin Delano Roosevelt) 米大統領が3選を果たしており、フィリピン等の南方米国権益に牴触せず、また米国の中国利権に関する損害賠償に応じていれば、欧州大戦への参戦に躊躇する米国が対アジア軍事介入をすることは回避できるという楽観的な観測を修正しなかった。三国同盟に基づく参戦義務も、米国の対日外交を牽制し、日満支に南方を加えた安定経済圏に帰与すると見込んでいた。

(3) 東南アジアでの緊張拡大と戦時「国力判断」

東南アジア積極外交と対英関係

弱体化した仏印政府に対して北部進駐を認めさせ、援蒋ルートの一つを遮断するとともに、1940年末から日本は仏印、タイとの協力関係を深めて両国の国境紛争に介入し、調停者として発言力を高めた。さらに、重要な援蒋ルートであり、東南アジアへの米穀供給に不可欠なビルマへの軍事的圧力を強めた。軍事拠点作りにも動き、南方資源確保に向けた新たな緊張関係を創出した。これに対して、41年2月英国外相イーデン (Robert Anthony Eden) は、重光 葵駐英大使に対し、ドイツの勝利を見込んだ強硬外交が日本に破局をもたらすことを警告した[117]。さらに日ソ中立条約の合意直前の4月12日には、チャーチル (Sir Winston Churchill) 英首相（兼外相）の書簡がモスクワで松岡に渡された。それは、日独と英米の工業力、軍事力の格差を突きつけ、日本の自制を求めるものであった[118]。

陸軍の「国力判断」

実際、1941年初頭から総動員関係機関は、対英米戦争を担うだけの軍需動員計画の発動が物資動員計画上、可能なのかどうかを巡る「国力判断」を行っていた。その結論は、対英米開戦が依然として極めて困難であることを示して

いた[119]。陸軍の検討作業から見ておこう。参謀本部第二課が想定した状況は、①対ソ開戦の場合、②41年4月に対南方作戦発動の場合、③対英米で妥協を図り対重慶の事変処理に専念する場合であり、陸軍省整備局戦備課の検討結果は岡田菊三郎課長より、1月に陸軍大臣や参謀本部に伝えられた。その内容は、①対ソ戦を実施した場合の見通しは石油需給状況から判断できるとし、樺太石油の年産30～40万トン、せいぜい50万トンを取得するだけでは、結局英米からの石油が必要になり、6ヶ月後に第1期作戦が完了しても、英米に屈することになる。②対南方作戦を実施した場合は、南方油田が緒戦で徹底的に破壊され、海軍の貯油が600万トン、船舶消耗が1年目80万総噸、2年目60万総噸、3年目70万総噸と想定すると、国力の推移は1年目に40年度の80～75％となり、2年目に70～65％になるというものであった。「冒険をしてもやれるのは二年間で、南洋を取ってしまえばなんとかなるが、第二年と第三年の間に断層ができる。特に航空揮発油が切れる。日本から生糸と綿製品が出、外国から石油と綿花が入る情勢にある限り、隠忍して戦争事態に持ち込まず、国力の強化を図る方がよい。但し戦争しなくても国力は年と共に低下する」という結論であった。この結果を参謀総長・次長に説明した際には、「短期戦ナラバ、又対ソ戦ヲ回避シ得レバ南方武力行使概ネ実行シ得　但シ爾後ノ帝国国力ハ弾発力ヲ欠キ対英米長期戦ニ大ナル危険ヲ招来スベシ」とした。つまり、対ソ戦を回避すれば短期戦が可能であるが、長期戦は不可能であった。さらに英米との国交が断絶した状態で、「一億ノ民ヲ養フニハ帝国国力特ニ生産力ノ大ナル発展ヲ要スベシ」とし、加えて「支那一億ノ民ニ更ニ南方一億ノ民ヲ加ヘ之等ヲ養ヒ得ルヤハ大ナル問題ナリ」と、日満支と南方の自給圏を維持することは困難であることも指摘した。なお、対ソ・対南方戦を回避し、英米との経済断交に至らず、南方諸地域との経済交渉が逐次進捗した場合は、現在の経済制裁の下で当初の2年間に国力が低下し、3年以降に「若干宛恢復スル」と予測した。いずれにしても制裁による経済的消耗が深刻であることを示しており、この上に経済関係を遮断されれば、「物的国力ハ急速ニ低下シ、其ノ恢復モ頗ル困難デ、特ニ石油資源貯蔵量逐年減少シ、国力、戦力ヲ消耗スル」とした。「右両者何レノ場合ニ於テモ、数年間ニ亘リ帝国国力ノ飛躍的向上ヤ軍備ノ本格的拡充ハ共ニ実行シ難イ」とし、強硬な外交姿勢がもたらした制裁措置だけで深刻

な状況を招きつつあることを示していた。

　3月にも岡田戦備課長らは、東條陸相、参謀本部関係者に同課の「国力判断」を伝え、「帝国ハ速カニ蘭印経済交渉ヲ促進シ東亜自給圏ノ確立ヲ促進スルト共ニ、無益ノ英米刺激ヲ避ケ、最後マデ英米ブロックノ資源ニヨリ国力ヲ培養シツツ、万一ノ戦争ニ即応シウル準備ヲ整ウルヲ要ス」と、英米との対決を避けつつ南方資源を極力確保する必要があることを説明し、「帝国ノ国力ハ英米長期作戦ノ遂行ニ対シ不安アルヲ免レズ」とした。つまり、石油等の重要物資の供給は2年しか持たないこと、船腹の喪失量によっては総動員物資の輸送量とのバランスを崩し、戦争遂行が困難になると指摘した[120]。

企画院の「国力判断」

　総動員諸計画の策定を担当する企画院も、1941年6月20日付「綜合国力ノ判定（第一案）[121]」で、同様に厳しい判断をしていた。想定された事態は、対英米開戦、独伊も対米開戦、対ソ関係は現状維持、中国占領地域は現状維持というもので、検討中だった41年度物動基礎案をベースに開戦の影響を検討した。貿易については、①大東亜共栄圏以外は途絶、②中国占領地、満洲国は現状維持、③英領マレー・ボルネオ、フィリピンの資源は1年間利用不可能、蘭印は半年間不可能、④仏印、タイは現状維持と想定した。その結論は、「英米トノ経済断交ト軍徴用船舶多数ニ上ル為生ズベキ過度ノ船腹不足トノ二重ノ打撃ニ由リ皇国経済ハ極メテ広汎深刻ナル影響ヲ受ケ其ノ運営ニ多大ノ支障ヲ生ズベキヲ以テ海上輸送ノ問題ヲ解決セザル限リ乾坤一擲ノ難局突破ノ確信ヲ得難シ……結局開戦ノ時期ヲ延スカ或ハ徴用船舶ノ噸数ヲ国家経済ノ運営ニ著シキ支障ヲ生ゼザル範囲ニ減少スルノ外ナカルベシ」というものだった。開戦を延期するか徴備船舶を減らさなければ経済運営に深刻な影響が出ると判断していた。そして、「作戦中有シ得ベキ絶対的生産能力ガ長期戦ニ堪エ得ルカ否カニ」関しては、「不幸ニシテ消極的ニ判決」せざるを得ないとし、軍需動員・作戦規模を最小限度に抑え、極力開戦を先延ばしにすることを求めていた。こうした見通しの深刻さは、陸軍や企画院も一致しており、さらに企画院が11月に下した最終的な「国力判断」とも共通している[122]。

海軍の「国力判断」

　同様の条件で、海軍国防政策委員会の第一委員会でも国力の判定作業をしていた。ただし、その結論は開戦に傾いたものであった。海軍国防政策委員会は、三国同盟以後の英米に対抗する国策を検討し、帝国海軍が「自ラ主導ノ地位ニ立チ政府及国民ヲ指導スル」ために1940年12月に設置された。海軍省軍務局長を委員長とし、第一委員会は軍務局第一課長、第二課長、軍令部第一課長、軍令部第一部甲部員から構成された。その中心は石川信吾軍務局第二課長であった。第一委員会は何らかの決定機関ではないものの、委員会の検討結果は、海軍の政策決定に大きな影響力を持ったことが知られている[123]。41年6月5日に作成され、海軍大臣、軍令部総長に報告された文書「現情勢下ニ於テ帝国海軍ノ執ルベキ態度[124]」には、41年9月に対米英開戦した場合の「物資ニ関スル情況判断」の項目がある。これによると、米穀については供給源である仏印、タイを経済的にあるいは「実力ヲ以テ」確保する。それは「必然ノ勢ナリ」と主張する。石油については、国内備蓄を陸軍の予想を超える970万klとした。国内外の供給量を主に蘭印の増産によって第1年80万kl、第2年205万kl、第3年375万klとし、3年間の消費量を1,630～1,700万klとすると、第3年度に70～120万klの不足が生じるが、人造石油、鑿井機械増強、蘭印産出量の増強、ソ連等からの購入などによって120万kl程度の増産は見込めるというものであった。ニッケル、生ゴム、錫、モリブデン等の「重要戦用資材」の需給見通しでは、ニッケルの生産拡大、使用制限、回収で対応し、鉱石はニューカレドニアで確保できるとした。生ゴム、錫は、タイ、仏印からの経済協定等で確保し、協定を拒否されれば武力を発動して確保するとし、現行の経済協定では不十分であるが、「帝国自存上已ムヲ得ザレバ武力ヲ以テ」タイ、仏印、蘭印から確保するとしていた。一方、対英米貿易については、仮に通商関係が回復しても、英米が「自国国防ニ専念スル場合若クハ英米独間戦時状態継続スル場合」には「重要戦用資材」をそれらの領域から日本が確保することはできない。結局、現状では生産拡充計画や国防計画の完遂にはタイ、仏印、蘭印からの供給を確保する以外にないとした。そして、開戦後3年間は、武力を行使することで石油等の戦略物資を確保できるという結論であった。この見通しには石油備蓄量の想定が大きいことが影響をしているが、後述のように第

一委員会を中心に開戦準備ないし開戦を前提にした軍備計画や予算要求が動き始めていた。

4　日米交渉と開戦判断

(1)　日米諒解案

日米諒解案の作成

　日ソの国交調整と並行して、1940年7月以来膠着していた対米通商関係の正常化交渉も、同年末から始められたが、それは、正規の外交ルートからは外れた形になった。11月末、米国カソリック・メリノール宣教会の神父、ウォルシュ（James E. Walsh）とドラウト（James M. Drought）が来日し、松岡外相や近衛首相に近い産業組合中央金庫理事の井川忠雄に日米交渉を打診した。神父等は帰国後、民主党有力者の郵政長官ウォーカー（Frank C. Walker）を通じて国務長官ハル（Cordell Hull）やローズベルトと会見し、妥協点を探った。井川は陸軍と近衛の指示を受けて渡米し、ドラウトと協力して41年3月に井川・ドラウト案をまとめた。これに陸軍軍務局軍事課長だった岩畔豪雄が、陸軍省軍務局長武藤章の指示を受けて、1月に着任し2月から対米交渉に当たっていた野村吉三郎駐米大使の特別補佐官としてワシントンに派遣され、両神父との交渉に参加した。4月初めに陸軍の要望を入れて岩畔・ドラウト案が作成され、これを修正して策定されたのがいわゆる「日米諒解案」であった。この諒解案を起点とする外交交渉をめぐっては、当初からの理念の食い違い、交渉手法の問題、交渉決裂に至る双方の原因などに多くの研究があり、経過自体は周知の点が多いが、ここではアジアの経済覇権をめぐる両国の理念の食い違いを中心に見ておくことにする[125]。

　一連の準備交渉を経て、1941年4月14日に野村とハルは「両国政府カ太平洋ノ平和維持ニ一致スル以上此ノ際オ互ハ大乗的ニ大キク考ヘ速ニ動クヲ要ス」との点で合意した。その際、野村は39年末の第2次近衛声明の非賠償、非併合方針に変更がないことを説明し、日本の国家観念、欧州大戦、日中戦争、海軍・海運等の太平洋問題など日米間の懸案事項について意見を交換し、4月17日の野村・ハル会談から日米諒解案が半ば公式に取り上げられた。

日米諒解案の内容

諒解案の7項目の内容を、簡単に見ておこう[126]。

(a) **日米の国際観念** 両国は相互に対等の独立国と認め、恒久平和、尊敬に基づく信頼と協力の新時代を画すことを国策とする。両国は相互に伝統に基づく国家観念、社会的秩序、並びに国家生活の基礎たる道義的原則を保持し、これに反する外来思想の跳梁を許容しない強固な決意を有する。

(b) **欧州戦争に対する態度** 日本政府は枢軸同盟の目的が防御的であり、現に欧州戦争に参加していない国家に軍事的連携関係の拡大することを防止するためのものであることを闡明し、軍事上の義務はドイツが欧州戦争に参加していない国に積極的に攻撃された場合にのみ発動することを声明する。米国は一方を援助し、他方を攻撃する攻撃的同盟には支配されないことを闡明し、欧州戦争には自国の福祉と安全を防衛する考慮によって決することを声明する。

(c) **「支那事変」に対する両国の関係** 米国は以下の条件を容認し、蔣介石政権に和平を勧告する。①中国の独立、②日中間の協定に基づく日本軍の撤退、③中国領土の非併合、④非賠償、⑤門戸開放方針の復活（解釈と適用は日米間で協議）、⑥蔣政権と汪政権の合流、⑦中国への日本人移民の自制、⑧満洲国の承認。日本政府はこの条件の範囲で、善隣友好、防共共同防衛と経済提携の原則に基づき具体的な和平条件を中国側に提示する。

(d) **太平洋における海軍・航空兵力と海運関係** ①両国は太平洋の平和維持を欲し、相互に脅威となる海軍・航空兵力を配置しない。②日米会談では両国の艦隊を派遣し、太平洋の「平和到来を寿ぐ」。③日中戦争解決が緒に就いた時は、日本政府は米国政府の希望に応じ、現に就役中の自国船舶のうち解役しうるものを速やかに米国との契約により主として太平洋に就役するよう斡旋する（総噸数は日米会談で決定）。

(e) **両国の通商・金融提携** 両国はおのおの必要とする物資を相手国が有する場合、相手国からの確保を保証し、日米通商航海条約の有効期間中のような正常な通商関係の復帰のため、適当な方法を講じる（新通商条約を欲する場合は日米会談で検討する）。米国は両国間の経済提携の促進のため、日本に対して東亜の経済状態の改善を目的とするクレジットを提供する。

(f) **南西太平洋方面における両国の経済活動** 日本の同方面への発展は武力によらない平和的手段によることを誓約すれば、同方面の資源たとえば石油、ゴム、錫、ニッケル等の物資の生産、獲得に米国は協力し、支持する。
(g) **太平洋の政治的安定に関する両国の方針** ①両国は、欧州諸国が将来、東亜、南西太平洋において領土の割譲を受け、または現存国家を併合することを容認しない。②両国はフィリピンの独立を共同で保障し、第三国の攻撃を受けた場合の救援方法を考慮する。③米国、南西太平洋への日本移民は友好的に考慮され、他国民と同等無差別の待遇を与えられる。

野村大使の諒解案理解

　野村の解説によれば[127]、このうち(a)は日本社会が全体主義（Totalitarianism）でも、共産主義（Communism）でも、民主主義（Democracy）でもない日本独自の国家観念（国体）を持つことを米国側に了解させたものであり、(b)は三国同盟の条約上の義務を変更することなく、米国の欧州戦争参加を牽制し、日米間の破局を回避しようというものであった。(c)は汪政権を否認した上で米国主導で日中を仲裁する提案に対して、米国が単に和平の橋渡しをするにとどめようとしたものであった。和平条件では、善隣友好、防共共同防衛、経済提携を承認させ、日華基本条約と齟齬が生じないよう、撤兵問題では日中間の協定に基づくこととし、門戸開放問題は将来の協議に譲った。中国の領土保全については満洲国を含まないことを確認した。(d)の太平洋における平和のための海軍配置については、米国側に日米両海軍の協力意向があったが、独伊を仮想敵とする「日米軍事同盟ノ誤解」を避けたこと、海運問題は米国の船腹不足への対応であると同時に将来の海運業の発達にも資するものとした。(e)のクレジットは米国の「過剰ノ金」を活用し、日本と東亜開発の所要物資の購入決済を行うという構想であった。(f)の南西太平洋での両国関係については、日本が武力によらず平和的手段によることを保証するかぎり、米国もこれを支持するというものであった。(g)の太平洋の政治安定については、日米は特に拘束されるものではなく、また移民問題についてはハルの所管外であるので「多キヲ期待シ難シ」としていた。なお、大東亜共栄圏内における「帝国ノ指導権承認」については「交渉ヲ紛糾セシムル空気ヲ感知」したことから、「実質上ノ成果ヲ収ム

ルコトヲ主眼トシ之ヲ止メタリ」とし、この諒解案が米国側から最大限の譲歩を獲得したものであることを強調していた。これは、困難な交渉をまとめようと、日本側に都合のよい解釈を野村が加えたものであり、実際には自由平等・門戸開放原則、汪兆銘政権の扱い、三国同盟の自動参戦条項など、重大な論点が残されていた。

　日米諒解案の近衛臨時外務大臣への通知に際して、野村は本案が日本大使館陸海軍武官や岩畔大佐と「慎重検討ヲ重ネ全員一致協力シ内外ノ諸情勢ニ対シテモ充分考察ヲ加ヘ以テ本了解ヲ有利ナラシム様努力シ」たもので、「予テヨリ内面工作ヲ行ヒ米国政府側ノ賛意ヲ『サウンド』シ居リタル処『ハル』長官ニ於テモ大体之ニ異議ナキ旨確メ得タルニ依リ本使ニ於テモ内密ニ干与シ種々折衝セシメタル結果本案ヲ約シタルモノ」と説明した。そして、これが三国同盟締結時の天皇詔書にも、同盟国の審議にも悖ることがなく、「太平洋平和維持ノ第一歩」であるとともに「欧州平和再建」における日米協力の下地になるとしていた。一方、ハルは「貴使トノ間ノ話カ進ミタル後東京ヨリ否認サルルコトアラハ米政府ノ立場ハ困難トナル」としていたことから、野村は「何卒此ノ筋ニテ交渉ヲ進メテ宜シキ回訓ニ接シタク」と切望していた。それに関連して、ハル国務長官の国際情勢認識についても伝えている。それは、①日ソ中立条約は、ソ連の「自ラ戦争ニ介入セス他国ヲシテ戦ハシムル方針」によるものである、②日米戦争は「文明ノ破滅」となり、松岡外相と同様の意見である、③ヒトラーの「武力征服ハ一時成功シテモ軈テ各国民ハ離反スル」、「大陸ハ征服シ得テモ七ノ海ハ彼ノ力ヲ以テシテモ如何ニモナラヌ」、④米国は英国を極力援助し、国防を充実させつつあり、合わせて戦後の世界再建の対策を練りつつあるというものであり、合わせて日米戦争が回避可能であるとの野村の見込みも伝えている[128]。

　ただし、野村らの諒解案の日本側起草者たちは、ハルが日米交渉に臨むに当たって伝えてきた、①領土保全、②内政不干渉、③機会均等、④太平洋の現状維持の4原則や、この原案が予備的交渉段階であるとの米国側の認識については、正確に伝えることを敢えて避けていた。交渉の進行を優先させたのである。この4原則を厳格に適用すれば、諒解案の内容がかなり米国寄りに読み換えられる可能性を日本側担当者は認識していたと思われる。

(2) 陸海軍統帥部と松岡外相の対応

陸海軍統帥部の歓迎

　近衛首相は、野村からの「請訓を非常に喜」び、ソ連からの帰国途中の大連にいる松岡に、至急帰朝を求めるなど、「非常な乗気[129]」となった。4月18日の大本営政府連絡会議で、近衛は「日米諒解案」に至る1940年末からの経緯を説明している。同日、真田穣一郎軍務局軍事課長とともに武藤軍務局長に呼び出された佐藤賢了軍務課長は、この情報に接し、「天来の福音とも感じられたが、あまりに話がうますぎて気味が悪かった」と回想している[130]。参謀本部戦争指導班も、「突如米ヨリ飛電日米国交調整妥結ニ至ラント」、「米モ亦太平大西二正面作戦困難」、「中立条約成立ニ依リ日本ノ南進有利」、「米モ亦日米開戦ヲ欲セザルモノ、如シ」と日誌に記し、検討を始めた。19日には「日米全面協調ノ電文翻訳完了」し、その要点を、①「日本ハ武力南進セズ米ハ対独武力参戦セズノ根本条件ニテ日米ノ全面協調ヲ策セントスル」、②米国は日中直接交渉による全面和平を蔣介石に勧告する、③「日米相携ヘテ世界ノ平和ヲ招来セントス」とまとめ、当日の記録者はこれを「歴史的外交転換」と評した[131]。20日には参謀本部第二部の会議で、「大体野村電ニ基ク国交調整ニ同意」することが決まり、留保事項として、①「三国同盟ノ精神ニ背馳セザル様若干ノ修正」を必要とする、②「支那事変ヲ一挙ニ解決スルヲ必要トスル」、③米国の謀略に警戒を要することなどが挙げられた。同日夜の部長会議も、三国同盟、ドイツに配慮した修文をした上で、「対米国交調節ニ任スベキ大体ノ方向ハ一致」し、「要ハ松岡ガ独ト諒解ヲ取付ケアルヤ否ヤ」が焦点になるとされた。21日には陸軍省、参謀本部の局部長以上会議が開かれ、戦争指導班では「結果ハ判明セザルモ大体前記ノ線ニ沿ヒ国交調節ヲ行フ如ク一致セルモノヽ如シ」と記しており、22日には陸海軍の意見も一致した。留保事項として、三国同盟の精神に背馳しないこと、事変処理に貢献すること、国際信義を毀損しないこと、国力充実に資すること、世界平和の再建に資することなどを挙げていたが、陸海軍は総じて日米諒解案を歓迎した[132]。

　日満支および南西太平洋方面において資源の利用権、開発権を確保し、一定の自給圏を確立しようとした大東亜共栄圏構想は、いくつもの曲折を経て、最後の難関であった日米間交渉において一つの諒解点に到達しようとしていた。

松岡外相の反発と交渉の膠着

　日米諒解案は、結果的には最後の日米の妥協可能点であった。自給圏における日本の主導的地位を認めるものではなく、依然として全ての国の主権尊重、通商の自由、機会均等などの米国側との主張の違いを残していたが、重要戦略資源の輸入と南方での資源開発機会を保障することで、総動員体制を維持する見通しが与えられ、米国の仲介による日中戦争処理の可能性も拓くものと期待された。

　しかし、ドイツとの軍事同盟ないしドイツ軍圧勝の見通しによる圧力によってのみ、米国の共栄圏への介入を排除し、日本の指導権を確保できると確信する松岡外相は、野村の交渉を遅延させ、徹底した反対に回り、日ソ中立条約を締結させた外交成果を携え、米国の参戦を抑止し、欧州大戦の独伊勝利後の世界四分割構想で主導権を握ろうとした。松岡は、5月にはいってようやく、日米中立条約の提案、日満華共同宣言に見られる自給圏構想の承認や、重慶政権の汪兆銘政権への統合など、米側が認め難い修正案を提示した。米側も、大西洋での哨戒や船団護衛の中で自衛目的で米独の戦端が開かれることがあっても、これは米国の自衛行為であり、日本の参戦理由には当たらないことを確認するよう求め、三国同盟の持つ米国参戦の抑止力を下げようとしたため、交渉は膠着し始めた。

　一方、日本側は、欧亜局長を通じて独大使オット、伊大使インデリ（Mario Indelli）に日米諒解案を説明し、交渉の継続について独伊の了解を求めたが[133]、オットは日米交渉の裏面に英米間の連携があることを警戒すべきと述べ、インデリは「日本ノ大東亜共栄圏建設ノ目的ハ画餅ニ帰スヘシ」と反対した[134]。ドイツ本国の見解は、「今次提案ハ太平洋方面ニ於テ外観上事態ノ緩和ヲ図リ之ニ依リテ米国国内ニ於ケル反戦分子ノ危惧感ヲ除去シテ既定ノ参戦方向ニ邁進セントスル米大統領ノ深慮遠謀ニ出ツルモノト認ムル」とし、米国が戦争宣言をせずに「事実上ノ中立違反行為ヲ漸次激化シ（哨戒又ハ護送）之ニ対スル独伊ノ反撃ヲ俟チ以テ戦争開始ノ責任ヲ枢軸国側ニ転嫁セント」していると指摘した[135]。

　その後、独伊の意向も踏まえた5月12日の日本側修正案の提示、これを踏まえた米側の6月21日の修正案などによって、対立は深まることになった。

野村の整理によれば、①米国の自衛権の範囲と三国同盟に基づく日本側の参戦基準、②日華基本条約等で示された日本の防共駐兵に対する米国の不承認、③中国、太平洋地域における商業上の無差別原則と大東亜共栄圏資源の日本の優先的な利用・開発権の衝突という三つが難問になった。日本側が三国同盟の基本姿勢、特に米独開戦の場合の日本の参戦姿勢、日華基本条約、日満華共同宣言などの対中国獲得権益の確認を求め、一方米国側は現に起きつつあった哨戒・船団護衛などの防衛的な対独武力発動を日本の参戦理由から外すこと、中国の門戸開放、通商の自由原則の確認を求めた[136]。このため、両国の見解を私見を交えながら野村らが強引に調整してきたにもかかわらず[137]、米国側の要求は、日米当初諒解からは離れ、米国側は独ソ開戦によって日本の強硬姿勢が行き詰まると見込み、6月21日の提案から後退することはなかった。

(3) 対米英蘭関係の破綻
蘭印経済交渉の打ち切りと南部仏印進駐

1940年6月のフランス降伏以来、英国はソ連との関係強化を図り、ドイツによる空襲、上陸作戦などに備え、米国は日本の三国同盟離脱ないし対米戦回避の妥協を迫った。41年6月22日に独ソ戦が勃発し、当分の間ドイツの軍事的脅威が低下し、独ソ両国が軍事的に消耗を続ければ、英米両国には日米交渉を急ぐ必要はなくなった。軍備増強のための時間が生まれ、対独戦争は益々連合国に有利になった。英米との連携を強めたオランダとの蘭印を巡る経済交渉も、この動きと連動して行き詰まった。蘭印側は現状程度の関係を維持し、一部の石油開発を認めるものの、日本が要求する石油の輸出増や油田開発は認めなかった。米国と歩調を合わせたオランダ側の強硬姿勢は、独ソ開戦間近との情報に基づいていた。日米交渉、日蘭交渉で米国やオランダが日本に歩み寄る可能性は失われ、結局41年6月17日蘭印交渉は打ち切りとなった。

こうした状況の中で、陸海軍統帥部は北方、南方それぞれに軍事的圧力を強め、共栄圏の覇権拡大に動いた。陸軍は極東ソ連軍がヨーロッパ戦線に向けて大規模に移動することを想定して、対ソ戦の可能性を探る軍需動員を計画した。また、仏ヴィシー政権に対しては仏印の共同防衛、南部仏印進駐、空軍施設の利用などを強硬に要求し、軍事的圧力をもって改めて蘭印資源の確保を目指す

ことになった[138]。こうした陸海軍の南北二つの強硬路線は、7月2日に大本営政府連絡会議で決定された「情勢ノ推移ニ伴フ帝国国策要綱」にいずれも盛り込まれた[139]。南方では、「仏印及泰ニ対スル諸方策ヲ完遂シ以テ南方進出ノ態勢ヲ強化ス帝国ハ本号目的達成ノ為対英米戦ヲ辞セス」との方針が確認され、また対ソ連では、独ソ戦争が「帝国ノ為有利ニ進展セハ武力ヲ行使シテ北方問題ヲ解決」するとし、いずれも戦争を辞さない方針が決定された[140]。

これに基づき、7月7日には大規模な軍需動員を伴う関東軍特種演習が発令され、兵器・兵員を動員した。しかし、極東ソ連軍の縮小が見られず、独ソ戦が長期化の様相を示したため、結局対ソ開戦は見送られた。一方、南方への進出については、ヴィシー政権が7月21日仏印主権の尊重の上に短期の駐留であることを条件に日本の南部仏印進駐を認めたことから、28日に仏印南部への上陸を実現した。こうして、欧州情勢の緊迫を利用して勢力圏の北方、南方外縁部に大量の軍事力を配置し、援蒋ルートの根絶と、仏印・タイの米、仏印・蘭印のゴム、蘭印の石油を確保しようと、「情勢ノ推移ニ伴フ帝国国策要綱」に基づき、さらに強い軍事的圧力へと踏み出した。

第3次近衛内閣の対米交渉

近衛は日米交渉を停滞させ、独ソ開戦直後から対ソ開戦などの強硬路線を主張して政府、統帥部を混乱させているとして、松岡を閣外に出して事態の収拾を図ろうとした。このため一旦総辞職し[141]、7月18日に第3次近衛内閣を発足させた。外相には豊田貞次郎を据えて、改めて対米交渉を進めようとした。しかし、既にアメリカの政権中枢では、日本側の観測を超えた対日強硬路線が台頭していた。7月24日にローズベルトは野村公使に対して、①仏印からの撤兵、②軍需物資であるゴムなどの仏印資源の各国公平な取引の保障を求め、南部仏印に進駐すれば石油禁輸等の経済制裁を実施すること示唆していた[142]。そして、ヴィシー政権が「仏印共同防衛措置」を承認し、南部仏印への進駐を受け入れた直後の7月26日、米・英・カナダによる対日資産凍結が実施され、進駐を始めた28日にはオランダがこれに追随して対日石油輸出協定を停止した。これによって日本の円系ブロック外の貿易はほぼ完全に遮断され、8月1日に米国は棉花と食糧を除く全ての対日輸出を禁止し、石油輸入が途絶した。

三国同盟と軍事的外交圧力で覇権的経済圏を築こうとして近衛や松岡が敷いた構想は崩れた。仏印をめぐる事態を打開するため、豊田外相は、南部仏印進駐が日本・仏印に対する英米の包囲政策に対する防衛的性格のものであるとして、米国に対して8月5日に次の説明をした[143]。日本は、①極東における米国領土に対する軍事的脅威を除去するため南西太平洋方面において仏印以外には進駐しない、仏印進駐軍は日中戦争終結後に撤退する、②フィリピンの軍事的・政治的脅威を除去するため、中立を保障する、ただし日本人の平等な待遇を求める、③東亜における両国間の経済的不安定の原因を除去するため、米国の天然資源の生産、獲得に協力することなどを約束する。

　一方、米国には次の要求をした。①日本および日本の海上輸送物資の軍事的脅威となる南西太平洋地域での軍事的措置を中止し、本協定の成立後、英国、蘭印政府に対しても同様の措置を勧奨すること、②日本側の求める蘭印の資源の生産・獲得、日本と蘭印間の懸案処理に協力すること、③日本との正常な通商関係を回復すること、④日中戦争解決のため重慶政権との間の橋渡しをすること、⑤仏印における日本の特殊な地位を認めること。これは「情勢ノ推移ニ伴フ帝国国策要綱」に見られる仏印を拠点とした南方の覇権的秩序構想を依然として色濃く残す提案であった。これに対してハル国務長官は、「日本カ腕力ニヨル征服ノ政策ヲ捨テサル以上話ヲスル余地ナク日本政府当局カ米国ノ為スコトヲ包囲政策ト呼フ限リ日本ニ期待ヲ懸ケル何物モナシ」と述べている。野村も「最早殆ト如何ナル説明ヲ以テスルモ帝国ノ意図ハ米国当路ノ者ニ通セシムルコト不可能」という印象を持つに至り、「米国政府ハ如何ナル事態ニモ対処スル腹ヲ極メ居ルコト間違ナク観取セラレタリ」と報告している[144]。

　南部仏印進駐の軍事的意味をめぐる日米の見解の対立を克復するため、8月6日日本側はホノルルでの日米首脳会議を提案したが、ハルは「日本ニシテ武力行使ヲ止ムルニ於テ始メテ話合ヲ為スヘシ」とし、日本側の政策に変更がない限り、「最早ヤ話ヲ進ムル余地」なしとして交渉の中止を伝えてきた[145]。8月14日にはローズベルト、チャーチルの太平洋上の会談で大西洋憲章が発表され、領土不拡大、通商・原料の均等条件での利用、ナチスの最終的破壊後の平和の確立などを宣言した。米国の参戦意思は明示されなかったが、従来の中立主義的対応から踏み出して、米英の軍事的な協力関係が強化された。さらに

ローズベルトは8月17日に野村公使に対し、日本の近隣諸国に対する武力や武力的威嚇による軍事的支配に対しては、米国の権利・利益防衛、安全保障のため必要な一切の手段を講ずるとの強力な警告を発した[146]。野村も「日米関係ニシテ真ニ危機一発(ママ)ノ所ニ到着」したと判断し、欧州大戦への参戦については米国の国論はまだ一致しないが、「極東ニ対スル強硬論ニ対シテハ輿論一致シ消息通ノ云フ所ニ依レハ夫レハ英国モ賛成シ支那モ独逸モ望ム所ナリトノコト」と指摘した。さらに英国が、「米国ヲシテ『バックドア』ニ於テ日米戦争ヲ為サシムルハ惹イテ米国ヲ欧洲戦争ニ引込ム見込アリト認メ居ル由ナリ」と、英国は米国の対日軍事行動の発動を通じて、欧州大戦へ参加させるというシナリオを描いていることに言及した。野村は、独ソ戦が消耗戦になりつつあること、太平洋における潜水艦戦も英米に有利になり、長期戦になれば、英米の「勝利ノ信念」が高まると分析していた[147]。

日米首脳会談の開催交渉

　この状況を打開すべく近衛首相は、8月26日改めてローズベルトに両国首脳の直接会談を提案した[148]。その内容は、まず「仏印共同防衛措置」が「帝国ノ生存条件脅威ニ端ヲ発シタル支那事変解決促進ノ為メ」のものであり、「防御的手段」であり、米国の「継続的非友誼的圧迫」や「東亜ニ於テ必要ナル天然資源ノ獲得及機会ヲ奪」う措置に起因しており、「武力進出ノ予備的行為」ではないと、従来の主張を繰り返し、米国に比して「不利ナル地位ニ在ル（特ニ資源ニ乏シキ）」国への配慮を求めた。そして、「支那事変ニシテ解決スルカ又ハ公正ナル極東平和ノ確立スル」場合には「直ニ兵ヲ仏領印度支那ヨリ撤収スル用意」があるとした。また、米国の主張する領土不拡大、平等原則などは太平洋地域を含む全世界に通用されるべきであるとした上で、大国は存立上不可欠な隣接地域の資源取得、開発に覇権的な権利があり、資源需給の安定が平和確立の要件であるとする近衛の世界秩序観を端的に表明した。米国も植民地大国であり汎米主義に基づく覇権的経済圏を保有していると認識している日本側には当然と映った覇権的棲み分け論であったが、米国がアジア・太平洋圏の覇権の従属的パートナーと考えていたのは蒋介石政権であった。

　ローズベルトは近衛の首脳会談の提案を歓迎するとしたものの、会談の前提

としてハルは、日米関係の改善によって米中関係を損ねることはできず、米国の日中関係の橋渡しには、中国からの撤兵問題も確認する必要があると指摘した[149]。ローズベルトも会見に先立つ確認事項として、4月16日のハル・野村の非公式会談以来伝えてきた、領土保全・主権尊重、内政不干渉、機会均等原則、太平洋の現状維持などの4原則を確認し、米国の「信奉スル諸原則ニ合致セサルヘキ何等協定ヲ締結セサルヘキコトヲ確認」するとし[150]、日本の覇権的自給圏構想の放棄を求めた。

日米の基本原則が乖離していく中、9月6日の御前会議は10月上旬までに日米交渉が合意できなければ、10月末をもって米・英・蘭に対し開戦するとした「帝国国策遂行要領」を決定した。米国および英国に合意を求める事項は、①日支基本条約、日満支三国共同宣言に基づく日中戦争処理に容喙せざること、②援蒋ビルマルートを閉鎖すること、③仏印共同防衛措置の承認、④タイ、蘭印、中国および極東ソ連領内に軍事的権益を設定しないこと、⑤極東兵備を現状以上に増強しないこと、⑥日本との通商を回復し南西太平洋地域の重要物資輸入を認めることなどであった。一方、日本側が約束しうる事項は、①仏印を基地として中国以外の近接地域に武力進出をしないこと、②極東における平和確立後、仏印より撤兵する用意があること、③フィリピンの中立を保証する用意があることであった。これを近衛総理メッセージ[151]として米国側に伝えたが、交渉期限を切って開戦を決定するとした結果、交渉の幅は極めて狭く、合意は困難であった。

米国側から出された各項目への疑義と応答にもかかわらず、正式回答がないことから、9月25日改めて日米首脳による「道義的且其ノ行動ニ関シ拘束スヘキ一般的了解」の枢要な問題に限定した提案をしている。それは、米国側に受け入れやすいように、わざわざ6月21日の米国側提案に沿った形式をとった文書であった[152]。

米国の原則回帰

しかし、既に独ソ戦の戦局は消耗戦へと転換し、9月4日に起きた米駆逐艦グリーア号と独潜水艦の武力衝突事件を機に米国は防衛水域内のドイツ艦艇への発砲を命ずるなど、米独開戦の危険性は高まっていた。太平洋地域でもハワ

イ、フィリピンの軍備増強を続けた米国にとって、日本の開戦を防止すべく急いで妥協点を探る意味はなくなっていた。米国側は、ドイツの電撃的勝利を前提とした日本の政治的・軍事的覇権の基盤が失われ、日本が的確に情勢を判断し、自給圏構想を放棄するか、開戦を決断するのかを待つ姿勢に転換しつつあった。

　野村大使は、6月21日の米国提案を基に直ちに交渉を再開すべきであり、日本側からいくつもの提案を重ねるのは疑惑を招くとした上で、強硬姿勢を強めている米国が、欧州戦争に対して提案のような日米共同で調停をする可能性は薄いこと、米国は欧州大戦への参戦を自衛権と捉えており、日本の参戦義務を「自主的」判断としただけでは承服しないだろうこと、中国の駐兵・無差別待遇についても、近衛声明等を承認させるのは困難であると伝えていた[153]。10月2日に、ハルは9月6日の日本側提案に対する米国の回答を示し、首脳会談の前提として、改めて、4原則の確認を求め、日本の提案に「失望」したことを伝えてきた。日本の提案では、平和の実現の保障が限定的であること、通商の無差別原則の適用も南西太平洋地域に限られ、中国に対しては限定的であることに不満を述べ、防共駐留についても受け入れられないとした。こうして、日本の自衛権、無差別原則、撤兵方針に強い疑念を示し、この点で妥協しない態度を明確にした[154]。

　その後の野村・ハル会談、豊田・グルー会談で文言を説明し、妥協点を探ったが交渉は進まず、9月6日決定の帝国国策遂行要領が定める10月半ばの交渉期限となった[155]。こうした中、次章で述べるように資産凍結を受けたままの条件で、10日に1942年度の物資動員計画第1次案が策定されると、鉄鋼はじめ戦略物資が大幅に減少することが明らかになった。12日には近衛首相、豊田外相、及川海相、東條陸相、鈴木貞一企画院総裁の五相会議が開かれ、近衛、豊田が交渉の継続を主張し、及川が開戦判断を避け首相一任を主張し、豊田が9月6日の御前会議決定を「軽率」であったと指摘する一方で、東條が開戦を主張した。14日の閣議でも近衛、豊田が仏印撤退を主張し、東條が開戦準備が完了しつつあることを主張した結果、急速に国力が消耗しつつある中で和戦いずれの決定もできない近衛内閣は総辞職となった[156]。

東條内閣期の日米交渉——甲案、乙案

　首相に就任した東條は、天皇から9月6日御前会議決定に関する白紙還元の御諚を受け、大本営政府連絡会議で改めて戦時国力の検討と開戦の是非を検討した。10月23日以降の集中的検討作業の結論は、開戦時期を遅らせば遅らせるほど国力は衰退し、開戦機会すら失うという、早期開戦を促すものであった。この結果、11月5日の御前会議で改めて「帝国国策遂行要領」が承認され、11月末までに作戦準備を「完整」し、対米交渉が決裂すれば開戦することが決定した[157]。しかし、長期戦の見通しは南方重要資源地帯の占領統治と開発輸入に依存するという不確かなものであった[158]。

　対米交渉の手順は9月25日案で交渉妥結の見込みがない場合は、僅かな譲歩を含む甲案を提示し、これに米国側が難色を示す場合は、乙案を提示して戦争回避の可能性を探るというものであった。甲案は、①無差別原則が全世界に適用されるのであれば、日本は中国を含む太平洋地域全域で無差別原則を承認する、②日本は自衛権解釈を濫りに拡大せず、三国同盟に基づく開戦は日本独自の判断に基づくものとする、③平和条約成立とともに2年以内に中国から撤兵するが、北支・蒙疆、海南島については平和条約成立後も所要期間駐屯を継続する（概ね25年間）、一方仏印については領土主権を尊重し、日中和平または極東の平和が実現した後、直ちに撤退する、ただし米国側の4原則を包摂することは極力避けるというものであった。

　乙案は、救急用提案の簡素なもので、①日米はいずれも仏印以外の南東アジア、南太平洋地域に武力進出をしない、②日米は蘭印の物資獲得が保証されるよう協力する、③日米は相互に通商関係を資産凍結以前の状態に戻し、米国は対日石油供給を約す、④米国は日中の和平努力に支障を与える行動に出ない、というものであった。さらに、状況に応じて、⑤南部仏印に進駐した軍隊を北部に移駐する用意があること、⑥日中平和または太平洋地域の平和が実現した場合に仏印から撤退すること、さらに甲案①②などを含めて米国側に提示してもよいとしていた。当面は、7月末の南部仏印進駐以前の状態に戻し、無差別原則が承認されるなら覇権的自給圏構想を後退させ、中国、南部仏印からの撤兵などの相当大きな資源外交の転換を打ち出し、三国同盟を事実上棚上げにしてでも、戦略物資輸入だけは確保しようとしていた。

しかし、11月7日に野村大使からハルに提示された甲案による交渉は全く進まなかった。このため、野村を補佐する形で、三国軍事同盟締結時の駐ドイツ大使であった来栖三郎を大使として派遣し[159]、17日から野村・来栖の2人で米国側関係者との交渉を続けた。20日には乙案を提示したが、乙案④項の援蔣行為の中止要求にハルが強く反発し、日本の明確な平和政策への転換が示されない限り、援蔣政策の中止も日中間の仲介もできないとして、交渉の余地がなかった[160]。ハルは、「帝国国策遂行要領」に基づいて日本側が29日の交渉妥結を最終期限としており、合意が締結されなければ開戦に至ることを暗号解読によって承知しつつ、26日には新提案として所謂ハル・ノートを提示した。しかし、その直前までローズベルト政権内部では対日妥協を図る暫定案も検討されていた。その暫定協定の内容は、①日米通商関係を回復する、②日本は仏印、満洲国境、南方で兵力を増強しない、③米国の欧州大戦参加に対して日本は三国同盟の条項を発動しない、④米国は日中会談を促進するが関与はしないという、日本側にとっても妥協可能なものであった。国務省はさらに日本軍の兵力規模、石油・綿花等の輸出限度設定などをまとめ、イギリス、オランダ、オーストラリア、中国に提示するが、中国側が激しく動揺し、抗日戦争の崩壊を訴えたことが知られている[161]。

ノートの内容は、ハル4原則の承認の上で、①日、米、英、ソ、蘭、中、タイ間の不可侵条約を締結する、②日、米、英、蘭、中、タイは仏印領土主権を尊重する、③日本は中国、仏印から一切の軍隊を撤収する、④日米は重慶政府以外の中国政府を支持しない、⑤日米は中国における治外法権・租界を撤廃する、⑥日米は互恵的最恵国待遇に基づく通商条約を商議する、⑦日米は相互に資産凍結を解除する、⑧円ドル為替安定協定を締結する、⑨日米は第三国との協定について太平洋全域の平和確保を目的とする本協定に矛盾する解釈をしない、⑩以上の原則を他国にも慫慂する、というものであった[162]。それは、アジアに展開する全ての軍事力の撤収、三国同盟の事実上の放棄、覇権的経済圏構想とは相容れない無差別原則の徹底など、4原則を厳格に適応した合意案であり、米国が独ソ間と日中間の消耗戦を利用して世界秩序の再編に踏み出すものでもあった。ハルは翌日スティムソン（Henry Lewis Stimson）陸軍長官に、自分は日米交渉から手を引き、「あとはあなたとノックス（William Franklin

表序-8　1941年7月時点の重要物資在庫状況

ニッケル・同鉱石	約2ヶ月
マンガン鉱	約4ヶ月
ピッチコークス	約4ヶ月
マニラ麻	約1ヶ月
第一種原油	約4ヶ月
第二種原油	約6ヶ月
航空揮発油	約1.5ヶ月
普通揮発油	約2ヶ月
重油	約1.5ヶ月
普通機械油	約2.5ヶ月
軽油	約10日
灯油	約1ヶ月
半固体機械油	約3ヶ月
ヒマシ油	約6ヶ月

出所：企画院「帝国戦争遂行ニ関スル物資動員上ヨリノ要望」前掲『太平洋戦争への道』第7巻、474頁。

Knox）海軍長官の出番だ」と伝え、太平洋の全米軍部隊は警戒態勢に入った[163]。

5　南方軍事占領と資源獲得構想

対日資産凍結と日本経済の衰微

蘭印交渉の決裂、野村・ハル交渉の中断以後、物動計画の立案当局は南方の軍事占領による重要資源の確保を前提とした計画の立案に取りかかっていた。対日資産凍結の直後、企画院は「戦争遂行ニ関スル物資動員上ヨリノ要望」をまとめ7月29日政府に示した[164]。それは対英米戦の準備状況について、依然として自給圏（日・満・支）、第一補給圏（仏印・タイ）以外の英米圏への依存が大きく、全面的な経済断交の場合、「其結果ハ極メテ重大ナル覚悟セザルベカラズ」としていた。戦争遂行能力は、①特別輸入等による既存ストックと、②自給圏・第一補給圏内の生産力、③作戦成果の活用による新たな生産力に規定されており、「今日ノ如キ総力戦戦争ニ在リテハアクマデ自給生産力ノ上ニ長期戦ヲ覚悟」しなければならず、ストック依存はできないとしていた。1940年度と同等の動員体制を維持しようとした場合、製鉄・特殊鋼・軽金属原料や、ロープ素材、液体燃料などの重要軍需物資の在庫状況は、陸海軍による独自の在庫を除けば、表序-8の通りであり、いずれも切迫していた。「現状ヲ以テ推移センカ帝国ハ遠カラズ痩衰起ツ能ワザルベシ」として「至短期間内ニ作戦成果ヲ生産的活用ニ転換」することが必要であると指摘した。コバルト、白金、鉛、水銀、高級石綿、高級雲母、タンニンなどの南米、インドからの輸入に依存しているものは、徹底した消費節約と代替品開発を必要とした。こうして、企画院は「万一南方武力戦を実行するか如き場合に於ては一挙に該方面敵海軍根拠地特に潜水艦及空軍基地を占領又は覆滅する等少くも西南太平洋上の制海、制空両権を完全に確保するにあらされは我船舶の損耗量は或は我造船能力を超過するの結果となり、然る場合に於ては此点よりして我国の全般的生産力は逐次低

下す[165)]」と、その後の展開に照らしても、適切に問題を指摘していた。

表序-9　南方軍事占領後の重要物資供給見通し

（カッコ内は対1940年度実施計画比％）

		自給・第一補給圏		第二補給圏		合　計	
石油 千kl	第1年a 第1年b	} 1,783	(32)	206	(3.6)	1,989	(36)
	第2年	856	(15)	1,874	(34)	2,730	(49)
アルミニウム トン	第1年a 第1年b	} 43,000	(96)	37,400 25,000	(84) (56)	80,400 68,000	(180) (152)
	第2年	40,000	(90)	50,000	(111)	90,000	(201)
ニッケル トン	第1年a 第1年b	} 60	(1.7)	1,700 1,100	(47) (30)	1,760 1,160	(49) (32)
	第2年	70	(1.9)	2,300	(64)	2,370	(66)
生ゴム 千トン	第1年a 第1年b	} 62	(141)	300 200	(680) (450)	362 262	(821) (591)
	第2年	62	(141)	400	(910)	462	(1,051)
錫 トン	第1年a 第1年b	} 6,600	(51)	20,300 13,500	(156) (104)	26,900 20,100	(207) (155)
	第2年	7,000	(51)	27,000	(201)	34,000	(255)
銑鉄 千トン	第1年a 第1年b	} 5,714	(122)	625 425	(13) (9)	6,339 6,139	(135) (131)
	第2年	5,714	(122)	850	(18)	6,564	(140)
銅 トン	第1年a 第1年b	} 70,000	(40)	5,400 3,500	(3) (2)	75,400 73,500	(43) (42)
	第2年	70,000	(40)	7,000	(4)	77,000	(44)
牛皮 トン	第1年a 第1年b	} 30,600	(100)	2,200 1,500	(7) (5)	32,800 32,100	(107) (105)
	第2年	30,000	(100)	3,000	(10)	33,000	(110)
工業塩 千トン	第1年a 第1年b	} 813	(50)	60 40	(4) (2)	873 853	(54) (52)
	第2年	820	(50)	80	(5)	900	(55)

注：自給は国内供給、第一補給圏は、仏印・タイ、第二補給圏はフィリピン、マレー、蘭印。第1年は1941年10月から42年9月、第2年は42年10月から43年9月。第1年aは、開戦後4ヶ月目から第二補給圏からの物資輸入が可能になる場合、bは7ヶ月目から可能になる場合。石油は民需用。
出所：企画院「物資動員計画上ヨリ見タル◎Sノ検討」1941年9月4日原朗・山崎志郎編『物資動員計画重要資料』第2巻、現代史料出版、2004年、21頁。

軍事占領と戦略物資の取得計画

　その後、日米交渉が行き詰まるなかで近衛内閣は総辞職し、東條内閣の下で南方資源、特に石油資源について、数年にわたる軍需用の備蓄、占領と開発による安定供給を維持できるかをめぐって大本営政府連絡会議は検討を重ねた[166]。表序-9 は、地域別の開戦後の物資取得量を、1941 年 10 月時点で予測したものであるが、日満支と貿易協定が締結されている仏印・タイの第一補給圏だけでは、アルミニウム、ニッケル、生ゴム、錫などで、開戦直後から深刻な不足が生じ、民需用の石油も、第 1 年目は備蓄を取り崩すことで対応できても、2 年目には供給が半減する見通しになった。フィリピン、マレー、蘭印を軍事占領した場合は、初年度は相当の混乱が生じるものの、2 年目には回復し始め、石油、ニッケル、銅、塩などを除き、40 年度の供給水準を超えると見込まれた。この一方で、資産凍結を受けたまま推移した場合は、42 年度の物動計画から国力の縮小が始まることが示された。

　結局、11 月 5 日に「帝国国策遂行要領」を再決定した後も、甲案、乙案ともに状況を打開できず、戦争に突入することになった[167]。東南アジアの戦略資源開発とその安定確保を含む拡大版自給圏構想は、三国同盟締結直後の 1940 年 10 月の日満支経済建設方針要綱や 12 月の経済新体制確立要綱で打ち出され、日満支地域を中核に南方を含む共栄圏内での産業の適正配置を目指す大東亜共栄圏の国土計画構想が動き始めた。開戦準備と開戦後の混乱から最終決定には至らなかったが、42 年度から 46 年度にかけた日満支の第 2 次生産力拡充計画も策定され、造船、鉄鋼、天然石油、石炭、電力、鉄・非鉄金属資源について、日本国内以上の拡充を目指す地域も多かった[168]。

　南方の軍事占領地域の具体的開発に関しては、1941 年 11 月に内閣に設置された第六委員会が検討した。燐鉱石、錫、生ゴム、砂糖、嗜好品などの国際市場向け物資で多くの市場を失った南方諸地域の産業を抑制する一方、ニッケル、マンガン、ボーキサイト、銅鉱、鉄鉱石、黄麻、タンニン材料など、日本の軍需品産業の拡充に不可欠な事業を育成し、国際市場を失ったサトウキビ栽培は共栄圏内の不足物資である綿花等に転換する構想を打ち出した。接収企業・鉱山等の経営担当企業についても、第六委員会が順次決定し[169]、国内企業の南方進出を促進した。

石油備蓄状況

　開戦とともに第三国輸入の多くが遮断されることから、物資の貯蔵量は、物動供給計画の主要部分を占めることになる。それは、戦時の「国力判断」に当たって重要な要素であった。以下では、1934年の石油業法以来の石油備蓄状況を見ておこう。同法は石油製品輸入業者、精製業者に前年輸入量の2分の1の貯油を義務づけた。しかし、日本の年間輸入量の半分以上を担ってきた外資系のスタンダード社、ライジングサン社が激しく反対し、三井物産による貯油代行案などによっても協力は得られず、35年9月の法改正で義務貯油の縮小を認めざるをえなくなった。しかし、同法の規定によれば、41年初頭の民間貯油水準は40年の原油輸入229万kl、石油製品192万kl、計421万klに照らして210万トン程度になるはずであったが、全く果たされなかった。民間の協力を容易に得られないことから、総動員計画の実施を想定して37年6月に商工省外局として発足した燃料局は、石油備蓄特殊会社を構想し[170]、37年11月に日本石油、小倉石油などの石油精製会社や、三井物産、三菱商事、タンカー業者18社の出資によって、協同企業株式会社（資本金1,000万円）を設立した[171]。同社は、燃料局の監督下で日本興行銀行からの融資斡旋、損失補償、6％の配当保証を受けて、貯蔵タンクを建設し、米国、メキシコから軍需用の原油を輸入した。同社は、39年10月時点で、自動車揮発油原油42.8万kl、航空揮発油用原油28.4万kl、計71.2万klを保有するに至り、燃料局はこれを直接統括し、需給調整に当たることを予定していた。しかし、燃料自給に遅れて着手した陸軍がこれを引き継ぐことを要求した。この結果、同社はこれを陸軍に引き渡し、解散した。従来より民間企業からの購入で液体燃料を賄い、日中戦争勃発後の需要に対して民間精製能力の多くを軍用に利用してきた陸軍[172]は、こうして独自の貯油を本格化した。39年末からは、岩国燃料廠の建設に着手して原油からの一貫生産を始めた。

　一方、海軍は早くから大量の燃料重油の確保を進めており、太平洋戦争期でも国内最大の貯油機関であった。1920年度に八八艦隊の海軍拡張予算が成立する頃から、必要貯油量の検討が始められ、八八艦隊による使用量は開戦第1年目360万kl、第2年目260万klとされていた。22年のワシントン海軍軍縮条約によって八八艦隊構想は放棄されたものの、同年より徳山燃料廠は操業を

開始し、石油製品の一般輸入への依存を極力減らそうとした。北樺太での原油の開発輸入は、32〜33年の最大時で年31.3万kl、満洲撫順での頁岩油が41年に13.8万klになるなど、国内自給は無理でも、「自産自給主義」による安定確保を図っていた。日本の国際連盟脱退以後、さらに貯油を推進した結果、開戦時には内地で原油143.5万kl、重油362.4万kl、航空揮発油47.3万kl、イソオクタン2.7万klなどのほか、外地分92.1万klと合わせて650万klを保有していた。

一方、民需用原油の貯蔵機関としては、米国からの輸入が急減した1941年4月になって国家補償を受ける形で石油各社の12社の共同出資による共同企業株式会社（資本金3,000万円）が設立された。同社は協同企業と同様に興銀からの融資を受けて南方石油の買付のほか、輸送、貯蔵、配給業務を担ったほか、今後需給が逼迫すると見られた高級潤滑油を一手に買い上げた。また輸入円滑化のため、タンカーの一元的確保と運用、輸入石油のプール計算のため、40年7月に設立された東亜石油協会の業務も吸収し、需給調整に当たることになった。こうした貯蔵原油の積み増しは、39年9月の欧州大戦勃発後に実施した正貨準備の取り崩しなどを利用した物動計画外の特別輸入等によっていた。米国政府は前述のようにソ連のフィンランド侵攻を機に、39年12月に道義的禁輸措置によってソ連と日本に対する航空燃料輸出の抑制を図った。しかし、「米国の石油業者は、制限のギリギリの線、いやそれ以上の線で石油取引に応じ[173]」た結果、40年には米国石油の日本への輸出は過去最大となった。このために、三国同盟を利用した安定した資源獲得構想が実現できるかの期待も膨らむことにもなった。しかし米国産原油輸入は41年に入って急速に縮小した。独ソ開戦の情報を掴み、対日早期妥協の必要がなくなった米国は、共同企業の設立直後の6月11日に、石油全種の輸出許可制を実施し、事実上の禁輸措置をとった。このため、日本はメキシコ、イラン、ベネズエラ、エクアドル、バーレーンなどに輸入先の分散を図った。しかし、米国産輸入の代替にはならず、蘭印石油の開発に最後の期待をかけたこ

表序-10　開戦時の軍用、民需用の貯油量

（千kl）

民間	700
陸軍	1,200
海軍	6,500
計	8,400

注：原油・製品の合計。
出所：原道男「第2次大戦時におけるわが国貯油問題」防衛研究所編『研修資料別冊174号 重要物資備蓄対策研修資料 その1』、1957年。

とは既に指摘した通りである。

　開戦時の石油備蓄状況については、正確を期すことができないが、当時の海軍関係者は表序-10のように推定している。これは対米開戦に耐えうるとした海軍の第一委員会報告で示された970万klよりも相当少ない840万klであった。民需用の石油は1940年に337万klを消費し、41年も200数十万klを消費する予定であり、民需用の貯油は日米交渉の最終局面では急速に減少して、底を突く事態となった。このため、開戦直前に海軍の貯油から重油60万klを急遽移管した結果が、表の民需用70万klである。急速に石油備蓄を失うなかで、「自存自衛」を掲げ、軍事力による自給圏構想の実現を目指して対米英蘭戦争に突入する。

　太平洋戦争の開戦後、1942年に入って占領地の状況が安定し始めると、接収した生産施設の管理者に日本企業を指名するなど、復旧と拡張工事が計画され、大東亜共栄圏内の戦略物資の長期自給体制に向けた産業配置、資源開発構想が動き始めた。1942年2月には大東亜建設審議会を設置して、アジアの覇権争いに「大アジア主義」、「八紘一宇」といった共存共栄の世界観を付加し、戦争目的と覇権的な対アジア関係の将来構想について国民的合意を取り付けようとした[174]。

おわりに

　社会主義や民族独立運動の台頭を伴った覇権国家の再編と世界恐慌による保護主義の台頭が重なり、1930年代は急速にブロック経済論や自給経済構想が現実のものになった。日本では満洲事変後の国際的孤立のなかで、資源局や陸軍が中心になって総動員体制準備が進められ、ブロック経済と対日貿易制限や、難行する通商交渉などを背景に、日満一体の経済開発構想が具体化された。さらに、ヨーロッパにおけるファシズム、ナチズムの台頭などの国際的な経済秩序の再編機運や第2次欧州大戦に乗じ、日本はアジアのヨーロッパ植民地に向けて自給圏構想を拡張していった。

　満洲事変を機に国際経済から徐々に孤立するなかで、国内では総動員体制が整備された。本章第1節では、1929年から36年の総動員準備期、37～39年の

軍需ブーム創出期、40〜41年の第2次欧州大戦に対応した長期動員体制の整備期を概観したが、第1章以下で見るように、開戦後は42年秋頃から、超重点化と行政一元化による臨機対応型の動員体制期がスタートする。

戦時統制経済を通じて指摘できるのは、不要不急部門への資源の流入を規制する一方、戦時鉱工業動員体制の中核部分では、労働市場に対する強い規制と対照的に、一貫してある程度の市場経済性や利潤インセンティブが組み込まれ、企業間競争も巧みに利用されていたことである。計画産業ないし企業に所用物資を流すため、資源配当量だけでなく、配給機構の整備でも差別化と戦略部門への誘導が行われていた。特に、日中戦争の開戦当初はそうした市場誘導が有効だった。しかし、対日資産凍結を受けて太平洋戦争を遂行しつつ軍事的占領と自給体制の確立を目指すことになると、42年秋から43年以降の総動員体制は均整のとれた計画的動員システムに加えて、航空機・造船などの徹底した重点化と臨機の行政対応が重視されることになった。44年度第2四半期以降は、基礎素産業の稼働停止、産業設備の積極的な廃棄と資源化、南方での制海権・制空権喪失後の船舶大量投入など、自己破壊的な動員体制となった。これらの詳細は、第1章以下の物資動員計画の分析によって明らかになろう。

最後に、資源外交と自給圏構想の変遷を簡単に振り返っておこう。満洲事変期から日中戦争初期の日満自給圏構想は、国際連盟脱退、九カ国条約・四カ国条約の実質無効化を進め、国際的に孤立するなかでの日満経済協力体制であった。1936年11月の日独防共協定は反共国際連携構想をイデオロギー的な基軸とすることで、この体制に中華民国をも引き込み、英米との対立を緩和して安定経済圏とすることを図るものであった。しかし、第1次近衛内閣は日中戦争の収拾に失敗を続け、見通しの不透明な講和構想を打ち出したまま退陣した。

1939年1月に発足した平沼内閣において、ドイツから提案された軍事同盟を反共国際連携構想として対蔣介石和平工作に利用しようとする首相、陸軍、外務省親独派と、太平洋地域での米英対立を回避したい海軍との間で激しい対立が生じた。その最中、中国への日本の覇権拡大と通商利権の圧迫に対して、7月に米国が日米通商航海条約の破棄を通告した。さらに8月に日本側の構想に背馳する独ソ不可侵条約が締結されるなど、平沼内閣の外交戦略は翻弄され、辞任に追い込まれる事態になった。

対独関係の見直しと、米英通商関係の再建という困難な外交課題を抱えて発足した阿部信行内閣にとって、1939年9月の第2次欧州大戦の勃発は、一連の対日制裁措置を回避する新たな可能性をもたらした。国際的な覇権地図の再編を目指す陸海軍統帥部や外務省の革新派ないし親独派は、軍事力の発動を伴わず、中立という有利な地位を利用することで、アジア自給圏を構築しようとした。日独軍事同盟と大戦不参加という立場で米国との通商関係を正常化し、仏印、蘭印資源の開発と輸入の拡大を求め、併せて重慶政府を封じ込め、南方に拡張された自給圏を目指した[175]。

1940年5月頃からドイツの電撃的勝利と早期講和の見通しが浮上すると、日独伊三国の軍事同盟を利用して一挙に世界4分割構想を打ち出すことが一層有利に資源外交を展開できると考える第2次近衛内閣が発足した。しかし、松岡外交の成果はさほど大きくなかった。40年12月の日ソ中立条約では、独ソ対立の先鋭化を背景に、樺太石油資源の安定確保に失敗し、並行して進んだ対米交渉や蘭印交渉は難航した。41年6月の独ソ開戦は強引な資源交渉の足元をすくう決定的な転機となった。それまでの米蘭の妥協的な対日外交は強硬姿勢に転じ、米国の対ソ支援も本格的になった。日蘭経済交渉の決裂など、資源外交の行き詰まりを打開しようとした7月の南部仏印進駐に対しては、米英蘭などから対日資産凍結と石油禁輸措置が発動された。この結果、対米英蘭の開戦と広範なアジア諸地域の軍事占領による自給体制の実現に向けて動き出すことになった。大西洋では41年3月の米・武器貸与法（Lend-Lease Acts）によって、大量の軍需物資が米国から輸送され、決済資金に苦しむ英国経済を支えることになった。4月に拡張したアイスランドまでの保障海域と米軍の船団護衛は独軍との軍事的緊張を高めていた。

1930年代の保護主義、ブロック化といった国際的な経済思潮のなかで、満洲事変を契機とする国際的孤立の道を歩んだ日本は、自給圏の確保の上でソ連、米国を仮想的とした軍備増強に安全保障を託す総動員思想を追究してきた。しかし、統帥権の独立、天皇補弼体制といった構造上の弱点を抱えた日本の権力はそうした総動員体制を管制する能力を欠いていた。自給圏の大陸への拡張、相次ぐ軍事紛争に中央政府の対応が翻弄され、十分な法制度、軍備、動員備蓄体制もないまま、日中の長期消耗戦が始まった。

日本以上に孤立する社会主義国ソ連の生き残り外交戦術、第2次欧州大戦とドイツの既成国際秩序への挑戦といった、世界の覇権的秩序の激変の中で、日本も周辺経済関係の再編可能性を見い出そうとした。しかし、1941年6月頃から経済戦争に突入していた米国の姿勢転換を軽視していた。日米の軍事力、戦争継続能力、勢力圏統治能力といった国力比較では、対米英開戦は初めから困難であった。にもかかわらず開戦、南方軍事統治と資源開発、短期講和と新秩序建設構想へと最終的決断がなされたのは、日本の外交技術、情報収集能力の低さ、日米相互の対応予測の過誤、明治憲法に基づく分権的国家意思決定構造などの産物であった。とりわけ、独ソ開戦とその後の推移に関する正確な情報を欠き、不的確な状況判断と稚拙な交渉技術が冒険主義的拡張路線に帰結することになった。こうして、独ソ開戦を機に、第2次欧州戦争は第2次世界大戦へと局面の転換を迎えることになった。

　一方、米英は独ソ開戦によって全体主義国家相互が消耗戦に突入したことで、ヨーロッパ戦線の立て直しに時間的余裕を稼ぐことができた。米国は蒋介石政権を利用しつつアジア経済秩序の再建構想を推進した。日中戦争勃発以来、九カ国条約の擁護者としてドイツ、ソ連、英国などを紛争に引き込み、支援を獲得してきた蒋介石政府は、要望通りに日米戦争が勃発し、米国のアジア経済秩序の構築構想に乗ることになった。ソ連は日ソ中立条約によって極東のリスクを軽減して、対独戦による国力の消耗に堪えつつ、資源を求めて南進した日本と米国の帝国主義戦争による消耗を背景に、アジアにおける社会主義の浸透を図る戦略をとった。これが経済圏構想からみた第2次世界大戦の構図であった。

注

1）山崎志郎『物資動員計画と共栄圏構想の形成』日本経済評論社、2012年、同『戦時経済総動員体制の研究』日本経済評論社、2011年。
2）総動員計画が物資動員計画として具体化される経緯は、前掲『物資動員計画と共栄圏構想の形成』第1章を参照のこと。
3）「大正九年度陸軍軍需工業動員計画要領」1918年11月5日、石川準吉『国家総動員史』上巻、国家総動員史刊行会、1983年所収、2044～2047頁。
4）「陸軍軍需工業動員計画策定之件」1924年6月30日前掲『国家総動員史』上巻、2075～2078頁。
5）さらに1929年4月の組織拡充で部制を採用し、総務部に庶務課、調査課、施設課、

序章　経済総動員体制の体系化と大東亜共栄圏　95

企画部に資源の統制運用機関、資源の編成・利用・管理等を所管する第一課、資源配給計画・補填計画を所管する第二課をおくことになった。資源局「昭和四年度ニ於ケル資源局事務ノ概況」1930年3月31日、石川準吉『国家総動員史』資料編第9巻、国家総動員史刊行会、1980年所収。

6) 小林龍夫・島田俊彦・稲葉正夫編『現代史資料』第7巻、満洲事変、みすず書房、1964年、593～597頁。

7) この南方進出構想は、石原莞爾陸軍参謀本部作戦課長の北方進出と陸軍軍備の増強方針に対抗するため、1936年3月に設置された海軍政策及政策研究調査委員会が打ち出した南北並進構想を広田が受け入れたものであった（中尾裕次「海軍文書『現情勢下ニ於テ帝国海軍ノ執ルベキ態度』の評価」『戦史研究年報』第4号、2001年所収）。

8) 「国策ニ関スル閣議決定ニ付具体案作成方ノ件」1936年8月27日大久保達正ほか編『昭和社会経済史料集成』第2巻、大東文化大学東洋研究所、1980年所収。

9) 原朗『日本戦時経済研究』東京大学出版会、2013年、6頁。

10) 軍需工業動員計画については、前掲『戦時経済総動員体制の研究』第6章を参照のこと。

11) 物資動員計画の構想から1941年度計画までは、前掲『物資動員計画と共栄圏構想の形成』各章を参照のこと。

12) 植村甲午郎「物資動員計画と生産拡充計画」『鉄と鋼』25-4、1939年。資源局調査課長から企画院調査部長となった植村は、1938年12月の日本鉄鋼協会の講演で、貿易は当初36年水準を維持すると見込み、「さうすれば国民生活としてはさう苦しまないで、極く軽度の統制で行くんぢゃないか」と考え、綿代替品のスフを3割混紡する程度のことを想定していたと説明している。

13) 生産力拡充計画の構想・立案と実施過程は、前掲『戦時経済総動員体制の研究』第3、4章を参照のこと。

14) 満鉄経済調査会や日満財政経済研究会のシンクタンク機能を強調し、軍需工業動員計画、生産力拡充計画はじめ、総動員諸計画の起点として強調したのは、中村隆英・原朗であった。中村隆英『戦前期日本経済成長の分析』（岩波書店、1971年）第9章や、日本近代史料研究会編『日満財政経済研究会資料』第1～3巻（1970年）での両氏の編集と解説は、石原莞爾の満洲での経済統制実験や日本国内への導入に関して決定的な影響を与えたことを指摘した。そうした研究からは、小林英夫『超官僚――日本株式会社をグランドデザインした男たち　宮崎正義・石原莞爾・岸信介』（徳間書店、1995年）のような、満洲人脈の影響力を極端に肥大化させた主張も現れた。しかし、1937年2月に成立した林銑十郎内閣における石原の影響は初めから限定的であった。生産力拡充計画は日満財政経済研究会が主張する以前より、資源局による総動員諸計画の策定作業から始まっており、戦時における物資動員計画と関連する動員計画も準備されていたことを見逃している（前掲『物資動員計画と共栄圏構想の形成』第1章参照）。

15) 「生産力拡充五ヶ年計画（未定稿）」1937年9月原朗・山崎志郎編『生産力拡充計画

資料』第1巻、現代史料出版、1996年所収。
16) この時期の代表的な論説としては、伍堂卓雄編『国防資源論』(日本評論社、1938年)、戦争経済研究会(執筆代表豊崎稔)『日本経済と原料問題』(大同書院、1938年)、高橋亀吉『東亜経済ブロック論』(千倉書房、1939年)、小島精一『東亜重工業論』(千倉書房、1939年)などがある。
17) 資金統制計画の構想と実施過程については、前掲『戦時経済総動員体制の研究』第2章を参照のこと。
18) 海上輸送力増強のための船舶建造計画と輸送力の推移は、前掲『戦時経済総動員体制の研究』第5章を参照のこと。
19) 海上輸送力の最大の利用者団体である鉄鋼統制会に対し、提供可能な輸送力を示し、その枠内で最大の鉄鋼生産計画を策定させる過程は、前掲『物資動員計画と共栄圏構想の形成』第6章を参照のこと。
20) 経済新体制論が革新的議論から、産業団体との折り合いをつけながら統制会へ改組されるまでの動きは、中村隆英・原朗「経済新体制」日本政治学会編『「近衛新体制」の研究』(岩波書店、1973年)を参照のこと。
21) 近衛は組閣の際、岸信介商工次官の大臣就任を要請していたが、岸は「自分は事務次官として残る方がよいと思ふ、何と云つても統制を強化する場合、実業界出の人がよく、官僚ではいけないので、彼の人がするのだから仕方がないと云ふことにならないといけないと思ふ」と指摘した。このため、池田成彬を通じて関西財界の重鎮であった小林に、考えの違いを承知の上で敢えて商相就任を依頼していた(木戸日記研究会『木戸幸一日記』下、東京大学出版会、1966年、808~809頁)。
22) 公定価格設定やプール平準価格制度によって利潤を管理し、インセンティブを維持しつつ企業を統制する手法については、山崎澄江「価格統制と企業動員」原朗・山崎志郎編著『戦時日本の経済再編成』(日本経済評論社、2006年)を参照のこと。
23) 機械工業における組織化については、植田浩史『戦時期日本の下請工業――中小企業と「下請=協力工業政策」』(ミネルヴァ書房、2004年)、前掲『戦時経済総動員体制の研究』第8章を参照のこと。
24) 産業設備営団、戦時金融金庫による戦時固有の企業・銀行リスクの管理方法と事例については、山崎志郎『戦時金融金庫の研究――総動員体制下のリスク管理』(日本経済評論社、2009年)を参照のこと。
25) アンドルー・ゴードン『日本労使関係史 1853-2010』岩波書店、2012年、第7章。
26) 日米外交史では差しあたり、日本外交学会編『太平洋戦争原因論』(新聞月鑑社、1953年)、日本国際政治学会編『太平洋戦争への道』全8巻(朝日新聞社、1962~63年)、細谷千博・斎藤真・今井清一・蠟山道雄編『日米関係史』全4巻(東京大学出版会、1971~72年)、細谷千博・本間長世・入江昭・波多野澄雄編『太平洋戦争』(東京大学出版会、1993年)などの共同研究成果とその参加者らの著作があり、国際戦略論の観点から日米関係を分析したものでは、奥村房夫『日米交渉と太平洋戦争』(前野書店、1970年、『太平洋戦争前後の日米関係』上下巻として芙蓉書房出版、1995年復刊)、

土井泰彦『対日経済戦争 1939-1941』(中央公論事業出版、2002 年)がある。軍事史では防衛庁防衛研修所戦史室『大本営陸軍部大東亜戦争開戦経緯』全 5 巻(朝雲新聞社、1973〜74 年)、同『大本営海軍部大東亜戦争開戦経緯』全 2 巻(同、1979 年)等が資料発掘を基に、陸海軍関係者の見解の相違を含みながら重要論点を網羅的に論じている。その後、軍事史学における多面的な戦時研究は、軍事史学会編『第二次世界大戦』全 3 巻(錦正社、1990〜95 年)などで紹介され、国内の政治中枢における開戦判断については、佐藤元英『御前会議と対外政略 2』(原書房、2011 年)が関係者の日記・資料等を渉猟し、同『外務官僚たちの太平洋戦争』(NHK ブックス、2015 年)が通史的に概観している。国内政治、軍事・外交の多面的な研究では加藤陽子『模索する一九三〇年代——日米関係と陸軍中堅層』(山川出版社、1993 年)がある。また、「蒋介石日記」などを利用した重慶政府側の対米外交工作の研究も盛んであり、近年の研究では、家近亮子『蒋介石の外交戦略と日中戦争』(岩波書店、2012 年)、鹿錫俊「東亜新秩序をめぐる日中関係——日中戦争から太平洋戦争への拡大過程」井上寿一ほか編『日本の外交』第 1 巻　外交史　戦前編(岩波書店、2013 年所収)、鹿錫俊『蒋介石の「国際的解決」戦略：1937-1941』(東方書店、2016 年)などがある。

27) 満洲事変後の経済開発構想とその実態は、原朗『満州経済統制研究』(東京大学出版会、2013 年)を参照のこと。

28) 以下の資源をめぐる外交交渉や、共栄圏構想の記述は、前掲『物資動員計画と共栄圏構想の形成』第 3〜6 章で分析された各年度の物動計画と占領地開発計画や貿易計画と表裏一体のものであり、本節の記述と合わせて参照されたい。なお、外交交渉の細部は、山崎志郎「総動員自給圏構想の形成と変質」Research Paper Series No. 147(首都大学東京社会科学研究科経営学専攻)、2015 年 2 月を参照のこと。

29) 第三委員会や興亜院による占領地域の開発構想については、前掲『物資動員計画と共栄圏構想の形成』95〜99、162〜168、204〜208 頁を参照のこと。

30) 進出企業の詳細は、柴田善雅『中国占領地日系企業の活動』(日本経済評論社、2008 年)を参照。

31) 対円ブロック輸出規制については、物動計画上の割当制限にもかかわらず、輸出が急増していたという背景があった。陸軍から企画院に出向していた三島美ész貞は、1939 年 10 月に日満支の物動計画担当者を集めた日満支経済協議会で「ヨク円『ブロック』関係ニ於キマシテ日本カラノ物資ノ供給ガ少イト云フコトヲ終始聞クノデアリマス、所ガ我共カラ申シマスレバ非常ニ多過ギルト思フノデアリマス」と説明していた。1938 年 1〜9 月の日本から円ブロックへの輸出が 20 億 1,930 万円だったのに対して、39 年同期では 27 億円と、33.7%増加し、地域別でも満関係が 7 億 1,869 万円から 11 億円に、北支は 1 億 4,815 万円から 2 億 3,196 万円、中支は 7,714 万円が 1 億 2,604 万円、南支は 41 万円から 1,793 万円と、いずれも急増していた。これに対して、円ブロックからの輸入は 5 億 4,098 万円から 6 億 549 万円と、11.9%伸びたに過ぎなかったとして、輸出許可制を実施した背景を説明し、日本からの輸出品は「計画物資デアルト否トヲ問ワズ何レモ身ヲ切ルヨウナ物資」であるから、円ブロック側でも輸入について地域

ごとに一つの「トンネル」による配給統制を厳格化し、輸入原料等の有効利用を求めた（企画院「日満支経済協議会議事速記録」1939年11月、123～126頁）。

32）重慶政府あるいはその関係者に対する講和工作が並行して行われ、陸軍の土肥原健二中将らによる呉佩孚を擁立した新政権構想とその挫折、宇垣外相による重慶政府行政院長孔祥煕との交渉や英駐日大使クレーギー（Robert Leslie Craigie）による和平調停など、種々の和平工作が不調に終わった。これらについては、升味準之輔『日本政党史』第7巻（東京大学出版会、1980年）30～72頁、前掲『太平洋戦争への道』第4巻、145～154頁を参照。

33）汪兆銘工作に直接当たった今井武夫中佐の回想と報告資料は、同『日中和平工作 回想と証言』みすず書房、2009年、57～100、258～275頁、影佐禎昭の回想は、同「曾走路我記」1943年12月（臼井勝美編『現代史資料』第13巻、日中戦争5、みすず書房、1966年所収、357～398頁）を参照。

34）前掲『蒋介石の外交戦略と日中戦争』180～193頁。

35）ただし、汪兆銘は近衛声明に関して、日本側が経済的独占をしないこと、開発政策に関して内政に干渉しないことを加えるよう求め、「秘密協議」に再協議の余地を保留していた（前掲『日中和平工作 回想と証言』269頁）。

36）外務省編『日本外交文書 日中戦争』第1冊、2011年、432～439頁。

37）占領地域の開発計画と、国家総動員諸計画の立案経緯は、前掲『物資動員計画と共栄圏構想の形成』第3、4章を参照のこと。

38）近衛内閣時の日独伊提携強化交渉をめぐる国内の対立、さらには白鳥敏夫駐伊大使、大島浩駐独大使らの独走については、前掲『太平洋戦争への道』第5巻、第1編第2章が詳しい。

39）五相会議決定「中央政府樹立方針」およびその附属文書、1939年6月6日、前掲『日本外交文書 日中戦争』第1冊、473～479頁。上海で汪兆銘の同意を得ようとする影佐禎昭らに対して、東京から厳しい和平条件が突きつけられ、「手厳しいにも何も、話にならんのだ」、「これじゃあ、和平実現どころじゃない」と工作担当者が失望していく様子は、犬養健『揚子江は今も流れている』（中公文庫、1984年）200頁を参照のこと。

40）前掲『木戸幸一日記』下、743頁。

41）下期の特別輸入については、前掲『物資動員計画と共栄圏構想の形成』235～236頁を参照のこと。日満支経済協議会での三島美貞幹事の説明によると、戦略物資の備蓄によって輸入途絶の危機に対処する一方で、1939年度は石炭増産計画の停滞と炭質の低下や、干ばつの影響で電力が不足し、39年度鋼材生産は580万トン計画に対して100万トン不足する見込みとなった。欧米からの機械輸入も滞り、計画の実質的な初年度であった生産力拡充計画は出鼻を挫かれた（前掲「日満支経済協議会議事速記録」114～115頁）。

42）中国占領地域からの物資調達について、伊藤興亜院華北連絡部調査官からは、「我国ノ援助デ開発シタ支那資源ヲ日本ノ戦時経済ノ緊急ナル必要ノ為ニ役立テルニシテモ、

序章　経済総動員体制の体系化と大東亜共栄圏　99

　ソレニハ限度ヲ設ケナケレバ、此ノ日本ヘ動員サレル物資ハ北支ニ取ッテモ亦其ノ生産資源ヘノ栄養ノ一部」であり、「北支カラ消耗的ニ動員スレバ、ソレハ直ニ生産ヲ渋滞阻礙セシメ」るとし、開発用物資が不足している事態が報告された。また、「北支トシテハ其ノ生活必需品ノ生産力ヲ今急ニ増大スルコトハ不可能」であり、「日本カラ日常生活必需品ヲ供給サレナイ限リ、北支民衆ノ生活不安ハ増ス一方デアリマス」と、悪性インフレーションと経済の疲弊が生じていることが指摘されていた（企画院「日満支経済協議会議事速記録」36〜37 頁）。

43）陸軍から 1938 年 5 月に商工省臨時物資調整局総務部計画課長となり、39 年 8 月から企画院調査官に就任し日満支経済協議会の幹事となっていた秋永月三は、この南方諸地域を仏領インドシナ、マレー半島、蘭領インド、ニューギニア、フィリピンを含む、東経 110 度以東、南緯 10 度以北の地域で大洋州を含まない地域と説明し、それら地域をもってしても不足する資源は世界各国との貿易強化で確保するとしていた。なお、秋永は日満支の経済建設は、「半面ニハ欧米諸国ノ経済勢力ヲ排除スルト云フコトニナル」とし、「国防上ノ重要資源ト云フモノガ相当大ナル部分ヲ英米関係ニ依存シテ居ル」という認識にもかかわらず、日本の商権拡張、租界問題、揚子江航行権、香港問題、海上封鎖問題など、占領下の中国で取り得る強行手段によって「日満支ヲ一環トシタ所ノ自給自足経済ヲ確立シタイ」という考えを示している。このためには「色々ナコトガ必要ニナッテ来ル」が経済政策要綱には「稍々穏当ヲ欠クト云フノデ、コノ大綱カラハ除イテアリマスガ、気持ト致シマシテハサウ云ッタヤウナ気持ガ相当考ヘラレルノデアリマス」と述べつつ、一挙的攻勢による事変処理まで匂わせながら、生産力拡充、軍備充実方針と「齟齬ヲ来ス」ため慎重な対応にしてあると説明していた（前掲「日満支経済協議会議事速記録」20〜24 頁）。

44）この時代表現は、元老井上馨が 1914 年に他の元老らに送った、アジアにおける利権の確立を訴える書簡による（江口圭一『大系日本の歴史 14　二つの大戦』小学館、1989 年、8 頁）。

45）日満支経済協議会における、10 月 9 日の外務省伊東隆次通商局第五課長の発言（前掲「日満支経済協議会議事速記録」73〜79 頁）。

46）企画院「帝国必要資源の海外特に南方諸地域に於ける確保方策」1939 年 10 月 2 日　中村隆英・原朗編『現代史資料』第 43 巻、国家総動員 1、みすず書房、1970 年、172〜176 頁。欧州大戦に伴う原料輸入確保方策全般については、前掲『物資動員計画と共栄圏構想の形成』241〜242 頁を参照のこと。

47）以下、外務省内での外交政策の検討は、河西晃祐『帝国日本の拡張と崩壊』（法政大学出版局、2012 年）第 5 章が詳しい。

48）「陸軍省部が作成し外務省に検討を要請した『欧州戦争ニ伴フ当面ノ対外政策』について」1939 年 9 月 18 日前掲『日本外交文書　日中戦争』第 1 冊、500〜504 頁。

49）「外務省が作成し陸海軍の了解を求めた『対外施策方針要綱』」1939 年 11 月 15 日、前掲『日本外交文書　日中戦争』第 1 冊、524〜535 頁。

50）「対外施策方針要綱」の付記三「対外施設方針要綱決定ノ件」前掲『日本外交文

書 日中戦争』第1冊、534〜535頁。
51) 広田内閣期の貿易省設置構想は、前掲『物資動員計画と共栄圏構想の形成』53〜54頁、長期戦体制の建設を改めて課題とした1939年の構想と挫折は、同書227〜229頁を参照のこと。
52) 前掲『蔣介石の外交戦略と日中戦争』244〜247頁。
53) 土橋勇逸の参謀本部第二部長に就任して以来の対ソ政策の転換、仏印、英領ビルマとの交渉については、同『軍服生活四十年の想出』(勁草出版サービスセンター、1985年) 340〜363頁を参照のこと。
54) 興亜院の資源調査事業については、本庄比佐子・内山雅生・久保亨編『興亜院と中国調査』(岩波書店、2002年)、第2部「興亜院による中国調査」各章を参照のこと。
55) 円ブロックの為替処理、貿易計画については、前掲『物資動員計画と共栄圏構想の形成』第5章を参照のこと。
56)『美濃部洋次文書』Ad-3。米内内閣は同要綱の最終確定の前に総辞職したが、その詳細と第2次近衛内閣期の経済新体制諸政策との類似性については、前掲『戦時経済総動員体制の研究』673〜675頁を参照のこと。
57) 関係者の回想では、外務大臣官房文書課「斎藤良衛博士稿日独伊三国同盟回顧」1951年8月外務省『日本外交文書 日独伊三国同盟関係調書類』2004年所収、斎藤良衛『欺かれた歴史 松岡洋右と三国同盟の裏面』(読売新聞社、1955年)、東郷茂徳『時代の一面』(改造社、1952年)、西春彦『私の外交白書』(文藝春秋新社、1963年)、同『回想の日本外交』(岩波新書、1965年)などがあり、日独伊三国同盟、日ソ中立条約締結、日米交渉に関する研究では、日米の外交資料を駆使した前掲『太平洋戦争への道』第5〜7巻、細谷千博『両大戦間の日本外交』(岩波書店、1988年)、ドイツ側の戦略については三宅正樹『日独伊三国同盟の研究』(南窓社、1975年)がある。
58) 有田外務大臣より在独国来栖大使宛(電報)「ヒトラー総統等との会談の際の発言要領につき佐藤大使への訓令」1940年6月24日外務省編『日本外交文書 第二次欧州大戦と日本』第1冊 日独伊三国同盟・日ソ中立条約、六一書房、2012年、157〜159頁。在独国来栖大使より有田外務大臣宛(電報)「佐藤・リッベントロップ会談報告」1940年7月10日同上書162〜165頁。
59)「日独伊提携強化に関する外務・陸軍・海軍間の事務当局協議録(第一回)」1940年7月12日前掲『日本外交文書 第二次欧州大戦と日本』第1冊 日独伊三国同盟・日ソ中立条約、167〜173頁。
60) 前掲『蔣介石の外交戦略と日中戦争』248〜249、252〜255頁。重慶政権内部の動揺と対日強行路線の選択については、前掲『蔣介石の「国際的解決」戦略:1937-1945』第5章を参照のこと。
61)「日独伊提携強化ニ関スル件」前掲『日本外交文書 第二次欧州大戦と日本』第1冊 日独伊三国同盟・日ソ中立条約、193〜198頁。
62) 岡田菊三郎「戦前におけるわが国の備蓄対策」防衛研修所『研修資料 重要物資備蓄対策研修資料 その1』1957年、16〜17頁。

63) 企画院「応急物動計画試案」1940年8月2日前掲『現代史資料』第43巻、国家総動員 1 経済　所収、535～595頁。応急物動計画試案の内容については、前掲『物資動員計画と共栄圏構想の形成』287～291頁を参照のこと。
64) 岡田菊三郎「開戦前の物的国力と対米英戦争決意」前掲『現代史資料』第43巻所収、139頁。
65) 前掲「戦前におけるわが国の備蓄対策」17頁。
66) 8月17日には星野直樹企画院総裁が、物資動員計画について天皇に上奏している。そこでは、1940年度物動計画の実施状況、41年度計画の策定準備といった一般的状況に加え、この応急物動計画試案の内容についても話しているとみられ、20日には天皇から木戸幸一内大臣に物動計画に関する星野の奏上について伝えられている（前掲『木戸幸一日記』下、815～816頁）。
67) 前掲『両大戦間の日本外交』164～166頁。
68) 在来栖大使より松岡外務大臣宛（電報）「スターマー公使の訪日および日独協力問題に関するリッベントロップとの会談報告」1940年8月28日前掲『日本外交文書 第二次欧州大戦と日本』第1冊 日独伊三国同盟・日ソ中立条約、204～207頁。なおこの時、リッベントロップの「独自身ノ経験ニ依レハ独力協調外交ニノミ依リタル当時ハ対外経済上種々困難逢着シ居リタルニ比シ対外強硬政策ニ出テタル今日事態ハ却テ好転セルニアラスヤ」という強硬政策の主張に、来栖は産業用機械の多くをアメリカに依存する日本の事情を踏まえて、「近代国防上最モ重要ナル重工業、化学工業ノ既ニ完成シ居リタル独逸ト是等産業確立ノ道程ニ在ル日本」とは事情が違うと説明している。
69) 「松岡外相・スターマー公使非公式会談要旨」前掲『日本外交文書 第二次欧州大戦と日本』第1冊 日独伊三国同盟・日ソ中立条約、215～217頁。
70) 会議の際、海軍軍令部次長の近藤信竹は、軍事同盟を締結するにもかかわらず対米開戦の準備が不備であり、艦艇の艤装や徴用船舶250万総噸の武装を1941年4月までに実施する必要があるとし、「即戦即決ならば勝利を得る見込みがある」と説明した。及川海相も「夫以外道なし就ては海軍充実」、「政府殊に陸軍当局も考慮してくれ」と発言して、物資動員計画上の優遇措置を要求している。その後三国同盟の締結による米国の対日制裁、イタリア、ギリシャの開戦による海上輸送難などによって、年末時点では40年度下期の輸入計画は38％の縮小、鋼材供給の20％減（年間で26％減）が予想され、下期改訂物動計画では軍需向け割当も削減する事態になった。しかし、その中で海軍の出師準備のためとして、陸軍から鋼材2万トンを海軍に融通する異例の措置がとられた。1940年度第3四半期、第4四半期物動計画の内容と三国同盟の影響は、前掲『物資動員計画と共栄圏構想の形成』296～311頁を参照のこと。
71) 「三国同盟交渉審議近衛首相覚書」参謀本部編『杉山メモ』上巻、原書房、1967年、34～37頁。
72) 「日独伊三国同盟条約締結に関する枢密院審査委員会の議事概要」1940年9月26日前掲『日本外交文書 第二次欧州大戦と日本』第1冊 日独伊三国同盟・日ソ中立条約、230頁。

73）前掲「日独伊三国同盟条約締結に関する枢密院審査委員会の議事概要」238頁。
74）天皇は三国同盟が日米戦争につながることを危惧し、近衛、松岡にこの点を質したが、「両人共此の同盟は日米戦争を避くるが目的であって此の同盟を結ばざれば日米戦争の危険性はより大なる旨を奏上」したという（前掲『木戸幸一関係文書』18頁）。
75）「日独伊三国同盟条約」前掲『日本外交文書 第二次欧州大戦と日本』第1冊 日独伊三国同盟・日ソ中立条約、251～254頁。しかし、スターマーの最後の妥協内容や交換公文は、その内容が重大であるにもかかわらず、ドイツ本国には伝えられていないだろうと細谷千博が指摘している（前掲『両大戦間の日本外交』184～185頁）。軍事同盟を飽くまで対米開戦を回避する便法として利用しようとした日本と、3国の自動開戦義務によってのみ米国を抑制できると考えるドイツ本国の思惑は最初からずれていた。
76）三島美貞「初期物資動員計画の回顧」防衛研修所『研修資料別冊第96号 経済計画及経済動員研究資料其の5』1955年所収、27～28頁。この備蓄には主として海軍が保有する備蓄燃料は含まれていないとみられる。
77）前掲「日独伊三国同盟条約締結に関する枢密院審査委員会の議事概要」229～230頁。
78）蘭印交渉の経過については、板垣與一「太平洋戦争と石油問題――日蘭会商を中心として」前掲『太平洋戦争原因論』、前掲『太平洋戦争への道』第6巻、71～99頁（長岡新次郎）によっている。
79）この時期の蘭印、仏印、タイ等の南方資源の獲得交渉については、前掲『物資動員計画と共栄圏構想の形成』291～296頁を参照のこと。
80）前掲『日本外交年表並主要文書』下、440～446頁。
81）「交渉方針」の基本要求項目は以下の通りであった。蘭印政府が最も難色を示した入国制限については、最小限度として現行割当の1,633名については煩瑣な手続きを経ることなく許可すること、また新規企業の準備調査、経営に必要な人員と、滞在期間1年以内の者はこの割当に含めないこと、また入国税は徴収しないことなどを求めることになった。企業活動、投資の規制緩和については、石油その他の有望鉱区のほとんどを蘭印政府が保留し、英米企業にのみ鉱区獲得が認められているのに対して機会均等を求め、各種石油・鉱業の企業新設や既存利権の日本人への譲渡を認めること、日本人の実地調査を認めること、また日蘭間の航空路・海運航路の開設、日蘭海底電線の敷設、水産業・林業・農業・工業での企業新設についても同様の便宜供与を挙げた。既存企業の拡張についても、出願中の探鉱・採鉱申請の速やかな許可、既存鉱業権に基づく開発着手への障害を除去することを求め、また沿岸貿易における既許可日本船舶への航行区域制限を撤廃し、増船を認めること、閉鎖された海港の再開、出入船舶噸数制限の撤廃など、具体的ケースを挙げて求めることとした。既存の農園事業・漁業・倉庫業・印刷業・織布業・製氷業・ゴムスモーク事業の拡張についても同様の制限緩和を求め、総じて1934年の事業制限令等による保護主義の撤廃を求めることになった。

このほか、対日悪感情を誘発している新聞について、日本人経営の新聞事業の許可、

反日的輿論を喚起するオランダ語、中国語記事の取り締まりを求めた。
　また、一般通商の増進と自由な貿易を阻害する1933年以来実施している高級綿布・人絹布などの輸入制限の緩和も求めた。要求事項は、①製品別輸入枠の平均7〜8割を日本に割り当てること、②日本人商人の輸入品取り扱いの割当を現行の25％上限を止め、割当実施の前年実績に準拠し、最高5割とすること、③蘭印在留日本人輸入商には取引実績のない第三国品の輸入義務を免除すること、④輸入許可数量を決定している経済省諮問委員会に蘭印日本人輸入商も参加させること、⑤日本商品の評価価格を市価以上に設定するなどの日本に不利な関税政策をとらないこと、⑥5月20日要求の戦略物資13品目の輸入枠の一層の拡大などであった。その際、蘭印住民の購買力形成の観点から、日本にとっては不要不急品でも、蘭印物資を買い付けることも指示していた。前掲『日本外交年表並主要文書』下、442〜446頁。

82) 企画院第五委員会「対蘭印経済発展の為の施策」1940年10月16日前掲『現代史資料』第43巻、191〜192頁。

83) この時期までの蘭印当局の対応が、本国の混乱もあって、日本側の石油輸出要求に柔軟に対応していたことは、前掲『太平洋戦争への道』第6巻、88〜92頁を参照のこと。また張允貞「戦前期日本の海外資源確保と蘭領東インド石油——1940年の日蘭石油交渉蘭印の対日石油輸出方針を中心に」(『社会経済史学』78-3、2012年)もオランダ側の研究を紹介しつつ、この時期の蘭印の妥協的な姿勢を指摘をしている。

84) 前掲『杉山メモ』上巻、219〜220頁。

85) 1941年度物資動員計画は第1四半期計画だけで暫定的にスタートしたものの、蘭印交渉が難航し、独ソ開戦でシベリア鉄道経由のドイツ物資の輸入が不可能となり、日米交渉も見通しがなくなる中で、年度計画の策定が困難になった。この結果、第1四半期計画と8月末になって策定した第2〜第4四半期計画を接合する形でようやく年間計画が策定されている。1941年度計画策定の混乱については、前掲『物資動員計画と共栄圏構想の形成』335〜373頁を参照のこと。

86) 支那事変処理要綱の策定を巡っては、前掲『杉山メモ』上巻、140〜143頁、軍事史学会編『大本営陸軍部戦争指導班機密戦争日誌』上(錦正社、1998年)37〜39頁を参照のこと。参謀本部戦争指導班長に10月20日着任した有末精三は、20日に示された南方武力行使案を含む当初の陸軍省部首脳案に「唖然」としたと機密戦争日誌に記している。

87) 陸軍作戦の「大持久戦」への転換と、占領地域での各期の施策については、堀場一雄『支那事変戦争指導史』(時事通信社、1962年)460〜492頁を参照のこと。なお、御前会議用資料(「『支那事変処理要綱』ニ関スル質疑応答資料」前掲『杉山メモ』上巻、149〜154頁)は、この膠着状況について詳細な説明がある。重慶政府側の抗戦力については、総兵力200万人、260数箇師団であるも装備は逐次低下し、火砲等の重兵器の装備は「極メテ劣悪」であり、「重要正面ニ於テ若干門」に過ぎず、弾薬も「漸次欠乏シアル」とし、航空兵力は第一線機約40機、練習機若干であるとしながら、「敵軍ハ今尚蒋ノ強靱ナル統制力ニ依リ掌握セラレアリテ近ク之カ崩壊ヲ予測スルハ過望ナ

リ」とし、「特ニ最近主要抗戦方式トシテ採用シアル謀略部隊ノ活動ニ重キヲ置ク所謂特務戦ハ局部ニ於テ相当ノ成果ヲ発揮スルコトアルヘシ」と、短期の戦争終結が難しい事情を説明している。

海上封鎖の状況については、「全支沿岸ハ今春ニ於ケル封鎖強化以来概ネ封鎖セラレ支那側船舶ハ香港、上海租界等ヲ中継港トスル小型船ニ依ル密輸ヲ我監視船ノ眼ヲ免レテ行ヒアルニ過キス密輸等ニ依リ搬入セラレタル軍需品ハ蓄積並ニ運輸中ノモノヲ我航空部隊ノ為発見爆撃セラレツツアリ」と説明している。陸路の封鎖については、仏印ルートは、「我監視団ノ入国及我軍隊ノ進駐ニ依リ殆ト完全ニ遮断」された。また、ビルマ・ルートは1940年7月17日に一旦日英で合意した後、3ヶ月後に再開されていたが、「再開直後其主要鉄橋ヲ我航空部隊ニ依リ爆破セラレ之ヵ修理ニハ相当ノ日子ヲ要スル状況」と報告し、その自信を窺わせる説明をしていた。

ただし、租界地については、日本による通貨工作、物資の流通規制を「阻害」し、重慶に対する封鎖措置に「同調セサル」点で「敵性」を有するが、日本側が「租界ニ対シ一指ヲ染メ得サル」ことから、「抜本塞源的ニ租界ノ敵性ヲ処理セサルニ於テハ事変解決ハ甚シク困難」とされた。具体的指摘は以下の通りであった。天津においては英米金融機関が拠点を置き、輸出入操作と法幣支持政策をとっていた。上海では、重慶政権系銀行と米国シティバンク、英国香港上海銀行が法幣を支持し、日本の軍票、華興商業銀行券を「攻撃」していた。また上海周辺で生産される物資を重慶政府支配地域へ輸送し、同地の所要物資のうち綿糸・綿布の場合7割を供給していた。香港は、重慶政府側の軍需品輸入、土産品輸出の拠点であり、軍需品は仏印、広州湾、マカオなど中立国を「手先中継港トシテ搬出」されており、「重要中継港」となっている。土産品輸出は39年度に1億2,000万香港ドル（約4億2,000万元）に上り、法幣安定資金の運用と華僑送金、中国金銀の移動を担い、蒋政権の金融経済政策に貢献していると説明していた。このため、従来より重慶政府に公式に交戦権を行使し、租界地を閉鎖する必要性と、その場合に生じる対英米開戦の危険性などを検討してきたが、「軽々ニ決定シ得サルモノ」であった。また南京の汪兆銘政権を承認した場合には、重慶政府に交戦権を発動することは「法的ニ不可能」となり、汪兆銘政権による内戦処理に待つしかなかった。

この「大持久戦」の背景には国内経済力の減退という問題があり、「努メテ兵力ヲ節約シ人的物的消耗ヲ減少スル如ク努ムルト共ニ為シ得限リ現地自活ノ方策ヲ講シ且支那側ヲシテ我戦力培養ニ協力セシムル」とし、「此等ノ節約ニ依リテ得ヘキモノヲ転用シテ武力ノ建設的方面ヲ飛躍ノ向上セシメテ国防力ノ弾撥性ヲ確保スルコトカ長期持久戦ノ要諦ナリ」と説明するなど、長期にわたる軍事的消耗が次第に総動員体制を困難にしているとの認識を持っていた。

88）支那派遣総軍参謀部「今後に於ける対重慶工作処理要領」1940年9月28日、臼井勝美・稲葉正夫編『現代史資料』第9巻、日中戦争(2)、みすず書房、1964年、596〜598頁。

89）支那事変処理要綱とその説明、質疑応答など第4回御前会議の資料は、前掲『杉山

メモ』上巻、139～154 頁による。
90) なお、三国同盟締結後の重慶政府内部の議論や、蒋介石の日記の記述によれば、英、独、米、ソ連等との多角的な外交交渉を続ける中で、蒋介石はドイツの斡旋による対日講和に踏み出すことを考慮するようになり、日本の汪兆銘政権承認の前日にはその旨決断していたという（前掲『蒋介石の「国際的解決」戦略：1937-1941』第 6 章）。ただし、仮に汪政権承認をさらに延期しても、蒋介石が強く求める中国国土の完全保全、日本軍の完全撤退などの条件を付した講和交渉は、後述する 1941 年 2 月 3 日の大本営政府連絡会議の議論などを見る限り、現実味を持たなかったと思われる。
91)「日華基本条約」前掲『日本外交文書 日中戦争』第 2 冊、1134～1144 頁。
92) このほか、附属秘密協約では、①日本艦艇の揚子江沿岸、華南沿岸、特定島嶼に駐留し、中華民国内の港湾水域に自由に出入、停泊できること、②厦門、海南島と周辺島嶼の国防上必要な資源を両国協力によって開発し、その利用に関して日本・日本国民に十分な便宜を与えることなどを定めている。また、附属秘密協定では、①相互提携に反する第三国との外交の抑制、②中華民国内の日本軍の鉄道、航空、通信、港湾、水路の利用要求に応じることなどを定めた。
　　さらに、交換公文の形で詳細な行政組織、経済提携、軍事協力を取り付けた。秘密交換公文（甲）は、①両国の「強度結合地帯」である蒙疆は「広汎ナル自治権」を認めた「防共自治区域」とする、②両国の「合作地帯」である華北に華北政務委員会を設置し、中華民国臨時政府の施策を継承する。その業務は、（a）両国軍の協力による防共治安業務、（b）国防資源の開発と日・満・蒙疆・華北の物資需給調整、通貨・為替協力、鉄道・航空・通信・主要海運の協力に関する業務、（c）日本人顧問・職員の招聘採用に関する業務など。③中華民国は揚子江下流地域における両国の協力の重要性に鑑み、新上海を建設する。そして貿易、金融、産業、交通の緊密な関係を築くため、（a）日華経済協議会の設置、（b）思想・教育・宣伝・衛生・警察・文化事業での緊密な協力、（c）新上海建設における両国の協力などを約す。④華南沿岸特定島嶼などの両国の軍事協力、経済提携のため、中華民国がこの地域に 1 省を設け、厦門特別市を建設する。⑤両国の協力事項のため中華民国政府は日本人技術顧問、軍事顧問を招聘し、日本人を採用することなどを定めた。さらに秘密交換公文（乙）では、日本による重慶政府に対する戦争行為に中華民国が協力することなどを約すことになった。
93) 交渉に当たって特命全権大使の阿部信行が「最モ妥協ニ困難ヲ来セル主要案件」としたのは、防共駐兵、治安維持協力、艦船部隊の駐留、資源の開発利用、戦争継続中の特殊事態、既成政権の実施施策の継承、日本軍の撤兵問題であった。汪兆銘側は、新政府の主権独立の尊重、両国の平等互恵を強く求め、阿部も「中国一般民衆ニ対スル立場ヲ考慮シ重慶政権ニ反省ヲ促サントスル新政府側トシテハ当然ノ主張」と考え、「形式、面子」を新政権側が取り、日本は「実質ヲ求メ」る交渉であったと説明している。これが、多くの附属秘密文書類が作成された背景であった。そして、今後の対中国政策の重要な点として、「東亜新秩序建設ノ責務ヲ同政府ニ分担」させるため、「新政府側ノ創意ト積極的活動ニ対シ最大限度ノ機会ヲ与フル」こととし、「世上往々新政

府ヲ以テ帝国ノ傀儡視シ之ヲ以テ我方ノ一方的要求ノ具ト為サントノ論」があることを戒めた。重要課題は、占領地域における経済運営であり、これが日本側の作戦、一般治安の維持に重要な影響を持つとして、特に占領地域の物資の流通、非占領地域や第三国からの物資の吸収、中華民族資本、第三国資本の活用に適切な方策をとることの重要性を指摘した。また対重慶政府との合流は「客観情勢ノ熟セザルモノアリ」とし、その背後にある「第三国勢力」との調整が必要であり、「結局ニ於テ帝国ノ世界政策」と対ソ、対米関係の調整が「極メテ緊要」としていた（「日華基本条約の交渉経緯に関する阿部大使復命報告書の抜粋」1940年12月前掲『日本外交文書 日中戦争』第2冊、1152、1159～1160頁）。

94）日本貿易振興協議会事務局「自昭和十四年九月至同十五年二月末日各国ノ戦時貿易対策要覧第一輯ノ（二）」1940年6月調、45～46頁。

95）春日豊『帝国日本と財閥商社 恐慌・戦争下の三井物産』名古屋大学出版会、2010年、69～75頁。

96）在ソ連邦東郷大使より有田外務大臣宛（電報）「モロトフ外務人民委員に対し日ソ中立協定案を提議について」1940年7月4日前掲『日本外交文書 第二次欧州大戦と日本』第1冊 日独伊三国同盟・日ソ中立条約、285～290頁。ただし、ソ連側が積極的に外交調整に乗り出したとはいえない。モロトフは、漁業権問題は事業者や艦艇の領海侵犯の問題であり、日本側が「法規ヲ遵守スルコトカ先決問題」としていた。また援蒋政策について、ソ連は「アクチュアル」な「問題トシテ考ヘ居ラス支那ニ対スル蘇聯ノ援助ノ如キハ目下ノ所ニテハ根拠ナシ」、「蘇聯ハ目下自国ノ国防其ノ他ニ専心シ居リ他国ニ武器等ヲ供給スルノ余裕ナキ次第ナリ」とし、東郷からの指摘は「些カ意外」であるとして、対応する意向を示さなかった。日中戦争については「平和的態度ニ拘ラス攻撃セラレタルモノトハ考ヘラレス」と、日本に非があることを指摘した上で、「何レニセヨ自分ハ過去ニ於テ蘇聯カ支那ヲ全然援助シタルコトナシトハ言ハス蘇聯ハ曩ニ支那ノ非鉄金属ヲ必要トシタルコトアリ此ノ関係上航空方面ノ武器及人員ヲ以テ一時援助ヲ行ヒタルコトアルモ今日トナリテ新領土経営ノ必要モアリ軍事資材ノ如キ国内ノ需要多ク他ヲ顧ルノ気持」はないと説明しながらも、援蒋政策の停止は明言しなかった。

97）在ソ連邦東郷大使より松岡外務大臣宛（電報）「新内閣においても中立協定交渉を継続すべき旨意見具申」1940年7月23日前掲『日本外交文書 第二次欧州大戦と日本』第1冊 日独伊三国同盟・日ソ中立条約、294～295頁。

98）東郷茂徳『東郷茂徳手記 時代の一面』原書房、1989年、144頁。なお、東郷は同書の中で利権問題さえ処理すれば、「即時にも条約成立の運びに至る」状況だったと指摘している。

99）「日ソ国交調整方針に関する外務・陸軍・海軍三省の意見交換記録」（附：外務省作成「日蘇国交調整案ニ関スル説明」1940年9月2日）1940年9月3日前掲『日本外交文書 第二次欧州大戦と日本』第1冊 日独伊三国同盟・日ソ中立条約、309～315頁。

100）在ソ連邦建川大使より松岡外務大臣宛（電報）「モロトフより中立条約案および北樺

太利権に関する議定書案提示について」1940年11月18日前掲『日本外交文書 第二次欧州大戦と日本』第1冊 日独伊三国同盟・日ソ中立条約、320～322頁。翌41年1月に入って建川は、ドイツがギリシャ・イタリア戦争に参戦し、3月までにギリシャ侵攻を終え、5月ないし6月には英国と決戦となり、秋には欧州の交戦が終局を迎えるという見通しを松岡に伝えた上で、ドイツの戦果に照応して南方へ軍事的に進出すること、特にシンガポールを攻略することが「大東亜ヲ制スル」には「絶対必要」と、リッベントロップの考えに同調することを求め、「国交調整上ノ難問」である北樺太利権の廃棄という条件が付された問題に関しては、12月の大島浩大使のドイツ赴任の機会に、ドイツの仲介によって無条件でも条約の締結が見込めると、楽観的な見通しを示していた（在ソ連邦建川大使より松岡外務大臣宛（電報）「日ソ国交調整促進の必要性につき意見具申」1941年1月27日、同書322～324頁）。

101) 前掲『東郷茂徳手記 時代の一面』147～148頁。
102) 「二月三日第八回連絡懇談会 松岡提案ノ対独伊蘇交渉案要綱ノ件」前掲『杉山メモ』上巻、173～177頁。1940年11月28日から41年7月12日までの統帥部と政府の39回分の会合は、大本営政府連絡懇談会と称し、毎週木曜日に首相官邸にて「軽易ニ政府ト統帥部トノ連絡懇談」するものであったが、本書では、引き続き大本営政府連絡会議と呼ぶ。なお、第3次近衛内閣で最初の7月21日の会合から再び場所を宮中大本営に戻し、名称も大本営政府連絡会議に戻している（前掲『杉山メモ』上巻、155頁）。
103) 在独国大島大使より松岡外務大臣宛（電報）「日ソ国交調整に対するドイツの斡旋等につきリッベントロップと会談について」1941年2月25日、同「シンガポール攻略問題に関しリッベントロップと会談について」1941年2月26日前掲『日本外交文書 第二次欧州大戦と日本』第1冊 日独伊三国同盟・日ソ中立条約、328～330頁。
104) 「松岡・リッベントロップ会談要領」、「松岡・ヒトラー会談要領」1941年3月27日前掲『日本外交文書 第二次欧州大戦と日本』第1冊 日独伊三国同盟・日ソ中立条約、334～337頁。
105) 在ソ連建川大使より近衛臨時外務大臣事務管理宛（電報）「北樺太に関する附属議定書を除く中立条約案への調印をわが方提議について」1941年4月10日、同「ソ連側作成の議定書案による北樺太利権問題の解決にモロトフが固執のため中立条約交渉打切りの意向表明について」1941年4月12日前掲『日本外交文書 第二次欧州大戦と日本』第1冊 日独伊三国同盟・日ソ中立条約、339～344頁。
106) 「松岡外務大臣渡欧復命内奏」1941年4月22日前掲『日本外交文書 第二次欧州大戦と日本』第1冊 日独伊三国同盟・日ソ中立条約、367頁。
107) 前掲「松岡外務大臣渡欧復命内奏」369頁。
108) 「日ソ中立条約締結に関する枢密院審査委員会議事録」1941年4月24日前掲『日本外交文書 第二次欧州大戦と日本』第1冊 日独伊三国同盟・日ソ中立条約、374～389頁。
109) 生産力拡充計画の変質過程については、前掲『戦時経済総動員体制の研究』第4章を参照のこと。

110) 海軍省「対米外交施策案」1939年10月20日『岸幸一コレクション』B5-379。資料末尾に「本案ニ付　外、陸、海ノ主務者協議シ大体本案ニ基キ外務省ニテ起案スルコトニ申合ハセタル由」の付箋がある。
111)「グルー大使が通商協定の基礎要件として占領地域を含む無差別待遇の遵守を挙げ暫定協定締結交渉には暫く応じない旨を回答について」1939年12月22日、対米政策審議委員会幹事会決定「日米国交是正ニ関スル意見書」1939年12月27日前掲『日本外交文書　日中戦争』第3冊、2331〜2341頁。阿部内閣倒壊後、米内内閣で野村外相の後任となった有田外相に対して、藤村信雄亜米利加局第一課長が提出した「対米外交刷新ニ関スル意見書」(1940年1月16日) は、典型的な革新派外務官僚の主張を示しており、揚子江開放などの譲歩をしても、米国側に新条約締結の意志はなく、ソ連、独伊諸国との関係を「有効適切ニ利用」する三国同盟、四国協商の圧力によってのみ、問題処理が可能であると主張していた（同書2341〜2347頁）。
112) 有田外務大臣より在米国堀内大使宛（電報）「グルー大使が会談を求め日本が武力を以て国家的目的を達成しようとする限り日米の根本的親善関係は望めないと強調について」1940年6月10日前掲『日本外交文書　日中戦争』第3冊、2364〜2371頁。
113) 在米米国堀内大使より有田外務大臣宛（電報）「軍需物資の輸出許可制実施に関する大統領布告について」1940年7月3日前掲『日本外交文書　日中戦争』第3冊、2385〜2386頁。
114) こうした対日輸出規制は、直ちに国内の生産力拡充計画に重大な変更をもたらしている。航空揮発油・潤滑油の製造を目的に1939年7月に設立された東亜燃料工業は、石油関連の生産力拡充計画の焦点となる企業であった。同社の経営の中心を担った中原延平常務は、会社発足直後に米サン・オイル社の航空燃料製造法であるフードリー式接触分解法の特許取得のため渡米したが、7月26日に日米通商航海条約の破棄通告を受けることになり、8月1日に商工省燃料局企画庁から対米為替の本年度分を12月までに使うよう依頼された。サン・オイル社との契約は285万ドル (1,814万円余) でまとまりかけたが、巨額の外貨割当の許可には時日を要した上、結局12月20日に国務省は日本とソ連に道義的輸出禁止を発動した。石油関連の特許交渉は並行していた他社の特許交渉も含め全て挫折し、東亜燃料工業は製造技術の自社開発に転換した。その後、米メスタ社に反応筒22本 (110〜115万ドル) を発注し、和歌山工場等の建設を急いだが、反応筒の納品には2年以上が見込まれた上に、40年6月の軍需用機械類の輸出禁止は事業計画の先行きを不明にした。7月以降、商工省燃料局や企画院担当官と直接に資材割当の交渉を続けているが、9月18日に燃料局担当官から「日独伊軍事同盟締結に向うべく準備中なれば、米国より反応筒は九分どおり入らぬ故、それに要する資材は出せぬと、通知」された。この結果、三菱重工業、川崎造船、神戸製鋼所等への発注の転換や、さらにはドイツからの輸入を模索した。メスタ社の反応等は結局2本だけが輸入され、事業計画も変更を余儀なくされている（奥田英雄編『中原延平日記』石油評論社、1994年、第1巻、193、236、270〜272、297、370、398〜399頁）。

115) 有田外務大臣より在米国堀内大使宛（電報）「七月十一日の有田・グルー会談においてグルー大使が日米国交調整に関する米国立場を示した非公式覚書を手交について」1940月7日13日前掲『日本外交文書　日中戦争』第3冊、2386〜2396頁。なお、有田・グルー会談の失敗を受けて、外務省亜米利加局第一課長藤村がまとめた次の5項目の意見書は、外務省革新派の見解を端的に表している。①「世界平和ノ恒久的基礎」は、通商の自由、資源・領土の再分割、各大陸間の不干渉主義、人種平等、軍縮の5原則である。②「純粋単純」な通商の自由はありえず、日本にとっては資源・市場の獲得、すなわち世界資源の再分割が優先であり、「東亜（南洋ヲ含ム）新秩序」の理想は犠牲にできない。米国は現在日本より高い関税率を設定し、過去には1930年のホーレー・スムート法のような保護主義的高関税を実施している。自由主義を主張しながら大量の失業者を抱える米国経済制度は、失業者がほとんどいないドイツより優れているとはいえない。③日本の南方政策は、日満支3国と南洋諸国の経済連携と民族の政治的解放を目指している。日本は、米国のモンロー主義を認め、米州大陸の内政・外政に干渉しない。米国にも東亜への同様の態度を求める。④中国における軍事行動は「ソノ軍事目的ヲ達成スル迄ハ之ヲ停止シ得サルモノ」である。米国は武力行使を否認するが、今日大規模な軍拡を実施している。⑤米国が上記5原則を認めることで日米間の問題は解消する。そして、こうした提案をする「根本観念」として、①「新秩序建設ヲ目標トスル大国」の日本が通商条約や交戦国属領（南洋）の現状維持問題等の具体的利害を調整するのは、「見苦シキ限リ」であること。②「現下ノ世界ハ金融資本ノ害悪ヲ知悉シ政治ハ経済ニ先行スルノ理性ヲ獲得」していること。③東亜において、日米は並立しえず、欧州情勢を利用して日本の対南洋態度を明確にすることで米国の譲歩を獲得できること。④米国の対日優越態度は、「近時ニ於ケル日本ノ対米媚態外交ノ結果」であるなど、自身の考えを伝えている（亜米利加局第一課「対米応答資料（二）」、同「対米基本的態度及政策ニ付テ」1940年7月15日、同書2396〜2401頁）。

116) 枢密院でこうした松岡の外交方針の説明を受けた深井英五は、「日独の協力により戦争を待たずして米国を屈服せしめんことを期したるものの如し」とドイツ依存による外交に危惧の念を抱いた。その冒険的な姿勢は「日米戦争防止の誠意に出づるものと認め難し」、「最悪の場合を軽易に考ふるものの如し」と危険性を感じ取っていた（深井英五『枢密院重要議事覚書』岩波書店、1953年、96頁）。

117)「イーデン英外相の重光大使宛申入れ」1941年2月7日前掲『日本外交年表竝主要文書1940-1945』下、482〜487頁。警告の内容は、ビルマ、仏印、タイなどアジアで日本が勢力拡大を図り、英国の譲歩を求めていることを非難し、極東での危機が日本を破局に追い込むだろうというものであった。

118)「現下の情勢判断に関する英首相チャーチルの松岡外相宛書簡」1941年4月12日前掲『日本外交年表竝主要文書1940-1945』下、489〜491頁。その内容は、独伊と米英の工業力、海空の軍事力の比較を求め、ドイツ勝利の見込みがないことを指摘し、さらに米国の鉄鋼生産量7,500万トン、英国の1,250万トンに対して、日本の鉄鋼生産量

が 700 万トンであることを示す、痛烈な皮肉であった。実際には、41 年 2 月時点の 41 年度物動計画概略案の鉄鋼供給計画は 410 万トン、海上輸送力を最大限に活用して鉱石・石炭を動員した 5 月の物動計画基礎案でも 476.5 万トンに過ぎず、総動員計画は米国の屑鉄禁輸措置によって早くも行き詰まりつつあった（前掲『物資動員計画と共栄圏構想の形成』319～324、335～339 頁）。

119) 防衛研修所編『陸軍軍需動員』2 実施編（朝雲新聞社、1970 年）408～411 頁。
120) 前掲『太平洋戦争への道』第 7 巻、114～115 頁。
121) 前掲『開戦期物資動員計画資料』第 6 巻所収。混迷を続けた 1941 年度物動計画の策定過程は、前掲『物資動員計画と共栄圏構想の形成』第 6 章を参照のこと。
122) 7 月末の英米蘭の資産凍結を受け、東條内閣で 11 月に「国力判断」を下した際には、同様の想定に基づいて今回と同じ結論に達していたにもかかわらず、鈴木貞一企画院総裁は長期戦の見通しがないまま開戦の方向に踏み込んだ最終判断を下した。近衛内閣期、東條内閣期の「国力判断」については、前掲『物資動員計画と共栄圏構想の形成』381～407 頁を参照のこと。
123) 海軍国防政策委員会第一委員会の検討結果やその役割については、前掲「海軍文書『現情勢下ニ於テ帝国海軍ノ執ルベキ態度』の評価」を参照のこと。第一委員会および石川信吾の影響力については、高田利種軍務局第一課長が軍令部や海軍省の文書について「上の人が、"これは第一委員会でパスしたのか？" と言われて、"パスした"、"はい" と言うと、みなさん "よかろう" となったね」と証言するなど、戦後の海軍反省会でも軍上層部、特に永野修身軍令部総長が委員会を信頼していたとの証言が見られる（NHK スペシャル取材班『日本海軍 400 時間の証言』新潮社、2011 年、91～106 頁）。
124) 前掲『太平洋戦争への道』別巻資料編、427～436 頁。
125) この諒解案をめぐっては、正規の外交ルートから逸脱しているという問題点や、メリノール宣教会神父らが三国同盟からの日本の事実上の離脱を目指し、岩畔が米独間の海上紛争における米国自衛権を承認しながら三国同盟の日本の開戦義務に変更がないと陸軍関係者に説明するなど、当初から相当無理な妥協案であったとする角田順の評価がある（前掲『太平洋戦争への道』第 7 巻、153～157 頁）。しかし、塩崎弘明は、井川ら関係者の日記等の資料調査に基づき、通常の外交ルールから逸脱した形とはいえ、メリノール宣教会神父や井川らの民間人がそれぞれ日米の政府・軍関係者と非公式に会合を続けていたことを明らかにした。そして、日米両政府ともに妥協点を探っていた史実が、極東軍事裁判において「一方的不意打ちによる開戦」のシナリオという政治的事情によって著しく軽視されることになったとして、改めてその重要性に注目すべきであることを指摘している（塩崎弘明『日英米戦争の岐路――太平洋の宥和をめぐる政戦略』山川出版社、1984 年、第二部日米交渉）。
126) 在米国野村大使より近衛臨時外務大臣事務管理宛（電報）「太平洋の平和維持につき米国国務長官と意見一致せる旨の報告」1941 年 4 月 14 日、同「米国国務長官より日米諒解案の手交について」1941 年 4 月 17 日外務省『日本外交文書 日米交渉一九四一

年』、上巻、17〜18、20〜25頁。

　なお、4月15日野村は、米側の動静を以下のようにまとめて、本国に伝えている。①三国同盟は米国を非常に刺激し、「日米戦争ヲ真剣ニ考慮シ出シ」た。しかし、二正面作戦は避けようとしている。②日本が独伊の戦勢によっては武力南進する可能性があり、日ソ中立条約によっていよいよその公算が大きくなったので、英蘭と協調して対策を講じつつある。③このため米国海軍主力を太平洋に配置することは、太平洋において極めて不利になる。④対重慶政府支援は日本を牽制し、日本の南進を阻止し、日米戦争の場合にも有利になる。⑤日本に先んじてソ連をデモクラシー側に引きつけ、ドイツとの間を引き離し、極力日本を牽制しようとした工作は日ソ中立条約で「大部分挫折シタ」。⑥英連邦、米州諸邦、蘭印と協力して、日本に経済的圧迫を加えつつあり、「米州諸邦ハ漸次米国ト協調ノ態度ニ出ツツアル」。⑦米国の「国力動員」はようやく動き出し、1942年は「相当ノ活況」となるなど、「長期戦ノ準備ヲナシツツアル」。⑧米国は太平洋戦における船舶損失率は「戦争ノ勝敗ヲ決スル」ため、護送船団（convoy）を準備しつつあり、整備完了となれば、「参戦一歩手前」である。以上の①〜⑧の形勢を考慮し、日本としては、日米和平のため極力有利な条件を獲得する必要があり、その際、以下の2項目が重大な問題となる。①日本海軍は単独で英米連合海軍に対峙する「大責任ヲ負フ」。このことは独伊の優勢、大西洋戦の推移如何、日ソ中立条約によっても変わらず、「大負担」を軽減しない。②米国が船団護送を開始し、「戦争状態ノ存在ヲ宣言スルカ如キ場合ハ我国トシテハ正ニ大問題」である。

　野村はこのように米国が強力な護送船団を整備するまでが日米の妥協の最後の機会なると分析して、両国間の了解を早急に成立させる必要を、諒解案の提示直前に訴えていた（在米国野村大使より近衛臨時外務大臣事務管理宛（電報）「三国同盟、南進および米国の対中援助など日米間の諸問題につき意見具申」1941年4月15日前掲『日本外交文書　日米交渉一九四一年』上巻、18〜19頁）。

127) 在米国野村大使より近衛臨時外務大臣事務管理宛（電報）「日米諒解案逐条説明」1940年4月18日前掲『日本外交文書　日米交渉一九四一年』上巻、25〜28頁。

128) 在米国野村大使より近衛臨時外務大臣事務管理宛（電報）「世界情勢に関する米国国務長官の談話について」1941年4月18日前掲『日本外交文書　日米交渉一九四一年』上巻、25頁。

129) 前掲『木戸幸一関係文書』25頁。

130) 佐藤賢了『大東亜戦争回顧録』徳間書店、1966年、121頁。佐藤は「ざあっと一読した真田課長と私は、ホーッとため息をついた。それは困惑したというよりは、若い娘が豪華なファッション・ショーでも見たときのような、そしてまた睫毛にツバでもつけたいような変に交錯した感情であった」とも回想している（同書219頁）。ただし、佐藤自身はハル国務長官が、全ての国の国土保全、主権尊重、内政不干渉、通商上の機会均等の原則を当初から堅持していたという戦後明らかになる交渉経過を踏まえ、この諒解案は米国の「偽装」工作であったとし、松岡外相はそれを「見破って」いたと分析している（同書129頁）。

131）前掲『大本営陸軍部戦争指導班機密戦争日誌』上、95～97頁。
132）4月18日夜に第一報に接していた天皇は、21日に内大臣木戸幸一に「米国大統領があれ迄突込みたる話を為したるは寧ろ意外とも云うべき［だ］が、こう云う風になって来たのも考へ様によれば我国が独伊と同盟を結んだからとも云へる、総ては忍耐だね」と述べている（前掲『木戸幸一日記』下、870頁）。
133）外務省編纂『日米交渉資料』原書房、1978年（原書は1946年刊）、第二部日米交渉・経過ノ部、33～34頁。
134）阪本（瑞男）欧亜局長オット在本邦独国大使インデリ在本邦伊国大使会談「日米国交調整に関する阪本欧亜局長と駐日独・伊大使との会談録」1941年5月4日前掲『日本外交文書　日米交渉一九四一年』、上巻、44～46頁。
135）松岡外務大臣在本邦独国大使会談「駐日独国大使が持参した日米国交調整に関する独国政府意見書」1941年5月11日前掲『日本外交文書　日米交渉一九四一年』、上巻、55～56頁。ドイツの強い反発は、4月9日に米国がデンマークとの間にグリーンランドを両国の「半球防衛協力」の対象とする協定を締結し、米国の軍事物資輸送船の哨戒を本格化して、船団への攻撃が米国の防衛措置の発動を招くとドイツを牽制したことに発している。なお、日本側回答の遅延理由として、米国による船団護衛行動（convoy）が戦闘行為にあたり、三国同盟第3条の第三国からの積極的攻撃に対する開戦義務に触れることを日本側が危惧しているを察知したハルは、5月10日夜半密使を岩畔に送り、convoyによって「日本ヲ窮地ニ陥ラシムルガ如キコトハ決シテ行ハザル考ヘナリ」と、護衛・哨戒行動は積極的攻撃には当たらないと伝えていた（在米国大使館付磯田武官より東條陸軍大臣宛（電報）「コンボイは日米交渉を阻害するものにあらずとの米国側意向につき岩畔大佐より報告」1941年5月11日、同書57頁）。
136）米国側修正案が、確実な情報収集に基づき独ソ開戦の前日に提示され、その際ハルが「不幸ニシテ政府ノ有力ナル地位ニ在ル日本ノ指導者中ニハ国家社会主義ノ独逸及ビ其ノ征服政策ノ支持ヲ要望スル進路ニ対シ抜キ差シナラザル誓約ヲ与エ居ルモノアル」と松岡に対する明白な嫌悪を示すオーラルステートメントを付したことは、独ソ開戦の衝撃によって「松岡・軍部の錯覚の枢軸政策を充分粉砕するに足る、との計算」であったと角田順は指摘する（前掲『太平洋戦争への道』第7巻、196～198頁）。
137）野村による情報の加工や本国指示の歪曲といった交渉姿勢について、角田順は野村、岩畔らの独走を「対内謀略であり、爾後の日本政府の判断を決定的に誤らしめた」と評価し、日米交渉を困難にした要因に挙げている（前掲『太平洋戦争への道』第7巻162～165頁）。これに対して、細谷千博は日米双方の見解の溝を狭め「妥協の途」を発見する「仲介者」の役割を果たしたと評価する。野村が松岡外相の「毅然たる態度」を誇示したメッセージを威圧効果を弱めて米側に伝え、あるいは一部の伝達を中止し、松岡の「力の外交」の威圧に対する譲歩の意図のない米側のメッセージの一部は東京への伝達を意図的に控えるなど、独自の交渉手法をとったことを指摘している（前掲『日米交渉資料』原書房、1978年所収の「解題」5頁）。
138）大本営陸海軍部決定「対南方施策要綱」1941年6月6日（前掲『太平洋戦争への道』

別巻資料編、426～427頁)。その前日の6月5日の海軍国防政策委員会第一委員会の「現情勢下ニ於テ帝国海軍ガ執ルベキ態度」が前述の国力判断を基に、「生産拡充及国防計画ヲ既定通リ断行セントセバ帝国トシテ好ムト好マザルトニ拘ラズ　泰仏印及蘭印ノ三地域ヨリノ物資供給ヲ確保セザルベカラズ」とし、「帝国海軍ハ皇国安危ノ重大時局ニ際シ帝国ノ諸施策ニ動揺ヲ来サシメザル為直ニ戦争(対米ヲ含ム)決意ヲ明定シ強気ヲ以テ諸般ノ対策ニ臨ムヲ要ス」との見解を示した(同427～436頁)。中尾裕次は、「海軍の肚は南部仏印止り」であり、開戦決意ではなく「予算物動取得の配慮」であったと評価した上で、南部仏印進駐が対日資産凍結に繋がることを予想しておらず、第一委員会の判断が「結果的に対米開戦へ導いたことは間違いない」と指摘している(前掲「海軍文書『現情勢下ニ於テ帝国海軍ノ執ルベキ態度』の評価」)。

139) 前掲『杉山メモ』上巻、260頁。南部仏印進駐には、対ソ連侵攻の優先を唱えて松岡外相が反対し、6月30日の大本営政府連絡会議では、「南ニ手ヲツケレバ大事ニナルト我輩ハ予言スル」、「石油、『ゴム』、錫、米等皆入手困難トナル」と発言し(同書249頁)、鈴木貞一企画院総裁も経済封鎖を受ける危険性を指摘したが(『極東国際軍事裁判記録』第333号、9頁)、武藤章陸軍事務局長は、「南仏ニ進駐シテコソ『ゴム』錫等カ取レルノデアル」と主張し、それが陸海軍統帥部の一致した見解として了承されている。

140) こうした北進・南進の両立しがたい強硬路線が、同時に国策文書に盛り込まれる意思決定の権力構図の特異性については、森山優『日本はなぜ開戦に踏み切ったか——「両論併記」と「非決定」』(新潮社、2012年)第2章を参照のこと。

141) 松岡外相は、帰朝直後から独ソ開戦の際は、直ちに対ソ開戦し、イルクーツク以東を日本側が占領する構想を木戸内大臣に伝えるなど、独走ぶりが目立ちはじめ、6月20日には近衛首相も木戸に松岡への不満、日米交渉の不調による辞任の意向を伝えるなど、松岡による外交の行き詰まりを苦慮していた(前掲『木戸幸一関係文書』125～126頁)。

142) 「七月二十四日野村大使発豊田大臣宛電報第五六六号(「ルーズベルト」ト会談ノ件)」前掲『日米交渉資料』第1部、125頁。

143) 「八月五日豊田大臣発野村大使宛て電報第四四八号」前掲『日米交渉資料』第1部、144～146頁。

144) 「八月六日野村大使発豊田大臣電報第六五九号」前掲『日米交渉資料』第1部、148～149頁。

145) 「八月七日豊田大臣発野村大使宛電報第四五二号(「ルーズヴェルト」総理会見ノ申入ノ件)」、「八月八日野村大使発豊田大臣電報六七一号(米側回答提示ノ件)」前掲『日米交渉資料』第1部、149～150、152～153頁。ハルは野村に対して南部仏印進駐は日本が従来より主張する平和主義に著しく背馳していると、「痛ク失望」したことを伝え、野村は日米諒解案にかかわったウォーカー(Frank Comerford Walker)郵政長官とともに、ハルが閣内で「苦シキ立場」となるなど、「日米関係ハ極端ニ行キ詰ルニ至リシ」と状況を報告している。「八月七日野村大使発豊田大臣電報六六三号(情勢

報告ノ件)」同 150～152 頁。
146)「現在以上ノ武力進出ニ対スル警告(八月十七日米大統領ヨリ在米大使ニ手交)」前掲『日米交渉資料』第 1 部、170～172 頁。松岡外相を排除した第 3 次近衛内閣の成立にもかかわらず、南部仏印進駐を機に米国の対話姿勢は大きく後退した。関係者の証言を丹念に検証した奥村房夫は、大西洋会談の直前頃から米国の対独・対日参戦に向け、ローズベルトとチャーチルの合意が形成されていたとしている(前掲『太平洋戦争前後の日米関係』上、71～78 頁)。
147)「八月十六日野村大使発豊田大臣宛電報七〇三号(首脳会談ニ関スル見透シノ件)」前掲『日米交渉資料』第 1 部、163～164 頁。
148)「八月二十六日豊田大臣発野村大使宛電報第五〇三号」前掲『日米交渉資料』第 1 部、199～203 頁。
149)「八月二十九日野村大使発豊田大臣宛電報第七五六号」前掲『日米交渉資料』第 1 部、214～215 頁。
150)「九月三日野村大使発豊田大臣宛電報第七七七号 オーラル・ステートメント」前掲『日米交渉資料』第 1 部、240～242 頁。
151) 近衛総理メッセージで日本側が約諾する事項は、①日米の予備的非公式会談で一応合意された事項について同意する、②仏印を基地とした近接地帯への武力進行はしない、③米国の欧州大戦参戦の際の三国同盟に基づく日本の開戦判断は「専ラ自主的」に行われる、④日中間の全面的関係正常化に努め、「出来得ル限リ速カニ撤兵スル」、⑤中国における米国の経済活動は「公正ナル基礎ニ於テ行ハルル限リ」制限しない、⑥南西太平洋における日本の通商関係が無差別原則で行われ、米国の必要とする天然資源の生産、獲得に協力する、⑦日米相互の通商関係を回復するため、日本による資産凍結を直ちに撤廃することというものであった。米国側が約諾すべき事項は、①日本の日中戦争解決努力に支障となる措置をとらざること、②日本側の⑥に対して同等の返礼をすべきこと、③極東、南西太平洋地域における軍事措置を中止すること、④日本側の⑦に対応して対日資産凍結を撤廃し、日本船のパナマ運河通行禁止を解除することであった。多くの項目は既に決裂していたものであったが、日本側の、②の仏印を基地とした南方武力行使の否定、③の三国同盟の自動参戦義務について事実上の棚上げの可能性、④の速やかな中国からの撤兵を示した点は、妥協を探る新たな動きであった。
152) その内容は、①国際関係、国家の本質は各自の伝統的観念、社会的秩序、国民生活の基礎的道義原則によること、②米国の対独開戦に対して日本の三国同盟による開戦義務は「専ラ自主的ニ行フ」こと、③日中間の紛争解決に向け、米国は重慶政権に対し対日交渉の橋渡しをすること、日本は近衛声明、汪兆銘政権との約定と矛盾しないことを紛争解決の条件とし、通商の無差別原則は隣接国間の自然的特殊緊密関係の原則の上で行われるべきこと、④相互の資産凍結措置を撤回し、所要物資の相互供給を保障すること、⑤南西太平洋地域の経済活動の無差別待遇を相互に誓約し、石油、ゴム、ニッケル、錫等の「特殊物資」の生産・供給の無差別原則について関係諸国との

協定に友好的に協力すること、⑥太平洋地域における政治安定のため、日本は仏印を基地として中国以外へ武力進出をせず、平和確立後は仏印の軍隊を撤退するというものであった(「九月二十五日日本案」前掲『日米交渉資料』第1部、301～306頁)。

153)「九月二十八日野村大使発豊田大臣宛電報第八六五号」前掲『日米交渉資料』第1部、318～320頁。

154)「十月二日合衆国政府覚書(訳文)」前掲『日米交渉資料』第1部、336～341頁。こうした米国の強硬姿勢への転換について、義井博は「三国同盟がアメリカの対日政策悪化の重要な要因として作用したことは確かであるとしても、真の日米関係破綻の契機となったとはいい難く、むしろ三国同盟がアメリカ参戦の大義名分としてアメリカ側に逆用された」と指摘している。そこには、ハル国務長官の硬直性、対応の稚拙さというよりも、アメリカの安全保障としてのソ連支援によるドイツの消耗や、重慶政府支援による日本の消耗を画策するとともに、対日経済封鎖を利用した第2次世界大戦への参戦戦略があったという(同『増補 日独伊三国同盟と日米関係』南窓社、1987年、175～179頁)。

155) 第3次近衛内閣末期の国力推計と開戦判断については、前掲『物資動員計画と共栄圏構想の形成』381～390頁を参照のこと。

156) 1942年10月10日の1942年度物資動員計画が、初めて主要物資の減産を示す深刻な計画となり、この国力判断が近衛内閣に衝撃を与えた点は、前掲『物資動員計画と共栄圏構想の形成』381～390頁を参照のこと。

157) 前掲『杉山メモ』上巻、406～431頁。

158) 東條内閣での開戦判断の再検討は、前掲『物資動員計画と共栄圏構想の形成』390～407頁を参照のこと。

159) この来栖の交渉参加について、ハルは強い不信感を持ち、「彼の顔つきにも態度にも信頼や尊敬を呼ぶものがなかった」とし、その目的を、①日本側の条件を米国に受諾させること、②交渉が失敗した場合に日本の攻撃準備が整うまで交渉を引き延ばすことと見ていた(コーデル・ハル『回想録』朝日新聞社、1949年、167頁)。

160)「十一月二十一日野村大使発東郷大臣宛電報一一四七号(野村「ハル」会談ノ件)」前掲『日米交渉資料』第1部、470～471頁。

161) 前掲『回想録』170頁、黄仁宇『蔣介石 マクロヒストリー史観から読む蔣介石日記』東方書店、1997年、268～274頁。

162)「十一月二十六日野村大使発東郷大臣宛電報一一八九号(野村、来栖「ハル」会談ノ件)」前掲『日米交渉資料』第1部、483～484頁。

163) 中沢志保『ヘンリー・スティムソンと「アメリカの世紀」』国書刊行会、2014年、111頁。経済閉鎖と中国からの兵力全面撤退というハル・ノートの内容が、米国のアジア外交の歴史上、異例の要求であり、米国民がこの要求の実現のために日本との戦争を支持することはないとして、ビーアドが終戦直後から日米開戦におけるローズベルトの主体的関与と公約違反を追求したのは周知の通りである(Ch. A. ビーアド『ルーズベルトの責任』上、藤原書店、2011年、321～322頁)。

164) 前掲『太平洋戦争への道』第 7 巻、240、474〜475 頁。
165) 企画院「戦争遂行に関する物資動員上よりの要望」1941 年 7 月 29 日第二復員局残務処理部編（田中宏巳監修・解説）『太平洋戦争開戦前史――開戦迄の政略戦略』緑陰書房、2001 年、583〜587 頁。なお、同書収録資料は前掲『太平洋戦争への道』第 7 巻所収の同名資料と文面が若干異なる。
166) 近衛内閣末期と東條内閣の開戦をめぐる国力判断がいずれも長期戦の見通しに不安を抱えつつ、経済断交による急速な国力の低下や石油備蓄の減少によって、開戦自体が困難となり、英米に屈することになるという結論になった。開戦時期が早いほど勝機があるという判断に至る経緯については、前掲『物資動員計画と共栄圏構想の形成』381〜407 頁を参照のこと。
167) 南方資源の獲得に向けた長期にわたる経済交渉については、安達宏昭『戦前期日本と東南アジア――資源獲得の視点から』（吉川弘文館、2002 年）、開戦に向けた物的国力の判断は、前掲『物資動員計画と共栄圏構想の形成』を参照のこと。また軍内部と大本営政府連絡会議における曖昧な開戦決定の過程は、森山優『日米開戦の政治過程』（吉川弘文館、1998 年）、前掲『日本はなぜ開戦に踏み切ったか』を参照のこと。
168) 大東共栄圏全域をカバーした第 2 次生産力拡充計画の構想については、前掲『戦時経済総動員体制の研究』212〜217 頁を参照のこと。
169) 疋田康行編著『「南方共栄圏」――戦時日本の東南アジア経済支配の研究』多賀書店、1995 年。
170) この時期の商工省が、総動員計画や生産力拡充計画、特に鉱山・油田開発、軽金属、硫安、人造石油、特殊工作機械などの設備能力の拡充に特殊会社方式を検討していたことは、前掲『戦時経済総動員計画の研究』第 3、4 章を参照のこと。
171) 国内の民需、軍需の貯油政策と備蓄状況については、日本石油『日本石油史』1958 年、354〜359、365〜366 頁、加藤正男（元海軍省軍需局第二部第三課長）「第 2 次大戦時におけるわが国貯油問題」防衛研修所『研修資料 別冊第 174 号 重要物資備蓄対策研修資料その 1』1957 年所収を参照のこと。
172) 陸軍の民間からの石油製品の購入は日中戦争直前頃から急増し、1937 年の 100 万トンから 1940 年は 146 万トンに達し、太平洋戦争期には 300 万 kl（トン）に迫った。これに対して民間消費量は、37 年の 500 万 kl（トン）をピークに、物資動員計画の発足とともに削減され、40 年には 337 万トンに抑制された。このため特に航空揮発油、潤滑油などの自給のために自前の石油精製施設を求めることになった（前掲「第 2 次大戦時におけるわが国貯油問題」）。この時期に陸軍が航空機用燃料の精製施設の拡充に苦慮していたことは、前掲『戦時経済総動員体制の研究』186〜187 頁参照。なお、太平洋戦争が勃発すると、結局民間消費は百数十万 kl になり、その後さらに抑制されたことから、精製施設は「過剰」となった。
173) 前掲「第 2 次大戦時におけるわが国貯油問題」27 頁。
174) 審議会の審議内容は、安達宏昭『「大東亜共栄圏」の経済構想――圏内産業と大東亜建設審議会』（吉川弘文館、2013 年）が詳しい。ただし審議会が共栄圏構想の政策決

定に深く影響したとする同書の主張は、審議会の議論以前に政府の第六委員会、企画院などで共栄圏の開発計画が立案され、占領地域別の進出企業の指名などが着々と先行している点から見て疑問であり、華々しく開発構想を喧伝する、イデオロギー面での国民動員機関として位置づけるべきだろうと考える。

175) 物資動員計画の立案のなかで構想された広域経済圏への期待と挫折の経過は、前掲『物資動員計画と共栄圏構想の形成』241〜242、259〜260、291〜294、306〜307、356〜363、385〜388、393〜397頁を参照のこと。

第1章　太平洋戦争初期の経済総動員構想とその実態
　　　　——1942年度物資動員計画

はじめに

　本章では、日中戦争期の「日満支」自給圏構想を拡大し[1]、南方戦略地域の軍事占領と重要物資の獲得・開発を前提に構想された1942年度物資動員計画を素材に、太平洋戦争開戦当初の経済総動員体制を検討する。1942年度物資動員計画は、日満支域外の通常の第三国貿易を想定しない最初の計画であった。対日制裁措置などによって41年度まで厳しい抑圧を受けていた液体燃料、鉄・非鉄金属鉱石、麻類、樹脂などの南方期待物資については、軍事占領による取得を目指す一方、第三国貿易に頼らざるをえない物資については、備蓄分の取り崩しや徹底的な配当抑制や代替化で需給調整をすることになった。
　1942年度計画は、外貨割当によって戦略物資の獲得に苦心してきた41年度までの計画と異なり、軍の大量船舶徴傭によって制限された海上輸送力に規定された計画でもあった。海上輸送力が隘路になることは、1930年代初めに資源局が策定した総動員期間計画でも想定されており、輸送力、液体燃料の配当などが最も重い制約になることは早くから理解されていた。それ故に日中戦争期には、対外貿易を維持し、その拡大を目指す外交戦略を展開した。しかし、大東亜共栄圏構想に基づく外交交渉は決裂し、帝国圏内の物資のみに依存することになった太平洋戦争期には、海上輸送力とその地域別・物資別の配分、物資動員計画内部の重点化、液体燃料の需給計画が総動員計画全体を規定することになった。そして、戦争末期には石炭、食糧、塩の輸送問題が特段の重大隘路となって敗戦を迎えることになった。
　1941年9月の御前会議で開戦の可能性が高まっても、10月初旬に策定された1942年度物資動員計画の当初案は、対日資産凍結と第三国貿易の途絶を前提にしただけの計画であり、開戦と共栄圏の軍事占領は想定していなかった。

その後10月末から11月に開戦後の国力に関する判定作業を経て、軍事占領と総力戦に向けた計画へと転換した。当初構想との相違点、即ち非鉄金属鉱石、繊維類、樹脂、皮革や石油、なかでも石油需給の推移は、決定的に重大な変化であった。その構想の転換が不明であったため、従来の研究では、開戦初期の総動員構想の全体像が明らかにされなかった。

　太平洋戦争期の物資動員計画が海上輸送力の計算基礎の上に成り立っていたことは、安藤良雄が早くより的確に指摘しており[2]、本章第2節の計画策定経緯や、第3節輸送計画の推移でも詳細に扱っている。ここでは自給圏構想に基づき日満支、南方占領地域から輸送される物資と物資動員計画の関係にも関心をもって見ていきたい。

　1942年度物資動員計画の推移を解明することは、太平洋戦争半ば以降の総動員態勢の変容を見る上でも重要である。周知のように、総動員政策に関係した者の証言は、1942年11月の臨時生産増強委員会設置の前後から日本が真の戦時経済体制に入ったという点で一致しており、総動員諸計画が種々の弾力的措置や行政諸機関の連絡調整・統合に支えられていく政策実態の解明も進んでいる[3]。本章は、こうした総動員体制の転換点の背景となった計画の実態を解明することになる。

　また軍事輸送用に大型優秀船舶が徴傭・抽出された近海輸送や国内沿岸輸送力についても考察し、機帆船と鉄道を動員した中継輸送の役割や、物流の結節点に現れるさまざまな隘路が国内総動員体制の再編をもたらす経緯についても明らかにする。

第1節　1942年度物資動員計画第1次案の構想

対日資産凍結と物資動員計画第1次案

　物資動員計画の策定では、前年秋の各省予算編成作業との整合性をつけるため、例年10月を目途に「概略案」が準備される。ところが日中戦争期から毎年秋頃には年度計画自体が大きく改訂されることが通例になり、その結果、次年度計画の策定作業も遅れることが多かった。1941年度計画の概略案の策定も、40年11月にずれ込んだ。特に、41年9月に立案が始まった42年度計画は、

第1章　太平洋戦争初期の経済総動員構想とその実態（1942年度）

開戦をめぐる判断が動揺し続け、計画の見通しの策定が困難であった。しかし、「現下内外ノ急迫セル事情ニ鑑ミ昭和十七年度物資動員計画需給ノ見透シヲ勘案シ適切迅速ニ国家諸般ノ施策ヲ樹立シ之ガ計画実行ヲ期スルハ国家極メテ緊要ナル事項[4]」とされ、この需給見通しをもって、①予算編成に対応した仮配当案の策定、②生産の維持・拡充計画の樹立、③国内・円ブロックの戦時体制の強化、④内外の軍事、経済、外交、政治における確固たる施策方針の確立なども急ぐ必要があった。42年度計画の場合は、年間の需給見通しが開戦の重要な判断材料である上に数年分の見通しの提示も求められた。

鉄鋼生産計画の立案では[5]、1941年9月の「昭和十七年度物資動員計画概略案設定要領」に基づいて、企画院が各物資の物動貨物船（C船）による輸送量を決定し、これが商工省を通じて鉄鋼統制会に伝えられた。この輸送力を基に統制会では、石炭、鉱石、副原料、製品鋼材等に輸送力を配分し、石炭使用量を1,280.9万トン、銑鉄生産378万トン、普通圧延鋼材370万トンとする見通しを策定した。しかし、設備能力、稼働率等の経営的観点から見て「甚ダ少額」と判断した統制会は、これを第1案とした上で、第2案として銑鉄510万トン、鋼材464.5万トン、海上輸送鉱石725.2万トン、石炭1,670万トン等からなる拡大案を策定し、9月25日に両案を商工省に提出した。41年8月の重要産業統制団体令に基づき、11月から年末にかけて鉄鋼、石炭、鉱山、セメント、車両、自動車の産業で、各種の統制会が正式に発足し、精密機械、電気機械、産業機械、金属工業、貿易、造船の部門でも42年1月に統制会が発足した。しかし、既に38年設置の需給調整協議会や配給統制を通じて、多くの業界団体は商工省・逓信省等の所管省を通じて物動計画の策定に参画していた。鉄鋼連盟を改組して41年4月に発足した鉄鋼統制会は、直後から海上輸送力を基に41年度の鉄鋼生産見通しを策定するよう企画院から指示されている。41年度は前章で見たように蘭印経済交渉などの不確定要素が多く、4月時点で年度計画を策定できない事態になっていたが、その中でも各団体は物動計画の立案に協力していた[6]。

1942年度物資動員計画の「概略案」の存在は不明であるが、8月にようやく41年度物動計画が決定となったことを受けて、10月10日に42年度物資動員計画の第1次案が策定されている。第1次案で想定された前提は、①7月末

表 1-1　1942 年度物資動員計画第 1 次案の主要物資供給力

分科	計画物資		国内生産		回収		在庫からの補填	
			国産原料	輸入原料	一般	特別	一般	特別
第一	普通鋼鋼材	トン	4,252,450					
	普通銑	トン	4,381,200				30,000	
	屑鉄	トン	1,770,000		800,000	300,000		100,000
	特殊鋼鋼材	トン	315,000					
	鉄鉱石	トン	5,827,000		900,000			710,315
第二	銅	トン	64,000	1,600				27,292
	鉛	トン	25,500	2,200	2,400		50,281	
	亜鉛	トン	64,000	1,350	2,400		9,359	
	アルミニウム	トン	38,800	41,200				
第三	紡績用棉花	千担	360				1,582	
	羊毛	俵	5,500					90,160
	人絹用パルプ	英トン	195,000					
	マニラ麻	トン						7,151
	生ゴム	トン						200
第四	石炭	千トン	78,600					
第五	工業塩	トン	73,000		95,000			
	食料塩	トン	1,014,000					

出所：企画院「昭和十七年度物資動員計画第一次案（総括）」1941 年 10 月 10 日　前掲『物資動員計画重要資料』

の対日資産凍結の状態が維持されること、②42 年度の対外貿易は円ブロックのほか、仏印、タイの第一補給圏が中心となり、これにインド、南米等が僅かに補充すること、③蘭印等の東南アジアの第二補給圏や上記以外の第三補給圏は外れることなどであった。年間の外貨資金計画は、1941 年度概略案の 16.8 億円、基礎案の 18 億円や、第 1 四半期 4.1 億円、第 2 四半期 4.5 億円といった水準から大幅に減少し、41 年 8 月に閣議決定となった 41 年度物動計画下期分とほぼ同額の 7 億円であった[7]。

第 1 次案の供給力

　年間の主要物動物資の供給力は表 1-1 のように推定された[8]。最重要物資である第一分科の普通鋼鋼材や銑鉄は、統制会の第 1 案と第 2 案の中間の水準となり、41 年度計画の 90％にとどまったものの、輸入原料等への依存をほとんど脱し、円ブロックによる自給体制を進めた。鉄鉱石国内生産は内地 262 万ト

(1941年10月)

円域輸入	第一補給圏輸入	供給	対前年度比%
72,650		4,325,100	90
446,000		4,857,200	90
93,400	3,750	3,067,150	88
2,645		317,645	91
4,530,000	100,000	12,067,315	106
		92,892	71
2,200		82,581	109
1,730	3,400	82,239	99
1,600		81,600	125
1,800		3,742	71
58,600		154,260	75
		195,000	84
		7,151	58
	42,500	42,700	83
10,960	411	89,971	98
877,518	50,000	1,095,518	103
551,006		1,565,006	93

第2巻所収、46～73頁。

ン(うち砂鉄40万トン)、外地320万トンに上り、これに大冶鉄山等のある中支290万トン、北支68万トン、海南島80万トンなど、453万トンの円ブロック輸入が加わった。しかし、第1案以上の計画になったのは、海上輸送力が追加されたというより、内地の義務貯鉱を取り崩した特別在庫からの71万トン、鉄・非鉄金属精錬から排出される硫化滓の一般回収90万トンなど、国内の鉄鋼資源を動員したことが大きかった。鉄鉱石の貯鉱は、第2四半期末の470万トンから41年度内に70万トンを使用するため、年度末には400万トン(うち業務貯鉱200万トン)となり、42年度に70万トンを取り崩せば330万トンとなった。国内の義務貯鉱は取り崩したが、通常の操業に要する2ヶ月分の貯炭量200万トンを維持するため、朝鮮での320万トン生産のうち152万トンは貯鉱に回すことで貯鉱水準を維持するという計画であった。

一方製鋼用のマンガン鉱供給は前年度比87%の31.1万トンにとどまり、このうち国内生産は外地からの20万トンに過ぎなかったため、11万トンは過去の特別輸入分の在庫や義務貯鉱の放出によってまかなうことになった。同様に77%となったモリブデン、28%になったニッケルも南方からの輸入がなくなり、満関輸入と特別在庫の取り崩しに依存するなど、特殊鋼生産も厳しい隘路を抱えることになった。

軍需比率の高い第二分科の非鉄金属類についても、月間300万トン余の海上輸送力の中で表1-2のように24万トン余を確保し、極力1941年度水準の維持を図った。しかし、電気銅の供給は深刻で、41年度の71%の9万2,892トン

表1-2 非鉄金属割当船腹量

(重量トン/月)

軽金属	52,200
その他	189,800
銅	50,000
鉛	2,000
亜鉛	4,000
硫化鉱	16,000
硫黄	5,000
その他	112,800
計	242,000

出所：企画院「昭和十七年度物資動員計画第一次案（備考）」1941年10月10日前掲『物資動員計画重要資料』第2巻所収、103頁。

しか望めなかった。このうち2万7,292トンは特別在庫の全量を取り崩したものであった。原料鉱石と屑のデータは掲記していないが、輸入原料による1,600トンは41年度下半期の物動物資輸入資金による輸入に期待したものであった。これを補うため、屑銅回収が重要になった。既に41年度には一応4万トンの特別回収目標を立てていたが、このうち供給計画に組み込んだ分は少なく、41年度中に3,800トン、42年度に向けて2,000トンを見込んだに過ぎなかった。重要原料に浮上した屑銅の一般回収は電気銅配当に対応して1万8,000トンとし、特別回収は本格的に取り組むことによって1万7,000トンの供給を見込んだ。こうして42年度の屑銅の総供給は対前年度39％増の3万8,000トンとし、激減した民需分の一部を補填しようとした。鉛供給は8万2,581トンと前年を9％上回ったが、これも特別在庫など5万281トンの在庫全量を供給計画に入れたことによる。鉛鉱の供給は関満からの5,200トンに過ぎず、前年の25％にとどまった。対前年度800トン減となった満関輸入も「見込過大ナレドモ此ノ程度ノ確保ハ必要」として、計上されていた。一方、国産比率の高い亜鉛はほぼ41年度並の供給見通しとなった。しかし増産の要であった満関からの亜鉛鉱輸入は、41年度の過大な計画を調整して2分の1に削

表1-3 1942年度第1次アルミニウム生産計画案の原料別内訳

(トン)

原料区分	高級品	普通品	計
蘭印・ビンタン島	14,000	3,500	17,500
「委任統治領」パラオ	27,500	8,800	36,300
仏印	5,900	2,600	8,500
礬土	4,900	10,300	15,200
明礬石・霞石	1,300	1,200	2,500
計	53,600	26,400	80,000

出所：前掲「昭和十七年度物資動員計画第一次案（備考）」103頁。

減するなど、輸入鉱石の供給見込みは14%になった。高級石綿の供給力 2,167 トンの91%、普通石綿供給1万 1,507 トンの49%も特別在庫の全量取り崩しに依存しており、これでようやく、それぞれ41年度の103%、81%を確保した。雲母に関しても事情は全く同じだった。

南方資源への依存の大きいアルミニウム供給計画8万 1,600 トンは、ボーキサイト、礬土(ばんど)(酸化アルミニウム)、蛍石、ピッチ(樹脂)などの原料輸送計画を調整して策定された。ボーキサイトの輸入可能量は、1919年のヴェルサイユ条約で日本の国際連盟委任統治領となり、日本の国連脱退後も日本の統治下にあったパラオの15万トンが中心で、仏印からは3万トンに特別配船による4万トンを加えた7万トンであった。これに国産原料の礬土、明礬石(みょうばん)を加えて、表1-3のような原料別の8万トンのアルミニウム生産計画が策定された。アルミニウム供給は対前年度25%増となっていたが、国産扱いのパラオ産原料による分が3万 6,300 トンの生産計画となり、このうち在庫原料による分が9,300 トンを占め、蘭領ビンタン島産の1万 7,500 トン分は全て在庫によるものであったため、今後の原料輸入の不安定さは拭えなかった。礬土、明礬石等のボーキサイト代替原料からのアルミナ精製法は未完成のままで、技術的に大きな不安を抱え、その後も原料選択は幾度も動揺をくり返すことになった。

第三分科の繊維類は輸送力の制約を在庫の取り崩しで補填したものの、軒並み前年度の供給計画を大きく下回った。この一方、繊維問題の解決方策として力を入れてきた人絹、スフ産業の稼働率の見込は一層下がり、人絹は1941

表1-4　1942年度第1次案の民需用液体燃料供給力

		人造	無水アルコール	繰越在庫	特別在庫	国産	計
国産原油	kl					360,000	360,000
航空揮発油	kl	1,200		3,946	2,404	9,800	17,350
普通揮発油	kl	91,000	70,000	14,205	50,000	56,000	281,205
灯油	kl			35,825	5,000	39,000	79,825
軽油	kl	68,000		8,368	6,500	38,000	120,868
機械油	kl			92,278	32,722	64,500	189,500
半固体機械油	トン			5,345	1,750	3,000	10,095
重油	kl	116,000		6,895	111,300	66,000	300,195

出所：前掲「昭和十七年度物資動員計画第一次案(総括)」65~72頁。

度の30％から15％へ、スフは40％から30％と深刻な事態になった。

第四分科のエネルギー関係のうち、石炭については9千万トン弱と前年度計画水準を維持したが、石油計画は不確定要因が大きい上、軍の貯油量のデータや軍への配当計画を欠いた民間の精製施設による民需用の需給計画であった。民間による軍委託精製分が一部含まれているが、物資動員計画としては不完全な形にとどまった。その上で、原油・石油製品の輸入は米国が1941年6月に実施した全石油製品の輸出許可制で事実上の禁輸措置がとられ、7月末からの主要国の対日資産凍結によって輸入の可能性がなくなっていたため、液体燃料の供給計画は、表1-4のように国産原油と人造石油、無水アルコールの生産と在庫を基礎に約100万klの製品供給見通しを立てている。繰越在庫は、41年度半ばから配当制限を強化したことによって生じる繰越見込みの分であり、特別在庫は39年度下期から実施してきた正貨準備・新産金等による特別輸入分の取り崩しである。開戦時の貯油状況は、海軍650万kl、陸軍120万kl、民

表1-5 1942年度物資動員計画第1次案の

		普通鋼 トン	普通銑 トン	特殊鋼 トン	電気銅 トン	鉛 トン
供給力		4,325,100	4,857,200	317,645	92,892	82,581
陸軍需 A		729,226	104,711	81,445	25,140	15,531
海軍需 B		770,099	146,395	112,015	27,812	19,772
陸海軍保留分		166,592	27,901	21,496	5,883	3,924
民需	陸軍充足 C_1A	64,311	18,101	608	560	275
	海軍充足 C_1B	95,246	11,693	1,392	1,130	981
	生産拡充 C_2	1,382,718	294,045	69,548	17,689	17,426
	官需 C_3	162,050	31,340	3,703	2,372	3,469
	円域 満洲	118,151	22,433	5,585	1,997	3,022
	国民政府	85,600	7,934	1,951	1,299	
	第3国 $C_4ロ$	30,568	9,305	386	1,173	714
	一般民需 C_5	440,897	110,976	9,127	4,484	13,117
	生産確保用 C_6		4,015,700			
	防空用	19,759	1,344	149	353	298
	民需計	2,399,300	4,522,871	92,449	31,057	39,302
	民需保留分	259,883	55,322	10,240	3,000	4,052

注：供給力、配当のいずれにも主に陸海軍が実施した現地取得分を含む。
出所：企画院「昭和十七年度物資動員計画第一次案（総括）」1941年10月10日前掲『物資動員計画重要資料』

間 70 万 kl の計 840 万 kl と見られていた[9]。その民間分 70 万 kl は輸入途絶後、民間義務貯油が枯渇する事態になり、海軍から 60 万 kl の譲与を受けたものであった。この計画は繰越在庫や特別在庫の半分を一挙に 42 年度に取り崩すというものであった。

その上で、総供給量の 2 分の 1 程度を C_3〜C_5 の民需分[10]に配当し、残余を一旦保留分とする配当計画を策定し、総量として 1941 年度並とするか、41 年度下期の 2 倍とするか、さらに 41 年度下期に実施した特配の 2 倍分を加えるかなど、数種の配当案を併記した。民需配当の対前年度比では、揮発油、軽油が前年度並となる一方、灯油は 78％、機械油は 82％、重油は 48％ となり、揮発油在庫の一部を灯油へ、軽油在庫の大部分を重油へ振り替える措置を取った。しかし、その後詳細に検討した結果、民需最低配当基準は後述のように 128 万 kl となり、この 100 万 kl の供給計画は、それを遙かに下回る無理なものであった。液体燃料不足の影響は、船舶用特に機帆船用重油に集中し、それがまた

配当計画（1941 年 10 月）

亜鉛 トン	アルミニウム トン	紡績棉 担	生ゴム トン	石炭 千トン
82,239	81,600	3,741,535	42,700	89,971
19,259	31,563	812,831	7,301	8,324
17,859	26,255	155,733	5,763	2,243
4,128	6,069	107,619	1,452	554
361	151	63,526	120	
316	158	15,771	210	
14,817	040	一般に合算	5,129	
1,665	3,758	39,777	946	7,207
1,285	267	319,409	737	310
400	487	61,122	444	519
2,504	175	449,277	1,152	
16,233	5,332	1,494,799	16,734	70,814
98	265	63	131	
37,679	15,633	2,443,744	25,603	78,850
3,314	2,080	221,608	2,581	0

第 2 巻所収、46〜64 頁。

石炭確保にも大きな足枷になっていた。海軍の貯油も開戦後2年余りで消耗してしまうことから、南方石油資源を開戦直後に確保しなければ、まもなく日本経済が麻痺してしまうことを、この開戦決定直前の物動計画案は示していた。

第五分科の塩のうち109万トン余の工業塩は、国外生産比重の高さと海上輸送力への依存が高く、総動員計画の隘路の一つであったが、1942年度は41年度並を維持した。一方、食料塩は内地59万トン、朝鮮42.4万トンと国産比率が高かった。しかし工業用・食料用の計264万トンのうち、178万トンを海上輸送に依存していたため、大量の船舶徴傭の結果、期別では上期72万トン、下期105万トンと供給にアンバランスが生じた。これを工業用で調整する結果、工業塩の上期の輸送量は下期の71.5万トンに比して26.2万トンと、極端に少なくなり、ソーダ工業の操業に深刻な影響を与えた。ソーダ灰の不足はガラス、軽金属、薬品工業等に影響し、苛性ソーダの不足は人絹・スフ、軽金属、紙パルプ等の生産に支障を来すことになった。この問題は、この時点ではまだ軽微であるとも言えるが、第4章で見るように、太平洋戦争末期になると、残された輸送力を重点的に塩輸送に配分しても、食糧危機や広範な工業生産の麻痺を生む深刻な問題となる。

第1次案の配当計画

配当計画の策定では、表1-5のように軍需・民需ともに数％から10％程度を保留分とした上で、暫定配当量を示した。1942年度第1次案は、第二、第三補給圏からの供給が杜絶するという最も悪い条件で策定されたもので、特別輸入等によって形成された特別在庫を含むあらゆる在庫を吐きだした上で、ようやく主要物資のみ41年度並の供給を実現するというものだった。開戦時の補填用である特別在庫を消尽することは、早晩開戦能力を喪失させ、軍事力を背景とした通商交渉をも困難にすることを意味した。補給圏を極度に制約した条件で策定されたこの第1次案は、かつてない厳しい経済見通しを示し、末期の近衛内閣に開戦か、序章で見た対米交渉において全面的な屈服かの選択を迫るものになった。

第2節　1942年度物資動員計画の策定

1　開戦と南方資源獲得見通し

開戦の決定

　この第1次案が策定された直後の10月12日、懸案の日米交渉の見通しや、開戦判断をめぐって、首相、陸海軍大臣、外相、企画院総裁による会談があった[11]。会談では中国からの一部撤兵などの譲歩をしても外交交渉を優先したい近衛文麿首相と東條英機陸軍大臣がぶつかり、閣内統一が維持できなくなって、16日内閣は瓦解する。その際、経済封鎖が継続していることを想定した1942年度物動第1次案がどのように扱われたのかは不明である。しかし対日資産凍結後の経済的圧迫が極めて深刻であることを明示した第1次案は、交渉時間を稼ごうとしていた近衛を追い詰める内容になっていた。中国戦線から撤退し、国際通商関係を回復するか、軍事力を発動して資源確保を急ぐか、いずれにしても、残された時間が多くはないことを示すものとなった。前著でも見たように、12日の会談での鈴木貞一企画院総裁は、明確な開戦姿勢を示さなかったため、陸軍参謀本部の戦争指導班内部では「彼亦陸軍軍人タルノ背景ヲ全ク放棄セル一政治屋トナレルカ[12]」という非難の声もあった。しかし、東條内閣下で9月6日の御前会議決定「帝国国策遂行要領」の見直しが検討された際の鈴木は、明確に開戦に傾斜した判断を示していた。第1次案のような第二・第三補給圏の物資を利用しない物動計画は考慮に値しないとし、また一方で戦争回避や戦線の整理によって、対英米外交で妥協しても、対日圧迫政策は緩和しないだろうと強く主張した。その後の物動計画は、開戦と軍事的制圧を前提に共栄圏物資を獲得する形で具体化された[13]。

　第1次案の鉄鋼需給計画は、433万トン供給を陸軍73万トン、海軍77万トン、陸海軍留保分17万トン、民需240万トン、民需保留分26万トンとしていた。その後、陸海軍需の深刻な配当争いの中で、鉄鋼供給と陸海軍需の大枠だけが先行して検討された。開戦の最終決断となった11月1日の第66回大本営政府連絡会議では、1942年度の鉄鋼軍需配当も議題となり、海軍側は開戦の

条件として大幅な増配を要求して、41年度下期の陸軍需枠からの融通に加えて、42年度鉄鋼供給量を450万トンとし、海軍110万トン、陸軍79万トン、民需261万トンとすることを陸軍に承諾させた。さらに増産が可能な場合には陸軍配当を90万トンまで増配することで両者の妥協が成立した。

南方物資の獲得見通し

　開戦を前提とすることで、南方物資の取得見通しは大きく変わることになった。1941年11月26日には仏印、タイ、その他南方諸地域の取得物資、資源開発計画や内外地、満洲国、中華民国を含む共栄圏の長期自給体制を検討するため、内閣に企画院、外務省、大蔵省、陸・海軍省関係者からなる第六委員会を設置した[14]。従来、南方地域の経済対策については、農林省、商工省、拓務省関係者も加わって北部仏印進駐の直前の40年7月31日に設置された第五委員会が所管していた。同委員会は、第2次欧州大戦の状況を利用して、南方諸地域への経済進出方策を検討し、「南方経済施策要綱」や蘭印・仏印との経済協力構想を打ち出し、北部仏印進駐に関連した渡航の取り締まり、開発施策、物資の取得方針を検討したが、開戦と軍事占領を前提とした第六委員会の設置に伴って廃止された[15]。第六委員会では、開戦直後の41年12月11日に南方経済対策要綱を策定し、資源確保、作戦軍の現地自給、敵性国家への資源流出防止等の施策を、甲地域（蘭印、英領マレー・ボルネオ、フィリピン等）、乙地域（仏印、タイ）ごとにまとめた。物動計画第1次案では取得見込みがないとした南方甲地域における42年度の物資取得見込みや、44年度までの開発目標などを設定し、所要の海上輸送力を算定した。これに合わせて商工省でも総務局総務課を中心に生産拡充課、調査課、南方課や重要物資を所管する担当官からなる特別室を設置した[16]。取得物質は42年度動計画に組み込むこととし、表1-6はその取得目標である。ニッケル鉱、マンガン鉱、銅鉱など対日制裁物資であった鉱物資源を可能な限り対日輸出に向けさせ、極力増産を図ることなどが構想された。また、増産項目ではないが、国際商品であるマニラ麻、樹脂原料などもその多くを対日輸出に向けることを見込み、44年度までには排他的確保を実現しようとした。一方、従来宗主国等に輸出していたゴム、錫などは、地域の基幹産業でありながら抑制物資とされ、敵性国家への輸出禁止と対枢軸

国輸出や現地貯蔵が指示された。こうした抑制産業に関しては、共栄圏内での需給構造の再編と産業転換を図ろうとしていたが[17]、その点に関する商工省の構想は改めて概観する。

日本の自給圏構想と占領政策については、1941年11月20日の大本営政府連絡会議で「差シ当リ軍政ヲ実施シ治安ノ恢復、重要国防資源ノ急速獲得及作戦軍ノ自給確保ニ資ス」こととし、「開発又ハ取得シタル重要国防資源ハ之ヲ中央ノ物動計画ニ織リ込ムモノトシ作戦軍ノ現地自活ニ必要ナルモノハ右配分計画ニ基キ之ヲ現地ニ充当スルヲ原則ト」した[18]。また、軍政地区は、陸海軍間で協定を結び、陸軍主担任地区は、香港、フィリピン、英領マレー、スマトラ、ジャワ、英領ボルネオ、ビルマとし、海軍主担任地区を蘭領ボルネオ、セレベス、モルッカ群島、小スンダ列島、ニューギニア、ビスマルク諸島、グアム島とし、作戦の進行とともに主担任地区を画定することとした[19]。さらに占領と軍政が始まると、地域ごとの統治と重要資源の開発、取得の方針が策定された[20]。陸軍の主担任地域のビルマ・フィリピンについては、独立させる可能性を想定したものの、国防は将来においても「帝国之ヲ把握ス」とし、軍の影響下に置いた上で、重要資源の補給源とするなどの方針がとられた。その他の地域は独立を想定せず、宗主国人や華僑の原則排除、現地政治勢力の統治への利用を図った上で、英領マレー、スマトラについては、「南方地経営ノ核心地帯」として、「欧米勢力ヲ撲滅シ我行政力ノ浸透ヲ期シ之ヲ強力ニ把握」した上で、南方地域の交通を整備し、「石油資源ノ開発供給ニ遺憾ナカラシム」こととした。英領の北ボルネオについても石油資源の確保を目指し、ジャワについては、国防資源を獲得するとともに南方地域の経済自給のための交流資源の供給地としての機能の強化を図るとされた。

その後、軍需・民需ともに最も増産を急ぐ物資として、綿花を指定し、大規模な増産を南方諸地域で図ることになり、第六委員会が4月4日に1942年からの増産5ヶ年計画を策定した。地域別生産目標は表1-7の通りであり、毎年前年度比2倍の増産を実現し、44年度に10万トン（約167万担）とした12月案には及ばないものの、42年度31.5万担、44年度105.9万担、46年度394.8万担とし、46年度には最盛期に日本が輸入した綿花の約2分の1を南方地域で生産しようという計画であった[21]。担当企業は、経験のある拓殖会社、綿花

表 1-6　開戦後の南方甲地域での物

		蘭印				英領マレー及	
		現在能力		42年度取得	44年度取得	現在能力	
		生産	輸出			生産	輸出
極力増産	ニッケル鉱	120		100	300		
	マンガン鉱	20		20	35	25	
	銅鉱						
	黄麻			2	10		
	タンニン材料			30	45		
	綿花			2	100		
	デリス根		0.1	0.1	1		
現状程度	クローム鉱						
	マニラ麻						160
	コプラ	824	530	150	530		
	キナ皮	11.2		2	5		
	キニーネ	0.2		0.1	0.2		
	工業塩		100	10	100		
	玉蜀黍	1,900	95	100	150		
	煙草	55	34	10	34		
	ダマル及びコパル			2	3		
	カボック		22	5	20		
	カッサバルート			20	30		
区分なし	雲母	0.2		0.1	0.5		
	タングステン鉱				調査	0.3	
	鉄鉱石				調査	2,000	
	ボーキサイト	250		300	500	150	
	ピッチコークス	25		15	20		
	ヒマシ		7	5	10		
抑制	燐鉱石						
	錫	29		10	復旧20	80	
	生ゴム	390	380	100	200	650	600
	南洋材			20	50		
	茶	81	81		1		
	コーヒー	112	66	0.5	10		
	ココア			0.1	1		
	砂糖	1,400			300		
	その他とも貨物計			905.5	2,479		
増産	原油	8,000		400〜600	4,000〜5,000		
現状	コプラ油		9				
	パーム油		230	40	230		
抑制	糖蜜		220	40	200		
	タンカー輸送計			480〜680	4,430〜5,430		

注：地域計には、英領ボルネオを含む。「増産」は極力増産すべき物資、「現状程度」は現状維持
　　ほかに、金、モリブデン鉱、屑鉄、サイザル麻、コプラ粕、パーム核、胡椒、縞黒檀、カボック
出所：第六委員会「南方経済対策要綱」1941年12月11日（16日閣議決定）同委員会『南方経済

第1章　太平洋戦争初期の経済総動員構想とその実態（1942年度）

資取得目標（1941年12月11日）

（貨物：千トン、タンカー：kl）

び海峡植民地		フィリピン				地域計	
42年度取得	44年度取得	現在能力		42年度取得	44年度取得	42年度取得	44年度取得
		生産	輸出				
30	40	50		50	80	100	300
		100		100	200	100	155
						100	200
						4	20
5	10					35	60
						2	100
						0.1	1
		110		50	110	50	110
		200	140	80	140	80	140
50	160	800	350	150		350	1,040
						2	5
						0.1	
						10	100
						100	150
			35	10	35	20	69
						2	3
						5	20
						20	30
						0.1	1
0.3	1					0.3	1
500	2,500	1,200		300	1,000	800	3,500
100	200					400	700
						15	20
						5	10
						200	500
10	20					20	40
100	300					200	500
				150	200	170	250
							1
						0.5	10
						0.1	1
		940	870	20	200	20	500
796.4	3,234			910	2,315	2,814.2	8,543
						600〜1,100	5,000〜6,500
			165	50	165	50	165
						40	230
				30	100	70	300
				80	265	760〜1,260	5,595〜7,095

程度の物資、「抑制」は生産を抑制する物資、「区分なし」はいずれの指示もないもの。上記の種子、藤、豆、貝殻、蒟蒻芋等の項目があるが、少量または数値がないため省略してある。
対策（其ノ一）』1942年7月30日（国会図書館憲政資料室所蔵『柏原兵太郎文書』447）所収。

表1-7 開戦後の南方甲地域繰綿生産目標
（1942年4月）

(千担)

	第1年	第5年
フィリピン諸島	90	1,500
ジャワ、スマトラ、北部ボルネオ	30	420
セレベス、小スンダ列島、ニューギニア、南部ボルネオ	45	1,014
ビルマ	150	1,014
計	315	3,948

注：生産量は各地とも1町当たり3担で算定。
出所：第六委員会「南方甲地域ニ於ケル棉花増産計画要綱及綿作担当企業者選定ノ件」1942年4月4日前掲『南方経済対策（其ノ一）』所収。

会社、意欲のある有力紡績会社などから選定され、フィリピンでは、鐘淵紡績、大日本紡績、東洋紡績、大和紡績、倉敷紡績、東洋棉花、台湾拓殖、東洋拓殖が指定され、セレベス・小スンダ列島等では鐘淵紡績、大日本紡績、東洋紡績、台湾拓殖、南洋拓殖、南洋興発、三井農林、三菱商事などが指定された。そして現地陸海軍の指導の下、直営・小作契約・契約栽培などの形で棉作に取り組み、日本棉花栽培協会も技術支援や指導に当たることになった。また現地住民の栽培企業等に対しても、担当企業を通じて指導・統制する方針であった。同様に、増産と対日輸出を期待した各種の農林資源、ゴム加工業、セメント、タンニン材等の工業、石油除く鉄・非鉄・ボーキサイト等の各種鉱物資源の開発についても担当企業を指名し、目標を提示して増産に当たらせた[22]。

なお、日本からの輸出計画についても、5月23日に第六委員会が設定要領と計画を決定した。計画は甲・乙地域ごとに、生活必需品、第三国向け輸出滞貨等の余裕物資等について、仏印・タイの政治状況を考慮しつつ策定され、仏印向け9,473万円、タイ向け7,246万円、フィリピン向け2,908万円、マレー向け1,612万円、英領ボルネオ向け283万円、東インド諸島向け7,857万円、ビルマ1,312万円、その他1,677万円、総計3億2,811万円となった。その中心は、繊維製品であり、綿織物7,177万円、人絹織物3,993万円のほか、布帛、メリヤス、綿タオル、生糸、スフ糸、人造絹糸などが1億6,663万円を占めた。このほかにも、化学薬品1,150万円、紙類1,097万円、陶磁器1,095万円といった生活関連物資が上位を占めたが、機械器具とその補修部品として、機械及び同部品2,676万円、自転車及同部品831万円、ランプ類500万円、ゴム製品500万円、ゴムタイヤ407万円なども計画された[23]。

仏印とのこうした関係については、1942年7月に日仏印経済協定が締結され、政府は、輸入品30数品目を選び、「夫々仏印ノ輸出シ得ル数量ノ全部又ハ大部分ニ相当スル対日輸出数量ヲ定メ」、前年度より対日供給が「相当増加」することになったと説明した。一方日本の輸出計画について、「仏印ハ其ノ経済ヲ維持スルニ必要ナ物資ハ我国ヨリノ供給ニ仰ク外ハナイ実状」であることを考慮し、綿製品については昨年度より減少したものの、供給可能なものを増加させることで、昨年度程度の輸出になったとしている[24]。

タイに対しても、「泰国経済ニ於テ大東亜戦争ノ完遂上必要ナル事項並ニ大東亜経済ノ根幹ニ関聯アル事項ニ付テハ実質的ニ皇国ニ於テ指導乃至把握ス」とし、財政、金融、産業開発に深く介入し、交易についても「皇国ノ策定スル交流計画ニ即シ之カ実行ヲ確保セシムルカ如ク措置スルト共ニ国外交易ニ付テハ事前ニ我方ノ了解ヲ取付クルコトヲ要スルカ如ク指導スル」ことになった[25]。

南方物資と海上輸送力問題

とはいえ、3月の地方長官会議で、企画院は南方物資輸入の対前年度見通しについて、次のように説明している[26]。「豊富ナル南方資源ガ制圧下入リマシタノデ、将来、我ガ物動計画ニ寄与スル処ガ少クナイ見込デアリマスガ、当分ノ間ハ現地ノ開発、復旧、集貨等何レモ戦争遂行ト併行シテ行ハレネバナラヌ事情ニ在リマシ、又海上輸送モ急速ニ緩和ノ見込困難ナル状況ニアリマス為、直チニ以テ我国ノ物資不足ガ凡ユル部面ニ亘リ緩和スルトハ期待シ得ナイ」。特に海上輸送力は、物動計画の「絶対隘路」であり、50万総噸（うち貨物船44万総噸）の「新造船ノ増加ハ勿論、凡ユル努力ヲ払」うとして、「南方デナケレバ取得不可能ノモノニ付キマシテハ、軍ノ協力ヲ得マシテ能フ限リ之ガ開発、輸送、取得ニ努力致シテ居ル」と説明している。その主要物資は、鉄鉱石はじめ各種鉱石、ボーキサイト、マニラ麻、生ゴム、石油などで、対1941年度比で見て、その供給量を表1-8のように見込んだ。在庫分などからの供給が減るため、これがそのまま42年度に純増になるわけではないとし、立案条件の改善を見込みながらも、42年度に増加が見込めるのは、ロープ用のマニラ麻、コプラ（椰子油）、パーム油等の油脂類、医療用のキニーネ、錫鉱などに限られた。

表1-8　1942年度南方期待物資対前年度比率（1942年3月）

(%)

鉄鉱石	20	マニラ麻	670
マンガン鉱	17	生ゴム	120
クローム鉱	25	石油	29
ニッケル鉱	85	コプラ油等	450
銅鉱	6	キナ皮	75
錫鉱	130	キニーネ	180
ボーキサイト	52	燐鉱石	24

出所：企画院「地方長官会議ニ於ケル企画院次長説明」1942年3月前掲『開戦期物資動員計画資料』第7巻所収、191〜192頁。

　この輸送力の問題は開戦前後から指摘されていた。1941年7月2日の「情勢ノ推移ニ伴フ帝国国策要綱」に基づく関東軍特種演習、南部仏印への進駐準備や、その後の開戦可能性を踏まえて陸海軍の船舶徴傭が急増していたためである。さらに開戦と軍事占領という事態になれば、前掲表1-6の物資を日本に輸送するために、海上輸送力の捻出・増強と需給調整が不可避であった。この計画を入手した陸軍省主計課別班[27]では、この計画に南方乙地域の仏印・タイからの米、トウモロコシを加え、特殊鋼生産用に著しく不足していたニッケル鉱を15万トン増送するなどして、貨物482.9万トン、石油200万トン、計682.9万トン（7億8,000万円）の対日輸出と、その輸送可能性を検討した。その結論は、①1942年度における南方資源開発は積極的に行う余裕はなく、既存施設を修理し、利用する程度にとどまる、②その開発は緊急の軍需物資に限定される、③徴傭船は42年9月頃まで減少する見込みがなく、徴傭船以外の船腹は、内地相互、内地・日満支間の輸送で手一杯であり、南方物資の輸送は一部徴傭船の復航を利用するしかないというものであった。しかもその利用は、陸海軍の全徴傭船350万総噸の2〜3割を割く必要があるという厳しいものであった[28]。しかし、後述のようにその後の海上輸送力の算定作業では、徴傭船による陸海軍の輸送協力は僅かにとどまり、物動物資の輸送力全体の調整の中で、南方物資の輸送力を捻出せざるをえなかった。こうして、太平洋戦争期を通じて海上輸送問題は、総動員諸計画の最大の隘路になった。

南方共栄圏の開発と交流

　なお、相互に経済交流のある南方経済圏の混乱を防止し、貿易の再建を目指した物資交流計画について、第六委員会は1942年4月20日に暫定措置要領をまとめた。基本方針は、①南方地域相互の物資交易は、日本・甲地域間と同様

に、臨時軍事費特別会計による買取払下方式とする、②甲地域と乙地域の間の重要物資（米・米粉、トウモロコシ、砂糖・糖蜜、塩、キニーネ、石炭、石油、セメント）の交流計画は中央の各官庁協議で決定するとした[29]。臨時軍事費による買取払下方式は、日本と南方の貿易も全てその方式の国家貿易であり、タイとは特別円によるバース貨で行われた。軍政地域は初期には軍票で行われ、42年3月に設置された南方開発金庫の業務が軌道に乗ると、43年4月からは南方開発金庫券が利用された。

民需用物資の相互交流計画の策定のため、陸軍の南方軍の軍政総監部が一時的におかれたサイゴンで、5月10、11日に各地軍政部の物動主任者会議が開かれ、そこで軍政総監部の下にある第二十五軍（サイゴン、その後シンガポール）、第十六軍（ジャカルタ）、第十五軍（ラングーン）、第十四軍（マニラ）の所管地域の相互貿易を調整した。その際、商工省から1939年に企画院に出向し、その後陸軍嘱託となり、サイゴンでその任に当たった岩武昭彦が南方軍参謀石井秋穂の指示で「南方物資交流計画」の原案を立案し、審議を経て4月22日に「更改案」が策定された。品目と数量は各軍の希望を勘案して総司令部が毎月示達し、これを受けて逓信省出身の壺井玄剛が岩橋船舶兼鉄道参謀と協議して輸送計画を策定し、5月1日には5月分の船舶輸送計画が決定された[30]。乙地域（仏印、タイ）および甲地域の陸軍軍政地域の全般的交流計画は見いだせないが、マレーを中心に軍政を敷いた第二十五軍所管の計画は表1-9のようなものであった[31]。そこには、錫、ゴム、砂糖などの特産品を世界全域に輸出した姿が失われたにもかかわらず、穀物、塩、食肉、石炭、セメントはタイ、ビルマ、ジャワ、仏印、スマトラからの輸入に依存するという関係を見いだすことができる。依然、戦闘が続いていたビルマ方面の交流計画は暫定的なものであったが、戦略物資の輸出先は日本に切り替えるとともに、過剰となるゴム栽培の食糧作物や綿花栽培への転換や、錫鉱採掘の抑制に際しては、現地人経営のゴム園のプレートの購入を優先し、日本の担当企業が敵産として管理したエステートからの購入を抑えて民生対策とし、古い株から食糧作物等に転換した[32]。その際には、対日満支期待物資もまとめられた[33]。南方の物資動員計画は、「内地の物動計画と違って、計画を作りそれに従って物を本当に動かす」ことであり、陸軍船舶部隊に輸送指示を出すために宇品の船舶輸送司令部に電報を

表1-9　マレーを中心とした南方物資交流計画（1942年4月）

(トン)

	仕出地	仕向地	月間数量
米	タイ、ビルマ	マレー	40,000
	ジャワ	スマトラ南部	5,000
雑穀	ジャワ	マレー、スマトラ	2,000
砂糖	ジャワ	マレー、スマトラ	10,000
塩	タイ、ジャワ	マレー、スマトラ	10,000
石炭	仏印、スマトラ	マレー	15,000
	スマトラ	ジャワ	5,000
セメント	スマトラ	ジャワ	5,000
家禽	タイ	マレー	60,000
家畜　頭	ジャワ	マレー	豚 12,000
			山羊 250

出所：岩武照彦『南方軍政下の経済政策』上、汲古書院、1981年、139頁。

打つことが主要業務であったが、実際には船舶が全く足りなかった[34]。

　日本への還送用船舶だけでなく、交流計画の実施には必要物資を甲地域、乙地域に行き渡らせていた華僑、印僑らの商業流通網、欧米系商社に代わる共栄圏全域にわたる配給統制機関の整備など重要物資の集荷網の把握、輸送網の再建と統制運営も課題になったことが判明する。このため壺井は3月時点で南方全域で5年間に100万総噸の木造船を建造し、南方圏輸送に充当することを提案し、中央政府には担当企業を指定すること、焼玉エンジンを割り当てることを要望している。これ以後、南方開発金庫の融資等を利用して木造船100万総噸計画が継続されることになった。しかし、1942年6月以降に到着した建造担当者は、「少々経験のある小さな業者ばかりで、それが素手でやって来ただけ」であった。11月の木造船建造会議では、ソロモン諸島ガダルカナル、ニューギニア方面の戦闘の膠着状態から船舶が不足しているのにもかかわらず、木造船の建造実績が不良であることが指摘された。輸送は、当初各軍の野戦貨物廠が担当したが、その後軍政監部の下で民間業者を利用することになった。43年1月からはジャワ、スマトラ間の民間交易を開始したが、同じ旧蘭印地域でありながら、占領軍政を1年にわたって分割してきた関係で、物流は滞った。一方、マレー、スマトラは旧英領、旧蘭領地域であっても戦前来の小舟での交易があり軍政が第二十五軍に一元化されている関係で交流が円滑であるこ

第1章　太平洋戦争初期の経済総動員構想とその実態（1942年度）

とが報告された[35]。物資交流計画の実績は本章の最後で触れることにする。

2　海上輸送計画

海上輸送力の算定

　海上輸送力計画は、従来の交通動員計画から船舶輸送の計画を分離したもので、1942年度以降は、物動計画の物資別供給・配給重量と一体のものとして扱われ、主に大陸および南方諸地域からの海上物資輸送と国内炭の海上輸送を計画化したものである。既に見たように配船問題は物動計画の最大の制約要因となった。41年6月時点の大型船舶は593万総噸であり、ここから徴傭船113万総噸や、油槽船36万総噸など199万総噸の特殊船を除くと、民需物資用に提供可能な貨物船・貨客船は395万総噸であった[36]。しかし、同年7月以降陸海軍徴傭船は急速に増加し、7月の218.5万総噸から、9月299.1万総噸、10月346.7万総噸となり、11月には384.5万総噸、そして開戦とともに390万総噸となり[37]、その分物動輸送に使用する民需用貨物船の船腹は落ち込んだ。

　大型優秀船舶の大量徴傭によって、民需汽船（C船）の輸送計画（実績）は1941年度の第2四半期の1,586.8万トン（1,376.5万トン）から、第3四半期には一挙に970.6万トン（986.0万トン）へと急減し、第4四半期には、物動物資の沿岸輸送を担う機帆船のほか、漁船、トラック用の重油を1月と3月の2回にわたって海軍から特配し、辛うじて内外の輸送力を維持する事態になっていた。この結果41年度第4四半期の主要物資供給見通しは、普通鋼鋼材で124.3万トンの計画に対して112.1万トン、銑鉄は122.3万トンに対して103万トンとなり、天然繊維代替品として重点化してきた人造繊維も7,250万lbに対して6,100万lbという見通しになった。輸入塩に依存するソーダ灰は11万7,952トンに対して8万1,478トン、苛性ソーダは8万9,223トンに対して5万4,417トンという事態となった。民需用海上輸送力の半分近くを使用する石炭の供給も前年同期実績1,107.5万トンに対して897.5万トンの見込みとなり、小口需要に至っては基準消費量296.3トンに対して112.7万トンの供給見通しとなり、鉄鋼関係でも規制率は50％、繊維・食料品工業は70％の規制率となった[38]。42年度の物動供給力については、第1四半期はもちろんのこと、第2四半期以降も「サシタル増強ハ期待シ難キ状況」とみられた。そして、「未ダ嘗テ見

ザル逼迫セル状態」の中で、「最低限度ノ国民生活ヲ確保」するとともに[39]、生産力拡充計画の重心を造船業にシフトして、海上輸送力を回復することが太平洋戦争期の物動計画の最重要課題の一つになった。

　海上輸送計画の策定手順は、まず陸海軍徴傭を免れた民需用汽船（C船）を軸に、陸軍徴傭船（A船）・海軍徴傭船（B船）からの一部支援による汽船輸送と、朝鮮・大連等と内地の連絡輸送や、北海道炭、九州炭の内地間輸送といった比較的短い輸送を担う機帆船輸送を加えて総合輸送力を算定した。沿岸輸送を担う2万に及ぶ広範な機帆船業者は1942年度末に地区別に34の機帆船運送会社に統合され、計画的、効率的輸送体制となって物動物資の優先輸送に当った。しかし物資動員計画に直結した海上輸送計画に組み込まれたのは、150総噸以上の大型機帆船を集めて大陸からの物動物資の輸送を担うことになった機帆船運航統制株式会社（42年4月設立）、九州炭の輸送を担う西日本石炭輸送株式会社（43年2月設立）、北海道炭の内地輸送を担う北部機帆船運航統制株式会社（43年5月設立）の3社であった。特に、機帆船運航統制は大陸からの物動物資を輸送する限りで、汽船輸送と変わらないため、しばしば汽船と合算されて民需船（C船）の輸送力算定の基礎とされた。

　輸送力の算定は、通常の汽船の場合、1総噸当たり、積載重量をおおむね1.5トンとして、内地との間の月当たり運航回数（稼航率）、たとえば日満支間では約1.3を乗じて、月間輸送重量を算出した。同様に、甲地域（フィリピン、マレー、ビルマ、ボルネオ等）、乙地域（タイ、仏印）との稼航率を乗じて、輸送可能重量を産出し、それを物資別に示す形で企画院の戦時輸送委員会によって四半期ないし年間輸送計画が策定された。輸送計画の使用単位は物動計画や貿易計画と一致するよう重量表示となっており、トンキロ表示は採用されていない。このため、物資別、積地・揚地別の輸送計画や、定期船・不定期船・機帆船の配船計画などの細部は海務院が使用可能な船腹を基に、海上輸送協議会の議を経て毎月必要な調整をして計画を策定し[40]、1船ごとの運航計画は一元的運航管理会社として1942年4月に設立された船舶運営会が策定した。開戦後は、船舶徴傭問題、配船調整、船舶建造計画など海上輸送問題が経済総動員業務の中でも最優先され、大本営政府連絡会議でもたびたび造船・輸送計画の立案状況や実施状況が報告されている[41]。

この頃から鉄道輸送力も著しく逼迫して、その対策が強化されるようになった。1942年12月には本来満洲、北支の沿岸諸港から海送される大陸物資を南鮮諸港まで鉄道で輸送し、後述のように海上輸送を節約する鉄道転移（南鮮中継）が始められ[42]、陸運統制も総合的輸送計画の一環として体系的に統括されるようになった。

1941年12月に保有する100総噸以上の汽船の全船舶は、表1-10のように649万総噸であり、このうち輸送船、漁船等の特殊船、陸海軍徴傭船、修繕船、喪失船等を控除した使用船腹は173万総噸余であった。これを基にすると、重要物資の12月の輸送重量は241万トンとなり、41年10月に、開戦準備の動員体制を取ることを前提にし

表1-10　開戦時の保有船舶

全船腹	千総噸	6,494.9
特殊船	千総噸	755.6
徴傭船	千総噸	3,701.0
修繕船	千総噸	170.0
使用船腹	千総噸	1,737.6
輸送重量	千トン	2,411.2
第1次案	千トン	2,621.7
増減	千トン	210.5

注：全船腹は100総噸以上の登録船、新造船、購入した未登録外国船、外国傭船、拿捕船を含む。特殊船は、油槽船、漁船、官庁船、その他特殊設備船。使用船腹は全船腹から特殊船、徴傭船、修繕船、戦争による喪失船、海難船を除いたもの。輸送重量は使用船腹による1ヶ月の貨物輸送重量で、算出方法は総噸当たり積載重量を定期船0.935、不定期船1.5とし、月当たりの稼航率を定期船0.7、不定期船1.17として計算。
出所：企画院「船腹ノ現在状況」1942年2月17日、同『昭和十七年度船舶運用基準参考表』1942年3月7日　前掲『物資動員計画重要資料』第3巻所収、33、39頁。

た物動第1次案に対しても、21万トン縮小していた。これは第1次案に比して徴傭船が陸軍で2.94万総噸、海軍で12.06万総噸増加したことなどによる。この事態を受けて、企画院は輸送力問題を打開するため、開戦後15ヶ月分の海上輸送力の見直し作業を続けた。喪失船量を削って、長期修繕船量を増やし、新規外国傭船を月数万総噸分追加し、また新造船計画を39.35万総噸から41.6万総噸にするなどによって、42年11月までに第1次案の水準へ回復することを図り、3月初めに表1-11のような使用船腹に基づく海上輸送基準を策定した[43]。検討の前提となる毎月の利用可能な船舶は、12ヶ月分を合算すると7,331万総噸となり、第1次案より100万総噸減少していた。このため月当たりの輸送重量トンは、41年度第4四半期に200万トン程度にまで落ち込んだ。しかし、42年度に入り、初期作戦の終了とともに徴傭船の解傭が始まり、ドイツ、仏印との新規傭船契約を得ることを想定し、大破喪失船の見通しを縮小するなどの補強対策や計画の調整によって300万トンに回復するという見通しを立てた。第2四半期には400万トンに引き上げ、年間合計では定期船517万

表 1-11　開戦から 1942 年度末までの保有船舶運用基準

(千総噸、トン)

		供給船腹	控除船	使用船腹	定期船 総噸数	定期船 輸送トン	不定期船 総噸数	不定期船 輸送トン	総輸送重量トン	同第1次案
41年度	12月	5,739.3	3,999.6	1,739.7	580.0	379.6	1,159.7	2,035.3	2,414.9	2,621.7
	1月	5,730.9	4,080.2	1,650.7	580.0	379.6	1,070.7	1,879.1	2,258.7	2,650.8
	2月	5,755.3	4,140.4	1,614.9	580.0	379.6	1,034.9	1,816.3	2,195.9	2,559.7
	3月	5,828.5	4,139.3	1,689.2	580.0	379.6	1,109.2	1,946.6	2,326.2	2,509.0
42年度	4月	5,900.2	3,821.0	2,079.2	580.0	379.6	1,499.2	2,878.5	3,258.1	3,464.2
	5月	5,964.2	3,827.3	2,136.9	600.0	392.7	1,536.9	2,950.8	3,343.5	3,423.7
	6月	5,999.2	3,726.3	2,272.9	600.0	392.7	1,672.9	3,212.0	3,604.7	3,673.7
	7月	5,993.5	3,281.3	2,712.2	680.0	445.1	2,032.2	4,054.2	4,499.3	4,563.5
	8月	6,031.5	3,361.3	2,670.2	680.0	445.1	1,990.2	3,970.4	4,415.5	4,530.0
	9月	6,069.5	3,401.3	2,668.2	680.0	445.1	1,988.2	3,966.5	4,411.6	4,496.7
	10月	6,161.5	3,441.3	2,720.2	680.0	445.1	1,990.2	4,030.2	4,475.3	4,517.9
	11月	6,153.5	3,484.5	2,669.2	680.0	445.1	1,989.2	4,028.1	4,473.2	4,498.7
	12月	6,199.5	3,524.3	2,675.2	680.0	445.1	1,995.2	4,040.3	4,485.4	4,445.0
	1月	6,245.5	3,564.3	2,681.2	680.0	445.1	2,001.2	4,142.5	4,587.6	4,411.6
	2月	6,295.5	3,604.3	2,691.2	680.0	445.1	2,011.2	4,163.2	4,608.3	4,418.6
	3月	6,345.5	3,644.3	2,701.2	680.0	445.1	2,021.2	4,183.9	4,629.0	4,385.3

注：供給船腹は、100 総噸以上の船舶で、油槽船、漁船、官庁船、特殊設備船を除く。控除船は徴傭船、喪失（大破）船、海難船、長・短期修繕船の合計。総噸の輸送重量トンへの換算は、定期船の場合 0.935、不定期船の場合 1.5 を乗じ、更に稼航率を乗じる。稼航率は、定期船の場合、月当たり 0.7。不定期船の場合は、1941 年 12 月〜42 年 3 月 1.17、4〜6 月 1.28、7〜9 月 1.33、10〜12 月 1.35、43 年 1〜3 月 1.38、平均 1.34 で計算してある。
出所：前掲「昭和十七年度船舶運用基準参考表」38 頁。

表 1-12　1942 年度汽船輸送力

(万重量トン)

		民需船	徴傭船	計	対前年度
期別計画	第 1 四半期	1,046	68	1,114	-31 %
	第 2 四半期	1,351	82	1,433	増減なし
	第 3 四半期	1,441	76	1,517	+55 %
	第 4 四半期	1,466	82	1,548	+100 %
	計	5,304	308	5,612	+18 %
区間	日満支間輸送			5,056	
	第一補給圏輸送			326	
	南方占領地域輸送			230	目標の 82 %

注：100 総噸以上の汽船輸送力。
出所：「物資動員計画ニ就テ」前掲『開戦期物資動員計画資料』第 7 巻所収、581 頁。

トン、不定期船 4,562 万トン、合計 5,079 万トンとした。これによって第 1 次案の 5,083 万トンに近いものとなった。

この 100 総噸以上の民需船による輸送力をさらに調整して輸送力を絞り出し、陸海軍徴傭船の返り船（腹航）等の一時利用を最大限に加えて、最終決定の海上輸送力は表 1-12 のようになった。下期に輸送力の激減を見た前年度に比較すると、1942 年度は第 2 四半期に前年度並みに復元し、その後も着実に輸送力を回復させて、年間では前年度以上の輸

第1章　太平洋戦争初期の経済総動員構想とその実態（1942年度）　143

送力を見込んだ。

海上輸送計画

　こうした基幹的輸送力のほとんどは日満支間の輸送用であり、国際的な物材連関が東アジアに局限されつつあることを示していた。南方占領地域からの物資取得計画は、既に見たように1942〜44年の資源開発目標とともに41年12月に第六委員会で策定し、42年度還送物資は前掲表1-6のように281万トンを見込んでいたが、輸送力が所要量の82％しか確保できなかったため、最重要物資については100％を確保し、それに次ぐ物資は30％、非重要物資は割愛することになり、輸送力が南方開発計画の制約要因にもなった[44]。共栄圏内の地域別の推移を表1-13から見ると、第1四半期は蘭印、ビルマなどで、作戦の展開によって甲地域の輸送はほとんどなくなるが、徴傭船の利用も第2四半期以降増加して、

表1-13　1942年度第1四半期・年間輸送計画（1942年3月）
（千トン）

		日満支	乙地域	甲地域	計
第1	陸軍徴傭船	—	75.0	90.0	165.0
	海軍徴傭船	179.2	240.0	85.0	504.2
	民需船	9,814.2	591.7	50.7	10,456.6
	計	9,993.4	906.7	225.7	11,125.8
年間	陸軍徴傭船	—	300.0	443.3	743.3
	海軍徴傭船	716.8	960.0	473.5	2,150.3
	民需船	50,637.1	1,949.4	1,166.6	53,753.1
	計	51,353.9	3,209.4	2,083.4	56,646.7

注：乙地域は仏印、タイ、甲地域は、フィリピン、マレー、蘭印、ビルマ。上記のほかに海軍徴傭船による海軍用石炭輸送が日満支輸送に年間38.4万トンある。
出所：企画院「昭和十七年度物資動員計画（配船計画）」1942年3月7日　前掲『開戦期物資動員計画資料』第8巻所収、414頁。

表1-14　1942年度日満支海上輸送計画（1942年3月）
（千トン）

石炭（非製鉄用）	16,800	穀類	2,038
石炭（製鉄用）	7,950	砂糖	1,200
鉄鉱石	6,200	燐鉱石	656
銑鋼	4,669	肥料	1,275
塩	1,873	飼料	278
非鉄金属	3,210	油糧種実	498
コークス類	244	機械車両	417
セメント	553	北洋漁業	480
紙パルプ	706	その他	545
棉花	231		
木材	1,231	計	51,054

出所：企画院「昭和十七年度物資動員計画（配船計画）」1942年3月7日　前掲『開戦期物資動員計画資料』第8巻所収、416頁。

民需船輸送をカバーすると見込んでいた。

　海上輸送計画の大半を占める日満支の物資別還送計画は表1-14のように、石炭が48％を占め、次いで鉄鉱石12％、銑鋼9％、非鉄金属6％、穀類4％となった。仏印からの海上輸送233万トンの内訳は米42％、石炭27％、玉蜀黍15％のほか、燐鉱石、ボーキサイト、鉄鉱石のそれぞれ4％が主なものとなり、タイからの88万トンでは米91％、ゴム3％となっていた。フィリピンからの51万トンについては南洋材35％、マニラ麻・銅鉱がそれぞれ16％、ついでマンガン鉱、屑鉄、コプラ油などが占め、マレーからの62万トンについては、鉄鉱石56％、ボーキサイト24％となった。蘭印は原油・液体燃料が中心であるが、貨物船輸送では燐鉱石、ニッケル鉱、ボーキサイトのほか樹脂、麻類が中心であった[45]。

3　陸上輸送計画

交通動員計画の課題

　海上輸送力と同様に陸上輸送も需給調整と規制が不可避になり、1942年1月に企画院に戦時輸送委員会が設置され、陸海輸送力の連携強化と一体的運用を目指すことになった。42年度の交通動員計画では、「速ニ交通ノ戦時体制ヲ強化」し、①内外地交通の一体的運用、②海陸輸送の有機的運営、③全面的計

表1-15　1942年度鉄道輸送需給調整計画（1942年

		内地				朝鮮				台	
		官営		民営		官営		民営		官営	
		旅客	貨物	旅客	貨物	旅客	貨物	旅客	貨物	旅客	貨物
基本輸送量		55,946	30,018	26,949	834	5,977	5,949	434	433	1,255	1,003
輸送需要量		60,466	32,809	32,061	855	7,680	6,986	549	502	1,526	1,143
輸送力不足		4,520	2,791	5,112	21	1,703	1,037	115	69	270	140
増強	車両増強	163	684	69	2	78	258	7	8	13	30
	能率向上	839	310	1,178	17	328	175	22	9	26	10
規制量		3,518	1,797	3,865	3	1,296	603	86	52	232	99
規制率（％）		5.8	5.5	12.1	0.4	16.9	8.6	15.7	10.4	15.2	8.7

注：百万人km、百万トンkm以下四捨五入。官営の旅客基本輸送量は、軍需輸送・重要物資輸送のため10％削
出所：企画院「昭和十七年度交通動員実施計画綱領」1942年6月12日前掲『開戦期物資動員計画資料』第12巻

画輸送の実施、④重要物資の出荷および荷受統制の強化、⑤交通の保安および防衛の強化、⑥交通関係事業の整備、⑦国土防衛用通信の整備などを課題として、満洲、中国占領地、南方占領地区における関係省庁、軍との協力を強化することを打ち出した。特に海上輸送との接続、緊密な連携が重要な課題であった。輸送能力の増強では、①重要物資輸送と生産配給計画の密接な連携、②輸送機関、経路を指定して輸送力を節約し、必要に応じて運賃共同計算を実施すること、③現有設備の活用、遊休施設の利用・転用、④曳船、艀船、自動車、荷牛馬車の積極的活用を図ることなどが指示された。

鉄道輸送では、①貨車利用の改善、②輸送統制、③地方鉄道・軌道の統合等による官営鉄道を根幹とする総合運送計画を策定し、通勤輸送、国策的集団輸送を確保する一方、一般旅客は必要に応じて抑制することとなった。また、自動車運送事業、小運送業は、事業の統合や、組合の強化を図り、鉄道、海運との連携を強化するとして、海上輸送距離の短縮のため、内地・朝鮮の積揚港の整備や1942年7月開通予定の関門トンネルにおける旅客輸送の制限なども課題とされた。このほか、民間航空輸送の強化、通信施設の強化と、一般通信需要の抑制等が挙げられ、これに要する施設整備、要員の確保対策が打ち出された[46]。

鉄道輸送の需給計画

鉄道機関車、貨車製造業は、生産力拡充計画産業として、1938年度の製造実績、機関車877両、客車1,161両、貨車1万4,111両を、41年度にはそれぞれ1,100両、2,000両、2万1,000両に拡充することが39年1月に閣議決定されていた[47]。主な拡充対象は幹線鉄道たる官営事業で、鋼材配当計画でも39年度官需20万トン、民需4万トン、40年度官需18万トン、

6月)

(旅客：百万人km、貨物：百万トンkm)

湾		樺太		全国	
民営		官営			
旅客	貨物	旅客	貨物	旅客	貨物
71	114	137	126	90,769	38,477
76	125	167	134	102,525	42,554
5	11	30	8	11,755	4,077
3	9	3	5	336	996
1	1	3	1	2,397	523
1	0.5	24	2	9,022	2,557
1.3	0.4	14.4	1.5	8.8	6.0

減して計上。
所収、440頁。

民需4万トンであった。しかし、生産は振るわず、機関車の生産実績は39年度731両、40年度780両、41年度625両と低迷し、客車も39年度1,263両、40年度1,585両、41年度1,486両と推移した。貨車は毎年度、39年の閣議決定目標を超える生産目標が設定され、実績も39年度1万7,963両、40年度2万1,478両と推移したが、41年度には1万1,799両に低迷した。42年度の生産拡充実施計画では、機関車590両、客車600両、貨車1万1,000両となり、資材不足の中で貨車への重点化を図った。資材の多くも新設より施設の拡張、改良・補修に回された[48]。

　増加する鉄道貨物の需給調整のため、鉄道輸送需給調整計画では表1-15のような輸送の規制を実施することになった。増設車両は主に貨車輸送を重点化したが、上述のように生産力拡充計画としては行き詰まり始めていた。乗客の詰め込みによって弾力性が高い旅客輸送では「能率向上」によってある程度カバーできたものの、規制率は旅客輸送で8.8％、貨物で6.0％と、都市部通勤用を中心に増大している旅客部門、特に内地民営と朝鮮の官営・民営が逼迫していた。貨物事業では朝鮮の官営・民営、台湾の官営で規制率が高く、輸送需要に応じられない事態が始まっている。

自動車輸送の需給計画

　自動車輸送の需給も逼迫していた。自動車工業も1936年の自動車製造事業法以来、生産力拡充政策の支援を受けて設備拡充が実施されたものの、燃料規制の強化によって計画は頓挫し、1941年度の大型自動車生産量を8万台とする当初の目標は、41年度実施計画では3.6万台となった。42年度実施計画では3.5万台となり、その多くは軍用であるため、タクシー業界の企業整備や乗用車の転用・廃棄も始まった[49]。表1-16のように地域別、事業別の大型自動車の増車・補充計画は全体で1万5,424台に過ぎず、廃車数を考慮すれば、輸送力の増強はほとんど期待できなかった。なにより揮発油の配給規制によって休止となった自動車の代用燃料車への転換が必要であった。貨物自動車の代燃車率は76.1％へ、乗合自動車は97％へと引き上げ、遅れていた乗用車、特殊車両についても2分の1程度まで代燃化を計画した。こうした対応によって増加する輸送需要に対応した結果、表1-17のように貨物輸送は代燃化や復路の

利用等による効率化に加えて燃料特配を受けることで、僅かな規制で済ませるという計画を策定した。しかし、バス事業等の旅客の輸送量規制は8％になった。輸送人数の規制が7.1％で済んでいることから、非重要バス路線を短縮し、自転車・徒歩などで対応したことも窺える。

表1-16　1942年度大型自動車整備計画（1942年6月）

（台、％）

		貨物	乗合	乗用	特殊	計
内地	前期末保有数	48,592	22,153	31,725	16,205	118,675
	増車・補充数	9,800	2,020	0	1,600	13,420
	廃車数	6,800	1,800	725	1,600	10,925
	今期末保有数	51,592	22,375	31,000	16,203	121,170
	前期末代燃車率	56.5	78.9	44.8	23.4	53.0
	今期末代燃車率	74.8	99.0	51.2	50.0	69.9
朝鮮	前期末保有数	5,144	2,698	2,798	400	11,040
	増車・補充数	820	270	68	40	1,198
	廃車数	1,326	342	0	40	1,708
	今期末保有数	5,650	2,770	2,730	400	11,550
	前期末代燃車率	76.0	61.3	38.6	6.3	60.4
	今期末代燃車率	100.0	100.0	39.5	13.8	82.7
台湾	前期末保有数	1,488	1,516	1,562	130	4,696
	増車・補充数	392	199	0	10	601
	廃車数	240	150	162	10	562
	今期末保有数	1640	1565	1400	130	4,735
	前期末代燃車率	64.2	51.3	48.0	3.8	52.9
	今期末代燃車率	81.6	82.3	59.8	3.8	73.3
樺太	前期末保有数	653	132	154	0	939
	増車・補充数	177	18	0	10	205
	廃車数	100	10	24	0	134
	今期末保有数	730	140	130	10	1010
	前期末代燃車率	12.7	38.6	12.3		16.3
	今期末代燃車率	39.3	80.0	43.1	0.0	45.0
合計	前期末保有数	55,877	26,499	36,239	16,735	135,350
	増車・補充数	11,189	2,507	68	1,660	15,424
	廃車数	8,466	2,302	911	1,650	13,329
	今期末保有数	59,612	26,850	35,260	16,743	138,465
	前期末代燃車率	60.0	75.3	44.4	22.8	55.4
	今期末代燃車率	76.1	97.0	50.6	48.7	70.4

出所：前掲「昭和十七年度交通動員実施計画綱領」454〜458頁。

表 1-17　1942 年度自動車輸送需給調整計画（1942 年 6 月）

（旅客：千人 km、貨物：千トン km）

		内地		朝鮮		台湾	
		旅客	貨物	旅客	貨物	旅客	貨物
基本輸送量		3,005,324	1,330,665	392,899	144,910	198,196	48,923
輸送需要量		4,054,916	2,107,145	672,594	227,302	282,953	66,375
輸送力不足		1,049,592	776,481	279,695	82,391	84,758	17,452
増強	代燃車	402,212	233,563	118,956	24,588	50,434	6,140
	揮発油特配		192,406		21,525		8,670
	能率向上	383,630	336,016	37,898	35,492	19,118	433
規正量		263,751	14,496	122,842	786	15,207	2,210
規正率		6.5	0.7	18.3	0.3	5.4	3.3

		樺太		全国	
		旅客	貨物	旅客	貨物
基本輸送量		21,480	9,927	3,617,898	1,534,425
輸送需要量		29,188	17,027	5,039,651	2,417,849
輸送力不足		7,708	7,100	1,421,753	883,424
増強	代燃車	3,513	1,805	575,115	266,097
	揮発油特配		1,840		224,441
	能率向上	1,883	1,524	442,528	373,464
規正量		2,312	1,931	404,111	19,422
規正率		7.9	11.3	8.0	0.8

注：千人 km、千トン km 以下四捨五入。
出所：前掲「昭和十七年度交通動員実施計画綱領」446 頁。

4　1942 年度物動供給計画

(1)　共栄圏経済対策

開戦直後の共栄圏物資需給判断

　以下では、日満支ブロックと南方における物資の獲得可能性、物動物資の供給見通し、需給逼迫物資の対策など、供給計画の立案過程を見ていこう。この点は、開戦直後に第六委員会が南方物資の獲得見込み（前掲表1-6）を策定した時から重要な課題であった。1942 年 1 月から 2 月にかけて商工省総務局調査課でも、42 年度以降の重要物資の大東亜共栄圏の供給力を総合的に検討した。それは第 2 次生産力拡充計画（1942～46 年度）と 42 年度物資動員計画の検討を兼ねたものであった[50]。調査課は太平洋戦争の開戦直前の 41 年 10 月に設置

された機関で、商工省の所管を超えて共栄圏全域の自給可能性を検討している。36年から38年の貿易統計による日満支ブロックと南方諸地域を合わせた共栄圏の第三国依存度の検討結果を見ると、食糧品については小麦を除いておおむね自給可能としていた。鉄鋼原料も銑鉄の自給率が82.3％であったが、鉄鉱石は自給可能とした。しかし、繊維原料の自給率は繰綿で46.5％、羊毛で17.4％に過ぎず、非鉄金属も錫・アルミニウム以外は、銅45.0％、鉛10.1％、亜鉛47.7％であり[51]、今後の急速な資源開発や農産品の作付拡大・転換が必要であった。以下、調査課による主要物資の需給見通しと対策を見ておこう[52]。

　鉄鋼石は、1939年にマレー、フィリピン等から384.9万トンを輸入し、南方依存度を高めていたが、41年には資産凍結の影響で156.1万トンとなった。42年度には305万トンの輸入を見込めるが、現稼行鉱山の資源枯渇とともに供給力は逓減する。第2次生産力拡充計画では鉄鉱需要は41年度の1,000万トンから46年度には2,600万トンに上ると想定していたため、海南島石碌山などの南方での新山の調査・開発が必要になると指摘している。マンガン鉱も共栄圏内での自給が困難で、42年度も38万トンの需要に対して14万トンの輸入が必要であり、フィリピンで僅かに7～10万トンが期待できるものの、世界的宝庫であるインド東部地方からの確保に「関心ヲ持タザルベカラズ」としていた。

　銅の自給も困難であり、年間需要16万トンに対して国産約7.5万トン、南方期待量約1.2万トンに過ぎないため、回収・代用に努めるほか、帝国鉱業開発株式会社の拡充、生産要素の集中投下、企業管理の強化が必要とされた。鉛も需要量10万トンに対して国産は1.5万トンに過ぎず、南方期待量はビルマ、豪州に「侵攻セザル限リ」4,500トンにとどまった。亜鉛も需要量10万トンに対して国産6.5万トンで、南方期待量もビルマ、豪州に「侵攻セザル限リ」仏印の5,300トンに過ぎないとされた。錫は1.5万トンの需要に対して国産2,000トンであったが、南方期待量がマレーを中心に15万トン以上であることから、国内錫鉱山は整理し、仏印・タイの錫鉱石用に国内の製錬設備を増強する必要があった。ニッケルは国内需要7,000～8,000トンに対して国産は500～600トンに過ぎず、南方期待量はニューカレドニア島に「侵攻セザル限リ」、セレベス島の約3,000トンに過ぎないため、回収・代用の強化のほか、フェロニッケ

ルの国内増産に努める必要があった。このほかコバルト、重石鉱、水鉛鉱も同様に国内・南方での開発強化が求められた。ボーキサイトの需要50万トンは大部分をマレーなどの南方に期待することになるが、「本邦内ノ自給率ヲ軽視スルコトハ頗ル危険」であることから、国産の礬土頁岩、南洋パラオと仏印のボーキサイト開発計画は継続するとした。一方、金鉱山は大金山を除いて整理し、施設等の保管措置をとるため、日本産金振興株式会社の拡充も急務であった。

　一方生ゴムについては、全世界生産の9割を占領下に置くことになり、米英圏への輸出を阻止するなど、戦略物資として利用することが可能になった。しかし、製品化に不可欠なカーボンブラック、硫黄、加硫促進助剤の酸化亜鉛、綿糸布などの国内での確保は困難であり、急速な生産拡充が必要になった。また、大量の生ゴムの確保によって、国内ゴム加工業界の強化と、不要となる再生ゴム業界の設備の転用も求められた。カーボンブラックの増産も天然ガスの南方での供給不足から、国内での増産が課題であった。鉄鋼表面処理剤、火薬、マッチの主要原料にして国内で確保できない燐鉱石は、南方で1,290万トン産出され、ゴム同様に戦略物資として利用可能であった。国内での有効利用のため、過燐酸石灰工業の能力増強、国内鉱山企業の南方進出の支援が求められた。

　日中戦争以前には年5万トンを消費していた牛皮は、1941年度に日満支産2.2万トン、第三国産1万トンの3.2万トンの供給になっていた。今後、民需を含めて7万トンに上る需要は、南方圏からの2.5万トンをもってしてもまかなえず、日本畜産増殖株式会社を支援し、満関支地域の畜産を奨励しても、民需の圧縮は避けられないとしていた。また、ほとんどを輸入に依存してきた鞣し材料のタンニン材は、戦前の6万トン（60％エキストラクト換算）の消費を41年度には3.5万トンに抑制していたが、南方に期待できるのは2万トン程度であった。このため国産天然タンニンの増産、王子製紙パルプ廃液の活用、新田化学工業のほか三井化学工業、日本染料製造、東邦化学工業等の合成タンニン事業を支援することになった。

　大東亜共栄圏における原棉の需給逼迫は深刻であった。域内の1941年度生産550万担に対して将来の総需要は1,750万担と予想されたため、3年後に

1,200万担、6年後に1,500万担、10年後に1,900万担という目標を設定した。その中心は北支、中支で10年後の生産目標はそれぞれ580万担、460万担であり、フィリピン150万担、ビルマ、仏印、タイがそれぞれ100万担などであった。一方、ロープ・漁網等の素材であるマニラ麻については複合的な調整が必要であった。マニラ麻の共栄圏内での生産は年間145.5万俵、そのうち135.5万俵をフィリピンが占め、フィリピンの55.5％は日本人経営が8割のダバオ産が占めていた。市場の37％、50万俵は日本向けで、その他は英国等の欧州諸国45万俵、米国30万俵、日本を除く共栄圏10万俵となっているため、開戦とともに需要の新規開拓が必要となった。国内では綱網用の棉花、苧麻、大麻等の使用を禁止して紡織用に回すなどして綱網用マニラ麻の需要を現状の40万俵から50万俵にまで拡大し、マニラ麻製綱機の拡張を図るため企業合同も進めることとした。また和紙のマニラ麻混用率を上げて現状の10〜15万俵から50万俵にまで需要を拡大することを目指すこととした。また、フィリピンにおけるマニラ麻生産を30〜40万俵削減し、苧麻、黄麻、棉花等への転換も必要とされた。コプラ・パーム油等の油脂原料についても、同様の調整が必要になった。共栄圏内のコプラ生産は年間206万トン、パーム油は28万トンで、大部分は欧米向け輸出に向けられてきた。日本国内の需要は約40万トンに過ぎなかった。生産量の大部分を今後日本が吸収するには搾油装置を拡充するとともに、グリセリン、石鹸、ロウソク、機械油剤、繊維製品油剤、塗料などの油脂製品を増産し、共栄圏内に輸出する必要があった。このほか、石油・石炭の代替燃料としての需要や、食用の植物性油脂などの新用途の開拓も求められた。

　このほか、共栄圏内で需給調整が必要な物資を見ると、セメントは南方地域で自給することが困難で、年間33.9万トンの輸入が必要なため、九州地区のセメント工場の拡充と輸出増が必要となった。板ガラスも、南方では年23万函の輸入が必要であったが、満支域で自給が進んだため、日本からの輸出は南方に振り分けて対応することになった。マッチについて南方地域では日本、スウェーデンから年間34.7万マッチトン[53]輸入していたが、この分は日本の45万マッチトンに加えて遊休設備能力15万マッチトンを稼働させることで対応することとした。紙類についても南方で年間1.2万トンの生産があったものの、

北欧・北米から10.5万トン、日本から1.66万トンの輸入があったが、今後は日本からの充足と、竹・バガスなどの活用による現地生産が求められることになった。麻袋は仏印、ラオス地方で70～80万枚の生産があったが、共栄圏外からも21.6万枚輸入されてきた。このため、今後は可及的に再利用を図り、使用制限、回収などの措置を取り、各地で黄麻の増産、マニラ麻の利用などを検討する必要があった。南方でも旺盛な需要があるビールは、現地生産が57.5万函あるが、日本から11.1万函など23万函の輸入があった。今後は日本からの輸出は取り止め、現地自給を進めるため設備移設など南方への工場進出を図る必要があったが、原料の大麦は豪州産が輸入不能なため日本から供給することになるとしていた。過剰となる糖蜜は、フィリピンだけでも年間20万トンを産出していた。従来、ほとんどを北米向けに輸出していたが、国内設備を移設するなどしてアルコール事業を拡張し、液体燃料の混用に利用することとした。石鹸は南方産植物油を利用して蘭印で年間80トン、フィリピンで15トンなどの生産があることから、現地自給化を図り、日本からの苛性ソーダの供給を確保することなどが必要とされた。

以上見てきたように、共栄圏全域の物資動員計画は単に南方資源を獲得するだけでは済まず、加工施設の移転と増強などの大東亜国土計画の推進や、既存市場に代わる新規市場の開拓、「過剰」物資生産の整理と再編、共栄圏全域の需給調整など、自給圏の建設には数多くの難題が押し寄せることになった。

共栄圏の石油需給見通し

最後に最重要資源である石油について、総務局調査課の産業再編構想を見よう[54]。商工省は1942年2月時点では、軍の施設接収後は実績のある民間企業による開発に移行することを想定していた。石油需給計画も大東亜共栄圏全体をカバーするものとし、南方石油の復旧と開発によって44年末までに戦前水準まで回復させ、国内・樺太石油の積極的開発と製油施設の拡充をはかり、共栄圏全体として自給体制を達成するというものであった。将来においては潤滑油、航空揮発油を除いて南方においても現地製油による自給を図ることとし、当面は精製装置、製品補給の中心地を日本と蘭印に置き、中国向けは上海に置く体制を構想した。

第1章　太平洋戦争初期の経済総動員構想とその実態（1942年度）　153

表1-18　大東亜共栄圏の1943年度石油需給調整計画

（千トン）

	石油製品需要	原油・人造石油生産	現在の精製能力	1943年度末精製能力	補給体制
日本	5,500	600	4,420	7,500	自給
満洲・蒙疆	400	200	230	500	自給
中国	1,000			500	不足分は日本から
フィリピン	550				不足分は日本、ボルネオから
仏印	120				不足分は主として蘭印より
タイ	150		40	200	自給。機械油は日本より
蘭印・マレー等	2,225	8,850	12,000	5,500	自給
合計	10,055	9,650	4,271	13,200	

注：原油合計965万klは、製品に換算すると828.5万klである。蘭印の精製施設は破壊されたものと見て、合計には加えていない。日本の原油・人造石油生産の内訳は、原油25万トン、人造石油25万トン、アルコール等10万トン。満洲・蒙疆の20万トンは人造石油。
出所：商工省総務局調査課「大東亜戦争下ニ於ケル本邦産業政策（其ノ三）」1942年3月（筆者保有）。

　その上で占領から1年以内に蘭印、英領ボルネオの油田を復旧させることを想定して、1943年度の大東亜共栄圏内（日満支、仏印、タイ、英領マレー・ボルネオ、蘭印、フィリピン等）の石油資源の需給計画を表1-18のように策定した[55]。共栄圏全域の従来の石油製品需要は1,005.5万トンと推計されたが、域内での原油生産は965万トンで、これは製品に換算すると828.5万トンに過ぎず、177万トン分が不足していた。このため、破壊された蘭印の精製施設の復旧のほか、日満での精製能力の増強が必要であり、また蘭印、ボルネオ、日満で原油約200万トンの増産も必要となった。この増産が困難となれば日満以外の消費量を約42％削減することになるとしていた。さらに共栄圏にビルマ、英領インド、豪州、ニュージーランドも包摂することとなると、これら地域での原油生産146万トン（製品125万トン）に対して、原油消費が518万トンになるため、372万トンが不足するという計算になった。従来、これらの全地域は蘭印、米国等からの輸入に依存していたが、これを域内で自給しようとすれば、さらに原油382.8万トンの増産が必要であった。原油開発計画としては、国内各社の石油資源開発部門を統合した帝国石油によって、表1-19のような455万トンの増強を検討していたものの、共栄圏の一層の拡大には原油問題も大きな隘路になった。また、総量として問題が解決したとしても、潤滑油の問

表 1-19　大東亜共栄圏の石油開発構想

(千トン)

	現在産油量	開発目標
ミリ・セリア油田	930	2,000
パレンバン油田	3,100	4,000
ジャンビー油田	1,200	2,500
スマトラ北部油田	900	1,500
タラカン油田	900	1,200
バリクパパン油田	920	1,200
ジャワ油田	800	900
セラム油田	100	200
合計	8,950	13,500

出所：前掲「大東亜戦争下ニ於ケル本邦産業政策（其ノ三）」。

題は最初から懸念されていた。潤滑油の生産量は日満で年5万トン、蘭印で13万トンであったが、消費量は87.7万トンに上ったことから、国内での増産や人造石油からの合成のほか、動植物油脂からの生産が太平洋戦争期を通じて課題になった。

油槽船の確保も開戦時から深刻な問題であった。開戦時に保有する大型油槽船47隻、53万8,800噸は、蘭印と日本の間の輸送力に換算すると年間約600万トンであった。しかし、「老朽船モ相当アリ」と見られており、軍による油槽船徴傭の可能性や貯油の充実を考慮すると常時1,000万トン程度の輸送力を確保する必要もあって、油槽船建造計画の上乗せが求められていた。

輸入決済方法

　こうした大東亜共栄圏全域の物資需給見通しを基に、4月24日、1942年度物資動員計画が閣議決定となった。輸入計画から見ていこう。外貨資金は、表1-20のように上期に比重を置いて年間6億1,520万円となり、第1次案の7億円余から一層縮小した。38年の当初物動計画の30億円の20.5％に過ぎなくなった。輸入が計画可能な相手国は、仏印とタイのみとなり、ドイツ、中南支の外貨決済は事案ごとに可能であれば手当をすることになった。仏印、タイのみを取り出すと、41年第3四半期実施計画の7,370万円、第4四半期の8,335万円から2倍程度に増加し、特にタイからの輸入計画は、41年12月21日の日泰攻守同盟の締結や、42年1月25日の対英米宣戦布告等の関係強化があって、第1次案に対しても、2.3倍となった。その多くはY資金による米の輸入であったが、タイに関しては42年4月21日の「日『タイ』金融協定」、5月2日調印の「協定覚書」、6月18日の「特別円決済制度ニ関スル日本銀行及泰国大蔵省間協定」などによって特別円決済に切り換えられた。一連の協定に基づき、

表 1-20　1942 年度四半期別の外貨資金計画（1942 年 4 月）

（千円）

			第 1 四半期	第 2 四半期	第 3 四半期	第 4 四半期	計
X資金	仏印	計画物資	40,083	29,259	28,116	26,301	123,757
		補正用	5,800	4,800	4,800	4,800	20,200
		小計	45,883	34,059	32,912	31,101	143,957
	泰	計画物資	24,033	24,021	23,956	23,776	95,786
		補正用	2,800	2,800	2,800	2,800	11,200
		小計	26,833	26,821	26,756	26,576	106,986
Y資金	仏印	41 年度分	33,856	21,852	25,439	15,400	96,547
		42 年度分	19,667	19,667	6,337	30,047	75,718
		小計	53,523	41,519	31,776	45,447	172,265
	泰	42 年度分	52,800	59,100	45,000	35,100	192,000
計			179,039	161,499	136,444	138,224	615,208
a	対独・中南支		要すれば別途計画またはその都度処理。				

注：X 資金は穀物以外の物動物資輸入資金、Y 資金は穀物輸入資金。予備資金 a はあらかじめ計画することをせず、独・中南支・その他地域からの輸入については、必要に応じて別途計画を策定することになった。
出所：企画院「昭和十七年度物資動員計画及各四半期物資動員実施計画（総括）」1942 年 4 月 20 日　前掲『開戦期物資動員計画資料』第 7 巻所収、202 頁。

①日銀はバーツ貨安定のためタイが英米から受けた金準備の資産凍結に相当する 2 億円の借款（期間 5 年、延長可、金利年 3.5％）を提供し、本店内にタイ大蔵省預金勘定（泰国銀行設立に伴い 43 年 3 月から同行預金勘定）を設定する、②やむをえぬ場合には同勘定から引き出した資金で日銀から 1g 4.8 円（価格非公開）で金の購入を認める、③ 42 年 2 月時点で 100 バーツ 155.7 円であった為替レートを等価とし、円貨引き上げによる新たな通貨関係を確定した。貿易決済では、④日銀に泰国国庫特別円勘定を設定し、タイ大蔵省は為替集中制度による円為替の受け渡しを、同勘定で処理する、⑤泰国大蔵省は、日本側銀行の要求に応じて、前記勘定を利用してバーツ貨の供給と受入を行うことになった[56]。

仏印に関しては、1941 年 5 月の日仏印経済協定によって協力を取り付け[57]、①新居住航海条約による仏本国人並みの自由往来、②関税の最恵国待遇ないし免除、③仏印物資対日輸出の数量協定の締結、④横浜正金銀行のピアストル貨勘定、インドシナ銀行の円貨勘定を設定した一定の貿易差額限度内での決済、⑤資本輸出、参加の保証、⑥仏印産米の輸出決済の 1 年延べ払いなどが認めら

れたことで、経済関係は急速に深まっていた。仏印との決済は、横浜正金銀行にインドシナ銀行の円貨特別勘定を設定し、同様にインドシナ銀行に正金のピアストル貨特別勘定を設定して、月末勘定残高500万円を超える分のみ米ドルで決済することとして、ほぼ円貨での輸入決済を実現した[58]。さらに1941年度第1～第3四半期分は全額次年度に繰り延べとし、第4四半期分は30%を年度内に支払い、70%は42年度の支払いとしていた。また1942年度第1～第3四半期分も年度内は30%を支払い、70%は43年度の支払いとし、42年度第4四半期受け取り分は45%を年度内に支払い、55%を43年度中に支払うという延べ払い契約を締結した[59]。こうして貿易決済に金準備をほとんど考慮する必要がなくなったことから、生産拡充計画の対象であった金の生産増強も不要となり、10月には金鉱山の企業整備事業が始まった[60]。

輸入計画

物動重要物資の輸入については、表1-21の通りであり、生ゴム、非鉄金属鉱石や円域向け飼料も可能な限り獲得しようとしていた。軍政下に置かれた甲地域での軍事支出、決済は、周知のように、当初は現地通貨表示の軍票によって行われ、集荷、還送も軍が担当した。フィリピン、マレー、スマトラ、ジャワ、ビルマ、北ボルネオ等の経済開発資金の融資や現地通貨の供給を目的に1942年3月に南方開発金庫が設立（4月業務開始）され、現地の接収企業の日系企業による委託経営に運転資金を供給して、日本側の開発輸入計画に協力した。金庫開設から1年間は軍票を借り入れて融資業務を行うなど、発券業務はなかったが、43年4月からは現地通貨表示の南方開発金庫券が発行され、いずれにしても日本側が通貨を管理することで貿易が決済された[61]。なお、新たに南方占領地域にて錫、生ゴム、ボーキサイト、鉄鉱石等が取得

表1-21　物動X資金による1942年度輸入計画

（千円）

	仏印	タイ
タングステン鉱	4,505	4,500
亜鉛	5,000	0
錫鉱	5,720	23,100
生ゴム	58,000	60,000
石炭	8,060	0
玉蜀黍	24,000	0
その他計	123,757	95,786
補正用	20,200	11,200

出所：前掲「昭和十七年度物資動員計画及各四半期物資動員実施計画（総括）」203頁。

可能になる場合でも、配船計画がその可能性を左右しており、外貨を必要とする貿易計画そのものの重要性は大きく後退した。国内および共栄圏内からの消費財の集荷と供給の問題を除けば、占領地域の統治や、現地物資の集荷と配船計画が、甲地域の物動計画の重要課題であった。

軍政地域の物資交流計画

　一方、南方軍政地域による物動物資の供給協力は、現地の物資需給構造にも大きな変化をもたらした。国際商品であるゴム、錫などは、地域の基幹産業でありながら当面は抑制物資となり、敵性国家となった宗主国等への輸出が禁止されるとともに、現地貯蔵が指示された。輸出による外貨で食糧を輸入していた地域では新たな輸出先の模索や作付転換、日本軍の現地徴発や対日輸出の米穀を補填するための食糧増産が必要になるなど[62]、共栄圏内での需給構造の再編を図る計画が策定された。

　初期の南方作戦が一段落すると、1942年7月に陸軍南方軍総司令部内に軍政総監部が設置された。この軍政総監部が各地軍政監を集めた会同の8月7日付の指示の中では、「南方資源ヲ確保シテ帝国ノ戦力ヲ急速ニ充実スルト共ニ世界的特産資源ヲ積極的ニ保持培養シ地勢的究理ニ基ク産業国土開発ノ実現ヲ期シテ国力ノ伸展ヲ計リ且ツ普ク帝国臣民ニ発展ノ機会ヲ与ヘテ其ノ堅実ナル地歩ヲ確立セシメ指導民族タルノ資質ヲ昂揚シテ大和民族永遠ノ発展ヲ図ルヲ基本理念トス」と、覇権的な自給圏を構築することを明確にしている。

　その上で物資交流については、「南方各地域相互ニ相通セシムル為物資ノ交流調整ヲ行フハ適地適業ノ下ニ相倚リ相扶ケ以テ現地軍ノ自治及民生確保惹イテハ内地負担ノ軽減ヲ図ル為寔ニ緊要ノ事ニシテ五月以来物資交流計画ヲ樹テ鋭意実施中ナルモ今後其ノ品目ヲ追補シ地域ヲ拡大スル等計画内容ノ整備充実ヲ計リ諸制度ヲ改善シ南方諸地域ニ於ケル綜合能力ヲ発揮シ長期戦完遂ニ邁進致度」と、各地軍政監に指示している。前述のように5月には南方圏内の一部地域から順次補完関係を拡大する形で「物資交流計画」が策定された。枢軸国向けの物資輸送は、秘密保持のため昭南（シンガポール）、バタビヤ、ペナン、ペラワンの4港に限定して8月以降実施予定とされた。南方域内で「過剰物資」となる、錫、ゴム、キナ、チーク材、ガタパーチャ（ゴム樹脂）等は、「世

界的特産資源」であり、民生上の重要性や戦後の資源をめぐる「世界経済戦」で優位を占めるという「遠大」な観点から扱うことが指示されたが[63]、物資交流計画や1942年度の枢軸国向け輸出計画の詳細は判明しない。

(2) 供給計画

1942年度の計画は「昭和十七年度物資動員計画及各四半期物資動員実施計画」という構成で、年度当初に年度計画と各四半期計画を策定した。これは、緒戦の勝利による共栄圏構築の自信を反映しているようでもあるが、同時に、大量の船舶徴傭による経済への打撃は、予定通りに船腹が回復することによってのみ克服しうることを計画上明示する意図もあった。鈴木企画院総裁は、これについて衆議院本会議で、「海上輸送力ガ物資供給力ノ根源」であるとして、軍徴傭船舶の計画的解傭はじめ輸送力の計画化の重要性を指摘している。また「昭和十六年度ノ物資動員計画ニ比シマシテ特ニ配慮ヲシマシタル点ハ、計画実施ニ当リマシテ生ジマス不可避的ナ修正ヲ最小限度ニ止ムル為ニ、年度計画及ビ各四半期実施計画ノ同時設定」をし、さらに大東亜交易計画と対応して「供給力ノ確保ヲ一層確実ナラシム為ノ地域別、期別、物資別配船計画」を立案したと報告している。供給計画は、内地・外地の国内生産、国内での回収計画、在庫の取り崩し、満洲国・中華民国の円系通貨圏輸入、タイ・仏印などの第一補給圏輸入、南方軍政地域の第二補給圏輸入などから構成されることになった[64]。年度当初に四半期計画まで策定したため、改めて各四半期実施計画を策定することはせずに、後述のように随時供給・配当計画を調整することで事態の変化に対応する方針を取った[65]。主要物資の供給計画を見ていこう。

鉄鋼関係の供給計画

鉄鋼生産に関しては、既に見たように1941年11月1日の大本営政府連絡会議で450万トン計画となり、陸軍の大幅譲歩で一旦妥協が成立した。しかし、軍需の逼迫を受け11月18日に、稼働率の一層の引き上げを求めている鉄鋼統制会は、第1案450万トン、第2案480万トン、第3案500万トンの鋼材計画を策定し、増産可能性を関係各省に提示した。企画院は輸送力の捻出と鉄鋼重点化を図って、42年1月18日「昭和十七年度鉄鋼生産計画要領」を作成し、

商工省を通じて鉄鋼統制会に新たな計画条件と目標を内示した。それは鉄鉱石の本船輸送を 566.2 万トン、銑鋼輸送を 384 万トンまで引き上げ、普通鋼鋼材 485 万トン、特殊鋼 35 万トン、鍛鋼 36 万トン、鋳鋼 23 万トンを最低目標とした。これを受けて統制会は、表 1-22 のように 1 月 31 日に普通鋼鋼材 472.1

表 1-22 鉄鋼統制会の 1942 年度鉄鋼計画案

(千トン)

	鋼材生産	現地取得	計	鉄鉱石本船輸送
9 月 25 日①	3,700			5,370
9 月 25 日②	4,645			7,252
企画院提示	4,850			5,662
1 月 31 日	4,721	129	4,800	6,603
2 月 3 日	4,851	119	4,980	6,105
2 月 5 日	4,873	127	5,000	6,080
2 月 12 日	5,000	127	5,127	6,606
4 月 8 日	4,979	75	5,054	6,606
4 月 20 日	4,979	75	5,054	6,374

注：9 月 25 日の第 1 案は、企画院の鉄鉱石本船輸送 537 万トン、銑鋼輸送 244 万トンの提示に対する回答。「企画院提示」は 1 月 24 日の鉄鋼生産計画要領による提示。
出所：鉄鋼統制会『昭和十七年度、十八年度鉄鋼生産計画ニ鉄鋼統制会ノ参画セル経緯並ニ各工場ヘノ生産割当ノ実施』1943 年 5 月 15 日前掲『後期物資動員計画資料』第 3 巻所収、200～202 頁。

万トン、これに要する鉄鉱石輸送 660.3 万トンなどとする計画をまとめた。その後 2 月に入ると商工省、企画院との間で頻繁に計画案が交わされ、輸送力の増強と増産計画が積み上げられた。最終的に 4 月に入って、輸送力を鉄鉱石 637.4 万トン、石炭 1,509.3 万トンとし、鋼材生産は 497.9 万トンで確定した。

　鉄鉱石の供給は、第 1 次案ほど多くの国内供給を見込まなかったが、砂鉄原料の増産などに国産努力を傾注し、他方で極力海上輸送力を捻出して中支・海南島などの円域からの輸入を引き上げて、1941 年度以上の確保を見込んだ。銑鉄供給も大幅に増加し、これに円域からの輸入も拡大させた。これに加えてクルップ・レン法などによる貧鉱処理に期待して、ルッペ（粒鉄）26 万トンやスラグ（鉱滓）の原料化を図り、屑鉄生産計画は第 1 次案に対して 100 万トン以上増加させた[66]。また、屑鉄の一般回収や特別回収も大幅に強化して、屑鉄供給総量は第 1 次案より 200 万トン近く上乗せした。この結果、鉄鋼国内生産計画はやや強引ともいえる 497.9 万トンに引き上げられ、第二補給圏からのマンガン鉱、クロム鉱、ニッケル鉱輸入も見込んで鉄鋼「自給」体制をさらに進める計画になった。

表 1-23　1942 年度物資動

分科	物資		国内生産			回収	
			内地原料	外地原料	輸入原料	一般	特別
第一	普通鋼鋼材	トン	4,979,000			1,295,000	567,000
	普通銑	トン	5,050,000				
	屑鉄	トン	2,828,700				
	特殊鋼鋼材	トン	400,000				
	鉄鉱石	千トン	2,307	2,135		674	
第二	銅	トン	70,900	8,400	9,000		
	鉛	トン	15,180	7,000	7,450	2,400	
	亜鉛	トン	55,500	6,000	1,230	2,400	
	アルミニウム	トン	17,650	18,020	88,440		
第三	紡績用棉花	千担		360			
	羊毛	俵	4,423	1,100			
	人絹用パルプ	英トン	146,000	64,000			
	マニラ麻	トン					
	生ゴム	トン					
第四	石炭	千トン	60,000	17,300			
第五	工業塩	トン		30,000		60,000	
	食料塩	トン	566,000	407,000			

注：1941 年度物動計画は、41 年度第 1 四半期暫定実施計画と 8 月決定の 41 年 7 月～42 年 3 月物動の供給
　む。＊鉄鉱石の在庫補填欄の 90 万トンは義務貯炭の取り崩し、内地分のうち 30.7 万トンは砂鉄。アル
　画には 9,358 万トンが使われ、残余は貯炭分。
出所：企画院「昭和十七年度物資動員計画及各四半期物資動員実施計画（供給力計画）」1942 年 4 月 20

鉄鋼以外の供給計画

　鉄鋼関係を含む 1942 年度の主要物資の供給力は、南方軍政の確立を前提に表 1-23 のように決定された。第二分科の銅など非鉄金属類の自給は依然厳しかったが、フィリピンの銅鉱などの第二補給圏からの補給によって第 1 次案よりは需給状況を緩和させている。非鉄金属では、英領マレー、蘭領インド・ビンタン島のボーキサイトを確保し、アルミニウム生産の急速な拡大によって非鉄金属代替材の供給に目処をつけたことが大きかった。

　もっともこれらの見通しについては、企画院参与会議内で厳しい意見も出ていた[67]。鋼材 500 万トン生産の重要な鍵となるのは国内鉄鉱石の増産であったが、1941 年度の実績である 160 万トンを 200 万トンとするのは、「各種人的物的資材ノ逼迫セル現状ニ於テハ極メテ困難ナル数字」と指摘された。特にこれ

員計画供給力（1942 年 4 月）

在庫からの補填		円域輸入	第一補給圏輸入	第二補給圏輸入	供給	1941 年度物動計画	1942 年度第 1 次案
一般	特別						
		75,200			5,054,200	4,665,650	4,325,100
80,000		538,000			5,668,000	5,437,300	4,857,200
110,000		116,500	3,600	111,000	5,031,800	3,469,795	3,067,150
		2,830			402,830	364,534	94,576
301	*900	5,061	100	350	11,828	10,449	12,067
9,449	21,855				119,604	131,560	92,892
500	44,600	3,200			80,330	74,008	82,581
1,500	9,359	1,500	3,650		81,139	83,563	82,239
		5,000			129,110	65,504	81,600
1,000		2,836		3	4,199	5,227	3,742
52,377	64,000	59,100			181,000	204,874	154,260
					210,000	231,898	195,000
7,151		4,700		73,340	85,191	23,715	7,151
200	6,000		58,930	56,340	121,470	51,475	42,700
7,660		13,536	620		99,116	91,780	89,971
		973,518	50,000		1,113,518	1,062,800	1,095,518
		729,840			1,702,800	1,685,656	1,565,006

計画を合算したもの。42 年度第 1 次案は、42 年 10 月策定のもの。円域輸入には主に軍による現地取得を含む。アルミニウムは高級品・普通品の合計。石炭は無煙炭、有煙炭の合計。石炭供給量 9,912 万トンのうち、配当計日前掲『開戦期物資動員計画資料』第 7 巻所収、214〜313 頁。

に要する労働者4,200人（うち半数は経験者）の増員が困難だった。また非鉄金属関係の労働者3万5,000人、軽金属関係4,000人の増員も同様に困難であるとされた。アルミニウムの41年度生産実績7万1,723トンを12万4,100トンとする計画も「頗ル至難」とされ、このためには輸送力、労働者、電力、石炭の大量確保を必要とし、「場合ニ依リ軍関係工場ノ規正ヲモ期待セザルヲ得ザルコト軍当局ニ於テ予メ了承アリタシ」との意見もあった。金属特別回収でも、屑鉄56.7万トンの回収には「強力ナル非常措置ヲ絶対ニ必要」とし、また深刻な需給状況となっている銅の1万9,000トン回収予定も、「如何ナル非常措置ト雖モ実施セザルベカラズ」と、なりふり構わぬ統制の強化が必要であると指摘していた。

第三分科関係を見よう。紡績用棉花、羊毛の供給は、円域からの輸入が徐々

に増加していたが、総供給量は依然として減少し続け、それを在庫の取り崩しが支えていた。代替用の人絹パルプ生産も伸びず、民需用衣料生産の縮小に歯止めをかけることができなかった。その一方、円域での亜麻、大麻、黄麻の供給見通しは着実に増加し、軍需・海運用需要の大きいマニラ麻はフィリピンからの輸入見通しが付いたことで第1次案の10倍以上の供給を見込んだ。

　第四分科の石炭は、海上輸送物資の最大比重を占め、輸送力削減の影響が最も大きかった。1941年度第4四半期には本州・四国で査定需要の34％が節減され、鉄鋼、ガス、電力、造船造機金属工業等でも生産力の維持を憂慮する事態となっていた。「特ニ小口需要ノ部門ニ於テ実ニ六二％ノ規正ヲ強行サレツツアル。群小工業ノ受クル打撃ハ凡ソ致命的デアラウ」[68]とみられた。しかし42年度も国内の増産は見込めず、円域、特に北支・蒙疆からの供給増によって辛うじて前年度並みを維持するという計画となった。工業塩も同じように、円ブロックからの供給増によって、前年度以上の供給計画を立て、食料塩も前年度93％としていた第1次案から前年度を若干上回る水準とした。

米穀の確保対策

　このほか、第七分科の米については、内地生産6,350万石（約952万トン）、外地3,115万石（約462万トン）に、仏印604万石（約90万トン）、タイ556万石（約83万トン）などの輸入、これに在庫量4,974万石（746万トン）の計1億5,942万石（2,391万トン）の供給力に対して、1億462万石（1,569万トン）を配給する計画であった。供給力に占める輸入比率は7.2％程度であったが、米の問題は日本だけでなく、占領地域を含めた懸案であり、タイ、仏印等からの買付交渉は開戦以来の焦点になっていた。開戦による日本の占領地域は、総じて米の輸入地域であったため、開戦直後から、タイ、仏印政府との間では、日本向けだけでなく、占領地域での軍需米、民需米の買付交渉が始まった。1942年1月24日には、外務大臣より在仏印芳沢謙吉大使宛に、「大東亜全体ヲ通ズル需給計画策定中ナル処推算ニ依レバ差当リビルマニ期待シ難ク仏印及泰ヨリ夫々仏印米百三十七万瓲、玉蜀黍四十六万瓲、泰米百五十万瓲ノ供給ナクバ各地ノ不足ヲ補填シ得ザル現状ナリ従テ極力仏印及泰ヨリノ供給ヲ増加スル一方各地ノ消費ヲ切詰メ計画的配分ニヨリ需給調整ヲ計ルノ外ナク之カ為ニハ我方

ニ於テ全供給ヲ一手ニ収ムルコト絶対ニ必要」との訓令が伝えられた。また上海租界の占領に伴い、「食糧供給（三十万瓲程度ハ必要ノ見込）ノ全責任ヲ負担スル」ため、仏印から仏租界向けの米を別扱いすることは認めないなど、仏印やタイとの間で交渉が続けられた[69]。2月には、仏印から白米・砕米 96.4 万トン、米粉 12.8 万トン、玉蜀黍 18.8 万トンの計 128 万トン、タイから米 118.6 万トン、蘭印から玉蜀黍 14 万トンの買付を実現し、このうち日本向けには、米 147.5 万トン（仏印 86.4 万トン、タイ 61.1 万トン）、玉蜀黍 20 万トン（仏印 18.8 万トン、蘭印 1.2 万トン）を確保した。割当は「日本ノ食糧事情ヲ優先的ニ考慮」した結果、その他の共栄圏内の米の割当は、北支 3.3 万トン、中支 15.6 万トン、南支 9.3 万トン、香港 9.2 万トン、マカオ 1.3 万トン、フィリピン 3.4 万トン、マレー 14.8 万トン、蘭印 3.6 万トン、英領ボルネオ 1.9 万トンなどとなった。作戦途中のビルマからの米については、取得が可能になった時点で追加するとしていた。買付機関については、タイ米は三菱商事、仏印米は三井物産、ビルマ米は日本棉花、トウモロコシは飼料配給、三井物産、三菱商事とし、プール計算を行うことが指示された。これらの需給計画は、「一応配船関係ヲ度外視シテ作成シタ[70]」ものであったが、その後も交渉を続けた結果、タイ米の輸入が引き上げられた。米を中心としたビルマの 1942 年度交流計画（輸出入計画）については、本章の最後で触れることにしよう。

需給逼迫物資の需給対策

　1942 年度当初時点で、43 年度の重要資源の需給見通しと問題への対応も検討された。表 1-24 のように、需給が逼迫している資源のほとんどは、43 年度当初には在庫がなくなることが確認できる。43 年度用に 42 年度並か、それ以上の在庫を確保し、供給力の増加を見込めるものは、鉄鉱石、紡績用棉花、硼砂原鉱、動物樹脂などごく僅かであった。特殊鋼用原鉱、亜鉛、黄麻、牛皮などの在庫は皆無となるものの、増産は可能という判断であった。

　しかし、鉄鉱石の増産については既に疑問も提示されており、動物性油脂の需給調整についても、植物原料への転換を前提としていた。供給増が可能と判断された金属類は国内・円域での従来以上の開発、取得努力に多くを依存しており、資材・労働力不足の中でその見通しは楽観に過ぎるように思われる。ま

表 1-24　1943 年度の供給と在庫補填の見通し

	43 年度当初在庫		補填方策
在庫減少を 1942 年度中に補填可能か、42 年度以上の供給力が見込める物資			
鉄鉱石	83.3 万トン	(93)	国内、円域、南方での取得増
モリブデン鉱	0		満洲、朝鮮の増産を強行
ワナジウム鉱	0		砂鉄製錬による国内増産。満洲の増産
ニッケル鉱	0		セレベス鉱に期待。朝鮮鉱の若干の増産
亜鉛	0		満洲鉱の増産。仏印鉱山の開発、取得増
アンチモン	0		仏印取得の増加。南支からの取得に特段の努力
普通石綿	0		円域、国内の増産と代用化
紡績用棉花	300 万担	(370)	北支、中支、南方での増産
黄麻	0		棉茎、カラオ、マニラ麻で代用
牛皮	0		仏印、タイ、南方より取得増加
タンニン材	0		南方地域より取得増加
硼砂原鉱	7,714 トン	(220)	朝鮮鉱に僅少の増産を期待
動物油脂	34,500 トン	(125)	パーム油等の植物樹脂に転換
1942 年中に在庫減少を補填できず、供給が減少する物資			
マンガン鉱	8,000 トン	(7.5)	国産、フィリピン産の増産とインドからの取得に努力
コバルト鉱	0		朝鮮鉱に若干の増産期待
白金	0		回収強化。ソ連、南米からの取得を画策
電気銅	0		フィリピンの鉱山開発を強行。アルミニウムによる代替
鉛	0		満洲、朝鮮の増産を強行
水銀	86.8 トン	(17)	国内増産に努めるが供給力は減少
高級石綿	0		南アからの取得努力。満洲・蒙彊に多少の増産を期待
高級雲母	0		インド、ビルマからの取得期待。円域に多少の増産期待
羊毛	6 万俵	(52)	豪州に期待するより途なし

注：（ ）内は 1942 年度の在庫利用量に対する 43 年度当初在庫の割合（％）。
出所：前掲「物資動員計画ニ就テ」587～589 頁。

たマンガン鉱・コバルト鉱、白金、高級石綿、羊毛の 43 年度の補填対策はほとんど見込みがない状況であった。こうして第二補給圏をもってしても補填対策の困難は克服できず、航空機や航空機搭載用の各種特殊鋼、精密機器、電子機器の大量生産に際して、次々と大きな隘路が顕在化することが予想されるのが、大東亜共栄圏の実情であった。

5　1942 年度物動配当計画

配当計画の構造変化

　供給可能な物資は、陸海軍の軍工廠や軍管理の工場・事業場向けの陸軍需 A、

第1章　太平洋戦争初期の経済総動員構想とその実態（1942年度）　165

海軍需B、軍管理工場等の設備拡充用の「充足軍需」C_1、生産拡充計画産業の設備・運転用需要C_2、政府事業用「官需」C_3、円系通貨圏向け輸出用需要$C_{4イ}$、第三国輸出用需要$C_{4ロ}$、一般民需C_5などに区分して配当計画が策定された。1942年度には、資材取引が錯綜しているため、軍需・民需にまたがって配当されていた航空機用資材や船舶造修用資材は軍に一元化され、「移管航空機A・B」、「移管船舶造修B」という配当区分が設けられた。移管航空機分は、1941年度第2四半期からC_1やAB枠に含まれていた分を陸海軍航空本部に配当管理が移管された分であり、移管船舶造修分はC_2から大型船舶用物資について海軍艦政本部に移管された分であった。

　これによって民間の最重要工業である航空機と造船部門への原材料・資材配当がより確実なものとなった。C部門のうち、一般民需、官需は別途詳細計画を策定することになり、船舶造修用と防空用区分だけが特記される形が取られた。またC_6は、1941年度計画から設定された物動物資の原料用の区分である。たとえば、銑鉄の場合は鋳物用などの銑鉄素材として必要な分を各部門に配当し、製鉄原料となる分はまとめてC_6に区分された。また深刻な需給逼迫が発生している物資については、供給量の数％から十数％を保留分とし、民需の緊急調整用に利用した[71]。

　表1-25によって主要物資の1942年度の配当計画を概観しておこう。1941年8月に決定となった41年度配当計画と比較すると、鉄鋼の場合、海軍需が大幅に増加し、陸海軍で供給量505.4万トンの2分の1を占める事態となった。この結果、無理を押して生産計画を拡大しても民需配当は30万トン減少した。特殊鋼も同様に供給計画は拡大しても民需配当は削減されている。非鉄金属類はアルミニウムを除いて供給量自体が停滞しており、民需向けは補修用程度に限定することになった。

生産拡充計画向け配当

　生産拡充計画の一部だった造船部門用の資材は、1942年度から物動計画上も特記されて、より詳細な配当計画が策定された。新造船用の鋼材は表1-26のように6ヶ月先の竣工量を勘案して1総噸当たり0.685トンで計算された。これは従来0.72とした係数を戦時標準船へ切り換えることで節約しようとい

表 1-25　1942 年度物資動員計

		普通鋼 トン	普通銑 トン	特殊鋼 トン	電気銅 トン	鉛 トン
供給力		5,054,200	5,668,000	402,830	119,604	80,330
陸軍	陸軍固有	900,000	131,000	126,500	32,813	17,500
	移管航空機	591	38	916	137	126
海軍	海軍固有	1,100,000	210,000	165,000	46,680	28,500
	移管航空機	88	19	464	23	3
	移管船舶造修	535,000	75,787	3,186	11,190	2,742
民需	陸軍充足 C_1	130,000	20,000	1,720	1,000	285
	海軍充足 C_1	150,000	16,200	2,000	1,308	1,015
	生産拡充 C_2	1,150,818	505,045	77,083	13,366	13,371
	官需 C_3	188,788	47,340	3,700	2,333	2,700
	円域　満洲	108,151	22,433	6,403	1,852	1,220
	国民政府	100,600	7,934	1,951	1,140	659
	第 3 国 $C_{4ロ}$	38,107	9,305	386	618	399
	一般 C_5　防空用	21,200	1,344	504	353	255
	船舶造修	36,360	6,477	75	570	178
	その他	514,497	124,078	12,942	4,945	9,867
	計	572,057	131,899	13,521	5,868	10,300
	生産確保用 C_6		4,491,000			
	C_2-C_5 緊急調整	80,000			1,276	1,510
	民需計	2,518,521	5,251,156	106,764	28,761	31,459

注：海軍の移管船舶造修は艦政本部に移管された 500 総噸以上の船舶用。一般民需の船舶造修は、500 総の合計。
出所：企画院「昭和十七年度物資動員計画及各四半期物資動員実施計画（配当及取得区分計画）」1942 年

うものだった[72]。また量産に向けた資材確保のため、造船業向けの総合的資材配当計画が策定された。従来、生産力拡充計画の中で甲造船用に配当されてきた鋼材は、1940 年度 25.8 万トン、41 年度 32.6 万トンであった。これに対して 42 年度には 53 万総噸の建造計画に対して 44.2 万トンの配当となった[73]。建造、修繕、補修、設備拡充用の資材と 500 総噸未満の乙造船用資材は、表 1-27 の通りとなった。500 総噸未満の乙造船のうち、鋼船計画は年度内 1 万 3,869 総噸、次年度分の着工 4,115 総噸の建造のための鋼材 1 万 2,510 トン、木造船 20 万総噸用に鋼材 1 万 4,130 トンが配当され、造船用は全体で 57 万トンとなった[74]。そして、中・大型汽船の大量の追加徴傭によって、物動物資の日本沿岸

画配当計画（1942 年 4 月）

亜鉛 トン	アルミニウム トン	紡績棉 担	マニラ麻 トン	生ゴム トン	石炭 千トン
81,139	129,110	4,199,057	85,191	121,470	93,577
21,100	51,650	1,180,000	6,000	20,000	9,140
22	967	330		51	
24,800	49,114	275,000	6,000	14,000	3,325
2	258	30		4	
5,890	384		14,397	576	
350	754	20,800	20	500	
310	774	16,000	50	500	
10,622	7,170		2,730	7,024	C_5 に合算
1,496	5,215	57,260	3,185	2,665	8,925
400	256	275,000	1,540	5,400	420
400	543	62,000	1,060	4,213	790
1,805	853	600,000	263	1,152	210
150	193	1,457		1,647	
633	771	10,180	2,380	28	
11,752	6,808	1,701,000	31,394	42,253	67,467
12,535	7,772	1,712,637	33,774	43,928	67,467
1,407	3,400		16,172	21,457	3,300
29,325	3,905	2,743,697	58,794	86,839	81,112

噸未満の鋼船、木造船用資材。アルミニウムは高級品と普通品の合計。石炭は無煙炭、有煙炭

4 月 20 日 前掲『開戦期物資動員計画資料』第 7 巻所収、385～473 頁。

での輸送には乙造船とりわけ木造船の重要性が増すことになった。

　一方、1942 年度から始まる第 2 次生産力拡充 5 ヶ年計画も 41 年 12 月頃から立案が進められ、既に見たように 42 年初めには大東亜共栄圏全域を対象とした 46 年度までの供給力見通しも検討されていた。この間の資材推定需要量を踏まえた 42 年度需要量と物資動員計画との調整も進められた[75]。しかし実際には総合的な生産力拡充の長期計画を立案する余裕はなく、この時期以降の設備拡充は造船などの限定的な部門で実施されるに過ぎなくなった。42 年度の鋼材配当は移管船舶造修と合わせて 168 万トン余となり、41 年度の 152 万トンを上回ったが、造船以外の生産部門への配当は、特殊な事情を除いて設備

表 1-26　1942 年度甲造船計画と所要鋼材

(千総噸、トン)

		竣工	準備	鋼材量	査定
42 年度	第 1 四半期	95	145	99.2	99
	第 2 四半期	125	165	113.1	112
	第 3 四半期	145	165	113.1	112
	第 4 四半期	165	175	119.9	119
	計	530	650	445.3	442
43 年度	第 1 四半期	165	—	—	—
	第 2 四半期	175	—	—	—

注:「準備」は、6ヶ月先の竣工計画、「鋼材量」は準備量 × 0.685 で算出された配当鋼材量。
出所:企画院「昭和十七年度物資動員計画中船舶造修資材査定表」1942 年 3 月 18 日 前掲『開戦期物資動員計画資料』第 7 巻所収、184 頁。

の新設用を減らし、生産水準の維持に必要な分のみとなった[76]。

一般民需向け配当

　一般民需の部門別鋼材配当について見よう。1938 年下期、40 年度下期の 2 度の画期を経て大幅に削減されてきた一般民需向けの鋼材配当 C_5 は、1 月の企

表 1-27　1942 年度計画造船用

		甲造船（500 総噸以上）				
		新造	戦傷修繕	一般修繕	補修	拡充
普通鋼鋼材	トン	442,000	35,000	30,000	3,000	24,000
普通鋼鍛鋼	トン	26,811	8,000	6,900	90	480
普通鋼鋳鋼	トン	13,604	2,500	2,200	400	1,200
特殊鋼	トン	1,986	480	410	150	160
電気銅	トン	8,440	1,000	1,400	130	200
屑銅	トン	993	200	200	10	16
鉛	トン	1,291	600	700	100	48
亜鉛	トン	3,475	1,000	1,300	54	58
錫	トン	754	180	180	14	18
水銀	kg	8,043	1,500	28,000	15	16
普通アルミ	トン	119	20	40	10	80
高級石綿	トン	109	40	70	5	8
普通石綿	トン	993	500	600	50	160
マニラ麻	俵	1,490	1,800	11,000	40	62
牛皮	トン	69	40	80	50	24
生ゴム	トン	148	50	250	30	48
木材	千石	233	100	280	544	
セメント	トン	5,560	3,000	7,800	4,100	60,000
工作機械	千円				500	10,400

注:木材は車輌・船舶用材、土木建築用材の合計。工作機械は国産金属工作機械。
出所:前掲「昭和十七年度物資動員計画船舶造修資材査定表」182〜183 頁。

画院査定時には、表1-28のように41年度配当実績をさらに2割程度削減するという原案であった。これを基に、関係部局から2月半ばまでに意見を受けて成案を作成することになっていたが、4月の配当計画では、41年度配当実績を大きく上回ることになった。これには40年度以来、大幅に絞り込んできた歪みを是正する配慮とも見られるが、一方で民需部門内の戦時固有の需要に対する配慮でもあった。同表の大分類は、原資料ではさらに細分類を設定し、農林水産業では12区分、保健衛生9区分、国民生活用品11区分、公共団体17区分、化学工業18区分として重点施策を明記して配当されている。供給計画がやや増強された鋼材以外でも、表1-29のように、特殊鋼、アルミニウム、繊維、洋紙、車輌船舶用木材、石炭などで前年度実績を越えていた。

なお、従来は鉄鋼の民需配当が、最終消費の事業者に配当されるのに対して、他の物資の配当区分は金属加工業者や最終需要者などまちまちで、入手原料に

主要資材配当計画（1942年3月）

| 計 | 乙造船（500総噸未満） | | | | | 合計 |
	新造	修繕	船用品	施設	計	
534,000	26,640	5,000	2,720	2,000	36,360	570,360
42,281	3,909	450	231	560	5,150	47,431
19,904	696	99	101	100	996	20,900
3,186	53	22			75	3,261
11,170	731	105	27	100	963	12,133
1,419	578	90		80	748	2,167
2,739	120	15	32	20	187	2,926
5,887	465	75	57	70	667	6,554
1,146	226	58	9	50	343	1,489
37,574	830	3,000			3,830	41,404
269	391	280			671	940
232						232
2,303	2	4			6	2,309
14,392			2,080	300	2,380	16,772
263	3	3	5		11	274
526	8	20			28	554
1,157	2,336	486		210	3,032	4,189
80,460	88	60		1,200	1,348	81,808
10,900						10,900

表 1-28　1942 年度内地一般民需向け鋼材配当計画

(トン)

	1940年度 配当実績	1941年度		1942年度	
		配当予定	配当実績	査定案	配当計画
農林水産業	57,909	67,000	71,512	51,930	77,541
食料品加工業			2,700	2,157	29,700
保健衛生	5,965	11,000	5,059	3,976	6,237
国民生活用品	104,832	60,000	52,529	41,827	42,360
公共団体	62,990	30,238	34,678	31,024	38,373
教育			3,036	2,267	2,620
防空用	3,266	11,630			(21,200)
私設鉄道	32,520	22,000	24,963	19,942	22,042
500総噸未満船舶	29,136	14,500	19,051	14,814	31,312
ガス事業	17,972	6,000	10,326	8,249	12,000
鉱業	16,869	10,000	8,631	6,129	8,400
土木建築	40,853	20,400	16,590	11,781	12,000
機械鉄工業	90,971	64,500	23,020	16,346	23,000
産業車両用			36,222	28,652	37,500
化学工業	53,005	39,000	34,713	27,731	63,545
電気通信事業	6,105	1,600	3,073	2,345	3,370
航空	1,781	664	696	495	800
海外邦人企業	3,076	825	825	659	696
労務者住宅	9,210	3,500	5,601	4,474	5,850
紡織製紙	9,581	4,800	6,981	4,957	6,920
その他	33,393	17,000	19,297	13,703	21,510
特別回収代替品					16,000
特配		49,540		25,782	
内地計	579,434	434,197	379,503	319,241	461,776
外地計			80,705	64,472	89,041
合計			460,208	383,713	550,817

注：1942年度は防空用資材は査定段階から別計画として扱われたが、前年度・査定案との比較のため掲示した。内地計には査定案との比較のため算入していない。「特配」枠は査定案段階まであったが、決定段階でなくなり、「特別回収代替品」枠が新設された。「試験研究」は少量のためその他に合算した。「電気事業」と「通信事業」は1942年度から分離されたが、合算した。1941年度配当予定は、41年8月時点の予定。「1942年度査定案」は42年1月時点の査定。

出所：企画院第四部「昭和十七年度物資動員計画一般民需査定試案」1942年1月16日、企画院第二部「昭和十七年度物資動員計画防空対策用資材期別配当表」1942年5月9日、企画院「昭和十七年度物資動員計画一般民需配当表（附前年度配当実績表）」1942年度5月30日（前掲『物資動員計画重要資料』第3巻所収）、商工省特別室「戦時消費規正ニヨル一般民需用途別規正案ト其ノ影響（第一次改定案）」1941年8月か、商工省「特別室立案事項（二）」1941年10月、389～390頁（原朗・山崎志郎編『生産力拡充計画資料』第6巻、現代史料出版、1996年所収）。

アンバランスがあった。1942年度は非鉄金属の配当区分を鉄鋼配当区分と同一にし、鉄・非鉄金属配当の整合性を重視した[77]。

表1-28の鉄鋼が増配された民需部門についてやや詳しく見ておこう。農林水産業向けが増配されたのは、短繊維拡充用の蚕糸機械、蚕蛹搾油機などの農機具、鮫皮加工、船内冷凍設備などの水産加工機械、軍用馬具、木材増産・増送用機械、農水産品の包装出荷用資材向けであった。これは繊維・油脂・皮革の代替材の開発や軍需関連需要が急増したことを示している。また1940年12月に主要食糧等自給強化10年計画が策定され、41年3月の農地開発法に基づいて農地開発営団が取り組む大規模開墾事業を支援するためで

表1-29 1942年度内地一般民需向け配当計画（鋼材以外）

		1941年度配給実績	1942年度配給計画
普通銑	トン	135,366	130,555
特殊鋼	トン	9,966	13,017
電気銅	トン	6,700	5,514
屑銅	トン	20,360	19,930
鉛	トン	11,375	10,044
亜鉛	トン	15,540	12,383
アルミニウム	トン	3,660	7,574
紡績用棉花	千担	1,696	1,711
人造絹糸	千1b	70,224	78,178
洋紙	千1b	912,683	965,021
黄麻	トン	13,357	11,006
マニラ麻	トン	7,688	33,774
牛皮	トン	6,055	6,991
生ゴム	トン	17,923	42,281
車輌船舶用材	千石	2,251	2,369
土木建築用材	千石	6,751	5,306
坑木用材	千石	2,778	2,465
石炭	千トン	65,386	67,467
コークス	千トン	7,632	8,893
ソーダ灰	トン	168,581	159,173
苛性ソーダ	トン	297,182	259,839
セメント	千トン	2,446	2,056

出所：前掲『昭和十七年度物資動員計画一般民需配当表（附前年度配当実績表）』。ただし、ソーダ灰、苛性ソーダの41年実績は不自然に小さいため、企画院『昭和十七年度物資動員計画一般民需用途別実績配当表』1943年4月28日（前掲『開戦期物資動員計画資料』第11巻所収）によった。

もあった。公共団体向けが増額されたのも、農業用公共施設の整備事業が拡充されたためである。食料品加工業向けが新たに設けられ、冷凍業務向け、練粉乳・バター、味噌醤油、調味料、ビール、精糖の設備用など、いずれも農業人口の減少に対応した食糧増産対策が見られた。

保健衛生が増額されたのは、1940年に結核死亡者数が15万人を越えたことを機に全国医療水準の向上が課題となったことが背景にあり、1942年4月の日本医療団令に基づいて日本医療団の一般病院診療所新設5ヶ年計画や、結核病床5ヶ年10万床計画が始動したことによっていた。また開戦に伴って医療

表 1-30　軍需・民需の対前年度の配給比率

(％)

	軍需	民需
普通鋼鋼材	111	95
電気銅	98	66
鉛	129	86
亜鉛	118	75
錫	179	175
水銀	139	105
アルミニウム	210	133
高級石綿	112	112
高級雲母	225	34
紡績用棉花	127	67
羊毛	108	24
牛皮	160	130
タンニン材料	130	93
生ゴム	206	275
工業塩	217	96
セメント	153	80
ひまし油	164	93

注：1941年度実施計画を100とする。
出所：前掲「物資動員計画ニ就テ」579～580頁。

機器や、医薬製造事業の拡大も必要となり、増大する徴用工場向けの炊事場、診療所、浴場、産報道場などの施設工事も認められた。外地においても同様に食糧増産事業、食料品工業の拡充、公共団体の交通事業のため、査定案の水準を維持する配当となった。

500総噸未満の船舶用も甲造船同様に拡充が叫ばれ、査定案以上に配当されたが、本格的な木造船事業の拡充に取り組むのは太平洋戦争後半期であった[78]。

化学工業向けが大幅な増額になったのは、製鉄事業用の耐火煉瓦工業や、火薬・爆薬・ダイナマイト製造業、硫酸製造業、農薬製造業、合成工業向けの需要が伸びたことによる。

こうして、査定原案に比して要求の復活が相当認められたとはいえ、この間一貫して一般民需が抑制されてきたことには変わりがなく、国民生活の充実が配慮されたわけではない。充足軍需 C_1 を陸海軍需に加えた「軍需配当」と民需が、対前年度実施計画に比してどう推移したかを見たのが表 1-30 である。錫、アルミニウム、牛皮などを除けば、依然として厳しく民需は抑制されており、総じて鉄、非鉄金属素材の軍需傾斜が大きい。これについても先の企画院参与会議で危惧され、「C_5ハ従前ヨリ一段ト圧縮セラレ所謂最底(ママ)民需ヲ割ルモノモ相当アルヤノ感アリ、又今後軍ノ要望ニ基キ拡充スベキ有機合成事業、硝酸工業等ノ必要資材ヲ捻出スルコトノ不可能ナル部門モアリ。民需ニ於テハ此ノ一、二年来ノ配当縮少(ママ)ニ依リ一般手持在庫モ殆ド消費シ尽シ従ツテ経済ノ弾力性殆ド喪失シツツアリト申スモ過言デナク、今年度ノ配当削減ハ特ニ強ク影響ノ現ハルルコト免レザルベシ[79]」と指摘された。特殊鋼原料、非鉄金属、アルミニウム、セメント、ブロムの不足が「特ニ顕著」とされ、「軍ニ於テモ充分御考慮ノ上実施計画シ又ハ実施上ニ於ケル必要ナル調整ヲ予メ諒承アリタシ」と、軍の譲歩を求める意見もあった。

なお防空用資材は従来一般民需に配当され、1942年度は直接的な戦時対策の一環として急増したが、これは対策が必要な施設に対して所管省が工事する形を取ったため、一般民需とは別計画の扱いとなった。

官需向け配当

　一方、他の民需に先行して官需および各省予算の査定も、1942年度物動第1次案を基に実施された。これは40年夏以来懸案だった金融新体制構想がようやく財政金融基本方策要綱として41年7月閣議決定となったことを受けたものである。金融新体制は金融市場の計画化を目指し、その関連で予算と国家資金計画および物動計画との関連付けを要請していた[80]。このため国家資金計画を先議・概定し、財政需要と物資・労務の需給状況を適合させ、国家総動員諸計画間の均衡を図ることになった[81]。各省概算要求を企画院での物動官需配当見通しと適合させるため、既定経費関係の官庁物資需要額は7月末までに企画院に提出し、新規事業関係も9月末までにまとめ、11月末までに大蔵省とも協議して各省庁配当額を決定することとした。41年度物動の編成に際しては、既に民需・官需は大幅に削減しており、各省関係事業の保守・整備だけでも相当な増額を必要としたため、資材要求額は41年度配当実績の数倍に上った。その結果、査定作業を経て、12月20日に表1-31のような第1次配当案が策定された。この際の鉄道・港湾施設については、資材要求量がやや不明であるが[82]、これは工事半ばの事業を多く抱えながら、継続・中止の判断に時間を要したためと見られる。いずれにしても輸送力の増強と保守は、官需の中では重点がおかれて、陸軍整備局からは朝鮮・樺太・台湾の鉄道事業に鋼材2万1,200トンの追加のほか、道路・港湾事業への増配が求められていた[83]。その後、南方物資への期待が膨らむとともに物動供給計画が拡大され、翌42年2月頃まで種々の追加や見直しを経て、4月の決定計画では、銅など依然として逼迫の著しいものを除いて若干の増額が認められた。とはいえ、それはほぼ前年度水準にとどまった。1940年以来の官需配当推移を表1-32で見ると、41年度から劇的に削減されてきたことが判明する。

表 1-31　1942年度

	普通鋼鋼材				銅			
	41年度	要求	査定	決定	41年度	要求	査定	決定
宮内省				3,305				7.5
外務省	100	823	38	216	3	52	1.9	4
内務省	6,635	25,913	4,889	5,674	37	378	22	5
大蔵省	6,985	31,120	5,325	8,945	256	1,135	113	184
司法省	430	2,055	308	320	7	167	3.8	4
文部省	1,520	9,751	1,128	1,294	52.5	769	33	32
農林省	2,430	4,240	1,756	2,177	2.6	27	1.9	2
商工省	331	1,895	218	1,588	11	172	1.9	30
逓信省	9,078	9,004	6,441	6,700	1,067	1,081	98	690
鉄道省	105,000	*141,340	84,010	106,878	1,033		511	690
拓務省	2	16	1	4		2.3		0.2
厚生省	1,439	3,749	970	1,615	34.3	330	22	76
朝鮮総督府	42,055	107,412	30,714	35,943	922		473	493
台湾総督府	8,880		6,223	10,240	209		125	100
樺太庁	1,875	16,304	1,073	3,763	15	282	2.8	12
南洋庁	187	1,476	126	126	4	146	0.9	3
計	186,948		143,164	188,788	3,754		2,132	2,333

注：合計欄の不一致は原資料のまま。「41年度」は41年度物動配当実績。＊の鉄道省鋼材要求額は「鉄道省所管移管される車輌分を含まず。
出所：「官需配当参考資料」、「鉄道省所管官需配当表」1942年2月9日、企画院「昭和十七年度物資動員計画官157、178頁。

表 1-32　1940～42年度官需配当推移

(トン：kl)

	1940年度 配当実績	1941年度 配当実績	1942年度 要求量	1942年度 配当計画
普通鋼鋼材	324,211	192,310	200,063	188,788
普通銑	38,083	40,206	58,975	47,340
電気銅	11,737	3,754	7,036	2,333
普通揮発油	23,835	11,798	24,489	6,983

注：鉄道車輌用資材など生産力拡充計画へ移管された分を除いた配当額。1942年度鋼材要求量は、別資料によれば30万トン余りとみられ、過少であろう。
出所：「官需配当15、16、17年度対比表（仮題）」前掲『開戦期物資動員計画資料』第3巻所収、398、401、403、441頁。

第1章　太平洋戦争初期の経済総動員構想とその実態（1942年度）

官需査定作業

(トン)

セメント				主な事業
41年度	要求	査定	決定	
			5,600	
728	4,564	519	600	在中国領事館
88,733	230,217	60,354	77,000	関門海峡改良、小倉臨海地帯、関門国道
27,322	117,261	16,620	28,500	直営工場、青少年学徒訓練所、海軍経理学校
2,577	5,237	2,077	1,860	刑務所移改築、刑務作業
8,276	2,894	5,713	5,800	気象機関、東大航空研、東北大科学計測研
13,588	21,149	10,938	12,400	林産品生産搬出事業
663	1,213	467	718	工業試験、燃料研究、機械工養成
44,392	352,372	35,319	14,500	中央航研、航空乗務員養成、航空標識
221,622		171,402	201,402	鉄道機械・設備、保守
45	30	30	20	
7,648	19,854	7,271	24,105	軍事保護院
171,170	350,000	133,361	180,000	鉄道建設・保守、港湾、通信、道路
84,670		65,963	77,200	鉄道保守、港湾整備、山林事業、専売事業
6,720	29,716	5,235	11,735	鉄道、港湾
4,000	7,474	3,116	2,777	土木、営繕、通信、航路標識
682,154		518,385	644,217	

官需配当表」1942年2月9日によるもの。41年度物動配当、要求、査定、決定ともに生産拡充計画に需総括竝ニ各四半期別配当表」1942年4月28日　前掲『開戦期物資動員計画資料』第7巻所収、155、

6　液体燃料需給計画

石油禁輸後の需給見通し

　物資動員計画とは別枠で需給計画が策定された液体燃料は、1942年度の総動員計画における最大の焦点であった。41年度下期配給計画の策定の際、民需配当に C_1 の形で含まれていた軍需用を、民需用から明確に区分し、液体燃料の純民需枠を確定して配給量を保証しようとしていたが、物資動員計画第1次案と同じ41年10月に検討された液体燃料の供給見通しは、国産原油と人造石油を精製した自給分に限定されるという深刻なものであった。表1-33のように41年度下期は供給力116.4万klに対して、需要を80.6万klに絞り、42年度への繰越を確保しようとしている。しかし、42年度は需要量を126.6万klにまで引き下げても、供給可能量は、95万klに過ぎなかった。特に海上輸

表1-33　1941年度下期以降の民需用液体燃料需給状況（1942年10月）

(千kl)

		航空揮発油	普通揮発油	灯油	軽油	B重油	C重油	普通機械油	半固体機械油	計
1941年度下期	供給量	39	221	96	63	231	197	303	13.7	1,163.7
	需要量	32	180	57	49	285	50	146	6.7	805.7
1942年度	繰越在庫	6.3	40	39	14	0	100	122	7	328.3
	自給量	11	217	39	106	56	125	65	3	622
	計	17.3	257	78	120	56	225	187	10	950.3
	需要量	9.7	176	112	63	569	100	236	9.8	1,275.5
	過不足	7.6	81	△34	57	△513	125	△49	0.2	315.2
	持続月数	自給可	自給可	7.5	自給可	1.2	自給可	8.5	12	

注：1941年度下期の供給量、需要量の差（次年度繰越）が42年度の繰越在庫と一部で一致しないが、42年度の原資料の繰越在庫データを採用した。
出所：商工省燃料局企画課「昭和十六年度下半期及十七年度石油需給状況」1942年10月21日前掲『開戦期物資動員計画資料』第8巻所収、66〜67頁。

　送力の要であるB重油は、41年度下期中から5.4万kl不足した。42年度には51.3万トンもの不足が生じ、ほとんど需要量を満たせない見通しになった。他の燃料の配当持続月数も灯油で7.5ヶ月、普通機械油で8.5ヶ月と年度の途中で枯渇することが予想された。

　代替手段として、コールタール、クレオソート、魚油の配給・使用制限を実施して、B重油代用品とすること、普通機械油の不足を動植物油脂、脂肪酸で補填すること、灯油は灌漑用、害虫駆除用を重点化し、代用品で補填することなどの方策を検討することになったが[84]、輸入が再開されない限り、直ちに軍の備蓄を放出し、経済活動の停頓を回避する必要があった。

液体燃料の配給計画

　液体燃料の民需向けの配給は、物資動員計画の発動とともに漸次強化されていたが、1941年7月末の対日資産凍結と8月初めの石油禁輸措置によって、一挙に削減された。民需用の液体燃料総量は、7月の11.7万kl（年140万kl）から、8月以降は年換算で127.5万klになった。大本営政府連絡会議での国力検討作業は、42年度の民需用燃料の最低必要量を140万klとし[85]、11月5日の御前会議でも42年度民需を140万klとする案が示された。しかし、それは最低需要量の査定結果というより、開戦後3年間の作戦行動に必要な分を控除

した残余から算出されたという面も強く、実際には深刻な経済的混乱が予想される水準であった。開戦を検討した時点では、蘭印の占領によっても、当初1年間の石油獲得見込は、ボルネオが30万kl（海軍20万kl、陸軍10万kl）、スマトラは取得不能と想定していたことも、需給見通しの策定に大きく影響していた[86]。

自動車用揮発油の民需割当は、物資動員計画の開始前に比べ総量で4分の1にまで規制され、バスは19％、タクシーは9％、乗用車は2％にまで縮小していた。1941年度当初は月当たり2万kl以上で推移していたが、8月から大幅な削減が始まり、表1-34のように9月に1万3,293kl、10月には9,500klにまで絞り込まれた。11月には陸運統制令（40年2月）が大幅に改正され、消費統制の強化、施設の管理・使用・収用、輸送用物資・設備・資材の統制などが本格的に発動された[87]。エンジンの代用燃料化は徐々に進んでいたが、41年12月時点の貨物自動車（普通・小型）の保有数12万505台のうち、代用燃料車は依然として2万162台、16.7％に過ぎなかった[88]。このため、11月からは、トラックや機帆船向けに重点輸送物資に限定した特配を実施することになった。

年間の液体燃料の民需配当を140万klとする枠内で、12月時点で想定された特配方針を見ておこう。トラック事業への自動車揮発油の特配に関しては、石油禁輸措置直後の1941年8月7日に調査した輸送実績の81％を維持するという基準を立てた。その上で重点は、米麦、飼料、石炭、薪、木炭、鉱石、肥料、塩、味噌、醤油、生鮮食料品、大豆、雑穀などの国民生活物資とした。軍需品、石油、鉄鋼、砂糖その他の食料品は基準程度とし、砂利、木材、セメントは抑制された。特配には条件が付され、駅中心の貨物輸送である小運送事業については、日本通運がトラック全部を買収し統合運用になった場合に限定した。また、鉄道輸送と連携しない一般運送事業については、42年2月設立の全国貨物自動車事業組合に組織され、共同引受、共同配車を実施する場合として、陸上輸送の組織化、計画化、効率化のテコとしても特配を利用した[89]。

船舶用B重油の特配は以下のように査定した。近海汽船用については1〜3月に月600klを米、大豆、肥料用に確保した。沿岸汽船用では港湾荷役増強のため小型曳船200隻による艀の曳航のため月800klの特配を予定した。大陸との輸送を担った外航機帆船用については、機帆船外航統制運送組合の管理する

表1-34 自動車用揮発油の民需割当と規制率の推移（1938年

	総量		バス		タクシー		トラック	
	割当	規制	割当	規制	割当	規制	割当	規制
平時	101,237	0	17,087	0	30,669	0	48,009	0
1938年5月	84,543	16	15,111	17	24,425	22	40,122	19
1938年12月	64,251	37	10,464	40	15,573	50	35,229	27
1939年6月	51,572	49	8,544	50	12,478	59	28,805	40
1939年12月	44,519	56	6,380	63	10,003	67	25,835	46
1940年6月	39,400	61	6,130	64	7,320	76	23,826	50
1940年12月	32,300	68	4,721	72	4,866	84	20,750	57
1941年6月	25,830	74	3,104	81	2,772	91	18,335	62
1941年9月	13,293	87	56	100	27	100	11,843	76
1941年10月	9,500	91	56	100	23	100	7,879	84
1941年11月	9,000	91	59	100	26	100	7,375	84
特配（外数）	1,500	—	0	—	0	—	1,500	—
1941年12月	9,500	91	60	100	27	100	7,862	84
特配（外数）	13,500	—	0	—	0	—	13,500	—
1942年1月	6,343	94	61	100	27	100	4,746	90
特配（外数）	14,736	—	0	—	0	—	14,736	—
1942年2月	5,440	95	60	100	32	100	3,754	92
特配（外数）	3,922	—	0	—	0	—	3,922	—
1942年3月	6,787	94	62	100	35	100	4,786	90
特配（外数）	4,660	—	0	—	0	—	4,660	—

注：「タクシー」にはハイヤーを含む。「乗用車」は公用と自家用を含む。1942年10月以降のデータ
出所：燃料局第二部第一課「自動車用石油規制状況及貨物自動車月別現在調」1941年10月23日前
収、20頁。

142隻に、1月50隻、2月70隻、3月80隻を加えることとし、その200隻分の特配として第4四半期は1,920klの追加を予定した。機帆船外航統制運送組合への統合再編については、一般機帆船としての運航よりも燃料確保が確実なため組合への参画を希望する機帆船運航会社が多く、「実現確実ナリ」と予想された。一方、一般機帆船はB重油不足の結果、12月は「半分程度ヲ運航セシメ居ル」状態であったから、1～3月分に4,155klの特配を実施し、石炭、石油、塩、セメント、石灰石、耐火煉瓦、木炭、米、甘藷、馬鈴薯、銑鋼の重点輸送を図った[90]。漁船用特配についても、年間総漁獲高を40年度の8割程度を維持し、鶏卵・畜肉等の蛋白質給源不足を補うことを目的に、42年1～3月

5月～42年3月）

(kl、％)

乗用車		特殊車	
割当	規制	割当	規制
3,146	0	1,870	0
5,201	73	1,969	+3
1,156	70	1,549	10
294	91	1,365	27
427	87	1,852	1
280	91	1,820	3
142	95	1,821	3
70	98	1,549	17
0	100	1,143	19
0	100	1,942	18
0	100	1,540	18
0	—	0	—
0	100	1,551	17
0	—	0	—
0	100	1,471	20
0	—	0	—
0	100	1,594	15
0	—	0	—
0	100	1,404	25
0	—	0	—

は、文書作成後に書き込まれたメモによる。
掲『開戦期物資動員計画資料』第8巻所

に月3,835klの特配を予定した。こうして運輸業界では液体燃料の特配をテコとした業界再編が進み、重点物資の輸送統制が強化された。

1941年12月の特配決定時には、42年度の最低民需（C_2～C_5）配当を原案の140万klから、調整分を加えた145.8万klに引き上げることになった。表1-34のように、41年12月と42年1月に大量のガソリンの特配が実施され、上記の特配査定作業よりも多くの特配が実施された。42年度の民需（C_2～C_5）への特配、再特配も、42年3月までに44万1,360klに引き上げられた[91]。結局、年間民需（C_2～C_5）は開戦前に決定した140万klを改め、後述のように最低民需145.8万klに特配44.1万klを加えた190万klとなった。南方取得原油の需給計画に参画できないにもかかわらず、民需配当計画を策定しなければならない燃料局としては、①民需配当の5％は緊急調整用の保留分とする、②仏印、タイ、南方用を確保すること、③特に不足が著しいB重油についてはC重油より極力採取した下級B重油に軽油を混入して利用すること、④軍が決定する南方石油輸入計画と差が出る場合は、軍の所有油によって補填すること、⑤灯油、普通機械油、半個体機械油は、代用品を利用することなどの方針を決定した[92]。以下では民需分の緊急需要を特配によって補填し、南方での作戦推移と輸送力を勘案して1942年度の液体燃料需給計画が具体化される経過を見ておこう。

南方油田の確保

開戦後、南方の油田・精製設備は、侵攻に時間を要した地域を中心に深刻な

損傷を受けていたが、軽微な損傷で済んだ施設も多く、その接収は比較的順調に進んだ。その後、陸軍はシンガポールに南方燃料廠を設置し、油田地域ごとに、採掘・精製事業を統括するため、ボルネオ支廠（ミリ）、南スマトラ支廠（パレンバン）、中スマトラ支廠（アイルモレー）、北スマトラ支廠（パンカラン・ブランダン）、ジャワ支廠（スラバヤ）、ビルマ支廠（エナンジャン）を置いた。海軍はバリクパパンに第101燃料廠本部を設置し、タラカン支廠、セラム支廠や調査隊を置いた。

商工省燃料局は、開戦直後から油井の復旧事業を計画し、1942年3月3日には東亜共栄圏液体燃料自給対策要綱を定め、①国内主要石油鉱業を帝国石油株式会社（41年9月設立、政府半額出資）に統合し、国内資源の合理的開発と南方進出に総力を発揮させること、②南方地域の石油開発は帝国石油に直営させることなどを決定した[93]。

3月7日の大本営政府連絡会議では1942年度の原油取得175万klという、「開戦前予想セルモノヨリ若干増加ノ見込」が報告され[94]、42年度開発目標はボルネオ130万kl（海軍80万kl、陸軍50万kl）、スマトラ200万kl、ジャワ30万klなど、360万klを見込むことになった。さらにビルマからも10万klが期待できるとされ、民需用の増配の可能性が広がり、油槽船の増産計画も検討されることになった。こうした状況の変化の結果、3月9日の大本営政府連絡会議では企画院の強い要望を受けて、41年度当初計画の策定時に民需分の最低ラインと考えられてきた190万kl水準まで液体燃料の民需配当を戻すことになり、これが42年度のベース計画になった。また第一、第二補給圏向けの液体燃料についても満洲14万kl、中華民国2万kl、タイ10万kl、仏印3万kl、フィリピン10万kl、蘭印14万kl、マレー7万klなどの割当を決め、国内と合わせて民需全体では液体燃料250万klを確保することになった。これに対する民需用の供給は国産原油30万kl、人造石油23万kl、アルコール7万kl、輸入在庫32万klの計92万kl（これ以外に軍需用の満洲頁岩油12.6万kl、樺太原油1.4万kl）に過ぎないことから、残りは全て南方からの民需用としての供給に依存した。いずれにしてもこれによって、国内の民需配当は40年度実施計画の61％、41年度上半期配当を年度換算した量の81％まで回復し、タクシー・バスの強力な運行規制、代用燃料化、工場用・暖房用の重油規制など

を実施すれば、辛うじて均衡を維持できる見通しとなった。しかし、油槽船不足は未解決であった。5月時点の大型タンカー保有量は48隻62.9万噸（載貨重量）であったが、陸軍が2隻2.02万噸、海軍が36隻49.77万噸を徴傭していたため、民需用は10隻11.16万噸に過ぎなかった。このうち2隻2.66万噸は「使用不能」のため、使用可能なものはわずか8隻8.5万噸であった。ここから国内原油輸送（月当たり6万kl）と国内重油輸送（月当たり8万kl）に6隻6万噸（稼航率2.5）を使用すると、南方石油の輸送用は2隻2万噸になり、石油還送は軍徴用船に大きく依存することになった。石油製品、アルコール、糖蜜、その他植物油脂を輸送する小型油槽船の不足も深刻であり、保有量51隻3.485万噸のうち陸海軍徴傭船は28隻1.929万噸に上り、さらに4隻0.1万噸程度は修繕等のために常時繫船されることから、民需用は19隻1.45万噸程度であった。輸送必要量は石油製品月当たり4.5万トン、アルコールその他が月当たり1.5万トンの6万トンであったが、現有油槽船では月当たり2.8万トン程度にとどまった。3.2万トンの輸送は軍徴用傭船に依存せざるを得ないが、軍の協力は0.5万トン以上は期待できず、石油製品用小型油槽船の建造が急務になった。容器詰め石油の海上輸送輸送力も、月当たり2.2万トンの必要量に対して1.6万トンにとどまっていた[95]。

液体燃料計画の所管問題

物資動員計画の中に液体燃料需給計画が組み込まれなかったことは、全体整合性の点で重大な問題をもっていた。3月9日の大本営政府連絡会議では、「南方ニテ取得セル油ハ陸海軍自体カ現地ニテ使用スル分モ物動ニ入レ明確ナラシムルコト」となり、陸海軍の現地使用分も含めた全体の需給計画が物動計画に組み込まれることも一旦は決定された[96]。

しかし、この後、南方原油の採掘

表1-35 南方原油開発輸入の見通し（1942年5月）

（万kl）

	1942年度		43年度
	開発目標	物動計上	開発目標
スマトラ	200	100	380
サンガサンガ	60	60	70
タラカン	20	20	50
ミリ、セリア	50	50	100
ジャワ	30	20	40
セラム			5
ビルマ	10		20
計	370	250	665

出所：企画院「昭和十七年度物資動員計画及各四半期物資動員実施計画（液体燃料計画）」1942年5月15日 前掲『開戦期物資動員計画資料』第8巻所収、235～236頁。

と精製の見通しや、その割当をめぐって陸海軍の激しいやりとりが繰り返され、結局、現地取得分や南方での使用実態が企画院や商工省燃料局に通知されなくなっていった。5月半ばに決定された原油の需給計画では、表1-35のように1942年度の原油370万klの還送案を極力維持するとしながらも、輸送計画の限界から、物動計画には250万klのみを計上することとなった[97]。残りのスマトラ、ジャワ、ビルマ分の計120万klは、軍徴傭船、新造船、民需船輸送効率の引き上げなどで還送の可能性を模索することになったが、結局6月16日に決定された計画では、現地の貯蔵施設の補修の必要もあって、これは努力目標にとどまった。油田地帯の占領が進むと、250万klを超える超過還送が可能になった分の扱いは、5月15日の液体燃料計画の策定時点では、陸海軍、企画院、商工省燃料局の間で別途配分を協議することとし、還送計画を確実に実施するため、これに海務院関係官を加えた「液体燃料連絡実行機関(協議会)」を設置することになった[98]。しかし、5月19日の「占領地採油事業ノ協力運営ニ関スル陸海軍中央協定」によって、3月9日の大本営政府連絡会議の決定以来の一連の合意にもかかわらず、結局その原油割当は5月に設置された陸海軍石油委員会で決定し、隘路となる南方還送用タンカーに海軍徴傭船を可能な限り利用するなどの対策を検討したが、企画院や燃料局は協議から排除された[99]。6月の決定計画での追加供給分については、「陸海軍年需要量ニ比例配分シ民需ニ付テモ斟酌スル」という扱いになった。その後、液体燃料の物資動員計画は、陸海軍石油委員会における陸海軍間の調整後に民需分として残された分のみを扱い、南方石油の民需割当分を民需油槽船と軍徴傭輸

表1-36 1942年度原油需給計画(1942年5月)

(千kl)

供給計画	陸軍	スマトラ	1,000
		ジャワ	200
		ミリ、セリア	500
	海軍	サンガサンガ	595.2
		タラカン	206
	国産		300
	計		2,801.2
配当計画	陸軍	スマトラ	1,000
		ジャワ	
		ミリ、セリア	100
	海軍	サンガサンガ	193.2
		タラカン	156
	民需	スマトラ	
		ジャワ	200
		ミリ、セリア	400
		サンガサンガ	400
		タラカン	50
		国産	300
	計		1,350

出所:企画院「昭和十七年度物資動員計画及各四半期物資動員実施計画(液体燃料計画)」1942年5月15日 前掲『開戦期物資動員計画資料』第8巻所収、237頁。

送船による部分的支援で還送し、国内産油、人造石油、これに軍特配を加えて、割り当てるだけのものとなった。

その後も、石油委員会は陸海軍の配分量を秘匿したため、総動員業務を所管した企画院や後の軍需省総動員局でも、国内外の石油確保の総量や貯蔵総量を把握できないという事態となった。なお、石油委員会の構成は、陸海軍が「全く平等に代表されていた。委員長は二人あって、陸軍次官と海軍次官が肩をならべてこれにあたっていた」とされ、これに陸海軍省、参謀本部、軍令部の部局員、課長等が参画したが、文官からの出席はなかった[100]。

1942年度液体燃料需給計画

液体燃料計画の内容を見ておこう。5月に決定となった物動上の原油供給計画は表1-36の通りであり、供給力は国産原油30万klと合わせて280万klをベースとした。占領地の管理区分の関係で、大量に液体燃料を消費する海軍には所管する油田が少なく、輸送問題では大量の油槽船を保有する海軍に依存するという関係が生じ、両軍の激しい獲得争いが展開したことはよく知られている。280万klの原油確保を国内燃料物動の供給内訳から見ると、パレンバンなど南方最大の油田・精製施設があるスマトラが最大の供給地であったが、ここを所管し南方燃料廠を置いた陸軍は、ここからの民需向け原油還送は行わず、ジャワ、ミリ、セリアの油田から民需向け原油を供給した。海軍はボルネオ島東岸のサンガサンガ、タラカンの油田とバリクパパ

表1-37　1942年度液体燃料供給の内訳

(kl)

物動供給計画	
戦利品	291,000
南方取得C内地製品化[1]	896,000
固有分（在庫、国産等）[2]	883,790
陸海軍支援　貯油分[3]	979,400
陸海軍支援　南方取得分[4]	450,000
不足補填対策[5]	34,000
計	3,534,190
物動外供給力	
陸海軍南方取得精製分[6]	809,400
合計	4,343,590

注：1）南方取得原油105万klを内地に還送し精製したもので、主に民需だが、内地陸海軍需要の一部を負担。
2）在庫、国産原油、人造石油、無水アルコール、北樺太、頁岩油などから精製されるもので、主に民需用だが一部は軍需用。
3）陸海軍からの貯油から物動計画用に供出される分。
4）陸海軍の南方施設で精製されたもので物動計画用に供出されたもの。
5）油脂による機械油代替、クレオソートによる重油代替措置など。
6）陸海軍が南方で取得した原油を軍施設で精製し、物動計画には組み込まないもの。

出所：企画院「昭和十七年度液体燃料計画参考表」1942年6月13日　前掲『開戦期物資動員計画資料』第8巻所収、277～278頁。

表 1-38　1942 年度液体

			航空揮発油	普通揮発油	灯油	軽油
供給計画	戦利品	陸軍	6,000	69,000	35,000	14,000
		海軍	15,000	5,000	2,000	2,000
		計	21,000	74,000	37,000	16,000
	南方取得		18,000	148,000	176,000	108,000
	固有分	在庫製品	1,995	14,974	31,241	7,591
		国産原油	7,500	45,900	31,541	31,459
		人造石油		32,000		34,500
		無水アルコール		64,000		
		その他	200		1,000	
		計	9,695	156,874	63,782	73,550
	軍支援	陸軍		85,000	181,200	46,000
		海軍	25,200	31,000	44,500	14,000
		計	25,200	116,000	225,700	60,000
	不足対策					
		計	73,895	494,874	502,482	257,550
配当計画	陸軍	戦利品	6,000	69,000	35,000	14,000
		その他	22,000	17,000	9,800	5,500
		充足軍需		6,000	400	500
		計	28,000	92,000	45,200	20,000
	海軍	戦利品	15,000	5,000	2,000	2,000
		その他	4,200	10,000	1,500	5,000
		充足軍需		6,000	1,000	2,000
		計	19,200	21,000	4,500	9,000
	民需固有		9,760	222,688	117,000	67,820
	民需特配			35,858	28,634	25,688
	民需計		9,760	258,546	145,634	93,508
	対満州供給				49,938	2,000
	対支用保留		1,464	2,420	5,884	812
	対南方用保留		3,776	95,034	68,544	23,680
	調整					−80,000
	次期繰越		11,695	25,874	182,782	28,550

注：南方取得分はジャワ、サンガサンガ、タラカン、ミリ、セリアの原油105万klを内地民間企業で北樺太及び満洲国頁岩油からの製品で、頁岩油によるものは全てB重油。「軍支援」は軍及び軍のは油脂による普通機械油代替と、クレオソートによるB重油代替。軍需の「その他」は在庫、国
出所：前掲「昭和十七年度物資動員計画及各四半期物資動員実施計画（液体燃料計画）」245頁。

燃料需給計画（1942年5月）

（半固体機械油：トン、その他 kl）

普通機械油	輸入機械油	半固体機械油	B重油	C重油	計
9,000			60,000	18,000	211,000
1,000			28,000	27,000	80,000
10,000			88,000	45,000	291,000
126,000		16,000	174,000	130,000	896,000
115,838	65,000	6,651	18,600	27,100	288,990
54,000		6,000	27,600	27,600	231,600
			28,000	65,500	160,000
					64,000
2,000			136,000		139,200
171,838	65,000	12,651	210,200	120,200	883,790
			106,000	165,000	583,200
			525,000	206,500	846,200
			631,000	371,500	1,429,400
10,000			24,000		34,000
317,838	65,000	28,651	1,127,200	666,700	3,534,190
9,000			60,000	18,000	211,000
15,100	7,000	4,800	92,000		173,200
2,000		700	3,000	3,000	15,600
26,100	7,000	5,500	155,000	21,000	399,800
1,000			28,000	27,000	80,000
10,000	5,000	3,300	136,000	40,000	215,000
3,000		200	3,000	2,000	17,200
14,000	5,000	3,500	167,000	69,000	312,200
205,768	43,000	16,820	655,040	120,800	1,458,696
22,952			238,628	89,600	441,360
228,720	43,000	16,820	893,668	210,400	1,900,056
30,250		2,400	39,893		124,481
3,832	400	88	4,740		19,640
13,798		92	111,699	139,200	455,823
			+280,000	−200,000	
1,138	9,600	251	35,200	227,100	322,190

製品に精製したもの。固有分の無水アルコールのうち2万klはフィリピンから。固有分の「その他」は、接収施設で精製した製品のうち、民需配当190万klを満たすために民需向けに配当したもの。「不足対策」産分、軍燃料廠による製品を合計。

ンの精製施設を所管し、主にサンガサンガから民需向け原油を還送した。ここからの原油、液体燃料と国内産の天然・人造石油類が国内の液体燃料需要を支えることになったが、民需向け液体燃料に著しい不足が生じることから、その分は陸海軍の精製施設からの「支援」という形で補填する計画になった。

　原油等を精製した揮発油、灯油、機械油、重油等の液体燃料製品の物動総供給の内訳を見たのが表1-37である。緒戦の勝利によって得られた戦利品は、1942年度物動計画に固有の区分であり、後述のようにその全ては第1四半期中に供給された。「南方取得」は、既に見た南方からの105万klの還送原油を内地で精製した民需分である。「固有分」は国内の貯油、国産原油、人造石油、無水アルコールなどを原料とした分である。開戦前に840万klと見られた陸海軍貯油の年度当初量は不明であるが、貯油からの物動計画への供給は97.9万klであり、これを42年度計画では「陸海軍支援」と呼んだ。南方取得原油を現地等の軍精製施設で製品化し、これも45万klだけ物動へ供出した。総供給量は434万kl余になるはずであったが、軍が現地で取得し精製した80.9万klが物動計画には計上されておらず、物動計画外として扱われた。

　製品別の需給計画は表1-38の通りである。1942年度の液体燃料供給計画の構成は、上記のように特異な点があり、まず29.1万klの戦利品は、獲得した陸海軍にそのまま配当され、戦地の需給の緩和に寄与した。次いで「南方取得」分の89.6万klは、このうちの21万klを軍需とし、他は民需に充てられた。「固有分」からは軍需（C_1を含む）には17万klが回された。一方、「軍支援」の142.9万klは、陸海軍の貯蔵品からの97.9万klと、南方原油の陸海軍割当145.1万klを燃料廠で精製した125.9万klのうち45万klを合わせた分である。$C_2 \sim C_5$の民需配当は内外地合わせて190万kl、対満洲配当は保留分1万klを含め12.4万kl、また南方用保留分は45.6万klとされ、民需（固有・特配・対満支南洋）は総計250万kl、これに次年度への繰越用を加

表1-39　液体燃料差引陸海軍純配当計画

(千kl)

	陸軍	海軍
戦利品	261.0	80.0
南方現地取得	933.4	366.0
南方取得C配当から	170.6	40.0
固有C配当から	18.2	152.2
対民需C支援	△583.2	△846.2
差引純配当	800.0	△208

出所：前掲「昭和十七年度液体燃料計画参考表」280頁。

えて282.2万klとなった。この民需（固有＋特配）190万klという水準は資産凍結直後の41年8～11月水準より52％増量されたとはいえ、40年度の61％、41年度の81％に過ぎなかった[101]。

さらに、南方取得原油の陸海軍配当分を全て計上した上で、民需からの軍需配給と軍の対民需支援等を差引をした結果は、表1-39となる。陸軍が占領した油田・精製施設が大きな比重を占める一方、海軍は国内貯油等からの対民間支援が大きいため、実際配当はマイナスとなり、備蓄を減らしている。こうした結果が、毎月の石油委員会でも陸海軍の根深い対立の背景になった。

第3節　1942年度海上輸送計画の推移

保有船舶の推移

海上輸送計画の変遷と輸送実績を見るにあたって、まず船腹保有量とその増減の1年間の推移を見ておこう[102]。甲造船計画は、所管する海軍艦政本部が作成した「改四線表」では当初49.5万総噸、目標52万総噸とされ、企画院がまとめた1942年度生産拡充計画の中では38.4万総噸であった。しかし、この時期までの公称建造能力は船台を基準に概定したものに過ぎず、正確に把握されてはいなかった。本格的な増産に向けた設備拡充は42年度生産拡充計画でようやく着手されたが、鋼材メーカーの厚板製造能力が不足するなど、資材難も重なっていた。工期を短縮した簡易な戦時標準船への建造切り替えも42年度末にようやく進むという状況であった[103]。実際の新造船は、表1-40のように42年9月頃まで月2万総噸台を推移し、下期になって月産3万総噸台（年44.9万総噸）に上がり、年度末にようやく量産体制にはいったものの、運航開始船腹は年間で35.7万総噸にとどまった。しかし、42年度は拿捕船15.2万総噸、外国傭船9.6万総噸があり、下期には損傷船腹、引揚沈船の修理再登録が4.5万総噸あったことから、年間で66.2万総噸の船腹増があった。一方、減少要因を見ると、10月以降、船腹の減少速度が上がった。開戦前の船舶喪失の見通しは、1年目に80～100万総噸、2年目60～80万総噸であり[104]、月当たり7～8万総噸と想定し、2年目にはさらに喪失が減るとしていた。実際、開戦から半年間は予想外に損失が少なかった。しかし、第3四半期には月10万

表 1-40　100総噸以上船舶の増減推移

	増加船腹					減少	
	新造船	拿捕船	外国傭船	その他	計	喪失・大破	海難
41年12月	9,492				9,492	40,459	4,079
42年 1月	24,206				24,206	55,979	
2月	16,360	6,021			22,381	31,046	5,822
3月	24,365	19,803			44,168	67,215	267
4月	8,286	18,409			26,695	31,675	500
5月	18,112	3,777	36,649		58,538	94,341	
6月	25,138	15,449	37,499		78,086	29,097	5,640
7月	26,101	9,616	15,105		50,822	36,854	
8月	27,210	2,142			29,352	91,030	400
9月	27,752				27,752	26,151	
10月	39,092	3,143	4,423	5,031	51,689	110,405	7,819
11月	24,211	27,042		3,588	54,841	111,175	
12月	33,831	35,119	668	9,645	79,263	52,973	12,006
43年 1月	26,919	29,063		200	56,182	205,056	7,899
2月	36,589	7,915		25,885	82,580	112,054	7,200
3月	63,857		1,422	750	66,029	86,264	3,035
4月	70,529			2,602	73,131	208,438	14,415

注：増加・減少は月中の変化量（総噸）。増加船腹の合計欄には満洲置籍船1万2,191総噸（1943年2月）を含むには沈船を含む。その他は損傷修理および沈船引揚後の登録船等。減少船腹の喪失大破は当月に報告されたも更等。
出所：海運総局「海上輸送計画資料（仮題）」前掲『後期物資動員計画資料』第12巻所収、311、312頁。

総噸を超え始め、第4四半期以降、20万総噸を超える月もあるなど深刻な状況になった。

こうした陸海軍の作戦による損失の推移に加え、徴傭解除の予定変更や新たな徴傭船舶の増加要求によって、1942年度の海上輸送計画は翻弄されることになった。42年3月7日の大本営政府連絡会議では、3月末予定の海軍徴傭船8万総噸の解傭、4月予定の陸軍40万総噸の解傭が順延された。結局6月までに解傭されるはずの陸海軍徴傭船68万総噸は、22万総噸にとどまった。このほか5万総噸の沈没船を陸軍が解傭したが、これは輸送能力にはならず、第1四半期輸送計画は初めから厳しい条件で取り組まれることになった[105]。

汽船保有の推移は表1-41の通りである[106]。陸軍の徴傭船舶は1942年末まで減少したが、海軍の徴傭船舶はほとんど変わらず、陸軍も43年に入ると増徴を始めた。年度末でも陸海軍の徴傭船舶は329万総噸を維持し、陸海軍の兵

第1章　太平洋戦争初期の経済総動員構想とその実態（1942年度）

（総噸）

船腹		差引増減
その他	計	
	44,538	-35,046
	55,979	-31,773
	36,868	-14,487
	67,482	-23,314
	32,175	-5,480
	94,341	-35,803
	34,737	43,349
	36,854	13,968
	91,430	-62,078
	26,151	1,601
288	118,512	-66,823
	111,175	-56,334
2,075	67,054	12,209
4,484	217,439	-161,257
821	120,075	-37,495
1,428	90,727	-24,698
	222,853	-149,722

む。新造船は当月中の稼働開始船腹。拿捕船の。その他は外国船の返船、船質・船格変

員、兵器、軍需物資の輸送に当たった。保有総噸数は10月以降の大量喪失によって第4四半期には600万総噸を割り始めた。一般民需船の総量は8月から年末まで一旦300万総噸となるが年度末には260万総噸程度に低下した。このうち特定航路の特定物資輸送に限定された船舶を除き、物資動員計画の輸送計画に利用されたのは、海運中央統制輸送組合（40年11月発足）所属の100総噸以上の汽船と150総噸以上の機帆船であり、国家管理船として42年4月以降は船舶運営会が統括的に運航を担った。その物動用汽船（C船）は一般民需用の貨物・貨客船と油槽船の8割を占めていたが、年度半ばに230万総噸台まで回復したものの、これを300万総噸水準に戻すという開戦判断の際の目論見は崩れた。42年末には200万総噸を大きく割り込む事態となった。この物動用汽船（C船）には貨物船のほか、後述のように輸送力の低い貨客船も含まれている。こうした輸送力の低下が、国内経済に深刻な打撃を与えることが明らかとなり、後述のように11月に臨時生産増強委員会が設置され、さまざまな緊急対応が取られる契機となった。

　物動計画に基づく重要物資と液体燃料の輸送はこうした民需船（C船）が担い、これに軍徴傭船の復航の一部を利用した。このうちボーキサイトなどは直接的軍需品ではなかったが、アルミニウムのほとんどが航空機用であることから軍政当局は英領マレーの石原産業を支援し、蘭印ビンタン島では古河鉱業に命じて開発にあたらせ、国内還送のかなりの部分を軍の徴傭船が担った。液体燃料の輸送は民需・軍需の配当に応じて民需船や軍徴傭船が当たった。また、油槽船不足が深刻になると、12月以降既成船12万総噸、新造船7万総噸を応急油槽船に改装して、1943年10月まで民需用の石油輸送に当たり、43年度末

表 1-41　100 総噸以上船舶の保有量の推移

(千総噸)

	総保有船腹	陸軍徴傭船	海軍徴傭船	一般民需船				物動計画使用船
				貨物・貨客船	油槽船	特殊船	合計	
41 年 12 月	6,337.0	2,160.5	1,740.2	2,060.3	155.9	220.1	2,436.3	1,764.7
42 年 1 月	6,375.2	2,186.7	1,827.4	2,014.4	125.6	221.1	2,361.1	1,803.9
2 月	6,414.3	2,165.8	1,835.1	2,082.8	109.2	221.4	2,413.4	1,691.1
3 月	6,429.7	2,150.3	1,861.3	2,105.1	91.9	221.1	2,418.1	1,779.1
4 月	6,393.2	2,112.7	1,824.9	2,148.9	85.6	221.1	2,455.6	1,798.4
5 月	6,389.5	2,013.6	1,815.9	2,252.6	85.6	221.8	2,560.0	1,942.6
6 月	6,220.5	1,796.4	1,772.6	2,343.2	85.2	223.1	2,651.5	1,970.4
7 月	6,244.5	1,629.6	1,779.1	2,527.5	81.1	227.2	2,835.8	2,158.2
8 月	6,266.7	1,382.9	1,771.5	2,801.9	83.2	227.2	3,112.3	2,323.4
9 月	6,160.8	1,325.6	1,697.1	2,807.6	101.7	228.8	3,138.1	2,328.2
10 月	6,158.6	1,318.1	1,705.2	2,803.9	102.6	228.8	3,135.3	2,327.7
11 月	6,075.6	1,292.4	1,699.0	2,741.6	107.8	234.8	3,084.2	2,322.1
12 月	6,084.5	1,290.6	1,689.9	2,758.9	114.5	230.6	3,104.0	1,799.5
43 年 1 月	5,966.7	1,623.4	1,714.0	2,267.3	129.5	232.5	2,629.3	1,756.7
2 月	5,873.0	1,460.6	1,784.9	2,257.7	135.7	234.1	2,627.5	1,738.9
3 月	5,889.9	1,489.1	1,801.6	2,230.0	135.7	233.5	2,599.2	1,614.6

出所：船舶運営会『船舶運営会会史（前編）』上、1947 年、191〜194 頁、海務院運航部第一輸送課「開戦後ニ於ケル汽船輸送力ノ概況」1942 年 12 月 19 日（第 4 四半期は手書きの書き入れ）前掲『開戦期物資動員計画資料』第 8 巻所収、514 頁。

に民需用貨物船に戻す計画に取り組み、船種間の調整も試みた。

第 1 四半期海上輸送計画

　第 1 四半期の物動計画に対応した海上輸送計画は、前掲表 1-12 のように、前年同期比 -31％の 1,114 万トンという計画であった。計画化された物資の中心は、表 1-42 のように鉄鋼関係と石炭であり、石炭は原料炭・燃料炭を含め 40.6％、鉄鉱石 11.2％、銑鋼 9.4％と、これで 6 割を占め、次いで非鉄金属原料、塩、穀類などが大きな比重を占めた。この必要輸送量の 94％を、民需用船舶 207 万総噸（4 月）〜231 万総噸（6 月）をもって輸送し、残り 6％は陸海軍徴傭船の復航を利用して輸送する計画であった。

　輸送力自体が極めて逼迫していることは既に見た通りである。大量徴傭を実施していた 41 年度第 4 四半期に 180 万総噸程度まで縮小した C 船に関しては、3 月に船腹の一部解傭があったものの、前述のように陸軍徴傭船 214.4 万総噸を 4 月に 174.4 万総噸、6 月には 154.4 万総噸に縮小するという解傭計画[107]は

第1章　太平洋戦争初期の経済総動員構想とその実態（1942年度）　191

表1-42　1942年度第1四半期物動輸送計画と実績

(千トン)

	物動輸送計画				輸送実績				達成率
	C船	A船	B船	計	C船	A船	B船	計	
石炭	4,371.3		150.0	4,521.3	4,250.4	51.0	100.9	4,402.3	97.4
鉄鉱石	1,264.5	20.0	74.0	1,358.5	994.4		49.5	1,043.9	76.8
銑鋼	1,050.0			1,050.0	913.9	13.3		927.2	88.3
塩	472.4		5.3	477.7	380.4		28.7	409.1	85.6
非鉄金属	669.6	28.3	30.0	727.9	585.1	15.0	35.0	635.1	87.3
コークス類	54.1			54.1	66.0			66.0	122.0
ソーダ類	23.5			23.5	19.5	0.6		20.1	85.5
セメント	103.0			103.0	89.9	4.0		93.9	91.2
油類	36.4			36.4	26.3	0.7		27.0	74.2
紙パルプ	146.0			146.0	142.0			142.0	97.3
生ゴム	23.1			23.1	15.2			15.2	65.8
棉花・羊毛	56.1			56.1	32.6			32.6	58.1
機械・車輛	75.0			75.0	117.0			117.0	156.0
木材	100.9	25.0	31.0	156.9	227.2		1.3	228.5	145.6
穀類	1,016.2	55.0	60.0	1,131.2	790.2	513.4	45.2	1,348.8	119.2
砂糖	180.0		60.0	240.0	112.4	156.8	96.1	365.3	152.2
燐鉱石	105.4		60.0	165.4	54.7	6.0	65.1	125.8	76.1
肥料	286.0			286.0	374.3	82.2		456.5	159.6
飼料	78.0	20.0	30.0	128.0	32.7	19.8	3.0	55.5	43.4
油脂	10.5			10.5	6.3			6.3	60.0
油糧種実	89.2	3.6		92.8	38.3			38.3	41.3
その他	82.8	13.1	12.6	108.5	23.0	55.7	3.6	82.3	75.9
北洋漁業	170.0			170.0	151.6			151.6	89.2
合計	10,464.0	165.0	512.9	11,141.9	9,443.4	918.5	428.4	10,790.3	96.8

出所：海務院第一輸送課「昭和十七年度第一、四半期CAB船物動、輸送実績比較調」1942年11月18日　前掲
『開戦期物資動員計画資料』第8巻所収、512頁。

果たされなかった。5月までに追加投入された民需用の使用船腹は新造船分等を含めて僅かに16.35万総噸に過ぎず、これを若干の拿捕船と外国傭船が補ったものの、物動用C船は179.8万総噸（4月）から197.0万総噸に回復したに過ぎなかった。しかし、物動計画船（C船）の回復は予定を大きく下回ったが、輸送量は第4四半期の650万トン程度に対して、第1四半期は1,079万トン、実績率は96.8％と、限られた使用船舶の中では、おおむね計画を達成した[108]。第1四半期の輸送実績で、陸軍の協力がやや目立つのは、解傭計画が遅延している陸軍徴傭船が民需輸送を部分的に補強しようとした結果であった。

物資別に見ると第一分科の鉄鉱石、第二分科の非鉄類がやや悪く、第三分科のゴム、棉花・羊毛、油脂、油糧種実の実績も悪かった。しかし、コークス類、機械、木材、砂糖、穀類、肥料は大きく計画を上回った。これは実需や集荷状況に応じて海務院が計画を調整し、適宜船舶運営会に輸送を指示していたためと見られる。穀類、砂糖、肥料に関しては陸軍徴傭船の協力が大きく寄与していたが、これも海務院からの依頼によるものと見られる。また、民需船がおおむね計画に沿って運航しているのに対して、軍徴傭船は弾力的に重点物資の輸送に当たっていたことがわかる。

第2四半期以降の海上輸送計画

陸軍はようやく6月末に49.62万総噸、7月中に30.2万総噸の解傭を実施し、海軍は7.93万総噸の解傭を決定した。ここから沈船や修理予定船を控除し、順次配船計画に加えることになったが、24万総噸分の解傭予定は中止された。

表1-43　1942年度第2四半期以降の輸送力見通し（1942年6月）

				7月	8月	9月	10月	11月	12月
不定期船		月初保有船舶	千総噸	1,558.6	1,693.6	1,886.9	2,029.6	2,191.5	2,238.5
	増加分	解傭 A船	千総噸	110.0	160.3	102.7	111.9	5.0	
		B船	千総噸			4.0	10.0		
		新造船	千総噸	25.0	30.0	33.0	37.0	39.0	42.0
		新拿捕船	千総噸		3.0	3.0	3.0	3.0	3.0
		小計	千総噸	135.0	193.3	142.7	161.9	47.0	45.0
	控除分	修繕船	千総噸		10.0	10.0	10.0	10.0	10.0
		朝鮮置籍	千総噸	6.5	6.5	6.5	6.5	6.5	6.5
		喪失大破	千総噸	20.0	40.0	60.0	80.0	100.0	120.0
		海難船	千総噸	4.6	9.6	9.6	14.6	14.6	19.6
		小計	千総噸	31.1	66.1	86.1	111.1	131.1	156.1
	差引稼働船		千総噸	1,662.5	1,820.8	1,943.5	2,080.4	2,107.4	2,127.4
	重量換算		千重量トン	2,493.7	2,731.1	2,915.2	3,120.5	3,161.0	3,191.0
	月間輸送能力		千トン	3,379.7	3,721.5	3,997.0	4,289.4	4,377.2	4,451.5
定期船輸送能力			千トン	300.0	300.0	300.0	300.0	300.0	300.0
輸送力総計			千トン	3,679.7	4,021.5	4,297.0	4,589.4	4,677.2	4,751.5

注：「増加分」は当月の船腹増加量を示し、翌月の「月初保有船舶」に加算。「控除分」は大破・海難などによる非稼働船という扱いにしている。
出所：企画院「第二、四半期以降ニ於ケル輸送ト物動トノ検討」1942年6月29日前掲『物資動員計画重要資料』

第1章　太平洋戦争初期の経済総動員構想とその実態（1942年度）　193

　こうした条件で6月29日に策定した第2四半期以降の輸送力見通しが表1-43である。解傭船舶は、修理等を経て10月頃までに50万総噸が復帰する見込であったが、その程度では民需船（C船）を300万総噸にまで回復させるという開戦時の目論見はもちろんのこと、3月に策定した「運用基準」の使用船舶270万総噸にも達しなかった。

　民需船が230万総噸程度にしか回復しないことが判明したことで、企画院は「第二、四半期ノ輸送減ニ依リ特ニ生産的越冬ニ必要ナル石炭準備ニ相当危惧スベキモノアリ」と指摘していた。それでも、第2～第4四半期の輸送計画は97％達成でき、「一応問題トスル要ナルカベキ」という見通しを立てた。しかし、この見込は稼航率を従来の月1.32～1.35程度から1.43まで順次引き上げていくと想定し、陸軍徴傭船による物動物資の輸送協力も毎月70～80万トン、海軍は20万トン弱と、従来以上に見込んだものだった。

　そして、計画達成率が88％に落ち込むと見込まれる第2四半期の逼迫に対しては、物動輸送計画の見直しなどの集中的な対応で危機を乗り切れると判断した。下期に重点対策を求められたのは、海上輸送が困難となる樺太の石炭・北洋材・パルプ、北洋漁業、秦皇島の開灤炭、塘沽からの石炭・鉄鉱石、壺芦島の石炭、関東州の塩などであった[109]。

　第2四半期の民需船輸送計画は、当初第1四半期に対して3割以上増強し、1,377万トンを見込んでいた。しかし、上記の見通しに基づいて第2四半期物動輸送計画は15％増の1,200万トンとせざるをえなくなり、海務院は1,199万トンの輸送計画を策定した。しかしその輸送実績は1,109万トンと92.5％にとどまった。これは回復を見込んだ民需船使用船腹が、8月の232万総噸を境に停滞したためであり、陸海軍徴傭船による民需物資輸送も80.6万トンの計画に対して68.2万トンにとどまり、当初の物

1月	2月	3月
2,283.5	2,331.5	2,381.5
45.0	47.0	49.0
3.0	3.0	3.0
48.0	50.0	52.0
10.0	10.0	10.0
6.5	6.5	6.5
140.0	160.0	180.0
19.6	24.6	24.6
176.1	201.1	221.1
2,155.4	2,180.4	2,212.4
3,233.0	3,270.5	3,318.5
4,558.3	4,644.0	4,744.9
300.0	300.0	300.0
4,858.3	4,944.0	5,044.9

失われても、保有船腹のうちの累積す

第3巻所収、419～428頁。

動輸送計画の達成率は、徴傭船も含めても78％にとどまった。物資別に見ると、超過達成したのはコークス類のみであり、非鉄、銑鋼で90％程度、石炭・鉄鉱石で80％程度となり、他は軒並み7割程度となった[110]。

物動物資の輸送を制約した要因の一つとして、南方物資の還送用民需船舶の往航を利用した南方開発物資、要員、占領地域用の重要物資の輸送に当たる「配当船」に関する陸軍と船舶運営会の契約があった[111]。本来であれば軍徴傭船によるべき輸送であったが、陸軍が7月からビルマ作戦を本格化することから、その輸送力を補完するためにこうした民需船の往航利用契約が結ばれた。契約は1航海ごとに結ばれ、多くは2、3ヶ月間の契約であったが、8月1日現在の2隻（1万421総噸）から11月2日には18隻（10万3,396総噸）に達し、常時十数万総噸が利用されていた。物動計画上の区分は飽くまで民需船であり、本来は、往路のみの利用で、当初は前線の作戦への動員はなかった。しかし、その後1944年に入ると、3月のインパール作戦に向けた兵員・軍需物資輸送について一般船の往路利用と関係なく、配当船を利用し始め、44年7月にはフィリピン、台湾、南西諸島に向けた純軍事的見地から臨時配当船を利用するなど、軍徴傭船との区別が困難になっていった。42年度中は10万総噸を短期間に使用するだけであったが、占領地の所要物資の積地への回航などで稼働率を落とすという影響が出た。

こうして、上期の輸送実績が計画に達しないのは約束されていた船舶の解傭が遅れたことに起因する諸種の事情があったが、物資別にはそれ以外にも計画との齟齬があった。計画を上回ったものを見よう。①コークスは輸送計画の変更により石炭輸送を振り替えたこと、②木材は往航船腹のバラスト用荷物として利用したこと、③肥料は定期船を利用して季節需要に応じるため繰上輸送をしたこと、④機械・車輛は往航船腹や定期船を利用したことによった。計画を下回ったケースを見ると、①銑鋼の場合は荷役能率の低下によって鋼材積取専用船の稼航率が落ちたこと、②ソーダは出荷自体が低下したこと、③生ゴムは陸軍徴傭船を利用したことと、乙地域の出荷が減少したこと、④棉花・羊毛は出荷自体が減少したこと、⑤穀物は朝鮮米の出荷減と満洲大豆を陸軍徴傭船に依存したことによっていた[112]。上半期においては輸送力自体が計画の制約になったのは銑鋼などに限られており、縮小された輸送計画でも定期船の余裕分

第1章　太平洋戦争初期の経済総動員構想とその実態（1942年度）　195

が利用され、軍徴傭船の協力を弾力的に実施することがある程度可能だったことがわかる。

第1次船舶増徴

　解傭の中止や12月からの新規増徴による民需船輸送力の変動を、表1-44で確認しておこう。4月の決定から上記のように僅か2ヶ月で当初の解傭計画が中止され、第2四半期以降の輸送力を改訂した。船舶喪失も増加し始めたため、表1-43のように下期に輸送力を回復し、1942年度の生産全体を引き上げるという見通しは大きく崩れた。7月に計画されていた44万総噸の民需船腹の回復は19万総噸にとどまり、その結果8月をピークに使用船腹は減少し始め、第3四半期輸送力は当初計画から約200万トン縮小した。

　9月末には、企画院の「十七年度下半期物動見透シ」が示され、10月に40万総噸、翌1943年1月に20万総噸の徴傭船の解傭を実施しても、年間鉄鋼生産は438万トンを超えることはなく、民需船舶量がこのまま推移すれば400万トンを割ると報告された。さらに10月以降、喪失船舶が月数万総噸から十数万総噸に跳ね上がるようになると、作戦と物資動員計画の深刻な相克が始まった。陸海軍からは、戦局の打開に向けて、大量の船舶増徴要求が出される事態となり、11月21日には、太平洋戦争突入後最初の船舶増徴が当面の措置とし

表1-44　1942年度輸送力の推移

（千トン）

	開戦前の見通し	当初物動計画	24万総噸解傭中止	64.7万総噸一部解傭中止	第1次増徴
		4月20日	6月29日		12月4日
第1四半期	10,561.6	10,456.6	同左	同左	同左
第2四半期	13,590.2	14,709.1	11,998.5	同左	同左
第3四半期	13,461.6	14,169.5	14,018.1	12,156.5	11,132.0
第4四半期	13,215.5	14,417.9	14,847.2	11,973.0	7,974.8
合計	50,828.9	53,753.1	51,320.4	46,584.6	41,561.9

注：開戦前見通しの「1941年度第4四半期」は、771.95万トンであった。第1次増徴は、41万
　総噸に加え、19万総噸の貨物船のタンカー改装を含む。
出所：軍需省「開戦以降物的国力ノ推移ト今後ニ於ケル見透参考資料」1944年8月10日前掲
　『後期物資動員計画資料』第10巻所収、465頁。

て承認され、29.5万総噸が民需船から引き上げられた[113]。この結果、第3四半期の海上輸送力はさらに約100万トン縮小して1,113.2万トンとなり、第4四半期は797.5万トンにまで縮小する見通しとなった。

表1-45から第4四半期の物資別地域別の輸送計画を見ておこう。民需船の輸送計画は日満支、甲地域、乙地域に後述の陸送転移を利用した輸送と併せて828.2万トンである。甲地域、乙地域からの物資輸送は第1四半期にはほとんど想定されていなかったが、自給圏建設の本来の目的に沿って銅鉱、錫鉱などの軍需関連物資や食糧確保のため計画化されている。しかし、軍事占領地域で

表1-45　1942年度第4四半期物動物資輸送計画（1942年12月）

(千トン)

	民需船地域別輸送計画				陸運転移		陸海軍徴傭船	合計
	日満支	甲地域	乙地域	計	釜山等	国内		
石炭	3,357.5		60.0	3,417.5	150.0			3,567.5
鉄鉱石	1,272.0			1,272.0			18.0	1,290.0
銑鋼	825.0			825.0	90.0	96.0	15.0	1,026.0
塩	352.0			352.0	65.0	12.0		429.0
非鉄金属	518.2	141.3	1.2	660.7			137.7	802.9
コークス類	54.0			54.0		1.8	1.5	57.3
ソーダ類	6.0			6.0		4.5		10.5
セメント	30.0			30.0		30.0		60.0
油類	21.0	6.0		27.0			1.2	28.2
紙パルプ	54.3			54.3			2.1	56.4
生ゴム		9.0	9.0	18.0				18.0
棉花・羊毛	30.0			30.0				30.0
機械・車輌				0.0				0.0
木材	60.0			60.0				60.0
穀類	112.0		165.0	277.0	145.0		4.8	426.8
砂糖	120.0			120.0				120.0
燐鉱石	62.0		24.0	86.0			60.0	146.0
肥料	277.0			277.0			0.3	277.3
飼料	23.0		30.0	53.0				53.0
油脂	5.0			5.0				5.0
油糧種実	18.0	30.0		48.0			12.0	60.0
その他	7.7		0.9	8.6			3.0	11.6
合計	7,204.7	186.3	290.1	7,681.1	450.0	150.0	254.4	8,535.5

注：汽船の輸送計画にはこのほかに、甲地域に29万トン余の輸送計画があり、総計は797万トン余となる。
出所：海務院「開戦後ニ於ケル汽船輸送力ノ概況」1942年12月19日　前掲『開戦期物資動員計画資料』第8巻所収、517頁。

ある甲地域は非鉄金属素材、乙地域は食糧資材の産出地として重要であっても、その輸送量は甲地域 18.6 万トン、乙地域 29 万トンに過ぎなかった。同表の「陸運転移」については後述する。

海上輸送計画の実績

企画院の物動輸送計画、海務院策定の海上輸送計画は、船舶運営会で運航を統括した。その輸送実績を通年で見たのが表 1-46 である。企画院が生産力拡充計画などの国家総動員諸計画との整合を付けて物動輸送計画を四半期ごとに策定すると、海務院が使用可能船舶を基に月ごとの輸送計画を策定した。物動四半期計画が期中で調整され、解傭予定が変更されることもあり、また戦局の

表 1-46 開戦期から 1942 年度の民需船の輸送計画と実績

	輸送量（千トン）				物動達成率	使用船腹（千総噸）		効率（輸送量／船腹）	
	当初物動	改訂物動	輸送計画	輸送実績		物動	実績	物動	実績
1941 年 12 月	2,924.2		2,707.7	2,970.9	101.6	1,739.7	1,764.7	1.68	1.68
1942 年 1 月	2,650.8		2,720.3	2,637.7	99.5	1,650.7	1,803.9	1.61	1.46
2 月	2,559.7		2,667.2	2,832.3	110.6	1,614.9	1,691.1	1.59	1.67
3 月	2,509.0		2,855.9	3,134.7	124.9	1,689.2	1,779.1	1.49	1.76
第 4 四半期	7,719.5		8,243.4	8,604.7	111.5	4,954.8	5,274.1	1.56	1.63
4 月	3,304.1		3,625.2	3,128.3	94.7	2,079.2	1,798.4	1.59	1.74
5 月	3,400.1		3,018.7	3,107.6	91.4	2,136.9	1,942.6	1.59	1.60
6 月	3,759.8		3,035.2	3,207.5	85.3	2,272.9	1,970.4	1.65	1.63
第 1 四半期	10,464.0		9,679.1	9,443.4	90.2	6,489.0	5,711.4	1.61	1.65
7 月	4,457.2	3,680.0	3,849.6	3,688.9	100.2	2,712.2	2,158.2	1.64	1.71
8 月	4,658.5	4,021.5	3,927.5	3,729.4	95.0	2,670.2	2,323.4	1.74	1.61
9 月	4,655.5	4,297.0	4,217.7	3,672.5	87.1	2,668.2	2,328.2	1.74	1.58
第 2 四半期	13,771.2	11,998.5	11,994.8	11,090.8	92.5	8,050.6	6,809.8	1.71	1.63
10 月	4,731.9	3,948.7	3,975.4	4,059.4	102.1	2,670.2	2,327.7	1.77	1.74
11 月	4,721.4	3,997.7	4,063.2	3,510.2	86.4	2,669.2	2,322.1	1.77	1.51
12 月	4,716.5	3,087.4	3,300.7	3,277.7	99.3	2,675.2	1,799.5	1.76	1.82
第 3 四半期	14,169.8	11,033.8	11,339.3	10,847.3	95.7	8,014.6	6,449.3	1.77	1.68
1943 年 1 月	4,810.7	2,748.1	2,881.7	2,963.0	102.8	2,681.2	1,756.7	1.79	1.69
2 月	4,806.1	2,554.7	2,644.9	*2,871.8	108.6	2,691.2	1,738.9	1.79	*1.65
3 月	4,801.1	2,378.3	2,489.2	*3,307.1	132.9	2,701.2	1,614.6	1.78	*2.05
第 4 四半期	14,417.9	7,681.1	8,015.8	*9,141.9	114.0	8,073.6	5,110.2	1.79	*1.79
年度計	52,822.9	41,177.4	41,029.0	*40,523.4	98.8	30,627.8	24,080.7	1.72	*1.68

注：物動達成率は、第 2 四半期まで年度当初計画の達成率、第 3 四半期以降は改訂計画の達成率。使用船腹の「物動」は 4 月の当初計画の使用予定船腹。
出所：前掲「開戦後ニ於ケル汽船輸送力ノ概況」、＊は船舶運営会『船舶運営会史（前編）』上、599〜600 頁。

推移による喪失船の増減によって、海務院の輸送計画も頻繁に変更された。その一方で、改訂された物動計画の達成率はおおむね9割以上を維持し、第4四半期も2、3月分のデータが連続していないものの、高い達成率を実現した[114]。なかでも毎月策定される輸送計画は実施直前の計画だけに当然達成率は高かった。長期見通しは不確かなものにならざるをえないが、使用可能船舶の把握とその計画的運用は、おおむね着実に実現していた。

表 1-47　1942年度物

	第1四半期		第2四半期		第3四半期	
	計画	実績	計画	実績	計画	実績
石炭	4,085,880	4,250,328	5,928,100	5,352,985	5,782,900	5,482,042
鉄鉱石	1,173,500	994,393	1,291,400	1,194,776	1,516,385	1,305,208
銑鋼	942,114	913,858	948,600	845,282	923,660	916,426
塩	442,200	380,409	489,560	489,401	578,100	497,409
非鉄金属	587,057	585,117	753,753	736,338	820,505	731,473
コークス類	54,850	65,999	73,930	66,971	83,110	64,675
セメント	87,300	89,863	105,400	115,505	75,875	76,451
ソーダ類	23,095	19,473	22,550	20,175	12,590	19,227
油類	34,430	26,313	35,969	20,386	36,365	22,545
紙パルプ	110,569	141,955	149,413	198,821	140,415	176,797
棉花・羊毛	38,065	32,624	19,700	18,335	23,760	10,012
木材	143,690	227,304	444,390	503,248	201,300	369,600
穀類	942,230	790,161	941,475	619,293	448,708	458,439
砂糖	121,600	112,332	84,500	76,052	208,910	187,260
燐鉱石	74,200	54,714	55,400	47,706	96,900	84,440
肥料	332,590	374,322	202,965	193,282	208,210	196,839
飼料	55,800	32,740	101,300	61,721	65,290	91,536
油脂	8,163	6,312	11,635	7,076	13,900	5,818
油糧種実	62,240	38,305	54,220	25,511	44,650	33,109
生ゴム	16,760	15,200	16,048	5,772	11,486	12,135
練乳・粉乳	4,110	3,757	4,085	3,991	5,230	4,786
機械・車両	63,827	116,983	90,511	112,886	56,919	54,426
その他	12,919	19,232	31,534	11,757	71,160	54,323
合計	9,417,189	9,291,694	11,856,438	10,727,270	11,426,328	10,854,976
北洋漁業			180,000	196,082		
雑貨　一般雑貨						439,439
機械・車両						35,179

注：肥料の計画合計、その他の実績合計に僅かな不突合があるが、原資料の合計値をそのままとした。
出所：船舶運営会『船舶運営会会史』前編上、1947年、595～600頁。

第1章　太平洋戦争初期の経済総動員構想とその実態（1942年度）

しかし、第2四半期以降、軍徴傭船の解傭予定が遅れ、予定された300万総噸への復元はならず、12月以降使用船腹が減少に転じるなど、物動計画と輸送計画はともに改訂が必要となった。当初の年間物動輸送計画と比較すると、達成率は第2四半期80％、第3四半期76％、第4四半期64％となり、年間達成率では76％となった。輸送力の減少は、特に11月以降で深刻であり、年間の輸送実績は当初計画より1,000万トン以上少ない4,052.3万トンにとどまって、

資別海上輸送計画の実績

(トン)

第4四半期		合計		1941年度合計		41年度達成率	40年度達成率
計画	実績	計画	実績	計画	実績		
3,696,770	4,625,024	19,493,650	19,710,379	25,158,670	24,155,825	101.1	96.0
1,288,000	1,175,479	5,269,285	4,669,856	5,569,200	4,880,024	88.6	87.6
942,976	857,465	3,757,350	3,533,031	3,345,951	3,734,530	94.0	111.6
373,684	359,683	1,883,544	1,726,902	1,776,300	1,759,809	91.7	99.1
707,138	641,869	2,868,453	2,694,797	3,011,625	3,114,795	93.9	103.4
57,960	50,768	269,850	248,413	161,510	169,081	92.1	104.7
33,100	40,255	301,675	322,074	537,286	790,160	106.8	147.1
7,530	12,153	65,765	71,028	53,671	52,667	108.0	98.1
31,185	20,680	137,949	89,924	133,130	151,697	65.2	113.9
75,371	155,591	475,768	673,164	601,305	638,600	141.5	106.2
34,880	33,678	116,405	94,649	236,231	265,312	81.3	112.3
61,550	159,896	850,930	1,260,048	1,968,210	2,025,594	148.1	102.9
462,411	383,567	2,794,824	2,251,460	3,495,072	3,377,043	80.6	96.6
123,400	145,803	538,410	521,447	503,650	477,593	96.8	94.8
85,200	70,090	311,700	256,950	649,000	452,791	82.4	69.8
303,870	274,812	1,045,635	1,039,255	1,289,979	1,136,912	99.4	88.1
35,800	35,883	258,190	221,880	391,712	279,658	85.9	71.4
3,150	2,332	36,848	21,538	36,160	28,927	58.5	80.0
34,700	28,408	195,810	125,333	229,490	205,259	64.0	89.4
12,280	10,978	56,574	44,085	46,192	31,819	77.9	68.9
4,420	5,674	17,845	18,208	11,973	6,695	102.0	55.9
0	0	211,257	284,295	266,348	314,046	134.6	117.9
15,273	59,701	130,886	145,017	104,808	163,641	110.8	156.1
8,390,648	9,149,789	41,088,503	40,023,733	49,577,473	48,212,478	97.4	97.2
		180,000	196,082	560,900	560,972		11.0
	1,027,178 78,987		1,466,617 114,166	1,541,212	1,541,212		

経済総動員計画を大きく制約する要因になった。民需船が回復する見込みがなくなったことは、船舶不足と物動計画の縮小という負の連鎖によって、1943年度の総動員計画にも深刻な影響が出ることが明らかであった。

民需船の船腹当たりの輸送重量で効率化を見ると、当初の物動計画では年初から年度末にかけて1.6を1.8程度にまで引き上げることを目論み、荷役能力の向上、艀船の利用拡大などによって停船期間の短縮などを図った。実際には、1.6を1.7程度に数％程度引き上げられたにとどまったが、貨客船の運航管理の一元化、港湾荷役業務の集約などによる合理化は、若干の成果を上げたものと考えられる。この後も、停泊期間の短縮などの輸送効率の引き上げが太平洋戦争期を通じて海上輸送の大きな課題となった。

この1942年度の四半期輸送計画の物資別の計画と実績を戦後の船舶運営会の資料によって見ると、表1-47のようになる。戦時下で海務院が物資動員計画と常に連動する形で策定し、その実施状況を監視していた輸送計画と、船舶運営会の戦後の集計には僅かとはいえ、食い違いがあり、いずれがより精確であるかは判明しない。本書では物動計画と連動した海務院データを主に利用するが、連続データが取れる船舶運営会の資料も貴重であり、傾向の検討などには利用している。年間を通じた計画達成率は前表で98.8％、本表でも97.4％であり、いずれも達成率は高い。また41年度の計画達成率も97.2％であることから、42年度から船舶運営会による運航体制になる前の海運中央統制輸送組合の時代から、物動物資の毎月の輸送計画は着実に実行されていたと見てよいだろう。ただし、42年度の海上輸送実績は前年度の83％に低下している。夏場を中心とした北洋漁業も大幅に縮小した。

海務院の輸送計画の半ばはエネルギー資源の根幹となる石炭が占め、この石炭輸送量が太平洋戦争期を通じて日本経済の総合的指標となっていた。輸送計画の達成率は、41年度96％、42年度101.1％であった。輸送量は2,415.6万トンから1,971.0万トンに低下したが、重要戦略物資の計画的運航は実施されている。2年連続で計画を超過達成しているのは、セメント、紙・パルプ、木材、機械・車両などの設備・建設資材類が多く、逆に2年連続で不振な物資は鉄鉱石、塩、穀類、砂糖、燐鉱石、肥料、飼料、油脂、油糧種実、生ゴムなどで、中国占領地域での開発や南方資源に依存する物質は不振であった。その対照性

は、仕出し地側の生産や集荷状況と、緊急需要への臨機の対応に起因するものと考えられる。

その他の海上輸送計画

　物動計画の海上輸送計画の基本は、大陸・南方の重要物資を民需用汽船（C船）と一部の陸海軍徴傭船（A、B船）によって内地へ輸送する計画であった。これに加えて朝鮮諸港、満洲・北支等の比較的近い大陸諸港と内地をつなぐ機帆船が重要な担い手であった。大型の機帆船を一元的に管理するため、1937年設立の機帆船外航統制運輸組合は42年3月の戦時海運管理令に基づいて機帆船運航統制株式会社に改組され、同社の下で機帆船による大陸物資輸送が実施された[115]。これはC船とともに、物動計画策定の基礎的輸送力とされた。このほか、後述のように国内の沿岸海運、港内の輸送などを担う機帆船、朝鮮沿岸の海運を担う機帆船も物動物資輸送の担い手として一部は計画化された。それらの海上輸送計画について当初計画と実績を表1-48によって見ておこう。

　陸海軍徴傭船による物動物資の輸送協力は、大幅な増徴をしたにもかかわらず協力輸送には船舶を回すことができず、年度当初の306.7万トン計画に対して、275.1万トンにとどまり[116]、前掲表1-42にある第1四半期のような実績を、第2四半期以降は残せなかった。特に、戦域が一挙に拡大した海軍の達成率は低い。陸軍は大幅に超過達成したが、その好成績も第2四半期までで、以降は計画を下回った。汽船輸送は全体でも当初計画に対して75.4％の達成率に過ぎなかった。大陸物資の輸送でC船輸送力を補強することを期待された運航機帆船は、物動当初計画の133万トンに対して162万トンになり、C船の不足を僅かではあるが補強した。一方、沿岸輸送から大型機帆船を機帆船運航統

表1-48　1942年度運航機関別輸送実績

（千トン）

		当初物動計画	実績
汽船	物動用汽船	53,753	40,096
	陸軍徴傭船	822	1,717
	海軍徴傭船	2,245	1,034
	計	56,820	42,847
その他	運航機帆船	1,330	1,617
	内地機帆船	16,328	12,444
	朝鮮機帆船	600	480
	陸運転移	2,406	1,900
	計	20,664	16,440
合計		77,484	59,288

注：陸運転移は完全転移と陸送の増送分。
出所：前掲「昭和十八年度物動輸送量ト輸送力及其ノ需給調整計画」164頁。

制に移すことになった内地の地区別機帆船会社の分は、1,633万トン計画に対して1,244万トンにとどまり、石炭、銑鋼、非鉄、セメント、肥料等の国内沿岸輸送に支障を来すことになった。このほか、完全陸運転移と陸運の増送計画は、241万トンに対して190万トン（推定）となり、朝鮮機帆船の物動物資輸送計画は60万トンに対して48万トン（推定）にとどまった[117]。これは、「戦略基礎物資ノ供給力ガ計画ニ対シ低下ヲ来シタル主タル原因」と指摘され、「就中之ニ依リ生ゼル石炭ノ供給減ハ直チニ之ヲ原料トスル諸産業ニ影響シ全般的ニ生産計画ノ改訂ヲ」[118]をもたらしたと指摘された。

このため物動物資の根幹である鉄鋼の減産は厚板、鋼管、線材などで特に深刻になり、これらに対しては用途を極限すべき限定品種として一般鋼材と区分した上で、重点的な需給調整が始められた。企画院の上奏資料では、年度当初から「計画確保ニ支障ヲ来シタル最大ノ原因ハ何ト申シマシテモ海上輸送力ノ不足、之ニ伴フ原材料供給ノ不円滑、労務者ノ不足又ハ能率低下」であるとされた[119]。

こうした状況の中で、12月から日満支間の汽船輸送の一部を鉄道に転換し、釜山などの南鮮諸港からの機帆船輸送に切り替える前述の陸運（鉄道）転移が計画された。朝鮮国鉄と釜山港等の南鮮諸港を利用して、前掲表1-45にあるように、第4四半期には大陸物資45万トンを南鮮中継で輸送し、内地沿岸海送物資15万トンと合わせて60万トンを鉄道輸送に転換することとした。このうち南鮮中継の第4四半期実績は、32.1万トンにとどまったが[120]、これらの措置によって捻出される船腹は16.6万総噸とみられた[121]。

このようにして、「政府ハ船舶建造ノ促進、帝国鉄道ニ依ル陸送転移、大陸鉄道ニヨル中継、港湾荷役力ノ増強、増シ積ミ等ノ措置ヲ断行」することとしたが、「綜合的成果ノ顕著ナル具現ハ明十八年度下半期ト確信シテ居ル」として[122]、輸送力の制約が容易に解消できないことを認めていた。

沿岸輸送用機帆船の動員

船舶不足と海上輸送力の問題は日中戦争期から顕在化し、その効率的運用が課題になった。1937年7月から大手海運会社は海運自治連盟（39年9月海運連盟）を組織して運賃規制や優先物資の円滑な輸送に協力している。38年9月

には近海汽船同盟会（41年5月に近海汽船協会に改組）が結成され、輸送統制が拡大した。残された沿岸輸送機関である機帆船運航会社については、39年4月の海運組合法に基づいて全国2万の会社が40年5月に34の地区別機帆船海運組合を組織し、同年9月には全国機帆船組合連合会が発足した[123]。さらに42年4月には海務院が機帆船回漕統制会社設立要綱を発表し、全国の回漕統制組合は、33の地区回漕統制会社に改組された。また、海陸運送の連絡業に当たる港湾運送業者についても、1938年11月に日本水上小運送業組合連合会による自治的統制が開始され、40年2月の大阪水上小運送業海運組合など各地に小運送業海運組合が設立された。さらに41年9月の港湾運送業統制令と、港湾運送業等統制方針要綱に基づき、港湾運送に関連する事業会社の統合と業務の一元化方針が打ち出された。その後統合方針を巡る混乱はあったが、後述のような港湾荷役増強に向けた行政諸官庁の総合運用が本格化し、42年12月には東京、横浜、名古屋、大阪、神戸、関門の6大港に港湾運送会社が設立された。43年2月に中央の統制団体として日本港運業会が設立され、それまでに全国43港で、港湾運送事業、陸上小運送業、荷役等を極力一元化するため62社が設立された[124]。こうして一連の業界整備によって機帆船輸送、荷役、港湾運送などの強力な統制組織が国内沿岸輸送や大陸中継輸送に重要な役割を果たすことになった。

第4節　物資動員計画の実施過程と実績

1　鉄鋼需給の計画化とその実績

(1)　鉄鋼需給の混乱と計画化

需給計画の厳格化構想

　従来、物動計画の鉄鋼配給は、計画の決定後、商工省から需要者団体への配当計画が通知されて、需要者団体から需要者へ割当証明書が発行された。需要者はこれに基づいてメーカーまたは問屋に発注してきた。物動計画の決定後に発注してもある程度円滑な取引が可能なのは、第一にメーカー、問屋に一定量の品種別・寸法別の在庫があり、在庫の推移を見てメーカーが生産計画を調整

してきたためであり、第二に生産計画が不調な分は、統制団体が適宜割当証明書の発券量で調整していたためであった。しかし、1941年末頃になると、品種別・寸法別の需給の不一致や、割当証明と供給量のズレによって納品には相当の時間を要し、期間内に現物化できない割当証明書が大量に残る事態になっていた[125]。

1942年度の鉄鋼物動計画に当たっては、こうした未入手となっている割当証明書を年度末に原則的に無効とした上で、需給計画化を徹底しようとした[126]。その計画化の手順は次の通りである。①商工省は各四半期の4ヶ月前までに関係省庁と協議し、最近の物動実績と需給状況の変化を基に消費部門ごとの四半期所要量をやや内輪に推定し、これを鉄鋼統制会に推定割当額として通知する。②統制会は需要統制団体に推定割当を示し、この枠内での品種別・寸法別の受注を取りまとめ、製鉄業者は注文に合わせて次期の生産計画を策定する（ただし、変動可能性があるので、需要者に対しては確定的消費割当とはしない）。③当該四半期の1ヶ月前には消費割当を統制会を通じて通知し、需要家からの追加受注を受け付け、需給の一致を図る。こうして4ヶ月前に需給予測を立てることで、品種間アンバランスを回避し、注文生産という型式をとりつつ需給総量の一致を達成しようと試みた。

②の推定割当の提示と注文の取りまとめに当たっては、注文単位、需要の計画性、規格の特殊性、注文取りまとめ団体の有無などから、需要のタイプを表1-49の4種に分け、それぞれの受注調整を行った。まず需要者が特定され一定以上の定期的取引があり、工場から需要者に直接出荷される場合は、「個別需要」として扱い、多くの需要家から多品種の発注があるものは、需要団体または問屋団体で需要を取りまとめ、一旦問屋倉庫を経て売りさばかれる場合は「総括扱い需要」とした。

そして、軍需のほとんどと、鉄道、車輛、造船、自動車、円域向け素材など、需要者の需要がまとまっているもの、あるいは缶、釘、針金製造業など同種鋼材を反復して原料とするものは「特定需要」として、鉄鋼統制会が需要者と協議して品種別・寸法別

表1-49　鋼材需要取扱区分

出所：鉄鋼統制会『鉄鋼需給の計画化実施要領解説』1942年。

第1章　太平洋戦争初期の経済総動員構想とその実態（1942年度）

の需要を決定した。統制会は4ヶ月前の推定割当に基づき特定需要の注文量を取りまとめ、商工省との協議を経て需要者または需要者団体に受注決定量を通知した。これらの需要は計画性が高く、寸法明細が早期に決定され、品種・寸法もまとまっているため、輸送面でも問屋を介さず直接需要者に渡されることになった。一方、「特殊規格需要」は鋼質、寸法等が特殊なため予め在庫しておくことが不適当なもので、小口注文であっても個々に需要者に直接輸送するものであり、取扱の例外的品種であった。これは原則として消費割当の決定後、割当証明書を添えて発注する形をとった。

　多数の需要者がある一方で注文量が僅少であったり、不定期であるため、製造業者と需要者が直接契約することが不適切な総括扱い需要のうち、計画産業でありながら個々の注文が少量であり、製造業者の直送に馴染まないものは、需要統制団体が取りまとめて取り扱う「団体需要」とした。団体需要は、当該需要統制団体による共同購入のような形を取り、団体を注文単位として生産計画を立て、製品は問屋団体で一括保管し、確実な荷渡しを目指した。「一般需要」は上記の注文方式以外の所謂「店売り品」に対応する需要で、事前の推定割当を提示しても、所定期間内に需要明細を提出することが困難なものである。統制会は消費部門別推定割当から、個別需要、団体需要を控除した分を販売統制会社に通知し、販売統制会社は各地区の需要見込をまとめて注文引受予定量を地区問屋団体に通知する。これを受けて問屋団体は在庫量、注文予想に基づいて、品種別・寸法別の販売希望表を販売統制会社に提出する。一般需要の需要者は消費割当書を受けて問屋から買い付ける形とした。消費割当を受けてから問屋へ注文をするという限りで、一般需要扱いは従来の鉄鋼配給方式と同じであったが、問屋による事前の地区需給見込に基づいて販売統制会社から出荷されるので、需給の不一致は原則として事前見通しの狂いの範囲内に収められると考えられたのである。

需給計画厳格化への対応

　とはいえ、1942年度第1四半期の生産割当は、物動計画の決定が4月24日であったために、4ヶ月前の推定生産割当も、1ヶ月前の消費者への割当も事前に実施できなかった。このため、500万トン案をめぐる最終調整をしていた

表 1-50　鋼材品種別需要趨勢

		陸軍			海軍		
		40年度Ⅲ	41年度Ⅰ	42年度Ⅰ	40年度Ⅲ	41年度Ⅰ	42年度Ⅰ
大型	軌条・継目板	10,452	10,131	7,993	1,737	350	2,846
	形鋼	2,532	2,454	7,358	17,789	18,500	8,898
	棒鋼	20,220	19,600	18,992	10,741	2,500	1,341
中型	軌条・継目板	2,271	2,201	1,616	2,357	1,350	4,782
	形鋼	3,928	3,807	8,886	30,977	13,000	18,454
	棒鋼	28,669	26,886	18,987	7,959	3,500	6,932
小型	形鋼	1,176	1,140	1,015	5,544	5,500	3,547
	棒鋼	27,857	27,007	30,943	35,810	18,356	35,248
厚板		9,315	9,029	41,763	61,087	44,500	79,003
薄板		16,436	14,576	13,951	44,184	20,500	15,985
ブリキ		3,361	3,258	1,977	9,861	6,500	1,542
線材		16,902	17,738	113	20,224	22,720	102
鋼管		6,332	6,428	19,114	11,668	3,500	16,783
その他素材計		152,479	147,803	175,467	264,389	165,526	201,831

注：本表の「需要」は、1942年度第1四半期については需給計画化に基づいて各需要団体から聴取した需要推計、官庁を通じて希望をまとめたもので、生産見通しを基に注文を取りまとめているという意味でデータの性格に
出所：鉄鋼統制会配給部「厚板、鋼管需要趨勢ノ推移並ニ消費規正ヘノ指針」1942年5月18日　前掲『開戦期物

　3月5日には、統制会が会員に対して生産計画の仮割当を実施し、4月9日、17日の2回修正することで調整することになった[127]。第1四半期の品種別計画は、急激な変化を避ける意味からも1941年度第4四半期とおおむね同じとし[128]、需要が逼迫している厚板を4万5,000トン、特殊線材を5,000トン増産する一方、弾丸鋼の需要が急減したことから、大中形棒鋼は3万トン減らしている。鋼管については需要が逼迫していたが、受注残への対応が設備上困難であることから、前期より2万8,000トン縮小して調整した。

　製鉄各社の工場別の生産割当の決定に際しては、①設備能力を超える生産予定鋼材は、同種能力を持つ他工場の能力いっぱいまで振り分ける、②独占的品種については特定工場に集中する、③製造能力、需要地との関係等を考慮して、工場能率の向上を図った。たとえば日本鋼管に対しては、前期に比して銑鉄・鋼材の約1割の増産を指示するとともに、造船建造計画に沿って需要が激増した厚板については前期実績の4万2,059トンの42％の増産を割り当てた。同様

(トン)

生産力拡充部門			
40年度I	40年度III	41年度I	42年度I
10,484	8,207	10,960	3,483
15,885	14,691	17,815	16,928
2,948	2,919	3,030	4,085
10,003	14,521	13,843	6,705
26,967	22,654	23,215	16,519
8,217	6,618	8,632	7,759
1,900	2,633	2,139	879
40,449	37,958	34,719	28,878
58,630	87,528	77,871	105,011
5,415	8,795	9,006	7,483
3,230	4,178	4,910	1,187
500	609	336	886
18,029	24,404	23,406	21,868
204,542	239,148	234,334	226,810

40年度・41年度は物動計画に基づいて商工省が需要主務は連続性が認められる。
資動員計画資料』第9巻所収、29～31頁。

に厚板の増産を図るため、大阪製鋼の休止設備を稼働させた。また8社が競合していた鋲力の生産は、1941年度第4四半期中に日本製鉄、東洋鋼板、日亜製鋼、高砂製鉄の4社に再編していたが、42年度第1四半期はさらに日亜製鋼の帯鋲力の製造を中止して集約化した。

しかし、当初の供給見通し自体が甘ければ、事前の推定割当も実態から乖離して、需給計画化の意味をなさない。現に4、5月分の鉄鉱石用の配船が計画に比して「甚シク少」なかったことから、鉄鋼統制会は、4月30日に「5月分配船減少対策」を政府に提示し、配炭の増量も要望した。6月1日には「配船状況改善サレザルトキハ生産制限止ムナキ旨ヲ関係各大臣ニ申入レ」るまでに深刻な事態になった。4月の企画院参与会議で、鋼材生産500万トン計画やアルミニウム12.41万トン計画が「頗ル至難」と見られた際[129]、商工省の神田遙総務局長は、計画実施段階での調整を要求し、その了解もあらかじめ得ていた。上記のような事態から、物動計画の修正回数は、9月までに供給力計画で5回、配当計画で13回にも達し[130]、年度当初に年間計画のほぼ4分の1を四半期計画として確定する意味は相当削がれることになった。

(2) 1942年度上期の鉄鋼需給計画の実績

鋼材需給計画の実績

鉄鋼の3大需要部門である陸・海軍需要、生産拡充計画需要の1940年度下期からの推移を見たのが、表1-50である。特に鉄鋼需給計画化の障害となったのが、3部門共通で突出して需要が拡大した厚板、そして軍需が急増した鋼

表 1-51　1942 年度第 1 四半期の厚板・鋼管需給状況

(トン)

	厚板	鋼管
生産割当	281,400	69,500
需要	313,823	85,056
供給不足	37,423	15,556

出所：前掲「厚板、鋼管需要趨勢ノ推移並ニ消費規正ヘノ指針」26 頁。

表 1-52　1942 年度第 1 四半期の鋼材種類別生産実績

(トン)

		仮生産割当	生産実績	実績率
軌条	重量	49,000	50,327	102.7
	軽量	31,380	29,348	93.5
	計	80,380	79,675	99.1
棒鋼	大型	38,800	38,833	100.1
	中型	75,000	73,585	98.1
	小型	180,500	151,252	83.8
	計	294,300	263,670	89.6
形鋼	大型	68,000	61,621	90.6
	中型	95,000	88,475	93.1
	小型	7,500	6,761	90.1
	計	170,500	156,857	92.0
厚板		283,980	245,914	86.6
薄板		105,000	96,905	92.3
ブリキ		16,800	14,674	87.3
珪素鋼板		10,600	10,416	98.3
線材		95,600	84,874	88.8
鋼管		65,200	56,671	86.9
帯鋼		10,740	12,243	114.0
その他		19,580	16,640	85.0
小計		1,152,680	1,038,539	90.1
軍向け鋼片		13,900	11,531	83.0
伸鉄 A サイズ		12,000	6,862	57.2
合計		1,178,580	1,056,932	89.7

注：仮生産割当は、第 1 四半期当初の生産割当 118.5 万トンを基に、6 月 1 日統制会がメーカーに示した品種別生産割当。
出所：鉄鋼統制会配給部調整課「昭和十七年度第一四半期普通圧延鋼材配給実績」1942 年 10 月前掲『開戦期物資動員計画資料』第 9 巻所収、36 頁。

管であった。同表のデータは、いずれも需給調整前の購入希望量ではなく、供給見通しに基づいて商工省で部門別に調整した際に集計された「需要量」である。このため、鋼材総量としては需給関係に大きな変動はない。しかし造艦・造船計画の拡充などで、鋼材品種別の需要構造に大きな変化が起きていた。これに対してメーカー各社も急速に圧延作業の転換を図ったが、圧延能力が不足していた。統制会による生産割当作業では、これらの特定品種で表 1-51 のように計画段階から大幅な供給不足が発生しており、5 月時点で「当該物動期間中ニ一〇〇％生産シ供給スル事ガ益々不可能」との見通しが示されていた[131]。

第 1 四半期の普通鋼鋼材の品種別生産実績は表 1-52 の通りである。年度当初の生産目標 118.5 万トンに対しては 89.2％、6 月 1 日の仮生産割当に対して

第1章 太平洋戦争初期の経済総動員構想とその実態（1942年度）

表1-53 1942年度第1四半期の鋼材生産・輸送実績と在庫数量

(トン)

	3月	4月	5月	6月
鉄鋼生産	391,496	320,549	360,309	357,381
在庫	425,541	491,855	532,773	604,783
メーカー在庫	390,487	431,724	437,511	474,086
配給業者在庫	35,054	60,131	95,262	130,697
輸送実績	408,368	329,023	362,762	319,445
本船	178,566	178,362	192,164	184,009
機帆船	38,970	37,700	35,832	28,966
鉄道	51,851	51,080	42,439	38,638
艀	138,976	60,791	92,329	67,832

注：4月の輸送実績計が一致しないが原資料のまま。
出所：前掲「昭和十七年度第一四半期普通圧延鋼材配給実績」42〜45頁。

は89.7％という成績で、第1四半期から早くも10％以上のズレが生じた。低いなりに種類別の実績率に大きなばらつきがないという点では、需給計画化の一定の成果が見られるが、それでも小型棒鋼、厚板、線材、鋼管の実績率はやや悪かった。主な需要部門が軍需や造船であるだけに、これは総動員計画上の重大問題であった。

既に見たように大量徴傭による輸送力の低下が深刻な事態を招いていた。表1-53のように、本船輸送は月18万トン水準を維持したものの、機帆船・鉄道は輸送力を落としている。機帆船については、鉄鋼運賃が競合する石炭運賃と不均衡になっていること、重油の重点配給が十分でないこと、鉄鋼輸送に適するハッチの大きい船の確保が難しいことなどが原因となっていた。また鉄道については、引き込み線のない施設への鉄道輸送が非効率であること、長尺物の形鋼輸送用貨車「チキ」車の不足などが解決しない限り「鉄道輸送ノ急激ナル増加ハ望ミ得ザル」ことが指摘された。また、艀輸送が4月に半減したのは、3月に「メーカー及配給業者ガ荷役能力ヲ無視シテ積出」をしたこと、さらに本船積も「荷物輻輳」したため、艀の滞船時間が延びたためと見られ、安定的出荷をしないために混乱が大きくなっていた。

鉄鋼原料の需給実態

原料入荷も不調であった。日満支域からの鉱石の第1四半期の入荷は物動計

画126.4万トンに対して、配船は118.6万トン、実際の入荷は104万トンにとどまり、八幡製鉄所以外の内地製鉄所の貯鉱は1942年3月末の21.1万トン（22日分）から、13.6万トン（14日分）に低下した。商工省鉄鋼局は、「鉄鉱石入荷ハ極メテ不円滑」となり、「義務貯鉱及業務貯鉱ヲ以テ補填セルモ此ノ結果サナキダニ僅少ナル貯鉱ハ更ニ減少シ鉱石ノ適性（ママ）配合ハ極メテ困難トナリ炉況不良ハ減産ノ大因」と報告している。「瓦斯発生炉用石炭（中塊）ノ入荷ハ益々困難トナリ之ガ入荷不円滑為操業中止ニ至レルモノ第一、四半期ニ於テハ続出セル有様」であった。発生ガスの劣化も著しく、日本製鉄富士製鋼所の事例では、40年4月に比して42年7月には発生量で74.7%、熱量で86.4%に低下していた。鉄鉱石では「馬来鉱石ヲ渇望」しているものの、「入荷ハ物動計画ノ半ニモ達セザル状況ニシテ製鋼能率向上ヲ阻止シツツア」った。銑鉄の輸送用配船も計画の35.5万トンに対して12%減となり、製鋼事業の数工場で一時操業が中止された。また適正鉱石が得られないことによる製鋼用銑鉄の品質低下が製鋼時間を延長させ、生産性を低下させた。製鋼用屑鉄の品質低下も同様の問題を発生させていた。内地マンガン鉱の出荷量は順調であったが、平均品位33%、珪酸15〜20%と、「品質ハ低下ノ一途」となり、「曾テハカヽル不良品ハ商取引ノ対象トナラズ」と評され、フィリピン、マレーなどの南方良質鉱石は、1万2,750トンの計画に対して入荷は300トンに過ぎなかった[132]。南方資源による自給圏構想は、有利な戦局と占領統治の開始にもかかわらず、42年度上期のマレー鉄鉱石の入手は15万トンの計画に対して4万5,946トン、仏印鉄鉱石は5万トンの計画に対して2万4,180トンであり、確かに不調であったが、製鉄所への鉱石出荷はさらに遅延していたことがわかる[133]。

第2四半期分の生産割当の際、鉄鋼統制会は、物動計画の実現見通しについて、「五、六月ノ配船状況ヨリ見テ之ガ継続スルニ於テハ到底大巾減産ヲ免レ」ないとしていた。銑鉄生産は物動計画通り116.32万トンとしたが、鋼材は2%減の115.46万トンとした上で、逼迫が著しい厚板を前期より3.5%多い29.4万トンに、鋼管を2.8%増の6.7万トンとして、大型の軌条、形鋼、棒鋼や、中形品の生産を削減した。それでも厚板と鋼管の需給逼迫は解消しないために、用途を制限した限定品種扱いとして消費統制を強化することになった[134]。

結局上期の鋼材生産は、240.2万トン計画に対して199.5万トンにとどまった。

これは「配船計画ノ削減ニ依ル原料供給量ノ圧縮特ニ南方屑、南方鉱石、製鋼用瓦斯発生炉炭等ノ良質原料ノ削減並ニ労働力ノ逓減」[135]によるものとされた。

(3) 1942年度下期の鉄鋼需給計画

鉄鋼生産計画の改訂

　そして鉄鋼・アルミニウムの需給計画は、9月に入ると従来のような小幅な計画修正では収まらなくなった。鉄鋼統制会は、下期の生産計画に大幅な修正と原料対策が必要であることを指摘しつつ、各社への生産割当を急ぐ必要から、9月1日に銑鉄240.1万トン、鋼材233.5万トンの計画を通知した。しかし9月23日に下期の鉄鉱石配船と石炭の生産条件が内示されると、事情は大きく変わった。鉄鉱石の本船輸送は317.4万トン（当初358.1万トン）、銑鋼の本船輸送は216.1万トン（当初354.1万トン）、本州四国分の石炭は300万トン（当初341.1万トン）、九州分は245.2万トン（当初293.9万トン）となり、これを受けて、下期の物動鋼材生産は199.3万トン（当初257.7万トン）に急減した[136]。年間で見ると、鋼材の当初計画505万トンは406万トン計画になった。同様にアルミニウムもボーキサイト配船計画が変更になり、当初の年間12.9万トン計画は10.5万トンに修正された。その中でも、造船部門への資材配当を維持して輸送力を増強し、陸海軍需を含めて残余部門で鋼材の縮小分を調整した。

　こうした事情は9月30日に企画院から陸軍整備局を通じて陸軍工廠などの各動員部隊にも伝えられ、徴傭船舶の解傭が必要であることが伝えられた[137]。この縮小改訂は陸海軍に深刻な衝撃を与え、改訂に対する反対も強かった。このため、海上輸送を陸上輸送へ転換し、貯鉱・スクラップ・銑鉄在庫の取り崩し計画を見直して鉄鋼供給力を維持しようと、「戦争遂行ノ現段階ニ処スル生産増強非常対策」の検討が始まった。そして年度末から1943年度計画に向けた増産のため、徹底した鉄鋼重点化、工場管理の強化、行政査察による緊急対策など、様々な施策が提案されることになった。7月29日には日本鉄屑統制株式会社（38年10月設立）、日本故銅統制株式会社（38年9月設立）を再編して金属回収統制株式会社を設立した。9月21日にはそれを金属令に基づく回収機関に指定し、年末までには伸鉄業者、鉄鋼配給業者の企業整備をほぼ完了し、複雑な流通機構を簡素化して統制を強化した[138]。また、原料転換による

コスト変動を極力回避するため、11月1日より鉄鉱類、北支原料炭、屑鉄等の製鉄原料のプール平準価格制度が導入され、12月からは製鉄業の統一原価計算制度が導入され、これを適切な経営効率や公定価格の設定、補助金交付の指標とすることになった[139]。

10月10日には大本営政府連絡会議において「昭和十七年度下期鉄鋼、アルミニューム、石炭ニ対スル緊急対策ノ件」が決定され、標記3物資の配船を増強することになり、鉄鋼統制会からも「十七年度下半期以降本邦鉄鋼生産確保具体的方策」（10月12日）、「十七年度下期乃至十八年度鉄鋼非常対策試案」（10月26日）などが提案された。そして11月14日に統制会は政府提示の配船量を基に下期210万トン案を策定した。しかし、その直後に前述のように陸海軍から船舶の大量増徴の要求が出された。この結果鉄鋼生産は下期184.5万トンになるという見通しすら出たが、結局11月27日に「昭和十七年度下期鉄鋼生産確保緊急対策要綱」が閣議決定となり、鉄鉱石本船輸送307.8万トン、銑鋼本船輸送192.3万トン、石炭764.4万トンという、9月23日案の生産条件よりも本船輸送力をさらに制限した上で、下期鋼材生産を210万トンに維持し、その中で限定品種の計画達成に重点的措置をとることが決定された[140]。また、こうした問題を背景に、鉄鋼、アルミニウム等の重点化に向けて、「官民其ノ総力ヲ挙ゲテ」緊急対策をとるため、政策立案、指示機関として臨時生産増強委員会を設置することも閣議決定となった[141]。

この間も徴傭船舶の解傭と増徴の対立した要求をめぐり、企画院・統帥部の交渉が続けられた。しかし、南方作戦の悪化と船舶の大量喪失から、陸海軍が強力な増徴要求を突きつけ、結局12月10日の大本営政府連絡会議で「当面ノ戦争指導上作戦ト物的国力トノ調整並ニ国力ノ維持増進ニ関スル件」が決定され、前述のように暫定分と合わせて陸軍38.5万総噸、海軍30万総噸の増徴が承認された。それに対して、陸軍は1943年4月末までに18万総噸を解傭し、徴傭船保有量を110万総噸とすること、海軍も4月までに8万総噸を解傭し、保有量を126万総噸に引き下げるという条件が付された。しかし、これが増徴に次ぐ増徴によって日本経済を破綻させていく第一歩であった。

また石油問題も極度に逼迫しており、9月には陸海軍の石油委員会幹事会補佐会で「ドウシテモ本年重油八十万屯不足ス　来年度繰越ヲ使用スルカ作戦ノ

抑制ニ依ル節約カ何レカナリ　海軍ノミナラス国家ノ重大事　重油ナクシテハ作戦遂行不能ナリ」などの状況が報告されていた。10月8日には同幹事会で海軍の自動車燃料1万トンを吐き出させ、その結果「海軍本件ニ関シ感情ノ虫収マラサルモノアルカ如シ」と戦争指導班が記すほど[142]、国内での液体燃料の需給は深刻で、原油、石油製品の還送が急務であった。不足する油槽船の増強対策では、12月から4月にかけて既成船12万総噸、新造船7万総噸を急遽応急油槽船に改装することになった。これらは1943年10月以降順次貨物船に戻す計画を進めることになっていたが、その間のC船輸送力は大幅に制約されることになった。しかも改装された油槽船は、その後貨物船への再改装もされないまま、44年中にはほとんど喪失することになった[143]。既に見たように42年12月から大陸物資の朝鮮鉄道を利用した陸運転移を実施して、海上輸送力を補強し始めたが、第4四半期には汽船輸送実績が計画の53%になるなど、輸送計画は破綻に瀕する事態となった。

鉄鋼配当計画の改訂

　主要配給分野の鋼材割当と積出実績を見たのが表1-54である[144]。年度当初の鉄鋼配当計画は497.9万トンであったが、前述のように原料輸送計画などの諸条件が実現しなかったため、上期の実績は計画の240.2万トンに対して199.5万トンにとどまった。下期には当初257.7万トンを計画していたが、物動計画の改定で、12月末になって鉄鋼配当は185万トンを見込むことになり、

表1-54　1942年度第1～第3四半期鉄鋼配当実績と12月末改訂計画

(トン、%)

	当初計画	改訂計画	4～12月割当	4～12月積出	実績率
配当合計	4,979,000	3,845,098	3,415,600	2,631,910	77.1
陸軍	982,461	1,787,332	586,454	490,662	83.7
海軍	1,229,918		742,127	767,678	103.4
造船	570,780	559,783	349,924	228,907	65.4
その他	2,195,841	1,497,983	1,737,095	1,144,663	65.9

注：配当合計には陸海軍による現地取得を含まない。造船の配当計画には乙造船（500総噸未満）を含むが、割当と積出は甲造船のみ。実績率は割当に対する積出の比率。
出所：「鉄鋼配当物動計画ノ編成竝実施ニ関スル件」1943年3月頃　前掲『開戦期物資動員計画資料』第11巻所収、378～379頁。

年間計画は384.5万トン余となった。この結果、113.4万トンもの計画調整が必要になった。しかし改訂時点では、既に第3四半期までに陸海軍・造船向けが6割程度、民需分が8割程度、合計で341.6万トンが既に割当て済みであった。同表から第3四半期までの積出実績を見れば、陸軍割当分は83.7％、海軍は103.4％、甲造船65.4％、その他65.9％となり、陸海軍が「現品取得ニ関シ強力ナル実力ヲ有スル」ためにほぼ期中に現物化しているのに対して、甲造船やその他の官需・民需は60％台半ばの入手状況であった。この結果、民需は3割以上、最重点部門となった造船用鋼材も500総噸未満の船舶である乙造船用を調整することで削ることになった[145]。年間計画の8割を割り当ててしまっていた民需分は、第4四半期に入って極端な削減をすることになった[146]。

こうして年度末になって鉄鋼生産は「戦局ノ進展ニ伴ヒ更ニ輸送力ノ削減ヲ必要トセル結果生産減ノ防止ニ凡有ル努力ヲ傾注[147]」しても、当初計画の82.6％の417.6万トンとなった。満洲からの7万5,200トン輸入計画も実績はなく、結局四半期別に鋼材割当実績を見ると、第1四半期118万トン、第2四半期124万トン、第3四半期106万トンと推移した後、第4四半期には83万トンに絞らざるを得なかった[148]。最初の物資動員計画である1938年計画も下期の配当圧縮を民需で調整し、41年度末に浮遊切符を処理し、42年度からの厳格化を目指した際も、結局は民需にしわ寄せした。42年度もやはり、同じように民需が犠牲になっていた。

(4) 1942年度鉄鋼需給計画化の実績

配給の実績

鉄鋼販売統制株式会社の鋼材種類別の配給実績は、表1-55の通りであり、毎期100万トン程度の水準を維持する中で、配給総量の4分の1を占め、鉄道事業を支える軌条・継目板の供給は急減した。海上輸送を補強する輸送手段として太平洋戦争期を通じて鉄道を酷使しながら、貨物輸送力は概ね1943年度まで伸び続けた。しかし、44年第1四半期の4,605万トンをピークに、以後減少した。軌道等の補修作業を後回しにしたことは、太平洋戦争末期から復興期に列車事故の多発という事態を引きおこし、終戦後の復興事業に足枷にもなった。その一方、造船・造艦用、兵器用の厚板、線材、鋼管の配給は急増した。

表 1-55　1942 年度普通鋼鋼材種類別配給実績

(トン)

		第1四半期	第2四半期	第3四半期	第4四半期	計
大型	軌条・継目板	50,462	38,474	37,765	35,359	162,078
	形鋼	61,577	59,947	61,296	53,931	236,751
	棒鋼	36,297	30,437	28,854	23,420	119,008
中型	軌条・継目板	29,352	25,759	25,954	20,218	101,283
	形鋼	88,322	86,408	82,552	77,042	334,324
	棒鋼	72,270	59,219	52,601	52,202	236,292
小型	形鋼	6,762	7,196	9,184	9,341	32,483
	棒鋼	152,063	141,429	160,069	164,995	618,556
厚板		247,092	237,991	277,814	351,351	1,114,248
薄板		96,648	75,357	84,982	83,423	340,410
ブリキ		14,664	10,521	14,240	15,885	55,310
珪素鋼板		10,406	5,847	7,415	8,084	31,752
線材		85,225	67,431	90,429	96,562	339,647
鋼管		55,963	53,429	63,261	65,799	238,452
軍向鋼片		11,646	11,420	14,216	11,142	48,424
その他素材計		1,052,788	942,310	1,041,564	1,098,125	4,134,787

出所：鉄鋼販売統制株式会社「昭和十七年度普通圧延鋼材配給実績」1943 年 7 月 26 日　前掲『開戦期物資動員計画資料』第 11 巻所収、101 頁。

　それでも、後述のようにこれら限定品種の需給の逼迫は解消しないばかりか、混乱は拡大していた。

　需給計画化の要点であった特定・団体・一般の需要区分別の需給調整実績を見ておこう。表 1-56 は四半期ごとの出荷契約と期末までの累計出荷実績と年度末時点の契約残額である。全体として、当期の契約分は次の四半期までに 6〜7 割が出荷される程度であった。第 1 四半期の契約分は年度末になってようやく 9 割まで出荷されていた。需要区分別では、軍需、鉄道、造船等の大部分であった大口の特定需要は、第 1 四半期契約の 58％を占めていたが、第 4 四半期には 73％を占めるなど鉄鋼需要の大部分を占めることになった。第 3 四半期以降、一般需要契約が半減し、第 4 四半期には団体需要契約も半減するなど契約額全体が減少する中で、特定需要は契約水準を維持している。比重を上げているにもかかわらず、契約履行率では団体・一般より比較的高く推移しており、相当に優先的な扱いを受けたことがわかる。それでも、年度末には需

表 1-56 1942 年度各四半期契約の鉄鋼需要区分別の履行状況

(トン、%)

		特定	団体	一般	全体
第1四半期	契約額	548,904	142,436	249,237	940,456
	6 月	40.9	28.9	39.7	38.8
	9 月	73.2	61.8	70.5	70.7
	12 月	85.9	79.9	82.4	84.1
	3 月	90.9	89.8	86.8	89.7
	残額	51,418	28,766	33,112	113,296
第2四半期	契約額	536,622	174,524	238,512	949,658
	9 月	22.9	20.4	26.4	23.3
	12 月	58.8	54.7	58.9	58.1
	3 月	77.3	78.3	74.8	76.9
	残額	121,290	63,879	60,404	245,573
第3四半期	契約額	541,694	190,555	97,753	830,002
	12 月	23.9	18.1	20.7	22.3
	3 月	60.5	47.6	56.9	57.2
	残額	217,447	98,246	42,522	358,215
第4四半期	契約額	465,568	95,261	77,795	638,624
	3 月	27.1	18.7	27.0	25.3
	残額	351,279	74,778	56,708	482,765
残額合計		741,434	265,669	192,746	1,199,849

注：第1〜第4四半期の当期出荷契約に対する各月までの累積履行率。
出所：鉄鋼販売統制株式会社「昭和18年度3月分普通圧延鋼材配給状況調」1943年5月20日前掲『後期物資動員計画資料』第4巻所収、7頁。

給逼迫から契約残額が急増し、1941年度末と同様に未現物化切符が増加していた。

　厚板・鋼管の部門別の需要は表1-57の通りである。厚板は海軍、造船、鋼管は海軍需が急増していた。同表の需要は生産計画に基づく実需ではなく、鋼材の総供給の見込みと事前割当量を基に、需用者団体から提示されたものであるが、これら特定品種の生産が円滑でないために毎期生産実績と乖離して、深刻な事態となった。特に軍需と造船用需要を優先する結果、「爾他ノ部門ニ於ケル需給ハ著シク変動ヲ来シ重要産業ノ運転補修ニスラ支障ヲ来ス惧レ」すら生じた。増産措置と併行して「不急不要部門ヘノ横流レ防止ト重点部門ヘノ適

第1章　太平洋戦争初期の経済総動員構想とその実態（1942年度）

表1-57　1942年度四半期別厚板・鋼管需給状況

(トン)

		第1四半期	第2四半期	第3四半期	第4四半期	年度計
厚板	陸軍	42,064	47,423	45,473	33,059	168,019
	海軍	79,646	94,671	117,061	94,918	386,296
	造船	74,155	126,868	75,715	116,500	393,238
	その他	111,561	94,180	52,606	115,543	373,890
	需要計	307,425	363,142	290,855	360,020	1,321,442
	生産	247,092	237,991	279,564	352,657	1,117,304
鋼管	陸軍	35,795	25,934	17,267	17,010	96,006
	海軍	24,421	35,840	27,775	30,639	118,675
	造船	4,328	6,093	6,446	9,500	26,367
	その他	42,291	20,876	23,172	16,193	102,532
	需要計	106,835	88,743	74,660	73,342	343,580
	生産	48,454	44,939	50,376	52,938	196,707

出所：「昭和十七年度厚板・鋼管需給実績表」（『柏原兵太郎文書』218-11）。

正配給ニ努力」したものの、結局厚板・鋼管・線材については、「生産拡充方策ノ成果ガ完全ニ現ハルル迄ハ更ニ消費ノ規正ヲ徹底セシムル要ガアル[149]」としていた。

需給計画化の内実

　1942年度の鉄鋼物動計画の基本改革となった鉄鋼需給計画化の内実についても見ておこう[150]。計画化の核心部分は推定割当を当該四半期の4ヶ月前に実施し、鋼材品種別需要と生産計画を事前にまとめ、当期の割当と出荷・荷渡しの一致を図ることだった。しかし、推定割当の実施日は表1-58の通りであり、遅延の度合いは益々ひどくなっていった。陸海軍それぞれの軍工廠間、陸海軍の

表1-58　鉄鋼推定割当実施状況

		予定日	実施日	遅延日数
42年度	第1四半期	12月1日	12月21日	30
	第2四半期	3月1日	4月15日	45
	第3四半期	6月1日	6月15日	15
	第4四半期	9月1日	10月20日	50
43年度	第1四半期	12月1日	2月20日	80
	第2四半期	3月1日	4月末予定	60

出所：前掲「鉄鋼配当物動計画ノ編成並実施ニ関スル件」379頁。

両航空本部など、内部で多くの動員部隊間の調整を必要とする陸海軍では「右決定ヲ待チテ需要申込ナストセバ到底当該期ヘ生産ヲ連携セシムルコトハ不可能」となり、「一方製造業者ニ於テモ需要ノ半バヲ占ムル軍ノ需要明細ヲ当該期ノ生産ニ連携セザレバ殆ド生産量ノ大半ヲ見込生産スルコトトナリ合理的ナル圧延計画ノ設定ハ全ク困難ナル事情」とされた。このため軍では、「不得已適当ノ配当量ヲ想定シ申込手続ヲ促進シ需給計画化所定ノ期日ニ申込」をするようにしていたが、結局配当総量の想定が困難なため製造業との直接契約の明細を決定するのが遅れることなどが指摘された。軍以外は推定割当の決定後に需要を申し入れるため、「毎期需要ノ一部（期ニヨリテハ需要ノ大部分）ノ生産連携ハ次期ヘ繰越サルヽコト」になり、「現行ノ需給計画化ハ全ク実行不可能ト謂ヒ得ベシ」とされていた。第4四半期の物動では陸海軍間の配当が年度末に至るも決定できない状況になっていた。

続く1943年度第1四半期についても、推定割当が2月20日と80日も遅延した上、陸海軍別配当内訳が未決定だった。このため、両軍とも「任意ノ数量ヲ以テ申込」をさせることになり、両軍合わせて25万2,655トンの推定割当に対して、陸軍23万1,492トン、海軍22万4,185トンの申込数量となってしまった。これを「適当ノ比率ヲ以テ納メ」ても、需要明細をまとめる時間はなく、民需の申込も第1四半期の需給計画化には間に合わないため、「物動計画ノ意図スル目的ハ全ク達成サレザルコトトナルベシ」と見られた。

屑鉄回収計画と実績

最後に、鉄鋼供給計画の策定において重要な要素の一つであった屑鉄回収の計画と実績も、判明する限りで見ておこう。鉄鋼の加工工程等から生じる一般回収品の計画は、4月に決定された物動計画では各四半期32万トン前後で、年間129.5万トンとされたが[151]、市場や回収会社を通じて取引されない回収・再利用は、把握するのが一般に困難であった。金属回収統制株式会社が担当した91.5万トンの一般回収計画に関しては、表1-59の鋼・銑鉄のようにほぼ毎期順調に集荷・配給された。既設機械・施設のスクラップ化を中心とした特別回収計画は、第1四半期の物動計画の6.2万トンから第4四半期計画では22.7万トンと急激に目標を引き上げ、年間で56.7万トンを目指した。実際に官庁・

第1章　太平洋戦争初期の経済総動員構想とその実態（1942年度）

表1-59　1942年度四半期別鉄屑回収・使用実績

(トン)

			第1四半期	第2四半期	第3四半期	第4四半期	年度合計
特別回収	官庁・公共団体	計画	35,823	39,996	44,053	23,004	142,876
		実績	35,823	32,840	38,697	50,939	158,299
	民間　指定施設	計画	35,000	62,000	63,000	40,000	200,000
		実績	13,013	19,506	25,100	15,343	72,962
	民間　非指定施設	計画	35,000	12,000	9,000	14,000	70,000
		実績	44,369	14,774	24,778	37,830	121,751
	民間　沈船引揚げ	計画	4,000	4,000	4,000	—	12,000
		実績	1,794	3,092	574	40	5,500
	民間　企業整備	計画	—	70,000	105,614	199,585	375,199
		実績	14,177	33,091	31,888	104,069	183,225
	官民合計	計画	109,823	187,996	225,667	276,589	800,075
		実績	109,176	103,303	121,037	208,221	541,737
	物動特別回収計画		62,000	83,000	195,000	227,000	567,000
	同上配給実績		98,566	64,692	105,377	117,778	386,413
一般回収	集荷　鋼	集荷	209,555	188,774	198,241	176,568	773,138
		配給	211,118	197,996	207,832	184,083	801,029
	集荷　銑鉄	集荷	42,999	34,067	35,258	31,815	144,139
		配給	43,268	34,332	35,803	33,736	147,139
	集荷　計	集荷	252,554	222,841	233,499	208,383	917,277
		配給	254,386	232,328	243,635	217,819	948,168
	物動計画		228,000	233,000	234,000	220,000	915,000

注：計画欄の─は計画のないことを示す。一般回収は金属回収統制株式会社の取扱分のみで、物動計画の一般回収計画の総回収予定量は129.5万トン。企業整備による回収は産業設備営団（大企業対象）、国民更生金庫（中小工業対象）による買上分。
出所：企画院「昭和十七年度金属類特別回収実績表」1943年7月1日　前掲『開戦期物資動員計画資料』第11巻所収、73～77頁。

　公共団体、指定施設（工場・事業場・倉庫・店舗・公園等から地方長官が指示）、非指定施設、企業整備による供出について官民で取り組んだ目標は80万トンにも上った。しかし、その実績は官庁・公共団体分が計画を達成したものの、やや不振であった。梵鐘、欄干をはじめとする施設の指定には無理があることも指摘され、むしろ一般工場等から出された非指定の不要物件は計画を上回った。企業整備に伴う整備対象工場からの施設、機械・器具の回収は、まだ緒についた段階であり、第4四半期に入って急増したが、年間では計画の2分の1

程度にとどまった[152]。しかし、表1-23のように、物動計画に組み込んだ特別回収計画は56.7万トンと低めに設定してあったので、達成率は95.5％であった。金属回収はダライ粉など雑多な金属の混入したものによる鋼材品質の低下、熔鉱炉の損傷、製鋼能率の低下を招きながらも、物動計画の特別回収量は回収運動の目標より低く設定されているため、量的にはおおむね所期の目標を達成し、このうち38.6万トンが製鉄所等へ配給された[153]。

このほか、遊休機械等の設備の転用にも取り組んだ。1942年8月の商工次官通牒「機械工業ニ於ケル遊休設備整理要綱」に基づき、工作機械等登録規則による実地調査が行われ、一般家庭の銅鉄回収と同時に10月より自発的な供出運動が展開した。また同じ8月には滞貨機械器具供出実施要綱が決定され、産業設備営団による適価での買い上げも実施された[154]。43年1月には企業整備等による設備廃棄分等の「特別回収」の42年度第4四半期計画27.7万トンを確保すべく、その撤去、輸送力の手当と軍需関係資材確保損失補償金の支出が始まった[155]。

故銅類の回収にもここで触れておこう。故銅類も加工工程等からの一般回収目標1万8,000トンに加えて、特別回収運動を実施した。特別回収の年間供出目標は、官庁・公共団体1,212トン、指定施設2万3,000トン、非指定・一般施設2万8,503トンの計3万6,212トンとした。達成率はそれぞれ159％、37％、238％と、やはり指定施設の回収率は悪かったが、回収総量は3万8,913トンと目標を上回った。物動計画に組み込む分は、1941年度第4四半期分を合わせて1万9,000トンとしていたが[156]、特別回収のうちの2万4,199トンを配給して、残余は在庫とした。

なお、このほかに1942年度の鉄鋼生産計画では、最終的に鉄鋼生産計画を強引に引き上げるため、186.8万トンの特別・一般回収とは別に、製銑その他の金属製錬工程等で発生するスラグ等や砂鉄等の貧鉱処理によるルッペを含めて動員し、282.9万トンの屑鉄発生を見込んでいた。これは物動1次案よりもさらに100万トン上乗せしたものであった。しかし、上半期にはこの種の屑鉄の「生産」実績が49.3万トンとされているものの、ほとんど実績がなく、スラグ等の本格的使用は躊躇していたと見られる[157]。このほか、満支域からの屑鉄回収計画11万6,500トン、南方からの屑鉄回収計画11万4,600トンを組

み込んでいたが、その実績は5万4,048トン、2,529トンに過ぎず、南方圏の占拠はほとんど寄与していない。一般・特別回収、スラグ等、国外等を含む屑鉄の総供給計画は503万トンとされていたが、商工省の調査ではスラグ等の下期の使用量が判明せず、一般・特別回収の在庫取り崩しを含めて屑鉄の総供給は142万トンとされている[158]。一般・特別回収は比較的良好だったが、それ以外の回収実績は不調であったといえよう。

最後に1943年度物動計画に向けて、42年度末に取り組んだ回収体制の強化について見ておこう。43年度では企業整備等による「非常特別回収」30万トンを目標に、42年度第4四半期から一部着手し、上半期中に完了を目指すことになった[159]。この金属類回収機関の整備のため、臨時生産増強委員会は43年1月に回収計画と総合事務を担当する機関の設置を決め、3月の委員会[160]では大都市を中心とした第1次金属類「非常回収」[161]に取り組むことを決定した。また、代替を要しない橋梁・競技場上屋・看板・銅像・神社仏閣施設も回収することを決定した。商工省内には金属回収本部、各地方庁にはその担当課が設置され、43年6月の戦力増強企業整備要綱によって本格化することになる。

(5) 需要部門別鉄鋼配当の推移

需要部門別の積出実績

以下では、需要部門別の鉄鋼類の配給実績について検討しよう。まず、四半期ごとに業界団体の割当鋼材の現物化＝積出実績を見た表1-60によると、軍需、特に海軍需の現物化率が高いことがわかる。同表の軍需配当は、年度内の現物化率の実態を正確に把握するために、1941年度割当分の42年度にずれ込んだ積出実績を除外し、第3四半期割当を80％、第4四半期割当を70％として計算してあるので、期中の入手見込に対する入手実態がおおむね正確に反映されているとみられる。造船用は42年度から割当が急増したが、現物化は遅れていた。特殊鋼関係、鋳鋼等や、軽金属など緊急需要部門も割当の急増に対して現物化は悪かった。これに対して、鋼材品種が多岐にわたる精密機械部門の入手状況を除いて、鉄道、自動車、産業用、電気機械等の各種機械工業は、総じて42年度の入手率が高いことがわかる。

ただし、この実績は正規の割当に対する鋼材入手実績であり、軍需比率の高

表 1-60　1942年度鉄鋼需要別割当と積出実績

		物動配当	積出実績	積出率			物動配当
陸軍 A		730,592	659,016	90.2	セメント統制会		847
海軍 B		927,438	956,347	103.1	電解曹達		2,310
造船 Bx		549,714	362,993	66.0	硫安		8,516
生産力拡充 C_2		475,837	392,121	82.4	精密機械		21,383
鉄鋼	鉄鋼統制会	113,177	153,965	136.0	鉄道軌道		16,969
	特殊鋼協議会	9,359	5,968	63.8	車両		52,875
	フェロアロイ協議会	1,019	659	64.7	自動車		33,177
	鋳鋼協議会	1,459	1,096	75.1	アンモニア法曹達		2,749
	銑鉄協議会	672	404	60.1	官需 C_3	鉄道省	92,161
	計	125,686	162,092	129.0		その他官庁	17,099
石炭統制会		59,972	39,288	65.5		計	109,260
軽金属統制会		23,950	7,479	31.2	円域 C_4イ		133,597
鉱山統制会		44,137	26,901	60.9	外地 C_4ロ		177,740
石油	製油精製業	24,948	16,250	65.1	一般民需 C_5		74,685
	石油鉱業	8,036	1,928	24.0	機械		310,927
	人造石油業	21,621	13,994	64.7	製品		488,626
	計	54,605	32,172	58.9	41年度末整理分		72,964
電気事業協同会		28,661	19,592	68.4	総計		4,051,380

注：「鉄鋼」から「アンモニア法曹達」は生産力拡充計画産業。「機械」には機械工業協議会、産業機械統制会、制会、その他機械関係の各種工業組合連合会を含む。「製品」にはドラム缶、琺瑯鉄器、線材製品、ブリキ製品械・製品関係への鉄鋼配当は一旦、機械・製品重要部門への素材配当をした上で、機械・製品関係工業団体に重複が生じ、各項目の合計と総計欄は大きく異なる。陸海軍の配当欄は第3四半期分を80%、第4四半期分を積出欄には1941年度分として積み出された陸軍53,202トン、海軍139,496トンが含まれていない。
出所：「1942年度・43年度第1四半期鉄鋼統制団体別配当、積出実績（仮題）」（『柏原兵太郎文書』191-76）。

い特殊鋼業界については原料屑が軍から支給される結果、毎年計画を超える生産実績を上げており、軍発注の機器類も同様に軍からの鋼材・部品の支給によって生産計画以上の実績になる場合が多い。後述のように民需産業が発注した機械の入手状況は非常に悪く、至るところで拡充計画が停頓していたが、同表からは機械類に向けた資材割当や鉄鋼製品への鋼材供給そのものは比較的円滑であることが判明する。そして特殊鋼や精密機械の場合は、このルート以外の資材供給に支えられて、軍需向けの資材と鉄鋼製品、機械類が生産されていたことにも留意する必要がある[162]。

第1章　太平洋戦争初期の経済総動員構想とその実態（1942年度）

陸海軍・官需向け配当実績

積出実績	積出率
(トン)	
459	54.2
1,400	60.6
5,409	63.5
11,745	54.9
13,552	79.9
38,303	72.4
31,828	95.9
1,901	69.2
98,849	107.3
10,322	60.4
109,171	99.9
89,202	66.8
113,253	63.7
67,142	89.9
272,021	87.5
438,647	89.8
67,604	92.7
3,527,497	87.1

電気機械統制会、金属工業統等の各種鉄鋼製品を含む。機必要資材分を再配分するため、70％として計上されている。

　ついで、表1-61から陸海軍への鋼材配当実績を見ていこう。同表は注記にあるように購入・現物化の実績ではないが、近似的には購入実績と見てよいだろう。前年度割当分で1942年度に購入がずれ込んだ分は、第2四半期までに入手し、これが陸軍で5.3万トン、海軍は13.9万トンに上った。鋼材メーカーからの直送分は大口取引が多く、陸軍28.4万トン、海軍59.3万トンとなっており、海軍の場合、割当鋼材の2分の1近くが直送されていた。鉄鋼販売およびその下部の鋼材問屋経由の分は、販売機関が割当証明書を受け取った数量であり、実際の取得実績を示すものではない。積出までには時間を要するため、一部の取得は43年度にずれ込むと見られるが、鉄工製品分の取得実績をあわせると、陸海軍とも割当数量を大幅に上回っている。鉄鋼需給計画化に基づいて、5月に商工省が第1四半期の発注希望をとりまとめた際には、陸軍は17.5万トン、海軍は20.1万トンとされていたが、陸海軍による軍工廠等の動員部隊への発券量を完全に統制できてはいないことを示している。

　銑鉄配給でも同様の事態が生じており、表1-62のように陸海軍は動員部隊に対して毎期割当を超える発券を行っている。下半期には、物動計画の改定によって、本来なら割当も発券が大きく縮小するはずであったが、発券は縮小せず、第4四半期には大きく枠を超えて発券していることも判明する。先に見た厚板・鋼管の深刻な需給不均衡の背景にも、こうした軍による強引な鋼材獲得活動があったと見ていいだろう。

　官需への鉄鋼配給の実績も確認しておこう。表1-63のように、表1-25、表1-31の当初計画の一部が変更され、逓信省が6,700トンから7,280トンに、朝鮮総督府が3万5,943トンから3万8,943トンになっている。この総督府の増

表 1-61　1942 年度陸海軍四半期別鋼材購入実績

(トン)

	第1四半期	第2四半期	第3四半期	第4四半期	年度計
陸　軍					
前年度配当分	38,896	14,306			53,202
製造業者直売	82,748	50,625	71,246	78,970	283,589
販売会社直売 配給業者経由	154,691	186,862	172,385	147,483	661,421
製品	25,591	30,281	33,895	27,377	117,144
合計	263,030	267,768	277,526	253,830	1,062,154
割当	233,132	243,431	198,461	147,543	822,567
海　軍					
前年度配当分	137,916	1,580			139,496
製造業者直売	79,821	174,189	143,949	195,194	593,153
販売会社直売	15,436	18,006	19,633	10,955	64,030
配給業者経由	108,323	130,666	160,267	138,390	537,646
製品	47,670	33,868	32,427	26,334	140,299
合計	251,250	356,729	356,276	370,873	1,335,128
割当	310,267	305,582	246,995	185,886	1,048,730

注：合計欄には、前年度配当分で1942年度に引き取った分は含まれない。製造業者直売分は、積出実績。
　　販売会社・配給業者経由分は、第4四半期までの割当証明書を、43年5月28日まで受け付けた数量。
　　製品は割当実績。したがって、製造業者直売以外は、実際に取得した実績を示すわけではない。
出所：「昭和十七年度陸海軍配当実施状況」1943年5月27日（『柏原兵太郎文書』217-17-2）。

表 1-62　1942 年度陸海軍四半期別銑鉄購入実績

(トン)

	第1四半期	第2四半期	第3四半期	第4四半期	年度計
陸　軍					
製造業者直売	0	7,000	4,700	13,624	25,324
割当切符発行	28,205	27,355	28,562	27,731	111,853
合計	28,205	34,355	33,262	41,355	137,177
割当	21,049	30,652	23,512	21,226	96,439
海　軍					
製造業者直売	7,620	10,655	9,241	14,152	41,668
割当切符発行	37,556	46,371	42,473	50,616	177,016
合計	45,176	57,026	51,714	64,768	218,684
割当	37,513	43,884	28,940	27,754	138,091

注：割当切符発行は販売統制機関を通じた配当分で、1943年7月時点までに販売機関が受け取った割当
　　証明書の数量。製造業者直売以外は、実際の取得量を示すものではない。
出所：「昭和十七年度普通銑鉄陸海軍配当実施状況調」1943年7月27日（『柏原兵太郎文書』218-11）。

額は陸運転移による鉄道輸送力の増強のための措置と見られる。官需配当の中心は鉄道省配当であり、既に見たように鉄道向け鉄鋼配当は絞られつつあったが、計画達成率では全体実績の71％に比してやや高い75.5％となった。しかし、朝鮮鉄道を所管した朝鮮総督府は、陸運転移の重点支援が第4四半期から本格的に始まったこともあって、達成率は66％にとどまった。

一般民需向け配当実績

一般民需向けの鉄鋼配当を見ておこう。一般民需への年間配当計画は、既に見たように5月に前年度実績の内地38万トン、

表1-63　1942年度官需鉄鋼配当実績

（トン）

	計画	実績	％
宮内省	3,305	2,598	78.6
外務省	216	162	75.0
内務省	5,674	3,663	64.6
大蔵省	8,945	6,769	75.7
司法省	320	204	63.8
文部省	1,294	835	64.5
農林省	2,177	1,376	63.2
商工省	1,588	523	32.9
通信省	7,280	4,415	60.6
鉄道省	106,878	80,654	75.5
大東亜省	4	4	100.0
厚生省	1,615	1,536	95.1
朝鮮総督府	38,943	25,813	66.3
台湾総督府	10,240	5,930	57.9
樺太庁	3,763	2,012	53.5
南洋庁	126	86	68.3
計	192,368	136,580	71.0

注：通信省、朝鮮総督府は当初計画から増額されている。4月の計画立案時、大東亜省は拓務省。
出所：企画院「昭和十七年度物資動員計画官需配当計画・実績対比参考表」1943年7月22日　前掲『開戦期物資動員計画資料』第11巻所収、80頁。

内外地計46万トンを上回る内地46万トン、内外地計55万トンと決定された。四半期別に割当の推移を見たのが、表1-64である。5月の時点で、第1四半期の割当は既に配給統制機関に通知されているので、第1四半期の割当実績は計画と一致しており、第2四半期割当実績も当初計画通り、内地10万トン、内外地合計12万トンであった[163]。

しかし第3四半期は、当初計画13.4万トンに対して10.7万トンと割当実績率は80％になった。さらに第4四半期は当初の14.2万トンに対して、事実上新規配当を停止することになり、補正用として僅かに2,967トンを割り当てたにとどまった。この結果、年間を通じて計画達成率はあらゆる用途で60％台に低迷した。対前年実績では全体で76％にとどまり、結局過度な圧縮を回避しようとした1942年度計画でも一層民需を圧縮することになった。

なお、食料品加工業向けの配当が1941年度に比して突出して増加している

表 1-64　1942 年度各四半期の一般民需用鋼材の用途別配当実績

(トン)

	年度計画	第1四半期	第2四半期	第3四半期	第4四半期	年度実績	対計画(%)	前年実績	対前年(%)
農林水産業	77,541	16,938	18,313	16,436	453	52,140	67	71,512	73
食料品加工業	29,700	6,687	6,938	6,226	173	20,024	67	2,700	742
保健衛生	6,237	980	1,585	1,422	40	4,027	65	5,059	80
住宅	5,850	1,488	1,315	1,180	33	4,016	69	5,601	72
国民生活用品	42,360	9,318	9,962	8,940	249	28,469	67	52,529	54
教育	2,620	546	625	561	16	1,748	67	3,030	58
公共団体	38,373	6,210	9,697	8,702	241	24,850	65	34,678	72
鉄道軌道	22,042	4,847	5,183	4,652	129	14,811	67	24,963	59
非計画産業自家発電	901	189	215	193	2	599	66	1,092	55
電気通信	2,469	381	629	565	16	1,591	64	1,981	80
航空	800	120	205	184	5	514	64	696	74
ガス事業	12,000	2,006	3,012	2,684	75	7,777	65	10,326	75
土木建築	12,000	2,938	2,731	2,452	68	8,189	68	16,590	49
紡織製紙	6,920	1,205	1,723	1,546	43	4,517	65	6,981	65
鉱業	8,400	1,490	2,083	1,870	52	5,495	65	8,631	64
機械金属業	23,000	5,263	5,346	4,800	133	15,542	68	23,020	68
産業車両用	37,500	8,189	8,837	7,930	220	25,176	67	36,222	70
化学工業	63,545	19,231	13,355	11,990	332	44,908	71	34,713	129
邦人企業	696	260	131	118	3	512	74	825	62
試験研究用	1,000	153	255	229	7	644	64	885	73
円域向包装材料	2,468	200	684	613	17	1,514	61		
特別回収代替用	16,000	4,000	4,000	3,334	83	11,417	71		
その他	18,042	5,576	3,714	3,220	95	12,585	70	18,412	68
内地計	430,464	98,215	100,538	89,827	2,485	291,065	68	379,503	77
朝鮮	54,557	12,485	12,552	11,446	316	36,799	67	52,123	71
台湾	22,546	5,160	5,187	4,730	130	15,207	67	21,122	72
樺太	4,626	1,275	1,275	805	35	3,390	73	4,661	73
南洋	2304	599	508	464	1	1,572	68	2,799	56
総合計	514,497	117,734	120,060	107,272	2,967	348,033	68	460,208	76

注：前年度の内地計が一致しないが、原資料のまま。
出所：表 1-28、企画院「昭和十七年度物資動員計画一般民需用途別実績配当表」1943 年 4 月 28 日前掲『開戦期物資動員計画資料』第 11 巻所収、2〜3 頁。

のは、41 年度計画では「その他」の中の食料品製造加工として 1,200 トン、農林水産業の農林水産物容器包装向けに 1 万 6,000 トンに分散していたものを[164]、42 年度の配当の際に区分を整理したことを反映していると見られる。対前年度の増加は最大で見積もっても 2 倍以内であろう。同様に化学工業についても区分の変更が見られ、42 年度計画段階で 41 年度の 4 万 2,940 トンが 6 万 3,545 トンになっており、対前年増加率には、区分変更が影響している可能性がある。とはいえ、「合成工業」向けが 8,000 トンから、2 万 4,300 トンとなって最大項

目となるなど、有機合成事業法（40年4月）に基づく事業指定（41年1月）以来、液体燃料の高オクタン価対策、爆薬原料・造成樹脂の増産対策が実施され、一般民需の中でも一部の化学工業が梃子入れされたとみることができる。

鋼材滞貨問題

　民需を中心に配当実績が全般に不調であった原因には、生産不振のほかに、既に見たように輸送力の低迷のほか、依然として需要品種と生産品種・寸法の不適合などがあった。表1-65のように、1940年度以来、物動生産計画は低迷し、生産条件を踏まえて各社に示した生産割当も450〜460万トン台を推移した。生産実績も徐々に低下し、42年度は420万トン台になった。そして42年度になって急速に落ち込んだのが配当実績であった。これに伴って鋼材在庫は42年10月に214万トンと、前年同期に比して86万トンも膨張する事態になった。43年2月末には222.5万トン（製鉄業者52万トン、販売業者16.3万トン、加工業者・需要者154万トンなど）に達した。これについて鉄鋼統制会は、「恐ラク激増ノ原因ハ鉄鋼製品輸送力ノ不足（配給遅延）、生産需要各面ニ於ケル鋼材ノ品種、寸法ノ不適合、鉄鋼加工消費部門ニ於ケル事業ノ総括的抑制又ハ変更並非鉄金属其他ノ副資材ノ不足ニ依ル加工不能等ソノ主要ナルモノナルベシ[165]」と指摘し、鉄鋼原料だけでなく、製品の輸送力の確保と種別生産計画の厳格化が43年度物資動員計画の立案に向けた重要な課題であると認識していた。輸送力問題は、特に製造業者在庫の推移に現れており、41年末に一旦39万トンに減ったものの、42年度半ばには40万トン台半ばを推移したのち、12月に47.1万トン、43年1月に52.5万トンと急増した。これは、鉄鋼滞貨問題として、11月に設置された臨時生産増強委員会の重要課題となった。12月設置の港

表1-65　鉄鋼生産・配給の計画と実績（1940〜42年度）

（千トン）

	40年度	41年度	42年度
物動生産計画	5,200	4,695	4,979
生産割当	4,619	4,503	4,516
生産実績	4,487	4,324	4,252
物動配当計画	5,474	4,806	5,054
配当実績	4,503	4,156	3,505
鋼材在庫	1,633	1,281	2,141

注：鋼材在庫は、製鉄業者、販売業者、加工業者、その他需用者合計。調査時点は、40年9月1日、41年10月1日、42年10月15日。
出所：内閣顧問豊田貞次郎「昭和十八年度鉄鋼最大供給源ト鉄鋼資源動員ニ関スル一考察」1943年4月13日前掲『後期物資動員計画資料』第2巻所収、56頁。

湾荷役増強連絡委員会等による集中対応によって在庫量は2月の54.6万トンをピークに、3月には48.6万トンとなったが、沿岸輸送力や港湾荷役力問題への対応は、42年12月設置の地方各庁連絡協議会や、43年7月設置の地方行政協議会で、その後も主要業務の一つとなった[166]。

2　鉄鋼以外の供給実績

鉄鋼以外の供給実績

以下では、表1-66で鋼材以外の物動物資の供給実績、表1-67から部門別の配給実績を見ておこう[167]。鉄鉱石供給は、総量として計画の91.6%を達成しており、第一分科物資の中では良好な結果となっている。これは国内の小鉱山・貧鉱開発が進んだことと特別輸入在庫の取り崩しが大きいが、一方で品質の低

表1-66　1942年度物資動員計画主要物資

分科	計画物資		国内生産		回収	在庫からの補填	
			国産原料	輸入原料		一般	特別
第一	普通鋼鋼材	トン	4,176,071				
	普通銑	トン	4,461,694				
	特殊鋼鋼材	トン	408,009				
	鉄鉱石	トン	5,147,545			455,000	1,018,172
第二	銅	トン	83,350	3,312		10,210	21,094
	鉛	トン	25,417	3,101	1,104	500	44,600
	亜鉛	トン	64,423	857	1,834	1,500	9,359
	錫	トン	1,617	2,072	219		765
	アルミニウム	トン	32,144	69,862		337	2,930
第三	紡績用棉花	千担	232		70	1,262	
	羊毛	俵	4,063			52,147	52,773
	人絹用パルプ	英トン	177,791	1,579			
	マニラ麻	トン					9,808
	生ゴム	トン				17,453	
第四	石炭	千トン	57,381			11,950	
第五	工業塩	トン					

注：亜鉛、羊毛、工業塩の合計が一致しないが、原資料のまま。輸入原料による銑鉄・鋼材生産がないのは、鉄の特別在庫は、軍からの支援分。
出所：商工省総務局調査課「昭和十七年度物資動員計画供給並配給ニ対スル実績総括表」1943年8月前掲『開は、企画院「昭和十六年度物資動員計画（供給力）実績調（第一分科関係）」1942年7月1日前掲『開戦期物和十三年度至昭和二十年度物資動員計画総括表」1951年3月15日によった。

第1章 太平洋戦争初期の経済総動員構想とその実態（1942年度） 229

下問題は解決できなかった。円域での開発輸入の506万トン計画の実績は80％にとどまり、高品質鉱として期待された南方鉱石の輸入実績は、第一補給圏からの10万トン計画が61％、第二補給圏からの35万トン計画が34％と、還送物資総量のなかでは大きな比重を占めたものの計画全体としては低調だった。

判明する1942年度上期の満洲、中華民国、南方占領地からの主要物資供給計画の達成状況から地域的実績を見ておこう。37年から満洲産業開発五カ年計画を実施するなど、満洲国では日本国内の生産力拡充計画と一体で産業開発構想が進められ、物資動員計画でも対日期待物資、対日供給物資の形で両国の需給計画は一体的に策定されていた。42年度上期の対日供給計画とその実績を見ると、普通鋼鋼塊は計画7万2,050トンに対して実績は2万6,743トン、普通銑は計画24万5,000トンに対して26万8,179トン、低燐銑は計画9万4,500トンに対して10万2,090トン、屑鉄は計画2万4,000トンに対して3万1,257トン、鉄鉱石は計画9万9,000トンに対して5万9,874トン、耐火煉瓦は計画1,800トンに対して6万1,570トンなど鋼塊、鉄鉱石を除くと鉄鋼関係物資は比較的良好な実績であった。このほか、アルミニウムも計画1,000トンに対して1,000トン、蛍石は計画8,000トンに対して8,452トン、ピッチコークスは計画2,300トンに対して3,702トンなど軽金属関係も順調であった。

の供給実績

円域輸入	第一・二補給圏輸入	供給	対前年度比％	対計画比％
		4,176,071	94.2	83.9
125,213		4,586,907	88.3	80.9
		408,009	95.3	101.3
4,034,000	180,000	10,834,717	114.5	91.6
		117,966	87.8	98.6
250	800	75,772	90.2	94.3
	2,063	81,139	105.2	100.0
	5,908	10,574	140.9	57.4
4,330		109,603	150.2	84.9
2,176	53	3,792	71.9	90.3
48,400		157,983		87.3
		179,370		85.4
	8,426	18,234		15.5
	54,355	71,808	96.5	59.1
5,505	247	75,083		75.8
768,680	19,052	787,682		70.7

鉱石輸入の実績からみて不自然であるが、原資料のまま。普通揮発油
戦期物資動員計画資料』第11巻所収。第一分科の1941年度供給実績
資動員計画資料』第4巻所収、その他の物資は、経済安定本部「自昭

表 1-67　1942年度物資動員計画

		普通鋼 トン	普通銑 トン	特殊鋼 トン	電気銅 トン	鉛 トン
供給力		4,176,071	4,586,907	408,009	117,966	75,772
陸海軍需		2,376,901	369,374	318,436	89,211	45,894
民需	充足軍需 C_1	255,698	33,293	2,790	2,273	1,246
	生産拡充 C_2	897,111	409,255	66,485	11,997	11,811
	官需 C_3	149,076	40,796	2,762	2,014	2,298
	円域 満州	73,535	19,460	4,744	1,792	1,027
	円域 国民政府	66,658	6,862	1,807	953	559
	第3国 C_4 ロ	26,870	26,322	230	146	8,318
	一般民需 C_5	415,338	113,962	10,484	4,785	8,017
	生産確保用 C_6		4,150,950		*3,173	*2,680
	C_2〜C_5 緊急調整	47,866	143	200	986	1,127
	民需計	2,518,521	4,782,788	89,574	28,118	28,774
配給計		4,309,053	5,152,162	408,009	117,279	74,668

注：供給力と配給実績が一致しないものが多く、特に普通鋼と銑鉄でその差が大きいが、原資料のまま。供給分として次期繰り越しとしている。
出所：前掲「昭和十七年度物資動員計画供給並配給ニ対スル実績総括表」256〜333頁。

工業塩は計画19万5,500トンに対して15万9,266トンとなり、非鉄金属が総じて不調であったものの、重点物資についてはおおむね順調であった。

　中華民国の重要物資生産と対日供給も比較的順調であった。1940年度から日本の物資動員計画と連携した需給計画を策定していた蒙疆、北支、中支、南支地区の42年度上期の生産計画と対日輸出の実績を見ると、石炭生産計画1,371.8万トンに対して実績は1,262.9万トン、対日輸出計画234.6万トンに対して実績は230.9万トンであった。鉄鉱石は生産計画287.1万トンに対して実績は195.4と低かったが、これは40年度の生産実績147.6万トンから41年度に300万トンを目指すなど、過大な計画を設定してきたことに起因している。対日輸出計画は206.2万トンに対して182.8万トンと比較的高い達成率を示している。塩については、生産計画157.1万トンに対して実績は169.7万トンに達し、対日輸出も計画41.2万トンに対して44.9万トンとなり、中華民国との連携がこの時点までは安定的に機能していた。

　南方占領地の実績は跛行的であった。鉄鉱石の対日供給は計画20万トンに

主要物資の配給実績

亜鉛 トン	アルミニウム トン	紡績棉 担	生ゴム トン	石炭 千トン
81,139	109,603	3,792,366	71,808	75,083
51,466	87,220	1,523,589	27,136	3,920
660	1,269	11,554	1,000	
9,385	6,245		2,856	
1,287	4,259	38,123	1,226	6,472
394	216	240,027	3,792	4
335	455	37,597	2,731	14
729	673	248,023	288	17
10,310	6,372	1,357,945	23,064	54,724
*4,405				
1,130	2,681			
27,923	22,170	1,933,269	34,956	61,221
79,389	109,390	3,456,858	62,092	65,141

が配給より多い場合は、差額を「在庫繰り入れ」として処理している。＊印は民需

対して6万9,640トン、屑鉄は計画1,800トンに対して962トンと不振であり、マニラ麻、タンニン材料、亜鉛なども3割程度の実績にとどまった。ボーキサイトについては、ビンタン島ボーキサイトが計画5万6,130トンに対して8万6,0498トン、一方でジョホールの分は計画6万6,660トンに対して1万558トンにとどまった。牛皮は計画3,320トンに対して4,487トンとなり、軍需品である軽金属原料と牛皮については最優先していたとみられる。

以下、分科別実績を見よう。鉄鉱石需給実績では、輸入不足を補うため一般貯鉱の30万トンの取り崩し計画は45.5万に上り、特別輸入の在庫取り崩し90万トンの計画は102万トンに上ることになり、既に見たようにその後の高炉の安定操業を阻害することとなった。原料品質の低下による高炉の損耗と能率の低下は、耐火煉瓦生産が、計画の2.1倍に上ったことからも推測される。

銑鉄供給も輸送力不足から、生産計画が国内生産実績が計画の88.4％にとどまり、また53.8万トンを計画した円域からの輸入も23.3万トンにとどまって、供給実績は80.9％であった。しかし、配給計画は第3四半期まで139万トン前

後を維持した。第4四半期には一挙に98.5万トンに制限して調整したものの、配給計画は90.9％としたため、著しい需給逼迫を発生させることになった。

第二分科関係を見よう。国内原料による電気銅生産は7万9,300トンの計画に対して、8万3,350トンと、105％の成果を上げた。しかしフィリピンからの9万トンの鉱石輸入の実績は26％の2万3,314トンにとどまった。円域からの分を含めても鉱石輸入は2万8,336トンに過ぎず、輸入鉱石による生産実績も計画の9,000トンに対して2,332トンとなった。このため屑銅の回収を徹底強化することになり、一般回収1万8,000トン、特別回収1万9,000トンの計画は167.8％の実績を上げ、3万7,000トンの在庫取り崩し予定も172.7％となった。この結果、電気銅の供給総量は11万7,966トンとなり、計画の98.6％であったが、これは在庫や回収に大きく依存していた。配給計画では、第三国輸出が610トン計画の23.6％、一般民需が81.5％に抑えられたほかは比較的計画に近い割当を実現した。

鉛も同様に国内原料による生産は114％に達したが、輸入鉱石による生産が41.6％にとどまり、総供給量は計画の94.3％であった。第三国輸出用は計画の僅か2.1％、一般民需も77.8％に抑えられた。

国内資源中心の銅、鉛、亜鉛に対して、国外資源への依存度の高い錫は深刻であった。国産原料による生産は計画の89.3％の実績となったが、タイ・仏印からの輸入原料による生産計画は46.8％にとどまった。供給総量も計画の57.5％の1万574トンとなったため、民需の緊急調整用としていた3,342トンは16.7％しか確保できなかった。

アルミニウムは、国産原料による生産計画がパラオ産原料の在庫によって計画をほぼ達成し、輸入原料の分もマレー、スマトラ、仏印などのボーキサイトが軍徴傭船によって優先的に輸送されたため生産計画は79％の実績を上げ、供給実績も84.9％となった。緊急調整用の1万7,828トンの配当計画も85.9％が執行され、電線代替用などとして非鉄金属類全体の逼迫した需給関係を調整した。

第三分科の関係物資を見よう。紡績用棉花の国内（全て外地）生産実績は64.3％にとどまり、円域からの輸入実績も76.7％にとどまった。このため、100万担と予定していた一般在庫の取り崩しを一旦126万担として、計画の

第 1 章　太平洋戦争初期の経済総動員構想とその実態（1942 年度）

90.3％を確保した。しかし、次年度の弾力性を維持するため第 4 四半期になって 33.5 万担は在庫に繰り入れることとし、配当実績は 82.3％にとどめている。羊毛は国産の実績が 73.6％、円域輸入が 81.9％であったが、在庫取り崩しを予定通り実施したため 87.3％の供給実績となった。

人絹用パルプ生産は、ほぼ国産原料だけによる計画となっていたが、内地原料による生産が 99.9％に対して、外地原料の分が 49.9％にとどまり、85.4％の実績となった。このため人造絹糸の供給実績は 70.3％、スフは 70.8％に抑さえられ、衣料用繊維の不足緩和は容易ではなかった。

麻類を見よう。亜麻の供給実績は国内、円域ともに順調で 89.2％の達成率となったが、配給では需要の多くを占める軍需を 100％満たしたため、民需は 66.9％とされた。苧麻も同様に供給は 94.4％を達成したが、軍需配当を 100％としたため、民需は 68.5％であった。大麻も供給実績 89.1％、軍需配当実績 100％、民需 67.8％であった。

内地での自給率の低い黄麻については、外地の供給実績が 8 ％と悪く、国産供給の実績は 54.9％、円域輸入計画は 72.8％だった。そして計画の半ばを占める南方輸入が皆無だったため、総供給実績は 54.6％となった。それでも軍需配当を 100％としたため、民需実績は 30.6％と大きく制約された。さらにほぼ全量をフィリピンに依存するマニラ麻の供給実績は 11.5％に止まり、特別輸入による在庫取り崩しを計画の 137％としても、供給実績は 15.5％に過ぎなかった。このため、第 3 四半期分の配当は取りやめ、第 4 四半期も第 2 四半期の 2 分の 1 として調整した。

牛皮は国産、在庫取り崩しともほぼ計画通りであったが、供給計画の 56％を占める輸入計画が 29.9％にとどまったため、供給実績は 59.6％となった。配当では生産力拡充計画向け 124％、円ブロック向け 133％と重点化したため、その他部門には大きな大きなしわ寄せとなった。

全面的に輸入に依存している生ゴムは、第一補給圏の仏印、タイ、第二補給圏のマレー、蘭印からの 11.5 万トンを計画していた。しかし、第 1 四半期に 3 万 2,418 トンの輸入があったものの、第 2 四半期 8,620 トン、第 3 四半期 4,380 トン、第 4 四半期 1 万 437 トンと低迷した。これを補うため、在庫取り崩しを年間予定の 2.8 倍としたが、供給総量は 12 万 1,470 トンの計画の 59.1％にとど

まった。第3四半期からは軍需を優先しながら、民需配給を大幅に絞った上で、9,716トンを在庫繰り入れとして次年度に備える措置をとった。これを補うため、屑ゴム回収に力を入れ、その実績率は84.3％の10,625トンとなった。

第四分科の原料炭、燃料炭の需給を見よう。有煙炭の国内生産実績は内地90.3％、外地17.8％と外地の不調から77.1％にとどまった。輸入計画の実績はさらに41.1％と低く、供給総量は79.8％にとどまった。第4四半期には、輸送力の著減から一層供給が落ち込んだ。特に本州・四国では前期比16％減の804万トンとなり、極度の配給規制を実施せざるをえなかった。これが産業全般の停滞を招いたことはいうまでもないが、セメント工業向け石炭配当は前期比

表1-68　1942年度一般民需向け物動物資の四半期別

		年度計画	第1四半期	第2四半期	第3四半期	第4四半期	年度実績
特殊鋼	トン	13,017	3,034	3,235	2,534	3,402	12,205
電気銅	トン	5,514	1,348	1,189	1,002	1,110	4,649
屑銅	トン	19,930	3,736	3,979	4,012	3,594	15,321
鉛	トン	10,044	2,147	1,749	1,522	2,569	7,987
亜鉛	トン	12,383	2,738	2,728	2,187	2,590	10,243
アルミニウム	トン	7,574	1,821	1,532	1,482	1,350	6,185
紡績用棉花	千担	1,711	421	377	363	190	1,351
黄麻	トン	11,006	648	892	1,014	809	3,363
マニラ麻	トン	33,774	2,542	3,350		1,743	7,635
牛皮	トン	6,991	1,486	1,472	1,534	1,137	5,629
生ゴム	トン	33,642	7,646	5,125	2,150	2,769	17,690
車輌船舶用材	千石	2,074					1,751
土木建築用材	千石	3,996					2,693
坑木用材	千石	10,594					8,274
石炭	千トン	67,467	15,568	15,932	15,672	14,998	62,170
コークス	千トン	8,893	2,164	2,162	2,284	2,283	8,893
普通揮発油	kl	258,546	59,421	53,442	25,799	35,237	173,899
B重油	kl	893,668	195,020	203,011	85,615	104,831	588,477
C重油	kl	210,400	44,924	57,390	33,062	46,280	181,656
ソーダ灰	トン	159,173	39,964	29,880	29,199	34,991	134,034
苛性ソーダ	トン	259,839	59,972	54,978	49,716	50,059	214,725
セメント	千トン	2,056	478	434	343	278	1,534

注：内外地向け民需配当の計画と実績。アルミニウムは高級品と普通品の合計。生ゴムの前年度実績は、「昭和十七度配当実績表）」によると17,923トン。生ゴム、木材は内地向けのみの計画と実績。
出所：計画値は、前掲「昭和十七年度物資動員計画一般民需配当表（附前年度配当実績表）」。実績は、前掲「昭配当表」。

第1章　太平洋戦争初期の経済総動員構想とその実態（1942年度）

24％減、ソーダ工業33％減、油脂および加工業33％減、日本発送電18％減、人造石油40％減など、重点化から外された部門では厳しい規制が実施された。小口扱いの配炭となる民需中小工業ではさらに深刻な事態となった[168]。

軍艦用燃料のほか、家庭用燃料としての需要の多い無煙炭の実績はこれよりも悪く、内地生産実績は83.8％であるのに対して、計画の47％を占めた外地の実績は22.5％にとどまり、結局国内の生産実績は77.1％となった。輸入計画の実績も円域39.3％、南方39.8％と悪く、供給総量も35.3％となった。

工業塩は国産計画が極めて不振であったが、円域輸入実績が78.9％であったことから辛うじて70.7％を確保した。

鋼材以外の民需向け配当実績

普通鋼材以外の物動物資の一般民需向けの配当実績も見ておこう。表1-68のように、前年度実績を上回ったのは特殊鋼、アルミニウム、コークス、生ゴムなど一部の重点措置が取られたものや、南方の取得条件が大きく変化したもののみであり、計画を超過達成したものはほとんどなかった。特殊鋼を除くと鉄・非鉄金属類の達成率は8割程度であり、ロープ芯・荷紐に広く使われる黄麻は当初から取得難であった。漁網用を中心とするマニラ麻、作業用のゴム靴・地下足袋用などの生ゴムは上半期に比較的順調な配当を実施したが、下半期になって絞り込まれた。液体燃料も下半期になって半減するなど極めて厳しい民需規制が実施され、1943年度に展開する戦力増強企業整備要綱による徹底的な企業整備につながった。

配当の推移

対計画(%)	前年度実績	対前年(%)
93.8	9,966	122.5
84.3	6,700	69.4
76.9	20,360	75.3
79.5	11,375	70.2
82.7	15,540	65.9
81.7	3,660	169.0
79.0	1,696	79.7
30.6	13,357	25.2
22.6	7,688	99.3
80.5	6,055	93.0
52.6	13,721	128.9
84.4	1,973	88.7
67.4	5,049	53.3
78.1	8,397	98.5
92.1	65,386	95.1
100.0	7,632	116.5
67.3	296,826	58.6
65.8		
86.3		
84.2	168,581	79.5
82.6	236,375	90.8
74.6	2,446	62.7

七年度物資動員計画一般民需配当表（附前年和十七年度物資動員計画一般民需用途別実績

3　液体燃料の供給・配給実績

南方石油の確保

　南方油田地帯の占領と油井復旧作業の準備は、1941年9月6日の御前会議決定「帝国国策遂行要領」の直後から始まっていた。帝国石油資源開発、日本石油、日本鉱業、北樺太石油の各社では、南方要員の編成が始まり、国内の試掘井の機材は解体、梱包され、搬出準備が整えられた。9月末には大部分の要員が徴傭され、一部は軍嘱託となって10月から南方移送が始まり、開戦と同時に南部仏印から陸海軍が占領を予定した油田地帯へと派遣された。

　陸軍の占領予定の英領北ボルネオの油田地帯では12月16日から上陸作戦が始まり、破壊されたミリ、セリア油田の消火、復旧作業が始まった。蘭領南スマトラの油田地帯では、1942年2月14日からの奇襲によってパレンバンの製油工場地帯を占領し、3月半ばまでに周辺の油田地帯を占領した。北スマトラの油田地帯では3月初めから上陸が開始され、4月までに主要油田を占領した。ジャワの油田地帯も3月上旬に、英領ビルマの油田地帯は3月から4月中旬までにほぼ占領を完了した。海軍が占領を予定した蘭領南ボルネオのタラカン、サンガサンガの油田地帯は42年1月から2月初めまでに占領した。

　多くの油田地帯は英軍、オランダ軍が施設を破壊した後、撤退したため無血占領となったが、被害の大きいところも多かった。陸軍が所管した北ボルネオのミリ油田も1941年12月16日の上陸時点で施設の多くが焼却、破壊され、その後も爆撃の被害を受けた。ミリは老朽油田であったことから多くの産出は期待できず、隣接するセリア油田の復旧と整備を急ぐことになった。しかし、ここも採油井の半数は破壊され、自噴井はセメントで封鎖・破壊されたため、多くの施設が復旧するのは42年9月であった。この間、液体燃料としての還送実績はなかったが、2月には民需用油槽船によってドラム缶6,000本の原油が積み出され、最初の南方還送原油として東京・芝浦港に運ばれた。

　海軍が占領したボルネオ東部のサンガサンガでは戦闘となり、自噴井等が破壊されたため、バリクパパン製油所へのパイプラインの復旧に半年を要した。タラカン油田も軍事占領を前にして1942年1月11日にタンクに火が放たれるなど、オランダ軍によって破壊され、復旧には4ヶ月を要している。ボルネオ

東部からの最初の国内への搬出は、海軍所管の形で4月29日にバリクパパンから2万klが積み出された[169]。

　南方油田地帯の占領後、陸軍はシンガポールに南方燃料廠（のちに南方燃料本部）とその下にボルネオ、南スマトラ、中スマトラ、北スマトラ、ジャワ、ビルマに支廠（のちに燃料工廠）を設置し、海軍は第一〇一燃料廠本部とその下にタラカン、セラムに支廠と、タンジョン調査隊、同作業隊、ニューギニア第一調査隊を置き、油井と製油所を管理した。作業を担当したのは、1941年9月設立の半官半民の国策会社帝国石油株式会社（資本金1億円）であった。同社の前身は政府の慫慂も受けて、40年7月に石油関係企業の共同出資で設立された帝国石油資源開発株式会社（資本金1,000万円）であり、一般的な試掘助成金のほか、政府から配当補給金を受けるなどの支援を受けた。当初から事実上の「国策会社」であり、その後、36年6月に海軍の支援で三井物産、三菱社、住友合資の出資で設立された南方油田開発会社である協和鉱業（資本金500万円）を、41年7月に統合し、9月に帝国石油株式会社法に基づく巨大国策企業へと再編された[170]。42年3月3日の燃料廠決定「東亜共栄圏液体燃料自給対策要綱」によって増資し（2億5,000万円）、日本石油、日本鉱業、中野興業、旭石油の鉱業部門も統合して、国内の石油開発と、南方の資源開発や施設の復旧を進めた[171]。42年度末には、表1-69のように占領各地で採掘事業を展開し、開戦前の油井9,479本について、復旧率を42％まで引き上げた。復旧のために国内設備を移設し、有望油井を優先して、英領北ボルネオのセリア地区、蘭領ボルネオのサンガサンガ地区、タラカン地区、北スマトラのランタウ地区、南スマトラ、ジャワなどで新掘した。その結果、北スマトラ、南スマトラでの原油採掘が順調に進み、採掘可能量は42年度末には全体で開戦前の年1,163万klの73.4％にまで回復した。

　開戦直前の石油の需給見通しを確認しておこう[172]。南方での石油採掘は、開戦前の1941年11月5日の御前会議の際、開戦第1年度は徹底的に破壊されることを想定し、英領北ボルネオの陸軍地区10万kl、蘭領ボルネオの海軍地区20万klの僅か30万klと予想していた。これに国産原油25万kl、国産人造石油30万klと合わせて新規供給を85万klとし、陸海軍を含む総消費量550万kl（軍需410万kl、民需140万kl）を賄うため、貯油の取り崩しは開戦1

表 1-69　南方占領油田の復旧状況（1943 年 3 月）

（千 kl）

		戦前 採油井	採油井	復旧率 （％）	戦前年間 採油量	年間採油 可能量	復旧率 （％）
陸軍	北ボルネオ	772	260	33.7	1,030	880	85.4
	南スマトラ	1,452	1,096	75.5	4,780	4,170	87.2
	リマウ	205	132	64.4	1,190	860	72.3
	アバブ	555	516	93.0	2,140	2,020	94.4
	ダワス	285	273	95.8	370	260	70.3
	ジャムビ	407	175	43.0	1,080	1,030	95.4
	中スマトラ	9	9	100.0		30	
	北スマトラ	993	197	19.8	910	1,300	142.9
	ランタウ	475	117	24.6	760	880	115.8
	パルタプハン	518	80	15.4	150	420	280.0
	ジャワ	531	343	64.6	1,220	690	56.6
	レムバン	170	93	54.7	1,100	550	50.0
	スラバヤ	361	250	69.3	120	140	116.7
	ビルマ	4,612	1,451	31.5	1,640	280	17.1
	計	8,369	3,356	40.1	9,580	7,350	76.7
海軍	蘭領ボルネオ	1,046	631	60.3	1,940	1,160	59.8
	サンガサンガ	462	136	29.4	1,080	620	57.4
	タラカン	584	495	84.8	860	540	62.8
	セラム　ブーラ	64	21	32.8	110	30	27.3
	計	1,110	652	58.7	2,050	1,190	58.0
	総計	9,479	4,008	42.3	11,630	8,540	73.4

出所：帝石史資料蒐集小委員会「帝石史編纂資料（その二）」1960 年、54～55 頁。

年で 465 万 kl と見込んでいた。この結果、開戦時の貯油 840 万 kl のうち 150 万 kl を最少貯油量として控除した実用貯油量 690 万 kl は、1 年で僅かに 255 万 kl まで急減することになった。2 年目には南方取得を 200 万 kl に増強して、総消費量を 500 万 kl（軍需 360 万 kl、民需 140 万 kl）に絞っても、実用貯油水準は 15 万 kl にまで下がり、開戦 2 年目の末に一時危機的な状況を迎えるという判断であった。しかし、42 年の南方原油生産は、商工省鉱山局データを基にした帝国石油の推計では、表 1-70 のように 366.9 万 kl に達し、予想を大きく上回わり、一挙に石油問題を解決したかの様相を呈した。最下段の戦略爆撃調査団（USSBS）が戦後実施した調査データは、会計年度表示であるが、45 年度を除いてやや高めになっている。しかし、基本的推移に大きな違いはなく、

第1章 太平洋戦争初期の経済総動員構想とその実態（1942年度） 239

表1-70 南方原油生産量の推移（暦年）

(千kl)

	1942年	1943年	1944年	1945年
北ボルネオ	343.0	823.0	1,214.0	273.0
南スマトラ	2,103.5	4,032.8	2,982.8	725.0
リマウ	416.5	775.8	395.8	118.0
アバブ	984.0	1,953.0	1,296.0	331.0
ダワス	128.0	306.0	173.0	84.0
ジャムビ	521.0	998.0	1,118.0	192.0
北スマトラ	60.0	290.0	150.0	
ジャワ	310.0	579.0	391.0	244.0
ビルマ	397.0	159.0	119.0	115.0
陸軍計	3,213.5	5,883.8	4,856.8	1,357.0
ボルネオ	455.5	1,303.0	612.0	200.0
サンガサンガ	297.5	922.0	402.0	200.0
タラカン	158.0	381.0	210.0	
セラム・ニューギニア	0.3	3.3	3.3	
海軍計	455.8	1,306.3	615.3	200.0
合計	3,669.3	7,190.1	5,472.1	1,557.0
参考：USSBS（年度）	4,115.4	7,875.2	6,335.9	1,038.9

出所：帝石史資料蒐集小委員会『帝石史編纂資料（その二）』1960年、57〜58頁。合衆国戦略爆撃調査団（奥田英雄・橋本啓子訳）『日本における戦争と石油』石油評論社、1986年、43頁。

以下の記述は地域別、油種別データが判明する帝国石油のデータを主に利用する。

　これらの原油は現地の精製施設で製品化され、陸海軍が現地で補給するとともに、原油あるいは液体燃料製品として内地に還送された。陸軍所管地域に関していえば、採油量のおおむね2分の1は現地で消費し、2分の1を還送し、それが物資動員計画に組み込まれることになっていた。42年度当初に関しては、爆破、焼却を免れた石油製品の戦利品も相当量に上ったが、秋には喪失船舶が増加し始め、前述のように還送用の油槽船が全く足りないという事態になった。南方取得原油や液体燃料製品の現地での陸海軍消費、内地への還送実績について、詳細な区分も含めて判明する帝国石油の整理では、表1-71の通りである。海軍所管地区からの内地還送分は、計画があったにもかかわらず、実績が不明なため正確なデータとはいえないが[173]、海軍地区の原油採掘量は陸軍地区に比して僅かであったから、還送分もごく僅かであったと見てよいだろう。これ

表 1-71　南方石油取得実績（暦年）

(千 kl)

			1942 年	1943 年	1944 年	1945 年
陸軍	内地還送	原油	1,082	1,907	800	
		航空揮発油	96	294	350	
		自動車揮発油	141	178	250	
		灯油、軽油				
		重油	234	361	500	
		潤滑油		1		
		製品計	471	834	1,100	
		原油・製品計	1,553	2,741	1,900	
		参考：USSBS（年度）	1,670	2,302	790	
	現地消費	航空揮発油	90	200	250	75
		自動車揮発油	180	280	220	90
		灯油、軽油	100	160	170	75
		重油	900	1,390	1,360	150
		潤滑油		8	40	10
		製品計	1,270	2,038	2,040	400
海軍	現地消費	航空揮発油	35	130	50	5
		自動車揮発油	60	110	70	8
		灯油、軽油	18	30	15	2
		重油	302	1,028	415	
		潤滑油	18	70	25	2
		製品計	433	1,368	575	17

注：1945 年は 8 月まで。帝石史編纂資料の海軍の内地還送分は不明。USSBS データは陸海軍所管地区の合計。
出所：前掲『帝石史編纂資料（その二）』1960 年、167 頁、前掲『日本における戦争と石油』49 頁。

によれば、42 年の内地還送は原油 108.2 万 kl、原油・製品合計で 155.3kl（USSBS の年度データは 167 万 kl）であった。翌 43 年は 274.1 万 kl（同 230.2 万 kl）に伸び、当初計画の 200 万 kl を上回った。こうして当初の 2 年間は計画以上の石油還送を実現し、経済総動員を支えたことが判明する。

第 1 四半期の供給実績

　物動計画が捉えた液体燃料の需給計画は基本的に民需用の原油と石油製品の需給実績に過ぎないが、1942 年度第 1 四半期については、国内への供給量の全体が判明する。表 1-72 でそれを確認しておこう。原油については、南方か

らの還送実績がサンガサンガからの実績がなかったことで、計画の55.5％にとどまり、国産原油にも及ばなかった。国産原油の供給計画の実績は96.5％とおおむね計画通りであったが、南方からの還送実績の不振をカバーする形で、メキシコからの原油輸入が5月に3万kl、6月に4.5万klあった。これが「海軍支援」欄に記載されたのは海軍徴傭油槽船を利用したためとみられる。本来の計画の達成率は78.3％であるが、これを加えると、第1四半期の原油供給の達成率は134％となり、当期の液体燃料計画を支えた。

　国内の軍需・民需に対応した液体燃料製品の供給は110.5万klの計画に対して96.7万klと87.6％の達成率であった。国産原油を精製した各種液体燃料全体の供給実績は、37.8万klの計画を超え41万klとなった。これは国内貯油を取り崩して精製したことによるものと思われる。液体燃料の需給計画では陸海軍の貯油からの援助の37.6万klが不可欠になっていたが、その達成率は69.3％にとどまり、計画された軍用備蓄からの民需支援も達成率が低く、船舶輸送力の鍵であったB重油とC重油についてのみ海軍からの支援が比較的多かった。南方原油による各種製品の供給は全くなかった。これは、南方で接収した液体燃料を戦利品として供給計画に組み込んだことが大きな要因と考えられる。これによって製品別供給の達成率は著しく計画から逸脱することはなかった。戦利品の計画がいずれも100％の達成率となるのは接収燃料をそのまま配給計画にしたためであろう。普通揮発油、灯油でメキシコからの原油輸入による供給が海軍支援がなかった分を埋め合わせている。こうした結果、第1四半期の供給実績は計画通り供給された戦利品が中心になり、さらにこれを補うために計画をほぼ達成した国産原油の精製や在庫製品からの供給が計画を支えることが多かった。国産原油と在庫製品の達成率にばらつきが目立つのは、両者の仕切りが明確になっていないためかもしれない。いずれにしても南方からの還送に期待した最初の計画である第1四半期計画は、供給総量は計画に近かったが、計画通りの供給ではなく、在庫品で辻褄を合わせたものだった。

製品別・月別の液体燃料の供給・配当実績

　各四半期のベース計画や製品別・月別の供給実績を概観したのが表1-73である。「ベース」は液体燃料の民需配当190万klを前提とした月当たりの供給

表 1-72　1942 年度第 1 四半期液

		原油			航空揮発油		
		計画	実績	%	計画	実績	%
戦利品	陸軍				6,000	6,000	100.0
	海軍				15,000	15,000	100.0
	計				21,000	21,000	100.0
南方取得	サンガサンガ	20,000	0	0.0	600	0	0.0
	タラカン	20,000	16,800	84.0	0	0	
	ミリ、セリア	20,000	16,500	82.5	0	0	
	計	60,000	33,300	55.5	600	0	0.0
国産	在庫製品				1,995	0	0.0
	国産	75,000	72,364	96.5	1,875	11,077	590.8
	人造石油						
	無水アルコール						
	その他						
	計	75,000	72,364	96.5	3,870	11,077	286.2
軍支援	陸軍					350	
	海軍		(75,000)		1,280	0	0.0
	計		(75,000)		1,280	350	27.3
不足補填							
合計		135,000	105,664	78.3	26,750	32,427	121.2

		軽油			B 重油		
		計画	実績	%	計画	実績	%
戦利品	陸軍	14,000	14,000	100.0	60,000	60,000	100.0
	海軍	2,000	2,000	100.0	28,000	28,000	100.0
	計	16,000	16,000	100.0	88,000	88,000	100.0
南方取得	サンガサンガ	2,000	0	0.0	2,800	0	0.0
	タラカン	0	0	―	20,000	0	0.0
	ミリ、セリア	1,600	0	0.0	2,000	0	0.0
	計	3,600	0	0.0	24,800	0	0.0
国産	在庫製品	6,711	6,034	89.9	16,200	11,550	71.3
	国産	7,875	21,414	271.9	6,900	23,918	346.6
	人造石油	4,000	2,237	55.9	4,000	2,149	53.7
	無水アルコール				0		―
	その他				31,000	31,971	103.1
	計	18,586	29,685	159.7	58,100	69,588	119.8
軍支援	陸軍	13,428	500	3.7	35,073	2,900	8.3
	海軍	4,011	500	12.5	170,996	177,423	103.8
	計	17,439	1,000	5.7	206,069	180,323	87.5
不足補填					6,000		
合計		55,625	46,685	83.9	382,969	337,911	88.2

注：サンガサンガ、タラカンは海軍占領地域、ミリ、セリアは陸軍占領地域の油田であり、それぞれが採
　　計と一致しないが原資料のまま。普通揮発油の海軍支援はメキシコからの輸入原油による製品であるの
　　油種合計には、原油は含まれず、普通機械油、輸入機械油、半個体機械油を含む。
出所：企画院「昭和十七年度第一・四半期重要物資供給力実績（液体燃料）」1942 年 7 月 15 日前掲『開戦

体燃料供給実績

(kl)

普通揮発油			灯油		
計画	実績	%	計画	実績	%
69,000	69,000	100.0	35,000	35,000	100.0
5,000	5,000	100.0	2,000	2,000	100.0
74,000	74,000	100.0	37,000	37,000	100.0
4,000	0	0.0	4,000	0	0.0
0	0	―	0	0	―
2,000	0	0.0	3,000	0	0.0
6,000	0	0.0	7,000	0	0.0
8,974	13,653	152.1	28,841	9,112	31.6
11,475	42,576	371.0	7,875	24,584	312.2
3,500	3,354	95.8			
16,000	15,603	93.8			
39,949	75,186	188.2	36,716	33,696	91.8
48,878	6,500	13.3	24,710	3,900	15.8
17,173	(17,200)	―	6,177	(9,800)	
66,051	6,500	9.8	30,887	3,900	12.6
186,000	155,686	83.7	111,603	74,596	66.8

C重油			合計		
計画	実績	%	計画	実績	%
18,000	18,000	100.0	211,000	211,000	100.0
27,000	27,000	100.0	80,000	80,000	100.0
45,000	45,000	100.0	291,000	291,000	100.0
3,000	0	0.0	17,200	0	0.0
0	0	―	20,000	0	0.0
2,000	0	0.0	16,600	0	0.0
5,000	0	0.0	53,800	0	0.0
24,700	14,870	60.2	253,550	139,735	55.1
6,900	18,155	263.1	57,900	208,541	360.2
8,000	6,519	81.5	19,500	14,259	73.1
			16,000	15,603	97.5
			31,000	31,971	103.1
39,600	39,544	99.9	377,950	410,109	108.5
23,892	7,500	31.4	145,931	21,650	14.8
30,408	18,800	61.8	230,045	238,727	103.8
54,300	26,300	48.4	375,976	260,377	69.3
			6,000	6,000	100.0
143,900	110,844	77.0	1,104,726	967,486	87.6

掘、精製事業を所管した。液体燃料合計は原油を除く。国産普通揮発油の実績が合で、海軍支援に含めない。B重油在庫と不足補填の実績は推定、その他は頁岩油。

期物資動員計画資料』第8巻所収、287～292頁。

表 1-73　1942 年度第 1〜第 3 四半期の国内液体燃料原料・製品の

			第1四半期				第2四半期		
			ベース	4月	5月	6月	ベース	7月	8月
供給実績		南方原油	17,033	0	12,880	14,000	51,167	41,900	48,842
	国産	在庫製品	84,517	50,000	40,000	23,000	33,049	33,049	33,049
		国産原油	19,300	19,300	19,300	19,300	19,300	19,300	19,300
		人造石油	6,500	6,500	6,500	6,500	7,467	6,760	7,390
		無水アルコール	5,333	5,333	5,334	5,333	5,333	5,333	5,334
		その他	10,333	10,333	10,333	10,334	10,333	10,333	10,333
		小計	125,983	91,466	81,467	64,467	75,482	74,774	75,406
	軍支援	陸軍	48,644	6,000	9,900	6,850	40,607	7,480	17,345
		海軍	76,682	52,690	76,462	102,259	79,374	74,641	64,951
		計	125,326	58,690	86,362	109,109	119,981	82,121	82,296
		補填対策	2,000	2,000	2,000	2,000	2,000	2,000	2,000
		供給合計	271,242	152,156	182,709	189,576	248,630	200,795	208,544
配当実績	軍需	陸軍需	4,488	4,488	4,488	4,489	4,822	4,820	4,694
		海軍需	13,673	13,673	13,673	13,674	13,673	13,674	13,607
		軍需計	18,161	18,161	18,161	18,163	18,495	18,494	18,301
	民需 C_2〜C_5	航空揮発油	813	814	813	813		813	813
		普通揮発油	21,545	18,557	21,545	21,545		18,557	18,557
		灯油	12,136	9,750	12,136	12,136		12,412	8,417
		軽油	7,792	5,651	7,792	7,792		5,313	1)9,358
		普通機械油	19,060	17,147	19,060	19,060		17,142	17,107
		輸入機械油	3,583	3,584	3,583	3,583		3,583	3,583
		半固形機械油	1,402	1,401	1,402	1,402		1,402	1,402
		B重油	74,472	54,587	74,472	74,472		70,751	2)72,793
		C重油	17,534	10,067	17,534	17,534		17,534	3)20,029
		計	158,337	121,558	158,337	158,337	158,337	148,522	152,104
		対満供給	7,810	2,885	2,885	2,885	10,117	10,116	9,858
		対支供給	1,637	1,637	1,637	1,636	1,637	1,636	1,636
		南方用保留	37,985	7,666	1,667	8,517	37,985	9,346	9,347
		配当合計	223,930	151,907	182,687	189,538	226,571	188,114	191,245

注：供給合計と配当合計の差は、配当部門間の貸借や品目間の調整を経て基本的に次期繰越。「ベース」は年間当基準としたもの。陸海軍需には充足軍需 C_1 を含む。10 月は供給計画・配当計画ともになく、11 月 20 日に一致があるが原資料のまま。1) 軽油民需配当の 8 月分には早期割当 4,040kl を含む。2) B 重油の 8 月は早期割毎月、鉄鋼増産用の 2,500kl を含む。民需配当実績の 7〜9 月、11〜12 月の合計が僅かに一致しないが原資料 3,978kl を含む。2 月の海軍支援には、スマトラ原油による航空揮発油、普通揮発油、B 重油、C 重油の「海軍分。5) 3 月の国産計には輸入在庫 3,978kl を含む。
出所：企画院「一／一七〜三／一七　液体燃料月別需給状況」1943 年 1 月 2 日、企画院「二月分液体燃料需給ニ関スル件」1943 年 3 月 20 日前掲『開戦期物資動員計画資料』第 8 巻所収。

供給・配当実績（第4四半期は計画）

(kl)

9月	第3四半期 ベース	11月	12月	第4四半期 2月	3月
62,490	90,766	29,260	34,660	53,607	40,448
33,049	22,562	14,860	5,288	9,904	29,739
19,300	19,300	19,300	19,300	19,300	19,300
8,250	16,667	8,250	8,250	8,250	8,250
5,334	5,333	5,333	5,333	3,667	3,666
10,334	14,733	10,334	10,333	2,000	2,000
76,267	78,595	58,077	48,504	4)43,659	5)63,493
31,020	19,426	32,275	25,280	3,062	10,496
70,266	54,388	43,683	6,137	42,121	18,604
101,286	73,814	75,958	31,417	45,183	29,100
2,000	3,667	2,000	2,000	—	—
242,043	246,842	165,295	116,581	142,449	129,601
4,699	6,658	3,466	2,921	4,026	4,060
13,605	18,499	12,739	12,356	2,846	2,859
18,304	25,157	16,205	15,277	6,872	6,919
804		732	585	700	700
18,558		15,774	12,619	16,000	16,000
8,416		7,574	6,059	7,211	7,284
5,319		4,787	3,329	4,700	4,700
17,173		13,718	12,346	11,730	11,733
3,584		2,867	2,580	1,704	1,704
1,401		1,190	952	1,069	1,155
*77,571		48,788	43,895	39,489	39,489
*20,032		*18,625	*14,900	19,000	19,000
153,143	158,337	114,055	97,765	101,603	101,765
9,859	10,117	7,129	5,889	6,437	6,476
1,638	1,637	2,234	1,053	1,113	1,117
16,467	37,985	10,187	10,347	125	124
199,411	234,899	149,810	130,331	116,150	116,401

民需配当190万klを基に、四半期ごとに月当たりの原油・液体燃料の配11月分と合算されて計画が決定された。国産供給実績の合計に若干の不当1,500kl、9月は朝鮮分3,100klの特配を含む。3）C重油の8〜12月はのまま。1月分の計画は不明。4）2月の「国産」には輸入機械油の在庫委託」を含み、これが海軍からの供給は500klを除き、全てこの「委託」関スル件」1943年2月22日、企画院「三月分液体燃料（C扱）需給ニ

と配当の基準である。4月計画は南方原油の還送が進んでいないことから、メキシコ原油の輸入や戦利品の供給で計画を進めたことは既に見た。南方原油は油田の復旧とともに7月以降急速に還送量が増加し、一時は計画全体を支えたが、油槽船不足から計画全体としてはベース水準までには容易に到達しなかった。9月頃まで順調に増加した還送原油は、第3四半期に入ると減少し、第4四半期から再び増加するなど、戦況と油槽船の稼働状況によって不安定であったことがわかる。国産の原油と液体燃料は比重としては低かったが、人造石油が僅かに増加して安定した給源の一つになっていた。陸海軍の支援も不安定であった。比較的豊富な備蓄を持つ海軍の支援は、陸軍よりも安定的に国内需要を支えていたが、陸軍は変動幅が大き

く、第3四半期に増加したものの、第4四半期には急減した。

　次いで、同表から部門別の配当実績について見よう。国内で配当される軍需は比較的安定していた。しかし、これも年末になると相当の削減を受けることになった。民需配当は、4月分が年間換算で145.9万klと、やや絞られたが、5、6月は190万kl基準を維持し、7月は178万kl、8月は183万kl、9月184万klと、ほぼ民需の年間ベース計画の水準を維持していた。これについて、燃料局配油課長は「上半期ニ於テハ閣議決定ニ基キ相当量ノ石油ノ特配ヲ実施致シタ」と説明している。しかし「漸次作戦ノ進捗拡大ニ伴ヒ急激ナル軍需要ヲ充足スル為一方民需石油ニ付勢ヒ規正ヲ強化セザルヲ得ザルニ至リ下半期特ニ十一月以後ニ於テハ昨年（1942年—引用者注記）五、六月頃ノ需要ニ比シ三五％乃至四〇％程度ノ規正強化ヲ行[174]」うことになった。「而モ配当計画ニ対シ供給力必ズシモ之ニ伴ハザル為時ニ購買券ノ浮動ヲ生ジ居ル状況」となり、「九月末ニ於テ需給調整ノ為未出荷石油ノ打切リ」を断行した。この結果10月分の配当は、11月20日になって11月分と合算する形で年間配当された。これは年換算基準で137万klであった。しかし、12月に入ると配当計画はさらに縮小し、民需は年度換算で117万トンと、ベースとした190万トンより遙かに低い水準にまで絞り込まれた。その中で在庫製品からの供給も年末になって急減し、後述のように次年度の在庫確保を優先したため、需要者は逼迫の度合いを深めていった。

　なお、開戦当初から需給が逼迫していたB重油については、5月から特配を実施した。月当たり5万kl台の固有配当に2万トン程度を追加することで、第2四半期まではベース計画の水準を維持した。主な特配先は海上輸送で、朝鮮、台湾、樺太地域に対しても特配を実施した[175]。しかし、遠洋汽船、1級・2級船、石炭輸送機帆船、外航機帆船が中心であり、一般機帆船については年度末になると60％以上の規制をかけることになった。漁船用重油は圧縮され、陸上鉱工業用B重油はC重油への転換を強いられた。

　同様に逼迫していた潤滑油については、精製装置の改善も進まないことから、「相当無理ナル措置」ではあったがマシン油の代用としてボルネオ産低質重油の「タラカン油」、ダイナモ油の代用としてはタービン油などの低規格品を配給した。

第 1 章　太平洋戦争初期の経済総動員構想とその実態（1942 年度）

　表 1-73 の第 4 四半期は 1 月分が判明しないが、ここから見える第 4 四半期の変化は、①ようやく復旧が進んだ南方原油の還送をある程度増量する見通しになっていること、②澱粉原料・糖蜜等の原料不足によるものと見られる国産の無水アルコールとその他が減少していること、③配当を絞り込み、在庫を積み増すことによって、繰越分が多くなるようにして、次期の供給を安定させようとしていることなどである。いずれにしても、民需配給の最低水準とした 190 万 kl 計画は第 3 四半期に入って破綻し、第 4 四半期も低迷した。この結果、1943 年 3 月には再び未出荷の液体燃料配給を打ち切った。今回の打ち切りは繰り延べして翌月分と合わせて調整するのではなく、購買券を回収する形で年度需給計画を精算した。これについて配油課長は、「消費者方面ニ於テハ相当深刻ナル影響ヲ受ケタル如キモ現在ノ状況ニ於テハ万止ムヲ得ザル所ナリ」と説明した。

　1942 年度の液体燃料計画の実績を商工省総務局が四半期ごとにまとめた種別のデータから、その推移を概観しよう。南方精製施設から供給された軍使用分を欠いている上に、集計に種々の混乱が見られるが、表 1-74 から航空揮発油の供給が当初計画の 67.2%、普通揮発油が計画の 41.7%、軽油が計画の 37.1% にとどまるなど、前年度より大幅に緩和されるという当初見通しは実現しなかった。民需配当の対計画（前掲表 1-38）実績は、それぞれ 37.6%、53.2%、63.7% にとどまり、41 年度以上に厳しい配給抑制が維持された。前掲表 1-38 の当初の 1942 年度計画と商工省総務局資料[176] によって四半期ごとの推移を追うと、航空揮発油は国産原油分が第 1 四半期の 2,599kl から、第 4 四半期に 1,954kl と毎期減少を続け、南方取得原油分は第 1 四半期に 6,935kl からやや低迷を続け、還送が増加したことを受けて第 4 四半期に 2 万 5,610kl に急増し、年間では当初計画の 2 倍以上の 4 万 366kl となり、年間の製品供給量は 4 万 9,640kl であった。しかし、予定された海軍支援 2 万 5,200kl は実現しなかったため、当初計画より 3 割以上削減された。そして、このうち 2 万 5,907kl が軍需配当であり、民需分は僅かに 7.4% に過ぎなかった。普通揮発油も国産原油分は第 1 四半期の 7,418kl から、第 2 四半期に 8,143kl に増加したのち低迷し、年間では 2 万 8,009kl と計画の 61% にとどまった。南方取得原油分は第 1 四半期の 2 万 9,865kl から、その後低迷したが、第 4 四半期に 3 万 4,801kl に増加し

表1-74 1942年度液体燃料種別供給・配給実績

(kl)

		航空揮発油	普通揮発油	灯油	軽油	普通機械油	輸入機械油	半個体機械油	B重油	C重油
供給	国産 内地	8,235	28,009	39,468	31,076	42,073		580	20,690	12,270
	無水		32,007							
	人造石油		12,143	2,574	5,013				4,133	29,214
	取得原料	40,366	92,132	54,748	56,527	149,355		16,852	57,740	53,818
	軍支援		1)15,312	6,000	3,000				31,178	19,395
	在庫補填	1,039	2)不明	4,908		3,304	7,478		332,322	41,302
	南方輸入								18,375	5,205
合計	実績	49,640	3)206,457	3)105,210	95,616	194,732	7,478	17,433	549,997	161,204
	当初計画	73,895	494,874	502,482	257,550	317,838	65,000	28,651	1,127,200	666,700
配給	軍需A・B	25,907	26,225	7,273	10,949	25,761		1,125	6,652	645
	充足軍需		10,133	1,867	2,277	5,842	16	103	6,237	20,610
	官需	5,615	6,351	1,495	1,110	6,680	365	143	5,665	691
	輸出 満洲			10,824	4,883	9,189		326	17,348	
	中華民国	781	488	1,239	193	562		32	1,584	
	第三国	370	10	3,002	2,503	505	165	73	706	
	民需	3,672	137,671	57,571	59,600	140,765	6,932	10,934	511,805	135,553
在庫組み入れ		13,295	25,579	21,939	14,095	5,427		4,697		3,705

注:「無水」は無水アルコール。「民需」は一般民需・生産力拡充計画用の合計。1) 普通揮発油の軍支援は年間合計欄に125,676klと記載されているが、各期合計を計上した。2) 在庫補填は年度合計欄に881,427klと記載されているが、不自然に大きいため不明とした。3) 普通揮発油の合計は供給の合計と一致しないが、配給・在庫組み入れの合計と一致しており、原資料のまま。灯油も供給合計が合計欄と一致しないが配給・在庫組み入れの合計とは一致。B重油の供給合計には回収による85,556klが含まれる。

出所:商工省総務局調査課「昭和十七年度物資動員計画供給及配給ニ対スル実績総括表」1943年8月前掲『開戦期物資動員計画資料』第11巻所収、339〜347頁。

て、年間では当初計画の62%に当たる9万2,132klとなった。全体供給量の詳細は不明であるが、軍からの支援分と在庫取り崩しによって20万6,457klの供給になった。しかしこれは当初計画の41.7%に過ぎなかった。民需配当は18万878klにとどまり、当初計画の70%であった。灯油の精製も国産原油分が低迷し、南方原油分が第4四半期になって急増した。しかし、軍からの支援もほとんどなく、年間供給量は当初計画の20.1%にとどまった。軽油についても灯油とよく似た推移をたどり、年間総供給量は当初計画の37.1%であった。

普通機械油は国産原油分、南方原油分ともに生産が低迷し続け、年間供給量は当初計画の62.2%にとどまった。さらに民間配当は第1四半期の4万2,772klから第4四半期には2万5,071klにまで減少したが、次年度分を確保す

第1章　太平洋戦争初期の経済総動員構想とその実態（1942年度）

るため僅かながら在庫積み増しに回している。しかし、まもなく機械切削加工用油の不足が機械金属工業に深刻なダメージを与えることになった。輸入機械油は当初計画で6万5,000klを配給することになっていたが、実際にはほとんど配給されなかった。半固体機械油は、当初より南方原油分に多くの期待がかけられていたが、国内分は第2四半期からようやく増産が試みられたものの実績は乏しく、当初計画6,000klの9.7％にとどまった。一方、南方原油分は当初計画1万6,000klに対して105％の実績を上げた。しかし、予定した在庫取り崩しはなかったため、配給実績は当初計画の60.8％にとどまり、さらに翌年度以降の需給安定のために在庫積み増しに回している。

　物動計画を支える船舶用燃料でありながら深刻な欠乏状態であったB重油の需給状況を見よう。国産原油分は当初計画2万7,600klに近い実績を上げた。しかし2万8,000klの目標を掲げた人造石油は4,133klと、遙かに供給目標を下回った。南方原油分は第4四半期分が2万239klと急増して、年間では5万7,740klとなったが、結局当初計画の33.2％にとどまった。陸海軍支援も3万1,178klにとどまり、当初計画63万1,000klの4.9％と惨憺たる結果となり、年間供給総量54万9,997klは当初計画の48.8％であった。供給を支えたのは在庫取り崩し分の33万2,322klで、これは当初計画1万8,600klの17.8倍であるが、既に在庫も底をついている状況であったので、これはC重油・クレオソート等の低質重油の在庫を転用したものであり、輸送効率上は深刻な問題になっていった。最後にC重油であるが、国産原油分は毎期増産を続けたが、年間供給では計画の44.5％にとどまった。期待されてスタートした人造石油は、ほとんどの液体燃料製品で成果を上げられなかったが、C重油に関しては第4四半期には9,188klの生産実績を上げるなど、年間供給で2万9,213klとなり、当初計画6万5,500klの44.6％の実績を上げた。しかし、年間供給量は、16万1,204klにとどまり、当初計画の24.1％にとどまった。

　汽船および機帆船用のB重油配当を見ると、第1四半期の17万4,331kl、第2四半期17万8,313klに対して、供給見通しの悪さから、第3四半期に13万5,763klとなり、第4四半期には南方原油の還送の増加でやや需給が緩和されたにもかかわらず、10万4,503klに絞られた。汽船用C重油も第1四半期1万1,434klから第2四半期に2万1klに増加したが、第3四半期は1万6,834kl、

そして第4四半期には1万klに縮小され[177]、船舶増徴に加えて燃料配当でも海上輸送力は制約を受けることになった。

1942年度末から、稼働率が低下した民需産業での企業の統廃合や産業施設のスクラップ化が喫緊の課題となるが、「過剰設備処理」が原料不足だけでなく、こうした液体燃料の配給状況からも要請されていた。

4　機械類の需給混乱と生産隘路の多発

鉄鋼需給の計画化が不十分であることは、それを主要資材とする機械類の計画的調達も困難にしていた。戦時経済総動員を通じて機械工業の生産規模は飛躍的に増加していたが、需要の伸びに追いつくことはできず、需給調整のため早くから機械用資材の確保や発注調整が試みられてきた。主要産業の統制団体の連絡調整機関であった重要産業協議会がまとめた1942年度の機械入手状況を重量表示で見たのが、表1-75である。各種の重要機械については発注承認制が実施され、資材割当に基づく機械需要者からの発注を機械生産者団体が生産能力に基づいて供給可能な分に承認を与えていた[178]。平均的な入手率は57％であるが、統制団体によるばらつきが非常に大きかった。鉄鋼、造船、軽金属、石油精製事業など設備拡充を急激に進めていた事業分野のデータは取りまとめ時点で未着であったが、石炭、鉱山、セメント、金属工業統制会の参加企業の入手率が、4割台に過ぎないことが判明する。比較的入手率が高いのは液体燃料問題の打開方策として強い期待が寄せられていた人造石油事業と、電気事業であった。しかし、造船、軽金属や、統制会に加盟していない航空機部門では激増する機械需要を満たせずにいた[179]。

表1-76から全体の入手予定を見ると、3分の2近くを前期に集中させた変則的なものだったが、入手実績は前期・後期ともに6割程度であった。用途別では拡充用機器の入手率が65％であるのに対して補修用は36％にとどまった。機種別実績では、蒸気缶及び同部品、内燃機関、蒸気タービン、電気機器、電気計測器等は比較的良好であったが、汎用水力機・風力機、蓄電池、車両の入手状況は悪かった。このほか、報告団体が少ないが、工作機械、精密測定機器・精密光学機器、歯車は比較的良好であったが、人造黒鉛刷毛、高圧弁、選炭機、発電機、溶接器、チェーンなどの実績が低かった。

第1章　太平洋戦争初期の経済総動員構想とその実態（1942年度）

表1-75　1942年度需要団体別機械入手状況

(トン)

		入手予定			入手実績			入手率(%)			未入手
		上期	下期	計	上期	下期	計	上期	下期	計	
石炭統制会	拡充用	1,915	1,544	3,458	508	547	1,055	26.5	35.4	30.5	2,403
	補修用	2,533	2,374	4,907	1,044	1,263	2,307	41.2	53.2	47.0	2,599
	計	4,448	3,918	8,365	1,553	1,810	3,362	34.9	46.2	40.2	5,002
鉱山統制会	拡充用	3,029	1,329	4,358	929	796	1,725	30.7	59.9	39.6	2,633
	補修用	1,874	2,315	4,189	792	613	1,405	42.3	26.5	33.5	2,785
	計	4,903	3,644	8,547	1,721	1,408	3,129	35.1	38.6	36.6	5,417
セメント統制会	拡充用	19	65	84	12	22	34	63.2	33.8	40.5	50
	補修用	74	53	127	55	18	72	74.3	34.0	56.7	55
	計	93	118	211	66	40	106	71.0	33.9	50.2	105
化学工業統制会	拡充用	3,167	2,623	5,791	1,326	1,622	2,948	41.9	61.8	50.9	2,843
	補修用	220	162	382	49	75	124	22.3	46.3	32.5	258
	計	3,387	2,786	6,173	1,374	1,697	3,072	40.6	60.9	49.8	3,101
金属工業統制会	拡充用	—	—	5,307	—	—	1,985	—	—	37.4	3,322
	補修用	—	—	538	—	—	329	—	—	61.2	209
	計	—	—	5,845	—	—	2,314	—	—	39.6	3,531
石油鉱業物資統制協議会	拡充用	3,419	—	3,419	993	—	993	29.0	—	29.0	2,427
	補修用	2,015	—	2,015	233	—	233	11.6	—	11.6	1,782
	計	5,435	—	5,434	1,226	—	1,226	22.6	—	22.6	4,209
人造石油業物資協議会	拡充用	12,238	5,292	17,530	11,286	3,645	14,931	92.2	68.9	85.2	2,599
	補修用	—	—	—	—	—	—	—	—	—	—
	計	12,238	5,292	17,530	11,286	3,645	14,931	92.2	68.9	85.2	2,599
電気事業協同会	拡充用	5,455	2,993	8,448	3,745	2,728	6,473	68.7	91.1	76.6	1,975
	補修用	105	81	186	84	76	160	80.0	93.8	86.0	25
	計	5,560	3,073	8,634	3,829	2,804	6,633	68.9	91.2	76.8	2,000

注：機械入手量を重量に換算したデータ。このほかに、調査対象であった鉄鋼、造船、軽金属、石油精製の統制団体のデータは取りまとめ時点で未入手。入手予定とは統制団体が鋼材割当と生産能力に照らして発注承認をし、入手を予定した数量。
出所：重要産業協議会資材部「機械ノ入手遅延ニヨル生産障害状況」1943年7月 前掲『開戦期物資動員計画資料』第11巻所収、386頁。

精密機械統制会、電気機械統制会の加盟企業の1942年度上期の資材入手状況は、表1-77の通りである。納入実績のよかった工作機械でも、メーカー側の精密機械統制会の場合、銑鉄や線材の入手は順調であったのに対して、特殊鋼、非鉄金属類の入手は不調である。これは特殊鋼、銅、電線類が早晩隘路になることを示しており、精密機械統制会は43年7月に精機資材配給株式会社を設立し、一括して工作機械用の資材を確保しようとした[180]。電気機械用資材の場合は調査期間が短いが、鉄鋼二次製品を除いて、銅や樹脂類の入手が比

表1-76　1942年度主要機械機種別入手状況

(トン)

	入手予定			入手実績			入手率（%）			未入手
	上期	下期	計	上期	下期	計	上期	下期	計	
蒸気缶及び同部品	1,248	122	1,370	997	260	1,257	79.9	213.1	91.8	113
電気機器	6,428	5,093	11,521	4,985	2,788	7,773	77.6	54.7	67.5	3,749
蒸気タービン	309	269	578	302	90	392	97.7	33.5	67.8	186
蓄電池	62	75	137	11	44	55	17.7	58.7	40.1	82
汎用水力機	1,100	577	1,677	317	242	559	28.8	41.9	33.3	1,118
汎用風力機	631	466	1,097	148	246	394	23.5	52.8	35.9	603
運搬機	5,084	2,443	7,528	2,816	1,481	4,297	55.4	60.6	57.1	3,231
鉄道・軌道用車両	847	624	1,471	398	299	696	47.0	47.9	47.3	774
内燃機関	75	0	75	64	3	67	85.3		89.3	8
生産機器	17,529	8,482	26,011	9,752	4,658	14,410	55.6	54.9	55.4	11,601
電気計測・工業計測機器	19	17	35	12	11	23	63.2	64.7	65.7	12
その他とも総計	35,843	18,677	54,520	21,006	11,329	32,335	58.6	60.7	59.3	22,185

注：集計は前表の8団体のみ。機種別項目は3団体以上から入手状況の報告があったもののみ。
出所：前掲「機械ノ入手遅延ニヨル生産障害状況」387～389頁。

表1-77　機械関係統制会の1942年度上期主要資材入手状況

			割当量	入手量	入手率(%)
精密機械統制会	普通鋼鋼材	トン	1,397	541	38.7
	銑鉄	トン	31,760	25,709	80.9
	特殊鋼鋼材	トン	4,444	151	3.4
	線材製品・溶接棒・鋼索・電線管	kg	69,502	55,601	80.0
	銅	kg	164,610	96,435	58.6
	電線*	kg	8,883	491	5.5
	錫地金圧延品*	kg	15,336	153	1.0
	錫地金	kg	65,808	14,687	22.3
	鉛地金	kg	67,638	36,509	54.0
	亜鉛地金	kg	46,888	3,376	7.2
電気機械統制会	亜鉛鉄板・磨帯鋼・鋲・螺・釘等	kg	164,500	128,600	78.2
	銅	トン	2,006	2,006	100.0
	アルミニウム（銅代替）*	トン	180	54	30.0
	アルミニウム（専用）*	トン	450	450	100.0
	ラッカー類*	千斤	108	108	100.0
	コーパル*	千斤	19	19	100.0
	ダマル*	千斤	17	17	100.0
	ロヂン*	トン	56	56	100.0
	セラック*	千斤	45	45	100.0
	ルソナイト*	千斤	141	141	100.0
	絶縁油*	kl	2,150	1,712	79.6

注：*を付した物資は第1四半期のみの割当と実績。
出所：前掲「機械ノ入手遅延ニヨル生産障害状況」404頁。

較的順調であったことが判明する。

資材入手難による機械生産の齟齬は、機械入手の不円滑による重要物資生産設備の補修、増強計画の遅延といった生産阻害の連鎖を生み出した。表1-78は、鉱山業、電力業など一部の業種の事例であるが、生産増強用の機器の納入が1年以上にわたって遅れ、また一部の機器の入手難から施設の未完成や所期の生産能力を発揮できない状況が随所で起こっていたことを示している。また、生産・配給現場での取引・物流の円滑化、インフラストラクチャの整備や、臨機に統制権限を行使する柔軟な統制機構も求められることになった。

5 大東亜共栄圏の経済交流

大東亜審議会

開戦と重要資源地域の占領によって重要資源の需給見通しが改善されたことを背景に、共栄圏全域に総動員体制を拡張することになった。このため、第六委員会等で検討されてきた「南方経済対策要綱」が具体化され、仏印、タイとの経済協定や、南方占領地域での軍政による経済開発と物資輸出入計画も策定された。1942年2月21日には、軍事・外交問題を除く日満支・甲乙地域の将来構想を検討する大東亜建設審議会が首相の下に設置され、27日の第1回総会では、大東亜建設、文教政策、人口政策、経済建設基本政策が諮問され、大東亜共栄圏の長期ビジョンの検討も始められた。審議会には主要政治家・財界人ら数十人が組織され、総合政策（第一部会）、文教（第二部会）、人口及民族（第三部会）、経済建設基本方針（第四部会）、鉱工業及電力（第五部会）、農林水畜産（第六部会）、交易及金融（第七部会）、交通（第八部会）に関する検討組織が置かれた。部会長には、所管大臣が就任し、7月23日の第5回総会までに各部会の答申もほぼ揃った。

4月17日に第四部会が策定した大東亜経済建設基本方策は、共栄圏内の資源を開発し、おおむね15年の間に重要国防資源を自給し、「自主的国防経済」を確立するというもので、第1期に重要資源の確保、諸民族の戦時生活の保証、産業発展の基礎の上に長期戦に応じた経済体制を整備し、第2期には重要国防産業の生産力の飛躍的拡充、民生の暢達、世界経済に対する指導力を確立するとした。また、日満支経済建設計画を根幹にアジア各地で適地適業の立地を実

表1-78 機械入手遅延による生産阻害状況

三井鉱山・神岡鉱山	①栃洞坑第4次増産工事に要する鉱石運搬用電車に設置する150w直流発電機が、1941年度第2四半期に発注承認済みであるにも拘わらず未納。このままでは、43年7月から予定していた「鉛、亜鉛増産努力水泡ニ帰ス」。②栃洞増産（日産720トン）に対応した鹿間第2選鉱場の増強のためのフィルター2台、ミル1台、クラッシャー2台が、41年第1～第3四半期に発注承認されているにもかかわらず、未入荷。③亜鉛電解工場・焼鉱硫酸工場は、ほぼ完成したものの、設置機械の発注承認が遅延したため、機械入手も遅延した。さらに「最近補修用機械部品モ発注承認後所定ノ納期ニ入手セザルモノ多」い。④砕鉱機械、廃搾機械、採鉱機械部品が遅延しており、手持ち部品の少ない当所では機械が故障した際、選鉱全操業に支障を来す。
三菱鉱業・細倉鉱業所	①新設の労務者住宅配電用の単相変圧器が遅延しているが、工事自体も遅延している。②濾過器・真空ポンプ用に使用予定の40馬力3相誘導電動機は、ポンプが未入荷のため、他用途に流用中。③ターボファン入荷遅延のため、他設備の小容量のものを臨時に使用しており、能率が低下している。④選鉱真空濾過器用の真空ポンプは、電動機が入荷していないため、本機が未入荷のため精鉱脱水が不十分となり、運搬に支障を来している。⑤3馬力竪型一段圧縮機の未入荷のため、人力で操業しており能率が低下している。⑥亜鉛精錬用の電磁直入起動機の損傷が著しく操作上の危険を感じている。⑦亜鉛残滓処理ドライヤー用給炭機に用いる2馬力減速電動機が未入荷のため、現在人力で操業しており能率が低下している。⑧発注承認済みの入荷率は概ね良好であるが、承認が遅れるために「今後操業上重大ナル支障ヲ来ス虞」がある。
三菱鉱業・生野鉱業所	①フェロタングステン起業用のクラッシャーおよび誘導電導機の入手遅延のため、起業の目処が立たない。②バッテリーカー、1トン鉱車の入手遅延のため、品位低下に伴う採鉱増強に対処できず、1943年1月には前年同期の6割減産となった。③神子畑選鉱場の拡張工事が竣工し、1,000kwの電力増加したため、8月まで新設の600kw変圧器用一次盤が入手できないと神子畑変電所の容量不足のため拡張設備の運転に支障を来し「生産ニ及ボス影響甚大」である。
三菱鉱業・尾去沢鉱業所	①構内排水ポンプの入手遅延5～13ヶ月、積込機の遅延8ヶ月のため、「坑内作業著シク阻害サレ生産能率ニ及ボス影響甚大」である。
古河鉱業・久根鉱業所	①1943年2月入手予定の磁選機2台が未入手のため、前期の採取不可能となっている。②補用機器一般に入手不良により、自家修理により「辛ウジテ維持シ来タレルモ今後ハ甚ダ不安ナル状態」である。
古河鉱業・足尾鉱業所	①電気集塵機の破損箇所修理に必要な高周波式交流電弧溶接機1台の未入荷。このため集塵機から煙塵流出という「極メテ重大ナル事態ヲ生ジ且銅製錬上由々シキ事態ヲ惹起」する。②製錬能力増強に必要な焼結用のガスエキゾスター1台、400馬力3相電動機1台の入手遅延。③坑内の資材運搬用機関を現在の1台から3台に増強するため車体を完成させたが蓄電池2台分が未入荷。④現在の廃石フィルターのウォームギア、ウォームホイールは損耗著しく、4台中2台を休止しており、鉱石処理能力は半減している。残り2台も危険な状態であるが、選鉱・廃石フィルター用ウォームギア8個の入荷が1年余も遅延している。⑤選鉱OHホールドア用ダブルヘルカルギア2組の入手が1年遅延している。更に遅延すれば、選鉱バルブ攪拌不能となり、ボールミルの運転中止となるおそれがある。⑥大割選鉱工場の設備改善のため7.5～30馬力電動機16台、油入遮断機接触子24個を緊急に必要としている。
北海道炭鉱汽船・空知鉱業所	①赤間鉱の坑内採鉱能力拡充のため1942年10月電車線工事を完了したが、これに使用する東芝8トン電車の入荷が遅延している。このため神威鉱より電車4台を融通しているが、「坑内荷ノ運搬ハ非常ナル掣肘ヲ受ケ」、神威鉱もまた輸送力が低下し、「甚シク困難ヲ来シ」ている。②起業工事完了した赤間第一斜坑に設置予定の300馬力巻揚機は、付随する液体制器が未着のため運転できず。このため従来索道で利用していた75馬力電動機を利用しているが、能力が低く作業能率が落ちている。③興津坑内に使用予定の15馬力ポンプは42年4月に入荷しながら、電気品未着のため使用不能。排水設備の整備ができず。
北海道炭鉱汽船・夕張鉱業所	①奥部竪坑工事により1,000トンの増産を目指しているが、1940年度第4四半期に発注承認を受けた6トン電車が入荷していない。借用して工事を進めているが台数が不足している上、借用先からの「緊急ナル返還督促」もあり計画通りの工事進捗が望めない。

第1章　太平洋戦争初期の経済総動員構想とその実態（1942年度）

三菱鉱業・美唄鉱業所	①空気圧縮機5台の納入遅延のため、坑道掘進並びにピック採炭に影響し1日約200トンの出炭阻害となっている。②坑内用電車8台の納入遅延のため、運搬能力の増強不能となり、1日約500トンの出炭阻害となっている。
三菱鉱業・方城炭坑	①水洗機、選炭機増強工事の遅延のため増産計画に「著大ナル支障ヲ見」ている。②片盤ベルトコンベアーの納入遅延のため「予定ノ増産実施不能」となっており、計画に比して月3,000トンの減産になっている。③安全灯用蓄電池の不足のため、入坑者数を制限せざるをえず、予定出炭に著しい支障となっている。
三菱鉱業・新入炭坑	①原炭ポケット付属機械の入荷遅延のため、選炭設備能力を月45,000トンから50,000トンとする計画に支障が出ている。②当坑深部開発のため空気吐出風量を現行の毎分84.4m^{3}から125.8m^{3}に増強する必要があるが、300kw空気圧縮機の納入遅延のため、出炭計画に多大の支障を来している。③排水用360kwタービンポンプ3台の納期遅延のため、降雨期の対策に苦慮している。④深部開発に伴いガス保安対策として強力な373kw扇風機が必要となっているが、納期遅延のため安全対策がとれず、著しく支障を来している。⑤坑道延長に必要な坑内移動用の人車、救急車の納入が遅延しており、「出炭ニ相当ノ影響」を来している。
三菱鉱業・鯰田炭坑	①新入・鯰田・方城・上山田4炭坑は従来自家発電および購入電力合わせて15,000kwを使用していたが、開発の進捗に伴って1943年度は20,000kwを必要とする。これを自家発電でまかなうべく中央発電所に6,000kwターボ発電機の設置を計画しているが、機材の入手遅延のため、操業に多大の影響が出ている。②原炭の品位低下のため出炭量維持のため大量の原炭輸送が必要としているが、5トン電気機関車の納期遅延のため、毎月平均10,000トンの貯炭となり、今後減産を余儀なくされる。
三井鉱山・三池鉱業所	①1942年度発注承認済み買付機器の入手状況は3,228トンに対して1,583トンで49％であった。これは労務者充足の不如意と相俟って事業計画を6ヶ月に1年遅延させ、「著シク労力ノ低下、能率ノ低下」を招き、7月下期以降は応急対応能力も削減される。②注文契約後、発注承認までに時間を要するため契約時に比して生産費が増嵩し、契約破棄となることもある。
三井鉱山・砂川鉱業所	①排水能力に余裕なく、60馬力タービンポンプ6組の入荷が遅れている。このため、1日800トンの減産となっている。②発電所給水用タービンポンプの入荷遅延。③坑内運搬距離の延長に伴い4トン型蓄電池電車1台の不足する。④3トン型蓄電池電車3台の入手遅延の結果、1日300トンの減炭となる。⑤火薬の減少によるピック採炭への転向のため、400馬力圧縮機2台を入手し、年間30,000トンの増産は緊急を要する。
三井鉱山・芦別炭坑	①坑内輸送合理化のため、4トン電池式電気機関車11台を注文しているが、1年1ヶ月が経過した現在、1台も入荷していない。このため坑内、坑外にそれぞれ30人の運搬夫を余分に配置しており、日産80～100トンの減産を来している。②動力用電線3,000vと諸機械用200vを併用しているため変圧器が不可欠であるが、納期遅延が甚だしくなっている。
日本発送電・水力発電関係	①山郷発電所（17,000kva）の土木工事は1942年12月に湛水したが、1号主要機（三菱電機・三菱重工製）の納入遅延のため、発電開始は43年2月中旬となり、2ヶ月半遅れた。2代目の機器の中水車は43年6月工場完成予定であるが、発電機は年内に入手困難な状況。工事完成が「著シク跛行的状態」にある。②水内発電所（11,000kva）では、土木建築工事の納入、水車の納入に比して、発電機、変圧器、配電盤、開閉装置（日立製作所）の納入が遅延した。③吉ヶ瀬発電所（19,000kva）建設工事は43年9月竣工予定であるが、土木工事に比して、発電機（富士電機）が資材、工作機械不足のため1台目の工場での完成が8月末、移送、据え付け完了は11月中旬となり、中国地方給電計画に齟齬が出る。
日本発送電・火力発電関係	①小倉発電所は竣工期限1941年11月末であったが、主機器の納入が「著シク遅延」し、竣工は42年11月となった。さらにベルトコンベアーの納入遅延のため、機械力による運炭に支障を来し、全能力の発揮ができない。コットレル集塵装置の納入率が5割のため、都市衛生上の支障を生じている。②清水発電所は日本軽金属清水工場（アルミナ）向け蒸気および電気の供給のため、予備設備の完成40年8月、1次工事の完了を41年11月と予定していたが、予備設備の完了が42年3月、1次工事完了は42年11月となる。現在残された汽缶2缶、機器1台の設置を急いでいる。③小野発電所は、汽缶3缶、汽機1台の工事を41年11月に、汽缶1缶、汽機1台の工事を42年5月に完成を予定していたが、材料特に外国材の入手困難により、工

	事は「全面的ニ遅延」し、計画を変更して汽缶2缶、汽機1台の工事を43年11月完成予定を目指している。④設備用、補修用機器については42年度を通して優先割当があったため、「特記スベキ影響」はない。
日本発送電・変電所関係	①猪苗代変電所の変圧器（75,000kva）の納期遅延により東京近郊外輪線整備工事等が全面的に遅延している。②田端変電所の変圧器（60,000kva）の納期遅延が、猪苗代の旧幹線の昇圧工事遅延の原因となっている。③中国方面100kv系送電線保護装置、および通信線に及ぼす誘導障害の防止上、広島・宇部・徳山変電所における消弧線設置は急務であるが、1942年4月完成予定の工事が遅延し1年間大多の支障が出ている。
四国中央電力	①分水第1発電所拡張工事関係機器の納期遅延のため1942年12月末完成予定が43年4月となり、アルミニウムその他の軍需資材生産に「重大支障」を来した。
宮崎県電気部	①石川内第二発電所主要機器の契約納期は1841年10～12月の予定だったが、発注承認、工場製作の遅れで10ヶ月から1年2ヶ月ずれ、1943年冬期渇水期の電力不足に対処できなくなった。
化学工業統制会	①1942年度の機械入手状況は大体入手予定の50％。残りは次期に繰り越された。②酸類製造機器で3年以上継続しようしているため損傷腐蝕が甚だしく生産に支障を来しているものがある。入手率は60％。③35馬力電動機未納のためやむをえず7馬力のものを使用し、竪型を横型に改造して当場をしのぐなどしている。④機械未入手のため不完全な操業となり、資材が浪費される。

出所：前掲「機械ノ入手遅延ニヨル生産障害状況」407～415頁。

現するとして、第五部会が策定した「大東亜産業（鉱業、工業及電力）建設基本方策」では、中核となる日本で精密工業、機械工業、兵器工業等の高度工業の「飛躍的拡充」を図り、満洲国で鉱業、電力、製鉄、化学を「飛躍的振興」に努め、中華民国では鉱業、製塩、製鉄、化学を「画期的ニ振興」し、南方諸地域では鉱業、石油事業の「振興ニ其ノ重点ヲ置」き、各種特産品の加工処理を興すとした。これらは、並行して検討を進めていた第2次生産力拡充計画の構想と一体のものであったが、太平洋戦争期に5年以上に及ぶ長期計画を策定、実施することは、国内でも共栄圏内でも困難であった。実際の経済交流は、作戦・戦域の激変と不安定な経済状況の中で、単年度ごとに輸出入計画を策定し、それを物動計画に接続させるというものであった[181]。

国内流通機構の整備

　経済統制の厳格化には流通機構の簡素化、企業統合が不可欠であり、1942年度は機構整備が本格化した年であった。40年半ばから民需用の原料供給と商品生産は急速に縮小し、労働市場の逼迫と賃金水準の上昇もあって、労働力捻出のためにも国内の流通機構の再編・合理化が不可避となった。その改革の方向は、41年1月の配給機構整備要綱に示されており、原料配給機構の整理、

企業整備と雇用労働者の整理と再配置、販売系統の組織化と取引段階の整理、産地集荷問屋の統合、全国集荷問屋の全国共販会社への統合、地方問屋の地方共販会社への統合、商業組合による小売商の徹底整理が謳われた。最終的には一元的な指揮系統の下で、簡素な配給機関で統制を厳格化することであった。製造業も40年10月の閣議決定「中小商工業者ニ対スル対策」の中で、不要産業の縮小・整理、高能率工場への生産の集中、加工部門の専業的下請けへの組織化、製品企画の単純化、遊休設備・機械の供出と一部の大陸移設などの方針が打ち出された。

　第2次近衛内閣を機に、計画的経済運営の強化を主張する革新官僚と彼らの信奉する経済新体制論が台頭した時期でもあり、こうした中小企業や複雑な流通機構の整理・合理化方針は、独自の反市場・反利潤主義のイデオロギーをまといながら実施された。ただし、実際の企業整備政策は、強い痛みを伴う企業の統廃業、転業を円滑にするため、取引実績を営業権として資産評価し、その評価額を統合配給機関への出資額と見なして、資産の喪失を回避しようとした。また、経営者については統合機関へ極力吸収して雇用を維持し、完全廃業をする場合は営業権、店舗・倉庫資産を統合された配給機関か、あるいは国民更生金庫が相当程度に高い評価額で買い取るなどの措置をとった。製造工業でも原料割当の削減を利用した工業小組合、工業組合単位での企業集約を進め、転廃業工場の施設・機械、原料在庫、製品在庫は相当高い評価額で工業組合や統合企業が買い取って収益性を保障して、円滑な企業整備を進めた。また、残存企業や組合にかかる金融的負担を軽減するため、国民更生金庫が利子の国庫負担の下で融資し、企業整備によって解雇される従業員についても、地方行政や残存事業者の負担で支援金を交付した。

　その実効性を確認するため、商工省は1942年8月に産業再編成、物資配給機構整備、公定価格制度の実情調査を全国規模で実施した。商工大臣への10月の調査答申では、労働力の受け入れ側となる時局産業での体制が整備されていないこと、職業転換の全国計画となる職能レベルでの労務動員計画が策定されていないこと、また1940年からの企業整備方針が漸進的・段階的であり、「維持育成」を謳ったり、企業合同を慫慂したことや、所管省間に取り組みの温度差があることなどから、業者側には「幾分消極的ニシテ日和見的」姿勢が

あること、府県の中小企業再編成協議会が「動モスレバ其ノ活動振リニ於テ消極退嬰ノ非難ヲ免レザル」面があることを指摘していた。このため、政府は「目的、方針、態度ヲ明確不動」の転廃業施策を実施すべきことを答申している[182]。その不十分な点が43年6月の戦力増強企業整備要綱による徹底的な中小商工業者の整理方針に繋がっていた。

関満支輸出入機構の整備

貿易機構の整備も振り返っておこう。輸出入商社の企業整備は、1939年9月の第2次欧州大戦を機に進められた。大戦による国際的な物価騰貴に対して、国内的には応急的に10月18日の価格等統制令で対応し、9月18日の取引価格で一旦凍結させた。しかし、円ブロック内での相対的な物価高騰を見込んだ輸出が急増したため、円ブロック向け輸出の計画化が進められた[183]。貿易統制では外貨獲得につながる第三国貿易を優先し、輸出承認制度が実施され、40年7月には物資動員計画と連動して、輸出計画23億3,162万円、輸入計画9億7,000万円という円ブロック貿易計画が策定された[184]。それに基づき、9月からは対関満支貿易調整令に基づく全面的な輸出数量規制が開始された。貿易業においても、国内の輸出入商社を極力整理し、組合組織に再編することになり、44の商品別輸出組合連合会とその他の物品を一括して統括する日本東亜必需品輸出組合連合会の45組織が日本東亜輸出組合連合会の下に再編された。輸出業務は、従来のような個々の商社による輸出契約から、輸出組合の下でのプール制とされ、各商社は輸出代行制度を採用するか、共同出資による輸出会社を設立して一括処理する方式がとられ、ある種の共同輸出制となった。

関満支地域からの輸入についても、輸出と同様に物資ごとの一手輸入組織を輸入業者のプール制組織か会社の形とし、1940年10月にそれらを加盟者とする日本東亜輸入組合を設立した。さらに同組合を11月から日本東亜輸出組合連合会に加盟させ、連合会の名称を日本東亜輸出入組合連合会とした。これによって指定物資の対関満支貿易は、同連合会か、連合会に委託された事業者のみが担うことになり、現地集荷業者も指定制とするなど、厳格な貿易統制が可能となった[185]。この措置の背景は、外貨決済が不要になったものの、円元パーの下で物価上昇率の格差が生じたことであった。円域向け輸出には「法外

な利益」が生じ、輸出実績に応じた「輸出権」はそれ自体が資産として取引されることにもなる一方で、円ブロックからの輸入には差損が発生して、輸入計画が実現できないという事情があった。このため、従来の為替管理による輸入数量の統制だけではなく、価格調整を含めた一元的な輸入統制が必要になり、輸出入の受託者は商品原価に諸費用、手数料を加えた価格で連合会に売却し、その上で円ブロック向け輸出品には輸出先の価格に見合う留保金（調整料）を課し、連合会内部の特別会計で輸入の際の価格差損を補償することとした。このような内外価格差の調整によって、円ブロック貿易の計画性を担保することになった[186]。

　1940年12月の経済新体制確立要綱は、経済統制団体の簡素化・一元化を求め、その権限強化をはかった。そして、41年8月の重要産業団体令に基づき、42年1月に日本貿易会（3月に日本貿易統制会に改称、43年6月に交易営団が設立されると営団に吸収される）が発足すると、日本東亜輸出入組合連合会はその下で東亜局となり、後述の南洋貿易会も吸収して、僅かとなった第三国貿易も合わせて一元的な貿易統括機関になった。そして、日本貿易統制会に組織された貿易調整機関や輸出入組合が、貿易・価格調整を実施することになった。

南方乙地域の輸出入統制

　南方乙地域（タイ・仏印）の貿易は、序章第2節で見たように1940年10月に仏印との経済協力に関する交渉が始まったことを受けて、12月の商工省令「南洋ニ関スル貿易ノ調整ニ関スル件」で、取引数量が指定されるようになった。日・仏印経済協定は41年5月に締結され、戦略物資の輸入数量、価格が日本側の意向を強く反映する形で決定された。商工大臣指定物資の輸出入取引は、56の貿易統制会社・団体を組織して41年4月に設立された南洋貿易会（42年1月から日本貿易会南洋局に再編）から輸出入の委託を受けた実績の多い者か、指定された輸出入調整機関から委託を受けた者のみが代行することになった。指定される輸出調整機関は、40年12月に設立された日本貿易振興株式会社を中心に、繊維製品輸出振興株式会社などの物品ごとの一元的輸出品買取会社か、そうした買取会社がない場合は関係する輸出組合であった[187]。

　輸入調整機関は、日本石炭株式会社、鉄鋼原料統制株式会社、帝国鉱業開発

株式会社、日本原皮輸入株式会社などの一元的買取会社のほかは、一括して日本南洋輸入組合が担当した。その代行者となる企業には手数料が発生し、代行を委託する南洋貿易会所属の業者には眠り口銭が発生する形で、業務の合理化と既存業者の利害を調整した。

1941年10月にはタイとの輸出入でも類似の措置が取られ、タイ・仏印は物資動員計画における第一補給圏として計画的輸出入の対象地域となった。ただし、輸出機関からの委託代行制は実施せず、過去の輸出実績に対して既存の取引企業に実績の6割の輸出を認め、取引先を失った第三国輸出業者に2割を、残りを申請により割り当てるという実績制によって貿易業者の利害を調整した。

こうして地域ごとに組織された貿易統制機構は、1942年4月の貿易統制会の発足とともに整理された。関東州、満洲、中華民国、仏印、タイへの輸出については、物資別に輸出統制会社11、輸出組合18（46組合を整理統合）の調整機関が指定された。輸入については、仏印・タイは従来通りであったが、関東州、満洲、中国を通じて25の物資別の調整機関が指定され、計画的な輸出入を実現する体制が整えられた。

南方甲地域の輸出入統制

1941年7月初め、欧米植民地である第三国地域との貿易にも、仏印と同様に商工大臣指定の輸出調整機関を利用した委託制度が実施された。しかし、同月末の対日資産凍結によって、日満支、仏印、タイ以外の日本の第三国貿易はほぼ途絶という事態になり、南方甲地域とされた英領マレー、ボルネオ、蘭印、フィリピン等との貿易も一旦消滅した。それを受けて、業務が激減した貿易業者は同年12月の貿易業整備要綱によって転廃業を進めることになった。整備方針は、国内の流通業、製造業と同様であり、営業実績を資産として評価して、統合や廃業を進めるというもので、①物品別の適正取引規模を下回る過少輸出割当は、42年度第1四半期から停止する、②「基準輸出実績」の譲渡規則を定め、企業統合をはかるというもので、42年度には円域貿易の業者も含めて一挙に貿易業の企業整備が進んだ。

開戦後、陸海軍の占領統治下に入った南方甲地域では、地域別物資別に集荷

業者を指定し、1942年度中には、日本国内の輸出入調整機関を組み込みながら、対日輸出入機構が整備された。これに合わせて独立の地位が保障された仏印・タイは南方乙地域と呼称されることになった。いずれにしても甲地域経済は、関満支地域、南方乙地域に比して経済、通貨・為替が一層不安定であることから、通常の輸出入とは大きく異なる決済方法がとられた。現地の集荷機関は、日本の輸入計画に沿って、現地通貨または臨時軍事費特別会計に基づく現地通貨建て軍票で物資を購入し、軍政当局に売却して、これを軍の責任で日本国内へ還送した。還送物資は原則として現地集荷業者と同一業者の本・支店など、同系資本の輸入業者が日本の規定価格で買い取り、国内の配給統制機関へ引き渡すことになった。日本からの輸出に当たっても、臨時軍事費で政府が国内の指定された貿易調整機関から買い取り、軍の責任で輸送された物資は、南方諸地域で軍票等で同系輸入業者に売却した。貿易業者は荷為替の取り組みをはじめ、貿易金融の手続きが不要であり、為替リスクも輸送コストも一切負わずに手数料を手にすることになった。

　占領地域の物価上昇は、軍票等の大量発行もあって、円ブロック以上に劇的であった。軍票は1943年4月以降、順次南方開発金庫(42年3月設立)の発行する南方開発金庫券に交換されたが、臨時軍事費との見合いの形で各地で発行される金庫券は膨大なものとなり、太平洋戦争期を通じて占領地域で激しいインフレを起こすことが予想されていた。このため、物価水準の格差を調整し、計画的な輸出入を確保するためには、こうした臨時軍事費特別会計を利用した「国家直営貿易」を行うしかなかった[188]。

　大東亜共栄圏内での計画的な物資の交流については、価格差に基づく商業的な物資の交換ではなく、調整された利益(手数料)を目的に「非営利的」な計画に基づく交換を実現するという含意から、太平洋戦争期には「交易」という呼称が広く使われるようになった。1942年11月に商工省貿易局を外局から内局に改めた際には、名称も交易局としている。

共栄圏の物資交流計画とその実績

　第2節で見たように、大東亜共栄圏内の占領地域でも、日本の物資動員計画に対応した輸出入計画を策定することになり、5月にサイゴンで開かれた会議

で物資交流計画が示されたが、その実態はほとんど判明しない。開戦8ヶ月後の8月初旬に、南方各方面の軍政監をシンガポールに集めた会同では、日本への還送実績について厳しい現実が示された。「一部計画数量ニ対シ超過セルモノアルモ重要物資就中兵器生産用物資ニシテ出廻乃至港頭集積不良等ニ因リ予定数量ニ達セサルモノアルヲ以テ今後企業担当者、交易担当者等陣容ノ急速充実ヲ図リ資金、資材、輸送、倉庫、荷役等諸般ノ整備充実ニ依リ還送物資ノ本格的生産出廻ヲ促進スルト共ニ他面一層ノ船腹不足ヲ予想セラルル折カラ物資ノ取得還送ニ当リテハ中央需要ノ緊急度ノ指示スル所ヲ勘案シ重点主義ニ徹底シ以テ本邦物動計画ノ要請ニ随時即応シ得ル様特ニ配慮相成度」と説明と要望をしている。当初の還送計画は既に見たように早くも実現困難となり、輸送力の不足から重要物資に絞った輸送方針をとることが指示されている[189]。計画数量を超える供給見通しとなったのは、製品在庫を接収できた液体燃料であり、「南方燃料資源地ノ復旧開発ハ予想以上ノ成果ヲ挙ゲ帝国ノ燃料対策上一新紀元ヲ劃サントシツツアル」とされたが、南方各地域での燃料節約、アルコール等の代替燃料の利用を進め、潤滑油の消費節約と再利用に留意するよう指示した。供給不足が深刻な鉄、非鉄金属原料の開発は「充足ノ域ニ達スルコト遙ニ遠キ現状」であり、銅屑、鉄屑の一般回収、破壊施設からの特別回収分を還送すること、また、銅、ニッケル等の地金類、ダイヤモンド、イリジウムは「価格ニ拘泥スルコトナク成ルヘク多量ノ蒐集」をすることが指示された。

　ここでは、南方地域間の貿易が判明する一例として、ビルマの輸出入計画を見ておこう。1942年5月のサイゴンでの打ち合わせで、ビルマを所管した陸軍第十五軍（林集団）の軍政部から、表1-79のように1億7,740万ルピーの1942年度輸出入計画が提出された[190]。この時点ではビルマ北部で作戦が進行中であり、産業施設の破壊状況が判明しないため、暫定的計画であったが、共栄圏内での食糧供給の要であったビルマ米の輸出については75万トン（ほかに砕米3万トン）、うち日本内地へは28.6万トン、フィリピン6.6万トン、マライ27.2万トンと計画された。そのほかではチーク材15万トン、雑穀（主に豆類）1万トン、牛皮1,000トン、錫鉱2,000トン、タングステン鉱3,000トンなどの輸出が計画された。しかし、前掲表1-7にあるように4月に第六委員会が高い期待をしていた軍政1年目に日本向け15万担（9,000トン）というビルマ

第1章　太平洋戦争初期の経済総動員構想とその実態（1942年度）　263

表1-79　1942年度ビルマ輸出入計画（1942年5月）

（千ルピー）

輸出計画			金額				金額
米	750,000	トン	112,500	陶磁器			1,000
砕米	30,000	トン	2,250	ガラス			500
米ぬか	30,000	トン	750	鉄鋼製品	5,000	トン	2,500
チーク材	150,000	トン	45,000	機械、部品			1,000
豆類	1,000	トン	100	自転車、部品			1,000
牛皮	1,000	トン	400	小麦粉	10,000	トン	2,500
錫鉱	2,000	トン	4,000	砂糖	10,000	トン	1,800
タングステン鉱	3,000	トン	12,000	紙類	10,000	トン	5,000
計			177,000	皮革類			1,000
輸入計画			金額	セメント	10,000	トン	5,000
バター	70	トン	500	織物	80,000	千yd2	50,000
練乳	100,000	函	2,500	ベルトロープ類			3,000
茶	1,000	トン	1,500	メリヤス			1,000
飲料類	40,000	函	1,000	綿毛布			600
缶詰類	100,000	函	2,000	タオル			500
塩	50,000	トン	7,500	麻袋	8,000	千枚	12,000
煙草			8,000	石炭	100,000	トン	3,500
マッチ	1,600	グロス	5,000	自動車、部品			7,000
植物油			5,000	電器、部品			2,500
薬品類			4,500	ガソリン	2,000	トン	1,000
石鹸	4,500	トン	3,000	灯油	35,000	トン	11,000
ゴム製品			3,500	その他			20,000
				計			177,400

出所：太田常蔵『ビルマにおける日本軍政史の研究』吉川弘文館、1967年、149～150頁。

　棉花の輸出は、この時点では計画化されていない。鉛鉱、銅鉱なども同様であった。一方、輸入計画の28％は織物であり、食料品・嗜好品類が12％を占め、機械類も8％程度あった。それらの多くは日本内地からの供給に期待していた。当初の対日要求額は1億1,500万ルピーであったが、その後の7月の決定段階では1,311.9万ルピーと10分の1近くに削減された。セメント、石炭、石油はスマトラから、砂糖、塩はジャワからの輸入に期待していた[191]。金額ベースで見ると、総じて共栄圏内の食糧基地としての役割だけは鮮明であった。

　1942年度のビルマの貿易実績は9月頃からやや活発になったものの、全体に振るわなかった。軍政関係者による集計データについては、対日送出の分はおおむね正確であろうが、全体としては不明な分もあると考えられる。1年を

通じて比較的安定していた米輸出は 34.5 万トンとされ、計画比では 46％にとどまった。木材は僅かに 6,264 トンにとどまった。その中で、当初計画化されなかった鉛鉱 7,968 トン、銅鉱 5,837 トンの輸出や、計画比 66％のタングステン鉱 1,988 トンなど、日本国内で深刻な不足状態にある資源の獲得には注力されたことが想像される。棉花も第六委員会の期待量の 3 分の 1 ではあったが、10 月に集中的に 2,606 トン、年間で 2,980 トンが輸出された。一方、輸入実績では、石炭が計画比 16％の 1 万 6,397 トン、塩が 25％の 1 万 2,302 トンにとどまるなど、深刻な経済麻痺が始まりつつある可能性を示していた。この原因には戦闘やイギリス軍の破壊工作による河川輸送、陸上網、精米装置等の破壊[192]、小型木造船を利用して英領地域と東南アジア地域をつないでいた印僑の多くが開戦と占領に伴って撤退したことや、華僑商業ネットワークを掌握することが困難であったことがある。43 年 1 月以降は早くも空襲と船舶不足によって交通量が縮小する事態となり、4～7 月の輸出実績は米が 1 万 4,206 トンと前年同期の 14.3％にとどまった。その一方で鉛鉱輸出は前年度を上回る 2 万 651 トンになり、軍政当局としては共栄圏の食糧問題よりも日本国内の軍需生産を優先したことが窺える[193]。

おわりに　総動員体制の拡張と再編

対日資産凍結、米国、英帝国圏との断交という事態から予測される主要産業の縮小、軍需関連物資の枯渇という状況を、開戦と緒戦の勝利によって一挙に打開するという見通しを基に 1942 年度物資動員計画は策定された。42 年度計画を振り返っておこう。「八紘為宇ノ大義」といった華やかな言葉に彩られた大東亜共栄圏構想の議論は、7 月以降急速に萎んだといえよう。軍の貯油を利用せざるをえない液体燃料の需給状況や、徴傭で逼迫した海上輸送力については、実務担当者らが当初から不安視していたように、物資動員計画の実施過程で困難を極めた。42 年度計画は、物動計画用の民需船船腹の 300 万総噸回復と、41 年度水準の海上輸送力の維持という当初見通しが狂うたびに、計画の修正が必要になった。戦時経済の多くの研究で、実質国民総生産の伸びが 41 年から低迷し、42 年をピークに 43 年には縮小が始まり、44 年以降急減することが

指摘される[194]。総動員計画は、戦略部門への資源の傾斜配分を実現したものの、国民生活に関連する商工業部門への資源配分を日中戦争期を通じて抑制し、国際競争力をもつ繊維産業等を政策的に縮小させた結果、輸送隘路も相俟って、経済成長を阻害し始めていた。産業部門別に見ても、第1次産業、第3次産業が萎縮し、第2次産業部門で部門別の成長と衰退の明暗がはっきり分かれていった。最大の成長産業である兵器と兵器関連工業が激増する一方で、基礎素材である製鉄業、石炭鉱業は最重点措置が取られたが、国内生産としては石炭が40年、製鉄では銑鉄が41年をピークに停滞を始めた。粗鋼、鋼材は以下の章で見るように徹底した重点措置をとった結果、43年まで増産を続け、それ以後急落するが、42年度は日本の総合的な経済力、工業力の点で見ると、衰退の始まりとみることができる。太平洋戦争期の総動員計画は、第三国貿易を失い日満支および占領地域からの資源獲得のみに依存した極めて限定的条件での資源配分政策であった。民需産業は積極的整理の対象であり、そこに投じられてきた施設等の資材や労働力は再資源化の対象として総動員計画に組み込まれていた[195]。

　主に良質な鉄鉱石、石炭の確保難を原因にして、1942年度の鉄鋼生産計画の達成率は、上期8割、下期7割であった。以後、鉄鋼生産が需要の拡大に見合う増産を達成することはなかった。供給計画の未達成分は配当計画の改訂で頻繁に調整されていたが、陸海軍は各四半期計画の期間中に優先的に資材の現物化を図ったため、結局減産による配当不足の多くは民需部分で調整することになった。この時期以降、原材料・電力・用水・ガス・輸送力・労働力の確保など、さまざまな局面で生産隘路が生じ、計画の齟齬が発生することになった。そして42年度末には41年度末に続いて再び浮遊切符が発生した。

　一方、海上・陸上輸送を支えた液体燃料は緒戦の南方油田の占領によって、年度当初に一定量を確保する見通しが立った。海軍を中心に国内備蓄からの供給も始まり、最低水準への抑制と重点部門への特配という需給調整方式が定着した。しかし、第3四半期以後は、他の供給計画と同様に不安定になり、民需供給は年190万kl水準から140万kl水準に切り下げられた。こうした深刻な状況は総動員計画の担当者からまもなく枢密院顧問、議会関係者、関係省庁にも伝わり、強い衝撃を与えることになった。ガダルカナル戦の推移と船舶の大

量喪失とともに年末には経済総動員体制の抜本的な再編が始まるのである[196]。

南方軍政による食糧需給構造の転換、ゴムの作付転換、錫の抑制といった占領地域の産業再編計画の多くは混乱を引き起こしたことが指摘されており、共栄圏全域をカバーする物資需給計画は、日満、日満支の需給計画よりもさらに脆弱なものであった[197]。

こうして総動員諸計画の調整が困難になる中で、徹底的な重点化に向けて、行政の一元化や弾力化が課題となった。序章第1節で見たように、1940年から41年にかけて一応の整備を終えていた総動員体制は、行政機関相互の調整機関を次々と設置し、内閣の分立した権限を乗り越えた集権的・一元的な統制機構を模索することになった[198]。分立した動員行政の連携と弾力化の課題に対しては、中央レベルでの連絡調整機関として、前述のように臨時生産増強委員会が設置された。これが総動員体制の転換となり、軍需省設置までここを拠点に5大重点産業（航空機、造船、鉄鋼、軽金属、石炭）へ生産諸要素の集中措置が決定され、輸送・生産の現場レベルで臨機に需給を調整することが、動員業務の重要課題と認識されるようになった。地方レベルでも12月以降、道府県庁を中心として各省の地方出先機関を組織して、緊急課題に対して臨機に即応するために地方各庁連絡協議会が設置された。43年3月には戦時行政特例法、戦時行政職権特例（勅令）が施行され、内閣機能の強化のため内閣顧問制も発足した。この結果、各省行政に対する首相の指揮権は強化され、内閣顧問らによる行政査察を通じた政策提言が強力に推進されることになった。また、内閣官房調査官の設置などで内閣機能も強化され、首相中心の簡素で強力な行政指揮系統が構築された。顧問会議は首相を座長に、統制会会長や専門知識を持つ経済人からなる内閣顧問、経済閣僚、陸海軍軍務局長、書記官長、調査官から構成され、緊急経済問題が議題とされた。

そして、各統制会は原料・資材の入手を確実にするため、統制団体として本来は認可されていなかった団体としての原材料一括購入など独自の経済行為を追求し始め、激化する物資の奪い合いの調整も重要課題となった。

その後、1943年11月には、次章で見るように5大産業、とりわけ航空機とその関連工業を中心に抜本的に強化することを目指して商工省の重工業関連部局や、陸海軍の航空本部、企画院を統合して軍需省が設置されることになる。

第 1 章　太平洋戦争初期の経済総動員構想とその実態（1942 年度）　267

さらに逓信省、鉄道省や内務省港湾行政、商工省倉庫行政を統合して運輸通信省が設置され、陸海輸送、通信事業も一元的に統括されることになった。

注
1) 1927 年の資源局設置以来の総動員計画の策定、日中戦争期の物資動員計画と自給圏構想については、山崎志郎『物資動員計画と共栄圏構想の形成』日本経済評論社、2012 年を参照のこと。
2) 安藤良雄『太平洋戦争の経済史的研究』東京大学出版会、1987 年。
3) 同委員会の業務やその統制発展段階における位置づけについては、原朗『日本戦時経済研究』（東京大学出版会、2013 年）第 7 章が解明している。太平洋戦争期半ば以降に取られた中央・地方の動員政策や、1943 年 11 月設置の軍需省、運輸通信省等の総動員行政については、山崎志郎『戦時経済総動員体制の研究』日本経済評論社、2011 年、第 9 章を参照のこと。
4) 企画院「昭和十七年度物資動員計画第一次案ノ設定ニ関シ閣議諒解事項（案）」1941 年 10 月 13 日　原朗・山崎志郎編『物資動員計画重要資料』現代史料出版、2004 年、第 2 巻所収。
5) 以下の鉄鋼統制会による鉄鋼生産計画の立案協力については、鉄鋼統制会「昭和十七年度、十八年度鉄鋼生産計画ニ鉄鋼統制会ノ参画セル経緯並ニ各工場ヘノ生産割当ノ実施」1943 年 5 月 15 日　原朗・山崎志郎編『後期物資動員計画資料』現代史料出版、2002 年、第 3 巻所収によった。
6) 詳しくは、前掲『物資動員計画と共栄圏構想の形成』335～338 頁を参照のこと。
7) 前掲『物資動員計画と共栄圏構想の形成』319、339、358～359、389～390 頁。
8) 以下主要物資の需給状況の説明は、企画院「昭和十七年度物資動員計画第一次案（備考）」1941 年 10 月 10 日（前掲『物資動員計画重要資料』第 2 巻所収）による。1941 年度計画との比較については、前掲『物資動員計画と共栄圏構想の形成』第 6 章を参照のこと。
9) 原道男（元海軍省軍需局第二部第三課長）「第 2 次大戦時におけるわが国貯油問題」防衛研修所『研修資料　重要物資備蓄対策研修資料その 1』研究資料別冊第 174 号、1957 年、39 頁。
10) C_2 は C_5 に合算されているとみられる。
11) 参謀本部編『杉山メモ』上巻、原書房、1967 年、116～118、345～347 頁。
12) 軍事史学会編『大本営陸軍部戦争指導班機密戦争日誌』上、錦正社、1998 年、167 頁。
13) 近衛内閣、東條内閣における開戦判断の経過は、前掲『物資動員計画と共栄圏構想の形成』381～407 頁を参照のこと。
14) 「第六委員会設置ニ関スル件」1941 年 11 月 28 日閣議決定　第六委員会『南方経済対策（其ノ一）』1942 年 7 月 30 日国会図書館憲政資料室所蔵『柏原兵太郎文書』447 所収。
15) 第五委員会については、前掲『物資動員計画と自給圏構想の形成』第 5 章、大東亜

省連絡委員会第一部会「南方経済対策（改訂版）」1943年7月31日現在（外務省外交史料館 B-E-0-0-0-8-001）目次（決定日附順）1頁による。

16) 第六委員会の検討にあたっては、大本営陸軍部作成の「南方作戦ニ伴フ占領地統治要綱」の「重要資源開発取得基準」（1941年11月25日）も参考にされたとみられ、42年度の取得目標は近似している。防衛庁防衛研究所戦史部『史料集 南方の軍政』朝雲新聞社、1985年、93〜95頁。商工省特別室については、商工省「南方資源ニ関スル特別室設置ノ件」（防衛研究所戦史室図書館所蔵『文庫 商工省軍需省』大臣官房13）による。

17) 第六委員会が12月11日にまとめた「南方経済対策要綱」は、翌12日に関係大臣会議の決定となり、大本営政府連絡会議に報告された。さらに16日の閣議でも報告され、南方占領地域における経済政策の根幹となった。その基本方針は、重要資源の域内での充足であり、「大東亜共栄圏自給自足体制ヲ確立シ速カニ帝国経済力ノ強化充実ヲ図ル」ことであった。経済対策は、占領統治の安定までの第1次対策と、自給自足体制の完成を目標に共栄圏の地域相互の経済交流を図る第2次対策からなるが、第2次対策の詳細は「別ニ之ヲ定ム」とするにとどまっていた。甲地域の第1次対策の基本は、①取得物資は全て物資動員計画に組み込むこと、②物資開発の順位は戦局と資源緊要度を勘案して中央において決定すること、③石油その他鉱物資源の開発に要する人員、資金、資材は陸海軍が配当すること、④各地の不足資源については、「止ムヲ得ザルモノニ限リ帝国ニ依存」し、「生活必需品ハ成シ得ル限リ自給」し、南方相互の交流により処理することとされた。開発方針は、死活問題であった石油に重点を置き、①資金、資材を集中すること、②初期においては軍の直轄事業とすること、③特に航空揮発油適性油を取得することとした。その他の鉱物資源開発では、少数の企業により効率的開発をする方針の下、①ニッケル鉱、ボーキサイト、クロム鉱、マンガン鉱、雲母、燐鉱石、特殊鋼原鉱、非鉄金属（錫を除く）の設備の復旧を急ぐこと、②錫、鉄鉱石の開発は一時中止することとした。新たな鉱物資源の開発では、①1地点1企業者の専任とすること、②同種の優秀確実で実績のある企業を選定すること、③南方全体では同種資源を2以上の企業に分担させ、独占の弊害を回避することとした。農林水産資源については、①必要な場合を除き邦人企業の進出を当面阻止すること、②各地区ごとに食糧資源をほぼ自給するよう図ることとし、工業開発では、造船業、資源開発用設備の修理業を除き、育成しないこととした。軍政下で使用する通貨については、現地通貨の利用に努めるが、当面は、①各地別現地通貨表示の軍票を使用すること、②軍票を現地通貨と等価で通用させる強制措置をとること、③中央と現地に軍票処理機構を整備すること、④主な資源獲得と開発経費は軍事予算によることとした。軍政の安定後は、①現地発券制度を整備し、軍票を回収すること、②回収と決済は、発券銀行からの借上または起債の形とする方法、敵性資産の没収で充当する方法、政庁・公共団体が国防費負担の方法等で処理すること、③地域間資金移動は、現地の為替管理機構を整備して統制することなどが決定され、実際42年4月に南方開発金庫が開業し、43年4月以降、現地通貨建て軍票を南方開発金庫券に順次置き換えることになっ

た。資源の集荷、配給、交易については、①対日輸出入は、国内の配給統制機関と連携しつつ、差しあたり政府会計において買取輸入、買取輸出とすること、②現地での集荷、配給では極力現地華僑、現地商人の信用と組織を活用し、自由取引の方法をとること、③国内業者を利用するときは漸進的に発展を助長すること、④現地への配給については、現地中間機構を活用するが、鉱山・農園等の対日供給事業所の従業員を優先すること、⑤現地間の物資交流においては上記原則によること。物資輸送に当っては、①南方輸送に当たる船舶は陸海軍に配当すること、②徴傭船舶を活用すること、③現地で押収した船舶の500総噸以上は中央で、500総噸以下は中央の指示に基づき活用すること、④輸送物資は、重要度に応じて順序、数量を決定することとした。資源調査活動については、ニッケル、銅、コバルト、モリブデン、タングステン、バナジウム、鉛、亜鉛、水銀、マンガン、クロム、雲母、ボーキサイト、ニッケル、石油、タンニン材料、牛皮を対象とし、重点研究課題では棉花・黄麻・ワットルの栽培、緬羊の飼育を挙げていた。また対米英経済戦によって圧迫を図る物資としてゴム、錫、石油、キナ、タングステン、マニラ麻、コプラ、パーム油などの特産品を利用する方針をとった。物動計画の負担を縮小するため軍需物資は自活方針がとられ、食糧・馬糧、燃料、被服・建築材料等は極力各地で自活し、物動計画に基づいて軍中央から配当する範囲内で使用することなどが指示されていた。

　なお乙地域については、第五委員会の決定を踏襲し、必要に応じて改訂することとした。第五委員会が、1940年8月6日に決定した「南方経済施策要綱」は、仏印・蘭印に対して、①重要物資の対日輸出確保、②通商障害の撤廃、③求償貿易、クレジットの設定、為替協定、④企業活動規制の撤廃、鉱業権の獲得、⑤入国・居住・営業制限の撤廃、⑥交通通信特殊権益の確保、⑦資源調査の自由、⑧経済顧問の受け入れなどの方針を策定している（前掲『物資動員計画と共栄圏構想の形成』292頁）。

18) 前掲『史料集 南方の軍政』91頁。なお、陸海軍の軍政が、日本側の単独組織ではなく、各地の有力者、民族主義者、独立運動家等との何らかの協力関係によって成立したこと、また取り込んだ社会運動、階層によって統治やその後の独立に向けた扱いが異なったことなどについては、倉沢愛子「第二次大戦と日本軍政」（土屋健治編『講座現代アジア』第1巻 ナショナリズムと国民国家、東京大学出版会、1994年所収）を参照。

19)「占領地軍政実施ニ関スル陸海軍中央協定」1941年11月26日、前掲『史料集 南方の軍政』96～97頁。

20) 大本営陸軍部「南方占領地各地域別統治要綱」1942年10月12日、前掲『史料集 南方の軍政』109～111頁。

21) こうした作付転換の事例研究では、1930年代のフィリピンで、独立準備の一環として綿製品の輸入代替政策が実施され、対米依存の強いサトウキビ栽培に代わる棉花栽培が始まっていたこと、その後日本占領下では日本の自給圏構想の一環で輸出作物として綿作転換を推進したが、ほとんど成果を生まなかったことを、永野善子「棉花増産計画の挫折と帰結」（池端雪浦編『日本占領下のフィリピン』岩波書店、1996年所

収）が指摘している。
22）第六委員会決定「南方甲地域ニ於ケル棉花増産計画要綱及棉作担当企業者選定ノ件」1942年4月4日前掲『南方経済対策（其ノ一）』所収。その他の物資の構想も同資料による。進出企業の実態については、疋田康行編著『「南方共栄圏」戦時日本の東南アジア経済支配』（多賀出版、1995年）所収の第2章「開戦前の日本企業の南方進出」（柴田善雅・鈴木邦夫）、第7章「企業進出の概要」（疋田・鈴木）、第8章「三井系企業の進出」（鈴木・花井俊介）、第9章「三菱・古河・石原系企業の南方進出」（疋田・安達宏昭・小林英夫）、第10章「軍政と企業活動」（花井）が詳しい。

なお、開戦から1942年度初頭にかけて、商工省総務局調査課は統制会に対して大東亜全域での46年までの生産拡充計画、さらにその後10年までに共栄圏の長期自給経済圏確立計画の原案策定を依頼した。4月には「大東亜共栄圏ヲ通ズル綜合的商工鉱業政策摘要」とその「追補」、「十五箇年計画目標総括表」を策定し、燃料局も3月30日に「東亜ニ於ケル綜合経済建設十五ヶ年計画ノ基準案（石油関係）」『美濃部洋次文書』E-27-1〜4）の形で目標と所要対策をまとめている。42年度計画に対する46年度の生産・蒐荷の鉄鋼関係計画は、普通銑鉄を734.3万トンから1,247.8トンへ、普通鋼鋼材を648.9万トンから1,003.7トンへ、鉄鉱石は1,391万トンから2,609万トンへ、製鉄用石炭も1,950万トンから3,307万トンという大拡張計画であった。石炭全体では8,746.8万トンから1億9,150万トンにすることを目論んだ。銅は7万2,380トンから11万8,100トンへ、ゴムは16.4万トンから42万トンへ、タンニン材は3万6,560トンから9万8,500トンへ、棉花は151.5万担から484万担へ、羊毛は210万俵から450万俵へなどとした。さらにその10年後の56年度には銑鉄3,713万トン、鋼材3,000万トン、鉄鉱石5,786.8万トンなどとして自給圏の確立を見込んでいた。石油についても、天然石油・人造石油の原油総生産量はインド、豪州を含む大東亜共栄圏全体で39年度の1,103万klから46年度に天然石油1,200万kl、人造石油221万kl（製品1,300万kl）とし、さらに56年には天然石油2,000万kl、人造石油790万kl（製品2,600万kl）として自給体制とすることを見込んだ。産業ごとの所要資材、技術者・労働者、資金、海上輸送力を一応算出するなど、15ヶ年計画の形を整え、42年2月に設置された大東亜建設審議会に向けて準備されたものとみられるが、軍政による現地統治も実態把握もない状況で策定されており、実態的根拠は乏しかった。

23）第六委員会「昭和十七年度対南方輸出計画設定要領」「昭和十七年度対南方輸出計画」1942年5月23日前掲『南方経済対策（其ノ一）』所収。
24）「日、仏印経済交渉妥結ニ関スル情報局発表」1942年7月18日前掲『史料集 南方の軍政』153頁。
25）「対泰経済施策要綱」（大本営政府連絡会議諒解）1942年7月29日前掲『史料集 南方の軍政』154〜156頁。このほか、第六委員会（41年11月設置）の南方経済処理方針を受けて、42年4月には比島軍政部「物動需給計画総括表」（『柏原兵太郎文書』441-3）など、対日物資供給を中心とした占領地域版物資動員計画も作成されている。
26）企画院「地方長官会議ニ於ケル企画次長説明」1942年3月原朗・山崎志郎編『開戦

期物資動員計画資料』現代史料出版、1999 年、第 7 巻所収。
27）陸軍省主計課別班は、1939 年の秋、経理局を中心に経済戦の研究を所管するため、陸軍主計中佐秋丸次朗を中心に組織された陸軍省の戦争経済研究班のことである。その構成と中心的研究者は以下の通りであった。英米班（有沢広巳東京帝国大学教授）、独伊班（武村忠雄慶應義塾大学教授）、南方班（名和統一元サイゴン駐在の横浜正金銀行員）、ソ連班（宮川実立教大学教授）、日本班（中山伊知郎東京商科大学教授）、国際政治班（蝋山政道東京帝国大学教授、木下半治）。統括者の名から「秋丸機関」とも呼称され、各交戦国の総合国力を比較し、日本と英米の国力差の大きさを示した「英米合作経済抗戦力調査」（41 年 7 月）は、同時に英米抗戦力の弱点と対抗措置なども指摘したものであったが、開戦直前に陸軍首脳に封殺されたことが知られている（秋丸次朗「秋丸機関の顛末」『有澤廣巳の昭和史』編纂委員会編『回想』1989 年）。
28）陸軍省主計課別班（商工省総務局調査課筆写）「本邦対南方諸地域ノ物資交流問題ノ再検討」1942 年 2 月（筆者保有）。なお、実際の開戦時の徴用船舶は 390 万総噸に達した。主計課別班は、さらに日本からの輸出課題や貿易収支対策も検討している。南方経済対策要綱では、現地自給方針をとり、やむをえざる場合を除き帝国に依存しないとしていたが、「右重要資源輸入確保ノ為、南方諸地域ノ生産力、殊ニ労力維持上、南方住民ノ生活ノ最低限ハコレヲ保証シナケレバナラズ、従ツテソノ生活必需物資ヲ我国カラ輸出シナケレバナラヌ」として、その輸出可能額を 1 億 9,000 万円と見積もった。5 億 9,000 万円に上る入超問題の処理について、主計課別班では、①現地物資買付値段の引き下げ、②日本からの輸出品価格の引き上げ、③現地通貨の対円為替レートの引き下げ、④国内新産金のイヤマーク、⑤クレジットの設定、⑥敵性資産の没収などで対応可能であるとした。タイに対する発券準備金借款、為替レート引き下げ、タイ・仏印との米価交渉、日銀特別勘定による貿易決済、敵産資産処理などは、既に進行中であった。なお、③の為替レートに関しては、開戦前の仏印の 1 ピアストル＝0.9 円、タイの 1 バーツ＝1.5 円、マレーの 1 海峡ドル＝2 円、蘭印の 1 ギルダー＝2.25 円、フィリピンの 1 ペソ＝2 円を一律 1 円とすれば、ピアストル貨を除いて 25～50％の対円レート切り下げになるとし、「平均約三割見当切下ラレルトスレバ、入超六億円ノ三割、即チ一億八千万円程切リツメラレル」と指摘している。国家管理貿易となることを前提にした相当乱暴な問題処理の提案であるが、その後軍票、南方開発金庫券が発行されるときには対円パーの為替レートが設定されている。主計課別班の報告は、陸軍内部の開戦に批判的な見解として取り上げられることがあるが、現実には客観的な視点から利用可能な対策を提案していたことがわかる。
29）第六委員会「南方諸地域ニ於ケル物資ノ相互交流ニ関スル暫定措置要領」1942 年 4 月 20 日前掲『南方経済対策（其ノ一）』所収。
30）石井秋穂「南方軍政日記（抜粋）」1957 年 4 月前掲『史料集 南方の軍政』448 頁。この時のことを岩武は、「早速交流計画を適当に仕上げましてね。5 月の初めに各軍の物動主任を集めたところ、われわれの仲間のシビリアンや総務部というか軍政部の企画をやっている参謀連中がやって来ました」「資料は昔の日本の調べたのしかありませ

んから、めくら滅法に数字を合わせたものですよ、ただそいつを作って船舶部隊や鉄道部隊に輸送命令を総参謀長名で出すとやっと動きますからね」と回想している（特定研究「文化摩擦」『インタヴュー記録 D. 日本の軍政 5 岩武昭彦氏』1980 年、16 頁）。

31）岩武照彦は、物流の量とルートからマレーを中心としてみた交流計画が全体交流計画の大部分を占めていたとみている（同『南方軍政下の経済政策——マライ・スマトラ・ジャワの記録』上、汲古書院、1981 年、138 頁）。原資料は、第二十五軍司令部「戦時月報」1942 年 6 月号。

32）前掲『インタヴュー記録 D. 日本の軍政 5 岩武昭彦氏』48〜49 頁。

33）石井は「母国に物をねだることは極力自粛したいのであるが、岩武君が精密に検討した結果、ある程度は已むを得ないことが判明した」と回想している（前掲「南方軍政日記（抜粋）」448 頁）。

34）岩武はその業務を、「25 軍に対して毎月塩を何トン送られたしということで、第 16 軍の参謀長に打つわけです」と説明し、「当初は状況がよくて、船が行ったけど物がないといったこともありましたが、だんだん落ちてきましたね。だから港にたくさんたまって困るわけです」と回顧している（前掲『インタヴュー記録 D. 日本の軍政 5 岩武昭彦氏』46〜47 頁）。

35）前掲「南方軍政日記（抜粋）」449 頁。

36）前掲『物資動員計画と共栄圏構想の形成』384 頁。このほかに、小型貨物船は約 44 万総噸とみられた。

37）油槽船、貨客船等の徴傭船を含む。前掲『物資動員計画と共栄圏構想の形成』392 頁。

38）1941 年度以降の海上輸送力の推移は、前掲『戦時経済総動員体制の研究』第 5 章、表 5-7（272〜273 頁）、鉄鋼原料輸送については、前掲『物資動員計画と共栄圏構想の形成』第 6 章（423〜424 頁）を参照のこと。第 4 四半期の供給見込みは、商工省「海上輸送力低下等ニ伴フ重要物資供給影響調」1941 年 12 月 8 日『昭和十五、十二月議会以降行政方針及問題となるべき事項』（『文庫 商工省軍需省』総務局 13）所収による。

39）企画院「地方長官会議ニ於ケル企画院次長説明」1942 年 3 月前掲『開戦期物資動員計画資料』第 7 巻、190〜195 頁所収。

40）企画院「昭和十七年度物資動員計画（配船計画）」1942 年 3 月 7 日前掲『開戦期物資動員計画資料』第 8 巻、413 頁。戦時輸送委員会は、1942 年 1 月 6 日の設置から軍需設置まで年度および四半期輸送計画の策定に関与したが、その活動の詳細は不明である。海上輸送協議会の業務については、松井直治郎『戦時海上物資輸送』（海運貿易新聞社、1942 年）4〜17 頁を参照のこと。

41）大本営政府連絡会議、最高戦争指導会議、御前会議等の議案、議事録については、前掲『杉山メモ』下巻、参謀本部所蔵『敗戦の記録』（原書房、1967 年）、また御前会議については佐藤元英『御前会議と対外政略 1』（原書房、2011 年）に多くの資料が収録された。

42）前掲『敗戦の記録』59〜60 頁。

43）企画院「昭和十七年度船舶運用基準参考表」1942 年 3 月 7 日 前掲『物資動員計画

重要資料』第3巻所収、37～60頁。
44）「物資動員計画ニ就テ」前掲『開戦期物資動員計画資料』第7巻所収、564～589頁。
45）企画院「昭和十七年度物資動員計画（配船計画）」1942年3月7日 前掲『開戦期物資動員計画資料』第8巻所収、411～433頁。
46）企画院「昭和十七年度交通動員実施計画要領」1942年6月12日前掲『開戦期物資動員計画資料』第12巻所収、433～437頁。
47）生産力拡充計画の立案、経過については、前掲『戦時経済総動員体制の研究』第3、4章を参照のこと。鉄道車両の計画は、標準車両として機関車はD51、客車はスハ車、貨車はト車に換算されている。
48）企画院の生産（力）拡充実施計画各年版（原朗・山崎志郎編『生産力拡充計画関係資料』第3巻～第6巻、現代史料出版、1996年）、前掲「昭和十七年度交通動員実施計画綱領」『開戦期物資動員計画資料』第12巻所収、448～452頁による。
49）1942年度の自動車生産台数は、3万5,043台に上った前年から急減して、1万8,400台にとどまった（企画院「昭和十八年度生産拡充実施計画」1942年8月25日前掲『生産力拡充計画関係資料』第8巻所収）。ただし、自動車生産の実績データについては、戦後に公表されたデータと若干の食い違いがある。戦時の自動車産業については、呂寅満『日本自動車工業史』東京大学出版会、2011年、第6章、タクシー業界の企業整備については、同「戦時期日本におけるタクシー業の整備・統合過程：「国民更生金庫」との関わりを中心に」（『経済學論集』68-2、2002年所収）を参照のこと。
50）第2次生産力拡充計画の検討経過と、立案作業の中断の経緯は、前掲『戦時経済総動員体制の研究』212～217頁を参照のこと。
51）商工省総務局調査課「大東亜共栄圏ノ自主性ニ就テ」1942年1月（筆者保有）。
52）以下の各物資ごとの需給見通しと対策は、商工省総務局調査課「大東亜戦争下ニ於ケル本邦産業政策（其ノ一）～（其ノ四）」1942年1～2月（『美濃部洋次文書』E-35所収）による。
53）1マッチトンは、並型マッチ7,200個。
54）以下の石油需給に関する記述は、前掲「大東亜戦争下ニ於ケル本邦産業政策（其ノ三）」1942年2月商工省燃料局「東亜共栄圏液体燃料自給対策要綱」1942年2月22日（『美濃部洋次文書』E-24所収）による。
55）豪州、ニュージーランド、英領インド等については「情勢ノ推移ニ即応シ計画ヲ進ムル」としていた（前掲「大東亜戦争下ニ於ケル本邦産業政策（其ノ三）」）。
56）タイとの借款、円為替協定に関する1942年1月からの経過と資料については、外務省『日本外交文書』太平洋戦争第二冊、2010年、1080～1097頁を参照のこと。甲地域、乙地域における円系決済の拡大については、山本有造『「大東亜共栄圏」経済史研究』（名古屋大学出版会、2011年）第7章を参照のこと。その後、タイ経済の統制については、1942年9月29日に大本営政府連絡会議が「対泰経済施策要綱」を諒解し、「大東亜経済有機体ノ一員」として、「泰国経済ニ於テ大東亜戦争ノ完遂上必要ナル事項並ニ大東亜経済ノ根幹ニ関聯アル事項ニ付テハ実質的ニ皇国ニ於テ指導乃至把握」する

方針がとられた。そして、財政・金融・通貨政策での協力関係、放送・通信・航空・気象観測・鉄道・道路・造船・海運の整備を指導して、「皇国ノ策定スル交流計画ニ即シ之カ実行ヲ確保」し、共栄圏内の不足物資特に米を中心に資源開発と供給を担わせることにした（前掲『史料集 南方の軍政』154～156頁）。

57）外務省監修『通商条約と通商政策の変遷』世界経済調査会、1951年、1101～1106頁。

58）さらに特別円決済を拡大し、米ドル決済を外す交渉が進められ、1943年1月には「日本国仏領印度支那間決済ノ様式ニ関スル交換公文」によって、日本軍駐留経費も含めて仏印政府は特別円勘定の相当額のピアストルを供給することになり、円系通貨への編入が進んだ（前掲『「大東亜共栄圏」経済史研究』171頁）。

59）企画院「昭和十七年度物資動員計画及各四半期物資動員実施計画（総括）」1942年4月20日前掲『開戦期物資動員計画資料』第7巻所収、企画院「昭和十八年度物資動員計画及各四半期物資動員実施計画（配当計画）」1943年4月22日前掲『後期物資動員計画資料』第2巻所収。

60）1942年10月の「金鉱業及錫鉱業ノ整理ニ関スル件」の実施については、前掲『戦時経済総動員体制の研究』646～648頁を参照のこと。

61）南方開発金庫は、1年目の軍票借入、2年目以降の通貨発行によって、現地通貨を回収するとともに、現地金融機関の預金、政府機関の資金を預金として吸収した。各地の業務では、フィリピン、マレー、ビルマでの復興と開発のための融資が大きな比重を占め、これに現地金融機関への融資、現地政府・軍への貸上など、最盛期20数億円相当の融資業務があった。日本国内では、預金部・地方銀行・保険会社からの借入金、債券発行、日銀借入などによって調達した円資金を、南方開発に携わる日本企業に対して5億円ほど融資した。しかし、最大の資金運用は、111億円に上る南方開発金庫券の軍貸上であった。このようにして設立から3年余の間、南方での軍の支出を通じた膨大な通貨供給と、開発資金融資を担った。南方開発金庫「融資、預金、借入、現在高表」（国立公文書館つくば分館所蔵『閉鎖機関資料』戦時金融金庫貸付金2022、2023）。

62）日本軍政による食糧調達によって米不足に陥った地域での食糧増産対策について、マレーに関する蔡史君「マラヤにおける日本軍政と食糧施策」（池端雪浦ほか編『岩波講座 東南アジア史』別巻、岩波書店、2003年所収）は、軍政が米に代わる雑穀・藷類等の多様な栽培と食用化を推進したことを指摘している。

63）「軍政総監指示」1942年8月7日前掲『史料集 南方の軍政』23、297～298頁。

64）衆議院事務局『帝国議会衆議院秘密会議事速記録集（2）』1996年、492頁。大東亜共栄圏からの物資供給力を増強するため、大東亜経済審議会は42年5月4日に「大東亜経済建設基本方策」を決定し、戦略産業の開発、労務、財政金融、交易、交通、科学技術、行政機構の動員と協力体制の確立を謳った。計画は42～46年度の第1期、47～51年度の第2期に区分した遠大なものであり、審議会と平行して商工省、各種統制会も共栄圏全域の開発見通しを検討した。中華民国部分については、興亜院が9月に「支那建設基本方策」を決定し、直前の8月29日には「支那経済建設基本方策」を

第1章　太平洋戦争初期の経済総動員構想とその実態（1942年度）

策定して、以下のように第1期最終年度目標と第2期最終年度目標（カッコ内）を設定した。主なものは、石炭5,000万トン（1億3,000万トン）、鉄鉱石800万トン（2,000万トン）、銅精鉱1,200万トン（1,500万トン）、鉛精鉱2,000万トン（4,000万トン）、亜鉛精鉱1,300万トン（2,500万トン）、アンチモン6,000トン（1万2,000トン）、礬土頁岩60万トン（130万トン）、蛍石25万トン（50万トン）、銑鉄80万トン（800万トン）、アルミナ4万トン（12万トン）、硫安30万トン（100万トン）、塩300万トン（10億600万トン）、硫安30万トン（100万トン）、人造石油1万kl（100万kl）などであった（「大東亜経済建設基本方策」1942年5月8日閣議決定（『美濃部洋次文書』H11-1A）、興亜院「支那経済建設基本方策」1942年8月29日『中国東亜地域の物動計画、輸入価格調整計画』（財務省所蔵『秋元順朝文書』Z530-3）所収）。

65）こうした方針は、翌1943年度にも踏襲されるが、42年度下半期には大幅な改訂を必要とする船舶増徴問題が起き、43年度も計画環境が大きく変動して結局四半期ごとの需給見通しが重要となった。このため、44年度は再び年度計画とは別に、事態の推移に合わせて各四半期ごとに実施計画が策定されるようになるなど、計画の安定化を図る意図は実現しなかった。

66）貧鉱処理の試みは、1943年度以降、海綿鉄、粒鉄や鉄滓・銅滓等の各種スラグで本格的に始まり、海上輸送力が減退するなかで高い期待がかけられた。しかし、「自主的な技術発展の基盤」がなく、その結果は「銑鉄や屑鉄不足をわずかに代位・補完した程度」に過ぎず、「資金と資材の乱費」であったと、鉄鋼統制会調査部にいた市川弘勝らによって指摘されている（有沢広巳編『現代日本産業講座』第Ⅱ巻 鉄鋼業付非鉄金属鉱業、岩波書店、1959年、60～61頁）。

67）商工省総務局「昭和十七年度物資動員計画実施ニ関スル件」（1942年4月28日）収録の「昭和十七年度物動計画参与会議ニ於ケル発言要旨」より。前掲『開戦期物資動員計画資料』第7巻所収。

68）企画院第二部「海上輸送力ノ不足ト重要産業ニ及ボス影響（非常補強対策如何）」1942年2月7日前掲『開戦期物資動員計画資料』第8巻所収。

69）「『大東亜共栄圏』内の食糧需給計画と仏印米の入手方について（東郷外務大臣より在仏印芳沢大使宛電報）」1942年1月24日前掲『日本外交文書』太平洋戦争第二冊、2010年、1566～1567頁。

70）「『大東亜共栄圏』内の食糧需給計画につき訓令（東郷外務大臣より在仏印芳沢大使、在タイ坪上大使宛電報）」1942年2月25日前掲『日本外交文書』太平洋戦争第二冊、1575～1577頁。

71）物資動員計画で使用される各種の記号は、巻頭の「物資動員計画の用語説明」を参照のこと。

72）工期の長い通常発注の船舶建造が資材不足から長引き、標準船への切り替えが容易に進まない経緯については、前掲『戦時経済総動員体制の研究』第5章を参照のこと。

73）前掲『戦時経済総動員体制の研究』第4章、196～197頁。なお造船用の資材には、年度内着工、次年度竣工予定船舶用の資材も含まれている。

74) 企画院「昭和十七年度物資動員計画中船舶造修資材査定表」1942年3月18日 前掲『開戦期物資動員計画資料』第7巻所収。
75) 企画院第二部「第二次生産力拡充計画要綱（案）」1942年6月10日（原朗・山崎志郎編『生産力拡充計画資料』第7巻所収）では、第2次生産力拡充用の鋼材需要は、C_2（船舶を除く）が1942年度の115万トンから46年には217.4万トン、移管船舶造修が53.5万トンから119万トンと、5年目の最終年度には2倍程度にまで増配する構想を描いていた。
76) 第二次生産力拡充計画構想の挫折とその後の生産増強政策については、前掲『戦時経済総動員体制の研究』第4章を参照のこと。
77) 企画院調査官田中龍夫「物動計画ニ就イテ（其ノ二）（成品物動編成要領案）」1942年5月30日 前掲『開戦期物資動員計画資料』第7巻所収。
78) 前掲『戦時経済総動員体制の研究』第5章参照。
79) 前掲「昭和十七年度物資動員計画実施ニ関スル件」。
80) 金融新体制構想とその具体化については、前掲『戦時経済総動員体制の研究』第2章第4、5節を参照のこと。
81) 「綜合国力ノ拡充運用ノ見地ヨリスル総動員計画其他重要政策ト予算トノ調整ニ関スル件」1941年7月1日、「昭和十七年度官需ニ関スル件」6月28日 前掲『開戦期物資動員計画資料』第7巻所収。
82) 企画院第四部「昭和十年度物資動員計画官需特別会計提出需要」1941年12月20日（前掲『開戦期物資動員計画資料』第7巻所収）では、鋼材22万7,700トン、銅3,500トン、セメント30万トンが要求されている。
83) 陸軍省整備局「昭和十七年度物資動員計画官需査定案ニ対スル意見」1941年12月25日 前掲『開戦期物資動員計画資料』第7巻所収。
84) 商工省燃料局企画課「昭和十六年度下半期及十七年度石油需給状況」1942年10月21日前掲『開戦期物資動員計画資料』第8巻所収。
85) 企画院「査定最低民需石油量ト其ノ需給状況」1941年10月22日、燃料局「昭和十七年度、十八年度需給ノ見透ト補填対策」1941年10月28日前掲『開戦期物資動員計画資料』第8巻所収。近衛、東條両内閣の国力判断については、前掲『物資動員計画と共栄圏構想の形成』第6章を参照のこと。
86) 前掲『物資動員計画と共栄圏構想の形成』398～399頁。
87) 貨物輸送事業の統制については、河村徳士「貨物自動車運送事業の統制団体」原朗・山崎志郎編著『戦時日本の経済再編成』（日本経済評論社、2006年）所収を参照のこと。
88) 燃料局第二部第一課「自動車用石油規制状況及貨物自動車月別現在調」1941年10月23日前掲『開戦期物資動員計画資料』第8巻所収。
89) 企画院「戦時下生産力確保ニ対スル輸送力増強用並ニ水産確保用液体燃料ノ特配ニ関スル検討査定調書」1941年12月前掲『開戦期物資動員計画資料』第8巻所収。同資料によれば、トラック向け特配は12月1,760kl、1～3月は月3,521klと査定されているが、実際は表1-34のようにそれを上回り、太平洋戦争に入ると配給の多くは用途を

第1章　太平洋戦争初期の経済総動員構想とその実態（1942年度）　277

指定した特配になった。
90）大陸との海上輸送に150総噸以上の機帆船が動員され、1942年4月に機帆船外航統制運送組合が機帆船運航統制株式会社に改組されることや、その後の同社の経営動向については、山崎志郎『戦時金融金庫の研究――総動員体制下のリスク管理』日本経済評論社、2009年、169～175頁を参照のこと。
91）企画院「昭和十七年度液体燃料計画参考表」1942年6月13日前掲『開戦期物資動員計画資料』第8巻所収。
92）「昭和十七年度物資動員計画液体燃料策定要領」、燃料局「昭和十七年度第一四半期物資動員計画設定ニ関スル件」1942年4月1日、燃料局「昭和17年度第一1/4期石油物動計画暫定案設定ニ関シ打合ノ件」1942年4月7日前掲『開戦期物資動員計画資料』第8巻所収。
93）帝石史資料蒐集小委員会『帝石史編纂資料（その二）』1960年、4頁。1941年6月頃から始まる、国内の石油採掘施設、機材の解体、10月からの人員の徴用、南方への移送、軍事占領と並行した施設の復旧活動、南方占領地域での陸軍燃料廠、海軍燃料廠の組織と事業については、同書が詳しい。
94）「石油配分ノ件」1942年3月9日連絡会議決定、前掲『杉山メモ』下巻、55～57頁、「占領地域ヨリ物資取得ノ現状並ニ将来ノ見透シ」1942年3月7日連絡会議決定、前掲『杉山メモ』下巻、89頁。
95）海軍省軍需局「本邦油槽船発達経過ノ概要」1942年5月、前掲『開戦期物資動員計画資料』第8巻所収、230～232頁、企画院「昭和十七年度液体燃料計画参考表」1942年6月13日前掲『開戦期物資動員計画資料』第8巻所収、261～280頁。
96）前掲『杉山メモ』下巻、56頁、「物資動員計画ニ就テ」前掲『開戦期物資動員計画資料』第7巻所収、581～583頁。
97）企画院「昭和十七年度物資動員計画及各四半期物資動員計画実施計画（液体燃料計画）」1942年5月15日 前掲『開戦期物資動員計画資料』第8巻所収。
98）大本営政府連絡会議決定「占領地採油事業ノ協力運営ニ関スル陸海軍中央協定」1942年5月19日、同「南方燃料輸送ニ関スル件」1942年5月20日前掲『史料集 南方の軍政』243～244頁、企画院「昭和十七年度物資動員計画及各四半期物資動員計画実施計画（液体燃料計画）」1942年5月15日前掲『開戦期物資動員計画資料』第8巻所収。
99）防衛庁防衛研修所戦史室編『陸軍軍需動員』〈2〉実施編、朝雲新聞社、1970年、553～556頁。なお企画院「昭和十八年度液体燃料物資動員計画及各四半期実施計画（其ノ一）」1943年3月26日では、同委員会を「大本営石油委員会」と呼称している。
100）大井篤『海上護衛参謀の回想』原書房、1975年、135頁。海上護衛総司令部参謀として1944年から出席することがあった大井は、護衛作戦担当者が委員会の正規メンバーとして参加していない問題を指摘し、「底板の栓を挿しわすれて、風呂桶に水をくんでいるようなもの」と、指摘している。
101）前掲「昭和十七年度液体燃料計画参考表」。なお、機械油とその他の燃料の単位が異

なるにもかかわらず、ここでは合算されている。この点について、1935年から陸軍省整備局や資源局に勤務し、総動員期間計画や物資動員計画にかかわった岡田菊三郎は、戦後、GHQ参謀第二部歴史課への陳述録の中で、石油関係の計画では、トンとキロリットルがほぼ同一量であり「全く同義語の如く用いられた」と説明している（佐藤元英・黒沢文貴『GHQ歴史課陳述録　終戦史資料』上、原書房、2002年、420頁）。

102) 船舶保有量のデータは、利用目的によって数種類策定されていた。本章および次章以下でも、1944年8月に海務院が作成したとみられる月別の増減や船種別保有数量と連動している「海上輸送計画資料（仮題）」前掲『後期物資動員計画資料』第12巻所収）の100総噸以上船腹のデータによっている。このデータは、船舶運営会『船舶運営会会史（前編）』上、第1編「汽船編」収録データと近似しているが、利用した資料の方が項目の定義、出典が明確で、細目が判明する。船舶の喪失量については、本書で利用した海務院のデータと、戦後船舶運営会が集計した前掲『船舶運営会会史（前編）』上巻のデータ（247〜248頁）、防衛庁防衛研修所戦史室編『海上護衛戦』朝雲新聞社、1971年のデータ（181〜182頁）がある。趨勢としては三つのデータは一致しているものの、若干の食い違いがあり、その理由は判明しない。『海上護衛戦』が船舶運営会の資料に依拠しているとしながらも、『船舶運営会会史』のデータと異なる理由も、出典が明記されていないために不明である。

103) 各年度の船舶建造計画については、前掲『戦時経済総動員体制の研究』第5章を参照のこと。

104) 前掲『海上護衛戦』181頁。

105) 田中申一『日本戦争経済秘史』コンピューター・エージ社、1975年、250〜251頁。前掲『戦時経済総動員体制の研究』第5章、267〜268頁。

106) 表1-40の出所資料にも、表1-41同様の船腹推移が掲載されているが、本表とは僅かに数値が異なっている。表1-40の増減数と保有数のデータ接続性も高いが、ここでは戦後船舶運営会によって集計されたデータの方が信頼性が高いと判断した。

107) 企画院「船腹ノ現状並ニ之カ増強対策」1942年3月7日　参謀本部編『杉山メモ』下巻、94頁。

108) 後述のように、海務院による実績集計と、戦後の船舶運営会による集計にはややズレがあり、第1四半期については、表1-46では達成率が90.2％に過ぎない。一方、表1-47ではC船の計画値が低く、達成率が98.7％となっている。いずれにしても計画にズレがあり、精確を期すことは困難である。

109) 企画院「第二、四半期以降ニ於ケル輸送ト物動トノ検討」1942年6月29日　前掲『物資動員計画重要資料』第3巻所収。

110) 「昭和十七年度第二四半期輸送力実績」1942年10月20日　前掲『開戦期物資動員計画資料』第8巻所収。

111) 以下、配当船については、前掲『船舶運営会会史（前編）』上、311〜332頁による。なお契約条件をめぐる陸軍と船舶運営会の交渉が難航したため、正式の契約調印は第3章で触れるように1943年7月であった。

112）企画院「昭和十七年度上半期Ｃ船物動実績対照」1942 年 12 月 15 日　前掲『物資動員計画重要資料』第 3 巻所収.
113）船舶の解傭計画を反故にし、増徴要求に転じる経緯を陸軍参謀本部戦争指導班の日誌から見ておこう。1942 年度下期の鉄鋼生産量の減少見通しに対して、42 年 10 月 1 日海軍の物動担当者は、一旦は海軍 5 万総噸、陸軍 15 万総噸の解傭を提案している。しかし、戦争指導班は、「陸軍ノ船舶実情ヲ知ラスシテ無礼至極ナリ　最近何カラ何迄陸軍ハ海軍ニ引ズリ廻サレ遺憾至極千万ナリ」と激しく反発を記しており、翌 2 日にも「陸海軍ノ現状ハ船舶解傭ノ余地ナシ　依テ［鉄鋼］四〇〇万屯ヲ前提トシテ先ツ物動改訂」する必要を指摘している。こうした陸海軍の解傭負担の押し付け合いから始まり、その後陸海軍は共同で解傭を回避し、増徴要求で一致していく。10 月 10 日の陸軍省、参謀本部の意見交換の場では、参謀本部側は「物動上ノ要求如何ニ拘ラス陸軍船舶ノ現状ハ『ソロモン』ニ遮ラレテ『ニッチ』モ『サッチ』モ行カサル状態」と、ガダルカナル島争奪など南太平洋ソロモン諸島の攻防を最優先にせざるを得ない事情を陸軍省に説明している。12 日には陸海軍関係者の会合で「解傭ヨリモムシロ全船舶ノ陸海軍徴傭実現ヲ可トスヘシトノ一案ニ到達ス　右ニヨリ彼我共対手ノ状況ヲ知ラス憶測ヲ逞ウセル時代ハ去レリ」と、この問題での陸海軍の共闘が一旦成立したことが窺える。22 日の参謀本部第二部長と企画院、商工省、農林省の物動担当者の会合では、戦争指導班の種村佐孝が「憲兵ヲシテ一斉調査セシメタル民船舶ノ実情ヲ列挙シテ其ダラシナサヲ詰問シ先ツ政府ハ之ヲ是正セサルヘカラサル所以ヲ説ク」など、海上輸送計画に基づく船舶の解傭を求める政府を強く牽制した。この時の企画院第二部長の柏原兵太郎の態度について戦争指導班は「気魄大イニ賞賛スヘシ」と記していることから、企画院で生産拡充を担当する柏原は陸海軍に理解を示したことが想像される。その後も 11 月 17 日の日誌に陸軍の省部の間で「相当ノ議論紛糾ス」と記され、徴傭船舶量の引き上げをめぐって陸軍内の摩擦が高まった。18 日に陸軍 37 万総噸増徴案がまとまりかけると海軍も 25 万総噸の増徴を求めたことから再び紛糾する事態になった。結局、11 月 20 日に政府が「不取敢」陸海軍計 29 万総噸の増徴を認めた。ただし、これは要求の一部が認められたに過ぎなかった。東條首相がこの決定を陸海軍両次長を呼びつけて言い渡すと、「今後ノ船舶需要ニ関シ緊縮方ヲ要請シ作戦ヲ拘束セントスルノ態度ニ出テタルハ近来ノ不快事」と、「両統帥部共激昂」したとされ、依然として強い増徴要求が残されていた。前掲『大本営陸軍部戦争指導班機密戦争日誌』上、290〜291、293〜294、296、304〜305 頁。
114）海上輸送計画とその実績については、海務院が策定し、現存する資料と、戦後船舶運営会が前掲『船舶運営会会史（前編）』の編纂のために集計したデータでは傾向的に後者のデータが計画値も実績値も僅かに大きい。したがって、データの接合には慎重な配慮が必要になる。ここでは、1943 年 2、3 月の海務院データを欠いているため、やむなく船舶運営会のデータによった。
115）機帆船運航統制株式会社と大型機帆船の統制については、前掲『戦時金融金庫の研究——総動員体制下のリスク管理』169〜175 頁を参照のこと。

116) 海務院運航部第一輸送課「昭和十八年度物動輸送量ト輸送力及其ノ需給調整計画」1943 年 4 月 1 日前掲『後期物資動員計画資料』第 6 巻、164 頁。
117) 前掲「昭和十八年度物動輸送ト輸送力及其ノ需給調整計画」164 頁。
118) 「昭和十七年度物動計画ノ就テ」前掲『開戦期物資動員計画資料』第 11 巻所収、439 頁。
119) 企画院「昭和十七年度初頭ニ於ケル生産及物動計画ノ実施概況ニ就テ」1942 年 9 月 9 日上奏。
120) 海運総局「海上輸送計画資料（仮題）」前掲『後期物資動員計画資料』第 12 巻所収、338 頁。
121) 海務院「開戦後ニ於ケル汽船輸送力ノ概況」1942 年 12 月 19 日 前掲『開戦期物資動員計画資料』第 8 巻所収。
122) 前掲「昭和十七年度物動計画ノ就テ」。
123) 地区機帆船運航会社の整備と輸送統制については、前掲『戦時金融金庫の研究――総動員体制下のリスク管理』166～169 頁参照のこと。
124) 海運総局「第八十四回帝国議会重要事項」1943 年 12 月前掲『後期物資動員計画資料』第 6 巻所収、日本港運協会『日本港湾運送事業史』1967 年、第三編「港湾業の戦時統制」。
125) 鋼材の浮遊切符問題については、前掲『物資動員計画と共栄圏構想の形成』第 7 章を参照のこと。
126) 鉄鋼統制会「鉄鋼需給の計画化実施要領解説」1942 年 1 月。ただし、1941 年度末には「全年度以前ニ行ハレタル消費割当ハ一部ヲ除キ大部分無効措置ヲ講ジタル結果需要家ヲシテ異常ノ買漁心ヲ惹起セシメ、従来業者ノ倉庫中ニ久シク退蔵セラレタル鋼材ノ如キモ寸法鋼質ニ拘ラズ急激ニ需要セラレニ至リ未曾有ノ販売実績ヲ示」（ママ）することにもなった。鋼材生産実績は 1 月 35.6 万トン、2 月 34.3 万トン、3 月 39.1 万トンと伸ばしていたが、積出は 1 月 29.8 万トン、2 月 37.1 万トン、3 月 43.3 万トンと急伸した。このため、製鉄業者在庫は 1 月の 46 万トンから 3 月には 39 万トンに減少した。配給業者の在庫は、1 月の 12.8 万トンから 3 月には 4.3 万トンになり、需給不適合なまま、在庫が圧縮されることになった。鉄鋼統制会「行政査察ニ対スル回答事項」1943 年 5 月 15 日（国立公文書館返還文書 3A-15-68-8）。
127) 以下の生産割当、第 1 四半期の配船状況については、前掲「昭和十七年度、十八年度鉄鋼生産計画ニ鉄鋼統制会ノ参画セル経緯並ニ各工場ヘノ生産割当ノ実施」による。
128) 1941 年度第 4 四半期の物資動員計画、鉄鋼需給計画等については、前掲『物資動員計画と共栄圏構想の形成』407～429 頁を参照のこと。
129) 前掲「昭和十七年度物動計画参与会議ニ於ケル発言要旨」。
130) 商工省鉄鋼局「昭和十七年度物資動員計画及各四半期物資動員実施計画」9 月 15 日。
131) 鉄鋼統制会配給部「厚板、鋼管需要趨勢ノ推移並ニ消費規正ヘノ指針」1942 年 5 月 18 日前掲『開戦期物資動員計画資料』第 9 巻所収。
132) 商工省鉄鋼局「鉄鋼減産事情」1942 年 8 月 22 日 前掲『開戦期物資動員計画資料』

第9巻所収、259〜261頁。
133）「十七年度上半期南方重要資源物動計画対実績表」前掲『中国東亜地域の物動計画、輸入価格調整計画』（『秋元順朝文書』Z530-99）。
134）前掲「昭和十七年度、十八年度鉄鋼生産計画ニ鉄鋼統制会ノ参画セル経緯並ニ各工場ヘノ生産割当ノ実施」。
135）「昭和十七年度物動計画ニ就テ」前掲『開戦期物資動員計画資料』第11巻所収、440頁。1942年度の初頭から鉄鋼関係の労働力不足は日本製鉄八幡、広畑製鉄所を中心に8万人に及ぶとされ、重大な隘路として認識されていた。このため、諸種の移動防止対策、徴用制の実施のほか、朝鮮半島からの1.5〜2万人の労働者の補充と住宅対策も重点的な課題とされていた。「鉄鋼局関係」1942年5月5日商工省総務局『商工省行政現況（考査関係）』（防衛省防衛研究所戦史室図書館蔵『文庫 商工省軍需省』総務局36）。
136）前掲「昭和十七年度、十八年度鉄鋼生産計画ニ鉄鋼統制会ノ参画セル経緯並ニ各工場ヘノ生産割当ノ実施」。
137）企画院「昭和十七年度第二、四半期生産及物動ノ実施概況」、前掲『陸軍軍需動員』〈2〉実施編、569〜573頁。
138）民需産業の整備（整理）政策の全体像は前掲『戦時経済総動員体制の研究』第10章を参照のこと。
139）「昭和十七年度鉄鋼関係主要施策概況」1943年1月14日前掲『後期物資動員計画資料』第1巻所収。
140）前掲「昭和十七年度、十八年度鉄鋼生産計画ニ鉄鋼統制会ノ参画セル経緯並ニ各工場ヘノ生産割当ノ実施」。
141）「昭和十七年度下期鉄鋼生産確保緊急対策要綱」1942年11月27日『臨時生産増強委員会』（『美濃部洋次文書』Aa-1）所収。
142）前掲『大本営陸軍部戦争指導班機密戦争日誌』上、288、292頁。
143）前掲『戦時経済総動員体制の研究』274頁、前掲『海上護衛船』276〜277頁。
144）「鉄鋼配当物動計画ノ編成並実施ニ関スル件」1943年3月頃 前掲『開戦期物資動員計画資料』第11巻所収。
145）こうした資材割当の削減の中で、1943年度の鉄鋼生産400万トンを維持するためには、甲造船計画を80万総噸増やす必要があるとして、戦争指導班は「カクテハ川南式造船ニヨルノ外ナシ」と記している（前掲『大本営陸軍部戦争指導班機密戦争日誌』上、305頁）。これは製缶事業家だった川南豊作が長崎県香焼島に建設した造船会社川南工業の建造方式である。当初からその実現可能性には疑問があったが、長大な船渠を利用した大量生産方式を提唱して、物動計画と生産力拡充計画の整合性に苦しむ政策担当者から期待され、重点的に資材が投入された。同社を含む造船業の動向は、前掲『戦時経済総動員体制の研究』第4、5章を参照のこと。
146）前掲「鉄鋼配当物動計画ノ編成並実施ニ関スル件」。
147）前掲「昭和十七年度物動計画ニ就テ」440頁。

148) 商工省総務局調査課「昭和十七年度物資動員計画供給並配給ニ対スル実績総括表」1943年8月 前掲『開戦期物資動員計画資料』第11巻所収。
149) 前掲「昭和十七年度物資動員計画ニ就テ」前掲『開戦期物資動員計画資料』第11巻所収。
150) 以下「需給計画化の内実」については前掲「鉄鋼配当物動計画ノ編制並実施ニ関スル件」による。
151) 前掲「昭和十七年度物資動員及各四半期物資動員実施計画（供給力計画）」。
152) 中小商工業の企業整備の推移については、前掲『戦時経済総動員体制の研究』第10章を参照のこと。
153) 企画院「昭和十七年度金属類特別回収実績表」1943年7月1日 前掲『開戦期物資動員計画資料』第11巻所収。42年7月の川崎重工製鈑部門では製鋼用屑鉄の68％をダライ粉が占めていた。商工省鉄鋼局「鉄鋼減産事情」1942年9月18日前掲『開戦期物資動員計画資料』第10巻所収。
154) その後、遊休設備の供出は、1943年5月頃までに供出申込み7万1,704台、契約6万265台に上った。しかし、転用可能なものは3,593台にとどまり、隘路設備の迅速な穴埋めのための転活用という点では見るべきものが少なかった（商工省機械局「機械工業ニ於ケル遊休機械設備利用状況」『航空機関係生産増強策』（『美濃部洋次文書』Ca-11所収）。このため1943年5月には未完成機器緊急回収要綱が閣議決定となり、43年8月には企業整備令に基づく譲渡命令による強制的回収と重点部門への移設が強力に進められることになった。航空機増産のための諸措置は、前掲『戦時経済総動員体制の研究』第7章を参照のこと。
155) 企画院「昭和十七年度第四、四半期屑鉄特別回収確保ニ関スル件」（臨時生産増強委員会報告）1943年1月6日『昭和十八年度生産増強対策資料』（『美濃部洋次文書』Aa-7）所収。
156) 前掲「昭和十七年度物資動員及各四半期物資動員実施計画（供給力計画）」。
157) 商工省総務局「昭和十七年度物動計画供給並配給ニ対スル実績総括表」1943年8月 前掲『開戦期物資動員計画資料』第11巻所収。
158) 前掲「昭和十七年度物動計画供給並配給ニ対スル実績総括表」262頁。なお、この資料の一般・特別回収の数値が、表1-59の目標や実績とは若干異なる。
159) 企画院「昭和十八年度物動計画見透検討資料其ノ三（総括）」1942年11月30日『杉山メモ』下巻、292頁、臨時生産増強委員会「綜合戦力増強計画策定ニ関スル件」1943年1月20日前掲『昭和十八年度生産増強対策資料』所収。
160) 臨時生産増強委員会の活動については、前掲『戦時経済総動員体制の研究』第9章、581〜590頁を参照のこと。
161) 企画院「銅像等ノ非常回収実施要綱」1943年3月5日閣議決定、前掲『昭和十八年度生産増強対策資料』所収。ここで使われている「金属回収」は必ずしも明確でないが、簡単に用語法を整理しておこう。「一般回収」は鉄工業、機械工業などの金属加工工場の通常作業によって生じる屑鉄の回収である。「特別回収」は41年1月30日の閣議決

第1章　太平洋戦争初期の経済総動員構想とその実態（1942年度）　283

定に基づいて41年度第1四半期計画から物動計画の項目となった。同年春に官庁・公共団体施設からの回収が強化され、6〜7月には民間工場の清掃運動、遊休設備の回収運動が展開し、8月には譲渡命令規定等を定めた金属類回収令も公布された。年度末には戦時物資活用協会を中心に一般家庭の器具類の回収が始まるなど、次第に本格化した。41年度の物動計画では目標値という扱いであったが、42年度からは産業設備営団による整備企業設備等の回収を中心に計画に組み込まれた。「非常特別回収」の用語は、42年11月の企画院文書「昭和十八年度物動計画見透検討資料其ノ三（総括）」の中で使用され、「既計画外非常特別回収（遊休及拡充停止工場ノ一部其ノ他）」と規定されていることから、生産力拡充計画工事の中止設備の回収とみられるが、物動計画上の名称は44年度第1四半期まで「特別回収」のみであり、それ以後は物動計画上も「非常回収」の名称が使用される。43年6月の戦力増強企業整備のころから、企業整備による設備の廃棄・転用供出については、一般的に「非常回収」と呼称されている。なおこのほかに量的には確定できないが、軍が独自に所管管理・監督工場間で工場排出屑を融通している。これは軍管理の特殊鋼工場の増産に寄与していたが（長島修「戦時下の特殊鋼企業の展開――大同製鋼を中心に」下谷政弘編『戦時経済と日本企業』昭和堂、1990年、50〜51頁）、相対的に狭い範囲内の回収・配給には要求品質の不一致がある上に、43年には、普通鋼鋼材との原料競合問題が深刻化し、44年度からは、実態的にはともかく、軍の供出屑も一応物動計画の「一般回収」、「非常回収」計画に統合されることになった。

162） 鉄鋼配給システムにおいて、機械需要産業の鉄鋼割当から、機械生産工業へ資材が移管される手続きについては、前掲『物資動員計画と共栄圏構想の形成』458〜464頁を参照のこと。また、特殊鋼や軍需用機械の資材が軍から直接支給される問題については、前掲『戦時経済総動員体制の研究』205、327〜328、478〜479、524〜538頁を参照のこと。

163） 当初の四半期割当計画は、企画院「昭和十七年度物資動員計画一般民需普通鋼々材、普通銑、普通鋼鍛鋼、普通鋼鋳鋼、特殊鋼割当表（除造船）A表（四半期別）」1942年5月19日（前掲『物資動員計画重要資料』第3巻所収）による。

164） 企画院「昭和十六年度一般民需普通鋼々材、普通銑、普通鋼鍛鋼、普通鋼鋳鋼、特殊鋼割当実績表」1941年12月24日　前掲『開戦期物資動員計画資料』第4巻所収。

165） 内閣顧問豊田貞次郎「昭和十八年度鉄鋼最大供給源ト鉄鋼資源動員ニ関スル一考察」1943年4月13日前掲『後期物資動員計画資料』第2巻所収。

166） 前掲「行政査察使ニ対スル回答事項」。地方各庁連絡協議会等の業務については、前掲『戦時経済総動員体制の研究』615〜626頁を参照のこと。

167） 以下の記述のうち、1942年度上期の満洲、中華民国、南方占領地からの入荷実績は、「十五、十六、十七年度支那重要物資生産並対日供給地域別計画、実績表」、「十七年度上半期満洲対日供給計画対実績表」（『中国東亜地域の物動計画、輸入価格調整計画』（財務省所蔵『秋元順朝文書』Z530-99所収）、前掲「十七年度上半期南方重要資源物動計画対実績表」による。年間の供給実績は主に前掲「昭和十七年度物動計画供給並

168) 「昭和十七年度下半期生産及物動計画ノ実施概要」前掲『後期物資動員計画資料』第1巻、544〜545頁。石炭の第4四半期配当では特に本州・四国地方で深刻な事態となり、北海道の規制なし、九州の13％規制に対して、本州・四国は37％規制となった。こうした状況で鉄鋼、アルミニウムの生産を極力維持しようとすると、配炭を基準としたその他物資の下期生産見通しは物動計画に対して人絹36％、スフ52％、洋紙57％、苛性ソーダ74％、セメント60％などとなった。こうして、主原材料の生産配当計画だけでなく、石炭配当計画も諸産業の動向に決定的な意味を持っていた。商工省燃料局「十七年度下期重要物資生産見込一覧」、同「昭和十七年度第四四半期石炭改訂配当案」1942年12月商工省大臣官房『省議（庶務課長会議）資料（三）』（『文庫 商工省軍需省』大臣官房19）所収。

169) 前掲帝石史資料蒐集小委員会『帝石史編纂資料（その二）』1960年。南方油田の占領・復旧経過、積み出し実績については同書による。

170) 帝国石油株式会社と前身の企業の設立と事業については、前掲『帝石史編纂資料（その一）』1959年による。

171) その後、1943年2月に太平洋石油、大日本石油鉱業を統合し、44年7月に北樺太石油、45年1月に東邦石油を統合し、4月には資本金を4億6,000万円に増資して、石油開発にあたった。

172) 東條内閣時の開戦判断に利用された石油需給見通しについては、前掲『物資動員計画と共栄圏構想の形成』398〜399頁を参照のこと。

173) 内地還送に関するデータはいくつかあるが、その一つとして、岡崎文勲「日本の死命を制する石油」（防衛研修所『研修資料 経済計画及経済動員研究資料其の7』1946年所収）に記載されている南方石油還送実績は、1942年度151.1万kl、43年度264.7万kl、44年度133万klと、44年度を除いて本書表1-71の陸軍内地還送分と近似している。このほか、戦後商工省輸送課長の田中伸一の著した『再建日本の輸送動態』（新紀元社、1948年）でも、南方石油還送量を42年度142.9万kl（うち民需68.9万kl）、43年度261.4万kl（同99.9万kl）とし、44年度は下期分の推計を含めて122.4万kとなっており（同書141〜142頁）、国産原油分約30万klを合わせた民需配当量も、本書の民需配当量と概ね一致する。

174) 「最近ニ於ケル石油配給状況及対策（燃料局高津配油課長説明要旨）」（文書作成時期は不明であるが、1943年4月頃の地方長官会議での説明とみられる）前掲『開戦期物資動員計画資料』第8巻所収、339〜340頁。以下、石油製品の規制と需給状況の説明は同資料による。

175) 企画院「一／一七〜三／一七 液体燃料月別需給状況」1943年1月2日前掲『開戦期物資動員計画資料』第8巻所収、327頁。

176) 商工省総務局調査課「昭和十七年度物資動員計画供給及配給ニ対スル実績総括表」1943年8月前掲『開戦期物資動員計画資料』第11巻所収、339〜347頁。

177) 海運総局「海上輸送計画資料」1944年8月前掲『後期物資動員計画資料』第12巻

所収、369頁。
178）1939年に始まった機械需要者団体による発注調整と、機械メーカーの生産計画、資材割当を調整するための発注承認制度や、発注を一元化して需給一致を目指した44年の発注調整方式については、前掲『戦時経済総動員体制の研究』9、466〜467頁を参照のこと。
179）太平洋戦争期の、造船、航空機工業の急拡大とそれを支える関連工業への資源集中措置については、前掲『戦時経済総動員体制の研究』第5、7、8章を参照のこと。
180）精機資材配給株式会社の業務については、前掲『戦時経済総動員体制の研究』458〜468頁を参照のこと。
181）第四部会「大東亜経済建設基本方策」（5月8日閣議決定、20日大本営政府連絡会議了解）防衛研究所所蔵『陸支密大日記』S17-49所収、第五部会「大東亜産業（鉱業、工業及電力）建設基本方策」1942年7月18日（国立公文書館所蔵返還文書3A-15-66-5-16）。第2次生産力拡充計画の立案とその挫折は、前掲『戦時経済総動員体制の研究』212〜217頁参照。大東亜建設審議会の検討経緯は、安達宏昭『「大東亜共栄圏」の経済構想——圏内産業と大東亜建設審議会』（吉川弘文館、2013年）を参照のこと。なお、同書は審議会の政策検討作業が、実際の政策に反映されていくとして、その役割を過大に評価している。現実の政策は、本章でも指摘しているように、全て極秘裏に開戦前から第六委員会で基本方針が決定され、長期計画としては所管省庁で大東亜国土計画、第2次生産力拡充計画が策定されており、当座の年度計画としては軍政当局によって占領地域の交流計画が策定されていた。審議会の審議事項は新聞等で大きく取り上げられ、10年後の共栄圏像を明らかに過大な期待を込めて描いており、具体的な政策には連動していない。むしろ、政府の「広報機関」として位置づけるべき存在であった。
182）「商工省委員現地調査答申」1942年10月10日『文書 商工省軍需省』大臣官房20所収。このほか答申は、転廃業対策としての工場の国土計画に沿った地方分散と住宅問題処理の必要性、流通機構整備における産業組合、百貨店などの異種事業間の調整の必要性、国民勤労訓練所の増設などを訴えていた。答申の基本資料となった地区別調査班の8月の現地調査報告は、『一般経済政策（一）』（『美濃部洋次文書』Aa-36）所収のものを参照のこと。国内における繊維関連工業、流通機構の再編、府県中小商工業再編協議会の対応については、前掲『戦時経済総動員体制の研究』第11章を参照のこと。また、貨物輸送業、食糧配給事業、石炭配給、菓子製造業などの企業整備の事例は、前掲『戦時日本の経済再編成』の収録論文を参照のこと。これらの事例分析はいずれも、転廃業者の物的資産、営業権を流動化し、工業組合、商業組合による共同の運用、処分を推進するため、資産の買い上げ、組合による共助金原資の融資などを実行した国民更生金庫の内部資料によっている。
183）菱沼勇『戦時経済と貿易国策』戦時経済国策体系第8巻、産業経済学会、1941年、113〜154頁。
184）日満支円ブロック貿易計画の策定については、前掲『物資動員計画と共栄圏構想の

形成』280〜282頁を参照のこと。貿易に関する機構の全般的な整備は、中井省三『大東亜貿易新論＝共栄圏貿易の原理・構造・運営』（共栄書房、1942年）第10、11章、同『大東亜交易経済論』（高山書店、1944年）第6章が詳しい。第2次欧州大戦とともに強化される貿易統制の下で商品別、地域別の商社の輸出貿易組合への組織化が進み、輸出割当を確保するための多重加盟や輸出権取引を抑制するために単一組合に統合され、貿易統制会の傘下に組み込まれていく。こうした輸出組合の事情や経過は、『日本東亜必需品輸出組合史』（著者、出版年不明）が詳しい。

185) 前掲『戦時経済と貿易国策』154〜160頁。
186) 前掲『日本東亜必需品輸出組合史』271〜273頁。中支における収買機構、対日輸出組織の整備と、対日輸入配給機構の整備については、横松宗『新支那の建設工作』（育英出版、1944年）の第2、3章を参照のこと。
187) 一元的な輸出調整機関の一例に、広範な雑貨を扱った日本貿易振興株式会社を見ておこう。物資動員計画の精緻化によって1939年度から輸出向け割当区分（$C_{イ}$：円域向け、$C_{ロ}$：第三国向け）が設定された際、綿工業等の輸出入リンク制や保税工場制度を利用した外貨と原料割当の適用外であった第三国向け輸出品業界では、業界と地方公共団体の共同出資の形で、輸入割当を受けて原材料を一括購入するために、東京輸出振興（資本金500万円）、大阪輸出振興（同500万円）など全国8地区に輸出振興会社を設立した。これらは、外貨割当が少なく、所管物資も限られたため、十分な機能を発揮しなかった。このため、40年12月の輸出品用原材料配給統制規則によって、第三国向け輸出品の原料購入と、製造業者への売り渡し、輸出製品の一手買取と輸出業者への一手売渡が、強固な権限をもつ一元的な調整機関の下で統括されることになった。その結果同月、上記8社を統合した日本貿易振興株式会社（資本金1,480万円）が設立され、リンク制や保税工場が利用していた外国為替基金3億円を利用しながら、内外128種の原料購入と132種の輸出品買取を通じて物資動員の雑貨輸出計画に対応することになった。対日資産凍結と太平洋戦争の勃発で第三国貿易は激減したが、南方地域への雑貨輸出機関としての役割は大きくなり、さらに貿易業界の企業整備の一環として、円域向け雑貨輸出の輸出調整機関であった日本東亜必需品輸出組合を吸収した。その後、43年10月の統制会社令による統制会社設立命令を受けて、12月に日本雑貨交易統制株式会社となり、共栄圏全域に向けた雑貨類の計画的輸出のため、①原材料の輸入・購入、保管、加工、販売や、②指定輸出品の購入、保管、輸出や輸出委託などを統括することになった（閉鎖機関整理委員会『閉鎖機関とその特殊精算』1954年、1444〜1445頁）。
188) 前掲『大東亜交易経済論』151〜154頁。
189) 前掲「軍政総監指示」298頁。
190) 1942年度のビルマ輸出入計画とその実績については、太田常蔵『ビルマにおける日本軍政史の研究』（吉川弘文館、1967年）133〜137、149〜150頁によっている。
191) 「第十五軍軍政業務概況」前掲『史料集 南方の軍政』399頁。
192) 倉沢愛子「米穀問題に見る占領期の東南アジア——ビルマ、マラヤの事情を中心に」

同編『東南アジア史の中の日本占領』早稲田大学出版部、1997年所収。
193）年間490万トンの精米を生産し、300万トンを東南アジアへ輸出していたビルマの米供給が、インド人農業労働者の帰国、精米工場や河川輸送手段の戦災や英軍による鉄道破壊などによって深刻な打撃を受けた点は、前掲「米穀問題に見る占領期の東南アジア——ビルマ、マラヤの事情を中心に」、東南アジア全域の米穀需給については、同「帝国内の物流——米と鉄道」（倉沢愛子ほか編『岩波講座 アジア・太平洋戦争』第7巻、支配と暴力、岩波書店、2006年）所収を参照のこと。
194）村上勝彦「軍需産業」（大石嘉一郎編『日本帝国主義史3 第二次大戦期』東京大学出版会、1994年所収）、前掲『日本戦時経済研究』第8章。
195）1942年8月にまとめられた43年度に向けた重点政策の概要では、占領地で獲得・活用すべき資源として錫、マグネサイト、ゴム、油脂、砂糖、マニラ麻、耐火物原料、石炭、石油などをあげ、国内での資源活用対策では、鉱産局が「極度ニ逼迫」した軍需品である銅や、軽金属、鉄鋼、特殊鋼、研磨材、電気機械の製造上不可欠になった炭素製品の拡充の一方で中小の金・錫鉱山の整理、鉱山監督官制度の充実をあげている。化学局では軍需用の爆薬原料、高級化学製品の増強、重要医薬品の確保を課題とし、機械局では重要機械の計画的生産、機械用資材の品質確保をあげ、貿易局は交易営団を通じた大東亜貿易体制の整備、南方での蒐荷、配給業者の整備があげられた。燃料局は機械油の増産、国産原油・石炭の増産と中小石炭鉱山の整備、アルコール、ブタノールの増産を重点目標とした。技術開発では軽金属製造方法、軍需用イソブタノール製造装置、銅・ニッケル代替金属、人造研磨材、高純度化学薬品、軍用無線通信機器、高級断熱炉材の開発が重点化され、研究機関の充実を図ろうとしていた（商工省「昭和十八年度重要政策事項」1942年8月『文庫 商工省軍需省』大臣官房16）。生産力拡充計画による基礎素材や量産型機械類の成長、兵器産業、航空機関連工業の劇的な拡大、民需部門の徹底的整理と再資源化の全体像については、前掲『戦時経済総動員体制の研究』を参照のこと。
196）前掲『太平洋戦争の経済史的研究』277～299頁、前掲『帝国議会衆議院秘密会議速記録』(2) 491～497頁、575～581頁。
197）錫、生ゴムの生産規制や、戦闘時の破壊等によるマラヤ経済への打撃については、吉村真子「日本軍政下のマラヤの経済政策——物資調達と日本人ゴム農園」（明石陽至編『日本占領下の英領マラヤ・シンガポール』岩波書店、2001年所収）、占領諸地域の米穀の需給再編構想とその混乱については、前掲「米穀問題に見る占領期の東南アジア——ビルマ、マラヤの事情を中心に」を参照。
198）この時期の総動員体制の再編については、前掲『戦時経済総動員体制の研究』第9章「経済総動員体制の再編」、戦時の全期間を通じた段階変化については、同書第1章「戦時経済総動員体制の成立と展開」を参照のこと。

第2章　共栄圏構想の挫折——1943年度物資動員計画

はじめに

　本章では、1942年度物資動員計画が下期以降に縮小される中で立案された43年度の物資動員計画と、その実施過程を検討する。前章と同様に計画立案の基礎となる海上輸送力の推移を念頭に計画の経過を追う。また、物資動員計画を軸に、日本内地、植民地、同盟諸国、南方諸地域を包摂した自給圏を視野に入れた総合的な資源動員構想の推移を追っていく。

　1943年度計画の立案に取りかかった42年の秋以降、戦時経済動員の立案は、徴傭船舶の大量喪失を補塡しようとする陸海軍の船舶増徴要求に苦しむことになった。海上輸送力の減少によって、総動員諸計画は、至るところで隘路が発生し始めていた。開戦時に前提としていた物資動員計画物資の輸送用船舶の保有量は300万総噸であり、この輸送力をもって主要な戦略物資の生産を41年度の水準に維持し、さらには南方資源の開発と輸入によって増産に転じるという共栄圏構想は、計画改訂のたびに後退した。前章で述べたように、42年11月には臨時生産増強委員会で鉄鋼、石炭、軽金属、造船、航空機の5大産業の重点化方針が決定され、総動員諸計画は、次第に限定された部門への集中的な資源投入によって減産に歯止めをかけ、作戦計画に沿った船舶・航空機などの戦略部門の増産を図るというものになった。

　これに伴い、経済動員システムも再編された。この時期の経済統制システムの再編について、岡崎哲二は1943年2月決定の「緊急物価対策要綱」により、数量的計画指令経済から価格誘導を組み込んだ統制システムに転換したとし、43年度計画をその転換期ととらえて、鉄鋼生産の実績にその効果を認めた[1]。山崎澄江もまた石炭、肥料産業における公定価格の改定、助成金政策の推移と企業収益の推移から、価格刺激の有効性を指摘し、43年度の物価政策を統制

経済の段階的進化の一つとして指摘した[2]。価格刺激が戦時経済動員の重要な統制手段であり、太平洋戦争期に重点産業の生産維持・拡大において特に重視されたことに異論はない。しかし、物資動員計画の計画と実績の検証には、価格設定の問題のほか、輸送計画重点化の推移、原材料・関連資材の投入量、計画自体の見直しと変更など、多くの政策的な変数がある。本稿で見るように43年度は5大産業の重点化に伴って、他産業の計画縮小や犠牲を顧みずに、限定的目標の達成に特段の努力が払われている。価格政策の転換はその一つであるが、価格要素だけを取り出して政策効果を評価するのでは不十分であり、利用可能なあらゆる政策手段が重点領域に向けて動員されたことに、その特徴を見るべきであろう。

　物資動員計画に関連する総合的な重点化政策を扱った研究としては、臨時生産増強委員会について、原朗がその臨機の緊急措置の重要性を指摘している[3]。拙著の中でも、1942年秋を起点とする総動員体制の再編について、重点産業の絞り込み、関連行政の連繋、関連産業団体の連携・協力、地方公共団体の連携と協力、市場性の積極的活用、その一方で推進された不要不急産業の徹底整理と再資源化を検討した[4]。太平洋戦争の後半期には、総動員諸計画の調整難の解決と動員行政の徹底的重点化に向けて、行政の一元化・弾力化が重要課題となった。このため、序章第1節で見たような1940、41年頃に一応の整備を終えた動員体制は、計画の一層の精緻化や省庁間連携の強化と統制権限の一元化が求められるとともに、重要施策の現場レベルでの臨機の対応が必要になった。

　以下、第1節では1943年度計画の策定過程を扱い、1942年度末の第1次民需船の増徴が計画立案作業を大きく変えたことを扱う。本来海送されるべき北支、満洲の鉄鉱石・石炭・銑鋼は、鉄道輸送によって釜山、蔚山、木浦など南鮮諸港に集められ、下関や日本海諸港へ中継する方法がとられた。これに伴い、鉄道輸送力の増強や複雑な交通統制を本格化させる経緯を明らかにする。第2節は計画の根幹を担った海上輸送計画の推移を追っている。第1四半期末に実施された第2次船舶増徴によって、第2四半期以降の組換えが必要になり、これに伴って製鉄事業の原料選択の変更や原料立地戦略の変更をもたらしたこと、さらに9月の第3次増徴によって輸送計画が大幅に縮小したこと、第4四半期

に実施された第4次増徴を機に重点産業向けの原料輸送も困難となったことなどを明らかにする。第3節では上期の物資動員計画の実施過程と実績を検討し、第4節では、輸送力が急減した中で鉄鋼生産を維持しようとした下期の物資動員計画の実施過程を概観し、共栄圏の統治と開発計画が挫折していくことを明らかにする。

第1節　1943年度物資動員計画の策定

1　1943年度輸送計画の初期構想（1942年10月）

船舶の解傭延期と輸送力の復元見通し

　1943年度総動員諸計画の根幹となる物資動員計画の立案は、太平洋戦争開戦当初の目論見が大きく崩れ始めた42年10月に着手された[5]。計画の最も重要な条件は、太平洋戦争の開戦前後から大陸・南方物資の海上輸送力になっており、共栄圏資源を安定的に確保することを目標に、10月の第1次案の策定では43年度と44年度の物資輸送力を着実に維持しようとした2年分の補強対策も立てられた[6]。計画の対象物資は42年度と同様とし、軍が所管する液体燃料は検討から外された。陸上輸送力や、一般機帆船・関釜連絡船等の海上輸送力は現状のままと想定した上で、①必要な海上輸送力は物資ごとに配分計画を策定する、②円域・甲地域における軍の現地取得分については日本側では計画化しない、③中華民国産の棉花については、現地の軍需を現地で取得・加工し、対日供給される軍需は国内の供給力に組み込むなどの変更点を確認した。

　この作業の基礎になる輸送力は、まず表2-1のように、1942年9月末現在で保有する物動物資輸送用の稼働民需鋼船（C船）を定期船・不定期船合わせて232.82万総噸として、その積載可能重量（1総噸当たり1.5トン）に内地―大陸間の標準的な稼航率（1ヶ月の標準往復回数）を掛けて算出された。1ヶ月の輸送力は不定期船372.88万トン、定期船29.5万トンの計402.38万トンと算定された。この保有船舶量は、1年前の開戦判断の際の見通しとは大きく食い違うものになっていた。なお42年下期の輸送力については、42年4月に予定されていた徴傭船の解傭が6月以降にずれこみ、300万総噸を回復するはずの見

表2-1 1942年9月末保有C船の月間輸送力

(船腹：千総噸、輸送力：千トン)

区分		小型船舶	大型船舶	計
現有船腹	登簿船	469.6	5,960.7	6,430.3
	新造船		27.1	27.1
	外国傭船	3.7	122.2	125.9
	拿捕船	4.6	160.4	165.0
	仮購入船		53.6	53.6
	計	477.9	6,324.0	6,801.9
控除船腹	徴傭船	187.3	3,258.4	3,445.7
	海難船	2.8	25.6	28.4
	抹消未遂事故船	7.9	250.6	258.5
	登簿船入渠	5.1	181.0	186.1
	調査未了船	19.7	0.0	19.7
	油槽船	7.0	80.9	87.9
	使用不能外国傭船	2.0	43.4	45.4
	拿捕船	2.7	91.4	94.1
	その他*	127.9	180.0	307.9
	計	362.4	4,111.3	4,473.7
稼働船	不定期船	75.9	1,795.4	1,871.3
	定期船	39.6	417.3	456.9
	計	115.5	2,212.7	2,328.2
輸送力	不定期船 積載重量	113.9	2,693.1	2,807.0
	稼行率	2.0	1.3	
	輸送力	227.8	3,501.0	3,728.8
	定期船輸送力	40.0	255.0	295.0
	計	267.8	3,756.0	4,023.8

注： ＊控除船腹の「その他」は特殊船、交換船、外地地籍船、航路限定船。
出所：企画院「昭和十八年度及十九年度第一次案策定要領ニ計上セルC船海上輸送力算定基礎」1942年10月22日、前掲『後期物資動員計画資料』第6巻所収、9〜10頁。

通しが狂い始めた6月末にも一度推定されているので（前掲表1-43）、これと比較しておこう。この推定では、不定期船の稼働民需鋼船の保有量は9月初めに187万総噸、10月初めで203万総噸とされ、その輸送力は9月400万トン、10月429万トンとなり、定期船を含めると輸送力は9月430万トン、10月459万トンであったから、この数ヶ月で見通しが6％以上低下したことになる。

次いで、この1942年9月末の保有船腹を基礎に、今後の新造船計画、沈船の引き揚げ（月当たり1万総噸）、徴傭船の解傭と稼働船への漸次組み込み、新徴傭・喪失・海難などを考慮して、43年度当初の輸送力を推定した。この結果、稼働船舶は42年10月の184万総噸から43年3月には179万総噸になり、輸送重量は10月の407万トンから徐々に減少して3月には401万トンという厳しい見通しになった。

同様の方法によって月当たりの輸送力を集計し、これに機帆船運航統制株式会社[7]が所管する外航機帆船の輸送力を加えて、1943年度、44年度の年間輸送力を算出したのが表2-2である。43年度の輸送力は、年間の解傭予定24万総噸、新造船49万総噸、沈船引き揚げ12万総噸を加え、喪失59万総噸、海

難5万総噸を差し引いた結果、稼働C船は43年4月の178万総噸から44年3月には201万総噸に増加すると予想した。年間輸送力は5,165万トンとなり、これに外航機帆船の229万トンを加えると5,395万トンになった。しかし、喪失船舶が月間10万総噸を超えたこの時期に、喪失量を年間59万総噸とするのは相当に無理な想定であった。44年度も同様に新造船63万総噸等を考慮して、年間輸送力は6,224万トンと見込み、自給圏体制の安定を図った。これに陸軍徴傭船（A船）、海軍徴傭船（B船）の復航を利用した物動物資の輸送協力を、両年とも同じ水準と期待して、地域別ないし航路別に輸送力を配分した。こうして建造量の増強、大型機帆船の動員強化などによって、43年度は42年度当初の輸送計画量であったC船5,304万トン、A・B船308万トンとほぼ同じ水準となる5,647万トンが確保され、翌44年度は建造量の一層の増加と第2四半期からの輸送力増強を

表 2-2　1943～44年度地域別海上輸送力（1942年10月22日案）

（万トン）

			1943年度	1944年度
C船・機帆船	甲地域		391 (120)	554 (421)
	乙地域・日満支		5,004	5,670
	小計		5,395	6,224
	船種内訳	不定期船大型	4,506	5,099
		不定期船小型	360	470
		定期船	300	300
		運航機帆船	229	355
A船	甲地域		40	40
	大連		60	60
	朝鮮		12	12
	小計		112	112
B船	甲地域		48	48
	仏印		36	36
	南洋		26	26
	海南島		30	30
	小計		140	140
合計			5,647	6,476

注：A船、B船は陸海軍徴傭船による物動物資の輸送協力分。甲地域はフィリピン、ボルネオ、ジャワ、マレー、スマトラ、ビルマ等。乙地域は仏印、タイ。C船の甲地域からの実際の輸送力は、乙・日満支の稼行率が1.29～1.31（1943年度）あるいは、1.31～1.33（44年度）であるのに対して、0.4になるため、実際の対日期待輸送重量は、（　）のように43年度120万トン、44年度421万トンとなる。AB船の甲地域輸送力の数値はそのまま対日輸送計画となる。
出所：企画院「昭和十八年度及十九年度物資動員計画第一次案（供給力）策定要領（作業資料添附）」1942年10月22日、前掲『後期物資動員計画資料』第1巻所収、21～22、24頁。

見込んで、6,476万トンと期待した。こうして安定した輸送力の見通しをつけようとしたのであるが、船舶喪失量が計画の鍵になるのは明らかであった。

これを基にある程度確実な輸入が見込めた乙地域・満支からのC船・運航機帆船の輸送計画を物資別に見たのが表2-3である。3月に策定された1942年度の乙地域・日満支合計のC船輸送計画は、前掲の表1-13のように5,259

表 2-3　乙地域・日満支からの C 船・運航機帆船の 1943・44 年度輸送計画見通し（1942 年 10 月）

（千トン）

	1943 年度	1944 年度		1943 年度	1944 年度
石炭	24,005	27,204	穀類	2,800	3,175
鉄鉱石	5,435	6,158	砂糖	1,170	1,325
銑鋼	3,840	4,352	燐鉱石	380	431
塩	2,119	2,400	肥料	1,341	1,527
非鉄	3,767	4,265	飼料（含食料）	390	442
コークス	400	454	油脂	30	34
ソーダ類	99	112	油糧種実	300	341
セメント	480	543	生ゴム	30	35
油類	172	195	機械車両	300	339
紙パルプ	669	755	北洋漁業	417	469
綿花	230	261	その他	234	266
木材	1,430	1,612	合計	50,038	56,695

出所：前掲『昭和十八年度及十九年度物資動員計画第一次案（供給力）策定要領（作業資料添附）』1942 年 10 月 22 日、前掲『後期物資動員計画資料』第 1 巻所収、27 頁。

表 2-4　1943 年度木船石炭輸送計画（1942 年 10 月）

（千トン）

九州・宇部炭	若松組合登録船	13,219
	曳船	1,872
	帆船	480
	小計	15,571
北海道炭		285
合計		15,856

出所：前掲『昭和十八年度及十九年度物資動員計画第一次案（供給力）策定要領（作業資料添附）』、28 頁。

万トンであり、それよりも 43 年度は 5％減少するものの、翌 44 年度には 1 割以上回復するという見通しであった。輸送物資の中心は前年度同様に、石炭、鉄鉱石、銑鋼、非鉄、穀物が高い比重を占めた。甲・乙地域からの対日期待物資も前年度同様であるが、甲地域からはボーキサイト、鉄鉱石、ニッケル鉱・マンガン鉱・銅鉱などの各種鉱石や、屑鉄を見込み、乙地域からは米、石炭、トウモロコシ、各種鉱石、工業塩などを見込んだ。ＡＢ徴傭船による輸送協力を見ると、ボーキサイト、鉄鉱石についてはＡＢ船ともに担当し、生ゴム、牛皮、木材は主にＡ船、コプラ、ニッケルは主にＢ船が担当した。

　南方原油の輸入はＡＢ船と民需船が輸送を担ったが、企画院の物動計画の立案作業とは別扱いとなり、その後、太平洋戦争期を通じて液体燃料の全体像は判明し難くなる。この時点のタンカー輸送については、フィリピンからのコプラ油、マレー・スマトラからのパーム油のみが計画化され、1943 年度はそれ

ぞれ 8 万トン、5 万トンの計 13 万トン、44 年度は 10 万トン、7 万トンを見込んだ。

機帆船・曳舟・帆船等の木船による沿岸輸送も、太平洋戦争期には物動物資の輸送に大きく貢献した[8]。その輸送力のほとんどは石炭に向けられ、1943 年度の輸送計画は、表 2-4 のように見込まれた。これに鉄道輸送を加えて総合的な石炭輸送計画がまとめられ、表 2-5 のように産業別の配当計画が策定された。1942 年度下期は徴

表 2-5 1943 年度内地石炭用途別配当計画見通し対前年度比較

(千トン)

	1942 年度		1943 年度	
	上期	下期	上期	下期
製鉄製鋼	7,160	6,417	7,160	6,415
鉱山精錬	421	370	411	365
造船造機金属	818	787	836	790
窯業	1,489	1,212	1,222	1,318
化学	2,911	2,416	2,631	2,676
繊維	1,297	1,049	983	1,014
食料品	198	183	145	166
製塩	211	82	211	82
ガスコークス	2,052	1,799	1,921	1,876
練炭	702	881	619	725
電力	2,297	2,888	2,111	2,892
液体燃料	497	613	642	601
私設鉄道	63	50	59	53
その他	51	11	41	14
暖厨房・浴場	10	17	6	17
大口小計	20,177	18,775	18,998	19,004
小口産業	5,092	4,255	4,022	3,953
官需(鉄道省等)	3,266	3,248	2,954	3,267
特殊用(陸海軍)	2,914	3,028	2,940	3,174
山元消費	1,599	1,771	1,452	1,671
船舶焚料	1,600	1,650	1,600	1,650
合計	34,648	32,727	31,966	32,719

出所:前掲「昭和十八年度及十九年度物資動員計画第一次案(供給力)策定要領(作業資料添附)」。

傭船舶の解傭が遅れたため、上期に対して 5% 程度の輸送力の低下を見込んでいたが、43 年度には総合的にこの水準を維持する見通しが示された。その条件の下で、冬期の火力発電用などの季節性需要を調整しつつ、重点産業では造船、造機、金属鉱業向けの供給増を実現しようとしており、44 年度にはさらに 42 年度上期並みに石炭配当を引き上げることを見込んでいた。

鉄鋼統制会による生産見通し

こうして輸送力を物資ごとに配分し、それを原料とする産業別の統制団体に対して生産可能見通しを諮問し、物動供給力計画がとりまとめられた。鉄鋼生

産の見通しを規定するのは、主に鉄鋼石及び銑鉄・鋼材の輸送計画であり、鉄鋼統制会には、輸送計画の第1次案がまとまりつつあった10月14日に、企画院より諮問があった[9]。提示された条件は、本船鉄鉱石輸送607.5万トン、本船銑鉄・鋼材輸送408万トン、屑鉄特別回収10万トン、南方屑鉄取得10万トンであった。鉄鋼統制会では、これを基に普通鋼材402.2万トン、鍛鋼22万トン、鋳鋼24万トン、特殊鋼43万トン、普通銑鉄440.5万トン等の生産見通しを提示した。これは前章第4節第1項で見たように、配船量を基に鉄鋼統制会が9月初めに各社に指示した1942年度下期の縮小生産計画199.3万トン（当初計画257.7万トン）の年度換算量とほぼ同じ水準であった。

1942年度下期に入り、他の素材産業の統制団体でも、同様に提示された原料、製品ごとの輸送力を基に年間の生産・出荷見通しを策定し始めていたとみられる。しかし、こうした船舶保有と輸送計画の見通しは、拡大した西太平洋の戦線を軍が維持し、安定した自給圏が持続するという構想に基づくものであった。開戦時に予定した徴備船舶の解傭は遅れつつあったとはいえ、海上輸送力に深刻な打撃を受け続けることはまだ想定されていなかった。

2 1943年度物資動員計画第1次案の策定

(1) 物動物資輸送計画の見直し

しかし、前章第4節で見たように、上記の準備的見通しが策定された1942年10月以降、船舶の喪失は月間数万総噸から十数万総噸に跳ね上がり、さらに陸海軍からは62万総噸にも上る船舶増徴要求が出される事態になった。11月21日の大本営政府連絡会議で、このうちの29.5総噸の増徴が承認され、12月10日の大本営政府連絡会議では11月分と合わせて、陸軍38.5万総噸、海軍3万総噸、計41.5万総噸の船舶増徴が認められた[10]。

11月16日には、早くもこの船舶増徴に伴う1942年度下期の物動計画の縮小改訂が閣議決定され、42年度第4四半期以降の見通しは急激に悪化した。海上輸送力の不足を補うため、これも前章で見たように陸上輸送への切り替え、大陸物資の中継輸送、朝鮮鉄道を利用した陸運転移などによって輸送力を補強した計画も策定され、42年末から具体化された[11]。

こうした事態を踏まえ、11月21日には1943年度海上輸送計画第1次案に

向けて、「昭和十八年度海上輸送力算定基礎条件」[12]が企画院によって策定された。これは、42年11月に19.5万総噸、12月に16.4万総噸、1月に4万総噸などの新規増徴が実施され、さらにC船のタンカーへの改装などによって、年度末までに52.4万総噸がC船から削減され、海難・事故見込みを含めて船腹69万総噸分の輸送力が減少することを想定していた。この間に10万総噸の新造船を補充しても、42年度末の稼働C船は不定期船130.5万総噸、定期船

表2-6 1943年度C船輸送力第1次案（1942年11月30日）

（稼航船腹：千総噸、輸送力：千トン）

		43年4月	44年3月	年間計
稼働船	大型不定期船	1134.1	973.1	12,313.2
	小型不定期船	85.8	107.8	1,161.6
	計	1,219.9	1,080.9	13,474.8
輸送力	不定期 積載重量	1,829.8	1,621.3	20,211.6
	稼航率	1.31 (2.0)	1.30 (2.0)	
	輸送力	2,485.9	2,220.9	27,591.7
	定期船輸送力	250.0	250.0	3,000.0
	外航機帆船	154.9	221.8	2,293.5
	計	2,890.8	2,692.7	32,885.2

注：計画は月別に策定されているが、期初の4月と期末の3月および12ヶ月合計を掲げた。稼航率の（ ）内は小型不定期船の稼航率。稼働船腹量には、不定期船の分のみで、定期船（43万総噸程度）と外航機帆船は含まれていない。
出所：企画院「昭和十八年度物動見透検計資料 其ノ一（輸送関係）」1942年11月30日、前掲『後期物資動員計画資料』第1巻所収、84頁。

42.7万総噸の173.2万総噸となる見通しが示された。この43年度の見通しでは、43年4、5月に海軍徴傭船が計10万総噸分解傭され、さらにタンカーに改装されたC船が43年10月以降、年度末までにC船への再改装の上で復帰するとされていたが、43年3月時点で稼働C船を201万総噸にするという10月の想定は大きく狂い始めた。

　1942年11月30日にまとめられた43年度C船輸送力の第1次案は、表2-6のように算定された。年度当初はC船のタンカー改装によって7.5万総噸が削減されたため、稼働不定期船は122万総噸となった。これに新造船計画50.5万総噸によって、新規就航分は4月の2.8万総噸から、44年3月には4.3万総噸に漸増（年間で42.7万総噸）することを見込んだ[13]。さらに毎月1万総噸の沈船引き揚げ分と、11月以降の2万総噸分のタンカーからの再改装分などを加えた。しかし、喪失・大破船や海難船を毎月7.5万総噸と想定するため、年度末の稼航不定期船は108万総噸にまで減少することになった。この就航船腹に1総噸当たりおおむね1.5の係数を掛けて積載可能重量トンとし、その上で全て日満支・乙地域で運航すると仮定し、稼航率を1.3として、月当たり輸送

表2-7 1943年度地域別海上輸送力第1次案（1942年11月30日）

（万トン）

C船・機帆船	甲地域	224 (87)
	乙地域	124
	日満支	2,940
	小計	3,288
A船	甲地域	40
	日満支	72
	小計	112
B船	甲地域	12
	日満支	38
	小計	50
	合計	3,450

注：甲地域の（ ）内は稼航率を0.4とした実際の対日輸送可能量。
出所：前掲「昭和十八年度物動見透検討資料 其ノ一（輸送関係）」81頁。

表2-8 1943年度物資別海上輸送計画第1次案（1942年11月30日）

（万トン）

石炭	1,657	穀類	147
鉄鉱石	377	砂糖	80
銑鋼	280	燐鉱石	44
塩	142	肥料	51
非鉄	357	飼料	23
コークス	24	油脂	3
ソーダ類	2	油糧種実	26
セメント	6	生ゴム	10
油類	10	支邦向米	6
紙パルプ	24	その他	17
綿花	7		
木材	19	合計	3,313

出所：前掲「昭和十八年度物動見透検討資料 其ノ一（輸送関係）」80頁。

力（重量）を算出した。それに定期船、外航機帆船の輸送力をそれぞれ、積載重量、稼航率によって算出して、これらを加えて、年間の輸送力（重量）は3,289万トンとなった。さらに陸海軍徴傭船（A・B船）の復航を利用した「輸送協力」の分を、地域別に振り分けた輸送力を加えると、表2-7のように3,450万トンとなった。ここから、甲地域物資の輸送に割けるC船輸送力を稼航率0.4で算出すると、甲地域物資の輸送力は87万トンになり、実際に内地へ送る全海送重量は3,313万トンとなった。主要物質別の内訳は表2-8の通りであった。

　こうした輸送力の減少は、陸送への転嫁によって一部はカバーされた。1942年度第4四半期以降は、輸送方法を全面的または部分的に鉄道輸送力の増強によって陸運転換した分を加えて、物資輸送計画が構成された。43年度は表2-9のように九州・北海道炭を中心に鉄道輸送に切り替え、429.7万トンを節約した。

　この結果を1941年度、42年度の輸送力と比較する形にしたのが表2-10である。僅かに前表とデータのズレがある上に、42年度の半ばから運航機帆船が計画に組み込まれ、第4四半期から陸運転移が本格的に実施されたために、

第2章 共栄圏構想の挫折（1943年度） 299

表2-9 鉄道輸送への転換による輸送力第1次案の増強計画

(千トン)

鉄道専用に転換	九州炭	広島付近	548
		大阪付近	1,553
		名古屋付近	1,014
		東京付近	93
		計	3,208
	北海道炭	北関東	40
		東京付近	450
		計	490
	計		3,697
	銑鋼		384
	塩		48
	コークス類		7
	非鉄		18
	ソーダ類		18
	セメント		120
	油類		5
	合計		4,297
中継転換	樺太北海道炭	東京付近	1,170
		名古屋付近	540
		計	1,710

注：1972年9月の鉄道輸送力に対して追加的に増送となる分。
出所：前掲「昭和十八年度物動見透検討資料 其ノ一（輸送関係）」97頁。

表2-10 1943年度輸送計画第1次案の対前年度、前々年度比較

(万トン)

41年度	C船実績		4,873
	対輸送計画	%	98.0
42年度	ABC船計画		5,591
	ABC＋鉄道転移の実績		4,350
	対41年度実績	%	89.3
	対42年度計画	%	77.8
	ABC＋運行機帆船計画（a）		5,857
	ABC＋鉄道転移＋運航機帆船の実績（b）		4,447
	対41年度実績	%	91.2
	対42年度計画	%	75.9
43年度	ABC＋鉄道転移＋運航機帆船		3,926
	対41年度実績		80.6
	対42年度計画（a）	%	67.0
	対42年度実績（b）	%	88.2

出所：企画院「昭和十八年度物動見透検討資料 其ノ三（総括）」1942年11月30日前掲『後期物資動員計画資料』第1巻、167頁。

表2-11 1943年度総合輸送力第1次案

(万トン)

C船	3,052.1
AB船支援	161.6
運航機帆船	229.4
鉄道転嫁	429.7
朝鮮中継	184.0
合計	4,056.8

注：C船輸送力が11月30日付資料と僅かに異なるが、原資料のままとした。
出所：企画院「企画院総裁説明資料」、前掲『後期物資動員計画資料』第1巻所収、194頁。

比較は難しいが、おおむね41年度実績に対して80％、42年度計画の67％、実績の88％を目指すという計画になった。

また北海道・樺太炭171万トンを比較的輸送力に余裕のある日本海側に陸揚げし、鉄道に中継することで輸送力を節約した。さらに海上輸送力を節約するため、北支から朝鮮への石炭海上輸送を満洲から朝鮮の鉄道輸送に切り替え、満洲から内地への大豆・銑鋼輸送については、釜山まで鉄道輸送して、184万トンの海上輸送力を節約することとした。これらを総合して、1943年度の物動物資輸送力を表2-11のように

4,057万トンとし、対42年度計画比で69%までは、持ち直すことができるという見通しを立てた。

表2-12 第1次供給計画鉄鋼関係内訳

(千トン)

鋼材	普通鋼	生産鋼塊による	2,803
		満洲鋼片による	238
		満洲より輸入	4
		計	3,045
		鍛鋼品	220
		鋳鋼品	240
		特殊鋼	430
普通鋼塊		生産	3,788
	原料	銑鉄(含低燐銑)	2,674
		屑鉄	1,436
		計	4,110
普通銑		生産	3,617
		満洲より輸入	240
		支那より輸入	25
		計	3,882
低燐銑		生産	20
		満洲より輸入	120
		計	140
屑鉄		生産	1,746
		一般回収	1,186
		特別回収	100
		支那より輸入	40
		在庫取り崩し	64
		屑鉄計	3,136
	代替原鉄	生産	244
		満洲より輸入	12
		計	256
鉱石等		海上輸送	3,772
		その他(石炭・副原料)	4,697
		計	8,469

出所:前掲「昭和十八年度物動見透検討資料 其ノ二(供給力関係)」104頁。

(2) 供給力第1次案

鉄鋼等の第1次供給計画案

こうした11月末の輸送力条件によって、「全物資ノ輸送計画ハ根本的ニ改訂」されることになり、改めて主要物資ごとに配船量を割り当てて、それを基に原料・製品の移送可能量、石炭の配船量などから各産業の供給力が策定された[14]。

鉄鋼統制会に対しては、本船による鉄鉱石輸送を前案の38%減の377.2万トンとし、銑鉄・鋼材輸送を31%減の280.3万トンとするという条件で生産見通しが諮問された。これを基に12月6日に統制会が算定した供給可能量は、表2-12のように普通鋼材が前案の100万トン減に当たる304.5万トンとなり、普通銑鉄も440.5万トンから388.2万トンに激減した。1942年度物動実施計画との比較では、普通鋼は61%に縮小し、特殊鋼は108%(43万トン)を確保したものの、鍛鋼は85%(22万トン)、鋳鋼は94%(24万トン)に留まった。また鋳物用銑鉄は105万トンで、これも90%となった。本船輸送力に起因する銑鉄生産の激減を、鉄屑の回収強化を通じて、僅かで

はあるがカバーしようとしていることが窺えるが、さらに①内地鉱石の大増産、②鉄鋼関係輸送の陸送への転換、③屑鉄の特別回収、④北支等での小型溶鉱炉の計画を急ぐことなどが課題とされた。

こうした事態に企画院では、満洲国側の経済建設を犠牲にして、対日鉄鋼供給を増加することを検討した。上記の案には、C_{4j}の満洲向け鋼材輸出を前年度の11万トンからゼロにすることが織り込まれていたが、さらに陸海軍が軍需用6.8万トンを現地で取得するなど、満洲国内の設備投資用の鋼材需要を押さえて、「窮状ニ陥ルベキ皇国ノ支援、協力ニ振リ向クルコトヲ得ルトセバ」、鋼材0.4万トン、銑鉄30万トン（鋼材換算21万トン）、鋼塊半製品6万トン（鋼塊換算4.8万トン、鋼材換算3.5万トン）などの対日輸出によって、国内の鋼材供給を約30万トン増加できるとした。また、小型溶鉱炉による銑鉄40万トン（鋼材換算27万トン）を生産することにも期待が寄せられ、その後、この非効率な生産技術にのめり込んでいった[15]。また、既存の屑鉄の一般回収・特別回収計画のほかに、遊休設備や拡充工事を停止した工場の未稼働設備等を屑鉄として30万トン（同24万トン）の「非常特別回収」を実施すれば、前年度比77.5％の約392万トンまで供給が引き上げられることを指摘し、躍起になって鉄鋼の給源探しを始めた[16]。

鉄鋼については、そうした特別措置を講じるとしても、増徴実施後の海上輸送力を基準にした重要物資の供給力第1次案は、表2-13のように全般的に深刻な事態を示していた。42年度の実施計画と比較すると、多くが7割以下と見込まれた。一方、戦況を決する最重要産業になった航空機の素材であるアルミニウムは、15万トンまで生産可能な原料を確保するなど、徹底して重点化され、南洋のビンタン島・マレー半島で産出が見込まれるボーキサイト84万トンのうち82万トンを日

表2-13 重要物資供給力第1次案（対前年度）

		供給力	前年比（％）
普通鋼鋼材	千トン	3,045	61.0
普通銑	千トン	3,882	69.0
電気銅	トン	71,104	59.5
亜鉛	トン	53,218	65.6
鉛	トン	26,710	34.1
高級アルミ	トン	109,200	113.0
普通アルミ	トン	26,000	94.0
紡績用棉花	千担	1,952	46.5
洋紙	千lb	632,448	42.7
工業塩	トン	770,200	69.4
濃硝酸	トン	98,040	80.0
グリセリン	トン	14,663	94.5
セメント	千トン	6,124	82.0
硫安	千トン	1,310	73.0

出所：前掲「昭和十八年度物動見透検討資料 其ノ二（供給力関係）」102頁。

本に輸送する計画を立てた[17]。しかし、銑鉄は前年度の7割となり、銅・亜鉛は6割程度、鉛は3割台に落ち込んだ。原綿・洋紙は4割台、化学品も7割から8割台となった。

　これに加えて、食糧供給の不足も深刻であった。1943年度米穀年度（42年11月～43年10月）の米麦配給の内地既定計画は8,551万石であったが、43年1月分から搗精度を94％から98％とすることで、これを8,487万石に抑え、さらに現状の成人1人1日2.3合基準の飯用・特配用・業務用配給を10％削減し、酒造用の配給は42年度の173万石から100万石に減らして、総供給予定を7,997万石とした。これでも、内地で767万石、朝鮮でも449万石分が不足すると見られた。外地においては輸入米用の船腹も確保できず、朝鮮449万トン（船舶輸送力75万トン）、満洲の外米要輸入量250万石分（同42万トン）、中国占領地の不足分400万石分（同66万トン）の船腹充当の見通しが立たなかった[18]。

緊急対策による御前会議案

　こうした事態に、企画院を中心とした臨時生産増強委員会は1942年11月の発足直後から、5大重点産業のなりふり構わぬ増強対策を実施した。企画院では5日後の12月5日、まず海上輸送力の増強案を策定し、統帥部の求める重要物資の増産可能性を模索した。それは、42年11月以降の陸海軍の船舶増徴後も、43年4月ないし5月まで月当たり数万総噸分の船腹を民需輸送に回すこと、そして43年度の船舶建造計画を改定し、タンカー24.5万総噸、貨物船建造計画50.5万総噸の計75万総噸に、さらに貨物船15万総噸を加え、43年10月以降の輸送力増強に当てるというものだった。そして、この追加輸送力を朝鮮・占領地向けの外米輸入、北洋漁業、北洋材など、深刻な事態になる物資向けに当てることとした。

　ただし、これによっても、総動員諸計画に必要な重要物資の増産は困難であり、鉄鋼生産の増強に要する輸送量は捻出できなかった。物資動員計画の立案にあたり、供給力第一次案の304.5万トンの鋼材生産量では全く調整できず、380万トンを最低限の必要量としていた。鉄鋼用の年間輸送力が現状の1,200万トン（鉄鉱石370万トン、石炭380万トン、副原料80万トン、銑鋼370万トン）

のままでも、増産可能な方策として、企画院は国内、満洲・北支での特別措置を検討し、満洲の対日鋼塊供給の30万トン増、小型溶鉱炉による生産27万トン、非常特別回収24万トンなどを構想した。その中から着実な見通しを割り出し、さらに80％の安全係数を掛けて、表2-14のような計画を立て、これを12月10日の大本営政府連絡会議で説明することになった[19]。こうして御前会議に向けて鋼材供給380万トン、高級アルミニウム10.92万トンの目標が示された。実際には、この目標ですら、必要と見込んでいた南方からの米穀輸入を約700万石から約400万石へ圧縮することで調整したものであった[20]。これは御前会議に向けた緊急対応であり、確実な計画とするため、これ以後、輸送力の見直しと捻出の作業が始められた。

表2-14 鋼材380万トン確保案（1942年12月）

(千トン)

国産		3,100
現地取得		72
特別措置		658
計		3,830
特別措置の内訳	満洲からの増送	220
	小型溶鉱炉	170
	屑鉄 非常特別回収	210
	屑鉄 満支より増送	15
	屑鉄 在庫取り崩し増	170
	土法銑	15
	支那銑	20
	計	820

注：特別措置は安全係数80％として計画化。
出所：企画院「企計M物A第〇〇六～八号昭和十八年度物動見透検討資料ニ対スル船腹増減ニ依ル見込修正」1942年12月5日、前掲『後期物資動員計画資料』第1巻、186頁。

3 物資動員計画第2次案の策定

(1) 輸送計画第2次案の策定

既に見たように、1942年12月10日の大本営政府連絡会議では、大量の船舶徴傭の中で、食糧輸入船腹を徹底的に圧縮してでも、高級アルミニウム約11万トンと普通鋼々材380万トンの確保を「絶対条件[21]」とすることが決定された。またC船の回復見通しについても、①43年5月1日時点の陸軍保有船舶を110万総噸に下げ、18万総噸を4月中に解傭すること、②海軍も5月1日時点の保有船舶を126万総噸に下げ、4月に3万総噸、5月に5万総噸の計8万総噸を解傭すること、③42年11月から実施した貨物船の応急油槽船への改造についても、陸海軍徴傭船とC船から19万総噸分を振り向け、43年10月以降毎月2万総噸を貨物船に再改造し、計12万総噸までC船として戻すこと、④43年4月以降は、陸海軍徴傭船の沈没・大破等に対するC船からの補

填は、月7.5万総噸以内を原則とすること、⑤43年度甲造船計画を75万総噸とすること、⑥引き揚げ沈船の民間引渡は、4月分を3万総噸とし、5月以降は、月平均1万総噸とすることなどが決定された[22]。

　しかし、1942年12月に入って海上輸送力はますます逼迫し、大本営政府連絡会議の決定に向けて、輸送計画を基礎から見直すことが必要になった。43年4月に予定されていた解傭船の復帰が5月以降になる見通しが判明し、4月には稼働不定期船108万総噸をもって月当たり221万トンを輸送するだけになり、定期船を入れても海上輸送量は月当たり246万トンにとどまった。43年度の船舶建造計画は、42年4月に艦政本部が作成した新たな建造工程表である「改四線表」では69万総噸（目標72〜75万総噸）とされていたが、その後も計画造船の建造は軌道に乗らなかった。43年度は可能な限り建造計画を拡大したが、75万総噸の建造に要する79万トンの鋼材は、42年10月の海軍側・企画院の折衝では企画院が難色を示したため確保されていなかった。11月に第1次輸送力案を策定するに当たっては、貨物船の50.5万総噸の部分だけ確定して、作業が進められた。12月10日の大本営政府連絡会議では、42年度の建造見通しが、計画されていた52万総噸から40万総噸にとどまることが報告され、所管する海軍への厳しい非難の末に、企画院がこれを了承する一方、事態打開に向けて43年度には75万総噸（貨物船37.12万総噸、鉱石船10.2万総噸、油槽船24.68万総噸、その他3万総噸）の大幅増産を達成するという計画を決定した[23]。艦政本部はこれを「改五線表」として計画化し、資材を徹底的に節約し、標準工期を短縮した

表2-15　1943年度輸送力第2次案（1942年12月29日）

（稼行船腹：千総噸、輸送力：千トン）

		1942年4月	1943年3月	年間計
稼働船	大型不定期船	995.7	1,140.7	12,991.4
	小型不定期船	85.8	107.8	1,161.6
	計	1,081.5	1,248.5	14,153.0
輸送力	不定期 積載重量	1,622.3	1,872.8	21,230.1
	稼航率	1.31 (2.0)	1.3 (2.0)	
	輸送力	2,214.0	2,547.8	28,915.1
	定期船輸送力	250.0	250.0	3,000.0
	計	2,464.0	2,797.8	31,915.1

注：外航機帆船は含まない。稼行率の（　）内は小型不定期船の稼航率。稼働船腹には上記のほか、43万総噸程度の定期船がある。
出所：企画院「昭和十八年度物動供給力計画（第二次案）ニ織込ミタル海上輸送力算定基礎条件」1942年12月29日、前掲『後期物資動員計画資料』第6巻所収、30頁。

第 2 次戦時標準船型を設計した。こうして、年度の後半から建造ペースを大幅に上げる計画として、12 月 15 日に新たな年間輸送力の基準を決定し、C 船及び運航機帆船の合計 3,283.6 万トン、それに A 船の輸送協力 51.6 万トン、B 船の輸送協力 50 万トンを加えて合計 3,385.2 万トンとした。そして、これを基に物動供給計画の第 2 次案を策定することになった[24]。12 月末には、表 2-15 のように、43 年度末に月当たり輸送力を 279.8 万トンにまで回復し、年間の C 船輸送力を運航機帆船を除いて 3,192 万トンとする輸送力第 2 次案を策定した。これは貨物船の建造計画を 66.5 万総噸として、所要鋼材が確保されることを前提にしていたが、それでも 10 月の準備段階で想定された前掲表 2-2 の年間輸送力基準（不定期船 4,866 万トン、定期船 300 万トン、運航機帆船 229 万トン）よりも、大幅に減少することが避けられなかった。

(2) 供給力第 2 次案の策定

鉄鋼以外の第 2 次供給見通し

　第 2 次輸送力案を基礎に、1 月半ばに鉄鋼関係の第一分科を除いた物資について、供給力見通しの第 2 次案が算出された。表 2-16 のように、第 1 次案に比べれば相当程度、持ち直したことが判明するが、1942 年度の実績見込みに比して、さらに厳しい状況であることも明らかになった。第二分科の銅の場合には 42 年度に 1 割程度を占めた輸入鉱石による製錬が急減した。供給の 26% を占めていた 39 年下期から 40 年度に実施した特別輸入等の在庫も見込めなくなり、国産鉱石の増産を図っても、供給は 42 年度見込みの 84% にとどまった。鉛については、42 年度の供給が特別輸入等の在庫に 56% 依存していたため、43 年度は 49% に激減した。亜鉛も在庫からの供給が見込めなくなったが、亜鉛は元々国内鉱石の比重が高く、これに特別回収を織り込んだことで 97% とした。アルミニウムについては、既に見たように南方産ボーキサイト輸入を徹底した重点化によって確保し、増産の見込みを立てた。第三分科の天然素材を見よう。まず第三国貿易の途絶以来、急速に減少していた紡績用棉花は、在庫の取り崩しが 42 年度計画の 3 分の 1 になり、ほとんどを北・中支からの輸入に依存する形となり、供給見通しは 73% の見通しになった。さらに前年度に在庫取り崩し分 11.6 万俵で総供給の 64% を賄っていた羊毛は、在庫の枯渇に

表 2-16　1943 年度物資動員計画供給力第 2 次案

分科	計画物資		国内生産		回収		在庫からの補填	
			内地	外地	一般	特別	一般	特別
第二	銅	トン	87,640	5,150	2,304	4,000		
	銅鉱	千トン	1,330	220				
	鉛	トン	15,380	21,350	1,800			
	鉛鉱	トン	34,600	25,800				
	亜鉛	トン	54,720	16,525	2,400	2,000		
	亜鉛鉱	トン	155,000	26,400				
	高級アルミ	トン	89,400	17,280				
	普通アルミ	トン	23,350	4,320				
第三	紡績用棉花	千担		368			500	
	羊毛	俵	4,780	1,170			22,000	8,985
	人絹用パルプ	英トン	90,200	8,800	16,000			
	スフ	千ポンド	126,000	8,880				
	マニラ麻	トン						
	生ゴム	トン						
第四	石炭	千トン	55,000	16,900				
第五	工業塩	トン		31,000	20,000			
	食料塩	トン	500,000	525,000				

注：羊毛の供給にはドイツからの輸入 3,857 俵を含む。第 2 案・前年度供給力ともに陸海軍現地取得を除く。
出所：企画院「昭和十八年度物資動員計画第二次案（供給力計画）」1943 年 1 月 13 日前掲『後期物資動員計画資

よって対前年度 33％に急減した。代替繊維材料であるスフの生産も、原料パルプ、薬品割当の減少から 59％とされ、衣料生産は全般的に収縮する見込みとなった。マニラ麻、生ゴムは国内在庫がなく、南方で確保できる分だけとなり、これも前年比で大幅減となった。第四分科の石炭の見通しが対前年 90％となったことは、最大需要産業である鉄鋼はじめ、あらゆる産業、鉄道輸送が縮小することを意味していた。第五分科の食料塩は国内産のほぼ全てと北支塩を注ぎ込んで安定した供給を維持することが至上命題であった。一方で工業塩は 28％減と厳しい状況となり、ソーダ灰は 64％、苛性ソーダは 82％、硫安は 77％になるなど、軒並み前年比で 2 割程度の減少となった。そのなかで大幅の増産を目指したのは爆薬原料の濃硝酸 129％、硫酸 106％、航空燃料添加剤のブタノール 130％、メタノール 110％、医薬品のキニーネ 114％などであった。そのほかの海外依存の高い重要物資は、輸送力の減少によって軒並み前年計画

(1943年1月)

円域輸入	甲地域輸入	乙地域輸入	供給	対前年度比%
			99,094	84
28	94		1,672	
			38,530	49
11,300	11,000		82,700	
640		2,400	78,685	97
			181,400	
3,200			109,880	108
			26,670	98
2,204			3,072	73
			40,792	33
			115,000	
			134,880	59
	60,000		60,000	75
	35,600	28,000	63,600	53
7,880		240	80,020	90
749,200			800,200	72
700,800			1,725,800	101

料』第1巻所収、247〜282頁。

を大きく下回ることになった。

鉄鋼需要の激増と追加配当案

　鉄鋼生産については、1942年12月10日に大本営政府連絡会議で380万トンを確保することが決定され、それは42年度下期の実績や輸送力の見込みからすればやむを得ない目標であった。しかし、43年度に船舶と航空機の飛躍的な増産を目指す陸海軍の鉄鋼需要量はそれを遥かに上回っていた。その一方、銑鋼一貫体制を強化し、42年度も500万トン以上の生産を予定して、設備増強を進めてきた鉄鋼業界としても、380万トン程度の生産計画では休止する溶鉱炉が発生し、業界に大きな混乱が生じるおそれがあった。このため鉄鋼統制会は、極力生産計画の拡張と原料確保を要求し、増産案の策定作業を続けた。

　鉄鋼に対する民需も重点分野で激増していた。汽船・木造船の建造計画の上方修正や、陸運転移に伴う鉄道車両の増強、さらに南方での石油施設、鉱業資源開発に必要な鋼材の確保も求められた。機械関連産業では設備の大幅な拡充をする以外に、数年分の受注を処理することができなくなっており、鋼材の増配が急務であった。第2次標準船の量産計画では、新設造船所による改E型（2E型：870総噸）の大量生産計画が新たに設定された。これは船舶建造の「固有計画」（75万総噸）から分離されて、「応急計画」（25万総噸）と呼ばれた[25]。応急計画の1943年度所要鋼材も固有計画の79万トンとは別に、16.47万トンと査定され、この確保も求められた[26]。また、42年度まで陸海軍需枠から拠

表 2-17　1943 年度民需用鉄鋼配当

	総額	㊦	移管航空	C_2			C_3	$C_{4イ}$	
				日本	満洲	支那		満州	支那
1942 年度物動配当	2,240,200	1,000	679	1,050,087	30,751	69,980	191,828	108,151	97,600
380 万トンの配当	1,370,000	1,500	339	597,000	17,500	39,700	109,000	15,500	55,400
36.5 万トンの配当	365,000			129,017	8,500	10,000	56,548	33,500	
計	1,735,000	1,500	339	726,017	26,000	49,700	165,548	49,000	55,400
対前年度比	77.4	150.0	49.9	69.1	84.6	71.0	86.3	45.3	56.8

注：C_2 の満洲分のうち 1 万 7,500 トンは $C_{4イ}$ に移管されている。36.5 万トンの追加配当のうち C_2 には、このほか 72.6 ％となる。㊦は沈船の引き揚げ用。
出所：企画院「一／一八普通鋼々材推定割当ニ折リ込ミタル年間配当概案」1943 年 2 月 6 日前掲『後期物資動員

出していた南方甲地域での石油・鉱物開発、木造船、鉄道、通信事業用の資材は、43 年度から民需枠の中に新設された C_y 枠として確保することが求められた。42 年度計画の甲地域の開発用鋼材は陸軍 13 万トン余、海軍 1,200 トンであったが、43 年度用に陸軍は 12 万トン余、海軍は 8 万トン余を求めた。これを差しあたり陸軍所管分 7.1 万トン、海軍所管分 2.9 万トン程度と査定した[27]。このほか、C_2、C_3、$C_{4イ}$ に追加すべき潤滑油増産用、内地・朝鮮・満洲の鉄道車両用、木造船増産用などで 53 万トン、合計で 60 万トン以上の鋼材の追加供給が必要だった。そして、53 万トンのうち 16.5 万トンは造船応急計画用として海軍へ移管し、残りの 36.5 万トンを緊急民需に割り振って、2 月 6 日に配当概案が策定された。

　12 月 10 日の 380 万トン案の際の民需配当は 137 万トン（うち緊急用 10 万トン）で、これは 1942 年度配当 224 万トンの 61％ に過ぎず、既に民需が大幅に切り捨てられていた。追加分の配分も最重要部門に重点化された結果、表 2-17 のように前年度計画とは大きく異なる部分が生じた。配当総量は前年度の 77.4％ となり、生産拡充用の国内分は追加分を相当投入したものの、前年度の 69％ にとどまった。鉄道の重点化を組み込んだ官需も、追加分を入れてようやく 86％ であった。生産拡充用では潤滑油・鉄道車両が重視され、官需用でも鉄道建設用を重点化した。満洲・支那向けの輸出用は半減したが、そのなかでも奉山線（奉天〜山海関）の輸送力の増強用には追加配当された。一般民需では、沈船引き揚げ用㊦、防空用、労務者施設用、木造船用、南方開発用

概案（1943年2月）

（トン、％）

$C_{4口}$	C_5					C_y	$C_2 \sim C_5$ 緊急用
	防空用	木造船	労務用	回収用	その他		
28,107	21,200	36,320	6,461	508,036		10,000	80,000
10,000	21,200	18,160	3,660	2610	285,730	20,000	172,701
	10,000	30,000	19,340	11,595	33,000	100,000	-110,000
10,000	31,200	48,160	23,000	14,205	318,730	120,000	62,701
35.6	147.2	132.6	356.0	65.5		1200.0	78.4

に日満支の区分を設けない3万3,500トンがあり、これを含めるとC_2全体の対前年度比は

計画資料』第1巻所収、449～450頁。

C_y の割当が大幅に増加した。このうち防空用は特に通信施設向けであった。木造船は当初外地を含め前年度3万6,320トンの半分の1万8,160トンの配当であったが、大幅な追加要求を受けて3万トンを上乗せした。労務施設もほとんどは軍需関連施設であり、「その他」の追加分も硝酸、有機合成化学、カーボンブラック等の生産施設用であった。また、前年まで陸海軍需から拠出した甲地域の開発用資材C_yを一般民需枠で負担することにした結果、これも他の民需を圧迫することになり、純民生用や緊急用の予備分は大幅に減少し、民需の中身も実際には軍需関連部門を中心に組み替えられた。

鉄鋼統制会の増産計画案

こうした重点分野への増配を含む配当概案が2月初めに策定された前提には、供給力第2次案の時点では未定とされた鉄鋼生産について、鉄鋼統制会からの増産見通しの提示があったからである。鉄鋼統制会は1月25日に「昭和十八年度以降鉄鋼緊急対策要項」を政府に示し、鉄鋼増産に向けて、①海上輸送力の集中と船舶建造の増強、②夏期生産減を防止するための熟練労働者と生活関連物資の確保、③国内に潜在する鉄資源の「非常特別回収」を実施し、年度当初の一定期間に50万トン確保することなどを求めた。2月12日には、表2-18のように1943年度物動計画の早期の策定を要求し、参考として42年度鋼材供給見通し（国内生産408万トン、満洲現地取得・輸入7.5万トン、計415.5万トン）とほぼ同じ水準の鋼材420万トン案（国内生産412.2万トン、満洲現地取得・輸

表2-18 鉄鋼450万トン供給案（1943年2月）

(千トン)

		2月12日案 420万トン	2月27日案 450万トン
国内生産		4,122	4,422
現地・満洲		78	78
計		4,200	4,500
配当基準		3,800	4,200
銑鉄生産		3,736	4,205
本船輸送力	鉄鉱石	3,772	4,818
	銑鉄	3,986	4,186
	副原料	964	1,218
	石炭	5,064	5,876
	計	13,786	16,098

注：「現地・満洲」は満洲国での陸軍の現地取得分と対日供給の合計。
出所：鉄鋼統制会「昭和十八年度鉄鋼生産計画遂行ニ関スル件」1943年2月27日前掲『後期物資動員計画資料』第1巻所収、472頁。

入7.8万トン）を策定した。銑鉄については、42年度見込み（436万トン）よりも14%減の373.6万トンという案を提示し、その上で、種々の環境変動リスクを考慮して、鋼材の配当計画は380万トンに止めておくことを関係大臣に提案した。2月中旬には物動編成方針が閣議決定されていたが[28]、企画院はこの提案を院内事務限りの基礎案にとどめ、3月以降も調整を続け、さらなる増産を探り続けた。

統制会が420万トン案のリスク要因として挙げていたのは、海上輸送力の確保、原料品質の変動、原料の陸送転移（鋼材換算12万トン）、小型溶鉱炉による銑鉄生産（同10万トン）、特別回収屑（同7万トン）、対満期待銑鉄（同8万トン）のほか、圧延計画の変動による能率の低下、製品の工場滞貨による生産の阻害などで、また各工場での貯鉱の急速な減少も操業休止のリスクを高めると見ていた[29]。

しかし、鉄鋼統制会は、2週間後の2月27日にこうしたリスクの多い増産策を繋ぎ合わせた計画の立案方針を転換し、輸送力の大幅な増強を前提とした計画に改編することを求めた。目標生産量は420万トンから450万トンへと、30万トン増に過ぎないが、その性格は大きく異なった。420万トン案は、C船による鉄鉱石輸送377.2万トンに制約されたものであったが、鉄鋼統制会としては、銑鉄生産が1942年度よりも減少し、このままでは溶鉱炉7基が休止となるという問題を指摘し、改めて銑鋼一貫体制による増産を求めた。特に420万トン案に織り込んでいた非常特別回収、小型溶鉱炉による銑鉄生産、鉱石・石炭等の陸運転移などは、「実行上ノ重要条件ニ不安ナル分子ヲ包蔵」していると疑問視していた。一方で銑鋼一貫工場における高炉を休止すれば、①生産の均衡を崩し、コークス炉ガス、溶鉱炉ガスの発生量の減少による製鋼、圧延

工場のガス不足を来すこと、②鋼材用の鋼塊生産では最も効率的な一貫工場が8割を占めるため、銑鉄の減産による能率の低下が大きいこと、③造船用厚板・鋼管・線材などの限定品種はおおむね一貫工場に依存していることなどから、深刻な影響が出ると指摘した。また、④休止高炉の再操業には、新煉瓦の積み替えが必要となり、溶鉱炉で3〜6ヶ月、コークス炉で1〜1年半を要する上に、耐火煉瓦の取得が困難になっていること、⑤コークス炉の休止はアルミニウム製錬に不可欠なピッチの減産を来すこと、⑥空襲に備えた稼働高炉の確保が必要であることなど、高炉休止に伴う様々な問題点を挙げていた。

また内地からの溶鉱炉の移設については、釜石から北支製鉄への1基の移設計画が1943年度内にようやく完了する見込みであることなど、移設が円滑には進まないことを指摘した。そして、「鉄鋼生産力ノ伸長性」を保持し、「万難ヲ排シテモ鉱石石炭等ノ鉄鋼原料ノ増送ヲ為スコト絶対必要」として、海上輸送力の割当を変更し、銑鋼一貫施設の国内稼働を維持することを提言した。提案内容は、前掲表2-18の鋼材450万トン案（国内生産442.2万トン、現地取得・満洲輸入7.8万トン）、銑鉄420.5万トンであり、これによって鋼材配当についてもおおむね420万トンまでは確実になると指摘した[30]。

商工省の増産計画案

商工省からも、鉄鋼統制会とほぼ同じ趣旨の計画が提示されていた。企画院が基礎案とした鋼材420万トン計画では、①休炉設備が溶鉱炉全42基（うち1基未稼働）中、7基に上ること、②高炉の操業復活には3〜6ヶ月、コークス炉では12〜18ヶ月を要し、状況の変化（配船の増加、空襲被害）への対応や44年度生産に支障が出ること、③銑鋼一貫における銑鉄・鋼塊・鋼材の生産均衡が崩れ、製鋼工場・圧延工場の燃料ガスの不足が生じること、④厚板・鋼管・線材の限定品種の生産にも支障が出ること、⑤軽金属工業の電極用ピッチの供給に支障を生じることを指摘した。そして、統制会の鋼材450万トン生産案を前提に、これと関連させて特殊鋼45万トン、鍛鋼20万トン、鋳鋼23万トン、鋳物用銑鉄配当90万トンを実現するために、表2-19のような海上・陸上輸送力の不足分の追加を求めた。陸海軍徴傭船による物動輸送協力ではなく、C船を確保した上で日満支間の鉄鉱石輸送を100万トン増強するなど、海上輸送力

表 2-19　1943 年度鉄鋼生産計画の年間所要輸送力比較

(千トン)

	企画院 2月基礎案 420万トン	商工省3月提案		商工省 4月決定 420万トン
		450万トン	不足輸送力	
鉄鉱石用配船	3,772	4,818	△ 1,046	3,866
石炭用配船	5,064	5,857	△ 793	5,424
銑鋼用配船	3,205	3,376	△ 171	3,236
炉材用物資配船	736	880	△ 144	969
マンガン鉱用配船	167	192	△ 25	181
石灰石用配船	252	120	132	640
蛍石用配船	50	48	2	56
海上輸送合計	13,246	15,291	△ 2,045	14,372
銑鋼用陸送	2,449	3,426	△ 977	5,737
苦灰石用陸送	131	153	△ 22	313

注：石炭は原料炭、発生炉炭、一般炭の合計。苦灰石は栃木県葛生産の苦灰石の陸送による輸送力。4月決定には、機帆船への転換として石灰石64万トン、蛍石 5.6 万トンを含む。本船のみの年間輸送力は 1367.6 万トン。
出所：商工省金属局「昭和十八年度鉄鋼生産計画案」1943年3月6日、同「昭和十八年度鉄鋼生産計画案　参考資料」1943年4月15日前掲『後期物資動員計画資料』第1巻所収、476～533頁。

で年間 200 万トンを追加することや、陸送でも 100 万トンの追加が必要となるこの提案は、容易に調整できるものではなかったが、その提案ですら「所与ノ条件並ニ計算上挙ゲ得タル各般ノ条件ガ完全ニ而モ適時ニ満足セラルルコトヲ前提」にしたギリギリのもので、確実な見通しは 410 万トン程度に過ぎず、それ以上を期待して「戦争遂行上ノ基準トスルコトハ絶対不可ナリ」というものであった。一方、企画院の 420 万トン案では、特殊鋼生産を 40 万トンに抑えることになった。また、所与の条件が「完全ニ而モ適時満足セラルルコト」を前提としていたため、確実な見通しは 380 万トンであり、それ以上は「絶対不可」であると、十分な輸送力を確保せずに楽観的な見通しを重ねたものであると企画院案を牽制し、鉄鋼統制会案を支持していた。

4　物資動員計画第 3 次案と最終案の策定

(1)　輸送力第 3 次案の策定

こうした事情から、2月以降も C 船の輸送力のさらなる増強対策を模索することになった。検討課題は、①4、5月に計 9.8 万総噸としていた第 2 次案に

表 2-20　1943 年度輸送力第 3 次案（1943 年 2 月 22 日）

(稼行船腹：千総噸、輸送力：千トン)

			1943 年 4 月	1944 年 3 月	43 年度計
稼働不定期船			1,166.9	1,476.4	15,872.5
輸送力	不定期	積載重量	1,750.4	2,214.6	23,809.1
		稼航率	1.31	1.30	1,305
		輸送力	2,293.0	2,879.0	31,064.7
	定期船		267.7	241.8	3,056.9
	外航機帆船		147.4	290.1	2,599.8
	計		2,708.1	3,410.9	36,721.4

注：不定期船稼航率は全船で 1.30 ないし 1.31。稼働不定期船の「43 年度計」は各月稼働船腹の 12 ヶ月合計。
出所：企画院「十八年度汽船（含外航機帆船）輸送力算定調書（物動第三次案算定基礎）」1943 年 2 月 20 日、前掲『後期物資動員計画資料』第 6 巻所収、31 頁。

おける陸海軍の船舶解傭を 5 月から 8 月にかけて 26 万総噸に増加すること、②新造船の増産ペースを、4 月の 2.8 万総噸から年度末の 3 月に 6.8 万総噸に引き上げる 2 次案から、4 月の 3.0 万総噸から 8.5 万総噸へと一挙に引き上げ、C 船を回復することであった。そして、この増強計画を柱に、表 2-20 のような第 3 次の輸送力案が策定された。また 1942 年 10 月の作業では、定期船は船腹 39.6 万総噸に対して月間輸送重量を 29.5 万トン（1 総噸当たり 0.74 トン）としていたのに対して、第 3 次案では 43 年 4 月の 33.1 万総噸による 26.8 万トン（同 0.81 トン）から、44 年 3 月の 30.2 万総噸による 24.2 万トン（同 0.80 トン）と見込み、強引に稼航率や積載率を引き上げた。

　運航機帆船の輸送力は、第 1 次案では月 229 万トン余としていたが、1942 年度に軌道に乗らなかった木造船の計画造船を確実なものにすることで増強した。1 月 20 日の閣議決定「木船建造緊急方策要綱」では、資材面の見通しがないまま、内地 36 万総噸の当初建造目標が設定され、2 月の企画院作業ではこのうち貨物船 28.5 万総噸の建造を見込み、これを大陸との輸送に当たる運航機帆船用に 13.5 万総噸と、北海道炭の輸送用に 15 万総噸を割り当てた。このうち 60％の能力が使用可能になるとの見通しで、輸送力が算出され、機帆船運航統制会社の所属船、委託船と新造船をとともに、稼航率を 4～10 月を月 2.0、冬期の 11～3 月を月 1.8 として、260 万トンの輸送力とした[31]。この結果、

10月案には依然及ばないものの、11月の第1次案を上回る輸送力となった。

(2) 輸送計画とその調整

輸送力の捻出と3月1日案

　第3次案を基に、1943年度物動の基礎になる共栄圏全域の輸送計画が3月1日、表2-21のように決定された。定期船と不定期船の全輸送力を日満支域での輸送に換算した合計輸送力は3,412万トンであったが、これを各地域へ割り当て、航続距離等に基づく地域別ないし航路別の稼航率に応じて、輸送力を算出した。このうち日満支域には2,716万トンが割り当てられ、運航機帆船の輸送割当260万トンとともに、大陸からの石炭、鉄鉱石、銑鋼、非鉄等の輸送に当たった。これに陸海軍の徴傭船による満支産物資の輸送協力等が加えられた。その他の機帆船等による沿岸物資輸送では、石炭輸送が計画化された。また42年度第4四半期から石炭、鉄鉱石等の「満支物資」の一部を朝鮮半島の主要港まで鉄道で輸送し、そこから船積みする陸運転移を実施していたが、これも192万トン分が計画に組み込まれた。さらに、沿岸機帆船によっていた海送貨物を全面的に鉄道に転換した輸送計画（帝国鉄道完全転移）の623.2万トンをこれに加えて、総合輸送計画とした。この年度計画を、輸送力増強見通しを勘案しつつほぼ4分割した四半期計画も同時に策定され、各四半期の基本計画となった[32]。なお「帝国鉄道完全転移」以外の海上輸送と代替関係のない鉄道輸送計画等は、後述の交通動員計画の中で見通しを策定することになった[33]。

　甲地域からの主要な輸送物資は、ボーキサイトのほか南方固有の資源が中心であり、この輸送力捻出の結果、ボーキサイトは第1次案より10万トン以上積み増されて、94.2万トンとなり、その半分は陸海軍徴傭船の協力によって確保された。

附録修正計画

　さらに3月に入ってからも、輸送力の増強対策が検討された。陸海軍徴傭船による輸送協力を全域で増強し、朝鮮の沿岸輸送に当たっていた朝鮮機帆船の一部を物動輸送に組み込むなどして、海上輸送協議会、鉄道輸送中央協議会とも協議の上で、前掲表2-21の「附録修正」と名付けた増強計画を策定した。

第2章 共栄圏構想の挫折（1943年度）

表 2-21　1943年度地域別輸送計画の推移

(千トン)

			1942年度輸送計画 42年3月7日	連絡会議提示案 42年12月10日	物動計画輸送計画 43年3月1日	附録修正 43年3月16日	主要物資
日満支輸送		C 船輸送物量	50,580	28,083	27,164	26,679	石炭、鉄鉱石、銑鋼、非鉄他全般
		運航機帆船	1,330	2,294	2,600	2,600	
		小計	51,910	30,377	29,764	29,279	
		A 船支援輸送		120	120	355	朝鮮銑鋼、非鉄
		B 船支援輸送	717	380	380	796	ボーキサイト等
	その他機帆船	内航（若松）	13,320	13,210	11,750	11,750	石炭
		内航（伊勢）	480	240	240	240	
		内航（北海道）	180	285	1,508	1,508	
		帆船	480	480	480	480	
		被曳船	1,868	1,872	1,560	1,560	
		朝鮮機帆船	600			360	
		関釜連絡船	240			240	
		小計	17,168	16,087	15,539	16,138	
	満支物資大陸輸送			1,260	1,920	1,920	大豆、銑鋼、石炭等
	帝国鉄道完全転移		2,166	4,297	6,232	6,232	石炭、銑鋼等
	合計		71,961	52,521	53,954	54,720	
甲地域	C 船輸送物量		1,204	871	977	844	ボーキサイト、コプラ、麻類、鉱石等
	A 船支援輸送		507	396	456	596	ボーキサイト等
	B 船支援輸送		553	120	165	165	
	合計		2,264	1,387	1,598	1,605	
乙地域	C 船輸送物量		1,969	1,567	1,534	1,534	石炭、ボーキサイト、生ゴム等
	A 船支援輸送		315				
	B 船支援輸送		975				
	合計		3,259	1,567	1,534	1,534	
総計			77,484	55,475	57,086	57,859	

注：1942年度計画は年度当初の計画。「昭和十七年度物資動員計画（配船計画）」とは僅かの違いがあるが、原資料のまま。連絡会議提示案は、42年12月10日の大本営政府連絡会議の際の見通し。物動輸送計画は43年3月1日の決定値、附録修正は3月16日付の決定値の修正計画。「その他機帆船等」は、機帆船、被曳船、帆船で、石炭輸送だけを計画化したもの。石炭以外の沿岸輸送には、非鉄、木材、銑鋼、肥料、セメント、塩、穀類、油類、木炭類等があり、1943年度は従来実績の80％として、935万トンを見込んでいた。
出所：企画院「昭和十八年度物資動員計画及各四半期実施計画（輸送計画）」1943年3月1日、同「同（輸送計画附録）」1943年3月16日前掲『後期物資動員計画資料』第6巻所収。

それでも海上輸送力は太平洋戦争開戦直後の大量船舶徴傭という悪条件下で策定された1942年度当初計画より、約2,000万トン少ない5,785.9万トンという規模であった。

各種輸送力の前年度からの推移を見よう。C船（汽船）輸送力は、1942年度輸送計画は日満支5,058万トン、甲地域120.4万トン、乙地域196.9万トンの合計5,375万トン（AB徴傭船を含めると5,682万トン）に対して、船舶増徴による下期の縮小改訂もあって、輸送実績は4,010万トン（同4,285万トン）にとどまった[34]。43年度の汽船の輸送計画も結局、日満支2,667.9万トン、甲地域84.4万トン、乙地域153.4万トンの2,905.7万トン（同3,096.9万トン）にとどまった。このため43年度から大型機帆船の日満支輸送計画を前述のように42年度の133万トンから260万トンに増強することになり、機帆船運航統制株式会社への国家使用機帆船の集中と、木造船計画造船の大量引受を計画した[35]。さらに本来的には海送物資であった物資を鉄道輸送に完全に転移する計画も、42年度の216.6万トンから623.2万トンへと一挙に増加させ、陸運への負荷を上げた。船舶建造計画も引き上げられ、C船は42年度の52万総噸（実績41万総噸）から43年度は105.7万総噸へ、42年8月から計画造船を開始した木造船の戦時標準船も、42年度8～3月の6.9万総噸（同実績340総噸）から43年度は43万総噸へと飛躍的に増強することになり[36]、後述のように造船計画の拡充と鋼材とりわけ限定品種等の資材確保、そのための製鉄設備の休止回避策の模索、地方経済行政の一元化による支援など、輸送力の維持に向けた集中的な動員が実施されることになった。

なお機帆船による内地沿岸輸送のうち、石炭については、北海道炭の輸送力増強が図られたものの、関門隧道によって鉄道輸送が増強された分、優良機帆船を日満支輸送に動員したため、全体では1次案とほぼ同じ水準にとどまった。石炭以外には明確な計画化をしなかったが、物動主要物資については、非鉄類、木材、銑鋼を中心に表2-22のように、935万トンを見込んだ。

こうした物動輸送計画を基礎に物動供給計画が策定され、一方海上輸送統制の実施機関である海務院では、輸送力を大まかに割り振った物動輸送計画を基に、航路別・物資別に詳細な輸送計画を策定した。

表2-22 機帆船による石炭以外の1943年度物動物資輸送力各地
海務局管内出港の沿岸航路輸送物資（1943年2月）

（千トン）

	横浜	名古屋	神戸	門司	函館	計
鉄鉱石	20	17	217	12		266
銑鋼	268	25	367	288	1	949
塩	14	26	396	19	1	457
非鉄類	167	115	2,027	311	5	2,623
セメント	101	12	257	192	6	568
油類	134	11	164	71	1	382
木材	247	288	1,522	500	35	2,592
穀類	49	24	230	56	14	374
肥料	85	41	475	96	5	702
飼料	6	30	40	8		84
木炭類	44	40	194	68	8	355
計	1,136	629	5,888	1,622	77	9,352

注：横浜海務局管内は東北、関東、新潟、静岡、名古屋海務局は中京、北陸、神戸海務局は近畿、四国、山口以外の中国、門司海務局は九州、山口、沖縄、函館海務局は北海道。
出所：企画院「昭和十八年度機帆船輸送力算定表」1943年2月22日前掲『後期物資動員計画資料』第6巻所収、39頁。

修正第3次案

　しかし、こうした細部の作業に入ってからも、船舶の喪失は増加し続けた。後述のようにソロモン諸島における攻防の激化から、徴傭船の解傭予定は縮小せざるをえなくなり、一層の輸送力の増強対策のため、海軍艦政本部は厚板・鋼管の割当増を要求しつつ、建造計画の上乗せを図った。3月には、資材の裏付けがないまま、船舶建造計画を1943年度120万総噸、44年度180万総噸に一挙に引き上げた「改六線表」を作成した。この結果、造船用鋼材の捻出が43年度物動計画の大きな懸念材料になった。結局、4月に決定された物資動員計画では、当面101万トンの鋼材配当を基礎に、43年度107.5万総噸、44年度144万総噸という建造計画になった。既に見たように鉄鋼統制会も高炉の休止を避けるべく、輸送力の増強と追加配分を求めていた。

　しかし、5月から7月に陸軍が18万総噸、海軍が5月から8月に8万総噸の徴傭船を解傭するという予定は大幅に縮小された。陸軍の解傭は第1四半期4.2万総噸、第2四半期4.7万総噸など、第4四半期までに12.4万総噸になり、

表 2-23　1943 年度輸送力修正第 3 次案（1943 年 4 月 1 日）

（稼行船腹：千総噸、輸送力：千トン）

		43 年 4 月	44 年 3 月	43 年度計
稼働不定期船		1,254.2	1,562.2	18,252.5
輸送力	不定期 積載重量	1,881.3	2,343.5	24,367.0
	稼行率	1.31	1.30	
	輸送力	2,464.5	3,046.6	31,791.8
	定期船	223.6	191.0	2,487.1
	外航機帆船	147.4	290.1	2,599.8
	計	2,835.5	3,527.7	36,878.7

注：稼働不定期船の「43 年度計」は各月の稼働船腹の 12 ヶ月合計。
出所：海務院運航部第一輸送課「昭和十八年度物資動輸送量ト輸送力及其ノ需給調整計画」1943 年 4 月 1 日前掲『後期物資動員計画資料』第 6 巻、154 頁。

海軍は第 2 四半期までに 4 万総噸を解傭するにとどまったため[37]、年間を通じた船舶拡充はこの建造計画によっても、僅かに 15.7 万総噸の増強に過ぎなかった。特に大規模な解傭が期待されていた年度当初の輸送力が大きく落ち込むため、従来計画されていなかったドイツ、イタリアからの 3.32 万総噸の傭船を 4 月から 6 月に実施し、その見返りに 7、8 月に両国に同規模の輸送協力をする形で調整して、年度開始前から狂い始めた既定輸送計画を、辛うじて維持しようとしていた。

　海上輸送力が動揺を繰り返す中で、海務院は船舶建造 107.5 総噸のうち貨物船の新造船見通しを 88 万総噸と想定し、4 月 1 日、表 2-23 のように日満支換算輸送力の修正第 3 次案を作成した[38]。輸送力は 1943 年 4 月の 283.6 万トンから年度末の 3 月には 352.8 万トンに増強され、不定期船・定期船の年間輸送計画は 3,427.9 万トンとなり、3 月 1 日案の 3,412 万トンとほぼ同一水準に戻した。海務院は、外航機帆船と合わせて 3,687.9 万トンを基に共栄圏内の輸送計画を策定することになった。

1943 年度の共栄圏海上輸送計画

　しかし、その輸送計画は極めて危ういものであった。運航機帆船を含む C 船の稼働船腹量、積載可能重量、日満支間の運航率から算定された輸送重量は、輸送計画の策定の基礎となり、海務院では 4 月 1 日に表 2-24 の輸送力需給調整計画を策定した。共栄圏全域の輸送要求量は 5,928 万トン（日満支間の輸送に換算して 6,622 万トン）に上っていたが、これを大幅に圧縮して、物動輸送計画がまとめられた。計画では C 船輸送力を陸海軍徴傭船による輸送協力や陸運

表2-24 1943年度汽船・運航機帆船の輸送増強と需給調整計画（1943年4月1日）

(千トン)

		第1四半期	第2四半期	第3四半期	第4四半期	年間
	C船+運航機帆船の算定輸送力 x	8,600.3	8,787.8	9,265.1	10,225.5	36,878.7
輸送要求量	日満支	14,621.8	15,526.3	13,075.6	11,620.8	54,844.5
	甲地域	403.9	401.0	397.8	391.0	1,593.7
	乙地域	739.8	706.5	684.3	714.0	2,844.6
	計	15,765.5	16,633.8	14,157.7	12,725.8	59,282.8
	（日満支換算）	17,559.5	18,381.7	15,841.6	14,433.8	66,216.6
物動輸送計画	C船 日満支	7,688.3	7,726.4	7,687.0	8,652.5	31,754.2
	C船 甲地域	139.2	208.2	267.7	249.7	864.9
	C船 乙地域	374.9	484.6	456.6	285.6	1,601.7
	C船 計	8,202.4	8,419.2	8,411.3	9,187.8	34,220.8
	（日満支換算） y	8,962.3	9,465.8	9,543.4	10,081.0	38,052.5
	A船輸送標準	179.0	179.0	179.0	179.0	716.0
	（日満支換算）	518.7	518.7	514.3	514.3	2,066.0
	B船輸送標準	136.3	136.3	136.3	136.3	545.2
	（日満支換算）	230.2	230.2	229.0	229.0	918.4
	計 a	8,517.7	8,734.5	8,726.6	9,503.1	35,482.0
	（日満支換算）	9,711.2	10,214.7	10,286.7	10,824.3	41,036.9
不足	対物動輸送計画 y−x	362.0	678.0	278.3	△144.5	1,173.8
	算定輸送力の減少補塡	450.4	721.5	1,034.0	1,404.2	3,610.1
	計 b	812.4	1,399.5	1,312.3	1,259.7	4,783.9
増送対策	限定航路船利用の出荷促進	472.4	461.1	461.1	461.1	1,855.7
	A・B船の利用強化	121.2	122.2	122.2	122.2	487.8
	中小破A・B船の応急支援	70.8	70.8	47.2	0.0	188.8
	乾舷減少による能率増強	133.5	133.5	132.6	132.6	532.2
	鉄道転移余剰船腹の利用	21.2	101.0	173.4	△23.8	271.8
	大陸物資南鮮中継の強化	20.8	150.0	150.0		320.8
	輸送経路の変更による増強			計画中		
	港湾荷役力の増強	812.0	818.0	856.4	941.5	*3,427.9
	計 c	1,651.9	1,856.6	1,942.9	1,633.6	7,085.0
	純増送可能量 c−b	839.5	457.1	630.6	373.9	2,301.1
	総輸送目標量 a−b+c	9,357.2	9,191.6	9,357.2	9,877.0	37,783.1

注：「港湾荷役力の増強」は、企画院第五部「昭和十八年度交通動員実施計画表」1943年4月7日前掲『後期物資動員計画資料』第8巻所収、91頁では、年間で177万トンにとどまり、その分「純増送可能量」、「総輸送目標量」も僅かに縮小している。

出所：海務院運航部第一輸送課「昭和十八年度物動輸送量ト輸送力及其ノ需給調整計画」1943年4月1日前掲『後期物資動員計画資料』第6巻所収、153頁。

転移で増強した上で、甲地域、乙地域の稼航率を勘案して地域別に配分し、3,548万トン（同4,104万トン）とした。このうちC船による輸送計画は3,422万トンであったが、これは日満支間の輸送に換算すると3,805万トンとなり、算定された輸送力を117万トンも上回っていた。しかも戦況の推移によって、期間中の新造船、沈船引き揚げ、徴傭船舶の解傭、外国傭船の不調などによる輸送力の縮小をそれぞれ10％減、稼航率低下を0.05と想定し、年間では361万トンの輸送量が減少するとも予測された[39]。

　この不足分に対する増送と需給調整対策は以下のように策定した。増送対策は限定航路の就航船の効率上昇、陸海軍徴傭船の利用率引き上げ、乾舷の減少（積載量の増加）による増送、港湾荷役力の増強による停泊期間の短縮などが主なものであった。既に織り込まれている徴傭船利用や陸運転移もさらに見直すことで、708万トンの輸送力増強を組み込んだ。輸送要求量には遠く及ばなかったが、こうして海務院による運航指令のレベルで極力輸送力を引き出すことで、物動輸送計画よりもさらに230万トン程度は多く輸送できるとする見通しを立てた。このなかで懸案であった鉄鋼向けの輸送力も捻出された。鉄鋼統制会の450万トン生産計画に見合う輸送希望を満たすことはできなかったが、北洋材の輸送中止で20万トン、穀類13.4万トン、塩9.1万トンの輸送削減や、海南島鉱石の一部を中支の鉱石へ転換することによって新たに鉄鋼業向けに49.5トンの鉱石輸送力を捻出した[40]。

海上輸送力の確保対策

　1943年4月2日には「物的戦力ノ決定的要素タル交通力ノ飛躍的拡充」を目指し、輸送計画を達成するため、あらゆる手段を講じるとして、43年度の交通動員実施計画綱領案が策定された[41]。その重点課題は、①海上・陸上輸送力の飛躍的増強、②港湾運営力の強化、③海陸輸送の一体的運用、④全面的計画輸送の実施、⑤生産・配給・輸送の連携強化、⑥南方諸地域の航空輸送の拡充、⑦通信疎通力の拡充、⑧交通施設の整備、⑨国民協力体制の確立とされ、そのために満洲国、汪兆銘政府、南方軍政等との緊密な協力関係も求められた。

　このうち、①の輸送力増強に関しては、(i)第2次戦時標準船型による鋼船・木船（国内・南方）の建造計画を促進し、沿岸輸送を極力木船に転換すること、

(ⅱ)沈船の引き揚げ・損傷船修理の促進、(ⅲ)外国傭船の活用、(ⅳ)漁船・特殊船・雑船の貨物輸送への転換、(ⅴ)深水槽・燃料槽を活用した液体貨物の増送、(ⅵ)中国沿岸航路と配船の調整による日本側の配船負担の軽減、(ⅶ)満洲・北中支での戒克船(ジャンク)の動員など、共栄圏全域であらゆる船舶を根こそぎ動員することになり、そのため、各種運送機関の連携強化のための船舶通信機構の拡充などが必要とされた。また陸上輸送力の増強のため、地方鉄道、軌道、自動車、小運送を集中管理するための行政権限を強化することになった。鉄道に関しては、(ⅰ)貨物輸送中心の列車運行体制の整備、(ⅱ)機関車・貨車の運用効率の向上、(ⅲ)荷造りの規格化、荷造り資材の確保、(ⅳ)不急旅客の抑制、旅客車両の整理を進めることになった。自動車輸送については、(ⅰ)旅客事業を統合整理し、貨物・乗合自動車事業の再編成と自動車の再配置をすること、(ⅱ)増積などによる効率的運用を図ること、(ⅲ)自動車運送事業組合を改組して統制力を強化し、重点輸送を実現すること、(ⅳ)修理部品・潤滑油・燃料等の生産・配給体制を整備することが挙げられた[42]。また、陸運転移に対応して、小運送事業では運搬手段を確保して国営貨物自動車等との連携を強化することになった。

②③④⑤の港湾行政と海陸一体運用や一層の計画化に関しては、戦時輸送委員会を強化し、関係行政や協議機関を動員して、輸送距離の短縮、交錯輸送の抑制、内外での航路標識の整備、軍船・艀船・自動車・荷牛馬車等の小運送の活用に取り組むことが指示された。種々の中継輸送も具体化され、(ⅰ)北海道炭・樺太炭を中継輸送するための東北・北陸諸港の整備、(ⅱ)大陸物資の中継輸送のための朝鮮南部諸港の荷役施設の整備、(ⅲ)新造機帆船の北海道炭積取と大陸物資の中継輸送への集中投入が指示された。また主要線区の線路容量、操車能力の増強、青函・関釜・博釜連絡航路の増強が挙げられた。各種輸送機関の総合的増強には価格政策と一体となった運賃政策も求められ、機帆船の運航管理を含めた船舶運営会機能の強化が唱えられた。港湾機能の強化のためには、港湾地方行政を強化し、海陸荷役作業の一体化、倉庫業務の統制、小口物の整理、揚場の集約などが掲げられ、艀修理の促進、船員の確保のほか、重油不足への対応には石炭燃焼曳舟の動員が指示された[43]。

⑥の航空輸送については、大型輸送機の増産、日満支航空路の一体的運用のほか、海上重要旅客を航空機に転移すべく南方航空路の強化が必要とされ、運

航・通信施設・気象情報管理などの航空行政の一元的運用と強化が求められた。⑧の交通施設整備関係では、(i)電話等の重点整備、(ii)緊急通信の優先取扱い、(iii)遊休施設・設備の計画的転用、(iv)土木工事施工体制の再編と重点化、(v)施設防空防護の強化、(vi)隘路となっている幹線道路の拡充、(vii)東京・横浜・名古屋・大阪等での水路網の整備などが掲げられた。⑨の国民協力体制の強化に関しては、船員・機関車乗務員・自動車運転手・同技工、小運送従業員、土木建築要員等の交通要員の確保と資質の向上をはかり、戦時勤務に関する特別の処遇が必要とされた。さらに女性の使用範囲の拡大や、支障がない範囲で朝鮮半島からの労働力・俘虜の使用、荷役労務要員の組織化と動員を進めることとした。航空要員についても、操縦士・機関士・通信士・整備士の養成のほか、通信・気象関係技術者の確保が緊急課題とされた。

鉄道・小運送の輸送力増強・調整対策

4月30日には交通動員実施計画が閣議決定となり、石油製品を除いた海上輸送のほか、物流の細部まで計画化が進められた[44]。貨物については、海上輸送の逼迫で石炭をはじめとする陸上輸送貨物が急増していた。陸運転移物資も

表 2-25 1943 年度鉄道輸

		内地				朝鮮			
		官営		民営		官営		民営	
		旅客	貨物	旅客	貨物	旅客	貨物	旅客	貨物
	基本輸送量	57,141	32,851	31,176	842	6,895	6,836	425	370
	輸送需要量	67,122	40,834	37,668	1,025	7,950	10,709	514	444
	輸送力不足	9,981	7,983	6,492	183	1,055	3,873	89	74
増強	車両増強	20	3,112	163	2	32	2,194	8	14
	能率向上	2,286	1,079	1,567	17	103	450	4	8
	規制量	9,889	3,792	4,762	164	1,366	1,229	77	52
	規制率	14.7	9.3	12.6	16.0	17.2	11.5	14.9	11.9
	輸送見通し	57,233	37,042	32,906	861	6,584	9,480	437	392

注:百万人km、百万トンkm以下四捨五入。規制率は四捨五入していない原資料による。官ル減」がそれぞれ、2,214百万人km、446百万人kmがあるため、その分規制量が増大し
出所:企画院第五部「昭和十八年度交通動員実施計画表」1943年4月7日前掲『後期物資動

その多くが石炭、鉱物類で、内地官営鉄道への陸運転移1,572万トンのうち、石炭が715万トン、鉄鉱石等の鉱物類は198万トン、銑鋼が245万トンを占めた。朝鮮官営鉄道では陸送転移232万トンのうち、石炭40万トン、銑鋼61万トン、塩44万トン、大豆・大豆粕83万トンと、大陸と内地を結ぶ重要物資の輸送が激増することになった[45]。旅客輸送も重要工場への大量労務動員によって通勤需要が激増し、1942年度計画でも旅客輸送需要の8.8％、貨物の6.0％を規制していた。43年度も表2-25のように貨物、旅客の輸送需要が急増した。このため、車両増設や輸送効率の引き上げを図ったが、旅客需要の14.2％、貨物の9.8％を規制し、貨車を中心に車両を増設した。総輸送量では内地が圧倒的な比重を占めていたが、増強率では大陸からの海送物資の陸運転移を担った朝鮮官営鉄道に重点が置かれた。

　貨物の物資別の規制を見よう。内地では輸送需要の8.4％を占める軍用貨物、21.3％の陸運転移物資、28.8％の生産力拡充関連物資、3.1％の事業用物資は規制しないのに対して、生活必需物資については8.3％、全輸送需要の26％を占める「其ノ他物資」は31.5％の規制になった。朝鮮でも、輸送需要の10.2％を占める軍用物資、24.3％の陸運転移物資は規制できないため、事業用物資は8

送需給調整計画（1943年4月）

（旅客：百万人km、貨物：百万トンkm）

台湾 官営		台湾 民営		樺太 官営		全国		1942年度全国	
旅客	貨物	旅客	貨物	旅客	貨物	旅客	貨物	旅客	貨物
1,381	1,106	106	78	159	133	97,283	42,216	90,769	38,477
1,587	1,253	122	83	189	141	115,152	54,489	102,525	42,554
206	147	16	5	30	8	17,869	12,273	11,755	4,077
	42	5	4		6	228	5,374	336	996
28	11	2	1	3	1	3,993	1,567	2,397	523
178	94	9	0	27	1	16,308	5,332	9,022	2,557
11.3	7.4	7.6	0.8	14.5	1.3	14.2	9.8	8.8	6.0
1,409	1,159	113	83	162	140	98,844	49,157	93,503	39,998

営の需要量は鉄道省にて「厳重査定」を受けたもの。内地および朝鮮の官営旅客事業は「列車取消ニヨている。
員計画資料』第8巻所収、104、111頁。

表 2-26　1943 年度陸上小運送需給調整計画

(トン)

内　地						
	貨物大型	貨物小型	荷牛馬車	荷車・リヤカー	その他	計
基本輸送力	33,526	2,300	37,988	17,252	5,759	96,825
所有者	23,705	1,998	13,232	13,148	3,272	55,355
専属車量	9,821	302	24,756	4,104	2,487	41,470
輸送需要量	84,198	6,014	78,184	20,047	12,029	200,472
輸送不能量	50,672	3,714	40,196	2,795	6,270	103,647
増強　組合支援	23,200	1,598	19,960	473	3,087	48,318
自家用車	18,982	1,307	17,003	403	2,525	40,220
能率増進	3,047	209	2,632	1,151	576	7,615
車両増強	5,443	600	701	768	82	7,594

朝　鮮					
	貨物大型	貨物小型	荷牛馬車	荷車・リヤカー	計
基本輸送力	290	96	7,696	4,389	12,471
輸送需要量	4,622	365	55,947	9,294	70,228
輸送不能量	4,332	269	48,251	4,905	57,757
増強　車両増強			2,370	1,087	3,457
代燃車増強	92	119			211
揮発油特配	73	16			89
専属借入車			9,116	410	9,526
組合支援	4,167	134	36,064	3,408	43,773
能率増進			701		701

台　湾			
	貨物大型	荷牛馬車、牛馬、リヤカー	計
基本輸送力	549	2,898	3,447
輸送需要量	895	5,955	6,850
輸送不能量	346	3,058	3,403
増強　代燃車増強	135		135
揮発油特配	101		101
業者専属雇入車	98	1,440	1,538
組合支援		1,490	1,490
能率増進	11	127	138

出所：企画院第五部「昭和十八年度交通動員実施計画表」1943 年 4 月 7 日前掲『後期物資動員計画資料』第 8 巻所収、121～123 頁。

％、全輸送需要の56％を占める「其ノ他物資」は19.1％の規制となり、朝鮮域内の諸事業や一般生活も本格的に戦時的抑制を受けることになった[46]。

　鉄道の輸送統制による駅頭滞貨の増加を回避するため、陸上小運送の増強や補填対策も計画化された。表2-26のように、前年度並みの揮発油配給や小運送業者の所有設備から算出される基本輸送力では賄えず、内地と台湾では基本輸送力と同じ水準の輸送不能量が発生し、朝鮮に至っては輸送不能量が基本輸送力の4.63倍にも達する見込みとなった。これに対して、いずれの地域でも車両の増強や能率の増進を試みるものの、小運送業者の努力では到底カバーできなかった。このため、内地では貨物自動車を独自に配車できる工業組合等の配給統制機関による輸送支援や、鉄道輸送の利用者による自家用のトラックや荷牛馬車での輸送に依存した。朝鮮では小運送業者への荷牛馬車、荷車、リヤカーの増設のほか、小運業者が専属の牛馬車を雇い入れるなどの措置をとっていたが、これでも到底間に合わず、配給統制団体に対しても荷牛馬車、荷車・リヤカーによる輸送協力を求めることになった。台湾でも小運送業者による専属荷牛馬車の雇い入れや配給統制団体の独自の輸送に任せて、「輸送不能量」をすべて処理して、駅頭滞貨の発生を回避しようという計画であった。こうした小運送事業の逼迫は、既に前年度には深刻になっていたものとみられるが、製品を出荷する統制会・工業組合でも出荷のたびに発駅・着駅や、駅最寄りの発送所への輸送伝票を作成し、厳格な出荷管理を義務づけられるなど、統制機関には膨大な管理業務が発生することになった。

　これ以外にも、1943年度交通動員実施計画では主要港湾の荷役力の増強と調整計画によって船舶稼航率の引き上げを図り、主要航空航路の輸送需給調整計画も策定された。電信事業についても基本疎通可能量に対する優先疎通分の確保や、必要回線数の増強などが計画化され、電話加入者、電話機数の需給調整計画が策定されるなど、交通動員計画は精緻なものになっていった。

5　1943年度供給計画の策定

(1) 満洲国との調整

　円系通貨圏、タイ、仏印、南方占領地域からの物資輸入の見通しは、1942年10月に企画院がまとめた物資動員計画第1次案の策定要領の中で示され

表 2-27 満洲国からの 1943 年度輸入見込み

(トン、注記のあるものを除く)

物資名	第1次案 42年10月	第2次案 42年12月	物資名	第1次案 42年10月	第2次案 42年12月
普通鋼材	4,200	64,000	高級石綿	30	130
普通鋼塊	326,700	166,000	普通石綿	310	600
普通銑	220,000	623,000	製紙用パルプ（英トン）	8,300	
低燐銑		250,000	亜麻	4,000	4,000
屑鉄	12,000	46,000	大麻	1,000	2,000
鉄鉱石	29,000		黄麻	1,500	
クロム鉱	780		満洲材（m³）	97,000	
モリブデン鉱	1,200	400	石炭（千トン）	1,780	2,480
バナジウム	200	100	コークス	5,000	5,000
耐火粘土	3,600		工業塩（千トン）	390	301
鉛鉱	10,000	9,300	食料塩（千トン）	330	173
亜鉛	1,500	640	ソーダ灰	10,000	10,550
アルミニウム	2,200	3,200	純ベンゾール	7,500	5,000
蛍石	36,000	2,000	硫安	105,000	67,000
ピッチ	3,000	3,000	トウモロコシ（千トン）	133	35
ピッチコークス	5,000	4,500	大豆（千トン）	1,000	104

注：関東州からの輸入を含む。関東州は、塩の大部分のほか、ソーダ・硫安の全量のほか純ベンゾール、硫酸、トルオールの輸入を計画化した。
出所：企画院「昭和十八年度十九年度物資動員計画第一次案（供給力）策定要領（作業資料添附）」1942年10月22日、企画院「昭和十八年度物資動員計画第二次案（供給力）策定要領」1942年12月15日前掲『後期物資動員計画資料』第1巻所収。

た[47]。この見通しは、現地からの「供出可能額ノ範囲ニ於テ且船腹予定量内トノ関係ヲ考慮」して、重要物資に限定して検討されたもので、これを前提として物動供給計画が策定された。円決済圏である満洲国からの供給見通しは、表2-27の第1次案のようにまとめられた。国内で需給の逼迫していた銑鉄、鋼材、特殊鋼原鉱、非鉄金属、蛍石等の軽金属用補助材料、繊維原料、塩、化学物資、大豆等の食糧などを中心に、幅広い対日協力が期待されていた。

しかし、満洲国の物動計画との調整や船腹の確保は容易ではなかった。1942年末の鉄鋼供給380万トン案の策定が懸案になった際、企画院は満洲国側の協力が不可欠であると認識していた。満洲での大規模な建設工事の多くを中止し、対日素材供給を極力拡大するという方針は、43年度計画の立案が始まった当初より満洲国側に伝えられていたものとみられる。42年11月に満洲国側から届いた43年度の対日要望は[48]、「明年度ハ物動上日満両国共ニ非常ノ事態タル

ニ付テハ物動計画ノ遂行ニ最善ノ努力ヲ致シ相互ニ其ノ計画供給量ヲ絶対ニ確保スルコトト致シ度」として、表2-28に計上された鋼材・銅の満洲への供給を「絶対的ニ確保」するよう求めていた。普通鋼鋼材は満洲国に期待される製鉄事業の拡充用であり、満洲国での産出量が少ない銅は、機械の素材としての要望であり、これも満洲国内の生産力拡充用であった。その一部

表2-28 満洲国の対日期待物資（1942年11月）

（トン）

普通鋼	昭和製鋼所拡充用	26,400
	本渓湖煤鉄公司拡充用	4,500
	満洲住友金属工業	1,800
	計	32,700
銅	機械素材・電線等（下段はアルミ1,300トンと交換）	3,200
		2,000
	計	5,200

出所：満洲国政府「康徳十年度物動関係対日要望事項」1942年11月25日前掲『後期物資動員計画資料』第1巻、315頁。

は満洲側からのアルミニウム輸出と交換という形になっていた。加えて、42年度の日本からの輸入計画の未実行分として、アルミニウム現送済みの400トンと交換されるはずの銅700トンの発送、線材工場の満洲への移設促進も、43年度の対日協力の前提として求めていた。

このほかに「特別要望事項」として、①陸軍の援助により進めている松花江の水力電源を利用した満洲電気化学工業株式会社のブタノール、メタノール生産計画への支援、②資源最適立地として立案された昭和製鋼所の700トン高炉1基（1943年4月着工、12月完成）、本渓湖煤鉄公司の600トン高炉建設（工期2年半）の促進、③電力・自給原料・技術の条件を完備した満洲軽金属株式会社（安東）のアルミニウム2万トン設備計画の完成、④撫順炭鉱東製油工場での頁岩油採取、⑤人造石油事業への技術的支援、⑥満洲国向けD型戦時標準船2隻の確保、⑦日本側が要望した機関車用加熱気筒油の生産拡充計画への支援などが挙げられた。

一方、満洲国側の物動概略案では、鉄鋼類の対日供給は、軍の現地調達を含めて107万トンと想定していたが、企画院の要望を受け入れて対日増送を決定した。これを受けて、満洲側は12月に対日協力の前提となる要望事項として、①満洲側産業の稼働のための1942年度対満洲割当の鋼材12万トン余、銅4,100トンの確実な実行、②鉄鋼技術者の派遣、③北支・蒙疆・日本からの鉄鉱石55万トン、石炭259万トン、満俺鉱3.6万トンの確保、④製鉄用、鉱山用の機械類の確保などを訴えた[49]。

表 2-29　1943 年度満洲国物動計画における対日供給計画

	満洲国対日供給計画						対前年度
	1942 年度			1943 年度（43 年 1 月）			
	現地	日本	計	現地	日本	計	
普通鋼材	65,000	4,000	69,000	60,000	18,300	78,300	113
鋼塊・鋼片	3,000	119,000	122,000	3,000	176,000	179,000	147
普通銑	34,000	450,000	484,000	45,000	536,000	581,000	120
低燐銑	30,000	180,000	210,000	30,000	220,000	250,000	119
製鋼原鉄	3,000	14,000	17,000	6,000	30,700	36,700	216
屑鉄	1,600	10,000	11,600	1,600	15,000	16,600	143
電気銅							
鉛	500	1,550	2,050	500	2,100	2,600	127
鉛精鉱		8,000	8,000		2,224	2,224	28
粗鉛					3,900	3,900	
亜鉛		500	500	500	2,150	2,650	530
亜鉛精鉱		7,000	7,000				
アルミニウム	1,200	2,000	3,200	1,300	3,000	4,300	134
蛍石	80	16,239	16,319	80	29,342	29,422	180
マグネシウム		300	300		400	400	133
硬焼マグネシア		96,000	96,000		183,870	183,870	192
耐火粘土		150,000	150,000	26,400	150,000	176,400	118
紡績用棉花（担）							
石炭（千トン）	2,900	1,662	4,562	3,010	1,760	4,770	105
普通揮発油（kl）							
灯油（kl）							
重油（kl）		100,000	100,000		65,337	65,337	65
塩	15,000	664,500	679,500	15,000	758,000	773,000	114
ソーダ灰	1,200	7,400	8,600	1,500	9,000	10,500	122
硫化鉄鉱							
機械類（千円）							

注：第七分科の農産物を除く。「現地」は陸海軍による現地取得。
出所：満洲国「主要物資対日並期待量増減表」1943 年 1 月 24 日前掲『後期物資動員計画資料』第 1 巻所収、企画給力計画」）1943 年 4 月 15 日前掲『後期物資動員計画資料』第 2 巻所収。

　12 月には輸送力第 2 次案が検討される中で、前掲表 2-27 の第 2 次案のように対日鉄鋼供給を中心に大幅な引き上げを図った。その一方で、蛍石、木材、食料などは重要物資でも輸入が削減された。

　満洲国における 1943 年度物動計画は、種々の輸送力拡充措置を踏まえて、1943 年 1 月中にまとめられた。このうち、農産物を除く主な物資の対日協力

と対日期待物資

(トン、%、注記のあるものを除く)

物資動員実施計画 (43年4月)	対日期待 (43年1月)		
	42年度	43年度	対前年度
78,000	145,000	40,000	28
176,000			
581,000	37,585	33,000	88
250,000			
16,000			
	3,890	5,000	129
600	2,440	1,500	61
232			
1,000	2,375	1,150	48
4,300	565	700	124
27,300			
400			
	262,932	351,021	134
2,120	400	300	75
		22,040	
	70,000	47,598	68
	40,000		
549,000			
10,550			
	187,067	100,000	53
	199,060	234,453	118

院「昭和十八年度物資動員計画及四半期実施計画（供

(輸出）と、対日期待（輸入）を見たのが表2-29である。鉄・非鉄金属素材は、銅を除いて前年度以上に対日協力を強化する一方、日本からの期待量は、銅、棉花、揮発油と機械類が若干増強されたほかは、最小限度にまで制限された。普通銑鉄生産は23万トン増の166万トンが見込まれたが、増産分の42％に当たる9.7万トンは対日協力の増量に当てられ、協力量は前年比20％増の58.1万トンとなった。低燐銑の増産分4万トンは全て対日協力の増量となり、協力量は19％増の25万トンになった。鉄鋼半製品の鋼塊の対日供給も6.6万トンから12.4トンにするなど、満洲国内向け供給を抑えて、対日協力を優先した。農産物については、米や一部の植物油等を減らす一方で、麦類、小麦粉、大豆等の対日協力を増強した[50]。

しかし、4月に決定された1943年度物動実施計画の供給計画では計画化品目が削られ、鉄鋼関係の水準は維持されているが、鉛・亜鉛、石油・石炭等は重点物資でありながら大幅に削減されるなど、供給力と輸送力の面で確実なものに絞って計画化していることがわかる。

(2) 中国占領地域からの輸入見通し

汪兆銘政権下の、蒙疆、北・中・南支や海南島からの輸入見通しも、満洲国

表2-30　中国占領地域からの1943年度輸入見通し

(トン、注記のあるものを除く)

物資名	第1次案 42年10月	第2次案 42年12月	実施計画 43年4月	物資名	第1次案 42年10月	第2次案 42年12月	実施計画 43年4月
普通銑	25,000	82,000	207,500	黄麻	1,550	1,550	1,550
屑鉄	40,000	40,000	5,000	石炭（千トン）	6,800	5,400	4,920
鉄鉱石（千トン）	5,040	3,550	3,674	工業塩	663,000	448,600	391,900
マンガン鉱	21,000	21,000	23,000	食料塩	580,000	528,100	560,100
銅鉱		27,600	11,500	油料種実	266,000	59,000	51,000
鉛鉱	5,000	2,000	2,000	植物油脂	19,100	7,000	8,500
礬土頁岩	186,000	177,000	232,000	生漆	140	140	140
蛍石	119,500	139,000	133,700	五倍子	1,000		660
紡績用棉花（千担）	1,793	2,204	2,375	燐鉱石・燐灰石	80,000	52,000	96,000
製綿用棉花（千担）	270	236	300	アヘン	23.8	23.8	23.8
苧麻	1,500	1,000	1,000	大豆	20,000		
大麻	150	150	150	牛肉	3,700		

注：蒙疆、北支、中支、南支、海南島の地区別見通しを合計した。
出所：前掲「昭和十八年度十九年度物資動員計画第一次案（供給力）策定要領（作業資料添附）」、前掲「昭和十八年度物資動員計画第二次案（供給力）策定要領」、前掲「昭和十八年度物資動員計画及四半期実施計画（供給力計画）」。

貿易と並行して検討された。1942年10月以降の検討経過は、表2-30の通りである。いずれも国内で著しく不足する物資であったが、輸送力の確保が困難であった。このため、屑鉄、マンガン鉱、銅鉱、礬土頁岩、蛍石などの重要金属原料の縮小を極力避け、第2次案では工業塩、油糧種実、油脂、肥料原料、大豆等の食料を圧縮して対応した。その後の輸送力の捻出によって極度の圧縮は僅かながら緩和され、閣議決定となった4月の実施計画では、食料・棉花の輸入の増量も認められた。しかし、輸送力の多くは銑鉄と礬土頁岩に向けられ、鉄・アルミニウムの重点化を進めることになった。こうして、共栄圏内の中核地域間の貿易も、5大重点産業以外は顧みる余裕を失いつつあった。

(3) 南方軍政地域からの輸入見通し

　南方の軍事占領下の甲地域は、作戦区分から、陸軍所管のA地区（フィリピン、北ボルネオ、ジャワ、マレー・スマトラ、ビルマ）と、海軍所管のB地区（セレベス、ボルネオ、南洋諸島）でそれぞれ軍政、動員行政を分掌していた。A地区からの1943年度物資取得見通しは、第1次案の検討を始めた42年10月以

降、表 2-31 のように推移した。太平洋戦争開戦当初に策定された 42 年度の供給計画（前掲表 1-23）では、南方占領地域を指した第二補給圏（その後甲地域）から、屑鉄 11.1 万トン、鉄鉱石 35 万トン、マニラ麻 7.3 万トン、生ゴム 5.6 万トンをはじめ、豊富な天然資源の獲得に大きな期待を寄せていた。しかし、42 年秋の船舶増徴の影響を強く受けた結果、43 年度輸入見通しは、対枢軸国向け輸出物資を差し引くと大幅に削減されることになった。枢軸国向け輸出には輸送力を供出してはいないとみられるので、日本向け輸出の減少は輸送力が最大の隘路であった。輸送には C 船だけでなく、陸軍徴傭船（A 船）の協力も受けることになっていたが、その不足は決定的であった。12 月の第 2 次案では、占領地域の輸出力から輸送力を控除した「余剰」物資が算出され、輸送力不足によって輸出困難になる物資が判明するが、鉄鉱石、マンガン鉱、非鉄金属鉱石、麻類、生ゴム、南洋材、油脂、液体燃料原料で大幅な「余剰」が発生するという事態となった[51]。このため、第 3 次輸送力案の策定作業によって、最大で 30 万トンの輸送力が捻出されることを期待して、鉄・非鉄原料、油脂、燃料類の増送計画も準備していた。

　その後、第 3 次輸送力案によって、相当程度の輸送力が見込めることになったことから、マンガン鉱とボーキサイトに重点を置くなど、4 月の実施計画では改めて鉄鋼と軽金属中心に輸送計画を組み直した。

　海軍所管の B 地区からの輸入見通しも同様であった。表 2-32 のように第 1 次案の時点では対日 28 万トン程度の輸送力を想定していたが、第 2 次案になると対日輸送量は 12 万トンにまで絞らざるをえなくなった。ニッケル鉱、マンガン鉱など特殊鋼原鉱、屑鉄、肥料原料の燐鉱石、コプラ、南洋材、牛皮など、国内で需給が逼迫した物資が、当初は幅広く計画の俎上に上がっていたが、第 2 次案ではニッケル鉱とコプラに絞り込まれた。このため、仮に南方の輸送力が 5 万トンないし 30 万トン増強された場合に、積み増しすることを想定し、生ゴム、マンガン鉱、ダマル、コパル、ヒマシ、牛皮の復活を期待するという計画案になった。しかし、結局、最終決定になった 43 年 4 月の実施計画でもその他の輸入は復活せず、ニッケル鉱とコプラへの集中が鮮明になった。

　なお、生ゴム、錫、油脂、マンガン鉱、コパル等については、独・伊にとっても重要戦略物資であったため、こうした主要物資が逼迫した状況でも、A

表2-31 甲地域内陸軍所管地域（A地区）からの主要物資の1943年度

物資名	第1次案（1942年10月）				輸出能力	第2次案（1942年 対日供給		
	総供給	現地	対日	枢軸		A船	C船	計
マンガン鉱	104		100	4	110	24		24
クローム鉱	80		50	30	80	12		12
銅鉱	158		158		175		96	96
タングステン鉱	8.2		7	1.2	7.65	0.6	6	6.6
鉄鉱石	1,900		340	1560	2,200	72		72
錫	60		25	35	30	6	12	18
亜鉛鉱	20		20		105			
鉛鉱	22		22		32.5		12	12
屑鉄	110		80	3	61			
ボーキサイト	550		500	50	720	240	456	696
ピッチコークス	30		20	10	30	6	6	12
マニラ麻	143		100	43	96.5		72	72
生ゴム	350		93	257	450		48	48
コプラ	570	340	88	142	165		120	120
苧麻	3.6		2.5	1.1	3.6			
黄麻	6.8		6.8		2.4			
棉花	33.4		28	5.4	15			
南洋材	2,472.9	2,073.3	60	339.6	330.3			
チーク材	307.5	275	10	22.5	20			
牛皮	21.25	6.38	14.8	0.07	7.33	6.48		6.48
合計	6,950.7	2,694.7	1,725.1	2,503.9	4,641.3	367.1	828.0	1,273.4
コプラ油	295	155	80	60	100		80	80
パーム油	130	20	50	60	130		28	28
糖蜜	245	65		180	180			
ブタノール	220			22	3			
合計	890	240	130	322	413		10.8	108

注：甲地域内の陸軍の所管地域は、「A地区」と呼ばれ、フィリピン、北ボルネオ、ジャワ、マレー・スマトラ、のコプラは、実施計画ではヒマシ以外の「その他植物油脂原料」と総称され、AB地区合算で表示された。
出所：企画院「昭和十八年度甲地域物資ノ物動計上検討」1943年1月11日、前掲『後期物資動員計画資料』第

地区16万5,870トン、B地区1,660トンの対枢軸国向けの輸出を計画した[52]。

　この1943年度計画の実施と現地経済の建設方針については、1941年12月に策定された南方経済対策要綱を改訂した南方甲地域経済対策要綱が43年5月に大東亜省連絡委員会で策定された。最大限の資源獲得を目指す基本政策に大きな変更はないが、①日本経済の負担軽減のため現地の自給態勢と南方地域

取得見通し（1943年1月）と実施計画（4月）

（千トン）

12月）			輸送増強の場合の対日供給増加		実施計画対日供給（43年4月）
枢軸	計	余剰	5万トン	30万トン	
1.77	25.77	84.23	10	38	77.9
	12	68		30	12
	96	79	10	79	94
0.5	7.1	0.55		0.5	3.74
	72	2,128			54
10	28	2		2	18
		105		10	
	12	20.5	19	20	
		61			
	696	74		40	786
	12	18	5	8	11.5
	72	24.5		20	73.5
66	114	336		20	70.33
	120	45		10	*151
		2.4	1	2	
		15		4	
		330.3			
		20			
	6.48	0.85		0.85	6.48
78.3	1,267.2	3,414.3	45.0	284.4	1,358.5
20	100				108
66	94	36	36	36	
		180	11	180	
		3	3	3	
86	194	219	50	219	108

ビルマ。第1次案の「枢軸」には、予備分を含む。「現地」は現地消費分。＊印
1巻所収、前掲「昭和十八年度物資動員計画及四半期実施計画（供給力計画）」。

間交流を強化することが強調され、日本の人的支援は指導的・中堅的人材に限ること、資材は物動計画上、南方開発用として別掲すること、②物資還送負担の軽減のため、現地での精製、加工能力を強化すること、③現地での木造船建造を中心に船腹の増強と輸送能率の向上を図ること、④敵国への流出の抑制に重点を置いてきたゴム、錫などの南方資源産業については、新規の用途の開発

表 2-32 甲地域内海軍所管地域（B 地区）からの主要物資の 1943 年度取得見通し

物資名	第1次案（1942年10月）				第2次案（1942年12月）				余剰
	総供給	内訳			現地	対日	枢軸	小計	
		現地	対日	枢軸					
ニッケル鉱	200		120	80		84		84	116
マンガン鉱	5			5					5
屑鉄	37			37					37
燐鉱石	350		60	290					350
生ゴム	30		7	23					30
コプラ	300	100	72	128	100	36		136	164
黄麻	1.2		1.2						1.2
ヒマシ	2.5		2	0.5					2.5
棉花	5.4		2	3.4					5.4
南洋材	189.6			189.6					189.6
ダマル	7		2	5					7
コパル	5		2	3			1	1	4
藤	18		2	16					18
牛皮	2.45	0.22	2.2	0.25	0.22				2.23
石炭	503	123		380	123				380
胡椒	2.1		1	1.1					2.1
マングローブ・バーク	39	35	2	2	35				4
コプラ油	9	9			9				
合計	1,706.3	267.2	275.4	1,164.0	267.2	120.0	1.0	221.0	1,318.0

注：甲地域内の海軍の所管地域（B地区）は、セレベス、ボルネオ、南洋諸島等。第1案の枢軸国向けには予備はその他の物資を含む。対日輸出量はB船による輸送を想定。第2次案の総供給は第1次案と同じ。＊印のコの他植物油脂原料」と総称され、AB地区合算で表示された。このため、表2-31とこの部分は重複している。
出所：前掲「昭和十八年度甲地域物資ノ物動計上検討」、前掲「昭和十八年度物資動員計画及四半期実施計画（供

等によって極力維持、培養すること、⑤繊維工業等の生活必需品工業を培養し、最低限の民生を維持することを謳ったことがその特徴であった。多くの世界貿易品を産出してきた南方諸地域は日本の占領によって産業構造、商品需給構造の再編を余儀なくされた。しかし、現地経済が混乱し、民生の安定を脅かしつつあるにもかかわらず、日本からの十分な生活物資の供給は見込めなかった[53]。甲地域における自給工業化計画の実績、木造船建造計画の実績については第3章で、また地域間の経済交流計画の実績については終章でまとめて見ることにするが、いずれも不十分な成果で終わっている。

(1943年1月)と実施計画(4月)

(千トン)

輸送増強の場合の対日供給増加		実施計画対日供給(43年4月)
5万トン	30万トン	
36	116	92.159
	5	5
	30	
	75	
	1.2	*151
	2.5	
	5	
5	7	
3.7	3.9	
	10	
	2.23	
	4	
44.7	261.8	248.2

分も含む。「現地」は現地消費分。合計にプラは、実施計画ではヒマシ以外の「そ

給力計画)」。

(4) 乙地域(仏印、タイ)からの輸入見通し

変則的ながら、僅かに貿易相手国として残された仏印、タイからの期待物資については、ＡＢ船による支援輸送も設定されず、表2-33のように配当された輸送力は10月の第1次案の300万トンから12月の第2次案で153万トンに半減した。この結果、計画物資も大幅に絞り込まざるをえなくなった。その中で、1943年度は燐鉱石、生ゴム、黄麻、アンチモン鉱などを増量し、甲地域等の減少分を少しでもカバーしようとしていたことがわかる。

12月の第2次案以降も、輸送力の捻出努力が続けられるものの、輸入期待物資はさらに重点化され、1943年4月の実施計画では燐鉱石、マンガン、ボーキサイト、牛皮などに限定して増量し、戦略物資の輸入計画の維持が図られた。

しかし、輸入計画、特にタイからの計画は金額ベースで対前年比11％に激減した。X資金(物動物資輸入)を見ると、表2-34のように総額では前年度の2億5,094万円に近い資金を用意していたが、輸送力の見通しが立ったときの予備とみられる「補正用」資金が前年度よりも大幅に増額されている。Y資金(米穀輸入)も表2-35のように当初案に比して大幅に削減された。なお、仏印に対しては延べ払いを実施しており、1943年度受け取り分も年度内の支払いは輸入額の45％とし、残りは次年度支払いであった。したがって、前年度の延べ払い分があるため、対仏印の43年度支払いは1億円を超え、米の輸入資金は現物の削減に比して前年の1億9,200万円から劇的には下がっていない。

表2-33 乙地域（仏印・タイ）からの1943年度物資輸入見通し

(千トン)

物資名	第1次案 42年10月	第2次案 42年12月	実施計画 43年4月	物資名	第1次案 42年10月	第2次案 42年12月	実施計画 43年4月
マンガン鉱	1		6	ダマル	1		
燐灰石	80	84	102	牛皮	5		5
タングステン鉱	1		3.7	松脂	2	1.2	1.2
鉄鉱石	50			漆	1.5	1.2	1.2
錫	6			アンチモン鉱	1	1.2	1.2
ボーキサイト	50		30	亜鉛	4	2.4	2.4
生ゴム	30	48	33	スチックラック	2		1.5
黄麻	2	2.4	2.4	セラック	2		0.3
マングローブ・バーク	5			石炭	650	240	
ヒマシ	1			桐油	0.8		
ヒマシ油	0.8			硅砂	10		
工業塩	50			屑鉄	3		
トウモロコシ	240	120	150	チタン原鉱	1		
棉花	1			米	1,800	1,032	829.8
デリス根	0.1			その他とも合計	3,006	1,532	1,169.7

注：実施計画の米は、5,532千石であり、1石＝150kgで換算した。
出所：前掲「昭和十八年度十九年度物資動員計画第一次案（供給力）策定要領（作業資料添附）」、前掲「昭和十八年度物資動員計画第二次案（供給力）策定要領」、前掲「昭和十八年度物資動員計画及四半期実施計画（供給力計画）」。

表2-34 物動X資金による乙地域輸入計画

(千円)

	仏印	タイ
亜鉛	3,480	
黄麻	1,560	
牛皮	4,000	3,780
生ゴム	36,000	5,360
石炭	3,600	
漆	1,560	
燐灰石	3,351	
玉蜀黍	16,200	
その他計	71,431	10,523
補正用	66,400	72,800

出所：企画院「昭和十八年度物資動員計画及各四半期物資動員実施計画（配当計画）」1943年4月22日　前掲『後期物資動員計画資料』第2巻所収。

表2-35 物動Y資金による乙地域米穀輸入計画

(千トン、千円)

		42年度	43年度
仏印	輸入量	1,136	675
	輸入金額	197,868	86,441
	うち年度内支払分 a	75,718	38,898
	前年度分 b	96,547	64,337
	年度支払総額 a+b	172,265	103,235
タイ	輸入量	640	247
	輸入金額 c	192,000	42,247
	合計 a+b+c	364,265	145,482

注：仏印の「年度内支払分」、「前年度分」は日仏印経済協定（1941年5月）に基づく延べ払いによる支払い。
出所：前掲「昭和十八年度物資動員計画及各四半期物資動員実施計画（配当計画）」。

(5) 枢軸国・中立国からの輸入見通し

　枢軸国・中立国からの輸入も、僅かではあるが、計画された。その最大の項目は整流器、電池等に利用されるドイツ、イタリア産の水銀である。水銀は総供給の81.7万トンのうち、国内分は内地生産195トン、在庫は8.7万トンに過ぎず、イタリアからの41.5万トン、ドイツからの12万トンに大きく依存していた。羊毛も4万792俵のうち、3,857俵がドイツからの輸入であった。このほか硼砂、硫酸、硫酸、光学ガラスなどで若干の輸入を計画していた。

(6) 供給計画

計画の拡張

　輸送力の検討作業と平行して、主要物資の供給見通しも概算されていたが、輸送計画の第2次案がまとまった2月18日に、国家総動員諸計画の編成方針、最重要物資等の見通しが立てられ、計画の策定日程等も決められた[54]。物資動員計画については、①前年度に引き続き年度計画と四半期計画を一括策定すること、②陸運を含む輸送計画、供給力計画、配当取得区分計画、液体燃料計画の4構成とすること、③5大重点産業に指定された鉄鋼、軽金属、石炭、造船、航空機と、最低限度の食糧確保に生産要素を集中することを基本にした。供給力については、最大の隘路となる輸送計画との整合性が重視されたほか、重要物資の増産・特別回収の強化、満洲からの輸入増、甲乙地域・枢軸国からの取得、特別な生産方式の開拓など、可能性のあるさまざまな増強方法が指示された。

　具体的な供給目標は、普通鋼材450万トン、高級アルミニウム13万トン（さらに2万トン増を目指す）に増強された。甲造船（油槽船・雑船を含む）の建造計画は、1942年度の40万総噸から43年度は一挙に115万総噸に引き上げられ、このため1総噸当たりの鋼材量を0.685トンから0.65トンに削ることを目指した。また木造船はこの時点では国内40万総噸、日満支に南洋を含む共栄圏全体で60万総噸を目指した。南方還送石油は約600万kl（月当たり約50万kl）とし、屑鉄の非常回収は70万トン（上期40万トン、下期30万トン）に積み増しされて、鋼材増強を支えた。これは、42年12月10日の大本営政府連絡会議決定よりも、最終局面でさらに供給量の引き上げを目指したものであった。

これを受けて海上輸送計画の第3次案とその上積みや修正作業が続けられたことは、既に見た通りであるが、統帥部の強力な資材割当要求に合わせて関連計画を拡張した結果、次第に合理的な計画編成が崩されていく状況になっていた。

　そして、実際にはやや遅れるものの、3月下旬までに物動計画、交通動員計画を策定し、4月上旬までに生産力拡充計画、国民動員計画、生活必需品物動計画、電力動員計画、資金統制計画などを策定し、閣議決定するという日程を設定し、4月下旬までには共栄圏諸地域間の交易計画、収支計画と資金総合計画等を決定することになった。あらゆる領域で総動員計画が行き詰まるにつれて、このような計画範囲の拡大や、形式的な精緻化の傾向も顕著になった[55]。

鉄鋼関係の供給計画

　鉄鋼生産については、陸海軍、鉄鋼統制会、商工省関係者の協議が続いた。3月2日には12月6日の企画院提示の輸送力を、銑鋼本船輸送については11％増強した320.4万トンとする案が出されたが、鉄鉱石の増送はならず、休止溶鉱炉の発生が避けられなかった。しかも4月分の鉄鉱石の配船計画が3月の48万トンに対して25.3万トンに削減されたことから、豊田貞次郎鉄鋼統制会長は3月9日、東條英機首相、嶋田繁太郎海軍大臣と輸送力問題について直接協議を行っている。本船の鉄鉱石輸送が月当たり25.3万トンでは、出銑量は22.5万トンとなり、実際能力43.0万トンの52％に過ぎず、1月の出銑実績36.2万トンに対しても、さらに62％に下がると見込まれた。鋼塊生産は1月実績に対して日本鋼管川崎68％、日本製鉄広畑71％、八幡65％などになるとされ、厚板、線材、管材の限定品種ほか、大・中型軌条、造船用の大型形鋼、弾丸用の大・中型棒鋼、ブリキ、珪素鋼板等の鋼材生産に重大な影響が出ることが指摘された。本船の鉄鉱石輸送の代替として、月5万トンの屑鉄が必要になったが、その確保、処理（切断・圧縮）や、輸送の手段がないこと、製鋼3割減と平炉の休止は再開時の大修理、炉材確保に困難を伴うこと、突然の減産は八幡だけで5万人の従業員に甚大な影響を及ぼすなど、鉄鋼業界に復元力の喪失といった深刻な事態を引き起こすことが見込まれた[56]。このため、統制会、関係各庁による協議が3月10、12、16日にも続けられ、22日の鉄鋼統制会連絡官会議、30日と4月8日の鉄鋼統制会参与会を経て、ようやくほぼ確実な

表 2-36　1943 年度鉄鋼関係供給計画（1943 年 4 月）

(千トン、石炭は百万トン)

		第1四半期	第2四半期	第3四半期	第4四半期	計
本船輸送量	鉄鉱石（日満支）	894.5	983.4	829.6	1,104.5	3,812.0
	鉄鉱石（甲地域）		18.0	18.0	18.0	54.0
	マンガン鉱（日満支）	20.7	23.7	23.7	23.7	91.8
	マンガン鉱（その他）	20.5	21.4	35.0	12.0	88.9
	その他（日満支）	233.3	238.1	276.8	220.5	968.7
	銑鋼（日満支）	902.0	715.0	803.0	816.4	3,236.4
	（参考：銑鋼陸送）	(1,421.0)	(1,422.0)	(1,445.0)	(1,449.0)	(5,737.0)
	石灰石（日満支）	1,355.0	1,484.0	1,388.0	1,197.0	5,424.0
内地鉄鉱石生産		720.1	816.8	740.5	584.6	2,862.0
海送鉄鉱石	朝鮮産	58.0	30.0	30.0	20.0	138.0
	北支産	344.0	358.0	328.0	298.0	1,328.0
	中支産	242.5	325.4	161.6	416.5	1,146.0
	海南島産	250.0	270.0	310.0	370.0	1,200.0
	その他とも計	894.5	1,001.4	847.6	1,122.5	3,866.0
石炭	原料炭	4,842.8		4,402.5		9,245.3
	発生炉炭	1,070.0		1,152.1		2,222.1
	一般炭	986.6		1,034.1		2,020.7
	その他とも計	7,589.4		7,268.7		14,858.1
炉材用物資海送分		255.1	259.4	223.7	122.9	861.1
炉材用物資陸送分		394.0	395.0	409.5	413.4	1,611.9
石灰石生産		693.0	702.0	727.0	710.0	2,832.0
うち海送（機帆船）		240.0	150.0	150.0	100.0	640.0
焼石灰（全て陸送）		110.0	107.0	120.0	122.0	459.0
普通銑鉄供給		1,212.0	1,182.0	1,290.0	1,374.0	5,058.0
鋼塊供給		1,744.0	1,704.0	1,851.0	1,886.0	7,185.0
鋼材	普通鋼鋼材	1,024.0	984.0	1,082.0	1,110.0	4,200.0
	鍛工品	50.0	50.0	50.0	50.0	200.0
	鋳鋼品	55.0	55.0	55.0	55.0	220.0
	特殊鋼鋼材	105.0	105.0	110.0	110.0	430.0
屑鉄供給		819.0	780.0	820.0	832.0	3,251.0
限定品種	厚板	357.7	346.3	404.2	416.2	1,524.4
	鋼管	76.2	77.3	84.2	90.2	327.8
	線材	96.4	91.4	102.8	107.4	398.0

注：本船輸送のその他はその他副原料と炉材関係資材。限定品種の厚板には、このほかに特殊鋼扱いのものが年間 7,200 トンある。
出所：商工省金属局「昭和十八年度鉄鋼生産計画参考資料」1943 年 4 月 15 日『昭和 18 年度鉄鋼局資料』（経済産業調査会所蔵『日高準之介資料』）所収。

表 2-37　1943 年度物資動員計画供給

分科	計画物資		国内生産			回収		在庫からの補填	
			内地	その他	計	一般	特別	一般	特別
第一	普通鋼鋼材	千トン	4,016	106	4,122				
	普通銑	千トン	3,582	691	4,273				
	屑鉄	千トン	1,942	375	2,317	700	250	50	
	特殊鋼鋼材	千トン	410	20	430				
	鉄鉱石	千トン	4,750	3,102	7,852			366	120
第二	銅	トン	96,203	6,865	103,068	3,000	8,600		
	鉛	トン	15,121	16,740	31,861	1,800	13,800		
	亜鉛	トン	61,850	11,225	73,075	2,400	2,000		
	アルミニウム	トン	113,181	34,569	147,750				
第三	紡績用棉花	千担		368	368			1,100	
	羊毛	俵	4,780	1,170	5,950			22,000	8,985
	人絹用パルプ	英トン	90,200	8,800	99,000			16,000	
	マニラ麻	トン							
	生ゴム	トン							
第四	石炭	千トン	55,000	14,700	69,700			2,220	
第五	工業塩	トン		144,300	144,300	30,000			

注：屑鉄には上記のほかに屑鉄 58.5 万トンの生産・回収計画がある。鉄鉱石の内地分には 100 万トンの砂鉄を含され、配給計画では 58 万トンが合算されている。アルミニウムは高級品・普通品の合計。羊毛の合計には、用の合計、在庫補填は当期繰り入れから時期繰越を控除した分。石炭供給の合計が合計欄と一致しないが、原貯炭を除いた、内外地への配当は、供給力の 86％に当たる 7,922 万トンになる。1942 年度計画は、42 年 4 月
出所：前掲「昭和十八年度物資動員計画及各四半期実施計画（供給力計画）」。

線として、鋼材供給計画 420 万トン案が内定となった。統制会と商工省が要求した 450 万トン生産とそれに要する輸送力の確保は認められなかったが、前掲表 2-24 のように、海上輸送力の捻出の中で一部を機帆船輸送に転換し、かつ前掲表 2-19 のように陸送の大幅増強を実現して、420 万トン生産を確実にしようとしていた。

　鉄鋼統制会は生産計画の急減を避けるため、3 月 19 日に 450 万トン基準を各社に指示していたが、4 月 20 日になって減産を決定した。品種別生産計画では、限定品種の厚板・鋼管を 1942 年度実績の 38％増としたため、その他の条鋼類に大幅な減産を強いることになり、42 年度の実績に対して、重軌条 61.6％、軽軌条 53.6％、大形棒 66.9％、中形棒 69.0％の生産計画になった。こ

力（1943 年 4 月）

円域輸入		甲地域		乙地域	1943 年度	1942 年度
満関	その他	陸軍A	海軍B		供給計画	供給計画
78					4,200	5,054
581	208				5,062	5,668
16	5				3,338	5,032
					430	403
30	3,674	54			12,096	11,828
					114,668	119,604
600		11,000			59,061	80,330
1,000				2,400	80,875	81,139
4,300					152,050	129,110
	2,375				3,843	4,199
					40,792	181,000
					115,000	210,000
		73,500			73,500	85,191
		70,330		33,000	103,330	121,470
2,120	4,920			260	92,217	99,116
305,000	391,900	50,000			871,200	1,113,518

む。鉄鉱石合計にはこのほかに 43 万トンの朝鮮現地取得、15 万トンの対満増送が予定
ドイツからの輸入 3,857 俵が計上されている。石炭は原料用、発生炉用、無煙炭、一般
資料のままとした。石炭供給のうち、820.8 万トンは前期からの繰越貯炭で、次期繰越
策定の当初計画。

れに関連して、一部高炉の軽度操業、圧延設備の休止を指示した[57]。

　確定した鉄鋼関係の供給計画は、表 2-36 の通りである。日満支間や甲地域等からの本船輸送は、鉄鉱石 386.6 万トン、銑鉄・鋼材 323.6 万トンとなり、四半期ごとにほぼ均等に供給される計画であった。参考欄の「銑鋼陸送」も毎期 140 万トン以上を安定的に確保する計画であったが、これには本来の海送計画を陸送に転換したものが含まれ、銑鉄・原鉄の清津、大連発京浜向けは、北陸または関門中継で途中から陸送されることになった。鋼材の八幡発京浜向けは、阪神、中国中継で、陸送計画に算入されている。

　鉄鉱石の国内生産は頭打ち状態を脱せず、海送鉄鉱石は徐々に増え、北支、中支、海南島からの開発輸入への依存が高まった。特に北支から中支、海南島

への重点化が進んだ。耐火煉瓦とその原料の粘土・珪石、マグネシアクリンカー、苦灰石等の煉瓦用炉材原料は、海送分を縮小し、陸送の比重を高める計画であった。同様に石灰石の機帆船輸送は漸次陸送への切り替えを進め、大型機帆船は順次大陸物資の国内輸送へ動員する予定であった。

　鋼材生産は年度計画をほぼ4分割して毎期安定した操業を維持する計画であったが、そのなかで厚板、鋼管、線材の限定品種と、特殊鋼は増産を予定していた。しかし、年度途中からは需給逼迫が深刻となり、限定品種と特殊鋼の増産が1943年度の重要課題になった。その点は実施過程で触れよう。

　こうして捻出した輸送力を、鉄鉱石、石炭、ボーキサイトに集中し、これらが総輸送力の80％以上を利用する状況で、4月15日に表2-37のような物動供給計画がまとめられた[58]。供給地域の区分は、円域が満関、蒙疆、北支、中支、南支、海南島に区分され、補給圏を軍事占領下の甲地域（A地区・B地区）、仏印・タイの乙地域に再区分して組み立てられた。また枢軸国の区分が新たに設けられ、既述のように僅かではあるが、羊毛、硼砂、硼酸の輸入計画が策定された。なお、主として外貨決済を要する輸入雑貨を扱った第八分科の計画は、ほとんど対象品目がなくなったことから、1943年度から策定されなくなった。

　分科ごとの特徴を見ておこう。第一分科の鉄鋼関係では、既に見たように鉄鉱石の円域輸入が減少する分を内地の大規模増産を計画して、若干の増産を予定したが、銑鉄供給は506万トンと大きく落ち込んだ。屑鉄の回収も、1942年度に一般回収129.5万トン、特別回収56.7万トンなど、41年度に比して大幅な増強を図った反動から95万トンにとどまった。このうち32万トンは素材のまま活用し、63万トンのうち38万トンを今年度の鋼材供給力420万トンの鉄鋼生産計画に利用する計画であった[59]。

　特殊鋼は前年度計画を上回っているが、陸海軍ともに特殊鋼メーカーに屑鉄等を追加供給して独自の増産を図り、大同製鋼、日本特殊鋼、特殊製鋼、日立製作所安来工場などでは、毎年計画を1割以上超える実績を上げてきた。原料供給が二元化してしまっているために、特殊鋼は他の計画物資と著しく異なる特質をもっているが、1943年度からは商工省による一元的管理を実施することで正確な需給計画を目指すこととなった。しかし、後述のように物動計画の下期改定の中で急速な増産を求められると、原料フェロアロイの確保が困難とな

り、セレベスのニッケル鉱はじめ、クローム、モリブデン、タングステン鉱の欠乏が、航空機用発動機、電子機器の増産のネックとして顕在化することになった[60]。

鉄鋼以外の供給計画

表 2-37 から、鉄鋼以外の供給計画を見ておこう。第二分科の非鉄金属類は、国内資源の増産と鉄屑の回収強化で対応していた。銅も内地での大増産を計画し、回収強化と在庫取り崩しで特別輸入の在庫がなくなった分をカバーして、辛うじて急減を回避しようとした。しかし、フィリピン等での銅鉱石の確保も重要課題になっていた。亜鉛も同様に国内生産の増強で前年水準を維持する計画であった。アルミニウムは既に見たように、ボーキサイト輸送を重点化して可能な限りの増産を図るとともに、明礬石、礬土頁岩などの国産原料の採掘と加工技術の開発にも重点的に取り組んだ。

第三分科の繊維類は、多くが大幅に減少する事態になった。紡績用棉花はほとんどを北支、中支に依存する形になり、前年水準を維持することは困難であった。羊毛は国内で僅かな増産を計画したものの、在庫からの補填が大幅に減少し、円域輸入も計画しなかったため、供給量は 1942 年度の 22.5％ に激減した。代替繊維素材の中心であった人絹用パルプの供給も、原料チップ、薬品原料の制約から国内生産を大幅に抑制する事態となり、供給量は 42 年度の 54.8％ になった。生ゴムは、在庫からの補填が全くなくなり、仏印・タイからの輸入も減少したが、軍事占領地域からの増送で大幅な減少は回避しようとしていた。

第四分科の石炭供給は、内地で 500 万トン、円域輸入が 650 万トン減少したことが影響して、1942 年度計画の 93％ になった。液体燃料は既に見たように物動計画とは別に計画化されたが、後述のようにタンカーの確保と増産による還送量の確保が 43 年度総動員計画の重要課題であった。

第五分科の工業塩は、円域輸入が輸送力不足から制約され、台湾での増産を図ったものの、78.2％ となり、化学工業全般の低迷を受け入れざるをえなかった。セメントは 1942 年度からソーダ、パルプと並んで設備拡充が停止され、国内供給計画は 730.5 万トンに対して原料難から 42 年度の生産実績は 580.5 万

トンと不振であった。43年度の国内供給計画も石炭配給の制約などから614.1万トンに抑制され、このうち42万トンは陸海軍からの石炭供給を受けて軍需向けに生産するものとなった[61]。

第七分科の食糧の供給も輸送力不足から十分な確保が困難となり、内地はじめ自給圏内での増産を図る一方、円域・占領統治地域の食糧問題も次第に深刻になっていた。

いずれにしても、これらの供給力はあらゆる輸送力を動員して算出されたものであることから、その想定が狂えば、直ちに生産計画に大きな影響が出るものであった。それでも主力物資については最大限の重点措置を実施し、前年度実績に対して、鋼材120％、鉄鉱石124％、電気銅109％、鉛82％、亜鉛100％、錫154％、アルミニウム150％、ゴム143％、石炭95％、食料塩100％、セメント104％、硫安94％を確保した[62]。

6 配当計画の策定

(1) 主要物資の配当計画

鉄鋼配当の増額方策

鋼材配給は1943年度物動計画でも最大の懸案になった。船舶建造計画がこの間75万総噸から120万総噸に引き上げられ、輸送力増強の見通しが立つと、造船用を含む軍の鋼材要求はさらに増大し、物動供給計画の420万トンはおろか、鉄鋼統制会が提示した最大案の450万トン計画でも調整がつかない事態になった。このため豊田鉄鋼統制会会長は、3月に発足した内閣顧問会議に参画している立場から、可能な限りの事態打開策を織り込み、4月13日に表2-38のような貯蔵物資を利用した配給増強対策を提案した[63]。それは、滞留在庫の処理、資源立地に基づく特別増産方

表2-38 1943年度鉄鋼最大供給量の見込み

(千トン)

動員対象	給源	動員率(％)	動員量
一般生産	4,122	93	3,822
輸入・現地取得	78	100	78
製鉄業者貯蔵	570	35	200
販売業者貯蔵	165	27	45
加工・需用者貯蔵	1,540	29	440
特別増産	470	60	282
合計	6,945	70	4,867

出所：内閣顧問豊田貞次郎「昭和十八年度鉄鋼最大供給源と鉄鋼資源動員ニ関スル一考察」1943年4月13日前掲『後期物資動員計画資料』第2巻所収、61頁。

法の実施、さらに非常特別回収などであった。
　前章で見たように、確かに1942年度になって配給計画の実配給率が低下するなど、物動計画の乖離が拡大しつつあった。輸送力を前提とした鉄鋼生産計画は412万トン、満洲国からの取得は7.8万トン（現地取得6万トンを含む）が限度であったが、その一方で、品種別の需給不適合が拡大し、製鉄業者・販売業者だけでなく、加工業者等の需用者の手持ち在庫も増加傾向になった。在庫貯蔵鋼材は、製鉄業者52万トン、販売向け半製品が5.7万トン（鋼材換算5万トン）、販売業者の下には16.5万トン、加工・需用者の手持ち高は154万トンと豊田は見込んでいた。未稼働設備等の回収と合わせて、こうした物資の偏在を解消することは喫緊の課題であった。
　一方、特別増産としては、以下の方策が提案された。①簡易焼結設備による手持ち粉鉄鉱・褐鉄鉱の焼結による活用、②朝鮮各地の貯鉱石の機帆船による内地輸送、③鉄滓、銅滓、雑鉱石の利用促進、④製鉄業者手持ち鋼塊・半製品35.4万トンのうち、標準手持ち量を超える過剰分の活用、⑤日本高周波富山工場などの低周波製鉄設備を電力に余裕のある朝鮮に移設し、茂山の精鉱等を利用して原鉄を増産すること、⑥大湊、久慈、清津、日窒の製鉄生産能率の向上、⑦鉄鉱石を直接還元した海綿鉄を利用した「上島式」製鉄設備を特殊鉄鉱石（土状褐鉄鉱等）の産地に急設すること、⑧銑鉄品質、製鉄歩留まり率の向上。このために、大冶製鉄所溶鉱炉1基の復活操業、内地遊休圧延設備の朝鮮兼二浦への移設、南方での応急簡易製鉄設備の急設、国内電気炉の満洲・朝鮮への移設などを極力国内の遊休施設の再利用で実現することを求めた。これに加えて、未稼働設備等の解体によって鉄鋼非常回収計画を100万トンとし、物動計画案の製鋼原料50万トンを70万トン以上に引き上げ、屑鉄を増量することとし、これらによる特別増産は全体で47万トンを見込めると提案した。そして生産者・販売業者の在庫全体の取り崩しなどを全て織り込めば、最大694万トンの供給が可能であるとした。このうち供給が確実で、かつ翌年度以降に禍根を残さない範囲の動員可能率を設定して、供給量を486万トンにすることを提案した。
　これに対して、商工省では物動配給計画と入手実績が一般物資以上に乖離するのは、「一般産業ニ於ケル需要ノ融通性大ナルニ依ル」面と、輸送力不足が

表 2-39 普通鋼々材配当計画

	一般計画	対満期待		確　実			軍管理工場回収分
		現地取得	輸入	沈船引揚特別措置	A・B特殊分	第4四半期増産分	
陸軍需 A+C₁	655	60		36	110	17	32
海軍需 B₂+C₂	782			45	110	17	32
造船用 Bₓ	1,010						
民需 C₂〜C₅	1,673		18			150	
合計	4,120	60	18	81	220	184	64

出所：前掲「昭和十八年度物資動員計画及四半期実施計画（配当計画）」178頁。

　原因であるとし、豊田の指摘する在庫貯蔵鋼材からの捻出や、特殊製鉄方法については既に織り込み済みであるとしていた。また豊田の提示資料についても「多少不正確ナリ」として、生産、流通、加工段階での大量の余剰在庫の存在には否定的であった[64]。

　1943年度の鉄鋼増産努力については改めて見るが、43年度の物資動員計画では、「昭和十五年、十六年ニ亙リ計画的ニ貯蔵」した「貯蔵物資ガ昨十七年度ニ於テ略々使用シ尽シ」[65]、在庫にはほとんどゆとりがないはずだった。それでも結局、4月22日に決定された配当計画は、表2-39のように供給計画で確定した420万トン（一般生産計画と対満輸入）に、沈船引き揚げを物動計画以上に達成した分を、鉄原料に計上した8.1万トン、陸海軍が追加配当を受けるため、それぞれが独自に取り組むことになった南方での木炭製鉄22万トン、42年度第4四半期に計画以上に増産した分の21.1万トン、軍管理工場からの回収屑による生産分6.4万トン、非常特別回収の32万トン（うち不確実分13万トン）、産業設備営団の買上施設を鉄原料に計上した2.3万トンなど、あらゆる給源を可能な限り捻出し、土壇場で90万トン余を上乗せして511万トン余と決定された。これは前年度当初計画の505万トンを上回る水準であったが、企画院総裁も「其ノ中ニハ稍々不確実ナルモノアルモ已ムヲ得ズ供給カト見込ミタルモノアリ」と認めていた[66]。こうした水増し計画の穴を埋めるため、不要不急部門の徹底した企業整備とそこから析出される労働力の転用、工場の軍需関連部門への転換、施設・機械類からの屑鉄回収を本格化することになり、43

(1943年4月)

(千トン)

非常回収		不確実	既処理分		総計
		非常回収設備転用	第4四半期増産分	管理営団買上分	
素材活用	設備転用				
25	25	60			1,020
29	25	40			1,080
					1,010
66	20	30	27	22.93	2,006.93
120	70	130	27	22.93	5,116.93

年度以降、これが総動員諸計画でも重要な意味をもつようになった。企業整備を加速し、産業設備営団、国民更生金庫による資産の買上、処分を円滑化にするため、6月には「戦力増強企業整備要綱」が決定され、大規模な財政出動を覚悟して強引な企業整理に着手した[67]。

主要物資の部門別配当計画

　主要物資の部門別配当は、表2-40の通りである。1943年度計画から、従来軍需分から支出した南方開発用資材を民需枠の中で処理することとし、新たにC_Y区分が設けられている。また、労務動員や企業整備の徹底に関連して、労働者用住宅用等の労務施設用と資源回収事業用が新たに民需枠の中で別掲され、重点化された。この結果、一般生活事業向けの配当は激減することになった。

　物資ごとに概観しておこう。鋼材は前年度並みの供給計画を強引に確保したことから、陸海軍はおおむね前年度の軍需と充足軍需分を確保した。とはいえ需要を満たしたわけではなく、海軍の場合、艦政本部、航空本部、施設本部、軍需局等からの要望に対して普通鋼々材は75％、銑鉄は36.7％、鍛鋼49.5％、鋳鋼29％、特殊鋼42.5％、電気銅42.5％、アルミニウム78％、土建用材54.5％、セメント60％を満たしたに過ぎなかった[68]。これが後述のような購買行動の暴走の背景であった。一方、民需関係は生産拡充計画C_2、満洲国・国民政府向けの開発資材$C_{4イ}$、第三国輸出分$C_{4ロ}$を削減して調整した。しかし、実際の陸海軍の第1四半期発注量は、4月時点でこの割当を超過し始め、鉄鋼統制会

表 2-40　1943 年度物資動員計画配

		普通鋼 トン	普通銑 トン	特殊鋼 トン	電気鋼 トン	鉛 トン	亜鉛 トン
供給力		5,116,930	5,061,500	430,000	115,668	60,061	80,875
陸軍	陸軍需 $A+C_1$	1,020,000	138,000	142,000	34,800	14,300	24,232
	移管航空機	295	19	458	69	63	11
海軍	海軍需 $B+C_1$	1,080,000	180,200	188,000	41,213	26,246	24,231
	移管航空機	44	10	232	12	2	1
	移管船舶造修	1,010,000	150,000	7,000	14,099	4,195	8,398
㊥		2,500	250		50	8	8
	生産拡充 C_2	997,647	376,000	71,050	10,000	8,775	9,345
	官需 C_3	187,048	37,100	3,309	1,882	1,850	1,280
円域	満州	49,000	17,150	2,670	5,000		
	国民政府	65,400	4,990	2,030	900	410	340
	第3国 C_4 ロ	10,000	1,450	200	50	24	200
民需	一般 C_5 防空用	31,200	1,400	609	518	250	220
	船舶造修	53,160	5,000	500	627	224	400
	労務施設	13,000	3,200	74	150	150	400
	回収	14,205	1,500				
	その他	320,730	81,800	9,426	3,940	6,000	10,509
	合計	432,295	92,900	10,609	5,235	6,624	11,529
	南方開発用 C_y	170,000	7,000	2,000	600	100	400
	生産確保用 C_6		4,041,500				
	C_2~C_5 緊急調整	92,701	14,931	442	1,758	939	900
	民需計	2,006,591	4,593,021	92,310	25,475	18,730	24,002

注：海軍の移管船舶造修は艦政本部に移管された 500 総噸以上の船舶用。一般民需の船舶造修は、500 総噸未満炭、有煙炭の合計。石炭配給には、内外地配当計画 7,992 万トンに、陸軍の現地取得 509.8 万トン、海軍の現の資材であるが、民需用として扱っている。
出所：前掲「昭和十八年度物資動員計画及各四半期実施計画（配当計画）」。

は 4 月の内閣顧問会議で、「現状ノ儘推移センカ、物動計画ノ意図スル国家目的ノ達成ハ困難」になることを憂慮していた[69]。陸海軍の超過取得が甚だしい混乱をもたらすに至った 43 年秋以降、鉄鋼配給方式の大幅な見直しが始まることは後述する。

　銅は前年度からの減少幅がやや大きく、軍需を前年並とすると民需は削減幅が大きくなった。そのなかで、満洲の開発投資用については、満洲国からの強い要望を受けて前年度以上の供給が計画され、防空用、船舶造修用も増配にな

第 2 章　共栄圏構想の挫折（1943 年度）　349

給計画

アルミニウム トン	紡績棉 担	マニラ麻 トン	生ゴム トン	石炭 千トン
153,050	3,843,200	73,500	103,330	84,470
65,174	1,350,000	10,500	21,000	8,223
484	175		26	
63,780	380,000	5,500	16,000	2,710
129	25		2	
673	40,000	18,000	1,000	
13		13	125	
6,543		2,185	3,340	C5 に合算
5,330	50,000	7,730	1,600	9,960
230	245,000	1,080	4,000	300
580	30,000	740	3,000	120
233	210,000	50	600	190
245	1,500		1,773	
280	9,000	2,230	177	
300				62,967
		23,972	25,033	
6,346	1,457,500			
7,171	1,468,000	26,202	26,983	62,967
155			154	
			25,500	
2,556	70,000	1,500		
22,811	2,073,000	39,500	65,302	73,537

の鋼船、木造船用資材。アルミニウムは高級品と普通品の合計。石炭は無煙地取得 15.2 万トンを含めている。沈船引揚げ関連事業用資材㊉は、海軍管理

った。鉛も前年度より減少したため、民需用は船舶造修用と防空用をやや優遇したほかは、大きく削減された。海軍需については、供給力計画に加えて、スペインからの輸入 1,000 トンを加えて、減少分を僅かながらカバーした。亜鉛も減少分の多くは民需の縮小で対応した。

　ほとんどが航空機機体用であるアルミニウムは、陸海軍ともに 1943 年度から需要が激増し、両軍による航空機関係の熾烈な拡張競争が起きた[70]。このため供給計画は、南方で取得される大量のボーキサイトの輸送力の確保を条件に

15.3万トン余と計画された。ただし、輸送力の確保には限度があると判断して、明礬石・礬土頁岩等の国産原料への転換にも注力することになった。さらに供給計画になかった1,000トンの輸入計画を加え、普通アルミの生産比率を13％から11％に減らして高級アルミを増やし、軍需に振り向けた。こうして航空機生産を42年度の1万機余から1.6万機に増強することになった結果、増産にもかかわらず、民需配当はさらに縮小されることになった。

激減することになった羊毛については、供給力に対して2万1,000俵多い6万1,792俵を配当し、増加分は在庫の積み増しとして1944年度用に回すこととしたが、その給源は陸海軍による北支等での現地取得に期待していたとみられる。現地取得は陸軍4万7,100俵、海軍1万俵を予定し、極力減配を避けようとしていたことが窺える。14％減となったマニラ麻についても、陸海軍需は前年度以上の配当をし、民需分を絞り込んだ。加えて、陸海軍現地取得分（各2,500俵）を配当計画に加えておらず、これは次年度以降の在庫積み増しに回すものと見られる。15％減となった生ゴムでも軍需は増配とし、民需は軒並み削減された。石炭についてはあらゆる産業で縮減を図らざるをえなくなり、軍需の一部は現地取得に依存する形になった。

配当計画で深刻な問題として浮上したのは、第六分科の国産工作機械であった。航空機とその関連工業で爆発的に需要が拡大し、年度当初には受注量が生産能力の数年分に達していた。物動計画で扱わないその他の精密機械類でも発注一元化などが重要な課題となり、1943年度夏以降、軍需省設置をはじめ大規模な行政再編の焦点になった[71]。

また個々の産業別配給計画では、5大重点産業の需要確保が最優先された。石炭は輸送問題から本州・四国で深刻な不足を告げ、ほとんどの物資で対前年度実績を下回るなか、造船108％、航空機123％、化学工業104％、ガス・コークス100％となった[72]。

1943年度配当計画は、「稍不確実ナルモノアルモ已ムヲ得」[73]ぬものとして決定となり、鋼材の需給逼迫問題には曖昧な決着を付けた。「実施ニ当リテハ各四半期毎ニ所要ノ修正ヲ加フル」として、前年度と同様に年度計画をほぼ4等分して四半期実施計画も同時に策定された。しかし、年度当初に各四半期実施計画が策定され、拡張された共栄圏と戦線の維持を前提に、安定した計画見

通しを提示するのはこれが最後になった。

(2) 液体燃料の配当計画

1942年度の民需用の液体燃料配当計画は、190万klを基準に発足したが、前章で見たように下期から深刻な制限が加わり、配当量は激減した。43年度の液体燃料の年間配当計画は、4月時点で未定であり、陸海軍との連携も不十分であった。しかし、3月には43年2月の配当計画を基準に季節変動を考慮して、民需分の年間配当基準を策定した。2月分の配当基準では年間配当量は128.3万klとなった。これは、41年7月末に実施された米国の対日資産凍結後に、一挙に供給を抑制した際の配当水準であり、太平洋戦争の開戦直後と同様に、あらゆる産業で生産活動が麻痺することが予測された。このため、表2-41のように第1～第3順位に沿って追加供給が可能になることを期待して、あらかじめ追加配当の配分基準を定め、重要産業への支障を極力回避しようと試みた。第1優先順位を加えた188.6万トン、また第3順位まで含めると219.5万トンを確保するという期待を込めて、3月26日に「配当基準（計画其ノ一）」が策定された。企画院では南方原油の生産・精製・輸送の計画にほとんど関与できないため、陸海軍の石油委員会に対して、石油生産、製油、輸送、貯蔵、配当計画である「計画其ノ二」を策定し、陸海軍需、民需の割当を決定する際には、この基準を「努メテ」「勘考」して民需配当を決定するよう求めた。そして、その確定を受けて、改めて民需配当計画である「計画其ノ三」を策定することになった。しかし、物動実施計画の閣議決定時点では、それらの計画は「可及的速カニ策案シ別途閣定トス」と指摘されるにとどまり、液体燃料の民需配当計画は、先の見えない不確かなものとして発足した[74]。こうした事情を背景に、民需用液体燃料の石油配給統制株式会社や府県石油配給株式会社、農業用の全国購買組合連合会、漁業用の全国漁業組合連合会による配給統制を強化し、優先的配給を実現するため、政府による独占的な購入・販売権限を規定した石油専売法が3月11日公布（7月1日施行）されることになった。

石油委員会による需給計画の策定時期は不明であるが、1943年12月の海軍監理長会議での説明資料によれば、表2-42のようになっていた。アルコール

表 2-41　液体燃料の 1943 年度民需（C_2〜C_5）配当基準
　　　　　（1943 年 3 月）

（半個体機械油はトン、それ以外は kl）

		2月配当基準	第1順位	第2順位	第3順位
燃料油	航空揮発油	9,588	12,848	0	3,600
	普通揮発油	143,112	34,236	42,060	1,452
	灯油	103,404	16,940	23,720	33,876
	軽油	59,560	1,656	11,476	13,152
	B重油	511,752	219,958	62,896	46,896
	C重油	209,224	267,240	36,968	
	計	1,036,640	552,878	177,120	98,976
機械油	スピンドル油	42,240	2,220	1,684	260
	マシン油	99,648	12,948	7,252	7,472
	モービル油	59,940	26,190	8,448	4,316
	シリンダー油	29,112	6,239	1,124	100
	半個体	15,912	2,361	2,676	
	計	246,852	49,958	21,184	12,148
合計		1,283,492	602,836	198,304	111,124
累計		1,283,492	1,886,328	2,084,632	2,195,756

注：2月配当基準は、1942年2月配当を基準に季節変動を考慮して算出した年間配当。
　第1順位は、①汽船・特定機帆船の運航用・港湾荷役増強用、②季節的特殊需要、③満支自給力減退の補正用、④5大重点産業用、⑤国鉄陸運増強・主力小運送機関の維持増強用、⑥緊急防空対策、航空乗務員・船員養成用の特配用。第2順位は、①戦時国民生活の補強用、②一般物動供給力の維持用。第3順位は、一般国力維持増強用。累計は基準と第1〜第3順位までのそれぞれの合計。半個体機械油の配当は重量単位（トン）であるが、合計値では原資料同様に体積単位（kl）の燃料類と合算してある。
出所：企画院「昭和十八年度液体燃料物資動員計画及各四半期実施計画（其ノ一）（民需取扱分ノ配当査定上ノ基準）」1943年3月26日前掲『後期物資動員計画資料』第2巻所収、22頁。

等の国産代替品の計画が含まれていないが、南方占領地域での油井の復旧と本格的採掘によって採油計画は前年実績367万klの3倍近い1,045万klとなった。油槽船による石油還送計画も前年の4.3倍にあたる672万kl（上期約300万kl、下期約370万kl）を見込んだ。この結果、配当計画は表2-43のようになり、民需分は、42年度から配当基準とされていた190万klを大きく超え、表2-41の第3順位分までの全てを配当しても余分が出る235万klであった。陸海軍への配当は、現地での精製、取得の分も含めて、全体では946万klとなった。こうして、太平洋戦争の開戦判断に際して危惧していた初期の需給困難

第2章　共栄圏構想の挫折（1943年度）　353

表2-42　1943年度石油供給計画

(千kl)

南方	産油	A地区	9,030
		B地区	1,420
		計	10,450
	現地製油		6,600
	還送	原油	3,810
		製品	2,910
		計	6,720
国産	天然石油		250
	人造石油		300

出所：海軍省「海軍監理長会議説明資料」1943年12月28日前掲『後期物資動員計画資料』第5巻所収、477頁。

表2-43　1943年度液体燃料配当計画

(千kl)

	陸軍需	海軍需	民需	合計
航空揮発油	565	565	24	1,154
普通揮発油	752	122	383	1,257
灯油	80	60	344.4	484.4
軽油	90	70	101.7	261.7
重油	535	4,000	1,188	5,723
航空潤滑油	6.5	6.5	1	14
普通潤滑油	155	80	293.1	528.1
半個体油	15	8	18.1	41.1
合計	2,198.5	4,911.5	2,353.3	9,463.3

出所：前掲「海軍監理長会議説明資料」476頁。

な時期を克服し、差しあたっては長期持久戦も可能な開発輸入、備蓄体制の構築を目指して、43年度の液体燃料計画が発足したことがわかる。

(3) 生産力拡充計画用資材の配当

捻出した輸送力を基に策定された供給力は、陸海軍需と造船用に集中配当し、民需用を削減したため、造船以外の生産拡充計画への資材配当は厳しく査定された。物動供給力計画が策定された4月14日に、企画院第二部が検討した表2-44の生産拡充用需要の査定案では、ほぼ前年度水準を維持した上で、軽金属、石油精製、人造石油、工作機械、重要機械、鉄道車両部門を中心に、鍛鋼、鋳鋼、特殊鋼、屑鋼などの増配が必要であると判断されていた。

しかし、企画院内の調整を経て4月22日に決定された物動

表2-44　生産拡充用資材（C_2）の割当

(トン)

	42年度実施計画	43年度査定案	43年度実施計画
銑鉄	500,415	496,174	376,000
鍛鋼	52,460	65,615	29,687
鋳鋼	98,443	126,146	71,224
特殊鋼	76,508	87,101	71,050
屑鋼	59,540	69,480	69,500
銅	13,241	13,000	10,000
鉛	13,266	11,046	8,775
亜鉛	10,528	9,700	9,345
アルミニウム	7,148	6,800	6,543

注：甲造船用は海軍管理の B_X 枠で配当されるため、本表には含まれない。

出所：企画院第二部「昭和十八年度 C_2 用資材査定案」1943年4月14日（第一分科分）、17日（第二分科分）、前掲「昭和十八年度物資動員計画及各四半期実施計画（配当計画）」前掲『後期物資動員計画資料』第2巻所収。

計画の生産拡充計画用の鋼材配当は、甲造船分を除くと、1942年度の113.9万トン（日満支計、日本のみでは103.8万トン）から、99.8万トン（同、日本のみは88.9万トン）に削減されていた。一方、造船用資材は海軍所管のB_xとして別扱いとなり、42年度の53.3万トン（日本のみ）から99.1万トン（日支計）へと大幅に増強され、生産拡充計画用資材全体の2分の1という圧倒的な比重を占めることになった。このほか43年度では、航空機工業、軽金属工業、航空機用部品工業や、これら産業向けの工作機械、鍛圧機械など、5大重要産業に関連する諸産業へ集中的に資材が投入された。このため配給統制はさらに詳細な規定を設けるようになった[75]。

なお、1943年度の物動配当では、民需枠の組換えが実施され、有機合成、硝酸、石灰窒素、含水酒精、自動車部品、小型車両、鋼索といった事業向けは、6月になって一般民需C_5からC_2に所要資材が移管された。それは、配給機構が整備されるに連れて、特定部門に絞った重点化が可能になったことを示している[76]。

(4) 一般民需用資材の配当
民需配当の重点化方針

主要物資の生産計画が、おおむね前年度並みないし前年度実績水準に引き上げられた結果、一般民需への資材配当も前年度水準を踏襲したものが多い。しかし、1943年度の民需用の配当計画では、業種が細分化され、重点事業に限定した割当が指示された。一方、「国民生活関係ハ極力圧縮」して、最低水準を確保するにとどまった。一般民需の中で重点化された部門の一つは、輸送作業の隘路であった包装用資材部門であった。また、事業ごとの査定の際に特別に配慮された点は、①食糧増産と木造船用等の木材増産、②栄養不良に付随した結核対策、医療機器、③軍需産業・生産拡充産業用の労務厚生施設、④軍事教練用の教育資材、⑤工場給水、軍関係工事、災害復旧の公共事業、⑥陸運転移に要する鉄道・軌道、産業車両、⑦軍需動員計画・生産拡充計画産業に対応した化学・ガス・鉱業、⑧科学技術振興方針に沿った試験研究用資材との関連性であった。また、1943年度の配当物資の一部は回収素材を活用し、供出物件の転用の形で充足し、不均衡の著しい普通鋼鋼材、鍛鋼、鋳鋼、特殊鋼、銑

鉄については、配当枠内での振り替え・調整を認めていた。鋼材などでも鋼種・品目ごとの不均衡も深刻になり、割当総量だけでなく品目調整も重要な課題になっていた。

表2-45　1943年度一般民需資材配当計画（1943年5月）

(トン)

	普通鋼鋼材		電気銅		高級アルミ	
	43年度計画	前年度実績	43年度計画	前年度実績	43年度計画	前年度実績
農林水産業	54,191	52,140	125	108.7	145	77
食料品加工業	12,500	20,024	3	3.4	7	8.5
保健衛生	5,086	4,027	70	41.2	60	48
住宅	1,000	4,016	20	34.8	20	25
国民生活用品	25,826	28,469	12	9.9	500	531
教育	2,379	1,748	9	8.2	20	13
公共団体	24,761	24,850	120	169.6	155	202
鉄道軌道	12,585	14,811	290	334.2	300	227
非計画産業自家発電	861	599	10（電気事業に含む）			
電気事業	2,085	1,591	60	285	13	809
通信事業			270		500	
航空事業	727	514	15	2.7	15	6
ガス事業	8,600	7,777	25	23.4	5	1
土木建築	6,000	8,189	18	8.1	8	4
紡織・製紙	3,625	4,517	130	143	10	10
鉱業	5,130	5,495	25	23.4	16	15
機械金属工業	19,000	15,542	510	477	200	173
産業車両	23,103	25,176	290	289.6	150	117
化学工業	38,091	44,908	1,030	1,161.7	807	936
邦人企業	400	512	11	35.2	2	19
試験研究用	1,500	644	60	45.2	26	50
港湾荷役用	2,418		27		10	
その他	12,946	14,099	406	249.8	246	
内地計	262,814	279,648	3,526	3,454.1	3,215	3,273.5
朝鮮	35,700	36,799	250	257.6	280	255
台湾	15,600	15,207	135	134.3	75	71
樺太	4,916	3,390	12	27.3	15	8.5
南洋	1,700	1,572	17	19.5	5	4.5
外地計	57,916	56,968	414	438.7	375	339.0
合計	320,730	336,616	3,940	3,892.8	3,590	3,610.5

出所：企画院第二部「昭和十八年度物資動員計画一般民需用途別配当表」1943年5月10日前掲『後期物資動員計画資料』第3巻所収、6～7、16～17、28～29頁。

なお、4月22日付四半期実施計画の配当計画までは、一般民需扱いとしてC_5に含まれていた防空用の資材、甲造船以外の船舶造修用資材、回収代替品用資材は、その後、防空用をC_Zとするなど、別枠で重点化して配分することになった[77]。

民需配当計画

　汎用性の高い普通鋼鋼材、銅、高級アルミニウムについて、主要事業部門ごとの配当をみよう。表2-45のように、普通鋼鋼材配当は全体で1942年度実績の95％という比較的高い水準であった。電気・通信事業、機械金属、試験研究、港湾荷役の増強には、若干の増配があった。外地への割当は多くはないが、開発投資向けなどで、若干の増加が見られる。銅に関しても、保健衛生、ガス、土木事業、機械金属などで増配になり、アルミニウムについてもこれらの事業への重点化が見られた。43年度の民需配当計画では企画院の計画段階で、細

表2-46　第三分科物資の1943

配当区分	洋紙（千lb）		配当区分	マニラ麻（トン）	
	43年度計画	前年度実績		43年度計画	前年度実績
公共団体	9,151	9,633	和紙用	1,500	1,212
教科書	58,506	58,506	漁業用	10,475	3,961
学用品	50,149	50,149	陸上ロープ	605	216
新聞事業	159,272	311,367	ワイヤロープ	2,310	222
出版事業	79,648	156,174	航空機用	4	2
重装袋	78,406	92,243	通信用	5	2
一般包装	44,063	88,126	研究用	20	3
防空用	985		造船用	1,800	459
船舶造修	250		袋用	5,000	
電線用	700		畳継糸他	298	24
その他	180,197	271,874			
内地計	661,327	1,038,072	内地計	22,017	6,101
朝鮮	24,477	41,668	朝鮮	2,666	974
台湾	7,710	11,062	台湾	388	153
樺太	2,420	2,303	樺太	995	381
南洋	393	186	南洋	136	26
外地計	35,000	55,219	外地計	4,185	1,534
合計	696,327	1,093,291	合計	26,202	7,635

注：ゴムの配当区分の「チューブ」は大型・小型・荷車タイヤチューブ、その他空気入りチューブの合
出所：前掲「昭和十八年度物資動員計画一般民需用途別配当表」44、49〜50、53頁。

部にわたる配当先の限定も付された。銅については、医薬品・歯科材料13トン、傷痍軍人奉公財団2トン、警察通信（公共団体）50トン、国際電気通信株式会社181トン、倉庫用（土木）10トンなどのほか、機械工業の維持用100トン、軽金属・非鉄金属加工業用100トン、鉄鋼製品加工業用30トン、食料塩用65トン、樟脳9トン、過燐酸肥料11トンなどと配分先が指定された。朝鮮分のうち25トン、台湾分のうち20トンも国際電気通信の分であることが明記された。高級アルミニウムや、鉛、亜鉛、錫などについても、重点対象は同様の事業部門であった。

国民生活に関係の深い第三分科関係物資の民需向け配当は、表2-46のようになった。洋紙は対前年度実績の63.7％となり、最大の消費部門であった新聞事業・出版事業向けは半減した。牛皮は39.4％に激減し、靴、紡織機向けは事業が存続しえない水準に切り下げられた。その一方で、南方占領地に依存したマニラ麻、ゴムなどは開戦の影響で厳しく制約された前年度に比して、年度当

年度一般民需配当計画（1943年5月）

牛皮（トン）			生ゴム（トン）		
配当区分	43年度計画	前年度実績	配当区分	43年度計画	前年度実績
ベルト	700	1,080	地下足袋	3,572	2,728
パッキン	200	163	布靴	1,345	1,315
紡織機	430	1,168	総ゴム靴	3,000	2,521
靴	200	2,040	製靴用品	470	427
鍛錬馬具	115	100	ゴム引布	640	667
鞍馬具	120	110	医療用品	180	174
医療具	15	23	籾摺ロール	450	406
義肢	25	42	チューブ	4,702	5,035
武道具	50	30	ホース	550	599
運動具	30	40	ベルト	800	883
船舶造修	21		工業用品	1,040	1,008
その他とも内地計	1,950	4,913	再生タイヤ	200	218
朝鮮	298	506	運動具	40	38
台湾	102	157	ゴム利用品	305	303
樺太	38	43	電線	1,500	1,313
南洋	12	10	その他とも計	19,474	17,977
外地計	450	716	外地計	4,864	4,387
合計	2,500	6,345	合計	24,438	22,364

計。牛皮の内地計にはその他を含み、合計には保留分を含む。ゴムの外地は合算した。

初には相当増配できるという見通しを立てていたことがわかる。

　一部の南方資源で需給関係が緩和する見通しがあったとはいえ、やはり大部分の生産要素の配当計画は、5大重点産業とその関連部門へ集中された。輸送計画では石炭、鉄鉱石、ボーキサイトの輸送が最優先となり、配当計画では鉄鋼の造船部門への集中、機械工業では航空機関連工業への系列化が強力に推進された[78]。一般民需 C_5 配当は「上期ニ於テ今次大戦ノ勝敗ヲ決スル想定ノ下ニ暫定措置トシテ極度ナル圧縮ヲ加ヘ」、「本質的ニ重要ナリト謂モ即効性ナキモノハ之ヲ圧縮」することになった[79]。この結果、鋼材の農林水産業向けは対前年30％減、食料品加工向けは58％減、農機具向けは37％減、国民生活用品は39％減、土木建築向けは50％減など、重点から外れた一般民需向けは激減した。

　物動計画の決定を受けて、5月3日には、生産拡充計画、電力動員計画、国民動員実施計画、同月半ばには生活必需物資動員計画、交易計画が決定された。1943年度は、戦時国家総動員の諸計画が最も体系的に精緻化されたが、それ

表2-47　1943年度船腹保有

	増加船腹					減少船腹			
	新造船	拿捕船	外国傭船	その他	計	喪失・大破	海難	その他	計
43年 3月	63,857		1,422	750	66,029	86,264	3,035	1,428	90,727
43年 4月	70,529			2,602	73,131	208,438	14,415		222,853
43年 5月	38,524	26,038		17,798	82,360	156,429	5,433	16,726	178,588
43年 6月	68,778	4,953		2,089	75,820	130,770	4,418	686	135,874
43年 7月	56,596			2,091	58,687	89,927	3,963	2,003	95,893
43年 8月	74,829	24,330		393	101,358	126,218	8,470	550	135,238
43年 9月	81,668		1,910	8,566	92,144	156,722	10,515	235	167,472
43年10月	93,430		5,753	4,725	103,908	118,831	18,320	249	137,400
43年11月	66,384	4,487			70,871	255,721	8,198		263,919
43年12月	137,279		1,544	7,531	146,354	179,097	4,259		183,356
44年 1月	104,373	13,423		240	118,036	311,815	2,795		314,610
44年 2月	127,260				127,260	484,770	8,489		493,259
44年 3月	246,540				246,540	221,963	17,577		239,540
44年 4月	133,825	5,294	318		139,437	151,108	11,661		162,769

注：増加船腹の合計欄には満洲置籍船 1,806 総噸（1943年8月）を含む。新造船は当月中の稼働開始船腹。拿月に報告されたもの。その他は外国船の返船、船質・船格変更等。保有量は毎月1日現在の保有量。
出所：海運総局「海上輸送計画資料（仮題）」前掲『後期物資動員計画資料』第12巻所収、311、312頁。

第2章 共栄圏構想の挫折（1943年度）

は円滑に経済運営を計画化できていたからというより、船舶輸送物資を汽船から機帆船、帆船・曳船に転換し、さらに陸送転移を図って鉄道に転移し、貨物自動車、荷車、牛馬車等の小運送まで計画的な動員が必要になったように、根幹部分の計画化のみでは経済運営が立ち行かなくなり、細部にわたる重点化が求められたためであった。

第2節　海上輸送計画の推移

1　第1四半期海上輸送計画

保有船舶の推移と海上輸送計画の具体化

　海上輸送計画とその実績を見る前に、表2-47から1943年度の船腹量の推移を見ておこう。新造船計画は、徹底的に使用鋼材を節約した第2次標準船を基準にして海軍艦政本部が43年3月に作成した「改六線表」では107.5万総噸、

量（100総噸以上）の推移

（増減：総噸、保有船腹：千総噸）

差引増減	総保有船腹	陸軍徴用船	海軍徴用船	一般民需船				
				貨物・貨客船	客船	油槽船	特殊船	計
-24,698	5,925.1	1,491.0	1,818.2	2,199.2	30.8	152.4	233.5	2,615.9
-149,722	5,900.4	1,531.5	1,821.7	2,132.9	28.5	157.5	228.3	2,547.2
-96,228	5,750.7	1,182.6	1,773.8	2,365.8	26.7	173.8	228.0	2,794.3
-60,054	5,654.5	1,161.2	1,693.5	2,360.2	26.7	177.3	235.6	2,799.8
-37,206	5,594.5	1,169.1	1,657.2	2,287.5	27.0	210.4	243.3	2,768.2
-33,880	5,557.3	1,171.4	1,703.2	2,188.3	25.8	226.2	242.4	2,682.7
-75,328	5,523.4	1,142.3	1,651.3	2,206.9	23.7	266.3	232.9	2,729.8
-33,492	5,448.1	1,164.8	1,598.9	2,141.8	22.0	272.9	247.7	2,684.4
-193,048	5,414.6	1,240.0	1,590.0	2,021.0	16.7	307.1	239.8	2,584.6
-37,002	5,221.6	1,186.2	1,526.8	1,963.5	16.7	298.4	230.0	2,508.6
-196,574	5,184.6	1,193.1	1,467.7	1,954.7	16.7	305.6	246.8	2,523.8
-365,999	4,988.2	1,072.9	1,352.0	1,981.3	16.7	319.0	245.9	2,563.3
7,000	4,622.2	976.2	1,126.7	1,921.9	16.7	335.4	245.3	2,519.3
-23,332	4,629.2	952.6	1,130.1	1,894.0	16.7	391.9	243.9	2,546.5

捕船には沈船を含む。その他は損傷修理および沈船引き揚げ後の登録船等。減少船腹の喪失大破は当

8月に企画院が策定した生産力拡充計画では105.7万総噸とされた。43年度当初から戦時標準船への建造が軌道に乗り、42年度の月3万総噸台から6万総噸台となったが、年間100万総噸の目標を達成する月産9万総噸水準に到達するのは10月から年末頃であった。このため、下期には造船用鋼材の集中的な配当措置が講じられ、44年3月には24.6万総噸という大量の船舶が稼働することになり、新規稼働船腹は年間で116.6万総噸となった。一方、拿捕船は年間で3.7万総噸にとどまり、外国傭船も僅かとなって返船量の方が大きくなった。損傷船腹や沈船の修理再登録は、上期に3.4万総噸であったが、年間では4.6万総噸にとどまった。その一方、喪失大破船は43年4月に20.8万総噸となり、その後も十数万総噸の水準が続いた。喪失量はその後11月に25.5万総噸、1月に31.2万総噸となり、2月にはトラック島への攻撃などによって48.5万総噸と空前の規模となった。戦時標準船の弱い耐久性から海難船も徐々に増え、保有船舶は縮小ペースが速まり、年度末には462.9万総噸（4月1日）となった。そのなかで、一般民需船舶も数次にわたる陸海軍の船舶増徴によって、43年7月以降、回復することのない縮小過程を辿った。

　この結果、各四半期の海上輸送計画は、四半期物動計画を基にした輸送計画に沿って、縮小と重点的再編を続けた。輸送計画は物動所要量を若干上回る規模で策定され、物動物資以外の輸送にも弾力的に対応する構造になっており、第1四半期の輸送計画は[80]、年度計画の最終修正作業と並行して、策定された。稼航率は甲地域0.4、乙地域0.6、日満支1.31と、想定される最大の輸送効率をとった上で、3月1日付の年度輸送計画（前掲表2-21）をほぼ4分割して配船標準も策定された。これに沿って「基本計画」、「限定航路計画」、「備考計画」の3計画が立てられ、あらゆる輸送力を効率化することになった。

　基本計画は運航機帆船を含む汽船（C船＋AB船輸送協力）による物動計画物資の輸送計画であり、最優先計画となる。限定航路計画は、性能上航路を限定される船腹を動員するもので、①瀬戸内海以外に配船不可能な老朽小型船、②タンカーその他の特殊船、③空船廻航が性能上不適な小型汽船・機帆船の片航の利用、④定期船の余剰船腹の利用などによって、5大重点産業の関係物資を輸送する計画であった。備考計画は、基本計画・限定航路計画が計画物資側の事情で出荷不能となり船腹に余裕が生じた場合や、AB船が想定以上に利用可

能になった場合の補充的計画であった。なお、物動物資以外の雑貨輸送については、往航（輸移出）、復航（輸移入）が合算されて計画化されたが、そのほとんどは日本からの軍用品、機械・車両、各種工業製品であった。これは航路別に輸送量を決定した上で、物動物資との調整をしながら余裕のある限りで計画する方針であった。策定に当たっては、①鉄道中継輸送の促進、②遠距離輸送の近距離輸送への転換、③交錯輸送の整理、④荷役能力の高い港湾の利用、⑤吃水線引き上げによる積載量増加等によって、効率的輸送を図った。しかし、補充的計画まで用意するなど、無理な輸送力の捻出や集荷・集荷計画の結果、基本計画の輸送力には調整余力がなくなり、諸種の運航条件の変化に対応することは困難になっていた。

第1四半期の海上輸送計画

第1四半期輸送計画は、2月の輸送力第3次案を基礎に、その枠内で各省の要求を「原則トシテ確保遂行スル」方針の下で、配船能率や出荷事情によって調整された。

第1四半期から第3四半期の物動物資の海上輸送計画は、表2-48の通りである。このうち第1四半期の民需用汽船C船と運航機帆船による基本計画が812万トン、限定航路計画が44.7万トンの合計856.7万トンであり、これにAB徴傭船による輸送協力を合わせて900万トンが見込まれた。これを石炭、鉄鉱石、銑鋼、非鉄金属、塩、穀類などの計画物資と積出地域に割り当て、物資動員計画と摺り合わせることになった。甲地域、日満支地域にはABC船のいずれも就航し、乙地域は基本的にC船のみが就航した。このうちA徴傭船は甲地域からのボーキサイト、銅鉱の金属鉱石類、生ゴム、コプラ、マニラ麻等の輸送に当たり、B徴傭船は甲地域からのニッケル鉱、ボーキサイト、油糧種実の輸送に協力した。

第1四半期計画は前年度同期と比較すると17％減であったが、海送物資の陸送への転換分180万トンを加えると、資源輸送全体はほぼ同水準になるようにしていた。

この物動計画物資の輸送のほかに、満洲・中華民国・朝鮮・台湾・北海道・樺太・仏印・タイ等との間には、食料品、金属製品・器具、繊維製品、薬品類、

表 2-48　1943 年度第 1〜第 3 四半期の海上輸送計画

(千トン)

		第1四半期	前年同期	第2四半期	7月改定	前年同期	第3四半期
陸軍徴用船		253.3	918.5	235.2	235.2	428.0	325.9
海軍徴用船		180.3	428.4	181.3	181.3	287.8	147.2
C船	基本計画	8,120.1	9,535.4	8,515.4	7,623.8	11,402.6	7,427.0
	限定航路計画	446.5	0.0	544.4	544.4	0.0	別途作成
	計	8,566.6	9,535.4	9,059.8	8,168.2	11,402.6	7,427.0
計		9,000.2	10,882.3	9,476.3	8,584.7	12,118.4	7,900.1
地域別	甲地域	343.2	—	383.3	353.5	—	372.7
	乙地域	376.4	—	758.7	756.8	—	233.0
	日満支	8,280.6	—	8,334.3	7,474.4	—	7,384.4
海送物資の陸送転換		1,801.7	0.0	2,086.7	2,086.7	0.0	2,506.6
海送物資輸送合計		10,801.9	10882.3	11,563.0	10,671.4	12,118.4	10,406.7
雑貨輸送		897.0		919.1	810.5		540.3
参考：機帆船輸送（石炭）					4,049.7		3,657.8

注：外航機帆船計画はC船基本計画に含む。第3四半期の限定航路計画は、海務院にて別途作成することになった。雑貨輸送は、主に定期船を利用した物動物資以外の輸送計画。機帆船輸送計画は機帆船による沿岸輸送計画で、基本計画に含まれる運航機帆船とは別の計画。第2四半期改定計画から掲示される。
出所：海務院「昭和十八年度第一、四半期汽船（含運航機帆船）積輸送計画策定方針並計画概要」1943年3月26日、同「昭和十八年度第二、四半期汽船（含運航機帆船）積輸送計画策定方針並計画概要」1943年6月19日、海務院「昭和十八年度第二、四半期汽船(含運航機帆船)積輸送計画改定要領」1943年7月17日、海務院運航部「昭和十八年度第三四半期海上輸送計画」1943年9月28日、海務院運航部「昭和十八年度第三、四半期海上輸送計画策定要領並ニ計画概要」1943年9月30日前掲『後期物資動員計画資料』第6巻所収。

　包装材料、建築資材、陶磁器・ガラス製品、機械・車両など80.7万トン、軍需品9万トンの雑貨輸送計画が策定された。その合計89.7万トンは全体輸送計画の1割程度を占め、輸送手段としては定期船（貨客船）や、不定期船の往航を利用した。

　海務院が1943年末にまとめた陸海軍徴傭船の協力を含む第1四半期輸送実績は、約963万トンと、計画の933トンを3.2％上回った。このうち物動計画に組み込まれた819万トンに対しては17.6％もの超過達成になり、順調な滑り出しとなった[81]。C船と運航機帆船の物資別輸送実績は本節の最後にまとめて概観する。

2 第2次船舶増徴問題

第1次増徴船舶の復帰問題

　しかし、海上輸送力が急速に低下していることには変わりはなかった。輸送力維持の不安が払拭されたわけではなく、1943年度の海上輸送計画は当初から変更に次ぐ変更であった。前章で見たように、1942年7月に始まるソロモン諸島ガダルカナル島の攻防戦が激化していた。10月以後、陸・海・民需貨物船の喪失は、月当たり10万総噸を大きく超え、12月10日には大本営政府連絡会議で第1次船舶増徴が実施された。これに伴って深刻な輸送力の不足が発生し、42年度下期の物資動員計画水準を維持すべく、輸送力捻出の努力が続けられた。この時の徴傭船が解除され、新規に実稼働状態となる予定は、新造船、沈船引揚、喪失大破などと合わせて42年12月の大本営政府連絡会議で表2-49のように決定された。当初予定は陸海軍ともに一挙に解傭し、43年度第1四半期中は、陸軍18万総噸、海軍8万総噸が復帰するはずであった。しかし、陸軍の解傭は4月にはいってからとなった。損傷船の解傭が17隻、10万1,950総噸（修理期間3～6ヶ月）、実働船の内地解傭が9隻、3万6,144総噸、現地解傭が25隻、9万1,055総噸であった。こうして後述のように6月の新規増徴分を合わせて合計51隻、22万総噸余が解傭される計画になったが、うち半数は修理に数ヶ月を必要とする状態であった。5月1日現在の保有徴傭船は、陸軍が109万総噸（うち損傷船3.9万総噸）、海軍が120.1万総噸（うち損傷船9.5万総噸）であるので、連絡会議の際に決定された陸軍110万、海軍126万総噸の水準を若干下回っていた。それは解傭が遅れたことと、民需船輸送力の逼迫を考慮して、直ちに損失徴傭船舶の補填をせずに、1～2ヶ月遅らせて民需船から引き上げていた結果であった[82]。

　こうして陸海軍解傭船の解傭が遅れ、その多くが修理を要するため、海務院が4月1日策定した需給調整計画（前掲表2-24）の解傭船の新規稼働は表2-49の「計画」欄のようになった。陸軍は第1四半期4.2万総噸、第2四半期4.7万総噸など、第4四半期までかかって年間で12.4万総噸に過ぎなかった。海軍の解傭船舶の実稼働も、第2四半期までに4万総噸を見込むにとどまった。

　さらに油槽船の逼迫は深刻であった。陸海軍の徴傭油槽船は5月1日時点で

表 2-49　1943 年度の民需船の新規稼働船腹計画の推移

(千総噸)

			第1四半期	第2四半期	第3四半期	第4四半期	計
新造船	甲造船	42年12月	88.8	109.6	123.2	142.1	[1]453.7
		計画	79.0	137.6	198.5	215.0	630.1
		修正	145.7	104.0	144.0	185.0	[2]578.7
	改E型	42年12月			28.0	73.0	[3]101.0
		計画		54.0	90.0	106.0	250.0
		修正		33.0	78.0	103.0	214.0
沈船引揚		42年12月	50.0	30.0	30.0	30.0	140.0
		計画	25.0	15.0	15.0	15.0	70.0
		修正		15.0	15.0	15.0	45.0
喪失大破		42年12月	(−) 225.0	(−) 225.0	(−) 225.0	(−) 225.0	(−) 900.0
		計画	(−) 225.0	(−) 225.0	(−) 225.0	(−) 225.0	(−) 900.0
		修正	(−) 133.0	(−) 190.0	(−) 225.0	(−) 225.0	(−) 773.0
A船解傭		42年12月	180.0				180.0
		計画	42.0	47.0	27.0	8.0	124.0
		修正	80.8	74.8	8.7	59.3	223.6
B船解傭		42年12月	80.0				80.0
		計画	30.0	10.0			40.0
		修正	3.0				3.0
応急タンカーの復旧		42年12月			40.0	60.0	100.0
		計画				30.0	30.0
		修正					0.0
独伊船の傭船		42年12月					0.0
		計画	33.2				33.2
		修正					0.0

注：1) 1943年度の建造計画75万総噸中、貨物船50.5万総噸の実稼働を算出。4半期合計と一致しないが、原資料のまま。2) 改訂計画の甲造船建造は貨客船を含む。貨物船のみでは55.46万総噸。3) 15万総噸建造計画の実稼働を算出。「計画」は1943年4月1日のもの。「修正」は6月29日のもの。「喪失大破」には海難分を含み、同欄は新規稼働の控除分となる。

出所：企画院「海上輸送力ニ関スル件」1943年6月29日前掲『後期物資動員計画資料』第6巻、371～372頁。

陸軍1万トン、海軍24.6万トンであったが、前章で見たように、1942年末に陸・海・民需貨物船から18.1万総噸を海軍徴傭の応急油槽船に改造し、43年10月以降、各月2万総噸ずつ、年度内に12万総噸を民需貨物船に復旧させる計画を立て、油槽船を補強していた。このうち5月1日時点では既に1隻を喪失して17.4万総噸となっていたが、石油輸送計画を優先するために、貨物船に戻す計画は4月には僅かに3万総噸になっていた。

第2次船舶増徴

　こうしたなか、1943年6月には第2四半期以降の輸送計画を揺るがす事態が生じた。2月にガダルカナル島を撤退した後、海軍は制海権の確保を目指し、ソロモン諸島中部のニュージョージア島ムンダの防衛線を強化していた。一方陸軍もビルマ方面の兵力増強を求め、軍用船舶の需要は増大していた。6月に入ると両軍は船舶増徴を打診し、年間見通しは大きく狂い始めた。これに対して企画院の鈴木貞一総裁は大本営政府連絡会議でも、「新ナル船舶ノ増徴ニ対シテハ時局柄鋼材、石炭等ノ生産確保ニ重点ヲ指向スルトハ云ヘ之ヲ過度ニ強行スルニ於テハ却テ生産減惹イテハ物資供給力ノ不均衡ヲ招来シ綜合戦力ノ発揮ヲ阻害スルノ結果トナルヲ以テ今日ノ事態ニテハ結局鋼材、石炭等ノ生産又ハ供給ノ相当量ヲ削減スルコトヲ覚悟セザルベカラズ」と強い危惧を表明した。現行の計画でも、輸送力の最高度の発揮を前提とし、効率化の成果が出るには「一定ノ時日ヲ要スル」上、42年度下期以降、船舶の損耗量が「想定ニ対シ著シク逼増ノ状態」にあり、6月初旬で既に物動策定時点の見通しから年間90万トン（汽船20万トン、機帆船70万トン）の輸送力が減退していた。「開戦当時ヨリ今日迄ノ経過ニ鑑ミ今日迄ノ状態、性格ニテ押シ進ムコトハ前途寒心ス(ママ)ベキモノアリ、速カニ戦力造出要船舶ト作戦遂行トノ間ニ均衡アル調和ヲ確立(ママ)シ全般ノ戦争指導ニ遺憾ナカラシムル為適確ナル方途ヲ講ゼザルベカラザルモノ」として、国内経済の危機的状況を訴えた[83]。

　しかし、6月9日の連絡会議では、暫定的に6月中に陸軍が3万総噸、海軍も3.5万総噸を増徴することが決定され、さらに6月29日の連絡会議では、9日の決定分を含めて、陸軍は44年1月末まで5万総噸の新規増徴、海軍は7月から5万総噸の新規増徴が認められた。また、遅れていた損失徴備船の補填についても陸軍へ2万総噸、海軍へ5万総の供出が決定され、合わせて17万総噸の増徴が決定された。これに伴って、新規稼働船の見通しも、前掲表2-49の「修正」欄のようになった。陸軍は新たに徴備した7万総噸を含め44年1月までに解傭することとし、解傭船の新規稼働を年間22.36万総噸とした。海軍は第2次徴傭10万総噸をもって126万総噸の本来の保有量に戻すものとして、第2四半期以降解傭は実施しないことになった。

　徴備船の損失分の補填もむやみに実施できる状況ではないことから、8月以

降の陸海軍損失徴傭船の補填は、Ｃ船の損失分も含めて月7.5万総噸以内となった。これによってＣ船損失分の補填を優先して、毎月初頭に補填量を決定することが決められた。ところが、これも8月11日の大本営政府連絡会議で杉山参謀総長が「七万五千屯カラＣ船ノ損耗ヲ無条件ニ引去リ残リヲＡＢニテ配分スルカ如キコトトハ考ヘテキナカツタ」と発言して、むしろ軍徴傭船の補填を優先することを求めた。この結果、東條総理の「国力ノ低下」への危惧にもかかわらず、7月の損耗補填分としてそれぞれ1万総噸の増徴が認められるなど[84]、海上輸送力への配慮は相変わらず欠けていた。

この第2次増徴の際に生じた企画院と統帥部の摩擦は、総動員計画の立案方法の見直しにつながる問題も孕んでいた。参謀本部戦争指導班の6月25日の日誌には、6月9日の企画院説明が「悲観的」に過ぎ、生産増強措置に関して「企画院ノ検討特ニ対策ノ研究ニ於テ不十分」であったと批判し、「統帥部ニ於テハ物動ヲ詳細ニ研究シ企画院等政府側ノ言ヒ分検討シ得ル能力ヲ保有スルノミナラス専問的(ママ)ニ夫レ等ヲ指導シ得ル人材ノ養成ヲ必要トス[85]」としていた。陸海軍統帥部が企画院の総動員計画に強引に介入する機運が醸成されていた。8月から9月にかけて第3次徴傭の問題が起こると、後述のように下期以降の計画の立案作業は激しく歪められていった。

海上輸送力の見直し

新たな増徴を機に、1943年度の海上輸送力も見直すことになった[86]。前掲表2-49の「修正」欄の建造計画は、42年12月の計画では貨物船、鉱石船、油槽船等を含め75万総噸であったが、その後、徹底して資材を削減した第2次戦時標準船への切り換えを図り、その代表である改Ｅ型戦時標準船を第2四半期の5.4万総噸から第4四半期に10.6万総噸に増産するなどによって、25万総噸を計画に加えることになった。4月には全体で107.5万総噸、うち貨物船78万総噸とする建造計画が決定された。このうち63万総噸が年度内に稼働すると見込んだ。今回の修正見通しでは、43年度の建造推移の悪化を反映させることになったが、一方で42年末の竣工が「予定ヨリ遙カニ上廻」った結果、第1四半期の新規稼働船が多くなったほか、民需船の喪失・大破が見込みより少なかったこともあって、年間稼航船舶は予定に近い水準になった。ただ

し、改E船の建造は、第2四半期を3.3万総噸とし、立ち上がりの不調を織り込んで年間建造量は21.4万総噸とし、沈船の引き揚げと修理も第1四半期の不調を反映して縮小された。

陸軍解傭船の稼働見通しは、既に見たように年度末までには22.4万総噸の稼働を見込んだが、第1次徴傭の解傭が遅れ、新規徴傭7万総噸の年度内復帰を想定したものであって、輸送力の増強とはいえない。海軍徴傭船からの新規復帰は前述のように、僅か3,000総噸のみとなった。独伊船の新規傭船は「極力傭船ニ努メタルモ之ガ実現困難」であり、応急油槽船からの貨物船への復帰も、結局なくなった。

稼働船舶の保有量だけでなく、稼航率の低下も見込まれた。これまで上期稼航率は、日満支・乙地域とも1.31、甲地域0.4とし、下期は日満支・乙地域1.30、甲地域0.4としていたが、今回の見直しでは、乙地域を0.6と大幅に引き下げざるをえなくなった。

こうした増徴による第2四半期以降の輸送力の低下は、日満支輸送力に換算して210.6万トンに達した[87]。4月1日決定計画のC船年間輸送力の基準船舶量は、3月の建造量が多かったため、想定の176.3万総噸より約3万総噸多かったものの、新たな算定によって汽船輸送量は年間3,427.9万トンから3,379.1万トンに縮小した。一方、運航機帆船は、前年度の竣工機帆船量、物動配当資材に基づく建造見込みを再検討すると、その輸送力は260万トンから149.7万トンに大幅に減少し、表2-50のように合計の輸送量は3,687.9万トンから3,528.8万トンとなった。これに第2四半期から30万トン相当の外米の追加輸送を実施するため、既定輸送計画は194.2万トン縮小することになった。

これらを総合して、第2四半期以降のABC船全体の輸送計画は、表2-51のように調整された[88]。甲地域については、鉄鉱石の1.8万トンを日満支間の

表2-50 1943年度C船輸送力の改訂（1943年6月）

(千トン)

	1943年4月	1944年3月	1943年度
4月1日計画	2,835.5	3,527.7	36,878.7
6月29日改定	2,842.1	3,205.9	35,287.8

出所：企画院「海上輸送力ニ関スル件」1943年6月29日前掲『後期物資動員計画資料』第6巻所収、370頁。

表 2-51　ABC 船による第 2 四半期以降の 43 年度輸送計画の調整

(千トン)

地域	品目	数量	備考	地域	品目	数量	備考
甲地域	鉄鉱石	-18.0	日満支に振替	日満支	石炭（一般）	-661.5	本州・四国に影響
	ボーキサイト	-34.5	A 船輸送削減		石炭（製鉄）	-184.0	︶鉄鋼計画の縮小
	非鉄・コークス	+36.7	A 船輸送振替		鉄鉱石	-479.0	
	生ゴム	-22.0			銑鋼	-71.0	
	油料種実	-63.0	コプラ		塩	-74.0	
	その他	-12.4			非鉄	-120.0	重要鉱石は維持
	計	-113.2			棉花	-49.0	中国での集荷減
乙地域	非鉄	-8.2	アンチモン等		木材	-33.0	
	生ゴム	-4.0			砂糖	-80.0	
	飼料	-37.0			紙パルプ	+63.0	新聞 6 頁の維持
	牛皮	+6.9			北洋漁業	-43.7	
	計	-42.3			その他計	-1,837	

出所：企画院「六月二十九日連絡会議提出案ニ依ル AB 船舶徴傭ノ物動ニ及ボス影響説明資料」1943 年 6 月 28 日前掲『後期物資動員計画資料』第 6 巻所収、350～351 頁。

鉄鉱石、マンガン鉱輸送に振り替え、A 船に依存していたボーキサイトは、域内のマンガン鉱、ピッチコークスの輸送に振り替えた。乙地域のアンチモン等の非鉄鉱石は圧縮し、牛皮の増送に回した。なお、外米の追加輸送と繰上輸送は計画通りとした。全体を通じて鉄鋼とアルミニウムへの影響を極力回避する方針がとられた。日満支の物資については、一般炭 65 万トン減、その他物資 35 トン減を「忍ビ得ル限度」としたが、実際には 183.7 万トンもの輸送削減を実施した。

輸送力縮小の影響

　しかし、「国民生活用軽工業用物資ト製鉄用ヲ除ク一般用炭ヲ忍ヒ得ル最大限ニ削減」しても、鉄鋼とアルミニウム生産にも影響は避けられず、結局普通鋼鋼材 25 万トン、アルミニウム 6,000 トンの減産になった。高炉の休止は 4 ないし 5 基となり、銑鉄の 31.8 万トン減産によるピッチの減産も 7,300 トンとなり、アルミニウム製錬用の電極生産を制約した。ボーキサイトの還送の制約とアルミニウムの 6,000 トンの減産見込みは、1 万トンのピッチ消費を不要にしたものの、高炉の稼働率低下は今後のアルミニウム生産を制約することになった。

第 2 章　共栄圏構想の挫折（1943 年度）　369

それ以外の影響について見よう。石炭 66.1 万トンの減産は、本州・四国地域、特に東部地域に深刻な影響を与えた。重要産業である軍・官営部門、軽金属、電極、造船、航空機、有機合成、メタノール、石灰窒素、カーバイド、電力、ガス等の事業向けを確保しようとすると、他産業は 1942 年度下期実績に対して 10％の削減になり、これに北部機帆船の石炭輸送力の縮小を考慮すると 35％減が見込まれた。非鉄金属の輸送力削減 12.8 万トンとボーキサイト用 A 船の振り替えによるマンガン鉱等の増送を総合すると、非鉄関係は 9.3 万トン減となり、その結果、硫化鉄鉱 2.3 万トン、石灰石 2.5 万トン、礬土頁岩 1.5 万トン、苦灰石 1 万トン、蛍石 5,000 トンなどの輸送計画を削減した。棉花は 4.9 万トン（約 77 万担）の削減になり軍需・鉱工業用を確保すると、一般の作業衣、軍手、足袋、タオル、地下足袋、布靴・ゴム靴に「大巾ノ影響」がでた。生ゴム 6,000 トンの削減も、軍、防空、造船用を確保すれば、地下足袋、布靴・ゴム靴、自動車・自転車用タイヤチューブ、ホース、ベルトに「相当大ナル支障」となった。工業塩 2 万トンの削減は、ソーダ灰の減産からゴム工業に「相当影響」し、苛性ソーダの減産からパルプ・紙、スフ、人絹に影響が出て、「衣料切符制ノ実施ハ益々困難トナル」ことが予想された。飼料 3.7 万トン減は役畜の飼育、食糧生産への影響が危惧され、砂糖 5 万トンの削減は家庭用を確保した場合、業務用は 50％以下になった。油糧種実 6.3 万トン削減はグリセリン需給を悪化させ、軍需を確保すれば、医薬用のほかに火薬用も圧縮することになり、鉱物の採掘上も憂慮される状況になった。

こうした問題への対策として、輸送力強化では、①機帆船輸送用重油の確保（月当たり最低 2 万 4,900kl）、②中継輸送用施設の整備（特に北海道炭の北陸中継）が求められ、鉄鋼生産の増強では、①日本製鉄輪西製鉄所向け北支炭の北海道炭切り換えと、それによる輪西第 1 溶鉱炉の北支移転の中止、②北支等の外地での小型溶鉱炉の増強、③鉄鉱・石炭品位の向上、④粉鉱利用の拡大と、そのためのポット式焼結機の設置、⑤銅鈹（鉱滓^{カラミ}）の活用、⑥朝鮮鉄鉱石の機帆船輸送などが必要になった。

3　第 2 四半期海上輸送計画

陸海軍増徴問題が検討される中、第 2 四半期輸送計画は、おおむね第 1 四半

期計画を踏襲する形で 6 月半ばに策定された[89]。留意されたのは「現下ニ於ケル主要食糧事情ノ現況ニ鑑ミ外米ノ緊急、追加増送ヲ実施スル」などであった。

当初の配船標準に変更を加えた点は以下の通りである。甲地域に関しては、①遠距離輸送となる鉄鉱石、ゴム、硝石などを削減し、満支輸送力の増強に振り向けること、②鉄鉱石輸送を需給が逼迫しているマンガン鉱、ピッチコークスに振り替えること、乙地域については内地食糧事情の悪化のため外米 200 万石を追加し、繰り上げ緊急増送を実施することであった。満支からの輸送では、①北陸中継輸送の強化によって、石炭 5 万トンを増送すること、②鉄鉱石約 7 万トンを他の物資を抑制して増送すること、③新聞用として紙・パルプ 2.1 万トンを増送すること、④工業塩 2 万トンを増送すること、⑤マンガン、油類、北樺太物資を若干増送し、その一方で、⑤銑鋼は滞貨が減少したため鉄鉱石に振り替えること、⑥出荷の減少した棉花は削減することなどが指示された。

機帆船の増産等により、第 1 四半期より基本計画の増強が図られ、外米確保のため乙地域の輸送計画が大幅に拡充されているが、海上輸送計画の合計は 947.6 万トンであり、昨年同期よりも 22％減となった。これに海送貨物の陸送への切り替えによる 208.7 万トンを加えたものは 1,156.3 万トンとなり、これで比較すると、辛うじて前年同期の 95.4％を維持するという計画になった。

その他の雑貨輸送は、第 1 四半期と同様に主に定期船を利用して往航 81.7 万トン、復航 10.2 万トンの計 91.9 万トンを計画した。

しかし、上述のように 6 月末に 10 万総噸の新規徴備と 7 万トンの喪失船の補填が実施されることになって、第 2 四半期海送計画も 7 月半ばに前掲表 2-48 のように改訂された[90]。軍徴備船による輸送協力は維持されたが、C 船の基本計画は 89.2 万トン減少して 762.4 万トンになり、AB 徴備船による輸送分を合わせて 858.5 万トンになった。地域別に圧縮された物資を見ると、甲地域では鉄鉱石 2 万トン、ボーキサイト 6,500 トン、コプラ 3,000 トンが主なものである。乙地域では生ゴム 1,900 トンが削減され、現地の集荷・出荷事情から削減となったタイ米 1.8 万トンは同量の燐石灰に振り替えた。日満支では、石炭 53.3 万トン、銑鋼 19.4 万トン、塩 2 万トンのほか、非鉄金属、コークス類、紙・パルプ、棉花、砂糖、肥料など、86 万トンが削減された。雑貨輸送計画も全体で 91.9 万トンから 81.0 万トンに縮小した。

海運総局がまとめた陸海軍船・民需船の第2四半期輸送計画の実績も、第1四半期に比して減少は避けられなかったが、計画の869万トンに対しては854万トン（見込みを含む）と、98.3％の達成率になり、後述の改訂物動計画の輸送計画777万トンに対しては、9.9％の超過達成になった[91]。前期比11.3％減の実績ではあったが、辛うじて深刻な事態は回避していた。

船舶増徴に伴う輸送力の減少に対して、1943年7月末には陸海軍徴傭船と民需船の効率的運航を検討するため、海軍軍令部、海軍省兵備部、海軍運輸本部、陸軍参謀本部、船舶運営会の関係者からなる総合運航統制会議が開かれるようになった。会議は毎月末に開かれ、翌月の船舶運航計画や海上護衛部隊の護衛計画、船舶運営会の配船計画、修理計画などを策定した。11月に海上護衛総司令部が設置されると、同総司令部が会議を主催するようになり、44年度から試みられるAB徴傭船とC船の一元的運航や、港湾の一元的運営が検討されるなど、45年5月の海運総監部の発足までこの会議で海上輸送計画と対策が検討された[92]。前章で見た軍需物資の輸送に民需船の往航を個別契約の形で利用する「配当船」は、年度当初から常時13万から14万総噸で推移した後、11月1日には18万8,337総噸となるなど、第3四半期には南方との物資交流を重点化した[93]。

4 第3次、第4次船舶増徴問題と下期輸送計画

船舶の大量喪失と増徴要求

ソロモン諸島の戦況は7月のコロンバンガラ島沖海戦、8月のベララベラ島海戦と激戦が続き、兵力と輸送力を消耗させていた。8月の陸海軍統帥部や陸海軍省での船舶増徴問題の検討を見ておこう。戦局の悪化を巡り、大本営政府連絡会議の連絡事務を所管し、陸軍部内の調整に当たってきた参謀本部戦争指導班[94]は、8月19日に「帝国々力推移判断並ニ戦争指導計画ノ研究」の作業を行っている。その見通しは「悲観材料ノミナルモ、一縷ノ希望ハ『今日ヨリ手段ヲ講スレハ二十年度ヨリ国力増進ノ曙光ヲ発見シ得ル』点ニ在リ、之カ為戦線ヲ整理シテ輸送行程ヲ短縮シ船舶ノ余裕ヲ捻出シテ国力増進ニ邁進スルヲ要ス」というものであった。つまり、戦線を縮小した上で、海上輸送の短縮によって船舶余力を捻出するという構想であった。しかし、陸海軍の両作戦課の

検討結果は、むしろ逆の方法であった。つまり、「成シ得ル限リ帝国本土ヨリ遠隔ノ地ニ於テ敵ノ攻勢ヲ喰ヒ止メ」「之カ為船舶ヲ陸海軍合シテ二十数万屯増徴スルヲ要ス」というもので、大量の増徴構想が8月20日に戦争指導班にも伝えられた[95]。さらに、8月31日には陸海軍作戦課の協議で、陸軍は43年12月まで25万総噸、44年1月以降は15万総噸を当面増徴し、海軍は12月まで11万総噸、以降は15万総噸の増徴を実施する方針を決定した。実際のところは、両作戦課は「切リ詰タル所」として、合計で12月まで28万総噸、以降22万総噸と見込んでいたが、最後の妥協案としてこれを伏せておき、陸海軍合計で12月まで36万総噸、1月以降30万総噸とする増徴案が、9月2日にそれぞれの統帥部から陸軍省、海軍省に提示された。陸軍省次官、関係局・課長、主任者への説明に対しては、批判が相次ぎ、佐藤賢了軍務局長から「直ニ本年全部ノ溶鉱炉ヲ吹止ムル結果トナルベシ　到底国力的ニ成立セサルハ明カナリ　第十五課等ニ於テ検討サレシ結果ト存スルモ戦争遂行上国力的ニモ確信アルモノナリヤ」と批判されている。富永恭次次官からも「種々ノ疑点」が示され、「本案ハ要望ナリヤ、協議ナリヤ」と質され、戦争指導班（第十五課）の日誌にも「反撃態勢濃厚ナリ」と記された。これに対して戦争指導班長は「本案ハ戦略上ノ絶対要請ナルモ国力的ニハ至難ト認メラル、ヲ以テ政府方面ノ責任アル検討ヲ得ントスル次第　即チ協議ナリト」回答している。軍務局長からは対応策として「差当リ考ヘ得ラルル事ハ陸海統帥部ニ於テ船舶統一運用ヲ策セラル、事」など、後に実現するABC船の統一運用が提案され、これを契機に総動員計画の抜本的な見直しが始まった[96]。

陸海軍の戦力増強策・ⓗ研究

　陸軍省・海軍省内の総動員計画担当者は、この頃から戦局打開のための大量船舶動員の実現性を独自に検討し、1944年度を決戦段階と位置づけた「ⓗ研究」と称する戦力増強対策を模索していた。それと並行して、9月3日には企画院に対して「九月中旬ニ船舶ノ増徴アルモノトシ」、「昭和十八年度下期及十九年度ニ於ケル重要物資ノ供給力ヲ急速ニ検討」するよう依頼した[97]。検討課題は、44年度に普通鋼鋼材500万トン、特殊鋼100万トン、船舶180万総噸、航空機3万機等の生産体制の構築を目指した上で、新規増徴船舶量が5万総噸、

10万総噸、15万総噸、25万総噸、35万総噸になった場合の輸送力の算定と、損失船の補填を月7.5万総噸から月10万総噸、そのうち陸海軍枠を7万総噸とし、軍徴傭船の補填を優先した場合の影響の検討であった。大量の船舶増徴と徴傭船の喪失の際の迅速な補填を求められ、43年度下期以降の海上輸送計画は根底から改変を余儀なくされた。

企画院では、「C船輸送力ノ減少ニ対処スヘキ方策ハ鉄鋼減産防止ト本州地区石炭ノ補填トニ集中シテ之ヲ検討」し[98]、鉄鋼関係では、①原料輸送を機帆船と鉄道に転換し、②技術向上による海送炭の節約をはかったが、国内鉄鉱石の増産の余地は乏しかった。石炭に関しても、機帆船輸送への振替、中継輸送、陸送の増加しかなかった。1943年度の下期計画で、機帆船や陸送への転換によって補填可能な輸送力は250万トンであった。このうちの117万トン分は、燃料不足から稼働率が低下している小型の一般機帆船の動員によるもので、それにはB重油5万3,000kl（月8,500kl）、機械油2,160kl（月360kl）の追加配当が必要であった。このようにして捻出した輸送力を石炭、鉄鋼の重点物資と一般物資に割り当てて、徴傭規模に応じた下期の増減見通しを見たのが、表2-52である。10万総噸程度の船舶増徴の場合、一般物資の輸送を犠牲にすれば、僅かであるが石炭の増送と鉄鋼輸送の維持が可能であったが、25万総噸の増徴になれば、石炭、鉄鋼でも相当な輸送力が削減され、35万総噸の増徴では深刻な事態が予想された。

表2-52 陸海軍の新規増徴（5～35万総噸）による物資輸送計画への影響と補填後の輸送力

(千トン)

		5万総噸	10万総噸	15万総噸	25万総噸	35万総噸
石炭	影響	-442	-650	-860	-1,120	-1,360
	補填後	+589	+381	+171	-89	-329
鉄鋼	影響	-664	-979	-1,289	-2,071	-2,517
	補填後	0	0	-293	-1,075	-1,521
一般物資	影響	-844	-844	-844	-844	-1,130
	補填後	-32	-827	-844	-844	-1,130

注：「補填後」は捻出された輸送力250万トンを3分野に補填したのちの増減結果。
出所：企画院「A・B船舶徴傭ニ伴フ非常対策案」1943年9月10日前掲『後期物資動員計画資料』第6巻所収、438頁。

輸送力以外の動員対策についても、①鉄鋼・非鉄金属・軽金属を徹底的、計画的に節約し、航空戦力の増強に集中すること、②増産は作業時間の延長により、昼夜作業を実施しない工場は拡充しない、③労務者の充実に画期的方策を断行する、④本州、特に本州東部の工場新設を制限し、産炭地・大陸への進出を図る、⑤炭種の統一、荷主の一元化、亜炭の増産と配給統制を断行する、⑥外米輸入に代わる食糧自給策を強化し、11月の端境期以降の外米輸入は供給計画に組み込まず、緊急時の予備とするなどの措置が求められた。

増徴規模をめぐる攻防

これらの検討を踏まえて、9月18日の大本営政府連絡会議で、陸海軍合わせて15万総噸（陸軍10万総噸、海軍5万総噸）の増徴が「差当リノ措置」として決定された。しかし30日には第11回御前会議で、「帝国戦争遂行上太平洋及印度洋方面ニ於テ絶対確保スヘキ要域ヲ千島、小笠原、内南洋（中西部）及西部『ニューギニア』、『スンダ』、『ビルマ』ヲ含ム圏域」とする、いわゆる「絶対国防圏」が設定されることになった[99]。このため、陸海軍統帥部は36万総噸の増徴を求め、緊急措置として10月上旬に上記の15万総噸と合わせて25万総噸の第3次船舶徴傭を実施することになった。

9月以降の陸海軍徴傭船の喪失分に対しても、翌月初頭までに陸海軍合わせて3.5万総噸の範囲内で補填することが決定された。この事情について軍令部総長は、「本戦争遂行上本土及大東亜圏内重要資源地帯ニ対スル敵ノ侵襲ヲ阻止スルト共ニ所要ノ輸送路ヲ確保シ船舶損耗防止ノ方策ヲ強化致シマシテ対米英決勝戦力ノ進出ト国民生活最低限度ノ維持ヲ図リ更ニ大東亜諸民族ノ把握ニ資スルコトガ極メテ肝要デアルト存ジマスガ之ガ為ニハ議題ニアリマスガ如キ圏域ヲ絶対ニ確保スル必要ガアルモノト存ジマス」と説明した。

この徴傭船喪失分を翌月初めに新造船等から補填する措置は重大な意味をもっていたので、第3次増徴の決定に至る経過を確認しておこう[100]。㋺研究で求めていた損失分の要補填量は、毎月7.5万総噸から10万総噸であり、これを陸、海、民で平等に負担し、一定量を常に民需船から補充しようというもので、月当たり10万総噸を超える喪失・大破船を出している現状では、戦線を維持する上では不可欠な措置であった。しかし、軍務局長より9月15日に統

帥部に伝えられた陸軍省内の検討結果は、喪失補填を月10万総噸とするなら増徴量は15万総噸まで、月7.5万総噸の補填なら増徴量は何度かに分割して25万総噸まで可能という見通しであった。これに対して統帥部側は「右ハ統帥部ノ要望スル所ト著シク懸隔アルモノニシテ問題ニナラス」と批判し、特に36万総噸の増徴の可能性については検討すらしていないことを責め、25万総噸の増徴と月10万総噸補填の場合の影響を検討するよう要求した。翌9月16日には軍務局長の説明を軍事課長代理、戦備課長がさらに補足した。前日の検討結果は1944年度の「決戦々力ヲ前提トシ相当ノ決意ト非常手段ヲ尽シテ増徴量ヲ増加セントスルモノ」とし、43年度内の増徴は44年度に予定した輸送力の増強、国内生産・自給の徹底、生産能率の向上に向けた「準備措置ヲ無効ナラシムルカ故ニ他ノ補助手段（十八年度内ノ輸送力特別増強、民需一般物資ノ削減）ニヨリ増徴ニ伴フ輸送力減ヲ極力防止セント努力シタルモノナルモ遺憾乍ラ現状ニ於テハ判決以上ノ期待ハ困難ナリ」と説明した。これを受けて、陸軍統帥部は、飽くまで36万総噸増徴、毎月10万総噸の補填とした場合の影響を検討するよう求める一方で、16日午後には増徴量25万総噸、補填月7.5万総噸までとし、陸・海・民平等負担とする案をまとめ、海軍軍令部と協議した。軍令部は、今後も「喪失増加必至」であり、7.5万総噸に抑えることは「不可能」と指摘したものの、「何トカ努力シテ補填量ヲ右範囲ニ止ムル如クスル」ことにし、両軍協議の上、政府要求は増徴量28万総噸、AB徴傭船の喪失補填は毎月5万総噸以内、ABC船の喪失は毎月7.5万総噸以内となるよう措置することとした。

　9月17日には36万総噸増徴、月10万トン補填の影響に関する政府の回答が寄せられ、1944年度鉄鋼生産は390万トン、陸軍用鋼材は65万トンとなり、「反撃戦力ハ期待シ得ス」というものとなった。しかも、25万総噸増徴、月10万総噸のABC平等補填でも「略々右ト同様」であるとの結果が伝えられた。一方、25万総噸増徴、月7.5万総噸補填であれば、非常対策によって44年度鋼材生産計画は500万トン以上が可能となり、陸軍配当は90～95万トンとなると説明され、「実ニ問題ハ増徴量ノ多少ヨリモ損耗補填量カ最大ノ因子トナリ国力ヲ活カスモ死スモ此ノ一事ニ尽クヘシ極言セハ十八年度ノ損耗ヲ月七・五万屯程度ニ止メ得ル事カ必勝ノ鍵」であることが確認された[101]。

陸軍省としては7.5万総噸の枠内から民需船喪失の補填を優先せざるえなかった。民需船喪失の補填は月4万総噸の「実績」を維持することになり、陸海軍の補填分は3.5万総噸に抑制されることになった。しかし、問題は、そもそも喪失を7.5万総噸以下に抑えることが「不可能」であることであった。戦争指導班の日誌担当者は「A・Bノ補填ヲ犠牲ニセハ作戦成立セサルヘシ」と考えるものの、「補填ハ妥協セサルヲ得ヌ模様ナリ」と記し、結局軍令部、参謀本部の両第一部長会談で、9月下旬15万総噸、10月上旬10万総噸を増徴し、補填は陸・海で月3.5万総噸を折半することになった[102]。これが、9月18日の大本営政府連絡会議の「差当リノ措置」と30日の御前会議の決定となったのであるが、その肝心の徴傭船は「絶対国防圏」に後退した自給圏を支えるのではなく、大本営決定にもかかわらず、圏外であるニューギニア東部のラバウルやマーシャル諸島での戦闘に固執した連合艦隊によって前線に動員された[103]。この結果、この第3次船舶増徴と南方での大量喪失の加速が総動員諸計画に与える意味は、決定的に重大なものになった。

下期経済動員計画の見通し

　増徴量と毎月の補填量が当初要求よりも抑制されたとはいえ、この措置によって輸送力は深刻な事態となった。企画院総裁は、「絶対国防圏」を設定した際、民間船腹量は「戦力ノ造出ニ対シ殆ンド其ノ最小限ニ達」したと説明し、「非常手段ヲ講ジ」て、下期の海上輸送力を徴傭を見越して設定した1,400万トンに加えて、新たに約120万トン程度を確保する必要があることを訴えた。そして、翌44年度全体では8月の物動大綱「基礎輸送力」の2,860万トンに加えて約530万トンを増強しなければならないとした[104]。

　船舶増徴方針と航空機、船舶、鉄鋼増産要求を受けて、政府は9月23日に「陸海軍船舶増徴ト戦力増強トノ調整ニ関スル非常措置ノ件[105]」を閣議決定し、「物的戦力特ニ航空戦力ノ飛躍的増強」を図る44年度の物動生産目標と、43年度下期の緊急対策を打ち出した[106]。産業別の具体策としては、①航空機用工作機械・その他機械、燃料、化学薬品の確保、②甲造船用資材の追加配当、③アルミニウム原料の国産転換、電解能力の拡充、電極の確保、電力の確保、④内地・朝鮮の鉄鉱山開発、選鉱・焼結能力の拡充、小型溶鉱炉・簡易高炉の

拡充、製鋼・圧延能力の拡充、⑤銅鉱石・製錬能力の拡充などが挙げられた。このためには大量の鉄源、関連資材の確保、特に限定品種の増産と需給調整が必要であるとして、①軍管理工場を含む余剰在庫品の買い上げ、②軍作業庁在庫品の利用、③非常回収の促進、第2次非常回収の実施、④官業・軍管理工場屑鉄の追加供出、⑤既決定転用物件の再検討と供出、⑥鋼管切符の整理、⑦増産の強行、⑧陸海軍需、民需の配当削減、⑨製鉄業者、問屋在庫の流動化促進を挙げた。輸送力の増強対策では、50総噸以上の木造船の動員、陸運転移の徹底や、軍徴傭船と民需船の「綜合能率輸送」に向けた行政機構の刷新などの方策を挙げ、「凡ソ未戦力ノモノハ此際挙ケテ戦力化」することになった。商工大臣も「既ニ過去一年間ニ於テ各種ノ手段ヲ尽シ来レル今日ニ於テハ尋常一様ノ手段ト決意ヲ以テシテハ之ガ達成ハ到底不可能ト謂ハザルヘカラズ」として、軍需省、運輸通信省の設置をはじめとする国政運営の一大刷新の必要を説明した。こうして第3次増徴問題と航空戦力の増強問題を起点に総動員体制の再編が進むことになった。

　重要物資の1944年度閣議決定目標は、統帥部による㋭研究の内容をそのまま受け入れ、普通鋼鋼材500万トン、特殊鋼100万トン、鍛鋳鋼約55万トン、鋳物用銑130万トン前後、アルミニウム21万トン以上、甲造船180万総噸、電気銅約15万トン、セメント700万トン前後、木材9,000万石前後（内地）とされた。輸送力が急減する中では、これは極めて困難な目標であることから、前述のように御前会議では新たに43年度下期120万トン程度、44年度530万トン程度の追加輸送力の捻出が必要になることが報告された。このため、9月23日の閣議で同時に決定された「物動及輸送力動員計画遂行上ノ非常措置事項」では、①戦時海運管理令による50総噸以上の木造船の政府使用の断行、②50総噸未満の木造船による地方沿岸輸送の統制強化、③燃料、資材、乗組員用品等の入手斡旋のための海務行政機構、特に地方機構の刷新強化、④大型木造貨物船の建造促進、⑤船舶護衛ノ強化、航行管理の特段の措置、⑥海陸総合輸送力を発揮し陸運転移を徹底すること、⑦輸送力増強のための炭種の統合、配給機構の一元化、⑧鉄道、車輌、自動車その他の陸運施設、関係港湾施設の整備、⑨軍徴傭船による支援輸送と一般汽船輸送の総合調整などを求めた。総動員計画の策定における統帥部の圧倒的優位を認めた転換点であった。機帆船

等の木造船輸送の増強と統制強化については後述する。

第3四半期海上輸送計画

こうした調整困難な厳しい条件の下で、9月末に策定された第3四半期の海上輸送計画を前掲表2-48で検討しよう。第3四半期は、「苛烈ナル戦局ノ推移ニ伴フ船腹事情ノ変動ニ対処シ機帆船非常動員体制ノ確立、船舶護衛ノ強化、航行管理ノ特別措置並ニ陸運転移ノ徹底的強化等輸送力増強ニ関スル諸般ノ非常措置ヲ講シ以テ現下戦力増強ノ急需ニ応スル輸送ノ確保完遂ヲ図ル」との目的から、輸送力の総合的利用を図ることになった[107]。陸海軍徴傭船と民需船の総合的な効率運航体制の課題も強く認識され、先に見たように軍徴傭船の復路の利用、軍需・民需の連携、陸海軍間での利用調整、民需船往路での軍需物資輸送などを計画に組み込むことになった。海上輸送距離の短縮等により日満支間の稼航率も、従来の月1.3（上期は1.31）から1.35に引き上げを図った。また汽船の徴傭増加に伴って、機帆船による輸送計画も厳格化した。

保有船舶、新造船の稼働、機帆船非常動員などを基に算定された第3四半期の輸送力は725万トンであったが、所要輸送力には25万トン不足したため、北洋物資の裏日本中継、樺太炭の北海道炭への切り替えなどで調整した。しかし、「輸送能力ノ基礎タル船腹計画ニ於テ見込ミタル新造船、沈船大破、稼行率等ハ動モスレバ想定ヨリモ輸送力減少ヲ招来スベキ嫌アルヲ以テ運航能率増強ニ関スル諸般ノ措置ヲ講ジ之ガ輸送完遂ニ努ムル要アル」と、輸送力の維持には従来以上に不確定要素を多く含むため、特段の措置が必要になった。捻出輸送力50万トン程度とみられる限定航路計画は別途立案することになり、同表には含まれていないが、基本計画部分は汽船671万トン、運航機帆船71万トンの742万トンとなった。第2四半期の改訂計画をさらに下回る計画となったが、それでも汽船の54万トン減を機帆船の非常動員措置によって34万トン増とすることで激変を緩和していた。さらに民需船の輸送力の減少を、陸軍徴傭船による輸送計画の積み増しで僅かに補填し、未確定の限定航路計画を除いた物動物資の輸送計画は、対前期99％を確保した。

地域別では、第2四半期に外米の緊急輸入を図った乙地域と日満支地域が大きく縮小し、物動物資以外の雑貨輸送も圧縮された。地域ごとの調整を見ると、

甲地域の輸送力は維持されたが、出荷地の在庫や出荷減から、銅鉱、硝石、コプラ、カッチ、ガンビルエキス、ラテックス、マニラ麻への配船を減らした。これに対して銅、マニラ麻については集荷を強化する一方、余裕が出た分は緊急物資であるボーキサイト、クローム鉱、鉛鉱、ピッチコークスに配船した。乙地域輸送はほぼ配船標準通りとし、日満支では、①北支炭の輸西向け輸送の廃止、鉄鉱石輸送への転換、②樺太炭の北海道炭への切り換え、③機帆船往航を利用した九州炭の朝鮮向け輸送、④小型溶鉱炉銑の生産見込みの減少分を鉄鉱石輸送に充当、⑤食糧自給の強化のための南洋燐鉱石の増送などの措置をとった。

不定期船の往路と定期船を利用した雑貨貿易は、今期は船腹事情の急迫から不定期船の往路の利用を生産拡充用の機械・車両に限定した。このため、計画は定期船を中心に往航49.6万トン、復航4.4万トンの54万トンとなり、大幅に縮小することになった。地域別内訳は往航・復航を合わせて、朝鮮14万トン、満洲11万トン、台湾10万トン、中華民国9万トンなどであった。

第4四半期海上輸送計画

海務院が策定した第4四半期の輸送計画の詳細は判明しないが、12月に作成されたとみられる検討資料[108]から、輸送力の逼迫状況を確認しておこう。表2-53のように保有船舶に基づいて算出された第4四半期の標準輸送量は936.8万トンであり、第3四半期計画の1,040.7万トンの90%に減

表2-53　1943年第4四半期輸送力の状況

(千トン)

		輸送標準	要輸送量
A船	甲地域	162.3	147.2
	日満支	90.0	90.0
	南鮮中継	30.0	—
B船	甲地域	52.2	65.3
	日満支	140.1	140.1
C船 汽船	甲地域	150.2	149.1
	乙地域	174.6	173.5
	日満支	6,963.9	8,197.2
	南鮮中継	406.9	396.7
C船 運航機帆船	日満支	992.1	294.1
	南鮮中継	—	131.0
朝鮮船	南鮮中継	150.0	80.0
連絡船	南鮮中継	60.0	51.0
総計	甲地域	364.6	361.6
	乙地域	174.6	173.5
	日満支	8,183.0	8,721.4
	南鮮中継	646.9	650.7
	計	9,368.3	9,915.1

注：朝鮮船は朝鮮地籍船で、南鮮中継に動員した分の輸送力。連絡船は関釜連絡船による南鮮中継。統計に若干の不突合があるが、原資料のまま。

出所：「昭和十八年度第四・四半期物動輸送ニ関スル検討」1943年12月か、前掲『後期物資動員計画資料』第6巻所収、650頁。

少した[109]。これを基に所管省庁がまとめたとみられる海送物資の要輸送量は、991.5万トンに上り、この調整が深刻な課題であった。

一方、1943年暮れから戦闘域はギルバート諸島に移り、9月に決定された絶対国防圏の確保が早くも危うくなった。44年に入るとマーシャル諸島などの中部太平洋方面の防衛強化のため、新たな船舶徴傭問題が起きた。2月初頭に陸海軍が保有した徴傭船舶は、海軍が105万総噸で、うち稼動船舶は38万総噸に過ぎないというのが海軍の説明であった。ここから常備補給に使用されるのは9万総噸で、統帥部では「現在ノ損耗補填程度ヲ以テシテハ到底兵備強化ハ固ヨリ補給モ不可能ニ陥ル」と主張した。陸軍の保有する徴傭船舶は95万総噸で、うち軍需品輸送船腹は50万総噸（焚料炭、舟艇運搬5万総噸、「作戦築積」（ママ）12万総噸、常続的運航33万総噸）で、所要量より3割減少していた。ここから各方面に配当された分の32万総噸を除くと、「軍隊輸送」用は要求量の半分に過ぎない13万総噸とされ、参謀本部の戦争指導班では44年2月5日の日誌に「船腹増徴ハ必至」と記していた[110]。この徴傭船のデータは前掲表2-47の陸海軍徴傭船の船腹量とは大きく異なり、やや誇張されたものであるとも考えられるが、軍徴傭船の多くは作戦に張り付いており、一部は修理中ないし修理不能の状態であろうから、大量消耗の結果、新たな戦線構築のための軍需輸送に回すことのできる船舶が不足していたことは窺える。

2月9日の大本営政府連絡会議では一連の第4次増徴の第一弾となる機帆船3.5万総噸（未就航の新造船または休航船）を徴傭することが認められた[111]。この時期の陸海軍の増徴要求は合わせて汽船70万総噸、機帆船10万総噸とも算出されていたが、陸海軍作戦課・船舶課の検討では、最終的に汽船30万総噸、機帆船10万総噸あたりを落としどころと想定していた[112]。そして、16日および18日の陸軍軍務局長、海軍軍令部第一部長の会談では、今後の国力上昇のための最低水準である鋼材400万トン生産を割ってでも、作戦の緊急需要に応じる必要があるとして、大型船10万総噸の徴傭が合意された。これを受けて、9月21日の大本営政府連絡会議では、①2月下旬までに10万総噸を徴傭することと、②今後の戦争指導体制の強化を検討すべきことが決定となった[113]。さらに②の検討結果として、3月3日の連絡会議では、4月から大型船10万総噸のほか、2月9日決定分も含め、3月以降6月まで、小型船（機帆船）10万

表 2-54　軍徴傭による 1943 年度の C 船輸送力計画の改訂経過

(千トン)

	1943 年度物動	第 2 次徴傭 (17 万総噸)	第 3 次徴傭 (25 万総噸)	第 4 次徴傭 (30 万総噸)
決定時期	43 年 4 月 15 日	7 月 2 日	9 月 14 日	44 年 2～3 月
第 1 四半期	7,904.0			
第 2 四半期	8,437.2	8,138.6	8,071.1	
第 3 四半期	8,618.8	8,229.6	8,137.7	
第 4 四半期	9,161.6	8,860.3	8,377.7	6,269.6
年度合計	34,121.6	33,132.5	32,490.5	30,382.4

出所：軍需省「開戦以降物的国力ノ推移ト今後ニ於ケル見透参考資料」1944 年 8 月 10 日前掲『後期物資動員計画資料』第 10 巻所収、465 頁。

総噸の計 30 万総噸の増徴が決定された。2、3 月の徴傭船の損耗に対しても陸海軍それぞれ 2 万総噸の補填を認め、4 月以降の損耗についても 3.5 万総噸まで翌月初頭に補填できると決定した。44 年 7 月には稼働大型船 10 万総噸を解傭し、解傭見通しが立たない場合は、4、5 月の損失分の補填はせず、また徴傭船による物動物資輸送を強化するなど、物動計画への配慮も僅かに見られたが、44 年度第 1 四半期には深刻な影響が出ることが予測された。この第 4 次増徴に伴う 44 年度計画への影響については、次章で改めて取り上げる。

　一方で、2 月には 1944 年度航空機生産計画を 43 年度実績の 2.5 倍の 5 万機へと飛躍的に引き上げることが決定され、航空機生産に向けて資源を集中することになった。第 4 四半期海上輸送計画も最大限の拡張を図ったとみられる。海務院による総合計画は判明しないが、表 2-54 は第 2 次から第 4 次の増徴のたびに改訂された民需汽船（C 船）の輸送力の推移を、44 年 8 月に軍需省でまとめたものである。本節で見てきた海務院の四半期輸送計画の C 船輸送力とは若干数値が異なるが、年間を通じて 4 月当初の各四半期計画が改訂を続けたことが確認できる。輸送力が低下するたびに、近海・沿岸輸送から抽出した機帆船等を物動船（C 船）に組み込み、中継輸送などさまざまな輸送力の捻出策を駆使して次期四半期から漸増する計画に策定している。こうして各四半期とも 800 万トン程度の輸送力を維持しようとしてきたが、2 月から 3 月に最終改訂をされた第 4 四半期計画は 627 万トンとなり、第 3 四半期の 77％、当初の第 4 四半期計画の 68％にまで落ち込む事態になった。しかも、2 月 17 日のカ

ロリン諸島トラック島に対する攻撃などによって、2月は48万総噸余という空前の量の船舶を喪失することになり、次章で見るように44年度海上輸送計画に深刻なダメージを与えることになった。第4四半期計画の策定では、輸送力の強力な捻出や、輸送計画の工夫が図られ、甲造船建造計画の梃子入れを実施したが、短期的引き上げは不可能であった。

表2-55　1943年度物資別海上輸送計画とそ

	第1四半期		第2四半期		第3四半期	
	計画	実績	計画	実績	計画	実績
石炭	4,181,520	4,289,091	3,953,700	3,749,244	3,438,675	3,249,970
鉄鉱石	954,000	1,048,207	1,003,900	880,850	871,100	689,646
銑鋼	1,028,936	993,625	760,621	796,345	841,675	788,221
塩	381,345	461,044	407,650	405,173	505,930	398,154
非鉄金属	775,633	737,109	806,794	757,986	768,629	577,631
コークス類	65,380	80,011	59,500	59,579	85,790	63,822
セメント	66,130	54,361	79,650	78,283	63,460	60,559
ソーダ類	15,820	14,137	5,800	8,936	9,750	2,845
油類	30,162	25,202	31,064	25,350	29,610	21,711
紙パルプ	103,591	137,043	87,610	111,341	73,870	87,013
棉花・羊毛	20,500	18,966	6,000	3,113	18,800	2,197
木材	92,155	125,537	85,470	98,729	78,580	77,970
穀類	587,745	562,970	803,280	664,043	398,618	319,516
砂糖	123,350	126,638	76,636	124,370	138,200	43,707
燐鉱石	91,000	87,580	72,300	43,168	115,200	63,815
肥料	199,300	217,169	138,140	140,902	112,550	92,703
飼料	43,700	40,787	18,300	17,084	95,000	85,824
油脂	750	1,881	2,210	1,111	2,710	599
油料種実	34,500	55,353	22,700	24,157	39,470	20,934
生ゴム	9,004	15,040	4,020	4,985	14,750	12,632
練乳・粉乳	5,420	4,587	3,950	5,549	5,720	5,272
その他	11,400	62,880	19,324	48,358	22,030	34,322
合計	8,821,341	9,159,218	8,448,619	8,048,656	7,730,117	6,699,063
（参考）	8,752,400	9,141,700	8,288,400	7,887,600	6,673,700	6,516,400
北洋漁業	101,700	116,058	88,000	68,820		2,800
雑貨　一般雑貨	897,000	990,652	919,100	763,534	540,300	561,886
機械・車両		111,641		113,198		107,484

注：棉花・羊毛の第2、第3四半期計画に6,200トンの未集計分がある可能性があるが、原資料のまま。雑貨出所：船舶運営会『船舶運営会史』前編上、601～604頁。参考欄の計画と実績は、「18年度C船積重要物送課資料」）前掲『後期物資動員計画資料』第6巻所収、668～670頁。雑貨の計画値は表2-48による。

5 輸送実績

民需船（C船）・機帆船輸送実績

1943年度各四半期の民需船の物資別輸送を見たのが表2-55である。戦後、船舶運営会によって集計されたデータであり、本章で見てきた四半期ごとの計画とは僅かな違いがある。物動計画と連動しながら毎月の輸送計画を策定していた海運総局のデータとも異なるが、連続的データが得られることから、同表によって全体と物資別の輸送推移を概観しておこう。民需汽船の計画と実績には第2四半期まで、大きな乖離はなく、計画自体は常に若干の無理はあってもおおむね適切に策定されていた。第3四半期には計画達成率が86.7％に下がり、第4四半期には73.1％に低下する。ただし、参考欄の海運総局のデータで見ると、第3四半期、第4四半期の達成率はそれぞれ97.6％、89.2％であり、海務院データの計画は最終的に縮小改訂された計画値とみられる。両データの実績値には大きな違いがない。いずれのデータでも四半期ごとに輸送実績が百数十万トン低下し、第4四半期は第1四半期の7割以下になった。

(トン)

第4四半期		合計	
計画	実績	計画	実績
3,303,025	2,940,649	14,876,920	14,228,954
1,105,050	673,253	3,934,050	3,291,956
815,180	622,813	3,446,412	3,201,004
426,400	297,202	1,721,325	1,561,573
804,439	450,514	3,155,495	2,523,240
73,670	55,578	284,340	258,990
10,570	16,080	219,810	209,283
7,510	3,419	38,880	29,337
48,025	33,185	138,861	105,448
79,271	59,912	344,342	395,309
19,450	5,827	64,750	30,103
40,550	47,599	296,755	349,835
1,017,315	592,583	2,806,958	2,139,112
171,000	40,123	515,386	334,838
77,880	49,255	356,380	243,818
332,677	164,367	782,667	615,141
24,980	9,438	181,980	153,133
2,180	2,861	7,850	6,452
63,090	35,141	159,760	135,585
11,165	6,619	38,939	39,276
3,500	1,727	18,590	17,135
21,560	77,359	74,314	222,919
8,458,487	6,185,504	33,464,764	30,092,441
6,671,600	5,948,000	30,386,100	29,493,700
		189,700	187,678
	496,212		2,812,284
	70,856		403,179

のみ往航と復航の合計額であり、そのほとんどは往航。
資輸送計画量及輸送実績比較表（月別）（海運総局海運局輸

表 2-56　1943 年度民需船（C 船）稼航率の推移

	日満支貨物船		甲地域貨物船	
	計画	実績	計画	実績
第1四半期	1.31	1.521	0.4	0.426
第2四半期	1.31	1.366	0.4	0.470
第3四半期	1.35	1.316	0.4	0.349
第4四半期	1.35	1.217	0.3	0.303
年平均		1.363		0.398

注：甲地域の稼航率実績は乙地域分が含まれる。
出所：「海上輸送計画資料（仮題）」前掲『後期物資動員計画資料』第 12 巻所収、375 頁。

表 2-57　1943 年度機帆船輸送計画と実績

（上段：計画、下段：実績、千トン）

	第1四半期	第2四半期	第3四半期	第4四半期	合計
機帆船運航統制	501.0 480.0	409.0 485.0	518.0 501.0	625.0 698.0	2,053.0 2,164.0
北部機帆船運航統制	116.0 88.0	155.0 109.0	170.0 130.0	229.0 228.0	670.0 555.0
西日本石炭輸送統制	3,765.0 3,407.0	4,303.0 3,167.0	3,632.0 3,265.0	3,242.0 2,959.0	14,942.0 12,798.0

出所：「海上輸送力非常増強協議会参考資料」1944 年 9 月（国立国会図書館憲政資料室所蔵『柏原兵太郎文書』106）。

　輸送実績の低落要因は、主に船舶の喪失と甲造船計画の未達成であるが、稼航率の低下も深刻であった。表 2-56 のように第 1 四半期の稼航率は日満支貨物船が 1.521 と、計画の前提とした 1.31 を大きく超え、貨客船や甲乙地域についても同様の傾向を示し、第 1 四半期の好調を支えていた。しかし第 3 四半期以降は、日満支の計画値を 1.35 に引き上げたにもかかわらず、実績は 1.316 と当初計画程度にとどまり、第 4 四半期には計画を下回る事態になっている。貨客船についても同様の傾向を示した。第 4 四半期における遅延要因の調査結果は、船団迂回・低速 16.7％、船団待機 11.4％、防御海面通過 5.2％など、戦争リスクの回避に伴うものが 45.3％であり、荒天避難 17.7％、荒天出航待ち・潮待ち 5.2％、人夫・艀待ち等の荷役事情 6.5％など、直接的に戦争によらないものが 54.7％であった[114]。天候問題は計画にある程度織り込んでいると見られる

が、戦争リスクの急拡大や人夫・艀不足の深刻化は、情報が限られた海務院にとって計画を狂わす大きな障害であり、現場レベルでの対応が必要であった。

　物動輸送計画の近海・沿岸輸送を担った運航機帆船統制、西日本機帆船運航、北部機帆船運航の輸送計画と実績は、表2-57の通りである。北部機帆船による北海道炭輸送は順調に伸びているが、西日本機帆船の九州・宇部炭輸送は、第2四半期をピークに、運航機帆船統制への船舶の動員もあって輸送計画が縮小し始めた。輸送実績では第3四半期をピークに第4四半期から減少した。九州炭の本州への輸送には、1936年の着工後、戦時動員と輸送力増強の重要課題として取り組んできた関門鉄道トンネルの開業も重要な役割を演じた。42年7月の上下線開業によって、42年11月の年300万トン体制（貨車1日570輛）から、43年5月の年400万トン体制（同760輛）、そして10月には年500万トン体制（同955輛）へと増強されたことで、海上輸送の縮小の一部をカバーした[115]。しかし、汽船・機帆船による石炭輸送の急減を総合すると、43年度末ころから国内エネルギー供給の根幹が崩れ始めたことが判明する。

陸送転移の実績

　満洲、中国占領地域からの海上輸送物資や、北海道炭、九州・宇部炭、八幡の銑鋼の輸送を鉄道に転換し、海上輸送力を節約した陸運転移は、表2-58のように推移した。大陸産の物資についても、海上輸送距離を極力限定したルートで輸送することになった。この計画も海上輸送計画の中に組み込まれ、汽船・機帆船輸送と一体のものとして扱われた。表からわかるように、陸運転移は1942年第4四半期以降、本格的な取り組みとなり、増徴のあった43年度第2、第3四半期に一段と計画水準が引き上げられ、43年度第4四半期から44年度第1四半期にかけてピークを迎えることがわかる。この2年間の扱い量では、石炭が圧倒的に多く、計画の54％を占め、43年度の汽船での石炭輸送量1,403万トンに対して321万トンの実績を挙げた。次いで、季節的変動があるが、穀類の輸送が大きく、汽船輸送量187万トンに対して25.8万トンを占めた。それに次ぐのが銑鋼、非鉄金属類、塩となり、海上輸送を補完していた。

　大陸物資の陸送転移の中心舞台の一つであった朝鮮半島南部の諸港における到着・船積推移を見たのが表2-59である。1942年末に開始された大陸物資を

表 2-58　海上輸送物資の陸運転移実施状況

(千トン)

	1942年度		1943年度				1944年度	
	第3	第4	第1	第2	第3	第4	第1	第2
石炭	267.0	341.0	443.0	730.2	955.0	1,084.9	814.0	718.9
鉄鉱石							52.9	156.8
銑鋼	79.5	143.9	126.9	85.5	88.7	105.2	168.8	107.3
非鉄金属	3.0	33.46	69.76	83.9	51.0	56.7	196.7	128.9
コークス類	1.2	15.1	18.8	26.7	29.4	30.0	48.5	44.5
セメント	17.0							3.0
油類	0.9	6.5	10.0	6.3	5.1	12.2	17.2	8.7
紙・パルプ		4.2	4.9	10.3	20.3	16.9	33.1	26.3
ソーダ類	5.0	0.2						
塩	7.8	93.1	38.2	56.7	44.2	101.7	80.6	47.7
木材						3.0	10.0	5.0
穀類		242.0		39.9		217.7	371.5	156.2
砂糖		45.0	29.4		40.0	28.3	19.3	9.0
燐鉱石				4.7	6.0	45.0	12.1	20.4
肥料		10.4	35.0		9.0	86.7	67.9	53.8
飼料		8.0	9.1	3.0	10.8	18.0	11.5	2.2
油脂								1.2
油糧種実		6.0	6.5	7.3	5.5	0.9	9.9	0.8
その他		0.2	3.5	5.7	3.9	4.8	3.5	4.8
合計	381.4	949.1	795.1	1,060.2	1,268.8	1,812.0	1,917.5	1,495.5

注：物動物資のうち、南方物資の生ゴムなどは陸運転移の対象外。
出所：「海上輸送計画資料（仮題）」前掲『後期物資動員計画資料』第12巻所収、337頁。

表 2-59　1943年度に

		第1四半期			第2四半期		
		計画	到着	船積	計画	到着	船積
石炭	満洲	30,000	20,160	15,191	65,000	57,450	57,103
銑鋼	満洲	107,650	89,204	81,620	175,770	167,712	137,284
非鉄	満洲	820	1,120	361	1,260	1,015	1,511
塩	北支	53,750	45,255	41,248	32,200	37,240	37,529
穀類	満洲	125,000	109,679	111,504	20,230	25,509	34,442
コークス	満洲						
大豆粕	満洲	9,000	2,516		19,385	16,939	18,154
油糧種実							
合計		326,220	267,934	249,924	313,845	305,865	286,023

出所：前掲「輸送実績」前掲『後期物資動員計画資料』第13巻所収、324頁。

鉄道網を利用して南鮮諸港まで輸送し、極力陸送に転移するという計画は、当初は満洲産の穀類、銑鋼を中心にした30万トン台の輸送計画であった。しかし、43年度下期にはコークス、油糧種実に拡大し、第3四半期に45.6万トン計画、第4四半期には76.4万トン計画に拡張され、石炭、塩、次いで第4四半期には大豆粕の輸送計画も拡大した。利用港は、石炭の場合、元山、麗水、銑鋼は馬山、釜山、非鉄金属は釜山、麗水、穀類は釜山、麗水、木浦などであった。輸送計画に対する船積み実績は、第1四半期の77％から第2四半期に91％、第3四半期に88％と比較的好成績であったが、第4四半期には66％に低下した。到着分の船積み率は年間を通して高いことから、年度末には荷役能力・海上輸送力よりも、鉄道輸送力あるいは集荷・出荷量が計画に達しなくなりつつあったことが判明する。

その他沿岸輸送

　こうした物動物資のほかに、内地の沿岸輸送を担う、各地の機帆船運送会社の輸送計画も策定されていた。しかし、国内の沿岸輸送であるため物資輸送計画には直結されておらず、判明するのは第2四半期計画のみである。全国の地区機帆船の輸送計画は721.0万トンであったが、実績は571.6万トンにとどまった。所要燃料、資材の面では、日満支輸送を担う機帆船運航統制、国内の石

おける南鮮諸港への到着と船積の実績

(トン)

第3四半期			第4四半期			合計		
計画	到着	船積	計画	到着	船積	計画	到着	船積
110,800	106,050	100,780	188,830	119,776	114,434	394,630	303,436	287,508
179,620	174,576	180,294	200,466	147,927	151,423	663,506	579,419	550,621
1,260	1,317	1,283	1,632	1,518	1,386	4,972	4,970	4,541
95,480	75,985	72,522	100,065	66,281	71,056	281,495	224,761	222,355
56,991	45,705	40,396	193,908	128,407	116,760	396,129	309,300	303,102
2,650	1,860	1,310	3,510	2,730	3,090	6,160	4,590	4,400
	2,479	3,877	64,317	43,337	33,059	92,702	65,271	55,090
9,216	5,925	2,395	11,208	11,805	14,104	20,424	17,730	16,499
456,017	413,897	402,857	763,936	521,781	505,312	1,860,018	1,509,477	1,444,116

炭輸送を担う北部機帆船運航統制や西日本石炭輸送統制ほどの重点扱いを受けておらず、物資ごとの計画も策定することが困難であったと見られ、後述のようにB重油の供給不足によって遊休機帆船も多かった。しかし、国内沿岸輸送では汽船を大量に抽出された分を補い、依然として大きな比重を占めていた[116]。

6　機帆船統制の進展

各地機帆船業者の組織化と計画輸送への動員

　汽船と異なり計画造船の実施が遅れ、業者の多さから輸送計画への組織化が遅れていた機帆船等の木造船の統制も、1943年度から本格化した。機帆船等の木造船は、主に内地沿岸や、港湾内の輸送に従事していたが、太平洋戦争期には既に見たように、戦時標準船型が設定され、木造船業界の統合再編や大量生産が支援されるとともに、大陸物資の輸送に活躍した[117]。1940年5月以降、海運組合法に基づいて、内地のみで事業者約2万、保有隻数2万5千、87万総噸という規模の機帆船業界は、全国34の地区機帆船海運組合に再編された。同年9月には全国機帆船海運組合連合会（43年9月には全国単一組合の木船海運協会に改組）が設立され、不急物資・航海の抑制と重要物資の計画輸送に向けた協力体制が築かれた。

　その後、日満支間の物動物資の計画的輸送を強化するため、1941年6月に150総噸以上の大型機帆船約200隻をもって、連合会傘下に機帆船外航統制運送組合が設立され、日満支間の物動物資輸送に民需用汽船のC船と並んで組み込まれた。同年8月からは海運統制令に基づいて機帆船の外航運航が承認制となり、航路の指定など輸送統制も強化された。同組合は42年4月には機帆船運航統制株式会社に改組され（44年8月には日本機帆船運航株式会社に改称）、7月に汽船運航の一元的統制を所管する船舶運営会の下で、大手海運会社と同様の運航実務者となり、計画輸送の一翼を担うことになった。8月からは150総噸以上の機帆船の国家徴傭を受けて、物動計画と一体となった計画輸送を担った。43年6月時点では国家徴傭船203隻（約4万総噸）、委託船22隻（約3千総噸）を統括する体制になっていた。43年度の輸送実績は前掲表2-57のように216.4万トンと計画を上回った。

九州山口炭の機帆船輸送については、1938年8月以来、若松石炭類輸送用重油規正組合を通じて石炭の重点的輸送体制を築いていた。42年1月からは15総噸以上の機帆船の内地沿岸航行も所属地区組合の承認制となった。九州周辺の機帆船運航会社は42年末から43年始めにかけて11の地区別機帆船運送会社に集約され、43年4月には西日本石炭輸送統制株式会社が設立されて、漸次地区会社の統合をすすめた。6月時点では使用船293隻（約5万3千総噸）、委託船3,939隻（約21万総噸）、第1四半期輸送実績340.7万トンという九州・宇部炭の海上輸送体制が整備され、年間実績は1,279.8万トンになった。また42年11月の臨時生産増強委員会の発足や、43年6月の各地地方行政協議会発足に際しても、九州・宇部炭の増産と近畿、中京の工業中枢地域を結ぶ輸送問題は最重要課題の一つとなった。

北海道炭の北海道・東北への輸送も重要であり、1942年1月から北部機帆船輸送団が統制業務を開始した。調整団の業務は43年6月から北部機帆船運航統制株式会社に継承され、使用船25隻（5,271総噸）、委託船77隻（7,813総噸）を所管し、43年度第1四半期の輸送実績8.8万トンから、航送船の増強によって第4四半期には22.8万トンに拡充された。

1943年6月の「船舶運航体制緊急整備要領」に基づいて、こうした海運事業体の統合がさらに進められた。船舶運営会の運航実務者を整理することになり、9月15日には全国34の地区機帆船組合と全国機帆船海運組合連合会を統合して、全国単一組織として木船海運協会が設立された。また政府の勧奨を受けて大手の汽船海運会社も機帆船海運事業へ参入した結果、9月中に11社が設立され、量産体制に入った戦時標準木造船が集中的に割り当てられた。こうして43年度半ばには大手海運会社傘下の近海機船会社も日満支間輸送、南鮮中継、北海道炭輸送、瀬戸内その

表2-60 機帆船保有状況（1944年4月）

	隻数	総噸数	平均総噸数
地区機帆船	21,056	581,055	27.6
国家管理船	2,427	248,069	102.2
陸軍徴用船	462	32,722	70.8
海軍徴用船	605	40,258	66.5
その他	1,314	59,169	45.0
計	25,864	961,273	37.2
うち50総噸以上	6,366	629,235	98.8

出所：船舶運営会『船舶運営会史（前篇）』中巻、1947年所収、56～57頁。

表 2-61　国家使用機帆船の運航地域と担当

		物動船 隻	物動船 総噸	主要就航域	主要担当輸送
日満支・中継輸送	機帆船運航統制	126	21,473	九州／阪神・京浜	南鮮中継・日満支
	郵船近海機船	30	3,650	瀬戸内／関東州・北支・南鮮	南鮮中継・日満支
	報国近海機船	66	6,731	瀬戸内／南鮮	南鮮中継・日満支
	山下近海機船	45	5,763	瀬戸内／南鮮	南鮮中継・日満支
	日産近海機船	97	13,978	瀬戸内／南鮮	南鮮中継・日満支
	辰馬近海機船	29	5,757	裏日本／北鮮	南鮮中継・日満支
	神戸近海機船	57	5,923	瀬戸内／南鮮	南鮮中継・日満支
	大阪機船	50	5,049	瀬戸内／南鮮	南鮮中継・日満支
	中央汽船運航	3	216		主として石炭
	小計	503	68,540		
北部石炭輸送	北部機帆船運航	210	20,427	樺太・北海道／表日本	主として石炭
	栗林近海機船	58	8,074	北海道／表日本	主として石炭
	川崎近海機船	47	5,396	北海道／表日本	主として石炭
	三井近海機船	45	7,543	北海道／表日本	主として石炭
	北海機船	48	5,900	北海道／裏日本	主として石炭
	小計	408	47,340		
西日本石炭輸送		562	11,876	九州／瀬戸内・四国・山陰	石炭
		938	87,113		
小計		1,500	98,989		
日本製鉄本船					
合計		2,411	214,869		

注：西日本石炭輸送の上段は 50 総噸未満、下段は 50 総噸以上の機帆船。
出所：「海上輸送計画資料（仮題）」前掲『後期物資動員計画資料』第 12 巻所収、328 頁。

他各地の内航を担うことになった。1944 年 4 月時点の機帆船保有状況は表 2-60 のように、2 万 5,864 隻中、地区機帆船 2 万 1,056 隻、国家管理下の運航機帆船、北部機帆船、西日本機帆船の保有船舶 2,427 隻、陸海軍徴傭船は 1,067 隻となった。機帆船の平均規模は 37.2 総噸に過ぎず、地区機帆船では僅かに 27.2 総噸であった。大量の物資輸送には向かない上、燃料効率も悪いため、石炭や大陸物資輸送に利用した国家使用船は 100 総噸規模の比較的大型の機帆船であった。こうして 1944 年半ばまでには表 2-61 のように大手海運会社系列の近海輸送会社と先行する 3 社が運航実務者として物動物資や専門航路物資の輸送に当たる体制となった。ただし、元々業者数が非常に多く、特定地域内の

輸送（1944年7月1日現在）

専用航路船		主要就航域	主要担当輸送
隻	総噸		
76	12,911	瀬戸内／南鮮	物動物資（南鮮中継・日満支）
			東海、京浜、北九州、中国地区
34	2,783	四国・瀬戸内	四国、近畿地区
112	8,957	九州・瀬戸内	鉱山、化学関係
22	1,757	瀬戸内／南鮮	中国、山陰地区
8	502	阪神	阪神地区
		阪神	阪神地区
252	26,910		
14	1,053	樺太・北海道／表日本	北海道地区
20	1,323	北海道／表日本	巻き取り紙
10	630	北海道／表日本	横須賀鎮守府関係
44	3,006		
287	25,483	内地沿岸一円	鉄鋼統制会関係
583	55,399		

特定取引先間の輸送に当たる個人経営の機帆船業者や、船舶法の登録を回避した不登簿船を保有する機帆船業者も数多く見られ、重油配給が厳格化されるまで容易に統制に服さない機帆業者も相当存在していたことが知られている[118]。

遊休機帆船問題への対応

運航体制が整備される一方で、1943年度の燃料供給は厳しい状況に追い込まれつつあった。B重油の月当たり物動要求量は、国家徴傭船が3万2,400kl、一般機帆船が1万2,000klであったが、液体燃料の年度物動計画の策定が大幅に遅れたため、43年度は42年度第4四半期計画を基準に実施計画を策定した。

その割当は前年5〜8月と比較して、国家徴傭船用のB重油で44％減となり、さらに一般機帆船用では68％減という事態となった。このため、これを30％減、60％減にまで改善するよう、8月には陸海軍の貯油からの支援を受けている。こうして43年度の汽船用・機帆船用合計のB重油の配当量は、第1四半期の10万7,336kl から第2四半期11万953kl、第3四半期の11万9,202kl と漸増した。しかし、それも第4四半期には10万4,473kl に抑えられた。汽船用C重油の配当も月3,000kl で安定していたが、44年2月は2,000kl、3月1,500kl と急減し、翌44年度にはB重油、C重油ともに深刻な不足に陥る[119]。

　1943年9月に入って船舶の大幅増徴が実施され、一般機帆船による沿岸輸送をめぐる事態はさらに深刻になった。30日の御前会議では絶対国防圏が設定され、海上輸送力は大規模に動員されることになった。汽船同様に日満支輸送に従事する運航機帆船、九州山口炭の輸送を担う西日本石炭輸送統制、北海道炭輸送を担う北部機帆船運航の所属船を除いた一般機帆船は、7月時点で1万2,400隻、44万総噸（15総噸以上）と見られていたが、そのうち遊休状態のものは、表2-62のように67％の8,263隻、29.4万総噸（平均35総噸）に上った。このうち70％の20.5万総噸が燃料不足による遊休状態であった[120]。10月からはこうした一般機帆船をも徹底的に動員することになり、従来の150総噸以上とした国家管理の範囲を先述のように50総噸以上として、輸送の需給調整に利用すると同時に、所要燃料の配給を実施することになった[121]。70〜150総噸

表2-62　地域別遊休機帆船（1943年7月）

	隻数	総噸数	重量トン数	うち燃料不足による分	
				総噸数	重量トン数
北海道	230	8,404	14,287	5,883	10,001
東北	183	6,276	10,669	4,393	7,468
関東	638	24,351	41,397	17,046	28,978
北陸	114	3,486	5,926	2,440	4,148
伊勢湾	800	27,099	46,068	18,969	32,248
瀬戸内	4,639	164,516	279,677	115,161	195,774
山陰	89	2,937	4,993	2,056	3,495
九州	1,570	56,935	96,789	39,854	67,752
計	8,263	294,005	499,806	205,803	349,864

出所：「燃料油不足ニ依ル機帆船遊休状況」前掲『後期物資動員計画資料』第6巻所収、695頁。

第2章 共栄圏構想の挫折（1943年度）

表2-63　1944年1月の主要航路輸送力

(総噸、トン)

	保有機帆船		新規動員機帆船		輸送力総計
	総噸数	月輸送力	総噸数	月輸送力	
北海道炭関係	48,230	60,267	1,859	1,041	61,308
九州・山口炭関係	588,041	658,605	—	—	658,605
南鮮・日満支関係	87,311	121,405	20,304	11,370	132,775
合計	723,582	840,277	22,163	12,411	852,688

注：動員機帆船は1943年10月以降国家徴備され、当該路線に動員された50総噸以上の機帆船。
出所：海運局輸送課「機帆船対策　議会答弁資料」1944年1月22日前掲『後期物資動員計画資料』第6巻所収、679頁。

船の第1次動員に対する令達書の送達は1月半ばまでに1,800隻、18万総噸であった。しかし、このうち西日本石炭輸送統制所属の1,100隻は既に石炭輸送に動員されており、残りの700隻から既に軍関係工場、鉄鋼、航空機等の軍需工場の素材、製品の輸送、木材などの重要物資の輸送に従事し、引き続きその輸送業務に利用するものを除くと、新たに動員されるのは148隻1.5万総噸に過ぎなかった。また50～70総噸の第2次動員の対象船は1,660隻、10万3,759総噸であったが、このうち破損状況や現在の輸送実績等から転用しがたいものを除くと、物動物資輸送に新たに可能なのは130隻、8,500総噸に過ぎなかった。その意味で徴傭範囲の拡大は、動員の拡大というより燃料配給の適正化を狙ったものだった。

この結果、1944年1月時点で、機帆船輸送の主要3分野で稼働する機帆船の保有量と新規動員機帆船は表2-63の通りとなった。これによると、小型機帆船であるにもかかわらず、南鮮中継に重点的に投入されたことがわかる。

機帆船の新造船に必要な資材や建造施設が不十分な中、海運総局としては「在来航路固定船ノ能率増進」に加えて、総噸数の過少申告や不登録などの「反則船」を統制下に置き、また無動力船の稼働促進に注力することになった。この背景には「本来船舶法ノ適用ヲ受クベキ船舶ニシテ二〇屯未満ト称シテ船舶法ノ適用ヨリ逃避セルモノ相当多数アル実情デアリマシテ之等船舶ガ計画運送ノ遂行ニ対スル攪乱因子タルノミナラズ全般ノ運航体制ノ完成ヲ阻害シツツアル」という認識があった。こうした船舶の「登簿改測措置ヲ断行シ之等船舶

ニ対スル燃料油ノ配給ヲ保障スルト共ニ計画輸送ニ動員スル」としていた。また、戦時標準機帆船の量産化の中で機関を設置されていない無動力船が、1944年2月時点で92隻あることから、被曳船の国家使用を実施して、このうちの51隻を西日本石炭輸送統制の統制下に組み入れ、友曳に利用し、残余は曳船によって利用することとした。機帆船の運航効率を上げるため、乗組員に対する能率奨励金制度も予算化され、標準稼航率の引き上げに対して階級ごとに奨励金を交付することになった。また、その時点で33社に集約されてきた地方機帆船運送会社を各地海運局内1社の「最少限度」に集約することを目指し、15総噸から50総噸未満の船舶を強制傭船して、地方物資輸送の完遂を図る方針が打ち出された。

木造船の計画造船・計画修繕

　機帆船等の木造船の計画造船も、資材割当は不十分ながら1943年度からようやく本格化した[122]。しかし、4月に最終的に決定された戦時標準船43万総噸など国内50万総噸(このほか外地・満支8万総噸、南方22万総噸)の新造船計画のほかにも、修繕を必要とする機帆船・艀が大量に存在していた。「要修繕船ノ実態把握ノ困難」な点があるものの、全国機帆船海運組合連合会や海務院の第1四半期の調査によれば、表2-64のように海務院調査では機帆船、艀船を合わせて5,141隻、40.3万総噸に上り、連合会の調査でも加盟企業の機帆船3,223隻、18.7万総噸が何らかの修繕を必要としていた。機帆船の場合、新造船用資材の確保にも窮していたが、「修繕用資材ノ現物取得難及造船所能力ノ新造船ヘノ

表2-64　修繕を必要とする機帆船・艀船調査

(上段：隻数、下段：総噸数)

		機帆船	艀船
海務院調査	工場能力不足のためやむなく停船中	362 32,809	1,180 99,838
	工場能力不足のためやむなく稼働中	930 64,482	1,198 108,017
	多大の修繕を要するため繋船中	149 11,019	1,322 86,941
	合計	1,441 108,310	3,700 294,796
全機連所属船調査		3,223 187,422	

注：海務院調査は1943年6月、全機連(全国機帆船海運組合連合会)調査は43年5月。
出所：海運総局「関門、若松地区艀及機帆船ノ緊急修繕ニ関スル件」1944年1月4日前掲『後期物資動員計画資料』第6巻所収、691頁。

振向等を主タル原因トシテ艀及機帆船ガ修理不能ニ陥リ荷役運航上支障ヲ来シテ居ルモノガ相当」あることも認識されていた。この要修繕船を一掃するため、43年末には主要25府県に地方配給物資として修繕用鋼材と銑鉄の特配をする一方、函館地区造船所への特配も実施した。年明けの44年1月には関門、若松、八幡地区の艀の積トン総量34.9万トンの25.5％に相当する586隻、8.95万積トンの修繕を44年2月からの8ヶ月間で実施することなり、福岡、山口、大分県下20の造船所を指定した。この3地区の機帆船についても、この間に110隻、1万総噸の修繕を20工場で実施することになった。

海務院では計画造船と同時に1944年度からは「計画修繕」も必要であるとして、各地海務局に対して、①所管造船所の施設・労務について最低限度の修繕能力を保持させること、②年間修繕予定量を定めること、③修繕許可制によって工事査定をすること、④関係官庁・関係団体による修繕審査委員会によって修繕工事を調整し割り当てること、⑤物動物資を扱う国家使用船の修繕を最優先することなどの実施方策を指示した。木造船の43年度の建造見通しは、物動割当資材から、割当の「現物化」や部品等の「製品化」を「最大努力」をしても、標準船1,714隻、23万総噸、無動力船108隻、1万7,570総噸にとどまっていた[123]。こうした計画修繕を実施すると、新造船は8ヶ月間に9,000総噸分が繰り延べになる見込みであった。しかし、海務院はこれを「已ムヲ得サルモノト認メ」た上で、「南鮮大陸方面トノ物資仲継ニ甚大ナル貢献ヲ為ス」として、修繕の方が新造よりも所要資材、調達期間の点で有利であると見ていた[124]。結局、43年度木造船の建造実績は、内地建造計画50万総噸（標準型43万総噸、雑船7万総噸）に対して、標準船748隻8.7万総噸（うち機関付き645隻7.4万総噸、油槽船47隻5,450総噸、無動力船56隻7,200総噸）、雑船3.4万総噸の計12.1万総噸にとどまった。この原因は、①造船所の規模の過小、②造船所の過多（493工場）による計画の不徹底が挙げられていた。3月末時点で進水を完了しているもの15.3万総噸に対して、起工中41.7万総噸、船台上にあるもの17.7万総噸と報告され、年度末竣工32万総噸を44年夏までに完成することに「全力ヲ傾注」するとしており[125]、修繕工事の輻輳による遅延も大きな要因であったと考えられる。

7 鉄道輸送実績

　最後に、沿岸輸送と緊密な連携を求められ、海送物資の一部を追加的に担うことになった鉄道輸送の実績も見ておこう。鉄道旅客輸送は、前掲表 2-25 のように全国で官民合わせて 988.4 億人キロ、内地のみで 901.4 億人キロの見通しを立てていた。判明するのは内地の実績であるが、1943 年度は 930.3 億人キロを記録し、前年度の 751.8 億人キロから飛躍的に増加した[126]。客車の増強はほとんど予定されていなかったことから、増強成果は配車の効率化と旅客の詰め込みによって達成されたものとみられる。輸送需要の見込みは 1,047.9 億人キロに上ったため、官営 14.7％、民営 12.6％の規制をかける予定であったが、結局需要見込みの 88.8％を達成したことが判明する。貨物輸送実績は、表 2-65 によって概観しておこう。総合輸送力は第 3 四半期まで伸び、第 4 四半期には僅かに縮小したものの、1943 年度は戦時鉄道輸送のピークを維持し、総輸送重量は 1 億 7,790.3 トンを達成した。43 年度の物品別推移を見ると、石炭は暖房用炭が年度後半に増加するのでほぼ例年通りとみることができる。銑鋼・金属屑・軽金属・機械類石油等が着実に増加し、特に企業整備の結果、大量の施設・設備のスクラップ化が進み、金属屑の輸送が増加したことが窺える。その一方で、他の多くの物資については出荷そのものが縮小するか、さらに小規模な輸送手段に移されたとみられる。

　しかし、レール等の鉄道施設の整備は遅れており、1936 年に 23.6 万トンの鋼材を投入していた官営鉄道は、日中戦争期を通じて年間 20 万トン程度の投入量を推移した後、太平洋戦争期は 13 万トン前後となった[127]。にもかかわらず、山陽本線上り線が 36 年 11 月の 1 日 17 本から 42 年 11 月に 39 本となるなど、陸運転移の経路は「甚ダシク過重ナル負担」になり、輸送施設の維持補修に「不安ナキヲ得ザル実情」となった。実際、勾配が強く、曲線の多い同線区のレールの折損数は 36 年度の 8 本から、43 年度には 207 本に激増し[128]、施設は極度に疲労していた。

　旅客数も激増し、1936 年度を 100 とした指数で見ると、43 年度の輸送人員は 250 となり、工具の輸送数だけを見れば、36 年度の 1 日平均 18.3 万人から 43 年度には 97.8 万人、指数では 534 となった。しかも、列車本数は 42 年度以

第2章 共栄圏構想の挫折（1943年度）

表2-65　1943年度物資別鉄道輸送実績の推移

(千トン)

	第1四半期	第2四半期	第3四半期	第4四半期	合計
石炭	12,376.5	11,425.4	12,043.3	12,954.0	48,799.2
銑鋼	1,240.1	1,391.5	1,459.9	1,486.4	6,488.1
金属屑			412.5	497.7	
軽金属・同原料	168.6	197.5	276.2	306.4	948.7
重要鉱石	1,372.2	1,813.0	1,556.5	1,435.2	6,176.9
石油・油精	393.2	394.9	432.9	411.2	1,632.2
米	1,044.0	791.4	1,501.1	1,257.3	4,593.8
麦	115.1	469.9	492.1	199.6	1,276.7
塩	349.2	323.0	347.2	243.3	1,262.7
肥料	951.8	713.1	599.5	581.5	2,845.9
工業製品	343.6	367.5	398.0	374.1	1,483.2
石灰石	910.3	879.2	918.8	749.0	3,457.3
石灰類	385.4	359.5	410.3	374.5	1,529.7
機械類	632.7	793.8	843.1	818.8	3,088.4
セメント	714.4	766.3	585.5	629.0	2,695.2
コークス	489.4	543.2	450.9	445.3	1,928.8
木材	5,117.1	5,437.4	4,808.5	5,177.6	20,540.6
木炭	532.6	453.4	398.5	446.1	1,830.6
小麦粉	78.4	126.1	85.3	49.9	339.7
大豆	232.8	175.1	118.2	246.1	772.2
甘藷・馬鈴薯	119.5	208.7	712.5	194.6	1,235.3
生野菜	286.3	423.1	564.1	264.9	1,538.4
魚介類	499.4	330.6	370.5	233.6	1,434.1
油脂・同原料	73.7	90.9	85.0	76.1	325.7
味噌醤油	172.3	169.5	189.3	165.3	696.4
砂糖	114.1	126.2	104.4	91.9	436.6
藁工品	574.3	423.9	383.3	503.6	1,885.1
牛馬	201.6	307.4	327.9	249.0	1,085.9
飼料	215.8	254.5	268.9	246.0	985.2
鉱砕物	962.1	822.7	714.8	724.2	3,223.8
紙・パルプ	429.4	404.5	344.8	309.3	1,488.0
酒	133.3	164.5	135.2	111.1	544.1
煙草	77.0	92.6	121.4	91.6	382.6
果物	122.4	104.1	305.4	201.7	733.6
砂利	2,065.7	2,037.6	1,783.7	1,743.3	7,630.3
石材	478.7	570.6	627.4	675.0	2,351.7
薪	548.2	343.1	389.9	588.8	1,870.0
その他	9,463.1	9,783.9	9,806.4	9,313.2	38,366.6
合計	43,984.3	44,079.6	45,373.2	44,466.2	177,903.3

出所：「昭和十九年度四半期別品目別輸送計画対実績」前掲『後期物資動員計画資料』第13巻所収、326頁。

降削減され、「列車ノ混雑甚」しき状況となり、44年4月には「決戦非常措置要綱」に基づく旅客の輸送制限がさらに強化された。

　保守要員の不足も急浮上した。鉄道要員の業務量は、1936年度を100とした指数で、43年度に275に達していた。にもかかわらず、「業務量ノ増加ニ対応スル要員ノ獲得困難ナリシ実情」から、要員数は182に伸びたに過ぎなかった。しかも職員構成に占める勤続5年未満の「未熟練者」の割合は、36年度の23％から43年度には68％となり、18歳未満の未成年者の割合も36年度の4％から43年度には28％になっていた。体力に劣る女性職員も44年6月には6万3,326人と総人員の14％になるなど、「此等職員ノ質的低下ヲ考慮セル要員ノ不足ハ更ニ大ナルモノアリ」とされていた。職員の「過労ノ兆候ハ殉職者数及結核性疾患者数ニ現レ」、36年度を100とする指数で殉職者は282、結核性患者は421に上った。それでもなお、1944年度における鉄鋼等の重点物資の増産に向けて、海上輸送から陸上輸送へのシフトを最大にするという課題を押しつけられた。この点は、次章で改めて見ることにしよう。

第3節　物資動員計画の上期実施過程

1　上期鉄鋼生産増強対策

年度当初の鉄鋼増産政策

　1943年度物資動員計画では、年度当初に年間計画をおおむね4分割した各四半期実施計画を策定した。しかし、6月の第2次増徴によって第2四半期以降の見直しが必要になり、9月の第3次増徴で大幅な組み替えを実施せざるをえなくなった。以下では、鉄鋼供給を中心に上期と下期に区分して計画の実施過程を見ていこう。

　1943年度の鉄鋼計画には、既に見たように不確定な要素を多く含んでいた。このため42年度末から43年度上期にかけて、鉄鋼統制会からさまざまな特別措置が提案され、それらを組み込んだ上で計画が具体化された。4月に鉄鋼供給計画が前掲表2-36から表2-40のように確定すると、国内の412万トン鋼材生産計画を確実にするため、5月には「鉄鋼増産確保ニ関スル措置要綱」[129]が

第2章　共栄圏構想の挫折（1943年度）

閣議決定となった。特別増産措置としては、①朝鮮鉄鉱石の機帆船による増送、②銅製錬の廃棄物である銅滓の活用、③工場死蔵粉鉱180万トンを利用するポット式簡易焼結炉の急速建設、④不合格鋼片、鋼材、引当のない製品在庫の活用、⑤朝鮮窒素興南工場貯蔵銑の活用、⑥原鉄の増産などが挙げられ、また製造業者・販売業者・加工業者の貯蔵品を徹底調査し活用することが指示された。これを受けて商工省は「昭和十八年度鉄鋼特別増産ニ関スル件[130]」を策定し、①について朝鮮鉄鉱石15万トンを機帆船で輸送し、そのための燃料を、C重油、クレオソート間の製品で調整すること、②について銅鍰4.5万トン（鋼材換算9,000トン）を直接溶鉱炉に装入するとともに、溶鉱炉の操業に支障のない最大限度を研究し、輸送方法を検討すること、③について山元と製鉄所で焼結鉱10万トン（鋼材換算2.3万トン）を増産し、設備とその操業に要する鋼材3,000トン、銑鉄1,100トン、15馬力送風機115台、石炭12万トンを確保すること、④については活用量3万トン（鋼材換算2.4万トン）のために財政的に支援すること、⑤については死蔵銑2,000トン（鋼材換算1,600トン）を調査すること、⑥については一般原鉄3万トン（鋼材換算1.7万トン）を目指し、必要原材料、石炭を確保することなどを決定した。こうした所要資材・輸送力を捻出しつつ、これらの特別措置で鋼材13.46万トンの増産を図った。

それ以後も、さまざまな増産措置が検討されたが、多くは初めから危惧されたように、さほどの成果を生まずに終わった。上期に策定された措置を、表2-66によって概観しておこう。小型溶鉱炉の建設は、輸送力節約の観点から、鉄鉱石、石炭の採掘地である朝鮮、台湾、北中支等で簡便な溶鉱炉を百数十基建設し、銑鉄を生産する構想であり、1942年11月に設置された臨時生産増強委員会の決定第1号案件であった。高コストではあるが、工期は数ヶ月で、42年度内に完成・操業が可能であるとして一斉に着工され、43年度にも電動機、送風機等の不足機器を銀行、百貨店、劇場等の空調機器から転用するなどして建設計画が継承された[131]。さらに日本製鉄釜石、輪西向け北支炭を、国内炭へ切り替えることで海上輸送力を節約し、その分を日本製鉄八幡、清津への原料輸送に回す構想は、43年8月の藤原銀次郎による第2回行政査察の報告を受けて強引に推し進められた。しかし、これは後述のように、結局溶鉱炉の作業効率を低下させることになった。

表 2-66 1943 年度上期に策定された鉄鋼増産対策

鉄鋼	・小型溶鉱炉建設。朝鮮、北中支、台湾、蒙疆等で20トン炉（年産5,000トン）程度の小型溶鉱炉を原料立地の観点から多数（1942年12月時点で194基、43年3月時点で171基）建設。43年2月から順次着工、43年中に完成を目指す。所要鋼材15,500トンは42年度第4四半期、43年度第1四半期に配当、追加鋼材7,200トンは予備分から追加配当。電動機、送風機は国内各種設備から取り外して転用。
	・北支炭の国内炭への切替。日本製鉄釜石・輪西向け北支炭輸送を北海道炭に切替。捻出した輸送力で清津、八幡への原料輸送を増強（第2次行政査察）。
	・鉄鋼用電極緊急増産。製鋼、とりわけ特殊鋼用の人造黒鉛電極、天然黒鉛電力の緊急増産のため、他用途を制限してピッチを1943年度8.2万トン、44年度10.2万トン確保する。
	・特殊鋼生産対策。電極の節約、電極屑の回収と再生、電極品質の改善。電気炉のみでなく塩基性平炉による増産方法を開発する。平炉あるいは転炉と電気炉の合併法による生産方法を開発する。型打鍛造法の拡大による特殊鋼需要の縮小。
	・特殊鋼生産計画の厳格化。特殊鋼需要明細を策定し、所要原料（鉄源、フェロアロイ、電極、石炭等）を確定する。良質鉄源、屑鋼の確保。特殊鋼用溶鉱炉を特定し、銑鋼一貫作業による増産。
	・北支製鉄の銑鋼一貫体制。銑鉄生産を目的に溶鉱炉建設中の北支製鉄に内地より製鋼圧延設備を移設し一貫作業を完成する。
	・南ボルネオ製鉄事業。海軍燃料廠などの鉄鋼需要に応じるためバリクパパンに製鋼圧延設備、二次製品製造設備、小型溶鉱炉を建設する。設備等は内地遊休設備を移設する。鉄鉱石・粘結炭産地のラウト海峡地区を製鉄業中心地として開発し、採掘と耐火煉瓦製造事業を興す。
	・海綿鉄による鉄鋼増産。砂鉱・粉鉄鋼・黄土、アルミ副産物の赤泥を利用した海綿鉄を増産し、屑鉄、溶鉱炉原料として増産を図る。
鉄鉱石	・朝鮮各地鉄鉱山での緊急増産。1943年度既定計画305万トンを331万トンに、44年度既定計画を362万トンを422万トンへ。緊急増産分は兼二浦および小型溶鉱炉用、一部は満洲と内地へ輸送。所要設備、機材は極力金鉱山整備による移設で賄う。
	・草津鉄山開発。1943年9月着工、建設期間1年。採掘量年間30万トン。専用索道のほか、渋川・長野原間国有鉄道開発予定線の緊急建設。所要設備・資材は、金鉱山整備による転用のほか、既配当分からの捻出、保留分からの配当等による。
	・内地焼結設備の実産能力年268万トンを年296万トンに効率化。1942、43年度既定計画（公称能力年173万トン）の設備を急速に完成し、44年度に焼結実産400万トンを実現する。
	・ポット式簡易焼結炉139基を内地・朝鮮に急速建設。内地では褐鉱石を山本焼結、朝鮮では小型溶鉱炉用に従来利用不能だった粉鉱を1943年度内に130万トン処理し、44年度には503万トンの処理能力を実現する。

出所：企画院「内地及朝鮮鉄鉱石非常開発利用ニ関スル件」1943年8月24日（『柏原兵太郎文書』191-56)、鉄鋼統制会「小型溶鉱炉建設促進対策ニ関スル件」1943年3月20日（同191-27)、内閣顧問豊田貞次郎「鉄鋼用電極緊急増産対策」1943年8月12日（同191-35)、甲第一、八〇〇部隊、在北京大日本帝国大使館、大東亜省「北支製鉄ノ銑鋼一貫緊急計画ニ関スル件」1943年6月25日（『柏原兵太郎文書』208)、「ボルネオ製鉄事業計画説明書」1943年6月（『柏原兵太郎文書』209)、豊田貞次郎「溶鉱炉原料トシテ海綿鉄ノ使用ニ就テ」1943年4月28日（『柏原兵太郎文書』203)、大河内正敏・豊田貞次郎「海綿鉄ニヨル鉄鋼増産対策」1943年6月9日（『柏原兵太郎文書』206)。

国外での本格的な製鉄事業として、北支製鉄における銑鋼一貫体制も構想された。またボルネオの鉱石、石炭資源を利用した製鉄事業など、南方での小型溶鉱炉や、木炭製鉄による開発構想も進められた。

　鉄鉱資源の問題では、朝鮮各地の鉄鉱山開発、内地では草津鉄山開発に期待を寄せ、金鉱山の企業整備で生じた遊休設備の転用や、予備分からの資材の特配によって支援した。焼結設備の増強や簡易焼結炉の大量建設によって、粉鉱を小型溶鉱炉向けに焼結処理する構想は既に見た通りである。酸化鉄を含む砂鉱・粉鉱・黄土・赤泥を低温還元した海綿鉄も、鉄屑に替わる特殊鋼原料や高炉原料として利用することが構想され、輸送問題が少ない国内および満支での簡易製鉄事業が一斉に進められることになった。

　急激な増産要求に伴って、特殊鋼生産にも厳格な原材料管理が必要になり、電解炉用の電極とその原料の黒鉛、ピッチの確保も本格的に取り組まれることになった。特殊鋼生産設備の拡充も、新たな生産方式の開発とともに実施された。また、毎期計画を超過達成してきた特殊鋼生産が、鉄鋼物動の攪乱要因として浮上し、その原料調整が課題になるのもこの時期であった[132]。1942年度の特殊鋼生産は物動生産計画の40万トンに対して55万トン（うち軍需30万トン）の実績となり、43年度も年度当初から43万トンの計画に対して90万トン、うち塩基性平炉で生産される航空規格特定炭素鋼15万トンを除いても75万トン（同66万トン）と見込まれていた。これだけの生産量になれば、普通鋼鋼材生産を大きく制約することは明らかであり、商工省や鉄鋼統制会は早くからこれを問題にしていた。

　内閣顧問の豊田貞次郎鉄鋼統制会長は、「特殊鋼ニ関シテハ物動ハ殆ド有名無実ナリ、斯クテハ独リ特殊鋼自体ノ生産ノ計画性ヲ失ハシムルノミナラズ鉄鋼物動全部ノ計画性ヲ破壊スル」と指摘し、この原因が「物動ノ決定ガ特殊鋼ノ所要量ニ比シ過小ナリシニ依ルモノト云フノ外ナシ」（ママ）として、計画策定方法の変更を求めた。そして、軍の必要とする数量を明示し、軍管理工場による生産も含めて1943年度の生産計画に織り込む必要があるとした。その上で、現在の特殊鋼生産能力は平炉による分を含め年産95万トンであることから、設備能力としては可能であるが、物動計画を大きく超える生産に見合う良質な屑鋼、鋼片、鋼塊や、電極、電力、石炭、労働力について、精確に計画化するこ

表 2-67 夏期生産確保対策懇談会で問題処理の要望があった事項

商工省処理事項			
項目	件数	要望事項
重油	5	①機帆船用の確保、②平炉用の確保
炉材	4	①機帆船輸送力不足、②品質不良企業の排除
銅	2	①モーター補修用、②ベアリング、タンガロイ用の確保
木材	1	①航空機用高級鋼板梱包用の確保
輸送	6	①トラック用無煙炭・コーライト、②滞船料・運賃、③珪石、木材、藁の重点輸送、④機帆船の優先利用、⑤艀不足解消
労務	1	①下級技術者への氷、酒の特配
ほか	4	①合金鉄輸送用叺の配給、②作業用雨具、トラック用タイヤの増配、③通勤用バスの増設、④屑鉄プレス機の入手斡旋
統制会処理事項			
生産	17	①軍需用発注増による計画修正、②ガスバランスの観点から出銑計画の上方修正、③鋼塊入荷確保、④火入れ前倒しにともなう原料確保、⑤生産寸法の変更、⑥線材用ビレットの入荷確保、⑦鋼片在庫利用による生産計画変更、⑧厚板生産割当増加要求、⑨大同製鋼平炉修理による厚板・鋼塊入荷減少対策、⑩生産品種バランスの変化による機器の増設、⑪寸法の単純化、⑫日鉄八幡の材質の向上、⑬河川給水の休止対策の貯水池建設、⑭ロール品質向上、予備ロールの確保、⑮日鉄輪西よりの鋼塊確保、⑯鋼塊生産減への対応としてスラブ割当希望、⑰発生品で間に合う製品を一級品対象から削除、⑱八幡中板用シートバーの確保、⑲日鉄支給材料の確保、⑳無規格品で間に合う製品は無検査で出荷を認めること、㉑規格品、無規格品の契約バランスの考慮
原料	29	[鉄鉱石]①電気炉用にマレー・ズングン産、海南島・田独産を希望、②使用量に見合う在庫量の確保、③大塊の処理難、④品位の確保、[フェロマンガン]①在庫量の確保、②前期未入荷分を含む計画数量の確保、[蛍石]①入荷円滑化、②品質向上、[石灰石]①津久見産の確保、②極軟材、薄板、航空機用鋼板のため計画量の確保、②焼石灰の品位向上、[鉄屑]①切断済みのものを希望、②紡績機・鍋・釜類の屑はほかに振替、③ダライ粉の排除、④回収屑の仕分け、⑤屑鉄使用率引き上げ希望、⑥特別回収屑の仕向け先の早期決定、⑦回収屑の大量搬入にともなう屑使用率引き上げ希望、[銑鉄]①銑鉄・屑配合率の調整、[苦汁]①軽金属に比して入手難、[ドロマイト]①品位低下、②葛生産の入荷減、③焼成用塊コークスの確保、[マグネシアクリンカー]①計画量の確保、[マンガン鉱]①輸入物確保または八雲鉱の焙焼使用を希望、②計画量の確保、[銅鍰]①銅鍰による銑鉄増産希望
電力	1	①夏期渇水期の消費規制時の特配
燃料	15	①石炭の質的、量的確保、②平炉用重油確保、③電力規制の緩和、④電極の確保
資材	18	①建設資材の入手確保、②停電時の予備変圧器確保、③補修用資材の確保、④機械油の質的、量的確保、⑤酸素ボンベ確保、⑥起重機用鋼索確保、⑦抽伸用魚油の増配、⑧ローラベアリング等鋼管圧延用予備品、銅の確保、⑨大径電極の割当確保、⑩油脂類、酸素、カーバイドの確保、⑪銅の確保、⑫荷造り用釘、松材、ロープの確保
労務	14	①工場給食用配給米の増量、②シャツ、手袋、足袋、帆布、石鹸、氷の特配、③酒、ビールの特配、④徴用工への罰則制度の要請、⑤時局認識昂揚のための講演等の斡旋、⑥三交代制実施のための要員確保、⑦工員衛生材料（酒精、殺虫剤、ガーゼ、包帯、硼酸）の斡旋、⑧重場用の米の増配、⑨通勤用自転車タイヤの配給確保、⑩俘虜の増加、⑪交通機関の充実、⑫住宅建設促進、⑬住宅街の物資配給機構改善（会社直営を希望）、⑭住宅街の給水設備完備、⑮医療施設の整備、⑯応召者の補充、重要部門よりの徴用の抑制、⑰銑鉄減産による労働意欲の低下、賃金減少問題への対応、⑱日雇賃金の統制、⑲病欠診断書の適性化

運輸	17	①屑鉄入荷の安定のため回収会社の計画の着実な実施を希望、②鉱石の送り状の重量と実際重量の差が大きく、公正を欠く、③機帆船購入の斡旋、④クレーン増設の斡旋、⑤吹田以西の貨車回りの改善、⑥機帆船重油配当の確保、⑦ガソリンの増配、⑧駅作業施設の改善、⑨陸送物資の優先配車、⑩大連航路に替わる銑鉄輸送の確保、⑪消石灰、焼苦灰の陸送確保、⑫苦汁、薪に機帆船航行証明の下付を希望、⑬尼崎駅拡張、引き込み線延長、⑭大阪港連・尼崎陸運の艀不足解消、⑮輸送設備用資材の申請に対し車両統制会の資材割当が不足、⑯陸送炭の入荷実績不調、専用列車希望、⑰コークス搬出用の貨車不足、⑱製品滞貨一掃、⑲トラック及び修理用部品の斡旋、⑳重機運行用の古レールの鉄道省払い下げの斡旋、㉑専属艀の増強、㉒艀・曳航船用重油の横流し回避のため機帆船組合でなく、製鉄会社に割当を希望、㉓鉱石陸送に要する駅荷捌き施設の増強
設備	10	①製鋼工場予備ボイラー増設許可と資材斡旋、②修理工場の買収の斡旋、③貯留式混銑炉の急速設置の支援、④平炉での重油使用節約のためダイヤン式瓦斯清浄装置の急速整備支援、⑤注文した発生炉の輸送荷造用木材の斡旋、⑥発注した平炉の確保を産業機械統制会に斡旋希望、⑦圧延機様ギヤ、カッター外注先の斡旋、⑧冷風喚起装置、風管、モーターの資材斡旋、⑨八幡で遊休化した特殊鋼鍛圧用インゴットスライスの融通斡旋、⑩鋼管割当証明書整理で無効化した切符の復活承認、⑪鋼管部加熱炉の標準設計への改良、⑫厚板工場屋根葺き用資材の確保、⑬発生炉増設用資材の確保、⑭工作修繕工場の確保、⑮シャー業者の剪断機1台譲り受け斡旋希望、⑯蒸気機関車製造会社の斡旋希望、⑰冷房装置の斡旋希望、⑱企業整備による遊休化機械の斡旋、⑲線材工場用投式ストーカー設備の資材の確保、⑳磁選機の確保、㉑電動機確保

注：件数は工場単位でまとめて1件と計算した。
出所：商工省金属局「夏期生産確保対策懇談会ニ申出アリタル生産阻害事項中商工省ニ於テ処理スベキ事項」1943年7月15日、同「夏期生産確保対策懇談会ニ申出アリタル生産阻害事項中統制会ニ於テ処理スベキ事項」1943年7月16日前掲『昭和18年度鉄鋼局資料』所収。

とを求めた。これに対して、商工省も普通鋼、鋳鍛鋼との「振合ヲ考慮ノ上鉄屑、フェロアロイ、電極等生産用資材ノ関係ヨリ確保シ得ベキ最大限度ノ数量ニ付検討中ナリ」として、軍需、民需を合わせた生産計画を策定し、統制会に指示することになった[133]。もっとも、特殊鋼に限らず、43年度は後述のように軍の鋼材発注量が計画から大きく乖離してしまい、44年度からの正確な生産計画の立案に向けて、発注一元化の方針が改めて年度末に確認されるというのが実態であった。

　鉄鋼生産確保の閣議決定の翌日、臨時生産増強委員会では、商工省以外の各大臣が協力すべき必要な措置をまとめ、原料、副原料、燃料、電力、輸送力、労働力の集中動員について、3月の戦時行政特例法および戦時行政職権特例（勅令）に基づき、首相から各大臣に指示を出すことになった。それらは、①作業員用物資の確保（大蔵・農林・商工大臣）、②軍の特殊注文による生産計画の混乱回避（陸海軍大臣）、③マンガン鉱石の確保（陸海軍・商工大臣）、④原料・副原料・製品輸送量の確保（陸海軍・逓信大臣）、⑤製鋼作業適格者の選定（農林・厚生大臣）、⑥石炭の質的・量的な確保と小型溶鉱炉による銑鉄生産の

増強（商工・大東亜大臣）、⑦重要工場の電力、機帆船・艀の確保、⑧最低貯炭水準の維持（逓信・鉄道大臣）、⑨所要作業員、熟練工・特殊技能者の確保（厚生大臣）、⑩平炉用マンガン鉱、良質海外鉱石の確保、満支よりの銑鉄輸入の確保、満洲よりの半製品・鋼塊の確保（大東亜大臣）などであった[134]。

第2四半期の生産増強政策

　さらに、夏場に当たる第2四半期の鋼材生産計画には、固有の問題があった。既に見たように第2四半期は若干の減産になることを予定していた。それは夏期の高温作業による疲労により、例年、作業員の量的、質的確保が困難になるためであった。これに加えて6月に入ると後述のように、新たな船舶増徴によって第2四半期以降の需給計画の調整が必要になり、現場の要望に即した減産防止対策が集中的に取られることになった。このため、鉄鋼企業、鉄鋼統制会、商工省鉄鋼局担当官からなる夏期生産確保対策懇談会を通じて、現場からの要望が集約されることになった。そもそも無理を重ねた生産計画であったことから、7月半ばにまとめられた要望は、表2-67のように夏場の減産対策に限らず、設備、資材、原燃料、労働力などの多岐にわたり、これを商工省、統制会で所管ごとに整理して対応することになった。

　商工省で検討した対策は燃料、原材料、輸送力、労務の配分計画の調整が中心であった[135]。機帆船用の重油の不足は鉄鋼関係でも深刻であり、「機帆船組合ニテ輸送用重油ヲ品目別ニ割当ツル関係上支障甚シ、大口需要家ニハ直接重油配当方取計願度」（住友金属和歌山）との要望や、「艀曳航船用重油ハ横流レセザル様製鉄会社ニ配給願度」（日本製鉄大阪）など、機帆船、港運業者が鉄鋼産業用の重油を他物資の輸送に流用しているとの不満が見られた。炉材の品質低下や価格上昇も懸案事項であった。煉瓦統制会社を設立し、煉瓦メーカーを指定するという構想に対しては、優良業者の斡旋希望や、長年培養し取引してきた納入業者が変更されることへの不満（中山製鋼・川崎重工業・住友金属・徳山鉄板）があり、また「大阪窯業ハ六月一日以降納入ノモノニ対シ三割ノ値上ヲ要求シ拒否セルニ納入ヲ渋リタリ」（川崎重工業製鈑工場）といった価格問題への調整依頼もあった。また重要工場に派遣されている工務官が斡旋すべきものとして、①合金鉄荷捌き用叺、②起重機・モーター補修用の銅、③梱包用木

材、④トラック燃料の無煙炭、⑤作業員雨具、⑥通勤用バスの増設、⑦道路補修工事、⑧機帆船輸送の鉄鋼優先、艀確保、⑨牛馬用飼料の確保や、⑩珪石、藁等の確保が挙げられた。資料からは、商工省が計画変更にかかわる部分では関係機関と折衝し、商工省所管事項では企業側の要望に応じて工務官を通じて調査、対応させていることが判明する。

鉄鋼統制会による増産対策

　主要統制会の会長を集めた内閣顧問制度が1943年3月に始まり、首相・内閣官房による行政権限の集中が進むと[136]、統制会が行政機関をまたがって案件を処理することも増えた[137]。生産計画に関する鉄鋼統制会の問題処理は、生産割当の変更に関するものが多かった。注文の殺到に伴って、極力効率的かつ高稼働率になるように、銑鉄生産計画の引き上げや、寸法の整理、在庫原料を取り崩した増産割当を求めていた。当然それに伴う原料手当も求められた。また原料品質の向上を求める一方で、製品規格の緩和によって不良品の発生率を抑えようともしていた。その対応には鉄鋼統制会生産部があたったが、可能な部分は、生産割当を変更し、海軍艦政本部等の発注者と交渉し、技術部の検討を踏まえて製法、原料を変更した。

　原料問題では、製法に適合する原料産地の指定、高品質原料の確保と、安定供給による一定在庫水準の維持など、多くの企業から要望が出ていた。その多くは鉄鋼統制会の整備部が対応し、原料品質の低下に対しては「山元ニ警告」し、また副原料の入手を斡旋していた。しかし、「希望ニ副ヒ難シ」、「対応困難」とするケースも多く、原料問題では対応に限界が来ていたことが明らかであった。燃料問題も多くは整備部が対応し、石炭、重油・クレオソートなどの斡旋をしている。また屑鉄に関する要望は地金課から金属回収会社へ伝え、必要な指示を出していた。資材入手に関する要望も多く、鉄鋼統制会資材課や施設課で対応し、可能な場合は優先割当などで問題を処理していた。

　労務問題、特に増員、待遇改善は厚生省所管であることから、勤労部を通じて問題処理を具申していた。しかし、徴用制度は1943年秋になると、徴用対象者を根こそぎ的に徴用検査に呼び出しても、適格者を確保できないほど需給が逼迫する事態になっていた[138]。全面的な3交代制の実施という企業側の要

望に対しては、商工省も「不可能」とするなど、要員確保は困難になり、徴用期間の延期くらいしか有効な措置はなかった。「俘虜現在三〇名ナルモ一〇〇名ニ増加願ヒ度シ」との要望に対しても、「関西支部ヨリ中部軍ニ対シ交渉中ナルモ困難ノ見込」との回答であった。米の増配は代用食以外では難しくなり、衛生器材、足袋などの一部作業用品の入手見込みがなかった。労働市場で競合する「日傭労務者ノ賃金統制ヲ全面的且ツ実質的ニ行ヒ闇賃金ヲ絶滅スル様考慮サレタイ」(小倉製鋼)との要望には、「現状ニテハ困難ナリ」と回答しており、日雇土木・建設作業の賃金が急騰し、鉄鋼現場でも闇賃金が増加している様子が窺える。

輸送隘路は至るところで発生し、要望も多岐にわたった。これに対して、鉄鋼統制会運輸課が調査・対応にあたり、鉄道省、海務院と折衝をした。要望は、種々の原料、製品の輸送の確保、搬送・搬出作業場の拡張、作業員の確保など、行政所管を跨がる問題も多かった[139]。特にこの時期に機帆船輸送を鉄鋼関係の専用船とせずに、弾力的に利用し始めたことに対する不満は大きかった。

輸送力とそれに起因する原料入手難や労働力不足など、さまざまな生産隘路に直面し、1943年度は重点産業への行政所管を超えた本格的な動員が実施された。当初から予測されていた夏期の減産に対しても克服するためのさまざまな努力が払われ、後述のようにその成果は確かに現れたといえよう。

2 第1四半期の実施状況

鉄鋼関係計画の実績

主要物資の供給計画の達成状況を見よう[140]。表2-68のように普通鋼鋼材は満洲・関東州での達成率が87%にとどまったが、内地、朝鮮ともに計画を達成したことから全体の達成率は107%と順調な滑り出しとなった。内地の銑鉄生産が計画を超過したのは、前年度末に「貯鋼貯炭の喰込及前年度末船腹ノ四月以降ヘノズレ等ニ依リ原材料ヲ計画以上ニ利用シ得タル結果」として、年度末の増送・増配措置の効果が遅れて現れたものであった。前期割当分の遅れた入荷は原料在庫の積み増しに回される性格のものであるが、第1四半期の稼働率引き上げに回されたことが窺える。鋼材の好成績はこれに加えて屑鉄供給が計画を大きく超過達成したことによっていた。国内屑の大部分はいわゆる返り

材であるが、資材の横流れの発生源であった加工屑が計画の2.3倍になるなど、廃材管理が厳格化したことがわかる。一般回収も20.7万トンに対して25.4万トン、特別回収は9万トンに対して17.8万トンになり、廃品回収事業の全国的統合による回収ルートの強化や、企業整備による鉄屑供出が徐々に増加していることが大きい。屑鉄の回収が順調な反面、屑鉄在庫の取り崩しは6.8万トンの計画に対して3.1万トンにとどまった。

　一方、鉄鉱石の供給は内地、朝鮮、台湾ともに国内生産は不調に終わった。特に国内計画の半ばを占める朝鮮鉄鉱石は、「海上輸送力ノ関係上充分使用シ得ル見込立タザル為昨年度来常ニ半ケ年以上ノ山元及港頭貯鉱ヲ有スル現状ニアル反面年度頭初以降現地ニ於ケル食糧不足ニ依ル労務者ノ離脱ト選鉱設備ノ修理部品不足ニ依ル稼働休止」により極度の不振になっていた。にもかかわらず在庫取り崩しの達成率が低いのは、前期分の遅れた入荷分を消費したためと、特別在庫、一般在庫ともに余裕を失っていることを示している。しかし、一方で円域、特に蒙疆、北支の生産は計画の3.5倍になり、円域最大の供給地である中支も計画56.3万トンに対して68.8万トン、海南島も25万トンに対して30万トンと順調であり、中支・海南島の増産・増送が今後の鉄鉱生産の死命を制する状況になっていた。徴傭船によるとみられる甲・乙地域からの輸入も計画外であったが若干の補塡になった。この結果国内産出の不調にもかかわらず、鉄屑の大量投入もあって全体では82％の達成率になった。しかし、こうした国外鉱石への依存はまもなく、深刻な鉄源問題になった。

　特殊鋼の場合は、計画外の鉄源を需要者である軍が直接支給したり、原料の取得斡旋をするため、既に指摘したように計画と実績が毎期大きくずれて超過達成を続けてきた。しかも、1943年度に入って航空機、艦艇用需要が急増したことから、今期は達成率が181％を記録する突出した事態になった。今後さらに鉄鋼生産に占める比重が上がることが見込まれたことから、この鉄鋼原料の攪乱問題は後述のように、鉄鋼品種別計画の厳格化につながることになる。

その他物資の実績

　表2-68のように、銅の内地生産計画の達成率は91％であったが、供給実績は計画の106％となった。これは企業整備の進捗で回収計画の達成率が300％

表 2-68　1943 年度の物動第 1 四半期供給計画（上段）と実績

		国内生産		回収	在庫	円域	
		内地	その他			満関	ほか
普通鋼鋼材	トン	978,000 1,048,868	27,000 27,530			19,000 16,580	
普通銑	トン	873,000 1,004,353	141,000 134,703			181,000 117,018	17,000 4,807
屑鉄	トン	596,000 756,615		297,000 432,426	68,000 31,223	4,000 4,929	1,000 5,005
鉄鉱石	トン	913,000 704,507	1,025,500 562,405		181,500 6,207	7,500 6,472	836,500 1,071,664
特殊鋼	トン	100,000 185,400	5,000 5,068				
電気銅	トン	22,695 20,749	635 618	1,700 5,136			
鉛	トン	6,620 6,416	880 860	5,050 1,278	250 250		
亜鉛	トン	14,000 14,956	2,150 1,931	1,100 986			
錫	トン	250 577			60 65		
アルミニウム	トン	26,248 26,867	6,162 5,403			1,075 325	
ボーキサイト	トン						
マグネシウム	トン	740 716	280 219			80	
紡績用棉花	担		92,000 45,782		256,500 256,500		681,700 524,015
大麻	トン	2,125 2,100	1,732 1,335			150 150	15
黄麻	トン	1,000 320	2,250 2,250		205		155
マニラ麻	トン						
牛皮	トン	1,302 1,569	1,626 1,247				
生ゴム	トン						
石炭	千トン	13,200 13,246	3,747 3,373		26 648	500 442	1,050 1,248
工業塩	トン		44,000 47,549	7,500 5,702		84,000 58,791	71,500 140,727
食料塩	トン	100,000 138,101	243,700 177,007			63,000 41,570	103,100 104,364
セメント	千トン	1,027 989	467 371				
硫安	トン	289,800 278,167	115,000 106,390			14,000 15,337	
燐鉱石・燐灰石	トン	77	106,000 92,221				24,000 18,106

出所：企画院「昭和十八年度第一、四半期重要物資供給実績」1943 年 7 月 14 日前掲『後期物資動員計画資料』第

(下段)

補給圏		計
甲地域	乙地域	
		1,024,000
		1,092,978
		1,212,000
		1,260,881
		966,000
		1,230,198
		2,964,000
61,804	12,600	2,425,659
		105,000
		190,468
		25,030
		26,503
2,000		14,800
		8,804
	600	17,850
	699	18,572
4,500		4,810
12,788		13,430
		33,485
		32,595
222,000	2,500	224,500
271,319	2,450	273,769
		1,100
		935
		1,030,200
		826,297
		4,022
		3,585
	600	4,210
	540	3,111
12,000		12,000
6,196		6,196
1,620	1,000	5,548
1,764	1,962	6,542
11,000	6,000	17,000
21,067	6,205	27,272
		18,523
		18,957
		207,000
		252,769
		509,800
		461,042
		1,494
		1,360
		418,800
		399,894
	31,000	161,000
3,991	25,152	139,547

4巻所収、125〜126頁。

第2章　共栄圏構想の挫折（1943年度）　409

であったことが効いていた。鉛、亜鉛、錫などを回収への依存が高まっていた。鉛、亜鉛の回収実績が不調なのは、回収そのものの不調ではなく、回収資源の輸送手段不足によるものとされ、国内輸送力の減退が深刻な状態になりつつあった。鉛の甲地域の実績がないのは鉱石用輸送力が確保できなかったためとみられる。一方、錫の内地生産が大幅に超過達成したのは、計画外の輸入鉱石（地金210トン相当）を確保したためであった。

　アルミニウムは満洲での軍の現地消費以外の対日供給が遅れ、朝鮮、台湾も計画を達成していなかったが、国内生産能力は急速に伸びており、おおむね計画を達成していた。ボーキサイトの輸入は予定していたマラッカの19.2万トンは2.7万トンにとどまったが、予定外のビンタン島17.5万トン、ジョホール4万トンの輸入があり、大幅に超過達成した。これは1943年度のアルミニウム大増産計画に対応したものであり、ボーキサイト在庫は期初の3.5万トンから期末には10.0万トンに一挙に積み増しされ、拡充建設中の設備の完成に備えた。マグネシウム生産は、他の生産力拡充計画産業と同様に、なかなか軌道に乗らなかった。その原因は、満洲分が設備の未整備によるもの、朝鮮分は東洋金属の設備改造と朝鮮窒素肥料興南工場の火災によるものであった。

　紡績用棉花は、国内では朝鮮産のみが計

画化され、供給の2分の1は北支産、次いで中支産に依存していた。その北・中支産の出回りが悪かったことが影響して輸送計画の達成率が悪かったが、在庫取り崩し分があるので、供給実績ではある程度カバーすることができた。黄麻の不調原因は円域での収買の不調と輸送の不円滑であった。またマニラ麻の不振は配船の不足によっていた。

　工業塩の供給は満洲、北・中支への依存が大きい。計画達成率が高いのは、前年度輸入計画の繰り越し分が北支5万2,149トン、満関1,908トン、台湾1万5,680トンあったためである。食料塩も同様に、北支3万3,383トン、満関5,280トンの繰り越し分によって高い達成率になった。

　硫安の供給計画は達成率95％と順調であった。しかし、燐鉱石のC船輸送は、輸送計画全体が6.6％の超過達成である中で89％にとどまった。燐鉱石・燐灰石の国内分のほとんどは南洋委任統治領の生産分であり、その達成率は92％であったが、朝鮮の1万トン生産計画の達成率は労働者不足と輸送の不円滑から36％にとどまった。甲地域から計画外に若干の供給があったが、達成率は北支75％、乙地域81％にとどまった。

　総じて第1四半期は海上輸送力が円滑で、徴傭船による円域、甲乙地域からの輸送協力も比較的順調であり、1942年度計画分の原料入荷を多くの計画物資で生産に振り向けたため、大きな破綻もなく推移したといえよう。ただし、原料在庫の水準は全体に下がり、今後の入荷次第では操業が不安定になるリスクを抱え込むことになった。

需給計画厳格化の実績

　1942年度から品種別の需給厳格化に取り組んだ鉄鋼生産は、既に見たように43年4月時点で軍の超過発注が内閣顧問会議で問題にされ、鋼材需給を混乱させていたことから、さらに厳格な需給調整が必要になった。鉄鋼統制では、深刻になった厚板・鋼管等の限定品種の需給調整を需要部門別に厳格化する方法が種々検討され、6月22日には商工省に圧延鋼材委員会が設置された。委員会では、錯綜していた鋼材の品種別・需要先別の作業計画を中央レベルで統括し、工場別の圧延計画を合理的に編成することになった。主要工場ごとに設置された圧延委員会では、会社側、軍・民の需要者代表が月ごとの圧延計画を

立て、種別の生産単位をまとめるなど、合理的な施設利用を模索した。しかし、その後も軍需等の緊急需要を優先し、作業に割り込ませるため、施設の効率化は妨げられた。このため、44年1月になって軍需省の下で改めて発注一元化措置が取られることになるなど[141]、その調整は容易でなかった。

こうした中で特殊鋼原料の需給調整も困難になった。前述のように1942年度に大幅な実績超過となり、43年度計画も43万トン計画に対して需要が90万トンであるため、追加需要分を合わせて、鋼塊原料が53万トン余不足することが予想された。鋼塊生産に占める特殊鋼比率が急速に上昇するなかで、この分をあらかじめ鉄鋼生産計画に明確にすることが求められた。軍の強引な特殊鋼増産要求に対して、9月に設けられた陸軍との懇談の場で、企画院第二部長の柏原兵太郎は「普通鋼生産ニ影響スルコトナシニハ到底不可能」とし、「特殊鋼工場ハ大部分ガ管理工場デアル関係上商工省モ統制会モ内容ヲ知悉シ得ヌ恨ガアルコレデハ真ノ国家計画ハ策定デキヌデハナイカ」と抗議している。また鉄鋼統制会側からは、企画院に対して「何故ニ特殊鋼ノ重大性ヲ認メナガラ実需要ノ半分ニモタラヌ四三万屯デ計画ヲオ立テニナルノカ」、「従来ノヤリ方ヲミルト先ヅ普通鋼材ヲ然ル後特殊鋼ト云フコトニナッテキルガ、今後ハ寧ロ特殊鋼ヲ先決スベキデハナイカ」と、特殊鋼の計画外の増産が鉄鋼生産全体を混乱させていることを指摘した[142]。43年度以降は、特殊鋼生産計画の厳格化も重要課題になった。この鉄鋼需給調整の厳格化対策は、改めて触れることにしよう。

3　第2次船舶増徴と第2〜第4四半期計画の調整

輸送力縮小の産業間調整

第1四半期は比較的順調に推移したが、6月末に決定となった第2次船舶増徴によって、第2四半期以降の物動計画は大きく変更せざるをえなかった[143]。増徴による影響は汽船の減少にとどまらず、外航機帆船のほか北海道炭の内地輸送を担当する北部機帆船運航統制など、物動計画に組み込んであった機帆船輸送力を減少させた。さらに内地食糧事情の悪化から、朝鮮米の移入にも海上輸送力の追加を求められる事態となった。こうしたなかで「直接的戦力ニ欠陥ヲ生ゼシメザル為鉄鋼等ノ減産ヲ最小限ナラシムル如ク努メタル結果爾余ノ部

門ニ対スル影響ハ相当大ニシテ就中石炭ノ減配ニ基ク各種産業ニ及ボス打撃ハ深刻ナルモノアリ」と、広範で深刻な打撃について企画院も認識していた。

改訂作業では、次の点に最も留意することが指示された。①鉄鋼、石炭の減産を回避し、増送を図る。特にアルミニウム生産は「万難ヲ排シテ既定計画通リ遂行スル」、②第2四半期分は、調整可能なものを除き既定計画通りとし、第3四半期計画以降に調整する、③第3四半期以降の配当は前期実績を基に調整する、④調整は、供給減少分を陸海軍需、造船用、民需を1943年度物資動員計画の配当比率に沿って削減する、⑤第2四半期の石炭配当にあたっては、本州・四国地区への打撃を調整する、⑥輸送力維持のための液体燃料は陸海軍、

表2-69　1943年第2～第4四半期輸送

	日満支			甲地域		
	計画	調整	改定	計画	調整	改定
石炭	3,798.6	-718.9	3,079.7			
鉄鉱石	908.8	-105.7	803.0	18.0	-18.0	0
銑鋼	806.7	-174.9	631.8			
塩	376.0		376.0			
非鉄金属	591.6		591.6	477.0	+1.2	478.2
コークス類	57.6	-2.0	55.6	4.5	+1.0	5.5
ソーダ類						
セメント類	20.0		20.0			
油類	17.5		17.5	18.0	0	18
紙パルプ	60.0	+16.0	76.0			
生ゴム				66.0	-22.0	44
棉花羊毛	43.0	-29.0	14.0			
木材	51.0		51.0			
穀類	211.7		211.7			
砂糖	140.0	-70	70.0			
燐鉱石	40.0		40.0			
肥料	115.0		115.0			
飼料	20.0		20.0			
油脂	5.0	-3.5	1.5			
油料種実	24.0	-5.0	19.0	123.0	-63.0	60
その他	14.7	-13.1	1.6	68.2	-12.4	55.8
北洋漁業	88.0	-43.7	44.3			
合計	7,389.1	-1,149.8	6,239.3	774.7	-113.2	661.5

注：「計画」は物動輸送計画の第2～第4四半期の合計。「調整」は第2～第4四半期の調整の合計。「改定」は調
出所：企画院「二／一八以降物資動員計画調整ニ関スル件」1943年7月8日前掲『後期物資動員計画資料』第5

民需の協力で確保する、⑦溶鉱炉休止の影響、石炭減配の産業別影響については別途対策を検討する、⑧下期の外米輸入は1944米穀年度の需給計画を踏まえて調整する、⑨未調整分は輸送力増強方策で調整する。

特に輸送力の減少によって本州・四国地区では石炭配給が逼迫し、常磐炭の増産を図るものの、主力の北海道炭の汽船・機帆船輸送は大きく削減された。輸送力の一部は西部地区、鉄鋼輸送力からの融通等で補強したものの、第2四半期の石炭配給は395.3万トンから367.5万トンと、7％減になった。産業別配給では繊維工業で26％、食料品工業で14％、練炭鉱業で22％、液体燃料で16％、一般民需も10％削減することで、重点産業の製鉄、鉱山製錬、造船・航

計画の調整と改訂計画

（千トン）

乙地域			合計		
計画	調整	改定	計画	調整	改定
180		180	3,978.6	-718.9	3,259.7
			926.8	-123.7	803.0
			806.7	-174.9	631.8
			376.0	0.0	376.0
31.7	-1.2	30.5	1,100.3	0.0	1,100.3
			62.1	-1.0	61.1
			0.0	0.0	0.0
			20.0	0.0	20.0
			35.5	0.0	35.5
			60.0	+16.0	76.0
31	-4.0	27	97.0	-26.0	71.0
			43.0	-29.0	14.0
			51.0	0.0	51.0
780	+146.6	926.6	991.7	+146.6	1,138.3
			140.0	-70.0	70.0
70.5		70.5	110.5	0.0	110.5
			115.0	0.0	115.0
120	-37.0	83	140.0	-37.0	103.0
			5.0	-3.5	1.5
			147.0	-68.0	79.0
5.1	+6.9	12	88.0	-18.6	69.4
			88.0	-43.7	44.3
1,218.3	+111.3	1,329.6	9,382.1	-1,151.7	8,230.4

整後の改訂計画。
巻所収、7〜11頁。

空機、耐火煉瓦、化学工業などへの配当を維持しようとした。

鉄鋼資源の日満支間輸送の調整

　輸送力自体の低下は前節で見た通りであるが、表2-69のように第2四半期以降の調整は、日満支地域の3四半期分が114.5万トン、甲地域が11.3万トン削減され、乙地域からの穀類輸入に14.7万トン分を追加した。日満支地域では、北洋漁業を半減させ、従来から削減を重ねてきた棉花・羊毛、砂糖などの消費財はもとより、石炭、鉄鉱石、銑鋼も大幅に削り、甲地域の重要資源である鉄鉱石、生ゴム、油糧種実、乙地域の飼料なども削減せざるをえない事態になった。

　企画院が鉄鉱石、石炭、銑鋼輸送の削減計画を策定したのは、大陸からの原料輸送距離の長い日本製鉄輪西製鉄所、釜石製鉄所の原料を全面的に国内原料に転換することを決断していたからであった。1943年度に輪西は35万トン、釜石は30万トンの北支炭の供給を受ける計画であったが[144]、内閣顧問会議で藤原銀次郎は、両製鉄所での北支炭の国内炭への切り替えを主張した。「他の内閣顧問、鉄鋼専門家は技術的に不可能[145]」として反対したが、これを押し切って、藤原は6月25日に査察使の勅命を受け、輪西、釜石での鉄鋼対策を査察することになった。この準備資料として商工省も、「輪西及釜石製造所向北支炭輸送節減ニ関スル件」を策定し、「本年度物動計画策定当時予言セラレタル輪西及釜石製鉄所向北支強粘結炭ノ輸送ハ之ヲ取止メ可及的北海道及樺太炭等ヲ以テ之ヲ補ヒ船腹ノ配船替ヲ断行シ現有船腹ヲ以テ最大ノ生産ヲ挙ゲントス[146]」との方針を打ち出した。商工省では、北支炭輸送の中止とガス会社向け夕張炭40万トンへの切り替え、北支炭35万トン分の輸送力を八幡、清津へ転換するなど、種々の可能性を提案した。7月20、21日の釜石での査察では、「北支炭ヲ北海道炭ニ置換ノ可能性ニ付キ検討セルモ確タル結論ニ到達」できなかった。24日から27日の輪西での査察でも、国内炭の利用切換が課題であった。既に表2-70のように輪西では年度当初から国外原料は削られ、焼結等の工夫をしながら国内原料の混用比率を高めていたこともあって、石炭、鉄鉱石の外国原料を一挙に削減することを製鉄所に認めさせた。この結果、釜石も含めて輸送力の削減と鉄鋼増産見通しを同時に達成したことが査察効果として

表 2-70　日本製鉄輪西製鉄所使用原料構成と出銑量

(トン、%)

		1日出銑量	原料炭構成比		鉄鉱石構成比	
			北支炭	道内炭・半	外国産	国内産・焼結鉱
輪西仲町工場	1942年4月	1,020	50	50	71	29
	1942年10月	1,209	50	50	55	45
	1943年4月	1,138	30	70	24	76
	1943年10月	895	0	100	0	100
輪西輪西町工場	1942年4月	751	20	80	34	66
	1942年10月	619	30	70	30	70
	1943年4月	759	15	85	17	83
	1943年10月	782	0	100	0	100

出所：日鉄社史編纂資料『行政査察使関係資料——旧海軍資料：生産技術協会資料』1956年4月13日。

喧伝された。

　技術的根拠は曖昧であったが、行政査察の結論は以下のようになった。①釜石向け北支炭の全廃は困難であるが、下期計画の15万トン輸送は7.5万トンに半減し、北海道炭10万トンを追加供給する。②北鮮茂山の精鉱5万トンを輪西向けとし、年度生産計画を64.5万トン[147]から2.5万トン増やし67万トンとする、返荷として夕張特粉炭5万トンを清津製鉄所へ送る。輪西の原料転換は既定方針であったことから査察結果には加えられていない。こうして、釜石向け北支炭の輸送力を他の製鉄所に回すことで、釜石の出銑計画はそのままに、1943年度下期に輪西2.5万トン、八幡1.5万トン、清津1.5万トンの計5.5万トンの銑鉄増産が可能になるというのが藤原査察の結論であり、8月10日にこれを正式報告とした。

　しかし関係者の証言では藤原の行政査察の評価は低く、輪西での対策会合は技術的検討より「恰モ商人ノ取引キヲナスガ如キ会議」であって、「自分ノ考ヘテキルコトトハ反対ナ答弁ニ出会フト山田（秀三・内閣参事官—引用者）随員等ハ大声ヲ発シテ」「被告扱ヒニスルガ如キ態度」であったことが知られている[148]。実際、国内原料に切り換えてからの出銑量は低迷を続けた。特に高い北支炭比率を想定して設計された輪西仲町工場の効率の低下は著しかった。「査察ノ実施サレタル七月下旬以降ノ生産状況ハ全ク査察使ノ考ヘテキタコト

トハ反対ノ減少―銑鉄ノ非常ナル減産―ヲ呈シ」、北支密山炭の不足から上期の生産実績が目標の100%であったのに対して、下期は81%になった[149]。

鉄鋼増産対策

　7月8日には、石炭、鉄鉱石、銑鋼の輸送力削減に対応して計画全体を縮小した「調整物動」が策定されていた。しかし、こうした査察「成果」の期待の上に、8月にはさらなる増産措置と配当の組替えによって、重点部門への追加配当が検討された。この時期は鉄鋼生産の維持と増産に向けてあらゆる方策が打ち出された。その7月の調整物動の全体像は不明であるが、原料輸入が大幅に削減された鋼材の減産見込みと、これをカバーする増産・増配措置を見たのが、表2-71である。鉄鋼分野の輸送力の配分は、第1節で見たように4月に年間1,437.2万トンとなった。第2～第4四半期分をこの4分の3と見れば、7月以降の年間輸送力は1,077.9万トンを見込んでいた。今回の増徴による鉄鋼部門の負担は第3、第4四半期の6ヶ月で87.11万総噸の船舶量とされた。これに積載率1.5、稼航率1.3を掛ければおおよそ170万トンの原料・製品輸送が削減されることになる。前節で見たように第2四半期以降の輸送力の減少見通しは、194.2万トンであったから、そのほとんどを鉄鋼部門で調整したことになる。これは、1943年度の計画策定作業で鉄鋼部門に極力輸送力を割り振り、他部門では調整できなくなっていたことを反映したものとみられる。調整物動では、6ヶ月間

表2-71　鋼材計画の第2四半期以降の調整

(千トン)

		第2	第3	第4	計
調整物動減産見込み		-83	-67	-82	-232
増産措置	輸西増産	33	43	44	120
	屑利用強化	0	10	10	20
	銅鉱利用強化	0	2	3	5
	鉱石品位向上	0	1	1	2
	増産分の算入	54	0	0	54
	清津・八幡増産	0	12.5	12.5	25
	配船調整	83	7	27	117
	合計	170	75.5	97.5	343
差引		87	8.5	15.5	111
増配	配当調整	18	16	29	63
	対調整物動増加分	105	24.5	44.5	174
組替	特殊鋼鉄源へ	-18	-18	0	-35.7
	造船用へ	0	-8.5	-7.2	-15.7
	最終増加分	87.3	-2	37.3	122.6

注：「調整物動」は7月8日策定の物動調整計画による鉄鋼減産見通し。
出所：企画院第二部「8/7調整物動ニ対スル鋼材増減再検討表」1943年8月17日前掲『後期物資動員計画資料』第5巻所収、56頁。

で船腹87.11万総噸の削減による鋼材減産量を23.2万トンと見積もって、7月12日にこれを一旦企画院参与会の決定とした。

　しかし、査察結果に加えて企画院は同表のように増産措置を策定した。そこには4月に豊田鉄鋼統制会長が内閣顧問として提示したさまざまな提案が含まれ、①日本製鉄輪西・釜石向け北支炭の北海道炭振り替えのほか、②朝鮮鉱石の機帆船による増送、③陸海軍徴傭船による輸送協力、④八幡製品滞貨からの増配方策が組み込まれた[150]。輪西の銑鉄生産計画を当初の52万トンから67万トンとして、鋼材12万トンを増産するほか、銅鉱利用、選鉱強化による増産によって減産をカバーした。その上で、陸海軍需、造船、民需の配当計画を見直して一旦6.3万トンを引き上げるなどの措置をとって、航空機需要等で極度に逼迫した特殊鋼の鉄源や造船用へ組み直し、さらに12万トン余りの保留分を作り出した[151]。

　鉄鉱石、石炭の供給、特に外国産原料が急減することになった鉄鋼統制会でも、内閣内で進む計画見直しと並行して、豊田会長は7月末に1946年度までの鉄鋼増産対策[152]をまとめた。それは、鉄鋼需要が43年度の564.6万トンから46年には771.5万トンに拡大するという見通しに基づいて、大規模な原料資源開発や設備の充実を求めるものであった。そして、「鉄鋼ノ生産資源輸送其他ノ一般的生産諸条件ハ益々逼迫ヲ告ゲ鉄鋼ノ急速増産ハ甚シキ困難ヲ伴フニ至レリ」、「其ノ最大ニシテ基本的隘路ハ海上輸送力ノ確保ニ在リ」として、依然として輸送力の確保を求めた。加えて、日・満・支・南方諸地域の行政区域間の連携が悪いこと、普通鋼・特殊鋼・鋳鍛鋼の部門間の生産調整が造船・航空機需要と均衡していないことを指摘した。

　資源確保では、以下のように国内資源の開発を中心に課題が整理された。まず鉄鋼資源の確保では、①鉄鉱石需要が1943年度の1,567万トンから毎年270万トン増加するなかで、国内では44年度以降も300万トンの採掘体制を維持するため、新鉱山の開発などで特段の努力をする。②内地における砂鉄、泥土鉱の開発・利用を一層進める。③朝鮮・北支での小型溶鉱炉建設、溶鉱炉移設を進め、資源対策として朝鮮の鉄鉱石開発を強化する。④満洲に選鉱設備を完成し、貧鉱を利用して鉄鋼を増産する。⑤43年度の2,186万トンから毎年380万トン増加する石炭需要に対応する。⑥石炭の節約のため作業能率の向上、高

能率工場へ生産を集中する。⑦山元での選鉱、洗炭を徹底する。⑧鉄鋼非常回収に特段の工夫をする。⑨耐火煉瓦、電極等の重要副資材の需給を調整する⑩マンガン鉱・ニッケル鉱等の特殊鋼原料の開発、消費節約、代用を行うなどの提案をした。

施設対策では、①現有設備の活用率の向上、新規設備工事の厳選、②大陸・南方の資源地域での応急鉄鋼設備の建設、③普通鋼・特殊鋼・鋳鍛鋼の現有設備の連携強化が挙げられた。また、生産計画では、①各鋼種間の生産分野調整、②不良・不足原料による生産技術の向上、③小型溶鉱炉の完成、④満洲・北支での鉄鋼生産統制と対日輸出の確保が挙げられ、輸送関係で本船輸送力の確保、朝鮮鉱の機帆船・鉄道輸送の強化、鉄道輸送力、海陸連絡小運送の強化が挙げられた。また配給・消費統制では、造船、航空機用の鋼材、特殊鋼、鋳鍛鋼の優先、配給機構の刷新、使用効率の向上、在庫量整理と回転の向上、緊急突発需要に対応する物動計画の機動性などが求められた。関連産業との連携強化も課題とされ、①造船用・航空機用・兵器用の鋼材品種別調整をすること、②石炭、鉄鉱石、輸送、産業機械、電力、耐火煉瓦、電極等の産業との連絡を緊密にすることなどを指摘した。

1946年度までの長期見通しを提示するのは、前年7月頃まで検討していた第2次生産力拡充計画の設定と同じであるが[153]、43年7月時点の鋼材生産の見通しは44年度まで低下を余儀なくされ、45年度からようやく上向くという希望的観測であった。対策案の多くは、鉱物資源の探査、新技術の開発、設備の拡充・改良など、見通しが困難な中長期課題であり、こうした本格的な生産力拡充計画の提案は既に前年中に現実味を失っていた。このなかで43年度の減産回避策になりうるのは、屑鉄の非常回収、重要副資材の増産、鋼種間調整などであり、実際これらがこの時期以後の最重要課題となった。

南方開発計画の見直し

1943年に入る頃には、南方の軍事占領地域における開発政策にも見直しが必要になっていた。開戦直後の41年12月に第六委員会が決定した「南方甲地域経済対策要綱」が再検討され、第六委員会の業務を継承した大東亜省連絡委員会が3月に改定案をまとめた[154]。その後、5月29日に連絡委員会第一部会

案が決定され、6月12日に新要綱が大本営政府連絡会議決定となった。重要物資の獲得目的に沿って開発を進める趣旨に変更はなかったが、主な変更点は、「民生ノ維持、民心ノ把握及現地経済ノ健全円滑ナル運営ヲ通シテ戦争完遂ニ寄与セシムル方針ヲモ強調スル」ことで、大東亜会議（43年11月開催）に向けてアジア諸国（地域）の協力を取り付けることであった。このため、①現地自給の強化方針、②輸送能率の向上方針、③日本からの要望のみならず甲地域全般の経済対策を策定することになった[155]。これは、錫、ゴムなど国際商品を輸出してビルマ、タイから食糧を輸入したマレー、蘭印、また米国向け砂糖、糖蜜を輸出して、食糧・生活物資を輸入したフィリピンなど、軍事占領前の南方諸地域の産業貿易構造が太平洋戦争の戦禍と宗主国経済との分断によって深刻な混乱に陥ったことが背景であった。日本の軍政下で、ゴム、サトウキビから棉、米などへの作付転換、消費財産業の育成なども取り組まれつつあったが、国際貿易の激変の中で、日本への資源供給を起点とした産業・貿易構造への転換は容易には進まなかった。

4　1943年度上期生産・配給計画の実績

鉄鋼生産実績

　第1四半期の計画実績に相当する第2四半期の全体実績の資料を見いだせないことから、鉄鋼の需給計画を中心に上期の実施状況を見よう。前述のように第1四半期の銑鉄生産は、前年度末の貯鉱・貯炭や、年度末船腹が4月にずれ込んだ原材料を潤沢に投入したことから、表2-72のように110.3％となった。第2四半期はほぼ計画どおりの101.7％となったが、上期全体では105.9％の好成績を収めた。4月に決定された各社生産計画も、第1四半期は軒並み超過達成された。しかし、輸送力の組替え等で第2次船舶増徴後も一層の増産を達成しようとした輪西、釜石では、「六月以降逐次生産低下」がみられた。その原因は「繰越原材料ノ涸渇ニ依ル軽作業ノ実施ト輪西、釜石等ニ対スル原料使用切替強化施策実施ニ基ク一時的生産減少[156]」であると説明された。日本製鉄広畑を除くと第2四半期の落ち込みは顕著であり、対前年度実績の457万トン[157]からは1割程度の減産ペースとなった。特に第2回行政査察によって、輪西は当初の年間52万トン計画を64.5万トンに変更した上で、さらに2.5万

表 2-72　1943 年度上期銑鉄生産計画と実績

(トン、％)

		第1四半期		第2四半期		上期計		実績率
		生産割当	生産実績	生産割当	生産実績	生産割当	生産実績	
日本製鉄	八幡	380,000	414,746	369,000	400,948	749,000	815,694	108.9
	輪西	132,000	181,154	133,000	142,870	265,000	324,024	122.3
	釜石	75,000	76,234	76,000	69,854	151,000	146,088	96.7
	広畑	66,000	69,316	85,000	105,130	151,000	174,446	115.5
	兼二浦	79,000	80,651	80,000	70,359	159,000	151,010	95.0
	清津	62,000	54,685	69,000	42,287	131,000	96,972	74.0
	計	794,000	876,786	812,000	831,448	1,606,000	1,708,234	106.4
日本鋼管		118,000	127,027	119,000	116,367	237,000	243,064	102.6
中山製鋼		36,000	45,276	37,000	37,826	73,000	83,102	113.8
小倉製鋼		14,000	14,974	14,000	13,442	28,000	28,416	101.5
尼崎製鋼		15,000	13,678	15,000	16,718	30,000	30,396	101.3
その他合計		982,500	1,083,421	1,003,500	1,020,346	1,986,000	2,103,767	105.9

注：銑鉄のその他は、壽重工業、日本鉄鋼工業の2社。鉄鋼統制会の生産割当は、4月19日時点で商工大臣の承認を得たもの。
出所：鉄鋼統制会「昭和18年度第一、四半期普通銑鉄生産実績調」1943年10月1日、同「昭和18年度上期（4～9月）普通銑鉄生産実績調」1943年12月13日『昭和17～18年　鉄鋼統制』（『日高準之介資料』）所収。

トンの計画を上乗せしたが、結果は惨落した。国内炭に転換しつつ、当初計画を維持することを求められた釜石も減産を避けられなかった。釜石向けの輸送力を振り向けて増産を目指した八幡、清津も減産となり、日本鋼管、中山製鋼、小倉製鋼ともに軒並み減産になったことから、原料転換と輸送力の減退が想定以上に深刻であったことが窺える。

表 2-73 から鋼塊、鋳鋼の生産実績を見ると、屑鉄などの増量によって普通鋼生産は辛うじて銑鉄の減産をカバーする一方、ほとんどが軍需に

表 2-73　1943 年度上期鋼塊・鋳鋼の生産実績

(トン)

			第1四半期	第2四半期	合計
普通鋼	鋼塊	圧延用	1,414,738	1,345,741	2,760,479
		鍛造用	78,596	77,105	155,701
	鋳鋼		29,226	26,578	55,804
	計		1,522,560	1,449,424	2,971,984
特殊鋼	鋼塊	圧延用	58,762	62,288	121,050
		鍛造用	60,356	63,759	124,115
	鋳鋼		787	888	1,675
	計		119,905	126,935	246,840

出所：「昭和18年度上期（4～9月）鋼塊鋳鋼生産実績調」1943年12月5日前掲『昭和17～18年　鉄鋼統制』所収。

第2章 共栄圏構想の挫折（1943年度）

表2-74 1943年度上期鋼材積出（入手）状況

(千トン)

		第1四半期		第2四半期		上半期	
		配当計画	積出実績	配当計画	積出実績	配当計画	積出実績
陸軍		126,368	217,847	152,999	218,937	279,367	436,784
海軍		158,702	355,735	192,070	268,480	350,772	624,215
造船		228,854	233,901	250,792	216,446	479,646	450,347
生産力拡充産業	鉄鋼 鉄鋼統制会	36,889	45,583	20,789	45,159	57,678	90,742
	フェロアロイ協議会	858	155	474	337	1,332	492
	鋳鋼協議会	138	264	202	144	340	408
	銑鉄協議会	51	75	70	47	121	122
	計	37,936	46,077	21,535	45,687	59,471	91,764
	石炭統制会	22,816	13,076	10,688	9,247	33,504	22,323
	軽金属統制会	5,076	4,321	5,298	4,513	10,374	8,834
	鉱山統制会	6,585	6,130	8,057	5,243	14,642	11,373
	石油 石油精製協議会	9,788	4,940	7,863	4,088	17,651	9,028
	石油鉱業物資統制会	428	495	408	639	836	1,134
	人造石油物資統制会	1,852	2,990	7,703	1,475	9,555	4,465
	計	12,068	8,425	15,974	*25,205	28,042	33,630
	電気事業協同会	11,485	6,344	4,735	5,836	16,220	12,180
	セメント統制会	158	202	123	175	281	377
	電解曹達工場	770	570	474	490	1,244	1,060
	硫安肥料工場	1,389	1,247	1,347	871	2,736	2,118
	精密機械統制会	18,209	4,443	6,753	2,977	24,962	7,420
	鉄道軌道統制会	3,429	3,756	2,762	1,300	6,191	5,056
	車輪統制会	22,600	10,747	23,084	9,290	45,684	20,037
	自動車統制会	13,539	7,624	5,813	5,449	19,352	13,073
	アンモニア法曹達工場	773	376	521	306	1,294	682
	合計	156,833	113,338	101,562	97,586	258,395	210,924
官需	鉄道省	57,693	36,913	40,027	12,852	97,720	49,765
	その他	8,024	2,057	3,244	2,104	11,268	4,161
	計	65,717	38,970	43,271	14,956	108,988	53,926
円域		35,043	14,938	34,442	8,863	69,485	23,801
外地		39,759	39,200	69,870	33,509	109,629	72,709
一般民需		6,109	7,137	13,246	5,193	19,355	12,330
機械		95,502	41,670	120,383	35,378	215,885	77,048
製品		140,931	130,219	102,549	93,714	243,480	223,933
交易営団		16,552	30,169	22,052	31,287	38,604	61,456
総計		1,070,370	1,220,908	1,080,575	1,024,349	2,150,945	2,245,257

注：石油の第2四半期合計が一致しないが、原資料のまま。生産力拡充計画用の出荷は、出荷先企業の所属団体ごとに集計。
出所：鉄鋼販売統制株式会社『昭和十八年度第二／四半期普通圧延鋼材配給実績』1943年12月25日前掲『後期物資動員計画資料』第5巻所収、165頁。

表 2-75　1942 年度、43 年度上期の部門別鋼材割当と陸海軍超過発券状況

(トン)

	1942 年度			1943 年度上期			超過分合計	調整済	差引超過分
	割当	発券	超過	割当	発券	超過			
陸軍 A	822,567	1,062,154	239,587	335,283	451,346	116,063	355,650	47,917	307,733
海軍 B	1,048,730	1,335,128	286,398	296,963	588,245	291,282	577,680	119,975	457,705
造船用 B_x	535,565			475,008					
民需 C	1,525,136			1,070,746					
計	3,931,998		525,985	2,178,000		407,345	933,330	167,892	765,438

出所:「AB 超過発券状況」『鉄鋼需給調整実施要綱』(『日高準之介資料』) 所収。

関連する特殊鋼には集中的に資源が動員されていることがわかる。

鉄鋼配当実績

　上期の鋼材の事業別の積出実績を表 2-74 から見ておこう。第 1 四半期の鋼材生産は高い達成率を示したため、最終需要者への出荷実績も第 1 四半期は 114％に達した。しかし、第 2 四半期には 94.8％となり、翳りが見えるようになった。そのなかで、軍への積出実績は計画を大幅に上回り続けた。軍は第 1 四半期の超過出荷分以上に計画を超過して鋼材を入手しており、1943 年度に入り、軍の強引な物資調達は従来にも増して顕著になった[158]。西太平洋での戦況の急激な悪化と軍備の大量消耗の中で、艦艇・船舶・航空機の増産に向けて、集中動員が本格化したことを示しているが、石炭、金属鉱山、化学、機械工業などの生産拡充部門や、鉄道その他の官需部門など、多くの分野で鋼材入手が滞り、全体の需給バランスへの配慮を欠いた配給は、総動員計画の著しい混乱を招いた。この原因になったのが、表 2-75 に見られるような陸海軍の割当を超えた切符の超過発券であった。鉄鋼需給計画化が実施された 42 年度でも既に超過発券は 28％に達していたが、43 年に入ると 64％にまで拡大した。年度計画の策定段階から供給計画に無理があることをよく知っていた陸海軍は、第 1 四半期から物動計画を無視した強引な物資取得に突き進んでいた。この間、超過分について爾後の発券予定分との相殺などで 16 万トン余の調整をしたが、後述のように鉄鋼需給調整の建て直しが軍需省鉄鋼行政の重要な課題となった。

　鉄鋼以外の上期物資動員計画の実績については、1944 年 1 月の帝国議会秘

密会報告からある程度判明する。特殊鋼については計画の150％を達成し、鉄鋼とともに順調と報告された。とはいえ、当初より特殊鋼の生産計画は原料計画と符合していないという問題が指摘されており、製鉄事業の攪乱要因であったことは既に見た通りである。電気銅は供給予定の5.6万トンに対して5.4万トン、97％の実績であったが、鉱石の産出量は計画を上回っており、計画が達成できなかったのは精錬所の労働力不足と風水害が原因だったと説明された。アルミニウムの実績は97％であったが、航空機用の高級アルミニウムについては、101％であった。こうして産業別・用途別配当計画では民需部門に対して極度の圧縮をしたものの、供給計画は比較的順調であったと説明された[159]。

石炭の実績については、「昭和十八年度ノ上半期ニ於ケル本州、四国ノ石炭需給ハ十七年度下期ヨリ引続キマシテ海上輸送力ノ減退ガ甚ダシクアリマシタ為ニ、相当逼迫シタ状態ヲ以テ経過致シタ」こと、配給面では重点産業用、特殊用、鉄道用、軍需産業用、計画産業用の需要が急増したため、それ以外の産業用は「大幅ノ規制ヲヤラザルヲ得」なかったことが説明された。それでも上期生産実績は計画の99.4％を達成した。輸送面では機帆船が不振で、「需給関係ニ於テハ逼迫セル状況ヲ続ケナガラモ、大ナル困難ナクシテ経過」したと報

表2-76 南方における石油採油、精製計画と上期実績

(万 kl)

		採油			精製		
		年間計画	上期実績	達成率	年間計画	上期実績	達成率
陸軍	南スマトラ	475.2	195.1	41.1	334.5	135.2	40.4
	北スマトラ	160.5	35.1	21.9	23.7	13.2	55.7
	北ボルネオ	131.9	39.1	29.6	13.0	1.3	10.0
	ジャワ	87.1	26.8	30.8	48.0	13.2	27.5
	ビルマ	33.7	9.4	27.9	10.5	8.2	78.1
	中スマトラ	15.0	0.1	0.7			
	計	903.4	305.6	33.8	429.7	171.1	39.8
海軍	南ボルネオ	80.0	37.4	46.8	180.0	57.1	31.7
	タラカン	62.0	28.2	45.5	50.0	23.0	46.0
	計	142.0	65.6	46.2	230.0	80.1	34.8
	合計	1,045.4	371.2	35.5	659.7	251.2	38.1

注：達成率は年間計画に対する上期実績の比率。出所：海軍省「海軍監理長会議説明資料」1943年12月28日前掲『後期物資動員計画資料』第5巻所収、478～479頁。

表 2-77　石油内地還送計画と実績

(万 kl)

	年間計画	上期実績	比率
原油	381.2	101.6	26.7
航空揮発油	44.5	10.9	24.5
普通揮発油	42	12.6	30.0
灯油・軽油	37.6	0	0.0
重油	163.1	7.2	4.4
普通潤滑油	4.4	0	0.0
製品計	291.6	30.7	10.5
合計	672.7	132.5	19.7

出所：前掲「海軍監理長会議説明資料」480 頁。

告された[160]。総じて 1943 年度上期は、まだ輸送計画の大きな破綻がなく、在庫原料の集中投入を反映して、重要物資に関してだけいえば、計画からの大きな逸脱は起きなかった。

液体燃料の需給実績

　1943 年度の液体燃料の計画は、前年度のような備蓄依存を脱し、長期持久戦を可能にすることを図り、南方占領地、特に陸軍占領地域からの大量還送に期待していた。上期の実績は表 2-76 の通りとなった。採油計画の実績は、陸軍所管地域で最大の油田地帯であった南スマトラで年間予定の 4 割を達成したが、他の陸軍地域は 2〜3 割にとどまった。海軍所管地域は 4 割台であったが、全体では 35.5％にとどまった。南方の精製実績も全体で 38.1％と不調であった。四半期計画が年間計画の 4 分の 1 であるとすれば、達成率はおおむね 7 割となり、南方での軍の給油、作戦行動を制約することになった。内地への還送計画と上期の実績は表 2-77 のようになり、原油・製品の還送は上期 300 万トンの計画に対して 44％の 132.5 万 kl にとどまった。内地還送実績のうち、実際に民需に回った分を確定するのは難しいが、軍需省の集計では還送原油の国内製油所への供給実績は[161] 4 月の 4.1 万 kl から 8、9 月に 10 万 kl 台に伸び、上期合計で 48.9 万 kl になった。国内還送実績 101.6 万 kl のうち 48.1％が民需用にまわされたものとみられる。上期の国産原油の供給は 13.8 万 kl に過ぎなかったから、南方原油の還送が本格的に始まって、辛うじて国内の民需向け供給が支えられていた。還送石油製品の上期実績 30.7 万 kl には軍需向けが含まれているとみられることから、民需向け液体燃料の年間 128 万 kl という期待は満たされていないとみられる。

第 4 節　物資動員計画の下期実施過程

1　下期改訂物資動員計画

鉄鋼・軽金属増産に向けた徹底重点施策

　第 3 次船舶増徴要求の直前から、陸海軍の総動員業務担当者は㋪研究と称する大量徴傭の限度と、1943 年度下期からの軍需動員計画を支える輸送力、鉄鋼・軽金属の生産見通しの検討作業を行った。それは第 2 節で見たように、大量船舶増徴にかかわらず、輸送力、生産施設の合理的使用、原料の厳選等によって下期の物動実施計画を極力維持し、戦略物資の増産を図るという軍の都合を優先した検討であったが[162]、その結果は、9 月 23 日の閣議決定「陸海軍船舶増徴ト戦力増強トノ調整ニ関スル非常措置ノ件」として政府方針になった。44 年度の重要物資の生産目標は、船舶 180 万総噸、アルミニウム約 21 万トン、普通鋼々材 500 万トン前後、特殊鋼約 100 万トン、電気銅約 15 万トンなどとされた。同時に決定された「物動及輸送力動員計画遂行上ノ非常措置事項」の物動関係では、下期の緊急措置として、①航空機関係の工作機械、その他機械、燃料、化学薬品の生産増強、②甲造船向け資材の追加配当と施策の強化、③アルミニウム原料の日満支産への転換促進、電解能力の増強、所要電力の開発、ピッチコークス電極の増産、④内地・朝鮮での鉄鉱石の開発促進と、選鉱・焼結能力、小型高炉・簡易高炉、製鋼（特殊鋼ヲ含ム）圧延能力の増強、⑤銅鉱山の緊急開発、選鉱・製錬設備の強化が示された。「施策ニ要スル資材ハ極限迄節約ヲ断行スル」と付言されたが、重点施策に向けて相当の資材を追加投入する必要があった。そして、「右資材就中鉄鋼ノ捻出ニ関シテハ左ノ各種手段ヲ強行スル」として、鉄鋼業者・問屋在庫の流動化と現物入手の円滑化を極力図った上で、①適正量を超えた工場（軍管理工場を含む）の在庫品の買い上げ、②軍作業庁の在庫品の利用、③非常回収の促進、その他の供給源からの第 2 次非常回収の断行、④官業・軍管理工場からの屑鉄の追加供出、⑤既決定転用物件の再検討による供出・屑化、⑥鋼管配給切符の整理、⑦増産の強行などが指示された。これらの措置を取ることで、既定の第 3 四半期計画の鉄鋼供給を極

力維持しようとしたが、重点物資の目標確保が困難な場合は、下期の配当全体を削減することが示された。

　下期の物資動員計画の調整については、10月29日に「戦力増強緊急措置ニ伴フ下期／一八物動計画調整ニ関スル件[163]」が閣議決定となり、「特ニ緊要ナル」石炭、電力、工作機械、重要機械、一部化学製品の拡充のために資材を捻出するとともに、鉄道、港湾施設、乙造船の増強を推進し、さらに海軍艦艇等の緊急整備用鋼材、陸軍の求めるボルネオ製油所建設用資材の特別配当などが課題になった。そして「之ガ実行途上ニハ多大ノ難関ヲ予想セラル、ヲ以テ左記諸方策ヲ強行」することになった。①目標達成の関鍵である限定品種の鋼材所要量を確保すること。②重要物資管理営団を引き継ぐとともに共栄圏交易の一元的管理機関として6月に設立された交易営団を利用して原料管理や、航空機用等を除いた鋼材の買上を強化すること。③陸海軍の屑鉄供出、一般回収、特別回収[164]のほか、企業整備計画における保有工場・保有設備の廃止に伴う非常回収を実施すること。④平炉等の製鋼能力の拡充により隘路を打開し、高炉の南方移設は中止して全幅稼働を図ること。⑤鉄鉱増産に要する海上輸送力を稼航率の向上によって確保すること。⑥朝鮮機帆船の活用によって11月以降、月2万トンの輸送力を確保すること。⑦製鉄用原料炭、発生炉炭を別途増送し、一般炭については既定の配炭計画を調整すること。⑧陸海軍の貯油からの支援を受けて機帆船の動員に要する重油を確保すること。⑨甲地域にてマンガン鉱を増産し、陸軍徴傭船の支援を可及的に増加すること。苦灰石、電極用ピッチコークス、鱗状黒鉛の確保に特段の措置を講じること。⑩大陸での小型溶鉱炉計画を支給検討、改善し、目標達成を図ること。⑪陸海軍による特殊製法による製鉄の計画遂行に努め、不足分は屑鉄の追加供出、もしくは陸海軍船支援による海南島鉄鉱石の増送により補填すること。⑫陸海軍用特殊鋼と鉄鋼増産が競合しないよう調整し、特殊鋼の増産によって普通鋼が減産になる場合は陸海軍の消費割当で調整すること。⑬陸海軍の屑鉄特別供出による増産分は一般計画と区分すること。こうして、現有設備の最大限の利用、原材料給源の徹底的探査が追求されることになった。

　③の陸海軍からの屑鉄供出、④の製鋼施設の南方移設の中止、⑧の陸海軍貯油からの支援、⑨の甲地域でのマンガン鉱開発、⑪の海南島鉄鉱石の増送、

⑫の特殊鋼との調整などは、いずれも陸海軍の全面的協力がなければ、この資材の捻出が困難であることを示している。

下期鉄鋼生産計画

　これ以後、下期の鉄鋼生産計画の策定は、何度も修正を繰り返すことになった。「陸海軍船舶増徴ト戦力増強トノ調整ニ関スル非常措置ノ件」以後、下期の鉄鋼生産計画案は、表2-78のように推移した。同表の「修正現計画」は7月の第2次増徴の際に当初物動計画を修正し、第2～第4四半期輸送力に基づいて策定したものとみられるが、9月の第3次増徴では物動計画の全面改訂は避け、船舶輸送力を捻出して戦略物資に限定した増産を図ることになった。10月19日に策定された下期基礎案に対しては、これに加えて特殊鋼の増産要求が強く、二つの別案が検討された。しかし、10月27日には一応この基礎案が閣議了解され、これを基に重点産業への鋼材等の特配計画が策定された。

　特配が必要な資材は、鋼材54万トン、普通鋼鍛鋼1.5万トン、普通鋼鋳鋼1.75万トン、特殊鋼1.3万トン、銑鉄14万トン、銅7,000トン、鉛3,500トンなどであり、銅のように交易営団の買上2,100トン、貨幣回収800トン、配当削減2,378トンと再生資源の回収と配給調整で処理するケースもあったが、多くの場合、増産がなければ対応は困難であった。普通鋼鋼材54万トンの緊急部門への補塡計画は表2-79の通りである。軽金属、工作機械・重要機械など

表2-78　1943年度下期鉄鋼生産計画案の推移

（トン）

	当初物動計画	修正現計画	10月19日基礎案	10月19日別案1	10月19日別案2	10月27日閣議了解	11月17日甲案	11月17日乙案	12月2日改定案
普通鋼鋼材	2,151,500	2,134,000	2,440,780	2,369,130	2,351,630	2,445,530	2,300,000	2,300,000	2,300,000
特殊鋼	220,000	395,000	408,000	450,500	460,500	408,000	477,500	498,000	477,500
普通鋼鋳鋼	110,000	140,000	157,500	157,500	157,500	157,500	157,500	157,500	157,000
普通鋼鍛鋼	100,000	105,000	120,000	120,000	120,000	120,000	120,000	120,000	120,000
鋳物	500,000	570,000	710,000	710,000	710,000	710,000	710,000	710,000	710,000
銑鉄	2,038,000	2,188,000	2,372,000	2,372,000	2,372,000	2,372,000	2,372,000	2,372,000	2,372,000
鋼塊		4,201,840	4,616,800	4,603,800	4,599,800	4,629,895	4,569,660	4,610,660	4,569,660

注：「修正現計画」は7月の船舶増徴時に策定されたものとみられ12月2日時点でも「修正現計画」という扱いを受けている。10月12日の別案は特殊鋼を一層増産することを想定した計画案。11月17日の甲案、乙案も特殊鋼を巡る計画。
出所：「十八年度下期鉄鋼生産計画案比較表」1943年11月17日、「十八年度下半期鉄鋼改訂計画案比較表」1943年12月2日前掲『後期物資動員計画資料』第5巻所収、440、449頁。

表 2-79　下期鋼材特配とその捻出方法

(トン)

特配	生産力拡充		231,890
	甲造船		110,000
	乙造船		13,000
	南方製油		30,000
	B特配		113,900
	鉄道		28,775
	港湾		1,075
	C緊急保留追増分		12,000
	計		540,640
製造不要	営団買上		79,000
	鋼管切符整理		20,000
	配当削減		79,860
	鋼材交換		50,000
	計		228,860
要製造	鋼塊不要	歩留向上	40,000
		調整用削減	17,000
		在庫利用	37,000
		伸鉄	4,000
		小計	98,000
	鋼塊生産を要する分		213,780
	計		311,780
所要鋼塊			292,000
所要屑鉄	鋼塊用		317,000
	歩留向上返屑補填		40,000
	伸鉄用		4,500
	交換鋼材		50,000
	計		411,500
屑・銑の給源	返屑		68,000
	AB供出屑		70,000
	B特別供出		61,000
	非常回収		36,000
	第2次非常回収 転用再検討		141,500
	新製造銑鉄		44,000
鉄鉱石			570,000
石炭			367,100
マンガン鉱			19,000
炉材			112,170

出所：企画院「戦力増強緊急措置ニ伴フ下期／一八物動計画調整ニ関スル件」1943年10月27日前掲『後期物資動員計画資料』第5巻、414、416、429頁。

の特定の生産拡充部門、甲造船、海軍艦艇造修用などに集中している。このうち22.8万トンは、「適性」量を超えた在庫分の交易営団による買取、需給が逼迫している鋼管については配給切符の整理、さらに配当計画の見直しと削減で処理し、9.8万トン分は原料歩留まりの向上や鋼塊在庫を利用して、鋼塊の製造を要しない形で鋼材供給を増やすなど、強引な在庫調整を中心とした方法で処理した。この結果、鋼塊生産を基に増産する鋼材は21.3万トン余となり、これに要する鋼塊は29.2万トンと算出され、この鋼塊生産用に加えて、歩留向上用、鋼材交換用に必要な屑鉄は41.1万トン余と見積もられた。屑鉄の回収については、軍からの供出をはじめ、1943年度の2回目の非常回収が18万トンとなり、当初の95万トンと合わせて非常回収計画は113万トンに上り、徹底した給源の探索が行われた[165]。

鍛鋼、鋳鋼、特殊鋼の特配は、配給の調整では処理できず、海軍等からの屑鉄の特別供出を基に鉄鋼増産策も10月以降、集中的に実施され、増産計画が策定された。さらに鉄鉱石57万トンなど石炭、マンガン鉱、炉材の緊急増産も求められた。これ

に要する海送物資は41.24万トンに上った。こうした原料確保のための輸送力も調整が必要となり、陸軍徴傭船による甲地域からのマンガン鉱1万トン、民需船による原料炭13万トン、発生炉炭5.85万トン、マンガン鉱9,000トン、炉材1.2万トン、平炉用鉱石4.5万トン、銑鋼11.7万トンなど、42.38万トンの輸送力を捻出するため、稼航率の向上、朝鮮機帆船の利用などで、既存計画に対して、第3四半期に19.17万トン、第4四半期に23.21万トンの増送計画を策定することになった。

鉄鋼増産計画の全体は表2-80のようにまとめられた。普通鋼、鍛鋼、鋳鋼、特殊鋼等の増産のため出銑計画は18.4万トン増になり、鋼

表2-80　1943年度下期銑鉄・鋼塊・鋼材増産計画

(トン)

出銑増加		184,000
鋼塊	普通鋼用	292,849
	鍛鋼用	24,000
	鋳鋼用	29,000
	特殊鋼用	26,000
	計	371,849
鋼材	普通鋼材	311,780
	鍛鋼品	15,000
	鋳鋼品	17,500
	特殊鋼	15,000
	計	359,280

出所：前掲「戦力増強緊急措置ニ伴フ下期／一八物動計画調整ニ関スル件」432頁。

塊生産計画も37.1万トン増、鋼種別鋼材の合計も35.7万トン増という計画になった。しかし、この鉄鋼増産計画には確かな見通しがあったわけではなく、10月19日の基礎案の条件を検討した資料[166]では小倉製鋼や日本製鉄富士製鋼所の南方高炉移設は「延期」、日本製鉄広畑6号炉、八幡4号炉、八幡戸畑炉の繰上生産は「不能」とされており、鋼塊生産増も16～19万トンとみられていた。このため、12月2日には、普通鋼鋼材の下期生産目標を閣議了解より14万トン余少ない230万トンとし、特殊鋼生産を3.15万トン増加して47.75万トンとする計画が策定された。このため、①富士の平炉4基の南方移設を中止して全稼働とすること、②小倉製鋼の平炉25トン炉5基は南方移設を実施し、生産計画から外すこと、③広畑6号炉は、2月20日より稼働させること、④釜石休止炉3基を12月初めから稼働させること、⑤優良屑4万7,000トンの確保、平炉用燃料を月1.1万トンから1.25万トンとするなどの指示が出された[167]。ただし、この構想自体にもまだ無理があり、①各社の平炉稼働状況からみて、下期生産見通しは227.9万トンとなり、この分は需要者が鍛鋼、鋳鋼、銑鉄等に振り替えて調整することになること、②鉄鋼統制会と各社の打合せでは、鋼塊の責任生産量が9.2万トン少なく、鋼材6.7万トンの減

産になること、③鉄鋼統制会の調整では各社の特殊鋼、鍛鋼、鋳鋼の生産計画がこの案より4.3万トン余多く、そのままでは普通鋼材3.17万トンの減産になることなどが報告されていた。こうした減産の可能性に基づいて、「昭和十九年度戦力増強緊急対策」としての特配量も、11月末には鋼材35.5万トン、銑鉄12.2万トン、鍛鋼1.1万トン、鋳鋼1.6万トン、特殊鋼1万トン、銅6,635トン程度にまで縮小されることになった[168]。

種々の臨時対策によって生産計画を前年度並みに積み上げたことについて、1943年12月の海軍監理長会議でも前年度と「相似ノ姿ナルモ其内容ハ甚シク異ナルモノナリ」。「単一供給源ニアラザル複雑ナルモノナルヲ以テ供給力ノ確保延テハ取得ニ特別ノ考慮ヲ要スルモノナルコト物動設定ノ当初ヨリ予想セラレタル所ナリ」と説明している。沈船引き揚げは「見透甚シク困難」であり、南方占領地域での「AB特殊製鉄」は陸海軍の「努力竝ニ技術如何ニアリ」としている。管理工場の屑鉄供出も「ABノ努力如何ニ依リ大幅ニ変化ス」と、見通しの難しさを指摘し、12月下旬で既に20万トン程度、当初の物動計画より下回っていると報告している[169]。

鉄鋼以外の下期改訂計画

1943年度の各四半期実施計画は、船舶増徴にもかかわらず、極力変更しないという方針であったが、民需関連物資については輸送力の捻出などによって、表2-81のような配当の削減を余儀なくされた。特に生ゴムは2分の1以下、砂糖は3分の2へと一挙に削減され、消費生活は極度に切り詰められることになった。情報統制手段として重視してきた新聞・出版物の発行も下期から大幅に削減され

表2-81　1943年度下期配当計画の改訂

（上段：合計、中段：民需、下段：軍需）

		当初物動	改定計画	削減率
マニラ麻	トン	43,500	31,500	27.6
		23,709	17,365	26.8
		19,791	14,135	28.6
洋紙	千lb	751,080	567,173	24.5
		689,982	513,319	25.6
		61,098	53,854	11.9
生ゴム	トン	68,330	38,330	43.9
		45,138	19,868	56.0
		23,192	18,462	20.4
塩	千トン	1,164	1,091	6.3
		1,093	1,020	6.7
		71	71	0.0
砂糖	千担	6,068	4,155	31.5
		5,726	3,875	32.3
		342	280	18.1

出所：前掲「戦力増強緊急措置ニ伴フ下期／一八物動計画調整ニ関スル件」。

表 2-82　1943 年度下期石炭地域間需給計画

(千トン)

		北海道	本州・四国 東部	本州・四国 西部	九州	計
上期供給計画		7,800	3,750		14,850	26,400
上期配当計画		4,341	17,319		8,737	30,397
下期供給当初計画		8,400	4,200		16,000	28,600
下期配当当初計画		4,498	18,923		9,512	32,933
下期国内生産見通し		8,280	2,350	2,520	16,850	30,000
下期移入	朝鮮		155	208	8	371
	樺太		68			68
	計		223	208	8	371
下期輸入	満洲		50	190	120	360
	北支		675	700	460	1,835
	計		725	890	580	2,195
下期供給		8,280	3,298	3,618	*17,185	32,381
内地間移動	北海道炭	-4,681	4,501	180		
	九州炭		1,469	5,805	-7,274	
	宇部炭		150	-150		
内地配当改訂見通し		3,599	9,418	9,453	9,911	32,381
前期末貯炭		1,804	42	86	645	2,577
後期末貯炭		1,029	42	86	645	1,802
貯炭払出繰り入れ		775				775
物動手持ち			533	521	390	1,444
配炭可能量		4,374	8,885	8,932	9,521	31,712

注：＊九州の下期供給の合計には、国内生産、輸移入の合計から朝鮮への九州炭の移出分25.3 万トンを差し引いてある。
出所：企画院「昭和十八年度下半期石炭物動改訂計画案」1943 年 9 月 30 日前掲『後期物資動員計画資料』第 5 巻所収、384 頁。

ることになった。

　石炭配給の下期計画の改訂も不可避になった。戦略物資の生産増強に伴う「石炭ノ需要増加ハ船腹ノ削減ト相俟ツテ著シク石炭需給ノ均衡ヲ失セシメ本州及四国地方特ニ東部地区ニ於ケル石炭逼迫甚シキ」事態になった。元々石炭生産量が乏しいにもかかわらず、重工業の集積が進んだ本州・四国地区は北海道、九州に加えて、外地、満支からの石炭に依存していた。1943 年度下期も表 2-82 のように域内の供給量 420 万トンに対して、当初配給計画は 1,892 万

表 2-83　1943 年度

	本州・四国					
	東部			西部		
	42年度下期実績	43年度下期		42年度下期実績	43年度下期	
		実需	配当		実需	配当
製鉄製鋼	1,657	1,924	1,745	1,747	1,678	1,522
鉱山製錬	143	190	140	113	170	125
造船造機金属	446	804	605	348	540	431
窯業	366	90	353	462	500	366
化学工業	768	1,154	855	1,096	1,523	1,125
繊維工業	318	471	229	453	656	341
食料品工業	55	79	42	20	27	14
製塩業				85	124	87
ガス・コークス	859	1,117	816	634	776	581
練炭	405	515	315	299	306	187
電力	605	574	431	1,992	1,677	1,258
液体燃料	50	96	67	144	425	298
私設鉄道	28	40	28	10	11	8
公廁	2	2	1	16	20	20
その他	1	1	1	1	1	1
山元消費	88	97	97	20	23	23
船舶焚料	34	40	36	48	40	36
官需	1,373	2,138	1,882	941	1,344	1,190
陸海軍特殊用	429	733	509	600	869	608
小口需要	1,403	1,415	733	1,382	1,419	779
その他とも計	9,030	11,947	8,885	10,211	12,129	8,932

出所：企画院「昭和十八年度下半期石炭物動改訂計画案」1943年9月30日前掲『後

トンに上っていた。戦局の推移に伴って本州地域での石炭需給の逼迫は深刻となり、貯炭水準は最小限であった。このため、軍需産業を拡張するなかで、石炭自給が深刻な課題となった。下期の国内生産は、年度当初の 2,860 万トンに対して 3,000 万トンを見込んでいたが、輸移入の縮小によって、配炭可能量は北海道で貯炭水準を引き下げても 3,171 万トンにとどまった。九州・北海道地区はほとんど当初計画通りの配炭が可能であったが、生産増強を求められ、鉄鋼、化学、航空機、造船の工場・事業場が集中する本州四国地区の東部・西部では深刻な需給調整が必要になった。

　表 2-83 によって 1942 年度下期の実績、43 年度下期の実需、産業別配炭計

下期産業別石炭配当計画の改訂

(千トン)

	九州			北海道			合計		
	42年度下期実績	43年度下期		42年度下期実績	43年度下期		42年度下期実績	43年度下期	
		実需	配当		実需	配当		実需	配当
	2,777	2,586	2,586	902	933	933	7,083	7,121	6,786
	66	66	66	36	44	44	358	470	375
	60	104	96	4	7	7	858	1,455	1,139
	318	308	294	56	66	66	1,202	964	1,079
	863	1,119	956	17	46	46	2,744	3,842	2,982
	146	130	91	157	176	176	1,074	1,433	837
	19	23	16	89	89	89	183	218	161
							85	124	87
	359	416	355	67	77	77	1,919	2,386	1,829
	96	99	85				800	920	587
	1,016	1,090	1,090	74	41	41	4,087	3,382	2,820
	205	344	293	121	189	189	520	1,054	847
	6	22	19	5	6	6	49	79	61
							18	22	21
	2	2	1	1	2	2	5	6	5
	969	950	950	812	833	833	1,889	1,903	1,903
	814	960	816	408	541	541	1,304	1,581	1,429
	857	557	544	496	546	546	3,667	4,585	4,162
	898	943	801	208	248	248	2,135	2,793	2,166
	611	654	462	839	830	830	4,235	4,318	2,804
	10,082	10,373	9,521	4,292	4,674	4,674	33,615	39,123	32,012

期物資動員計画資料』第5巻所収、386〜393頁。

画を見よう。北海道地区では前年度以上の増配を実現し、しかも各産業の生産目標に見合う実需をそのまま配当計画とすることが可能であり、九州地区も実需の91.8％の配当が可能であった。しかし、東部は実需の74.4％、西部は73.6％に過ぎなかった。それでも原料炭・燃料炭の最大需要産業である製銑を含む製鉄製鋼部門は実需の9割を確保しようとした。海上輸送を陸運転移でカバーするため、石炭需要が激増した鉄道部門がほとんどを占める官需や船舶焚料もほぼ9割を確保することで対応した。その分、その他の部門は軒並み大幅な削減となった。さらに詳しく見ると、造船造機金属工業の実需に対する規制率は東部25％、西部20％となっているが、造船、航空機、鉄道車両は15％にとど

表 2-84　鉄鋼生産確保打ち合わせ会議の増産措置検討結果

鉄鉱石、マンガン鉱、石灰石の確保	①内地鉄鉱石 450 万トン、マンガン鉱 42 万トンのため、鉱山統制会に計画策定を指示。所要機械を調査し、工場別の製作割当を決定し、帝国興発から一括注文をする。砂鉄磁選機を 1944 年 8 月までに完成する。②朝鮮鉄鉱石 543 万トンの確保のため、所要機械の作製、積出港への輸送を鉄鋼統制会が斡旋する。総督府が調査した内地遊休設備を統制会が斡旋する。朝鮮へ送付する素材配給切符の現物化、二次製品の獲得に統制会が尽力する。技術者確保について総督府、統制会、厚生省が協力する。朝鮮内金山設備の転用。鉄鋼統制会朝鮮支部の拡充強化。
焼結機能向上	①日本鋼管扇町・鶴見工場、中山製鋼、尼崎製鉄、小倉製鋼の順に巡回し、報告書を取りまとめる。生産日報、旬報、能力表を作成する。
簡易焼結機の急速完成	①第 1 順位 6 製鉄所向け 50 基、第 2 順位 6 製鉄所向け 40 基、第 3 順位 8 製鉄所向け 49 基の計画策定。②製作担当企業を決定し、機械類は日本製鉄から一括発注。機械用資材の支給品は無償とする。
団鉱製造の促進	①1944 年度の砂鉱団鉱 12.5 万トン生産に要するピッチ練炭機を鉄道省が 43 年度中に供出することは不可能となった。②43 年度下期特別増産分の鉄源として練炭機による 3.3 万トンは他の鉄源を研究することになった。
粉鉱によるフェロコークスの作製	釜石の磁鉄鉱特粉を利用した粉鉱混合骸炭製造試験を継続中。
耐火材料の確保	①耐火煉瓦会社を鉄鋼統制会会員とする。②川崎窯業、鶴見窯業を合併し日本鋼管が経営することを慫慂する。③苦灰石、マグネシアの一元買取・配給を鉄鋼原料統制に担当させる。③マグネシアを物動物資に加える。④九州地区で使用している外地産原料を栃木県葛生より陸送することを検討中。
特殊鋼生産確保	研究中。総務班会議への報告なし。
小型用高炉生産増強	①熱風炉のカウパー式転換のための建設業者決定。転換小型溶鉱炉は朝鮮地区、5 製鉄所 21 基、中華民国地区、4 製鉄所 20 基、計 41 基。1 基当たりカウパー式熱風炉 2 基、計 82 基設置。②所要鋼材を設置者に割当。③1943 年度内の小型溶鉱炉完成・火入れ予定は、40 基。
平炉、転炉製造能率の向上	①作業員不足に対応した平炉作業の機械化。②屑鉄配給計画を設定し、確保と合理的使用を図る。③発生炉用塊炭の確保。④製鋼作業中の装入物熔解時間短縮のため平炉吹き出し口から液体燃料を滴下する方法を採用。⑤銑鉄から珪素硫黄を除去するための研究推進。⑥製鋼所の起重機の点検、補修の徹底。⑦地区別に特設修理班を組織し、巡回修理をする具体案検討。⑧鋳型定盤の主管を耐火煉瓦同様に機械局から鉄鋼局に移管するよう検討。⑨限定品種の増産、特に特定炭素鋼の平炉による生産技術について八幡製鉄所優秀技術の公開を検討する。
鋼材、鋼塊、半製品の確保	[鋼塊増産対策]：①優良屑鉄 6 万トン確保。②平炉用重油月 6,000 トンの配給に 1,500 トン追加。③発生炉炭の確保、優良炭、燃料、耐火材の入手を善処する。④作業員、特に製鋼要員の充足。[鋼塊・半製品配給]：①満洲の昭和製鋼の鋼塊、半製品の配給を確保すること。②各作業所の需給計画確立。③優先積出。④価格政策において、在庫融通・遠隔地輸送経費の国家補償（限定品種特別増産補償に準じた扱い）。鋼塊・半製品価格の是正。日亜製鋼・大阪製鋼の新施設に伴う特別経費の補償。「異常生産」による特別経費、その他必要と認める経費の補償。
限定品種の生産増強	①製銑から積出までの総合的な設備不均衡を是正しつつ、産業機械・電気機械統制会と連携して拡充工事を重点的に実施。②従来より可及的優良原料を供給しているが、原料統制会社、金属回収会社との連携を一層密にして優良原料を確保。③製品規格、特に鋼管の規格寸法の可及的に単純化する。

圧延歩留の向上	①圧延機の調整・点検・補修制度の確立。②ロール組替、度数の減少方策の検討。③補修用資材の確保。④ガスマン鋳型の採用普及。⑤鋼材細引の実施。日本標準規格の公差規定の再検討。社別品種寸法に応じた到達しうる歩留の算定。⑥光輝焼鈍炉の構造性能、実績に関して優秀技術発表会を開催。⑦加熱炉操業の合理化。焼減の減少に努力。⑧鋼塊・鋼片の製品サイズの再検討。
鋼材使用の合理化	①鋼材の需要品種別調査のため陸海軍と製造業者の直接契約品についても、発注前に統制会に連絡することを徹底。②限定品種の重要部門別用途別調査を実施。③厚板切断は艦艇・船舶・車両製造者のみとし、他の需要者は鋼板剪断業者を活用することを検討。④一般用鋼管の寸法単純化、規格緩和を実施。⑤建築物法・防空規則・電気工作物規定・ボイラー使用規定の緩和。⑥営団買上鋼材の鉄鋼販売統制による全量一括購入。⑦海軍供出の交換用鋼材の確保。
燃料、電力の確保と燃料転換	総務班会議に報告なし。
屑鉄確保と合理的使用	①屑鉄の活用法を調査中。②屑鉄の社別使用量を調査し、鉄屑の種類別地方別配給計画を設定する。③海軍供出屑の督促。
海陸輸送の確保	[鉄道]①八幡発送鋼材の運送用具（貨車、覆布、荷敷用木材、釘）の確保。②青函航路の輸送力増強。③日本海諸港中継輸送力の増強。④尼崎臨港線、津久見―山元間路線の新設。⑤鍋山―栃木間省営自動車開設等。[機帆船]①地区機帆船の船腹確保。②国営地区機帆船の荷敷用木材の確保。
所要資材の確保	①設備拡充用、補修用追加鋼材、銅、カーバイトの確保。②酸素、木材の確保。
所要労力の確保	①労働者用住宅の確保。②米穀特配の確保。③応急医薬品の確保。④徴用による要員（11、12月に3,057人）の緊急充足。⑤耐火煉瓦用の朝鮮人工員（11社に750人）の第3四半期集団移入の実施。
原鉄、フェロアロイの生産確保と合理的利用	①フェロアロイ、製鋼原鉄に関する現場事情把握のため職員を派遣し隘路の発見に努力する。②三菱清津における粉鉱ルッペの洗鉱、圧縮について大同製鋼朝鮮製鉄が技術指導する。③特殊鋼原料のプール計算制度を実施。④生産割当を1944年1月より実施。⑤磁粒鉱の利用を手配中。⑥特殊製法の研究のうち44年度中に利用不能のものは試験中止。⑦三菱清津製鉄所、東亜特殊鋼戸塚工場の工事促進。⑧渇水時の電力制限緩和を地方逓信局と折衝中。⑨豊水期における重要工場の労働力確保。⑩重要工場の軍需省管理工場指定。⑪製鋼原鉱協議会を統制組合に改組し、含ニッケル粒鉄製造業者を同組合に加入させる。⑫薬工品と木材の確保について実情調査中。⑬フェロマンガンの生産増強のため、日本電気製造（旧伏見電気）富島工場（宮崎県）、日本電気製鉄伏見工場、磐城セメント富山電化工場に、高炉スラグを供給し、製造に当たらせる。台湾電工羅東工場に鉱石を供給してフェロマンガンの生産に当たらせる。⑭スピーゲルアイゼン（マンガンと鉄の合金）を外地の小型溶鉱炉、大阪造船函館工場25トン炉において吹製させる。⑮消費節約の徹底。⑯規格の単純化。⑰重要工場を軍需省管理工場に指定する。⑱重要工場の使用電力の需要種別を引き上げる。⑲丸棒、薄板、作業衣等の作業員必需品、包装材料の確保。⑳フィリピンでのクローム鉱送用自動車の確保。㉑フェロアロイ原鉱石確保を第一分科会（鉄鋼）所管とする。
電極の確保と合理的使用	①1943年下期、44年度物動計画を再検討し、鉄鋼用電極を確保する。②電気炉による原鉄、銑鉄生産から他方法への転換を研究する。③電極の新たな消耗防止法を実現する。④電極屑の回収強化。
機械修理能力の整備	①修理用資材の優先確保。②平炉・転炉の特別修理班を編制し巡回修理を実施。圧延機の調整・点検・補修制度を確立。

注：機械修理能力の整備については検討会合が開かれなかったが、その他の会合で打ち出された提案を記載した。
出所：「昭和十八年度下期及昭和十九年度鉄鋼生産確保ニ関スル件」1943年12月1日前掲『昭和18年鉄鋼局資料』所収。

められた。同様に化学工業の規制率は26%であったが、軽金属、硫安・硝酸・メタノールは15%とした。それでも重大な生産の阻害要因であったが、こうした重点化の一方で、食料品工業、繊維産業の規制率は4割から5割となり、セメント、高炉用耐火煉瓦、研削砥石を除く窯業も5割となった。電力業ですら例外ではなく、25%の規制率となった。一方、北海道では規制が不要であり、九州でも製鉄製鋼、セメント、耐火煉瓦、軽金属、電極、電力の規制は不要であった。こうして、石炭輸送力の不足が、戦略企業が集中する本州地区での生産活動を一挙に停滞させる事態となった。

2 下期鉄鋼生産増強対策と実績

9月23日の「陸海軍船舶増徴ト戦力増強トノ調整ニ関スル非常措置ノ件」に基づいて、商工省（11月より軍需省）では鉄鋼増産対策を集中的に検討することになった。10月26日には、陸海軍、統制会、商工省関係者が集まり「昭和十八年度下期及昭和十九年度鉄鋼生産確保打合会議」を開催した。会議には21の部会が設置され、9月以来検討してきた方策を集中的に検討することになった。11月2日の第1回総務班会議までに20回の会合がもたれ、11月9日の第2回総務班会議までに9回、11月16日の第3回総務班会議までに8回、11月24日の第4回総務班会議までに2回の会合が積み重ねられた。決定ないし実施検討中となった施策は、表2-84の通りである。21の課題のうち、特殊鋼生産確保については、軍管理工場がほとんどであるためか、対策としてはまとめられなかった。機械の修理能力の整備についても機械局所管であるためか、会合がなく、鉄鋼局、統制会側の要望や施策がそれぞれの会合で提示されるにとどまったが、鉄鉱石、マンガン鉱等の原料、粉鉱利用の拡大のための焼結機器の拡充、フェロマンガン、スピーゲルアイゼン等の酸化剤の増産、フェロアロイ等の特殊鋼原料の確保、電炉用電極・電力の確保、輸送力の増強などが集中的に取り上げられている[170]。

鉄鋼関係の生産実績

当初の物動計画の銑鉄、鋼塊、鋼材の生産計画とその実績は、表2-85の通りである。銑鉄生産の計画達成率がやや悪いもの、鋼塊、鋼材の計画は総じて

表 2-85　1943 年度鉄鋼生産計画と実績
（上段：年度当初計画、下段：実績）

（千トン）

	第 1	第 2	第 3	第 4	計
銑鉄	1,212 1,083	1,182 1,020	1,290 1,106	1,374 1,077	5,058 4,287
普通鋼鋼材	1,024 1,062	984 999	1,082 1,038	1,110 1,095	4,200 4,196
特殊鋼	105 159	105 150	110 184	110 247	430 741
鋳鋼	55 72	55 71	55 80	55 80	220 304
鍛鋼	50 56	50 53	50 53	50 56	200 220

注：実績の四半期合計が僅かに一致しないが原資料のまま。
出所：商工省金属局「昭和十八年度鉄鋼生産計画　参考資料」1943 年 4 月 15 日前掲『昭和 18 年度鉄鋼局資料』、軍需省鉄鋼局「最近ノ製鉄事情」1945 年 6 月 1 日（『日高凖之介資料』31）。

良好な達成状況であり、4 月の当初計画であれば超過達成していた。9 月に目指した大幅な増産構想は実現しなかったとはいえ、銑鉄、普通鋼々材生産は安定し、普通鋼生産との競合関係が指摘されつつ、特殊鋼も下期から生産を伸ばした。1943 年度の鉄鋼生産が全体として順調であったことが、しばしば指摘されるのは、こうした点にあり、総合的な重点施策の成果であった。しかし、これは当初計画自体が順調に消化されたのではなく、2 回の大幅な船舶徴傭を受けながら、輸送計画を鉄鋼中心に大きく組替え、輸送力節約に合理的な特定施設の稼働率を上げるなど、一層の増産を目指した集中動員によって辛うじて生産水準を維持していたのである。陸送転移、中継輸送等に伴うさまざまな隘路に対して、他産業を犠牲に、地方行政を動員しながら対応したことなど、計画の中身や政策の枠組みの変化を伴った上での実績であった[171]。

下期の鉄鋼増産計画とその実績は、表 2-86 の通りであり、計画に相当の無理があり、完全達成とはいえなかった。その実態を、企業別で計画達成状況をみると[172]、銑鉄生産では 218 万トン中 178 万トンを占める日本製鉄の達成率が 92.2％、それに次ぐ生産量 25 万トンの日本鋼管が 91.7％と、大手の好調に対して、その他の数万トン規模の場合は、尼崎の 96.7％を除き 90％以下であ

表 2-86 1943 年度下期鉄鋼生産割当と実績

(トン、%)

	生産割当	生産実績	達成率
銑鉄	2,385,000	2,184,035	91.6
普通鋼鋼材用鋼塊	2,962,530	2,786,510	94.1
普通鋼鍛造用鋼塊	168,650	163,108	96.7
普通鋼鋼材	2,279,000	2,134,167	93.6

出所：鉄鋼統制会「昭和18年度下期（18年10月～19年3月）鉄鋼生産割当対生産実績比較表」1944年5月10日 前掲『後期物資動員計画資料』第5巻所収、636～639頁。

った。日本製鉄の工場では八幡が98.5％、広畑が104.9％であったのに対して、行政査察の核心であった釜石は87.9％、室蘭は81.2％、清津は70.3％と低迷し、原料・製品の輸送距離の長い施設は重点措置から外されたことがわかる。

普通鋼鋼材用鋼塊も178万トンを生産した日本製鉄が99.3％のほかは、生産量45万トンで2位の日本鋼管が88.8％、11万トンで3位の川崎重工業が87.7％のほか、中堅以下はおおむね振るわなかった。普通鋼鋼材は127万トンを生産した日本製鉄が100.8％であったのに対して、その他はほとんどの企業が90％を下回った。下期の増産措置が、特定上位企業の操業率引き上げに集中していたことが窺える。

日本製鉄等の大手は生産実績を引き上げただけでなく、販売用の鋼材在庫も減らして、供給量を増加させた。第3四半期のみのデータであるが全国在庫量は10月末の42.5万トンから12月末には38.7万トンと3.8万トン減少しているが、この間日本製鉄は、他社がおおむね一定である中で、28.3万トンから25.1万トンと3.2万トン減らし、輸送強化を受けて出荷量を増加させた[173]。この鉄鋼関係輸送力の維持をめぐっては、12月に藤原銀次郎国務大臣を査察使として実施された第6回行政査察の結果、1944年度に甲造船255万トン建造に向けた鉄鋼増産方策が検討され、44年1月には普通鋼鋼材498万トン、特殊鋼（特定炭素鋼を含む）120万トン、鍛鋼25万トン、鋳鋼36万トン、鋳物用銑鉄130万トンなどとする44年度鉄鋼物動計画案が策定された。それは、特別措置等で第4四半期以降に増産された船舶を鉄鋼増産用の「特別船」とし、一般物動計画と切り離して生産増強に繋げようという構想であった。3月には藤原を会長とした臨時鉄鋼増産協議会が設置され、特別船による増産可能性の検討のほか、改E型船の運航能率特別奨励金、北支等の小型溶鉱炉稼働率引き上げ対策、鉱石品位向上報奨金制度、北支、朝鮮の港頭、山元貯炭の買上措置などが集中的に検討された[174]。同協議会とその活動については、次章で触れることにしよう。

表 2-87　中国占領地域の高炉操業状況（1944 年 3 月）

工場名 （担当企業）	設備建設・操業状況
石景山 （北支那製鉄）	第 1 高炉（200 トン）は 1941 年 11 月火入れ後 3 年の操業であるが、建設は古く、建設後長期間放置されたため、故障頻発し、早晩吹き卸しの必要がある。付帯するソルベー式骸炭炉、洗炭機も内地より移設した老朽設備であり、44 年 2 月の出銑激減（日産平均 17 トン）は洗炭機の故障によるコークスの不良であった。3 月下旬には日産 60 トン程度に回復したものの、設備の補修、増強が必要である。42 年 11 月の 1 日平均 125 トンから 43 年 11 月の 87 トンへの出銑量の減少の原因は、鉄鉱石、石灰石、コークスの品質低下であり、原料品質の確保が重要な課題になっている。第 2 高炉（釜石移設 380 トン）は、緊急移設によって操業した結果、一部機器の遅延、不良のまま、43 年 12 月操業を開始した。熱風炉（3 基中 2 基稼働）、ガス清浄機、原料装入コンベアーは 5 月中に完成予定であるが、骸炭炉は 9 月の予定であり、至急対策を必要としている。本炉が順調に操業しているのは購入貯骸炭を利用しているためであり貯炭が減少すれば、野焼窯製骸で補う必要がある。小型溶鉱炉（20 トン炉 11 基）は、炉体小規模のため装入原料の品質によって鋭敏に炉況が変化し、吹き卸し・修理を要することが多く、3 月時点で 4 基が休止中である。炉況安定の必須条件は良質原料の均整を持続することであり、鉱石処理施設、骸炭炉の整備は特に急を要する。緊急建設、資材節約などによって生じている設計上の欠陥（鉄管式熱風炉等）は逐次改善するが、操業基数が増加すると原料を厳選できず出銑水準を維持ができない。「小型溶鉱炉ハ恰モ幼児ノ如ク鋭敏ニシテ抵抗力弱ク」、原料処理設備の整備が必要である。
太源・陽泉 （山西産業）	既設炉（太源 120 トン炉、40 トン炉、陽泉 20 トン炉、30 トン炉）は公称能力を維持している。新設小型溶鉱炉も熱風炉を確保して公称能力を保持しているが、既設、新設ともに所用原料の増加によって原料品質が著しく悪化したため、一律に著しく出銑が低下している。
青島 （青島製鉄）	第 1 高炉（簡易設計 250 トン）は、与えられた原料条件では冷風操業となり、吹き卸しとなっている。第 2 高炉には熱風炉を付設し、鉱石の選択、製骸設備の整備を待って火入れをしたため操業後は順調である。第 1 高炉の復旧後も製骸設備の完備、良質コークスの確保まで火入れを差し控えている。
唐山 （開灤炭礦）	小型溶鉱炉 20 トン炉 20 基を計画中であり、16 基が完成したが、うち 5 基が吹き卸し、修理中である。
天津 （中山製鋼）	小型溶鉱炉 20 トン炉 5 基を計画中であり、4 基が完成したが、うち 2 基が吹き卸し、修理中である。本炉は熱風炉を有し、当初成績も優秀であったが、原料悪化のため休風するに至っている。「設計ヨリモ原料ヲ重視スベキコトヲ示ス事例」である。
龍烟 （宣化）	小型溶鉱炉 20 トン炉 20 基のうち 10 基が完成。しかし、その全基が吹き卸しとなり 3 月現在 4 基が復旧操業中。残り 10 基の計画は 100 トン炉 2 基に設計を変更して建設中である。
蒙疆興業 （宣化）	高炉炉体は 5 基完成しているが、コークス設備の完備を待っており、火入れは 2 基にとどまる。
馬鞍山 （日本製鉄）	セメント不足による建設遅延し、20 トン炉 20 基計画中 7 基が完成しているが、原料補給、輸送設備不備のため、4 基のみが操業中。

出所：大東亜省「支那ニ於ケル現地製鉄操業状況ト原料問題」1944 年 4 月 9 日『戦時海運関係資料』B-3-2 所収。

中国占領地域の鉄鋼生産状況

　一方、1942年末から原料立地型で取り組んできた高炉の建設、操業状況は行き詰まりの様相を示していた。大東亜省が蒙疆、北中支で行った現地調査では、中国占領地域での鉄鋼生産計画は「著シク不良」であり、44年2月末までの43年度累計生産量は目標20.7万トン（うち小型溶鉱炉13.7万トン）に対して10.4万トン（同3.5万トン）と、2分の1にとどまった[175]。各社工場の操業状況は表2-87の通りであり、設計の不備、建設の遅延、原料問題に苦しんでいた。大東亜省の調査結果は「現地製鉄不振ノ原因ハ究極ニ於テ原料品質ニ帰スルコト明ナリ」としていた。大東亜省もこの問題を早くから把握し、43年夏に関係機関と協議し、コークス炉の増強、内地の堅型炉、ノールス炉の移設を決定していたが、資材配当遅延、現物化の遅延のために工事が進捗しなかった。特に青島への移設が決定した小倉製鋼コークス炉が一時保留となったままで、「懸念ニ堪ヘザル」と指摘されていた。コークス炉の移転、建設に要する耐火煉瓦の補給も不可欠であった。これらの多くは、極度に資材を節約し、低品位鉱を利用した簡便な高炉として発足した小型溶鉱炉構想であったが[176]、実際にはそれぞれにコークス炉、原料破砕、焼結、洗炭、運搬等の施設が必要となり、そのための資材配当を待つという状況が続いていた。付帯施設の完成までは、「優良原料鉱及石炭ノ供給確保ハ本年度出銑向上並ニ炉体ノ損傷防止上不可欠ノ要件ナリ」として44年度上期には中興炭、新泰炭、大同炭の低灰分良質炭の配当増がなければ、対日満銑鉄供給が困難になるとしていた。

3　物資動員計画のシステム課題

鉄鋼販売統制の問題点

　陸海軍の第1四半期の鉄鋼配給実績は、前掲表2-75で見たように、割当から極端に乖離していた。その後も、この軍による超過発注、超過入手が問題になった。10月16日には配給統制機関である鉄鋼販売統制株式会社（鉄鋼販）に対する商工省金属局の業務考査が実施され、発注から出荷に至る過程全体が点検された。これが、鉄鋼行政改革として軍需省に引き継がれた。鉄鋼販に対する考査は、金属局長を班長に金属鉱政課長、軽金属課長、総務局・機械局等の事務官・技師、さらに鉄鋼統制会、鉄鋼販社長ら役員が参加して実施され、

第 2 章　共栄圏構想の挫折（1943 年度）　441

表 2-88　業務考査によって指摘された鉄鋼販売統制の業務実態

契約	①推定割当の後、需要部門からの需要申込表提出の遅延。②需要申込が基準トン数に達するまで留め置かれる。③団体需要の重点配給が、小口契約防止のため一般需要と混合管理されて、重点化できない。④甲造船用鋼材契約は順調である。
圧延	①鉄鉱販を通じて製鉄会社と契約した鋼材の圧延状況が把握できていない。②優先圧延については、監理官を通じて間接的に依頼するにとどまる。③鉄鋼販駐在員を工場に駐在し、自社契約品の圧延状況を把握し、確保する必要がある。④軍発注の圧延を把握できないため、一般需要向け工場圧延管理ができない。
出荷	①現物出荷の統制に鉄鋼販は関与できておらず、軍官民全需要の出荷統制が必要。②共配所の出荷を鉄鋼販が把握しておらず、問屋の裁量に委ねられている点を鉄鋼販による現物所有、出荷管理に切り換える。③委託店は出荷調整力を失っており、鉄鋼販が吸収する。④配給機構の要員不足。⑤製鉄工場の在庫品把握の必要がある。⑥部門別販売業者は必要に応じて維持。
輸送	①鉄鋼販が関与するのは共販所からの出荷のみ。共販所業務の拡大によっては、トラック、艀等の専属化が必要になる。

出所：商工省金属局「鉄鋼販売統制株式会社業務考査報告書」1943 年 10 月 16 日前掲『鉄鋼需給調整実施要綱』所収。

考査結果は表 2-88 のようにまとめられた。契約処理に関しては、1942 年度第 1 四半期からの鉄鋼需給計画化によって、各四半期開始 4 ヶ月前までに需要部門別推定割当を実施することになっていた。しかし、この推定割当の決定が 7 月に設置された圧延鋼材委員会が所管することになってさらに大きく遅れた。その上、需要部門からの鉄鋼販への申込表の提出が区々で、小口契約を防止するため、基準トン数に達するまで申込表がとどめおかれることもあった。この鋼材割当に基づく各事業者からの需要明細書の提出が遅く、製鉄業者への「生産連繋」の隘路になっていた。特に計画産業の需要で、この小口化が著しく、滞貨防止のため、一般需要と混合管理せざるをえなくなっていた。その結果、優先契約の実態把握が困難で、「団体需要ノ意義殆ド無キニ近シ」とされていた。このためには工場の契約状況を正確に鉄鋼販が把握し、出荷の権限を握り、重点的に配給することが必要であった。一方甲造船用の鋼材は、需要明細の提出が遅いという問題があるものの、計画変更が少なく、寸法、品種が固定的であることから、契約はおおむね順調であった。契約全般の問題点は、やはり軍需を含む重要部門の需要を的確に把握できていないこと、需要部門からの需要明細の取りまとめに時間がかかることであった。

　圧延の情報把握、管理についても同様の問題があった。鉄鋼販を通じた契約

品の圧延状況は重要部門のものであっても把握しておらず、優先取扱は商工省監理官を通じて間接的に指示するにとどまった[177]。これも軍の直接契約分を把握していないことから生じており、一般需要分の売出量の策定にも支障を生じ、「一般需要ヲ積極的ニ確保スベキ措置ハ殆ド講ゼラレ居ラザル実情」になっていた。

　出荷管理は最も弱い部分で、「現物出荷ノ統制ニ関シテハ鉄鋼販ハ従来殆ド措置スル所無シ」とされ、優先出荷は単に工場に「出荷依頼」し、「之ガ積出ヲ期待シ居リタルニ過ギ」なかった[178]。優先配給をするには一般需要分から確保するしかなく、そのためにも「出荷統制力ノ強化ハ緊要不可欠」であった。「必要ニ応ジ機構的整備ヲモ断行シ監理官ノ統制ノ下ニ鉄鋼販ヲシテ軍官民全需要出荷統制」をする以外にはないとし、その過渡的措置として商工省監理官に強力な銑鉄所の管理権限を与えることを求めた。

　直接契約以外の出荷は、東京、大阪、八幡、名古屋の共同配給所で管理していたが、「之ガ実態ハ個々ノ問屋ヲシテ原則トシテ割当証明書交付順位ニ依リ一定締切日毎ニ出荷希望ヲ作成セシメ共配所ニ於テ之ヲ承認シ居リタル程度ニ止マリ、個別順位ノ決定ハ殆ド問屋ノ意志ニ委ネラレ而カモ現品所有権ハ個々ノ問屋ニ属シ居リ出荷作業モ問屋ノ活動ニ一任セラレ居リタルヲ以テ鉄鋼販ノ統制ハ殆ド滲透シ」ていなかった。業務考査直前の８月に、各品種の共同配給所は一カ所に集結され、鉄鋼販から専務理事を派遣して出荷実務を把握しつつあった。10月以降は出荷品を鉄鋼販で所有し、配給先の決定時に問屋に売り渡し、現物把握を強化することになっていた。また契約事務、代金取り立てを担当していた委託店は、今後出荷調整への関与は弱まるので、鉄鋼販に吸収し、その統制力の強化に寄与させようとしていた。これについて、配給機構全体として、人員不足の問題も指摘された。製鉄所の在庫把握が不十分であることも、軍による自由な在庫品の出荷を助長していた。「軍緊急ノ必要ニ基ク民需製品ノ振替ハ必要ニ応ジ当然之ヲ認ムル要アルベキモ無統制無軌道ナル振替ハ物動計画ノ破壊ヲ招来スル虞ナシトセズ」と問題を指摘していた[179]。

　海軍の部内資料でも、こうした購買行動が物動計画を混乱させていることを自覚していた[180]。海軍の購買が「Ｃ部門ニ比シ遙カニ高率ニ現物化セラレ来レル事ハ関係官ノ努力ノ然ラシムル所ナリト言フベク此事実ハ戦備ノ充足ニ多大

ノ貢献ヲ齎シタルモノト認ムルモ一方国家物動ノ運営上相当ノ非難ヲ受ケアル実情ナルニ鑑ミ海軍自体トシテモ各部隊ノ統制ヲ強化シ以テ海軍軍備ノ均衡ヲ図リ得ル如キ取得実績ヲ挙グル様中央ニ於テモ万般ノ対策ヲ攻究中ナルガ関係諸官ニ於テモ此点御諒察ノ上特段ノ協力ヲ希望スル」と、秩序の回復が必要であると認識されていた。しかし、艦船本部はじめ、各動員部隊の購買行動は統制できなくなっていた。

　一方、その海軍でも取得が困難になったのが鍛鋼、鋳鋼であった。その主因は、商船用鋳鋼の需要の拡大と鋼材供給の無理な拡張計画にあったが、「鋳鋼ノ配当不足ハ各種製造施設殊ニ機械関係ニ大ナル影響ヲ及ボシアリ」、「特ニ航空関係、工作機械関係部門ノ需要ノ増加甚シキヲ予想セラルル現状」では深刻であった。これに対して海軍では、「現ニ物動計画外ニB自体ニ於テ生産取得シアル量並ニ屑鉄フェロアロイノ供給ニ依リ成品ヲ確保シアル量モ相当額ニ上ルコトハ周知ノ事実ニシテ此処ニモ物動計画ノ弱点（伸縮性）ヲ見出シ得ベク今後検討ヲ要スル点ナリ」とし、物動計画の外側で屑鉄やフェロアロイを供給して、各種の鋼材を軍管理工場から入手することもできるという物動計画の弱点を利用していることを認めた上で、「今後ノ計画配当ニ於テハフェロアロイトノ関係ニ於テ多大ノ掣肘ヲ受クル見込」であり、航空機生産、海軍軍備の上で、1944年度物動計画の焦点になることを指摘していた。

　なお、一部の重点産業（造船、海軍航空本部、産業機械、電気機械、鉱山、石炭、精密機械）で実施している重要部門ごとに専門の集中購買機関[181]を設立し、需給計画の厳格化を図ることについては、「陸軍ニ於ケル反対ニ依リ之ガ全面的実施ヲ為スニ至リ居ラズ」状況であった。これについては、「一律ニ部門別担当制ヲ実施スルコトハ若干困難ナル事情ナシトセザル」点があると、商工省でも承知していたが、重点産業には今後も「同一方針ヲ以テ進ム予定」としていた[182]。

鉄鋼販売統制の改善策

　業務考査の結果、緊急対策として挙げられたのが以下の点であった。第一に重要部門からの需要明細書の迅速化であり、さらにそれ以前の各部門への推定割当の決定も迅速化することが求められた。第二に軍官の発注の統一であった。

「生産、出荷ノ実態把握ヲ困難ニ陥ラシメ居ルハ主トシテ軍直接契約ナリ、国家諸計画ノ円滑ナル遂行ヲ確保センガ為鉄鋼配給ヲ物動計画ニ即応セシメ而カモ国家ノ意図スル緩急度ニ応ジタル配給ヲ実施センガ為ニハ軍直接契約ヲ廃止シ之ヲ鉄鋼販ヲシテ取扱ハシメ軍官発註ノ統一ヲ実現スルハ緊要不可欠ナルモノト認ム」としていた。軍の直接契約には、①発注量、時期等の自由、②推定割当が遅延しても優先的に発注できること、③価格、支払・受け渡し条件、注文様式の自由、④製鉄工場への直接的な生産・出荷指示、⑤監督官常駐による優先生産等の監督、⑥自己責任にて契約品の直接輸送、または輸送機関の斡旋力等の点で利便性があった。しかし、その一方で配給の適正が犠牲になっていること、優先的な配給は鉄鋼販による問屋、委託店の吸収と強力な出荷管理によっても可能であるとして、統制方式が転換を求められた。第三に、鉄鋼販から製鉄工場への「生産連繋」単位の集約という課題であった。団体需要における完全な部門別区分は不可能であり、小口取引を避けるとすれば一般需要と統合して、重要配給の効率化を図ることを求めた。その上で、基準重量以上の取引は「計画需要」として区分し、重要配給については出荷管理の強化で対応する方が確実であるとした。第四の緊急課題はその出荷管理の強化であり、圧延部門に圧延鋼材委員会を設置したように、出荷統制の強化を必要とした[183]。このため、軍の直接契約や超過発注を廃し、軍官民発注を統一した上で、鉄鋼販が需要を把握し、商工省監理官の指示に基づき出荷統制することを求めた。このほかに、鉄鋼配給統制の精緻化に要する人員の確保、大量の契約残の処理、民需一般需要以外での切符制度の簡素化なども緊急対策として挙げられた。

　こうした配給制度上の不備もあって、10月29日の「戦力増強緊急措置ニ伴フ下期／一八物動計画調整ニ関スル件」に基づく石炭、電力、工作機械、重要機械等の緊急需要向けの資材の捻出と特別配当は、年度末になっても「其ノ大半カ未タ現物化シ得ナイ状態テアリ」「至急対策ヲ講スルノ要カアル」と指摘されていた[184]。

陸軍省整備局の鉄鋼配給改革構想

　これに対して陸軍整備局では、軍需省への行政権限の集中と、重要工場の軍需会社指定を通じた、行政・企業一体化による配給機構改革を主張した[185]。

その構想の背景は、1940年12月の経済新体制確立要綱で謳われた職域奉公の機関でありながら、鉄鋼統制会には多元的行政機構の弊害、製鉄会社の会社法由来の制約、新体制精神の「全面的不滲透」が顕著であり、「存在理由ヲ喪失」しているという認識があった。このため、統制会を軍需省と企業の連携事務を所管する「鉄鋼統制事務局」とし、また軍需省による一元的総合配給計画の策定の実施にともなって、配給面でも統制会は自主性を喪失するから、下部機関である鉄鋼販も「存在理由ヲ失」い、契約や配給統制事務は問屋、製鉄業者に一任するというものであった。鉄鋼原料統制株式会社は、不採算となる見通しのもとで製鉄原料の国内転換の任務を負い、価格操作、損失補償、開発資金融通などを担う軍需省の補助機関として拡充するとした。一方軍需会社となる製鉄企業は、政府の分工場として受命生産割当について「絶対的責任」を負うこととし、政府機関化することで計画の徹底を図ろうという構想であった。

　また発注量の管理や配給の厳格な統制に向けて、陸軍整備局戦備課は、自らの規律無視を棚上して独自の需給調整改革を提案した[186]。それは「無反省ナル鉄鋼販中心主義ヲ排シ爾今生産ノ生産面ニ於ケル対軍需省直接生産制ニ照応シテ配給面ニ於テモ亦生産者ノ対軍需省直接責任制ヲ採用シ其ノ足ラザルヲ問屋業者ノ集団的直接責任制即共販制度ノ拡充強化ニヨリ補足ス」と指摘し、生産および配給は生産者が計画立案者である軍需省に対して責任を負い、部分的に共販制度によって需給の調整をすべきであるとした。配給実務の適正化、機動性、迅速性の確保のためには、①軍需省が一元的に発注し、需要部門別リンク制を採用する、②軍の直接契約制を存続する、③圧延委員会を存続する、④配給委員会を新設する、⑤共販制度を拡充する、⑥生産者・配給業者（問屋）に精密な受払月報を報告させるなどの措置を提案した。需要部門別リンク制の意味は不明であるが、要するに軍需会社に指定される生産者が生産・配給計画の遂行に責任を負うこと、超過発注の元凶である軍の直接契約を存続すること、圧延予定に介入できる圧延委員会を存続することなど、軍需優先を徹底し、軍発注品を除いた全体需給バランスへの配慮はせずに、一般需要は共販制による在庫の中で調整することを求めるものであった。それは陸軍内の動員部隊を統制せずに、民間側に行政機関と一体となって調整することを求める無理難題であり、かつての革新派の主張の焼き直しであった。

表 2-89　鉄鋼推定割当実施状況

		予定日	実施日	遅延日数
42年度	第4四半期	9月1日	10月20日	50
43年度	第1四半期	12月1日	2月20日	80
	第2四半期	3月1日	5月10日	70
	第3四半期	6月1日	9月2日	92
	第4四半期	9月1日	12月22日	112

出所：「鋼材配給ノ実情並ニ批判」前掲『鉄鋼配給調整実施要綱』所収。

年度末需給ギャップの調整

しかし、1943年度下期の需給関係は、これ以上の軍の超過発注や超過取得を許すことができないほどに混乱していた。

鉄鋼需給調整の出発点である物動計画に対応した部門別推定割当は、表2-89のように実施された。42年度第1四半期から30日の遅れが生じ、第2四半期45日、第3四半期15日の遅れが出て、以後も遅れを取り戻すことなく、43年度になると第1四半期分が80日遅れとなるなど、計画の体をなさない事態になった。この問題に関して、鉄鋼統制会は、42年6月から需給計画化の改善を検討し、軍、官、需要統制機関、需要者、製造業者、鉄鋼販の意見を基に、9月に鉄鋼需給の「計画化改善要綱」を商工省に提案し、このなかで推定割当、消費割当の決定期日の厳守を重要事項として取り上げた。また、推定割当の決定が遅れる場合は、商工省が暫定的に決定し、後日調整することも提案していた。43年4月の内閣顧問会でも、鉄鋼統制会は鉄鋼配当物動計画の編制方法について推定割当が遅れることの悪影響を説明した[187]。推定割当の遅れだけでなく、推定割当後に軍以外の需用者が需要明細をとりまとめる作業も大幅に遅れた。この結果、製造業者への品種別の生産指示も大きく遅れた。

そして、この期初の生産計画の空白を利用して、軍の直接発注が横行した。軍の動員部隊は、「推定割当決定前ニ各部（隊）別ノ割当ヲナスコトトナリ其ノ結果右割当ガ物動計画ノ範囲内ナルヤ否ヤ保シ難キハ勿論爾後ニ於ケル正式割当トノ調整ハ殆ド行ハレズ玆ニ超過発注ノ端ヲ発[188]」することになった。8月16日の圧延鋼材委員会では、1942年度の軍の超過発券分の残りを9月末までに打ち切ることを決定し、12月2日の圧延鋼材委員会では12月から出荷管理を厳格化し、43年度上期の軍の超過発券、超過取得は第4四半期に「厳重ニ調整」し、43年度契約残は、44年4月末をもって打ち切ることを提案した[189]。そうした未入手の鉄鋼配給切符は43年12月末時点で、配給業者手持

表 2-90　1943 年度部門別鋼材割当・取得状況と調整作業

(トン)

	1943 年度上期			1943 年度下期			過不足合計	調整済	差引過不足
	割当	取得	過不足	割当	取得	過不足			
陸軍 A	316,100	441,200	125,100	150,100	183,712	33,612	158,712	8,800	149,912
海軍 B	346,700	574,900	228,200	156,200	213,616	57,416	285,616	30,000	255,616
造船用 B_x	452,000	448,000	-4,000	260,800	237,340	-23,460	-27,460		
民需 C	855,700	576,500	-279,200	490,100	380,106	-109,994	-389,194		
計	1,970,500	2,040,600	70,100	1,057,200	1,014,774	-42,426	27,674		

出所：「AB 超過取得状況」前掲『鉄鋼需給調整実施要綱』所収。

ち分が約 180 万トン、需要者手持ちが 30 万トン、銑鉄も約 50 万トンに達した。切符の失効に関して、44 年 3 月 15 日の軍需省局長会報、17 日の中央配給調整協議会では、「既定国家計画ヲ相当程度変更スル結果トナルモ現在之ヲ放置スルモ現供給量ヲ以テ之ヲ回復スルハ不可能」として、「一旦整理再検討シ現状ニ即セル重点配給ヲ実施スル要アルノミナラズ資材ノ配給ニ於ケル計画ト実施トヲ一致セシムルハ最モ緊要ナリ」と報告された[190]。

　超過発注だけでなく、軍は圧延鋼材委員会で需要の緊急性を強調し、自前の輸送力を利用して出荷を急がせていた。この結果、「現下ノ鋼材配給ハ各製造業者多量ノ註文残ヲ擁シテ各需要部門ノ現品入手時期ハ割当期ヨリモ一期乃至二期遅レヲ以テ常態トスル実情[191]」であった。にもかかわらず、軍の超過取得は表 2-90 のように 1943 年度前期だけで、陸軍 12.5 万トン、海軍 22.8 万トンに上った。下期の割当全体が上期の 2 分の 1 近くに減少し、陸海軍向けの割当も 2 分の 1 以下に抑えられ、超過発注分を第 4 四半期で調整することになったが、それでも超過取得は止まず、年間の超過取得は累計で陸軍 15.8 万トン、海軍 28.5 万に達した。一方民需は上期に割当の 3 分の 2 しか取得できず、造船用ですら年間 38.9 万トンの取得不足が生じた。この未入分は切り捨ての対象であったが、約 45 万トンと見積もられた製鉄工場の在庫から 10 万トンを取り崩して、調整・補填することになった[192]。

軍需省による発注一元化の具体策

　こうした事態の中で、軍の発注を最優先しようとする陸軍の構想は、明らかに全体計画を破綻させるものであった。資材・部品の軍への納入を最優先させ

るためにも、全発注の一元管理が必要であった。

　商工省の提案した発注一元化の当初構想は、1942年秋に検討され、実施されなかったものに類似している[193]。前案は、商工省を「案画機関」から「実施機関」に改組し、重要物資については一括発注し、一括購入の上、出荷まで一元的に管理する巨大な営団を設置しようというものであった。43年10月5日付の「発注一元化方策要綱（案）[194]」は、それを一歩進め、兵器を含む成品段階のものを含めた重要物資については、軍需省によって直接発注、購入、配給（下付）し、その他の所管物資も発注、生産、配給に深く関与するというもので、以下のように物資別の統制方法を構想した。①完成品兵器は、軍需省において製造業者から直接購買し、軍に引き渡す。部分品等の特に確保を要するものは軍需省が一括購入し、完成品製造業者に下付する。②大部分を軍が使用し、特に配分を考慮する物資については、軍需・民需を通じ軍需省が一括購入し、軍が使用するものは軍に引き渡し、その他は需要者に払い下げる。前2項以外の所管物資は以下のいずれかとした。③特に供給確保を要する物資は軍需省が製造業者と「統制契約」を締結し、指定する重要者に譲渡させる。④原料品・素材等の規格が整備されたものは配給統制機関に一括して買い取らせ、軍需省が配給を指示する。⑤計画生産が可能な物資にして前項に該当しない物資は、軍需省が需要部門別発注割当と、製造業者別生産割当を行い、契約は個々の需要者と生産者で締結する。⑥いずれにも該当しない所管物資は、特定の製造業者への軍民発注を軍需省が承認または許可する形で統制する。

　統制手法の改善としては、次の点が挙げられた。(i)可及的に「成品物動」の形をとり、原材料を製造業者に一括して割り当て、材料支給は専属工場以外にはしない。(ii)軍需省購買物資は、軍需省が代金を支払い、軍へは保管転換とする。(iii)軍需省で所有する物資の購買のため臨時軍事費特別会計を軍需省に適用する。(iv)工廠資金特別会計、臨時軍事費準備資材購買方式は軍から軍需省が引き継ぐ。(v)軍による購買は、契約当事者を集約し、一定の機関の責任で統括する。(vi)軍の監理官は軍が直接購買する物資に関する限りで存置する。いずれも軍による需給調整への介入を極力減らし、軍需省に一元化するものであった。

　鉄鋼配給は、上記③の「統制契約」により、配給統制機関が発注者の指定する需要者に引き渡す。一般需要は軍需省または発注統括官庁の配給指示により

配給統制機関から配給させる。その他は従来通りとするが、発注証明は廃止する。鉄鋼販は製造業者、委託店、問屋の販売・受け渡し業務の要員と施設を吸収し、軍民を通じて完全な一手買取販売を実施する。問屋は荷受人として活用する。圧延鋼材委員会は軍需省が継承し、現地圧延委員会と製造業者の出荷を管理するとした。

また、非鉄金属は配給統制機関が一括買取を実施し、軍需省は需要者別配給指示を行い、発券制度は廃止する。圧延品は軍需省が需要者別配給指示を行うことにした。電線は軍需省・製造業者の「統制契約」で処理し、民需分は配給統制機関の買取販売とし、軍需省が配給指示を行う。機械のうち見込み生産が可能なものは、機種、製造工場を指定して、軍需と重要民需分は軍需省が「統制契約」を締結して確保する。その他の民需機械は軍需省が製造業者に配給指示を行う。注文機種で計画生産が可能な機械は、軍需省が機種別に需要部門別発注割当と工場別生産割当を実施する。注文機種で計画生産もできないものは、極力需要者の専属工場で生産させ、外注品には軍需書の承認を受けさせ、その原材料は軍需省が配給を指示する。見込み生産が可能な銑鉄鋳物のうち軍需分は「統制契約」によって確保し、民需分は配給統制機関または製造業者に軍需省が配給指示を出す。見込み生産ができない重要銑鉄鋳物については、品種別に専門生産を行わせ、軍需省は需要部門別に発注を割り当て、工場別の生産割当を行う。中小鋳物工場については、品種別に組合を結成させ、軍需省の指示による需要部門別発注割当、工場別生産割当を実施する。それ以外の鋳物は極力需要者の専属工場として需給を管理するとした。

従来、陸海軍が直接購買した軍用化学爆薬原料（硝酸、石炭酸、トルオール等）も含め、軍民用爆薬原料は一括して軍需省が購買し、軍作業庁に引き渡す。民間企業の製造した軍用火薬原料の配当は、軍需省が指示する。

セメントほかの化学製品は、原則として配給統制機関に一括買取をさせ、軍需省が配給を指示する。石炭は日本石炭が一括買取をし、軍需省が軍民需ともに需要者別配給を指示し、日本石炭に直接配給を実施させる。石油類の南方還送原油は軍作業庁が直接処理し、残余を統制機関に一括配給させる。国産原油は統制機関が一括買取を行う。軍需省は製油会社に種類別生産指示を行い、軍需は配給を指示し、民需は一括購入の上、専売とする。このようにして、全般

的に軍需省の生産指示、配給統制機関による一括買入、軍需省の配給指示を拡大し、既存の配給統制機関の整理統合を進め、場合によっては臨時軍事費を利用し、膨大な予算執行を伴う買上によって、厳格な配給管理を構想した。

1944年1月には、商工省原案ほどドラスティックな改革案ではないが、鉄鋼統制会からも改革案が提案された。その要点は、①軍独自の規格品以外の発注の統一、②圧延鋼材委員会における推定割当の廃止、③当該期現物化に向けた出荷統制、④既割当の失効措置、⑤配給機構の刷新を通じて、生産・配給・出荷計画の決定を画期的に早めるということであった。

しかし、結局軍需動員行政の統合一元化を目指した軍需省自体が、陸海軍の航空機生産行政を所管した航空本部の統合のみにとどまり、陸軍兵器行政本部、海軍艦政本部をはじめ、陸海軍作業庁の統合も実現しなかった。当然、商工省が求めた臨時軍事費を利用した軍需省の直接契約・購買なども実現せず、軍需省といえども、結局は従来通りの行政上の指示機関にとどまった。とはいえ、発注を一元的に掌握・管理する必要性は合意され、1944年度に向けて重要物資から発注一元化が進められた[195]。44年1月11日には、物動物資の陸海軍による製造業者への直接発注を全般的に廃し、発注を一元化する「発注調整実施要綱」が閣議決定になった。発注一元化の対象は、主要軍需品の原材料と、その他の軍需品として、品種細目は関係各省の協議で決定することになった。需要者（需要各省、需要者またはその団体）は物資動員計画に基づき所要発注数量（種目別、規格・寸法別、所要時期別）を速やかに軍需省に提出し、これを軍需省で調整して生産分野、生産者別割当、生産順位を生産業者に指示し、需要者に通知することになった。

この発注方式にともなって、①発注調整品種を生産する工場に対して、需要者が調整外品種を直接発注する場合でも、発注内容を軍需省に通知し、発注調整への影響を回避すること、②発注調整品の原材料は、軍需省において現物化を図ること、③需要者ごとの発注品規格は、速やかに統一簡素化すること、④需要者への成品配当、出荷順位は軍需省から生産者または配給機関に指示すること、⑤生産者または配給機関は、軍需省の指示によらない限り、生産・出荷をできないこと、⑥発注、成品配当、出荷を適正にするため軍需省に発注調整協議会を設置すること、⑦本要綱の実施に統制団体に参画、協力させること、

⑧既発注品も本要綱の主旨に沿って所要の調整をすること、⑨外地生産物資も本要綱に沿って措置することなどが決定された。

これに基づき、鋼材、銑鉄についても、3月15日の軍需省局長会報を経て、16日の中央需給調整協議会で「鉄鋼需給調整実施要綱」が決定され、1944年度に向けて軍需省の直接的な介入による発注、生産、出荷管理による厳格な需給管理を目指すことになった。これに伴い、42年度第1四半期から2年間実施された鉄鋼需給計画化方針を定めた「鉄鋼需給ノ計画化ニ関スル件」（1941年鉄発第777号）は廃止となった[196]。

統制会の計画参画状況と改善要求

軍需省の発足とともに、各種統制会は国家諸計画への統制会の参画が不十分であることを訴え、1943年12月にその改善要求をまとめた。表2-91は、統制会の計画への参画状況をまとめたものである。生産計画の原案策定、審議、決定過程への統制会の関与や、決定された計画の通知、会員各社への生産割当への統制会権限が一覧できる。また、業界として所要原料のとりまとめ、各社への原料割当への関与や、製品配当計画への参画状況のほか、所要労働力のとりまとめから労務配置計画への参画状況が示されている。これによると、生産計画の原案作成には、海軍・海運総局の管理下にある造船部門や、軍需比率の極度に高い特殊鋼、工具、軸受、精密機械などを除けば、統制会の役割が大きく、その後の審議にもかかわっていることがわかる。しかし、最終決定にも関与しているケースは多くない。決定計画の通知は受け取り、これを基に各社の生産計画を割り当てているケースはあるが、非鉄金属、軽金属、自動車、船舶、民需用精密機械類は、軍ないし軍需省が各社に生産計画を割り当てている。

種々の原材料・副資材や労務者用住宅資材、作業衣・用具、通勤用自転車チューブなどは、統制会に一括割当をすることが多い。しかし、所要資材のうち需給逼迫の著しい鍛鋳鉄などの配当原案には参加させず、そうした物資については軍需省などから直接各社に割り当てられていた。

統制会が所管する製品の配当については、原案の作成段階から供給側の統制会を排除しているケースが多い。統制会が関与しているのは、セメント、軽金属、軍需以外の電線類、精密機械、ゴムなどであるが、このうち軽金属、ゴム

表 2-91　国家総動員諸計画への統

統制会	統制物資	生産計画				各社生産割当
		原案作成	原案審議	決定	決定通知	
鉄鋼	銑鉄・普通鋼	○	○	×：各社品種別圧延計画には参画	○	○：鉄鋼局の承認を要する
	特殊鋼	○民需のみ		×		○：民需のみ
石炭	石炭	○	○	○	○	○
鉱山	非鉄金属・鉱石	○	○	○	○	×：軍需省
セメント	セメント	○	○	×	○	○
軽金属	軽金属	○	○	×	○	×：軍需省
金属工業	電線・板・管等	総合計画は未確立。1944年度より C_5 から C_2 への格上げによって、軽金属圧延（軍管理）を除いて立案				○：民需のみ
自動車	自動車	軍需省と協議	○	×	○	×：軍需省
	同部品					○：政府の承認を要する
造船	甲造船・同機械	×：海軍	○	○	○	×：海軍
	乙造船・同機械	×：海運総局				×：海運総局
産業機械	産業機械	×：軍需省			○	
電気機械	電気機械	×：軍需省・需要者所管省			○	
精密機械	工作機械	○	○	×	○：非公式	×：陸海軍・軍需省
	工具	×：軍需省	○：非公式		×	○：民需のみ
	軸受け				○	
	精密・試験機械	○：民需のみ	×		×	
皮革	ベルト・靴等	×：軍需省	○：非公式	○：非公式	○	○：民需のみ
油脂	靴底・航空機塗料	×：陸海軍	×	×	×	×：陸海軍
	上記以外	○	○	○	○	
ゴム	ゴム製品	○	○	○	○	×：軍需省
化学	肥料・硫酸・ソーダ等	○：肥料・硝酸・ソーダ・塩素等を除く			○：塩素・晒粉を除く	○：硫安のみ

注：○印は、統制会として生産計画の立案、審議、決定等への参画が認められている場合や、資材・労働力配給
出所：重要産業協議会「国家計画並政府の諸政策に対する統制会の参画・協力に関する調査」1943年12月（『美

制会の参画状況（1943年12月）

原材料・資材会員割当計画			製品配当計画		労務配置計画		通知
一括割当	原案作成	各社割当	原案作成	原案審議	原案作成	原案審議	
○：機械用、労務者用資材は除く		○：耐火煉瓦、労務者用は除く	×：軍需省	○：部分的参画	×：厚生省	○：決定には非参画	×
○	○：鍛鋳鋼を除く	○：鍛鋳鋼を除く	×：軍需省	○：部分的参画	×：厚生省	○：決定には参画なし	×
○	○：鍛鋳鋼を除く	×：軍需省	×：軍需省	×	×：厚生省	×	×
○	○	○：石炭・鍛鋳鋼は除く	○	○	×：厚生省	×	×
○	○	×：軍需省	○	○	×：軍需省	○：決定には参画なし	×
○：石炭、コークス、カドニウム、ケイ素、電力は除く			○：軍需品は除く	×	×：厚生省	×	×
○	○：鍛鋳鋼を除く	○：鍛鋳鋼を除く	×：軍需省 / ×：日本自動車配給		×：軍需省	×	×
○：燃料・屑鉄など一部のみ	×		×：海運総局	○	不明	不明	不明
○：石炭、コークス、耐火煉瓦は除く			×：軍需省	×	○	×	×
○	×：需要者所管省協議	○	×：需要者所管省協議	×	×：軍需省	×	×
○	○	○：拡充用は軍需省	○：統制会会員	○ / ○：民需のみ / ×	○	○：決定には参画なし	○
○：統制獣皮・タンニン材料を除く			○：工業品以外は地方庁	×	×：軍需省	×	×
○：木箱・小口石炭を除く			×：陸海軍	×	○	×	×
			○	○	○	×	×
○	○	○	○：軍需品は除く	×	×	×	×
○：硝酸類・電極・石炭類を除く			○：肥料・硫酸・硝酸類を除く	○	×	×	×

計画の立案、審議、決定等への参画が認められている場合。×印は参画等が認められていない場合。濃部洋次文書』D-30)。

表2-92　国家総動員諸計画に対する各統制会の要望事項（1943年12月）

項目	項目番号　①全体生産計画　②個別生産計画　③資材割当計画　④製品配給計画　⑤全体労務配置計画　⑥個別労務配置計画　⑦製品輸送計画　⑧生産力拡充計画　⑨資金計画　⑩その他政府諸政策　⑪陸海軍工業会との業務調整
鉄鋼	③労務者用住宅・更生施設資材の一括割当。労務者用食糧、特配用米穀・酒類、作業用品・作業服、通勤用自転車タイヤチューブの府県割当のうち関係工場分を指定配給とし、統制会が購入券を発行。④銑鉄配給計画の正式通知。特殊鍛鋼材配給計画の内容通知。⑤労務配給計画の正式通知。⑥計画の正式通知。⑩給与・就業規正に関して統制会の全面的利用。
石炭	③軍足割当の委任、タバコの統制会一括割当。④配給原案審議への参画。計画の早期決定。⑤労務計画決定への参画。⑥新卒者割当決定への参画。⑨計画原案作成・審議・決定への参画。
鉱山	③鋳鍛鋼会員別割当原案作成。自転車の一括割当。④民需向け配給計画への参画。⑤労務配給原案作成。⑥計画決定への参画。⑨計画原案審議に参画。⑩臨時資金調整法に参画。原価計算等経理統制運用の統制会委議。
セメント	①計画決定への参画。③鉄鋼2次製品配給要望手続の簡素化。鋳鍛鋼に関し従来一括割当を受け、会員割当をしたのに対して、近時軍需省にて会員割当決定したが、統制会での割当を復活すること。⑤原案審議・決定への参画。⑥個別配置原案作成・決定権限の委譲。⑨計画参画。⑩統一原価計算制度の確立と統制会による指導。経理統制における審査等への参画。価格決定への参画。
軽金属	⑤労務配置計画の通知。⑥個別配置計画の通知。⑩統一原価計算に関する統制会の指導。価格関係庁の一元化。
金属工業	①軍官民需の一体的総合的生産計画の樹立。②陸海民需の一元的生産割当。③石炭・コークス・電力の統制会での割当。カドミウムの一括割当。⑤産業別労務配給計画決定への参画。⑥第一種工場のみでなく軍管理工場・地方長官所管工場の労務配置計画への参画。勤労報国隊・半島人の会員への配当。⑩原価計算準則の速やかな確定。陸海軍規格の統一。軍管理工場との技術交流。電線規格の簡素化。勤労行政細目への参画。労務者用物資の超重点産業並優先配給。⑪現行協力会・軍工業会機能を吸収し統一的需要把握の上、一元的発注。
自動車	①生産計画決定への参画。②部分品製造各社別生産割当決定における政府承認の省略。⑤労務配置計画原案審議・決定への参画、決定の通知。⑥事業場別労務配置計画原案審議・決定への参画。⑨資金計画原案作成・審議への参画。資本金500万円以上企業の臨時資金調整法申請を統制会経由にすること。⑩原価計算実施の指導を統制会に委任。自動車・部品公定価格未決定分の迅速な決定。軍調弁価格と一般価格の均衡。⑪軍需省の下部統制会一元化。軍の技術委員会を統制会技術委員会に統合。
造船	①乙計画（小型船・木造船）については生産必要量を政府が示し、統制会が生産計画を策定・決定すること。②実質的に統制会が処理している乙計画については全面的に統制会へ権限委譲すること。③地方等発行の石油購買券を統制会発行にすること。石炭・コークスの統制会一括割当。特免タオルの低廉化、製造統制会社よりの直接購入。事務用衣料品購入票の統制会発行。⑧乙計画関係拡充計画を全面的に統制会委議。⑨乙計画資金需給計画の全面的統制会委議。
車両	③酸素・黒鉛坩堝・小口石炭・コークスの統制会一括割当。⑤労務配置計画原案審議・決定への参画。⑥事業場別配置計画への公式参画。第二種以下工場についても参画すること。⑧拡充・整備計画原案作成・審議・決定への参画。⑨資金需給計画への公式参画。資金調整関係の会員の報告受理、申請の許認可権付与。原価計算準則の早期制定、統制会経由での主務大臣報告。会社経理統制に関する職権特に給与関係職権の統制会委議。公定価格未設定品目の公定価格設定。不適切なものの再設定。一般的低価格の是正。価格報奨制度の実施。統制会を含む労務政策審議機関の設置。労務需給計画への一層の参画。労務者用物資配給の確保。
産業機械	③石炭・コークス・耐火煉瓦の一括割当。⑤労務配置計画原案審議への参画。⑥事業場別労務配置計画原案審議への参画。⑩9.18停止価格の引き上げ。規格統一・標準設計参画者、図面公開者への褒賞制度。標準設計図・公開図面に関する統制会の経済行為の認可。労務政策に法制立案等による参画。⑪「先般意見提出セルニ付再記セズ」。

第2章 共栄圏構想の挫折（1943年度）

電気機械	①機械物動の設定。統制会による協同生産責任遂行のため発注の一元化。④製品配給計画樹立への参画、および実施段階での統制会の一元的統制。⑤労務配置計画への参画。⑥事業場別労務配置計画原案審議への参画。軍管理工場についても参画。⑨拡充・整備所要資金計画への参画。⑩臨時資金調整法中一部職権の委譲。臨時資金審査委員会に臨時委員として参画。経理統制に関する委譲職権の拡充。価格公定後の事情変化に応じた刷新。政府価格政策への参画、会議への参加。JES規格の強制力。製品検査の統制下一元化。統制会による特許公開の強化。南方地域電気事業計画立案に参画する要員の派遣。⑪軍機に属するものを除き軍工業会の統制会への統合。
精密機械	①工具の綜合的生産計画の樹立。軸受生産計画への参画。精密機器試験機器に関する軍民綜合計画への参画。②生産割当の軍需省一元化。③包装用・木型用等一般用木材についても生拡用資材として一括割当すること。④航空（軍需省）、兵器（陸軍）、艦船（海軍）、民需（軍需省）に区分し所管省で納入先を決定し、統制会が業者に納入を指示すること。⑤労務配置計画原案作成に必要な資料の提示。審議日程・時間の確保。⑥業種別の枠、査定の一般方針の提示を受けた上で統制会の工場別割当実施。⑨資金需給計画原案審議・決定への参画。⑩資金調整に関して工作機械以外にも審査意見具申。関連各種技術委員会は統制会に統合。規格制定における統制会原案の尊重。⑪工作機械資材の統制会一括割当。工具の軍工業会発注を統制会で集約し、能力と調整すること。設備拡充も一元的に勘案し、資材も一元的に計画立案・配給すること。軸受発注の一元化、軍工業会の統制会への統合。精密機器・試験機の生産・資材割当・配給に関して軍諸工業会との協議実施、工業会諸技術委員会との協議。
皮革	①生産計画への公式参画。②軍需分を含む統制会の工場別割当。③統制獣皮・タンニン材料を軍民需分一括割当。硫酸アンモニア・石炭・鉱物油の一括割当。⑤労務配置計画用資料調査につき、目的の明確化、重複の回避。⑥事業場別労務配置計画につき第一種工場のみでなく全会員工場・軍管理工場にも参画すること。⑦今後の計画立案への参画。⑨統制会立案の年度資金計画に基づき政府で総合計画樹立し、当局の許認可は統制会の判定を尊重すること。⑩原価計算制度・経理統制に関する統制会活用。公定価格設定改廃への参画。陸海軍調弁価格と民需公定価格の統一。軍民規格・材料標準使用量・検査の統一。⑪発注・生産・資材割当の統制会一元化。
油脂	①生産計画原案作成・審議への参画。塗料の軍確保材料による業者直接委託製造は統制会へ一元化すること。②塗料・石鹸の軍委託生産の統制会一元化。③石炭・容器・木材の統制会一元割当。⑤配置計画への参画。⑥学卒・一般青壮年割当・産業内再配置への参画。⑦製品輸送計画、特に石鹸・塗料に関する参画。⑩資金調整審議決定への参画。プール計算価格形成・特別報償制度の実施と統制会の活用。技術関係審議への参画。中小企業中心の特性ため労務政策樹立に参画すること。⑪軍民需発注の統制会一元化。
ゴム	③主要・副資材同様潤滑油についてもゴム資材配給統制会社へ一括割当。④配給計画原案への参画。⑤⑥軍管理・一種工場以外の労務配置計画への参画。徴用工場の計画、徴用実施の適否、員数査定への参画。⑩労務政策全般への参画。
化学	①本会化学肥料部会と3肥料製造業組合の併存の解消、計画参画の一元化。晒粉・塩素生産計画の通知。②硝酸類の会員別割当原案作成。⑤労務配置計画決定の通知。⑥労務配当総枠の提示を受けて計画決定に参画すること。⑨資金計画への参画。
鉄道	⑤労務配当計画決定の通知。⑥事業場別労務配当計画審議への参画、決定の通知。⑩統一原価計算制度実施。補償金交付制度実施。最低賃金の引き上げ。不規則勤務の交通従業員給与の特別措置。特配物資の統制会一括、産報経由配当分の報告。

出所：前掲「国家計画並政府の諸政策に対する統制会の参画・協力に関する調査」。

はほとんどが軍需であり、統制会の独自の判断は所詮考えられない。精密機械は受注契約が多岐にわたることから原案段階で関与しているが、審議段階では工作機械以外は、参画できなかった。

労務配置計画は、1943年の秋以降、給源の枯渇が深刻であり、ほとんど配置原案にも参画できていない。審議にも関与できず、統制会には配置計画の通知すらないため、労務充足の見通しがほとんど立たない状況が見て取れる。

こうした状況を受けて、まとめられた各種統制会の要望が、表2-92である。要望事項は、全体計画、個別生産計画、資材割当計画、製品配給計画、労務配置計画のほか、輸送、設備拡充、資金の問題や、軍工業会との関係など11項目に整理されている。要望は、当然統制会の参画が弱い領域に集中している。生産計画への参画が認められている統制会では、資材問題が中心となり、主原料とのバランスが必要な副資材や、労務者用住宅、厚生施設の資材の一括割当が求められている。製品配給計画については、受注が軍・民需で錯綜している電気機械や精密機械で整理が必要であるとしていた。労務需給の逼迫は著しく、ほとんどの統制会がより明確な参画を求めている。設備拡充に関する資金計画への参画を求める統制会も多かった。一方、製品の輸送は鉄道輸送を主とする限りでは、問題は顕在化しておらず、油脂統制会が石鹸、塗料輸送の不便を取り上げているだけであった。軍工業会との権限の重複、資材配給ルートの錯綜の問題は、機械関係統制会からの要望が多く、産業機械統制会の要望は不明であるが、自動車、電気機械、精密機械、皮革、油脂の統制会から、統制会の下への一元化が求められていた。資金計画、資金繰りに関する要望も具体的なものはなく、問題の指摘も少なかった。

統制経済の全体調和を考慮すれば、これらの要望は合理的なものであった。しかし、1943年9月以降、陸海軍統帥部の航空機増産要求の前に、国家総動員諸計画の全体整合性は著しく軽視され始め、年度計画、四半期実施計画における軍需優先だけでなく、実施段階でも軍需関連需要へのアドホックな優先対応が常態化した。そうした状況では、陸海軍の管理・監督工場とその協力工場を組織した軍工業会を中心に原材料・資材・機械類を流した方が、軍需動員上は好都合と考える海軍艦政本部、陸軍兵器行政本部、陸海軍航空本部などの動員部隊の暴走を抑えることは困難になっていた[197]。

4 普通鋼以外の下期実績

素材供給

　1943年度下期の鉄鋼関係以外の実績を知る材料は乏しい。このため、12月28日に開催された海軍監理長会議における物動計画の第3四半期までの実績報告を中心に、普通鋼材以外の計画実施状況を見ることにし、国内の年間生産計画と実績は生産拡充計画のデータで確認しておこう[198]。鍛鋼、鋳鋼、銑鉄の供給力は「普通鋼々材ト不可分ノ関係」にあり、「本年度物動ニ於ケル鋳鋼、銑鉄等ノ極度ノ逼迫モ右ノ如キ事情ニヨル」とされた。特殊鋼については[199]、今年度はフェロアロイとの均衡を保持するよう供給計画を策定したが、「諸般ノ事由ニ依リ今日ニ至ル迄明確ナル策定ヲ見ルニ至ラズ」とされ、フェロアロイの供給、取得ともに「各地区別ニA、B競争ノ形トナリタルハ遺憾トスル所ニシテ本年度ハ本資源ニ関スル限リ供給力、取得計画共ニ現行ノ形ニテ見送ルコトトナルヤモ知レズ」と陸海軍の競合問題が処理できずにいた。

　アルミニウムは「若干ノ減少ハアルモ概ネ所期ノ生産ヲ確保」しており、これは「国家的要請ノ切ナルモノアルニ依ル」と、徹底した重点化措置が功を奏しているとしていた。しかし、海軍にとっては陸軍との折半原則に基づく6万3,800トンの配当では、「此ノ全額ヲ航空部門ニ配当スルモ尚不足スルノ現状ニシテ艦本其他ノ緊急戦備用ニ甚シク窮乏ヲ告ゲアルモ是以上ノ配当不可能ナルニ鑑ミ設計変更代用品ノ利用、節約ニ依リ戦備ノ充実ヲ図ルノ他ナキ」状況であった。マグネシウムも「主務省ノ指導力ノ弱体、業者ノ技術ノ貧困、統制会ニ対スル主務省ノ態度ノ不鮮明ニ因リ其ノ生産ガ軌道ニ乗ラザリシ」と説明し、1943年度物動計画の5,500トン（生産拡充計画では6,013トン）の生産計画も2,793トンと「実績ハ相当下廻リツツアル現状なり」とされた。マグネシウムの44年度生産見込みは43年12月時点で1万2,000トンとしていた。これでも要望の2分の1以下であったが、実際に計画したのは6,013トンにとどまり、この報告に水増しがあった[200]。

　銅の国内生産は8万9,756トンとなり、「供給力低下ノ予想大ナリシ所関係官ノ絶大ナル努力ニヨリ比較的良好ノ成績」となった。しかし、フィリピン等からの開発輸入には「特段ノ努力ヲ要スルモノアリ」とされた。鉛は国内の生

産が計画の3万2,461トンに対して3万8,369トンの実績を上げたが、「銅ニ比シ更ニ外地依存ノ程度高ク其物動計画数量ノ確保ハ難事中ノ難事ト予想」されていた。結局ビルマからの「輸送不円滑」によって供給計画に対しては「相当ノ赤字」となった。そもそも海軍への銅配当（4万1,200トン）は要求量の42.5％に過ぎず、鉛配当とともに戦備の充足には不十分であった。このため海軍では、鉱山、精錬所に対する支援、協力によって増産できた分は海軍に優先的に配当する了解を取り付けて、関係機関、業者を囲い込んでいた。

麻類について見よう。1943年度より中華民国、南方諸地域の物動物資の蒐集、供出の計画実施権限は、大東亜省に移管されていたが、「マニラ麻ヲ除キ何レモ満、関、支ニ負フ所大」であるとして、実効支配する「陸軍ノ国家物動ヘノ協力程度如何ニ依リ左右セラルル現状ナリ」として、不調であることを指摘した。内地、台湾産の麻については食糧増産との競合問題もあり、また輸送隘路によって「其見透シハ寧ロ従来ヨリ悲観的」とされていた。

紡績用、製綿用棉花の入手も困難であった。「供給力計画ノ基準ガ支那ノ資源ノ全的活用ヲ意図シテ樹立セラレアル関係上配当計画自体ニモ相当ノ無理アリ」としていたが、その実績も悪かった。海軍でも「戦備ノ面ヨリ見ルモ此点寒心ニ堪ヘズ」と、被服資材、火薬原料として「特ニ重要」であることから日満支を通じた強力な統制の必要があるとしていた。

木材需給は、木造船用需要や鋼材代替需要の拡大によって、1943年度以降、深刻になった。需給逼迫に伴って、本年度は直接軍需だけでなく全木材種の需要実態が初めて把握され、切符制による配給制度も採用されたが、物動配給計画への不慣れという問題があった。府県別に地域統轄機関として設立された木材会社は、新組織の運営難、森林組合等との「不融和反目」、「府県本社ニ対スル感情的不信」もあったが、10月1日の「木材統制整備要綱」で木材統制法に基づく地方木材会社となり統制権限が強化された。しかし、依然として需給調整の未熟、重点化が不十分であるなどの問題があった。木材産業固有の問題として、①急激な需給逼迫への対応が困難なこと、②軍需以外の充足軍需、生産拡充用、官需等の重要需要の認識が徹底していないこと、③包装用材、副次的資材等が燃料に流用されてしまうこと、④早期の発注・手配しなければ対応できないこと、⑤複雑な品種別の規格を9月に22万種から2万種に簡素化し

たが、依然として需給のばらつき、手持ちの不揃いがあること、⑥「生活ノ為ニ売却スル必要ナク、売却ニ対シテ累進的ニ課税」されることから供出に熱意のない山林所有者が多いこと、⑦奥地の伐採などで生産条件が悪化していること、⑧生産用資材（鋼材、石油、地下足袋、食料品）、電力、作業員が不足していることなど、さまざまな隘路があった。しかし、最大の隘路は搬出、輸送力の不足であった。「内外地、満関支、南方地域ノ広汎ナル部面ニ其給源ヲ有シ之ガ供給ニハ伐採、小運送、陸上、海上輸送等ノ時局的ニ最重大ナル操作面ヲ経由スルノミナラズ容積、重量ノ大ナル点ニ於テ供給上ノ困難尠カラズ」とされ、トラック、牛馬車、沿岸輸送力、燃料などあらゆる部面で隘路が発生していた。10月の戦力増強緊急措置による物動調整によって木材800万石の増配が決定し、内地生産計画は8,100万石となったが、輸送力、労働力不足から「右計画通リノ実施ハ困難ナル見透ナリ」とされた。

この結果、1943年度の木造船建造計画は国内50万総噸、共栄圏合計80万総噸として発足したものの、当初より資材割当は20万総噸分に過ぎなかった。その後、軍需・民需から供出を受けるなどの調整をしたが、結局25万総噸程度に相当する資材しか確保できず、43年度は建造実績も12万総噸にとどまった[201]。

土建用材、一般用材についても、「何レモ需給ノ最モ困難ナルモノ」であり、1942年度物動計画の時から輸送力の制約によって入手未済のものが「相当多数」ある状況であった。

セメントは、石炭制約から年度当初から供給計画を抑制したが、下期計画も当初の311万トンを257.3万トンに縮小せざるをえなかった。このほかに軍が石炭を供給することで年間42万トンの追加生産を確保していたものの、10月末に第一線防備施設用25万トンなどの軍需が爆発的に増加し、需給が逼迫した。このため、1942年度に朝鮮より6万トンを移入したように、43年度も海上輸送力を確保して取得に努め、軍による原料石炭の確保と輸送により軍需分の確保に努めることになった。

苛性ソーダ、硼砂、アセトン、ブタノール、メタノール、純ベンゾール等の工業薬品の不足も深刻であり、強引な購買行動を取る軍の動員部隊ですら、現物の確保は困難になりつつあった。

石油・石炭供給

　石油の下期実績を正確に把握することができないが、後掲第3章表3-135のように暦年実績とみられるデータでは、南方占領地の石油生産は、急ピッチの油井復旧作業によって、1943年は719万kl（戦略爆撃調査団による年度推計では787万kl）と前年の2倍近い増産を達成した。その後、44年には547万klに低落することになるので、43年が太平洋戦争期の南方石油取得のピークとなった[202]。開戦時の南方物資取得の見通しでは、開戦第2年目に183万klを期待するにとどまっていたことを考慮すると、南方の油田・製油所の軍事占領と石油取得計画はこの年まで順調に推移したとも見ることができる。ただし、後掲第3章表3-137のように石油製品の取得の内訳では、陸海軍の現地消費が340万klを占め、43年の内地還送は陸軍の274万kl（同230万kl）にとどまった[203]。当初計画で期待した還送計画の672万kl（原油381万kl、製品291万kl）に対しては前期同様に推移していたことがわかる。下期の還送計画は、10月25日の「昭和十八年度下期南方運送石油輸送計画（案）[204]」によると、当初の370万kl（原油・製品計）に対して276万kl（原油換算）案になり、12月末時点の下期見通しは、僅かに150万klに過ぎなかった。44年1月に入るとタンカーの喪失も激増した[205]。南方大油田を確保している陸軍の内地向け原油還送実績190.7万klが44年度還送量の全量であるとすれば、43年度第4四半期から急減し、44年度は年間計画のほぼ2分の1にとどまったことになる。

　還送分からの民需向けの原油供給は上期48.9万klに対して下期は34.6万klにとどまり、年間で83.5万klであった。ほぼ全量が民需用とされた国産天然原油は上期13.8万kl、下期14.9万kl、年間28.6万klと僅かに下期に増産しているが、人造石油は上期国内5.3万kl、日満支で13.1kl に対して、下期は国内6.1万kl、日満支12.7万klと縮小し始め、年間では国内11.4万kl、日満支計25.8万klであった[206]。前掲表2-43のように国内では946万klの配当を計画し、うち民需だけで235万klという年間配当計画は、太平洋戦争期で最も潤沢であった1943年上期を終えた時点で既に破綻し、年末には深刻な状況に陥っていた。軍需を含めた下期還送見込みが150万klと、下期370万kl還送計画の4割となる事態となった43年末の海軍監理長会議では、「国内ノ需給状況ハ現下窮迫ノドン底ニ達セリ」と報告され、「カカル数字ヲ以テシテハ大作戦ノ継

続並ニ物的生産力ノ飛躍的増強上多大ノ困難ニ直面シアル次第ナリ」とされた。「右ノ惨状」の打開策として、①油槽船建造の増強、②損傷油槽船の修理促進、③海上護衛の強化が求められた。しかし、結局民需分は130～140万klに圧縮される見通しの中で、鉱工業、輸送等の民需分の規制は「更ニ深刻化スルコトヲ覚悟」せざるを得ず、重要産業の統制会が立案する府県別重点配給計画の確実な実施を求めるのが精々であった[207]。実際、44年2月分の液体燃料製品の民需配当は、8万7,799klに落ちこみ、年額換算で僅か105.4万klと、民需用の最低限度とされていた128万klを大きく下回る事態となっていた[208]。

　石炭については、上期に「概ネ生産計画量ヲ確保」したが、第2四半期以降、①海上輸送力の逼迫、②陸送転移の不円滑、③機帆船動員の不徹底、④作業員の不足、⑤資材入手難、⑥労務能率の低下によって、「逐月計画出炭量ニ対シ赤字ヲ出シ先般来各種ノ非常措置ヲ講ゼラレツツアルモ未ダ的確ナル増産傾向ヲ把握スルニ至ラズ現状ヲ以テ推移セバ目標出炭年間五、七〇〇万瓩（下期三、〇〇〇万瓩）ニ対シ相当大ナル赤字ヲ出スコト疑ヒナシト認メラル」事態となった[209]。12月には鈴木貞一内閣顧問を中心に第4回行政査察が実施され、九州炭の生産隘路、労務、輸送問題に関して、種々の重点措置がとられた。しかし、下期の地域別配炭計画は前年度同期に比して、北海道が108.9％であるものの、他は軒並み前年以下となり、諸種の動員計画から想定される「実需」に対して、本州東部74.4％、本州西部73.6％、九州91.7％となった。石炭需給の逼迫は総動員計画のネックとなった。特に本州の需給逼迫は厳しく、規制率は鉄鋼、船舶、鉄道用10％、航空機、軽合金、硫安、硝酸15％、電力・ガス、電機、産業機械25％、人造石油、私鉄、陸海軍用30％、食品工業、小口一般、地方庁50％、綿スフ紡織、染色加工60％という事態になった。このほか民需用の「都市ノ瓦斯問題ハ閑却スルヲ許サレザル需給状態」とされ、「之以上ノ圧縮ハ不可能」と指摘された[210]。

　工業薬品類のうち、ブタノール供給力1万4,920トンは、「A、Bノ需要ニ対シ甚シク僅少ニシテ論外ナリ」とされ、陸海軍の指導で増産を図ったが、「資材ノ関係モアリ仲々困難ナリ」と報告された。ベンゾール、トルオールも「若干増加ノ可能性ヲ考ヘ得ラルル」に過ぎなかった。こうして「供給力全般ヲ通ジテ本年度物動計画ハ非常ナル無理ヲ強行シアリ今日迄ノ実情ニ見ルモ計算数

字ノ確保ハ甚シク困難ニシテ或ル意味ニ於テ随所ニ計画ノ破綻ヲ生ジ来リ之ガ修正ヲ要スルモノ尠カラザル実情ナリ」と報告されていた[211]。

北支物資動員計画の実績

　最後に大東亜物資動員計画のうち、供給実績の概要が判明する1943年度北支物資動員計画を簡単に見ておこう[212]。重要物資の生産と施設整備状況のうち、日満の鉄鋼原料である強粘結炭を含む石炭は、日中戦争前に比べて太平洋戦争期には2倍以上の実績を上げるようになり、強粘結炭の重要な供給地となっている。40年度からの石炭生産と輸移出の計画と実績は表2-93のように比較的順調に来ていたが、43年度は不振であった。これは「開発資材ハ年々圧縮セラレ極度ニ新規開発ヲ制限スルノ止ムナキ状況ニテ既存設備ヲ高度ニ利用」す

表2-93　1943年度北支主要物資の供給実績

（石炭は千トン、それ以外はトン）

			40年度	41年度	42年度	43年度	44年度
石炭		計画	17,240	21,678	24,157	25,510	25,890
		実績	16,839	21,581	22,106	19,525	
うち輸移出	対日輸出	計画	4,505	4,857	5,825	4,208	4,320
		実績	4,313	4,194	4,638	3,679	
	対満輸出	計画	500	2,060	2,775	4,208	4,320
		実績	486	2,037	2,508	2,634	
	対中南支移出	計画	1,955	2,030	1,980	2,417	2,410
		実績	1,854	1,780	1,836	1,500	
鉄鉱石		計画		230,000	370,000	502,000	1,108,000
		実績		126,220	180,702	452,750	
蛍石		計画		12,700	20,600	42,500	50,000
		実績		16,240	18,433	26,137	
マンガン鉱		計画		8,500	12,200	11,500	10,500
		実績		6,779	8,829	8,946	
燐鉱石		計画		50,000	80,000	96,000	100,000
		実績		43,442	83,442	75,953	
礬土頁岩		計画		378,000	210,240	250,000	993,000
		実績		298,910	145,613	323,128	

注：石炭の輸移出には蒙疆からの分を含まない。
出所：在北京大日本帝国大使館事務所「業務状況報告」1944年6月20日（財務省所蔵『愛知揆一文書』Z526-50-21）。

ることで、生産を維持する状況になっていたことが原因であり、農産物の豊作が作業員の帰農を促したことも出炭に影響していた。こうした施設の老朽化、治安の悪化、食糧・労務事情などによって「生産隘路重畳」となり、今後は資材の現地調達、独自の貯炭・選炭設備の拡充や食糧対策が求められることになった。

鉄鉱石などの製鉄原料は資源の賦存状況が悪い上に、北支での製鉄事業の本格化によって対日、対満供給が停頓しており、山東省金嶺鎮、江蘇省利国、河北省武安での増産を促進することになった。軽金属原料の一つである礬土頁岩は原料処理法が未確立で本格増産が実施されないまま推移していたが、1944年度になって大規模な増産を計画することになった。肥料原料鉱石の生産は順調に伸び、海州産燐鉱石は全量日本に輸出されていたが、さらに山東省石炭鉱山、開灤炭鉱の炭層中の硫化鉄鉱より拡充を計画していた。

製鉄事業は1942年に着手した移設高炉1基、小型溶鉱炉42基のうち41基が完成したが、43年度は出銑目標32万トンに対して、11万トンの実績に過ぎなかった。原因は良質原料を日満に輸出し粗悪のものを投入している上、付帯設備が不完全であること、労働者が作業に不熟練であることがあった。屑鉄回収は、従来軍が日本製鉄に当たらせていたが、43年度から北支那開発が担当した。回収目標3万トンに対して、2万1,996トンの実績にとどまったが、さらに奥地での滞留分5,000トンの搬送を予定していた。企業整備による紡織機械40万台（鉄量1万2,000トン）の対日供出計画については、日系企業、日華合弁企業ともに「喜ンテ同一比率ヲ以テ之カ供出」に協力したが、港頭滞貨の「抜荷等ノ被害甚大」のため、「可及的速ニ配船引取」を求めていた。銅類の回収は華北政務委員会が各省・各市に数量を割り当て、2,000トンを目標としたが、実績は1,000トンであった。銅貨（銅子児）の回収も43年度から北支那開発が所管し、計画5,000トンに対して4,771トンの実績となり、未輸送分100トンと合わせてこちらはほぼ計画を達成した。

棉花の1943年度収買計画は147万担であったが、9月の冷雨による生産量の著しい減少に加えて収買機構の切り替えが遅延したこと、さらに収買価格と闇価格の差が拡大したことから、年度内の実績は約66万担にとどまった。このため44年度に入って、指定商社に自由に収買させる方針に転換し、棉花年

度（8月～7月）の切り換わりの8月までに90万担程度まで収買を進める見通しとなっていた。各種包装用の蓙・蓆類（安平）は、満洲向けに約1,000万枚（半数は関東軍向け）を供出していた。蒙疆、朝鮮、淮海地方の需要が拡大し、44年度は1,400万枚の収買を必要としているが、価格、見返り物資の供給等で華北合作社に問題があって、対応が困難になっていた。天然繊維の多くを依存する北支のインフレが計画を制約していた。

　北支での生産がほとんどない木材の需給関係は深刻であった。全量を日本、満洲からの輸入に依存していたが、一般材の日本からの輸入は計画24万9,799石に対して実績は6万3,110石に過ぎず、枕木は計画62万9,000丁に対して34万7,796丁、坑木は計画36万697石に対して22万6,456石であった。満洲からの供給分はややよかったものの、「各種建設工事ニ重大ナル障害」となり、枕木は「既設路線ノ補修スラ充分ナラサル状態ニテ各線共枕木腐朽ニ因ル事故発生シ速度ヲ低下スルノ止ムナキ実状」であると報告されていた。

　一方、長蘆地区、青島地区の塩の生産と対日輸出は順調であった。1943年度の生産計画159.4万トンに対して、実績は天候不順にもかかわらず161.6万トンとなり、対日輸出計画92.2万トンに対する実績も92.0万トンに上った。

　北支の輸移出入計画についても見ておこう。対日貿易計画は、機械類、鋼材、石油、木材、ゴム製品などを中心に輸入3億4,000万円、これに対して石炭、棉花、塩、植物性油脂を中心に輸出6億3,000万円を計画していた。その実績は輸入3億5,000万円程度、輸出は価格高騰分も含めて6億5,000万円となり「大体順調」であった。対満洲貿易計画では、銅材類、機械類、糧穀、木材、工業薬品類を中心に輸入は約1億6,000万円とし、石炭、棉花、安平を中心に輸出は約1億8,000円であったが、実績は輸入1億5,000万円、輸出1億9,000万円となり、一部の輸入品を除いて「大体順調」であった。対蒙疆貿易は、糧穀、毛皮類を中心に輸入2億2,000円を計画し、セメント、木材、機械類、生活必需品、綿布を中心に輸出は1億8,000万円とした。その実績は輸入約2億円、輸出約2億円となり、これもまた「大体順調」とされていた。

　しかし、対中支貿易については、輸入4億4,000万円、輸出2億4,000万円を計画したのに対して、中支の激しいインフレの影響もあって実績は輸入3億5,000万円、輸出3億5,000万円と著しく輸入が不振であり、特に綿糸布その

他繊維製品の入荷が滞った。この結果、対日、対満洲貿易の貿易黒字を対中支赤字で相殺する計画が狂い、貿易黒字分が北支における通貨増発とインフレ要因の一つになっていた。とはいえ、中国連合準備銀行券の発行高が1943年3月末の17億8,600万円から44年3月末に47億7,000万円と、30億円近く激増した原因は、軍費10億円、長期開発資金7億円、短期開発資金融資7億円、食糧買付資金5億円、その他10億円など約40億円の資金放出があったためであった。44年度にはさらに70億円の資金散布が見込まれ、強力な預金吸収運動が求められていた。

こうして、強いインフレ懸念を抱えつつも、1943年度の北支物資動員計画は、中支との物資交流計画が価格調整制度にもかかわらず不調になるなど、破綻が見え始めていたものの、中南支、南方に比べれば、依然として高い生産実績を維持し、対日物資供出体制は崩れていなかったと見てよいだろう。

おわりに

1943年度中に生じた総動員体制の一元化に向けた動きに簡単に触れよう[213]。

冒頭で触れた1942年11月設置の臨時生産増強委員会による動員行政の集中、強化に次いで、43年3月には戦時行政特例法、戦時行政職権特例（勅令）が施行され、内閣機能の強化のため内閣顧問制も発足した。この結果、各省行政に対する首相の指揮権が強化され、内閣顧問らによる行政査察を通じた政策提言が横断的行政を通じて推進された。また内閣官房調査官の設置などで官房機能も強化し、首相中心の簡素で強力な行政指揮系統が構築された。顧問会議は首相を座長に、統制会会長らを顧問として組織したもので、経済閣僚、陸海軍軍務局長、書記官長、内閣調査官らが参加し、重要物資の生産、物流等の隘路をはじめ、緊急の経済問題に対して、行政権限の壁を越えた集中的対応を進めた。顧問会議は、43年8月頃までほぼ週1回のペースで頻繁に開かれ、9月以降は月2回程度の開催であった。この間、鉄鋼増産対策や鉄鋼、石炭、航空機、木造船、甲造船など物資動員計画や軍需工業動員の重大隘路に対して、12月までに6回実施された行政査察など、内閣顧問の活躍機会は多く、軍需省行政が本格的に立ち上がる頃まで活発な活動をした。こうした専門家による緊急対応

策は、43年度中にほぼ出尽くしたといえるだろう。総動員体制は、直接的軍需産業と関連産業の一元的統轄の問題を残して、完成の段階に近づきつつあった。44年3月以降、顧問会議の開催は月1回程度となるものの、その後も行政査察の関連業務を中心に終戦まで経済人と動員行政を繋ぐ政策協力機関であり、膨大な総動員行政を統括することになった東條首相の権力基盤の一つであった。行政査察は鉱工業動員政策上の問題処理のため計13回実施され、5大重点産業と輸送の隘路問題への迅速な対応を目指した。そのなかで、統制会を代表する形で参加したわけではない藤原銀次郎の役割は特異なものであり、航空機、鉄鋼、造船といった総動員諸計画の根幹部分の行政査察を担い、その都度、過大な目標と短期達成の見通しを提示して、東條内閣を支える存在であった。

　総動員計画の実施環境が悪化する中、中長期的総合計画ではなく短期集中的な行政対応が重点課題になり、政策企画および計画立案機関である企画院と行政実施官庁との摩擦は次第に大きくなった。1943年8月頃には、統制会の連絡調整機関である重要産業協議会や商工省などから、動員行政の一元化や連携強化に向けた抜本的改編要求が強まり、具体的な機構改革案も提案されるようになった。そうした機運の中、第3次船舶増徴や航空機の大増産要求が出てくると、首相、内閣官房を中心に中央行政機構の思い切った簡素化と一元化方針が打ち出され、9月21日の「現情勢下に於ける国政運営要綱」により総動員行政が再編されることになった。軍需省等への軍需関連行政の一元化について簡単に触れておけば、11月1日の行政再編によって軍需省には最重要課題となった航空機の増産のため、陸・海軍の航空本部の動員業務を統合し、これに航空機用素材、資材・部品所管部課を配した航空兵器総局が新設された。それは広範な航空機関連行政を集約し、それ自体が「航空省」ともいえるほど巨大な機構であった。その他の重要資源を所管する商工省各局、地方機関の鉱山監督局（44年6月から地方鉱山局）、地方燃料局や調査・試験・研究機関も、逓信省電力局などと一緒に統合され、新設の軍需省へ移管された。従来の商工省繊維局、物価局は、農林省と統合する形で新設の農商省へ移管された。交易局は大東亜省へ移管され、遅ればせながら大東亜共栄圏の動員行政を統括することを目指した。陸軍兵器行政本部、海軍艦政本部をはじめとする陸海軍の全ての

第2章　共栄圏構想の挫折（1943年度）　467

動員部隊の一元化は実現しなかったが、陸海軍航空本部の動員行政の一元化と、それを支える商工省の素材・機械工業の動員行政の統合は実現した。

　この一方、鉄道省、逓信省の統合を中心に、運輸通信省が設置され、最大のネックとなった陸海輸送力の問題を総合的に所管した。また、新設の農商省は、食糧・生活関連物資全般を所管した。

　物資動員計画の立案を担ってきた企画院は、商工省総務局などと統合され、総動員局という形で軍需省へ吸収された。この結果、国家総動員諸計画の立案業務は、以下のような所管となった。従来企画院の下で調整・立案されていた物資動員計画、生産拡充計画、電力動員計画、交通動員計画、国民動員計画、国家資金計画、交易計画、生活必需物資動員計画のうち、前3者は軍需省総動員局が立案し、実施は物資別各局及び電力局が所掌した[214]。このほかの諸計画については、軍需省は計画大綱・年間計画の策定に関与することとし、交通動員計画は運輸通信省、国民動員計画は厚生省、国家資金計画は大蔵省、交易計画は大東亜省、生活必需物資動員計画は農商省、また44年度から新たに策定された医薬品衛生材料動員計画は厚生省がそれぞれ実施計画を策定し、その実現に当たることになった。これに伴って多くの動員計画書類の立案機関名には、軍需省と担当各省が連記されるようになった。

　こうした再編によって、不十分さを残したとはいえ、軍需関係動員行政の一元化が進んだ。資源局時代に構想された総動員体制は、「総動員庁」の下に内閣情報局、内務省社会局労働部、農林省農務局、商工省工務局・鉱山局、逓信省管船局等の動員業務を所管する部局を組織し、連携させる構想であり[215]、その後も大きな行政再編は避けてきた。しかし、1943年11月には、行政機構全体の編制替えをして、航空機・船舶の増産をはじめとする重要施策を即断し、迅速、強力かつ柔軟な実施を目指すことになった。また重要企業の「国家性」の明確化、企業統制の緩和、資材配給機構の簡素化・強化、価格弾力化など、従来からの懸案事項は、44年以降、軍需会社法、統制会社令、発注一元管理などの形で実現し、軍需省行政の新たな政策手法となった。

　太平洋戦争後半期における戦略部門への重点化措置は、中央レベルの行政再編だけでは不十分であった。1942年秋に至りそれらの総合的運用が喫緊の課題となった。省庁間の横断的機関を設けて地域的動員行政を調整すべく、同年

11月27日に内務省を中心とした地方各庁連絡協議会を設置することが決定された。これは道府県が主催し、土木出張所、財務局、税関、専売局、陸海軍関係官衙、営林局、食糧事務所、鉱山監督局、工務官事務所、通信局、海務局、労務官事務所等を組織するもので、北海道、東北、東京、神奈川、愛知、大阪、兵庫、福岡、長崎で設置された[216]。

地方行政長官相互の連絡調整機関も強化され、1943年7月には全国を9区に区分した地方行政協議会が設置された。協議会は中心府県の地方長官を会長として、各省庁地方機関、各府県経済関係部局、各種統制団体地方組織の機動的・総合的な連絡調整を図るものであった。連絡調整を補佐すべく地方参事官も会長の下に置かれた。当面の課題は、①食糧増産及び需給確保対策としての緊急増産、移動円滑化、食糧自給対策等の立案、②5大重点産業の生産増強対策と、重要企業及び関連産業の生産能率向上、資材の適正配給、労務需給の適正化、③陸海輸送力強化策として、港湾運営の調整、出荷・荷受業務に関する関係官庁間の調整、自動車・艀による地方的輸送の円滑化、④その他、地方における戦力増強・国民生活維持に必要な事項とされていた[217]。その後、9月21日の「国内態勢強化方策要綱」で中央官庁権限の地方委譲促進が決定され、10月18日の「地方行政機構整備強化措置要綱」の閣議決定で、協議会長に対し各大臣の職権を補助執行させる途が開かれた。これによって特別官衙への指示権の強化と地方庁・特別官衙との融合が進み、事実上の道州制を目指すことになった。軍需省の設置に伴って軍需監理部が九つの地方行政協議会に対応して設置され、協議会へ参加したことで、管理工場・軍需会社関係の軍需省行政との連携も強化されることになった。

しかし、第3次、第4次の船舶増徴の重圧は深刻であり、航空機増産に関する第3回行政査察、船舶建造計画嵩上げのための第6回行政査察では到底不可能な計画を策定し、国力の維持が可能であるかのようにして、1944年度を決戦段階とする総動員計画が策定される[218]。44年度計画の策定過程で生じた統帥部と軍政部との船舶増徴を巡る摩擦や需給見通しの無理を押し通して戦争継続意志を貫くため、44年2月には統帥と軍政の人事上の統合が実施され、総動員計画の齟齬には目をつぶり、戦争継続の一点で協力できる人材を中心に東條内閣の改造が行われる。航空機の強引な増産計画の実現を目指して43年11

月に軍需省を設置した際にも、陸軍軍務局長佐藤賢了、海軍軍務局長岡敬純とともに第3回行政査察の査察使だった藤原を軍需大臣に推したが、企画院総裁鈴木貞一も政策立案機関と実施行政の統合に積極的であったことから東條は人選に苦慮した。総動員計画の基本を統帥部主導で無理な改変を押しつけたため、国務と統帥の調整も困難になっていた。その結果、東條自身が軍需大臣に就任し、実務派官僚の商工大臣岸信介を国務大臣として遇した上で商工次官とした[219]。藤原が44年3月に臨時鉄鋼増産協議会を主催し、自己が提唱する雪達磨造船と鉄鋼専用船による鉄鋼増産構想を推進し始めると、岸と藤原の摩擦は大きくなる。統帥部の要求と実態のズレを弥縫するための人事や、合理性を失った44年度計画の立案過程は、東條内閣瓦解の遠因となった。総動員体制の崩壊過程では、実態とかけ離れた政策を弥縫するため、軍中枢と内閣の人事問題が重要案件であった。この点は、次章の44年度計画の立案過程で扱うことにする。

　物資動員計画の年度計画と各四半期実施計画を同時に策定し、実施段階で若干の調整をするという1942年度から2年間実施した方針は、「戦局ノ進展ト之ニ基ク施策ノ変更ノ為屡々計画ニ対シ重大ナル調整ヲ加フル必要ヲ生ジ」た結果、43年度をもって終えることになった。44年度計画では「各種物資ノ需給ニ付正確ナル見透ヲ立案致スコトハ殆ンド不可能[220]」となり、大まかな年度計画をもってスタートし、四半期ごとに実施計画を策定し、3ヶ月の短期計画をたびたび修正して計画をつないでいくことになった。

注

1) 岡崎哲二「戦時計画経済と価格統制」近代日本研究会『年報・近代日本研究』9　戦時経済、山川出版社、1987年所収。
2) 山崎澄江「価格統制と企業動員」原朗・山崎志郎編著『戦時日本の経済再編成』日本経済評論社、2006年所収。
3) 原朗「太平洋戦争期の生産増強政策」前掲『年報・近代日本研究』9　戦時経済所収。
4) 企業整備政策の総括的概観は、山崎志郎『戦時経済総動員体制の研究』(日本経済評論社、2011年)第9章を参照のこと。さまざまな犠牲産業における企業整備の事例については、前掲『戦時日本の経済再編成』収録論文を参照のこと。
5) 企画院「昭和十八年度物動計画ニ対スル説明資料」1943年4月24日原朗・山崎志郎編『後期物資動員計画資料』現代史料出版、第2巻所収。

6)「昭和十八年度及十九年度第一次案策定要領ニ計上セルC船海上輸送力算定基礎」1942年10月22日、前掲『後期物資動員計画資料』第6巻所収。
7) 同社は大陸との間の外航機帆船の一元的管理を目指して1942年4月に設立された。機帆船輸送力の増強対策や金融支援については、山崎志郎『戦時金融金庫の研究』(日本経済評論社、2009年) 169〜175頁を参照のこと。
8) 汽船の徴備によって沿岸輸送が機帆船中心になっていく状況は、前掲『戦時経済総動員体制の研究』第5章を参照のこと。
9) 以下、鉄鋼生産計画の立案経緯は、鉄鋼統制会「昭和十七年度、十八年度鉄鋼生産計画ニ鉄鋼統制会ノ参画セル経緯並ニ各工場ヘノ生産割当ノ実施」1943年5月15日前掲『後期物資動員計画資料』第3巻所収。
10) 参謀本部編『杉山メモ』下巻、原書房、1967年、193頁。
11) 朝鮮鉄道による大陸物資の陸運転移については、林采成『戦時経済と鉄道運営――「植民地」朝鮮から「分断」韓国への歴史的経路を探る』東京大学出版会、2005年、第3章、同「日本国鉄の戦時動員と陸運転移の展開」(『経営史学』第46巻第1号、2011年所収) を参照のこと。
12) 前掲『後期物資動員計画資料』第6巻、18〜24頁所収。
13) 新建造計画50.5万総噸に対して年間の新稼働船を42.7万総噸とするのは、当該月の建造総噸に対して、稼働総噸を85%と見込んでいるためである。
14) 以下、鉄鋼生産計画の策定については、前掲「昭和十七年度、十八年度鉄鋼生産計画ニ鉄鋼統制会ノ参画セル経緯並ニ各工場ヘノ生産割当ノ実施」による。
15) 海上輸送力の低下とともに、原料立地型の小型溶鉱炉への期待は高まり、朝鮮、北支を中心に終戦までに100基以上が建設された。しかし、その成果は乏しく、品質も「品位の高い鉱石」として利用されたに過ぎず、「資源・資材や技術者をいたずらに分散させて生産能率の低下を早める結果をもたらした」と評価されている (有沢広巳編『現代日本産業講座』第Ⅱ巻 鉄鋼業付非鉄金属鉱業、岩波書店、1959年、61頁)。
16) 企画院「昭和十八年度物動見透検討資料 其ノ三 (総括)」1942年11月30日前掲『後期物資動員計画資料』第1巻、177〜178頁。再生資源の回収には、鉄工業、機械工業からの生産工程で生じる屑鉄の「一般回収」のほか、公共施設、文化財、一般家庭、整備企業の施設等からの「特別回収」がある。43年6月の戦力増強企業整備要綱を機に、計画産業の遊休設備・未稼働拡充設備も回収対象になると、「非常特別回収」という用語も使用されるようになるが、物資動員計画の供給計画では「特別回収」に一括されている。
17) 企画院「企画院総裁説明資料」前掲『後期物資動員計画資料』第1巻所収、193〜197頁、前掲「昭和十八年度物動見透検討資料 其ノ三 (総括)」。太平洋戦争期のアルミニウムの増産努力は、前掲『戦時経済総動員体制の研究』228〜237頁参照。
18) 企画院「昭和十八年度物動見透検討資料 其ノ二 (供給力関係)」1942年11月30日前掲『後期物資動員計画資料』第1巻、155頁、前掲「昭和十八年度物動見透検討資料 其ノ三 (総括)」175〜178頁。こうした中、満洲、中華民国側での物動計画策

第2章　共栄圏構想の挫折（1943年度）

定作業も始まった。1942年11月、拓務省、興亜院、対満事務局および外務省東亜局・南洋局を統合した大東亜省は、満洲国、中華民国、南方軍政地区の物資動員計画の策定に向けて「昭和十八年度大東亜物資動員計画設定要領」と「説明書」（『中国東亜地域の物動計画、輸入価格調整計画』財務省所蔵『秋元順朝文書』Z530-99所収）を策定している。大東亜省では日本の42年度上期の生産実績が計画に対して「明カニ漸次低下ノ傾向」にあり、このことは「余裕ノ全然ナイ切リツメタ現日本ノ生産機構ニ於テ一ツノ低下ハ直グ全体ニ悪影響ヲ及ボシ、且ツ一糎ノ鉄、一滴ノ油ノ減退ガ直チニ軍備計画ニ至大ナ関聯ヲ有スル緊迫セル状況」であると認識していた。この時点での対日供給状況については、満洲国については非鉄、石綿が「特殊原因」によって不調なことを除いて「極メテ好調」とされ、中華民国についても「油脂等ノ一部ヲ除キ好調」とされていた。しかし、船舶不足が貯炭増を来すなど輸送問題が懸念されており、南方占領地の対日供給についても、「押収品、蒐貨等ニ確実ナル計画性」がないため実績が伴っていないとしながら、「其ノ低下ノ主因ハ配船不足」と指摘していた。日本からの供出実績についても、「物動物資ニ於テハ概ネ可ナルモ（前年度ヨリノ繰越）、消費材ニ関シテハ貿易統制ノ不備ニ基ク原因ハ別トシ内地手持在庫ノ減少、生産蒐貨ノ減退及ビ国内需給ノ逼迫」によって悪化していると認識しており、日本側からの供給は前年度未達成の分がようやく入荷している状況であった。石炭、鉄鋼、アルミニウムの生産を重点化する中で、今後日本からの大陸、南方への消費財供給が「急角度ニ圧縮」されると見ており、既に概略案においてもC_{4i}の鉄鋼・非鉄金属の配当は、錫・アンチモニー・水銀を除いて「全部削減」され、対中華民国供給は42年度の3割減、銅は削除されていた。中華民国各地の物動計画策定に当たって、対日期待は物動物資、物動外物資ともに「極度ノ圧縮」になることを「覚悟」する必要があるとしていた。

　計画の策定要領は、①海上輸送力の節約、荷役の効率化、陸送強化によって日本への供給物資を確保すること、②総合的観点から計画の事業計画を中止、繰り延べ、振り替えを行い、国防資源産業の効率化、増強をはかること、③日本の戦力減耗を回避するため対日期待物資を削減すること、④現地現有設備を高度活用し、各地立地状況を考慮して同種企業の効率化を図ること、⑤重要不足物資の非常回収を実施すること、⑥貯蔵物資を緊急分野に活用すること、⑦枢軸国への供給物資を計画化し、見返りに最重要国防物資を確保すること、⑧大東亜共栄圏各地間の交易を日本の指導の下で把握し、全体に計画化すること、⑨重要物資の配当に当たっては現有設備を有し配当効果の高いものを重点化し、後年の増産設備拡張は、戦争遂行上必須のものに極限すること、⑩最重要企業の所要資材はあらかじめ年間配当実施計画を決定し、限定品種鋼材、銅その他の非鉄金属、石油、木材、爆薬等の精密な計画とすること、⑪資材間の不均衡を回避するため希少物資の配給を厳格化すること、⑫現地自活に必要な生活必需品企業の建設には日本国内の遊休設備の移設を当てること、⑬特殊会社などの重要企業の機能刷新、最高能率発揮を図ること、⑭資金、労務、電力等の動員計画との齟齬を防止し、代用品活用のための科学動員を図ることであった。それは、対日供給物資を極力確保し、日本との間で極端な片貿易になることも辞さないというものであった。

大東亜省設置直前の1942年10月30日には、興亜院で「昭和十八年度支那ニ於ケル物資動員計画設定要綱（前掲『中国東亜地域の物動計画、輸入価格調整計画』所収）が策定され、蒙疆、北支、中支、南支の物動計画が準備された。基本方針は、中華民国における対日期待を節減すること、各地現有設備を活用し、地域間交流計画、対満洲、対南方物資交流計画によって現地自活化を進めること、対日供給重要物資の増産を図ることであった。具体的には、①敵資産を含む現有設備を修理、改修、技術指導し、高品位原料の供給等によって製品品質の向上と増産を目指すこと、②鉄、非鉄金属等の重要資源の特別回収、銅代替アルミニウム、機械油代替植物油、爆薬原料代替の土硝など、代用品利用を推進すること、③食糧・石炭を中心に各地域間交流計画を一層計画化すること、④対満洲、石炭・鉄鉱石供給、鉄鋼・軽金属・木材・雑穀取得を重点化すること、⑤対南方交流計画では、米・石炭を重視し、租界地上海・香港の中継機能を活用すること、⑥対満洲交易では海運から陸送に転換し、船舶の余力は対日増送に回すこと、⑦北支・蒙疆の石炭・棉花・塩の対中支、鮮満供給は陸運とすること、⑧北中支と南支間の海上輸送は南方食糧と北支・蒙疆炭の交流を中心に計画化すること、⑨石炭・鉄鉱石・蛍石・塩・礬土頁岩などの対日重要資源の品質向上、船腹有効利用のため、現地精選、第1次加工を拡充すること、⑩限定品種鋼材、銅その他の非鉄金属、石油、爆薬配当計画は徹底した重点主義をとり、所用資材を圧縮することなどが指示された。日本の物資動員計画とやや異なるのは、蒙疆、満洲国、中華民国間の交易計画、中華民国内の地域間交易、対日・対第三国・対南方交易が複雑に計画され、精緻な計画が求められたことである。

19) 企画院「企計M物A第〇〇六～八号昭和十八年度物動見透検討資料ニ対スル船腹増減ニ依ル見込修正」1942年12月5日前掲『後期物資動員計画資料』第1巻、182～185頁。

20) 前掲『杉山メモ』下巻、187～302頁、「昭和十八年六月七日連絡会議ニ於ケル企画院総裁説明資料　戦力ト船舶トノ関係」前掲『後期物資動員計画資料』第6巻、182～183頁。

21) 前掲「企画院総裁説明資料」。

22) 大本営政府連絡会議決定「当面ノ戦争指導上作戦ト物的国力トノ調整並ニ国力ノ維持増進ニ関スル件」1942年12月10日前掲『後期物資動員計画資料』第1巻、420～421頁。

23) 造船計画の策定と実施については、前掲『戦時経済総動員体制の研究』第5章を参照のこと。

24) 企画院「昭和十八年度物資動員計画第二次案（供給力）策定要領」1942年12月15日前掲『後期物資動員計画資料』第1巻、202頁。

25) 戦時計画造船の中でも最も簡易化を進めた改E型の建造については、前掲『戦時経済総動員体制の研究』276～281頁を参照のこと。

26) 企画院「昭和十八年度計画造船（固有及応急）用所要鋼材表」1943年2月1日前掲『後期物資動員計画資料』第1巻所収、439頁。

第 2 章　共栄圏構想の挫折（1943 年度）　473

27）企画院「昭和十八年度甲地域普通鋼々材配当標準」1943 年 2 月 1 日前掲『後期物資動員計画資料』第 1 巻所収、443 頁。
28）企画院「昭和十八年度物動計画ニ対スル説明」1943 年 4 月 24 日前掲『後期物資動員計画資料』第 2 巻、262 頁。
29）鉄鋼統制会長豊田貞次郎「昭和十八年度鉄鋼生産計画ニ関スル件」1943 年 2 月 12 日前掲『後期物資動員計画資料』第 1 巻所収、452~458 頁。
30）前掲「昭和十八年度鉄鋼生産計画ニ関スル件」、鉄鋼統制会会長豊田貞次郎「昭和十八年度鉄鋼生産計画遂行ニ関スル件」1943 年 2 月 27 日前掲『後期物資動員計画資料』第 1 巻所収、469~473 頁。
31）企画院「昭和十八年度機帆船輸送力算定表」1943 年 2 月 22 日前掲『後期物資動員計画資料』第 6 巻所収、41 頁。
32）企画院「昭和十八年度物資動員計画及各四半期実施計画（輸送計画）」1943 年 3 月 1 日前掲『後期物資動員計画資料』第 6 巻所収、46~83 頁。
33）海送物資を鉄道輸送に転換することは、従来の陸送物資に大幅なしわ寄せをすることになった。鉄道省に対しては 1942 年 11 月から九州炭の本土直送年間 300 万トン増、日本海諸港中継輸送年間 120 万トン増などの特別措置を実施していたが、年末になって「船腹事情ニ因リ突如トシテ昭和十八年度ニ於テ重大ナル製鉄関係物資ノ陸運ヘノ転移ノ要望」が提示された。企画院、商工省、陸海軍省、海務院、鉄鋼統制会、鉱山統制会、日本製鉄関係者との協議の結果、1943 年度の石炭、鉄鉱石、石灰石等の製鉄原料や銑鋼の鉄鋼関係輸送の増加分は、500.5 万トン、平均輸送距離は通常貨物の 2 倍の 473km となった。23 億 6,875.8 万トンキロとなる輸送量は、これのみでも貨車 6,600 両を要する膨大なものとなった。鉄道省からは要望事項として、①陸送に要する荷役施設の増強、所要作業員の確保、②変動のない平均・定量出荷の調整、③陸送中継に要する艀の確保を求めたが、それでも、1943 年度の輸送物資は能力を超える事態になった。「相当ノ抑制」をしても在来輸送貨物 274 億 100 万トンキロに加えて、陸運非常体制輸送貨物 86 億 4,200 万トンキロ、軍用貨物 34 億 5,500 万トンキロ、省用貨物 11 億 7,700 万トンキロ、計 407 億 7,400 万トンキロの必要輸送量が想定されるのに対して、輸送力は 43 年度中の増強分 32 億 3,300 万トンキロを加えても 370 億 2,900 万トンキロに過ぎず、9％の不足が予想された。在来輸送貨物以外は抑制困難であるとすれば、在来貨物は 14％減となり、在来貨物中の生産力拡充関係物資も圧縮不能とすれば、生活必需品は 13％程度、その他物資は 34％が輸送不能になると報告された。こうして鉄道輸送も、機関車・貨車不足、石炭配当の制約内でその限界を試すような輸送計画が立てられる事態となった。鉄道省「昭和十八年度ニ於ケル製鉄関係物資ノ輸送ニ就テ」1943 年 3 月 8 日（国会図書館憲政資料室所蔵『柏原兵太郎文書』195）。
34）海務院運航部第一輸送課「昭和十八年度物動輸送量ト輸送力及其ノ需給調整計画」1943 年 4 月 1 日前掲『後期物資動員計画資料』第 6 巻所収、164 頁。
35）機帆船運航統制株式会社への大型機帆船の集中と、戦時金融金庫による金融支援については、前掲『戦時金融金庫の研究――総動員体制下のリスク管理』169~175 頁を

36）船舶建造計画については、前掲『戦時経済総動員体制の研究』第5章を参照のこと。
37）企画院「海上輸送力ニ関スル件」1943年6月29日前掲『後期物資動員計画資料』第6巻所収、372頁。
38）前掲「昭和十八年度物動輸送量ト輸送力及其ノ需給調整計画」。
39）鈴木貞一企画院総裁は、1943年6月16日、第八十二回帝国議会衆議院予算委員会で、開戦前に「大体海上輸送力ハ七、八千万『トン』ノ輸送力ヲ必要ト致シテ居ッタノデアリマス――此ノ数字ハ機密ニ御願イ致シマス、然ルニ今日ニキマシテハ作戦以外ノ生産乃至物動ノ運営上活用シ得マスル所ノ海上輸送力ハ、凡ユル努力ヲ傾注致シマシテ、大体以上ノ半分前後ニアルノデアリマス」と説明し、陸上輸送への転換、「戦争ニ関係ノ少イ所ノ物資」の輸送の圧縮を報告した。そして供給計画では、内地現有設備を最高度に利用し、海上輸送力の節約のためには不利であっても内地原料の活用が必要になることを説明した。「予算委員会　物資動員計画及ビ外交問題ニ付テ」1943年6月16日、衆議院事務局『帝国議会衆議院秘密会議事速記録集』（二）、1996年、723～724頁。
40）海務院運航部第一輸送課「昭和十八年度物動輸送量ト輸送力及其ノ需給調整計画」1943年4月1日前掲『後期物資動員計画資料』第6巻所収、153、160頁。
41）企画院第五部「昭和十八年度交通動員実施計画綱領（案）」1943年4月2日、前掲『後期物資動員計画資料』第6巻所収、171~180頁。
42）1942年から始まる国民更生金庫による旅客自動車事業の整理統合や43年半ばからの戦力増強企業整備の進捗については、前掲『戦時経済総動員体制の研究』第10章を参照のこと。貨物自動車事業の整備と輸送力増強については、前掲『戦時日本の経済再編成』第4章「貨物自動車運送事業の統制団体」（河村徳士）を参照のこと。
43）1942年末設置の地方各庁連絡協議会、43年7月設置の地方行政協議会でも流通機構の整備が重要課題となり、地方権限の強化と広域行政による輸送力強化が図られた（前掲『戦時経済総動員体制の研究』615～626頁）。
44）交通動員計画には、「昭和十八年交通動員実施計画表」（1943年4月7日）では油槽船輸送需給調整計画が含まれる予定であった。しかし、閣議決定（4月26日付）では、陸海軍石油委員会の管理下にある油槽船については計画から外されている。このほか計画表の構成にも若干の変更があるが、本資料集では4月7日付を収録している。
45）企画院第五部「昭和十八年度交通動員実施計画表」1943年4月7日前掲『後期物資動員計画資料』第8巻所収、124頁。
46）前掲「昭和十八年度交通動員実施計画表」前掲『後期物資動員計画資料』第8巻所収、110頁。
47）企画院「昭和十八年度及十九年度物資動員計画第一次案（供給力）策定要領（作業資料添附）」1942年10月22日、前掲『後期物資動員計画資料』第1巻所収。
48）満洲国「康徳十年度物動関係対日要望事項」1942年11月25日前掲『後期物資動員計画資料』第1巻所収、314～317頁。

49) 満洲国「鉄鋼類対日特別増送遂行ニ必要ナル対日要望事項」1942年12月前掲『後期物資動員計画資料』第1巻所収、318～321頁。
50) 満洲国「康徳10年度鉄鋼需給計画」1943年1月24日、満洲国「主要物資対日並期待量増減表」1943年1月24日前掲『後期物資動員計画資料』第1巻所収、409～415頁。
51) 麻類の輸入が困難になったことから、国内では苧麻、黄麻等の代替品も含めて大麻の需要が激増した。既に1939年度から強力な作付割当が指導され、養蚕・桑園等にかわる商品作物として、大麻の「計画生産」が本格化していた。しかし、41年度まで増産が続いたものの、42年度には減産に転じていた。このため、43年度には原麻生産協会を中心に生産者、県関係者、日本原麻株式会社、県購買販売組合連合会等による生産懇談会が各地で開催され、増産と集荷の徹底が指示された。懇談会の記録は原麻生産協会『群馬県の大麻——生産懇談会記録』1943年5月、同『長野県の大麻——生産懇談会記録』1943年6月、同『栃木県の大麻——生産懇談会記録』1943年8月など、主要産地別にまとめられており、関係者に周知されたものとみられる。
52) 企画院「昭和十八年度甲地域物資ノ物動計上検討」1943年1月11日前掲『後期物資動員計画資料』第1巻所収、241頁。
53) 大東亜省連絡委員会第一部会決定「南方甲地域経済対策要綱」(6月10日大本営政府連絡会議報告)前掲『史料集 南方の軍政』176～181頁。この改訂と並行して1941年12月30日付の「南方経済陸軍処理要領」も43年6月5日に改訂されることになった（同書159～167頁）。この事情について、陸軍の馬来軍政監部総務部長は、①現地の実情が予想と異なっていたことと、②海上輸送力と国内経済情勢が大きく変化したことを挙げ、陸軍での主な変更点として、①生活必需物資等の現地自給態勢を強化し、南方での相互交流方針を強化すること、②民生の維持のため生活必需品工業を充実し、金融・財政を通じた民心把握を強化すること、③相当長期にわたり作戦を継続できるよう作戦軍の現地自給を強化すること、④現地民生維持のため特産資源の生産力を維持すること、⑤海上輸送力の増強のため木造船建造、沈船引き揚げによって現地自給、地域的配分を適切にすること、⑥国内経済への負担は極力回避し、国内の企業整備により排出された人材、資材、機器は国内の生産増強に利用すること、⑦現地の巨額の軍事費支出によってインフレの傾向が「必至ノ趨勢」であることから、財政・金融面の防止策を強化することなどを挙げた（同書172～175頁）。これは、前章で見たように軍政総監部が各地軍政監を集めた際の8月7日付の「軍政総監指示」でも指摘されていた点であったが、依然として南方占領政策が現地経済を混乱させていることを認め、生活必需品工業と特産品生産、木造船増強による民生の安定に乗りだそうとしていたことを示している。
54) 企画院「昭和十八年度国家総動員諸計画等ノ編制ニ関スル件」1943年2月18日前掲『後期物資動員計画資料』第1巻所収、416～419頁。
55) 前掲「昭和十八年度国家総動員諸計画等ノ編成ニ関スル件」。その後の上方修正は、同資料への手書きの書き込みによる。
56) 「鉄鉱石本船輸送量月二五三千屯ノ場合ノ影響（第一、四半期分）」前掲『後期物資

動員計画資料』第4巻所収。
57）前掲「昭和十七年度、十八年度鉄鋼生産計画ニ鉄鋼統制会ノ参画セル経緯並ニ各工場ヘノ生産割当ノ実施」。
58）前掲「昭和十八年六月七日連絡会議ニ於ケル企画院総裁説明資料　戦力ト船舶トノ関係」、企画院「昭和十八年度物資動員計画及各四半期実施計画（供給力計画）」1943年4月15日前掲『後期物資動員計画資料』第2巻所収。
59）「予算委員会　物資動員計画ヲ中心トスル国家諸計画、航空機生産目標、戦況等ニ付テ」1944年1月25日（岸信介国務大臣説明）前掲『帝国議会衆議院秘密会議事速記録集』（二）764頁。
60）特殊鋼生産計画の特異性と、フェロアロイの問題は、前掲『戦時経済総動員体制の研究』204～205、437～439頁。
61）企画院「昭和十八年度生産拡充実施計画」1943年8月25日、原朗・山崎志郎編『生産力拡充計画資料』第8巻、現代史料出版、1996年所収。なお、生産拡充計画の生産目標は、通常物動計画の生産計画より若干高く設定され、1943年度の全国生産目標は647.9万トンであった。
62）前掲「予算委員会　物資動員計画及ビ外交問題ニ付テ」『帝国議会衆議院秘密会議事速記録集』（二）724頁。
63）内閣顧問豊田貞次郎「昭和十八年度鉄鋼最大供給源ト鉄鋼資源動員ニ関スル一考察」1943年4月13日前掲『後期物資動員計画資料』第2巻、54～65頁所収。
64）商工省金属局「豊田、大河内及藤原各内閣顧問ノ鉄鋼生産増強ニ関スル意見ニ対スル商工省所見」1943年5月6日『鉄鋼関係書類』（経済産業調査会所蔵『日高準之介資料』33-2)。
65）鈴木貞一企画院総裁の第八十二帝国議会衆議院予算委員会説明「物資動員計画及ビ外交問題ニ付テ」前掲『帝国議会衆議院秘密会議事速記録集』（二）725頁。
66）前掲「昭和十八年六月七日連絡会議ニ於ケル企画院総裁説明資料　戦力ト船舶トノ関係」、前掲『戦時経済総動員体制の研究』223～226頁参照。なお、1943年度供給計画の策定最終段階で、内閣顧問の豊田貞次郎、大河内正敏、藤原銀次郎から種々の鉄鋼増産案が提示された。この点については、第3節以降で改めて触れる。
67）生産拡充計画でも遊休設備・資材の有効転用が挙げられ、電力動員計画でも企業整備による電力使用の削減は20万キロワットとされた。国民動員実施計画では企業整備による転出見込みの労務者59万人（鉱工業38万人、商業21万人）が重点部門へ割り当てられた。企業整備を担当する国民更生金庫、産業設備営団の支出は数十億円と見込まれていたが、1943年度以降徹底した民需産業の「資源化」が行われることになった（「綜合戦力ノ増強ト産業整備トノ関係ニ就テ」1943年5月31日前掲『後期物資動員計画資料』第3巻所収、216～217頁）。
68）要求充足率を1942年度と比較するのは困難であるが、42年度に一旦部内査定をした上で企画院に要求した分の配当率は、普通鋼々材は要望量の98％、銑鉄83.5％、鍛鋼78％、鋳鋼88％、特殊鋼83％、電気銅82％、アルミニウム90％、土建用材103％、

第2章　共栄圏構想の挫折（1943年度）　477

セメント90％など、主要物資の要望量を軒並み80％以上確保していた（海軍省「海軍監理長会議説明資料　昭和十八年度物資動員計画ノ概要」1943年12月28日前掲『後期物資動員計画資料』第5巻所収、475頁）。

69)「鋼材配給ニ関スル改善諸対策ト其ノ効果」『鉄鋼需給調整実施要綱』（前掲『日高準之介資料』）所収。この資料は内容から、1943年12月末に鉄鋼統制会によって作製されたものとみられる。

70) 1943年度の航空機増産計画の策定については、前掲『戦時経済総動員体制の研究』第7章参照。

71) 太平洋戦争期の航空機増産課題、軍需省等の行政再編については、前掲『戦時経済総動員体制の研究』第7、9章参照。

72) 前掲「予算委員会　物資動員計画及ビ外交問題ニ付テ」『帝国議会衆議院秘密会議事速記録集』（二）725頁。

73) 前掲「昭和十八年六月七日連絡会議における企画院総裁説明資料　戦力ト船舶トノ関係」183頁。

74) 企画院「昭和十八年度液体燃料物資動員計画及各四半期実施計画（其ノ一）（民需取扱分ノ配当査定上ノ基準）」1943年3月26日、同「昭和十八年度物資動員計画及各四半期実施計画ノ策定ニ関スル件」1943年4月30日（閣議決定）前掲『後期物資動員計画資料』第2巻所収。

75) 企画院「昭和十七年度生産拡充実施計画」1942年10月27日、同「昭和十八年度生産拡充実施計画」1943年8月25日。なお、実施計画の日付が閣議決定より大幅に遅いのは、物資動員計画が4月22日、生産拡充計画が5月3日に閣議決定になった後、生産拡充委員会各分科会が策定した詳細計画を調整・集約していたことによる。1943年度以降の船舶増産や、航空機関連工業に向けた重点政策については、前掲『戦時経済総動員体制の研究』第5、7章を参照。

76) 企画院「C_5ヨリC_2へ移管サレタル産業用副資材地域別地域別配分表」1943年6月24日前掲『後期物資動員計画資料』第3巻、354～357頁。

77) 企画院第二部「昭和十八年度物資動員計画一般民需用途別配当表」1943年5月10日前掲『後期物資動員計画資料』第3巻所収、4頁。

78) 石油還送も当然重点措置がとられたが、これは国家総動員諸計画から外され、陸海軍石油委員会の事実上の専管事項となっていた。造船部門と航空機工業への物資の集中措置に関しては、前掲『戦時経済総動員体制の研究』第5、7章を参照のこと。

79) 企画院「一般民需説明資料」1943年6月前掲『後期物資動員計画資料』第3巻所収、221頁。

80) 海務院運航部「昭和十八年度第一、四半期汽船（含運航機帆船）積輸送計画策定方針並計画概要」1943年3月26日前掲『後期物資動員計画資料』第6巻所収。

81) 海運総局「第八十四回帝国議会重要事項」1943年12月前掲『後期物資動員計画資料』第6巻所収、710頁。計画が毎月見直されるためか、輸送計画の数値が集計時期によって若干食い違うが、原資料のままとした。なお11月の行政再編の結果、鉄道

省・通信省の統合によって交通行政は運輸通信省に一元化され、従来の海務院は海運総局に拡充された。
82) 前掲『杉山メモ』下巻、401〜402頁。
83) 前掲「昭和十八年六月七日連絡会議ニ於ケル企画院総裁説明資料　戦力ト船舶トノ関係」183〜184頁。
84) 前掲『杉山メモ』下巻、418〜419、437〜439、447〜448、451頁。7月の船舶喪失はA船2万2,931総噸、B船2万8,008総噸、C船6万944総噸であり、6月決定に基づいてC船の補填を優先すれば、AB船の補填は1.4万総噸に過ぎないことになっていた。
85) 軍事史学会編『大本営陸軍部戦争指導班機密戦争日誌』下巻、錦正社、1998年、396頁。
86) 以下の説明は、「海上輸送力ニ関スル説明要旨」1943年6月29日（前掲『後期物資動員計画資料』第6巻所収、373〜377頁）によった。
87) 企画院「六月二十九日連絡会議提出案ニ依ル AB 船舶徴傭ノ物動ニ旧ボス影響説明資料」1943年6月28日前掲『後期物資動員計画資料』第8巻所収。以下、諸産業への影響も同資料による。
88) 以下の輸送計画の変更、組み替えは、前掲「六月二十九日連絡会議提出案ニ依ル AB 船舶徴傭ノ物動ニ及ホス影響説明資料」1943年6月28日『後期物資動員計画資料』第8巻所収、347〜358頁。
89) 海務院運航部「昭和十八年度第二、四半期汽船（含運航機帆船）積輸送計画策定方針並計画概要」1943年6月19日前掲『後期物資動員計画資料』第6巻所収。
90) 海務院「昭和十八年度第二、四半期汽船(含運航機帆船) 積輸送計画改定要領」1943年7月17日前掲『後期物資動員計画資料』第6巻所収。
91) 前掲「第八十四回帝国議会重要事項」。
92) 防衛庁防衛研修所編『戦史叢書　海上護衛戦』朝雲新聞社、1971年、208頁。
93) 船舶運営会『船舶運営会会史（前編）』上、1947年、331〜332頁。
94)「戦争指導班」は、1936年6月に石原莞爾の主導で陸軍参謀本部第二課（通称戦争指導課）として設置され、石原を課長に総合的情勢判断、長期的観点からの国防国策の立案に当たった。石原の失脚によって37年11月に第二課は廃止されて、新設の第二課（作戦課）の第一班となった。40年10月からは参謀次長直轄の第二十班となり、42年1月には第一（作戦）部の第十五課になった。この43年7月時点では第十五課であったが、同年10月には改めて参謀次長直轄の第二十班となる。本書で利用される業務日誌はおおむねこの第二十班時代のものであるが、通称に従ってここでも戦争指導班と呼称する。なお、同班は45年4月以降、陸軍参謀本部と陸軍省の一体化体制の名の下に、陸軍省軍務局軍事課と統合され、参謀本部内では第十二課となった。業務日誌の記載を担当したのは種村佐孝、原四郎、野尻徳雄、田中敬二、甲谷悦雄、橋本正勝等の班員であるが、個々の記載者を確定することは難しい。戦争指導班は大本営政府連絡会議、最高戦争指導会議等の提案文書等の作成、その後の統帥部・省部・外務省との折衝、調整に当たったが、班員は数名に過ぎず、直接的な政策決定権限はな

第 2 章　共栄圏構想の挫折（1943 年度）　479

い。（前掲『大本営陸軍部戦争指導班機密戦争日誌』上巻、改題による）。
95) 前掲『大本営陸軍部戦争指導班機密戦争日誌』下巻、413、414 頁。なお、この二十数万トンの増徴に対して、この日の記録者は「本方策ハ戦略態勢ノ強化ニ国力ヲ傾ケントスルモノ」と批判し、「敵ノ反攻ノ最高潮ヲ来年春夏ノ候トシ爾後ハ衰弱ストノ前提ナラハ首肯シ得ラル、トコロナルモ国力ノ維持、増進ナクシテ作戦モ無ク況ンヤ戦争ハ持久戦化ノ運命ニアルガ故ニ国力増進ヲ無視スル方策ハ遽ニ同意シ難シ」と記した。そして「国力ノ増進ヲ図ラサレハ国力ハ遂ニ底ヲ割リ収拾スヘカラサル運命ニ陥ルハ必然ナリ作戦ノ要求ト国力運営トノ調和ヲ図ルコト極メテ大ナリ」と指摘した。作戦の優先は日中の開戦以来一貫しているとはいえ、この時期からは統帥部の要求がそのまま総動員計画の前提となり、「国力運営トノ調和」が極度に軽視され続けた点で、1943 年 8 月から 9 月にかけての総動員計画の組み替え、行政機構の再編は、総動員計画史上の重大な転換点になった。
96) この 36 万総噸もの要求について、戦争指導班の 9 月 2 日の日誌は「国力ヲ検討セハ到底『マカナヒ』得サル」とし、「陸海軍官当局ノ容認スル所ハアラサルヘキハ火ヲ見ルヨリ明カナルモ敢テ戦略上ノ要請ニ基キ呈示セラレシ次第ナリ」と分析した。その雰囲気は「二時間相当緊迫セル空気ノ内ニ終了」と記し、「実ニ戦政略共ニ絶対ノ境地ニ追詰メ［ラレ：引用者］タル感深ク」と悲嘆しつつも、「トモカク陸海軍省ニ於テ検討ヲ進ムルヘシ」と観察していた（前掲『大本営陸軍部戦争指導班機密戦争日誌』下巻、419～420 頁）。
97) 陸軍省・海軍省「AB 船増徴ニ伴フ物動検討ノ件」1943 年 9 月 3 日前掲『後期物資動員計画資料』第 8 巻所収。なお、物資動員計画の立案において統帥部が決定的な介入を行う契機となった㋺研究と、1944 年度物資動員計画の策定の詳細は、次章で扱う。
98) 企画院「A・B 船舶徴備ニ伴フ非常対策案」1943 年 9 月 10 日前掲『後期物資動員計画資料』第 6 巻所収。
99) 9 月 30 日の御前会議については、「今後採ルヘキ戦争指導ノ大綱（御前会議議題）其ノ一」「『今後採ルヘキ戦争指導ノ大綱』ニ基ク緊急措置ニ関スル件（御前会議決定）其ノ二」、「両統帥部ヲ代表シ軍令部総長御説明」、「企画院総裁説明」、「商工大臣発言要領」（前掲『杉山メモ』下巻、473～474、480、481、484～488 頁）を参照のこと。
100) 以下の陸軍統帥部と軍政部の交渉については、前掲『大本営陸軍部戦争指導班機密戦争日誌』下巻、424～429 頁による。
101) 船舶の損耗を減らす最も重要な対策は、海上護衛体制の強化であった。しかし、11 月 15 日になってようやく海上護衛総司令部が発足し、及川古志郎を総司令長官とする大物人事を実施したものの、不十分な戦備と未熟な作戦によってさしたる成果を出せなかったことなど、海軍の海上護衛戦軽視の戦術思想については、大井篤『海上護衛参謀の回想』原書房、1975 年、第 3 章を参照のこと。
102) この補填量の月 3.5 万総噸という妥協について、9 月 17 日の日誌担当者は、民需補填優先を認めたことで「作戦用船舶ハ著シク制肘ヲ受ケ何レ再ヒ増徴必至ナラン」とし、「個人トシテハカクノ如キ糊塗案ニハ同意シ得サルモノアル」ものの、速やかに増

徴を実施するためには「已ムヲ得サルモノアルヘシ」としていた。増徴が大本営政府連絡会議で決定された18日の日誌は「ガダル当時ノ増徴ニ比シ遙ニ重大ナル問題モ比較的波乱少クシテ発足ヲ見ルニ至リシハ慶賀ニ堪ヘス」としたものの、「而シテ補填問題ヲ中心ニ余燼ハクスブリツ、進ム事必至ナルヲ以テ年末頃ニハ再ヒ大問題ヲ生スル事概ネ予見セラル」（前掲『大本営陸軍部戦争指導班機密戦争日誌』下巻、429頁）と記し、その予想通り、年度末には増徴問題が再燃することになった。

103) 当時、海上護衛参謀であった大井篤はマリアナ諸島、カロリン諸島以西の絶対国防圏の防衛力増強のための船舶増徴であったにも拘わらず、大量の船舶を絶対国防圏外の前線で使用し、「敵に仕掛けられた消耗戦のためにつぎこんだ」と指摘している（前掲『海上護衛参謀の回想』101～102頁）。

104) 前掲『杉山メモ』下巻、486頁。8月に決定された1944年度の物動計画大綱基礎輸送力（C船）は、企画院「十八年度下期船舶徴傭ニ関スル検討（附属資料）」1943年9月14日（前掲『後期物資動員計画資料』第6巻所収、461頁）によれば、2,866.59万トン。この資料では44年度に1,018.84万トンを加えて、3,885.43万トンとすることも検討していた。

105) 『公文別録・昭和十五年～昭和十八年』第三巻（国立公文書館所蔵）所収。

106) 航空機生産は1943年度当初計画では陸海軍とも8,000機でスタートしたが、9月には陸軍9,280機、海軍9,816機に積み上げられ、44年度には陸海軍合わせて5万機を超える要求が打ち出される異常事態となった。⑫研究では3万機の目標が提示されていたが、9月27日の大本営政府連絡会議では企画院、商工省から4万機可能という意見が出て航空機計画は保留となり（前掲『大本営陸軍部戦争指導班機密戦争日誌』下巻、433頁）、9月30日の大本営政府連絡会議で4万機を努力目標とすることで一旦決着が付けられた。しかし、その後も陸海軍の航空機生産能力の争奪は続いた。この問題は、44年度船舶建造計画の積み上げ問題と並行して、43年度下期の総動員計画の重要懸案として行政全体の再編をもたらし、結局軍需省航空兵器総局の下で航空機行政の一元化を目指すことになった。この経過については、前掲『戦時経済総動員体制の研究』第7章、401～413頁および第8、9章を参照。

107) 海務院運航部「昭和十八年度第三、四半期海上輸送計画策定要領竝ニ計画概要」1943年9月30日前掲『後期物資動員計画資料』第6巻所収、602頁。

108) 「昭和十八年度第四・四半期物動輸送ニ関スル検討」前掲『後期物資動員計画資料』第6巻所収。

109) 1944年1月25日の予算委員会で岸信介国務大臣は、甲造船、乙造船計画の不振や木船動員の遅延によって第4四半期において、「相当ノ輸送力減少見込トナッタノデアリマス」とし、また「当然来年度ニモ其ノ影響ヲ及ボス訳デアリマシテ、之ニ因ル輸送力ノ減少ハ相当ナモノニナルト予想」されるとして、民需船と徴傭船の総合運用、陸運転移、機帆船中継輸送、稼働率向上などの対策を説明している（前掲「予算委員会　物資動員計画ヲ中心トスル国家諸計画、航空機生産目標、戦況等ニ付テ」前掲『帝国議会衆議院秘密会議事速記録集』（二）766～767頁）。参謀本部内でも43年12月に

第2章　共栄圏構想の挫折（1943年度）

鉄道班が43年度下期の海上輸送力低下を補填するため44年1〜4月間に100万トンの大陸増送案を検討していたが、戦争指導班は12月20日の日誌に「南鮮諸港ノ能力ニ疑問アリ」と記し、「大陸鉄道ニ対スル依存度ハ今後宿命的ニ増大スヱニ抜本的対策ノ速急ナル実現ヲ必要トス」としていた（前掲『大本営陸軍部戦争指導班機密戦争日誌』下巻、465頁）。

110）前掲『大本営陸軍部戦争指導班機密戦争日誌』下巻、487頁。
111）前掲『杉山メモ』下巻、535頁。
112）前掲『大本営陸軍部戦争指導班機密戦争日誌』下巻、491頁、2月12日の記載。
113）前掲『杉山メモ』下巻、536〜538頁。なお、軍務局第一課長らは、海軍として「絶対国防圏確保ノニハ最早背水ノ陣ニシテ、之カ為ニハ本年上半期ニ一切ノ力ヲ出シテ乗ルカ反ルカノ決戦ヲ企図スベキ所ニ来テ居リ、此際国力ノ最低限度等云々スベキ秋ニ非ス」との認識で一致していると観測していた。また海軍中堅以下には、「必勝ノ信念ニ疑義ヲ有シアルカ如ク、非常ニ生気ナク稍々自棄的態度モ看取」されるとして、陸軍が「海軍ノ志気振作ノ役モ引受ケサルベカラザルニ立チ到ル」とも観察していた。
114）「海上輸送計画資料(仮題)」前掲『後期物資動員計画資料』第12巻所収、340頁。
115）随員富山鉄道監「第四回行政査察報告（輸送関係）」1943年12月『八田嘉明文書』810。
116）前掲「第八十四回帝国議会重要事項」。
117）以下の1943年前期の機帆船運航状況は、「機帆船統制概況」1943年9月30日（前掲『後期物資動員計画資料』第6巻所収、684〜687頁）によっている。機帆船業界の再編や機帆船保有の増強については、佐木弘他著『機帆船海運の研究』第Ⅱ部（土居靖範執筆）多賀出版、1984年、前掲『戦時金融金庫の研究』第5章を参照のこと。機帆船による石炭輸送については、古川由美子「戦時期における九州石炭輸送」（『エネルギー史研究』第18号、2003年所収）、同「戦時期における北海道石炭輸送」（『エネルギー史研究』第19号、2004年所収）を参照のこと。
118）前掲『船舶運営会会史（前編）』中巻、20〜30頁。1944年度に陸海軍徴傭船、民需船の統合運用が試みられる段階でも、輸送統制からの逸脱が見られたことは、木庭俊彦「太平洋戦争期における機帆船海運」（『歴史と経済』第204号、2009年所収）によって指摘されている。
119）海運総局「海上輸送計画資料」1944年8月前掲『後期物資動員計画資料』第12巻所収、369頁。
120）「燃料不足ニ依ル機帆船遊休状況」前掲『後期物資動員計画資料』第6巻所収。
121）以下、1943年10月から44年2月頃までの機帆船の統制状況は、海運局総務課「機帆船対策　議会答弁資料」1944年1月22日、海運総局海運局輸送課「参与会議ニ於ケル海運総局長説明要旨（機帆船関係）」1944年2月17日（前掲『後期物資動員計画資料』第6巻所収）によった。
122）前掲『戦時経済総動員体制の研究』第5章、281〜282頁。
123）「昭和十八年度戦時標準型木造貨物船竣工見透」前掲『後期物資動員計画資料』第6

巻所収、692〜694 頁。同資料の作成時期は 1943 年末から 44 年 1 月とみられる。
124) 海運総局「(閣議報告資料)関門、若松地区艀及機帆船ノ緊急修繕ニ関スル件」1944 年 1 月 4 日前掲『後期物資動員計画資料』第 6 巻所収、688〜691 頁。
125) 前掲『大本営陸軍部戦争指導班機密戦争日誌』下巻、518 頁の船舶局企画課長より参謀本部第三部長への説明。
126) 大蔵省・日本銀行『昭和 23 年 財政金融統計年報』1948 年、706、709 頁。
127) 前掲『戦時経済総動員体制の研究』730〜731 頁。
128) 以下、貨物、旅客輸送等の鉄道事業の実情については、運輸通信省「開戦以降海陸輸送力ノ推移、現状及見透」1944 年 8 月 11 日前掲『後期物資動員計画資料』第 10 巻所収、437〜441 頁による。
129) 「鉄鋼増産確保ニ関スル措置要綱」1943 年 5 月 25 日閣議決定『昭和 18 年度鉄鋼局資料』(『日高準之介資料』)所収。
130) 「昭和十八年度鉄鋼特別増産ニ関スル件」1943 年 5 月 25 日前掲『昭和 18 年度鉄鋼局資料』所収。
131) 小型溶鉱炉の建設計画と実施過程については、前掲『戦時経済総動員体制の研究』220〜228 頁を参照。
132) 以下、特殊鋼の実情については、「昭和十八年度特殊鋼生産確保ニ関スル件」1943 年 4 月 28 日豊田貞次郎「昭和十八年度鉄鋼生産増強方策」(『柏原兵太郎文書』202 所収)による。
133) 前掲「豊田、大河内及藤原各内閣顧問ノ鉄鋼生産増強ニ関スル意見ニ対スル商工省所見」、商工省金属局「特殊鋼生産確保対策要綱(案)」1943 年 6 月 8 日(『柏原兵太郎文書』191-71)。
134) 臨時生産増強委員会「鉄鋼ノ生産確保ニ関スル閣議決定事項ノ実施ニ関シ各省大臣ノ執ルベキ措置ニ関スル件」1943 年 5 月 26 日前掲『昭和 18 年度鉄鋼局資料』所収。
135) 商工省金属局「夏期生産確保対策懇談会ニ申出アリタル生産阻害事項中商工省ニ於テ処理スベキ事項」1943 年 7 月 15 日前掲『昭和 18 年鉄鋼局資料』所収。
136) 統制会関係者による内閣顧問制度の活動や、動員行政の迅速化、一元的処理に向けて軍需省の設置を求める動きについては、前掲『戦時経済総動員体制の研究』590〜594 頁を参照のこと。
137) 商工省金属局「夏期生産確保対策懇談会ニ申出アリタル生産阻害事項中鉄鋼統制会ニ於テ処理スベキ事項」1943 年 7 月 16 日前掲『昭和 18 年鉄鋼局資料』所収。
138) 5 大重要産業、とりわけ航空機工業と造船業に向けた徴用の実態については、前掲『戦時経済総動員体制の研究』428〜432 頁を参照のこと。
139) 地方動員行政における各省担当者の協議や、地方庁間の協議が重要になるのもこの時期である。地方各庁連絡協議会や、地方行政協議会の活動については、前掲『戦時経済総動員体制の研究』第 9 章を参照のこと。
140) 以下の記述は、企画院「昭和十八年度第一、四半期重要物資供給実績」1943 年 7 月 14 日(前掲『後期物資動員計画資料』第 4 巻所収、123〜157 頁)の備考欄、「昭和

第2章　共栄圏構想の挫折（1943年度）

十八年度上半期重要物資生産状況」（同第5巻所収、66〜74頁）による。
141）商工省「鋼材限定品種需給調整措置ニ関スル件」1943年4月15日、「圧延鋼材委員会設置要綱」1943年6月22日閣議決定。鋼材品種ごとの需給逼迫問題の調整や発注一元化問題については、前掲『戦時経済総動員体制の研究』225〜226、610頁参照。
142）「陸軍用特殊鋼ニ関スル懇談会議事要録」1943年9月14日前掲『後期物資動員計画資料』第4巻所収、400〜402頁。
143）以下、物動改訂の概要と石炭制限については、企画院「二／一八以降物資動員計画調整ニ関スル件」1943年7月8日（前掲『後期物資動員計画資料』第5巻所収、4〜5頁）による。
144）日鉄社史編纂資料『行政査察使関係資料──旧海軍資料：生産技術協会資料』1956年4月13日、27〜28頁。
145）第2回行政査察については、通商産業省（大橋周治執筆）『商工政策史』第17巻（通商産業研究社、1970年）397〜401頁参照のこと。
146）商工省「輪西及釜石製造所向北支炭輸送節減ニ関スル件」1943年7月24日前掲『行政査察使関係資料──旧海軍資料：生産技術協会資料』所収。
147）輪西製鉄所の出銑計画は、企画院『昭和十八年度生産拡充計画』1943年8月25日（総合計画の決定は5月3日、鉄鋼部門計画の生産力拡充委員会第一分科会決定は6月8日）では52万トンになっており、前年度実績の65.8万トンよりも大幅に縮小していた。これは室蘭第1高炉の北支移転計画があったためとみられるが、査察前に移設計画はなくなり、査察時点では64.5万トンを目指すことになっている。北支炭30万トンを予定したのは、52万トンの当初計画時のもので、そのままでさらに北支炭が必要になるため、稼働率の維持を条件として国内炭への切替を受け入れさせたものとみられる。
148）前掲『商工政策史』第17巻、398頁。
149）前掲『行政査察使関係資料──旧海軍資料：生産技術協会資料』。統制会の会長ではなく、5大重点産業に関する専門知識も乏しい藤原銀次郎が内閣顧問となり、1943年度中に、6月第2回（製鉄）、8月の第3回（航空機）、12月の第6回（甲造船）の行政査察で強力な権限を持つ査察使に任命されたのは、こうした都合のよい希望の数字合わせに協力し、統帥部と政府の妥協を成り立たせたからであった（前掲『戦時経済総動員体制の研究』300、443〜444頁）。第2回行政査察について、輪西関係者がまとめたとみられる「藤原査察ノ経過ト其ノ成果概要」（前掲『行政査察使関係資料──旧海軍資料：生産技術協会資料』所収）は、「世間デハ行政査察ハ如何ナル不可能事モ可能ニスルト云フ錯覚ニ陥ッテキタカノ如キ感ナキヲ得ナイ事態モアリ、行政査察ハ大流行ヲ極メタノデアル」とし、以下の問題点を指摘した。①技術的に困難なことを政治的に成功したかのように喧伝し、「軍官ノ威圧ヲ以テ産業人ヲ屈服」させたことにより現場の反感を招いたこと、②膨大な調書作成が事務能力の低下を招いたこと、③査察後、中央の人事査定で輪西首脳部の人事異動が頻繁に行われたこと。この結果、「輪西ノ首脳部ノ命令ハ非常ニ軽ンジラレ中央ノ鼻息ヲ伺フニ主力ヲ費ス風習ヲ生ゼシメ、所内ノチームワークハ全然トレナクナリ生産能率ノ向上モ不可能トナリ、輪西製鉄所

ノ生産ハ一歩一歩ト泥沼ニ陥落シツツアルガ如キ状態トナッタ」とし、「決シテ技術ヲ門外漢ガ弄ブベキデハナイ」、「真ノ技術的成功解決デナイ為ニ破綻ノ基トナルハ必然デアル」と藤原の行政査察を痛烈に批判している。

150)「鉄鋼部門本船輸送量減少対策試案」前掲『後期物資動員計画資料』第5巻所収、58頁。
151) 企画院第二部「8/7調整物動ニ対スル鋼材増減再検討表」1943年8月17日前掲『後期物資動員計画資料』第5巻所収、56頁。
152) 豊田顧問「鉄鋼増産趨勢ニ関スル一考察」1943年7月28日前掲『後期物資動員計画資料』第5巻所収、20～54頁。
153) 第2次生産力拡充計画の検討と挫折については、前掲『戦時経済総動員体制の研究』212～217頁を参照のこと。
154) 大東亜省「南方甲地域経済対策要綱(第六委員会決定)改定案(未定稿)」1943年3月29日外務省外交史料館 B-E-0-0-0-8-001。
155) 大東亜省連絡委員会第一部会「南方甲地域経済対策要綱(第六委員会決定)改定案」1943年3月29日国立公文書館所蔵内閣文庫ヨ333-0141。
156)「昭和十八年上半期重要物資生産状況」前掲『後期物資動員計画資料』第5巻所収、66～67頁。
157) 企画院「昭和十八年度生産拡充実施計画」1943年8月25日。
158) この件について、豊田貞次郎内閣顧問も4月28日付の意見書「昭和十八年度鉄鋼生産増強方策」の中で、陸海軍別配当内訳の決定が遅延するため、陸海軍それぞれが推定割当を遙かに超えた発注をし、物動計画を破壊していると指摘していた。これに対して商工省も「軍ニ於ケル猛省ノ要ヲ痛感スル次第ニシテ之ニシテ改メラレズンバ物動計画ノ円滑ナル実施ハ到底不可能ト云フベシ」とし、鉄鋼販売統制株式会社による一手買取、直接輸送が「喫緊不可欠」と指摘していた(前掲「豊田、大河内及藤原各内閣顧問ノ鉄鋼生産増強ニ関スル意見ニ対スル商工省所見」)。
159) 前掲「予算委員会 物資動員計画ヲ中心トスル国家諸計画、航空機生産目標、戦況等ニ付テ」(岸信介国務大臣)『帝国議会衆議院秘密会議事速記録集』(二)765頁。
160)「石炭配給統制法中改正法律案外一件委員会 石炭、製鉄、企業整備ニ付テ」1944年1月31日前掲『帝国議会衆議院秘密会議事速記録集』(二)807～808頁。
161)「石油関係資料(仮題)」原朗・山崎志郎編・解説『軍需省関係資料』第7巻、現代史料出版、1997年所収、28頁。
162) 陸海軍省主務者「㋺研究」1943年9月9日前掲『後期物資動員計画資料』第9巻所収。
163) 企画院「戦力増強緊急措置ニ伴フ下期／一八物動計画調整ニ関スル件」1943年10月27日前掲『後期物資動員計画資料』第5巻、410～413頁。
164) 1943年度は、既に3月から6月にかけて「銅像等ノ非常回収実施要綱」に基づいて、公共施設等からの金属類の「非常回収」が実施されている。このうち、文化財等については特殊回収物件審査委員会の判断を経て資源化されたため、その最終処理は11月

第2章　共栄圏構想の挫折（1943年度）

までかかった。ここで、新たに取り組む特別回収はその意味で43年度第2次特別回収に当たる。

165）前掲「予算委員会　物資動員計画ヲ中心トスル国家諸計画、航空機生産目標、戦況等ニ付テ」『帝国議会衆議院秘密会議議事速記録集』（二）764頁。
166）「十八年度下期鉄鋼生産計画各種案条件比較」1943年11月17日前掲『後期物資動員計画資料』第5巻所収、441頁。
167）軍需省「十八年度下期鉄鋼生産計画調整ニ関スル件」1943年12月2日、前掲『後期物資動員計画資料』第5巻所収、445～448頁。
168）軍需省総動員局「昭和十八年度下期緊急対策所要資材産業別地域別配当ニ関スル件」1943年11月25日前掲『後期物資動員計画資料』第5巻所収、443頁。
169）前掲「海軍監理長会議説明資料　昭和十八年度物資動員計画ノ概要」前掲『後期物資動員計画資料』第5巻所収、455～456頁。
170）1943年度下期の鉄鋼増産対策と並行して、44年度鉄鋼生産計画も検討され、原料製品輸送の海上輸送力依存を極力低減し、内地・朝鮮の鉄鉱資源を徹底的に開発・活用する方針の下で普通鋼鋼材510万トン案が策定されている。「（閣議稟議案）昭和十九年度鉄鋼生産計画ニ関スル件」1943年10月18日前掲『昭和18年度鉄鋼局資料』。
171）岡崎哲二は、この好成績について、1943年2月の緊急物価対策要綱によって価格刺激を導入したことを重視しているが（前掲「戦時計画経済と価格統制」）、物資動員計画や海上輸送計画において鉄鋼生産水準を維持するために徹底した資源の動員を行っており、価格刺激も一連の増産措置の一部として理解されるべきであろう。そうでなければ、44年度の鉄鋼不振が説明できないからである。これは戦時の産業政策の評価に当たって、いずれの産業でも共通であり、物資動員計画の原料、資材投入が決定的な規定性を持っていた。
172）鉄鋼統制会「昭和18年度下期（18年10月～19年3月）鉄鋼生産割当対生産実績比較表」1944年5月10日前掲『後期物資動員計画資料』第5巻所収、640～655頁。
173）鉄鋼販売統制株式会社「昭和十八年度第3四半期普通圧延鋼材生産．積出．在庫高調」1944年2月23日前掲『後期物資動員計画資料』第5巻所収、551頁。
174）藤原国務大臣閣議報告「臨時鉄鋼増産協議会運営状況ニ関スル件」1944年4月『鉄鋼増産協議会資料2』（東京大学経済学部所蔵『戦時海運関係資料』B-3-2）所収。
175）大東亜省「支那ニ於ケル現地製鉄操業状況ト原料問題」1944年4月9日前掲『戦時海運関係資料』B-3-2所収。
176）小型溶鉱炉構想の問題点については、前掲『戦時経済総動員態勢の研究』220～222頁を参照のこと。
177）陸海軍は特殊鋼などを除くと製鉄会社の管理工場指定はせず、製鉄会社の管理工場指定は商工省所管で、1843年1月から実施された。しかし、「陸海軍ニ於テハ各製造業者作業所ニ監督官ハ常駐セシムルト共ニ之ニ附属セル事務機構ヲ常設シ以テ自己管理工場ト同様ノ効果ヲ収メ居レリ」とされ、圧延鋼材委員会の設置以前は「物動計画数量ヲ無視セル陸海軍直接契約品ノ超過圧延ハ常態タリシ結果鉄鋼販経由分ハ直接契

約分ニ依リ蚕食セラレ居リタリ」と指摘された。圧延委員会設置によって「右傾向ハ改善ニ向ヒツツ」あったが、委員会の圧延計画は決定が遅れることが多く、直接契約分の全需要明細を基礎に圧延計画を決定することは難しかった。鉄鋼統制会では「圧延鋼材委員会運営上必要ナル基本的措置」として製造業者から注文書、送り状の写しを集めることもできたが、全監理官には徹底しておらず、「製造業者ニ於ケル事務ト鉄鋼統制会（鉄鋼販）トノ事務ハ完全ニ重複シ多大ナル人員ヲ要スル」こととなり、業務量から見ても困難であった（「第一部　鋼材配給ノ実情並ニ批判」前掲『鉄鋼需給調整実施要綱』所収）。この資料は記述内容から1944年1月に鉄鋼統制会生産部がまとめた後掲「鉄鋼配給機能強化要綱」の一部であると判断される。

178）出荷についても、軍の支配力は強力で、「現地ヘノ督促ハ勿論、本船輸送力低下ノ今日ニ於テハ特務艦ノ派遣、輸送ニ関スル便誼ノ供与」をするだけでなく、圧延鋼材委員会ノ決定セル枠ヲ無視シテ実力ヲ以テ自己註文品ノ優先出荷ハ勿論、他註文品ノ強制的振替出荷ヲ」させ、軍工廠へは直送し、民間利用工場へは中継倉庫を経て再配分していた（前掲「第一部　鋼材配給ノ実情並ニ批判」）。

179）軍の直接契約は元来「軍機保護ノ見地ヨリ関係者ヲ多方面ニ分散セシムルコトヲ防止スル為採用」された。しかし、「最近ニ於テハ現品確保ノ手段トシテ此ノ制度ヲ利用スル風潮顕著ニシテ本年度ニ於テハ略々其ノ極点ニ達シタリト謂フベク為ニ陸、海、民ノ間ニ於テ更ニ軍内部ニ於テハ部隊間ニ猛烈ナル競争ヲ惹起シ入手実績ハ配当額ニ対シ甚シキ増減ヲ示シ綜合戦力増強ニ至大ノ影響ヲ及ボシツツ、アルハ寒心ニ堪ヘザル次第」と評された。製造業者の販売業務を委託された代行者にも独自の動きがあり、「一方製造業者ハ直接契約ノ増大ニ伴フ事務ノ煩雑化ニ鑑ミ、納入ニ関シ代行者ヲ使用スルモノ漸次増加シ居ル結果鉄鋼販指定委託店ハ却ッテ各製造業者ノ代行者タラントシ、茲テハ鉄鋼販ノ指定委託店ニ対スル統制力ヲ弱化セシメ居レリ」と、鉄鋼販から離反するものも現れていた。このため、総合的配給適正化の観点から見れば、①超過発注の原因となること、②軍監督官が指示した積み出しが、出荷を混乱させること、③現品争奪を惹起すること、④直接契約以外の重要品の優先ロールが困難になること、⑤直接契約の肥大化で発注側、製造業者側ともに事務処理が膨大になり、代行店を利用すれば、代行店間の競争を助長すること、⑥直接契約品が製造業者在庫として、あるいは再配分のために問屋倉庫に長期に保管されるものが多く、倉庫の能率を阻害することが指摘された。輸送業務においても、①交錯輸送を増加させること、②個別輸送になり、同一地区内一括輸送を不可能にすることが問題であった（前掲「第一部　鋼材配給ノ実情並ニ批判」）。

180）以下、特に注記しない限り、海軍の購買行動については、前掲「海軍監理長会議説明資料　昭和十八年度物資動員計画ノ概要」による。

181）1942年秋以降、商工省では需要団体に原材料の一括購入機関を設置する案や、供給側、需要側を包含した巨大な販売統制機関を設置する案を構想したが、実現しなかった。この点は、前掲『戦時経済総動員体制の研究』566〜577頁参照。精密機械工業における鋼材一括購入機関の設立経緯については、同書458、467〜468頁参照。

第2章　共栄圏構想の挫折（1943年度）　487

182) こうした一括購入機関については、軍の購買力と対抗する点で軍が反対するのは了解されるが、鉄鋼需給の全体調整に責任を負う統制会としても、工業組合等が小口需要家による注文単位の引き上げを図る一括発注とは異なり、問題が多いと指摘した。前掲「第一部　鋼材配給ノ実情並ニ批判」は、一括購入の利点として、①需要とりまとめによって配給機関に煩雑な事務を軽減すること、②購入機関の希望受け渡し場所に一括直送し、輸送効率が上がること、③購入機関への荷渡し状況の把握が容易なこと、④契約の整理、代金取り立てが簡素化できることなどを挙げている。しかし、その一方で、①現品が一需要団体向けに固定され、総合的荷捌きが不可能になること、②会員への再配送時の二重輸送によって効率性が下がり、特に陸送転換によって効率性よりも非効率性が勝るようになること、③配給機関における輸送力の総合的確保、効率的使用が不可能になること、④一括購入機関を新設する場合は、二重投資の問題があること、⑤再販売を担当する指定販売業者が需要者の指定機関になって統制破壊的行動を取る可能性があることなどの問題も挙げられた。この結果、「利点ヨリモ寧ロ弊害ノミ多キモノナルノミナラズ、其ノ思想的根拠ヨリ見レバ、他ヲ顧ズシテ己独リ良カラントスル自己本位ノ思想ヨリ出ズルモノニシテ、極言セバ経済統制ノ反逆」であるとも指摘している。

183) 商工省金属局「鉄鋼販売統制株式会社業務考査報告書」1943年10月16日前掲『鉄鋼需給調整実施要綱』所収。鉄鋼統制会も「圧延鋼材委員会ノ現制度ハ註文残高ノ累積ニ起因シテ各需要部内ニ於ケル圧延ノ優先的確保、割込ノ狂奔ヲ惹起シ、圧延ニ於ケル政治性ヲ濃化ナラシメテ製造業者作業所ニ於ケル事務及作業ヲ煩雑ナラシメ惹テハ製品置場ノ狭隘ヲ来シテ生産阻害ノ傾向顕著」であるとし、「現下ノ輸送事情ニモ即応シ得ザル憾多」いと批判していた（鉄鋼統制会生産部「鉄鋼配給機能強化要綱」1944年1月前掲『鉄鋼需給調整実施要綱』所収）。

184) 軍需省「十九年度物動計画完遂ノ為ノ必須条件中主要ナル事項」1944年3月25日陸軍参謀本部『敗戦の記録』原書房、1967年、14頁。

185) 陸軍省整備局「軍需省新設ニ伴フ鉄鋼統制新機構案」1943年10月18日前掲『鉄鋼需給調整実施要綱』所収。

186) 陸軍省整備局戦備課「軍需省設置ニ伴フ鉄鋼配給機構ノ刷新整備要求（案）」1943年11月20日前掲『鉄鋼需給調整実施要綱』所収。

187)「第二部　鋼材配給ニ関スル改善諸対策ト其ノ効果」前掲『鉄鋼需給調整実施要綱』所収。同資料は、前掲「鋼材配給ノ実情並ニ批判」と一体のもので、1944年1月に鉄鋼統制会生産部がまとめた「鉄鋼配給機能強化要綱」の一部とみられる。

188) 前掲「第一部　鋼材配給ノ実情並ニ批判」。さらに同資料は鉄鋼需給計画化の軍側の実態について、「所定ノ手続ニ依レバ前期陸海軍ノ発註内容ニ付テハ所定期日迄ニ陸海軍中央統轄機関ハ鉄鋼統制会ニ対シ部（隊）別品種別、製造業者別発註明細ヲ通知スル事トナリ居ルモ同表ハ中央ニ於ケル単ナル計画表ニシテ実際ノ発註ト甚シキ懸隔アリ従ツテ鉄鋼統制会及鉄鋼販ハ製造業者直接契約分ノ数量、時期別等ニ付テハ全然之ヲ関知シ居ラズト謂フヲ得ベシ」と指摘している。

189) 前掲「第二部　鋼材配給ニ関スル改善諸対策ト其ノ効果」。
190) 「鉄鋼需給調整実施要綱ニ関スル件説明」1944年3月14日前掲『鉄鋼需給調整実施要綱』所収。
191) 前掲「鉄鋼配給機能強化要綱」。
192) 前掲「鉄鋼需給調整実施要綱ニ関スル件説明」。
193) 商工行政の転換構想は、前掲『戦時経済総動員体制の研究』566～577頁を参照のこと。
194) 「発注一元化方策要綱（案）」1943年10月5日前掲『鉄鋼需給調整実施要綱』所収。
195) 軍需省による発注一元化物資は44年8月時点で16物資にとどまり、その後も陸海軍が発注権限を手放さなかったため、順調に進まなかったことは、前掲『戦時経済総動員体制の研究』610～611頁を参照のこと。
196) 「鉄鋼需給調整実施要綱」前掲『鉄鋼需給調整実施要綱』所収。鉄鋼需給の新たな調整方針については、1944年度の物資動員計画を論じる際に改めて触れる。
197) 統制会や工業組合の原材料・資材ルートと、それを侵食し続ける軍工業会ルートの相克については、前掲『戦時経済総動員体制の研究』第8章を参照のこと。
198) 以下、特に注記しない限り、1943年末の物資別計画実績や年度見通しは、前掲「海軍監理長会議説明資料　昭和十八年度物資動員計画ノ概要」による。生産拡充計画と実績は、軍需省「昭和十八年度生産拡充品目本邦地域別生産実績調」1944年7月15日（原朗・山崎志郎編『生産力拡充計画資料』現代史料出版、第8巻所収）による。
199) 航空機生産の要求の激増によって特殊鋼需要も急増し、供給可能量を大きく上回ってしまう事情は、前掲『戦時経済総動員体制の研究』437～439頁を参照のこと。
200) 生産力拡充実施計画における生産計画は、物動生産計画よりやや多く、アルミニウムの1943年度の生産計画は15万1,869トン、実績は14万1,084トンであった。マグネシウム生産計画は6,013トン、生産実績は4,150トンであった。マグネシウムの44年度計画も最終的に6,253トンにとどまった（前掲『戦時経済総動員体制の研究』238頁）。
201) 木造船建造計画の推移は、前掲『戦時経済総動員体制の研究』第5章「計画造船と輸送力の推移」を参照のこと。
202) 帝石史資料蒐集小委員会『帝石史編纂資料（その二）』1960年、57～58頁。
203) 海軍の原油、液体燃料の還送実績が判明しないが、海軍地区の油井、精製施設の産出量が少量であることから、仮に還送実績があっても僅かであるとみられる。
204) 前掲『後期物資動員計画資料』第6巻所収。
205) 前掲『海上護衛参謀の回想』107頁。
206) 「石油関係資料（仮題）」前掲『軍需省関係資料』第7巻、28～29、45頁。
207) 前掲「海軍監理長会議説明資料　昭和十八年度物資動員計画ノ概要」前掲『後期物資動員計画資料』第5巻、464～465頁。
208) 軍需省「昭和十九年度民需用液体燃料最低需要並ニ南方石油期待量」1944年4月21日前掲『後期物資動員計画資料』第10巻所収、90頁。

第2章　共栄圏構想の挫折（1943年度）　489

209）前掲「海軍監理長会議説明資料　昭和十八年度物資動員計画ノ概要」前掲『後期物資動員計画資料』第5巻、466頁。
210）1944年1月の衆議院では、43年の石炭生産が悪化した原因について、労働者不足が指摘された。42年度の全国平均石炭労働者数37.5万人に対して、43年6、7月には36万人に減少し、8〜10月に37.3万人とやや回復したものの、42年度平均を上回ったのは11月以降であった。なお石炭の移入・輸入の年間計画の達成予想については、樺太・朝鮮・台湾からの移入は98％の見込みであること、北支・満洲・仏印からの輸入は94％と見込まれることが報告された。前掲「石炭配給統制法中改正法律案外一件委員会　石炭、製鉄、企業整備等ニ付テ」『帝国議会衆議院秘密会議事速記録集』（二）808頁。
211）前掲「海軍監理長会議説明資料　昭和十八年度物資動員計画ノ概要」。
212）以下の記述は、在北京日本帝国大使館事務所「業務状況報告」1944年6月20日（財務省所蔵『愛知揆一文書』Z526-21）によっている。
213）1942年の秋から本格化する総動員体制の再編構想、臨時生産増強委員会、内閣顧問会議、行政査察制度、軍需省設置等の行政整理、広域地方行政の活発化については、前掲『戦時経済総動員体制の研究』第9章、航空機工業で実施した増産対策については第7章を参照のこと。
214）物動計画立案を所管してきた企画院の物動総務班が、総動員局動員部第1課に吸収された際、企画院調査官の田中申一は、課長となった田邉俊雄が「この課を纏める方法として、自分のいた企画院側を若干押えて商工省側に花を持たす態度をとった」と、企画院官僚の地位低下を窺わせる回想をしている（田中申一著・原朗校訂『日本戦争経済秘史』コンピューター・エージ社、1975年、488頁）。
215）山崎志郎『物資動員計画と共栄圏構想の形成』日本経済評論社、2012年、23〜24頁。
216）「地方各庁連絡協議会開催状況」（1942年12月26日現在）東京大学所蔵『美濃部洋次文書』Aa-61。
217）「地方行政刷新強化方策活用ニ関スル措置要綱」1943年7月13日閣議決定、国立公文書館蔵『昭和十八年度公文纂』所収。
218）しかし、陸軍戦争指導班が1944年2月13日に記した日誌には、海軍部内の動向として「戦争ノ前途ニ悲観論多ク何等カノ機会ニ妥協和平ヲ企図セントスル空気相当充満シアルカ如シ」、また「重臣層ニ於テモ大部ハ右海軍部内ノ如キ空気濃厚ニシテ、両者接近シテ戦争阻害抗力タルノ公算尠シトセス」とある（前掲『大本営陸軍部戦争指導班機密戦争日誌』下巻、491頁）。
219）軍需大臣の人事を巡って、佐藤賢了軍務局長は、陸海軍が航空機関連工業の行政査察使であり、軍需動員の優先に協力的な藤原銀次郎を推したが、東條首相が武官・文官の圧力に民間人の藤原では対応できないとして自身が兼務し、岸信介商工大臣を軍需省次官に降格させた上で国務大臣として軍需省行政を所管させたと回想している（同『大東亜戦争回顧録』徳間書店、1966年、294頁）。一方、星野直樹内閣書記官長の下で内閣機能の強化を推進した山田秀三内閣官房調査官（1943年11月から内閣官房参

事官）は、動員行政の行き詰まりから軍需省が設置されたとし、軍需大臣を巡って鈴木と藤原に対抗関係があったが、いずれもが却けられたと回想している（通商産業調査会産業政策史研究所『産業政策史回想録』第11分冊、51頁）。また、岸信介は商工大臣として軍需省再編を準備したが、陸海軍を調整できる大臣は東條以外にはおらず、自身は次官降格を希望したこと、しかし東條が岸を実質的な軍需大臣として処遇するために国務大臣兼務とすることを強く求めたと回想している（同第7分冊、25～26頁）。
220)「昭和十九年度物資動員計画ニ付テ」1944年5月か、前掲『後期物資動員計画資料』第10巻所収、71～72頁。

第3章　太平洋戦争末期の総動員体制
——1944年度物資動員計画

はじめに

　本章は、1944年度の物資輸送計画の策定とその度重なる改訂を追いながら、鉄鋼等の最重要物資の生産もが急速に縮小していった物資動員計画を中心に総動員政策を検討する。この時期の戦時総動員体制に関しては、比較的研究の厚い政治史分野でも東條英機内閣の総辞職の経緯や鈴木貫太郎内閣時の終戦判断をめぐる関係者の回想等を整理した外務省の優れた調査[1]があるほかは、総合的な研究は多くないといってよいだろう。特に44年7月の政変の背景となった海上輸送計画の動揺や鉄鋼、軽金属、石炭、航空機、船舶生産の不調といった総動員諸計画の破綻に至る経過を明らかにしたものはない。本章では、43年9月の策定開始から計画が次々に改訂され、計画としての実質が失われていく過程を、さまざまな政策対応や、権力の動揺から敗戦を受け入れていく経過と合わせて検討することを課題としている。

　以下ではまず、1943年度下期の第3次、第4次の船舶増徴に翻弄される輸送計画の策定過程を追い、輸送力を喪失する中で鉄鋼生産と軍需との調整をつけようとした計画の立案推移を追っている。43年9月頃から戦局を挽回するために、陸海軍統帥部は5万機の航空機生産や、国力の回復と作戦維持のための船舶250万総噸の建造という途方もない総動員目標の設定を求めた。この輸送力の問題を解決する方法として、東條首相が最後の期待をかけたのが「雪達磨式」造船という鉱石専用船と船舶増産用鋼材のリンク制度であった。このため、藤原銀次郎国務大臣を中心に関係各省の事務官からなる臨時鉄鋼増産協議会が組織された。これは、物動計画の外側で鉄鋼、船舶を増産し、その船舶を「特別船舶」として、物動輸送計画の外側で鉄鉱石、石炭輸送に利用するというものであった。物動計画は戦時総動員諸計画を支える本来の計画と並んで、

鉄鉱石・石炭輸送と鉄鋼・造船・海運事業の間で循環しながら拡大させるという特殊な計画が立案され、二重化する事態となった。

本章では統帥部と政府機関の関係、政府と統制団体の関係、太平洋戦争の推移と共栄圏の交易関係の変容や、海上・陸上輸送計画を追いながら、戦力増強と基本国力の維持を調整した物資動員計画を検討する。

しかし、一連の特別措置の効果は乏しく、1944年7月のサイパン島失陥によって前年9月30日の御前会議決定「今後採ルヘキ戦争指導ノ大綱」で設定された「絶対国防圏」が崩れた。これによって、戦況の悪化と総動員諸計画の縮小が続く中でも、行政権限の集中によって政権を強化し、41年10月以来2年9ヶ月にわたって政権を維持してきた東條内閣は瓦解した。その後の小磯国昭内閣では、南方との関係が途絶する直前に大量の船舶を南方物資輸送に投入し、当面の重要物資を確保しようとした。しかし、かつてないほど大量の船舶喪失を招き、一挙に主要物資の生産を崩壊させることになった。

このため、1944年度物資動員計画の下期には、遊休となった工場施設や、直前まで完成を急いでいた未稼働施設を破砕し、100万トンに上る屑鉄ないし転用鋼材として最後の鉄給源にする計画も動きだした。高炉の稼働が急速に縮小する中で、太平洋戦争末期にはこうした自発的に破壊された既存設備が最大の資源となった。

第1節　1944年度物資動員計画大綱の立案

1　計画策定基準

1944年度物資動員計画の策定方針

企画院第二部は1943年6月17日、44年度物資動員計画の策定方針案を準備した[2]。計画は43年度計画の要領を踏襲し、①8月末までに計画大綱を策定する、②12月末頃の現状と情勢判断を基に44年2月末までに計画を概定する、③年度計画を基に所要の調整した四半期別計画を「実行計画」とするというものだった。計画の重点は、①最低国民生活（特に食糧）の維持による持久戦態勢の確立、②戦力、特に航空機生産の増強、海陸輸送力の増強、③共栄圏

各地域における物資動員計画の提携強化と各地資源の徹底的「戦力化」、特に満支との間で国民生活物資需要を調整して、戦力増強に寄与させる、④乙地域からの食糧輸入は極力避け、日満支の総合食糧自給計画を強行するというもので、南方諸地域への食糧依存は期待できなくなっていた。

　輸送計画の策定では、①陸運転移、大陸中継輸送を一層強化すること、②海上輸送計画は、汽船計画、機帆船計画に区分すること、③機帆船輸送の計画性を確立することにして、海上輸送距離の短縮と機帆船の最大限の利用によって輸送力を保持しようとしていた。供給計画では、①重要物資とその関連物資の均衡を保持すること、②鉄鋼供給は、内地生産力を1943年度程度に維持しつつ、大陸での生産、とりわけ小型溶鉱炉による銑鉄の増産を推進すること、③アルミニウムの増産では、甲地域のボーキサイト依存は43年度程度にとどめ、増産分は日満支の原料を利用すること、④副資材、特に重要非鉄金属、木材、セメントの生産を増強すること、⑤作戦に影響しない範囲で、民需用液体燃料を最優先で確保することとした。南方資源の確保が不安定になったことから、銑鉄、アルミニウムの日満支資源への依存を高め、配当計画では相当量の保留分を設定して、物的国力の運営の計画性を向上させることなどが指示された。

　南方資源への依存が低下し、満洲、中国占領地域の重要性が増すことから、計画設定の事務要領では、「日満支基幹計画実施要領」に基づき3地域間の重要物資交流数量を諸計画に先行して概定することになった[3]。このため、満洲、北支、中支、蒙疆の現地動員機関は、物資交流の計画原案、希望事項をまとめた上、7月30日に東京に参集し、企画院主催の協議を経て、8月10日までに各地の総供給量、対日輸出量（現地取得を含む）と、対日期待量の計画をまとめることになった。

　また計画大綱で扱う物資は「特ニ戦力増強、国民生活維持上必要ナル物資、並ニ輸送、交易、予算ニ関係アルモノニ限定」された。ただし、輸送計画についてはその他の資源についても計画を策定し、1946年度までの陸海輸送力の見通しを策定することを求めるなど、諸計画の正確な基礎になるよう重視していた。

　輸送計画の構成は、図3-1のようにほぼ1943年度計画と同じであるが、

図 3-1 輸送計画の体系

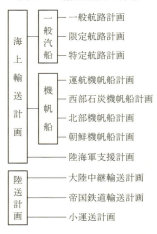

出所：企画院「昭和十九年度物資動員計画大綱事務設定要領」1943年7月12日前掲『後期物資動員計画資料』第9巻所収。

①海上輸送計画・陸送計画に分け、それぞれ地域別、物資別計画とすること、②海上輸送計画は一般汽船計画（甲地域、乙地域、日満支に区分）と機帆船計画に分け、一般汽船は、従来一括して扱われてきた一般航路、限定航路に加えて、特定航路を区分し[4]、機帆船は汽船輸送を補完して大陸との物動物資輸送に当たる運航機帆船と、九州炭の輸送に当たる西部石炭機帆船（帆船、曳船を含む）、北海道炭の輸送に当たる北部機帆船、朝鮮諸港から内地への輸送に当たる朝鮮機帆船について策定することとし、これに加えて、③陸海軍徴傭船による支援計画で構成された。

陸上輸送計画は、①満洲・北支の対日海上輸送物資のうち、陸運に転換した物資の「大陸中継輸送計画」と、②鉄道のみによる帝国鉄道輸送計画が中心であった。帝国鉄道輸送計画は、(i)従来の輸送計画と、(ii)増送計画、(iii)完全転移中継輸送、(iv)その他に区分して計画された。小運送計画は、主要統制路線について物資別の計画とした。また各種輸送計画の完遂のため、液体燃料の所要量を輸送機関別・期別・油種別に計画し、特に自動車輸送については、43年度の実情を見て所要資材を算定することも求められた。

1944年度の重点施策

1944年度の国内生産計画の策定において、輸送に次いで隘路と認識されたのが石炭とソーダ類であった。このため「石炭及ソーダ類配分計画」を諸計画に先行して策定し、炭種ごとに輸送計画と地区別・産業別の配分が策定され、これに基づいて内外地別の生産量を算定することになった。また、ソーダ類を重要原料とする石鹸、ガラス、化学薬品、人絹・スフの生産計画も厳格に統制され、急増する軽金属工業の需給と調整された。これと同様に電力・ガスの供給計画でも、産業間の需給調整に十分留意することを指示した。

供給計画の重要構成部分となった回収計画は、従来通り一般回収と特別回収に区分したが、在庫からの補填については、太平洋戦争開戦前に緊急輸入した特別在庫が涸渇したことから、特別と一般在庫の区分は廃止した。円域取得計画、南方輸入計画は従来通り輸入量と輸送計画を一致させることとしたが、食糧については「原則トシテ南方期待ハ行ハザル如ク努ムルコト」となり、物動外物資の輸入資金（a資金）も算定しないことになった。

　配分計画には新たな区分が設けられた。C_2中の鉄道車両工業の生産拡充用資材、C_3中の官営鉄道の施設用資材、C_4中の輸出用資材とC_5に含まれる私有鉄道用資材等のうち、大陸中継輸送や陸運転換に要する重要資材を、「車両用」、「施設用」に整理し、一括してC_xとして計上した。1943年度計画で計上した南方開発用資材C_yは、計画大綱段階では一旦輸出用C_4に含めておき、防空用資材C_zは前年度を踏襲した。

　この時点では、まだ配給部門ごとの需要調査は行われていないものの、軍需用鋼材、航空機用アルミニウムや、甲造船・乙造船、機関車・貨車、生産拡充計画に要する資材（特に厚板・鋼管・鋼索限定品種鋼材）については、基準鋼材量や生産量に対応する副資材の所要量を調査し、物資間の均衡が維持されるよう配慮することを求めた。また配給計画では、「従来ヨリノ継続的性格ヲ有スル事項ニ就キ再考ヲ加ヘ」、「不要部門ニ対スル十九年度以降ノ配給停止等ノ措置ニ就キ研究シ置ク」とし、同時に進行していた戦力増強企業整備[5]に合わせて、不要不急部門の徹底した縮小方針が打ち出されていた。

　これと並行して、1944年度の生産拡充計画の設定要領も示された[6]。その方針は、5大重点産業およびその関連部門を中心に、直前に策定された43年度生産拡充計画と大きくは変わらない。「軍需ノ充足特ニ航空機ノ増産、食糧ノ確保及海陸輸送力ノ増強ヲ主眼トシ之ガ達成ニ必要ナル基本物資及電力ノ生産増強」を目標に、航空機、食糧、船舶、鉄道車両、自動車、石炭、電力の重点化が指示された。地域別方針では、「大東亜ヲ通ジ電力、防空其他ノ立地条件ヲ勘案シ海陸輸送力ノ節約ヲ第一義」とし、「特ニ朝鮮、満洲及支那ヲ中心」に、「要スレバ内地既存設備ノ移設又ハ転用」を行うとして、原料立地と内地からの設備移転の方針を一層強めていた。

　内地に関しては「極力原料、燃料及電力ノ増産、生産隘路ノ補整、既存設備

ノ最高度利用ニ努メ設備ノ拡充ハ戦力増強上緊急ヲ要スル工作機械、化学薬品其ノ他重要部門ニ之ヲ限定」して、石炭、金属資源、限定品種鋼材、軽金属原料、精密機械・機器、輸送用機械、肥料・硝酸、有機合成品・タール系化学製品、潤滑油・重油などが拡充対象となった。一方、朝鮮、台湾、満洲、北支では礬土頁岩、南方ではボーキサイトと、自給圏各地で軽金属原料・副原料（蛍石・ピッチコークス等）の開発が模索された。そして8月までに生産拡充計画大綱を策定すべく、8月初旬には配当資材の不均衡状態の調査、所要資材を調査し、物動計画に並行して概案を策定することが指示された。

その他の国家総動員諸計画の策定方針も、8月初めに閣議決定となり[7]、「英米戦力ヲ圧倒スベキ直接戦力就中航空戦力ノ飛躍的増強ヲ中心トシテ国家総力ノ徹底的戦力化ヲ強行スル方針ノ下ニ有機一体ノ関連性ニ於テ本年末迄ニ之ヲ策定」することを指示した。重点は、やはり航空機関連企業に対する戦力増強企業整備[8] の推進と、基本物資の輸送・生産の確保に置かれ、「戦力ノ造出」のため、生産能率の画期的向上、物資の節約、簡素化、代用品の利用と国内資源の開発を徹底することを指示した。

輸送力の増強については、①船舶の喪失防止、②造船量の増加、船質の改善、修理の促進、③船腹稼働率の最高度の引き上げ、汽船と一体となった機帆船の計画輸送体制の整備、さらに補助輸送力の徹底利用、④陸運増強と海陸輸送の一体化、⑤航空輸送力の画期的増強などが指示された。科学技術動員では、戦力の質的向上、官民一体となった総合的・能率的動員に向けて、「既往ノ動員体制ニ深刻ナル再検討ヲ加ヘ之ヲ整備確立」することが求められた。給源の枯渇が指摘されていた労働力の動員についても、「数的充足ノミナラズ国民勤労能率ノ暢達発揮ト生産設備ノ全的活用ヲ主眼目トシ」、「特ニ企業整備ニ伴フ技術、労務ノ適正又ハ重点配置ニ依ル活用ニ違算ナカラシム」ことが指示され、「学生動員、学校教育及各種要員養成制度等ニ付テモ戦力ノ急速増強ニ応ジ得ル如ク計画的ニ整備スル」とされた。このほか、航空機工業向けの電力の確保、大東亜各地の資源・労働力を「極力帝国ノ綜合戦力増強ニ寄与」させることや、またタイ・仏印等からの輸送手段を失ったことから、日満支による食糧自給の最低水準を検討し、その確保を図ることなどを指示した。

2 重点物資の供給見通しの策定

第1次鉄鋼生産計画案

　最初に着手されたのは鉄鋼生産計画であった。1943年6月20日、鉄鋼統制会では44年度の海上輸送力が43年度以上に厳しくなるという想定で、生産見通しを策定した。43年度物動計画と同じ水準である普通鋼々材412.2万トン、鍛鋼20万トン、鋳鋼20万トン、特殊鋼43万トン、鋳物用銑鉄100万トンの生産を確保するため、①銑鉄・屑鉄の対満洲期待量を維持し、②溶鉱炉の移設によって北支からの銑鉄輸入を7万トンから15万トンとすること、③小型溶鉱炉銑鉄を25万トンから69.2万トンに増強することで、43年度中に一段落する予定の特別回収による屑鉄が50万トンから44年度に30万トンに減少する分をカバーしようとした。鉄鉱石は、内地鉱石を286.2万トンから318.1万トンとし、朝鮮鉱石を212.9万トンから256.6万トンに、砂鉄を60万トンから100万トンに増産し、本船輸送力の制約による遠隔地からの鉱石輸送の縮小を補うとした。また、銅滓・鉄滓・屑銑など低品位のさまざまな鉄源を集めて、貯鉱取り崩しや硫酸滓に代えようとした。この結果、対満・対支原料期待量、特別回収、北支等での小型溶鉱炉銑の内地還送、国産原料の増産、朝鮮鉱石輸送の一部機帆船への切り換えなどの「必須条件」が確保されれば、43年度の水準を維持できるとし、鉄鉱石の本船輸送量を43年度計画の386.6万トンから358.7万トンと、僅かに節約もできるという見通しを立てた。さらに銑鋼・石炭・副原料・炉材の輸送量についても、同様の工夫によって鉄鋼関係の必要総輸送量を1,367.5万トンから1,252.2万トンに抑えるとした。そして、この輸送力の節約分を鉄鋼の増産に向ければ、さらに普通銑鉄13.6万トン、普通鋼鋼塊15.5万トン、普通圧延鋼材11.3万トンの増産が可能であると見積もった。

　ただし、この見通しには高稼働率を維持しようという鉄鋼統制会の思惑が強く作用していた。最大限の資源を動員する場合には、1945年度用の期末の貯炭量を極度に削って釜石鉱石を大量に使用することや、砒素分の多い喜茂別鉱石、銅含有量の多い銅滓なども大量に利用することになり、鋼材品質の大幅な低下を覚悟することになった。航路のリスクが高いにもかかわらず、無理にでも海南島からの相当量の鉱石を求めるなど、戦争の最終段階を意識した提案も

織り交ぜられていた[9]。

その後、隘路である海上輸送力の対策については、1943年度の船舶建造計画を4月の107.5万総噸案から、9月には121万総噸に引き上げることも検討されたが[10]、8月3日に企画院・商工省が鉄鋼統制会に提示した鉄鋼計画の輸送条件は逆に厳しいものになった[11]。鉄鉱石の海上輸送力は、C船335万トン（うち陸軍徴傭船による支援5.4万トン）に設定され、銑鋼の輸送力もC船202万トン、運航機帆船6万トン、南鮮中継100万トン（同13.2万トン）の計308万トンにとどまった。この時期は、前章で見たように6月の船舶増徴によって第2四半期以降の輸送計画が組み替えられ、鉄鋼、アルミニウム生産に向けた一層の重点化がとられていた。この鉄鉱石の海上輸送335万トンは、1943年度の当初計画[12]の日満支から381.2万トン、甲地域から5.4万トンという計画に比して13％の削減であり、銑鋼の輸送力も年度当初の323.6万トン計画より5％削られていた。満支からの種別の供給については、満洲が43年度並（鋼材7.8万トン、鋼塊・鋼片17.9万トン、普通銑鉄58.1万トン）[13]と見込まれたが、北支銑鉄44.8万トン（43年度16万トン）、屑鋼0.5万トン（43年度なし）、蒙疆銑鉄11.8万トン（同3.9万トン）、中支銑鉄10万トン（同0.8万トン）とされ、北・中支における小型溶鉱炉建設の成果が上がることを期待していた。こうした条件で、軍需が集中した鍛鋼20万トン、鋳鋼22万トン、特殊鋼80万トンと、鋳物銑130万トンを確保し、8月7日までに鉄鋼生産計画の全体をまとめることが求められた[14]。

8月7日に策定された第1次案では、銑鉄生産が普通銑406.5万トン、盟外銑10万トン、外地銑120.2万トンとなり、鋼塊生産も平転炉570.4万トン、電気炉204.4万トンの計774.8万トンにとどまった。鋼材生産は普通鋼409.9万トン、鍛鋼20万トン、特殊鋼80万トンになり、特殊鋼については1943年度の43万トンの2倍近い増産を見込んだものの、鋼材生産は43年度の生産計画420万トンより減少することになった[15]。43年度の511万トン水準の鋼材配給を維持しようとすれば、非常回収の徹底や、特殊な製鋼法の開発のほか、さらに強力な動員体制が必要であった。

ソーダ類の供給見通し

次いで、1944年度計画から海上輸送力、鉄鋼に並ぶ生産隘路と認識され、全体の供給力の見通しに先行して立案することになったソーダ類と石炭の需給計画を表3-1、3-2から見よう[16]。従来、物資動員計画と諸産業の施設整備や稼働状況を検討する際、重要な指標とされたのは鋼材供給であった。しかし、自給圏からの輸移入に大部分を依存する工業塩や石炭供給に諸産業の生産量が依存し、広範な用途を持つソーダ類の供給と配当も、輸送力の制約が強まるにつれて物資動員計画の供給力水準を決定する隘路物資になっていた。35年の平時には、ソーダ灰の総需要約22万トンの内訳は、ガラス用10万トン、薬品類4万トン、石鹸用2.1万トンなどであった。苛性ソーダは総需要21万トンのうち、化学繊維用11万トン、石鹸用3.68万トン、染料用3.1万トン、晒業用2.1万トンと、いずれも民需用が大部分を占めていた。日中戦争期の外貨制約の中で棉花輸入が制約された結果、輸入天然繊維原料の代替のために人絹・スフ用需要が急増し、生産力拡充計画の対象にもなり、ソーダ灰生産は39年度に25.4万トン、苛性ソーダ生産は38年度に44.7万トンというピークに達した。しかし、その後は原料割当の削減を受けて減少に転じ、ソーダ灰の割当ではガラス製品、

表3-1 1944年度ソーダ類供給見通し（1943年8月）

(トン)

	ソーダ灰	苛性ソーダ
陸軍	29,000	33,000
海軍	19,570	17,000
原塩精製	4,577	5,000
人造石油	1,004	1,405
石油精製		2,211
軽金属	34,750	74,000
硫安	2,500	3,472
製鉄冶金	7,505	841
鉱山	2,441	
パルプ及び紙	1,004	12,727
人絹及びスフ		61,548
セロファン		600
調味料	14,617	5,058
ガラス	34,178	
石鹸	1,128	13,021
油脂精製	390	1,456
洗ソーダ	2,183	
医薬	9,000	3,000
農薬	1,187	910
無機薬品	14,399	2,809
有機薬品		3,602
合成タンニン		900
硬化油		300
金属ソーダ		15,000
石炭酸	2,000	3,000
染料	1,600	3,000
綿布羊毛処理	1,020	
その他	11,287	8,390
移出用	1,810	350
輸出用	500	5,500
計	197,650	278,100

出所：企画院「昭和十九年度物動計画大綱ニ基ク供給力計画策定資料（石炭、ソーダ類配当）」1943年8月9日前掲『後期物資動員計画資料』第9巻所収、76〜81頁。

表 3-2　1944年度石炭供給計画

			上期					
			北海道	本州			九州	合計
				東部	西部	計		
生産			8,200	1,900	2,150	4,050	15,000	27,250
移入	朝鮮	汽船		250	50	300		300
		機帆船			170	170	30	200
		計		250	220	470	30	500
	樺太	汽船		1,620	180	1,800	100	1,900
	台湾	汽船				0	10	10
	計			1,870	400	2,270	140	2,410
輸入	北支	汽船		600	915	1,515	441	1,956
		朝鮮中継				0	244	244
		計		600	915	1,515	685	2,200
	満洲	汽船		60		60		60
		朝鮮中継			150	150	150	300
		計		60	150	210	150	360
	仏印	汽船		35	30	65	10	75
	計			695	1,095	1,790	845	2,635
移出	朝鮮	汽船					15	15
		機帆船					120	120
		計					135	135
内地間移動	北海道	汽船	-1,949	1,769	180	1,949		
		機帆船	-1,339	1,339		1,339		
		貨車航送	-600	600		600		
		計	-3,888	3,708	180	3,888		
	九州	汽船		30	30	60	-60	
		限定航路			564	564	-564	
		運航機帆船					-257	
		機帆船		120	3,277	3,397	-3,140	
		帆曳			666	666	-666	
		貨車		1,000	2,000	3,000	-3,000	
		計		1,150	6,537	7,687	-7,687	
	宇部機帆船			100	-106	-6	6	
差引き供給			4,312	9,423	10,256	19,679	8,169	32,160
貯炭	前期末		1,116	202	251	453	1,147	2,716
	今期末		1,316	202	251	453	647	2,416
物動手持				500	500	1,000	2	1,002
差引き配炭可能量			4,112	8,923	9,756	18,679	8,667	31,458

注：本州西部は四国を含む。
出所：前掲「昭和十九年度物動計画大綱ニ基ク供給力計画策定資料（石炭、ソーダ類配当）」76〜81頁。

第3章 太平洋戦争末期の総動員体制（1944年度）

（1943年8月）

（千トン）

北海道	本州			九州	合計
	東部	西部	計		
8,600	2,200	2,450	4,650	16,500	29,750
	250	50	300		300
		170	170	30	200
	250	220	470	30	500
	100		100		100
			0	20	20
	350	220	570	50	620
	650	586	1,236		1,236
		239	239	725	964
	650	825	1,475	725	2,200
	60		60		60
		150	150	150	300
	60	150	210	150	360
	35	30	65	10	75
	745	1,005	1,750	885	2,635
				-15	-15
				-120	-120
				-135	-135
-3,094	2,734	360	3,094		
-1650	1,650		1,650		
-750	750		750		
-5,494	5,134	360	5,494		
	30	60	90	-90	
		564	564	-564	
			0	-281	-281
	120	3,361	3,481	-3200	281
		492	492	-492	
	1,200	2,300	3,500	-3500	
	1,350	6,777	8,127	-8127	
	100	-104	-4	4	
3,106	9,879	10,708	20,587	9,177	32,870
1,316	202	251	453	647	2,416
516	202	251	453	1,147	2,116
0	606	726	1,332	12	1,344
3,906	9,273	9,982	19,255	8,665	31,826

繊維製品、石鹸用がしわ寄せを受けた。苛性ソーダも人絹・スフ向けが38年には27.2万トンと供給量の62%を占めたが、40年には20.2万トン（供給量の51%）となり、41年には一挙に12万トン（同42%）に急減した。太平洋戦争期に人絹・スフ向けはさらに縮小し、43年には5万トン（同22.1%）になり、急増した軍需用の5.1万トン（同22.3%）や、軽金属用5.4万トン（同23.7%）に凌駕されることになった[17]。表3-1の44年度見通しでは、再度増産することを前提に人絹・スフ向けを6万トンあまりに増額したものの、軽金属部門への配当はさらに集中し、軍需関連物資の増産に欠かせなくなっていることが窺える。

石炭の供給見通し

次いで1944年度の上期、下期の石炭の地域間需給の見通しを見たのが表3-2である。輸送力が縮小する中で、エネルギー供給の確保は大きな難問になった。この時期に策定された43年度下期改訂の計画である前掲表2-82と比較すると、徐々に低下しつつある供給を辛うじて維持しようという計画であった。日本列島の両端に石炭資源が集中しているため、北海道、九州地区から工業が集中する本州への輸送が途絶えれば、日本経済は麻痺する。同表からは北海道で産出する石炭の2分の1を本州東部に供給し、下期には汽船、機帆船、貨車航送船のいずれも増強が必要であったこと、九州で産出した石炭も2分の1を本州西部に供給し、貨車輸送、機帆船の増強を見込んでいることがわかる。九州からの輸送手段としては機帆船と貨車がほとんどを占めるのに対して、北海道からの輸送の2分の1は航路上の都合から汽船を必要としていた。

また優良原料炭については依然として北支炭に依存しており、朝鮮中継輸送を強化しながら確保を図った。少量ではあるが仏印の優良炭への依存も断ちがたかった。国内炭については、北海道炭を除けば汽船輸送は大幅に低下し、機帆船の徹底動員や、貨車輸送の増強が原燃料輸送を支えていた。貯炭水準は本州地区では極端に低下し、全国貯炭量も1943年度末の271万トンから211万トンへと綱渡り状態が続くという見通しとなり、その中で、産業別の重点配給計画も策定されることになった。

3 第1次物資動員計画大綱

海上輸送力の見通し

こうした重点物資や隘路物資に関する供給見通しを暫定的に設定した上で、計画大綱が策定された。まず、海上輸送力の中心である民需船（C船）の輸送力は表3-3のように見込まれた。1943年度の輸送力は、8月の増徴の結果、第1四半期の856.3万トンが第2四半期には808.1万トンになって、当初見込みより縮小されていたが、44年度の輸送力についても、新造船140万総噸、うち貨物船105万総噸に対して、喪失大破を132万総噸と見込んだ結果、年間で2,866万トン余にとどまった。45年度は新造船160万総噸、うち貨物船125万総噸と見込み、喪失大破は44年度並としたが、それでもなお輸送力は2,566万トン余に低下する見通しであった。

この輸送力を基礎に8月27日に1944年度物資動員計画大綱が策定された。この時期に次年度計画の大綱が準備されるのは例年のことである。しかし、43年8月から9月には、44年度を太平洋戦争の決戦段階と位置付け、戦備、資源の短期的一挙動員を企図するようになっていた。航空機および同関連工業の飛躍的拡大や造船・海運の増強に向けて2年分を一体とした総動員構想をまとめようとしていた点で特異な特徴をもっていた[18]。

表3-3 民需船（C船）保有量、輸送力の見通し（1943年8月）

（千総噸、輸送力は千トン）

	1943年度	1944年度	1945年度
前月末船腹	21,014.4	18,771.4	16,426.4
新造船	995.5	1,055.0	1,232.0
喪失大破	1,103.0	1,320.0	1,320.0
差引使用船腹	20,911.6	18,506.4	16,338.4
稼働船腹	18,611.2	16,470.9	14,541.3
輸送力	32,200.8	28,665.9	25,662.7

注：民需船は、貨物船、貨客船の合計。「前月末船腹」は、各月末船腹の12ヶ月分。1943年度の船腹は6月の船舶増徴、改E船20隻の応急油槽船改造による修正計画による。43年度の新造船には造船量72.36万総噸に沈船引き揚げ4万総噸、解傭見込み17.66万総噸、特殊船復旧3万総噸を含んでいるが、44、45年度は新造船のみ。「喪失大破」には陸海軍徴傭船の補填分を含む。
出所：企画院第五部「昭和十九、二十年度海上基本輸送力算定表」1943年8月2日　前掲『後期物資動員計画資料』第12巻所収。

表3-4　1944年度海上輸送力見通し対前年度比較（1943年8月）

（千トン）

		1943年度	1944年度	増減	
海上輸送力 （日満支換算）	A船	652	796	144	
	B船	545	545		
	C船	34,986	28,666	-6,320	
	運航機帆船	2,600	2,722	122	
	計	38,783	32,729	-6,054	
C船・運航機帆船内訳	甲地域	977	892	-85	(1)
	乙地域	1,602	287	-1,315	(2)
	南鮮中継	1,920	3,900	1,980	
	日満支	29,764	26,525	-3,239	(3)
	計	34,263	31,604	-6,198	(4)
陸運増強等による輸送力向上	北鮮中継		68	68	(5)
	裏日本中継	730	2,000	1,270	(6)
	その他特定航路		606	606	(7)
	若松機帆船	11,940	11,940		(8)
	北海道機帆船	1,508	3,049	1,541	(9)
	帆被曳船	2,038	2,038		(10)
	関釜連絡船	240	240		
	朝鮮機帆船	360	260	-100	
	青函連絡船	608	1,350	742	(11)
	関門トンネル	5,000	6,500	1,500	(12)
	計	22,424	28,151	5,727	
合計		61,207	60,880	-327	

注：「北海道機帆船」には、北部機帆船運航統制株式会社に新設の栗林近海機船・川崎近海機船・三井近海機船・北海船といった大手海運会社による機帆船業務が合算されている。(1)ボーキサイトは39.4万トン増、(2)米は103.2万トン減、その他は28.3万トン減、(3)石炭187.8万トン減、鉄鉱石35万トン減、銑鋼106.6万トン減、砂糖44万トン減、外地米等130.2万トン増、(4)甲・乙・南鮮輸送を日満支輸送に換算した輸送力の減少数値、(5)鉄鉱石を除く、(6)石炭のみ、(7)鉄鉱石と北支炭、(8)～(12)石炭のみ。
出所：企画院「昭和十九年度物資動員計画大綱（案）（対18年度計画比較ト要調整事項）」1943年8月27日前掲『後期物資動員計画資料』第9巻所収、109頁。

民需船（C船）に陸海軍徴傭船、運航機帆船、さらに陸運による航路の短縮を見込んだ総合的な海上輸送力は[19]、表3-4のようにまとめられた。陸海軍徴傭船による物動物資輸送はほぼ前年度並と見込まれたが、日満支換算で見たC船輸送力は前年度当初計画に比べると632万トンもの減少となった。これを地域別に割り振ってみると、C船の一部を輸送距離の長い甲乙地域輸送に配分し、機帆船を短い南鮮中継等に配分して、それぞれの稼航率から算出された

輸送力は3,160万トンとなった。これも1943年度当初計画より619.8万トン縮小した。

　甲地域からの輸送も、ボーキサイトの39.4万トン増送を除いて、大幅に削減された。乙地域からの米は103.2万トン削減する一方、満支からの大幅増でカバーしようとしていた。満支からは石炭、銑鋼輸送も削減せざるをえなかった。この結果、9月以降、船舶の建造目標の大幅な引き上げが、重要な課題として浮上することになった。

　こうした汽船、運航機帆船の大幅縮小に対して、海運と一体となった陸運の増強等による種々の増強策が試みられ、裏日本中継、北海道の機帆船各社の参入、青函航路用の貨車航送船（W型戦時標準船）の就航や、関門トンネルの増強による石炭等の増送が計画に組み込まれた。この結果、物動物資の輸送力全体は1943年度の6,120.7万トンから44年度の6,066万トンへと、縮小幅を32.7万トンに抑えるという見通しを立てていた。

地域別・物資別の海上輸送の見通し

　各地域からの海上輸送力の物資別内訳を見ておこう。日満支輸送は表3-5の通りとなった。1943年度の実施計画は、8月時点で一部が組み替えられ、ソーダ、セメント、油類、紙パルプ、穀類類の増送を決定していたが、これと比較して44年度は総輸送力は11％、324万トン縮小すると見られ、石炭、銑鋼などエネルギー、基礎素材を大幅に削減している。その一方で、ソーダ、セメント、穀類、肥料、油糧種実などの内地の生産隘路物資と食料関連物資の増送に期待を寄せるなど、鉱工業動員は行き詰まり始めていた。開戦時に高い期待を寄せていた甲地域からの輸送計画は表3-6のようになった。陸軍徴傭船の協力の強化によって総輸送量は43年度計画並の166万トンとなったが、そのほとんどは、航空機最優先の観点からボーキサイトの増送計画が占め、僅かにコプラなど油糧種実類を維持しようとしていた。

　太平洋戦争の開戦時に、第六委員会は1944年度に甲地域からの貨物輸送854万トンや、タンカー輸送約600万klから700万kl（原油500万klから650万klを含む）を見込んで自給圏の確立を構想していたが、実態は全く異なる様相を呈していた。第六委員会は、開戦時に鉄鉱石350万トン、ニッケル鉱30

表 3-5　日満支配船計画 1943 年度、44 年度大綱の比較

(千トン)

	1943 年度計画					1944 年度計画大綱				
	A 船計画	B 船計画	C 船（含む機帆船）		計画合計	A 船	B 船	C 船	運航機帆船	計画合計
			計画	実施計画						
石炭			15,007	14,442	15,007			12,071	1,058	13,129
鉄鉱石			3,700	3,575	3,700			3,350		3,350
銑鋼			3,146	3,053	3,146			2,020	60	2,080
塩			1,424	1,437	1,424			1,180	60	1,240
非鉄		120	2,517	2,493	2,637		120	1,560	840	2,520
コークス類			290	291	290			240	28	268
ソーダ類				16				20		20
セメント類			60	101	60			38	48	86
油類			68	820	68			64		64
紙パルプ			227	323	227			200	72	272
生ゴム				4						
棉花・羊毛			167	128	167					
木材			421	245	421			80	40	120
穀類		19.2	608	1,453	627		19.2	1,410	500	1,929
砂糖	180		720	615	900	180		280		460
燐鉱石		240	220	220	460		240	240		480
肥料	16	1.2	694	707	711	16	1.2	795	4	816
飼料			120	123	120			98		98
油脂			19	11	19			1		1
油糧種実			91	99	91			108	9	117
その他			124	97	124			48	3	51
北洋漁業			141	97	141					
合計	196	380.4	29,764	29,612	30,341	196	380.4	23,803	2,722	27,102

出所：前掲「昭和十九年度物資動員計画大綱（案）（対 18 年度計画比較ト要調整事項）」112 頁。

万トン、銅鉱 20 万トンなどの鉄・非鉄金属原料や、ゴム 50 万トン、南洋材 25 万トン、棉花 10 万トン、マニラ麻 14 万トンや麻類の繊維原料、さらに砂糖 50 万トン、糖蜜 30 万 kl や油糧種実などの食糧品を獲得し、自給圏内の分業を構築しようとしていた[20]。しかし、ゴム・サトウキビ等の世界市場向け商品作物を棉花・米栽培などの域内向け作物に転換することや、広汎な資源の開発輸入計画は行き詰まった。航空機増産計画が最優先された結果、ボーキサイト計画だけは開戦当初の 70 万トンを大きく上回る 100 万トンになっているが、総じて占領地域経済の急速な萎縮が始まっていた。

乙地域からの輸送は表 3-7 のように 1943 年度計画の 5 分の 1 以下になることが見込まれた。外米や飼料は、重要供給地であった仏印からの供給が見込め

第3章 太平洋戦争末期の総動員体制（1944年度）

表 3-6　甲地域配船計画 1943 年度計画、44 年度計画大綱の比較

(千トン)

	1943 年度計画				1944 年度計画大綱			
	A 船	B 船	C 船	計	A 船	B 船	C 船	計
鉄鉱石	54		18	72				
ボーキサイト	318	36	438	792	132	36	832	1,000
銅鉱			96	96	100			100
ニッケル鉱		93		93		93		93
マンガン鉱	24		65	89	24			24
その他非鉄金属	31		29	60	47			47
ピッチコークス	6		6	12	12			12
B 重油			24	24				0
生ゴム	3		75	78	60			60
油糧種実	9	36	123	168	120	36		156
マニラ麻			81	81	72			72
その他	11		22	33	33			33
計	456	165	976	1,598	600	165	892	1,657
コプラ油・パーム油			108	108			92	92

注：ニッケル鉱にはニッケルマットを含む。コプラ油・パーム油はタンカー輸送。
出所：前掲「昭和十九年度物資動員計画大綱（案）（対18年度計画比較ト要調整事項）」110 頁。

表 3-7　乙地域配船計画の 1943 年度計画と 44 年度大綱の比較

(千トン)

	1943 年度計画			1944 年度計画大綱		
	仏印	タイ	計	仏印	タイ	計
石炭	240		240	180		180
ボーキサイト	30		30	10		10
その他非鉄金属	3.6		3.6	3.6	1.2	4.8
燐灰石	101.5		101.5	80		80
生ゴム	30	8	38			
トウモロコシ	150		150			
米	741	291	741			
その他	6.6		6.6	8.8	3.2	12
計	1,303	299	1,602	282.4	4.4	286.8

注：その他は黄麻、牛皮等、松脂、漆、塗装原料の樹脂類など。
出所：前掲「昭和十九年度物資動員計画大綱（案）（対18年度計画比較ト要調整事項）」111 頁。

なくなり、ほかの物資も軒並み縮小した。

主要物資の供給見通し

　1943年度供給計画と44年度計画大綱の主要物資の供給力を比較したのが、表3-8である[21]。鉄鉱石がほぼ同量であるのに普通銑鉄の供給が110万トン増え、8月7日の1次案536.7万トンよりも80万トン近く増加しているのは北支等での小型溶鉱炉生産が軌道に乗るものと見込んだことによるもので、この増加分は主に種々の配給方法の改善努力にもかかわらず深刻な不足状態となっていた鋳物用銑[22]と特殊鋼の増産に向けられていた。鉄鉱石は北中支、海南島、甲地域の減少を内地、朝鮮での増産と在庫の取り崩しでカバーし、微増とする計画であった。普通鋼々材は105万トン減となったが、43年度計画には元々実体的根拠の乏しかった85.7万トンの特別措置分が含まれており、これを除けば、19.5万トンの減少にとどめていた。とはいえ、大綱の取りまとめ段階では、まだ製鉄用石炭の所要量を組み込めず、特に本州東部では所要量432.5万トンに対して360万トンしか計上されていない。本州西部でも所要量352.8万トンに対して320万トンにとどまっており、九州、北海道炭の機帆船輸送や中継輸送の拡大による本州向け輸送が課題になった。また、鉱石の確保のため、砂鉱からの団鉱生産、粉鉱の焼結能力の増強などに、特段の努力が求められていた。

　ほかの物資の見通しも見ておこう。銅の計画縮小は在庫の減少と限界に近づいた屑回収の見通しによるもので、錫は英領マレーへの配船を縮小したことが原因であった。水銀は増産が見込まれたが、在庫の減少により供給計画は縮小し、枢軸国への輸出計画も縮小した。アルミニウムとその原料は最重要物資の一つとして徹底的な拡充措置によって増産を見込んだ。ただし、ピッチコースの甲地域からの6万トン計画は、海上輸送力の配分や現地生産量からも無理があった。アルミニウムの増産に伴って、電極用の鱗状黒鉛についても1943年度の2万3,500トンから5,130トン増産するとしたが、その程度では、まだ5,000トン不足し、代用黒鉛の製造計画が求められた。クローム鉱の甲地域での取得1.2万トンも現地生産量の実態から「検討ヲ要スル」とされていた。

　羊毛の減少は在庫の減少によるもので、パルプ不足による洋紙の縮小には新

表3-8　1943年度計画と44年度計画大綱（1943年8月）の供給力比較

（特に注記がないものは全てトン）

			43年度計画	44年度大綱				43年度計画	44年度大綱
第一	普通鋼々材	千トン	5,117	4,065	第三1	亜麻		22,200	24,200
	普通鋼鍛鋼	千トン	200	200		苧麻		13,036	11,040
	普通鋼鋳鋼	千トン	220	220		大麻		25,780	2,800
	普通鋼鋼塊	千トン	5,657	5,479		黄麻		27,120	23,900
	普通銑	千トン	5,062	6,164		マニラ麻		78,500	72,000
	低燐銑	千トン	270	270	第三2	牛皮		31,686	24,640
	屑鉄	千トン	3,934	3,509		タンニン材料		19,900	19,890
	鉄鉱石	千トン	12,096	12,965		生ゴム		103,330	60,000
	特殊鋼	千トン	430	802		車両船舶用材	千石	5,583	8,813
	フェロアロイ	千トン	130	181		土木建築用材	千石	51,156	44,943
	マンガン鉱	千トン	434	474		一般用材	千石	19,071	18,333
	耐火煉瓦	千トン	1,047	1,445		枕木	千本	9,440	8,260
第二	電気鋼		115,668	111,888	第四	石炭	千トン	77,000	80,040
	鉛		49,600	27,000		工業塩	千トン	871	952
	亜鉛		80,875	100,175		食料塩	千トン	1,746	1,664
	錫		19,240	17,000		ソーダ灰		294,350	327,500
	水銀	kg	806,827	285,000		苛性ソーダ		256,800	278,100
	高級アルミニウム		136,797	159,719		濃硝酸		148,000	182,000
	普通アルミニウム		16,253	19,081		硫酸	千トン	3,748	3,614
	ボーキサイト	千トン	936	1,130		セメント	千トン	6,799	7,012
	礬土頁岩	千トン	232	219	第五1	純ベンゾール		41,050	46,400
	蛍石	千トン	203	265		トリオール		8,720	10,300
	氷晶石		24,500	30,000		カーバイト		510,000	521,000
	ピッチ		259,700	339,800		アセトン		10,330	23,980
	ピッチコークス		163,300	151,700		ブタノール		14,920	40,940
	マグネシウム		5,510	8,927		メタノール		34,200	40,000
第三1	紡績用棉花	千担	3,843	3,016		植物油脂		257,982	233,959
	製綿用棉花	千担	330	367		動物油脂		53,500	29,300
	羊毛	俵	118,792	85,050	第五2	硫安	千トン	1,510	1,674
	人絹用パルプ	英トン	115,000	141,400		石灰窒素		243,900	291,400
	人造絹糸	千lb	45,320	47,320		燐鉱石		601,500	600,000
	スフ	千lb	135,880	116,601	第五3	キニーネ	kg	179,350	201,000
	洋紙	百万lb	1,001	1,127		ヨード		155	180

注：普通鋼々材の1943年度計画には特別措置による85.7万トンを含む。
出所：前掲「昭和十九年度物資動員計画大綱（案）（対18年度計画比較ト要調整事項）」113〜117頁。

聞のページ制限で対応することになった。マニラ麻や生ゴムの縮小は配船量に規定された。また工業塩を増額した分は漁業用などの食料塩を縮小して確保した。木材は木造船用以外は大幅に縮小し、医薬品と爆薬関連、軽金属用を除くと化学薬品類も大幅に縮小した。爆薬原料の純ベンゾールは、生産方法の改善、

ガソリン代替材のアセトン、ブタノールの有機合成設備の増強によって増産を見込んだ。

　総じて、鉄鋼生産を辛うじて維持し、特殊鋼、軽金属、爆薬原料など軍需用素材の増産を図る一方で、繊維製品や獣皮、生ゴムは1943年度計画以上にしわ寄せを受けることになった。それでも、この計画を成立させるには、依然として大豆36.8万トン、クローム鉱35万トン、ピッチコース15.7万トン、肥料10万トン、銑鋼9万トン、礬土頁岩7.7万トンなど、最低144.1万トン分の船舶輸送力の追加が必要とされていた。

　とりわけ深刻な事態が予想されたのが石炭需給の地域バランスであった[23]。本州東部の配炭は、「船腹ノ減少ト表日本海上危険ノ増大ニ伴ヒ逐次減少ノ傾向」であるにもかかわらず、航空機、特殊鋼、アルミニウム、兵器およびこれに関連する化学薬品、さらにガス、電力、鉄道輸送などの重点産業での石炭需要が激増したため、非重点産業用や国民生活用は「最低限ヲ維持スルニ必要ナル物資ノ生産ハ固ヨリ軍需品ノ供給スラ困難ナル状勢」であった。本州東部は1943年度上期計画に844.3万トン（前年度同期実績808.3万トン）、下期1,058.8万トン（同882.9万トン）と配給予定が急増していた。さらに44年度には上期1,042.4万トン、下期1,182.3万トンが必要であったが、計画大綱ではそれぞれ、892.3万トン、927.3万トンしか計上できず、年間で400万トン以上不足した。「然ルニ軍需品工場及重点産業ノ建設拡張ハ上述ノ如キ石炭事情ヲ無視シテ計画セラレ工場完成後突如厖大ナル石炭ノ要求ヲ提示セラルル有様」と、設備拡充と立地計画に石炭の需給見通しが伴っていない問題が顕在化した。産業別に逼迫事情を見ると、製鉄製鋼部門では、特殊鋼を中心に生産計画の拡大と本州東部への工場偏在の結果、年間で47.3万トン不足した。航空機工業は設備の新設・拡充が相次ぎ、三菱重工業の静岡発動機、名古屋機器、岩塚工場、中島飛行機の宇都宮工場、大宮工場、静岡工場、横浜工場、半田工場、日立航空機の千葉工場だけで44年度上半期分として6万8,900トンの新規申請が燃料局に出され、さらに二交替制・三交替制による操業時間の延長が需要拡大に繋がっていた。一般機械部門でも鍛造機械、兵器工場向け重要が増加し、セメント、軽金属、有機合成の軍需部門や、ガス、電力、鉄道のインフラ部門の需要拡大も避けられなかった。

こうして本州東部の「石炭需給ノ逼迫ハ今後益々激化スヘキ傾向」にあることから、その供給確保とともに、新設工場の立地選定についても考慮することになった。石炭輸送では、①青函連絡船の貨車航路船の建造を最優先し、現計画を繰り上げること、②北海道炭の機帆船輸送の一層の拡充、③北陸(裏日本)中継輸送を現行の200万トンに加えて60万トン増強すること、④港湾施設、特に冬期の機帆船揚地施設の増強、⑤常磐炭の非常増産措置、⑥亜炭の増産と配給統制の実施などが挙げられた。また工場立地では、①本州東部地区には「真ニ止ムヲ得ザル」もの以外、工場の新増設をしない、②企業整備による休廃止は本州東部のものを可及的に選定し、産炭地または大陸に移設するなどの方針を決定した。

4 日満支重要物資交流計画

8月12日には、企画院、大東亜省、関東軍、満洲国政府、南京大使館、上海・北京・張家口大使館事務所の物動主任官の協議を経て、日満支物資交流基幹計画も策定された[24]。これは、各地域の要望と供給力の実情を勘案して重要物資の地域間需給を概定したもので、生産、輸送に必要な資材や食糧の充足状況に応じて今後修正するものの、各地域とも1944年度目標としてこの達成に必要な措置をとることが指示された。食糧については作柄の判断を待たざるをえないため概案にとどめ、各地で自給率の向上に向けた強力な措置をとることとした。また計画達成に必要な生産、輸送に関する措置を速やかに実施し、各地域の所要資材の配当や、設備の利用については相互に援助し、12月末までに物資ごとの協議を経て策定作業を完了することとした。中継輸送を含む大陸鉄道の輸送計画は、9月上旬に新京で開催される大陸鉄道輸送協議会で大綱を定め、輸送増強措置をとることが指示された。

この方針の下で表3-9のように鉄・非鉄金属鉱石、軽金属原料、石炭、原棉、木材、塩などの重要物資の交流計画案が策定された。日満支間の最大交流物資は従来と大きくは変わらない。輸移出入量の最大物資は、石炭の2,320万トンであり、6割は北支から内地・満関等へ向けた1,381万トンであった。粘結炭に限れば、日満支輸移出入量1,093万トンのうち、970万トンを北支が占め、ここが内地・朝鮮、満洲の鉄鋼生産を支える構造であった。

表3-9 重要物資の日満支交流

		内地	朝鮮	台湾	樺太	満関
鉄鉱石 (千トン)	生産	3,181	3,622			3,597
	年初在庫等	196	1,749			289
	供給	3,377	5,371			3,886
	現地消費	3,377	3,206			3,856
	輸移出等		貯鉱 565 内地 1,400 満関 200			朝鮮 30
銅鉱 (千トン)	生産	1,500	100	150		44
	年初在庫等	1,500	100	150		44
	供給	1,500	100			18
	現地消費					
	輸移出等			内地 138 朝鮮 12		朝鮮 26
鉛鉱 (千トン)	供給	40	50			31.3
	現地消費	40	50			23
	輸移出等					内地(海軍)4.3 内地 4
亜鉛鉱 (千トン)	供給	165	50			19
	現地消費	165	38			13
	輸移出等		内地 12			朝鮮 6
礬土頁岩 (千トン)	供給					100
	現地消費					100
	輸移出等					
蛍石 (千トン)	供給	5	61			41.6
	現地消費	5	20			16.6
	輸移出等		内地 41			内地 25
鱗状黒鉛 (トン)	供給		25,000			3,500
	現地消費		3,000			2,500
	輸移出等		内地 22,000			内地 1,000
ピッチ コークス (トン)	供給	117,800	4,000			17,200
	現地消費	103,700	4,000			11,700
	輸移出等	朝鮮 5,700 台湾 8,400				内地 5,500
石炭 (千トン)	生産	57,000	7,700	2,800	5,000	28,500
	年初在庫等					
	供給	57,000	7,700	2,800	5,000	28,500
	現地消費	56,680	6,600	2,370	2,370	26,080
	輸移出等	朝鮮 270 南洋 30 南支 20	内地 1,000 満関 100	内地 30 支 150 その他 190	内地 2,000 朝鮮 630	内地 720 朝鮮 1,700

1944年度基幹計画案（1943年8月）

蒙疆	北支	中支	南支	その他	計
1,700	830	2,850	2,000		17,780
300		250			2,784
2,000	830	3,100	2,000		20,564
350	830	360			11,979
満関 700 北支 750 貯鉱 200		内地 1,707 北支 300 貯鉱 733	内地 980 台湾 65 貯鉱 955		8,585
		4	22.8	150	1,970.8
			3	（比）	3
		4	25.8	150	1,973.8
				36	1,654
	朝鮮 4	内地 19.2 朝鮮 3.6 貯鉱 3		内地 96 貯鉱 18	319.8
			2	12	135.3
					113
		内地 2	内地 12		22.3
					234
					216
					18
		270			370
		20			120
		内地 210 朝鮮 40			250
		46	162		315.6
		6			47.6
		内地 40	内地 162		268
600					29,100
					5,500
内地（陸軍）600					23,600
	9,000			60,000	208,000
				（南方）	119,400
内地 9,000				内地 60,000	88,600
3,970	26,910	1,200			133,080
287	2,458				2,745
4,257	29,368	1,200			135,805
1,879	15,560	1,200			112,799
内地 100 朝鮮 150 満関 200 北支 1,550 中支 50 貯炭 328	内地 4,200 朝鮮 500 満関 3,200 蒙疆 200 中支 2,550 南支 150 貯炭 3,008			内地 150 朝鮮 10 台湾 10 満関 10	23,206

（表 3-9 のつづき）

		内地	朝鮮	台湾	樺太	満関
電柱 (千本)	供給	919	224		15	275
	現地消費	853.5	224		15	245
	輸移出等	朝鮮 10 台湾 5 南洋 0.5 蒙疆・北中南支 計 50				内地（陸軍）30
坑木 (千石)	供給	9,083	3,560	598	1,000	3,247
	現地消費	8,663	3,060	598	1,000	3,247
	輸移出等	台湾 20 蒙疆・北支計 400	蒙疆・ 北支計 500			
枕木 (千本)	供給	6,700	1,600	300	480	8,960
	現地消費		7,225	300	480	7,490
	輸移出等	内地から朝鮮 50、台湾 25 内地・朝鮮から蒙疆・北中南支 1,000				内地（陸軍） 450 蒙疆・北中南支 1,020
一般用材 (千石)	供給	62,363	5,422	1,523	1,274	15,120
	現地消費	66,895		1,518	1,274	7,108
	輸移出等	内地から朝鮮 150 台湾 141 南洋 15 満洲 14 内地・朝鮮から 蒙疆・北中南支 570 その他 890		内地 5		内地 14 内地（陸軍） 7,258 朝鮮 236 蒙疆 92 北支 360 中支 72
塩 (千トン)	生産	550	350	480		1,598
	年初在庫等	30		183		431
	供給	580	350	663		2,029
	現地消費	580	350	90		830
	輸移出等			南支 40 その他 533		内地 850 朝鮮 20 その他 329
セメント (千トン)	供給	4,200	1,500	530		1,900
	現地消費	4,105	1,390	530		1,880
	輸移出等	樺太 40 南洋 15 南支 20 その他 20	内地 100 蒙疆 10			蒙疆 20
油糧種実 (トン)	供給	55,150	20,550	4,000		135,000
	現地消費	55,150	20,550	4,000		61,200
	輸移出等					内地 73,800

注：年初在庫の記載がなく、生産＝供給となる物資については、供給だけを記載した。南洋からの物資供給は、
　　から削除した。内地の鉄鉱石の生産欄には、上記のほかに砂鉄 100 万トン、硫酸滓 56.7 万トンがあり、朝鮮の
出所：企画院「昭和十九年度日満支重要物資交流計画概案」1943 年 8 月 12 日前掲『後期物資動員計画資料』第

第3章　太平洋戦争末期の総動員体制（1944年度）　515

蒙疆	北支	中支	南支	その他	計
7					1,440
7					1,344.5
					95.5
10	700	10			18,208
10	700	10			17,278
					920
77		150			18,267
77		150			15,722
					2,545
6	20	144		128	86,000
6	20	144		128	77,093
					8,907
48	2,050	400	65		5,541
	410	100			1,154
48	2,460	500	65		6,695
48	652	400	20		2,970
	内地 1,000 朝鮮 182 その他 626	内地 50 その他 50	その他 45		3,725
18	560	180	25		8,913
18	540	180	25		8,668
	蒙疆 20				245
18,000	190,000	105,000		3,000	530,700
9,000	150,000	86,000			385,900
内地 6,500 中支 2,500	内地 29,000 蒙疆 500 中支 4,500 南支 6,000	内地 19,000		内地 3,000	144,800

一般用材 12.8 万石を現地消費し、油糧種実 3,000 トンを内地に移送する計画が記載されているのみであるので項目
鉄鉱石生産欄には硫酸滓 6.2 万トンがあり、いずれも内地、朝鮮で現地消費の予定。
9 巻所収、140～163 頁。

日満支輸移出計画では、鉄鉱石の858万トンがそれに次ぐ輸送量であり、中南支からの265.7万トンと朝鮮からの140万トンの内地向け輸移出が半ば近くを占めた。中支・南支で年末貯鉱が168.8万トンと膨らんだのは、輸送力の手当が付かなかった可能性がある。この対日供給量は、1943年4月に策定された43年度物資動員計画[25]における中南支の対日鉄鉱石輸出計画367.4万トンに比べると100万トンもの縮小になっており、いずれにしても貯鉱分を対日供給に回すだけの輸送力を確保する必要があった。このほか蒙疆産の鉄鉱石が満洲、北支の製鉄を支えていることも判明する。内地では鉄鉱資源を補強するため、既にさまざまな鉄源が模索されていたが、ここでは国産鉱石318.1万トンを砂鉄100万トン、硫酸滓56.7万トンで補強する計画になっていた。
　銑鉄の供給計画は「参考」に過ぎないが、生産計画は表3-10のように満洲の対日供給が若干減少するのに対して、蒙疆、北支、中支は小型溶鉱炉計画の進捗に期待して、大幅な増加を見込んだ。
　銅鉱は、内地産の150万トンなど、国内鉱石に大部分を依存する計画になったが[26]、僅かであるが台湾の15万トンと、「その他」欄のフィリピン産11.4万トンが優良鉱石として重要であった。台湾の計画は、43年度の15.2万トンとほぼ同じであるが、フィリピンは43年度の甲地域A地区の9.4万トンよりも若干多く[27]、南方資源の一層の開発と輸送を見込み、開発資材や小運送資材（自動車・燃料）の確保や内地遊休（特に選鉱設備）の移設を計画していた。またアルミニウム生産の重要原料とみなされた礬土頁岩は北支からの供給に期待し、蛍石は中支、朝鮮、満洲から、また電極材料の黒鉛は朝鮮、満洲、蒙疆か

表3-10　1944年度普通銑対日供給見通し（1943年8月）

（千トン）

	満関	蒙疆	北支	中支
生産	1,755	120	633	120
現地消費	1,225	1.8	128	20
44年度対日供給概定	530(45)	118.4	505	100
43年度対日供給計画	581(45)	39.2	159.9	8.4

注：満関の対日供給（　）内は軍の現地取得。
出所：前掲「昭和十九年度日満支重要物資交流計画概案」169頁、企画院「昭和十八年度物資動員計画及四半期実施計画（供給力計画）」1943年4月15日前掲『後期物資動員計画資料』第2巻所収、74頁。

ら、ピッチコークスは南方、満洲、蒙疆、北支からの供給に期待した。塩は満洲、北支、台湾に、油糧種実は蒙疆、北支、中支に依存した。このほか植物油脂、糧穀等も依然として共栄圏資源の開発と増送を求めていた。

一方で、内地・朝鮮から共栄圏に供給できる物資は少なく、電柱、坑木、枕木、一般用材などを、資源開発とインフラ整備用に輸出することを見込んでいた。なお懸案の輸送問題については、満関、蒙疆、北中支の石炭輸送を可能な限り朝鮮へ陸送し、満洲鉄鉱石を朝鮮へ、蒙疆、中支鉄鉱石を北支に陸送し、海送距離を短縮しようとした。

こうして当初の日程に沿って、1943年8月末には輸送力の見通し、隘路重要物資の需給見通しや、日満支物資交流計画、甲地域・乙地域からの物資輸送計画などが策定され、44年度の物資動員計画大綱が準備されることになった。それは、非重点物資を思い切って犠牲にしつつ、5大重点産業の維持・増強を図ろうというものであった。

第2節　第3次船舶増徴と1944年度総動員諸計画の見直し

1　船舶増徴と鉄鋼・船舶・航空機の増産要求

船舶補填問題の再検討

ガダルカナル島撤退後のソロモン諸島での劣勢を受けて、1943年7月に陸軍統帥部は「世界戦争ニ勝チ抜ク為ニモ、船舶損耗対策ノ上カラモ刻下ニ於ケル緊急重要問題ハ航空機ノ画期的大増産ニ在リ」と認識し、企画院に対して43年度の航空機生産計画の5割増、44年度計画の10割増の検討を指示した。企画院からは、「生産機構ノ徹底的改編ヲ断行セバ実現ノ可能性アル」との回答があり、参謀本部作戦課戦争指導班の7月24日の業務日誌には、「陸海協力シテ企画院ノ計画ヲ実行スヘク統帥部トシテ腹ヲ決ス」と記されている[28]。この「生産機構ノ徹底的改編」は、商工省と陸海軍省の動員部隊を統合した軍需省の設置と見られるが、これ以後、大量の船舶増徴による南方戦線の立て直しと、44年度に向けた航空機、船舶、鉄鋼、軽金属の増産対策の検討が陸海軍関係者によって本格化する。8月2日の大本営政府連絡会議は、「直接戦力就

中航空戦力ノ飛躍的増強ヲ中心トシテ国家総力ノ徹底的戦力化ヲ強行スル方針」の下で44年度国家総動員計画を策定し、43年度第4四半期計画もこれに沿って組み替えることとした[29]。

陸海軍は、この編成作業に合わせて船舶の増徴を要求し始め、8月11日の大本営政府連絡会議では、差しあたり陸海軍それぞれ1万総噸の損耗補填を決定した。しかし、この席上で、杉山元参謀総長は、この程度の補填では「陸海軍保有船舶ハ逐次減少ノ一途ヲ辿ルノミデアル作戦不能ニ陥ルデアロウ」と述べ、6月29日の連絡会議で徴傭船の補填量を、民需船の損耗を含めて7.5万総噸以内とし、7.5万総噸から民需船損耗を控除した残りを軍徴傭船の損耗補填とするという決定に強い不満を表明し、「新タニ考ヘ直シテ貰ハネバナラヌ」と発言した。この後、この増徴量の積み増しが大きな争点となった。

大規模な船舶増徴と重要物資の生産増強を両立させた総動員計画を示すべく、この頃から陸海軍省や両統帥部の総動員計画の主務者は、企画院、逓信省、商工省などの通常の総動員計画の立案組織とは別に、独自に1943年度下期計画の組み替えと44年度計画大綱案の検討を開始した[30]。一方、8月20日に統帥部は「帝国本土ヨリ遠隔ノ地ニ於テ敵ノ攻勢ヲ喰ヒ止メ」るべく陸海軍合計で20数万総噸の増徴を要求し始めた。これに対して戦争指導班では、前章で見たように「作戦上ノ要求ト国力運営トノ調和ヲ図ルコト極メテ大ナリ何等カノ解決点ヲ見出スベク当課［参謀本部第一課―引用者］ハ精魂ヲ尽シテ研究スベキ」と記している[31]。この大規模な船舶増徴と鉄鋼、軽金属、航空機増産計画の両立を企図した主務者の検討作業は、9月になって「ヒ研究」としてまとめられた。検討目的は、船舶増徴を伴う43年度下期計画の修正と44年度計画を一体とした総動員計画案をまとめ、南方作戦に必要な大量の船舶動員が可能であることを示すとともに、航空機の最大生産能力を推定することであった。両軍の総動員主務者による検討事項は、43～44年度にわたる、①船舶増徴による輸送力の推移、②石炭輸送力と対策、③鉄鋼の生産見通し、④船舶の建造計画などであった。検討結果は9月上旬にまとめられ、最低限必要な水準として、44年度の鋼材供給力を510万トン、航空機を陸海軍合計3万機、甲造船を約180万総噸とした。この検討結果は、この後の総動員計画の策定に深刻な重圧をかけ計画体系を混乱させることになった。以下では、44年度計画の動員目

標について、陸海軍の総動員担当者が上記の結論に至った検討経過を詳しく見ておこう。

陸海軍による増徴可能船舶の独自推計

　陸海軍統帥部が新たに大量の船舶増徴を求めたことから、陸海軍の総動員計画の主務者らは、1943年度下期の鉄鋼とその関連計画に支障を来さない範囲で、海上輸送の鉄道転移や艀舟、帆船輸送への転換を図り、節約可能な船舶輸送量を銑鋼、鉱石、副原料ごとに算出した。その結果が、表3-11であり、全体で55.6万トンが節約可能とされ、うち確度の高い分として、43.6万トンの汽船・機帆船輸送を捻出できると推定した。

　さらに鉄鋼以外の船舶輸送も「圧縮ノ限度ヲ研究」し、表3-12のように下

表3-11　1943年度下期鉄鋼関係船腹の捻出見通し

銑鋼（48.9万トン。うち甲約37万トン、乙12万トン）
・八幡鉄道転移増月1.5万トン×6ヶ月（甲）
・八幡艀舟機帆船増月2.5万トン×6ヶ月（甲）
・八幡機帆船の一層の流用月2万トン×6ヶ月（乙）
・日本鋼管鉄道転移増月0.95万トン×6ヶ月（甲）
・釜石鉄道転移増月1.2万トン×6ヶ月（甲）

鉱石（甲約2.6万トン）
・海南島産の一部を山東省金嶺鎮利国鉱石、朝鮮鉱石に転換（甲）

副原料（甲約4万トン）

注：「甲」、「乙」は確度の判定結果。
出所：陸海軍主務者「㋺研究」前掲『後期物資動員計画資料』第9巻所収、192～194頁。

表3-12　1943年度下期の鉄鋼関係を除く輸送削減案

（千トン）

	計画	削減
日満支	15,034.1	237
甲地域	502.5	32
乙地域	568.8	401.2
計	16,105.4	670.2

注：削減量は日満支輸送換算では139.1万トン。
出所：前掲「㋺研究」195頁。

期1,610万トンのうち67万トンを節約可能とした。日満支の輸送を見ると、非鉄8万トン、砂糖8万トン、紙パルプ4.7万トン、棉花羊毛3万トンなどが削減可能とされ、甲地域も生ゴム1.4万トン、非鉄1.2万トンなど3.2万トンの輸送が削減された。乙地域については石炭12万トン、穀類17.3万トン、飼料7.1万トン、非鉄2.5万トン、生ゴム1.2万トンなど、40.1万トンを削減した。こうした物資の削減と輸送力の節約をした結果、生ゴム供給、家庭用・業務用砂糖は現行計画の25%減になると見込み、一般新聞の紙面は実際に43年の秋以降4頁建へと縮減されることになった。

また航路ごとに護衛強化と稼航率の向上を図ることによって、捻出可能な船腹も表3-13のように算定された。南方石油製品の集積地である昭南(Singapore)からの内地還送の稼航率は、43年9月以降1.8倍とし、その他の一般船団も1944年度以降1.2倍にすることを想定していた。海南島からの鉄鉱石輸送も43年12月以降1.5倍にするなど、いずれも43年度内に、この間の経過

表3-13 陸海軍による輸送力増強と増徴可能船腹の推計(1943年9月)

護衛強化・最短距離	昭南―内地	石油一貫輸送は、1943年9月以降稼航率1.8倍、一般船団は44年以降稼航率1.2倍。43年度程度の物資輸送であれば、C船船腹2万7,800総噸を捻出。
	海南島―内地	鉄鉱石一貫輸送は、1943年12月以降稼航率1.5倍。
	中支―内地	一般船団は1943年11月以降、稼航率1.1倍。C船船腹2万1,000総噸捻出。
	北支満洲―内地	一般船団は1943年10月以降、稼航率1.3倍。C船船腹7万総噸捻出。
	その他	博多・下関・徳山を中国・九州間物資の中継港として陸運転嫁。大阪・神戸を阪神以東向け物資の中継港として陸運転嫁。油谷港を北陸裏日本向け物資の中継港として整備。以上によって4,000総噸を捻出。
護衛強化	北支・青島―内地	護衛飛行機増強、護衛船の夜間航行、巡邏船・曳舟の徴備、関東州―青島間を自由航行を認める。以上によって月間輸送力約13.5万トン増加、7万総噸捻出可能。
機帆船動員		①海務院所管機帆船に重油月間1.5万トン増配。②一般機帆船(国家管理船、石炭油槽船、AB徴備船を除く)中、50総噸以上(2,670隻、22.71万総噸)を③④の航路へ回す。③函館・横浜海務院管区機帆船(50総噸以上、2万9,300総噸)による北海道炭輸送。これによる月間輸送力増強6万1,530トン、捻出可能C船1万4,350総噸。④名古屋・神戸・門司海務院管区機帆船(50総噸以上、19.78万総噸)による満洲・北支物資輸送。これによる月間輸送力増強20.78万トン、捻出可能C船8万1,100総噸。計9万5,450総噸から機帆船群指導船を除くと捻出可能量は約7万総噸。

出所:前掲「⓱研究」214~218頁。

から見てほぼ不可能と見られるほど、稼航率を引き上げることを想定した。また、護衛の強化によって船舶の喪失を縮小し、機帆船用重油を増配して近海輸送で汽船の代替を進め、北支・満洲―内地航路、北支・青島―内地航路などを中心に汽船の捻出を図った。汽船の増徴による輸送力の不足分は、主に停船中の機帆船の稼働率を燃料重油を確保することで稼働させ、カバーしようとした。

表 3-14　1943 年 9 月以降 36 万総噸増徴、毎月 12 万総噸補填を想定した 43 年度の C 船（汽船）輸送力

		第 2 四半期	第 3 四半期	第 4 四半期	計
稼働船腹	千総噸	3,663	3,406	3,210	10,278
輸送力	千トン	7,897	7,312	6,903	22,112
増減分　新造	千総噸			+1.7	+1.7
徴備	千総噸	-360	-1,080	-900	-2,340
稼働船腹	千総噸	-320	-961	-793	-2,331
輸送力	千トン	-626	-1,879	-1,569	-2,074
修正稼働船腹	千総噸	3,343	2,444	2,417	8,204
修正輸送力	千トン	7,271	5,421	5,354	18,046

注：毎月 12 万総噸の損耗を陸海軍は完全に補填し、さらに 9 月から陸海軍計 36 万総噸を増徴し、1 月からはそれを 30 万総噸に縮小する場合を想定。各期の稼働船腹量は、各月の稼働船腹を合算。「海上基本輸送力」は 8 月 2 日に企画院が策定したもの。稼働船腹は各月の保有船腹量を合算してある。
出所：前掲「ⓒ研究」196 頁。

表 3-15　1944 年度 C 船（汽船）保有・稼働状況と基本輸送力（1943 年 9 月）

		第 1 四半期	第 2 四半期	第 3 四半期	第 4 四半期	計
保有貨物船	千総噸	3,512.6	3,705.6	4,020.6	4,443.6	15,682.4
増減　新造船	千総噸	340.0	308.0	330.0	358.0	1,336.0
沈船引揚	千総噸	15.0	15.0	15.0	3.0	48.0
喪失大破	千総噸	290.0	241.0	210.0	210.0	951.0
差引使用船腹	千総噸	3,577.6	3,589.6	4,155.6	4,594.6	15,917.4
稼働船腹	千総噸	3,182.0	3,370.7	3,698.4	4,089.6	14,340.7
貨物船輸送力	千トン	6,686.4	7,078.5	7,766.7	8,588.2	30,119.8
総合輸送力	千トン	7,340.4	7,700.1	8,356.0	9,145.0	32,541.5

注：総合輸送力には、貨客船輸送力を含む。貨物船の月当たり輸送力は総噸数×1.5（積載重量換算係数）×1.4（稼行率）。貨客船は総噸数×約 0.83×0.85 で算出。各期の保有・使用・稼働船腹は前月末船腹の 3 ヶ月合算。
出所：前掲「ⓒ研究」197 頁。

陸海軍による海上輸送力の独自推計

次いで、大量の船舶捻出後の輸送力の推移を推計した。検討の前提は、①陸海軍が1943年9月以降、36万総噸の新規増徴を行う、②44年1月にこの増徴量を30万総噸にまで戻す、③徴傭船の損耗分の月12万総噸をC船から補填するというもので、その結果、43年度第2四半期以降の海上輸送力は表3-14のように予測された。稼動船腹量は、各月の稼働船腹3ヶ月分の合算であり、実際の稼働船舶量は第2四半期の場合で110万総噸である。既定計画の第2～第4四半期の合計輸送力は2,211.2万トンであるが、9月から増徴が始ま

表3-16 1944年度主要物動物資の輸送

	甲地域		乙地域		日満支	
	43年度	44年度	43年度	44年度	43年度	44年度
石炭			240.0	120.0	15,007.3	13,017.6
鉄鉱石	72.0	0.0			3,700.0	3,660.0
銑鋼					3,201.0	1,900.0
塩					1,424.0	1,240.0
非鉄	1,129.7	1,015.4	13.6	4.8	2,688.2	2,520.0
コークス類	12.0	12.0			289.8	268.0
ソーダ類						20.0
セメント					60.0	85.9
油類	24.0	0.0			67.8	64.0
紙・パルプ					235.6	272.0
綿花・羊毛					167.2	0.0
木材					421.0	120.0
穀類			1,032.0	0.0	627.2	1,929.2
砂糖					720.0	660.0
燐鉱石			94.0	80.0	460.0	480.0
肥料					695.2	816.2
飼料			120.0	0.0	120.0	98.0
油脂					19.0	1.0
油糧種実	168.0	156.0			91.0	117.0
生ゴム	78.0	60.0	28.0	0.0		
北洋漁業					141.0	0.0
その他	114.0	105.4	6.6	12.0	124.3	51.0
合計	1,597.7	1,348.8	1,534.2	216.8	30,260.0	27,813.9
うちC船分	976.9	584.0	1,534.2	216.8	29,764.2	26,977.5

注：この見通しは、統帥部の要求通り新規徴傭30万トンとした場合である。本船輸送力2,347.95万トン、運ン、甲地域170万トン（甲地域換算58.4万トン）、乙地域47.8（乙地域換算21.68万トン）と配分したもの。
出所：前掲「⑫研究」203頁。

第3章　太平洋戦争末期の総動員体制（1944年度）

ると、新造船計画を1.7万総噸上乗せしても、下期の稼動船舶は80万総噸余にまで落ち込んだ。第2四半期以降の3四半期の輸送力は、207.4万トン縮小し、1,804.6万トンになった。

しかし、1943年度から船舶の建造計画を飛躍的に増強し、44年度に180万総噸の建造が可能になれば、44年度のC船の稼働新造船は133.6万総噸となり、沈船引き揚げ4.8万総噸と合わせて138.4万総噸増加した。喪失大破が95.1万総噸（月当たり7.925万総噸）に抑えられれば、船腹は表3-15のように第1四半期には平均117万総噸を回復し、各期の貨物船輸送力は第1四半期の668.6

力見通し（1943年9月）

（千トン）

内地機帆船		大陸中継		陸送完全転移	
43年度	44年度	43年度	44年度	43年度	44年度
15,537.0	17,027.0	67.0	255.0	5,333.2	7,425.0
		613.0	1,620.0	535.2	800.0
		441.0	620.0	48.0	50.0
		10.0	110.0	102.0	100.0
				10.2	40.0
				53.3	35.0
				120.0	120.0
				16.2	16.0
					168.0
					330.0
		668.0	670.0	3.6	4.0
		116.0	118.0		
			102.0		
				9.0	9.0
		5.0	5.0		
				1.2	3.0
15,537.0	17,027.0	1,920.0	3,500.0	6,231.9	9,100.0

航機帆船輸送力568.5万トンとし、計2,916.45万トンであった。これを日満支2,697.75万ト日満支の物資別合計欄に僅かに齟齬があるが、そのままとした。

万トンから第4四半期には858.8万トンにまで回復すると期待した。44年度総合輸送力は貨客船を合わせて年間3,254.1万トンまで回復するという見通しであった。これを、大本営政府連絡会議で合意したように、43年9月以降のABC船の損耗補填を12万総噸ではなく、ABC合計で7.5万総噸以内とし、AB船の損耗補填を先送りできれば、年間の輸送力はさらに665.3万トン増加するという見通しも立てていた。

陸海軍主導の主要物資増強構想

こうした想定を前提に、1944年度の主要物動物資の民需船輸送力をC船2,347.95万トン、運航機帆船568.5万トンの合計2,916.45万トンとし、それを甲・乙地域、日満支輸送計画に地域別・物資別に配分し、これに内地機帆船、大陸中継輸送、陸運完全転移分を併記した44年度の輸送計画が表3-16である。タンカーによる液体燃料輸入は同表に含まれていない。いずれにしても、楽観的予測を最大限に積み上げた陸海軍関係者の推計によっても、43年度に比して甲・乙地域、日満支輸送とも大きく縮小した。特に乙地域からの穀類、飼料、石炭などは大幅に縮小し、甲地域でも鉄鉱石、油類を減らすことになった。その一方、甲地域の非鉄金属（8割がボーキサイト）、油糧種実、生ゴムの輸送は極力維持しようとしている。日満支輸送では、鉄鉱石、非鉄金属、紙・パルプ、穀類、燐鉱石、肥料の確保を図り、特に穀類については急増させており、南方地域資源の縮小を日満支でカバーしようとした。汽船不足の中、石炭輸送の確保のため、機帆船輸送、大陸中継、陸送完全転移などの代替輸送手段を43年度以上に動員し、銑鋼、棉花・羊毛、木材などは、完全に陸送に転換しようとしていた。このように43年の秋以降、44年度計画の策定では、戦争継続に必要な航空機・海運力の確保、造船・鉄鋼・軽金属の生産目標が先決となり、計画相互には大きな齟齬が生じるようになった[32]。

こうした輸送力の節約・捻出の上で、

表3-17　1943年度、44年度重要物資の生産見通し（1943年9月）

(千トン)

	1943年度	1944年度
普通鋼	5,067	5,104
普通銑	1,014	1,300
鍛鋳鋼	415	550
特殊鋼	429	1,000
アルミニウム	152	225
電気銅	114	150
セメント	6,799	7,500

出所：前掲「ⓒ研究」186頁。

鉄鋼、造船、航空機に重点化することで、陸海軍は最重要物資の増産見通しを表3-17のように設定した。航空機工業を支える軽金属、特殊鋼、鋳鍛鋼、大量計画造船を支える鋼材や、機械部品工場で深刻な不足を来している普通銑鉄については、極力維持・増産しようとしていた。このうち鋼材の配当計画は、表3-18のように陸海軍需と、造船用で356万トン余と7割を占めており、生産拡充計画産業であっても石炭、電力、非鉄金属、人造石油、硫安、セメント、重要機械、鉄道車両は、1943年度から15％の削減となり、国内の石油鉱山・石油精製、アルコール、ソーダ工業、パルプ、自動車は、30％の圧縮となった。輸出向けも満支向けを60％減とした。仏印・タイは既に最大限の圧縮をしているので、43年度と同程度とした。一般民需では、船舶造修用（木造船）に85万総噸の建造を求める関係で、2倍近い10万トンを割り当て、防空、労務施設、回収用を43年度並に維持した。その他は、おおむね半分に圧縮し、南方開発用は僅かに増やしたものの、緊急需要に対する調整用はほとんど確保できなかった。

表3-18　1943年度、44年度鋼材配当計画（1943年9月）

（千トン）

		1943年度	1944年度
陸海軍需		2,102.8	2,218.7
造船		1,010.0	1,350.0
生産拡充計画	鉄鋼	150.0	150.0
	石炭	185.0	150.0
	電力	115.0	98.0
	軽金属	80.0	80.0
	非鉄金属	57.0	48.5
	石油鉱山	8.0	5.4
	人造石油	30.7	25.5
	石油精製	44.5	31.0
	アルコール	0.7	0.5
	ソーダ・工業塩	6.4	4.5
	硫安	12.0	11.4
	パルプ	3.4	2.4
	セメント	4.5	4.3
	工作機械	31.5	31.0
	重要機械	10.8	9.2
	鉄道車両	160.0	135.0
	自動車	27.5	22.0
	その他	38.3	25.0
	計	965.3	833.7
官需		167.5	102.0
輸出	満支向け	114.4	43.0
	仏印・タイ向け	10.0	10.0
民需	防空	31.2	30.0
	船舶造修	53.2	100.0
	労務施設	13.0	13.0
	回収用	14.2	14.0
	その他	320.7	160.0
	計	432.3	317.0
南方開発		170.0	190.0
調整用		192.7	40.0
合計		5,067.0	5,104.4

出所：前掲「ⓒ研究」186頁。

2 陸海軍の鉄鋼増産対策案

陸海軍の鉄鋼増産見通し

こうした強引な戦力増強目標が決定になる経緯を、鉄鋼計画を中心に見ておこう。航空機、造船向けの特殊鋼、鍛鋳鋼などの鉄鋼増産要求を満たすことが、統帥部には決定的に重要であった。陸海軍は「革命的措置ヲ講シ船腹依存度ヲ徹底的ニ極限シ以テ所望ノ生産ヲ確保」し、「特ニ製鉄用原料ノ徹底的自給体制ヲ確立」することを求めた[33]。このため、⑦研究の成果を踏まえ、(1)国内鉱石の飛躍的増産、(2)原料配分の再調整による輸送力の節約、(3)鉱石品位の向上、(4)簡易製鉄、特殊製鉄法の実施、(5)設備拡充の項目について、政府に対策を提案している。

(1)の鉱石増産については、①内地・朝鮮における資源開発と輸送力の確保、②鉄鋼統制会・鉱山統制会の業務調整による統制の円滑化、③鉄鋼統制会の下部機関である鉄鋼原料統制株式会社による価格操作、損失補填、開発資金融通の拡大、④製鉄所別・地域別の自給計画目標の設定、⑤有力企業に対する調査・開発・増産の責任制と中小経営の買収・委託経営などを求めた。③は、この時期に盛んに統制会側が求めていた統制会による「経済行為」を、陸海軍の一部では許容する考えがあったことを示している[34]。⑤は軍需会社法（10月31日公布）を適用し、生産責任制や問題企業の経営権の優良企業への委譲を構想していたことを示している。(2)の原料配分の再調整では、製鉄会社の自社系鉱山からの優先取得の原則をやめ、輸送距離・荷役能力、品質を勘案し、本船輸送力軽減の観点から鉱石取得関係の再編を求めた。そして、製鉄メーカーのコスト増分については、必要に応じて補償措置を取るとした。(3)の鉱石品位の向上については、①海外鉱石の破砕、選鉱、篩い分けによる形状・粒度の適正化、②国内磁鉄鉱の徹底選鉱、③沼鉄鉱・褐鉄鉱の水分除去、尾鉱（低品位鉱）処理の工夫が求められた。(4)の簡易・特殊製法については、「能率的経済的ナラズトスル空気アルモ今日ハ一切ノ採算ヲ無視シテ一瓩ノ増産ニモ邁進スベキ時期」とした。そして、基本製鉄計画を補強するものとして、原料賦存地への設備の搬出、建設を「勇敢ニ強行」することを主張した。この時期に陸海軍が期待していたのは、熱効率が極度に悪く出銑計画が不調の小型溶鉱炉に替わる、

日本鋼管の提唱した簡易高炉（300トン炉）方式であった。立地は、紡績工場等の遊休・余剰設備（電力、ボイラー、就業者住宅、交通・運輸）の利用の点で有利な石景山、青島、天津、上海が適地であった。

　こうして、1944年度内に50万トン製銑設備の完成を目指し、送風機を国内から移駐し、鉱石約140万トン、石炭約220万トン、耐火煉瓦3万5,000トンを確保するほか、設備転用に向けて紡績業者の協力を取り付けることなどを求めた。一方、42年度末から取り組んだ日本製鉄式小型溶鉱炉（20トン炉）は、出銑当たりの資材を2倍要することから、推奨することを止めるなど、この時期に軍の技術選択が大きく揺れていたことを示している。普通鋼鋼材の供給目標として、陸海軍主務者は550万トン、500万トン、450万トンの3案について、それに対応した銑鉄、鉄鉱石、石炭の供給可能性を検討したが、結局最低510万トンとする基本製鉄計画案を策定し、本節冒頭で触れた9月初めの陸海軍の共同提案になった。

　普通鋼鋼材510万トンの基礎案と整合する形で、甲造船の建造目標は貨物船132万総噸（1943年度の7万総噸追加建造計画の繰越分3万総噸を含む）、油槽船45万総噸、特殊船約6万総噸の計183万総噸となった。このために、鋼材は43年度第2四半期中に追加船舶建造7万総噸用の4万トン（厚板2.8万トン、鋼管0.14万トンなど）と関連副資材を増配し、さらに43年度中に施設用鋼材4万トン、直接造船用鋼材10万トン（厚板7万トン、鋼管0.3万トン）と労務者5万人の増配を求めた。そして、44年度には135万トン（厚板90万トン、鋼管4.2万トン）と労務者13万人という厖大な物的・人的動員が必要になった。鋼材135万トンには、45年度の建造目標を230万総噸とするために、44年度中に繰上配当すべき55万トンも計上しており、建造量の拡大に向けて総力を集中させようとしていた。

　また、乙造船（木造船）の1944年度建造目標は、内地で貨物船40万総噸、雑船5万総噸、外地では陸軍主担任地域のA地域で25万総噸、海軍主担任地域のB地域で15万総噸の総計85万総噸を期待し、そのための鋼材10万トンを予定した。沈船の引き揚げは、44年4月から45年1月までで毎月4.8万総噸（45年2、3月は計画なし）とし、再稼航によって物資動員計画に寄与させようとした。一方、貨物船と油槽船の喪失大破は、43年9月以降毎月12万総噸、

年度内に84万総噸と見込んでいたが、44年4月の10.1万総噸以降、9月には7.9万総噸へと逓減し、下半期には毎月7.5万総噸に引き下げられるとし、年間では100.1万総噸に抑えられるとした。このため44年度には、護衛艦を現保有量の約2.5倍に増強し、対潜水艦哨戒用海軍機1,000機を充当するとしていた[35]。

陸海軍の海上輸送力予想

　この結果、物資動員計画の基礎となる44年度の海上輸送力の計算は、徴備船・民需用船の損耗を毎月7.5万総噸として、民需船3,658万トン、運航機帆船260万トンの計3,918万トンとなり、鉄鋼510万トンなどの基本計画に要する輸送力約3,800万トンに対しては、若干の余裕すらあることになった。しかし、毎月の損耗が減らずに、12万総噸のままであれば、年間海上輸送力は民需船3,028万トン、運航機帆船260万トンの計3,290万トンにとどまって、約510万トンの輸送力不足が発生すると見込まれた。結局、船舶の喪失を防ぐことが決定的に重要な課題になっていた。護衛艦の増強による輸送力増強は、北支・満洲―内地間では43年10月以降実効性が上がり、中支―内地間で11月以降、シンガポール―内地間では44年2月以降に効果を期待できるとし、44年度の輸送力で11.8万総噸分を捻出できると見込んだ。

　内地間の輸送では、中継港の転換で1944年度初頭に4.4万総噸、機帆船利用の拡大で8.5万総噸と、全体で24.78万総噸の船舶の捻出を期待した。具体的措置としては、①黄海での航空機・特設護衛艦の増強、②港湾設備増強と陸運転換の強化、③陸海軍からの重油の支援、④50総噸以上の一般機帆船の動員、⑤小型機帆船乗員に対する外洋航海のための保障措置・待遇の改善・技術教育、⑥機帆船の集団航行と指導船の配分が必要とされた。また海運統制方式についても、陸海軍徴備船・民需船の統合運営、海運港湾管理行政の一元化を断行することを求め、10月末に実施される軍需省、運輸通信省などへの総動員行政の再編も構想し、その実現によって、さらに約15万総噸の捻出も期待できるとしていた[36]。

　重要資源の輸送量も圧縮を検討し、①仏印炭の日満支炭への転換、②物動に影響しない限りでのマンガン・錫・ボーキサイト・亜鉛の圧縮、③新聞の4頁

化による紙パルプの圧縮、④生ゴムの計画見直し、⑤大陸での集荷難を受けた綿花・羊毛の圧縮、⑥外米・砂糖・飼料等の圧縮を打ち出した。これによって輸送必要量は139万トン削減され、船舶換算で約10万総噸分を節減できるとした。

　これらを総合して、陸海軍主務者は1943年度中に船舶増徴15万総噸を実施し、損耗補填が月10万総噸、44年度から船舶増徴30万総噸で損耗補填が月7.5万総噸であれば、鉄鋼510万トン、鋳物用銑鉄130万トン、特殊鋼100万トン、アルミニウム22.5万トン、甲造船183万総噸、乙造船40万総噸、海上輸送力3,920万トンなどとした44年度の基本計画に影響は出ないという「判決」を下し、政府に強くその実現を求めた[37]。

統帥部・企画院合同作業

　南方戦線の悪化から、1944年度が国力を挙げた決戦段階になるとみていた陸海軍統帥部は、こうして大量の船舶増徴を求め、両軍の総動員計画主務者は、この共同研究で民需船の輸送効率と船舶建造力を過大に見積もり、物動計画の本来の立案関係者に強力な圧力をかけた[38]。9月半ばに陸軍省整備局戦備課の増田繁雄中佐は、企画院との会合の場で、「この度の船舶徴用問題が物的国力に及ぼす影響については、その結果が極めて重大であるので、陸軍といたしましてはその作業を袖手傍観するに堪えず、一応の検討を行いここに結論を提出する」として、㋑研究による上記の陸海軍主務者案を提示した。企画院の策定してきた輸送力の見通しに対しては、鉄鋼、石炭の増強に「まだ余力がある」と主張して、見直しを求めた。

　これを受けて、迎賓館を会場として、陸海軍と企画院の関係者を集めた集中的な検討会合が開かれた。会合は1日目の十数人から2日目には商工省、統制会関係者を含む70数人を集めた大がかりなものとなり、物動計画大綱案の修正が進められた。企画院の田中申一が算出した輸送力に対して、海軍側は「時局の逼迫はこんな数字ではどうにもならん」として、陸海軍主務者間で1日目にまとめたという稼航率の引き上げ、護衛作戦の強化、遊休一般機帆船の動員などを含む輸送力増強案を提示した。これは企画院案より月当たり79.48万トン（年941.76万トン）も多いものであった。検討作業の中で増強可能量は、一

旦は月当たり22.8万となった。すると、この捻出された輸送力を巡って直ちに「鉄鋼関係者が押し寄せ」、配分輸送力の増加を求める状況であった。これを基に鉄鋼、軽金属等の作業班で1944年度の輸送力と必要生産量が調整されると、さらに輸送力需要は膨らみ、その結果、会議の3日目に企画院の田辺俊雄調査官が取りまとめた見通しでは、輸送力は陸海軍の要望通り980万トンが増強可能であるというものになった。

そして、1944年度に甲造船180万総噸、普通鋼鋼材500万トン前後、アルミニウム約21万トンなどを実現するために、43年度下期に実施できる船舶増徴と喪失徴傭船の月当たりの補填の限度については、①約15万総噸増徴、月7.5万総噸補填、②約5万総噸増徴、月10万総噸補填、③増徴なし、月12万総噸補填の3つの選択肢に整理した。一方、44年度に航空機等の増産に向けた上記の生産増強を止めて、「十八年度下期重要物資ノ生産維持ノミヲ考慮スル場合」の増徴と、月当たりの補填可能量の組み合わせは、①約25万総噸、月7.5万総噸、②約15万総噸、月10万総噸、③約10万総噸、月12万総噸と算出された。その上で、43年度下期から44年度の戦力増強のための諸措置を講じるのであれば、半年後の44年度には30万総噸の徴傭が可能になるという報告をまとめ、43年度下期には生産増強措置を実施する時間的猶予を与えることも提案した。

1944年度総動員基本骨格の決定

しかし、9月18日の大本営政府連絡会議で1944年度の総動員計画の基本骨格が決定され、差しあたり15万総噸の増徴が決定されたのち、30日の御前会議で、10月上旬以降合わせて25万総噸の増徴が認められた。そして、9月以降の陸海軍徴傭船の喪失分に対しては、翌月初頭に3.5万総噸の範囲内で民需船から補填することが決定された。これは43年度下期から大量かつ一挙的増徴を実施しながら、なおかつ44年度計画での戦力増強を図るという最も過酷な課題を押しつけるものであった。結果的には、この陸海軍の甘い見通しを前提とした船舶の増徴が日本経済に致命的な打撃を与えることになった。

1944年度の重要戦略物資の生産目標も御前会議で概定された。航空機については陸海軍統帥部の要望数5.5万機を抑えて4万機を「努力目標」とし、普

通鋼鋼材約500万トン、特殊鋼約100万トン、鍛鋳鋼約55万トン、鋳物用銑鉄130万トン前後、電気銅約15万トン、軽金属21万トン以上、甲造船約180万総噸、セメント700万トン前後、木材9,000万石などの目標を確認した[39]。この目標について、大本営政府連絡会議の場で岸信介商工大臣は「今次ノ陸海軍船舶ノ増徴ノ下ニ於テ来年度ニ於ケル大規模ノ生産目標ヲ達成セントスルコトハ極メテ重大且ツ困難ナル問題ナリ、即チ昭和十七年十二月ニ於テ陸海軍ヨリ相当ノ船舶ノ増徴アリ同時ニ昭和十八年度ニ於ケル鉄鋼其ノ他ノ主要物資ノ生産目標ヲ決定セラレタルコトアルモ其ノ当時ニ比シ今次ノ場合ニ於テハ目標確保ノ見透ノ困難ナルコトハ到底其ノ比ニ非ズ」と発言している。また、43年度目標が「比較的可能性大ナル数字」であったのに対して、「既ニ過去一年間ニ於テ各種ノ手段ヲ尽シ来レル今日ニ於テハ尋常一様ノ手段ト決意ヲ以テシテハ之ガ達成ハ到底不可能ト謂ハザルベカラズ」として、「国政運用ノ一大刷新」として、動員行政の一元化を唱えて、必要な輸送力の確保、本年度内の必要資材の増配など、商工省権限を越える問題での関係方面の協力を要請した[40]。

こうした大規模な船舶増徴と同時に、異例ともいえる陸海軍による独自の算出による総動員計画をほぼ丸呑みにする形で、企画院や関係省庁が1944年度物動計画の原案を認めることになった。このため、43年8月に策定された44年度計画大綱は大幅に修正せざるをえなくなった。

長期戦体制の維持が困難であると認識され、1944年度に向けて集中的に戦力を増強する「決戦態勢」を整備しようという動きも8月末には始まっていた。8月27日には重要産業協議会が陸海軍需の錯綜に起因する問題点をまとめ、多元的統制を克復する発注調整等の提案を内閣顧問を通じて政府に提出した。企画院や商工省では臨時生産増強委員会のような各省協議機関では徹底的重点化に向けた政策調整が困難になるとし、統制の一元化を実現する総動員体制を求めるようになっていた。

1943年8月30日には、藤原銀次郎内閣顧問を査察使とする行政査察が決定され、陸海軍の両航空本部の統合など、軍需動員行政の一元化を前提にした、航空関連工業の画期的な増産体制が検討された。9月に入って上述の陸海軍主務者案が示されると、航空機、軽金属、鉄鋼、造船を巡る行政を簡素・強化し、関連重要資材や輸送力の徹底した動員が求められた。9月21日の閣議では動

員行政の大規模な再編を含む「現情勢下に於ける国政運営要綱」が決定された。こうした重点措置によって、主要部門ですら需給バランスは失われていった。早晩総動員体制が破綻することが、物資動員計画の関係者には明らかであった。それでも、44年度に航空機と造船・海運事業に所要資源を集中的に投入し、その他部門を徹底的に切り詰めることになり、軍需省、運輸通信省を中心とした強力な動員行政を目指すことになった。これ以降、戦時経済総動員体制は至る所で隘路の発生が予想される、短期集中の決戦態勢に移行し始めたとみることができる[41]。

第3節　1944年度第2次物動計画大綱

1　鉄鋼生産見通しの策定

第2次鉄鋼生産計画

　第1次物動計画大綱は、総動員体制の転換に伴って大幅な見直しを迫られた。1944年度物動計画大綱の改訂（第2次大綱）に向けた鉄鋼生産計画の検討過程を見ていこう。9月21日には、企画院より鉄鋼統制会に対して2日後に閣議決定となる「陸海軍船舶増徴ト戦力増強トノ調整ニ関スル非常措置ノ件」が示され、輸送力の制約の中で鉄鋼増産が可能であるのかを中心に、第1次大綱の見直しが始まった。その後、23日から1週間にわたって陸海軍、企画院、商工省、統制会の協議が続けられ、30日には、普通鋼鋼材約500万トン、特殊鋼約100万トン、鍛鋳鋼約55万トン、鋳物用銑130万トン前後などの鉄鋼計画の概要が大本営政府連絡会議でも了承された。

　これを受けて10月7日に表3-19のような第2次動計画大綱の鉄鋼生産計画が、商工省の閣議稟請案としてまとめられた[42]。その内容は、鋼材510万トン（うち厚板195万トン、鋼管38.5万トン）、特殊鋼100万トン、鍛鋼25万トン、鋳鋼30万トンの確保を優先するというものであったが、「船舶需給ノ逼迫ハ右画期的鉄鋼増産ニ対シ致命的制約ト為ルモノト予想セラルルニ付之ガ対処方策トシテ鉄鋼生産ノ本船依存度ヲ極力節減シ最大限度ノ陸運転移ヲ織込ムト共ニ内地及朝鮮ニ於ケル鉄鉱資源ノ徹底的開発及活用ヲ断行スル」としていた。こ

表3-19　1944年度鉄鋼生産計画（1943年10月7日閣議稟請案）

（千トン、本船・機帆船括弧内は千総噸）

区分	項目	数量	区分	項目	数量
生産目標	普通鋼々材	5,100	鉄屑	一般回収	840
	厚板	1,950		特別回収	300
	鋼管	385		満洲屑	17
	鍛鋼	250		中国占領地屑	5
	鋳鋼	300		計	1,162
	特殊鋼	1,000	満洲国対日供給	銑鉄	530
	鋳物用銑	1,300		鋼塊・鋼片	137
	計	7,950		鋼材	60
銑鉄生産	普通銑	5,314		特殊鋼	6.5
	盟外銑	140		原鉄	33
	外地（小型溶鉱炉等）	1,498		低燐銑	250
	内訳 朝鮮	540		計	1,016.5
	北支	684	所要石炭		19,219
	蒙疆	120	所要副原料		4,080
	中支	120	主要内訳	耐火煉瓦	1,199
	台湾	34		煉瓦原料	1,593
	うち対日供給	1,344		苦灰石	788
鋼塊	平転炉	7,199		マグネシアクリンカー	319
	電気炉	2,594	本船輸送	鉄鉱石（217）	5,893
	計	9,793		銑鋼（96）	3,044
鉄源	鉄鉱石	13,571		マンガン鉱（22）	261
	内訳 内地	4,425		副原料・炉材（22）	605
	朝鮮	5,366		特殊鋼原鉱（41）	301
	満洲輸入	30		計（397）	10,062
	北支輸入	150	機帆船輸送	鉄鉱石（18）	325
	中支輸入	2,200		銑鋼（21）	1,033
	海南島輸入	1,400		マンガン鉱（1）	32
	砂鉄	800		副原料・炉材（8）	583
	たたら鉄滓	100		計（47）	1,972
	銅鍰	200	鉄道輸送	鉄鉱石	5,626
	硫酸滓	561		銑鋼	5,403
	染料滓	78		マンガン鉱	365
	貯鉱使用	110		副原料・炉材	6,144
	計	15,420		計	17,538

注：本船、機帆船の（ ）内数字は、所要船腹量。単位は千総噸。資料中に9月23日から30日にわたり企画院、商工省、陸海軍、当会（鉄鋼統制会）で検討作成した旨の統制会関係者による手書きの注記あり。
出所：商工省「(閣議稟請案)昭和十九年度鉄鋼生産計画ニ関スル件」1943年10月7日前掲『後期物資動員計画資料』第9巻所収、297～301頁。

れは、北支炭、中支・海南島鉄鉱石など中国資源の海上輸送に依存した従来の鉄鋼生産のあり方を大きく変えることを意味していた。北支等での小型溶鉱炉による銑鉄生産にも依然として依存しており、極力陸運転移による海上輸送力の節約を図った。この計画では、本船輸送は鉄鉱石 589.3 万トン、銑鋼 304.4 万トンなど 1,006.2 万トン、機帆船輸送は 197.2 万トンのほか、満洲・朝鮮産の銑鋼・原料の中継輸送が 170.3 万トンとなり、鉄道による銑鋼・原料輸送も 1,753.8 万トンに上った。

第 2 次鉄鋼生産計画の条件

この計画を実現するため、鉄鉱石供給については、①生産目標を内地 450 万トン、朝鮮 560 万トンとする、②重要鉱山を新設される軍需省所管の管理鉱山とする、③目標達成に必要な価格操作、損失補填、開発費の融通などの財政的支援を行う、④技術者、熟練労務者および、一般労務者 1.4 万人の増加を実現し、住宅用木材 50 万石を 1943 年度下期中に特配する、⑤トラック 126 台を 43 年度下期中に増備し、所要燃料を確保して鉄道輸送との連携を図る、⑥経営能力の低い鉱業権者を適格者に切り換える、⑦新資源・新鉱山の探査と開発、⑧朝鮮においては、船腹減少時の予備分の貯炭を充実するため、山元買取等の財政的措置を講ずるなどの方針が決定された。このほかの生産要素の供給については、以下の条件が求められた。①製鉄所の石炭の最低貯炭量として、陸送によるものは 1 週間分、海送によるものは 20 日分を維持すること、②発生炉炭は極力優良品を確保すること、③毎月 1 万キロリットルの重油供給を維持すること、④内地マンガン鉱生産目標は最低 39 万トンとし、労務者 3,000 人、トラック 50 台を増強すること、⑤マンガン鉱用の配船量の不足分 4 万 3,900 トンは極力節約で対応すること、⑦陸海軍徴傭船により南方のマンガン鉱を確保すること、⑥鉄屑の特別回収では新供給源を考慮し、家庭回収も強化すること、⑧耐火煉瓦、石灰石、苦汁石等の炉材物資の統制機構を整備すること、⑨重要工場を第一種工場として電力供給を確保すること。

また生産対策としては、①満洲国の対日供給をさらに増加させること、②建設中の溶鉱炉の工事促進、特に北支石景山への内地溶鉱炉の移設の促進、③未完成小型溶鉱炉の工事促進、稼動高炉の能率向上、④焼結工場の稼働率向上、

簡易焼結用ポット設備の増設、鉄道省練炭 20 万トン設備の供出による砂鉄処理、⑤製鋼設備増強のための優秀技術の交流と特設修理班の設置、⑥軍の特殊注文品と予定生産の調整、⑦限定品種鋼材のための圧延設備の増強、隘路補整、⑧特殊鋼用の優良銑鉄・鋼塊・鋼片・製鋼原鉄・屑鋼の確保、⑨フェロアロイの増産と鋼種の振替による使用節約、⑩鍛鋼用の優良屑鋼の確保と設備増強、⑪鋳鋼確保のための生産分野の画定と労働力の確保、⑫労働者用住宅資材の供給、⑬トラックの確保、配船の定時就航、機帆船・艀船の製鉄所への専属化、鉄鋼物資輸送機帆船会社の設立、機帆船用重油の確保などが挙げられた。技術面の隘路にも、「凡ユル工夫ニ依リ技術ノ向上ヲ図」ることを求めていた。

　設定された目標に対して、商工省は上記のように所要資源を算出したものの、本船の輸送計画については実施困難と見ていた。このほか、労働者についても 1943 年 8 月現在の鉄鋼部門の作業員 35.79 万人に対して 8 万人余の追加供給が必要としていたが、この時期は航空機の関連工業でも爆発的に労働者需要を増加させており、徹底した徴傭検査を実施しても確保できないほど、労務給源の枯渇が叫ばれていた。設備用鋼材としても、43 年度下期の特配、44 年度の製鉄所拡充用・補修用、鉱山用を合わせて 21.7 万トンを求め、さらに設備用の銑鉄 23 万トン、鋳鉄 3 万トン、セメント 20 万トン、木材 200 万石、銅 1,800 トンなどの所要量が見積もられた。しかし、前章で見たように、43 年度下期に入って鉄鋼の割当、取得実績は上期の 200 万トンから半減する事態になっており（前掲表 2-90）、これは、極めて困難な課題であった。

　この稟請案を 10 月 7 日に示された鉄鋼統制会が「直チニ再度検討ヲ行ヒ商工省ニ連絡」したのが、表 3-20 の 1944 年度鉄鋼生産計画である。原案の作成から統制会は協力しているため、修正箇所は僅かであるが、進行中の 43 年度計画と比較すると、普通鋼生産は 90 万トン増、特殊鋼を含む鋼材全体では 160 万トン増となり、無理な目標設定を窺わせる。原料供給計画を見ると、屑鉄供給は、軍や鉄道省払下分を除くと特別回収も 43 年度の水準は望めず、本来的には循環性を持つ性格の「返り屑」の大幅増加を期待するなど、根拠の乏しい計画も組み込んでいた。銑鉄計画はさらに現行計画を引き上げており、普通銑鉄は 130 万トン増の 531.4 万トンとなった。これには、既に失敗が明らかになっていた朝鮮・中国占領地域での小型溶鉱炉銑など、現地での原料加工に

表3-20　第2次1944年度物動計画大綱案鉄鋼生産計画の対43年度比較

(千トン)

分類		項目	1944年度	1943年度	分類	項目	1944年度	1943年度
鋼材生産	普通鋼	鋼塊より	4,735	4,029		ピッチ	226	170
		特殊鋼扱い	200		需要	普通鉄用	10,836	8,117
		満州鋼塊片より	93	81		盟外鉄用	301	237
		その他生産計	5,040	4,122		小型用鋼炉用	1,207	550
		軍現地取得・満洲より	60	78		製鉄用	1,387	886
		計	5,100	4,200		原鉄用	837	573
	鍛鋼品		250	200		特殊製鉄等	402	34
	鋳鋼品		300	220		焼結歩減	550	430
	特殊鋼		1,000	430		計	15,520	10,827
	計		6,650	5,050	鉄鉱石・鉄源 供給	内地鉱石	4,425	2,862
	限定品種	厚板	1,891	1,531		朝鮮鉱石	5,059	2,129
		鋼管	362	327		満洲鉱石	30	30
		普通鋼線材	222	282		北支鉱石	150	78
		特殊鋼線材	150	115		中支鉱石	2,200	2,396
鋼塊生産	普通鋼用		6,906	5,659		南支鉱石	1,400	1,200
	鍛鋼用		387	310		南方鉱石	0	54
	鋳鋼用		500	356		鉄鉱石計	13,264	8,749
	特殊鋼用		2,000	860		砂鉄	800	606
	内訳	平転炉	7,199	5,569		硫酸滓	561	852
		電気炉	2,594	1,616		たたら滓	100	0
	計		9,793	7,185		鋼滓	200	75
銑鉄供給	普通銑		5,314	4,012		染料滓	78	45
	盟外銑		140	100		屑銑	100	100
	小型溶鉱炉銑		575	250		工場貯銑	417	400
	再製銑		45	45	石炭供給	普通用	15,879	13,488
	満洲銑		485	536		小型用鋼炉用	1,404	476
	支那銑		774	70		原鉄用	350	—
	軍現地取得		45	45		特殊鋼その他用	1,680	1,370
	計		7,378	5,058		計	19,313	15,333
	うち鋳物用銑		1,300	1,000		マンガン鉱	545	389
低燐銑	朝鮮より		25	20		フェロマンガン	114.25	83
	満洲より		250	250		石灰石	5,572	3,544
	計		275	270		蛍石	85.7	54
原鉄供給	内地生産		215	127	炉材	耐火煉瓦	1,412	940
	朝鮮より		95	73		煉瓦原料	1,593	1,008
	満洲より		33	37		ドロマイト	788	507
	計		343	237		マグネシアクリンカー	319	282
屑鉄供給	鋼屑	返り屑	3,290	2,192		苦汁	19	16
		一般回収	700	700		電極	82	63
		非常回収	90	116		その他計	4,221	2,816
		軍・鉄道払下	145	125	本船輸送	鉄鉱石	5,850	3,866
		満洲・支那屑	20	68		銑鋼	4,396	3,236
	銑屑	一般回収	140	125		石炭	7,473	5,424
		非常回収	210	384		副原料	349	351
		ロール鋳型屑	100	110		炉材	841	799
	計		4,695	3,970		計	18,909	13,676

注：本船輸送の1944年度銑鋼輸送には南鮮中継135.2万トン、炉材輸送には南鮮中継32万トンを含む。43年度の屑鉄供給合計には在庫からの供給分を含む。44年度は在庫分なし。

出所：鉄鋼統制会「昭和十九年度鉄鋼生産計画案――第二次物動大綱」1943年10月8日前掲『後期物資動員計画資料』第9巻、291〜295頁。

大きな期待をかけるものであった。鉄鉱石は内地で156.3万トン、朝鮮では293万トンという画期的な増産によって451.5万トン増の1,326.4万トンを見込み、これ以後朝鮮での集中的な鉱山開発に取り組むことになった。また、あらゆる鉄源を求めて、たたら滓、銅滓の増量に期待した。当然、石炭供給も急激な増量を見込まなければ、計画は成り立たなかった。

このようにして商工省や鉄鋼統制会による、それ自体に過大な目標を含む鉄鋼生産計画を優先する形で、海上輸送計画が組み直され、物資動員計画の第2次計画大綱を策定することになった。これが絶対国防圏を維持し、長期戦体制を構築しようとする東條内閣の生命線でもあった。

2 第2次物資動員計画大綱

海陸輸送力の捻出

陸海軍主務者による増徴と戦略物資の増産要求を受けて、物資動員計画大綱の改訂が始まった。船舶建造計画は190万総噸と設定されたことから、1943

表3-21　1944年度民需船（C船、運航機帆船）輸送力見通し（1943年10月）

(千トン)

		第1四半期	第2四半期	第3四半期	第4四半期	計
C船	基本輸送力	7,830.9	8,355.9	9,106.8	9,982.9	35,276.5
	往路利用による捻出	112.0	113.0	112.0	113.0	450.0
	計	7,942.9	8,468.9	9,218.8	10,095.9	35,726.5
C船配分	甲地域	630.0	630.0	630.0	630.0	2,520.0
	乙地域	67.3	67.3	67.3	67.3	269.2
	日満支	8,636.6	8,245.0	7,802.3	7,818.3	32,502.2
	計	9,333.9	8,942.3	8,499.6	8,515.6	35,291.4
運機	基本輸送力	689.9	881.2	933.7	1,038.5	3,543.3
	動員による増加	560.8	560.8	477.7	436.1	2,035.4
	計(a)	1,250.7	1,442.0	1,411.4	1,474.6	5,578.7
南鮮中継	陸軍徴傭船	33.0	33.0	33.0	33.0	132.0
	朝鮮機帆船	150.0	150.0	150.0	150.0	600.0
	関釜連絡船	60.0	60.0	60.0	60.0	240.0
	運航機帆船(b)	735.1	683.6	679.6	705.8	2,804.0
一般外航用機帆船(a)−(b)		515.6	758.4	731.8	768.8	2,774.7

注：「C船」は一般民需船、「運機」は運航機帆船。
出所：企画院「昭和十九年度物資動員計画改訂大綱（輸送計画）」1943年10月20日前掲『後期物資動員計画資料』第12巻所収、105頁。

年度下期には鋼材の特配など造船部門への資源の集中措置が取られることになり、海上輸送計画も増強を図った。10月12日には、陸海軍徴傭船による輸送協力は第1次大綱のままとし、一般民需船（C船）と運航機帆船の輸送力を増強する計画を策定した[43]。8月に策定した輸送計画では、44年度の船舶建造を140万総噸、うち貨物船105万総噸とし、44年度の輸送力は4月の260.5万トンから、年度末の3月には220.5万トンへと緩やかに減少するという見通しであった。今回の見直しでは、増徴による輸送力の減少を毎月45万トン、年間で540万トンと見積もりながらも、C船の基本輸送力を着実に上昇させる計画が求められた。10月12日案では年間輸送は3,345.5万トンとしたが、10月20日の改訂大綱の輸送計画では、表3-21のように往航の軍需物資輸送を利用したAB船の民需物資輸送協力（連合輸送）45万トンを含めて年間輸送力は3,572.7万トンと、大幅に改善させた。

さらに陸運転移、中継輸送等の形で陸運へ負担を転嫁した。鉄道輸送は表3-22のように、内地官営鉄道では重量比で対前年度20%、輸送量（重量×距離）比で33%増強し、朝鮮官営鉄道でも重量比9%、輸送量比35%の増強を計画した。鉄道輸送力の増強はそれに対応した小運送計画の拡充も必要となり、海送物資を陸送に転換したために生じた負担増は、表3-23のように5,726.2万トン、鉄道小運送の13.2%を占めるようになり、このための輸送増強用資材C_xの確保が1944年度物資動員計画の焦点の一つになった。

第2次物動輸送計画大綱

このようにして算出された輸送力に基づいて、第2次物資動員計画大綱が策定され、主要物資の供給力が表3-24のようにまとめられた。8月に策定された物動計画大綱と比較すると、1943年度計画で取り入れた各種の特別措置を継承した上で、可能な限り44年度計画を拡張しようとしたことがうかがえる。屑鉄は、一般・特別回収を強化し、特に銑鉄特別回収を13万トンから21万トンとしている。返り屑鋼を200万トンから329万トンとし、返り屑銑を新たに15.5万トン見込んだ。8月の大綱では屑在庫は見込んでいなかったが、改訂大綱では工場・流通の取引諸段階にある在庫4万トンを見込むことにした。このほか鉄道省払下を新規に5万トン計上した。

表 3-22　1944 年度鉄道貨物輸送計画
（1943 年 10 月）

（千トン、百万トンキロ）

			1944 年度	1943 年度
内地官営	重量	在来輸送	162,284	149,316
		完全転移	9,346	6,232
		中継輸送	15,957	6,398
		純陸送増	9,901	2,642
		計	197,488	164,588
	輸送量	在来輸送	32,888	27,803
		完全転移	7,354	
		中継輸送	6,757	9,240
		純陸送増	2,301	
		計	49,300	37,043
朝鮮官営	重量	在来輸送	30,133	29,901
		転移輸送	5,024	2,320
		計	35,159	32,221
	輸送量	在来輸送	8,540	6,881
		転移輸送	4,300	2,599
		計	12,840	9,480

注：「在来輸送」は 1942 年 9 月を基準とした本来的な陸送物資の重量。
出所：前掲「昭和十九年度物資動員計画改訂大綱（輸送計画）」114 頁。

表 3-23　1944 年度内地陸送小運送計画（1943 年 10 月）

（千トン）

			在来輸送	転移輸送	計
鉄道小運送	運搬具	貨物自動車 a	86,463	10,880	97,343
		荷牛馬車	63,982	8,051	72,033
		荷車	9,036	1,137	10,173
		リヤカー	7,392	930	8,322
		その他	6,052	762	6,814
	専用線		124,321	22,905	147,226
	その他		78,305	12,597	90,902
	計		375,551	57,262	432,813
地方輸送貨物自動車 b					146,758
貨物自動車計 a+b					244,101

出所：前掲「昭和十九年度物資動員計画改訂大綱（輸送計画）」115 頁。

表 3-24　1944 年度第 2 次物資動

			国内生産			回収		在庫からの補填
			内地	その他	計	一般	特別	
第一	普通鋼鋼材	千トン	5,004	116	5,120			
	一般鋼材	千トン	2,473	23	2,497			
	厚板	千トン	1,798	93	1,891			
	鋼管	千トン	363		363			
	線材	千トン	370		370			
	普通鋼鍛鋼	千トン	248	2	250			
	普通鋼鋳鋼	千トン	280	20	300			
	普通銑	千トン	4,899	1,174	6,073			
	屑鉄	千トン	3,495		3,495	840	300	40
	特殊鋼鋼材	千トン			1,000			
	鉄鉱石	千トン	5,300	5,430	10,730	885		110
第二	銅	トン	135,635	6,565	142,200	7,800		
	鉛	トン	50,775	19,570	70,345	1,000		
	亜鉛	トン	86,050	11,425	97,475	3,060		
	アルミニウム	トン	144,300	65,700	210,000			
第三	紡績用棉花	千担		380	380			800
	羊毛	俵	4,780	781	5,561			32,000
	人絹用パルプ	英トン	101,800	9,600	111,400			30,000
	マニラ麻	トン						
	生ゴム	トン						
第四	石炭	千トン	58,200	17,300	75,500			
第五	工業塩	トン		100,000	100,000	30,000		
	セメント	千トン	5120	1900	7,020			

注：屑鉄には銑屑を含む。1943 年度供給計画は 43 年 8 月時点のもので、4 月の閣議決定計画に対して普通若干増額された。このほか羊毛も 43 年度当初計画から大幅に増額された。一方、石炭は 4 月の当初計画
出所：企画院「昭和十七年度物資動員計画及各四半期物資動員実施計画」1942 年 4 月 20 日前掲『開戦версия同「昭和十九年度物資動員計画大綱（案）（対 18 年度計画比較ト要調整事項）」1943 年 8 月 27 日、同

　鉄鉱石は、8 月の大綱では組み込まなかった北支産を 15 万トンとし、中支産を 108.4 万トンから 220 万トンに、海南島産を 99.3 万トンから 140 万トンとして、占領地での増産・増送にも期待した。国内では砂鉄・硫酸滓などのさまざまな鉄源も含めて内地で 41% 増の 530 万トン、朝鮮で 50% 増の 543 万トンという大増産を計画した。また、8 月大綱で 100 万トンとした砂鉄を 80 万トンとした代わりに、硫酸滓 88.5 万トン、たたら滓 10 万トン、銅滓 20 万トン、染料滓 7.8 万トンを組み込んで、全体として低質原料を利用した大幅な嵩上げを図った。出銑量の増大に伴って、マンガン鉱の国産計画も 30.8 万トンから

第3章　太平洋戦争末期の総動員体制（1944年度）

員計画大綱の供給力（1943年10月）

円域輸入		甲地域	乙地域	合計	1944年度計画大綱	1943年度供給計画	1942年度供給計画
満関	その他						
60				5,180	4,065	5,117	5,054
				2,497			
				1,891	区分なし		
				363			
				370			
				250	200	200	263
				300	220	220	255
630	774			7,477	6,164	5,062	5,668
17	5			4,697	3,509	3,937	5,032
2				1,002	802	430	403
30	3,750			15,505	12,965	12,096	11,828
				150,000	111,888	115,668	119,604
600				71,945	64,345	63,536	80,330
				100,535	100,175	80,875	81,139
5,300				215,300	178,800	152,050	129,110
	1,850			3,030	3,018	3,843	4,199
11,100	36,000			84,661	85,050	118,792	181,000
				141,400	141,400	115,000	210,000
		52,000		52,000	7,200	78,500	85,191
			60,000	60,000	60,000	103,330	121,470
2,420	5,750			83,670	80,040	77,000	99,116
822,000				952,000	952,000	871,200	1,113,518
400	200			7,620	7,021	6,799	7,805

鋼鋼材は前章で触れた「特別措置」によって85.7万トン上積みされ、普通銑、屑鉄、電気銅、鉛、マニラ麻も
の9,221.7万トンから7,700万トンに縮小している。
物資動員計画資料』第7巻所収、同「昭和十九年度物資動員計画大綱（案）（供給力計画）」1943年8月27日、
「昭和十九年度物資動員計画改訂大綱（供給力計画）」1943年10月20日。

39万トンに拡大し、後述のような鉄鋼の緊急増産措置が検討されることになった。

　他の重要物資についても見ておこう。電気銅の場合、回収計画は、8月の大綱のままとしたが、朝鮮内生産を2,226トンから6,565トンに、内地生産を10万1,862トンから13万5,635トンにと大幅に引き上げた。南方甲地域のボーキサイトに依存してきたアルミニウムは、44年の増産に向けて原料転換を進め、甲地域のボーキサイトは海上輸送力の不足のため、8月大綱の100万トンから、43年度計画よりも9.2万トン少ない70万トンに削減した。委任統治領パラオ

からの12万トン、乙地域の1万トンはそのままとしたが、ボーキサイト供給は全体で113万トンから83万トンに縮小した。代替原料は北支の礬土頁岩に求め、8月大綱の21.9万トンを一挙に79.9万トンへと引き上げた。触媒の氷晶石や電極原料のピッチおよびピッチコークスは国産の増産で対応する計画であった。しかし、このアルミニウムの原料転換は、依然として技術的に全く見通しのないものであった。

また甲地域に全量を依存していたマニラ麻は、8月の大綱で7,200トンと大幅に削減したが、代替素材が乏しいことから、結局甲地域から5万2,000トンを計画した。

石炭の縮小は深刻な問題を孕んでいたが、北支、樺太、内地の計画を上積みして僅かに8月の大綱より引き上げた。重点的増産計画の対象となったセメントは、占領地域での現地取得はそのままに、内地、朝鮮、台湾での増産を計画して、軍の要求を満たした。

重点物資については8月の大綱からの大幅な引き上げを企図していたが、非重点物資については一層抑圧することになった。この結果、南方圏、特に乙地域からの物資供給は劇的に削減されることになり、開戦時の大東亜共栄圏構想からは全くかけ離れたものになった。

こうして9月23日の閣議決定に基づいて8月の物動大綱を大幅に改編し、前章で見たように1943年度下期計画も重点主義的に組み直した。そして、船舶稼航率の引き上げ、木造船輸送・陸運転移・鉄道輸送・小運送輸送・港湾能力の増強を図るために、下期中に鋼材40万トンをはじめとする所要資材を特配することなどを指示した。鉄鋼増産に向けた諸対策では、鉄鉱石・マンガン鉱の増産、石炭品位向上による平炉能率の引き上げ、所要重油の確保、北支石景山への溶鉱炉移設、小型溶鉱炉計画の確保、満洲銑鉄の増産が求められ、また軽金属では国産・北支の礬土頁岩の増産、副資材の確保、製造技術の確立、石炭の国内大増産とそのための坑木、労働者住宅用木材の確保、技術者等の動員などが指示された[44]。

航空機優先の物動計画と配給体制

第2次大綱が策定されるとともに、軍需関連行政の強化、迅速化を目指して、

11月1日に軍需省、運輸通信省が設置され、行政機構が大幅に改編された。しかし、結局陸海軍の軍需動員行政全体の統合や、商工省生産拡充行政との全面統合といった構想は実現しなかった。軍需動員行政では陸海軍の両航空本部が開発部門を除いて統合されたが、海軍艦政本部、陸軍造兵廠などの動員部隊は統合から外れた。軍需工業動員としては、軍需省航空兵器総局として両航空本部と商工省の機械局、金属局、化学局などが軍需省を構成するにとどまった[45]。陸海輸送・通信の動員行政では、逓信省、鉄道省、内務省港湾建設行政、商工省倉庫行政などを統合した運輸通信省が設置された。戦局の推移とこの再編に伴って、国家総動員計画の策定方針の一部が見直され、12月3日の大本営政府連絡会議で「国家総動員計画策定ニ関スル件」が決定された。その内容は、①「国家総動員計画ハ作戦上ノ要求ト国力トヲ勘案シ当面ノ戦争遂行ヲ唯一ノ目標トシテ之ヲ策定」するとして、統帥部の要求の実現を最優先すること、②総動員計画の基本的重要事項は大本営政府連絡会議で決定すること、③年度計画とするも情勢に応じて改訂する余地として配当計画には軍・官・民需を通じて可及的に「物動調整保留分」を設定すること、④陸海軍が生産・取得した一切の物資動員計画物資は、陸海軍が独自に消費せず、物動計画に組み込むこと、⑤陸海軍が要求する航空機および関連兵器の所要資材は両省で協議の上、一括して軍需省航空兵器総局に配当すること、⑥軍・官・民需を通じて極力「製品物動制」に転換すること、⑦陸海軍省は大本営の要求を基礎に国力を勘案して算出した所要物資を軍需省に通報し、軍需省は陸海軍と調整し、配当計画を策定するが、陸海軍間の調整は両省において決定するというものであった。しかし、統帥部の要求をそのまま呑めば計画の破綻は明らかであった。⑥の「製品物動制」は、素材の配給計画だけでは、機械工業などの部品や機器の組立工業での計画性を確保できないことから、総動員計画が発動された早い段階から検討されていた製品レベルの統制方式であった[46]。しかし、企業間の複雑な資材・部品取引や加工契約を全面的に計画化することは困難であることから、航空機と造船用の特定機器類に絞り込んだ上で、その生産と配給を物動計画に取り込むことが試みられた。その主な狙いは、原材料・部品・機材の流れを監視し、完成製品・部品を最重要産業へ流すことであり、既に各種統制会を組織した航空協力会、造船協力会などの特定工業を頂点とする安定した分業関係の

構築や、機械工業における親工場への下請工業（協力工場）の専属化が試みられていた[47]。

3　軍需省鉄鋼局による鉄鋼増産構想

　第2次計画大綱に沿った鉄鋼生産計画の実現に向けて、発足直後の軍需省鉄鋼局は11月に詳細な計画を策定し、優良原料の安定確保が望めない中で、厚板・鋼管、特殊鋼の増産対策を打ち出した。以下では生産対策、原料対策、輸送対策、労務対策、技術対策、鉄鋼二次製品工業対策を順に見ていこう[48]。

生産対策

　製銑部門の拡充では、①日本製鉄釜石8号炉、扇町5号炉の完成促進、②北支那製鉄石景山への施設移設の促進、③盟外銑13万トン、再生銑4.5万トンの確保、④現有設備の最高能率発揮、⑤鉄道省所有練炭設備（年産20万トン）の供出、砂鉄処理用への転換、⑥未完成の小型溶鉱炉の工事促進、稼働率の引き上げ、⑦原料の多様化に要する砕鉱設備、簡易焼結機の整備、⑧朝鮮無煙炭コークス設備の完成促進、⑨熱風機、鉱滓処理施設の整備などが挙げられた。

　製鋼部門では、①予定出銑量の確保、②製鋼設備の拡充、③特設機械修理班の設置、④平炉用重油1万トンの確保、⑤発生炉用炭の確保、⑥10日分の原料在庫の常時確保、⑦鋼塊半製品の確保、⑧圧延機の鋼種間の調整、⑨限定品種の設備隘路の補整などを課題とした。

　特殊鋼部門については、①良質屑鋼・原鉄の確保、②原鉄価格の適正化のための屑鉄価格とのプール平準制の実施、③銑鋼一貫生産による良質銑鋼・鋼塊の確保、④フェロアロイのほか、タングステン、モリブデン、ニッケル、コバルト等の原鉱石の確保、⑤マンガン、シリコン、クローム鋼等の代用鋼種の拡充、⑥電極、耐火煉瓦、石炭等の確保、⑦炭素工具鋼などの低級特殊鋼の塩基性平炉による製造、⑧電極使用節減などのほか、所要電力の確保、規格統一、技術指導による歩留まりの引き上げなどの方針を確認した。

　鍛鋼・鋳鋼部門の拡充には、①良質屑鋼の確保、②電力の確保、③鋳造用高カロリー炭の確保、④「超重労働」である鍛造労働者の確保と賃金の引き上げ、⑤鍛造・製鋼・附属設備の能力バランスの最適化、⑥生産品種の専門化による

量的・質的向上に向けた生産分野協定が挙げられた。

このほか、川崎重工（粒鉄）、日本高周波（棒鉄）、大華鉱業・日本砂鉄（海綿鉄）、東亜特殊製鋼・日本曹達・三徳工業（粗鉄）、日本ステンレス・報国砂鉄（純鉄）、磐城セメント・大江山ニッケル（ニッケル）などの製鋼用原鉄メーカー45社による原鉄31万トン生産計画や、日本製鉄・日本鋼管・鉄興社・日本電冶などフェロアロイ主要20社等によるフェロアロイ21.8万トン生産計画の実現のため、労働者、電力、原料、副資材の確保が求められた。いずれの部門でも原料の量と品質の確保に苦しみ、需要が急増する特定鋼種では設備間の調整によってギリギリの増産案を策定した。

国内原料の増産可能性は極限まで探索したことから、満洲国側の拡充にも期待が集まり、対日供給では銑鉄63万トン、鋼塊・鋼片13.7万トン、鋼材6万トン、原鉄3.3万トン、低燐銑25万トン、屑鉄1.7万トンが計画された。

原料対策

上述のように最大の難問は鉄鉱石等の原料確保であった。内地鉄鉱石の生産目標を450万トンとしたことから、①軍需省による重要鉱山に対する管理制度の実施、②価格操作、損失補償、開発費の融通等の財政措置による収益性の確保、③技術者・熟練労働者や、1943年度下期中の一般労働者9,600人の追加、④採鉱設備・発電設備の拡充、⑤低品位鉱・粉鉱処理のための乾燥設備、選鉱設備の整備、⑥索道、軌道、道路の整備、機関車、トラックの増備とその

表3-25　1944年度の内地鉄鉱山の設備拡充計画（1943年11月）

新増設設備	設置数量（設置箇所）
廻転乾燥機新増設	7基（2）
焙焼設備新設	23基（2）
塊鉱磁選機増設	15台（1）
比重選鉱場新設	300t/日（1）
比重浮遊送鉱場新設	150t/日（1）
手送鉱場新設	（2）
駅積込場新増設	（2）
駅貯鉱舎増設	5千トン（1）
軌道新増設	34km（12）
索道新増設	112km（21）
簡易索道新増設	13km（16）
道路開設	500m（1）
トラック新増設	126台（19）
省営トラック増配車	（1）
探鉱設備新増設	（23）
桟橋延長および修理	90間（1）
インクライン新設	600m（2）
エンドレス新設	500m（1）
送電線新増設	121km（13）
各種機関車新増設	11両（7）
鉱車増設	435台（6）
所要資材	所要量
鋼材	15,000トン
電気銅	80トン
セメント	10,000トン
木材	300,000石

出所：軍需省鉄鋼局「昭和十九年度鉄鉱生産計画資料」1943年11月30日前掲『後期物資動員計画資料』第9巻所収、398頁。

燃料の確保、⑦効率の低迷する企業の経営陣の交代、鉱業権の適格者による使用、⑧既知の鉄鉱賦存地帯の調査と、43年度末までの速成企業化などの対策が進められることになった。

このために必要な設備拡充は、表3-25の通りである。設置箇所は、採算上操業が休止しているものや、新鉱床の探査・開発に当たる鉱山が多く、操業鉱山でも新設を必要とする設備が多かった。しかも、そのほとんどは1943年度末までに設備の完成を求めるものであった。

強い期待のかかった朝鮮の鉱石増産も困難な課題であった。この11月の軍需省の計画では、1943年度末の貯鉱水準100万トンを確保しつつ、44年度生産目標を498.4万トンとし、これをもって朝鮮内の消費334.7万トン、対日移出210万トン、対満洲輸出20万トンの計564.7万トンの供給を実現するとしていた。これは第2次物動計画大綱以上の増産を求めるものであり、このために輸移出に要する鉄道輸送力、港湾積出設備に関する「一切ノ措置ヲ完全ニ遂行シ得ル態勢ヲ昭和十八年度下期ニ於テ確保シ置クコト」と指示された。

なお第2次大綱で求めた外国産鉱石378万トンの内訳は、海南島140万トン、大冶鉱石100万トン、中支鉱石120万トン、北支鉱石15万トン、満洲鉱石3万トンであった。南方甲地域の鉄鉱石の獲得は既に放棄していたが、海南島、中支からの輸送力の確保も困難であった。

内地の砂鉄生産目標は86.5万トン（使用80万トン）とし、これを特殊鋼原料企業へ供給することになり、この拡充に要する磁力選鉱機などの設備は表3-26のように見積もられた。さらに、国内の中国地方におけるたたら製鉄から排出される鉱滓10万トンや、三菱鉱業直島、三

表3-26　砂鉄増産設備の拡充計画（1943年11月）

新増設設備	設置数量
磁選機（湿式）新増設	61台
磁選機（乾式）新増設	125台
水洗樋新増設	40台
掘鑿機新増設	40台
ドラグライン新設	2台
排水ポンプ新設	7台
軌道新増設	70km
機関車新設	10台
送電線新増設	66km
焼結炉増設	140基
トラック新増設	40台
所要資材	数量
普通鋼材	5,000トン
電気銅	60トン
セメント	3,500トン
木材	6.5万石
酸化コバルト	15.88トン
コバルト	133kg
ニッケル	663kg

出所：前掲「昭和十九年度鉄鉱生産計画資料」403〜404頁。

井鉱山日比、石原産業四日市などの金属製錬所から排出される銅滓20万トン、朝鮮窒素、住友化学、昭和電工、宇部興産などの化学工場から排出される硫酸滓85.6万トン、由良精工、三井化学などの染料工場から排出される染料滓7.8万トンなどを、日本製鉄の八幡、広畑製鉄所などに供給する形で計画化した。そしてこれに要する資材、労務、トラックの確保、山元焼結設備の完成、陸送鉱石の工場受け入れ設備の整備を急ぐことになった。

マンガン鉱の所要量56.3万トン（内地39万トン、フィリピン11万トン、ジャワ2.5万トン、朝鮮・中支各2万トンなど）の確保のため、内地においては、①開発能力の低い鉱山の企業整備、②トラック、ガソリンの増配、③鉱石価格の引き上げ、④増産奨励金制度の確立、⑤北海道マンガン鉱4.2万トンの焙焼設備の1943年度下期中の完成などを進めた。また朝鮮における労務対策、価格政策の積極化を求め、南方甲地域については44年度上期中に年間計画の大半を輸送することを求めた。

石灰石所要量456.4万トン、消石灰所要量77.8万トンについても、「重要物資」の指定によって生産・配給の法的基礎を固め、増産に向けて労務、資材、生活必需品の確保を図ること、また蛍石、炉材、マグネシアクリンカー、苦汁、コールタール、電極などの副資材の確保も求めた。屑鉄については供給工場と需要工場の地理的近接性を考慮した需給計画の策定、限定品種と特殊鋼・鍛鋼・鋳鋼の兼営工場での生産量の調整のほか、屑鉄の供出に要する労働者、艀、トラック、機帆船、重油、潤滑油の確保が指摘された。特に管理工場を含む工場発生屑の供出と集荷作業の強化、満洲・南方屑の回収と輸送力の増強が必要とされた。

製鉄、鉱山の補修用資材では、鋼材12.5万トン、鋳鋼3.7万トン、鋳型定盤、ロール用銑鉄26.8万トン、アルミニウム800トン、セメント6万トン、カーバイド1.7万トン、木材57万石の確保が求められた。また原料炭1,247万トン、発生炉炭263万トン、一般炭421万トンなど1,931万トンの石炭の確保、さらに製鋼能率向上のための月当たり1万トンの重油、72億7,250万kwhの電力など、燃料・エネルギー供給も求められ、あらゆる物資の需給が逼迫する中で、減産回避に向けて詳細な需給計画が策定された。

輸送対策

　輸送力の節約と最適配分に向けた輸送対策も表 3-27 のように整理された。本船の銑鋼輸送では、①従来積地を天津、青島としてきた蒙疆・北支銑鉄の輸送を、鉄道輸送の増強により極力南鮮中継に転換すること、②南鮮中継の配船は、南鮮諸港の荷役・置場能力を考慮し、滞貨を防止すること、③内地相互間で本船を利用するのは鉄道・機帆船輸送が困難な大型・重量物であるため、船舶の艙口を拡張し、強力な巻揚機を装備することなどが指示された。また C 船の鉄鉱石輸送に関しては、①朝鮮の下聖鉱石、价川鉱石は鉄道能力が増強可能であれば南鮮中継に転換すること、②茂山鉱石は清津港のみでは困難であるため、羅津、城津、端川の諸港を使用すること、③海南島・中支鉱石は同型同速船を利用し、護衛船団を組織して、航路別に定航制度を実施すること、④京浜、釜石、輪西向け鉱石は当面当該地を揚地とするも、阪神以西は可及的に中継措置をとることなどが指示された。⑤マンガン鉱の南方からの輸送には軍徴傭船による支援、占領地積地での出荷に現地軍の協力を得ること、⑥炉材の大半を占める北支、満洲等の大陸物資は、厳冬期の積出、荷役力低下を回避すべ

表 3-27　1944 年度第 2 次物動大綱の鉄鋼輸送計画（1943 年 11 月）

（千トン）

		本船輸送			機帆船	鉄道
		本船	南鮮中継	計		
銑鋼		3,124	1,452	4,576	1,033	5,403
鉄鉱石	鉄鉱石	5,850		5,850		3,151
	その他				372	1,529
	計	5,850		5,850	372	4,680
石炭		7,473		7,473	3,613	8,227
副原料	マンガン鉱	265		265	15	365
	石灰石				492	4,667
	蛍石	85		85		
	フェロアロイ	12	12	24	調査中	調査中
	特殊鋼原鉱	290	3	293		
炉材		521	320	841	978	1,977
合計		17,619	1,787	19,406	6,503	25,319

注：鉄鉱石の「その他」は焼結鉱、たたら滓、銅滓、砂鉄、硫酸滓、染料滓の合計。
出所：前掲「昭和十九年度鉄鉱生産計画資料」495 頁。

く、早期積出を図ることなどが指示された。

　機帆船による銑鋼輸送では、①Ｃ船を補強すべく、状況の許す限り、航路を拡張すること、②船型を考慮した適貨、適船を充当すること、③強靱な船体のものを確保し、工場出荷に合わせた機帆船運航体制を工場主体で編制することとした。また砂鉄、硫酸滓等の「その他」の鉱石の輸送では、専属船の定航化による効率化を図ること、朝鮮鉱石の輸送は汽船を原則とするも状況に応じて機帆船を充当するので、大型機帆船を確保しておくことが指示された。副原料・炉材については、山元、積地、需要工場、荷主が「完全ナル連繫形態」であるため、「円滑ナル機帆船輸送ノ能否ハ工場ノ死命ヲ制スル状況ニアル」として、自主的運航体制として、鉄鋼関係者を「打ッテ一丸トセル機帆船運航会［社］ノ設立其他運船実務機構ヲ整備スルコト」が求められた。

　鉄道の銑鋼輸送では、①長物車の配車の確保、②荷崩れ防止用木材の確保、③阪神地方中継使用駅の水陸連絡荷役能力の強化、④京浜各駅の鋼材荷受・荷捌能力（運搬設備、置場能力、子運送用艀、トラック能力）の増強が求められた。鉄鉱石輸送でも、①配車の確保、②最大隘路である山元、小運送業者、発駅関係者の連携不足の解消、③鉄道関係者と生産現場の協力関係強化などが挙げられた。

　このほか、輸送問題では大阪港、神戸港、横浜港、東京港における地域間取引の要である艀の確保に「格別ノ措置」を取ること、また原料鉱石の山元と発駅を繋ぐトラックの「大動員」、燃料の適切な配当も指摘されていた。

労務対策

　所要労働者は表3-28のように見積もられた。多くが重筋労働である上に、関連事業を含む離職者の補充が5万1,970人に上り、その上で5万9,980人の増員を図るという大規模な労務動員を必要とした。この充足のためには、徴用制実施の前提となる工場事業場管理令に基づく工場管理が必要であることから、管理工場指定の拡大も予定した。鉄鋼業に対する商工省の工場管理は、1942年12月より主要13社の21工場に対して実施されていたが[49]、新たに普通鋼関係17工場、特殊鋼関係26工場の指定を求めることになった。指定後は直ちに現員徴用を実施して、労働者の移動を防ぐとともに、人員充足には新規徴傭

表 3-28 1944 年度鉄鋼部門労働者充足計画 (1943 年 11 月)

	44 年 3 月	増員	補充	45 年 3 月
普通鋼	183,370	30,520	29,520	213,890
特殊鋼	89,590	10,000	13,030	99,590
鋳鋼	34,610	6,000	1,800	40,610
鍛鋼	21,650	2,200	2,560	23,850
フェロアロイ	9,270	1,760	580	11,030
銑鉄	9,950	760	550	10,710
原鉄	10,750	2,460	1,150	13,210
煉瓦	11,480	5,000	1,720	16,480
ドロマイト	2,100	600	250	2,700
石灰	5,400	680	810	6,080
合計	378,170	59,980	51,970	438,150

注：普通鋼には特殊鋼兼業を含む。
出所：前掲「昭和十九年度鉄鉱生産計画資料」525 頁。

制度を利用することとし、その間は緊急募集を実施することになった。また「半島訓練工ニシテ残留希望者ニ対シテハ内地定着許可ヲ容易ナラシムル様措置」し、「半島訓練工ノ移入ニ付テハ朝鮮総督府ニ於テ徴傭ノ方法ヲ採用シ徴傭不可能ノ場合ニ之ニ準ズル強力ナル斡旋ヲナス」などの方策が打ち出された。

しかし、1943 年の秋は徴傭制度による労働力調達も限度に近づいていた。徴傭検査基準を下げても適格者を見いだすのは困難になり、遠隔地から移動・就労する労働者のための住宅も、資材不足から確保できない状況であった[50]。このため、短期間の就業には勤労報国隊が活用され、男子学生については、「農村労力ニ支障ナキ方法ニテ農村方面ヨリ供出」することとし、鉄鋼業での就労が少なかった女性についても、煉瓦、石灰関連の附帯部門へ動員することが指示された。また、俘虜、中国人労働力の利用も考慮するとしていた。

新規学卒技術者の割当についても、1942、43 年度の卒業予定者割当を参考に、商工省（軍需省）の産業別内示数の比率や前年度希望数などを勘案して、企業別・工場別に割り当てた。表 3-29 は普通鋼、特殊鋼、鋳鋼関連企業・工場への割当の集計であり、機械・冶金学科を中心に幅広い分野から技術者を求めた。

労働者の移動防止対策では、勤労精神の「錬成計画」の促進、士気高揚講演会の開催、優秀職場の表彰、「半島工」に対する技能証明などの精神動員運動のほか、管理予定工場のうち 12 工場（普通鋼 2、特殊鋼 10）に対しては、労務

表 3-29　1944 年度鉄鋼部門新規学卒技術者学科別・学校別所要数（1943 年 11 月）

		機械	冶金	電気	応化	土建	窯業	その他	計
普通鋼	大学	59	17	9	9	6	0	0	100
	専門学校	195	73	43	44	23	5	5	388
	実業学校	291	102	71	59	45	5	7	580
	計	545	192	123	112	74	10	12	1,068
特殊鋼	大学	46	8	4	2	0	0	0	60
	専門学校	117	47	30	22	13	4	3	236
	実業学校	167	62	41	46	27	3	5	351
	計	330	117	75	70	40	7	8	647
鋳鋼	計	248	88	56	51	34	4	5	486
合計		1,123	397	254	233	148	21	25	2,201

注：学科別の「その他」は、造兵、染色、燃料、採鉱。
出所：前掲「昭和十九年度鉄鉱生産計画資料」415、416、539〜550 頁。

調整令第 2 条の指定をし、国民職業指導所長の認可なしには移動ができない措置をとるとした。一方、交替制などによって就業時間を適正化し、統制会に対しては諸手当の承認権限に加えて、賃金総額の認可権限や、重要工場の給与規程の認可権限を与えることを求めた。対象工場も普通鋼工場に加えて特殊鋼企業 68 社、78 工場を加えることとした。さらに統制会に健康管理専門委員会を組織し、医師・看護婦の増員、医薬・衛生材料の斡旋により、結核等の疾病対策や、災害防止対策に取り組むほか、職場配置前の訓練、配置後の補導や配置転換、「適時出勤競争」などによる移動防止、定着施策を実施した。

また労働者用住宅、作業衣・靴等の必需物資、食糧の充足ほか、「徒歩通勤区域内ニ於ケル住居状況極度ニ逼迫シ居ル」ため、電車・バス・自転車等の通勤機関の確保が必要とされた。

技術対策

さまざまな技術的対応も模索した。製鉄用機械および機械修理需要の逼迫に対しては、製鉄工場の機械点検の強化や、機械修理機関の整備や「比較的註文量少キ機械工場ヲ選ビ製鉄工場ノ修理品」に対応させるなどの方針が示された。また焼結、団鉱作業の能率向上や、燃料・電力・潤滑油・電極・フェロアロイ・マンガンなどの原燃料節約を図ることが指示された。このほか、平炉によ

る特殊鋼製法の拡大や製鋼作業の機械化、普通鋼コークス炉に粉鉄鉱を混入させたフェロコークスの製造などの技術開発を目指すとともに、鋼管については使用制限の強化のほか、鋳鉄管の鉄製品以外の代用品の開発が必要とされた。

鉄鋼二次製品の生産対策

　5大重点産業の拡充に向けて、鉄鋼二次製品の一部には著しい需給の逼迫が生じた。既に「緊急需要ニモ充分ニ充足シ非ザル状態ニシテ此ノ儘推移センカ十九年度ニ於テ此ノ状態ハ益々悪化シ延テハ軍需並ニ重要産業ノ生産計画遂行ニ多大ノ支障ヲ来ス惧レ」があると認識されていた。表3-30は重要二次製品の1944年度需給計画案である。釘・針金・鉄線は推定需要をそのまま生産目標としたが、43年11月時点の年産能力の44％増を目指すものであった。それでも「年産設備能力」は27万トンと算定されたことから、関連附帯設備等の整備をすれば、増産可能性は高いと判断されていた。拡張した生産能力は逼迫の著しい溶接棒の増産に振り向けるなど、可能な限り重点製品に動員することになったが、7万トンの需要に対して3.2万トンの能力しかない溶接棒は深刻であった。工程別の設備能力では伸線能力が11万トン余あったが、切断能力は3万トン弱に過ぎず、「設備ノ点ヨリ観ルニ到底需要ヲ充足スルヲ得ズ且ツ溶接棒用特殊線材モ急激ニ之ヲ増産スルコトヲ得ザル」事態であった。このため切断作業は二部制を実施するとともに、設備の拡充を図って6.4万トンを目標とし、不足する6,000トン分は非緊急部門を圧縮して需給計画を成立させて

表3-30　1944年度重要鉄鋼二次製品の需給計画

	需要					
	陸軍需	海軍需	造船	生産拡充	その他	合計
釘・針金・鉄線	70,000	50,000	15,000	35,000	90,000	260,000
硬鋼線	8,000	6,400	400	1,400	7,800	24,000
鋼索	12,000	32,000	20,000	32,000	24,000	120,000
溶接棒	22,000	22,000	13,000	7,000	6,000	70,000
高圧容器	12,000	11,000	1,600	900	2,500	28,000

注：需要は推定需要。硬鋼線需要「その他」、生産目標には、鋼索製造への協力分2,600トンを含む。
出所：前掲「昭和十九年度鉄鉱生産計画資料」429、430、555頁。

いた。航空機・兵器・生産拡充産業向け需要が急増している硬鋼線は「設備ヲ一〇〇％稼動」させることで年間需要に対応し、さらに鋼索部門に能力の一部2,600トン分を割くことを計画した。年産能力が二部制を実施していても8万トンに過ぎない鋼索部門に対して、航空機・造船や鉱石増産に向けた需要は12万トンに達すると見込まれた。これに対して、2万5,000トン（一部制）相当の設備拡充を実施し、44年下期から二部制を実施して1万8,750トン分の増産を図り、硬鋼線部門から2,600トンの協力を得ることで辛うじて10万1,350トンという目標を立てたが、不足分はやはり非緊要需要の圧縮で対応することになった。高圧容器の不足も深刻で、鋼管を原料とするものは鋼管の供給制約から約8,560トンにとどまり、鋼塊を原料とするものの生産能力は約9,200トンに過ぎなかった。このため鋼塊原料の設備で年間5,000トンの能力拡充を行い、下期から稼動させることで目標を設定した。しかし7,740トンの不足はやはり非重点部門の圧縮で対応する計画となった。このほか、副資材の軍需工業並みの優先確保、機械製作・修理については機械統制会の優先扱いを求めた。また二次製品部門の熟練労働者の確保のために、重点工場の軍需省による管理を実現し、その他の重要工場も国民動員計画の第一種工場扱いとして「一般労務者」を優先的に確保した[51]。労働者住宅の拡充には木材、セメント等の優先配当が必要になった。電力配給でも重要工場を電力調整令に基づく規正需要区分を第一種に、少なくとも第二種甲に追加指定し、渇水期でも優先配給をすること、製品輸送体制でも計画産業並に扱うことを必要とした。いずれも44年

案（1943年11月）

(トン)

生産目標	生産能力	主要原料供給	
		原料	供給
260,000	180,000	普通線材	301,000
24,000	24,000	特殊線材・硬鋼線材	136,125
101,350	80,000		
64,000	32,000	特殊線材	74,000
20,260	17,760	鋼管	8,560
		鋼塊	11,700

度上期には間に合わない課題ばかりであった。

4 計画の縮小見通しと重点主義的組み替え

海上輸送力の縮小

こうして利用可能な鉄源を網羅し、生産隘路を極力補整して、最大限の鉄鋼生産計画を策定した。しかし、前章で見たように船舶増徴に加えて1943年11月頃から喪失・大破船舶も急増し、貨物・貨客船による海上輸送力も12月に入ると見込みが狂い始めた。甲造船・乙造船の竣工も遅延し、さらに休止船・要修理船が多かった機帆船についても、動員から運航開始までに手間がかかった。こうした輸送力不足によって資材入手も不円滑になり、船舶供給の見通しも崩れ始めた[52]。44年度の汽船建造見込みは、9月の㊁研究では[53]、第1四半期に34万総噸とし、年間で133.6万総噸としていたが、第1四半期は28.38万総噸にとどまる見込みとなった。その後、徐々に建造量を増やし、第4四半期には36.1万総噸に引き上げるとして、年間で128.08万総噸と見込んだものの、上期の計画は達成できないことが明らかになった。船舶の喪失・大破の見通しも修正され、43年度第4四半期25.5万総噸、44年度第1四半期35.5万総噸、第2四半期25.5万総噸、第3四半期16.5万総噸、第4四半期12.5万総噸となった。これは㊁研究の年間喪失量100万総噸（貨物船90万総噸、油槽船10万総噸）に一致させているものの、第1四半期は㊁研究に対して9万総噸も増加する見込みになった。機帆船の動員可能量も43年11〜12月が11万3,550総噸から7万9,485総噸に、1〜3月には22万7,100総噸から16万8,970総噸へ、44年度以降も34万650総噸が23万8,455総噸に減少する見込みになった。44年度下期には船舶建造ペースが上がり、喪失・大破が大幅に減少するという期待を込めた予想を織り込んでも、物動物資の輸送見通しは縮小した。44年度輸送力の見直し作業では、陸海軍徴傭船の民需船からの補填量は月3.5万総噸になり、民需船の喪失・大破の月4万総噸と合わせて月7万総噸が減少すると想定した。このため、建造量は190万総噸（うち貨物船130万総噸）とし、稼航率はこれまでの1.3程度から上期1.41、下期1.42に引き上げて検討した。運航機帆船、北部機帆船の輸送力は、戦時型貨物船建造計画40万総噸のうちそれぞれ2分の1が割り当てられ、稼働率80％などの条件で検討した。それでも、

表3-31のように年末の見通しでは一般民需船（C船）の年間輸送力は3,630万トンから2,900万トンに、運航機帆船は558万トンから365万トンになるなど、全体では6,429万トン計画が5,363万トン計画へと1,066万トン減少した。

表3-31　1944年度海上輸送力および重要物資供給力の見通し（1943年12月末）

（万トン）

		第2次計画大綱	12月時点供給見通			第2次計画大綱	12月時点供給見通
輸送力	陸軍徴傭船	131	90	鋼塊	平転炉	719.9	622.9
	海軍徴傭船	55	50		電気炉	259.4	235.6
	民需汽船	3,630	2,900		計	979.3	858.5
	運航機帆船	558	365	屑鋼	市場屑	70	62
	北部機帆船	359	272		鉄道払下その他	5	5
	若松機帆船	1,402	1,402		特別回収	3	5.7
	朝鮮機帆船	60	60		陸海軍供出	20	20
	関釜連絡船	24	24		満洲屑	1.7	1.7
	青函連絡船	210	200		支那屑	0.5	0.5
					在庫	4	3
	合計	6,429	5,363		計	104.2	97.9
供給力	普通鋼 生産	492	414.6	屑銑	市場屑	14	14
	普通鋼 現地取得	6	6		ロール、鋳型屑	15.5	15.5
	普通鋼 計	498	420.6		特別回収	7	13.7
	特殊鋼 特殊鋼	100	90		在庫		10
	特殊鋼 特定炭素鋼	20	20		計	36.5	53.2
	特殊鋼 計	120	110	鉱石	内地鉱石	450	400
	鍛鋼	25	23		砂鉱	80	60
	鋳鋼	30	28		朝鮮鉱石	494	451.4
	鋳物	130	115	アルミ	国内生産	21	19.2
	銑鉄 普通銑鉄	531.4	442.1		現地取得・輸移入	0.5	0.5
	銑鉄 盟外銑	14	14		計	21.5	19.7
	銑鉄 朝鮮小型銑鉄	30	20	アルミナ	ボーキサイトより	31.5	34.7
	銑鉄 朝鮮A小型銑鉄	24	10		礬土頁岩より	12.7	8.1
	銑鉄 台湾小型銑鉄	3.4	3.4		国産原料より	4.9	2.2
	銑鉄 再生銑	4.5	4.5		計	49.1	44.9
	銑鉄 満洲銑鉄	58.5	58.5		ボーキサイト（甲地域）	70	80
	銑鉄 支那銑鉄	77.4	48.1		ボーキサイト（パラオ）	12	12
	銑鉄 現地取得	4.5	4.5		礬土頁岩（北支）	52.5	36.7
	銑鉄 計	747.7	605.1				

出所：軍需省・運輸通信省「昭和十九年度海上輸送力並重要物資供給力ノ見透」1943年12月28日前掲『後期物資動員計画資料』第9巻所収、558、577〜578頁。

物資別海上輸送計画の縮小

　この輸送力を基にした日満支間の物資別の輸送計画は表3-32の通りとなり、日満支間のC船輸送は2,599.9万トンと、1943年度計画で概ね維持してきた年3,000万トンを大きく割り込んだ。重要物資の供給計画も変更を余儀なくされ、普通鋼生産は第2次物動計画大綱の492万トンから414.6万トンへ、特殊鋼は100万トンから90万トンになり、統帥部の要求を満たせなくなった。

　このため、輸送力の補強対策として、まず1943年度第4四半期に、①陸海軍徴傭船の復路と民需船往路の一定割合を相互に利用し合うABC船の連合輸送によって58万トンの輸送力を捻出し、②補炭地の整理で4万トン、③定期航路の活用で24万トン、④青函貨車航送船の増強で27万トン、⑤限定航路の

表3-32　1944年度日満支海上輸送見通し（1943年12月）

（千トン）

	A船	B船	C船	運航機帆船	南鮮中継	計
石炭		80	12,100		1,080	13,260
鉄鉱石		60	4,139			4,199
銑鋼		60	2,343.2	40.85	1,693	4,137.05
塩			1180	54.3	305	1,539.3
非鉄金属		120	2,376.2	415.79	339	3,250.99
コークス類			239.5	14		253.5
ソーダ類			5			5
セメント類			31.9			31.9
油類			57			57
紙パルプ			145.5	72		217.5
生ゴム						0
棉花羊毛			47.4		60	107.4
木材			80	20		100
穀類			1,806	50	135	1,991
砂糖	42	12	220			274
燐鉱石	216		240			456
肥料			690.9		143.1	834
飼料			141.7		67.3	209
油脂			4.6			4.6
油糧種実			105			105
その他			46.1			46.1
合計	258	332	25,999	666.94	3,822.4	31,078.34

出所：軍需省・運輸通信省「昭和十九年度海上輸送力竝重要物資供給力ノ見透」1943年12月28日前掲『後期物資動員計画資料』第9巻所収。

活用 16 万トンなどを合わせ 129 万トンの追加輸送力を確保して、これを 44 年度用の生産増強に利用する対策を検討した。さらに 44 年度の船舶建造量を原案の 189.85 万総噸（汽船 129.9 万総噸、タンカー 54.95 万総噸、雑種船 5 万総噸）から、225.72 万総噸（汽船 154.8 万総噸、タンカー 64.92 万総噸、雑種船 6 万総噸）に増強して 200 万トン分、南鮮中継の強化で 33 万トンなど総計 362 万トンの輸送力を増強した。これを利用することで鋼材 50 万トン、アルミニウム 1.8 万トンの増産を図り、統帥部の要求量を維持しようとした[54]。しかし、44 年度の船舶損耗を月平均 7.5 万総噸、陸海軍の増徴はないものと想定しても、船舶建造を 190 万総噸とすれば、鋼材供給は 440 万トンに過ぎず、建造量を 225 万総噸としても 490 万トンにとどまり、統帥部が考える「所要最小限」の 518 万トンには達しなかった[55]。

　絶対国防圏を維持しつつ戦争を継続し、航空機、兵器を増産するには、もはや船舶建造計画を劇的に増強しなければならなかった。こうした事情から、航空機の増産計画に向けた第 3 回行政査察で統帥部の期待通りに 5 万機の生産が可能という査察結果を出した藤原銀次郎内閣顧問を、12 月 14 日に再び査察使に任命し、第 6 回行政査察（甲造船）を実施することになった。8 月時点で各省から求められた C 船輸送量が年間 5,799.2 万トンに上ったことから、1944 年度の船舶建造所要量は、貨物船 197.4 万総噸、油槽船 49.2 万総噸、雑種船 3.78 万総噸の計 250.38 万総噸と算出されていた。その後も、稼航率の引き上げ、南鮮中継、南方物資輸送の一部断念、非重点産業需要の抑制などによって可能な建造量と輸送計画の折り合いを付ける作業を続けていた。44 年 1 月には、44 年度甲造船計画を、鋼材配当 133 万トン（45 年度の 230 万総噸建造に向けた準備資材を含む）を基に 190 万総噸（貨物船 130 万総噸、油槽船 55 万総噸、その他 5 万総噸）とすることを大本営政府連絡会議は一旦了承した。しかし統帥部は、行政査察の成果によって建造可能量が上方修正されることを強く期待し、舟艇母船の陸軍特殊船 M 型や、北部機帆船の輸送力を補強する貨車航送船の追加起工の可能性も模索した[56]。こうした情勢であったため、東條首相も藤原が 44 年度の物動計画の造船用鋼材配当量を 133 万トンのままにして、255 万総噸という画期的な建造計画を打ち出すことを期待した。これによって、絶対国防圏構想と総動員計画の破綻、ひいては戦争継続内閣の崩壊を表面上は回避でき

ると考えたのである[57]。

　本来であれば、絶対国防圏構想や作戦の見直しが必要となる事態にもかかわらず、無理を重ねながら輸送力を捻出し、鉄鋼、特殊鋼、アルミニウム等に絞って統帥部の要求を満たそうと努力した。絶対国防圏構想を支える1944年度の総動員計画は当初より水増しされたものであったが、44年2月に入ってさらに海上輸送力に決定的な打撃となる船舶増徴案が提示されることになった。

第4節　第4次船舶増徴と1944年度計画の大幅見直し

1　第4次船舶増徴

陸海軍30万総噸の増徴要求

　前章第2節で見たように、1944年2月に入ると統帥部から大規模な増徴要求が提示された。その第1段は2月4日の陸海軍、軍需省、運輸通信省の協議の場における機帆船の徴傭であった。要求量は陸軍210隻（約2.5万総噸）、海軍100隻（約1.6万総噸）であり、2月中の4万総噸の徴傭実施が求められた[58]。これに対し政府側は、既に配属済みの船を徴傭するのは摩擦を生むとして、竣工中の新造船555隻のうち、引渡未納船373隻から3万総噸の範囲で徴傭するよう求めて対立した。陸軍統帥部は合計210隻は「一歩モ譲ルヘカラス」と陸軍省に伝えたが、陸軍省は総動員計画にも配慮して「A、B三万屯以上ノ場合ハ引受ケ不可能」と統帥部に回答するとともに、今後は汽船同様に機帆船の徴傭についても、大本営政府連絡会議の協議事項とすることになった。結局、2月9日の連絡会議（持ち回り開催）では、両軍合わせて機帆船3.5万総噸を2月中に新造船未就航船および休航船から徴傭することが決定された[59]。

　これは次々に追加される第4次船舶増徴の幕開けに過ぎなかった。2月5日には軍令部総長の官邸で両軍の作戦課と船舶関係者が会合を持った。海軍は徴傭船105万総噸のうち稼働船腹は38万総噸に過ぎず、常備補給には9万総噸程度しか充当できないため、「現状ノ補填程度ヲ以テシテハ到底兵備強化ハ固ヨリ補給モ不可能ニ陥ル」として、増徴の必要を主張した。陸軍も徴傭船95万総噸のうち、軍需品用の船腹は50万総噸、戦地の各方面に配当されたもの

が32万総噸であるため、兵員輸送に使用できるのは13万総噸に過ぎず、要求の半分も満たしていないと主張し、この時点では「妥協スルニ至ラ」なかった。2月12日の陸海軍の両作戦課、船舶課の検討では、両軍合計で汽船70万総噸、機帆船10万総噸という途方もない要求が提示された。陸軍参謀本部戦争指導班では、実際のところ、汽船30万総噸、機帆船10万総噸程度の増徴で妥結すると見ていたものの、「ソレニシテモ国力ニ及ホス影響ハ甚大ナリ」と業務日誌に記す事態であった。実際14日には、両統帥部の要求は次のようにやや抑えた水準になった。①3月から陸軍が大型船10万総噸、機帆船8万総噸、海軍が大型船10万総噸、機帆船2万総噸を増徴する。②4月から3ヶ月間陸軍が大型船8万総噸、海軍が2万総噸を一時的に増徴する。③4月以降、喪失・大破船の補填を毎月陸海軍合計で8万総噸とする。それについて戦争指導班の記録者は、「船腹面ヨリ観テ国力ノ破綻ヲ来スハ明瞭ナルモ中部太平洋戦争方面及北東方面ノ防衛全カラスシテ国家ノ存立ナシ、茲ニ従来ノ尺度ヲ思ヒ切リ変更シテ重大ナル反響ヲ呼ヒ之ヲ契機トシテ諸般ノ問題ニ抜本塞源的ノ検討ヲ加ヘサルヘカラス、今回コソハ国力ノ逐次消耗ニ陥ラサル如ク要求スヘキハ断固トシテ、貫徹スルノ決意ヲ堅持スルヲ絶対ニ必要トス」と記し、国力の維持よりも戦局の打開を優先すべき段階に至ったことを指摘している[60]。

その後も統帥部と陸軍省関係者は会合を続けたが、「軍政当局ノ意嚮ハ作戦指導ノ根本方針ニ関シ疑義ヲ有シアル如シ」と2月15日の日誌には評され、翌2月16日に陸相官邸で参謀本部第一部長（真田穣一郎）が陸軍省軍務局長（佐藤賢了）に増徴要請を説明した際も、軍務局長は「国力ニ及ホス影響モ致命的ナルニ鑑ミ従来ノ作戦指導方針ニ変更ノ要ナキヤヲ質問」し[61]、さらに「此際C船ノ増加ニ重点ヲ置キ反撃戦力ヲ培養シテ好機ヲ捕捉シ最後ノ一戦ヲヤル必要ナキヤ」[62]と、戦線の縮小と国力培養を優先した後に「最後ノ一戦」をすることを提案するといった緊迫した交渉があった。急速な国力の低下が迫り、陸軍内にも亀裂が生じ始めていた。

軍需省の輸送力推計

軍需省は2月18日、陸海軍の増徴要求を基に輸送力と国力の見通しをまとめ、船舶問題の深刻さを示して、その縮減を求めた。輸送力の算定基礎は、陸

海軍が3月上旬にそれぞれ汽船10万総噸、4月上旬に機帆船を陸軍8万総噸、海軍2万総噸、計30万総噸を増徴し、4月以降毎月8万総噸の喪失船の補塡を行うという統帥部の増徴・補塡要求に沿ったものとした。

軍需省が算出した民需汽船（C船）の輸送力は表3-33のようになった。1944年3月末の稼動船舶は、貨物船116.57万総噸、貨客船26.5万総噸にまで減少すると見込んだ。同表はこれを基に、新造船、沈船引揚等を加え、また喪失・大破、増徴分を差し引いて各月の稼働船舶を算出し、1総噸当たりの積載重量、稼航率を乗じて輸送重量を割り出して、四半期ごとに合算している。新造船量は44年度に255万総噸、うち貨物船167万総噸という「雪達磨式」造船の最大値を想定し、このうち年度内に158.34万総噸が稼動するという前提であった。沈船引き揚げは年間4.9万総噸、そして7月に10万総噸の解傭があるものとして算定すれば、第3四半期以降に顕著に回復して、第4四半期には43年度第4四半期の水準に戻ると見込んだ。年間輸送力は2,584.7万トンとなった。これは43年4月1日に策定された43年度C船輸送力3,427.9万トンと比較すると、843.2万トン、24.6％も縮小していた。

同じように運航機帆船や日本沿岸の機帆船輸送力を算出し、1943年12月28日の「現状」見込みと、第4次増徴後の改訂見通しを比較したのが表3-34である。民需用汽船の輸送力は年間310.7万トン減少し、運航機帆船、北部・西日本の機帆船と合わせると617.5万トン減少して、大規模増徴後の物動物資の年間輸送力は4,090万トンとなった。43年3月16日に策定された43年度輸送力と比較すると、運航機帆船は260万トンから21.4万トン、8.2％の減少、一方北部機帆船は汽船徴傭の見返りとして新造船を集中した結果、150.8万トンに67万トンを加え、4.4％の増強となった。しかし、西部機帆船は関門隧道の輸送強化に力点がおかれ、この間の増強がなかったことから、44年度は43年度の1,175万トンから126万トン、10.7％減少する事態となった。

これを基礎に各地域間の輸送計画を策定した結果、日満支域の物資輸送は深刻な影響を受けることが判明した。鉄鋼以外は既に極限まで絞り込んでいることから、この増徴による1割を超える海上輸送力の減少は、鉄鋼関係でも相当の負担をすることになった。表3-35のように民需汽船（C船）輸送の減少を補うため、C船による南鮮中継も計画に組み込むことを想定している。機帆船

表3-33 1943年度第4四半期以降の民需汽船(C船)輸送力の見通し(1944年2月18日)

(総噸、輸送力のみ千トン)

		1943年度第4四半期	1944年度				
			第1四半期	第2四半期	第3四半期	第4四半期	合計
前月末稼動船腹合計	貨物船	3,476.7	2,954.8	2,831.5	2,983.1	3,443.7	12,213.1
	貨客船	775.3	781.5	796.5	804.5	813.5	3,196.0
増加	新造船	231.7	283.8	304.0	447.8	547.8	1,583.4
	沈船引揚貨物船	12.0	12.0	12.0	12.0	2.0	38.0
	沈船引揚貨客船	3.0	3.0	3.0	3.0	1.0	10.0
	解傭	9.3	0.0	100.0	0.0	0.0	100.0
減少	喪失・大破	190.0	280.0	360.0	360.0	360.0	1,360.0
	増徴	200.0	100.0				100.0
差引使用船腹	貨物船	3,339.7	2,870.5	2,959.5	3,082.9	3,633.6	12,546.5
	貨客船	781.5	790.5	799.5	808.5	814.5	3,213.0
輸送力	貨物船	6,286.6	5,403.3	5,435.3	5,885.5	6,936.7	23,660.8
	貨客船	535.2	541.4	547.5	546.9	550.8	2,186.6
	合計	6,821.8	5,944.7	5,982.8	6,432.4	7,487.5	25,847.4

注:「前月末稼動船舶合計」「差引使用船腹」は各月の3ヶ月合計。したがって、C船の稼働状況は常時100万総噸余である。増徴は3月に20万総噸、4月に10万総噸、以後はなし。解傭は43年1月に9.3万総噸、8月に10万総噸として算出。
出所:軍需省「増徴ニ依ル昭和十九年度物的国力ノ見透検討資料」1944年2月18日前掲『後期物資動員計画資料』第9巻所収、679頁。

表3-34 第4次増徴後の年間輸送力の見通し(1944年2月18日)

(千トン)

	現状	増徴後
民需汽船C船	28,954	25,847
運航機帆船	3,649	2,386
北部機帆船	2,723	2,178
西日本機帆船	11,750	10,490
合計	47,076	40,901

注:徴傭計画は、3月上旬に陸海軍それぞれ10万総噸増徴、4月上旬に陸軍8万総噸、海軍2万総噸増徴、4月以降の補填用8万総噸、7月に10万総噸解傭を想定。新造船は250万総噸、うち貨物船167万総噸を想定。
出所:前掲「昭和十九年度海上輸送力竝重要物資供給力ノ見透」663頁。

表 3-35　1944 年度 C 船・運航機帆船の物資別日満支輸送見通し（1944 年 2 月 18 日）

(千トン)

	C 船			運航機帆船				合計	
	物動大綱	改訂	南鮮中継による追加	物動大綱	改訂	南鮮中継物動大綱	南鮮中継改訂	物動大綱	改訂
石炭	12,305.5	9,971.5				1,226.0	1,226.0	13,531.5	11,197.5
鉄鉱石	4,199.0	3,099.0						4,199.0	3,099.0
銑鋼	2,343.2	1,984.1		40.9		1,693.0	1,693.0	4,077.1	3,677.1
非鉄金属	2,051.4	2,500.9	57.1	421.5	288.0	400.3	343.1	2,873.2	3,132.0
コークス類	239.5	253.5	14.0	14.0		24.0	10.0	277.5	263.5
セメント類	31.9	31.9						31.9	31.9
油類	57.0	57.0						57.0	57.0
ソーダ類	5.0	5.0						5.0	5.0
紙パルプ	145.5	177.5		72.0				217.5	177.5
棉花羊毛	47.4	47.4	60.0			60.0		107.4	47.4
塩	1,330.0	1,319.8	232.1	54.3		305.0	72.0	1,689.3	1,391.8
木材	100.0	100.0		20.0				120.0	100.0
穀類	1,826.7	2,479.7	135.0	50.0		135.0		2,011.7	2,479.7
砂糖	84.0	84.0						84.0	84.0
燐鉱石	296.0	216.0						296.0	216.0
肥料	690.9	670.9	143.1			143.1		834.0	670.9
飼料	141.7	141.7	67.5			67.3		209.0	141.7
油脂	4.6	4.6						4.6	4.6
油糧種実	105.0	105.0						105.0	105.0
その他	46.1	36.8						46.1	36.8
合計	26,450.4	23,286.3	708.6	672.7	288.0	4,053.3	3,344.1	30,776.4	27,627.0

出所：前掲「増徴ニ依ル昭和十九年度物的国力ノ見透検討資料」675〜678 頁。

は42年末から開始された南鮮中継に動員され、相当な比重を占めるようになっていたが、これも大きく縮小し、増徴による改訂後の輸送力は314.9トンの減少となった。この結果、最重点の石炭、鉄鉱石、銑鋼も絞らざるをえなくなっていた。

　甲地域からのC船による重要資源の輸送も表3-36のように要求通りに増徴すればますます困難になった。物動大綱の時点で、既に1943年度計画にあったマニラ麻、コプラ、牛皮等の動植物原料はC船の輸送が考慮されなくなった。陸海軍支配地区の合計輸送力は170.9万トンから54.1万トンとなり、それを鉄鋼・特殊鋼原料、電極材料、生ゴム原料の輸送に配分するにとどまった。しかも、これすら輸送力が第1四半期の12.4万トンから第4四半期には14.6万トンに回復するという楽観的予測に立ったものであった。

　乙地域からの物資輸送も厳しい制約を受けることになり、43年度実施計画

で117万トンであったC船輸送は表3-37のように14.5万トンとなった。その中で、トウモロコシ、燐灰石や、生ゴム等の植物原料のC船輸送は放棄され、米への傾斜を深めて、改訂計画の米輸送は大綱よりも4.18万トン増額された。海上輸送力が激減する中では、日満支輸送力に換算して甲地域で191万トン、乙地域で51.2万トンを割くだけでも大きな負担になっていたが、食糧危機も認識され始めていた。

軍需省の重要物資供給見通し

この結果、表3-38のように1944年度の主要物資供給見通しは、物動計画大綱や43年12月28日の輸送力見通しを基礎にした「現状」に対して、さらに落ち込むことになった。普通鋼鋼材の供給見通しは410万トンとなり、第2次物動大綱よりも88万トンも減少した。しかも、この410万トンは鉄源の供給力から算出したものであり、「八幡、広畑等ノ一貫作業工場ニ於テハ出銑減著シキ為厚板等ノ生産著減シ実際上、上記4,106千屯ノ生産ハ至難」とされ

表3-36 1944年度甲地域C船輸送見通し（1944年2月18日）

(千トン)

		大綱	改訂
非鉄	クローム鉱	20	0
	銅鉱	28	28
	錫	3	3
	鉛鉱	18	18
	ニッケル	60	20
	ニッケルマット	8	8
	ボーキサイト	584	384
	マンガン鉱	86	56
	計	807	517
ピッチコークス		29	14
生ゴム		24	10
合計		860	541
日満支輸送力換算		3,037	1,910

出所：前掲「増徴ニ依ル昭和十九年度物的国力ノ見透検討資料」673頁。

表3-37 1944年度乙地域C船輸送見通し（1944年2月18日）

(千トン)

	大綱	改訂
米	93.2	135
タングステン鉱	1.2	1.2
黄麻	2.28	2.28
牛皮・水牛皮	5.0	5.0
松脂	0.68	0.68
漆	0.68	0.68
スチックラック	0.24	0.24
計	103.28	145.08
日満支輸送力換算	364.93	512.43

出所：前掲「増徴ニ依ル昭和十九年度物的国力ノ見透検討資料」674頁。

ていた。アルミニウムもボーキサイトの輸送が92万トンから72万トンと16％減となり、石炭は本州東部・西部に輸送できなくなる分、北海道、九州への供給が増加した。しかし、これは地域間需給バランスを狂わせ、陸送等の他の

表3-38 第4次増徴後の主要物資供給力見通し（1944年2月）

		物動大綱	1944年度見通し	
			現状	増徴後
主要食糧	千石	82,080	80,022	82,845
普通鋼材	千トン	4,980	4,500	4,100
アルミニウム	トン	219,300	219,300	183,300
石炭（北海道）	千トン	8,068	8,418	9,178
石炭（東部）	千トン	20,707	20,103	18,134
石炭（西部）	千トン	20,920	19,352	18,721
石炭（九州）	千トン	17,850	18,484	18,484
電気銅	トン	150,000	150,100	141,240
鉛	トン	71,945	64,200	62,330
亜鉛	トン	100,535	98,650	92,150
セメント	千トン	7,020	6,519	5,609
人絹	千lb	47,320	29,600	29,600
スフ	千lb	116,601	166,860	85,800
洋紙	千lb	1,174,255	938,210	687,900
砂糖	千担	7,329	4,728	4,728

出所：前掲「増徴ニ依ル昭和十九年度物的国力ノ見透検討資料」667頁。

輸送手段を混乱させるものであった。このほか、非鉄金属も1割前後削減され、セメントは2割程度減少し、繊維、砂糖は激減することになった。衣類は軍需と工業用の最低限度を確保すれば、労務者用衣類は皆無となり、配給切符の分は半減することになった。新聞用紙は43年度実施計画の52％（1日2頁）となり、砂糖は物動大綱の35％減の1人月0.3斤（180グラム）に縮小し、業務用は幼児用と練粉乳用のみとなった。主要食糧の配給は、増徴後も41年4月の割当通帳制度の開始以来、1人1日2.3合（330グラム）を維持されていた。しかし、それは代用食を多用しながら、これ以上削減できない限界に到達していたためであった[63]。

そして、仮に、7月に約束されている10万総噸の解傭が反故にされれば、鉄鋼生産は410.6万トンから366.1万トンになり、また250総噸（うち貨物船167万総噸）という「雪達磨式」建造計画が破綻し、元の190万総噸（同130万総噸）計画になった場合、鉄鋼生産は397.4万トンになると見込まれた。そして、7月の10万総噸の解傭がなく、建造計画も190総噸に低下することになれば、鉄鋼生産は350.2万トンにまで低下することが示された。

表 3-39 主要物資の最低供給力維持に必要な海上輸送の増送量（1944 年 2 月）

（千トン）

	要増加量	第 1 次圧縮	第 2 次圧縮	絶対増送量
鉄鋼	1,295.0	1,295.0		
軽金属	83.0	83.0		
石炭	2,686.0	1,500.0	456.0	730.0
工業塩	93.0	38.0	55.0	
主要食糧	919.4		200.0	713.4
砂糖	173.0		126.0	47.0
北洋漁業	209.0		209.0	
計	5,458.4	2,916.0	1,052.0	1,490.4

注：「要増加量」は、「最低限供給力維持ノ為ノ主要物資関係輸送力」に必要な増加輸送量。「第 2 次圧縮」は、「創意工夫・節約等凡有施策ヲ前提トスル圧縮」。
出所：軍需省「十九年度配船見透ヲ基礎トセル主要物資関係要絶対増送量」1944 年 2 月 16 日前掲『後期物資動員計画資料』第 12 巻所収、118 頁。

　その上で軍需省は主要物資の所要量確保のために不可欠な海上輸送の増送量を算出し、あらゆる「創意工夫」をもってしても節約できない「要絶対増送量」を表 3-39 のようにまとめた。石炭はガス、人造石油、製鉄、スフ、ソーダ、セメントや、硫安・硝酸・メタノール等の事業向けで大幅に不足したが、最大限に圧縮しても 73 万トンの輸送力がまだ不足していた。また日満支域の主食、穀類、軍需米の輸送にも、71.3 万トン不足し、149 万トンの増送が不可欠であるとされた[64]。

　軍需省がこの分析をまとめた 2 月 18 日には、軍務局長からも、参謀本部第一部長に対して、増徴の影響が説明された。それは、大型船 10 万総噸、小型船（機帆船）10 総噸の増徴を実施しただけでも、44 年度の普通鋼々材生産は 290 万トンに落ち込み、大型船 10 万総噸、小型船 5 万総噸の場合でも鉄鋼生産は 310 万トンになるという、軍需省以上に厳しい見通しであった。そして、陸海軍省、軍需省の一致した見解として、「反撃戦力保有ノ為国力低下ノ限度」は鋼材 400 万トンであり、「四〇〇万屯以下ニテハ絶対ニ不可」であるとして、今回の増徴が致命傷になると警告していた。その上で軍務局長の妥協案として、「此ノ際作戦ノ時機ヲ失セサル為、取リ敢ヘス」大型船 10 万総噸を増徴し、その配分協議をまとめるようにとの提案があり、これを陸海軍統帥部が受け入れ

ることになった。これを受けて、2月21日の大本営政府連絡会議（持ち回り開催）では、10万総噸（陸海軍折半）を増徴することが暫定的に決定された。しかし、統帥部の要求はとどまることなく、「爾後ノ戦争指導竝ニ之ニ伴フ措置ハ至急検討」するとして、直ちに追加増徴分の検討が始まった[65]。

東條内閣末期の政権「強化策」

　一方、作戦とそれを支える動員体制に大きな齟齬があることが明らかになったこの日、杉山元参謀総長が辞任し、東條英機首相・陸軍大臣が参謀総長を兼任することになった。また永野修身軍令部総長も辞任して嶋田繁太郎海軍大臣が兼任することになり、合わせて内閣改造も実施された。この大規模人事の直接の契機は、2月17日、18日のカロリン諸島トラック島への米軍攻撃で多大の損失を生じたことであり、今回の統帥部人事は、公式には国務と統帥の一元化、関係強化と説明された。しかし、なぜこの時期の敗戦によって兼任体制が必要になったのか、陸海軍大臣の統帥部兼任によって、戦争指導の何が実際に変わるのかといった問題は、戦時経済史研究において十分に検討されていない。経済総動員の観点からこの「政変」を見ると、両統帥部の船舶増徴要求、航空機生産計画の策定過程に見られるように、作戦準備の要求と、総動員諸計画との整合性は大きく崩れ始めていた。航空戦力の整備・配分計画、船舶大量徴傭後の国力、造船能力の強引な決着など、統帥部と陸海軍省部の間に生じた亀裂は大きかった。今回の人事は、この亀裂を東條を中心にした国務・統帥の兼任体制で弥縫しようとしたものであった。さらにこの直前の19日には、蔵相を賀屋興宣から石渡荘太郎に、農商相を山崎達之輔から内田信也に、運輸通信相を八田嘉明から五島慶太に変えて、経済閣僚も一新した。

　太平洋戦争の開戦決定時から東條とは一線を画してきた賀屋興宣を辞任させ、石渡荘太郎を就任させたのは、賀屋が大陸におけるハイパーインフレの発生と円元パー政策が国内経済に波及することを危惧し、聯銀券の引き下げなどを求めて青木一男大東亜大臣と対立していたことがあった。東條から辞任を求められたことについて賀屋は、「基本方針の相違で表面論議は戦わさないが」、「これは私が総理になるか、またいい総理を推薦するかしなければ、解決しない問題である。根本問題で考えが違ったのだからやりようがない」と回想してい

る⁶⁶⁾。石渡自身は、必ずしも東條や陸軍に近い人物ではなく、平沼騏一郎内閣時には蔵相として三国同盟に反対し、米内内閣時の内閣書記官長としても同盟に反対の立場をとっていた。しかし、石渡は蔵相辞任後、阿部内閣の後任蔵相の青木一男から依頼されて、短期間であるが汪兆銘政権の顧問に就任しており、円元パーについては青木と見解を共にしており、この点を買っての人事であった⁶⁷⁾。内閣顧問の五島慶太の運輸通信大臣就任は、前述のように1943年12月から実施した第5回行政査察で査察使を務め、行き詰まっていた木造船増産計画の打開策を打ち出した点を評価したものであった。山崎農商相は、辞表提出の日、国策研究会代表の矢次一夫に対して「君この戦争は、もう駄目だ。お互いお国のために考えねば」と伝え、その後翼賛政治会有志議員を中心に反東條運動を始めるなど、既に閣内にとどめておけない存在になっていた。7月の東條辞任の直前には、三好英之、船田中らの有志で東條内閣不信任を決議している。この動きは、「前田米蔵の話」として、7月15日広瀬久忠から木戸幸一内大臣に「翼成会(ママ)は小さき内閣改造にては満足せず、重臣を入閣せしむることが絶対要求なり。個人の抜打的入閣には応ぜず」と伝えられ、議会筋からの圧力として、倒閣運動の一翼を担うことになった⁶⁸⁾。

航空機生産計画をめぐる紛議も東條内閣の基盤を脆弱にしていた。南太平洋の重大な戦局にあたって、海軍航空機の重要性が決定的であるにもかかわらず、陸海軍の対立から1944年度航空機生産計画が前年9月以来、延々2月10日まで決着を見ず、陸海軍による資材の折半を基準に、航空機配分を決定した。このことは、東條に従属的な嶋田海軍大臣兼軍令部総長への海軍部内の批判を高め、後述のようにこのときから7月の内閣瓦解の要因が確実に動き始めた。

第4次船舶増徴の最終決定

10万総噸の暫定的増徴を決めた翌日の2月22日、陸海軍省、軍需省、運輸通信省、陸海軍統帥部の関係課長の会合で、陸軍省軍務局軍務課は、船舶の増徴量と民需船からの継続的な喪失徴傭船の補塡をした場合の「国力」を報告した。想定したのは以下の三つのケースであり、①追加を機帆船10万総噸のみとし、陸海民需船合わせて月16万総噸（うち民需船喪失分は4万総噸）まで補塡することにすれば、1944年度鋼材生産は400万トン、アルミニウムは17万

トンとなる。②3月から汽船10万総噸、機帆船10万総噸、4月からさらに汽船10万総噸を増徴し、陸海軍補填を月5万総噸とした場合は、鋼材年産量は350万トンとなる。③増徴量は、②と同じとし、補填量を陸海軍それぞれに月5万総噸とした場合は、鋼材生産量は300万トンとなる、というものであった。

　②は月々の補填量が5万総噸と8万総噸で異なるが、18日の軍需省見通しに近い想定であった。しかし、軍需省が造船量を250万総噸と最大量を見積もって鉄鋼生産見通しを400万トンとしたのに対して、②案では350万トンとしている。鉄鋼400万トンを実現するには、追加増徴を機帆船10万トンにとどめることを求めていた。そして、これら三つの見通しに関して、陸海軍、軍需省などの軍政・国政関係者は、「右何レノ案ノ場合ニ於テモ増徴ハ思ヒモヨラズ国力ハ全然『ジリ』貧ニシテ戦争継続不可能」という「判決」を下した[69]。

　その後2月26日には、改めて陸軍省から参謀本部に対して五つの案が提示された。判明するのは陸軍省が推奨した第3案、第4案のみであるが、第3案は陸海軍増徴量合計を3月汽船10万総噸、4月汽船10万総噸、機帆船10万総噸とした上で、3、4月は陸海軍損耗船の補填なし、5月以降は月3.5万総噸まで補填するというもので、44年度鋼材生産量は410万トン、特殊鋼は110万トン、アルミニウムは20万トンとなった。第4案は、徴傭量は第3案と同じであったが、陸海軍損耗船の補填は3、4月なし、5月以降は月5万総噸というもので、徴傭船喪失分の補填量を増やしたために、1944年度鋼材生産量は390万トンに減少した。戦争指導班は、両案について「船舶損耗ノ見透シ確立シ得サル現説（ママ）ニ於テハ此ノ程度ニテ認メサルヲ得サルヘシ」と見ていたが、両統帥部は難色を示し、徴傭船舶の陸海軍配分も争点となった。2月28日には、3、4月の補填を月3.5万総噸とし、5、6月は補填なし、7月以降再び3.5万総噸とするという変更案で陸海軍省間の了解が取れつつあったが、29日になって軍需省がそれでは44年度初頭の鉄鋼、アルミニウム計画に重大な支障が出るとして反対し、結局第3案、若しくは第4案で検討することになった。この時点で増徴問題の決着が長引いたのは、喪失した徴傭船舶に対する補填量が問題となったためであった。船舶損耗が2月だけで沈没42.8万総噸（うち陸軍8.3万総噸、海軍22.4万総噸、民需船12万総噸）、損傷22万総噸、損害合計64.8万総噸という極めて深刻な事態になるなど、毎月大量の船舶が失われていたこ

表 3-40　太平洋戦争期の陸海軍新規徴傭

(万総噸)

		徴傭量	参考
第1次	1942年12月	41.5	ガダルカナル島作戦
第2次	1943年 7月	17.0	ニュージョージア島ムンダ陥落
第3次	1943年 9月	25.0	コロンバンガラ島海戦
第4次	1944年 2月	3.5	中部太平洋作戦
	1944年 2月	10.0	中部太平洋作戦
	1944年 3月	10.0	中部太平洋作戦
	1944年 4月	10.0	中部太平洋作戦
第5次	1944年 8月	10.5	サイパン島失陥
第6次	1944年11月	8.0	レイテ島作戦
第7次	1944年12月	15.0	ルソン島米軍上陸 (1月)
第8次	1945年 3月	8.0	沖縄米軍上陸

注：上記以外に、1944年7月に民需貨物船の南方使用タンカーへの改装によって、20万総噸の民需貨物船が削減された。
出所：国民経済研究協会「物動輸送史（第四輯）」6〜7頁、参謀本部編『杉山メモ』下巻、原書房、1967年より。

とが背景にあった[70]。

　こうした軍需省や陸軍軍務局の厳しい見通しを突きつけられる中で、3月3日の大本営政府連絡会議では、増徴量を2月9日決定の機帆船3.5万総噸（陸海軍折半）に加えて、表3-40のように3月中に汽船10万総噸、機帆船10万総噸、4月に汽船10万総噸の計30万総噸（陸軍は汽船10万総噸、機帆船8万総噸、海軍は汽船10万総噸、機帆船2万総噸）に抑えて、第4次増徴が決定された。そして、2、3月の損耗分は「補填セサルコトヲ考慮シタルモ過般受ケタル海軍ノ損害ハ極メテ大ナル」ことから、海軍に対してのみ、3月に2万総噸、4月に2万総噸の補填をすることを認め、5月以降の損耗に対する補填は陸海軍合計で月3.5万総噸までとした。そして、7月上旬には稼働汽船10万総噸を解傭することを決定した。解傭の見通しが立たない場合は4、5月の損耗補填をしないという形で、民需への配慮も示さざるをえなかった。1944年度の普通鋼鋼材生産410万トン、特殊鋼110万トン、アルミニウム18.5万トンの計画を維持するとして、「本徴傭並ニ補填ニ当リテハ慎重ヲ期シ」、「物動輸送ヲ困乱ニ陥レサルハ勿論右物ノ国力保持ノ為」、共栄圏内を制限なく航行できるＡ級船腹28万総噸と、長江・台湾方面まで航行可能なＢ級船腹23万総噸分は物動物資の輸送に確保することという条件も付け加えられた。とはいえ、結

局44年6月まで30万総噸に上る汽船の増徴と損耗船舶の一部を継続的に補填することが認められ、物資動員計画は深刻な打撃を被ることになった。民需関連の砂糖配給は半減となり、人絹・スフ業の操業停止、新聞紙の半減（1日2頁化）など、「相当ノ影響アルヲ免レス」と説明されていた[71]。

計画の破綻を回避する強引な行政査察

　こうした大規模な増徴にもかかわらず、国力維持の最低水準とみていた鋼材400万トンを超える生産計画を立てられたのは、藤原査察使による第6回行政査察（甲造船）の結果が、2月14日に首相官邸で報告され[72]、1944年度に汽船255万総噸の建造が可能であるとの見通しが示されたからであった。既定の190万総噸の建造案では、3月1日時点の陸海軍・民需船保有量合計310万総噸（うちドック入り30万総噸、稼働船腹280万総噸）は[73]、4月以降、月15万総噸の新建造と損傷修理完了5万総噸の増加に対して、月40万総噸の損耗の結果、毎月20万総噸ずつ減少するとみられていた。戦争指導班の業務日誌も、このままでは6月に保有船腹が250万総噸（実働220万総噸）となり、最低水準と考える240万総噸を割り込み、「国家トシテ正ニ危急存亡ノ瀬戸際ニ没入スルコトトナルヘシ[74]」と記す事態であった。それ故に、詳細に検討すれば無理の多い査察報告ではあったが、「研究ノ結果、陸軍トシテハ二五〇万屯案ヲ極力推進スルコトニ意見一致」し、輸送力が窮屈となる上期については、航空機、燃料、対潜および防空関係を除く陸海軍固有兵備の分は削減に応じた。そして船舶と鉄鋼への集中方式に協力し、下期には海上輸送力が回復するという構想に期待することになったのである。

　同様に、機帆船による沿海輸送の隘路も処理しなければならなかった。内閣顧問を経てこの直後に運輸通信大臣となる五島慶太が実施した機帆船、曳船の第5回行政査察（乙造船）がその打開策であった。五島が査察結果を2月15日の顧問会議で報告すると、政府は低迷してきた木造船の計画造船が軌道に乗ることを期待した。しかし、この査察判決の内容を2月3日の時点で参謀本部交通課の査察参加者から聞いた戦争指導班の担当者は、極めて懐疑的であった。機関付き標準船33万総噸、船体のみ10万総噸、計43万総噸を建造するという査察報告に対し、当日の日誌には「右ニ対シ実績予想トシテハ良好ナル場合

第3章　太平洋戦争末期の総動員体制（1944年度）

ニ於テ一五万屯、確実ナル見透トシテハ一三万屯ナリ」と記していた[75]。破綻を承知で総動員計画を推進する人物をもって統帥部、軍政部、閣内の人事を固め、統帥と軍政のトップを兼務することで問題を糊塗する政治手法は、藤原銀次郎による1943年8月の第3回行政査察（航空機）から始まり、44年2月の人事で全面的に利用された。

2　第4次船舶増徴後の輸送力と重要物資供給

輸送力の捻出

既に見たように、3月までに大本営政府連絡会議で決定された第4次船舶徴傭は、2月9日決定の機帆船3.5万総噸、3月3日決定の3月中大型10万総噸、機帆船10万総噸、4月大型10万総噸（2月21日の決定分を含む）という形で実施された。最終的に徴傭船の喪失・大破に対する補填量が3月3日の会議で縮

表3-41　1944年度民需船、運航機帆船、北海道機帆船の輸送力

（千トン）

	1943年12月28日案	1944年3月6日案
民需船	28,954.3	25,721.4
	陸海軍増徴なし。徴傭船補填月3.5万総噸、C船喪失・大破月4万総噸、貨物船建造130万総噸、稼航率上期1.41、下期1.42。	陸海軍増徴30万総噸、7月10万総噸解傭。徴傭船補填月3.5万総噸、C船喪失・大破月5万総噸、貨物船建造130万総噸、稼航率1.35。
運航機帆船	3,649.3	2,417.7
	陸海軍増徴なし。新造船40万総噸の2分の1配当。稼働率80％。1総噸当たり積トン量は基本・動員1.5トン、新造船1.4トン。稼航率は基本・新造船の4〜10月1.3、11〜3月1.0、動員船4〜10月0.9、11〜3月0.7。	陸海軍増徴6.75万総噸。新造船40万総噸の2分の1を配当。稼働率80％。1総噸当たり積トン量は左に同じ。稼航率は基本・新造船・動員船ともに4〜10月1.5、11〜3月1.0。
北海道機帆船	2,723.0	2,909.4
	陸海軍徴傭なし。40万総噸の2分の1を配当。稼働率80％。1総噸当たり積トン量は基本・動員船1.5、新造船1.4。稼航率基本・新造船の4〜10月1.6、11〜3月1.0、動員船の4〜10月1.1、11〜3月0.7。	陸海軍徴傭1.75万総噸。新造船40万総噸の2分の1を配当。稼働率80％。1総噸当たりの積トン量は基本線1.3、新造船1.4、動員船1.5。稼航率は基本船・新造船・動員船ともに4〜10月2.0、11〜3月1.5。

注：「北海道機帆船」は北部機帆船運航統制と大手海運会社4社の全体。
出所：軍需省「船舶増徴ニ依ル十九年度物資供給力ノ見透及ビ／一九主要物資供給力計画」1944年3月3日　前掲『後期物資動員計画資料』第9巻所収、684頁。

小されたことで、改めて1944年度の輸送力と重要物資供給力が3月初めに算定された。その結果を43年12月末に推計された物動大綱の輸送力と推計条件の違いを含めて比較したのが表3-41である。まず、民需船は30万総噸もの増徴が大きく響いた。徴傭船損耗分の補塡が、3、4月が月2万総噸、5月以降月3.5万総噸とやや軽減されてはいるが、民需船そのものの喪失・大破は月5万総噸と、実勢より少なく見込み、この間の大量喪失傾向を反映させていない。ただし、稼航率は1.4以上と高く設定していた12月の推計から、上期、下期ともに実現性のある1.35に引き下げた。これは鉄鋼生産500万トンに無理に合わせる必要がなくなったためであろう。輸送力は全体で323万トン余も縮小

表3-42　1944年度および第1

	甲地域					乙地域
	A船	B船	ABC連合	C船	小計	C船
石炭						
鉄鉱石						
銑鋼						
非鉄金属	280.6	136.8	110	487	1,014.4	1.2
コークス類	36			14	50	
セメント類						
油類						
ソーダ類						
紙パルプ						
棉花羊毛						
生ゴム	40		10	10	60	
塩						
木材						
穀類							135
砂糖						
燐鉱石						
肥料						
飼料						
油脂						
油糧種実	20		44		64	
その他	53.4				53.4	8.9
合計	430.0	136.8	164.0	511.0	1,241.8	145.1

出所：前掲「船舶増徴ニ依ル十九年度物資供給力ノ見透及ビ一／一九主要物資供給力計画」

し、年間で 2,572.1 万トンになった。

運航機帆船の輸送力は第 1 次、第 2 次の国家徴傭船（動員船）と、1943 年度末の非徴傭船（基本船）、44 年度の新造船に分けて詳細に推定した。運航機帆船の徴傭船は 2 月の 1.75 万総噸（3.5 万総噸を北部機帆船と折半）、3 月の 5 万総噸（10 総噸の半分、残り半分は新造船を徴傭船に当てたとみられる）となり、輸送力に大きく影響した。この結果、稼航率を 12 月推計より高めに設定しても 123 万トン余減少して、241.7 万トンになった。北部機帆船は 2 月に 1.75 万総噸の船舶徴傭があったものの、稼働率を相当高めに設定したことで、18 万トン余増加し、290.9 万トンを見込むことになった。この稼航率の上昇は青函連

四半期の物資別海上輸送力（1944 年 3 月 6 日）

（千トン）

南鮮中継		日満支					合計	第 1 四半期
C 船	運航	A 船	B 船	ABC 連合	運航	C 船	小計	
653.0	573		80			8,913.0	10,219.0	10,219.0	1,610.0
160.0				280		3,019.0	3,459.0	3,459.0	603.0
692.8	955.43		40		56	2,013.7	3,757.9	3,757.9	738.1
228.6	208.67		120		764.6	2,060.3	3,382.2	4,397.8	998.3
	24					274.7	298.7	348.7	87.0
					16	15.9	31.9	31.9	8.0
						83.3	83.3	83.3	19.1
					36		36.0	36.0	9.0
						123.5	123.5	123.5	25.8
	60					47.4	107.4	107.4	43.5
							0.0	60.0	12.5
175.0	130					1,374.1	1,679.1	1,679.1	305.0
					53	67.0	120.0	120.0	30.0
450.0	428.8			96		1,749.9	2,724.7	2,859.7	1,015.5
						222.0	222.0	222.0	55.5
		200		40		216.0	456.0	456.0	114.0
87.8	80				15	631.2	814.0	814.0	217.9
34.0	33.3					141.7	209.0	209.0	18.0
						4.6	4.6	4.6	0.7
						104.0	104.0	168.0	34.3
						81.5	81.5	143.8	21.6
2,481.2	2,493.2	200.0	240.0	416.0	940.6	21,142.8	27,913.8	29,300.7	6,327.7

686 頁。

絡船の貨車航送船による輸送力の強化を見込んだものである。とはいえ、全体では427.8万トン縮小し、主要物資の供給力にも深刻な影響が出ることになった。

これらの輸送力を基に甲・乙地域、日満支地域からの主要物資の海上輸送力を見通したものが、表3-42である。徴傭船とは別に往路に軍需品を積載し、復路で物動物資を輸送するABC連合運用方式が計画されたのが、1944年度計画の最終策定段階と第1四半期計画の特徴であった。かねてより課題であった船舶の統合運用の第一段階ともいえるが、これは陸海軍徴傭船が所定量を超えて物動物資を輸送する見返りに、C船の往航で軍需品の輸送に当たるとしたもので、その分の物動物資輸送量の減少分と相殺した分が計画に組み込まれた。第1四半期ではAB船の増送量23.8万トンに対してC船の軍需品輸送による物動物資の輸送減を9.3万トンとみて、差引14.5万トンが連合輸送分として計画化された[76]。

地域別に見ると南方甲地域からの輸送は非鉄金属が8割を占め、そのほとんどは当初案より縮小されたとはいえ、ボーキサイトが占めた。これに銅鉱、クローム鉱、マンガン鉱、錫、タングステン鉱、ニッケル鉱が続いた。次いで、生ゴム、コークス類であり、その他の主要なものはマニラ麻、カッチ(タンニン原料)、牛皮、ラテックス(ゴム原料)などの動植物資源であったが、もはや極限的に圧縮された。南方乙地域は大部分が穀物類となった。この結果、国外からの資源輸入はほぼ満洲と中国占領地からのものとなり、その16.8%はC船や運航機帆船等を動員した南鮮中継によるものになった。大量に船舶を喪失する中で南鮮中継の比重はますます高まった。日満支輸送の多くは石炭、鉄鉱石、銑鋼、非鉄金属が占めていたが、これに加えて食糧が重要性を増していくことになった。

表3-43　1944年度主要物資の供給力見通し(1944年3月6日)

		物動大綱	改訂案
普通鋼鋼材	千トン	4,980	4,300
特殊鋼	千トン	1,200	1,100
普通鋼鍛鋼	千トン	250	240
普通鋼鋳鋼	千トン	300	320
鋳物用銑	千トン	1,300	1,150
アルミニウム	トン	215,300	19,300
主要食糧	千石	82,080	82,845

出所:前掲「船舶増徴ニ依ル十九年度物資供給力ノ見透及一/一九主要物資供給力計画」688〜689頁。

主要物資の供給見通し

供給力の全体像は4月の決定計画で改めて見るが、この時点では表3-31の12月の供給見通しに対

して表3-43のようになり、屑鉄供給を積み増しても鉄鋼供給は430万トン、特殊鋼は110万トン、鋳物用銑鉄は115万トンにとどまった。アルミニウムは国内生産18万5,000トンと、満洲からの4,300トンになり、これを設備拡充とボーキサイトの各期18万トン（年間72万トン）の海上輸送によって実現するという計画に縮小した。これに加えて、太平洋戦争期に入って白銀、ニッケル貨に替わって流通量を増やしていたアルミ硬貨3,000トンを回収して、19万3,300トンの総供給見通しを立てた。しかし、アルミニウム製造設備の拡充に要する資材の確保には不安を抱えており、原料についても第1四半期は在庫全量を使用して4万3,000トン計画を達成するものの、第2四半期の4万7,000トン計画は、9月末時点でボーキサイトが6万1,000トン不足するため「大ナル支障ヲ来シ」、5月末から6月には陸海軍の新たな輸送協力が必要になるという不確かな見通しになっていた。

3　臨時鉄鋼増産協議会による物動計画の二重化

臨時鉄鋼増産協議会の設置

　こうした見通しが不十分な状況で、「雪達磨式」造船方式を利用した1944年度以降の鉄鋼増産対策を検討することになった。このため、44年3月10日に国務大臣藤原銀次郎を会長とした臨時鉄鋼増産協議会の設置が閣議決定になった[77]。協議会は鉄鋼生産量400万トン以上を目指すことで44年度の総動員計画の破綻を回避することを目的としており、新年度を直前に控えた3月15日に第1回協議会が開催された。設立の趣旨は、「戦局ノ鉄鋼ニ対スル要請益々熾烈ニシテ而モ之ガ生産ノ条件亦日ヲ追ウテ深刻化ノ一途ヲ辿リツツアル現下ノ情勢ニ於テ造船量ノ急増其他非常臨機ノ措置ニ依ル鉄鋼特別増産案ヲ樹立スルト共ニ之ガ実行ニ当ルモノトス」というものであった。関係機関が協議しつつ臨機の行政対応を検討する点で、42年11月から軍需省発足まで企画院を中心に設置された臨時生産増強委員会と類似の手法であった。協議会の委員には、軍需省総員局長椎名悦三郎、鉄鋼局長美奈川武保、燃料局石炭部長山口六平、内閣参事官山田秀三、陸軍省整備局長吉積正雄、海軍省兵備局長保科善四郎、艦政本部商船部長澤田虎夫、運輸通信省海運総局海運局長田島正雄、鉄道総局業務局長堀木鎌三、産業設備営団副総裁金子喜代太、鉄鋼統制会理事長渡

辺義介、日本石炭副社長渡辺四郎が入るなど、行政査察使の構成を上回る重職を組織した[78]。協議会およびそれを支える幹事会は当面毎週開催され、検討課題は、①鉄鋼生産隘路の総合的検討と増産案、②製鉄用原材料の輸送力増加方策、③製鉄用原材料の品質、数量の確保方策、④外地、満洲、中国・南方占領地域での対策などであった。

第1回協議会の際、藤原会長は次のように所信を表明した[79]。「航空機ト船舶ダニ多量ニアラバ、皇軍ノ向フ所敵ナキハ天下万人ノ認ムルトコロ、而シテ航空機増産ノコトハ既ニ解決シテ軌道ニ乗リ、今ハ船舶ノ増強ガ最モ重大ナル問題トナリ、之ガ鉄鋼生産ノ減少ト絡ミ合ヒテ益々重大化スルニ至リ、遂ニ今回鉄鋼生産増強協議会トナリタル次第ニシテ、時局下重要問題極メテ多シト雖モ、是レ以上重大ナルモノナシ」、「死力ヲ尽シテ事ニ当ル」。協議会の性格については、「実行ノ機関」ではないとし、行政権限は持たなかった。しかし、「吾々ハ英明古今ニ比類ナキ東條大将ヲ総理大臣兼軍需大臣ニ推戴シ、一切ノ事同大臣ノ指揮命令ヲ得ルハ大ナル仕合セナリ、吾々ガ有効適切ナル実行案ヲ案出スレバ直チニ之ヲ採用シテ実行ニ移サル事ハ鏡ニカケテ見ルガ如シ」と東條の指導力が協議会の実効性を担保していると説明した。さらに「自分ハ前後三回行政査察ヲ命ゼラレタルガ其ノ査察使トシテノ報告ハ全部之ヲ実行サレ又セラレントシツツアリ、東條総理ノ旺盛ナル勇断ト果敢ナル実行力ニハ驚嘆且ツ感激セザルヲ得ザルナリ」と、東條に全幅の信頼を寄せるとともに、東條と藤原との間には密接な政策連携が取れていること強調した。東條の軍需大臣兼務と、藤原の鉄鋼増産協議会長就任は、総動員計画が破綻しても政権を維持する弥縫策としては最適の人事であった。

臨時鉄鋼増産協議会の隘路打開策

臨時鉄鋼増産協議会が鉄鋼や船舶の増産にほとんど寄与しなかったことは既に明らかにされているが[80]、ここでは1944年度の過大な物動計画が強引に推進されていく経緯に絞って、協議会の議論を見ておこう。3月15日の第1回協議会では、①44年度甲造船の建造完遂目標を255万総噸とし、努力目標を265〜270万総噸とすること、②既定の190万総噸計画を上回るペースで建造された、鉄鋼石、石炭等の運搬に適する40万総噸の貨物船を特別船舶とし、

一般民需船舶から切り離して、専ら鉄鋼増産に使用すること、③255万総噸以上のペースで建造された船舶も特別船舶とすること、④特別船舶の運航は44年度の既定の物動輸送計画によることなく、鉄鋼増産措置に対応させること、⑤海南島、大冶等の主要鉄鉱産地、積出港には軍需省鉄鉱局の出張員を配置し、増産、選鉱、積出を督励すること、⑥開灤（かいらん）、中興、北海道、樺太等の主要石炭産地には燃料局石炭部の出張員を配置し、増産、選炭を督励することなどが決定された[81]。民需船舶の一部を鉄鋼原料専用船である特別船舶として分離し、一般船舶と二本立てにすることが大きな変更点であった。

まず鉄鋼専用船となる特別船舶の捻出方法から見ておこう。特別船舶は固有物動計画に相当する190万総噸の建造計画を上回るペースで建造された船舶を充当することになっていたが、4月当初の輸送や、竣工から輸送計画に組み込むまでの1ヶ月間の輸送については、捻出にあたって固有計画用の一般船舶との調整をすることとした。特別船舶に投入する船舶は、差しあたり1943年度第4四半期における集中措置によって実現した計画超過分を充てることになった。3月23日の第2協議会の際、第6回行政査察とその後の隘路補整などによって、年度末には第4四半期物動計画に織り込まれた建造量26.6万総噸に対して、建造見込みは31.7万総噸となり、超過分は5.1万総噸になると報告された。このうち弱小造船所の小型継続船などは「不確実」と見られ、また川南造船などの大型船舶にも「疑問」のあるものが1～1.5万総噸あったが、25隻、4万9,100総噸を「取リ敢ヘズ」4月分の特別船舶として使用することを決定した[82]。

次に鉄鋼生産計画を見よう。鉄鋼局原案を基に検討された鉄鋼生産計画には表3-44のように二つの案があった[83]。第1案は既定計画の配船を概ね前提にしたものであったが、この鋼材生産計画では過少であり、「製鋼、圧延工場ノ操業維持困難ナルモノ続出シ其ノ救済ノ要アル外工員離散ノ惧レアリテ以後生産恢復ニ困難ス」とされ、特殊鋼計画でも「航空機ノ増産ニ支障アルベシ」とされた。統帥部の要求に沿って鋼材400万トン以上の計画にしたのが第2案である。この場合、本船による鉄鉱石の輸送や石炭割当の既定計画に大幅な追加が必要であったが、第1回協議会で、早々に第2案を基にした第1四半期の鋼材105万トン、特殊鋼29万トンの計画が決定された。

表 3-44　1944 年度鉄鋼生産計画概案（1944 年 3 月）

(千トン)

		第 1 案		第 2 案	
		年度	第 1 四半期	年度	第 1 四半期
普通鋼	国内生産	3,749	884	4,001	1,034
	現地取得	64	16	64	16
	計	3,813	900	4,065	1,050
	鍛鋼	230	57	230	57
	鋳鋼	320	77	320	77
	特殊鋼	1,039	250	1,080	290
	普通銑	4,155	915	4,178	938
本船輸送	鉄鉱石	3,459	603	3,505	647
	銑鋼	3,247	680	3,279	782
	マンガン鉱	114	31	117	38
	副原料	899	271	936	275
石炭所要量		14,848	3,399	15,256	3,758

出所：軍需省「昭和十九年度鉄鋼生産計画概案総括表」1944 年 3 月 12 日『戦時海運関係資料』B-3-2。

　輸送力の捻出は以下のように処理した。第 1 四半期の鉄鉱石輸送力の不足 4.6 万トンは、小手先の対応ではあったが、1943 年度第 4 四半期の配船が新年度にずれ込んだ分を、43 年度計画から除外して、第 1 四半期分の鉄鉱石輸送と見なした。銑鋼輸送力の不足 4.4 万トンについては、陸海軍徴傭船からの支援増で対応することになった。また南方からのマンガン鉱の不足 1.7 万トンも、陸海軍徴傭船の復路を利用することにした。石炭不足、特に本州東部、西部での不足については、5％の使用節約を実施し、西部については旅客輸送の抑制を強化した。このほか、陸海軍徴傭船による近海輸送支援、機帆船の稼働率上昇によってカバーするなどとし、第 2 回協議会までに鉄鋼局で具体案をまとめることになった[84]。

　これに加えて、物動計画の外で鉄鋼増産と船舶建造をループさせる「雪達磨式」造船のための鉄鋼増産についても、主任幹事高橋長之鉄鋼課長を中心とした幹事会で検討することになり、石田稔軍需技師らが技術的な詰めの作業を行った。第 1 回協議会で課題とされた「雪達磨式」造船に要する第 1 四半期鋼材 6 万トンの物動計画外の増産の可能性を検討し、「多少ノ条件ヲ要スルモ」鋼材 2.9 万トンの増産であれば日本製鉄八幡製鉄所でロール屑・銑屑・一般炭を

利用して2.2万トン、広畑製鉄所で銅鍰・屑鉄を利用した7,000トンの増産が可能であることが確認され、3月23日の第2回協議会ではこのうち2万トンの補填目標が決定された[85]。

第2回協議会で第1四半期の「雪達磨式」造船による鉄鋼増産見通しについて、渡辺委員から「一〇五万瓲確保ノ上デナケレバ増産ニナラヌ一〇五万瓲ニ付テモ未ダ解決サレヌ要素ガ多数アリマスカラコレトノ調整ハドウイタシマスカ」と、物動既定計画の105万トン自体が実施困難である中で、「雪達磨式」による特別船舶によって生産された物動外の鋼材をどう扱うかが問題にされた。これに対して、高橋幹事は4.9万総噸の特別船舶による「特別増産ハ別個デアリ基礎計画ニ穴ノアイタモノハ別途ニ考ヘル方針」であると、既定計画105万トンを確保した上で、特別船舶建造用の鋼材を増産することが説明された。藤原も特別造船により生産された鋼材は、105万トンの穴埋めには「流用セズ」、105万トン計画それ自体は「必死ノ努力ヲ以テ確保ニ努メル」として、既定の固有物動計画が仮に未達成でも物動外の「雪達磨式」造船分と鉄鋼増産のループは物動と切り離して実施するとした。こうして、藤原が提唱してきた鉄鋼と造船の閉鎖的な相互供給方式を、造船や原料等をまとめて物動計画外の「実績」として分離し、直ちに成果が出る形にして実施することに執着した[86]。

物資動員計画外の鉄鋼・船舶増産計画

第2回協議会の直後、大本営政府連絡会議はこうした検討作業を飛び越して、後述のように第1四半期の鋼材供給力を国内生産103万トンに種々の増産・転活用等を加えて115.5万トンとし、年度供給力を455万トンとした軍需省報告を了解して、物動計画の策定を進めることになった。協議会でも3月末には第1四半期の造船用鋼材の増配を組み込んだ113.4万トンの供給案が打ち出されていた。これは第4次船舶増徴以前の1943年第3四半期実績103.7万トンより、10万トン上回るものであった。厚板の生産計画も拡張された。43年度第3四半期生産実績は38万5,529トン、第4四半期実績見込みも41万7,400トンにとどまっており、鋼材105万トン計画を前提とした現行の第1四半期厚板生産計画は41万2,000トンであった。しかし、協議会ではこれを大きく上回る45万1,300トン計画が策定された。鋼管も43年度第3四半期の生産実績7万

表 3-45　甲造船 255 万総噸計画を前提とした限定品種生産見通し

(トン)

	1943 年度	1944 年度	
	(43 年 12 月案)	(43 年 12 月案)	(44 年 3 月案)
厚板	1,558,576	2,082,200	*1,950,600
鋼管	294,622	372,300	379,300

注：＊3 月の厚板生産見通しは、日本製鉄広畑の平炉 2 基の増設に必要な資材が確保できる場合で、増設ができない場合は、185 万 9,600 トンとなる。
出所：臨時鉄鋼増産協議会決定第 8 号「限定品種鋼材増産対策ニ関スル件」1944 年 3 月 30 日『戦時海運関係資料』B-3-2。

2,885 トン、第 4 四半期生産見込み 8 万トンに対して、現行計画の 8 万 6,860 トンを上回る 8 万 9,100 トン案が策定され、「雪達磨式」造船に合わせた鋼材供給計画が策定され、その成果が謳われた[87]。

限定品種鋼材については、藤原を中心に実施された九州、関西地区 9 工場の査察結果を反映させた。3 月末に厚板については 1943 年の 33％増の 208 万トン、鋼管については 26％増の 37 万トンとの見通しを立て、表 3-45 のような 43 年 12 月段階の見通しを上回る増産計画を策定した。しかし、南方石油開発用の鋼管については、「甚シキ需給ノ不均衡」を免れないとして「特ニ重点ヲ置クノ要切ナルモノアリ」としていた。また甲造船用にさらに鋼材 10 万トンの特配が必要であったが、厚板の割合は引き上げられず、他品種で補填する見通しなどが協議会に報告された。

鉄鋼増産に向けた官民の連携を強化するため、軍需省内には日本製鉄本社幹部を勅任・判任官相当で配置し、また海南島、大冶、朝鮮の鉄鉱山には海軍省、大東亜省、朝鮮総督府技師を奏任官に、各鉱山所管企業の社員を奏任官相当として採用することになった。石炭関係でも、開灤、中興、北海道、樺太には各省技師を奏任官として配し、日本製鉄、華中鉱業などの職員を判任官、嘱託として採用し、連絡を密にすることになった[88]。また限定品種の隘路打開には協議会の下に促進班を設け、軍需管理部、地方行政協議会の協力も求めた。重要鉱山、石炭山、積出港には促進班の出張員を置くことになった[89]。

特殊鋼の需給状況では、航空機用の特殊鋼鋼管に深刻な隘路があった。1944 年度の航空機生産計画は 43 年度の 2.5 倍の 5 万機に上り、また棒鋼を使用してきた脚部等を鋼管に変更するなどの生産方法の変更によって、44 年度の鋼管需要量は冷間圧延鋼管 1 万 1,300 トン、熱間圧延鋼管 3 万 1,700 トン、溶接鋼管 2,500 トンと飛躍的に増加した。粗管から冷間圧延の保留率は 50％、熱間

でも85%であるため所要粗管は6万トンに達したが、この時点の圧延能力は約2万トンに過ぎなかった。このため完成時期の最も早い製管機に集中して完成を急ぐこととし、石川島造船所で44年12月完成予定のものを下期から操業予定の住友鋼管松坂工場に急いで設置することとした。

　3月末までに鉄鋼生産の見通しは固まったが、年度末にさらに1万3,000総噸の船舶の追加竣工を見込めるとして、これも特別船舶に追加して鉄鋼増産を最優先した。この結果、当初の特別船舶による4月の鉄鋼増産は銑鉄3万2,600トン、鋼塊3万8,000トン、鋼材2万8,000トンとしていた計画にそれぞれ、5,000トン、5,800トン、4,200トンを加え、さらに重大隘路となっていた石炭輸送1万1,000トンの支援も可能となった。こうして鉄鋼産業は年度末の駆け込み竣工実績を、最大限利用して特別船舶を確保した[90]。

鉄鉱石増産措置

　次いで鉄鉱石の最大限の年間増産見通しの検討作業を見よう[91]。1944年度の内地鉄鉱石生産計画は450万トンに上り、「従来ノ実績ニ比シ寔ニ画期的ナ数量」となっていたが、それでも「期待サレタル需要ヲ充タスコトガ出来ズ」、「タタラ鉱滓、銅鍰、低品位ノ赤泥マデモ動員」する状態であった。このため、品位向上を過度に要求すれば、「却ツテ尾鉱ノ廃棄ニ依リ鉄分総量ノ減少ヲ招来セル惧レアリ」としていた。内地での増産の妙案は少なく、奨励金を現行のトン当たり80銭を労賃、資材費の高騰を勘案して1円50銭程度とすること以外になかった。その一方で、朝鮮の鉄鉱生産については表3-46のように、90万トン余の「供給余力」があるとされ、品位向上を促し、鮮内の鉄鋼増産と内地向け輸送節約を図るため、賞金を2円とするなど奨励措置を内地以上に引き上げるとした。また中支、海南島などからの輸入鉱石についても、「供給可能量ヨリハ少ク、現地ニハ大イニ余力」があるとして、一挙に3円程度とすることを提案し、5月4日の第6回協

表3-46　1944年度朝鮮産鉄鉱石需給見通し（1944年3月）

（千トン）

供給	43年度末貯鉱	1,220
	44年度生産	4,570
	計	5,790
需要	44年度鮮内使用	2,862
	内地向け	1,710
	満州向け	300
	供給余力	918

出所：「鉄鉱石品位向上褒賞金制度実施ニ関スル件」1944年3月27日前掲『戦時海運関係資料』B-3-2。

表 3-47　鉄鉱貯鉱 1944 年度買上予定

(トン、円)

	貯鉱量	買取価格	備考
内地	390,426	7,762,833	1944 年 2 月末
朝鮮	1,444,000	31,528,326	44 年 3 月末から 45 年 3 月末まで
海外	1,152,000	32,687,208	44 年 3 月末から 45 年 3 月末まで
砂鉄	89,438	1,752,825	44 年 2 月末
たたら鉄鉱	24,620	538,439	44 年 3 月末から 45 年 3 月末まで
錵鉄鉱	10,000	81,900	44 年 3 月末から 45 年 3 月末まで
焼鉄鉱	321,692	2,171,421	44 年 3 月末から 45 年 3 月末まで
計	3,432,176	76,522,952	

注：買取価格は買上単価の 90 ％。
出所：「鉄鉱石類貯鉱買上予算」『戦時海運関係資料』B-3-2。

議会で、国産原料は鉄鋼原料統制株式会社、輸入原料は交易営団を通じて、基準品位を超えた業者に報奨金を交付することを決定した[92]。

　朝鮮および海外鉄鉱山の山元貯鉱も積極的に買い上げる方針をとった。海上輸送力の制約から貯鉱が増加した場合でも、操業の停滞を防ぐための措置であり、① 1944 年度初頭の山元貯鉱は鉄鋼原料統制株式会社（海外鉱石は交易営団）が全量買い上げること、②計画に沿って生産された鉱石は月末仕切りとして同社が買い取ること、③買上価格は山元価格または FOB 価格（本船渡条件価格）の 9 掛けとし、送炭の都度、数量、品位を確定の上で精算すること、④買上鉱石の積み出しまでの貯鉱・保管は鉱山業者の責任とすること、⑤買上資金は日本興業銀行からの借入（金利は国庫負担）によることなどを決定した[93]。買上対象になるのは表 3-47 の通りである。内地の各種貯鉱については、44 年末度時点の貯鉱を買い上げ、朝鮮、海外については 44 年度末貯鉱と 44 年度中に発生する新たな貯鉱を四半期ごとに買い上げ、343 万トン余の貯鉱に対して概算払いをして、減産を回避しようとした[94]。

物動輸送計画の二重化

　鉄鋼専用船として利用し、臨時鉄鋼増産協議会の計画を担保する特別船舶と、物動一般の物資を扱い、その中で鉄鋼関連物資の輸送も担う一般船舶が並行するという、二重の運航体制の指揮管理をどうするかは一つの争点であった。3

月15日の第1回協議会での鉄鋼増産充当用の特別船舶の設定を受けて、30日の第3回協議会では「鉄鋼増産用特別船舶運営方針要領[95]」が決定された。特別船舶については、①各運航実務者が分割所有すること、②国家使用船として船舶運営会が運航すること、③運航管理は他の船舶と切り離し、もっぱら鉄鋼関係物資の輸送に充当すること、④運航計画の策定や固有輸送計画の積揚地との調整は軍需省と運輸通信省の協議によること、⑤軍需省内に運輸通信省、船舶運営会の人員を常置し緊密な連絡を保つことなどが決定された。こうして敢えて往航時に原則的に「空船」なることを覚悟しても、専用船を確保することなった。4.9万総噸を前提にした特別船舶による4月の鉄鋼関係の増産量は、3月末に銑鉄3.5万トン、鋼塊4.1万トン、鋼材3万トンと見込まれたが、4月に入るとそれぞれ3.26万トン、3.8万トン、2.8万トンに修正された[96]。これは当該船が既に一般物動物資用に充当され、直ちに特別船舶への切り替えができないためであった。船舶運営会の戦後の集計によれば、4月の特別船舶は3万1,606総噸にとどまり、5月からようやく6万3,258総噸となった[97]。ただし、本来一般船で全量輸送すべき南鮮中継物資についても、滞貨が生じた場合は特別船舶が輸送協力することが今後も起こりうることから、一般物資を積む場合は積地での荷役等の日時に相当する損失分は、逆に一般船舶からの協力によって補填することなどを取り決めた[98]。いずれにしても鉄鋼関係の輸送計画を最優先したため、固有輸送計画による鉄鋼関係以外の物資の輸送は窮屈になった。なお特別船舶の運航権限について、藤原は当初、「軍需大臣ニ委譲シ軍需省ガ運営シタラトノ意アリマシタガ餅ハ餅屋デ機構ハ其ノ儘デ実行ニ於テソノ目的ヲ達シタラ良カロウト[99]」ということになったと、藤原が妥協した経緯を説明している。この問題は、後述のように民需船が急減していく中で、二本立ての運用は不合理とする海務院との間の摩擦を孕むものであった[100]。

　上記のように、あらゆる増産方策が、与えられた条件で最大限の期待を込めたものであり、実施過程で判明するように、航空機5万機、甲造船255万機とそれを支える鉄鋼増産政策は希望的予測と無理を重ねたものであった。計画の齟齬を弥縫し、計画の破綻を秘匿しつつ目標を維持しようとする臨時鉄鋼増産協議会には、東條の腹心として増産計画を強行する藤原が適任であった。

4 1944年度民需配当見通し

民需配当の基本方針

　以下では、この間の総動員計画の検討から外されていた民需部門の1944年度計画を見ておくが、こうした経緯から鉄鋼、航空機、造船用等の特別に重点化された部門以外の計画は、初めから極限されることが明らかであった。軍需省総動員局は、44年の年明けから43年8月3日の閣議決定「昭和十九年度国家動員計画策定ニ関スル件」や、12月15日の大本営政府連絡会議決定「国家総動員計画策定ニ関スル件」を基礎とする重点主義を「更ニ強化」して、「国内物的資源の徹底的戦力化」を図る方針を打ち出した[101]。このため、①在庫、蓄積物資の徹底的動員、②既存設備、物資の重点的転用、③既存設備、物資の徹底的活用（修理促進）という基本方針の下で、航空機とその関連兵器、航空燃料、航空機生産用機械の資材や、海上輸送力の維持増強用の海上護衛用兵器・艦船、甲造船、陸運増強、乙造船への徹底集中を図ることになった。また食糧需要は最低限度を優先的に確保し、日満支の食糧自給体制の確立を図ること、工場・交通の防空施設や、消火施設用の資材を優先すること、戦力増強に関係の薄い一般営繕、寺社、学校、文化施設、衛生施設向けについては「真ニ止ムヲ得ザルモノ」以外は配当しないこととした。また重要物資の生産用資材・原料についても、計画上必要な数量とすること、包装用資材は極力回収すること、設備維持・補修用の資材は重点化すること、設備の増強は44年度の供給力に確実に寄与する最小限度にとどめることとした。配当にあたっての留意点として、戦時規格の採用、製品耐久年数基準の短縮、資材間の均衡維持（未完成品の一掃）、設備拡充と附帯施設の規模と完成時期の均整、取得地域・設備配置を考慮した輸送力の節約を図り、不測の緊急事態に対応するために「相当量ノ調整用保留」を確保することなど、極限的水準を探るような配給方針が示された。

官需配当

　官需の配当の推移から見ていこう。官需の場合、固有の配当に加えて、陸海軍需からの支援分があり、これが官需割当の急減を補填していた。支援事業は

通信、港湾、電灯・電力、専門技能者養成にかかわる事業、試験研究など、軍事部門との関連の深い分野であった。一方、1943年度に13万4,190トンの鋼材割当を受け、全官需16万9,548トンの79.1％を占めていた鉄道部門[102]が分離されたため、官需自体は小さな部門になっていた。残された政府事業もほとんどがこの5年間で大幅に縮小された。1月の時点の44年度の官需普通鋼鋼材配当案は4万4,000トンで、43年度の官需固有配当に対しては30.6％増であるが、40年度配当に対しては52.7％減であった。陸海軍からの支援分は物動計画の確定後に決定されると見られるので、この時点では支援分の追加も期待していたかもしれないが、結局後述のように4月の決定案では2万9,000トンとなり前年度の13.9％減で決着することになった。

　1月時点での各省所管事業の重点的取り組みを見ておこう。鉄道を除けば、その大部分は、軍の附帯施設、技術研究、要員養成、重要農水産品の生産、要員確保であり、通貨製造、煙草製造、医療衛生施設用の資材は「若干」に止められた。主要な項目ごとの鋼材配当計画推移は表3-48の通りである[103]。

　道路関連は前年の2分の1にとどまり、維持・補修・部分的小工事用のみとなった。配当されたのは関門鉄道海底部分の継続工事用（300トン）、三浦半島国道完成用（100トン）などであり、「軍要望切ナル」舞鶴、玉野、亀山等の国防道路、朝鮮国防道路や生産拡充関係の修築用も最小限を認めるにとどめられた。港湾関係はこの3,313トン以外に、陸運強化用のCx枠が43年度に1,681トン、44年度も4,745トンあって、特に重要な港湾の増強資材は手当てされることになった。官需C_3の枠では船舶輸送関係の重要港湾の修築用に当てられ、台湾の基隆港修築（630トン）、高雄港増設（630トン）、樺太の恵須取(エストル)港修築（400トン）を確保したほかは、「軍要望切ナル」台湾、広島、佐世保、パラオの船渠および陸運施設、トラック島の各港、生産拡充用の松山港について若干を認めたにとどまった。航路標識用は、機帆船航路の応急保安用や、灯台防空施設、気象観測施設軍のみとして、前年度並とした。河川用も既定計画の北上川、由良川、高雄郊外の阿公店ダム施設の維持用のほか、新規分は災害の危険性の特に高いもの、食糧増産上即効性を有するものに限られた。通信用は官需の中では最優先とされ、内地・樺太のケーブル改造（2,400トン）、超短波多重通信（400トン）、北辺ケーブル（770トン）、拡張工事（4,975トン）、軍政関係・

表 3-48　官需の部門別鋼材配当計画の推移

(トン)

	40年度	41年度	1942年度			1943年度			44年度
			民需	AB支援	計	民需	AB支援	計	
道路	3,672	1,980	2,603		2,603	1,841	260	2,101	1,169
港湾	9,658	5,450	5,722	95	5,817	2,479	2,418	4,897	3,313
航路標識	501	193	481	298	779	178	239	417	420
河川	4,210	1,315	2,133	887	3,020	1,050	800	1,850	1,422
航空	173	220	463	191	654	259	74	333	241
通信	15,284	7,267	6,228	2,375	8,603	4,184	8,936	13,120	13,033
気象観測	25	100	180	252	432	192		192	207
要員養成　学校	3,040	1,590	2,409	910	3,319	1,979	651	2,630	1,354
要員養成　航空乗員	1,500	2,037	967	878	1,845	725	1,100	1,825	2,462
要員養成　海員						880		880	476
要員養成　その他	718	345	251		251	311		311	413
保健衛生	3,800	1,204	1,606	1,500	3,106	1,011	808	1,819	865
電灯電力	8,020		922	3,041	3,963	152	2,200	2,352	2,321
専売	7,410	3,915	3,796		3,796	2,920		2,920	3,534
農林	12,699	8,295	7,887		7,887	6,491		6,491	5,996
通貨製造	1,615	3,315	4,983		4,983	4,060		4,060	2,060
試験研究	4,735	1,243	1,613	1,295	2,908	927	930	1,857	2,440
司法・警務	1,290	615	698		698	446		446	405
神宮・神社	*	620	142		142	101		101	133
一般営繕	5,230	1,220	2,033	800	2,833	485	590	1,075	443
特殊防空	*	125	780		780	150		150	150
その他	2,854	6,634	398	58	456	2,857		2,857	1,144
	93,014	47,683	46,295	12,580	58,875	33,678	19,006	52,684	44,000

注：1940年度の合計が僅かに一致しないが、原資料のまま。*はその他に含まれる。
出所：軍需省総動員局動員部第一課「昭和十九年度物資動員計画C3普通鋼材配当概略案」1944年1月20日前掲『後期物資動員計画資料』第9巻所収、596頁。

時局工場の維持用（3,863トン）などが見込まれた。

　学校関係の新設・拡充は原則的に中止され、理工医学系の学生増等に対応した最小限度の配当を認めたが、前年の2分の1となった。一方、航空搭乗員養成用は優先され、養成所、補給所、短期養成人員の募集用が認められ、海員養成のために商船学校の施設用も配当された。保健衛生ではハンセン病、傷痍軍人療養所以外は、「殆ド資材ノ配当ヲ中止」した。

　電力事業では台湾中部大甲渓発電所は所要量の2分の1（2,200トン）を認め、朝鮮における非鉄金属開発用の動力線については若干の配当を実施するにとど

まった。専売事業関連では、塩・樟脳・アルコール生産維持用のほか、新規では苦汁収集施設（279トン）、北海道製塩工場（445トン）が認められた。農商省関係では土地改良、耕地拡張等のうち完成に長期を要する事業への配当を中止し、木材非常増伐（1,600万石）用鋼材（約2,200トン）の特配を認めた。通貨製造用は共栄圏内の通貨膨張に対処する印刷局、造幣局の現存設備の全操業に要する資材と、建設途中の紙幣工場用の配当のみを認めたが、配当量は半減した。試験研究用は、航空試験所・中央航空研究所・帝国大学航空研究所の拡充用、文部省科学研究用などを認めて若干の増額となった。一般営繕は前年の2分の1以下になった。

　こうして「既ニ最低限トセラレタル従来ノ配当量ニ対シ更ニ最強度ノ削減」をした上で、①各省施設相互の「自家転用」によって「自活力ノ強化」を図ること、②1943年度のような軍からの支援は計画化しないが、軍との連携を強化し実施上の協力関係を築くこと、③行政活動の最小限度を下回る配当によって生じる諸種の危険、隘路は適宜特配によって処理すること、④工事・事業の中止による剰員は他の重要部門に配置することなどを指示した。とはいえ、こうした限定的な拡充、補充的事業ですら、上述のように最終案ではさらに絞り込まれることになった。

一般民需配当

　次いで項目別の内訳がわかる表3-49によって、1944年度の鋼材の一般民需割当計画についても、過去の推移と併せて見ておこう。総計で27万トン余と前年の2割減となり、対40年度では3分の1強にまで縮小した。

　内務省所管事業もほとんどの事業で削減され、河川関係は水力発電、用水も軍関係以外は考慮されず、中小河川の改良、砂防事業も食糧増産・軍施設・生産増強に重要な部面のみとされた。道路橋梁も、軍施設・航空機用ブナ材・造船用材・鉱石搬出に特に必要な事業のみとなり、横須賀・舞鶴・呉・佐世保の4大軍港等の軍重要施設の運営に要する市町村の河川、上下水道用が別途450トン配当されるにとどまった。このほか警察電話、特設消防署電話が僅かに増配されたものの、給排水施設、病院等の衛生関係も減配となった。

　大蔵省関連では製塩用配当は据え置かれたが、苦汁タンク用、煙草用農機具、

表 3-49　一般民需普通鋼鋼材配当計画の推移

		40年度	41年度	42年度	43年度	44年度
内務	河川	17,800	5,129	6,060	6,040	3,762
	道路橋梁	20,000	7,963	6,500	3,250	2,237
	配給水施設	17,800	13,165	12,700	7,393	5,500
	警察電話	1,500	1,000	1,300	793	850
	その他とも計	60,815	30,692	28,930	18,986	14,076
大蔵	製塩	3,640	1,570	1,260	1,200	1,200
	その他とも計				2,550	3,750
運通	航空	2,500	696	800	727	550
	通信	8,510	1,716	1,969	1,785	1,250
	陸運	9,100	7,267	2,300	4,301	4,000
	港湾	10,000	4,459	5,000	3,028	1,000
	その他とも計	30,110	14,138	10,069	9,841	6,800
農商	主要食糧	56,440	51,140	45,363	26,795	31,700
	農林土木	5,500	16,440	13,363	5,941	7,150
	農機具	43,940	29,900	27,000	16,800	19,800
	野鍛冶	7,000	4,800	5,000	4,000	4,000
	水産	15,000	9,500	7,542	4,630	3,900
	肥料	2,700	1,800	1,313	935	950
	食料加工	2,550	4,134	26,500	10,900	10,000
	缶詰		2,934	25,000	10,000	9,400
	生活用品	74,556	14,034	13,960	10,506	5,520
	風呂釜	1,794	2,400	1,560	1,000	500
	煙突厨房	6,500	4,200	3,000	2,000	1,000
	一般生活用具	64,000	5,699	8,000	6,026	3,500
	橇荷車	1,726	9,000	8,200	6,500	6,500
	軍需重要産業	6,994	5,261	7,550	5,500	4,400
	馬具蹄鉄	5,200	3,600	4,550	4,500	4,100
	建築金物	1,794	1,661	3,000	1,000	300
	油脂	8,850	8,050	8,584	6,800	6,000
	木材	2,200	1,800	1,321	2,189	7,180
	繊維	34,400	14,563	12,680	6,325	4,000
	化学繊維	5,000	2,000	1,420	700	600
	紡織	15,000	4,263	3,800	1,725	1,000
	蚕糸機具	5,000	2,000	1,760	830	400
	パルプ	6,400	4,300	4,000	1,870	1,000
	製紙	3,000	2,000	1,700	1,200	1,000
	包装材料	8,750	7,950	11,621	8,700	7,600
	その他とも計	224,116	127,232	144,624	90,592	88,370
技術院		2,000	925	1,000	1,500	1,500

（1940〜43 年度）と 44 年度配当案

(トン)

		40 年度	41 年度	42 年度	43 年度	44 年度
軍需	鉱業	20,000	16,000	8,400	5,130	4,780
	亜炭	2,016	1,610	1,650	1,000	1,130
	硫化鉄鋼	14,000	8,150	3,900	2,150	1,800
	硫黄	3,624	840	280	180	150
	鉄鋼製品・金物	6,000	3,800	2,000	1,000	500
	一般機械	28,600	22,200	20,000	12,000	10,400
	自転車	25,800	19,250	14,500	10,400	9,800
	電気器具	3,796	6,050	3,150	2,300	2,335
	化学工業	21,916	17,929	19,422	19,839	21,280
	タール中間物	5,000	3,000	2,191	1,370	1,800
	火薬・ゴム	2,208	6,460	685	950	1,080
	晒粉	1,000	1,000	658	300	0
	無機薬品	1,615	202	450	700	1,500
	金属ソーダ	2,450	2,000	1,400	850	1,000
	窯業	1,035	124	326	450	450
	油脂加工	3,243	404	1,011	1,400	1,700
	塩素工業	2,000	900	450	250	350
	土木建築	80,825	29,113	19,500	12,000	10,620
	架設資材	60,000	20,726	12,000	6,000	5,500
	管工事	20,825	7,287	7,500	6,000	4,000
	ガス事業	22,300	10,000	12,000	8,600	8,500
	非常回収	0	19,000	16,000	14,205	6,000
	その他とも計	257,693	153,316	129,515	99,701	88,915
厚生	労務施策*	12,825	8,961	5,850	14,000	10,000
	医薬品製造	2,300	1,240	1,000	900	800
	その他とも計	16,125	14,633	12,467	19,366	13,480
文部	国民学校	6,500	3,750	2,587	1,810	1,270
	公私立学校	2,300	1,731	1,026	949	630
	教材学用品	800	0	240	2,048	1,500
	その他とも計	9,600	5,481	3,853	4,896	3,500
外地	朝鮮	62,176	57,443	54,557	35,394	35,011
	台湾	34,453	22,719	22,546	15,347	13,260
	樺太	7,808	5,000	4,626	6,086	5,520
	南洋	4,829	3,000	2,304	1,562	1,019
	計	109,266	88,162	84,033	58,389	54,810
	合計	794,037	506,524	471,795	343,954	275,201

注：＊厚生省の労務施策には一般住宅を含む。
出所：軍需省総動員局動員部第一課「昭和十九年度物資動員計画 C₅ 普通鋼鋼材配当試案」1944 年 2 月 18 日前掲『後期物資動員計画資料』第 9 巻所収、601〜608 頁。

軍用酒類の工場用などが増配された。文部省関係は軒並み減配であった。

　農商省で増配が認められているのは、まず食糧増産関係であった。農地の拡張、改良、災害復旧等の農林土木、中耕除草機具や一般農機具の確保に「特ニ注意ヲ要ス」とし、デリス、砒酸アルミなどの農薬増産用が配慮されている。外地も総額では軒並み減配となっていたが、同様に食糧関係だけは朝鮮、台湾などで増配されている。次いで重視されたのは、内地生産6,000万石確保を必要とした木材、林業部門であり、木馬道、筏、架線等の運搬施設用や林業機具・製材機具であった。また航空機用特殊単板の確保のために軍が指定した98工場の所要分や、海洋筏増産用が重視され、内外地ともに木材増産用を優遇した。しかし、残りの水産、食料加工、生活用品や、馬具蹄鉄等の重要軍需事業、油脂、繊維、包装材料等は大幅な減配となった。

　厚生省関連も一部の医療用品を除いて、国民動員のための寄宿舎等の労務施設、医療保険施設は軒並み減配であった。軍需省関連事業も鉱業、一般機械、自転車、ガス、特別回収事業などで大幅に削減になったが、機械修理は5,000トンを地方庁に特配し、修理・改修工事を支援することにした。電気機械は軍需用が別枠なので、真空管は2億2,000万円と1942年度の3倍、43年度の2.5倍の生産を予定したが、配当は43年度の100トンから138トンに増加したに過ぎなかった。化学工業は高温・高圧負荷の高い装置、酸・アルカリによる浸食の補修のため多量の補修資材を必要とし、また合成樹脂、塗料、カゼインなど航空機の機体用、合成ゴム用、添加剤等の燃料用の需要も大きいため、限定的に増配になった。運輸通信省所管分も軍関係施設の緊急輸送用の自動車を除いて、民間の航空・通信なども全体に大きく削減された。

　外地についても同じ傾向であり、朝鮮、台湾も食糧増産と、鉱業、木材・林業が重視されたほかは、大きく削減された。

陸運増強資材の配当

　1944年度物動計画の一つの柱ともいえる陸送事業の拡充に向けた資材枠C_xについては、表3-50のように二つの案が検討されていた。71万トンの鋼材配当要求に対して、最終的には33万トンになるが、3月中旬まで45.3万トン案を追求していた。いずれも陸送転移に応える陸運の増強計画に関係した配当で

第3章　太平洋戦争末期の総動員体制（1944年度）　591

表3-50　1944年度陸運増強用 C_x 鋼材査定

（トン）

	要求	45.3万トン案	33万トン案
鉄道総局	236,646	201,970	163,000
朝鮮鉄道	204,810	124,240	81,290 (97,690)
台湾鉄道	10,307	6,240	4,800
南満洲鉄道	37,848	72	72
華北交通	108,860	57,220	40,800 (44,400)
華中鉄道	26,534	9,380	5,200
内地私鉄	49,090	27,160	18,000
朝鮮私鉄	4,935	2,640	800
台湾私鉄	500	280	200
満洲民需（車両）	2,407	1,890	1,268
産業車両新造	3,450	2,000	1,000
車両工業設備	1,770	1,410	120
内地港湾	3,704	3,145	2,460
内地拓殖港湾	459	255	240
内地海事	2,924	2,200	1,400
朝鮮港湾	2,571	1,200	1,100
朝鮮海事	642	300	250
南方	17,940	11,400	8,000
総計	715,397	453,002	330,000

注：朝鮮鉄道と華北交通の下段（　）内は、満洲より2万トンの供給がある場合の配当見込み。
出所：軍需省総動員局動員一課「昭和十九年度 C_x 鋼材査定表」1944年3月21日前掲『後期物資動員計画資料』第9巻所収、695〜697頁。

ある。内地の施設整備が、要求量で全体の3分の1、配当案で2分の1近い比重を占めていたが、これに次いで朝鮮鉄道、華北鉄道が重点化され、大陸物資の朝鮮鉄道ルートの増強が大きな課題であったことが判明する。一方、南満洲鉄道については相対的に資源輸送の拡充目標が低いため、ほとんど割当が認められていない。

　それぞれの配当方針では、補修用を優先した。輸送力の増強用としては、内地では車両を重点化し、大陸鉄道は施設整備に重点を置くことになった。調整の結果、総額が33万トンに絞られた場合は、朝鮮鉄道、華北交通に深刻な影響が出るため、満鉄の施設から2万トン相当分を移設し、追加配分とすることを想定していた。また1943年度の車両生産計画は鋼材切符の打ち切りに伴っ

て、適宜整理することになった。結局、鋼材配分問題は後述のように4月最終案では33万トン計画で決着することになり、海運を代替するはずの陸送の増強構想も縮小することになった[104]。

第5節　1944年度物資動員計画の決定

1　1944年度計画および第1四半期実施計画の基本骨格

重要物資供給見通し

　船舶の大量増徴によって海上輸送力に大きな不安定要素を抱えながら、臨時鉄鋼増産協議会で、鉄鋼供給の検討が続けられていたが、3月末には最重要物資の供給目標を確定し、1944年度物資動員計画全体との調整を急ぐことになった。44年度物動計画の策定作業は、43年8月の第1次大綱、9月の第3次増徴に伴う10月の第2次大綱、年末の輸送力縮小と重点主義的見直し作業、そして2月の第4次増徴という事態によって、結局、鋼材供給510万トンなどの統帥部が求める水準を満たせなくなっていた。しかし、軍需省は「十九年以後ニ於ケル決戦ノ要請ニ即応致シマシテ之カ需要ヲ概ネ充足スヘキ目標[105]」として、表3-51のような普通鋼鋼材、特殊鋼、アルミニウムの44年度供給と第1四半期の供給見通しを策定した。鋼材、アルミニウムについては3月6日案（表3-43）より若干もち直す提案をして、大本営政府連絡会議の了解を取り付けることになった。しかし、戦局の推移によって大きく影響を受けるため、「今後一年間ニ亘リ厳密ナル計画ヲ樹立致スコトハ到底不可能」であるとして、42、43年度のように年度当初に各四半期計画を策定することは止め、年度計画については「一応ノ見透」として扱い、第1四半期のみの実施計画を策定することになった。軍需省の説明は、「超重点物資テスラ二割ニ及フ減少トナリ」、「事変以来約七年大東亜戦争以後ノ苛烈ナル戦局ヲ二年以上モ支ヘテ参リマシタ我国経済力ハ潜在的余力ヲ殆ント喪失シテ」いるというものであった。そして「有ラユル犠牲ヲ顧ミス国力ヲ徹底的ニ戦力増強ノ一点ニ集中」して、航空機の増産と船舶の損耗防止、輸送力増強に注力する計画になった。海上輸送力の約6分の1を占めるようになった食糧輸送を軽減すべく、国内での食糧増産

表 3-51　重要物資の 1944 年度および第 1 四半期の供給・配当見通し（1944 年 3 月 25 日）

（鋼材：千トン、その他：トン）

		普通鋼鋼材		特殊鋼		アルミニウム	
		1944 年度	第 1 四半期	1944 年度	第 1 四半期	1944 年度	第 1 四半期
供給力見通し		4,550	1,155	1,100,000	285,000	196,900	44,240
配当基準	軍需 A・B	1,820	451	990,000	259,000	177,200	40,900
	甲造船 B_x	1,270	400	22,000	6,000	1,200	330
	民需 生産拡充 C_2	661	136	60,000	13,200	9,700	2,000
	官需 C_3	29	5.8	680	150	820	95
	輸出用 C_4	45	8	2,540	750	473	70
	一般民需 C_5	180	33	4,000	900	2,800	390
	木造船	100	15	800	200	244	40
	陸運増強 C_x	330	77	19,600	4,700	2,402	270
	南方開発用 C_y	5	1	80	20	10	2
	防空用 C_z	45	11.5	300	80	197	30
	保留	65	16.7			1,854	13
	計	1,460	304	88,000	20,000	18,500	3,010

出所：陸軍参謀本部『敗戦の記録』原書房、1967 年、6～8 頁。

が緊要であると訴え、重点部門以外の資材、労務配当は「強度ノ圧縮」を実施した。

　年間の海上輸送力は、A 船・B 船による物動輸送支援や、A 船・B 船・C 船の相互協力（連合輸送）による輸送力の増強策見通しを含めて 2,898 万トンとなり、「昨年秋ノ見透[106]」に比して約 775 万トンの減少となった。運航機帆船と北部機帆船の合計も 533 万トンとなり、385 万トンもの「激減」になった。鉄鋼供給においても、「基準生産量」は 398.5 万トンとなり、統帥部が要求した 510 万トンには遠く及ばず、転活用 10 万トンを含む「特別増産」の 36.5 万トンや、「雪達磨式」造船の成果を期待した 20 万トンを加えて 455 万トンにした。特殊鋼は統帥部の 110 万トン要求を確保する計画としたものの、アルミニウム 19.6 万トンは第 2 次物動大綱の 1 割減、銅は 12 万トンで 2 割減になり、しかも繊維、ゴムなどの副資材の配当・輸送が著しく縮小されたため、「超重点物資トノ間ニ相当ノ不均衡カ予想」された。実際にはこうした縮小計画ですら「従来ニ比シ比較ニナラヌ絶大ノ努力ヲ前提トシテ居」り、諸種の条件を満たさなければ、「計画供給力ハ根本ヨリ崩壊」すると説明していた。

計画達成の諸条件

　計画達成の条件の第一は、輸送力の確保であり、次の措置を確実に実行することを求めた。(1) 3 月 3 日の大本営政府連絡会議で決定された事項、すなわち、①徴傭船舶の補塡は 4 月 2 万総噸、5 月以降毎月 3.5 万総噸以内とすること、②7 月上旬に稼動状態の徴傭船 10 総噸を解傭すること、③ C 船の喪失・大破は毎月 5 万総噸以内を遵守すること、(2)陸海軍の輸送支援については、A 船年間 63 万トン、B 船 37.6 万トン、ABC 連合輸送 58 万トンを確保すること、(3)甲造船の建造 190 万総噸（うち貨物船 130 万総噸）を基礎に、255 万総噸計画を推進すること（同計画を前提に鉄鋼供給計画に 20 万トン分が上乗せしてある）、(4)汽船、機帆船の新規増徴はしないこと、(5)木造貨物船の建造計画 40 万総噸を実現し、運航機帆船の計画輸送 242 万トン、北部機帆船の 291 万トンを確保すること、(6)青函連絡船での貨車輸送のため、航送船の建造を計画通り進め、北海道炭の貨車輸送を第 1 四半期 32.5 万トン、年間 200 万トン確保すること、(7)九州炭の本州向け陸送を第 1 四半期 150 万トン、年間 650 万トン確保すること、(8)大陸物資の朝鮮中継輸送を第 1 四半期に 120 万トン確保すること。第二の条件は最低水準の民需用液体燃料の確保であり、機帆船用、工業用、自動車用を含め、毎月最低約 10 万 kl の配給を求めた。

　個別の物資別の条件では、普通鋼鋼材の計画達成には、①海上輸送の陸海軍支援、②第 1 四半期の石炭 20 万トン、銑鉄 6.5 万トン、マンガン鉱 1.7 万トンの確保のほか、③第 1 四半期中に陸海軍からの屑鉄供給は、既定の 4 万トンに 8.5 万トンを追加することを求めた。懸案のアルミニウム原料についても、第 1 四半期中に陸海軍がボーキサイト 5 万トンを追加輸送すること、このほか、配給の混乱の元凶であった陸海軍の物資超過取得を「絶無」にすることが必要であった。

　こうして 1944 年度計画は、至るところに綻びが目立つ、危うい計画と認識されながら了承された。これまでの物動計画ですら達成率が高くないにもかかわらず、物動計画の外側で船舶の追加建造や、特別船舶の運航、鉄鋼増産と船舶増産という「雪達磨式」のリンクを作り出し、これを基に極めて困難な甲造船の 255 万総噸建造計画がまとめられて、これが 3 月 31 日に大本営政府連絡会議決定となった[107]。

2 1944年度物資動員計画の確定

曖昧な問題決着

　1944年度物資動員計画は、3月25日の大本営政府連絡会議で基本的に了解され、26日に閣議決定となった「昭和十九年度物動計画運営ニ関スル件」に基づき、4月半ばにはその全体計画が策定された。しかし、計画書冒頭の総括部分で、「本供給力確保ノ為ニハ輸送力、資材、燃料等ノ充足ニ関シ未解決ノ点尠カラザルモ国家総力ヲ挙ケテ之カ打開ニ努メ[108]」と説明するほど、重点項目で不確かなものを多く含んでいた。

　輸送力に関する重要事項は、①乙造船の計画については、建造能力、資材、燃料の問題から調整することがあっても国家使用機帆船は「極力計画輸送力ヲ保持」すること、②汽船輸送力については、甲造船190万総噸の計画中、新造貨物船130万総噸を確保し、「完遂目標」255万総噸による新造貨物船の172万総噸計画に沿って超過建造分（42万総噸）は特別船舶として「専ラ鉄鋼ノ特別増産ニ充当」すること、③大陸物資の南鮮中継輸送は650万トンを目標とし、大陸鉄道輸送力の増強用資材の調達見込みと、第1四半期の実施状況から第2四半期以降の調整をすること、④貨車航送船による九州炭、北海道炭の本州向け輸送を優先的に確保すること、⑤「物動計画上重大ナル隘路ヲ形成」している小運送力の増強に関して、「特段ノ措置」を講じることであった[109]。③の南鮮中継輸送は、第1四半期の146.6万トンから第4四半期には229.8万トンに増強し、年間では705.3万トンを予定していた。上記の650万トンでは年間目標の92％に過ぎず、実際には拡充の見通しがないことを示していた。

　供給力は、さらに多くの曖昧さを含んでいた。実施上の重要事項は、以下の通りであった。①第2四半期以降の計画は、「年間計画ノ基準」として四半期ごとに実施計画を策定すること。②鉄鋼、アルミニウム、石炭等の「直接的戦力物資」を重点化し、その他の物資は「強度ニ圧縮」したため、「戦力増強若ハ国民生活確保上重大ナル阻害的影響ヲ及ス虞」があり、「之カ実相ヲ把握」して所要量の調整をすること。③石炭の「不足ハ顕著」であり、特に本州地区では「重点部門ニ於テモ所要ヲ充足シ得サル状況ニシテ物動計画上重大ナル隘路ヲ形成」している。このため、石炭生産、陸海輸送に「万全ヲ期スル」ほか、

重点産業での石炭消費節約を徹底し、第2四半期以降の計画は第1四半期の実施状況と影響を勘案して調整すること。④液体燃料の供給は、南方還送石油の取得量について「特ニ不安定ナル因子ヲ包蔵」している。このため、実施計画は月別に策定し、「国力ノ維持増強上絶対必要ナル民需最低需要ハ緊急ヲ要スル作戦需要ニ充当スル場合ヲ徐キ優先確保」すること。また潤滑油は南方植物油脂に依存しているため、「石油還送ト綜合調整ヲ図ル」こと。⑤鉄鋼供給計画は、特別船舶による増産分と合わせて「複雑多岐ニ亘ルノミナラス未曾有ノ生産量ニ達スル」ため、臨時鉄鋼増産協議会を中心に原料の開発・取得、設備の利用拡充、配船の能率化を図ること。⑥「戦力増強ノ基底」である食糧の増産のため、肥料等の資材確保、集荷・配給等の諸施策を強化すること。⑦官民を通じて「物資ノ退蔵ヲ警メ迅速ナル回転活用ヲ図」ること。年間供給計画の多くが曖昧となり、状況の推移によって第2四半期以降は大きく見直すことを予定し、民需最低限度に強い配慮を求めていることが1944年度計画の大きな特徴であった。いずれも無理に無理を重ねるものであった。

　配当計画での留意事項は、以下の通りであった。①年間配当基準は、供給力の変動による四半期実施計画の調整をする際に按分する基準に過ぎないこと。②鉄鋼配給では鉄鋼需給調整実施要綱により、出荷管理を厳格化し「超過取得ノ絶無ヲ期スルモノトシ超過取得分ハ翌々月ノ圧延及出荷計画ニ於テ其ノ全量ヲ調整」すること。③「重要現地取得物資」の配当が現地供給力の変動によって変動する場合は、「中央ニ於テ之ヲ決定」すること。こうして配当計画も常に調整が必要であり、軍の超過取得を防ぐために鉄鋼の出荷管理や、満洲等での現地取得の変更等についても軍需省の了解を求めるなど、統制違反に厳しい姿勢を示していた。

海上輸送計画

　4月14日には物動計画の最終案が完成し、海上輸送計画も、船腹量当たりの積載重量に稼航率を掛けて輸送力を算出し、航路別の配分も、表3-52のように策定された。日満支換算でみたC船輸送力は2,616万トン余（航路別の稼航率を考慮した実際輸送力では2,447万トン余）となり、運行機帆船は241万トン余（同279万トン余）となった。C船の第1四半期輸送力は種々の増強策を講

表 3-52　1944年度海上輸送力と地域別配分

(千トン)

				第1四半期	第4四半期	1944年度
輸送力	C船		基本輸送力	5529.5	7315.8	25721.4
		増強策	補炭地整理	10.0	10.0	40.0
			定期船活用	60.0	60.0	240.0
			限定航路	40.0	40.0	160.0
			計	5,639.5	7,425.8	26,161.4
	運航機帆船			361.2	756.1	2,417.7
	北海道機帆船			396.5	1,011.4	2,909.4
	西日本機帆船			3,088.8	1,951.2	10,643.4
	朝鮮機帆船			121.8	136.8	532.2
	関釜・博釜連絡船			69.5	69.5	278.0
	計			9,677.3	11,350.8	42,933.1
航路別配分	C船	甲地域		423.0 (93.8)	655.9 (145.4)	2,300.7 (509.9)
		乙地域		156.0 (34.6)	10.1 (2.2)	653.4 (144.8)
		日満支		4,288.5	5,701.1	20,131.9
		南鮮中継		772.0 (926.4)	1,058.7 (1,270.4)	3,075.4 (3,690.4)
		計		5,639.5 (5,343.3)	7,425.8 (7,119.1)	26,161.4 (24,477.0)
	運航機帆船	日満支		134.1	135.0	544.0
		南鮮中継		227.1 (272.5)	621.1 (745.3)	1,873.6 (2,248.2)
		計		361.2 (406.6)	756.1 (880.3)	2,417.7 (2,792.2)
	北海道機帆船			396.5	1,011.4	2,909.4
	西日本機帆船			3,088.8	1,951.2	10,643.4
	朝鮮機帆船　南鮮中継			121.8	136.8	532.2
	関釜・博釜　南鮮中継			69.5	69.5	278.0

注：北海道機帆船は、北部機帆船運航統制と大手4社の合計。日満支輸送の平均稼航率で算出した輸送力。航路別配分の甲・乙地域、南鮮中継の下欄（　）内は、当該地域の稼航率で換算した実際の輸送力。C船の第4四半期、年度稼航率は第1四半期のものを適用した。

出所：軍需省「昭和十九年度物資動員計画（案）」1944年4月14日前掲『後期物資動員計画資料』第10巻所収、9頁。

じても 563.9 万トン（同 534.3 万トン）となり、実際の輸送計画で見ると、1943年度第 4 四半期の 626.9 万トンよりも 15％も低下した[110]。運航機帆船は増徴の影響がさらに大きく、第 1 四半期は 36.1 万トン（同 40.6 万トン）となり、実際の輸送計画は第 4 四半期の 62.5 万トンより、35％も低落した[111]。このため、44 年度計画からは、内地沿岸輸送にあたる北部機帆船運航統制等の北海道機帆船や西日本機帆船も、石炭・コークスの日満支輸送に動員し、関釜・博釜連絡船や朝鮮機帆船も南鮮中継輸送に動員し、大陸と内地間の海上輸送に利用して、辛うじて物動海上輸送を維持しようとした。その一方で、内地沿岸の輸送物資は鉄道輸送の増強に期待することになった。こうして海上輸送力が算出さ

表 3-53　1944 年度物資動員計画の物資別海上輸送力の配分

	陸海軍徴傭船と連合輸送				民需船			
	A 船	B 船	連合	計	甲地域	乙地域	日満支	南鮮中継
石炭		80.0		80.0			20,478.8	2,406.0
鉄鉱石			280.0	280.0			2,957.0	235.0
銑鋼		40.0		40.0			2,355.0	1,363.0
非鉄金属	280.6	256.8	110.0	647.4	487.0	1.2	2,882.0	394.0
コークス類	36.0			36.0	14.0		1,152.2	49.6
セメント類							31.9	
油類							83.3	
ソーダ類							36.0	
紙パルプ							126.5	
棉花羊毛							47.4	60.0
生ゴム	40.0		10.0	50.0	10.0			
塩							1,254.1	425.0
木材							120.0	
穀類			96.0	96.0		135.0	991.0	1,704.8
砂糖							222.0	
燐鉱石	200.0		40.0	240.0			216.0	
肥料							446.5	375.4
飼料							207.0	
油脂							4.0	
油糧種実	20.0		44.0	64.0			64.6	40.0
その他	53.4			53.4		8.7	644.6	
合計	630.0	376.8	580.0	1,586.8	511.0	145.1	34,219.8	7,052.8

注：2 月 28 日の見通しの日満支輸送は、C 船および運航機帆船による輸送分のみ。本案の石炭とコークス類のコークス類 72 万トン、北部機帆船の石炭 384.3 万トン、コークス類 6.6 万トンを含む。3 月 6 日の見通しに
出所：前掲「昭和十九年度物資動員計画（案）」10 頁、前掲評 3-35、表 3-42。

れ、これにいくつかの物資別需給計画が追加され、若干の修正を経て、4月26日にようやく44年度物資動員計画が閣議決定となった。5月の交通動員計画の策定の際、稼航率の引き上げ等によって、輸送計画が若干積み増されるが、海上輸送力の算定に関しては、これで年度計画と第1四半期計画が確定した。

輸送力の四半期の推移を見ると、貨物船建造計画が尻上がりに拡張され、しかも年度途中の増徴はなく、下期には徴備船の解備があるという想定であった。民需用汽船（C船）の基本輸送力は第1四半期から第4四半期にかけて32.3%増強され、機帆船と合わせたC船全体でも17.3%増加する見込みであった。機帆船建造計画は国内50万総噸、うち貨物船は40万総噸とされ[112]、新規建造分は運航機帆船と北部機帆船に投入された。この結果、運航機帆船は第1四半期から第4四半期にかけて2.09倍に拡充され、北部機帆船は2.55倍になると見込んだ。朝鮮の沿岸輸送を担ってきた朝鮮機帆船による南鮮中継輸送も若干の増強によって前年度の36万トンから53万トン余の輸送を期待した。

地域ないし航路別の輸送力ではC船基本輸送力の8.9%、230万トン（実際輸送量は約51万トン）が甲地域へ、2.5%、65万トン（同14.5万トン）が乙地域の輸送に投入された。乙地域の物資はほぼ全てが穀類であり、第2四半期に集中し、それ以後の乙地域物資の取得は放棄されている。

物資別海上輸送計画

この輸送力をさらに物資別に配分したのが表3-53である。同表の2、3月の見通しとの比較には少し注意が必要であり、2、3月の日満支輸送力の見通しは、民需C船

（1944年4月）

（千トン）

合計	2月28日の見通し	3月6日の見通し
22,964.8	11,197.5	10,219.0
3,472.0	3,099.0	3,459.0
3,758.0	3,677.1	3,757.9
4,411.5	3,132.0	4,397.8
1,151.8	263.5	348.7
31.9	31.9	31.9
83.3	57.0	83.3
36.0	5.0	36.0
126.5	177.5	123.5
107.4	47.4	107.4
60.0		60.0
1,679.1	1,391.8	1,679.1
120.0	100.0	120.0
2,926.8	2,479.7	2,859.7
222.0	84.0	222.0
456.0	216.0	456.0
821.9	670.9	814.0
207.0	141.7	209.0
4.0	4.6	4.6
168.6	105.0	168.0
706.9	36.8	143.8
43,515.4	27,219.4	29,300.7

輸送力には西日本機帆船の石炭991.4万トン、は陸海軍徴備船とABC連合輸送を含む。

と運航機帆船による大陸との輸送のみである。4月最終案の石炭とコークスの輸送には注記のように西日本機帆船と北部機帆船による国内輸送の分が含まれ、大陸からの輸送分は石炭1,020.7万トン、コークス36.6万トンであるから、実際には2、3、4月案ともほぼ同じ規模である。民需船に関しては日満支輸送と南鮮中継輸送の比重が圧倒的となった。甲地域からの輸送はほとんどが非鉄金属原料であり、乙地域は従来通り穀物類が中心であった。陸海軍の輸送協力に

表3-54　1944年度陸海軍徴傭船による物動輸送支援と連合輸送計画（1944年4月）

（千トン）

			第1四半期				年度			
			A船	B船	連合	計	A船	B船	連合	計
甲地域	非鉄	クローム鉱	9.5		15.5	25.0	38.0		62.0	100.0
		銅鉱	15.0		10.0	25.0	60.0		40.0	100.0
		タングステン鉱	1.2			1.2	4.6			4.6
		錫	3.3			3.3	13.0			13.0
		アンチモン鉱	0.25			0.25	1.0			1.0
		鉛鉱	3.0			3.0	12.0			12.0
		ニッケル鉱		3.5		3.5		14.0		14.0
		ニッケルマット		2.2		2.2		8.8		8.8
		ボーキサイト	33.0	36.0		69.0	132.0	114.0		246.0
		マンガン鉱	5.0		2.0	7.0	20.0		8.0	28.0
		小計	70.3	41.7	27.5	139.5	280.6	136.8	110.0	527.4
		ピッチコークス	9.0			9.0	36.0			36.0
		コプラ	5.0		11.0	16.0	20.0		44.0	64.0
		生ゴム	10.0		2.5	12.5	40.0		10.0	50.0
		カッチ	2.6			2.6	10.2			10.2
		牛皮	1.5			1.5	6.0			6.0
		キナヒ	0.25			0.25	1.0			1.0
		キニーネ	0.03			0.03	0.12			0.12
		ダマルコパル	0.3			0.3	1.1			1.10
		ラテックス	1.3			1.3	5.0			5.0
		マニラ麻	7.5			7.5	30.0			30.0
		計	107.7	41.7	41.0	190.4	430.0	136.8	164.0	730.8
日満支		石炭		20.0		20.0		80.0		80.0
		鉄鉱石			70.0	70.0			280.0	280.0
		銑鋼		10.0		10.0		40.0		40.0
		非鉄		30.0		30.0		120.0		120.0
		穀類			24.0	24.0			96.0	96.0
		燐鉱石	50.0		10.0	60.0	200.0		40.0	240.0
		計	50.0	60.0	104.0	214.0	200.0	240.0	416.0	856.0
		合計	157.7	101.7	145.0	404.4	630.0	376.8	580.0	1,586.8

出所：前掲「昭和十九年度物資動員計画（案）」14頁。

第3章　太平洋戦争末期の総動員体制（1944年度）　601

ついては、既に前年度から鉄鉱石、非鉄金属、燐鉱石、油糧種実に絞られ、1944年度も同様であった。C船の往航時に軍需物資を輸送する連合輸送を実施し、その分徴傭船の物動輸送協力を増強しようというのが年度当初計画の特色であるが、徴傭AB船による物動物資の輸送計画は前年よりも大幅に落ち込んでいる。

陸海軍徴傭船とABC連合輸送の詳細を見たのが表3-54である。輸送物資158トン余の半分は甲地域からの物資で、従来より依存度の高いクローム、タングステン鉱、ニッケル等の特殊鋼原料、ボーキサイト、非鉄金属原料のほか、南方固有の重要植物原料であった。陸軍軍政地域に比べて海軍所管地域の対日期待物資が少ないのも従来通りであるが、前年度当初135.8万トンを見込んだ陸軍徴傭船による対日輸送は43万トンにまで激減し、大量に徴傭船を喪失した海軍も、前年当初計画の24.3万トンから13.6万トンになり、往航時に軍需物資を輸送するC船による連合輸送が16.4万トン分をカバーしていた。

3　供給計画

外地依存を外した供給計画

重要物資の多くで南方甲・乙地域への依存を減らし、満洲、中国占領地域の増産や輸送も困難となって、物動供給計画は内地での増産に多くを依存することになった。表3-55は主要物資の供給計画の4月の最終案であるが、従来の供給計画に対して不確定要素を多く含むため、「年度」の計画に関しては「供給力見透」と表記されている。項目は鉄鋼を細分化する一方で、鉱石類の供給計画は鉄鋼・非鉄金属の供給計画の欄外に注記するにとどめられた。いくつかの物資の需給計画が追加されたものの、計画の記述は大幅に整理、簡素化された。

重点物資以外の供給計画が不明であるため、計画説明資料から主要物資の供給見通しを前年度と比較した表3-56も掲げて、物資ごとの1944年度供給計画の特徴を見ておこう。既述のように鉄鋼・銑鉄関係の供給力計画[113]には比較的確実な計画に加えて、特別船による原料輸送や内地、朝鮮での鉱石増産、鉄源の拡張、小型溶鉱炉の稼働率上昇など、不確かな特別措置が上乗せされ、銑鉄供給は570.6トンとなっている。鋼材について見ると、「基準供給量」は配

表 3-55　1944年度物資動員計

			国内生産			回収	在庫
			内地	その他	計		
第一	普通鋼鋼材	千トン	4,267	119	4,386	100	
	普通鋼一般	千トン	2,161	28	2,189	100	
	普通鋼厚板	千トン	1,729	91	1,820		
	普通鋼鋼管	千トン	377		377		
	普通鋼鍛鋼	千トン	230	4	234		
	普通鋼鋳鋼	千トン	320	19	339		
	普通銑	千トン	3,843	856	4,699		
	特殊鋼鋼材	千トン	1,080	20	1,100		
	鉄鉱石	千トン					
第二	銅	トン	107,900	1,200	109,100	12,600	
	鉛	トン	39,000	6,000	45,000	10,400	
	亜鉛	トン	69,000	11,000	80,000	2,000	
	アルミニウム	トン	134,400	50,700	185,100	5,500	
第三	紡績用棉花	千担		489	489	700	
	羊毛	俵	4,780	781	5,561		13,000
	人絹用パルプ	英トン	89,000	8,920	97,920		
	マニラ麻	トン					
	生ゴム	トン					
第四	石炭	千トン	60,990	1,395	62,385		
第五	工業塩	トン		160,000	160,000	30,000	

注：石炭の供給には朝鮮への移出分62万トンを含む、内地供給は6,535.1万トン。
出所：前掲「昭和十九年度物資動員計画（案）」25〜34頁、企画院「昭和十八年度物資動員計画及各四半期実年度物資動員計画及各四半期実施計画（供給力計画）」1942年4月20日前掲『開戦期物資動員計画資料』

船基準に基づく鉄鉱石、石炭供給見通しや既定の屑鉄回収計画から見込まれる国内生産392.1万トンに、陸軍の現地取得6万トンと造船用ボイラーチューブ0.4万トンの輸入による398.5万トンに過ぎなかった。これに特別増産36.5万トン、特別船舶による鉄鋼増産分20万トンを加えて、44年度鉄鋼供給量は455万トンとなっている。

この特別船舶による20万トンの増産は次のような仕組みであった。本来の建造計画190万総噸を超えて建造される船舶を物動輸送力から切り離して特別船舶とし、物動計画の外側で輸送した鉄鋼原料による鉄鋼生産は64万トンと見込んだ。ここから物動計画で配当された造船用鋼材127万トンと、255万総噸の建造に必要な174万トンとの差の44万トン分は「雪達磨式」造船用に回

画供給見通し（1944年4月）

円域輸入		甲地域	乙地域	合計	1943年度供給計画	1942年度供給計画
満関	その他					
64				4,550	4,200	5,054
60				2,349		
				1,820	内訳不明	
4				381		
				234	200	263
				339	220	255
598	409			5,706	5,062	5,668
				1,100	430	403
					12,096	11,828
				121,700	114,668	119,604
				55,400	59,061	80,330
				82,000	80,875	81,139
6,300				196,900	152,050	129,110
	1,600			2,789	3,843	4,199
1,470				20,031	40,792	181,000
				97,920	115,000	210,000
		25,000		25,000	73,500	85,191
		63,000	1,000	64,000	103,330	121,470
720	2,866			65,971	92,217	99,116
404,760	439,400			1,034,160	871,200	1,113,518

施計画（供給力計画）」1943年4月15日前掲『後期物資動員計画資料』第2巻所収、企画院「昭和十七第7巻所収。

し、残りの20万トンが物動計画の追加分になるというものであった。同表からは1943年度に対して35万トンの増強のようにとれるが、確実に見込めるのは基準供給量の398.5万トンだけであり、需給計画を成立させるために特別増産や特別船による増産分が上乗せしていた。後述のように配当計画は、特別船舶によって増産された特別船建造用の鋼材44万トンを加えて499.5万トンとなっている。しかし、「基準供給量」398.5万トンを超える分は、いずれも「既定計画以上」の供給の仕組みが働くことに期待したものであった。

鉄鋼増産措置の問題点

　前章で見たように、1943年度計画の立案の際も、非常特別回収、小型溶鉱

表 3-56　1944 年度重要物動物資供給力対前年度比較

		1943 年度	1944 年度			1943 年度	1944 年度
普通鋼鋼材	千トン	5,117	4,990	ス・フ	千 lb	135,880	116,200
普通鋼鍛鋼	千トン	200	234	生糸	担		175,800
普通鋼鋳鋼	千トン	220	339	絹短繊維	千 lb		20,000
普通銑	千トン	5,062	6,068	亜麻	トン	21,200	25,880
低燐銑	千トン	270	345	苧麻	トン	8,236	9,240
特殊鋼	千トン	430	1,100	大麻	トン	18,580	19,000
電気銅	トン	115,668	121,700	黄麻	トン	17,770	18,060
屑銅	トン	49,600	38,400	マニラ麻	トン	73,500	25,000
鉛	トン	61,061	55,400	牛皮	トン	25,036	20,508
亜鉛	トン	80,875	82,000	生ゴム	トン	103,330	64,000
錫	トン	19,240	19,600	木材	千石	89,677	105,217
アンチモン	トン	1,050	995	石炭	千トン	65,430	65,351
水銀	kg	866,827	300,000	食料塩	千トン	1,846	1,735
石綿	トン	9,825	15,471	工業塩	千トン	871	1,004
雲母	トン	250	460	ソーダ灰	トン	294,350	336,600
アルミニウム	トン	153,050	196,900	苛性ソーダ	トン	256,800	255,000
ピッチコークス	トン	163,300	195,670	濃硝酸	トン	148,000	137,000
ピッチ	トン	249,700	368,000	セメント	トン	6,059	5,239
マグネシウム	トン	5,510	11,000	純ベンゾール	トン	38,850	43,410
紡績用棉花	千担	3,843	2,789	カーバイト	トン	510,000	444,400
製綿用棉花	千炭	330	230	メタノール	トン	34,200	36,670
羊毛	俵	61,792	20,031	植物油脂原料	トン	456,100	229,550
人絹パルプ	英トン	115,000	97,920	植物油脂	トン	257,982	230,618
人造絹糸	千 lb	45,320	25,200	硫安	千トン	1,510	1,403

出所：軍需省「昭和十九年度物動計画ニ対スル説明資料」1944 年 4 月 18 日前掲『後期物資動員計画資料』第 10 巻所収、63～65 頁。

炉増産分、南方での木炭利用製鉄など実現困難な鋼材 91.7 万トン分を基本計画に加え、辛うじて配当計画を 511.7 万トンとする需給計画を成り立たせていた。44 年度はさらに多くの無理な設定をしていた。特別増産 36.5 万トンの内訳を見ておこう。①既配当鋼材の転活用 10 万トンは、在庫品の再配当なので実質的な供給増ではない。これに加えて第 1 四半期には、②陸海軍からの既定屑回収計画 4 万トンに上乗せした 8.5 万トンの屑鋼、さらに既定の特殊鋼屑回収計画を上回る航空機部門からの特殊鋼屑回収 3 万トン等から生産される鋼材 7.5 万トンを予定した。第 2 四半期以降では、③民間からの既定の非常回収計画の熔解用 18 万トンのほかに、追加回収する 5 万トン、④小型溶鉱炉の既定生産計画（台湾 3.4 万トン、朝鮮 17.6 万トン、陸軍独自の 9 万トン、北支 33.9 万ト

ン）を超えて生産される銑鉄10万トン、⑤既定計画を超える航空部門からの特殊鋼屑回収9万トン等の鋼材原料合計24万トンから生産される19万トンを見込み、これを特別増産とした。いずれも既定計画を超えた「努力目標」というべきものであった。

こうした種々の対策によって、普通鋼鋼材の配当量は1942年度の505.4万トン、43年度の511.7万トンに対して44年度は499.5万トンとなり、対前年度では2.4％の減少にとどめている。しかし輸送力と原料供給から通常の方法で算出される確実な国内生産見通しは、前年度の412.2万トンから392.1万トンへと、4.9％の減少であり、前年度同様、確実な見込みに加えて、需給バランス上、組み込まざるをえなくなった特別措置に大きく依存することになった。

銑鉄も対前年度で大幅な増加を見込んでいるが、既に見たように特別船による増産、多様な鉄源の投入による増産と、蒙疆・北中支、朝鮮、台湾での小型溶鉱炉60.5万トン（特別増産10万トンを含む）に期待したもので、この増産計画にも多くの不確かな要素が含まれていた。

非鉄金属等の増産措置

非鉄金属類も鉄鋼生産見通しと同様に鉱石増産措置に期待しているが、一方で屑銅などは回収見通しや在庫取り崩しが見込めなくなっていた。

銅の供給も内地・朝鮮生産、回収とも増強し、前年度比7,032トンの増加を見込んでいたものの、内地生産10万7,900トンのうち1,700トンについては、これまでに見られない「努力目標」という表現が使われ、フィリピン鉱石の「日本到着確保ヲ要ス」というように実現性に疑問のある見通しを含むなど、需要を削りきれずに供給計画を嵩上げしたことを窺わせる。原料の屑銅は前年の4万9,600トンに対して、3万8,400トンにとどまった。新たに蒙疆・北中支からの6,400トンを加えても、回収が2割減の2万4,000トン、在庫は6割減の8,000トンとなったことが響いた[114]。鉛5万5,400トンは朝鮮での増産1,000トンを見込んでも対前年度6％減となり、その朝鮮の増産分ですら所要資材は軍需分からの支援という「特段ノ措置」が必要であった。また国内製錬計画の実現には「ビルマ鉱ノ日本到着確保ヲ要」した。亜鉛の8万2,000トンについても、朝鮮鉱山の増産による内地製錬2,000トン、朝鮮1,000トンの増

産計画は、所要資材の捻出について、陸海軍からの「支援其ノ他特段ノ措置」が必要であった。いずれも計画の達成には国内鉱石の相当の増産も必要であった。

アルミニウムについては、ボーキサイト原料の確保に不安があったものの、最大限の輸送努力によって増産を目指した。回収計画 5,500 トンの内訳は一般屑から 4,500 トン、回収貨幣からは 1,000 トンを予定した。製錬用電極原料のピッチコークス、ピッチは国内の増産と関満からの輸入増に期待していた。

棉花は北中支からの輸入減、羊毛は在庫涸渇によって縮小した。人造繊維類は工業塩の配給をアルミニウムに傾斜したしわ寄せを受け、軒並み減少することになった。麻類は上述のようにマニラ麻が大幅に縮小した一方で、国内の増産や満関、中支等からの輸入増を期待して、若干の増額を見込んだ。

紡績用棉花は、開戦以来在庫を取り崩しながら供給量を減らし、北・中支へ依存を高めていたが、160万担のうち21.5万担は調整用に「配当保留」としていた。また人絹・スフ原料の人絹パルプの供給見込みも第1四半期配炭量の4倍を基準に算定したものの、第2四半期以降は調整が必要になると見られていた。マニラ麻の縮小分は強度が著しく落ちるものの、国内、満蒙、北中支の麻類の増産で一部をカバーしようとしているが、大陸での麻類の集荷、輸送が不調であることは前年度計画の実績でも指摘されていた。このため亜麻、苧麻、大麻の国内での増産奨励を継続した。

南方資源の生ゴム、植物油脂類は配船が確保できず大幅な縮小となった。セメントの減少は石炭の逼迫が影響していた。

石炭供給の増強措置

次いで石炭の供給計画を見ていこう。輸送手段別に見た地域間輸送計画は、表 3-57 の通りである。汽船輸送は北海道炭と北支炭の東部地区向け輸送の主な手段であった。年間輸送力は 867.9 万トンであったが、255 万総噸という大量の船舶建造計画や、第 3 四半期には徴傭船の解傭も予定することで、第 1 四半期の 169.4 万トンから第 3 四半期に 275.7 万トンにまで増強されることを見込んでいた。これに加えて北部機帆船が東部地区に 269.3 万トン輸送することで補強していた。運航機帆船・汽船等による南鮮中継は満洲・北支炭を朝鮮、

表 3-57　1944 年度輸送手段別配炭計画（1944 年 4 月）

（千トン）

		東部	西部	九州	朝鮮	計
汽船	北海道炭	4,464	230			4,694
	九州炭		620			620
	朝鮮炭	390	20			410
	樺太炭	595				595
	北支炭	1,213	740	407		2,360
	計	6,662	1,610	407		8,679
南鮮中継	満洲炭		480	240	240	960
	北支炭		296	210	950	1,456
	計		776	450	1,190	2,416
西日本機帆船	九州炭	228	5,674	1,790	620	8,312
	宇部炭	12	1,630			1,642
	朝鮮炭	150	240			390
	計	390	7,544	1,790	620	10,344
北部機帆船	北海道炭	2,693				*2,843
帆・曳船	九州炭		1,158	342		1,500
	宇部炭		540			540
	計		1,698	342		2,040
関門隧道	九州炭	2,450	4,050			6,500
青函航送	北海道炭	2,000				2,000

注：＊北部機帆船の合計には樺太への輸送 15 万トンを含む。
出所：前掲「昭和十九年度物資動員計画（案）」17～18 頁。

西部・九州地区に 241.6 万トン輸送する計画であった。西日本機帆船は主に九州・宇部炭の西部・九州地区の輸送 1,034.4 万トンの輸送を担った。これに帆船・曳船も西部地区への輸送の一部を担っていた。関門トンネルは九州炭の西部・東部地区への鉄道輸送の根幹として 650 万トンを輸送し、青函連絡航路の貨車航送船も第 1 四半期の 32.5 万トンから第 4 四半期には 62.5 万トンまで増強される見込みであった[115]。地域間の生産、輸移入、内地間移動を見た表 3-58 からは北海道炭と朝鮮・樺太炭が東部地区のエネルギーを担い、九州炭と北支炭が西部地区のエネルギーを支えたことがわかる。長距離輸送が欠かせないという輸送問題は依然として深刻であったが、船舶の大量建造や徴傭船舶の解傭によって、下期以降に石炭輸送を増加させることを見込んだ。この結果、

表 3-58　1944 年度石炭地域間需給計画（1944 年 4 月）

(千トン)

		北海道	東部	西部	九州	計
国内生産		17,300	4,940	4,900	33,850	60,990
移入	朝鮮		540	260		800
	樺太		595			595
	計		1,135	260		1,395
輸入	満洲			480	240	720
	北支			1,036	617	2,866
	計			1,516	857	3,586
供給計		17,300	7,288	6,676	34,087	*65,351
内地間移動	北海道炭	-9,387	9,157	230		
	九州炭		2,678	11,502	-14,180	
	宇部炭		212	-212		
域内配当		7,913	19,335	18,196	19,907	65,351
前年度末貯炭		1,800	150	190	1,410	3,550
本年度末貯炭		1,045	90	90	1,232	2,457
物動手持ち		400	1,400	736	1,900	4,430
配炭可能量		8,268	17,995	17,566	18,185	62,014

注：＊供給の合計には、国内生産、輸移入の合計から朝鮮への九州炭の移出分 62 万トンを差し引いてある。
出所：前掲「昭和十九年度物資動員計画（案）」19 頁。

内地配炭は前掲表 3-2 の 1943 年 8 月の物動計画大綱の 6,328 万トンや 1943 年度の当初計画 6,333 万トンの 98％に当たる 6,201.4 万トンを確保し、辛うじて日本経済が維持できると見込んでいた。しかし、上期には深刻な影響が出ることが予想されていた。

　こうして、下期からの生産回復に期待して、1944 年度供給計画が決定されたが、なお鉄鋼生産計画については積み増しが可能であるか、検討作業が続けられた。物動最終案が策定された 4 月 14 日付の軍需省鉄鋼局製鉄課、総動員局動員部、鉄鋼統制会三者による、鉄鋼基本計画の検討記録がある。これは 43 年末の第 2 次物動計画大綱の鋼材生産目標 489 万トンの可能性を改めて探ろうというものであった。しかし、検討の中で、①平炉能力が不足しており、従来の計画全部を進めること、②内地鉱石目標 450 万トンは 10％減の見込みであること、③鉄鉱石の海送基準 345.9 万トンを 691.5 万トンに引き上げるこ

第3章　太平洋戦争末期の総動員体制（1944年度）　609

と、④石炭基準1,450万トンを1,744万トンにすること、⑤銑鋼輸送基準の375.8万トンを408.1万トンにすること、⑥副原料のマンガン鉱輸送を現行の8.4万トンを26.1万トン（うち南方から13.3万トン）にすること、⑦炉材物資基準を11.26万トンから24.41万トンにすること、⑧鉄源としての鉄屑非常回収18万トンを23万トンに、陸海軍供出4万トンを12.5万トンに、特殊鋼屑14.3万トンを23.3万トンに、小型溶鉱炉銑51.5万トンを61.5万トンに増強することといった基礎的条件の大幅な変更が必要であることが指摘された。これ以外にも重油、製鋼機械用資材の確保、平炉・電気炉建設工事の促進、電力制限の撤廃、発生炉炭6,500kcal水準の維持などが求められた。結局、この検討は、今回の大量船舶増徴を実施する以前の輸送力、あるいはそれ以上の輸送力や生産条件がなければ、計画達成が不可能であることを確認するだけのものだった[116]。

4　配当計画（基準）

配当区分の再編

　1944年度物資動員計画では「配当計画」という表記は避けられ、「配当基準」という用語で年間の需給見通しを示した。それだけ年間計画としては不確実であることを示していた。表3-59のように、配当計画は軍需が細分化され、軍需省設置に伴い航空兵器総局所管の航空機用資材は、前年度までの陸海軍ごとの「移管航空機」が新たな区分Dに統合された。このほか、鉄鋼配分については燃料確保用、対潜水艦海上護衛艦艇用、軍事施設防空用が別記され、陸軍一般、海軍一般から分離された。策定方針で見たように、陸運増強用の資材も各種民需（C_1〜C_5）から分離され、鉄道、自動車、軽車両等の「車両用」（満洲分、国内製作の中国占領地分、官需分を一括）と、荷役、港湾関係の「施設用」を合わせてC_Xとして区分した。また生産拡充用C_2、官需C_3、一般民需C_5に含まれていた民間の防空施設用は一括してC_Zとして分離した。

　このため、配当計画は1943年度と連続していない部分があるが、鋼材配分を中心に43年度計画からの推移を見ておこう。鉄鋼配分量は「雪達磨式」造船による増産分があるためやや複雑である。まず固有の輸送計画を基礎にした455万トンがある。ここからの造船用鋼材127万トンによって、固有の190万

表 3-59　1944 年度物資動員計画配当計画（1944 年

		普通鋼	普通銑	特殊鋼	電気銅	鉛	亜鉛
供給力		4,995,000	6,023,000	1,100,000	121,700	55,400	82,000
軍需	陸軍一般 A 海軍一般 B	830,000	450,000	990,000	77,000	43,020	62,800
	軍需省 D	450,000					
	燃料	330,000					
	対潜護衛艦艇	160,000					
	防空	50,000					
	造船 B_x	1)1,710,000	220,000	22,000	21,000		
	計	3,530,000	670,000	1,012,000	98,000		
民需	陸運増強 C_x	330,000	51,000	19,600	2,525	1,610	800
	乙造船	100,000	54,000	800	1,100	417	600
	生産拡充 C_2	661,000	400,000	60,000	9,800	8,130	8,340
	官需 C_3	29,000	6,700	680	900	855	650
	輸出 C_4 満洲	2)38,000	18,000	1,970	3,600	600	1,000
	支那	15,000	2,500	530	900	280	290
	南方	1,000	500	40	30	10	20
	南方開発 C_y	5,000	1,000	80	45	8	30
	一般民需 C_5	180,000	50,000	4,000	2,100	3,400	6,600
	民間防空 C_z	45,000	9,000	300	1,500	600	320
	調整用保留	61,000	9,300		1,200	500	550
	計	1,465,000	602,000	88,000	23,700	16,410	19,200
生産用原料 C_6			4,751,000				

注：1）普通鋼鋼材の造船用配当は物動計画固有の127万トンに、雪達磨造船で建造された特別船による増産分44
　　2）満洲向け普通鋼には日満交換鋼材によって取得する5,000トンを含む。普通銑鉄には特別船による増産分、セメントの調整用保留60.2万トンのうち40万トンは1943年度発券済み割当のうち未出荷分の処理用。
出所：前掲「昭和十九年度物資動員計画（案）」42〜49頁。

総噸の建造計画が立てられたが、これを超えて、「雪達磨式」造船による65万総噸の追加建造計画があり、この船舶による鉱石輸送によって物動供給計画外で鋼材44万トンを増産する計画があった。さらに満洲国での交換鋼材5,000トンがあることで、鋼材配当総量は499.5万トンとなった。既に見たように、この配当量は船舶255万総噸の建造計画を前提に無理を重ねた計画であった。造船用 B_x を含む鋼材の軍需配当は、43年度の311万トンから353万トンに増強され、軍需比率は70.7％にも達する事態となり、軍需省航空兵器総局の配当枠も9％を占めた。ただし、軍需の多くは総動員諸計画の根幹となる汽船建造

用 Bx であった。民需枠に入っている乙造船と合わせると、鋼材配当の36.2％が海上輸送力の増強用となった。さらに護衛艦艇用鋼材16万トン（3.2％）を確保するなど、海上輸送力の維持だけで4割を消費する計画になった。一方、Bxを除いた軍需は前年度の210万トンから182万トンとなり、決戦段階の戦争継続を叫びつつも軍備増強に向ける資材まで削減されていた。

4月）

（セメントは千トン、それ以外はトン）

アルミニウム	生ゴム	セメント
196,901	64,000	5,239
	16,954	
	12,904	
177,200	18,840	2,077
1,200		373
178,400	48,698	2,450
2,446	550	358
200	100	1,120
9,700	2,220	
820	900	123
178	1,700	
286	900	25
9	100	
10	40	
2,800	7,392	451
197	1,400	110
1,854		602
18,500	15,302	2,789

万トンを加えたもの。
古銑15トン、軍の現地取得4.5万トンを含む。セ

また、取得区分と配当が直接リンクしていたのは、従来陸軍が満洲で現地取得する分だけであったが、1944年度計画では、陸軍の満洲国での現地取得鋼材6万トン以外にも、軍からの供出屑を原料とした鋼材14.6万トンについては、このうち13.52万トンを軍需用とし、原料取得事情を配給にリンクさせ、屑の供出における軍の責任を明確にしている。特別船舶による64万トンの鋼材増産分についても、このうち44万トンを造船用、11万トンを軍需、9万トンを民需とした。転活用鋼材10万トンも5.5万トンを軍需、4.5万トンを民需とした。こうして確保が不確かな「水増し」分を軍需中心に配分して、確実性の高い配当計画と、不確実な追加配分を分離した。これは確実性の高い配分計画に事後的に軍需が割り込むのを回避するための措置とも見ることができる。

鋼材配当計画

　生産拡充用資材の配当を見ると、鋼材は1943年度当初計画の99.8万トンか

ら66.1万トンへ激減し、特殊鋼は7.1万トンから6万トンとなった。しかし、銑鉄は37.6万トンから40万トンへと増加し、機械部品工業が鋳物用銑鉄の入手難から軒並み停滞し始めた事態の回復に努めようとしていることがわかる。非鉄金属類の配当量は国内鉱石の増産を前提に概ね前年度並を維持した。

官需の鋼材配当は1943年度計画で16万9,548トンのうち8万6,580トンを占めた鉄道省枠がC_xとして分離されて33万トンに拡充されている。その他の官需は、後述のように概ね大幅削減となった。乙造船（木造船）用鋼材は、43年度はC_5の中で5万3,160トンであったが、10万トンに増強された。

輸出用C_4は満洲向けが1943年度の4.9万トンから3.8万トンへ、中国占領地（国民政府）向けは6.5万トンから1.5万トンへ、南方開発用C_yは17万トンから輸出用を合わせても6,000トンに激減し、占領地開発計画は遠のいた。民間施設の防空用C_zは3.1万トンから4.5万トンに増強され、空襲への対応が本格化し始めていた。一般民需C_5の比較は難しいが、43年度の43.2万トンから18万トンへと激減した。43年度のC_5から、防空用、木造船造修用を除くと34.8万トンであるから、その他の民需はおよそ48％減とみることができる。

こうしたことから民需、特に生産拡充部門の絞り込みには、相当な問題があったとみられ、普通鋼鍛鋼・鋳鋼の備考欄には、その「不足量ニ付テハ別途調整ヲ要ス」と注記されていた。生産拡充用配当に関する同様の注記は、電気銅、鉛の配当計画にも見られ、生産拡充計画の年間見通しが立てられず、大きな不安を抱えていた。

なお供給計画と同様に、配当計画でも項目が整理され、紡績用棉花、マニラ麻などは配給計画が策定されず、物動計画が直接カバーする範囲は縮小した。一方で石炭やソーダといった用途が多岐にわたる重要物資については、後述のように別途詳細な需要別配当計画を策定している。

1942年度以来の官需C_3の鋼材配当推移は、表3-60の通りである。44年度は陸運増強用資材33万トンがC_xとして新設され、官需から内地、朝鮮、台湾の官営鉄道や港湾事業が分離、増強されているので、前年度との全体比較はできない。また農林、商工、逓信、鉄道の各省が前年11月に再編され、農商省、軍需省、運輸通信省となったことから、その比較も難しいが、再編のなかったその他各省の激減からみて、輸送関連以外の事業が大幅に縮小されたこと

表 3-60　1942～44 年度官需普通鋼鋼材配当推移

(トン)

	1942 年度	1943 年度	1944 年度
宮内省	3,305	2,940	2,100
外務省	216	15	6
内務省	5,674	4,109	1,443
大蔵省	8,945	6,947	2,990
司法省	320	313	120
文部省	1,294	1,034	1,250
農林・農商省	2,177	2,458	3,875
商工・軍需省	1,588	1,088	900
逓信省	6,700	4,724	9,670
鉄道省	106,878	86,580	
厚生省	1,615	1,119	610
大東亜省	4	50	20
朝鮮	35,943	47,980	2,470
台湾	10,240	7,310	2,390
樺太	3,763	1,205	545
南洋	126	157	0
その他	0	1,519	611
計	188,788	169,548	29,000

注：農林省配当は 44 年度から農商省配当となり農林省分に商工省の食料、生活用品など一般民需部門配当が統合されている。通信省、鉄道省への配当は 44 年度から運輸通信省配当。

出所：「昭和十八年度物資動員計画官需ニ就テ」前掲『後期物資動員計画資料』第 2 巻所収、340 頁、軍需省「昭和十九年度物資動員計画 C3 年間配当基準」1944 年 6 月 2 日前掲『後期物資動員計画資料』第 10 巻所収、94 頁。

は容易に判断できる。

鋼材配当計画の問題性

　以下、やや長くなるが、1944 年度計画によってもたらされる問題点について、3 月 25 日の大本営政府連絡会議での軍需省の説明を見ておこう[117]。その問題の多くは、255 万総噸の船舶建造計画を基に 44 年度下期になれば戦略物資の全般的回復が見込まれるとし、第 1 四半期に徹底して軍需に特化した計画を組んだことに起因していた。第 2 四半期以降の不確実さは最初から織り込まれていた。

　まず、極度に船舶に重点化した鉄鋼の配当から見よう。甲造船の 255 万総噸

計画は、所要鋼材が170万トンであるにもかかわらず物動計画の本体では127万トンしか配当していない。このため、物動計画に織り込んである建造量190万総噸を越えて建造された船腹は、全て鉄鋼増産用に振り向け、既定製鉄計画を越えて生産された鉄鋼は、あらかじめ一般配給計画に組み込んでいた20万トンを除いて、全て造船部門へ集中投入することになっていた。したがって仮に255万総噸計画が順調に進んでも、造船以外の産業へ輸送力が追加供給されるのは、相当に遅れる計画であった。

　海運力の不足を補う港湾整備、車両の増強用として、新たに官需や一般民需から分離された陸運増強用 C_x への配給も重視されていた。しかし、1944年度の最低所要量としていた前述の鋼材配当45万トン案は実現せず、33万トンとなった。その結果、東北本線、山陽本線の増強は一部の計画にとどまり、鉄鉱石・非鉄金属鉱石の輸送に要する支線の増強は、「殆ント不可能」になった。また2月25日閣議決定の決戦非常措置要綱は、旅行を徹底的に制限して機関車を捻出し、貨車生産に集中するとしたが、増産は200〜300両に過ぎず、「計画輸送量ノ完遂ハ至難」であった。「朝鮮、北支等ニ於テハ更ニ急迫ノ度甚シク現状ヲ以テセハ南鮮中継輸送力或ハ鉄鋼、軽金属、石炭等ノ地場生産輸送ノ二者中何レカヲ犠牲ニ供スルノ外ナク、之カ匡救ニ付テハ満洲国ノ絶大ナル援助ニ期待スル」と、満洲国からの貨車・レール等の移設を求めていた。

　木造船については、10万トン（内地8万トン）の鋼材をもって、貨物船40万総噸、油槽船5万総噸、その他5万総噸の50万総噸を建造する計画であった。しかし、それは行政査察後に実施される支援策によって、1943年度第4四半期中に「相当ノ現物資材ヲ入手」することを想定した不確実なものであった。それでも、運輸通信省船舶局は、前章で見たように、①43年度末時点で工事中の32万総噸を8月頃までに完成すること、②設備能力は年産77万総噸から6月頃までに100万総噸に拡充すること、③焼玉機関の生産能力も40万馬力とし、1総噸当たり0.8馬力とすることで、木造船の45万総噸分程度の機関を装備しようとした[118]。

　生産拡充計画では、石炭、鉄鉱石、非鉄金属鉱石など、国内地下資源の増産に「重点ヲ集中」し、目標達成の最少必要量の資材を配当した。しかし、その他の「拡充ハ全面的ニ之ヲ停止シテ尚修理及運転資材ニ不足スル状態」であっ

た。このため超重点部門以外は、1943年度以上に「相当ノ減産ヲ来ス虞」があった。また2月の「戦力増強非常措置ニヨル特配資材ニ付テハ其ノ大半カ未タ現物化シ得ナイ状態テアリマスカ之カ資材ハ来年度供給力ノ基礎ヲ為シテ居リマスノテ至急対策ヲ講スルノ要アル」と指摘され、配当予備分や流通在庫等を動員した特別配当も機能しなくなっていた。

官需は前述のように鉄道配当を C_x に分離した上で、1月策定の概略案の鋼材配当4.4万トンを大幅に削って2.9万トンになった。この結果、「今ヤ殆ント全部カ軍ニ関スル附帯施設、重要物資ノ生産用緊急要員ノ養成技術研究等テ構成」されることになった。

一般民需配当は連年の圧縮の結果、1940年の80万トン程度から43年度には20万トンとなっていた。44年度には食糧増産、木材増伐か、軍需・生産拡充関係に照応するもの以外は、全ての新規事業を不許可にしても、最低27万トンを必要としていた。これを18万トンまで削減した結果、食糧、木材の増産を含め一切の新規事業は停止され、「包装用及運転用需要ノ最小限度ヲ充足スレハ補修需要ノ一小部分ノミヲ充足シ得ルニ止ル状態」であった。一般民需には国民生活以外にも種々のインフラストラクチャ、労務者用住宅用の鋼材が必要であった。重要工場に資材、部品を供給し、加工作業を担う協力・専属工場の維持なども重要であった。したがって「斯ル配当テハ到底今後ノ持久ハ期待シ得サルノミナラス軍需及生産拡充方面ニ対スル悪循環ヲ避ケ難イト」していた。特に第1四半期配当の3万トン余という状況は、第2四半期以降の「相当ノ増配」が必要であり、「最モ窮迫セル期間ヲ強行突破」しようという特殊事態であると説明した。一般民需用鋼材には従来規格外の屑物が「物動外トシテ相当供給」されていたが、「最近ハ之等モ全部統制」された結果、このまま一般民需用鋼材を極端に圧縮すれば、「軍需及生産拡充方面ノ資材カ闇値ニヨリ横流レスル虞」があり、混乱が拡大することを指摘していた。

こうした中で、防空用の鋼材配当 C_z は対前年度5割増とし、重要工場、鉄道、通信の防衛を強化した。しかし、一般施設の防空対策は「消防ヲ主眼トシ一部救護施設ヲ整備スル方針」にとどまった。また配当の大部分は上期に集中する方針であったが、第1四半期は年度配当の4分の1に過ぎず、重要工場の防空施設の一部と消防ポンプを整備するだけとなった。

満洲、中国占領地区、甲地域（仏印・タイ）向けの機械を中心とした輸出用需要は約11万トンに上っていたが、配当はその4割に止まり、満洲の農地造成計画用の配当も削減せざるをえなかった。

鋼材配当以外のゴム、皮革、紙、砂糖などの海上輸送力に依存する物資も、1943年度に比して「大巾ノ圧縮ヲ余儀ナク」され、民需は「一層窮迫スル見込」となった。地下足袋は43年度の3分の1程度、砂糖の業務用配給は停止、家庭用は1人当たり月0.3斤程度[119]、新聞用紙以外の紙類も「激減スル見込」となった。

こうして1944年度計画は「各方面ノ全幅的協力ノ下ニ国家総力ノ最高度発揮ヲ要」するものになった。しかも計画それ自体に、①供給計画の条件には「実現容易ナラサルモノ」を多数含んでいること、②輸送、生産用資材の供給日時について十分に検討していないこと、③計画確保上、「最小限必要ナル資材ニ付テモ割当不足ノ部分尠カラサルコト」、④鉄鋼、アルミニウムに「極度ニ重点化」した結果、他の物資の供給量は追随できず、不均衡を生じていることなど、大きな問題を抱えていた。軍需省の説明でも「尚幾多ノ調整ヲ要スヘキ点アルコトハ痛感」しつつも、これら全てに遺漏なく調整していては「当面ノ戦局ノ要請ニハ絶対ニ即応スルコトカ出来ナイ」として、最大限の重点化を図った。しかし、同時に「第一四半期程度ノ民需圧縮ヲ長期ニ亘リ継続致シマスコトハ国力ノ基礎ヲ枯ラスコトトナリ到底不可能テアリマシテ今次実施計画ハ一重ニ直接的戦力増強ニヨル戦局ノ転換並ニ甲造船ノ飛躍的増進ニ依ル国力増強ニ期待」するとしていた。短期間に戦局の転換と大量船舶建造による好循環を通じて、国力の増強を図ることが不可欠であった。このため、軍需省は「特ニ統帥部ノ御了解ヲ戴キタイコト」として、「作戦ノ小康間隙」を利用するだけでなく、積極的に軍が重物資の輸送に当たることを「切望」していた。

石炭配給の大幅削減

石炭配給に使用される船腹は、1943年度第3四半期の月120万トンに対して、44年度第1四半期は約60万トンに半減した。このため常磐炭鉱など地場での出炭を最大限に見積もっても、本州東部の配炭可能量は43年度下期より約27％、本州西部は16％の減少が見込まれた。鉄鋼、軽金属、造船、鉄道、ガス

等の重要部門はほとんど圧縮できないため、その他の部門は東部で50％減、西部で22％減となった。既に石炭が生産隘路となっている部門は「相当ノ範囲」に及んでおり、「実ニ容易ナラヌ状態」が予測された。一般機械金属工業では「超重点工業ノ協力工場、下請工場等ノ操業ハ著シク困難トナリ、親工場ノ生産トノ間ニ大ナル不均衡」が生じるおそれがあった。ソーダ工業では、軽金属用以外の製品出荷を抑制する結果、無機薬品、ガラス部門からの航空機関連資材の供給に支障が出たり、耐火煉瓦の減産が鉄鋼生産に影響することが危惧された。石炭の供給減による夏期渇水時の発電量の低下や、冬季用貯炭の縮小による冬期における配電の混乱も予想されていた。本州東部の繊維工業では「民需品ハ殆ント製造ノ余地」がなく、軍需品の供給も激減が予想された。練炭は「激減」し、家庭用ガスの消費規制も「一段ト強化」され、小運送の隘路による薪炭の確保難と相まって家庭用燃料は「益々急迫ヲ加フルコト必定」であった。

　深刻な問題を指摘された石炭の産業別配当は表3-61の通りとなった[120]。前章で見たように、1943年度下期の石炭配当は大量の船舶徴傭によって前年度下期の水準を維持できなくなった。しかも輸送力の逼迫から石炭輸送が制限された結果、北海道、九州で若干の余裕がありながら、本州では戦略産業ですら、生産計画に見合う需要を満たせなくなっていた。配炭全体では43年度下期から44年度上期に7.4％減少するものの、需要が増加する下期には9.2％増配して前年度水準を維持しようとしていた。地域別で見ると、需給調整が比較的軽微な北海道、九州地区向けは安定しているが、本州・四国地区は上期から下期にかけて著しく需給が改善するように設計され、東部は上期から下期に20％増配し、西部も10.5％増配できるとしていた。しかし、これも鋼材の下期増配と同様に、船舶255万総噸の建造を前提にしていた。

　石炭配当はさらに産業別に見ると、東部では上期から下期に航空機が41.2％増、練炭用が106.7％増、電力用が116％増、私設鉄道用が33.3％増となった。航空機は超重点産業としての新規の設備稼動に伴う措置である。一方、練炭は需要の季節的な変動があり、下期に増加しているとはいえ、1942年度下期の消費実績40.5万トン、43年度下期配炭31.5万トンに比して、44年度下期の18.5万トンはむしろ厳しい削減であった。航空機関連以外は、一般に絞り込み

表 3-61　1944 年度産

	本州東部			本州西部		
	44 年度		43 年度	44 年度		43 年度
	上期	下期	下期	上期	下期	下期
製鉄製鋼	2,062	2,152	1,745	1,668	1,730	1,522
鉱山製錬	150	170	140	120	130	125
造船造機金属	621	776	605	467	512	431
窯業	353	380	353	377	325	366
化学工業	876	988	855	1,157	1,228	1,125
繊維工業	91	95	229	141	109	341
食料品工業	19	24	42	8	7	14
製塩業				133	83	87
ガス・コークス	792	929	816	600	600	581
練炭	89	184	315	61	54	187
電力	300	648	431	950	1,700	1,258
液体燃料	60	77	67	318	318	298
私設鉄道	24	32	28	6	6	8
公衙	1	2	1	6	6	20
山元消費	86	100	97	28	28	23
船舶焚料	20	29	36	32	30	36
官需	1,848	2,190	1,882	1,195	1,360	1,190
陸海軍特殊用	320	450	509	540	520	608
小口需要	465	593	733	539	474	779
計	8,176	9,819	8,885	8,346	9,220	8,932

出所：前掲「昭和十九年度物資動員計画（案）」1944 年 4 月 14 日前掲『後期物資動員計画資料』第

すぎた問題の解消に向けて、適宜下期に増配するという計画であった。西部でも航空機は 46.7％増となり、軽金属 50％増、造船が 16.7％増となるなど、戦略部門の設備増設に伴う増配が計画された。発電用も 78.9％増であるが、これも 42 年度下期の配当実績 199.2 万トンから 43 年度下期に 125.8 万トンへと絞りすぎた反動とみることができ、戦略部門以外の配当は深刻な影響を回避するために下期に増配する必要があるという事情を反映した計画であった。全ては下期までの輸送力の回復に大きく依存していた。

ソーダ類の供給削減

　石炭同様に深刻な隘路となったソーダ類の用途別配当計画は表 3-62 の通り

業別石炭配当計画（1944年4月）

（千トン）

九州			北海道			内地計		
44年度		43年度	44年度		43年度	44年度		43年度
上期	下期	下期	上期	下期	下期	上期	下期	下期
2,570	2,582	2,586	909	898	933	7,209	7,362	6,786
70	70	66	26	26	44	366	396	375
101	100	96	6	6	7	1,195	1,394	1,139
291	278	294	77	77	66	1,098	1,060	1,079
1,010	960	956	59	59	46	3,102	3,235	2,982
88	83	91	156	151	176	522	438	837
13	13	16	38	91	89	78	135	161
						133	83	87
362	362	355	74	74	77	1,828	1,965	1,829
77	66	85	6	12		233	316	587
780	1,022	1,090	34	34	41	2,064	3,404	2,820
357	357	293	181	181	189	916	933	847
18	18	19	6	6	6	54	62	61
		1				7	8	22
876	871	950	640	640	833	1,630	1,639	1,903
670	640	816	300	300	541	1,022	999	1,429
572	572	544	557	502	546	4,172	4,624	4,162
800	760	801	300	300	248	1,960	2,030	2,166
402	374	462	701	839	830	2,107	2,280	2,804
9,057	9,128	9,521	4,071	4,197	4,674	29,650	32,364	32,012

10巻所収、20〜24頁、表2-83。

　である。前年8月に第1次物動計画大綱の策定に向けて見込んでいた供給量は、ソーダ灰19.7万トン、苛性ソーダ27.8万トンであった。しかし、その後に航空機用軽金属の生産計画が劇的に拡大したため、4月の確定案ではいずれも、軽金属用、軍需用、燃料添加剤の石炭酸など軍需向けが増加し、民需向けを全般的に削って調整した。

　しかも、この年間供給量のうち第1四半期の見通しはソーダ灰22.6％、苛性ソーダ22.3％と4分の1を下回っていた。海上輸送力が急減し、工業塩の確保が困難になることが予想されるにもかかわらず、ソーダ類に関しても年度途中から増産に向かうという見通しを立てることで、年間の需給バランスを維持しようとしていた。そうした中、軽金属用などは第1四半期からほぼ年間の4分

表 3-62　1944 年度ソーダ類供給計画

(トン)

	ソーダ灰		苛性ソーダ	
	1943 年8月案	1944 年4月計画	1943 年8月案	1944 年4月計画
陸軍	29,000	55,000	33,000	62,400
海軍	19,570		17,000	
原塩精製	4,577	3,200	5,000	
人造石油	1,004	1,800	1,405	2,730
石油精製			2,211	1,130
軽金属	34,750	76,100	74,000	75,300
硫安	2,500	1,000	3,472	3,760
製鉄冶金	7,505	6,800	841	740
鉱山	2,441	1,590		370
パルプ及び紙	1,004	900	12,727	8,130
スフ及び人絹			61,548	37,900
セロファン			600	320
調味料（味噌）	14,617	12,200	5,058	1,500
ガラス	34,178	30,600		
石鹸（石鹼）	1,128	1,680	13,021	6,600
油脂精製	390	24	1,456	1,260
洗ソーダ	2,183	830		
医薬	9,000	10,030	3,000	1,800
農薬	1,187	960	910	700
無機薬品	14,399	15,000	2,809	6,420
有機薬品		2,300	3,602	6,600
金属ソーダ			15,000	14,800
石炭酸	2,000	3,000	3,000	3,680
染料	1,600	1,200	3,000	2,300
綿布羊毛処理	1,020	516		4,400
その他	11,287	7,370	9,590	11,160
移出用	1,810	5,000	350	3,000
輸出用	500		5,500	
計	197,650	237,100	278,100	257,000

出所：企画院「昭和十九年度物動計画大綱ニ基ク供給力計画策定資料（石炭、ソーダ類配当）」1943 年 8 月 9 日前掲『後期物資動員計画資料』第 9 巻所収、76～81 頁、前掲「昭和十九年度物資動員計画（案）」60 頁。

の 1 を確保しており、実態は同表以上に軽金属用に傾斜した供給計画であった[121]。結局、鋼材、石炭、ソーダ類といった戦略物資は第 1 四半期から航空機事業へ集中し、その他部門へは、第 2 四半期以降に海上輸送力が回復したら

配当を考慮するという極めて危うい年度計画であった。

5　共栄圏交流計画

日満支物資交流計画

　1944年度物動計画の確定に伴って、43年8月から検討されてきた重要物資の日満支交流計画についても、44年6月に生産、現地消費、輸移出計画がまとめられた。鉄鉱石、石炭については表3-63の通りである[122]。鉄鉱石の総供給量は、前掲表3-9の前年8月案の12.5％増に設定され、内地は100万トン以上の増産に加えて、既に見てきたような徹底した鉄源の利用によって、供給量を337.7万トンから665.5万トンとし、朝鮮の鉄鉱石生産も362.2万トンから410万トンへの増産計画を立てている。満洲国および中国占領地についてはほぼ前案を踏襲し、内地への輸出を期待していた。石炭の総供給量は、前案の4.7％減となり、その分は内地生産を5,700万トンから6,066万トンとしてカバーしようとしていたが、日満支内の輸移出量は28.7％縮小した。

　共栄圏向けの民需品の配当計画を見ておこう。満洲国・中華民国南京国民政府向けの多くは、資源開発投資用であった。汪兆銘政権成立の1940年度には円域向け物動鋼材配当は当初計画で68万480トン、四半期実施計画合計では52万5,573トンに上った。41年度では5月の基礎案で47万8,122トンであったが、開戦の検討が始まった第2四半期実施計画で7万7,909トンに激減した。四半期実施計画の合計でも25万3,590トンとなって、前年度から半減し、多くの開発計画が頓挫した[123]。42年度の当初の鋼材配当は満洲国10万8,151トン（実績7万3,535トン）、国民政府10万600トン（同6万6,658トン）であったが、43年度には、それぞれ4万9,000トン、6万5,400トンとなって、満洲開発用はさらに削減された。このため満洲国内では一層の自給を求めるようになり、44年度計画では3万8,000トン、1万5,000トンとなった。44年度は北支における礬土頁岩の増産と増送に期待しておきながら、国民政府向けの鋼材配当も一挙に削減した[124]。

対南方向け物資供給計画

　南方からの還送、供給計画は既に見た通りであり、縮小しつつあったとはい

表 3-63　1944 年度鉄鉱石・石炭の日満支共栄圏交流計画

		内地	朝鮮	台湾	樺太	満関	蒙疆	北支
鉄鉱石	生産	4,280 砂鉄 800 1) 1,299	4,100 2) 50			3,366	1,500	1,108
	貯鉱等 供給 現地消費	276 6,655 6,655	1,285 5,435 3,007			3,366 3,336	270 1,770 240	150 1,258 642
	輸移出等		内地 1,710、 満関 300、 予備 418			朝鮮 30	満関 700、 北支 429、 予備 401	内地 105、 満関 200、 予備 311
石炭	生産 現地消費	60,990 60,370	8,100 7,200	2,800 2,480	5,000 2,500	28,000 25,680	23,265 13,515	
	輸移出等	朝鮮 620	内地 800、 満関 100	南支 200、 南方 120	内地 2,000、 朝鮮 500	内地 720、 朝鮮 1,600	内地 3,500、朝鮮 1,050、 満関 3,200、中支 1,940、 南支 60	

注：1）日本内地の鉄鉱石生産の内訳は、硫酸滓 554、染料滓 35、銅滓 510、タタラ滓 200。
　　2）朝鮮の鉄鉱石生産は硫酸滓。
出所：軍需省「昭和十九年度主要物資日満支交流計画（案）及二／一九実施計画（案）」1944 年 6 月 12 日前掲『後

え、甲地域からは石油、鉄鉱石、非鉄金属類、燐鉱石、生ゴム、油糧種実の供給を期待し、乙地域からは穀類などの重要物資を依存していた。こうした資源開発のためにも、また南方圏経済の維持のためにも、依然として南方向け資材の供給が必要であった。輸出鋼材の地域別、用途別配当の策定作業では、表 3-64 のような査定案が策定されていた。南方資源には代替材の少ないものが多く、前年度より削減されたとはいえ、資源の開発輸入に向けた資材、機材の輸出は続けられた。配当素材は普通鋼鋼材、鍛鋼、鋳鋼、特殊鋼、銑鉄、銅・亜鉛等の非鉄金属について計画化され、製品の輸出計画と連動していた。ここでは鋼材について見ておこう。鋼材に換算した各種鉄鋼製品の要求額 1 万 5,568 トンに対して、1943 年度配当の 80％を「基準配当」として査定案が策定された。総計 8,000 トンとする査定案の作成時期は不明であるが、4 月の最終決定では輸出向け C_4 の南方向けは 1,000 トンに過ぎず、南方開発用 C_y を合算しても 6,000 トンであることから、同表を基に最終的にはさらに削減されたとみられる。とはいえ、その内訳を見ると、この段階にあっても、各地で産業開発用の機械器具の供給が検討されていたことがわかる。自転車も引き続き輸出

（1944 年 6 月）

(千トン)

中支	南支	計
2,198	2,200	20,901
250		2,231
2,448	2,200	23,132
198		14,078
内地 2,150、北支 50、予備 50	内地 1,453、台湾 60、予備 687	内地 5,418、朝鮮 30、台湾 60、満関 1,200、北支 479、予備 1,867
1,200		129,355
1,200		112,945
		内地 7,020、朝鮮 3,770、満関 3,300、中支 1,940、南支 260、南方 120

期物資動員計画資料』第 13 巻所収、452、454 頁。

され、44 年度は製品よりも部品供給に重点が置かれていた。タイに関しては鉄道建設資材の配当が大きく、前年度以上の鋼材配当が検討され、通信、電力事業などインフラ整備用資材の配当も計画化された。また僅かではあるがタイでの兵器生産用工作機械の提供もあった。食糧の対日供給ではあまり期待ができなくなっていたが、タイ、仏印での農業関連機器の提供も予定されていた。

　邦人企業向けの鋼材配当は、タイではゴム製品、棉花、植物樹脂の関連企業が中心であった。仏印ではセメント、鉱山業、カーバイドといった鉱工業が多く、僅かに麻類・棉花・製材業の関連企業向けがみられた。陸海軍の軍政地区での石油採掘、精製事業など、軍需枠からの資材提供については判明しない。

　機械・機具類の物動は素材・部品の複雑な取引や下請への加工発注があり、取引・加工の統制は機械関係統制会による一元化が進められていた[125]。こうした機械工業の統制会や運輸通信事業の統制機構を利用した南方共栄圏向けの輸出機械、資材の配当も表 3-65 のように検討されていた。

　共栄圏内の民生用物資として深刻な不足に陥っていた第三分科（繊維）のうち、紡績用棉花の配当についても見ておこう。主な需要は綿織物関係のほか、一部はタイヤチューブ、ゴムベルト・ホース、地下足袋用であった。表 3-66 のように 1944 年度は 43 年度配当の 2 倍近い要求があったが、結局 43 年度の 2 割減と査定されている。このほか、全量が一般民生用である人絹糸・スフについても前年度より大幅な増量が求められ、こちらはほぼ前年並の割当が決定された。このほか、洋紙の要求量 7,132.1 万 lb（ポンド）に対して 2,886.7 万 lb を配当し、板紙は要求 571.2 万 lb に対して 325.5 万 lb、生ゴムは 887.8 トンに

表 3-64　1944年度南方向け

			要求	基準配当	査定	1943年度配当
陸軍軍政地区	一般産業	機械類	1,372	348	340	435
		第二次製品	1,500	560	650	700
	交通	自転車	336	235	180	294
		自転車部品	469	151	250	189
	一般民生用	缶詰	20	0	20	0
		雑機械	1,900	354	300	443
		電球	14	17	14	21
	包装他			265	183	331
	計		5,611	1,962	1,937	2,453
海軍軍政地区	一般産業	産業機械・同部品	136	60	60	75
		電気機械・同部品	65	16	15	20
		その他機械鉄製品	71	394	71	493
		第二次製品	240	240	140	300
	交通	自転車	128	80	70	100
		自転車部品	287	66	150	83
	一般民生用	電球	2	2	2	3
		練粉乳	10	8	10	10
		缶詰	100	33	100	41
	包装他			205	52	256
	計		1,039	1,104	670	1,380
タイ	一般産業	機械・同部品	290	308	200	385
		原動機	75			
		電動機付雑機械	60			
		工具	10	雑品に合算		
		素材	500	1,120	500	1,400
		第二次製品	488			
	交通	鉄道修理用	1,160		700	
		機関車・貨車	2,320		1,160	
		自転車	42	50	40	63
		自転車部品	81	153	60	191
		鉄道修理用工作機械	75		50	
	通信	自動交換局工事	47		40	
		機械通信	4	50	4	63
		受信機	4		4	
		線条	36		20	

普通鋼鋼材配当案

(トン)

			要求	基準配当	査定	1943年度配当
タイ	電力	発電機及び電動機	30	35	30	44
		変圧器他	5	4	5	5
	重工業	国防省向け工作機械	76		50	
	一般民生用	練粉乳	50	40	25	50
		裁縫機械	10		20	
		その他雑品	20	96		120
		電球	4	4	4	5
	食料農作物	精米機械	10	一般産業機械・同部品に合算		
		農業用機械	35			
		農業用機関	35			
	包装他			185	74	231
	計		5,465	2,045	2,986	2,556
仏印	一般産業	計器類	15	10		13
		その他機械	300	409	300	511
		学術・精密機械	10			
		素材	300		500	
		第二次製品	650	1,120		1,400
		精米所用	55		30	
	交通	鉄道修理	1,302		603	
		自転車	6	5	5	6
		自転車部品	200	214	100	268
	通信		6		6	
	電力	電気器具・電動機	80	55	45	69
	一般民生用	時計類	15			
		写真類	8	181	60	226
		医療機械他雑品	10			
		電球	5	9	5	11
		練粉乳	50	38	25	48
	包装他			220	91	275
	計		3,012	2,261	1,770	2,826
タイ邦人企業			44		12	
仏印邦人企業			397	240	223	300
総計			15,568	7,612	8,000	9,215

注：各地域別の合計に僅かの誤差があるがそのままとした。地域別査定額の合計は7,598トンであるが、原資料の8,000トンのままとした。規準配当は1943年度配当の80％。43年度配当は規準配当が判明する場合に逆算して算出しており、総計欄は過小に算出される可能性がある。

出所：「昭和十九年度 C_4 南方査定案」前掲『後期物資動員計画資料』第10巻所収、106～121頁。

表 3-65　1944 年度南方向け機械・機具生産用主要原材料および関連資材の配当査定案

(トン)

		普通鋼鋼材	普通鋼鍛鋼	普通鋼鋳鋼	普通銑	特殊鋼	電気銅	鉛	亜鉛	アンチモニー	アルミニウム
陸軍地区	産業機械統制会	60	1.6	2.5	207	6	7	0.3	0.8	0.1	0.3
	電気機械統制会	100			58	1.4	20.8	3.1	1.5	0.1	1
	日本機械器具工連	180	1	0.1	237	26.6	5.2	0.3	1.6		0.9
	雑機器	300									
	合計	640	2.6	2.6	502	34	33	3.7	3.9	0.2	2.2
海軍地区	産業機械統制会	60	1.6	2.5	207	6.6	7.2	0.3	0.8	0.1	0.3
	電気機械統制会	15			8.7	0.2	3	0.4	0.2		0.1
	日本機械器具工連	35	0.2	0.05	46.1	5	1	0.01	0.3		0.15
	雑機器	36									
	合計	146	1.8	2.55	261.8	11.8	11.2	0.71	1.3	0.1	0.55
タイ	鉄道	1,160	87	211	103	46	14	13	1	0.5	0.2
	鉄道修理	700	3	5		46					
	通信	48		1	22	2	11	18	2	0.9	1
	産業機械統制会	200	5.6	4.6	690	22	24	1.2	2.8	0.4	1.2
	電気機械統制会	35			20.3	0.5	7.2	1	0.5		0.3
	日本機械器具工連	100	0.6	0.1	131	14.8	2.9	0.2	0.9		0.5
	雑機器	20									
	合計	2,283	96.2	221.7	966.3	131.3	59.1	33.4	7.2	1.8	3.2
仏印	鉄道	1,000	4			9	10	10	6		2
	通信					9	3.5	7	0.7	0.1	
	産業機械統制会	60	1.6	2.5	207	6	7	0.3	0.8		0.3
	電気機械統制会	45			26.1	0.6	9	1.2	0.6		
	日本機械器具工連	240	1.4	0.2	316.5	35.5	6.9	0.4	2.1		1.2
	雑機器	60									
	邦人企業		0.2	0.2	20	0.2	1				
	合計	1,405	7.2	2.9	569.6	60.3	37.4	18.9	10.2	0.2	3.5

注：陸軍軍政地区には、1943 年 10 月に独立したフィリピン共和国の分を含む。
出所：前掲「昭和十九年度 C_4 南方査定案」122～125 頁。

対して 406.4 トン、ソーダ灰 2,341 トンに対して 665 トン、苛性ソーダ 8,990 トンに対して 2,940 トン、硫酸 2,730 トンに対して 1,750 トンを査定の上で配当する計画を策定していた。いずれも南方諸地域を長期にわたって世界貿易から切り離し、共栄圏内で重要物資の需給を完結させなければならない事情は、この段階の日本の工業力には大きな負担となったとみられる[126]。

確定した物動計画と「一体不二ノ関係」で、大東亜全域の「計画交易ノ軸新」となる計画も「年間ノ基準」としてまとめられた[127]。四半期ごとの交易

表 3-66　1944 年度南方向け紡績用棉花

(担)

	要求	基準	査定	43 年度
陸軍地区	217,507	75,086	75,897	93,858
海軍地区	86,945	38,699	39,250	48,374
タイ	38,028	21,381	17,845	26,726
仏印	52,859	27,068	27,779	33,835
計	395,339	162,234	160,771	202,793

注：陸軍地区にはフィリピン共和国を含む。1943 年度配当は 44 年度規準配当が 43 年度の 8 割であることから算出した。
出所：前掲「昭和十九年度 C_4 南方査定案」126 頁。

　実施計画は「物、船ノ状況等戦況ニ即応シテ」策定することとし、各地からの輸入については、物動計画に計上した数量を確保する計画となった。その他の輸入物資については、「現地民生ノ安定を経トシ海上輸送力ヲ緯トシテ戦力増強上不可欠ナル物資及国民生活必需物資ニ限リ然モ之ヲ必要最少限ニ止メテ」（ママ）計画化された。ただし、液体燃料、ボーキサイトなどの生産・還送に軍が直接関与している物資については、「相当巨額」に上るものの、ここには計上されていない。日本からの輸出については、「戦力増強ヲ目途トスル開発物資又ハ我方ガ期待シマス重要輸入物資ノ生産、蒐荷ニ不可欠ナ見返用物資等ニ重点」を置いて計画化し、機械器具、鋼材、鉄道車両などが主な品目だった。占領地等での重要物資の生産・蒐荷に対する見返り品や生活必需物資としては、煙草、医薬品が大きな比重を占めている。その他の物資の輸出については「我方ノ指導上乃至ハ民生安定上必要ナル物資或ハ現地経済ノ培養ニ資スル物資ハ極力輸出」するとして、「極力現地デノ自活」を原則としつつ最小限度で計画化した。開戦初期においては資源等の開発用機械、資材の輸出も多く、収支バランスも考慮していたが、表 3-67 のように 1944 年度の輸出は輸入の 3 分の 1 以下になり、極端な片貿易を前提としていた。これについて、「現地ノ価格デ計算スルト夫程巨大ナル輸出入ノ不均衡ヲ生ジナイ」としていたが、計画外の開発輸入事業の「現地経済及通貨増発上ニ及ス影響ハ深刻ナルモノガアルコトヲ看過シ得ナイ」と、共栄圏の貿易政策とインフレの進行、さらに日本からの生活必需品、開発機材の輸出削減が仏印・タイや軍政地域の経済を破壊しつつあることを危惧していた。

表 3-67　1944 年度大東亜圏交易計画（1944 年 5 月）

（百万円）

輸入			輸出		
工鉱部門	普通銑	377	工鉱部門	機械器具、同部品	165
	低燐銑	75		鉄素材	81
	工業塩	60		鉄道車輛、同部品	43
	獣毛	36		化学薬品	29
	その他	95		木材	17
				その他	57
	計	643		計	392
食糧・油脂	植物油脂原料	260	見返・生活	煙草	103
	大豆	192		医薬品	84
	油精	112		水産物	32
	植物油脂	61		茶	22
	食料塩	73		その他	24
	米	26		計	265
	トウモロコシ	25	その他雑品	ゴム、同製品	15
	豆類	12		農機具	15
	その他	200		電球	10
	計	961		染料	9
繊維	紡績用棉花	1,184		ビール	8
	製綿用棉花	102		陶磁器	7
	副蚕糸	77		顔料	6
	その他	59		その他	177
	計	1,422		計	247
その他		238			
合計		3,265	合計		907

注：「見返」は重要輸入品の生産・蒐荷に対する見返り用物資で、生活必需品と合算されている。
出所：大東亜大臣「昭和十九年度交易計画策定ニ関シ閣議ニ於ケル大東亜大臣説明要旨」1944 年 5 月 23 日前掲『後期物資動員計画資料』第 13 巻所収、447～448 頁。

南方経済交流計画と現地自給計画

　南方全域をカバーした経済交流計画は見当たらないが、ここでは第七方面軍が軍政を所管した南方経済圏の南部諸地域間の計画を見よう。表 3-68 はマレー、スマトラ、ジャワ、北ボルネオの輸出と輸入の計画であり、第七方面軍が臨時軍事費に基づいて南方開発金庫券で買い上げ、払い下げる形の貿易計画である。輸入の仕出し地、輸出の仕向地は判明しないが、概ね域内相互で取引されており、一部はビルマ、タイ、仏印、フィリピンとの取引である[128]。軍

の買上方式以外の貿易がどの程度あるかは正確には判明しないが、1942年の交流計画ではスマトラからジャワへのセメント輸出が年間6万トン期待され、ジャワからマレー、スマトラへの砂糖輸出が12万トン、雑穀2万4,000トンが見込まれ、またジャワの米輸出も6万トン見込んでいたことと比較すると、計画が大きく縮小していることがわかる。民間の自由取引が軍政直轄の貿易を相当カバーしていたと考えられるが、少なくとも軍政による貿易統括機能が失われつつあることを窺わせる。

南方経済圏での輸送を支える木造船建造計画は、第1章で見たように、逓信省から陸軍嘱託となり、南方での輸送計画の立案にあたった壺井玄剛が、42年3月に5年間で100万総噸という建造計画を立てている。

表3-68 1944年度南方南部の経済交流計画

	輸出計画				
マレー	銑鉄	5,500 トン		松脂	250 トン
	生ゴム	2,400 トン		石膏	1,000 トン
				米	124,000 トン
	石炭	275,000 トン		米砕屑	600 トン
	セメント	36,000 トン		木材	687,000 トン
	松脂	750 トン		塩	36,000 トン
	パーム油	6,000 トン		二酸化満俺	150 トン
スマトラ	木材	97,000 トン		アンチモン鉱	700 トン
	亜鉛鉛鉱	1,700 トン		葉煙草	3,600 トン
	ダマル	700 トン		砂糖	30,000 トン
	錫	200 トン		キニーネ	20 トン
	キナ皮	1,440 トン		水牛	14,400 頭
	葉煙草	3,800 トン		銑鉄	400 トン
	塩	55,000 トン		砂糖	20,400 トン
	砂糖	70,000 トン	スマトラ	キニーネ	25 トン
	二酸化満俺	2,200 トン		塩	30,000 トン
	鉛鉱	1,000 トン		石膏	8,000 トン
ジャワ	煙草	18 億本		煙草	5 億本
	雑穀	28,000 トン		銑鉄	5,000 トン
	石膏	10,500 トン		石炭	150,000 トン
	キニーネ	98 トン		セメント	17,000 トン
	葉煙草	7,800 トン		錫	200 トン
北ボ	ダマル	500 トン		木材	36,000 トン
	アンチモン鉱	700 トン	ジャワ	パーム油	6,000 トン
	輸入計画			ダマル	1,000 トン
	鉛亜鉛鉱	1,700 トン		キナ皮	1,440 トン
	域外鉛亜鉛鉱	7,200 トン		松脂	500 トン
	ダマル	200 トン		棉花	700 トン
マレー	雑穀	28,000 トン		セメント	1,000 トン
	煙草	9 億本		塩	1,800 トン
	マニラロープ	600 トン	北ボルネオ	煙草	1 億本
	石炭	115,000 トン		米	4,500 トン
	セメント	25,000 トン		砂糖	1,800 トン
				キニーネ	3 トン

出所:宮元静雄『ジャワ終戦処理記』ジャワ終戦処理記念刊行会、1973年、33頁。

華僑、印僑の商業ネットワークが利用できなくなることも考慮して船舶需要を予測した計画であった。その需要予測の当否を検討することは困難であるが、実際の建造は困難を極めた。マレー、スマトラ、ジャワ、北ボルネオ地区での

43年度末の建造実績は工事中178隻、進水164隻、竣工93隻にとどまっていた。同地区では、ジャワを中心に44年6月末時点で、日本人914人、現地人6万5,149人が従事し、船台325の既設設備にさらに154の船台の増設計画があった。しかし、この時点までの作業の累計は工事中185隻、進水205隻と、微増したに過ぎず、第1四半期の竣工実績は僅かに35隻にとどまった。この結果、44年度の建造計画については、当初の1,260隻（19万9,500総噸）に対して、7月には木造船600隻、曳船80隻、現地船（艀、帆船）300隻という修正案が策定されている[129]。それでも、第1四半期実績を基にすれば年間で百数十隻程度しか望めない。必要に迫られての計画規模であったとみられるが、あまりに過大であった。しかも、機関製造技術の欠落、乾燥材の不足や生木のままでの利用などが多くの欠陥船を生むことになった[130]。南方での戦時標準船の設計、建造計画、技術指導にあたった橋本德壽は、太平洋戦争期を通じた南方での建造実績を戦時標準船で6万総噸、上陸用舟艇の大発動艇、艀、漁船、その他を含めて10万総噸程度であったと推測している[131]。

　南方経済圏の経済的停滞は、1944年度の「現地自給工業整備計画」からも窺える。表3-69は44年7月に策定された重要物資の生産能力と生産予定であるが、生産能力の拡充計画が年度当初の「既計画」より縮小されている。設備の稼働見通しが悪く、生産計画はさらに著しく少ない。マングローブなどを利用した木炭銑の生産計画は、南方開発構想でも高い期待をかけられたが、44年度設備能力の目標は「既計画」の6割、6万3,300トンに縮小され、生産予定は僅か2万トンであった。製鋼能力もマレー、ジャワでの計画があるものの、平炉年産7万3,000トン、圧延年産10万9,000トンという設備の稼働は見込めず、電気炉、伸鉄の施設が僅かに稼働することを見込んだだけであった。その他の化学製品、火薬類も軒並み設備計画に比して稼働見込みが低いことが判明する。

液体燃料の配当計画

　1944年度の共栄圏交流計画の検討の最後に、表3-70によって液体燃料と供給と配当の見通しを概観しておこう。ただし、この時点では44年度の南方液体燃料の供給見通しについて、陸海軍石油委員会からの連絡はなかったとみら

第3章 太平洋戦争末期の総動員体制（1944年度）

表3-69 1944年度南方自給工業整備計画（1944年7月23日）

			年度末生産能力		年間生産予定				
			既計画	調整計画	マレー	スマトラ	ジャワ	ボルネオ	計
木炭銑		トン	103,300	63,300	20,000				20,000
製鋼	平炉	トン	93,000	73,000					
	電気炉	トン	85,700	19,403	3,000		3,000		6,000
	転炉	トン	9,600	9,600	1,000		2,000		3,000
	圧延	トン	177,000	109,000					
	伸鉄	トン	25,800	20,000	6,000	1,000	2,000		8,000
コークス		トン	37,200	37,200	7,000	4,000	12,000	2,000	25,000
耐火煉瓦		千個	8,700	8,700	2,000	300	3,000	200	5,500
セメント		トン	446,000	455,000	30,000	200,300	8,000		238,000
カーバイド		トン	10,200	6,500	1,300				1,300
酸素		千m³	2,860	2,860	1,510		1,350		2,860
アンモニア		トン	520	530	5		20		25
硫酸		トン	25,000	22,550		11,000	2,000		13,000
硝酸		トン	500	500					
苛性ソーダ		トン	13,000	9,600	300		5,000		5,300
塩酸		トン	1,300	500			100		100
塩素酸塩		トン	840	250	20		200		220
グリセリン		トン	1,200	1,200	100		400		500
火薬	黒色薬	トン	1,000	1,000			250		250
	カーリット	トン	2,000	2,000					
	ダイナマイト	トン	250	250					
	アマトール	トン	700	700			500		500
	雷管	千個	21,000	16,000			8,000		8,000
	導火線	m	28,000	24,000			8,000		8,000
	雷汞	トン	3	3					
電極		トン	11,000	1,600	100		100		200
亜鉛管		トン	4,300	4,300	1,500		1,500		3,000
自動車タイヤ		千本	320	320	15	5	50		70
木樽		千個	1,050	1,045	350	100	30	10	490
タイヤコード		千本	700	700	10	200	210		720
綿布		千ヤード	48,210	48,210	1,000	3,000	24,100	70	28,170
製紙		トン	33,240	33,210	1,500	2,500	6,800		10,800

出所：前掲『ジャワ終戦処理記』34頁。

れ、国内生産分以外は計画といえるものではなかった。まず、日満支およびタイにおける44年2月の配給計画をベースに年度換算して44年度の国内基本配給計画とし、これに脱穀・精米などの季節的に拡大する需要と、44年度の重要課題である輸送力の増強用、重要物資の増産用を加えて国内需要を128万klとした。これに各国の需要を加えて、共栄圏内の総需要は144.7万klとなった。日本の国産・在庫原油、人造石油など、ある程度確実に見込める供給量

表 3-70 1944 年度液体燃料需給の見通し（1944 年 4 月）

（半固体はトン、それ以外は kl）

		航揮	普揮	灯油	軽油	B重油	C重油	機械油	半固体	計
日満支＋タイ総需要 a		12,300	241,973	131,323	78,996	559,660	180,444	218,323	23,947	1,446,966
供給力	前年度繰越		-8,793	-1,213	-317	-11,511	-3,653	-5,385	-1,345	-32,162
	原油（国内 300,000）	15,900	19,800	51,000	24,000	38,400	3,000	56,400	6,000	214,500
	人造石油	1,000	23,250		21,100	16,600	61,900	9,800		155,650
	無水アルコール		3,820							3,820
	国産 在庫原油（30,000）			3,000	1,500		6,600	4,650		15,750
	在庫輸入品							6,637		6,637
	油脂							4,800		4,800
	計 b	16,955	38,077	52,787	46,283	43,489	67,847	98,902	4,655	368,995
	北ボルネオ（420,000）		12,600	71,400	25,200	16,800		151,200	25,200	302,400
	南スマトラ（180,000）	17,100	45,000	11,700		27,000	52,200	3,600		156,600
	還送油 中スマトラ（20,000）		1,000	2,000	1,000	3,000	4,000	3,000		14,000
	製品		146,000			526,000				672,000
	計 c	17,100	204,600	85,100	26,200	572,800	56,200	157,800	25,200	1,145,000
	合計	34,055	242,677	137,887	72,483	616,289	124,047	256,702	29,855	1,513,995
a-b-c に油種間調整後の残り		21,755	704	51	0	232	0	38,379	5,908	67,029
国内ベース配当量		6,300	176,772	78,660	53,100	390,540	163,620	165,516	19,080	1,053,588
国内追加需要	緊急港湾整備		72	36	48	648		180	12	996
	輸送確保 緊急鉄道工事		600					100	15	715
	原産地輸送		3,000					535		3,535
	陸運強化		17,640					2,400	24	20,064
	船舶用			192	1,176	119,318		5,155		125,841
	精脱穀調整		200	5,500	4,500			500	48	10,748
	季節需要 澱粉製造					200		10		210
	灌漑排水		39			1,950		77		2,066
	ウンカ駆除			4,000	4,000					8,000
	北洋漁業		4	116	16	4,500		370		5,006
	樺太炭積取					500		30		530
	アルミニウム増産						4,824			4,824
	拡充 重要産業増産					2,400	12,000		60	14,460
	ゴム潤生産用				12,000			10,000		22,000
	漁業用					6,588		395		6,983
	緊急防空施設		1,320					92		1,412
	合計		22,875	9,844	21,740	136,104	16,824	19,844	159	227,390
国内需要合計		6,300	199,647	88,504	74,840	526,644	180,444	185,360	19,239	1,280,978
満洲	ベース配当量	3,600	16,308	34,080	2,808	15,828		19,080	3,180	94,884
	追加（対日供給力増強用）		5,892	720	792	2,672		920	120	11,116
	合計	3,600	22,200	34,800	3,600	18,500		20,000	3,300	106,000
民国	ベース配当量	2,400	7,728	4,368	516	8,850		2,556	840	27,258
	追加（対日供給力増強用）		12,398	3,651	40	5,666		8,415	160	30,330
	合計	2,400	20,126	8,019	556	14,516		10,971	1,000	57,588
タイ向けベース配当量								1,992	408	2,400
輸出合計		6,000	42,326	42,819	4,156	33,016		32,963	4,708	165,988

注：「油種間調整」とは、日満支タイ総需要に対して軽油供給力の不足を灯油 6,513kl の転用で対応し、C重油の不足をB重油 56,397kl の転用で処理したことを意味する。ベース配当量は、1944 年 2 月（機械油・半固体は 1 月）配当量の年額換算量。ただし、航空揮発油の満洲ベース配当は年額換算の 22％減、中華民国は 24％減に査定している。
出所：軍需省「昭和十九年度民需用液体燃料最低需要竝ニ南方石油期待量」1944 年 4 月 21 日前掲『後期物資動員計画資料』第 10 巻所収、86～89 頁。

から前年度割当の未配当分（繰越）を差し引いた44年度の供給力は36.9万klと算出され、残りの114.5万klは南方からの「還送期待量」としている。

　2月の配当量をベースとした年間民需配当は、僅か105.3万klに過ぎず、輸送力増強用などの緊急需要を2割以上加えることで、前年度当初に民需用の最低限度と同量の128万klを要求している。しかし、実際に供給が見込めたのは国産の原油と人造石油だけで、国産の月当たり約2万kl、南方還送石油が月7.5万klであり[132]、国産原油・人工石油27万kl、還送石油114.5万klという年間期待量は、初めから相当に困難であった。前章で見た1943年度のように、民需配当を235.3万klとし、陸海軍需配当を含めて946.3万klに配当計画を拡張したような状況は、この1年で大きく変貌を遂げていた。

　満洲国や中国占領地区の中華民国でも2月の液体燃料配当では日満支の協力関係は維持できず、特に中華民国での普通揮発油、機械油が圧倒的に不足していたことが判明する。全体でも2月配当の2倍以上の輸出量が確保されなければ、液体燃料面からも共栄圏経済が麻痺することを示していた。機械油の代用品となる植物性油脂を海上輸送力が涸渇する中で確保しようとし、全国で蓖麻（ヒマ）栽培の大拡張に取り組んだ事情もここにあった。

　こうした状況から、4月初旬に海軍および運輸通信省は、遊休機帆船を利用した南方石油の還送構想を検討し、この運航に要する追加の重油配給が必要になることから、陸軍側に協議を依頼している[133]。その提案理由は、1944年度の「新造機帆船ニ対シテハ重油配当ハ殆ド望ミ得ス従テ二十万屯近クハ遊休スヘシ」という驚くべきものであった。しかし、これに対する回答も「機帆船ノ現状把握ハ著シク不良ニシテ実体ハ全ク不明ナリ」という悲惨なもので、前章でも見たように小規模機帆船の運航実態、修理状況、運航可能量の詳細は不明な点が多かった。実際、2月に決定された陸軍徴傭船1.75万総噸のうち4月上旬に手続き完了したものは約8,000総噸、3月に決定された陸軍徴傭船8万総噸については、まだ約7,000総噸を徴傭しえたに過ぎなかった。「作戦ノ要請ニサヘ応シ得サル状況ニシテ遊休稼動船力大量アルヘシトハ考ヘラレス従ツテ陸軍トシテハ先ツ陸軍徴傭船ヲ完全ニ供出シタル後、実行スルニ於テハ一般構想ニ対シ同意ナリ、然レトモ右輸送用ドラム缶及往船燃料ノ供給ニハ応シ得サルコト、ス」（ママ）という冷淡な対応をしていた。陸軍側は機帆船建造計画を木造

タンカーに切り換え、液体燃料輸送に従事することを逆提案しているが、そうすれば物動物資の海上輸送計画が改めて根底から崩れることになることも明らかであった。

液体燃料を含め、物動計画全般について、1944年5月の上奏と見られる文書[134]には、「今後一年間ニ亘リ各種物資ノ需給ニ付正確ナル見透ヲ立案致スコトハ殆ンド不可能」と断言されていた。「年間計画ニ関シマシテハ戦力増強ヲ目標トスル諸般ノ重要施策具現ノ為海陸輸送力並ニ生産力動員ニ依リ達成スベキ供給力ノ見透ト之ガ配当基準トヲ定ムルコト」したと説明されており、あくまで「見透」と「配当基準」に過ぎなかった。そして「凡有ル生産力ヲ最高度ニ動員スル如ク計算」したものの、「若干ノ物資ノ供給力ニ付キマシテハ之ニ必要ナル輸送力、生産資材、燃料等ノ充足ニ関シマシテ、計算上未解決ノ点」が残され、「見透」の一部に合理性がないことも認めていた。液体燃料の需給見通しは「特ニ困難」であったが、これが生産と輸送の基本でもあることから、「民需用液体燃料最低需要量並ニ南方石油期待量ヲ計算シ以テ民需ノ最低限度確保ノ指標」としたと説明しており、この時点では南方原油の還送量は飽くまで「期待」に過ぎなかった。

6 交通動員計画

海上輸送計画

交通動員計画は、汽船、機帆船、帆船、曳船による海上輸送計画や、官民の鉄道輸送計画、鉄道小運送計画を総合したものであるが、海上輸送の行き詰まりから、1942年度下期以降、陸運転移や中継輸送のために、鉄道や鉄道小運送が大規模に動員され、あらゆる輸送手段を動員した詳細な計画になった。重量表示の輸送計画は表3-71の通りであり、民需船（C船）、運行機帆船、北海道・西日本の石炭輸送等は既に見たところであるが、海上輸送力の逼迫が深刻であったことから、5月5日に総合的な陸海輸送力の需給調整をまとめた交通動員計画が策定された際には、物動計画の海上輸送計画よりも稼航率を10%引き上げるなど、やや高めの目標を設定した。

というのも、実際に普通鋼455万トン、鍛鋼23.4万トン、鋳鋼33.9万トン、特殊鋼110万トンの供給を確保するには、物動配当計画以上の原料が必要であ

表 3-71 1944 年度交通動員計画総括表（1944 年 5 月）

(千トン)

		第1四半期	第2四半期	第3四半期	第4四半期	計
C船輸送力		5,947.3	6,611.7	7,361.7	8,029.1	27,949.8
運航機帆船		408.3	632.1	656.5	728.6	2,425.5
北海道炭輸送機帆船		399.8	679.1	828.3	988.5	2,895.7
西日本石炭木船輸送	機帆船	2,367.5	2,544.9	2,232.7	2,183.7	9,328.8
	帆船・被曳船	560.5	646.8	503.0	431.3	2,141.6
	計	2,928.0	3,191.7	2,735.7	2,615.0	11,470.4
九州炭汽船支援		180.0	180.0	180.0	180.0	720.0
C船関係海上輸送力合計		9,863.4	11,294.6	11,762.2	12,541.2	45,461.4
AB船支援・連合輸送		404.4	404.4	389.0	389.0	1,586.8
朝鮮機帆船（南鮮中継）		121.8	136.8	136.8	136.8	532.2
官営鉄道	計画物資	38,580.0	38,425.0	41,630.0	39,785.0	158,420.0
	その他	9,105.0	9,468.0	9,203.0	8,692.0	36,468.0
	計	47,685.0	47,893.0	50,833.0	48,477.0	194,888.0
私営鉄道・軌道	生産拡充物資	9,358.0	9,395.0	9,780.0	9,619.0	38,152.0
	その他	1,032.0	1,009.0	1,238.0	1,049.0	4,328.0
	計	10,390.0	10,404.0	11,018.0	10,668.0	42,480.0
自動車	官営	548.0	862.0	1,217.0	1,350.0	3,977.0
	民営	39,276.0	40,048.0	45,483.0	45,041.0	169,848.0
	計	39,824.0	40,910.0	46,700.0	46,391.0	173,825.0

出所：運輸通信省・軍需省「昭和十九年度交通動員計画」1944 年 5 月 5 日前掲『後期物資動員計画資料』第 12 巻所収、209 頁。

ったからである[135]。鉄鉱石の海送では、第1四半期 19.6 万トン、第2四半期 56 万トンなど、年間で 89.8 万トンの増送が必要とされ、内地鉱石、砂鉄、銅滓、タタラ滓、その他雑鉱石の輸送に必要な機帆船・小運送の確保が求められた。製鉄用石炭は、第1四半期 11.8 万トン、第2四半期 70.6 万トン、第3・第4四半期に 130.7 万トン、計 213.1 万トンの追加が求められ、石灰用石炭も本州東部で毎期1万トンの増送が必要とされた。耐火煉瓦用石炭も年間 24.5 万トン、苦灰石焼成用コークスも第1四半期 5,000 トン、第2四半期以降毎期 2 万トンの増配・増送が必要であった。南方マンガン鉱石も年間 6.6 万トン、さらにフェロマンガンを年間1万トン、フェロシリコン 6,000 トンの増配ほか、耐火煉瓦、マグネシアクリンカー、マグネサイト、苦灰石等の炉材原料も年間

24.4万トンの増配・増送が求められ、銑鋼本船輸送も21.2万トン分の輸送力増配が必要であった。このほかに鉄源の非常回収計画、陸海軍供出の確保、小型溶鉱炉銑鉄の原料確保、設備拡充に要する鋼材等の現物支給、平炉拡充計画の急速完成に要する資材、製鋼作業の機械化のための資材など、関係機関は輸送力の増強に関して様々な要求を突きつけていた。それを満たすのが255万総噸の船舶建造と鋼材増産のリンクであった。

陸上輸送計画

海上輸送力の確保要求に連動する形で、官営、私営鉄道や自動車輸送も計画化された。陸上輸送も海上輸送と同様に、いずれも第2四半期以降に徐々に輸送力が増強されるというものであった。

鉄道輸送の需給調整計画は表3-72の通りである。貨物輸送需要は前年度の7.6％増、旅客需要は11.9％増であった。輸送力不足に対して、私営旅客部門の車両を買収したり、官営旅客部門の列車を貨車に改造しても不足分は大きく、大規模な規制を実施して調整する計画になった。官営旅客部門では、列車の運行を取り止め、貨物車両への改造を実施して32.7％抑制し、定期以外の旅客利

表3-72　1944年度鉄道輸送需給調整計画（1944年5月）

(百万トンkm、百万人km)

		貨物			旅客		
		官営	私営	合計	官営	私営	合計
基本輸送力		43,839	788	44,627	54,591	34,033	88,624
輸送需要量		57,698	939	58,637	85,670	43,235	128,905
輸送不能量		13,859	151	14,010	31,080	9,202	40,282
増強	車両増強	3,700	0.3	3,700	6,750	34	6,784
	能率向上	1,902	23	1,925		2,500	2,500
買収・取消による減			72	72	3,698	818	4,516
規制量		8,258	200	8,458	28,027	7,487	35,514
規制率		14.3	21.3	14.4	32.7	17.3	27.6
輸送見込み		49,440	739	50,179	57,643	35,748	93,391
輸送実績		39,853	583	40,436	77,283	21,972	99,255

注：百万トンkm、百万人km未満四捨五入。車両増強には車両改造を含む。
出所：計画は前掲「昭和十九年度交通動員計画」221、227、230〜231頁、実績は大蔵省・日本銀行『昭和23年財政経済統計年報』大蔵財務協会、1948年、706、709頁。

表3-73 1944年度民営自動車貨物輸送計画と車両整備計画（1944年5月）

（千トン、台）

		鉄道小運送	地方輸送	合計
輸送計画	大型	67,406	142,517	209,923
	小型	6,667	27,331	33,998
	計	74,073	169,848	243,921
大型車	前期末保有数	17,960	35,600	53,560
	前期末実働数	15,242	29,586	44,828
	新製数	1,976	3,833	5,809
	修理甦生数	0	200	200
	廃車数	1,225	2,383	3,608
	差引増減数	751	1,650	2,401
	今期末保有数	18,711	37,250	55,961
	今期末実働数	16,840	33,525	50,365
小型車	前期末保有数	10,130	55,636	65,766
	前期末実働数	6,807	38,572	45,379
	新製数	204	396	600
	廃車数	204	396	600
	今期末保有数	10,130	55,636	65,766
	今期末実働数	6,807	38,572	45,379

出所：前掲「昭和十九年度交通動員計画」235～237、239頁。

表3-74 1944年度小運送計画（1944年5月）

（千トン）

			第1四半期	第2四半期	第3四半期	第4四半期	合計
鉄道小運送	貨物自動車	大型	16,380	16,447	17,728	16,851	67,406
		小型	1,620	1,627	1,753	1,667	6,667
		計	18,000	18,074	19,481	18,518	74,073
	荷牛馬車		21,789	21,879	23,582	22,417	89,667
	荷車		3,126	3,139	3,384	3,216	12,865
	リヤカー		2,558	2,568	2,768	2,632	10,526
	その他		1,895	1,903	2,051	1,949	7,798
	合計		47,368	47,563	51,266	48,732	194,929
地方輸送	貨物自動車	大型	32,462	33,159	38,594	38,302	142,517
		小型	6,814	6,889	6,889	6,739	27,331
		計	39,276	40,048	45,483	45,041	169,848

出所：前掲「昭和十九年度交通動員計画」235、239頁。

表 3-75　1944 年度官営自動車輸送計画と車両整備計画（1944 年 5 月）

（輸送計画上段：千トン、下段千トン km、台）

		貨物	旅客
輸送計画		5,997	29,717
		66,790	326,887
車両整備	前期末保有数	1,199	789
	前期末実働数	1,162	745
	新製数	1,535	156
	今期末保有数	2,734	945
	今期末実働数	2,697	901

出所：前掲「昭和十九年度交通動員計画」232、233 頁。

用を制限して対応した。

　輸送計画の一翼を担う自動車輸送計画のうち民営事業については、表 3-73 のように計画された。大型車 3,608 台、小型車 600 台の廃車に対して、それぞれ 7,544 台、600 台の新製車や 200 台の修理甦生によって実働車の増強を図っている。鉄道小運送計画も第 1 四半期の 1,800 万トンから第 3 四半期には 1,948 万トンとし、年間で 7,407 万トンを維持し、地方輸送は第 1 四半期の 3,928 万トンから第 3 四半期に 4,548 万トンなど、年間 1 億 6,985 万トン（17 億 434 万トンキロ）に引き上げようとしていた。

　自動車以外の輸送手段を含む小運送の年間輸送計画を見たのが表 3-74 である。小運送業務では荷牛馬車など軽車両の拡充や、「その他」に含まれる発送者・荷受人などの運送事業者以外からの輸送協力にも大きく依存しようとしていた。

　そのほか、国鉄に付属した官営自動車事業の計画は、表 3-75 の通りである。新製車両 1,691 台に対して廃車を予定していないのは、計画にやや無理があるが、年度内に保有台数を倍増して、貨物輸送を第 1 四半期の 54.8 万トンから第 4 四半期には 135 万トンとし、年間 599.7 万トンの計画とした。

第 6 節　輸送計画と実績

1　第 1 四半期輸送計画

船舶保有の年間推移

　1944 年度輸送計画の実施状況を検証する前に、保有船腹の推移を概観しておこう。前章で見たように、新造船量は 43 年 12 月以来、月当たり十数万トンの水準を維持し、第 6 回行政査察で重点的増産措置がとられた結果、表 3-76

のように年度末の3月には新規稼働が急増し、24万総噸を超えることになった。鉄鋼増産政策のところで触れたように、こうした増産結果を利用して特別船舶を設定し、「雪達磨式」造船もスタートした。改E船に代表される粗悪な第2次標準船が中心ではあったが、年間では173万総噸余の船舶が稼働を開始し、戦時総動員体制の成果は発揮されたといえよう。しかし、255万総噸建造計画は早い段階から絶望的であった。44年度に入ると拿捕船、外国傭船はほとんどなく、沈船引き揚げ・損傷修復による再登録船も僅かになった。その一方、喪失・大破は44年2月にトラック島などで一挙に48万総噸に上った後も、毎月二十数万総噸となった。6月のマリアナ沖海戦では主力空母・艦船を大量に失い、サイパン島、次いで7月にグアム島を放棄したことで、西太平洋方面での制海権、制空権を失った。その後もパラオ諸島、フィリピン海域での戦闘によって9月から翌45年1月には毎月約40万総噸を喪失する事態となった。この結果、44年度はこれまでになく急速に船腹が減少した。喪失・大破は陸海軍徴傭船が中心であったが、一般民需船の貨物・貨客船の保有量も191万総噸から149万総噸となり、当初の輸送計画は早い段階から大きく変更された。

第1四半期海上輸送計画

　以下では、各四半期の海上輸送計画の立案や改訂の事情を経過を追って見ることとし、四半期ごとの計画と実績については後掲表3-101、3-102でまとめて概観することにする。

　第1四半期実施計画は、年度計画の大要が決定となった4月14日に策定された。汽船、各地機帆船による第1四半期の民需船海上輸送力は、前掲表3-52で見たように967.73万トンであったが、陸海軍徴傭船および連合輸送による物動物資輸送を加えて、物資別輸送計画をみたものが表3-77である。今年度から日満支輸送の石炭・コークス輸送に北部機帆船、西日本機帆船が協力し、それぞれ39.7万トン、308.9万トンの輸送にあたり、南鮮中継には、C船、運航機帆船のほか、朝鮮機帆船、関釜・博釜連絡船、陸軍徴傭機帆船がそれぞれ12.2万トン、7万トン、7.6万トンの輸送にあたることになった。輸送力の急落の中で、穀類輸送は年度計画の44.4％、肥料は30.4％が第1四半期に集中されたのは、農産品に季節性があることと、食糧確保の最小限度はなによりも

表 3-76　1944 年度の船腹（100 総噸

	増加船腹					減少船腹			
	新造船	拿捕船	外国傭船	その他	計	喪失・大破	海難	その他	計
44 年 3 月	246,540				246,540	221,963	17,577		239,540
44 年 4 月	133,825	5,294	318		139,437	151,108	11,661		162,769
44 年 5 月	158,260				158,260	247,748	8,008	990	256,746
44 年 6 月	144,062	13,871		3,690	161,623	272,572	7,376		279,948
44 年 7 月	144,466				144,466	220,920			220,920
44 年 8 月	105,197				105,197	262,125	10,067		272,192
44 年 9 月	198,610	3,142			201,752	356,272	1,371	440	358,083
44 年 10 月	152,014				152,014	491,244	3,957		495,201
44 年 11 月	130,394			531	130,925	426,297	2,993		429,290
44 年 12 月	143,808			1,398	145,206	165,194	2,966		168,160
45 年 1 月	135,847				135,847	379,460	3,752		383,212
45 年 2 月	164,400				164,400	82,843			82,843
45 年 3 月	121,617		318		121,935	175,714			175,714

注：増加船腹の合計欄には満洲置籍船 1,398 総噸（1944 年 12 月）を含む。新造船は当月中の稼働開始船腹。拿捕大破は当月に報告されたもの。その他は外国船の返船、船質・船格変更等。保有船腹は毎月 1 日現在。
出所：増減データは海運総局「海上輸送計画資料（仮題）」前掲『後期物資動員計画資料』第 12 巻所収、料 332 頁記載のデータによった。保有船腹データは、船舶運営会『船舶運営会々史　前編』（石川準吉編『国家ため、「差引増減」の数値と「総保有船腹」の動きは正確には連動しない。

優先せざるをえなかった事情を反映している。第 1 四半期のその他の重要資材や「その他」枠は抑えられた。

　南鮮中継も、第 1 四半期は年度計画の 20％に過ぎず、木造船の大増産による年度途中からの輸送力増強までは、脆弱な輸送力の中で棉花・羊毛を年間予定の 50％、穀類は 34.4％を第 1 四半期に集中させている。一方、石炭は年間計画の 13.3％、銑鋼は 23.6％、非鉄金属 17.6％、コークスは 12.5％にとどまり、鉄鉱石は年間では 23.5 万トンであるが、第 1 四半期は計画していない。こうしたことから、木造船の増産と朝鮮での鉱物増産・増送が年間計画の達成の鍵を握っていたことが判明する。

　表 3-78 のように日満支輸送の第 1 四半期計画は、前年度第 4 四半期実施計画の 626.96 万トンに対して、大量船舶徴傭があったことから、当初物動計画で 563.95 万トンと大きく縮小した。これは年度計画の 23％に過ぎないが、それは年度計画には船舶の急速な増産と、解傭による輸送力増強を見込んでいる

以上）保有量の推移

（増減：総噸、保有船腹：千総噸）

差引増減	総保有船腹	陸軍徴備船	海軍徴備船	一般民需船			
				貨物・貨客船	油槽船	特殊船	合計
7,000	4,656.2	981.1	1,078.4	1,938.6	412.2	245.9	2,596.7
-23,332	4,631.8	964.8	1,029.1	1,910.7	483.3	243.9	2,637.9
-98,486	4,620.5	986.0	1,044.4	1,856.6	486.2	247.3	2,590.1
-118,325	4,537.7	924.0	1,033.1	1,865.0	484.5	231.5	2,580.6
-76,454	4,416.2	849.6	915.3	1,915.9	508.2	227.2	2,651.3
-166,995	4,204.6	761.2	846.7	1,841.7	524.2	231.0	2,596.7
-156,331	4,025.9	747.0	819.9	1,718.3	529.0	211.7	2,459.0
-343,187	3,853.4	627.2	745.1	1,688.3	580.5	212.3	2,481.1
-298,365	3,511.1	493.2	609.5	1,599.8	595.8	212.8	2,408.4
-22,954	3,187.4	294.6	482.4	1,549.7	645.0	215.7	2,410.4
-247,365	3,148.5	294.1	446.3	1,542.5	613.6	222.0	2,408.1
81,557	2,891.1	302.6	420.8	1,441.8	504.2	221.7	2,167.7
-53,779	2,921.7	314.2	433.2	1,490.9	461.0	222.4	2,174.3

船には沈船を含む。その他は損傷修理および沈船引き揚げ後の登録船等。減少船腹の喪失

312、332頁。1944年8月以降のデータは、関係者による戦後の書き込みとみられる同資『総動員史』第9巻、1980年、1186頁）によった。両データは僅かではあるがズレがある

ためである。その後、前述のように輸送力の増強に向けてさまざまな対策が検討された。5月5日に陸海輸送・通信事業等を総合した1944年度交通動員計画が策定された際には、C船稼航率を1.35から1.48に約10%引き上げるという無理な操作をし、C船の年間輸送計画は6.8％引き上げられ、運航機帆船についても13％増強されることになった。

液体燃料の供給状況

しかし、その一方で、前掲表3-70で見たように国内最低液体燃料配給量としていた年128.1万klに対して、第1四半期配給実績の年度換算量は84.9万klと、33.7％減となった。海上輸送力の根幹を担うB重油に至っては、年間52.7万klの必要量に対して民間汽船用、機帆船用のB重油の配当計画は1943年度第4四半期の10万4,473klから第1四半期は9万1,987klに落ち込んだ。配当実績は5万5,767klと見込まれ[136]、年度換算で22.3万klとなり、年間計

表 3-77　1944 年度第 1 四半期物動物資海

	陸海軍徴傭船と連合輸送				甲地域	乙地域
	A 船	B 船	連合	計	C 船	C 船
石炭		20.0		20.0		
鉄鉱石			70.0	70.0		
銑鋼		10.0		10.0		
非鉄金属	70.3	71.7	27.5	169.5	91.8	0.3
コークス類	9.0			9.0	2.0	
セメント類						
油類						
ソーダ類						
紙パルプ						
棉花羊毛						
生ゴム	10.0		2.5	12.5		
塩						
木材						
穀類			24.0	24.0		31.8
砂糖						
燐鉱石	50.0		10.0	60.0		
肥料						
飼料						
油脂						
油糧種実	5.0		11.0	16.0		
その他	13.5			13.5		2.5
合計	157.7	101.7	145.0	404.4	93.8	34.6

注：日満支のその他は北海道機帆船、西日本機帆船による輸送。
出所：軍需省「昭和十九年度物資動員計画第一、四半期実施計画（案）」1944 年 4 月 14 日前掲『後期物

表 3-78　1944 年度 C 船輸送力の推移

（千トン）

	物動計画	交通動員計画 （稼航率 10％増強）	7 月 29 改訂計画 （23.1 万総噸分のタンカー改装）	8 月改訂計画 （10.5 万総噸増徴）
第 1 四半期	5,639.5	5,947.3	同左	同左
第 2 四半期	6,243.8	6,611.7	6,326.4	6,088.0
第 3 四半期	6,852.3	7,361.7	5,413.1	5,051.9
第 4 四半期	7,425.8	8,029.1	5,337.8	5,097.5
計	26,161.4	27,949.8	23,024.6	22,184.7

出所：軍需省「開戦以降物的国力ノ推移ト今後ニ於ケル見透参考資料」1944 年 8 月 10 日前掲『後期物資動員計画資料』第 10 巻所収、465 頁。

上輸送力の配分（1944年4月）

（千トン）

日満支				南鮮中継	合計
C船	運航	その他	計		
1,603.0		3,288.8	4,891.8	321.0	5,232.8
546.0			546.0		616.0
406.5	14.0		420.5	322.7	753.2
580.6	85.4		665.9	69.5	996.9
86.0	0.9	196.5	283.4	6.2	300.6
5.5	2.5		8.0		8.0
19.1			19.1		19.1
3.7	5.3		9.0		9.0
28.8			28.8		28.8
13.5			13.5	30.0	43.5
					12.5
244.0	21.0		265.0	40.0	305.0
25.0	5.0		30.0		30.0
440.0			440.0	586.8	1,082.6
55.5			55.5		55.5
54.0			54.0		114.0
135.8			135.8	90.0	225.8
16.0			16.0		16.0
0.1			0.1		0.1
18.9			18.9		34.9
5.58			6.6		22.5
4,288.5	134.1	3,088.8	7,907.9	1,466.2	9,906.8

資動員計画資料』第10巻所収、174～175頁。

画で57.7％減となる水準であった。満洲国、中華民国向けB重油も同様に、28.7％減、49.2％減となって[137]、南方物資の還送はおろか、日満支ブロック圏の物資輸送すら深刻な停頓状態に陥った。液体燃料配給の急減は、後述のように43年度の第1四半期をピークに南方還送石油が減少を続けたためであった。

交通動員計画の実施状況

　海上輸送計画の年間実績は後でまとめて概観するが、ここでは第1四半期の交通動員計画の実施状況を見ておこう。C船の輸送は、当初物動計画の563.95万トン、交通動員計画の594.73万トンに対して、逓信省の輸送計画としては

613.18万トンを目標としていた。これに対する実績は、前年度末の集中的な船舶竣工があったことから582.62万トンと比較的順調であった。とはいえ、四半期計画と実績が近い値を示すのは、太平洋戦争期を通じて今期が最後であり、しかも目標自体がやや低めに設定されていたことを反映していた。1943年度第4四半期の輸送実績594.8万トンからは2%減であり[138]、燃料配当が激減しつつあったことから、後述のように第2四半期以降は、深刻な計画の見直しが常態化する。

揚子江流域と海南島に多くを依存していた鉄鉱石は、揚子江での積取りが困難となり、海南島周辺も潜水艦攻撃と護衛艦不足で船団確保が困難となっていた。第1四半期の輸送実績は69.2万トンと前期の93.3%であり、1943年度下期からの逓減状況が続いていたが、126.8万トンであった前年度同期に比べると、一挙に54.6%となっており、これ以後品質の低い朝鮮鉄鉱石への依存を強めることになった[139]。

C船を含む甲地域からの輸送実績は表3-79の通りである。輸送計画の示達量は軍徴傭船、C船合わせて32万トン弱であったが、実績は24万トン余の76.1%にとどまった。特に軍徴傭船は喪失量が大きく、その実績は48.1%と不振であった。この中で、ボーキサイトについては、1944年度5.5万機という前年の2倍以上の航空機生産計画に沿ったアルミニウム生産計画に基づいて、大量輸送を求められていたため、その実績は計画を大きく超過した。この背景には、5月5日から数日にわたって開催された軍需省、軍令部、護衛総司令部関係者による還送会議での、ボーキサイトの貯鉱が前年末の30万トンから20万トンを切る事態になっているという訴えがあった。軍需省からは「もう南方航路も遠からず駄目になるだろう。いや、それ以前に船の数が少なくなって南方まではるばるボーキサイトを積取りに行くことなど許されなくなるだろう。それだから、現在、足下のあかるい中に、日満支間輸送の船をまわしても、できるだけ沢山、南方から、ボーキサイトを持ってきたい」との説明があった。この超過達成は、特別な輸送体制と船団護衛体制によって実現したものであった。従来、鉄鉱石、石炭に比べれば輸送量が少なく、輸送も大体順調であったボーキサイトについて、船舶の「護衛上問題になったのはこれが始めて」であったという[140]。同様の事情で、南方固有の資源である医薬品原料のキナ皮・キ

表 3-79　1944 年度第 1 四半期甲地域海上輸送計画と積地実績

(トン)

		AB 船		C 船		合計	
		示達	実績	示達	実績	示達	実績
ボーキサイト		59,500	38,070	75,500	135,570	135,000	173,640
マンガン鉱		12,500	7,060	8,500	400	21,000	7,460
銅鉱		25,000	14,841			25,000	14,841
クローム鉱		25,000	9,400			25,000	9,400
錫		4,050	100		500	4,050	600
石油コークス		7,000		2,000		9,000	0
生ゴム		1,500	1,131	11,000	3,495	12,500	4,626
コプラ		8,100	3,333	7,000	2,266	15,100	5,599
マニラ麻		7,500	415		315	7,500	730
カッチ		2,600	427		163	2,600	590
牛皮		1,500			50	1,500	50
キナ皮		250	193		209	250	402
キニーネ		30	33		105	30	138
ダマル・コパル		270	1,199			270	1,199
ラテックス		1,300			610	1,300	610
タングステン鉱				1,200	119	1,200	119
アンチモン鉱		250			15	250	15
鉛鉱				7,500		7,500	0
ヒマシ				900		900	0
鉄鉱石		50,000	22,050			50,000	22,050
示達外	鉛塊				220		220
	砂糖		80				80
	雲母				47		47
	モナザイト				188		188
	ジルコン鉱				70		70
	苧麻				13		13
	グリセリン		43				43
	屑鉄		395				395
	ボンタル炭		99				99
	塩		342				342
合計		206,350	99,211	113,600	144,355	319,950	243,566

注：B 船（海軍徴傭船）はボーキサイトの輸送のみ担当し、示達量 3 万 6,000 トンに対して 2 万 4,370 トンの実績であった。上記の積地実績のうち、海没したものは、ボーキサイト 7,500 トン、生ゴム 662 トン、キニーネ 91 トン、コプラ 445 トン、サイザル麻 770 トン、計 9,478 トンであった。実績のうち生ゴム 612 トン、マニラ麻 80 トン、キニーネ 41 トンはドイツ船舶によるもの。

出所：「輸送実績」前掲『後期物資動員計画資料』第 13 巻所収、307 頁。

ニーネ、耐水性塗料原料のダマル、コパルも計画以上の輸送量を達成した。しかし、鉄鋼・非鉄金属原料のマンガン鉱、銅鉱等は期中から内地、朝鮮の増産に重点を移したため軒並み低い達成率となった。そして7月のサイパン失陥以降、甲地域からの物資還送は、絶望的挑戦を繰り返し、輸送力は壊滅的状況へと突入する。

　C船稼航率の低下も深刻であった。第1四半期輸送計画は、日満支地域では1.41を前提として発足し、途中1.485にまで引き上げた。しかし、実績は1.293にとどまり、前年度第1四半期実績の1.521に比べ15％の減少となった。甲地域でも稼航率0.3とした計画に対して0.234にとどまり、前年度同期の0.426に比べて45％もの減少となり[141]、攻撃リスクの増大によって目標との乖離が進んだ。

　機帆船輸送計画も第1四半期は、辛うじて交通動員計画に近い実績となった。運航機帆船は40.83万トンに対して39.83万トン、北海道機帆船は39.98万トンに対して40.37万トン、西日本機帆船は292.81万トンに対して248.40万トンとなった[142]。しかし、この状況は増徴の影響が出た7月以降は一変し、その後沿岸輸送は一挙に崩壊していく。

　大量の海上輸送力を必要とする重要統制団体が排他的に利用する機帆船は、一般機帆船とは切り離して、専航機帆船としていた。この時期のその保有量は表3-80の通りであるが、運航状況は統制会専用船でも深刻であった。6月の運航実績を見ると、鉄鋼統制会は11万7,906トンの輸送計画に対して、5万

表3-80　専航機帆船運用状況（1944年7月）

物資所管	運航実務者	隻	総噸	輸送物資
鉄鋼統制会	日本製鉄	291	25,876	鋼材、鉄屑、鉄鉱石、石灰石
鉱山統制会	日産近海機船	137	12,433	銅鉱、銅、石灰石
化学工業統制会	日産近海機船	34	3,256	石灰石、消石灰
大蔵省物資	報国近海機船	15	905	塩
農商省物資	各地近海機船	247	19,580	木材、政府薪炭、肥料
雑	各地近海機船	159	15,367	雑
計		883	77,417	

注：原資料の集計ミスは修正した。雑は農商省所管物資ごとに地区別に業者を指定。
出所：海運総局「海上輸送計画資料（仮題）」1944年8月前掲『後期物資動員計画資料』第12巻所収、354頁。

3,197トンと45％にとどまった。燃料油の配当が計画の30％に過ぎなかったことが大きかった。化学工業統制会では輸送計画1万8,000トンに対して1万4,607トンと、84％を達成していたものの、燃料油の配当は鉄鋼統制会と同様に30％となり、専用船の輸送力も早晩急減する状況になっていた。

機帆船等の近海輸送をカバーするため、膨大な陸上輸送需要が発生した。鉄道では主要線区、連絡航路、水陸連絡施設、着駅施設等の増強で対応

表3-81　1944年度第1四半期貨物輸送実績

(千トン)

貨物輸送計画	48,103
同実績	46,109
達成率	95.9
前年同期実績	43,984
対前年同期	104.8

出所：運輸通信省「開戦以降海陸輸送力ノ推移、現状及見通」1944年8月11日前掲『後期物資動員計画資料』第10巻所収、439頁。

してきたが、労務、資材の制約によって、施設整備は遅れた。日中戦争・太平洋戦争にかけて急速に増強されてきた鉄道貨物輸送は、表3-81のように第1四半期は対前年度同期に比して4.8％増となったが、対計画実績率では95.9％にとどまり、結果的に、今期が戦時動員体制下のピークとなった。旅客輸送も1944年2月の決戦非常措置要綱に基づいて旅客の抑制を強化し、4月の定期旅客以外の輸送人員は対前年比11.6％減となった。一方、43年度下期は航空機工業や造船業の労働需要を満たすため、労働給源が枯渇したといわれるほど徴傭検査を徹底した[143]。この結果、工業地帯から離れた地区でも労務動員が強化されたため、通勤輸送は増え続け、第1四半期は対前年度35.9％増となった[144]。

2　第2四半期輸送計画

第2四半期海上輸送計画の策定

C船や運航機帆船の第2四半期輸送計画は、4月の年度物動計画でC船624.38万トン、運航機帆船66.22万トンの計690.6万トンとされ、5月の交通動員計画では稼航率の引き上げ等によってC船661.17万トン、運航機帆船63.21万トン、計724.38万トンと予定した[145]。しかし、5月の喪失船舶が多かったことから、軍需省は6月13日時点で計画を見直し、まず、1945年度第1四半期までの1年余のC船（一般船舶と特別船舶）の輸送見通しを、表3-82のように想定した。船舶保有量は、各月末保有量の3ヶ月合計であり、一般貨物船の月末保有量は100万総噸強であった。新造船は、今後月当たり13万総噸

表 3-82　1944 年度第 2 四半期から 45 年度第 1 四半期の C 船輸送力の見通し（1944 年 6 月）

(千総噸、千トン)

		6月	第2四半期	第3四半期	第4四半期	第1四半期
保有	一般貨物船	1,026.2	3,235.8	3,464.4	3,798.6	4,100.6
	一般貨客船	258.9	782.7	791.7	799.7	800.7
	特別船舶	5.9	308.1	561.6	870.1	1,123.6
新造船	竣工量	137.0	396.0	448.0	493.0	308.0
	稼働 一般船舶	80.4	304.0	332.0	361.0	302.0
	特別船舶		75.7	94.0	105.0	55.0
引揚	貨物船	4.0	12.0	12.0	2.0	0.0
	貨客船	1.0	3.0	3.0	1.0	0.0
喪失、A・B 補填		50.0	255.0	255.0	255.0	255.0
稼働	貨物船	800.6	2,516.8	2,792.0	3,126.6	3,367.6
	貨客船	259.9	785.7	794.7	800.7	800.7
輸送力	一般貨物船	1,635.3	5,140.8	5,702.9	6,386.4	6,878.7
	一般貨客船	178.0	538.2	544.4	548.4	548.4
	一般船舶計	1,813.3	5,679.0	6,247.3	6,934.8	7,427.1
	特別船舶	140.0	732.5	1,338.0	2,073.0	2,676.0
	合計	1,953.3	6,411.5	7,585.3	9,007.8	10,103.1

注：保有船腹量と稼動船腹量は各月末の 3 ヶ月合計。新造船は新規稼動船腹 3 ヶ月合計。
出所：軍需省「二／一九〜一／二〇海上輸送力ノ見透検討」1944 年 6 月 13 日前掲『後期物資動員計画資料』第 12 巻所収、250〜252 頁。

から 45 年 3 月には 18.6 万総噸、44 年度建造量は 162.77 万総噸と見込んだ。喪失や AB 船の補填は合わせて月 8.5 万総噸としため、輸送力は、一般船舶でも第 4 四半期には 700 万トン近くまで回復することを見込んだ。

さらに特別船による輸送力の見通しは、4 月の保有量 6.2 万総噸、月当たり輸送量 14.8 万トンでスタートし、第 2 四半期に入ると「雪達磨式」で増産された鋼材による追加船舶を加えて、7 月は 7.95 万総噸による 18.95 万トンの輸送力とした。こうして、1945 年 3 月には当初構想の保有量 40 万総噸には達しないものの、32.37 万総噸を運航することを見込んだ。これによって、月当たり 77.1 万トンの輸送力に達し、特別船舶による輸送力は年間 457.95 万トンになるとしていた。ただし、特別船舶の稼航率は 1.5 を超える非常に高い水準を想定していた。こうした予測を基に第 2 四半期の総合輸送力は 641.15 万トン

表 3-83　1944 年度第 2 四半期物動物資海上輸送力の配分（1944 年 6 月）

(千トン)

	甲地域				乙地域	日満支							合計
	A船	B船	C船	計	C船	A船	B船	C船	運航	その他	南鮮中継	計	
石炭							30.0	2,109.9	70.0	3,854.3	325.6	5,742.8	5,742.8
鉄鉱石						70.0	10.0	585.4			35.0	700.4	700.4
銑鋼								516.4	6.0		347.4	869.8	869.8
非鉄金属	76.8	41.7	129.8	248.3	0.3	41.1	30.0	641.1	267.0		125.2	1,104.4	1,353.0
コークス類	3.0		2.0	5.0				88.6		196.5	2.4	287.5	292.5
セメント類								6.8	6.5			13.3	13.3
油類						8.3		21.4				29.7	29.7
ソーダ類								2.9	6.1			9.0	9.0
紙パルプ								35.9	*13.5			35.9	35.9
棉花羊毛								26.4				26.4	26.4
生ゴム	1.0		11.0	12.0	0.3							0.0	12.3
塩						93.0		342.2			85.0	520.2	520.2
木材								34.0	6.0			40.0	40.0
穀類								103.2	24.0	328.8		188.0	540.8	644.0
砂糖						37.7		55.5				93.2	93.2
燐鉱石						60.0		28.6	25.4			114.0	114.0
肥料								79.6			90.4	170.0	170.0
飼料								17.5				17.5	17.5
油脂								2.4				2.4	2.4
油糧種実	8.5		7.5	16.0				15.7				15.7	31.7
その他	7.0			7.0	2.2			10.2				10.2	19.4
合計	96.2	41.7	150.3	288.2	106.0	334.1	70.0	4,581.4	387.0	3,404.0	1,199.1	9,975.6	10,369.7

注：日満支の「その他」は北海道機帆船、西日本機帆船によるもの。日満支 C 船の石炭輸送には、西日本機帆船の被曳船による 64.68 万トンを含む。＊運航機帆船の紙パルプ 1.35 万トンは王子機帆船によるもので外数。
出所：軍需省「二／一九供給力実施計画（第一分冊）（鉄鋼・軽金属・液燃関係ヲ除ク）」1944 年 6 月 12 日前掲『後期物資動員計画資料』第 10 巻所収、281 頁。

となり、交通動員計画には及ばなかったが、4 月の物動計画時の水準を超えると見込むことにした。そして運航機帆船と合わせた輸送力は 721.8 万トンとなり、ほぼ交通動員計画と同じになるとした。

民需 C 船、運行機帆船、陸海軍徴傭船の輸送計画を地域別・物資別に見たのが表 3-83 である。全体輸送量は第 1 四半期を 4.7％上回る計画となり、その 51.8％は石炭輸送にあてられた。しかし、C 船、運航機帆船ともに大幅な軍徴傭の結果、輸送力が削減されたため、その代わりに北海道機帆船や西日本機帆船とその被曳船が、大陸からの石炭輸送にも動員されることになった。このような輸送計画を基に、第 2 四半期物資動員実施計画が 6 月 30 日に閣議了解となり、最重要物資については第 1 四半期以上を目指し、年度計画を守ろうとした。

絶対国防圏の瓦解と南方物資の繰上還送

しかし、その直後の7月8日、サイパン島の戦況が絶望的になる中で、輸送計画が急変した。大本営政府連絡会議は、「作戦準備ノ促進並繰上輸送ニ関スル件」を決定し、第2四半期中に南方物資130万トン（液体燃料を除く）の還送を緊急に確保することになった。このため、陸軍徴備船38万総噸、海軍徴備船20万総噸を動員し、民需C船も既定の甲乙地域配船に加えて20万総噸を同地域に追加投入することになった[146]。その理由は、6月15日の米軍のサイパン島上陸であり、19日におけるマリアナ沖海戦で空母等の大量の艦艇と航空機を喪失したことであった。この南方物資の繰上還送は、大陸からの物資輸送計画を一時縮小せざるをえないものであったが、西太平洋の制海権、制空権を完全に喪失した以上、早晩南方物資全般の獲得が不可能になるため、重要物資の備蓄を最優先にしたのである。民需船の20万総噸は8月上旬頃から南方船団に加わった[147]。

7月11日の大本営政府連絡会議では、「燃料確保対策ニ関スル件」を決定して[148]、さらに第2四半期に南方石油80万kl を内地へ緊急還送することを計画した。このため、①情勢の許す限り海軍徴備船4万総噸をもって緊急輸送に協力すること、②陸海軍は南方集積用油槽船をもって一貫輸送に支障のない範囲でフィリピン方面までの還送に努めること、③第2四半期竣工予定の改A型船35隻、約23.1万総噸のうち、可及的多数を応急油槽船に改造すること、④第2四半期に竣工予定の漁船（鋼船）6隻、3,500総噸をドラム缶積載用に変更し、第3四半期竣工予定の漁船の一部も同様に変更すること、⑤1944年度内地での乙造船では、機帆船タンカー10万総噸以上を優先的に確保すること、⑥燃料還送用、分散保管用にドラム缶26万本を確保し、今後も大量に整備することを決定した。このほか、①日満での油田開発、②生産・貯蔵施設の防衛強化、③消費の高度規制を決定し、南方石油の途絶に備えた。こうした輸送力の南方抽出に配慮して、7月から9月の徴備船損耗分の補填は実施しないとしたものの、燃料輸送用などに8月から10月まで機帆船を徴備することを決定し、44年度の機帆船輸送力は2月の第1段増徴から第3段まで表3-84のように次々と抽出されることになった。

制海権、制空権の喪失は、軍内部における戦争継続意思を崩し始め、陸軍参

表 3-84　1944 年の機帆船の徴傭実施状況

(千総噸)

			国家使用船				一般地区船	合計
			物動船			専航船		
			運航	北海道	西日本			
第1段	2月〜3月	陸軍	9,300	5,400			2,800	17,500
		海軍	10,050	7,450				17,500
	合計	計	19,350	12,850			2,800	35,000
第2段	3月〜4月	陸軍	7,000		28,000	3,000	2,000	40,000
		海軍	3,000		10,000		7,000	20,000
	5月	陸軍			15,000		5,000	20,000
	6月	陸軍	7,000	6,000		2,000	5,000	20,000
	合計	陸軍	14,000	6,000	43,000	5,000	12,000	80,000
		海軍	3,000		10,000		7,000	20,000
		計	17,000	6,000	53,000	5,000	19,000	100,000
第3段	8月	陸軍	9,500			500		10,000
		海軍	9,500			500		10,000
	9月	陸軍	9,500			500		10,000
		海軍	9,500			500		10,000
	10月	陸軍	9,500			500		10,000
		海軍	9,500			500		10,000
	合計	陸軍	28,500			1,500		30,000
		海軍	28,500			1,500		30,000
		計	57,000			3,000		60,000

注：第1段の徴傭は 1944 年 2 月 9 日決定、全て新造戦時標準船。第 2 段の徴傭は 3 月決定、10 万総噸中、2 万総噸は新造戦時標準船。第 3 段の徴傭は 7 月決定、6 万総噸中 5 万総噸が新造戦時標準船。

出所：海運総局「海上輸送計画資料」前掲『後期物資動員計画資料』第 12 巻所収、330〜331 頁。

　謀本部では 7 月 1、2 日の戦争指導班の会合で、1945 年春頃を想定した戦争指導を検討した。その結果は「今後帝国ハ作戦的ニ大勢挽回ノ目途ナク而カモ独ノ様相モ概ネ帝国ト同シク、今後逐次『ジリ』(ママ)貧ニ陥ルヘキ以テ速ニ戦争終末ヲ企図ストノ結論ニ一致[149]」するというものであった。この直前の 6 月には、戦争指導班長の松谷誠が、前年 9 月の絶対国防圏を設定した「今後採ルヘキ戦争指導ノ大綱」を見直し、ドイツ崩壊後にソ連を通じた和平工作を開始すべきことなどの意見をまとめている[150]。

東條内閣の総辞職

　東條内閣総辞職に到る経緯は周知のことであるが[151]、簡単に経過を見ておこう。援蒋ルートの遮断を目的に 3 月から開始されたインパール作戦は甚大な被害を出して 7 月 3 日に中止が決定され、重慶政府に対する局面打開の糸口を失い、7 月 7 日のサイパン島玉砕は、絶対国防圏を掲げていた東條内閣にとって致命傷となった。11 日の閣議では「科学技術者動員計画設定要綱」、「航空機緊急増産ニ関スル非常措置ノ件」が決定され[152]、航空機および関連工業の増産に向けた技術者、学徒の動員強化を図るとともに、工作機械工業の「大部分ノ工業力ヲ以テ、直チニ航空機部品ノ生産ヲ担当」させ、官庁・学校・民間技術者の「多数ヲ航空兵器ノ生産ニ動員」することを決定した。所要資材は、陸海軍官需等より転用し「絶対的ニ其ノ充足ヲ図」り、「勤労ハ国民各層ノ動員ニ依リ絶対的ニ之ヲ確保ス」るなど、激しい語句が並ぶ文書となり、このために必要な措置が地方長官等を通じて全国に通牒された。この要綱は、サイパン島玉砕時の現地指揮官の最終電報に、航空機配備の強い希望があったことから、軍需省係官が集まり、「半時間余にして全会一致纏め上げた」ものであった。しかし、閣議に出席していた重光外相は「一時的興奮に基く現内閣一流の作文」と評し、「机上の空論を以て現実を蔽はんとする感を与ふ」との思いを抱いていた。安藤紀三郎内務大臣も、「本案の遂行は一般国民の強き支持を要す」、「今日の政情は遺憾乍ら一般国民の支持を期待し得られず」と、「相当激越なる口調」で現政府から人心が離反していることを指摘した[153]。実際、労働給源はこの時期には枯渇しており、学徒以外の動員対象はほとんどなかった。工作機械工業による航空機部品の生産も、その後ほとんど手つかずに終わった[154]。一方、岸軍需次官兼国務大臣は、「サイパンを奪はるれば生産は不可能なり」と 3 度東條に伝えていたが、空襲に対しては「工場を地下に入るべしとの返事にて、何とも手が付けられず、進退に付て苦慮しつつあり」と重光が観察するほど[155]、閣内の亀裂は広がっていた。

　岡田啓介らの重臣たちは、この少し前より東條の辞任を求め、特に海軍関係者が嶋田海軍大臣の辞任を強く主張した。これに対して東條は、こうした政変は、1943 年 7 月のムッソリーニ失脚後に新首相バドリオの下で終戦を模索した結果、内戦状態になったイタリアと同じ状況を作り出すとして反発した。内

閣改造で事態の乗り切りを図る東條に対し、7月13日木戸内大臣は、天皇の意向として、①両統帥部総長と陸海軍大臣の兼任を解き、職務に専念する体制とすること、②嶋田繁太郎海軍大臣を更迭すること、③重臣および指導者層から入閣させることの三つの条件を示した。同日、天皇からも改めて木戸提案への同意が東條に示された。嶋田との協力体制を固め、部分改造で乗り切ろうとした東條は追い詰められ、直ちに嶋田海相の更迭を決めて、17日に呉鎮守府司令長官の野村直邦を後任とした。次いで航空機増強のため、東條が兼任した軍需大臣の後任に藤原銀次郎国務大臣を選任し、軍需次官兼国務大臣としてきた岸信介を更迭して、重臣の入閣のために無任所大臣ポストを空けようとした。しかし、あらかじめ木戸と打ち合わせていた岸に辞任を拒否され、逆に内閣総辞職を求められる事態になった[156]。

　追い打ちをかけるように、17日夜には倒閣派の中心となった岡田啓介が平沼騏一郎、若槻礼次郎、広田弘毅、近衛文麿、米内光政らと会合をもち、重臣らに入閣の意思のないことや、「内閣の一部改造の如きは何の役にも立た」ず、「人心を新にすることが必要」であるなどの見解をまとめた。この会合の内容を聞き、重臣たちとりわけ海軍側の要となる米内の入閣を望めないことを確認した東條は18日に辞任するに至った[157]。

小磯国昭内閣と第5次船舶増徴

　しかし、絶対防衛圏構想が破綻し、1944年7月22日に小磯国昭（首相）、米内（海相）の連立内閣が発足しても、終戦に向けた動きが表面化するわけではなかった[158]。7月8日の大本営政府連絡会議決定の繰上還送計画は、陸軍徴傭船と民需船の追加投入によって進めることになっていたが、新内閣の発足直後の8月3日には、その具体化のため、第5次増徴が決定された。民需船（主に貨客船）を陸海軍それぞれ5万総噸の規模で7～8月に徴傭し、7月の陸海軍徴傭船の損耗分のうち3.5万総噸も民需船から補塡することになった[159]。民需船のうち往路に陸軍の軍需物資を輸送する配当船は、42年7月の制度発足以来、常時13～14万総噸が利用されてきたが、44年6月には17万総噸台、8月には22万総噸台となって危険な南方海域への動員が強化され、10月まで高い水準にあった。これに加えて、12月末までの輸送計画を繰り上げるための臨時配

当船が7月半ばから設定され、10月1日時点で貨物船94隻、40万総噸、貨客船15隻6.4万総噸、計109隻46.4万総噸が、南方海域へ投入された。これは、民需船（C船）保有量の36％（稼働船の45％）、1,000総噸以上の大型船舶だけでみれば45％（稼働船の57％）が抽出、投入されたことになった[160]。このため、民需船・徴傭船の厳格な総合運用が求められ、統帥部と物動輸送当局によるABC総合輸送会議も開催された[161]。しかし、この一連の決定は前掲表3-76のように大量の船舶喪失を引き起こした。

　8月4日、大本営政府連絡会議は、会議の名称を最高戦争指導会議と改めるとともに、必要に応じて国務大臣、参謀次長・軍令部次長等を出席させ、新たな構成メンバーによる情報の共有によって「戦争指導ノ根本方針ノ策定及政戦両略ノ吻合調整」を図ろうとした[162]。しかし東條、嶋田に代わった新任の小磯首相、梅津美治郎陸軍参謀総長、及川古志郎海軍軍令部総長らによっても、戦争指導方針は転換されなかった。8月19日の最高戦争指導会議の審議事項「世界情勢判断」では、戦局の深刻な状況やドイツ敗北の可能性を伝える一方で、ソ連参戦の可能性は否定し、「帝国ハ欧州情勢ノ推移如何ニ拘ラス決戦的努力ヲ傾倒シテ敵ヲ破摧シ政略的施策ト相俟ツテ飽ク迄モ戦争完遂ニ邁進セサルヘカラス」との認識をまとめた。

　さらに同日の最高戦争指導会議で決定された「今後採ルヘキ戦争指導ノ大綱」によって、本年後期に戦力を最高度に発揮するとして、以下の方針が確認された。①太平洋方面の米軍主力を撃滅する、②南方重要地域を確保し、圏内海上交通を保全する、③インド洋方面は現態勢を保持する、④重慶政府地域からの本土空襲を封殺し海上交通の妨害を制扼する。このための施策として、①「国体護持」の精神の徹底、敵愾心の「激成」、②統帥と国務の連携緊密化、③航空戦力の急速増強、④国内防衛体制（防空施設）の促進、⑤日満支地域、南方地域の自活自戦態勢の促進などが決定された。小磯内閣は最高戦争指導会議の開催に向けて開戦以来の海上輸送力の推移、主要物資、燃料供給の推移に関する大部なデータを「帝国国力ノ現状」[163]としてまとめており、国力の絶望的状況は明らかになっていた。にもかかわらず、太平洋の米軍主力部隊の撃破や南方重要地域の確保、日満支地域・南方地域の自活体制など、実現可能性のない無謀な戦争完遂方針を打ち出した。

海上輸送計画の改訂とその実績

　動員行政は南方資源の確保にあらゆる手段を尽くした。液体燃料問題から改A船を改装し、油槽船23.1万噸を補充する計画が策定され、汽船、機帆船が増徴された結果、第2四半期以降の海上輸送計画もまた前掲表3-78のように改訂された[164]。5月の交通動員計画の策定時に、海陸総合輸送力の強化、港湾荷役力の増強などで稼航率を1割引き上げ、輸送量の増加を目指したが、第2四半期の輸送計画では、さらに稼航率を2割引き上げて、C船と特定機帆船（運航・北海道・西日本）の輸送計画は770万トン（南鮮中継を除く）[165]とした。しかし、運輸通信省の8月11日の見通しでは、①20万総噸の南方への抽出によって稼航率の低下は避けがたく、実績予想は計画を下回ること、②甲造船の建造は年間190万総噸、うち貨物船130万総噸と想定されているが、資材と燃料の不足から改訂される可能性があること、③新たな徴傭はないと想定しているが、最近の戦局では予想はしがたいこと、④海上輸送の危険性は一層高まること、⑤船舶用燃料の確保はさらに困難になることが指摘されていた。既に255万総噸建造計画は輸送計画の前提とはされておらず、汽船輸送力の達成見通しは、年間2,218.5万トンとなり、当初物動計画の84.8％、交通動員計画の79.4％という事態になっていた。無任所の国務大臣として楽観的見通しを提示し続けてきた藤原も、軍需大臣としてついに国内での増産に悲観論を展開するようになった[166]。

　汽船輸送力の不足を補う機帆船等の木造船の輸送力についても、1943年9月から50総噸以上の機帆船を国家管理船として物動物資の輸送に当ててきたが、前章で見たように43年度の建造実績は国内50万総噸の目標に対して12.1万総噸にとどまり、木造船輸送力の増強は遅れていた。44年度の国内建造計画は、4月に戦時型貨物船40万総噸、同油槽船5万総噸、その他5万総噸の計50万総噸と決定された。4ヶ月を経過した7月末時点の建造実績は10.8万総噸と、建造ペースを上げつつあった。しかし、民需用の機帆船船腹は7月1日時点で21万3,400総噸に過ぎず、北海道炭、九州炭の輸送、南鮮中継や瀬戸内海物資の輸送は、44年3月以降の機帆船の軍徴傭によって縮小した。中でも西日本機帆船に関しては、天候不順もあって「輸送力激減ノ状況」であった。

運行機帆船と北海道機帆船、西日本機帆船を合わせた機帆船輸送計画は、表3-85 の通りである。5 月策定の交通動員計画では第 1 四半期の 373.6 万トンから、第 2 四半期に 450.3 万トンに増強した後、その水準を維持して、年間で 1,679.2 万トンを予定していた。しかし、西日本では 5 月以降実績が低下し、運航機帆船、北海道機帆船ともに 7 月以降は急落した。特に運航機帆船の輸送力は深刻な事態となり、9 月からの改訂計画で立て直そうとしているものの、状況は逼迫していた。8 月時点の軍需省の見通しでは、残存船腹の稼働は確保するとしていたが、燃料規制によって新造船分の稼働は「殆ド期待シ得ズ」、11 月からは既存船腹の稼働も「漸次稼働シ得ザル状況ニ立到ルノ公算大ナリ」とされ[167]、さらに 1945 年度には年間の 3 社輸送力が 246.8 万トンになるという壊滅的な見込も示されていた[168]。このため、燃料を節約できる被曳船輸送の「画期的増強」を図り、曳船・被曳船の大量建造と代用燃料化を進めることになった。また、燃料問題に対応して、①木造油槽船の建造に主力を置く、②石炭焚曳船、被曳船の建造に主力を置く、③標準貨物船、漁船の代用燃料化を促進する、④港内艀の建造を強化する、⑤港内艀・被曳船の修理を強化する、

表 3-85　1944 年度機帆船輸送計画の実績と見通し

		第 1 四半期	第 2 四半期			
			7 月	8 月	9 月	計
運航機帆船	交通動員計画	408,303	185,708	210,288	236,084	632,080
	実績	398,300	99,100	40,000		
	改訂計画				143,328	539,324
北海道機帆船	交通動員計画	399,810	196,720	226,295	256,095	679,110
	実績	403,700	151,100	150,000		
	改訂計画				184,485	607,500
西日本機帆船	交通動員計画	2,928,059	1,054,196	1,064,681	1,072,842	3,191,719
	実績	2,484,030	681,854	600,000		
	改訂計画				683,900	2,802,777
合計	交通動員計画	3,736,172	1,426,624	1,501,264	1,565,021	4,502,909
	実績	3,286,030	932,054	790,000		
	改訂計画				1,011,713	3,949,601

注：改訂計画の年間合計は、8 月までの交通動員計画と 9 月以降の改訂計画の合計。
出所：海運総局「海上輸送計画資料（仮題）」前掲『後期物資動員計画資料』第 12 巻所収、357 頁。

⑥標準貨物船の建造を減らし、極力外洋航行に適するように船質と構造を改善するなどの方針をとることになった[169]。なお、コーライト等の代用燃料炭の積載量が増加したことから、数％の積載率低下が生じ、速力は約3割低下した。また速力低下による天候待ち等の滞船日数は西日本機帆船で1割増、運航機帆船・北海道機帆船で1.5割増となり、稼航率は2割から3割低下することが見込まれて、下期の輸送計画を一層制約した[170]。

鉄道輸送計画の実績

鉄道輸送についても、1944年度は1億9,400万トン（501億8,000万トンキロ）の貨物輸送を目指していた。これは、日中戦争開戦の37年度の1億3,081万トン（189億2,300万トンキロ）に対して、重量で1.48倍、輸送トンキロで2.65倍という計画であった[171]。この間着実に輸送力を増強してきた鉄道貨物であったが、44年度第2四半期に入ると輸送力は低迷し、石炭1,288万トンなど総計4,725万トンの計画[172]に対して、実績は4,360.5万トンと、前期の5.3％減、前年同期の1.1％減となった。貨車生産は、主要鉄道車両製造会社が、44年1月に軍需会社法に基づく第1回の軍需会社指定の対象となり、資材の集中配当によって旅客列車を貨車へ転用したが、陸運転移輸送による非効率、小運送力の逼迫によって運用効率は低下し、車両の酷使による故障の増加などによって、輸送力は「極度ノ急迫ヲツゲツツアル現状」であった。日中戦争の勃発以来、大陸・南方方面に機関車464両、貨車5,609両、客車等140両を供出したことの影響も、ここにきて無視しえなくなっていた。

10月の時刻表改正によって、九州炭100万トン、北海道炭50万トン、南鮮中継物資50万トン、南方物資100万トンなど、450万トンの増送を目指すことになったが、

（1944年8月）

（トン）

第3四半期	第4四半期	計
656,474	728,557	2,425,414
428,435	446,621	1,822,683
828,257	988,568	2,895,745
596,609	718,156	2,322,075
2,735,746	2,614,951	11,470,475
1,902,700	2,132,000	9,765,536
4,220,477	4,332,076	16,791,634
2,927,744	3,296,777	13,900,294

第2四半期の物動配当は、8月頃から増送計画に要する車両施設等の一部の拡充工事を中断し、所期の増送計画の6、7割は「放棄セザルヲ得ヌ実情」になった。そして「空襲必至ノ情勢」にもかかわらず、鉄道防備の強化は「到底望ミ難シ」と見られた。現状の物動配当計画では、鉄道輸送の今後の拡充は「殆ド期待スルヲ得ズ」、既定の転移輸送計画の達成も不可能となった。「現有輸送力ノ維持、補修ニ対シテスラ危惧ナシトセズ」という状況から、対前年8.7%の増送を計画した1944年度輸送計画は「根本的ニ再編成」しなければならなくなった。45年度も「現在以下ニ低下スル」と見込まれた[173]。

3 下期輸送力の見通し

小磯内閣の輸送力見直し作業

小磯内閣発足にあたり、開戦以降の国力の推移と今後の見通しが改めて検討されたことは既に見た通りである。この一環として、8月から10月にかけて1944年度交通動員計画は全面的に見直されることになった。以下では、新内閣の下での総動員計画の再検討作業を見ていこう。8月末時点での下期のC船保有の見通しは、表3-86の通りである。第3四半期当初のC船の保有船腹は貨物船101.54万総噸、貨客船18.75万総噸の合計120.29万総噸と見込まれた。新造船21.1万総噸など増加分24.09万総噸に対して、陸海軍徴傭船の補塡分と喪失大破分を月当たり8.5万総噸、またC船の往航時に大量の軍需物資輸送を担うことになったABC総合輸送によって民需専用船の輸送力は相当低下すること

表3-86　1944年度下期C船輸送力の見通し（1944年8月末時点）

（船腹：千総噸、輸送力：千トン）

		第3四半期	第4四半期
前期末C船保有船腹		1,202.9	865.7
増加分		240.9	160.0
うち新造船		211.0	157.0
減少	AB補塡喪失大破	255.0	255.0
	総合輸送損耗	158.3	
差引使用C船船腹		3,203.4	3,061.5
下期推定輸送力		5,685.6	5,423.9
交通動員計画輸送力（5月）		7,361.7	8,029.1
減少分		1,676.1	2,605.2
原因	甲造船計画改定	1,035.3	2,605.2
	総合輸送損耗	581.8	841.5
	その他	59.0	66.3

注：総合輸送損耗は、ABC総合輸送によるC船稼航率低下による損失分。差引使用船腹は各月保有船腹の3ヶ月合計。
出所：前掲「海上輸送計画資料（仮題）」342頁。

から、物動物資の輸送に使用可能な船腹は3ヶ月合計で320.34万総噸にまで落ち込むことになった。総合輸送は、第1四半期に実施された連合輸送が徴傭船とC船の部分的な相互協力計画であったのに対して、南方物資還送の余裕を全く失った陸海軍がフィリピン防衛に大規模増徴を要求する代替措置としてC船の往航を軍需物資輸送に利用したものであった[174]。これによって第3四半期の輸送力は568.56万トンとなり、5月の交通動員計画よりも167.61万トンも縮小すると見込まれた。その原因の多くは「雪達磨式」で見込んだ甲造船計画が大幅に落ち込んだことであり、南方域での稼航率の低下も影響していたが、C船による軍需輸送協力を組み込んだ総合輸送による損失も大きかった。第4四半期になるとABC総合輸送のための新たな減少分はないものの、新規造船が落ち込み、さらに輸送力は縮小すると見込まれる事態になった。このため、8月から9月にかけて輸送力の捻出作業が続けられた。

機帆船増徴後の輸送力見通し

　7月の機帆船増徴によって、下期の機帆船輸送計画も組み直された。前掲表3-85のように、第3四半期の機帆船輸送計画は、5月の交通動員計画で422万トンとされていたが、8月の改訂によって292.8万トンとなった。特に西日本機帆船と運航機帆船の能力は激減した。しかもこれには重油配当不足が考慮されておらず、第3四半期の28％減と見込まれる船舶用B重油に関して、汽船向けを優先すれば、機帆船各社の第4四半期計画は破局的な事態が予測された。運航機帆船は全面停止となり、北海道機帆船は計画の40％減、第3四半期見通しに対しては28％減となった。西日本機帆船では計画の59％減、第3四半期の54％減という見通しすら策定されていた[175]。

　第3四半期の海上輸送については、9月末時点で日満支間のC船輸送力が特定機帆船（運航・北海道・西日本）を含めて約570万トン（南鮮中継を除く）になった。これは、第2四半期改訂計画（8月）の約770万トンより約200万トン少なく、このうちC船は約230万トンで、これも第2四半期改訂計画より約100万トン、当初計画より約200万トンの減少となった。その原因は、8月から9月にかけて合計20万総噸の船腹が南方に抽出され、「内地帰還ガ著シク遅延」したことによるが、稼航率を引き下げたことにもよっていた[176]。

ABC 船の一体化による南方輸送力の捻出構想

　輸送計画の立案方針にも、C 船による軍需物資輸送の拡大に向けて次のような工夫が見られた[177]。①南方物資については、8 月 3 日決定の第 5 次増徴 10.5 万総噸に伴って、ABC を一体化した総合輸送方式とし、フィリピンで軍需物資を下ろした復航等で物動物資を還送する。②新規の南方配船を、シンガポール、フィリピン方面 10 万総噸、海南島 5 万総噸と設定し、この輸送計画は別途策定すること。③一般船舶・特別船舶の日満支輸送計画を総合的に樹立し、能率を上げること。④陸運転移の徹底強化、交錯輸送・遠距離輸送を規制すること。⑤汽船・機帆船の総合運送、特に九州炭・北海道炭の汽船輸送を支援すること。⑥第 3 四半期に北海道コークス 3.5 万トンなど 4 万トンの輸送を鉄道に転換し、捻出した船舶で石炭 8 万トンを日本海側に増送すること。⑦農産物増産を刺激するべく北海道産の馬鈴薯 1 万トンを増送すること。これは危機に

表 3-87　1944 年度第 3 四半期物動基礎輸送力および下期交通動員調整計画（1944 年 10 月）

（千トン）

			第 3 四半期	第 3 四半期	第 4 四半期
			物動基礎輸送力	交通動員計画暫定調整措置	
海上輸送力	C 船		5,200.6	5,200.6	4,961.6
	特定機帆船	運航機帆船	428.4	240.4	58.2
		北海道機帆船	596.6	573.0	561.3
		西日本　機帆船	1,470.6	1,334.6	682.0
		帆船・被曳船	432.1	418.6	512.2
		小計	1,902.7	1,753.2	1,194.2
	計		8,128.3	7,767.2	6,775.3
	石炭緊急増送		157.2	922.2	
鉄道輸送	計画物資			39,663.0	37,023.0
	その他			8,904.0	7,568.0
	計			48,567.0	44,591.0
	石炭緊急増送			120.0	
陸上小運送可能量				136,863.0	135,741.0
陸上小運送増送目標				6,250.0	5,289.0

出所：運輸通信省・軍需省「昭和十九年度交通動員計画調整暫定措置ニ関スル件」1944 年 10 月 8 日前掲『後期物資動員計画資料』第 13 巻所収、6 頁。

瀬した南方物資輸送に配船を集中し、一般・特別船舶に区分された船舶の総合運用や、汽船・機帆船の総合運用によって輸送効率を高めようというものであったが、南方輸送、日満支輸送、内地石炭輸送のいずれもが危機的状況にあることを示すものであった。

第3四半期物動計画の「基礎輸送力」は表3-87のように、C船520.1万トン、運航・北海道・西日本の特定機帆船と合わせて812.8万トンであった。これに石炭緊急輸送対策として、15.7万トン分の捻出を計画に組み込んだ。C船輸送力は8月末の予測よりもさらに縮小した。同表には「基礎輸送力」だけでは深刻な不足を来す石炭問題に対処するため、10月8日に策定された「下期交通動員計画暫定調整措置」も掲げた。1944年度の輸送計画は、当初、年度末に向けてC船や機帆船等の木造船も徐々に増強されることを前提にしていたが、徴傭船の補填分や大破喪失分を見込むと、第4四半期には一層縮小すると見込まれた。各地の機帆船運航会社から外洋に使用可能な優良機帆船を抽出して設立された運航機帆船などは、軍の大規模徴傭によって使用船舶を失い、それに重油配当規制が加わり休止に近い状態となった。

10月時点の下期の燃料需給見通しは表3-88の通りである。民需船舶用のB

表3-88　1944年度下期民需船舶用B重油需給見通し（1944年10月）

(kl)

			第3四半期				第4四半期	
			10月	11月	12月	計	所要量	配当量
供給量			23,175	19,184	16,065	47,411		36,354
汽船			5,745	6,147	6,549	18,441	21,393	21,393
機帆船	特定	運航機帆船	1,136	915	1,009	3,060	3,358	0
		北海道機帆船	1,315	1,759	1,837	4,911	5,924	4,463
		西日本機帆船	2,910	2,764	2,843	8,517	9,481	3,634
		小計	5,361	5,438	5,689	16,488	18,763	8,097
	一般機帆船		3,191	1,840	2,015	7,806		3,714
その他沿海輸送			1,712	1,712	1,712	5,136		3,000
試運転用			100	100	100	300		300
配当合計			16,109	15,237	16,065	47,411		36,354
繰り越し			7,066	3,947	0			0

出所：前掲「昭和十九年度交通動員計画調整暫定措置ニ関スル件」24頁。

表 3-89　1944 年度第 4 四半期遊休機帆船と活用見通し（1944 年 10 月）

（船腹：千総噸、輸送力千トン）

		運航機帆船		北海道機帆船	
		1月	3月	1月	3月
保有	在来機帆船	36,400	36,400	14,300	14,300
	新造機帆船	79,950	86,600	88,710	103,360
	合計船腹	116,350	123,000	103,010	117,660
控除	軍徴傭	47,200	47,200	0	0
	南方重油積取船	8,400	8,400	2,400	2,400
	その他	900	900	0	0
差引船腹量		59,850	76,500	100,610	115,260
（*同輸送力）		80,741	89,040	209,269	239,741
基本遊休船腹		59,850	66,500	19,557	25,185
活用船腹	軍その他緊急物資	7,000	7,000	3,000	3,000
	汽船曳船	13,500	13,500	3,000	3,000
	西日本振替	20,000	20,000		
	友曳			7,000	7,000
	計	40,500	40,500	13,000	13,000
非活用遊休船腹		19,350	26,000	6,557	11,284

注：＊「差引船腹量」の輸送力は、運航機帆船の場合、総噸の積噸換算を在来船 1.5、新造船 1.3、稼航率 1.2、稼働率 80％で算出。北海道機帆船の場合、積噸換算と稼働率は同じ、稼航率 2.0 で算出。
出所：前掲「昭和十九年度交通動員計画調整暫定措置ニ関スル件」18、20、26 頁。

　重油配当は第 3 四半期 4 万 7,411kl と辛うじて最小所要量を満たしたものの、第 4 四半期は 3 万 6,354kl に縮小し、月当たり 1 万 2,118kl となった。この配当量の結果、月末の B 重油在庫（繰り越し分）は、6,157kl の特配があった 10 月には 7,066kl であったが、以後は急減し、12 月末には皆無となる状況であった。このうち汽船用を第 3 四半期 1 万 8,441kl、第 4 四半期 2 万 1,393kl 分確保すると、第 4 四半期の運航機帆船向けはなくなった。重油焚き機帆船はほぼ運航不能になり、石炭輸送の根幹を担う北海道機帆船も大幅に輸送力を低下させると見込まれた。

　第 4 四半期に生じる遊休船舶とその活用方法も検討することになった。10 月時点で予測される運航機帆船と北海道機帆船の第 4 四半期運航船舶は、表 3-89 のようになり、運航機帆船は保有量から軍徴傭船等を控除すると 6 万総噸から 7 万総噸であったが、そのほとんどが基本的に遊休船舶になると見込ま

れた。北海道機帆船も運航船舶の2割程度が遊休化し、新規建造の分だけ遊休船腹も増える事態になった。このため一部を軍用ないし燃料特配による緊急物資の輸送用とし、一部は稼航率は低下するものの、汽船曳舟や友曳による活用を図ることになった。さらに運航機帆船の2万総噸を西日本機帆船に振り替えて、九州炭輸送にあたることにした。しかし、西日本機帆船の基本遊休船腹も1月の7万6,846総噸から3月には12万2,837総噸に増加する見込みで、その一部を汽船曳航で活用することになる見通しであった。このため、運航機帆船からの振替船も友曳として利用することが予定された。しかし、こうした転活用によっても、西日本機帆船の非活用船腹は1月の6万4,846総噸から、3月には11万873総噸に増加するとみられていた[178]。可能な限りの弾力的な配船調整を繰り返しても、燃料不足による沿岸輸送用の機帆船の遊休化は避けられず、国内の海上輸送力は急速に低下する見通しであった。

陸運輸送力の見通し

表3-90は、国有鉄道の貨物輸送について、5月決定の交通動員計画と上期の実績を踏まえて10月に改訂した下期計画である。交通動員計画では着実に前年同期を上回る計画を組んでいたが、第2四半期から輸送力はわずかに縮小し、計画と実績の乖離が広がり始めた。それでも第3四半期計画は4,858.7万トン（128億8,000万トンキロ）と、輸送距離を延ばして交通動員計画の水準まで引き上げ、海上輸送を補強するため、国鉄による中継輸送の増強を図った。

表3-91のように各地の中継輸送計画は、5月の交通動員計画では上期から

表3-90　1944年度国有鉄道貨物輸送計画の上期実績と下期改訂計画（1944年10月）

（上段：千トン、下段：百万トンキロ）

	第1四半期	第2四半期	第3四半期	第4四半期	合計
国鉄貨物輸送上期実績と下期改訂計画	*46,656 *11,981	*44,882 *11,723	48,587 12,880	44,591 11,960	184,716 48,545
交通動員計画上期計画と下期改訂計画	47,685 12,108	47,893 12,159	50,833 12,924	48,477 12,249	194,888 49,441

注：＊印は実績（9月分は推定）。
出所：前掲「昭和十九年度交通動員計画調整暫定措置ニ関スル件」30頁。

下期にかけて2割程度の増強を想定していた。第1四半期の実績は90.3％の達成率であったが、第2四半期には74.3％と、無理に引き上げられた計画と縮小する実績との乖離が大きくなった。10月初めに策定された下期改定計画では、北支・満洲炭等の日本海側中継を部分的に放棄しつつ、交通動員計画の水準には及ばないが、中継輸送能力を持ち直し、沿岸海上輸送力を補強しようとした。このため、貨物用機関車の増強や、客車から貨車への改造を第3四半期に取り組むことになった。また、これに平行して小運送事業の増強對策も練られた。

鉄道貨物輸送に合わせる形で、鉄道小運送計画は自動車、荷牛馬車等を動員して策定されている。1944年度交通動員計画では、大型自動車の輸送重量は、修理・再生と増強などで第1四半期1,638万トンから第3四半期1,773万トン、

表 3-91　1944 年度国有鉄道陸運転移計画（1944 年 10 月）

（上段上期：実績、上段下期：改定計画、下段：交通動員計画）

	第1四半期	第2四半期	第3四半期	第4四半期	合計	
					千トン	百万トンキロ
九州炭関門通過	*1,410 1,500	*1,363 1,500	1,580 1,750	1,750 1,750	6,103 6,500	4,572 4,867
北海道炭青函航送	*357 325	*420 425	475 625	510 625	1,762 2,000	2,608 2,960
北支・満洲炭東北中継	*177 180	*198 360	219 360	240 360	834 1,260	547 826
北支・満洲炭日本海側中継	*635 848	*505 903	336 903	345 903	1,821 3,557	754 1,472
その他日本海側中継	*581 553	*491 574	339 574	477 574	1,888 2,275	655 744
北松炭中継	*46 75	*48 75	120 75	120 75	334 300	65 59
阪神中継	*744 886	*555 923	761 923	828 923	2,888 3,655	1,794 2,270
関門中継	*96 112	*68 150	136 150	156 150	456 562	487 601
合計	*4,046 4,479	*3,648 4,910	3,966 5,360	4,426 5,360	16,086 20,109	11,482 13,800

注：＊印は実績（9月は推定）。
出所：前掲「昭和十九年度交通動員計画調整暫定措置ニ関スル件」31頁。

第4四半期1,685万トンなど、年間で6,741万トンとした。小型自動車も第1四半期の162万トンから第3四半期175万トン、第4四半期167万トンとし、年間667万トンとしていた。上期の実績は判明しないが、鉄道輸送や地方輸送の需要に合わせて下期の小運送計画も表3-92のように改訂された。大型自動車は当初の交通動員計画よりも引き上げているが、一方第1四半期2,179万トン、第3四半期2,358万トンとしていた荷牛馬車の輸送計画は、飼料の不足等から、第3四半期の輸送可能量が1,723万トンと26.9％縮小している[179]。

輸送要請量が輸送可能量を大幅に超過する状況であることから、①代用燃料

表3-92　1944年度下期民営小運送計画（1944年10月）

(千トン)

		第3四半期			第4四半期		
		鉄道小運送	地方輸送	計	鉄道小運送	地方輸送	計
輸送要請量	大型自動車	18,707	26,200	44,907	17,781	23,534	41,315
	小型自動車	1,850	6,075	7,925	1,759	5,532	7,291
	小計	20,557	32,275	52,832	19,540	29,066	48,606
	荷牛馬車	24,961	74,146	99,107	23,727	70,482	94,209
	荷車	1,958	26,924	28,882	1,861	25,593	27,454
	リヤカー	1,468	17,164	18,632	1,396	16,313	17,711
	合計	48,944	150,509	199,453	46,524	141,456	187,980
輸送可能量	大型自動車	12,926	23,427	36,353	12,645	26,462	39,107
	小型自動車	1,279	3,580	4,859	1,251	3,014	4,265
	小計	14,205	27,007	41,212	13,896	29,476	43,372
	荷牛馬車	17,231	50,217	67,448	16,856	48,273	65,129
	荷車	1,339	16,209	17,548	1,310	15,640	16,950
	リヤカー	1,096	9,559	10,655	1,072	9,218	10,290
	合計	33,871	102,992	136,863	33,134	102,607	135,741
輸送不能量		15,073	47,517	62,590	13,390	38,849	52,239
増強目標	自動車輸送力増強	1,194	2,432	3,626	1,168	2,529	3,697
	専用線利用率向上	3,698		3,698	3,515		3,515
	艀利用率向上	979		979	931		931
	軽車両稼働率向上	5,031	30,090	35,121	4,920	28,958	33,878
	軽車両緊急整備	411	34	445	401	33	434
	部外協力強化	2,447	7,525	9,972	2,326	7,073	9,399
	その他	1,313	7,436	8,749	129	256	385

出所：前掲「昭和十九年度交通動員計画調整暫定措置ニ関スル件」38頁。

化等による自動車輸送力の増強、②専用路線の効率的運用、③飼料の確保による牛馬車等の稼働率向上、④発送人・受取人などによる「部外協力」によって滞貨の累積を防止することなどの措置が計画に組み込まれた。鉄道を介さない地域間の貨物自動車輸送も、交通動員計画では第1四半期3,928万トンから第3四半期4,548万トン、第4四半期4,550万トンと、下期の増強を予定していたが[180]、下期改定ではそれぞれ3,228万トン、2,907トンに縮小された。特に荷牛馬車による輸送可能量が要請量に対して大幅に不足する事態になっていた。

荷牛馬車への依存を強めざるをえない自動車燃料等の需給事情は、表3-93からも明らかである。同表の上期入手量は実績であるが、割当に対する入手率は、液体燃料はもちろんのこと、木炭、薪、石炭、潤滑油など、いずれも第1四半期から低調であった。第2四半期に木炭がやや増産されたものの、計画と

表3-93 1944年度民営自動車燃料等需給状況

(揮発油：kl、その他トン)

		第1四半期	第2四半期	第3四半期	第4四半期	合計	当初計画
揮発油	所要量	69,981	71,055	24,553	24,554	190,143	
	割当量	23,640	22,458	15,720	12,576	74,394	97,342
	入手量	16,548	13,699	11,004	8,803	50,054	
木炭	所要量	78,966	77,529	86,664	86,664	329,823	
	割当量	50,000	61,000	61,000	61,000	233,000	306,992
	入手量	39,000	45,140	47,580	47,580	179,730	
薪	所要量	69,795	70,670	89,662	89,662	319,789	
	割当量	67,000	67,000	67,000	67,000	268,000	331,984
	入手量	33,098	33,500	32,830	32,830	132,258	
半成コークス	所要量	54,011	54,011	33,530	33,530	175,082	
	割当量	33,500	47,000	32,795	32,795	146,690	129,090
	入手量	26,130	33,320	25,580	25,580	107,003	
石炭	所要量	56,856	56,856	34,900	34,900	183,512	
	割当量	30,000	33,000	26,400	26,400	115,800	134,700
	入手量	20,600	13,200	10,560	10,560	54,920	
潤滑油	所要量	6,272	6,475	5,625	5,625	23,997	
	割当量	3,296	3,222	2,514	2,514	11,646	20,170
	入手量	2,044	1,740	1,559	1,559	6,902	

注：第1・第2四半期の「入手量」は実績、第3・第4四半期は入手見込。「当初計画」の割当量は5月決定の交通動員計画。合計に不突合があるが、原資料のまま。
出所：前掲「昭和十九年度交通動員計画調整暫定措置ニ関スル件」39頁、前掲「昭和十九年度交通動員計画」238頁。

第3章 太平洋戦争末期の総動員体制（1944年度）

の乖離は拡大した。下期改訂計画では揮発油所要量、割当量ともに絞ったため、木炭・薪などの代替燃料の所要量を増加し、割当を第2四半期の水準に維持した。その一方で、既に見てきたように石炭については需給の逼迫が深刻であり、割当は削減せざるをえなかった。上期の入手実績と下期の改訂割当の入手見込みを合わせた年間の見通しは半成コークスを除き当初の交通動員計画の割当を大幅に下回った。潤滑油は10月の改訂以前から、入手見込が全く立たない状況であり、輸送事業者自身による蓖麻栽培と潤滑油の確保といった自助努力に期待していた[181]。

液体燃料の下期供給見通し

南方液体燃料の下期還送計画は、10月28日の最高戦争会議で、75万klを努力目標としつつも、最小限度として表3-94のように50万klに決定された[182]。11月以降、南方向け配船は石油を除いて「極力之ヲ圧縮」し、輸送の護衛は石油還送に「徹底的重点」を置いて、艦艇・航空兵力を増強することとした。また油槽船の修理を促進し、新造船の故障を減らすため、海軍が工場能力の向上と現場査察を励行し、海軍造船委員会に陸軍関係者を参加させて修理の促進を図るなど、油槽船の増強や性能の向上に陸海軍、運輸通信省関係者を動員することを決定した。

一方、還送燃料以外の日満支域での下期燃料生産計画は、国産原油15万kl、人造石油9.5万kl、頁岩油10万kl、アルコール23万kl（国内20万kl）、メタノール2万kl、松根油等の簡易低温乾留製品6万kl、タール製品ピッチオイル3万kl、油脂類4万klなどで72.5万klと、南方還送を超える量を見込むことになった。さらに1945年度の見通しでは、国産原油31万klに加えて、人造石油を27万kl、頁岩油を28万klとする大増産を実現し、砂糖の増産・増送という困難な条件を前提としたアルコール60万klや、大規模な国民の動員を伴う

表3-94　1944年度下期南方液体燃料還送計画（1944年10月）

（千kl）

	第3四半期	第4四半期
航空揮発油	67.5	50.0
普通揮発油	20.0	15.0
重油	67.0	50.0
原油	146.0	85.0
計	300.0	200.0

出所：最高戦争指導会議決定「液体燃料確保対策ニ関スル件」1944年10月28日前掲『敗戦の記録』208頁。

松根油 30 万 kl を実現するなどして、196 万 kl と見込み、南方輸送力の崩壊をカバーしようとした[183]。運輸通信省、軍需省などから戦争継続が明らかに困難であることを示す見通しが示されながら、小磯内閣では南方資源に依らずに 45 年度以降も総動員計画を策定しようとしていた。

内閣顧問制度の拡充と綜合計画局

　8 月以降、小磯内閣では統帥部の船舶増徴要求によって国力が急速に低下することを見込みつつ、1944 年度下期の総動員諸計画を立案した。その結果、44 年 2 月に東條内閣が人事刷新で危機を弥縫した時と同じような統帥と国務の分裂を経験することになった。しかし、東條内閣の瓦解原因となった兼務体制をとることはできず、小磯は従来の内閣顧問制度を廃した上で、「経済関係ノミナラズ広ク物心両方面ニ亙リ国政一般ノ運営」について意見を徴するため、より強力な内閣顧問制を設置した[184]。そして、政治、文化、言論等での国論の分裂を避けるべく、10 月 28 日に顧問を一挙に拡大した[185]。

　さらに、11 月 1 日に内閣に総合国力の拡充に関する重要事項を企画する綜合計画局を設置した。この設置目的についても、「統帥ト国務トノ緊密ナル吻合一致ノ下ニ文武相応ジ施策ニ些ノ遺憾ナキヲ期スル」と説明し[186]、統帥と国務の分裂問題が背後にあった。綜合計画局設置を審議した 9 月 28 日の最高戦争指導会議では、重光葵外相から「内閣カ立案シ各省カ実施ストイフカ如キコトニテハ政務ハ寧ロ渋滞ヲ来スヘク戦局ノ転歩ニ間ニ合ハサル憾ミアリ。政策綜合ハ首相ニ於テ当リ事務ノ綜合ハ内閣書記官長ニ於テ掌ルヲ以テ足レリトスヘク本案ノ如キハ屋上屋ヲ重ネ事務ヲ徒ニ複雑化スルニ止ルヘシ」という当然の指摘を受けている[187]。長官には小磯の拓務大臣時代につながりがあったと見られる元拓務次官の植場鉄三が就任した。綜合計画局は、企画院と同様の構成であったが、総動員諸計画の実務的調整というよりは、小磯と陸海軍統帥部との政治的調整を任務としていたようにも考えられる。その後、主要人事は秋永月三、池田純久、毛利英於菟らの革新派の軍人・官僚が占め、計画の「綜合」というよりも彼らの政治活動の場になっていく。

4　第3四半期輸送計画

ABC 総合輸送計画

　下期全体の見直しを経て、第3四半期輸送計画[188]は、「運行能率ノ極限的昂揚ヲ期スルト共ニ計画遂行ノ確実性ニ重点ヲ指向」し、汽船、機帆船等の「算出基礎諸元ヲ最近ノ実情ニ基キ修正」して、10月1日に策定された。第3四半期の汽船建造量は、9月の5.5万総噸から11月まで増産を続けて24.6万総噸、新規稼働量は22.1万総噸を予定した。第3四半期の機帆船建造量は徐々に減らしながら3.6万総噸、新規稼働量は5.7万総噸とした。当初の汽船255万総噸、機帆船50万総噸の年度計画からは、かけ離れたものとなったが、東條内閣期の絶対国防圏の維持を至上命題とした計画よりは、実情に近いものになった。船舶用B重油を月1.2万kl確保し、改訂輸送計画で1.485まで無理に引き上げられた民需船の日満支稼航率は1.35とし[189]、南鮮中継は2割増の1.62として、輸送量のピークとなった第1四半期の実績値に近いものに改訂された。南方地域に配船される船舶の輸送力も、「稼航率算定方式ヲ改メ現実所要輸送力ヲ推定算出」することになり、従来の実態の合わない稼航率基準を変更することも指示していた。

　第3四半期輸送計画以後の海上輸送計画は、南方甲地域において各運航管理会社が保有する船腹を、徴傭船、民需船ともに一元的に運用する「ABC総合輸送計画」を実施した。既に述べたように、これは往航で軍需物資輸送を担い、復航で南方重要物資を還送する配当船や臨時配当船が民需船の半ばを占めた点で、作戦への協力を鮮明にした輸送計画であり、それ故に陸海軍統帥部・軍需省・運輸通信省の連携が重視された。そうした方針の下で第3四半期民需船海上輸送力の「基礎輸送力」を策定した。民需用C船と陸海軍徴傭船による輸送協力を合わせて、南方物資の還送、日満支、内地沿岸輸送、南鮮中継などに配船して、地域別・輸送機関別の輸送計画としたのが表3-95である。C船輸送力は5月の交通動員計画の736.17万トン（前掲表3-78）には遠く及ばず、491.19万トンとなった。これは陸海軍の10.5万総噸の新規増徴と、南方に抽出したC船配当船の低稼航率が影響したためである。さらに本州での深刻な石炭不足に対処するため、汽船輸送力の一部を西日本機帆船の九州炭輸送の支

表 3-95　1944 年度第 3 四半期地域別機関別輸

	陸軍徴傭船（A 船）	海軍徴傭船（B 船）	C 船			
			一般船舶	特別船舶	九州炭支援	計
南方配船総合輸送計画	291.3	102.1	600.4			600.4
南方配船総合輸送新規計画	100.0	64.0	186.0			186.0
日満支輸送計画			2,195.1	408.5	772.2	3,375.8
南鮮中継計画	90.0		749.7			749.7
合計	481.3	166.1	3,731.2	408.5	772.2	4,911.9

出所：運輸通信省海運総局輸送課「昭和十九年度第三・四半期海上輸送計画」1944 年 10 月 1 日前

援に割き、被曳船輸送等を実施することになった。これは運航機帆船や沿岸輸送から大量に船舶を徴傭した見返りとして石炭輸送用に一部を戻し、曳船とするものであった。陸海軍徴傭船による物動物資輸送は前期に比して若干増加している。しかし、これは新規に ABC 総合運用船とした 10.5 万総噸を南方に配船した見返りであった。

　物資別に輸送計画を見たのが表 3-96 である。鉄鉱石は前期に比して 7％減にとどめたものの、石炭は汽船（C 船）による沿岸輸送の協力や被曳船を利用した補強策を講じても 26.9％の減少となり、全般的な生産の停滞を惹起する事態となった。ボーキサイトを含む非鉄金属鉱石類も対前期 35.1％減の 87.8 万トンとなり、銑鋼、コークス輸送も軒並み縮小した。特殊鋼の生産量に規定されて、航空発動機の生産は 6 月以降大幅な減産になっていたが、9 月にピークを迎えた航空機体の生産は木製化努力の成果もなく、第 3 四半期以降低迷した。そして、穀類、肥料、飼料の縮小が国民生活に危機的影響をもたらす事態も間近に迫っていた。

　南方物資の還送で実施された総合輸送計画 99.4 万トンを地域別で見ると、シンガポール方面がボーキサイト 25 万トン、生ゴム 3.6 万トンなど 32.2 万トン、フィリピン方面が満俺、クローム鉱、マニラ麻など 7.9 万トン、仏印・タイ方面が米を中心に 4 万トン、海南島の鉄鉱石 17.7 万トン、台湾方面が米 16.4 万トン、砂糖 7.2 万トン、塩 8.6 万トンなど 34.4 万トンなどであったが、これが事実上最後に計画化した南方物資であった[190]。

送計画（1944年10月）

(千トン)

特定機帆船				その他		計
運航機帆船	北海道機帆船	西日本機帆船	計	朝鮮機帆船	関釜連絡船	
						993.8
						350.0
258.9	588.4	1,723.4	2,570.7			5,946.5
183.3			183.3	89.9	63.6	1,176.5
442.2	588.4	1,723.4	2,754.0	89.9	63.6	8,466.8

掲『後期物資動員計画資料』第12巻所収、444頁。

こうして諸種の制約の下に発足した第3四半期の海上輸送計画では、「戦力増強上最大の隘路」になった本州地区の石炭問題のほか、液体燃料確保、油槽船・貨物船建造計画、船舶稼航率、車両運送能力、輸送関連・人員の確保など、海陸総合輸送計画である交通動員計画をまとめる中で、種々の緊急対応が必要となった[191]。前掲表3-87にあるように、鉄道輸送、陸上小運送と統合した交通動員計画の調整暫定措置では、機帆船輸送物資の遣り繰りや、増積、重油特配などによって92.2万トン、鉄道の輸送増強と合わせて104.2万トンの増送とし、さらに10月の徴備船の補填用8.5万総噸の徴備免除などが実現すれば、全体で123.1万トンの石炭増送が可能になるとしていた。その緊急措置の内訳を見たのが表3-97である。物動計画で予定された物資輸送の一部を差し替えるなどして、石炭輸送力を捻出していることがわかる。

こうして、エネルギー危機を回避するギリギリの努力を続ける中、西太平洋での戦局は悪化の一途を辿った。陸海軍はフィリピン周辺に南方配置兵力を集中した陸海軍合同の捷一号作戦を10月18日に発動したものの、20日には米軍のレイテ島上陸を許し、23日から25日のレイテ沖海戦の敗北によって海軍艦隊の戦力はほぼ喪失する事態となった。これに対してレイテ島への増援物資輸送を強化することになり、11月8日の最高戦争指導会議では、南方物資輸送にABC総合輸送として従事していた陸軍徴備船12万総噸と、第6次の民需汽船増徴8万総噸を12月上旬までマニラ方面の作戦拡大に関連して動員することを提案した[192]。

第6次船舶増徴と輸送力

この増徴によって第3四半期輸送計画は大きく変更されることになった。軍

表 3-96　1944 年度第 3 四半期物資別輸送機関別海上輸送計画（1944 年 10 月）

(千トン)

	南方配船総合計画				日満支						合計
	A船	B船	C船	計	C船 一般	特別	運航	その他	南鮮中継	計	
石炭					1)1,542.2	169.5	34.9	2)2,183.5	440.0	3,930.1	3,930.1
鉄鉱石	76.0	32.5	68.0	176.5	247.7	227.0				474.7	651.2
銑鋼					315.8	12.0	1.8		240.0	569.6	569.6
非鉄金属	110.0	31.5	200.3	341.8	249.7		188.6		98.1	536.4	878.2
コークス類					43.6		3.3	128.3	1.4	176.6	176.6
セメント類					3.6		4.8			8.4	8.4
油類			43.0	43.0	9.0					9.0	52.0
ソーダ類					27.0		6.0			33.0	33.0
紙パルプ					6.0		3)13.5			19.5	19.5
棉花羊毛					2.5				20.0	22.5	22.5
生ゴム	13.1		23.2	36.3						0.0	36.3
塩	40.8		45.3	86.1	143.0				173.0	316.0	402.1
木材					10.0		6.0			16.0	16.0
穀類	27.7	6.5	167.8	202.0	207.8				119.0	326.8	528.8
砂糖		31.6	60.5	92.1	35.0					35.0	127.1
燐鉱石			20.8	20.8	33.0					33.0	53.8
肥料					28.0				85.0	113.0	113.0
飼料					3.2					3.2	3.2
油脂	4.8		3.8	8.6						0.0	8.6
油糧種実					15.0					15.0	15.0
その他	19.0		6.5	25.4	45.2					45.2	70.6
合計	291.3	102.1	600.4	993.8	2,967.3	408.5	258.9	2,311.8	1,176.5	7,123.0	8,116.8

注：1) 石炭輸送の一般船舶には、九州炭輸送支援分 77.22 万トンを含む。その他の石炭輸送には西日本機帆船の被曳船分 41.88 万トンを含む。2) 日満支輸送機関別のその他は、北海動機帆船と西日本機帆船の合計。3) 紙パルプの運航機帆船欄は、王子製紙の専航船によるもの。
出所：運輸通信省海運総局輸送課「昭和十九年度物資動員計画第三・四半期海上輸送計画」1944 年 10 月 1 日前掲『後期物資動員計画資料』第 12 巻所収、445 頁。

需大臣は、11 月 8 日の最高戦争指導会議の際、前記の南方物資の還送のため ABC 総合輸送にあたっている陸軍徴傭船 12 万総噸、民需船 8 万総噸を作戦輸送に使用することにより、第 3 四半期の還送計画のうち、今後入着するものは「皆無」となり、第 4 四半期分も含めて約 20 万トンの還送物資を失うと説明した。第 3 四半期には陸海軍徴傭船の損失分の補填はしないことになっていたが、実際には既に両軍とも 3.5 万総噸の補填をしていた。このため、今後の補填は免除するよう「念ヲ押ス」という意見も出たが、この増徴要求に対して、小磯首相は「致シ方ナシ」、「決戦ノ為ナレハ此際如何ナルコトニテモ忍ハサルヘカラス」と了承した。しかし、1 ヶ月後の 12 月 7 日の最高戦争指導会議では、

対象である8万総噸のうち既に5隻2.8万総噸は沈没し、結局徴傭の解除もできないことが報告されている[193]。

第3四半期のボーキサイト輸送は、南方配船40隻（32.6万総噸）の半数がこの時点で沈没しており、内地への入着物資は2万トンにとどまっていた。12月半ばには月末までに3万トン余の入着を期待していたが[194]、この動員によって「全ク期待シ得サル」ことになり、アルミニウムに換算して5,000～6,000トンの減産、航空機にして1,000機の減産が生じると報告されている。この総合輸送船の作戦への転用と増徴によって下半期の南方還送量の低下は、ボーキサイト6万8,100トン、生ゴム1万7,000トン、錫7,000トン、マンガン1万2,800トン、塩2万8,400トン、海南島鉄鉱石2万

表3-97 1944年度第3四半期石炭増送緊急措置

(千トン)

概要	増送量
船積に非能率のコークス3.5万トンを鉄道輸送に振替え、北海道炭増送	45.0
鉄鉱石、非鉄等の日満支輸送5万トンを削減し、九州炭増送	112.2
重油不足による遊休地区機帆船に700klを特配して九州炭増送	100.0
買傭船返還による九州炭増送	19.0
中国・阪神地区入渠船の往航利用による九州炭増送	60.0
1割増積による北海道炭増送	115.0
要修理日数の1割短縮による九州炭増送	51.0
陸海軍徴傭船の支援による九州炭増送	60.0
甲地域10万総噸、海南島5万総噸の配船予定を半減し、九州炭増送	360.0
海運増強計	922.2
青函連絡船航送による北海道炭増送	40.0
九州・山口炭の鉄道増送	80.0
鉄道増強計	120.0
10月の徴傭船補填の中止による増送	189.0
合計	1,231.2

出所：運輸通信省・軍需省「昭和十九年度下期交通動員計画調整暫定措置ニ関スル件」1944年10月8日前掲『後期物資動員計画資料』第13巻所収、10頁。

4,800トン、重油2万6,000トン、マニラ麻7,200トンなど18万7,100トン、重油2万6,000klに上ると報告された。生ゴムについては「現在既ニ需給頗ル逼迫シアリ今回ノ還送中絶ニヨリ明年度ノ飛行機用ノ生『ゴム』スラ確保困難ニ陥ル」とされた。海南島の鉄鉱石、フィリピンのマンガン鉱、クローム鉱の還送中止も鉄鋼生産に「大ナル打撃」となり、「特ニ特殊鋼配合金属ハ需給一層逼迫」と指摘された。運輸通信大臣は「解傭ノ約束実行力肝要」と述べ、C船の損失が陸海軍徴傭船以上に多く、C船の護衛艦の強化を要求したが、護衛艦の喪失も多かった。サイパン失陥後、とりわけ9月以降、船舶の喪失大破は前

掲表3-76のように月間30〜40万総噸台に上る未曾有の事態になっていた。大本営陸軍部はレイテ島への増援輸送の損害は「従来約三分ノ一ナルカ今後ハ二分ノ一ハ覚悟セサルヘカラス」と説明し、新徴傭船も結局大量に喪失すると予想していた[195]。

その後、民需船の増徴には歯止めがなくなり、11月16日の最高戦争指導会議では対潜水艦護衛強化のため、第6次増徴を決め、11、12、1月にそれぞれ20隻の機帆船を徴傭することとした[196]。統帥部の要求量は6、7万総噸であったが、11月25日には12月末頃までに機帆船5万総噸を徴傭することが決定された[197]。軍需大臣はその影響を「少シ」とし、運輸通信大臣は「燃料ノ為メ一月ヨリ現在ノ1/3モ動カザルコトトナル」として、いずれにしても燃料不足によって大量の機帆船が運航不能になっている事情を説明していた[198]。とはいえ、運輸通信大臣は「西日本石炭会社（一二、三万屯ヲ所有）ヨリ取レサルニ依リ北海道其ノ他ノ方面ニ於テ運航中ノモノ約六万屯中ヨリ取ル外ナキカ、出来得ル限リ新造船ヨリ取ラレタシ[199]」と述べ、西日本石炭輸送統制から船舶を供出することはできず、北海動機帆船輸送統制その他の地区機帆船輸送統制会社の稼働船舶から抽出すれば、石炭輸送に深刻な打撃となることを指摘していた。結局、1945年1月8日になって、陸軍省の検討の結果、徴傭可能量は最大3.5万総噸であることが明らかになっている[200]。

第7次船舶増徴と輸送力

船舶問題が深刻化する中、11月8日には豊田貞次郎による第11回行政査察の中間報告が提出され、利用可能な未稼働物資が民間の工場、倉庫に鉄鋼100万トン分あることが示された[201]。査察の詳細は後述の物動計画の実施過程で触れるが、30日の最高戦争指導会議の際、小磯首相は未稼働物資の再配当予定分を除いた次年度繰越分11万トンに、陸海軍からの新たな捻出分を加えて、鋼材22.8万トンをもって、汽船40万総噸を年内に建造し、それを陸海軍に引き渡すという考えを示した[202]。首相は査察の対象外であった陸海軍にも未稼働状態の鋼材が「数十万トンハアル様子ナリ」との見通しを述べたが、佐藤賢了・多田武雄陸海軍両軍務局長からは「余剰物資皆無ナリ」と反論されている。

佐藤陸軍軍務局長は、「目下最重要ナルハ液体燃料」であるとして、年間需

要量300万トンのうち160万トンを日満支で自給し、140万トンは南方輸送に期待しているが、「南方油還送ハ本年度ハ兎モ角来年度ハ至難ニテ、従テ日満支供給分ノ増加ヲ必要トス。然ルニ右一六〇万屯獲得ニハ台湾ヨリ六〇万屯の砂糖輸送ヲ前提トシ、加フルニ鉄一七万屯ヲ必要トス、従テ燃料予定定量確保ノ為メニ別ニ一七万屯ノ捻出ヲ要スルコトトナリ之カ造船ニ影響ヲ及ホス次第ナリ」と、アルコール製造装置、砂糖の輸送船舶の不足を説明した。一方、及川古志郎軍令部総長は「船舶損害ハ作戦場ノ狭隘トナレル為メ益々増加シ居ルヲ以テ護衛艦隊増建ノ必要アリト強調」した。結局、100万トンの未稼働の鉄鋼を供給源として見いだしても、直ちに鉄鋼の需給逼迫の解消にはならず、船舶、燃料、護衛艦のいずれもが行き詰まっていた。

首相が強引な船舶増産構想を突然打ち出した背景には、次なる船舶増徴の問題があった。12月に入ると陸軍統帥部と陸軍省との間では、新たな増徴を巡る協議が始まった。陸軍徴傭船は前年11月に111万総噸を保有していたが、1944年11月には41万総噸、12月には23万総噸にまで落ち込んでいた。しかも実働総噸数は16万総噸に過ぎず、徴傭船舶の解傭など到底不可能であった。陸軍統帥部は、12月10万総噸増徴、以後陸海軍が2月12万総噸、3月12万総噸を増徴し、4月以降は喪失分のうち毎月5万総噸の補填を受けるとした上で、45年度の海上輸送力を2,300万トンとするという構想を打ち出していた[203]。

これに対して、陸軍省は12月から3月にかけて15万総噸、4月以降の損耗補填は月3.5万総噸として、1945年度の海上輸送力を2,600万トンにするという提案をし、船舶増徴を抑えて45年度の国力維持に努めることを求めた。12月15日には統帥部も今回の増徴を15万総噸として、45年度に陸海軍計40万トンの鋼材確保、上半期航空機1万6,000機を求めることで妥協した。しかし、海軍からは、①陸軍は先般C船8万総噸の「決定ヲ以テ最後ナリト説明セルモ今回更ニ要望スル理由如何」、②徴傭と国力との調整如何、③15万総噸に対応した護衛は不可能である（南方8万総噸、内地2万総噸であれば可能）といった疑義や、④陸軍とは別に5万総噸の増徴要求が出され[204]、協議は難航した。結局12月21日の最高戦争指導会議で、12月に5.5万総噸、1月に7.5万総噸、2月に2万総噸の計15万総噸という民需汽船の第7次増徴が認められることになった[205]。

この際、前田米蔵運輸通信大臣は、保有量が80万総噸（うち改E船26.5万総噸）に過ぎないことから、「成ル可ク改E型ヨリトラレタシト要請」し、民需物資輸送の窮状を訴えた。この80万総噸というのは民需船のうち徴備船業務の一部を請け負う配当船と鉄鋼用に特化した特別船舶、損傷事故船を除いた民需船と見られるが[206]、僅かとなった民需船のこの部分から増徴することは極めて大きな打撃となった。しかし、改E型の徴備については、統帥部から「作戦ノ性質上困難ナリ」と拒否されている。植場綜合計画局長官は、翌22日の閣議で第4四半期物動計画が決定されるが、それには12月7日の東南海地震の損害も今回の増徴も考慮されていないとし、この増徴によって今期の輸送力は80万トン減少し、第4四半期物動計画も調整が必要になると指摘した。一方、多田海軍軍務局長からは、軍令部でも20万総噸の増徴希望があることが説明され、議論の末、「陸軍徴備」を「陸海軍徴備」に修正し決定となった[207]。15万総噸増徴の条件として、1944年度内は陸海軍徴備船の損耗補填は行わず、45年度以降の補填量は各月の民需汽船喪失量を含み、民需船保有量の7％以内とした。

「雪達磨式」造船・特別船舶体制に対する批判

　この事態に、物動物資の輸送に関して、鉄鋼専用の特別船舶と一般船舶が第1四半期から区分されて運用されてきた点についても、問題が噴出した。既に甲造船計画が第2四半期には予定を下回り、固有の物動計画すら維持できない状況になって、特別船舶は存続理由が失われていた。しかし、大量の船舶増徴を求めた海軍軍務局は、依然として特別船舶の運航と「雪達磨式」が鉄鋼増産に有効であると主張し、臨時鉄鋼増産協議会は9月14日に「雪達磨式製鉄法の存続に関する件」を決定した。これは、1945年3月までに23.6万総噸まで保有量を増やす方針を立て[208]、9月中に14隻、1万8,331総噸を追加して10月から41隻、7万4,349総噸体制とするとした[209]。これに対して、海運総局は両者を区分して運航する効果に疑問を呈していた。戦時標準船のみで構成される特別船舶と、在来船を含む一般船の稼航率を全体で比較するのは困難であるものの、同一航路で就航する改E船（2E船）のみを比較した結果、稼航率は特別船舶2.624に対して、一般船舶は2.952と一般船舶の方が高かった。改A

船、K 船の標準船型では特別船舶 1.205、一般船舶 1.165 と特別船舶の方が若干高かったが、比較された一般船舶が処女航海船であったことから、海運総局は両者に「サシタル懸隔無キモノト思料セラル」と指摘し、「要スルニ特別船舶ナルカ故ニ稼航率優秀ナリトハ認メ難ク2E型船ニ付テハ寧ロ一般船舶ニ於テ若干優秀ナリ」[210]としていた。小磯内閣で軍需大臣に就任した藤原が年度当初から推進してきた鉄鋼専用船の輸送力は、第3四半期もC船輸送力520万トンのうち、40.8万トンを占めていたが[211]、敢えて別枠とする意味は失われていた。特別船舶の保有量は、9月時点で4万3,593総噸と低迷し、増強方針を受けて45年3月時点では10万7,772総噸まで増されたが[212]、その一方で既に見たように一般船舶、とりわけ軍需品輸送の一部を担う配当船を除いた純民需船は第3四半期末に80万総噸を切る水準にまで低下していた。

こうした汽船、機帆船の増徴によって1944年度下期に起きた輸送力の崩壊については、第4四半期分とまとめて概観することにしよう。12月に入ると首都への空襲も頻繁に見られるようになり、東南海地震の結果「浜松―関カ原間ノ東海道線大損害アリ[213]」という事態となり、中央線迂回ルートを活用することになるなど、陸上輸送もまた打撃を受けることになった。

5 第4四半期輸送計画

輸送計画の策定

第4四半期の海上輸送力は、12月初旬に表3-98のように算定された。貨物船の新造船は10月3.4万総噸、11月3.12万総噸と低落していたが、12月は5.9万総噸を見込み、第4四半期に13.2万総噸が完成するものとし、陸海軍徴傭船の補填と大破は合わせて15万総噸とした。ABC総合輸送にC船を供出した結果、喪失する輸送力は6.45万トンとし、これを控除して第4四半期輸送力が算定された。稼働船腹は貨物船で月当たり82.7万総噸、貨客船で14.8万総噸となり、これに積載率、稼航率を乗じた輸送力は、477.4万トンとなった。これに鉄鋼専用船の特別船舶の輸送力を加えて、民需汽船（C船）の輸送力は570.6万トンとなり、10月の改訂交通動員計画より74.4万トンも増加している。これは新造船を多めに見積もり、ABC総合輸送による輸送ロスを少なめに見積もったからである。

表3-98 1944年度第4四半期民需船輸送力

(船腹：千総噸、輸送力：千トン)

保有	前期末貨物船	919.8
	前期末貨客船	146.2
増加	新造貨物船	132.0
	貨物船引揚	2.0
	貨客船引揚	1.0
減少	貨物船AB補填・大破	150.0
	総合輸送貨物船損耗	64.5
*稼働	貨物船	2,481.0
	貨客船	444.6
輸送力	一般貨物船	4,471.5
	一般貨客船	302.4
	小計	4,773.9
	特別船舶	932.1
	合計	5,706.0
参考：改訂交通動員計画		4,961.6

注：＊稼動船腹は1～3月の月末稼働船、3ヶ月分の合計。
出所：海運総局輸送課「四／一九輸送計画(四／一九輸送計画資料)」1944年12月7日前掲『後期物資動員計画資料』第13巻所収、159頁。

ただし、輸送力から第2四半期、第3四半期に南方物資の緊急輸送にあたった船腹を日満支域に戻すまでの稼動船腹の減少分が65.8万トン分あるため、実際の一般船舶の輸送力は、411.6万トンとなった。これに特定機帆船、関釜・博釜連絡船を加え、さらに、入渠予定船の利用、増積、修理促進、艀の利用によって輸送力を絞り出し、日満支の地域別に配分したのが表3-99である。実際には南方への緊急派遣船舶の多くは喪失・大破という結果になった。しかし、この時点では一連の措置によってC船、特定機帆船等の民需船による日満支換算の輸送力は849.6万トンとなり、これを南鮮中継、瀬戸内地区輸送の稼航率で換算して実際の輸送重量で見ると、893.2万トンと見積もられた。南方地域へは最早輸送力を配分していない[214]。

この12月7日の案には11月末に決定となった15万総噸（12月5.5万総噸、1月7.5万総噸、2月2万総噸）に上る民需船増徴の影響が算定されていない。このため、12月12日に第4四半期「物動基本計画」[215]を策定した際には、北海道機帆船の石炭・コークス輸送を12月7日案の52.7万トンから42.5万トンに縮小し、西日本機帆船の輸送力縮小を回避するための汽船（改E船）による輸送支援を21.7万トンから30万トンに増強し、その分だけ汽船による大陸輸送を縮小することになった。これに、第2四半期、第3四半期の南方輸送に配分した配船計画が第4四半期にずれて入着する分の28.2万トンなどを加え、第4四半期の基本計画の海上総輸送重量を891.36万トンとした。南方物資は甲地域がボーキサイト7.4万トン、生ゴム1.2万トン、ニッケル鉱0.8万トンなど10.8万トン、乙地域が仏印の米0.6万トンのみとなり、海南島の鉄鉱石は0.6万トンになった。台湾は米2.3万トン、砂糖9.1万トン、塩4.4万トンなど

16.2万トンで、合計でも28.2万トンとなった。南方物資輸送は重要戦略物資ではあるが、護衛艦が不足し、新たな配船はなく、もはや動貨物船輸送計画の3.2％に過ぎないものになった[216]。この貨物船による生ゴム1.2万トン、錫3.4万トンのほかに、改A型油槽船に追積する形で生ゴム1.32万トン、錫0.82万トンを還送することを計画したが、「護衛関係上寧ロ前者ヨリ確実性ガ大デアル」と、油槽船への追積の方が危険が少ないとしていた。いずれにしても南方物資輸送は「来年度以降ハ今ノ処期待出来マセヌ」という状況であった。

北支・満洲・朝鮮産物資の南鮮中継は、各期110〜120万トンとしてきたが、その実績は第2四半期以降「極メテ不良」であり、達成率は第1四半期の90％から第2四半期には52％となった。1944年4月に実施された山下亀三郎による第7回行政査察の結果、南鮮諸港の滞貨は、一旦7万トン程度となったが、11月末には25万トンになっており、第4四半期も実績が不良であれば、再び北支港湾への直接配船も考慮しなければならないとしていた。このため、陸軍徴傭機帆船の一部を利用し

表3-99 1944年度第4四半期民需船の日満支海上輸送力とその地域配分

(千トン)

民需汽船		一般船輸送力	4,773.9
		南方輸送による減少分	657.8
		日満支輸送力	4,116.1
	配分	南鮮中継	863.0
		改E船九州炭輸送	217.0
		その他日満支	3,036.1
		特別航路船九州炭輸送	300.0
		特別船舶輸送力	932.0
		計	5,348.1
機帆船	運航	南鮮中継	14.0
		その他日満支	109.8
		北海道(北海道炭・コークス)	526.9
		西日本(九州炭・コークス)	2,002.0
		朝鮮機帆船(南鮮中継)	36.0
		暁機帆船(南鮮中継)	[1]60.0
		王子製紙(北海道紙・パルプ)	[2]13.6
関釜・博釜連絡船(南鮮中継)			60.0
増強計画		入渠船利用(九州炭)	60.0
		増積強化(北海道炭)	115.0
		修理促進(九州炭)	51.0
		若松・門司艀等(九州炭)	99.5
		計	325.5
輸送力合計			8,495.9
地域配分	輸送力	南鮮中継	1,033.0
		九州炭	1,205.5
		北海道炭	655.4
		その他日満支	4,078.0
		計	8,495.9
	輸送重量	南鮮中継	1,205.5
		九州炭	2,994.5
		北海道炭	655.4
		その他日満支	4,078.0
		計	8,932.4

注:1) 暁機帆船は陸軍徴傭機帆船の一部を利用した南鮮中継。
  2) 王子製紙機帆船は北海道紙パルプの専用船。
出所:前掲「四/一九輸送計画(四/一九輸送計画資料)」158頁。

た暁機帆船輸送団を組織し、45年5月に陸海軍徴傭船・民需船の統合運航を実施するまで南鮮中継を補強した[217]。第3四半期計画との比較では、軒並み物資輸送が縮小する中、北鮮・南西鮮の穀類とアルコール原料となる台湾産砂糖の還送量は引き上げられた。

鉄道輸送も最大限の輸送力を目指し、青函航送船輸送は前期に比して「石炭ヲ若干増送」したほか、コークスは前期の3万トンを6.9万トンとした。関門隧道の石炭輸送は前期の150万トンに対して175万トンを予定し、いずれも

表3-100　1944年度第4四半期物資別輸送機関別海上輸送計画（12月30日）と改訂

	南方配船総合計画				日満支					
	A船	B船	C船	計	C船		運航	その他	南鮮中継	計
					一般	特別				
石炭					1,585.5	250.0		2,388.5	390.0	4,614.0
鉄鉱石	5.8			5.8	139.0	354.5				493.5
銑鋼					391.3	30.0			214.0	635.3
非鉄金属	4.2	3.6	84.7	92.5	483.2		110.1		87.3	680.6
コークス類					69.1		7.0	128.3	1.4	205.8
セメント類					3.2		3.0			6.2
油類			3.7	3.7	10.8					10.8
ソーダ類					5.3		3.7			9.0
紙パルプ					32.4		*13.5			45.9
棉花羊毛					22.0				2.0	24.0
生ゴム	2.5		9.4	11.9						
塩	44.3			44.3	216.0				159.0	375.0
木材					25.7					25.7
穀類	20.2		8.6	28.8	294.7				242.0	536.7
砂糖	17.0	6.0	68.0	91.0	110.7					110.7
燐鉱石					27.2					27.2
肥料					58.3				10.0	68.3
飼料										
油脂										
油糧種実			0.5	0.5	36.5				22.0	58.5
その他			3.4	3.4	8.2					8.2
合計	94.0	9.6	178.3	281.9	3,519.1	634.5	137.3	2,516.8	1,127.7	7,935.4

注：日満支輸送機関別の「その他」は、北海動機帆船と西日本機帆船の合計。＊紙パルプの運航機帆船欄は、王子
出所：運輸通信省海運総局海運局輸送課「昭和十九年度第四、四半期海上輸送計画」1944年12月30日前掲『後
　　　13巻所収、172頁、軍需省「昭和十九年度物資動員計画第四、四半期改訂実施計画（基本計画）（主要物資需
　　　日前掲『後期物資動員計画資料』第11巻所収、330頁。

第 3 章　太平洋戦争末期の総動員体制（1944 年度）

「物動計画上最重要輸送」と位置づけられたが、「本計画ノ遂行ニハ相当ノ困難ガアル」と見られていた。また船腹不足をカバーするために、今期からは釜石の鉄鉱石を八幡まで鉄道輸送する計画も策定された。

12 月末に海運総局が策定した海上輸送計画では、「最近ニ於ケル諸般ノ情勢ヲ勘案シテ、海陸輸送力並供給力ノ基礎諸元ニ付再検討ヲ加ヘ」るとした第 4 四半期の物動改訂要領に基づき、C 船稼航率を 1.1～1.2 とした。前期配船のズレは 12 月末をもって打ち切り、期間内の正確な数値を算定した[218]。こうして原案から増徴による喪失輸送力 77.5 万トンを控除した結果、一般民需汽船の輸送力は 363.8 万トンとなるなど大幅に計画が縮小されることになった[219]。この輸送力を物資別、地域別に配分したのが表 3-100 である。12 月 30 日の総輸送力 821.72 万トンは、南方輸送に大量の船舶を割いた第 3 四半期計画から僅かに回復することになっているが、第 4 四半期の物動基本計画の 891.36 万トンより、7.8％下落した。改訂要領で 250 万トンを目途としていた南鮮中継の輸送計画は 112.8 万トンにとどまった。徹底した重点化と船舶の保全のため、甲乙地域と海南島への民需貨物船（C 船）の新規配船は廃止され、第 3 四半期以前の未配船分も打ち切った。南方物資の非鉄金属鉱石、砂糖、塩、食糧、生ゴムは基本計画から削減することはしていないが、11 月 1 日時点の配船が損耗なく完全に入着することを前提とした計画であった。増徴による輸送力の縮小には日満支物資の削減で対応した。輸送計画の半ば以上を占める石炭は 494.17 万トンから 461.4 万トンに、鉄鉱石も 62.58 万トンから 49.93 万トンに削減された。

第 4 四半期の当初輸送計画の虚構と縮小改訂

海上輸送計画の破綻は明らかであった。特別船舶の運航は藤原軍需大臣が 12 月 19 日に病気を理由に辞任して

計画（1 月 28 日）

（千トン）

合計	改訂計画 日満支計
4,614.0	4,156.7
499.3	385.4
635.3	509
773.1	591.3
205.8	221.2
6.2	13
14.5	5.3
9.0	7.6
45.9	46.1
24.0	21.3
11.9	
419.3	344
25.7	31.9
565.5	482.6
201.7	92
27.2	23.2
68.3	52.8
59.0	47.7
11.6	12.6
8,217.2	7,043.7

製紙の専航船によるもの。
期物資動員計画資料』第
給計画）」1945 年 1 月 28

からも解除されず、制度を維持したまま保有船腹の上限を設定し、一般船舶との総合的輸送計画を樹立することになった。また第3四半期の輸送増強策（入渠予定船の利用、増積、修理促進等）を継続し、鉄道中継輸送の一層の強化などの方策も掲げられた。

　しかし、政策当局はこの絞り込んだこの計画ですら、初めから実現困難と考えていた。徴傭による控除分以外は、「基礎諸元ニ付テハ之ガ改変ヲ加ヘザリシモノトス然レトモ実績竝ニ現状ニ徴シ之ガ確保完遂ハ相当困難ナル要因アリ従テ物的国力造出ノ基礎タル最低限輸送力ノ確保完遂ニ重点ヲ指向スル場合ニ於テハ之ガ改善ノ為凡有ノ確保増強施策ヲ強力ニ講ジ得タリトスルモ尚新造船、稼働率等ニ関シ第四、四半期ニ於ケル想定ヲ改変ノ要アルモノト認メラル」として、依然として新造船、稼働率等の算定基礎に無理があるとしていた。さらに、この計画は、ABC総合輸送と第2、第3四半期に南方物資の緊急輸送に抽出した船舶が、順次復帰することを想定していた。復帰する船腹は、11月に5.33万総噸、12月に1.4万総噸、1月に2.79万総噸、2月に4.99万総噸、3月に2.93万総噸と見込まれ、直ちに日満支輸送にあたることを想定し、復帰が遅延すれば「逐次日満支計画ヲ改訂調整」するとしていた。船舶用燃料も「完全ナル稼働ヲ為シ得ルガ如キ数量ノ確保ヲ期スルト共ニ現物ノ取得ニ間隙ナカラシムルガ如キ措置ヲ為シ得ルコトヲ前提」としており、実情とは大きく乖離していた[220]。

　このため早くも1月11日には実態に近い計画への改訂が検討される事態となった[221]。汽船稼航率は日満支1.35、南鮮中継は2割増の1.62としていたが、それでは「毎期相当量ノ未配船」を生むことが明らかであった。稼航率は直近の1.277を受けて1.28（台湾は0.43）に改訂し、南鮮中継はその2割増とした。その上で、海運総局は、船団待ち、補油待ちの「絶滅」、護衛強化、荷役強化、稼働中の修理の「絶滅」、稼航率監視などの過激な表現を使って1.35を目指す姿勢を示した。汽船修繕率は従来11％としていたが、11月実績では26％に上っている実態を反映して25％に変更し、修繕の促進によって20％に引き下げることを目指した[222]。ただし、修理期間を短縮すれば修理回数が増加するという問題もあった。逆に総噸当たりの積トン係数1.5は、過積載状態になっていた実態の1.57よりも低く設定されていた。12月末の汽船の基本船腹につい

第 3 章　太平洋戦争末期の総動員体制（1944 年度）

ても見込み違いがあり、106.6 万総噸（151.86 万重量トン）とした保有船腹は、82.64 万総噸（134.71 万重量トン）に過ぎなかった。これをカバーするため、新造船稼働見込みを 23 万総噸（34.5 万重量トン）から、30 万総噸（51.3 万重量トン）とした。

　機帆船輸送力も見直した。稼航率を西日本で 1、2 月は 2.0、3 月は 2.5 としたが、これを 1、2 月 1.8、3 月 2.3 とし、北海道機帆船は第 4 四半期を通じて 2.0 としたものを 3.0 に引き上げた。80％としていた稼働率は、年末の実績に合わせて 50％とし、特に低率だった北海道については 1、2 月に 10％程度改善することを見込んだ。新造船は 5 万 800 総噸から確実な見込みである 1 万 2,822 総噸に変更した。機帆船輸送力の縮小見込みに対して、運航機帆船の増強は最早困難としていたが、西日本については若松港・戸畑港送出炭の増強、買船・傭船返還、無動力船補強、地区機帆船からの供出等による助成によって 23 万 4,350 トンの増強を織り込み、北海道については修繕・新造船稼働の促進、稼航率向上によって 6 万 7,400 トンの増強を見込んで計画を見直した。

　この結果、海運総局の 1 月 31 日付改訂輸送計画では[223]、民需汽船輸送力は一般船舶が 411.6 万トンから 373.5 万トンへ、特別船舶が 93.2 万トンから 55 万トンとなり、九州炭輸送協力分の 30 万トンを加えても合計で 534.8 万トンから 403.5 万トンへと激減している。運航機帆船は 12.4 万トンから 12.2 万トンへ、北海道機帆船は 52.7 万トンから 31.3 万トンへ、西日本機帆船は 200.2 万トンから 174.6 万トンへと縮小し、朝鮮機帆船、関釜連絡船等を加えた基本輸送力の合計は 817 万トンから 637.1 万トンとなっていた。これに当初計画で打ち出した増強対策 32.6 万トンを 79.5 万トンに引き上げても、改訂計画の日満支輸送力は 793.5 万トンから 716.6 万トンになった。この輸送力を地域別稼航率で輸送重量を算定し、南方 ABC 総合輸送 28.2 万トンを加えて、物資別、地域別に組み直したのが、1 月 28 日付の前掲表 3-100 の改定欄である[224]。日満支輸送力は 89.2 万トンも縮小することになり[225]、最も懸念されていた石炭輸送や鉄鉱石には機帆船を動員した集中的な増強對策が組み込まれてはいるが、大幅に削減されることになった。2 月 5 日付の閣議説明資料では、716.6 万トンを絶対確保目標 637 万トンと努力目標 79.9 万トンに分けた上で、「今迄ノ実績ヲ見マスト天候不良等ノ特殊事情ガアッタトハ云ヘ、確保目標ノ完遂モ仲々

容易ナラヌ状況」と説明されていた。一方、物動計画の現状は、努力目標の方の達成も「要請致サネバナラヌ状況」であり、軍需省としては荷役力の増強、稼航率の向上、海上護衛の強化などで、「運通省及海軍省ノ異常ナル御決意ニ依リ改善ノ実ヲ挙ゲラルルコト」を要請した。

　大陸中継輸送にも新たな問題が生じていた。満洲・朝鮮物資の対日輸送計画は当初計画通りとしたが、北支の対日供給物資の鉄道輸送が大幅に縮小した。当初北支物資の鉄道輸送は年間1,000万トンを想定していたが、1944年11月以降、①鉄道に対する空爆の激化、②「猛烈ナル寒気ノ襲来」、③「匪襲」等により、「殆ド半減セル状況」になった。このため、今後輸送力を720万トン程度に回復させることを前提とした輸送計画に改訂することになり、対日北支物資は元山向けと、開灤炭の1日1列車（第4四半期9万トン）のみを残し、開灤炭以外の北支炭、銑鉄、長蘆塩等は海送に切り替えることになった[226]。

　この計画では依然として一般船舶と特別船舶の区分が設けられているが、総船腹量が激減する中で、海運総局は、特別船舶20万総噸を維持し、喪失分を一般船舶の優秀船から補填しようとする軍需省鉄鋼局に対して、改めてその問題点を批判している[227]。一般船舶から切り離し、鉄鋼局より直接に船舶運営会へ配船を指令するために、C船輸送が二元化していること、本来1944年度甲造船190万総噸を超過した新造船に対する「特別運営」であるにもかかわらず、既定建造計画の完遂が困難になっていること、さらにC船の保有総量が44年末時点で82万総噸余にまで低下していることから、一般船舶と特別船舶の「二元的運営ハ輸送効率向上ヲ図ル上テ支障ヲ生スルコト多ク寧ロ其ノ低下ヲ来ス虞アリ」とされた。一般、特別ともに稼航率に優劣がなく、「海上輸送全般ニ於テ綜合的ナル機動配船ヲ緊要トスル」現状では、「鉄鋼ノミノ特別船舶設定論ニ与スルヲ得ズ」というのが海運総局の見解であった。

輸送力の統合運用体制と第8次船舶増徴

　第4四半期の海上輸送計画の改訂に着手した1月11日には、大陸物資の調達、対日輸送体制、占領地経済の維持等について、最高戦争指導会議で一連の施策が決定された。重要物資の対日輸送については、「日満支自給自戦態勢」の確立のため、①対日総動員物資の輸送を大陸の港湾出発まで「準軍需品」と

して扱い、一元的に軍事輸送で処理する。②このため現大陸鉄道輸送協議会事務局を強化し、軍鉄道機関と密接な連絡、調整を行う。③速やかに博釜航路に貨車航送船輸送を開設し、日本海航路を増強して、大陸幹線鉄道の輸送力を強化する。④大陸幹線鉄道、海上航路（特に朝鮮海峡）、主要港湾の防衛を強化する。⑤将来、大陸諸鉄道を一元化するため、朝鮮鉄道の満鉄委託経営について検討をすることになった[228]。

朝鮮鉄道、満鉄、華北交通等の大陸鉄道の統合問題については、1月4日の最高戦争指導会議の際、経営一元化案（満鉄案）や、運行のみの一元化案（宇佐美莞爾華北交通総裁案）が紹介され、議論の中では輪転材料（車両）の使用を一元化することが肝心であるなどの意見もあり、輸送会議で研究をすることになっていた。11日の会議に際しても、真田穣一郎軍需局長の統合提案に対して、石渡荘太郎大蔵大臣が賛成したものの、大達茂雄内務大臣は朝鮮総督から反対の申し入れがあったことを伝え、提案者側の梅津美治郎陸軍参謀総長も時期尚早と最終的に判断した。前朝鮮総督の小磯首相も「従来ノ経緯」を理由に躊躇しため、真田も委託経営の「方針ノ下ニ準備ヲ実施[229]」という提案をして、曖昧な決着を付けることになった。但し、小磯首相は朝鮮鉄道の経営統合には消極的であったが、この会議の際、華北、華中の鉄道統合については自らが提案していた。この結果、3月10日の最高戦争指導会議で、華北交通、華中鉄道の運営を4月1日以降「当分ノ間」支那派遣軍総司令官が管理することになり、中国占領地域の輸送と生産の「綜合的且一元的計画及運営ニ遺憾ナカラシムル」ことになった[230]。

占領地経済と物資調達については、「軍ノ自戦自給及対日満寄与ヲ第一義トシ支那経済ノ破綻ヲ防止シ戦争寄与ヲ確保スル為」、現地経済力を維持・培養し、インフレによる通貨制度の破綻を回避することを求めた「支那戦時経済確立対策」が決定された。その対策は「軍ノ強力ナル推進ノ下」、①陸海軍省、大東亜省が一体となって総合指導機関を設置する。②軍の自給に関し、計画の一元化、調達の総合的効率化を図り、対日満寄与では陸海輸送力と現地供給能力との吻合を図る。③現地経済の破綻防止のため、「支那側ノ創意ヲ活用シ努メテ民生ノ維持ヲ図」り、食糧、生活物資、石炭の増産、軽工業の振興、あらゆる輸送力の動員、物資交流の円滑化を図る。④「現制通貨ヲ飽ク迄擁護シ之

カ破綻ヲ防止」するため、通貨放出の調整、回収の画期的強化、発券銀行の強化・刷新、「帝国信義ノ堅持」等、各般の施策を実施する。⑤邦人経済、国策会社の現状を打開し、「善隣的経済運営ノ徹底」を期すなどであった[231]。また、②の物資調達の一元化については、中央からの指令を統一し、調達予算も一元化して陸海軍、大東亜省の連携を強化し、そのための「一体的物資調達統制機関」を設置するなどの方針も打ち出された[232]。

この決定について、陸軍参謀本部戦争指導班は、重光葵大東亜大臣、石渡蔵相より「是非陸軍中心トナリ実行セラレ度トノ応答」があり、海軍が「沈黙」したことをもって、「陸軍ノ中核的指導力ヲ中央ニ於テ認メタルコト」と判断し、「今後ノ対支政策上一大転機ヲ画シタルモノ」と「各員感謝ノ裡ニ決定」したと記している[233]。しかし、この方針は、占領地経済が対日満物資供給力を失い、食糧・生活物資の供給すら危険となり、中国連合準備銀行券、中央儲備銀行券の信用が崩壊しつつあることを間接的に示すものでもあり、南方物資のみならず大陸物資の還送も困難になっていることを明らかにしている。陸軍による自給体制とは、占領地の「自戦自給」であり、帝国圏としての総動員行政の放棄ともいえる決定であった。

最重要物資である液体燃料についても明確な計画を立てられなかった。1944年12月半ば、統帥部は第4四半期に50万klの液体燃料の還送を検討するよう求められていたが、10月28日の最高戦争指導会議で決定された第4四半期の最小限還送量20万klを「極力之カ上廻リニ関シ努力スヘキモ当時ノ想定ヨリモ更ニ悪化セル現状」(ママ)では増送は不可能としていた[234]。にもかかわらず、12月の陸軍15万総噸増徴の際には、燃料還送は「絶対優先」として、第4四半期に少なくとも35万klを確保するよう努力することを取り決めた[235]。

こうしたなか、3月8日には、陸海軍省部の部局長会議の場で、陸軍は本土決戦に備えた決号作戦、東シナ海周辺および南西諸島での天号作戦を立案し、その「戦局ノ急需」に対応するため陸軍にて船舶24万総噸を利用する構想を打ち出した。そして、24万総噸の抽出にあたっては「勉メテ国力整備ニ悪影響ヲ及ホササル如ク十分注意スル」、「A、B、C船舶及関係港湾ヲ一元化運用」するとして、①陸海軍の運輸機関を合体し「一元輸送司令部」を早急に編成する、②大本営に「輸送会議」を設置する、③輸送力向上のためあらゆる方策を

講じるなどの方針が一旦合意された。しかし、統合運用方式は、徴傭船量を自在に増加させる方便として使われる事態になっていた。民需汽船からの徴傭量は食糧輸送用を含めて15.4万総噸であったが、その後海軍軍令部から「船舶陸軍使用ノ影響ハ甚大ニシテ海軍ノ特攻計画ニ打撃ヲ与フヘキニ依リ同意シ得サル」との申し入れがあって紛糾した[236]。結局15日の最高戦争指導会議で、第8次民需汽船増徴が決定され、食糧輸送分を除いた船腹量として、3月から6月にかけて実働船腹8万総噸を陸軍が使用することを認めた[237]。しかし、こうした安易な船舶の抽出は、1945年度計画の策定作業の中で、国内経済の全面的麻痺、飢餓の発生可能性に直面して、やはり見直さざるをえなくなり、戦争終結に向けた機運を生み出す一つの要因になった。

海上輸送計画の年間実績

交通動員計画の四半期計画、物動実施計画の際の輸送計画、これを基に海運総局が策定した月別輸送計画とその実績を見たのが表3-101である。1944年度第1四半期は前年度末に船舶建造が集中したこともあって、高い実績率を残した。しかし、サイパン島失陥を機に甲乙地域からの集中的輸送を実施し、C船はもとより運航機帆船や内地沿岸輸送からも機帆船等を動員したため、第2四半期は計画から大きく逸脱する事態になった。満支からの還送は激減し、輸送全体の実績も急減した。第3四半期も同様であり、満支地域の実施計画が当初計画の2分の1であるのに対して、甲乙地域は当初計画の3.7倍と特異な動きを示した。第3四半期の実績も振るわず、第4四半期の海運総局の輸送計画は、実態に合わせて大幅に引き下げられたものの、45年1月以降南シナ海域に米軍機動部隊が侵攻し、南方交通は完全に途絶することになった。44年度の船舶喪失は340.7万総噸（月28.4万総噸）、うち民需汽船は154.1万総噸（月12.8万総噸）に上り、43年度の約2倍、42年度の約4倍となった。そして、45年4月には米軍の機雷投下による港湾の封鎖作戦によって、さらに激しく船腹が損耗することになった[238]。

この間、運航機帆船、石炭を中心にした国内の沿岸輸送も、第2四半期までは計画水準を維持した。しかし第3、第4四半期の運航機帆船の実施計画は顕著に縮小され、その他の沿岸輸送も第3四半期以降大きく縮小した。

表3-101　1944年

			第1四半期				第2四半期			
			交通動員計画	四半期実施計画	海運総局輸送計画	同輸送実績	交通動員計画	四半期実施計画	海運総局輸送計画	同輸送実績
C船	日満支		5,266.2	5,154.4			5,555.5	3,711.5		
	甲乙地区		579.0	654.2			1,056.2	2,376.5		
	計		5,845.2	5,808.6	6,497.3	6,127.9	6,611.7	6,088.0	7,226.0	4,333.0
運航機帆船			408.3	374.8	786.4	761.6	632.1	632.1	903.0	554.5
北海道機帆船			399.8	416.5			679.1	679.1		
西日本機帆船			2,928.0	3,088.8	3,326.7	2,484.0	3,191.7	3,191.7	2,542.0	1,944.1
合計			9,581.3	9,688.7	10,610.4	9,373.5	11,114.6	10,590.9	10,671.0	6,831.6

注：「計画」は1944年5月決定の交通動員計画で、年度当初の物動輸送計画を1割増としため、1、2月の合計を1.5倍した推計値。第3四半期の運航機帆船・北海道機帆船の海運総海道機帆船の海運総局輸送計画の実績は、3月分が不明のため、1、2月実績の合計を1.5
出所：交通動員計画、四半期実施計画は「輸送実績」前掲『後期物資動員計画資料』第13

　南方物資の還送の実績を四半期別に追うことは難しいが、2月下旬以降、集荷拠点であるシンガポールを出航する船団は急減し、その多くは撃沈された。そして、3月19日出航の船団が南方各地の船舶を集めた最後のものとなった。日本からの出港については、護衛総司令部が3月上旬に竣工した船舶の運航を巡って、日本への帰航まで「ルートの方がもたない」との見通しを示し、南方作戦の「終結を勧告」した。結局、軍令部も3月16日に南方作戦の中止を決定し、船舶は台湾以北でのみ運用することになった。タンカーの入着は、2月7日に航空揮発油1万7,000klが門司に運ばれたのがほぼ最後となった[239]。こうして、太平洋戦争開戦当初の民需船300万総噸を42年度半ばに回復し、以後その水準を維持するという構想は、42年秋に崩れ始めたまま、崩壊に向かって突き進んだ。44年度は当初の2,784.8万トンの輸送計画が策定され、実施計画の合計で2,275.6万トンが計画された。しかし、実績は1,721.4万トンと当初の61.8％であった。開戦時の41年度輸送力を維持するという方針は、その35.3％にまで落ち込んだことになる[240]。

　海上輸送計画の物資別実績を表3-102から見ておこう。最大の輸送物資は一貫して石炭であり、輸送計画のほぼ4割を占め、実績では徐々に比重を高め第4四半期には海上輸送総量の55％を占めるほど、エネルギー需給の要になって

度C船・機帆船輸送計画の推移

(千トン)

	第3四半期				第4四半期				合計			
	交通動員計画	四半期実施計画	海運総局輸送計画	同輸送実績	交通動員計画	四半期実施計画	海運総局輸送計画	同輸送実績	交通動員計画	四半期実施計画	海運総局輸送計画	同輸送実績
	6,708.8	3,386.5			7,363.1	4,390.2			24,893.6	16,642.6		
	652.9	2,425.3			666.0	657.0			2,954.1	6,113.0		
	7,361.7	5,811.8	5,638.3	4,072.0	8,029.1	5,047.2	4,176.7	3,267.8	27,847.7	22,755.6	23,538.3	17,800.7
	656.5	280.3	573.2	481.3	728.7	123.8	472.0	342.6	2,425.6	1,411.0	2,734.6	2,140.0
	828.3	596.6			988.5	424.5			2,895.7	2,116.7		
	2,735.7	2,022.1	1,913.8	1,832.7	2,615.0	2,101.5	1,951.2	1,533.0	11,470.4	10,401.1	9,733.7	7,793.8
	11,582.2	8,710.8	8,125.3	6,386.0	12,361.3	7,697.0	6,599.9	5,143.4	44,639.4	36,687.4	36,006.6	27,734.5

もの。「実施」は「四半期実施計画」とみられる。第4四半期のC船の海運総局輸送計画は、3月分が不明のた
局輸送計画は、11月分が不明のため、10、12月計画の合計を1.5倍した推計値。第4四半期の運航機帆船・北
倍した推計値。運航機帆船・北鮮動機帆船の輸送実績には、この他に24万トン余の南鮮中継輸送がある。
巻323頁所収。海運総局計画と実績は前掲『船舶運営会史（前編）』上、301、305頁、中113～114、118頁。

いた。しかし、輸送量は漸減し、第4四半期には第1四半期の68％にまで低下し、あらゆる産業を停滞させることになった。同表の鉄鉱石輸送のデータは、鉄鋼生産を徹底的に重点化してきた結果としては不自然であり、鉄鋼専用の特別船舶や鉄鋼統制会専用機帆船の実績を含まない一般船舶の分ともみられる。この推移を追うと、5、9、12月に急減したまま回復困難となり、四半期単位で見ると、第2四半期、第4四半期の2段階で落ち込んだ。第4四半期には第1四半期の21％にまで低下した。しかし、鉄鋼石海送の全実績は後掲表3-132の輸送実績の方が正確であろうと考える。同表では第1四半期の69万トンから第4四半期に21万トンと3割程度にまで急減するものの、年間実績は167万トンであった。

　塩の輸送実績は第3四半期から急減し始めた。その大部分は北支、朝鮮からの工業塩であるが、この減少は工業原料として幅広い用途を持つソーダ類の激減をもたらした。その中でも軽金属、爆薬原料としては増加したため、石鹸・油脂などの生活関連工業は深刻な打撃を受けた。1945年度に入ると食料塩も最低必要量を切る事態となり、飢餓問題が急速に浮上するが、その点は次章で改めて触れることにする。

　その一方で、戦災復興用のセメント輸送は、輸送計画を実績が大きく上回る

表 3-102　1944 年度物資別海上輸送計画の

	第1四半期		第2四半期		第3四半期	
	計画	実績	計画	実績	計画	実績
石炭	2,566,025	2,623,047	2,705,120	1,946,696	2,706,300	2,085,132
鉄鉱石	558,300	508,004	354,000	225,202	315,700	209,981
銑鋼	723,606	749,740	991,500	512,187	548,302	466,320
塩	323,500	288,960	395,900	305,296	366,300	217,689
非鉄金属	710,665	583,339	1,218,645	572,529	652,342	408,193
コークス類	108,537	107,295	135,230	78,674	45,700	57,818
セメント	13,000	21,669	19,800	18,860	11,000	14,639
ソーダ類	3,700	2,785	2,900	587	4,500	2,379
油類	21,715	18,769	22,070	7,623	14,200	17,310
紙パルプ	47,700	45,763	55,695	42,524	32,990	28,755
棉花・羊毛	23,500	11,164	44,400	3,972	16,000	10,735
木材	21,100	61,587	54,028	77,376	41,850	64,655
穀類	892,957	645,033	860,873	326,146	498,600	285,480
砂糖	66,980	61,258	77,400	39,292	99,800	40,839
燐鉱石	53,900	10,861	73,900	18,435	53,800	32,603
肥料	282,490	242,779	150,640	96,580	128,050	66,813
飼料	39,015	50,404	14,200	10,604	4,800	9,709
油脂	100	1,021	3,260	2,490	3,300	585
油糧種実	26,380	30,900	18,320	8,735	18,800	2,808
生ゴム	8,288	4,956	16,271	8,038	25,030	7,304
練乳・粉乳	4,600	3,620	11,000	2,990	3,720	527
その他	1,260	54,944	800	28,142	47,250	41,686
合計	6,497,318	6,127,898	7,225,952	4,332,978	5,638,334	4,071,960
北洋漁業	66,000	36,415	46,800	32,773		
雑貨 一般雑貨		574,440		398,921		241,508
機械・車両		116,383		57,100		154,179

注：第4四半期の計画値は、1945年3月の計画が不明のため、1、2月の平均値を3月分として算出した。
出所：前掲『船舶運営会会史〈前編〉』上、605～608頁。

など、特異な動きを示し、緊急重要として輸送計画に割り込んでいたことを窺わせる。木材についても同様の事情があったとみられる。

　食糧関係では飼料の計画実績率が高く、食糧問題が浮上していることを窺わせるが、穀類、油脂等へ海上輸送力を割くことは避けられている。食糧については後述するように鉄道輸送に負荷をかけて輸送を確保している。

　大東亜共栄圏の最後の重要航路となった大陸物資の南鮮中継について、表

実績

(トン)

第4四半期 計画	第4四半期 実績	合計 計画	合計 実績
1,709,280	1,796,796	9,686,725	8,451,671
91,350	108,510	1,319,350	1,051,697
485,100	305,432	2,748,508	2,033,679
333,450	166,173	1,419,150	978,118
575,069	338,297	3,156,721	1,902,358
66,630	51,408	356,097	295,195
9,150	13,318	52,950	68,486
3,300	1,267	14,400	7,018
10,500	12,028	68,485	55,730
21,270	32,471	157,655	149,513
21,240	3,323	105,140	29,194
63,825	69,838	180,803	273,456
431,475	237,350	2,683,905	1,494,009
191,370	19,531	435,550	160,920
28,200	15,433	209,800	77,332
78,000	73,204	639,180	479,376
150	3,024	58,165	73,741
1,050	527	7,710	4,623
33,750	10,302	97,250	52,745
14,550	2,298	64,139	22,596
1,800	1,714	21,120	8,851
6,150	5,542	55,460	130,314
4,176,659	3,267,786	23,538,263	17,800,622
		112,800	69,188
	220,484		1,435,353
	29,316		356,978

3-103から計画と実績の推移を見ておこう。1942年末から始まった陸送転移は前章で見たように43年度下期から強化され、船積み実績は第3四半期に40万トン、第4四半期に50万トンに達した。44年度からは満洲産物資だけでなく、北中支産、朝鮮産も極力鉄道を通じて南鮮諸港まで運ぶことになり、第2四半期からは満洲産の塩や北支産の棉花も計画に加えられた。輸送計画は44年度第1四半期に計画85万トン、船積み実績76万トンに達した。しかし、これをピークに、第2、第3四半期は100万トンを超える計画を立てたものの、実績は低迷し、45年1月には21.8万トン(四半期換算で65.3万トン)に縮小した。港への到着実績で見ると、44年度は第1四半期を超えることなく、45年1月には6.3万トン(同19万トン)に急減している。これに比較すれば、船積分は第1四半期から第3四半期まで概ね安定しており、第3四半期以降、到着分が急減するなかで、南鮮諸港の在庫分を内地に輸送し続けていることがわかる。そして、45年に入ると大陸物資の輸送は決定的に困難になった。

輸送物資別の推移を見ると南鮮中継の中心は満洲産の石炭、銑鋼、穀類であった。石炭の場合、急拡大する計画には対応していないが、満洲産は第2四半

表 3-103　1944 年度にお

		第1四半期			第2四半期		
		計画	到着	船積	計画	到着	船積
石炭	満洲	145,000	134,553	149,222	165,000	165,816	119,472
	中華民国	34,000	16,848	21,156	160,000	62,070	35,903
	計	179,000	151,401	170,378	325,000	227,886	155,375
銑鋼	満洲	193,066	184,905	183,954	157,360	118,457	106,000
	北支	38,840	40,572	46,374	47,200	32,491	14,654
	朝鮮	58,200	47,147	37,250	56,800	36,950	25,102
	計	290,106	272,626	267,578	261,350	187,898	145,756
非鉄	満洲	23,800	17,350	12,273	34,620	22,308	14,087
	朝鮮	40,935	19,361	19,778	61,740	16,369	21,058
	計	64,735	36,711	32,051	96,360	38,677	35,145
塩	満洲				68,000	52,711	38,052
	北支	36,000	28,728	22,116	105,000	52,654	50,709
	計	36,000	28,728	22,116	173,000	105,365	88,761
穀類	満洲	175,015	161,410	169,476	153,500	*91,015	97,529
コークス	満洲	5,397	4,746	3,639	1,920	552	332
棉花	北支	5,000				2,356	1,069
大豆粕	満洲	95,000	97,466	96,905	37,000	27,624	18,745
油糧種実			2175	2819	6000	3,700	3,404
	合計	850,253	755,263	764,962	1,054,130	684,073	546,136

注：原資料の第2四半期非鉄の集計ミスを修正したため同期合計、年間合計が原資料と僅かに一
　　1月分しか判明しない。
出所：前掲「輸送実績」320～321、325頁所収。

期まで、中華民国産は第3四半期まで出荷量を増やし、1944年末まで海上輸送力の増強に寄与したことがわかる。銑鋼も満洲産が第2四半期には下落するものの、北支、朝鮮産は44年末までそれぞれ4万トン前後の水準を維持したことがわかる。塩も44年度末まで増強されたが、45年1月から急減した。45年まで輸送努力が維持されたのは穀類であった。

鉄道輸送計画の年間実績

　四半期別物資別の鉄道輸送の実績を表3-104によって見よう。第1四半期に

ける南鮮諸港への到着と船積の実績

(トン)

第3四半期			第4四半期	年度合計	1945年1月		
計画	到着	船積	計画	計画	計画	到着	船積
170,000	100,647	107,182	150,000	630,000	45,000	898	20,950
270,000	156,875	152,778	90,000	554,000	31,000	3,525	6,960
440,000	257,522	259,960	240,000	1,184,000	76,000	4,423	27,910
120,000	83,582	95,197	83,000	553,416	19,800	5,832	5,382
54,000	34,672	37,998		140,040		1,076	8,740
57,000	39,564	46,855	65,000	237,000	11,300	1,838	5,942
240,000	157,818	180,050	148,000	930,456	31,100	8,746	20,064
50,700	22,979	15,688	2,204	111,324	11,849	4,098	18,284
47,380	20,170	23,692	44,650	194,705	16,450	4,485	6,885
98,080	43,149	39,378	46,854	306,029	28,299	8,583	25,169
70,000	46,610	51,509	40,000	178,000	18,800	1,190	9,305
103,000	49,525	53,497	40,000	284,000		3,290	3,628
173,000	96,135	105,006	80,000	462,000	18,800	4,480	12,933
119,000	85,038	104,195	192,000	639,515	52,000	36,032	42,753
1,400	851		1,400	10,117	500		
20,000	2,002	2,111	2,000	27,000		26	1,285
85,000	49,941	38,413	10,000	227,100	10,000	1,092	5,853
	75	626	22,000	28,000	1,000	112	
1,176,480	692,531	729,739	742,254	3,824,117	217,699	63,494	135,967

致しない。＊第2四半期穀類の到着分には朝鮮内からのもの4,581トンを含む。第4四半期の到着、船積は

は4,605.3万トンと前年同期を大きく上回る実績を上げ、これが太平洋戦争期のピークであった。その後、輸送計画は毎期4,700万トン台に設定されていたが、第2四半期4,360.6万トン、第3四半期4,166.7万トンと逓減し、第4四半期になって3,603万トンへと一挙に下落している。

　その中にあって、主要物資の石炭・コークスは輸送実績を比較的維持しており、第4四半期まで最優先の取り扱いをしている。ただし、機帆船等の沿岸海上輸送を代替し、急落する輸送力をカバーすべく、増送を期待したほどには機能しえなかった。達成率の点でいえば液体燃料の石油・アルコールの輸送実績

表 3-104　1943・44 年度品

品目	1944年度第1四半期 計画	実績	43年度同期 実績	1944年度第2四半期 計画	実績	43年度同期 実績	1944年度第3四半期 計画	実績
石炭	13,432.6	12,500.5	12,376.5	12,833.4	11,041.5	11,425.4	12,425.6	10,885.5
銑鋼	1,696.0	1,636.7	1,240.1	1,762.6	1,630.7	1,391.5	1,787.0	1,510.9
金属屑	400.7	357.9		334.8	357.9		337.5	350.7
軽金属・同原料	435.3	321.3	168.6	457.4	340.4	197.5	530.1	317.4
重要鉱石	1,938.4	1,607.9	1,372.2	2,182.2	1,767.5	1,813.0	2,260.7	1,522.1
石油・酒精	438.1	431.5	393.2	416.3	429.7	394.9	406.8	433.5
米	1,210.5	1,065.1	1,044.0	898.5	829.2	791.4	1,429.5	1,200.1
麦	136.6	130.3	115.1	674.4	541.9	469.9	637.0	508.3
塩	354.6	279.1	349.2	343.0	259.7	323.0	393.4	286.3
肥料	849.7	847.0	951.8	576.4	463.7	713.1	478.7	355.9
工業製品	445.4	401.5	343.6	428.9	377.1	367.5	444.6	377.3
石灰石	999.7	878.7	910.3	1,028.6	855.6	879.2	1,023.9	788.1
石灰類	447.1	362.2	385.4	361.5	271.3	359.5	318.3	248.2
機械類	833.4	995.8	632.7	918.3	1,075.2	793.8	992.3	1,122.7
セメント	726.8	688.9	714.4	727.1	637.2	766.3	643.2	544.9
コークス	509.2	495.1	489.4	514.6	512.3	543.2	526.6	456.8
木材	5,817.7	5,629.0	5,117.1	5,927.3	5,234.4	5,437.0	5,208.2	4,138.4
木炭	475.8	409.8	532.6	397.7	312.7	453.4	469.8	332.2
小麦粉	64.7	70.1	78.4	164.5	149.5	126.1	178.0	123.0
大豆	390.9	314.4	232.8	307.0	222.5	175.1	246.8	178.4
甘藷・馬鈴薯	133.0	121.6	119.5	224.7	194.7	208.7	801.9	786.8
生野菜	284.9	195.5	286.3	333.4	170.0	423.1	379.2	346.8
魚介類	371.4	402.8	499.4	283.0	201.5	330.6	219.6	202.7
油脂・同原料	78.9	70.6	73.7	72.3	57.7	90.9	56.1	56.0
味噌醤油	177.8	167.9	172.3	170.7	160.4	169.5	168.6	172.9
砂糖	99.1	113.5	114.1	183.2	131.5	126.2	175.8	85.7
薬工品	530.2	589.5	574.3	407.3	368.3	423.9	353.5	281.5
牛馬	177.1	195.4	201.6	198.2	336.7	307.4	210.3	330.4
飼料	265.1	238.3	215.8	316.7	275.7	254.5	362.1	369.2
鉱砥物	799.6	791.8	962.1	732.8	732.2	822.7	593.4	516.7
紙・パルプ	350.1	301.2	429.4	336.1	261.4	404.5	304.8	253.5
酒	94.5	97.7	133.3	110.5	111.9	164.5	102.8	102.1
煙草	95.3	75.4	77.0	95.3	70.8	92.6	126.7	102.3
果物	69.0	80.1	122.4	78.0	53.5	104.1	272.8	162.8
砂利	2,417.5	2,071.4	2,065.7	2,369.9	2,455.6	2,037.6	2,221.7	1,963.6
石材	700.3	662.8	478.7	649.5	563.7	570.6	500.9	396.5
薪	591.8	520.8	548.2	436.0	322.0	343.1	439.6	364.2
繊維・同製品	317.9	302.2		416.5	408.3		461.2	477.0
その他	8,946.5	9,631.4	9,463.1	8,580.9	9,420.0	9,783.9	8,966.7	9,016.0
合計	48,103.2	46,052.7	43,984.3	47,249.5	43,605.9	44,079.6	47,455.7	41,667.4

出所：「昭和十九年度四半期別品目別輸送計画対実績」前掲『後期物資動員計画資料』第13巻所収、326頁。

目別鉄道輸送計画の推移

(千トン)

43年度同期 実績	1944年度 第4四半期 計画	1944年度 第4四半期 実績	43年度同期 実績	1944年度 合計 計画	1944年度 合計 実績	43年度 合計 実績	対計画実績率	対前年実績率
12,043.3	13,071.3	10,194.3	12,954.0	51,762.9	44,621.8	48,799.2	86.2	91.4
1,459.9	1,720.0	1,191.3	1,486.4	6,965.6	5,969.6	6,488.1	85.7	112.9
412.5	383.3	290.3	497.7	1,456.3	1,356.8		93.2	
276.2	468.2	265.5	306.4	1,891.0	1,244.6	948.7	65.8	131.2
1,556.5	1,915.8	1,204.4	1,435.2	8,297.1	6,101.9	6,176.9	73.5	98.8
432.9	355.0	330.7	411.2	1,616.2	1,625.4	1,632.2	100.6	99.6
1,501.1	1,310.5	1,136.3	1,257.3	4,849.0	4,230.7	4,593.8	87.2	92.1
492.1	340.2	316.5	199.6	1,788.2	1,497.0	1,276.7	83.7	117.3
347.2	380.5	204.3	243.3	1,471.5	1,029.4	1,262.7	70.0	81.5
599.5	472.5	301.2	581.5	2,377.3	1,967.8	2,845.9	82.8	69.1
398.0	429.5	325.2	374.1	1,748.4	1,481.1	1,483.2	84.7	99.9
918.8	998.8	733.9	749.0	4,051.0	3,256.3	3,457.3	80.4	94.2
410.3	277.6	205.0	374.5	1,404.5	1,086.7	1,529.7	77.4	71.0
843.1	1,030.1	963.1	818.8	3,774.5	4,157.0	3,088.4	110.1	134.6
585.5	544.5	408.8	629.0	2,641.6	2,279.8	2,695.2	86.3	84.6
450.9	530.8	397.6	445.3	2,081.2	1,861.8	1,928.8	89.5	96.5
4,808.5	5,224.3	3,839.7	5,177.6	22,177.5	18,841.5	20,540.6	85.0	91.7
398.5	522.8	387.7	446.1	1,866.1	1,442.4	1,830.6	77.3	78.8
85.3	100.5	64.1	49.9	507.7	406.7	339.7	80.1	119.7
118.2	412.7	252.6	246.1	1,357.4	967.9	772.5	71.3	125.3
712.5	189.2	127.4	194.6	1,348.8	1,230.5	1,235.3	91.2	99.6
564.1	244.1	113.8	264.9	1,241.6	826.1	1,538.4	66.5	53.7
370.5	188.2	134.3	233.6	1,062.2	941.3	1,434.1	88.6	65.6
85.0	79.1	55.7	76.1	286.4	240.0	325.7	83.8	73.7
189.3	172.2	140.1	165.3	689.3	641.3	696.4	93.0	92.1
104.4	115.6	72.1	91.9	573.7	402.8	436.6	70.2	92.3
383.3	399.7	262.0	503.6	1,690.3	1,501.3	1,885.1	88.8	79.6
327.9	193.0	220.4	249.0	778.6	1,082.9	1,085.9	139.1	99.7
268.9	354.4	306.5	246.0	1,298.3	1,189.7	985.2	91.6	120.8
714.8	628.7	423.5	724.2	2,754.5	2,464.2	3,223.8	89.5	76.4
344.8	313.5	187.0	309.3	1,304.5	1,003.1	1,488.0	76.9	67.4
135.2	100.4	81.6	111.1	408.2	393.3	544.1	96.3	72.3
121.4	112.3	74.1	91.6	429.6	322.6	382.6	75.1	84.3
305.4	144.8	99.7	201.7	564.6	396.1	733.6	70.2	54.0
1,783.7	1,957.2	1,585.9	1,743.3	8,966.3	8,076.5	7,630.3	90.1	105.8
627.4	474.8	286.8	675.0	2,325.5	1,909.8	2,351.7	82.1	81.2
389.9	605.2	562.3	588.8	2,072.6	1,769.3	1,870.0	85.4	94.6
	478.6	438.6		1,674.2	1,626.1		97.1	
9,806.4	10,001.9	7,844.9	9,313.2	36,496.0	35,912.3	38,366.6	98.4	93.6
45,373.2	47,242.2	36,029.4	44,466.2	190,050.6	167,355.4	177,903.3	88.1	94.1

が高かった。建設・復旧事業は最後まで活発であったため、木材、砂利、セメントの輸送実績も比較的高い状態を維持していた。しかし、毎期500万トン台を計画していた木材は第3四半期から実績率が低下している。

鉄鋼輸送も重点化され、毎期170万トン台を計画していたが、鉄鋼生産自体の推移と平行して、第4四半期に急落している。重要鉱石類もこれとほぼ同じ動きを示している。

一方、航空機・造船関連工業は依然として設備拡張が継続され、工場疎開・設備待避などの需要もあった関係で、機械類の輸送は、第3四半期まで増加し、計画を超過達成するなど、年間を通じて高い実績を残した。食糧・飼料も比較的高い達成率を示し、計画の維持に努めていたことが窺える。塩が減少するの

表3-105　1944年度第1四半期実施計画供給力計画（1944

			国内生産			回収	在庫	円域輸入	
			内地	その他	計			満関	その他
第一	普通鋼鋼材	千トン	1,085	24	1,119	30		16	
	普通鋼一般	千トン	606	4	610	30		15	
	普通鋼厚板	千トン	392	20	412				
	普通鋼鋼管	千トン	87		87			1	
	普通銑	千トン	863	166	1,029			170	58
	普通鋼鍛鋼	千トン	57	1	58				
	普通鋼鋳鋼	千トン	77	4	81				
	特殊鋼鋼材	千トン	281	4	285				
	鉄鉱石	千トン	990	800	1,790	320	276	8	559
第二	銅	トン	24,500	300	24,800	3,700			
	鉛	トン	10,000	1,500	11,500	3,400			
	亜鉛	トン	16,500	2,500	19,000	500			
	アルミニウム	トン	33,235	9,755	42,990			1,250	
第三	紡績用棉花	千担		238	238		175		558
	羊毛	俵	1,195		1,195		3,455	360	
	人絹用パルプ	英トン	22,250	2,230	24,480				
	マニラ麻	トン							
	生ゴム	トン							
第四	石炭	千トン							
第五	工業塩	トン		27,500	27,500	7,500		111,000	81,000

注：紡績用棉花は、6月策定の第2四半期実施計画の中で修正されて、朝鮮、中支の供給減少の結果、総供給量画に記載がないため、石炭の産業別地域別配給の合計から産出。

出所：軍需省「昭和十九年度物資動員計画第一、四半期実施計画（案）」1944年4月14日前掲『後期物資動員計

は輸移入自体の減少が原因である。牛馬の輸送実績が特に高いのは、小運送の隘路が至る所に発生したことへの対応と考えられる。

　こうした重点物資以外の木炭、大豆、砂糖、紙・パルプ、煙草、果物などは、計画達成率が7割台であり、輸送力の低下以上に減少した。

第7節　物資動員計画の上期実施過程

1　第1四半期実施計画

第1四半期供給計画

　以下では、物資動員計画の実施過程を、四半期別に検証していこう。第1四半期実施計画は年度計画と同時に策定され、主要物資の供給力計画は表3-105のように決定された。第三分科の天然素材類は概ね年度計画の4分の1であるが、その他はそれ以下に設定されている。船舶建造が急速に増加するにつれて、供給も回復するという見通しになっていた。物資別に需給状況を見ると[241]、普通鋼鋼材は、既配当鋼材の転活用3万トンや、陸海軍からの特別供出7.5万トンを翌月の圧延計画に加えるといった水増し的な「特別増産」を含めて115.5万トンとなり、1943年度第4四半期実績の109.5万トンを上回る計画とした[242]。しかも、44年度は鋼材・石炭・鉄鉱石の物動計画が二重化しており、この供給計画の外側で、特別船舶による原料の増送

甲地域	乙地域	合計	1944年度供給計画
		1,155	4,550
		655	2,349
		412	1,820
		88	381
		1,257	5,706
		58	234
		81	339
		285	1,100
		2,953	
		28,500	121,700
		14,900	55,400
		19,500	82,000
		44,240	196,900
		971	2,789
		5,010	20,031
		24,480	97,920
6,250		6,250	25,000
13,250	250	13,500	64,000
		15,109	65,971
		227,000	1,034,160

は86万担となっている。石炭供給力は、供給力計画資料』第10巻所収、186〜203頁。

を基にした一般普通鋼材5万8,400トン、厚板3万9,300トン、鋼管2,300トンの計10万トンを生産し、それを「雪達磨式」造船のために供給するという計画も併行していたため、その成果を全て組み込むと、鋼材供給は全体では125.5万トンを目指すものであった。

　銑鉄供給力は、年間計画の22%にあたる125.7万トンとし、第2四半期以降の増産を期待しつつ、107.7万トンだった1943年度第4四半期実績よりも高い目標を設定した。これには、低品質の小型溶鉱炉銑も、北中支・蒙疆での5.8万トン、朝鮮の2.5万トン、台湾の0.6万トンの計8.9万トンが含まれており、42年度末から取り組んだ銑鉄増産措置の成果に期待していた。またこの物動計画内の供給計画のほかに、特別船舶による鉄鋼増産11.9万トンを物動計画外で造船部門に投入することも狙い、合計の供給量は137.6万トンとなった。これは43年度第4四半期実績よりも27.8%も高い設定であり、44年度を決戦の年として上期に総力を挙げて重要物資の増産に取り組むという方針を反映したものであった。

　鉄鉱石は296.3万トンであったが、これには砂鉄14万トンや、硫酸滓18万トン、銅滓9万トン、タタラ滓4.5万トン、染料滓0.5万トンが含まれていた。屑鉄供給では、屑銑28.7万トン、屑鋼特別回収7.2万トン、同一般回収20.8万トンを例年並みに組み込んだほか、陸軍からの在庫供出4万トン、陸海軍特別回収8.5万トンなど、第1四半期に軍からの供出分を集中的に投入した。

　銅については、銅鉱供給55万6,200トンを前提に2万8,500トンの供給（うち500トンは「努力目標」）を目指した。銅鉱は内地で84.5%を確保したものの、依然として甲地域にも4.5%を依存していた。1万5,600トンの屑銅の回収・在庫から製錬した3,700トンが総供給の13%を占めるなど、国産資源に乏しいが故に共栄圏資源の開発に期待をかけていた開戦当初の構想からはかけ離れたものになっていた。しかもこの計画は、他の非鉄金属計画とともに、電力、コークス、石炭の確保について「別途措置」を必要としているなど、原燃料との整合性が取れていないことを窺わせるものであった。

　鉛の供給1万4,900トンには朝鮮での生産増分610トンを含んでいたが、この増産用資材は陸海軍需、民需からC_2への融通を別途措置し、ビルマ鉱石の確保などが必要とされていた。亜鉛の1万9,500トンにも朝鮮鉱による内地増

産500トンを含んでいたが、そのための石炭確保にも「特段ノ措置」が必要とされていた。

アルミニウムは主に甲地域からのボーキサイト20万トン（うち5万は「努力目標」）、パラオ島などの南洋信託統治領からの3万トンで4万4,240トンの供給を確保するものであったが、パラオ島からの輸送は困難であり、北支からの礬土頁岩13万トン（うちアルミナ用8万2,400トン）の供給も計画に組み込んでいた。しかし、この時点でも、礬土頁岩からのアルミナ生産は、既述のように試験的な段階を出るものではなく、量産の見通しはなかった[243]。

紡績用棉花は朝鮮産の年間生産計画を前年度の1.3倍としていたが、その48.7％を第1四半期の供給計画に集中した。この結果、前年度同期の9.2万担の2.6倍の供給を見込んだ。その背景には北支・中支産棉花の年間供給計画を前年度の67.3％としたため、朝鮮産への依存が高まったことがあった。北支・中支産も年間供給計画の34.8％が第1四半期に集中しており、輸送力が維持できる間に第2四半期配当分も極力内地へ輸送しようとしていた。

表3-106　1944年度第1四半期供給力計画における甲地域、乙地域輸入依存物資

(トン)

	供給総量	輸入量	依存度
甲地域			
マンガン鉱	127,100	38,000	29.9
クローム鉱	42,000	25,000	59.5
タングステン鉱	3,750	1,200	32.0
ニッケル鉱	36,042	33,167	92.0
銅鉱	556,200	25,000	4.5
鉛鉱	28,100	7,500	26.7
錫	4,850	4,750	97.9
アンチモン	660	250	37.9
ボーキサイト	230,000	200,000	87.0
ピッチコークス	41,750	11,000	26.3
マニラ麻	62,500	62,500	100.0
牛皮	4,698	675	14.4
タンニン材料	3,950	2,625	66.5
生ゴム	13,500	13,250	98.1
ラテックス	1,425	1,300	91.2
ヒマシ	1,900	1,000	52.6
その他植物油脂原料	40,385	15,000	37.1
生漆	201	17	8.5
松脂	1,370	170	12.4
キナ皮	307	218	71.0
キニーネ	83	63	75.9
カカオ豆	250	250	100.0
乙地域			
タングステン鉱	3,750	300	8.0
黄麻	4,425	800	18.1
牛皮	4,698	1,000	21.3
生ゴム	13,500	250	1.9
セラック	60	60	100.0
ダマル、コパル	290	270	93.1

出所：前掲「昭和十九年度物資動員計画第一、四半期実施計画（案）」188～211頁。

木材の多くは内地産であり、従来深刻な逼迫はなかったが、今期は、一般用杭・丸太の7.4万石を樺太材とし、車両用の朝鮮内需要3.15万石は満洲から輸入するなど、遠方からの供給を配当計画に入れて、外地の需要を満たそうとしていた。

　1944年度の5万機を超える航空機の製造計画にあたって、大きな隘路となっていた工作機械については、1万9,300台（2億1,260万円）を計画していたが、「所要資材中一部ハ手持資材ノ充当ニヨル」とされ、工作機械メーカーへの資材配当は保証されていなかった。むしろ、発注者が手持ち資材を提供するという鉄鋼配給統制に生じている違反を追認するかのような指示を出していた[244]。

　戦局の推移と輸送力の隘路から甲地域、乙地域からの供給は急速に狭められていた。しかし南方からの輸入計画がなくなったわけではなく、甲地域からの供給物資は、表3-106のようになっていた。鉄鋼・特殊鋼、非鉄金属原料や植物原料については、依然として重要な供給源として共栄圏貿易は到底放棄はできなかった。

第1四半期配当計画

　主要物資の配当計画は表3-107の通りである。4月14日の立案時点では、鋼材以外は軍需部門内の仕分けがされておらず、鋼材も肝心の陸海軍間の配当が未決定であった。結局、第1四半期の陸海軍配当計画は、3月末から両軍の軍務局長が40日にわたって折衝を重ね、5月9日にようやく「陸海軍折半」に落ち着いたという[245]。また軍需省は総動員局動員部で物動計画を策定しているにもかかわらず、省内の航空兵器総局向けの資材配分も統括できていなかった。この事情について、椎名悦三郎軍需省総動員局長は遠藤三郎航空兵器総局長に対して「陸海軍が頑強でとても航空兵器総局用資材を陸海軍から分離して配分することは出来兼ねるから、従来通り航空兵器総局用も陸海軍に含めて配当してあるゆえ総局に必要なものは総局の方で直接陸海軍から取って貰いたい[246]」と説明していた。

　戦局にかかわる重要物資の配当が軍需最優先であるのはいうまでもないが、普通鋼鋼材の配当は軍需と造船で69.9％を占めていた。しかも造船用B_x50万トンの配当のうち、10万トンは供給力計画で触れたように特別船舶による鉄

鋼増産分であり、不確かさを拭えなかった。

電気銅の配当でも、造船と軍需で82.2％を占めることになった。アルミニウムは当然ほとんどが航空機材料用であり、生ゴムも軍需が76％を占めていた。セメントには18万8,400トンの保留分があるが、これは1943年度配当計画の未出荷分を整理するために準備されたものであり、物動計画の需給状況が、軍需に圧迫されて極度に逼迫していたことを示している。

以下では、鋼材配当を中心に、民需部門への重点配当項目を見ておこう。民需配当計画の目玉であった陸運増強用 C_X の第1四半期の配当は、7.7万トンであった。うち2.44万トンは車両用、2.22万トンは施設拡充用、このほか1.61万トンが施設補修用、1.42万トンが車両補修用であった。特に内地の鉄道では車両の増産、大陸鉄道では施設整備が重点であり、これによって陸運計画、すなわち北海道炭の青函航送船輸送の年間200万トン、九州炭関門輸送の650万トン、大陸からの内地輸送500万トンなどの目標達成を目指したが、戦局の推移によっては、「陸運ヘノ輸送要請ハ増加必至」であるとされていた。その一方で物動物資の長距離輸送だけでなく、最低限度の地場輸送も優先確保する必要があるとした。特に、朝鮮・北支の地場輸送の増強のため、満洲国に対しては「車両ノ供出等ニ絶大ナル援助ヲ為サレンコトヲ期待ス」と、犠牲的協力を求めていた。鉄道総局には緊急時の保留分5,000トンを特配して調整用とし、また前年度の車両製作計画から繰り越しになる車両のための鋼材割当で、打ち切られた鉄道総局分6,000トン、朝鮮交通局分2,000トン、華北交通分1,750トンなどの1万トンについては、軍需省としても復活することが必要と考えていた[247]。

防空対策用 C_Z の鋼材は、1万1,500トンのうち重要工場が6,114トンと2分の1以上を占めた。このほか大型消防ポンプ車年間1,000台、中型腕用（手押し）ポンプ年間3,508台、小型腕用ポンプ年間6万台の整備に向けて、第一四半期には1,964トンが配当された。鉄兜年間17万5,000個、防毒面年間457万5,000個の整備計画もこの資材枠から配当された[248]。

官需 C_3 配当が厳しく削減されたことは、年度計画のところで指摘したが、その中で第1四半期配当計画では、木材増産事業、科学研究施設、航空機搭乗員・海員養成施設が重点化され、新京浜、三浦、房総の国道整備、台湾の高雄、

表3-107　1944年度第1四半期主要物資配当計画（1944年4

		普通鋼材	普通鋼鍛鋼	普通鋼鋳鋼	普通銑	特殊鋼	電気銅	アルミニウム
軍需	陸軍需一般A 海軍需一般B	208,000						
	航空機D	130,000						
	燃料	60,000						
	対潜護衛艦艇	40,000						
	防空	13,000						
	計	451,000	30,000	44,000	121,000	259,000	18,000	40,900
造船 B_x		1)500,000	15,000	14,000	70,000	6,000	5,420	330
民需C	陸送増強 C_x	77,000	5,100	9,500	12,000	4,700	550	375
	乙造船	15,000	870	1,000	11,000	200	250	35
	生産拡充 C_2	136,000	5,300	9,950	95,000	13,200	2,200	2,000
	官需 C_3	5,800	50	150	1,400	150	180	95
	輸出 C_4　満洲	10,000	360	760	3,000	582	700	25
	中華民国	3,000	115	128	850	156	180	45
	南方	0	5	6	150	12	6	
	南方開発 C_y	1,000	20	50	200	20	10	2
	一般民需 C_5	33,000	850	1,400	9,500	900	430	390
	民間防空 C_z	11,500	30	50	4,000	80	370	30
	調整用保留	16,700			2,900		204	13
	計	309,000	12,700	23,060	140,000	20,000	5,000	3,010
生産確保用 C_6 特定機械用 C_7		2)100,000			923,000			
合計		1,360,000	57,700	81,000	1,254,000	285,000	28,500	44,240

注：普通鋼鋼材の合計には、満洲国との交換用鋼材5,000トンを含む。1) また造船用の50万トンは特別船舶によ
　2) 特定機械用の10万トンは全て特別船舶による生産分の配当。
　3) セメントの調整用には1943年度発券中未出荷分の整理用15万トンを含む。
出所：前掲「昭和十九年度物資動員計画第一、四半期実施計画（案）」214～221頁、軍需省「昭和十九年度物資
　一、四半期実施計画第三分科関係追加表、同10巻所収、349頁。

基隆の港湾整備を急ぐことになった[249]。

　一般民需用 C_5 の鋼材3万3,000トンの内訳は、農商省が1万1,000トンと3分の1を占め、主要食糧用5,585トン、農機具用3,500トンが配分された。C_5 からの軍需省の所管事業向けも1万トンあり、油脂工業分2,000トン、瓦斯事業分1,700トン、一般機械分1,000トン、機械修繕分1,000トン、自転車分1,000トンや、亜炭等の生産力拡充計画にあたらない鉱業分750トンなどが配

第3章 太平洋戦争末期の総動員体制（1944年度）

月）

(トン)

紡績用棉花	生ゴム	セメント
427,132	3,576	
	2,722	
54,878	3,974	
482,010	10,272	459,300
		90,700
3,400	137	111,500
21,167	26	288,000
	517	
4,440	230	30,200
57,490	486	
2,613	250	5,500
	25	
3,920		
	10	
226,043	1,172	124,800
915	375	41,500
		3) 188,400
319,990	3,228	789,900
802,000	13,500	1,339,900

る10万トンを含む。

動員計画第二、四半期実施計画」第

当された。運輸通信省関係も自動車修理、橇・荷馬車等に1,370トンが配当された。外地は、朝鮮分4,000トンなど、全体で5,000トンにとどまった[250]。

なお、汎用電気機械（100馬力以下の標準誘導電動機、同付属電磁開閉器）、乾電池、鍛圧機械などの量産型機械・器具は、機械工業の大きな隘路になっていた。このため、1944年度から資材枠 C_7 を設定して、関連する工業団体に配当することになっていた[251]。その原資として、第1四半期実施計画では、特別船舶による計画超過達成分10万トンを一応見込んでいたが、5月25日時点では配当計画に入れる見通しが立たず、「暫定措置」として、従来通り機械用資材として各部門の既配当量から控除して配分した。上記の特定機械用の鋼材は生産力拡充計画 C_2 から405トン、満洲・中華民国分から180トン、保留分から315トンを控除した僅か900トンのみの配当となった。普通銑鉄も $C_2 \sim C_5$ と保留分から1,550トンを控除して配当するにとどまった[252]。この点からも、特別船舶による物動固有の計画を超えた鉄鋼生産が、実際にはさほど期待されていなかったことがわかる。

四半期ごとの実績については、本節の最後でまとめて見るが、第1四半期計画は太平洋戦争期の総動員計画達成率の高原状態を維持した最後の計画であった。主要物資の生産は、普通鋼鋼材の内地生産が98.5万トン、計画の90.8％であった。アルミニウムは約5万トンと計画をほぼ達成したが、石炭生産は約1,300万トンで計画の約95％となり[253]、年度冒頭から徐々に計画から乖離し始めた。そして、第2四半期には船舶喪失の影響が一挙に現れ、国内生産力は急速に収縮し、総動員諸計画の達成率も急落する

2　第2四半期実施計画

第2四半期鉄鋼供給見通し

　第1四半期計画から、計画実績がやや不調であったことから、鉄鋼統制会は6月初めの時点で第2四半期の生産計画についても「遺憾乍ラ結局従来ノ生産量ヲ相当下廻ル」との見通しを持っていた[254]。製鉄附帯産業に対する石炭配当が不十分であることが直接の理由で、「例ヘバ耐火煉瓦苦灰石石灰等ノ如キモノモ共ニ伴ハザレバ鉄鋼其ノ者(ママ)生産モ之ヲ確保スルコト困難ナル事情ニ鑑ミ之等附帯産業ノ最大隘路タル石炭ノ供給ハ是非其ノ必要量ヲ確保サレ度」と追加の石炭配給を求め、これが認められた場合の第1案と、鉄鋼生産を減らしてでも石炭配給の一部を附帯産業に割愛した場合の第2案を提示した。第1案ですら銑鉄107.4万トン、普通鋼材95.5万トン、鍛鋼6.8万トン、鋳鋼8.8万トン、特殊鋼27.5万トン、鋳物用銑鉄32.0万トンというものになり、第2案では、鍛鋼、鋳鋼、特殊鋼は同じとしても銑鉄は103.5万トン、普通鋼材は92.0万トンに縮小することなった。普通鋼材が第1四半期計画よりも「相当減少」するのは、屑鉄の一般回収、非常回収が減少していることが響いていた。原料在庫はほとんど枯渇し、「現状ノ如キ窮迫セル儘操業ヲ持続セントスルモノナレバ計画量ノ聊カノ狂ヒモ直ニ減産ヲ招来」するとして、軍需大臣に特段の配慮を求め、6月20日までに特に指示がなければ、第2案の線で立案を進め、「一部平炉工場及圧延工場ノ操業維持ハ誠ニ困難ト相成ルベク特殊鋼ニ在リテハ増設セラレタル設備モ之ヲ稼働セシムルコト能ハザルガ如キ状況ニ有之候間念ノ為メ申添候」と、脅しとも読める見通しを示して、石炭、屑鉄等の鉄源の増配・増送を要求した。

　これを受けて、6月26日に軍需省が策定した第2四半期実施計画では[255]、内地の鉄関係計画を統制会の第1案のまま受け入れ、表3-108のような生産計画とした。外地の生産、現地取得を加えた供給計画では、普通鋼鋼材100.4万トン、鍛鋼6.9万トン、鋳鋼9.3万トン、特殊鋼28.35万トンを「最低確保目標」とし、これにC船稼航率の2割引き上げによる「最高努力目標」が設定された[256]。輸送力別に普通鋼材の内地生産を仕分けると、本船の通常の輸送

表 3-108　1944 年度第 2 四半期内地鉄鋼関係生産計画の推移

(千トン)

	6 月 30 日計画		7 月 27 日改訂案			8 月 5 日改訂案
	最低確保目標	最高努力目標	追加配船なし	追加 10 万トン	最高努力目標	
普通銑鉄	1,026	1,075	888	903	998	848
普通鋼鋼材	1,004	1,108	813	850	920	720
普通鋼鍛鋼	68	68	68	68	70	(60)
普通鋼鋳鋼	88	88	88	88	100	(86)
特殊鋼	275	280	257	275	298	(260)
鋳物用銑鉄	320	320	320	320	320	280

注：7 月 27 日の「追加 10 万トン」は鉄鋼用原料 10 万トン分の追加配船があった場合の生産見通し。（　）内は概数。
出所：軍需省「昭和十九年度第二、四半期鉄鋼生産計画」1944 年 6 月 30 日、軍需省鉄鋼局「昭和十九年度第二、四半期鉄鋼生産計画改訂案」1944 年 7 月 27 日、軍需省鉄鋼局「昭和十九年度第二、四半期鉄鋼生産計画改訂案」1944 年 8 月 5 日前掲『後期物資動員計画資料』第 10 巻所収。

力による 85.2 万トンが基本になり、特別船舶による生産が 11.5 万トンと、第 1 四半期以上の C 船稼航率の引き上げ、陸海軍、航空兵器総局、鉄道事業からの屑供給による増産分が 10.46 万トンであった。通常の輸送力 85.2 万トン以外は、大きな期待はかけられない計画であった。しかし、6 月 30 日閣議了解となった国内総供給量は、既配当分の転活用に過ぎない 3 万トンも加えて 113.9 万トンにまで引き上げられた。

　第 2 四半期の C 船輸送計画は、第 1 四半期物動実施計画の 563.95 万トンに対して、「雪達磨式」造船による船腹増で 16.75 万トン、交通動員計画の稼航率引き上げ（1.35 から 1.48）を踏襲して 83.19 万トンの増加を見込んで、661.17 万トンとなった。ただし、この計画は「戦局ノ推移ニ依リ重大ナル更改ヲ加フルコトアルヘキモ取敢ヘス年間見透計画ニ則リ発足」したものに過ぎず、高い輸送力を強引に設定したものであった。稼航率を上げて輸送力を算出し、輸送用燃料の B 重油については「万難ヲ排シテ優先充足シテ計画輸送力ヲ確保スル」としたが、努力義務を記載するだけでは、燃料問題は解決しなかった。

　鉄鋼関連供給計画が前期並ないし前期を上回る計画となっているものの、一般・特別船舶の輸送力を基準とした本来の供給力は、前期を 14.6 万トンも下回っていた。鉄鋼生産が前期より僅かに縮小したのは、非常回収分等の屑鉄供

表3-109　1944年度第2四半期実施計画供給力計画

			国内生産			回収	在庫	円域輸入	
			内地	その他	計			満関	その他
第一	普通鋼鋼材	千トン	1,072	21	1,093	30		16	
	普通銑	千トン	939	184	1,093			160	64
	普通鋼鍛鋼	千トン	68	1	69				
	普通鋼鋳鋼	千トン	88	5	93				
	特殊鋼鋼材	千トン	280	10	290				
	鉄鉱石	千トン	1,142	1,452	2,594	340		7	708
第二	銅	トン	24,060	300	24,360	2,240			
	鉛	トン	6,530	1,500	8,030	3,000	3,000		
	亜鉛	トン	17,000	2,300	19,300	400			
	アルミニウム	トン	33,695	9,305	44,600	500		2,250	
第三	棉花	千担		169	169		225		483
	羊毛	俵	1,195	260	1,455		6,622	375	
	生ゴム	トン							
第四	石炭	千トン							
第五	工業塩	トン		15,000	15,000	7,500		117,800	110,100

注：普通鋼材の回収は、転活用によるもの。特殊鋼には6,500トンの「努力目標」を含む。鉛の回収分には転活
　　ルミニウムの国内合計には、1,600トンの「努力目標」が含まれる。石炭は内地配当可能量。工業塩には1万ト
出所：軍需省「昭和十九年度物資動員計画第二、四半期実施計画」1944年6月26日前掲『後期物資動員計画資料』

給が減少したことが大きく、石炭の「確保困難」も深刻であり、さらに機械工業部門への鋳物用銑鉄の供給を増やさざるをえなかった。それをカバーするために、第1四半期以上のC船稼航率の引き上げや、陸海軍、航空機・鉄道部門からの屑供給など、「確実性十分ナラサル要素ヲモ織込」んでいた。そして、銑鉄102.6万トンの「最低確保目標」のほかに、物動配船、特別配船に「追加配船」も捻出して、前期並の107.5万トンの「最高努力目標」も設定するなど、今期は前期以上に不確定な要素を多く含んだ計画になった[257]。

第2四半期の供給・配当計画

　鉄鋼以外を含む主要物資の供給計画は表3-109の通りであり、普通鋼材と同様に年度当初計画に沿って、多くの物資で第1四半期以上の供給目標を設定していた。特殊鋼については電極、電力、炉材、合金鉱、石炭の確保難によって基準生産は縮小したが、船腹増強による特別増産分で前期並の水準を維持した。

（1944年6月）

甲地域	乙地域	合計	第1四半期	1944年度供給計画
		1,139	1,155	4,550
		1,347	1,257	5,706
		69	58	234
		93	81	339
		290	285	1,100
		3,350	2,963	
		26,600	28,500	121,700
		14,030	14,900	55,400
		19,700	19,500	82,000
		47,350	44,240	196,900
		877	971	2,789
		8,452	5,010	20,031
15,250	250	15,500	13,500	64,000
		15,993	15,109	65,971
		250,400	227,000	1,034,160

用分を含み、在庫3,000トンは統制会社保有の故銅の供出分。アンの「努力目標」を含む。棉花は紡績用と製綿用の合計。
第10巻所収、320～333頁。

鉱石は、内地15.4万トン、朝鮮35.2万トンの増産を見込んで、鉄鋼供給計画の破綻を回避しようとしていた。非鉄金属類は甲地域からの輸入減をカバーできず、減産計画となった。アルミニウムの4万7,350トンという増強計画についても不安があった。甲地域からのボーキサイト、ピッチコークスの輸送確保に関しては、陸海軍が「特ニ強力ニ支援スルコト」を要望し、増送期待による増産分の1,600トンは「努力目標」としていた。代替原料の北支産礬土頁岩は製造技術が確立していないまま、前期の13万トンから17万トンに増強された。羊毛の供給増はアルゼンチン、ブラジルから輸入してあった在庫の処分によるものであった。生ゴムの増強は、甲地域から輸入を生ゴムに集中したことによっており、甲地域物資の輸入が間もなく閉ざされることを念頭に置いた措置であった[258]。

　前節で見たように、7月11日の大本営政府連絡会議は、第2四半期中の南方燃料の緊急還送80万klを決定した。このために海軍徴傭船約4万総噸による輸送協力や、第2四半期に計画された改E船35隻の応急油槽船改装などを決定したが、連絡会議案には、①1945年度以降、南方ボーキサイトを放棄して日満支資源に代替すること、②44年末までに35％まで原料を転換すること、③鉄鋼原料として海南島ニッケル、クローム、マンガンを日満支原料に転換すること、④錫、生ゴム、キニーネは日満支への転換ができず、石油同様に還送強化を図るとして、転換可能性のあるものは早急に原料調達先の変更が必要と

の認識が示されていた。とはいえ海南島産の鉄鋼・特殊鋼原料の転換には2年以上かかるとも見られ、日満支内での自給はきわめて困難であった[259]。

深刻な需給危機に陥った石炭は、内地で北海道以外が前期より減産になる中、総供給量は若干の増額を計画した。増量は北海道30万トン、樺太97.5万トン、北支6.1万トンであり、樺太炭は本州東部だけでなく、西部にまで輸送して需給の緩和を図ろうとしたが、輸送力もそれだけ増強が必要であった[260]。そして、第2四半期も本計画以外の「努力目標」が複雑に織り込まれ、計画の信頼性は大きく揺らぐことになった。

第2四半期の配当計画は表3-110の通りである。普通鋼鋼材の配当は鉄鋼原

表3-110　1944年度第2四半期主要物資配当計画（1944年6

		普通鋼鋼材	普通鋼鍛鋼	普通鋼鋳鋼	普通銑	特殊鋼	電気銅	アルミニウム
軍需	陸軍需一般A 海軍需一般B	283,330	27,200	30,000	59,900	90,500	9,400	3,800
	航空機D	110,500	11,800	22,000	47,300	176,000	8,000	40,340
	計	393,800	39,000	52,000	107,200	266,500	17,400	44,140
造船用 B_x		427,700	14,000	14,000	63,300	4,500	4,560	210
民需C	陸送増強 C_x	85,500	5,500	10,650	14,300	4,000	520	375
	乙造船	20,500	2,000	1,160	12,500	160	200	35
	生産拡充 C_2	123,260	7,110	12,646	95,000	13,400	2,000	2,000
	官需 C_3	4,650	70	150	1,540	130	165	95
	輸出 C_4 満洲	5,300	360	766	4,300	340	700	30
	中華民国	2,300	110	128	480	90	170	40
	南方	200	5	5	100	7	5	1
	南方開発 C_y	1,500	20	50	180	15	10	3
	一般民需 C_5	26,500	800	1,400	11,800	800	390	370
	民間防空 C_z	6,300	25	45	1,450	58	300	30
	調整用保留	11,090			1,850		180	26
	計	287,100	16,000	27,000	160,500	19,000	4,640	3,000
生産確保用 C_6					1,068,000			
合計		1,108,600	69,000	93,000	1,402,000	290,000	26,600	47,350

注：普通鋼材配給には、陸軍による満洲国現地取得1.5万トンを含む。造船用には特別船舶による鉄鋼増産分11.5
　　機向けには「努力目標」1,600トンが含まれる。C_7（特定機械用）は全ての物資で配当がないため、省略した。
出所：前掲「昭和十九年度物資動員計画第二、四半期実施計画」336～346頁。

料の供給方法ごとに区分され、満洲国での現地取得は陸軍用、特別船舶による増産分は造船用、陸海軍の屑鉄供出による鉄鋼増産分はほとんどが陸海軍に配給された。普通鋼鋼材の供給が減った分は、おおむね各部門が平均して負担をしているが、南方開発関連は若干増加した。普通鋼鍛鋼・鋳鋼、特殊鋼は供給が増加した分を、軍需や、生産拡充部門に向けている。特定機械向けの資材は著しく不足していたが、結局第2四半期はC_7枠が設定されなかった。

鉄鋼生産の急減回避措置

一方、前節で見たように6月には米軍のサイパン島上陸、マリアナ沖海戦の大敗によって戦局は大きく傾いた。7月末には汽船20万総噸を抽出して油槽船に改装することになり、第2四半期以降の海上輸送力の見通しが崩れ始めた。このため6月30日に閣議諒解された第2四半期実施計画は、直後から見直しが必要になった。鉄鋼統制会は、この油槽船への改装の結果、「鉄鋼部門関係ヨリ相当量ノ船舶抽出必至ノ情勢」になったとして、鉄鉱石、石炭の配給が減少する見通しを表3-111のようにまとめた。鉄鉱石34.72万トンの減少は、溶鉱炉3基分の休止に相当した。また石炭配給は各製鉄所のコークス炉の保持に要する最低限度に近い水準にまで低下した。また、石炭輸送の主力である小型の改E型標準船は、台風期には数日から10日程度の入荷途絶が予測され、その結果炉体煉瓦が亀裂崩壊を起こす可能性もあった。鉄鋼統制会は「コークス炉ノ改築ニハ莫大ナル耐火煉瓦ト一ヶ年乃至二ヶ年ノ日月ヲ要シ空襲必至ノ現状ニ於テコークス製造能力ノ弾力性ヲ失」い、「製鉄作業全般ヲ危地ニ陥ルル惧レアリ」との危険性を叫んでいた。既に石炭、

（棉花：担、その他：トン）

紡績用綿花	生ゴム	セメント
432,991	3,576	
	2,722	594,100
55,631	3,974	
488,622	10,272	594,100
3,443	137	74,200
	26	243,450
21,457	517	
4,503	230	20,400
58,280	486	
2,650	250	7,200
	25	
3,973		
	10	
229,144	1,172	93,900
928	375	21,350
		217,950
324,378	3,228	678,450
	2,000	
813,000	15,500	1,272,550

万トンを含む。アルミニウムの航空

表3-111 1944年度第2四半期鉄鋼原料配給見通し（7月20日）

(千トン)

		原計画	改定計画
鉄鉱石	基本配給	550.4	400.4
	特別配給	366.0	260.8
	追加配給	92.0	0.0
	計	1,008.4	661.2
石炭	基本配給	3,579.0	3,307.0
	特別配給	321.0	188.0
	追加配給	100.0	0.0
	計	4,000.0	3,495.0

出所：鉄鋼統制会「昭和十九年度第二、四半期鉄鋼生産計画ニ関スル件」1944年7月20日前掲『後期物資動員計画資料』第10巻所収、368頁。

鉄鉱石の第1四半期の生産実績は不調であり、「主要原料ノ激減、品質ノ低下、操業ノ不安定」に加えて、例年の夏期減産の影響から、「計画量ノ確保ハ期待シ難キ状況」であるとして、鉄鋼統制会は7月20日には普通鋼鋼材の最低確保目標が約85万トンになることを軍需省、陸海軍省に知らせていた[261]。「特ニ軍需規格材生産ノ主力工場タル八幡製鉄所ノ影響ハ深刻ナルモノ有之候更ニ空襲等非常事態発生ノ場合現在ノ如ク貯鉱、貯炭極メテ僅少ニシテ其ノ日暮シノ操業ヲ致居ル状況ニテハ溶鉱炉特ニコークス炉ノ維持困難ニシテ鉄鋼生産ニ致命的支障ヲ来ス虞ナシトセズ」としていた。海送鉱石の比重が特に大きい八幡製鉄所の場合、第2四半期銑鉄生産は原計画の35.2万トン（第1四半期実績37.3万トン）から29.5万トンへ、普通鋼鋼塊は、原計画45.2万トン（同47.2万トン）から32.9万トンへと見込まれた。また普通鋼材は、特殊鋼（鉄薬莢）を優先すれば、原計画35.9万トン（同37.5万トン）から27.5万トンと、23.4％の減少になるとしていた[262]。

鉄鋼統制会は、こうした見通しとともに、主に空襲への対応として、7月24日に軍需大臣、陸海軍大臣あてに9項目にわたる対応策を具申した[263]。以下では、この時点の製鉄事業が抱えた危機的状況と広範な支援要請を見ておこう。

(1) 現状における生産確保対策

①海上輸送の現状では現有設備を十分に操業することが困難であり、極度の軽度操業または一部設備の休止の可能性がある。②空襲必至の状況であり、非常事態に対して生産の転換のため、生産力に十分な弾力性を賦与しておく必要がある。③このため溶鉱炉は極力操業を継続し、やむをえない場合でも吹止めず、炉内温度を維持して急速な操業再開を可能にしておく。④修理期の到来した溶鉱炉も戦局の転換を見るまで暫時修理を延期する。⑤コークス炉は改築用煉瓦の整備や改築に1～2年を要するため「万難ヲ排シテ」操業を継続する。

⑥内地鉄鋼生産が原料不足となるため、資源賦存地帯の朝鮮、満洲、中華民国での鉄鋼生産設備の急速な拡充整備をはかる。その際、内地既存設備の一部を移設するか、新設する必要があるが、内地設備は空襲後の復旧用とし、大陸での新設が適当である。⑦戦局の現状では、手持ち原材料は極力早期に「戦力化」する必要がある。

(2) 空襲被害の拡大防止、保安対策

①主要設備における防弾片設備の強化、灯火管制の徹底、煙幕用薬品の整備について、軍防衛司令部、地方軍需管理部の指導、斡旋によって保安に万全を期す。②災害を減らすため待避壕は分散させる。③可燃物、爆発物を分散保管し、可燃設備を疎開させる。④空襲時の器物飛散の回避や、夜間警備のため、工場内の整理、整頓を徹底する。⑤空襲の二次被害を回避するため、工場内の防衛制度を拡充する。⑥幹部職員、基幹工具に対して空襲被害地帯への公用通行証を即時交付する。⑦空襲時の作業意欲向上のため、鉄兜、防毒面（交代作業であれば従業員の半数分）、救急資材・薬品を整備する。⑧戦時死亡傷害保険制度を全面的に実施する。

(3) 被害復旧計画の策定

①空襲被害からの復旧を迅速にするため、工場別復旧順位、工場内復旧順位をあらかじめ定め、重要設備、機械の現状を把握し、復旧、相互転換等の措置を即時実施する。②主要工場の電力設備を分散配置し、相互の切り替え、連絡、二重連絡等を整備し、厳重な防弾片設備を施す。③主要工場排水設備に十分な防弾片設備を施す。④特に重要な製鉄用装入起重機、鋳鋼起重機の被害に対しては工場間の相互融通で対応する。⑤電動機の修理・製作には長期間を要するため十分な防弾片設備を施し、被害時には工場間の相互融通を行う。⑥原料搬送設備、電力設備、給排水設備の被害に対しては隣組組織を編成しておく。⑦空襲被害の緊急復旧用資材（特に耐火煉瓦）をあらかじめ保留しておく。

(4) 生産転移計画の策定

①空襲からの短時日での復旧が不可能な場合は、他の工場に生産を転移するため、特定工場（特に八幡製鉄所）、特定品種については、あらかじめ生産移転計画を立案し、移転工場には圧延用ロール、鋼塊生産用鋳型を保有させる。②未完成設備、工事を促進し、生産の弾力性に寄与させる。③非常時に代替生産

をさせるため、鋼材代用寸法を制定し、代用できない品種については繰り上げ生産を実施できるよう手持ち在庫を把握する。

(5) 非常時における労務対策

①統制会の会員工場から毎月徴収する作業部門別工場別労務者数の報告により、労務転移に臨機の弾力的措置をとる。②任意の転出ができない労務調整令指定工場、応徴者使用工場の従業員でも要復旧工場の復旧作業には従事させる。③被害工場を復旧させない場合は、臨機に工具を移転させ、散逸を防止する。④労務移転に際しては派遣規制を緩め、緊急措置をとる。⑤空襲時の賃金増額、転移料、別居手当、現物支給について任意の非常措置をとる。⑥空襲時の作業中断、出勤不能の場合の手当、特設防衛団・非常出勤者への特別手当、復旧作業手当については応急の最善措置を講じる。⑦事業主の損失負担には国庫補償を措置する。⑧従業者は全国的に戦時死亡傷害保険に加入させる。⑨非常勤務者への褒賞、殉職者への処遇措置を講じる。⑩官庁、食糧営団と事前に連絡をとり、食糧・医薬品の運搬人、運搬経路、受け渡し場所を決定し、計画的配給を可能にしておく。

(6) 非常時における運搬対策

①海運設備が破壊された場合は、速やかに陸運に転換するよう貨車、トラック搬入を強化する。②引込線の事故時にはトラック、軽トラック、軍用トラックへの転用をはかり、隣組組織を通じて近隣施設の引込線を利用する。③機械設備の事故時は、近隣住民の牛馬車、荷車、リヤカー等を供出させ、学生・生徒を利用して運行させる。④乗用車を至急軽トラックに改造し、会員の1工場当たり5〜10台を配属させ、所要燃料は別途確保する。運転熟練者を配属し、被害時には軍保有車の提供を求める。⑤被害時の輸送によって生じる運賃負担は、全面的に鉄鋼原料統制株式会社が立て替え、プール計算に計上する。

(7) 戦時災害補償制度の実施

①戦時災害または戦局の影響を受けた製鉄事業者の経営の維持・安定のため、現行の価格対策を基幹として企業補償を行う。②製鉄設備の全部を時価による戦時特殊損害保険法に基づく戦争保険を付す。③戦時特殊損害保険金額の決定は簡易、迅速に処理する。③保険金額を受け取った場合は企業整備資金措置法を準用(封鎖預金化)する[264]。④現行の銑鉄補償金制度、普通鋼鋼材及半製品

価格調整補給金制度、鋼材限定品種増産奨励金制度を統合、調整し、新たに鉄鋼価格補償金制度を設ける。⑤空襲等により顕著な減産となった会社には鉄鋼価格補償金制度によって企業の維持・安定をはかる。⑥空襲等により生産の全部または大部分を停止した企業に対しては、企業整備資金措置法による財政的措置を講じる。⑦前2項以外の企業には必要に応じて価格調整補給金を交付する。⑧本要領の適用を受けた企業の配当、買取価格の算定の利潤率は過去の業績、生産と被害状況を勘案して適宜調整する。

(8) 急変時における日満支生産・配当調整

①対満洲期待として従来の銑鉄よりも鋼半製品、鋼材を求め、技術、労務、補修器具の不足による設備能力の欠落を補充する。②日満支を通じた一元的配当調整を行う。

(9) 大陸における鉄鋼生産設備の急速拡充

①空襲による内地生産能力の低下への対策として、大陸での鉄鋼生産設備を増強する。②朝鮮の日本製鉄兼二浦、清津製鉄所、満洲の鞍山製鉄所、本渓湖煤鉄公司、中華民国の石景山製鉄所について、内地設備の移設を主要機器の一部のみとしつつ、現地の機械製作能力、資材で設備の拡充を進める。

このようにして、鉄鋼統制会では必要な防空施設、工事等を緊急に調査し、その工事促進を求めるとともに、一方で、空襲や原料不足による稼働停止に備えた対応と経営上の補償を強く求め始めていた。

3 第2四半期改訂実施計画

輸送力の急減と計画の改訂

前述のように、第2四半期実施計画は「輸送力等ニ於テ可成見透困難ナル点」があったものの、「取リアヘズ年間計画竝ニ第一、四半期計画ノ方針ニ準拠シテ急速策定シ」、6月30日に閣議諒解となった[265]。しかし「偶々中部太平洋方面ノ重大ナル局面転換ニ遭遇致シマシタノデ該計画ハ一応閣議諒解トシ発足セシムルコトトシテ直ニ新情勢ニ応ズル改訂計画ニ取リ掛」かることになった。改訂の眼目は、①作戦の急需に応じて南方物資を繰上輸入すること、②南方石油の還送のため、改A型貨物船を油槽船へ改装し、C船の日満支配船から南方輸送へ抽出すること、③航空機の非常増産、④陸海軍戦備の増強、⑤南

表 3-112　1944 年度第 2～第 4 四半期石炭物動改訂計

	北海道			本州東部			本州西部		
	第2	第3	第4	第2	第3	第4	第2	第3	第4
前期末貯炭	2,000	2,025	1,500	36	20	90	210	90	90
当期生産量	4,000	4,000	4,150	840	1,000	1,100	970	1,150	1,350
計	6,000	6,025	5,650	876	1,020	1,190	1,180	1,240	1,440
内地間移動	-1,412	-2,144	-2,136	2,247	2,604	2,596	2,520	2,660	2,600
移入				225	40	40	17	10	10
輸入				210	210	210	281	290	290
当期末貯炭	2,025	1,500	1,500	20	90	90	90	90	90
差引供給量	2,563	2,381	2,014	3,538	3,784	3,946	3,882	4,110	4,250
物動手持ち				50	130	130	100	200	200
配炭可能量	2,563	2,381	2,014	3,488	3,654	3,816	3,782	3,910	4,050

出所：軍需省動員部第一課「二／一九～四／一九石炭改訂物動計画（第二次）」1944 年 7 月 31 日前掲『後期物資

方依存物資の日満支資源への転換であった。特に⑤に関しては礬土頁岩からのアルミナ製造設備の拡充、国産石油、鉱物資源の開発促進、緊急防空施設の強化に重点が置かれた。

　そして、7 月末までに供給力と配当計画を調整することになり、海上輸送計画では陸海軍の緊急需要に応じ、かつ南方依存物資の繰り上げ輸入のため、C 船約 30 万総噸を日満支輸送から抽出して転用すること、第 2 四半期竣工予定の改 A 船貨物船の油槽船への改装工事、内地向け石炭の縮小などの「基礎条件ノ変更」、さらに軍の緊急輸送に船舶を抽出し、復航を利用して南方物資を輸送することなどを踏まえて調整することになった[266]。この結果、輸送力は当初計画より 150 万トン、約 15％の減少となった。

　石油の需給計画に関しては、年間の国内 128 万 kl という 7 月までの月当たりベース配当量を 8 月以降は「相当下廻」ることになった。「重要鋼工業用竝(ママ)ニ農林水産用ニ対シテハ徹底的消費規正ヲ加ヘルコトニシテモ船舶用重油ニ対シテハ輸送力ノ面ニ於テ更ニ憂慮スベキ事態ノ発生」が予測された。このため、船舶用重油は 7 月ベースを維持し、その他は 3 割以上の規制をして、8 月 22 日に改訂計画が閣議決定となった。

画（1944 年 7 月）

第 2 四半期石炭改訂計画

（千トン）

	九州			合計		
	第2	第3	第4	第2	第3	第4
	1,200	800	800	3,446	2,935	2,480
	6,500	7,850	8,750	12,310	14,000	15,350
	7,700	8,650	9,550	15,756	16,935	17,830
	-3,329	-3,120	-3,060			
	-105	-45	-45	137	5	5
	155	150	150	646	650	650
	800	800	800	2,935	2,480	2,480
	3,621	4,835	5,795	13,604	15,110	16,005
				150	330	330
	3,621	4,835	5,795	13,454	14,780	15,675

『動員計画資料』第 10 巻所収、423 頁。

　表 3-112 は 7 月末に策定された第 2 四半期以降の石炭供給に関する改訂計画である。第 2 四半期の改訂生産計画は、北海道が 0.5％減の 400 万トン、本州東部が 20％減の 84 万トン、同西部が 5％減の 97 万トン、九州が 17.3％減の 650 万トンとなった。これに対して、主に九州での大幅な増産によって、年度末に向けて配炭量を引き上げていく計画であったが、既に上期に 2,965 万トン、下期に 3,236 万トンを配炭するという当初見通しは狂い始めていた[267]。

　産業別の第 2、第 3 四半期の配炭計画は、表 3-113 のようになった。改訂計画では本州東部、西部地区を中心に供給量が大幅に縮小し、当初の配当に対して、北海道では変更がなかったが、東部では 21.5％の削減、西部では 17.7％の削減となった。輸送用配炭は比較的維持しようとしていたものの、鉄鋼はじめ 5 大重点産業ですら軒並み 2 割から 3 割の削減となった。最大産出地の九州でも 25％の削減となり、八幡製鉄所でも深刻な影響が出ることになった。

鉄鋼統制会の要望

　こうした物動計画の改訂に伴って、鉄鋼統制会は 7 月 27 日に前掲表 3-111 のように、20 万総噸の貨物船の抽出を前提とした案や、輸送力 10 万トンの追加配分を条件とした案などを提示し、追加配当による第 2 四半期銑鉄 90.3 万トン、鋼材 85.0 万トンなどの計画を統制会案としていた。それと同時に鉄鋼統制会は以下のように述べ、鉄鋼業界の設備の集約など、企業整備の必要を訴えた[268]。「戦力発揮上絶対必要ナル鋼材生産ヲ確保スル為ニハ此際主力工場ノ重点生産ヲ実施シ、一部単独平炉工場ヲ休止シテ鉄源、燃料ノ最高度ノ活用ヲ

表 3-113　1944 年度の産業別改訂石炭配当計画（1944 年 7 月）

（千トン）

	東部			西部			九州	
	第2四半期		第3四半期改定	第2四半期		第3四半期改定	第2四半期	
	既定	改定		既定	改定		既定	改定
鉄鋼	934	663	711	828	666	643	1,335	1,068
鉄鋼二次製品	13	10	11	22	17	17	6	4
鉱山製錬	75	53	58	61	48	47	38	27
造船造機	354	251	269	262	208	204	115	80
金属工業	35	25	26	38	30	30	9	6
軽金属工業	171	121	130	91	72	71	67	47
窯業	255	208	208	271	224	222	192	156
化学工業	335	239	258	519	412	403	578	404
液体燃料	45	45	45	167	167	167	187	187
ガス・コークス	458	328	348	355	281	276	201	140
繊維工業	71	55	54	73	57	57	66	46
食糧品工業	87	61	66	196	155	152	57	40
練炭	43	30	32	43	31	33	25	17
電力業	190	134	250	690	570	750	400	340
運輸業	1,007	1,007	906	618	558	558	647	427
軍需・官需	304	215	228	308	244	239	482	337
その他	69	43	57	53	42	41	423	295
合計	4,446	3,488	3,654	4,595	3,782	3,910	4,828	3,621

注：東部の第3四半期改定計画の合計が僅かに一致しないが、原資料のままとした。既定計画は第2四半期物動計画の当初計画。東部の第4四半期計画は、電力業を34.2万トンとするほかは第3四半期と同じ。西部の第4四半期も、電力業を89万トンとするほかは第3四半期と同じ。九州の第3、第4四半期計画は既定計画と同じ。
出所：前掲「二／一九～四／一九石炭改訂物動計画（第二次）」424～426 頁。

　図ルト共ニ特ニ一貫作業工場ニ於テハ一定量ノ貯鉱、貯炭を以テ極力作業ノ安定化ト生産能率ノ増進ヲ図ルコト極メテ緊切ノ措置ト存候」。休止工場の生産転移、企業への損失補償、整備統合、労務対策等の善後措置には、1943 年 10 月公布（12 月施行）の軍需会社法の発動による政府の積極的支援を必要としていた[269]。

　鉄鋼統制会としては、次の三つの場合、抜本的対応が必要になるとしていた。すなわち、①戦局の重大進展により更なる船舶増徴があった場合、②既に第1四半期より減産傾向が顕著であった石炭がこのまま著しく減産する場合、③その他原料に著しい異常を来した場合には、「最早尋常ノ手段ヲ以テシテハ生産

ノ確保期シ難ク、然ル上ハ生産計画ヲ根本的ニ立直シ生産態勢ノ全面的編成替ヲ断行シテ緊急不可欠ノ決戦需要ノ生産ニ総力ヲ集注シ以テ決戦突破ヲ図ルノ外無之候」として、四つの対策を求めた[270]。

　第一に稼働設備の重点化であった。空襲対策でも取り上げているが、原料不足の深刻な状況を見ておこう。「今期ノ原料供給状況ハ前期同様船舶輸送力ノ制約ト生産減トニヨリ極メテ不円滑ニシテ殊ニ石炭ハ山元出炭減ニヨリ甚シキ窮迫ヲ来シ居リ現状ヲ以テ推移セバ関東、関西地区工場ハ絶ヘズ炭切レ危機ニ襲ハレ既ニ関西地区ニ於テハ八月ヨリ一部工場休止ノ已ムナキ実情ニシテ、作業ノ全般的不安定ト生産能率ノ著シキ低下ヲ来スノミナラズ特ニ重点工場ノ弱体化ヲ憂慮セラル、依テ此際関東、関西地区ノ単独平炉工場ヲ休止シ石炭其他原材料ノ節約ニヨリ重点工場ノ強化ヲ図ルト共ニ一方八幡製鉄所ハ海南島鉱石ノ減少等ニヨリ特殊鋼並ニ鉄薬莢材其他ノ規格材ノ生産ニ著シキ支障ヲ来シ居ル現状ニ鑑ミ、之等休止工場ニ供給セル小型銑等ヲ同製鉄所ノ溶鉱炉ニ装入シ出銑ノ増加ト品質ノ向上ヲ図リ作戦ニ不可欠ノ規格鋼材ノ生産ヲ確保スル要アリ」。こうして石炭不足によって関東、関西の平炉メーカーの稼働を止め、これらに供給していた朝鮮、北支等の小型溶鉱炉銑鉄を、良質な海南島鉱石の不足に苦しむ八幡に供給しようというものであった。

　第二に、貯鉱、貯炭の確保であった。貯炭状況は表3-114の通りであり、必要貯炭量を満たしているのは北海道での弱粘結炭、九州での発生炉炭、一般炭のみで、全国的には強粘結炭、発生炉炭、一般炭の不足は著しく、本州東部は全炭種平均の継続日数が5.2日、西部は2.5日という状況であった。「一定量ノ作業用貯鉱、貯炭ヲ以テ作業ノ安定ヲ図リ生産能率ノ増進ヲ期スルコト絶対要件」であるにもかかわらず、関東、関西地区工場では、「石炭ノ逼迫甚シク」、「全ク其ノ日暮シ不安定ナル操業ヲ持続セル結果、適正ナル配合、使用効率ノ向上等ヲ工夫スル遑ナク極メテ非能率ナル生産ニ終始シ結果ヨリ見レバ却テ石炭ヲ浪費スルノ矛盾スラ来セリ」と報告されていた。「万一炭切レ或ハ非常事態発生等ニヨリコークス炉ノ操業休止セムカ之ガ復旧ニハ一ヶ年乃至一ヶ年半ノ長時日ヲ要シ鉄鋼生産ニ致命的支障ヲ来ス虞アリ」としていた。なお、石炭に比べれば、鉄鉱石の貯鉱状況は表3-115のように比較的良好であり、浅野重工業の高炉用、中山製鋼所の平炉用を除けば十数日程度の継続が可能であった。

表3-114　1944年7月20日時

	北海道				本州東部			
	貯炭量	1日の使用量	継続日数	必要な貯炭量	貯炭量	1日の使用量	継続日数	必要な貯炭量
原料強粘結炭	4,100				16,360	1,900	8.6	28,500
原料弱粘結炭	114,358	3,250	35.2	16,250	16,170	2,800	5.8	28,000
発生炉炭	1,100	900	1.2	4,500	7,200	1,540	4.7	15,400
一般炭	9,165	985	9.3	4,920	2,190	1,850	1.2	18,500
合計	128,723	5,135	25	25,670	41,920	8,090	5.2	90,400

注：必要貯炭量は、北海道5日分、東部・西部の強粘結炭は15日分、その他は10日分、
出所：鉄鋼統制会「昭和十九年度第二、四半期鉄鋼生産計画実施ニ関スル件」1944年7月

表3-115　1944年7月主要製鉄所貯鉱状況

（トン）

		高炉			平炉		
		貯鉱量	1日の使用量	継続日数	貯鉱量	1日の使用量	継続日数
日本製鉄	八幡製鉄所	128,900	5,900	21.8	30,600	1,250	24.5
	輪西製鉄所	46,600	1,500	31.1	4,900	300	16.3
	釜石製鉄所	50,000	1,400	35.7	5,100	220	23.2
	広畑製鉄所	35,300	1,000	35.3	4,300	400	10.8
川崎重工業	神戸	16,970	1,260	13.5	2,600	85	30.6
日本鋼管	鶴見	13,760	270	51.0	1,200	69	17.4
中山製鋼所	尼崎	18,100	480	37.7	1,800	760	2.4
浅野重工業	小倉	890	250	3.6	200	12	16.7
尼崎製鋼所	尼崎	9,000	206	43.7	2,000	40	50.0
合計		319,520	12,266	26.0	52,700	3,136	16.8

注：調査日は7月18〜22日。
出所：前掲「昭和十九年度第二、四半期鉄鋼生産計画実施ニ関スル件」422頁。

　第三に、休止工場に対する支援であった。生産事情の変化に対応して現有設備を保持し、「何時ニテモ復旧シ得ル態勢ニ置ク」ため、軍需会社法第12条による事業の委託、譲渡、廃止もしくは休止、合併等の措置をとり、第13条による損失補償、利益保障の措置を「至急決定ノ要アリ」と指摘していた。経営が成り立たなくなる事態が目前にせまっていた。
　第四に、休止工場の労働者への支援として、「操業復活ノ場合直ニ復帰シ得

点の各地製鉄所の貯炭状況および必要貯炭量

(トン)

本州西部				九州				合計			
貯炭量	1日の使用量	継続日数	必要な貯炭量	貯炭量	1日の使用量	継続日数	必要な貯炭量	貯炭量	1日の使用量	継続日数	必要な貯炭量
1,100	1,610	0.7	24,150	3,000	3,700	0.8	37,000	24,560	7,210	3.4	89,650
11,470	2,120	5.4	21,200	20,000	5,800	3.4	29,000	161,998	13,970	11.6	94,450
5,870	2,880	2.0	28,800	21,000	1,890	11.1	9,450	35,170	7,210	4.9	58,150
4,900	2,730	1.8	27,300	15,700	2,400	6.5	12,000	31,955	7,965	4.0	62,720
23,340	9,340	2.5	101,450	59,700	13,790	4.3	87,450	253,683	36,355	7.0	304,970

九州の強粘結炭は10日分、その他は5日分。
28日前掲『後期物資動員計画資料』第10巻、421頁。

ル態勢ニ置ク」ため、他産業に散逸しないよう「鉄鋼業部門ニ於テ保持」するなどの措置が必要であるとした。

短期決戦か長期戦体制か

　7月末には、大本営政府連絡会議にむけた戦略産業の見通しと、生産維持対策が検討されていた。しかし、鉄鋼資源は日満支資源の開発によることとし、「海南島ニッケル、クローム、マンガンは可及的速やかに全面的転換を図る（二年以上かかる）但し海南島鉄鉱石、二十年度分以降の還送はこれを期待せざるものとす」とされ、南方資源は放棄されつつあった。ボーキサイトも45年度以降は日満支代替原料への転換が必要であり、それまでは南方輸送を極力進めるしかなかった。生ゴム、キニーネは日満支に転換できず、前述のように改E船の改装等による石油輸送とともに還送強化に努めるだけであり[271]、南方資源の喪失後の展望を失っていた。物資動員計画の立案は、「経済総動員体制の終末」のつけ方を意識せざるをえなくなった。

　こうした事態に、7月27日軍需省総動員局は、陸海軍に対して決戦と戦争終結の時期を明示するよう求めた。総動員局は、「今次ノ更改ハ今後ニ於ケル作戦指導トモ重大ナル関聯ヲ持ツモノデアリ皇国ノ運命ヲ左右スルモノト思ハレマス」とし、C船20万総噸の増徴によって普通鋼鋼材の第2四半期の生産は、15万トン減の85万トン、努力目標で90万トンという見込みを伝えた。これに製鉄会社の在庫から10万トンを吐き出しても、供給力は95万トン、努

力目標で100万トンに過ぎなかった。一方、陸海軍からは航空機用の鋼材5万トン、直接軍備用10万トンの追加配給を要求されていた。しかし、これに応じれば、その他は「大幅ニ圧縮」となり、特定部門以外の新規配当は停止するなど、重大な影響が出ることを指摘した。そして「来タルベキ決戦ノ為ニ最後ノ国力迄剰ストコロナク動員スルノカ持久戦ヲ企図スルノカ根本方針ヲ明定致サネバ資材ノ配分方針モ樹タナイ」とし、「南方資源ニ期待スルコトナク日満支資源ノミニ依ッテ長期持久ヲ策スルコトハ極メテ困難デアリ」、「決戦ノ為ノ戦備ヲ整ヘツツ他方日満支自給自戦態勢ヲ急速ニ完成セントスル如キ二兎ヲ追フコトハ何レモガ極メテ不徹底ニナ」るとしていた[272]。

今期改訂の重大な影響について、総動員局は次のように報告した。甲造船は年間255万総噸計画を維持するなら第2四半期に50万トンの鋼材を必要としていたが、当初配当でも43万トンに過ぎず、今回の改訂によって38万トンとなる結果、年間建造量は200万総噸前後となった。乙造船についても、鋼材4万トン配当のうち2万トンは木造タンカー10万総噸の建造用であった。残りは曳舟、石炭焚被曳船用と修繕用、代用燃料装置用であり、一般貨物船用には全く配当していなかったが、今回の改訂で1.4万トン配当になり、木造タンカーの建造も5万総噸以下になるとみられた。日鮮満支を通じた鉄道輸送力の増強は、1944年度計画の重点課題であったが、鋼材配当は当初の8.6万トン（鉄道総局特別供出屑の再圧延による2万トンを含む）から5万トン弱となった。結局、若干の車両の新造のみとなり、「先般閣議諒解ニナッタ朝鮮鉄道幹線ノ複線化ノ如キモ勿論予定通完成ハ出来ナイ」ことになった。

生産拡充計画への鋼材配当は当初12万トンであったが、その後、南方占領地との連絡が遮断された場合を考慮して、石油、ボーキサイト等の南方依存物資の日満支資源の「可及的転換」に備えて、3万トンの追加を内定していた。しかし、改訂計画では鉄鋼、石炭、重要鉱物、国産天然石油、人造石油の生産を辛うじて維持する程度の計7万トン強になった。国産原料によるアルミニウムの45年度生産力は5〜6万トンにとどまることになり、期待されていた15万トンの生産を実現するには、鋼材2.7万トンの増配が必要であった。自動車、機械類、肥料、セメント、ソーダ、有機合成等は、「全然配当ノ余地ナク僅カニ手持ノ在庫品等ヲ融通活用シテ生産ヲ維持スル」ほかはなく、「電力ノ如キ

モ建設ヲ中断」することになった。

　官需も当初配当4,600トンが2,000トンとなり、木材生産を優先すれば、専売事業、通信施設の維持、紙幣印刷、試験研究、航空乗員・海員養成等は、「辛フジテ実施」(ママ)できる程度となり、技術員養成、道路・河川・港湾等の建設は中止せざるをえなかった。満洲・中国占領地域の重要物資の開発には8,000トン弱を配当し、対日発注機器にあてることになっていたが、3,600トンに削減され、鉄鋼・軽金属・石油増産用の機器類の資材手当は繰り延べとなった。

　南方開発用は当初1.5万トンであったが、全額削減となり、製作済み機器のみ積み出して南方での自戦自給態勢に資することになった。一般民需配当は、圧縮しうる最低要求量として第1四半期には約7万トンであったが、第2四半期当初配当で2.6万トンになり、今回の改訂では1.2万トンとなった。このため、食糧・木材生産、小運送の最低需要に対しても「甚シク不足スル状況」になった。

　防空用資材は当初配当6,000トンに対して、空襲が必至となったために1.8万トンを追加し、第2四半期は消防ポンプの増設、水道防護の強化を予定していたが、これも3分の1に圧縮された。「以上C部門ニ対スル影響ヲ通観致シマスニ極メテ深刻デアリマシテ特定部門ノ外ハ原則トシテ第二、四半期ノ新規配当ハ零デアリマシテ手持資材ノ融通活用並ニ第一、四半期発券残リ分ノ現物化等ニ依ッテ賄テ行クコトニナル」と説明していた。

　下期の「国力ノ見透」は、石油需給状況とそれに規定された海上輸送力から見て、「現状ノ四分ノ一乃至三分ノ一減トナリ二十年度ニ関シテハ更ニガタ落ニナルモノト覚悟致サネバナリマセヌ則チ国力的見透カラスレバ明年一月以降ハ最早強大ナル反撃戦力ヲ発揮スルコトハ不可能ト思ハレマス」と指摘した。そして「之等ノ点ヲ充分ニ認識ノ上現下ノ陸海軍ノ緊急戦備並ニ飛行機増産ト原材料ヲ中心とする基礎国力トノ調整ニ関シテ慎重ニ考慮スルコトガ此際緊要ト存ジマス」、「本件ハ戦争指導ノ根本方針ニ遡テ検討ヲ要スル次第」として、航空戦備の優先を続ければ、経済が早晩破綻すると伝えていた。これに対する最高戦争指導会議の結論は、あくまでも戦争目的を完遂するというものであった。陸軍内部でも、今後の戦争指導を「決戦的努力」とするか、「長期戦的努力」とするかを検討していた。7月25日には就任直後の梅津美治郎参謀総長

と杉山元陸軍大臣が協議し、「陸軍トシテハ一応」、8：2ないし7：3で「決戦的努力」に重心を置く方針を決裁し、「省部首脳ノ意見ハ一致」したという[273]。こうして、経済総動員計画も決戦に向けた短期集中という段階を迎えようとしていた。

戦略物資の第2四半期改訂計画

　改定計画の策定作業に戻ろう。先述の原料見通しと鉄鋼統制会からの高炉の操業危機の指摘を受けて、8月5日軍需省鉄鋼局は製鉄所の休止と新たな生産計画を策定することになった[274]。生産計画は、「石炭ノ有効使用ヲ図ル為メ生産ノ高能率工場ニ集中企業整備ヲ断行スルヲ前提」とし、一定の貯炭水準と安定操業を目指した。このため、生産見通しは前掲表3-108のように銑鉄90.3万トン、普通鋼鋼材72万トンなど、統制会が要求する追加の配船がない場合よりも低くなった。急速な減産の動きを追認するものとなり、「現状ノ儘放置スルトキハ更ニ減産ヲ予想」される状況であった。この結果、表3-116のように、溶鉱炉では日本鋼管扇町350トン炉、中山製鋼500トン炉2基、尼崎製鉄350トン炉、コークス炉では日本鋼管扇町、中山製鋼2炉団、尼崎製鉄などの休止方針が打ち出された。

　第2四半期物資動員実施計画は、結局8月16日に、表3-117のように主要物資の供給計画を改訂した。普通鋼鋼材の供給は、まず内地生産を鉄鋼統制会案より1万トン多い73万トンとし、国内生産量75.1万トンとした。これに満洲での現地取得1.6万トン、回収3万トン、在庫取り崩し10万トンを加えたが、総供給量は89.7万トンにとどまり、当初計画より21.2％縮小することになった。鍛鋳鋼、普通銑、特殊鋼、軽金属、石炭など、その他の重要物資も軒並み縮小せざるをえなくなった。1944年度当初の年間計画を大幅に縮小することは、戦争継続自体が困難であることを示すものであったにもかかわら

表3-116　鉄鋼関係設備休止計画
（1944年8月）

溶鉱炉	4基＋未稼働2基
コークス炉	4炉団
平炉	18工場
圧延工場	8工場
鍛鋼工場	16社20工場
鋳鋼工場	40工場
特殊鋼工場	1次26、2次29工場
組合銑鉄	約30基相当

出所：軍需省鉄鋼局「本船輸送減並ニ配炭減ニ伴フ鉄鋼生産ニ及ボス影響調（未定稿）」1944年8月5日前掲『後期物資動員計画資料』第10巻所収、427〜430頁。

ず、第2四半期物動計画は大幅な縮小改訂を決定した。これに伴って配当計画にも変更が必要になったが、「既ニ当初計画実施ノ途次ニアリ徒ラニ実施事務ヲ煩瑣ナラシムルコトヲ極力避クルベキデアル[275]」として、多くの場合、配当基準は当初計画のままとして、第3四半期計画で調整することとした。こうした中で普通鋼鋼材の配給計画については、軍需向けを当初の39.4万トンから43.4万トンへと増額した。この結果、造船用を42.8万トンから26.9万トンに、陸運増強用を8.6万トンから3.9万トンに、木造船用を2.1万トンから1.6万トンに、生産拡充用

表3-117　1944年度第2四半期主要物資供給計画の改訂（1944年8月）

		当初計画	改訂計画
普通鋼鋼材	トン	1,138,600	897,000
普通鋼鍛鋼	トン	69,000	61,000
普通鋼鋳鋼	トン	93,000	88,000
普通銑	トン	1,389,000	1,180,250
屑鋼	トン	701,000	628,800
鉄鉱石	トン	3,009,500	2,725,500
特殊鋼	トン	290,000	283,500
アルミニウム	トン	47,350	38,750
マグネシウム	トン	1,985	1,394
石炭	千トン	16,976	14,186
工業塩	トン	250,400	205,500
ソーダ灰	トン	80,700	61,030
苛性ソーダ	トン	61,500	54,600

出所：軍需省「昭和十九年度第二、四半期改訂実施計画」1944年8月16日前掲『後期物資動員計画資料』第10巻所収、509頁。

を12.3万トンから8.1万トンに削減した。官需C_3、輸出用C_4、一般民需C_5は配当自体を止め、別途1.3万トンの調整用保留分を設けて、その中で調整することになった[276]。

1944年度物資動員計画の重点課題として新設された陸運強化用C_x向け配当[277]も、第2四半期改訂計画で深刻な影響を受けることになった。普通鋼鋼材は年間45万トン構想をあきらめて33万トン案で発足していたが、第2四半期改訂計画では僅かに2万200トンに激減した。銑鉄配当も年間5万1,000トンであったが、第2四半期は8,120トンのみの配当にとどまり、海上輸送の行き詰まりを陸運増強で緩和しようとした構想もほとんど実施に到らなかった。こうして、国内の需給バランスはますます軽視されるようになり、戦局の打開可能性を見いだすべく軍需部門へと一層傾斜していくことになった。しかし、生産実績は今期を境に、一挙に計画と乖離していった。

工業塩、石炭の不足から、あらゆる産業に用途があるソーダ類の第2四半期配当計画にも表3-118のような大幅な見直しが必要になった。ソーダ灰の配給は81.2％に、苛性ソーダは88.8％に縮小された。この結果、軍需についても一

表3-118　1944年度第2四半期ソーダ類配当計画の変更（1944年8月）

(トン)

	ソーダ灰		苛性ソーダ		大綱案の年度配当	
	当初計画	改訂計画	当初計画	改訂計画	ソーダ灰	苛性ソーダ
陸軍	12,850	10,280	14,400	11,520	29,000	33,000
海軍					19,570	17,000
原塩精製	740	660			4,577	5,000
人造石油	420	350	630	510	1,004	1,405
石油精製			262	202		2,211
軽金属	20,310	17,390	19,500	15,400	34,750	74,000
硫安	250	80	890	740	2,500	3,472
製鉄冶金	1,590	1,152	170	52	7,505	841
鉱山	370	310	80	54	2,441	
パルプ及び紙	212	112	1,900	1,380	1,004	12,727
スフ及び人絹			8,770	7,340		61,548
セロファン			70	50		600
調味料（醤油）	2,855	2,320	348	238	14,617	5,058
ガラス	7,170	5,120			34,178	
石鹸	390	325	1,540	1,480	1,128	13,021
油脂精製	5	2	290	270	390	1,456
洗ソーダ	190	140			2,183	
医薬	2,338	1,958	410	300	9,000	3,000
農薬	220	240	152	52	1,187	910
無機薬品	3,510	2,880	1,495	1,265	14,399	2,809
有機薬品	540	362	1,520	1,032		3,602
金属ソーダ			3,400	3,000		15,000
石炭酸	700	400	850	1,000	2,000	3,000
染料	280		530		1,600	3,000
綿布羊毛処理	120	95	955	755	1,020	
その他	1,730	1,949	2,638	7,230	11,287	9,590
移出用	1,160	860	700	210	1,810	350
輸出用		65		520	500	5,500
計	57,950	47,050	61,500	54,600	197,650	278,100

出所：企画院「昭和十九年度物動計画大綱ニ基ク供給力計画策定資料（石炭、ソーダ類配当）」1943年8月9日、前掲『後期物資動員計画資料』第9巻所収、76～81頁、軍需省「昭和十九年度物資動員計画第二、四半期実施計画」1944年6月26日、前掲「昭和十九年度物資動員計画第二、四半期改訂実施計画」319、521頁。

律20％減としたほか、製鉄・冶金、パルプ・紙、醤油類、ガラス、洗ソーダ、有機薬品、綿布羊毛処理用については、平均削減率以上に切り捨てて、全体を調整することになった。前年8月に1944年度計画大綱を検討した時点と比較すると、特に苛性ソーダの減少が著しい。

4 第2四半期液体燃料配当計画

　国内の液体燃料需給計画は、1942年度の190万kl計画から、43年度に128万klとなり、これを戦時最低限度としていた。供給見通しが不明確になった44年度計画でも、この水準で年度計画が策定されているが、液体燃料に関する資料の保存状況は悪く、残された資料から判明する限りで、需給状況を概観しておこう。

　第1四半期物動実施計画には、液体燃料需給計画が欠落しているが、年度計画128万klのほぼ4分の1にあたる32万klが配当されたとみられる。6月末に決定された第2四半期実施計画にも液体燃料の計画を欠いていたが、8月の改定計画では、表3-119のような需給計画が策定された。

　還送油・国産燃料に在庫を合わせた供給量は28.6万klに過ぎず、そこから配当可能とした量は27.8万klであり、想定された戦時の最低水準よりも13.1％低くなった。第3四半期に向けて利用可能となる次期繰越分は僅か7,776klとなった。その中で、改訂計画は航空機最優先方針により、民需用の保管分より揮発油、BC重油、機械油を1万7,220kl抽出して、航空機やその関連工業向けに転用することになった。最高戦争指導会議の戦争完遂と航空機最優先の決定は、民需部門の破壊をもたらすことになった。民需用の灯油配当2万2,560kl、軽油配当1万3,333klについては害虫のウンカ対策がそれぞれ6,000kl、2,000kl、干害対策用が、2,000kl、1,000klに上るなど、食糧増産が最優先であったことがわかる。民需汽船・機帆船用B重油は深刻な危機に陥ったことから、8万1,940klの配当には、8月と9月に実施する6,000klの追加配当が含まれている。しかし、年度計画の4分の1にあたる9万7,635klには16.1％少なく、海上輸送の危機には到底対応できなかった。同様に、トラック輸送を支える普通揮発油は11.9％減となった。これに対して、機械の稼働を維持するための機械油、半固体油は辛うじて年度計画の4分の1程度を配当していたことがわかる。

　9月7日から11日に開催された臨時帝国議会の予算総会に向けて用意された軍需省の物動計画説明資料では、航空兵器、対潜水艦護衛艦艇の増強、海陸輸送力の増強、防空強化に「絶対必要ナル重要物資ノ生産、一般作戦用資材ノ

表 3-119　1944 年度第二四半期改訂液体燃料需給計画（1944 年 8

			航揮	普揮	灯油	軽油	B重油	C重油	機械油
供給力	還送油	セリア産軽質	1,020	1,200	1,560	720	2,640	3,480	
		セリア産重質		2,481	15,935	5,676	13,228	142	21,995
		中スマトラ		4,200	422	210	632	843	632
		製品		16,000			61,047		
		計	1,020	23,881	17,917	6,606	77,547	4,465	22,627
	国産	原油	4,500	4,500	12,750	7,500	3,750	5,250	13,500
		人造石油		7,800		4,149	5,490	15,750	5,000
		計	4,500	12,300	12,750	11,649	9,240	21,000	18,500
	在庫等	在庫製品			3,000				5,914
		在庫原油			750	337		1,688	1,125
		無水アルコール		4,400					
		油脂							1,200
		計		4,400	3,750	337		1,688	8,239
	陸海軍支援				2,000				
	保管D転換分			3,800	670	1,700	2,500	5,700	2,500
	合計		5,520	44,381	37,087	20,292	89,287	32,853	51,866
配当	陸海軍		5,456	1,250	7,500	4,700			7,075
	航空D			3,800	670	1,700	2,500	5,700	2,500
	民需	海運 B_X			7	7	1,410	1,340	445
		民需 $C_2 \sim C_5$	64	35,243	22,560	13,333	81,940	25,807	31,208
		満洲		2,475	5,552	458	2,199		3,095
		中華民国		1,180	711	84	1,229		396
		南方							52
		計	64	38,898	28,830	13,882	86,778	27,147	35,196
	合計		5,520	43,948	37,000	20,282	89,278	32,847	44,771
次期繰り越し			0	433	87	10	9	6	7,095

注：半個体機械油とその他は表示単位が異なるが原資料と同様に、油種別合計欄では合算して表示している。航民需用の保管分を転換して、航空機関連工業用にしたもので、配当計画の航空Dに対応している。
出所：前掲『昭和十九年度物資動員計画第二、四半期改訂実施計画』520 頁。

最小限ヲ確保ヲ期スルノ外其ノ他ノ部門ハ圧縮スルノ方針」であるなど、この時点の計画の実施状況を以下のように説明していた。「一般民需ニ対スル配当ハ極メテ僅少デアリ之ニ依テ蒙ル民間部門ノ影響ハ相当ノモノガアル」「特ニ石炭、液体燃料ノ配当推移ヨリ予察スルトキハ問題ハ更ニ深刻ナルモノガアル」。「深刻ナ物動ヲ敢テ策定致シマシタ所以ノモノハ当面ノ作戦ニ勝利ヲ得ル

月）
（半個体：トン、その他：kl）

半固体	合計
	10,620
3,803	63,260
	6,939
	77,047
3,803	157,866
750	52,500
	38,189
750	90,689
	8,914
	3,900
	4,400
	1,200
	18,414
	2,000
350	17,220
4,903	286,189
500	26,481
350	17,220
16	3,225
3,237	213,392
525	14,304
139	3,739
	52
3,917	234,712
4,767	278,413
136	7,776

空機用の保管 D 転換分は、

コトヲ先決ト致シタマスノデサイパン以後ニ於ケル戦局ニ対処スル為ノ緊急戦備及航空機ノ非常増産ノ為ニ必要トスル船腹ト資材トハ優先確保スルコトガ絶対ニ必要ト信ズルガ故デアリマス」。とはいえ、今後の見通しについては、「卒直ニ申シ上ゲマスト現在迄ノ推移ヨリ考察スルニ実ニ容易ナラザルモノガアリ」、敵潜水艦による被害の拡大、新造船の不振による船腹の減少と稼航率の低下が生じ、南方石油の還送が不調であれば、「現状程度ノ海上輸送力ヲ維持スルコトハ至難ト謂ハナケレバナリマセヌ」としていた[278]。

第8節　物資動員計画の下期実施過程

1　第3四半期実施計画

第3四半期計画の策定方針

　第2四半期後半の船舶増徴と輸送計画の改訂によって、重要物資の海上輸送は深刻な影響を蒙っていたが、第3四半期も鉄鋼石、銑鋼の本船輸送だけは維持しようとした。8月には表3-120のように、第2四半期改訂計画を超える海上輸送力を確保した上で、増産を目指す第3四半期の鉄鋼生産計画の第1次案が策定された。ただし、海上輸送力は確保したものの、配炭量は減少した。内地鉄鉱石のほか砂鉄、硫酸滓等の各種の鉱石代替品、一般・非常回収屑、陸海軍供出屑鉄、在庫屑等の鉄源はいずれも払底しており、僅かに中国占領地域からの鉱石と銑鉄等の増産に期待するだけで、総合的な増産条件は欠いていた。しかも、ほとんどが軍需、造船用である鍛鋳鋼、特殊鋼の生産を優先した結果、普通鋼鋼材の生産は18万トンも減少する見通しであった[279]。

　南方物資の緊急還送を図るための船舶の増徴計画によって、9月案では北支

表 3-120　1944 年度第 3 四半期鉄鋼計画の変遷

(千トン)

	第 2 四半期改定案	8 月案 第 1 次案	9 月案 現状案	9 月案 2.5 万総噸減船案	10 月案 確保目標	10 月案 努力目標
海送鉱石	699	793	450	375	566	566
海送銑鋼	694	748	690	670	570	570
配炭	3,478	3,370			3,043	3,043
普通銑鉄	833	867	600	531	675	805
普通鋼鋼材	722	542	510	450	542	590

出所:「第三、四半期生産計画概案（第 1 次案）」1944 年 8 月 24 日、軍需省鐵鋼局「昭和十九年度第二及第三、四半期鉄鋼生産ニ対スル船腹徴用ノ影響調」1944 年 9 月 2 日、「昭和十九年度第三、四半期鉄鋼生産計画一覧」1944 年 10 月 18 日前掲『後期物資動員計画資料』第 11 巻所収、3～4、7、14～15 頁。

　鉱石の海上輸送力が大幅に縮小し、銑鉄・鋼材生産にも深刻な影響が見込まれることになった。さらに月当たり 2.5 万トンという輸送力削減になる鉄鋼関係船舶からの増徴も検討されていた。その場合の海送鉄鉱石は第 1 次案から半減し、銑鉄 53.1 万トン、普通鋼鋼材 45 万トンという見通しになっていた。この間、急速に民需汽船の輸送力が縮小していたことは、既に見た通りであるが、鉄鋼関係の輸送に集中し、10 月には、やや 8 月案に戻す形で決着した。そして、輸送力、鉄源については同じ条件のまま、製鉄所の自助努力による銑鉄 19.3％増、鋼材 8.9％増の目標を設定した。

　石炭問題も深刻さを増していた。9 月 12 日の閣議では、期待された樺太炭 200 万トンの採掘・輸送予定がサイパン失陥後の 30 万総噸の船舶増徴によって不可能となったため、送り出した炭鉱要員を内地に戻したこと、この要員を利用して内地での 150～200 万トンの増産が見込めるものの、深刻な一般炭の減少の一部を「穴埋メ」するに過ぎないことなどが説明された。このため、大阪では溶鉱炉の休止が起き、東京では石炭飢饉となり、ガスの確保に「大難渋」することが予想された。国内鉄鋼生産は第 3 四半期に 50 万トン台になって、「物動出来ズ」という事態であることや、満洲国の昭和製鋼所鞍山製鉄所は第 1 四半期に 10 万トンの減産、第 2 四半期に 40～50 万トンの大幅減産となり、「鉄面ニ於テ物動ヲ突破スルコトハ困難」であることが報告された。藤原軍需大臣は、鉄鋼用に各期 200～250 万トンの石炭が必要であるが、「電気ノ為

メ之ハ出来ズ」と発言するなど、鉄鋼用炭と電力用炭も激しく競合していた。こうした中で、重光外務大臣兼大東亜大臣は、「水増シヲナササルコト」を求め、需給データを改竄して処理することがないよう釘を刺そうとしていた[280]。

8月19日の最高戦争指導会議決定「今後採ルヘキ戦争指導ノ大綱」に基づいて、小磯内閣は「戦争完遂」方針に沿って総動員計画を検討してきたが、9月14日の最高戦争指導会議では、幹事より『「今後採ルヘキ戦争指導ノ大綱」ニ基ク物的国力運営ノ基礎事項ニ関スル件』が提示され、下期以降の動員計画の重点が示された。1944年度航空機生産は発動機部門が6月頃、機体部門は9月にほぼピークとなって以後、減少し始める事態となっていたことから、年間目標は当初の5万2,500機から4万2,000機に改められ、「特ニ之ガ繰上生産並質ノ確保ニ最大ノ努力ヲ致ス」とし、アルミニウム代替資材による増産が求められた。船舶建造計画も「雪達磨式」による255万総噸から「一応」180万総噸に改められ、修理の促進を重視し、海上交通の保全に必要な兵力、兵器の充実によって「船腹維持上被害ノ減少ト新造船トノ綜合的成果ヲ最大」とすることになった。建造量の減少は総動員計画の破綻に直結することから、計画の縮小はやや曖昧にし、修理と被害縮小でカバーする方針であった。また呂号兵器と称したロケットエンジン等の新兵器開発は、関連産業の影響を考慮して決定することなどが指示された。

国力維持に関連するその他の重要事項では、①鉄道輸送力・小運送の増強、特に大陸からの一貫輸送では実質的に一元的な運営を目指す、②木造船の修理を徹底し、1944年度の貨物船目標を30万総噸（うち油槽船10万総噸以上）とする、③日満支資源による国内アルミニウム生産12万トン以上を確保する、④液体燃料自給のため、日満支にて原油、人造石油、アルコールの増産のほか、クレオソート、油脂を動員し、代替燃料の薪炭の増産を図る、⑤南方石油の還送についても強力な方策を講じる、⑥重要物資の生産のため最低限の補修・運転用資材を極力確保するなどが指示された。①の一元的一貫輸送は、華北鉄道、南満洲鉄道、朝鮮鉄道などの統合構想として、しばしば課題として浮上する一方で、大幅な組織改革のリスクが指摘されていた点であった。

そして、第3四半期の物資動員計画では、「当面ノ決戦戦力増強」に重点を置き、労務配置は物動計画の方針に沿って「断乎タル調整ヲ強行ス就中工場ニ

於ケル過剰労務者ノ配置転換ヲ急速ニ実行」すること、そして「本年度後期一切ノ徹底的戦力化ヲ期シ在庫未稼働物資ノ徹底的動員ヲ行」う方針を打ち出した。下期における労働力やあらゆる資源の徹底的な「戦力化」の方針を打ち出し、決戦戦力の増強を唱え、その後は講和の準備に入るかのような表現も使われた。しかし、後述のように年末頃にはフィリピン奪還作戦を放棄した上で、陸軍を中心に本土決戦による戦争継続を叫ぶなど、動員解除も復員計画も全く考慮しない資源の徹底的な費消に向けて総動員諸計画は動き始めていた。

「今後採ルヘキ戦争指導ノ大綱」に沿って、9月中には以下の政策方針・施策の取りまとめが指示されたが、いずれも実を結ぶことのない課題の列記であった。①国力運営の基礎事項、②決戦輿論指導方針、③対敵宣伝謀略および敵側宣伝謀略破砕方策、④ドイツ戦争離脱の場合の措置、⑤航空戦力急速増強（隘路打開）方策、⑥石炭増産、隘路打開方策、⑦甲造船方策、⑧乙造船方策、⑨民需船遙減対処方策（生産力低下の実情研究）、⑩国内防衛（防空）方策、⑪大陸輸送一貫経営強化方策、⑫日満支自活自戦態勢促進方策、⑬南方地域自活自戦方策、⑭食糧および生活燃料確保方策、⑮労務給源（朝鮮人を含む）確保方策、そして⑯本年下期（主として第3四半期）国家諸計画の策定を急ぐこと。とりわけ⑤の航空機、⑥の石炭、⑨の民需船問題の検討が重要とされたが、ここでも重光は「事実ヲ事実トシテ水増シセサル報告ヲ得度キ旨要望」し、深刻な事態が小磯内閣の閣僚たちに次々に示されることになった。

9月16日の最高戦争指導会議では藤原軍需大臣から国力の概要が示された。それは、①民需船保有量は100万総噸のうち30万総噸は南方で使用し、サイパン戦後20万総噸を徴用された結果、現在の保有量は40万総噸となり、石炭、鉄鉱石輸送の「重大隘路」になっていること、②石炭不足から内地で75工場を閉鎖することになったこと、③鉄鋼生産実績は第2四半期の70万トンから第3四半期に55万トンに低下すること、④造船計画は第3四半期38万総噸、第4四半期33万総噸に低下すること、ただし鋼材55万トンのうち26万トンを造船に配当すれば雪達磨方式と合わせてそれぞれ53万総噸、54万総噸になるというものであった。しかし、造船用鋼材の優先配当に海軍が同意しなかった。このため今後の物資動員計画の重点目標を国内での増産ではなく、未稼働物資の供出と、藤原自身の7月の視察報告を踏まえて北支の石炭、銑鉄と礬土

頁岩の増産に置くことを主張した。大陸の溶鉱炉には160万トンの能力があり、50～100万トンの生産が可能であるというのが藤原の主張であった[281]。

第3四半期供給計画

　こうした目標設定と緊急対策を講じつつ、9月下旬、表3-121のような第3四半期供給力計画がまとめられた[282]。8月からの船舶増徴によって集中還送を実施した南方物資については、甲地域から約45万トンの物資供給を見込んだ。このうちボーキサイトは26万8,000トンと6割以上を占め、ピッチコークス4,100トン、マンガン鉱1万2,300トン、クローム鉱6,900トン、タングステン鉱1,800トンなどの鉄・軽金属原料や、錫4,000トン、鉛鉱1,500トンなどの非鉄金属が多くを占めた。その他では、生ゴム8,000トンのほか、タンニン材料2,880トン、牛皮240トン、ラテックス600トンなど、第三分科関係物資も依然として期待が大きかった。乙地域からの物資はタングステン鉱300トンを除けばほとんど計画はなくなった。その他の南方域では海南島の鉄鉱石13万トンを期待する程度であったが、北中支鉱石で代替できるとして、多くの船舶を割く余裕はなかった。

　石炭の需給調整は最も深刻な問題であった。第2四半期当初の1,550万トン計画は、第3四半期に1,354万トンまで減少した。九州炭、常磐炭、宇部炭ともに「相当ノ増産ハ出来ル見込」であったが、船腹不足から「本州地区ノ石炭需給ハ前期ニ較ベテ相当窮屈」となった。鉄道輸送力も縮小し、第3四半期当初案より北海道炭は約10万トン、九州炭は約25万トンの減送になって「一層石炭不足ヲ激化」させることになった。本州東部は第2四半期改訂計画より約30万トン減の345万トン、西部は約53万トン減の369万トンとなり[283]、当初案に対しては東部・西部とも100万トン近い減少になった。石炭配給は各種産業の操業を規定するため「真ニ憂慮ニ堪ヘザル次第」であったが、「数次ニ亘ル重点的配炭調整ニ依リ既ニ何レノ面ニ於テモ必要ノ最低限度ヲ割ル状態デアリマシテ最早重点調整ノ余地ナク一般ニハ一律規正ノ外」なしという状況であった。それでも製鉄、液体燃料、瓦斯コークス、電力、輸送、軍需にだけは配慮した。製鉄にはコークス炉維持用の最低限度を確保し、液体燃料事業向けには前期並に配当し、電力事業向け配当は下期渇水対策として「相当増加」させ

表3-121　1944年度第3四半期実施計画供給力計画（1944

			国内生産			回収	在庫	円域輸入		甲地域
			内地	その他	計			満関	その他	
第一	普通鋼鋼材	千トン	521.6	20	542	25		16		
	普通銑	千トン	555	185	740			81	60	
	普通鋼鍛鋼	千トン	52	1	53					
	普通鋼鋳鋼	千トン	83	5	88					
	特殊鋼鋼材	千トン	240	10	250					
	鉄鉱石	千トン	1,087	1,160	2,211			18	320	
第二	銅	トン	20,960	300	21,260	1,740				
	鉛	トン	6,850	1,500	8,350	6,000				
	亜鉛	トン	16,000	1,000	17,000					
	アルミニウム	トン			25,000		500	1,525		
第三	棉花	千担		171	171		350		185	
	羊毛	俵	1,195	260	1,455		2,685	370		
	生ゴム	トン								8,000
第四	石炭	千トン								
第五	工業塩	トン		42,500	42,500		5,000	50,000	93,000	

注：普通鋼鋼材の回収2.5万トンは転活用物資。普通鋼鋼材内地生産分には陸海軍供出屑各4万トンによる6.66
　を含む。普通銑の供給には、このほかに内外地盟外銑3.2万トン、再生銑0.7万トンがある。銅の回収分は山行
出所：軍需省「三／一九供給力実施計画（案）」1944年9月23日前掲『後期物資動員計画資料』第11巻所収、
　資動員計画・第三、四半期実施計画（案）（主要物資需給計画）」1944年10月1日同資料69頁によったが、内

た。しかし、前年冬期の電力規制の程度では「治（ママ）マラナイ見込」であった。鉄道・船舶向けと軍需については「大体前期ノ実績程度ヲ確保」した。その他の産業は「一律規正」とし、本州東部は23％、西部は27％の規制率とした。こうした配炭減によって、「戦争遂行上甚シク憂慮スベキ事態ニ陥」るとして、手持ノ各種原料ヲ完全ニ消化スルコトハ出来ナイコトニナリマスノデ此際何等カ最後的ノ手段ヲ講ズルノ止ムヲ得ザル状態」であるとした。この点は次項で述べるように、1944年度後半の最大の経済動員政策になる未稼働物資に関する行政査察によって解決を目指すことになった。

　南方石油の還送は、第3四半期の最小限として民需向け8.6万klを「期待」していた。しかし、「現下ノ戦局ヨリ見テ完全ニ充足スルコトハ極メテ困難」と見られ、「両軍ニ於キマシテハ極力努力ヲシテ戴キ度イ」としていたが、これを確保できても国産原油・代替燃料等と合わせて供給できる液体燃料は月6万klであり、1943年末の「丁度半額」であった。44年8月の配当に対しても

年9月）

合計	第2四半期	第1四半期	1944年度供給計画
583	1,139	1,155	4,550
881	1,347	1,257	5,706
53	69	58	234
88	93	81	339
250	290	285	1,100
2,548	3,350	2,963	
23,000	26,600	28,500	121,700
14,350	14,030	14,900	55,400
17,000	19,700	19,500	82,000
27,025	47,350	44,240	196,900
706	877	971	2,789
4,510	8,452	5,010	20,031
8,000	15,500	13,500	64,000
13,540	15,993	15,109	65,971
190,500	250,400	227,000	1,034,160

万トンを含む。普通銑には小型溶鉱炉銑12.5万トン屑銅の再生品。
18～30頁、石炭については軍需省「昭和十九年度物外地別の供給内訳は不明。

平均24％の規制となり、石油還送力の増強と代用燃料の増産に「格段ノ努力」を必要としていた。

鉄鋼関係の供給計画を見よう。鉄鉱石254.8万トンには内地産砂鉄11.35万トンが含まれており、鉄鉱石では内地93.7万トンに対して朝鮮は116万トンと内地を上回った。このうち25万トン余は南鮮中継によって内地へ輸送する必要があった。海送鉄鉱石は一般船舶が44.5万トン、特別船舶が13.75万トンを担った。普通鋼鋼材の国内生産は、陸海軍からの計8万トンの屑鉄供給による6.66万トンや、非常回収屑7.5万トン、一般回収屑16.5万トンなど、46万トンの屑を集めても54.2万トンにとどまった。これは年度当初の計画や第1・第2四半期計画の半分の水準であった。在庫からの供給はなく、屑鉄非常回収のうちの2.5万トンが転活用材として回収欄に計上されるなど、屑の回収に多くを依存している。

電気銅2万トン余の製錬も屑銅1万2,300トンに依存し、鉛8,350トンも非常回収5,000トン、一般回収500トン、転活用500トンに依存するなど、非鉄金属も屑回収の成否が重要になっていた。軽金属原料ではボーキサイト26万8,000トンのほかに、代替原料の礬土頁岩10万7,000トン（北支6万5,500トン、在庫4万1,500トン）も計画化された。ボーキサイトを基にしたアルミニウムの製錬可能量は3万5,000万トンであったが、石炭・ソーダの隘路の方が大きく、供給計画は2万7,025トンになった。

棉花は朝鮮の17.1万担、北支の15万担、中支の3.5万担に、在庫の35万担で賄った。人絹糸、スフもソーダ不足から大幅に減り、羊毛はほぼ在庫のみになった。生ゴムは第3四半期の集中還送によって、4万1,706トンの入着を見

込んでいたが、これを今後1年間に分けて消費するため、今期は8,000トンのみを計上している。同様にラテックスも2,408トンの入着見通しに対して600トンのみを計上した。塩は食料塩・工業塩ともに北支、満関に大部分を依存しており、紙・パルプ等も含めて、「海上輸送ト石炭ニ依存スルモノハ相当減少」となる深刻な事態であった。軍需省は1943年度までの「船舶減少ニ伴フ国力ノ低下ハ専ラ国民生活ノ圧縮ニ依ツテ之ヲ賄ヒ航空機、造船ヲ初メ直接的戦力部門ニ関シテハ逐次増強シテ参ツタノデアリマス。然ルニ十八年度末ニ至リ国民生活ノ圧縮ハ既ニ最低限ニ達シタモノト認メ本年度上期ニ於テハ食糧関係ノ

表3-122　1944年度第3四半期主要物資配当計画（1944年10月）

		普通鋼鋼材	普通鋼鍛鋼	普通鋼鋳鋼	普通銑	特殊鋼	電気銅	アルミニウム
軍需	陸軍需一般 A	93,948	8,240	18,400	17,100	39,600	3,755	680
	海軍需一般 B	99,852	17,070	17,708	28,500	46,600	4,480	680
	航空機 D	57,600	5,000	10,000	33,000	151,940	6,430	26,320
	計	251,400	30,310	46,108	78,600	238,140	14,665	27,680
造船用 B_X		161,200	8,600	12,000	24,300	3,000	3,805	70
民需 C	陸送増強 C_X	53,400	4,400	10,000	11,300	4,000	460	
	乙造船	9,200	1,700	917	7,400	100	200	
	生産拡充 C_2	65,400	3,645	7,500	62,200	10,000	2,000	
	官需 C_3	1,700	50	110	700	100	165	
	輸出 C_4 満洲	2,100	273	600	2,075	394	690	1,275
	輸出 C_4 中華民国	900	87	100	425	106	165	
	輸出 C_4 南方	100					12	
	一般民需 C_5	10,000	375	888	5,000	360	390	
	民間防空 C_Z	3,200	20	77	700	40	270	
	調整用保留	4,000	40		2,300	310	178	
	計	150,000	10,590	20,192	97,100	15,410	4,530	1,275
生産確保用 C_6		15,000		5,000	690,000			
第3四半期配当		577,600	51,500	83,300	890,000	256,550	23,000	29,025
第2四半期配当		1,108,600	69,000	81,000	1,407,000	290,000	26,600	47,350

注：普通鋼材配給には、陸軍による満洲国現地取得1.5万トンを含む。普通銑には生産確保用の記載が欠落してして計上した。
出所：前掲「昭和十九年度物資動員計画・第三、四半期実施計画（案）（主要物資需給計画）」45〜67頁。

配船等ニ関シテハ優先確保スルノ方針ヲ執ツテ参リ国力ノ低下ハ已ムナク戦力増強ノ圧縮調整ヲ忍ンデ参ツタノデアリマス。此処ニ於テ国民生活ノ最低限モ国民ノ気□（1字不明）ノ昂上方策ノ遂行ト相俟ツテ改メテ之ヲ見直シ直接戦力増強面トノ調整ヲ図リ戦争完遂ニ遺憾ナキヲ期シ度イ」と説明し、戦争継続能力も国民生活もギリギリにまで追い込まれた状況を説明していた。そして、第4四半期以降、南方還送油のC船配当分が期待できなくなる場合は、海上輸送は「更ニ激減」し、「其ノ影響ハ真ニ深刻ナルモノガアル」と、有効な対策を強く求めていた[284]。

第3四半期配当計画

10月6日に閣議諒解となった第3四半期の主要物資の配給計画は表3-122の通りである。前期計画との間にはかつてない落差があり、軍需部門の配当すら激減した。南方開発用として別掲していたC_Yは、輸出用C_4の南方向けに合算されたが、実質的には消滅した。銑鉄生産は大きく減少した。しかも89万トンのうち12.5万トンは粗悪な小型溶鉱炉銑であり、蒙疆・北支からの6万トン、台湾の5,000トン、朝鮮の6万トンがこの時点では貴重な鉄鋼原料となっていた。こうした中でも軍需比率の高い特殊鋼、鍛鋼、鋳鋼の生産を極力維持しようとしたため、普通鋼鋼材の配当は前期当初計画の110.8万トンから一挙に57.8万トンへと急落した。39.4万トンであった軍需配当も25.1万トンに縮小し、42.8万トンであった造船用も2分の1以下の16.1万トンとなり、鉄鋼・船舶を一体とした藤原軍需大臣の国力維持構想は潰えた。棉花配当は今期35.6万担の供給を見込んでいたが、配当計画は立てず、上期までの未配当分の調整のため、前期配当済みの在庫35万担と合わせて、未配当分の補填にあてることとした。生ゴムは前述のように今期の入着見込み分から8,000トンのみを配当している。セメン

（棉花：担、その他：トン）

生ゴム	セメント
1,600	50,515
1,200	124,995
2,400	91,790
5,200	267,300
	49,120
66	51,055
14	148,305
418	
83	
155	109,650
79	
1,297	134,570
188	
2,300	443,580
500	
8,000	880,000
15,500	1,272,550

いるが、供給力から算出

トは朝鮮向けが多いのが特徴で、乙造船・生産拡充用の14.8万トンのうち8.8万トン、民需全体でも44万トン余のうち20万トンが交通・港湾整備を急いでいた朝鮮向けであった。いずれにしても激減した供給力をカバーするため、国内資源を徹底的に探索することが求められていた。

なお、深刻であった本州東部、西部の石炭不足に対しては、輸送力を捻出することによって、11月に入って追加供給計画が策定された[285]。石炭輸送力の捻出は南方配船を半減したことによる36万トン、一般機帆船の動員による15万トン、若松・門司港の艀利用等による9.95万トンなどの75万トンであり、東部地区へ36.5万トン、西部地区へ38.5万トン追加した。追加配当にあたっては、第3四半期の産業別最低需要量を基準とし、戦局による緊急需要を考慮して決定した。考慮されたのは、①アルコール、航空揮発油用耐爆（アンチノック）剤、メタノール用、②航空機工場運転用、防弾タンク・防弾ガラス・軽合金の整備用、作業用ガス向け、③ロケットエンジン、風船爆弾、電波兵器の整備促進用、④火薬製造用の硝酸、油脂の増産用、⑤特殊鋼、普通鋼の増産、未稼働鉄源の動員用、⑥食糧、繊維、医薬品、農地改良、肥料等の国民生活用の不足分の緩和用、⑦鉄道運転用、官需の緊急需要向けであった。

産業別の内訳は鉄鋼関係20.8万トン、造船・航空機部品、電機など機械工業6.6万トン、ソーダ、有機合成、硫安・硝酸メタノール等の化学工業16万トン、セメント等の窯業4万トン、国有鉄道5万トンなどであった。これによる重要物資の増産分も配当計画に追加され、鉄鋼増産分4万8,400トンは陸運増強用Cxや陸海軍向けに配当され、特殊鋼3万トンは全て航空機工業Dへ、ソーダ、濃硝酸、メタノールなども、ほぼ軍需へ配当された。

液体燃料の供給状況

液体燃料の供給状況も見ておこう。判明する1944年4月から11月までの国内での民需分の石油製品精製、配給状況は表3-123の通りである。国産天然石油の産出は43年第4四半期から漸減していたが、44年度の生産目標の28万6,396klに対して、11月までの8ヶ月分の達成率は96.5％と、低迷するなかでは計画値に近く、次第に精製実績や配給実績に対する国産原油の比重は増加した。大量生産を目指していた人造石油は、目標自体が既に引き下げられている

表3-123　1944年4〜11月の石油生産・還送・精製・配給

(kl)

	国内生産			還送油中民需取得	精製		配給	
	天然石油	人造石油	計		処理量	生産量	計画	実績
4 月	25,069	23,035	48,104	36,032	79,727	53,856	94,540	61,188
5 月	25,327	23,752	49,079	49,047	86,007	58,235	94,540	68,146
6 月	23,601	23,515	47,116	57,391	76,282	49,332	94,540	60,399
7 月	23,433	16,959	40,392	16,683	83,701	59,686	87,915	51,358
8 月	23,350	21,937	45,287	104,506	64,264	48,383	72,782	43,890
9 月	20,666	24,735	45,401	23,065	80,312	62,552	66,738	56,920
10 月	21,258	18,610	39,868	0	50,430	41,835	62,660	41,880
11 月	21,463	21,143	42,606	13,424	42,626	36,355	62,660	42,581
8ヶ月計	184,167	173,686	357,853	300,148	563,349	410,234	636,375	426,362
8ヶ月目標	190,930	240,000	430,930		2,565,000	1,795,000	636,375	
達成率	96.5	72.4	83.0		22.0	22.9		67.0

注：人造石油の生産量は日満支合計（日本の比重は約6割）。精製量には軍委託精製を含む。配給には軍納輸移出分を含む。
出所：「昭和十九年度石油事情調書」前掲『軍需省関係資料』第7巻所収、717頁。

が、それでも達成率は72.4％とやや不調である。南方からの還送石油のうち、軍需用は主に陸海軍の燃料廠で精製する関係で、軍需を含めた還送量全体は同表から判明しないが、民需用と軍からの委託精製と外地、占領地域向けの輸移出分の合計は、僅かに8ヶ月で30万klにとどまった。後述のように陸軍の44年の還送原油80万klの半分程度しか民需には回っておらず、僅かな海軍還送分は全て軍需用だったとみられる。43年下期の民需用原油供給量34.6klに比しても一層縮小していた。液体燃料の民需用配給の実績も6万kl台から漸減して8ヶ月で42.6万kl余となり、最低水準と想定された国内年間128万klの49.9％の水準へと落ち込んだ。陸上輸送の多くと海上輸送の一部で、石炭焚などの代用燃料化を進めていたとはいえ、工場の稼働停止が拡大して輸送計画は激しく混乱する事態になった。

2　未稼働物資の「戦力化」と下期配当計画への補充

未稼働物資への期待と第11回行政査察

太平洋戦争期の物動計画では当初より屑鉄、故銅の回収、特別回収が重要項目として供給力計画に組み込まれていたが、既に見たように1944年度第2四

半期以降、鉄鋼生産が急減する可能性が高まった。このため重要拡充施設とされながら完成が遅れてきた設備・施設の計画を見直し、未稼働の施設、機械、仕掛品やその原料等を「活用物資」として回収し、資源化することになった。対象となったのは、工場以外にも、倉庫業者、販売業者が長期間保有している物資であった。これら未稼働物資を可能な限り吐き出させることが1944年度下期総動員計画における最も重要な動員政策となった。以下ではその推移を見ておこう。

小磯内閣発足間もない8月18日に「未稼働物資ノ緊急戦力化ニ関スル件」が閣議決定となった。この時期の経済事情について、9月初めに策定された議会説明資料で軍需省は、「重要物資ノ供給力ニ付テモ空襲ニ依ル被害、生産設備ノ老朽化等ト相俟ツテ楽観ヲ許サザル状態ニ立至ル」とし、「一層軍需優先ニ徹底シテ直接戦力ノ造出ニ努力」するため、「他ノ面ニ於テハ現状程度ヲ維持スルコトハ困難デアリ更ニ圧迫ガ加ハルモノト考ヘラレマス」、「満洲、北支ノ対日寄与ヲ愈々重視シ最大限ニ増強」する一方、「此ノ際国内ニ於テ一頓ノ未稼働資材アルヲ許サナイノデアリマシテ之ヲ緊急ニ戦力化スルコトガ絶対ニ必要デアリマス」と述べている[286]。このため9月19日には鉄鋼統制会長であり内閣顧問となった豊田貞次郎を査察使に任命し、第11回行政査察が実施され、工場・倉庫等の在庫鋼材、未稼働設備の回収、破砕、切断とその輸送問題の打開にあたることになった。これが太平洋戦争期の最後の重要鉄鋼給源であった。

行政査察の運営体制は、主に所管した軍需省総動員局（局長椎名悦三郎）を拡大した形で組織され、11月18日の時点で図3-2のようになっていた。同局の第一部（部長高嶺明達）、第二部（部長美濃部洋次）、第三部（部長菅波称事）が班長会議の中心となり、このほか鉄鋼局長美

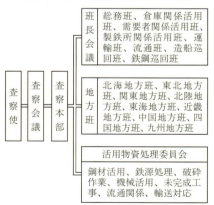

図3-2　第11回行政査察運営組織

出所：行政査察使豊田貞次郎「第十一回行政査察中間報告」1944年11月8日『美濃部洋次文書』I-56。

奈川武保、運輸通信省自動車局長小野哲や、軍関係者が班長会議の各班を率いた。地方班は軍需省の各地軍需監理部が担当し、査察や現場で対応した。活用物資処理委員会には、活用物資に指定された工場、倉庫所在の鋼材、鉄源、鉄製品等の事後処理を担当し、課題に応じて鉄源処理委員会（責任者は鉄鋼局長）、破砕委員会（責任者は企業整備本部長末永術）、機械生産審査委員会（責任者は機械局長美濃部）、活用物資輸送委員会（責任者は自動車局長）が査察の進行に沿って順次設置された。各班、委員会委員等には軍需省総動員局・同企業整備本部の各局が動員され、内務省警保局、運輸通信省自動車局・同鉄道総局・同海運総局、陸軍省兵器行政本部・同整備局、海軍省運輸本部の関係者、さらに鉄鋼統制会、鉄鋼原料統制株式会社、日本製鉄、日本鋼管、日本運通、全国貨物自動車運送事業組合連合会、全国陸上小運搬業統制組合から関係者が集められた。

　行政査察の対象は、①生産者工場、②官営工場、③需要者工場（軍管理工場及監督工場ヲ含ム）および倉庫、④営業倉庫、⑤販売業者倉庫、⑥切断加工工場および倉庫であった。査察目標を鉄鋼50万トンの「戦力化」と定め、素材、半成品、成品、および迅速に「戦力化」できる設備機械を対象に、10月末までに重要箇所を対象にした査察の第1段階を完了するというものであった。

　「活用物資」の判定基準は、査察対象ごとに決められ、需要者工場については、打ち切り仕掛品・打ち切り工作物、準備材料のうち銑鉄、普通鋼については3ヶ月分を超える分とし、特殊鋼、鍛鋳鋼は4ヶ月分を超える分とした。特に入手困難なものや、近く需要が激増するものについては「若干ノ考慮」を加えるとし、また設備、機械器具、準備材料、仕掛品については、引当のないもの、政府の生産命令、発注がない設備、機械向けのものとした。さらに本年末までに操業の見込みのない建設工事用の建築材料、未完成工作物等の材料や、完成した設備、機械、工作物でも本年末までに稼働の見込みのないもの、その他に代用転換が可能なもの、屑・仕損品など、緊急性の低いあらゆる重要物資が対象となった。

　販売業者の営業倉庫については、所有者不明のもの、在庫3ヶ月以上のもの、今後2ヶ月以内に出荷の見込みのないものがことごとく「活用物資」とされ、製鉄工場の場合は、寄託品、工場渡契約引当分は3ヶ月以上在庫状態のもの、

本来の引当先に今後2ヶ月以上出荷の見通しのないもの、その他の製品在庫も今後2ヶ月以上出荷見込みのないものを対象とした[287]。

未稼働物資の指定状況

9月29日に閣議報告された「未完成工事整理戦力化ニ関スル件」に基づき、「工場停止」等の判断を下されたのは、機械工業では、大日本兵器伊讃美工場の特殊研磨盤製造設備、津島製作所三条工場の光学工場、三菱化工機船橋工場の発生炉、日立製作所菱刈工場の圧延機製造設備など5工場であり、計画を縮小して12月末に工事を打ち切ることになった。鉄鋼業でも重要拡充工事を抱えた日本製鉄、日本鋼管住友金属や特殊鋼企業など46工場が対象になり、設備等の工事中止・縮小、移設・転用、空襲対策用予備などへの転換が決定された。さらに軽金属関連工業8工場、化学工業8工場、燃料工業7工場、発電所20ヶ所、耐火煉瓦工業6工場が転活用の対象とされた[288]。

機械工場の製品、準備材料、仕掛品を活用するため、機械類の既発注契約も大胆に整理することになり、軍官民需ともに「決戦下真ニ緊要ナルモノノミ」に絞ることになった[289]。整理基準は他の活用物資と同様であり、1944年3月以前に生産命令、示達、承認等の通知がありながら、4月以降資材割当がないものとし、陸海軍省、軍需省関係官からなる機械生産審査委員会で、12月末までに整理すべき契約を決定し、軍需省機械局を通じて機械業者に指示することになった。

9月中に査察担当者、査察日程、活用物資判定基準、また1945年度以降も継続する新設拡張工事を決定し、10月2日の近畿地方現場査察を皮切りに一斉に地方現場査察が実施され、10月中には各地の第1次現場査察が終了した。11月10日には小磯首相ほか全閣僚に対して、13日には次官会議で豊田による中間報告がなされた[290]。

「活用物資」の当初の目標は鉄鋼50万トンとし、陸海軍、軍需省の所管工場に協力を求め、関係統制団体職員、民間の生産責任者に趣旨の徹底を図るなどしていた。結果的に第1次査察作業で「活用スベキモノ」と認定されたのは、11月までに鉄鋼101.4万トンに達した。その内訳は、表3-124の通りであり、普通鋼鋼材32.5トン、普通鋼鍛鋼4.7万トン、特殊鋼6.6万トン、銑鉄1.8万

トンであった。55万トン強の「その他」は主として屑鉄であり、鋼材換算で35～39万トンと見込んだ。この101.4万トンのうち、13万トンは既定の物動回収計画の対象物件でもあるので、正味では87万トンが成果であったが、こうした「活用物資」は12月末に116.3万トンにまで積み上がった。このほか、「付随的成果」として銅、亜鉛等の非鉄金属、機械器具、工具等も「活用物資」と認定した。

　しかし、問題は指定後の処理であった。抽出された鋼材等は「適寸ノモノト雖モ手続、輸送等ノ関係上活用斯ク容易ニ非ズ、況シテ更ニ溶解圧延等ヲ必要トスルモノニ付テハ今後政府ニ於カレテ特段ノ措置ヲ講セラルルニ非ザレバ戦力化スルコト困難ナリ然レドモ内地鉄鉱山ノ資源枯渇ノ状況ヲ示シ来リタル今日消費地ヲ中心トシテ現ニ百万噸ノ純粋鉄源ガ在ルコトハ誠ニ国家ノ強味」と説明し、豊田査察使は軍需監理部長を中心とした査察地方班に対する協力など、政府による強力な後処理を求めた。豊田が求めた点は、①活用物資の新用途に合わせた譲渡手続きの簡素化、営団、鉄鋼販売統制等の事務の簡素化・迅速化、②故ロール、鋼流れ、大型鉄屑等の破砕作業用の施設、切断用酸素、カーバイド、火薬、モーターの確保、③同一地域内での活用による輸送節約、④熔解圧延用の石炭の確保であった。特に関東、東海、関西の石炭不足は深刻であり、「此ノ点ハ大鉄源ノ戦力化上最モ重大ナル点」とし、いずれの処理も失敗すれば、供出資材が滞貨となり、軍需生産を阻害するとして、関係機関の協力について特段の配慮を求めた。

　このほかの査察意見として、①屑鉄等の鉄源の把握を徹底すること、②工場には未稼働物資がある一方で、不足する資材が多く、資材の融通を促進しなければ生産を阻害すること、③品種別・寸法別在庫管理を徹底し、適時的確な生産、配給を実現すること、④軍需に押され民需品生産の作業工程が進まないために、民需品生産用の資材が大量に未稼働物資となっていることから、民需品の発注調整、生産管理を徹底すること、⑤交易営団等の保管物資の全面的活用を検討すること、⑥鉄道輸送力と小運送力、特に山陽本線の強化を優先すること、⑦埠頭倉庫の輸移出向け機械類を整理すること、⑧鉄鋼生産拡充計画を見直し、稼働率を上げるため企業整備を実施すること、⑨朝鮮等の外地でも未稼働物資の査察を実施することなどを指摘した。

表 3-124 第 1 次査察における活用物資見込み

		11月11日集計					
		普通鋼鋼材	普通鋼鍛鋼	特殊鋼	銑鉄	その他	合計
北海軍需監理部	需要者工場	1,414		12		1,942	3,368
	製鉄工場	2,177	400			20,565	23,142
	計	3,591	400	12		22,507	26,510
東北軍需監理部	倉庫	219		4	7	55	285
	需要者工場	361		388	473	3,658	4,880
	製鉄工場	1,192				14,333	15,525
	計	1,772		392	480	18,046	20,690
北陸軍需監理部	倉庫	99			20	69	188
	需要者工場	5,578		3,093	1,390	14,970	25,032
	製鉄工場	110		1,377	15	483	1,985
	計	5,787		4,470	1,425	15,522	27,204
関東軍需監理部	倉庫	54,266		8,069	677	16,720	79,732
	需要者工場	32,129	85	5,259	1,574	19,640	58,687
	製鉄工場	12,105	5,976	14,145	556	114,238	147,020
	計	98,500	6,061	27,473	2,807	150,598	285,439
東海軍需監理部	倉庫	1,534		18	732	197	2,481
	需要者工場	9,639	25	3,452	1,506	12,424	27,046
	製鉄工場	282	1,420	8,840	1,040	15,585	27,167
	計	11,455	1,445	12,310	3,278	28,206	56,694
近畿軍需監理部	倉庫	83,662		3,460	717	40,312	128,151
	需要者工場	28,290		6,726	4,867	40,595	80,478
	製鉄工場	40,820		4,156	2,389	128,967	176,332
	計	152,772		14,342	7,973	209,874	384,961
中国軍需監理部	需要者工場	12,696	267	1,087	775	17,642	32,467
	製鉄工場	716	2,400	1,084		11,986	16,186
	計	13,412	2,667	2,171	775	29,628	48,653
四国軍需監理部	需要者工場	3,220		105		2,580	5,905
九州軍需監理部	倉庫	1,697				977	2,674
	需要者工場	31,424	97	4,118	315	21,177	57,131
	製鉄工場	1,818	36,200	304	519	59,530	98,371
	計	34,939	36,297	4,422	834	81,684	158,176
全国	倉庫	141,477		11,551	2,153	58,330	213,511
	需要者工場	124,751	474	24,240	10,900	134,628	294,993
	製鉄工場	59,220	46,396	29,906	4,519	365,687	505,728
	計	325,448	46,870	65,697	17,572	558,645	1,014,225

出所：行政査察使豊田貞次郎「第十一回行政査察中間報告」1944年11月8日、前掲『美濃部洋次文書』I-56。

第3章　太平洋戦争末期の総動員体制（1944年度）　743

こうした中間報告を受けて、「戦力化」作業を進めるために、前述の各種委員会が設置された。そして、第3四半期中に差しあたり11.4万トン分の活用物資を処理するとし、11月半ばから鉄屑破砕、輸送、石炭確保などを集中的に進める協力班が組織され、軍需省、陸海軍等の関係各省、鉄鋼統制会、鉄鋼販売統制、交易営団、産業設備営団、金属回収統制等の関係者が「活用物資」の引当先を決定していった[291]。

未稼働物資の回収状況

11月22日の第2回査察会議では、作業進捗の問題状況が以下のように報告された[292]。①地方班の鋼材引当の事務処理状況は、大口の関東、近畿で査察工場への示達等の前提作業から順次遅延して、11月末に鋼材引当が完了の見込みのこと、②第3四半期中に活用を求められた第1次の「戦力化」鉄源11.4万トンについても、「中央ノ生産計画等現場ニ徹底シ居ラズ」、八幡製鉄所のような自家保有鉄源の活用の場合以外は「石炭逼迫ノ情勢」もあって、「計画ノ遂行ハ容易ナラザル」状況であること、③破砕作業は、資材、労務、食糧等が地方において確保できず、中央機関でも処置ができていないこと、④作業の遅れから、輸送要請も遅れ、輸送実績もほとんどないこと、⑤中央の各官庁・統制団体からの指示に統一がなく、中央・地方の連絡不足から、不適切な処理があること、⑥倉庫の活用物資の移動禁止が解除され優先活用先以外へ向けられたものが少なくないこと。結局、鉄鋼関係の事業所を査察関係者が対象施設を回り、「未稼働」の指定をしただけでは、直ちに解体・移送の準備が整うわけではなかった。具体的な転活用の指示が届かないうちに、出荷、移設、転活用されてしまう状態であ

(トン)

12月29日集計	
工場数	合計
3	3,318
2	23,211
5	26,529
7	183
14	6,104
4	16,198
25	22,485
2	190
31	12,714
6	10,476
39	23,380
64	68,329
173	126,487
57	179,889
294	374,705
9	3,294
125	60,388
2	727
136	64,409
18	139,503
121	85,087
35	206,810
174	431,400
26	35,066
5	17,276
31	52,342
6	6,265
9	4,403
32	71,719
4	85,022
45	161,144
109	215,902
532	407,148
114	539,609
755	1,162,659

り、そのなかにはスクラップ化を回避しようとする動きもあったと考えてよいだろう。

　スクラップ化や「戦力化」において重大な隘路になったのが屑鉄の破砕・切断作業であった[293]。その量は活用物資「その他」の55.9万トンのうち29.3万トンと推定され、11月21日時点の処理済みは約3万トンにとどまった。このため製鉄14社、24工場の大型の屑鉄は特別破砕物件として、鉄鋼原料統制株式会社が20.2万トン、金属回収統制株式会社が7.3万トンの破砕に当たった。破砕・切断が容易な一般破砕物件は地方長官の下で都道府県金属回収工作隊を組織するなどして1.8万トンを処理することになった。その作業には困難が多いとみられていたが、11月25日頃より着手し、1945年2月末までに処理することを予定した。このための労務者として約2,000人を確保したものの、実際には1日3,400人（延べ30万人）が必要とみられ、軍需会社等から破砕作業員を抽出する方針を立てた。酸素、カーバイド等は所要量の4分の1を確保したものの、金属回収統制の在庫からも酸素用高圧容器4万1,490本、鏨（たがね）17トン分、ハンマー15.4トン分、ハンマー柄1万7,100本を確保し、労務者用の加配米1,718石等の確保を地方長官、農商省に指示した。

　このようにして鋼材や鉄原料の供出を進めた結果、12月3日の第1回査察事務推進委員会では、回収鋼材等で、第3四半期物動配当計画に計上されながら配当手当が付いていなかった分を埋め合わせた。また中間集計を待たずに液

表3-125　1944年度第3四半期鋼材追加配当

（トン）

B_X	30,000
C_X	10,000
C_2	30,000
緊急戦備	30,000
保留	20,000
合計	120,000

注：このほかに査察直後に緊急需要として燃料関係向けに4万トンが優先的に追加されている。
出所：「査察事務推進委員会第一回打合」1944年12月3日、前掲『美濃部洋次文書』I-56。

表3-126　1944年度物動実績見込（1944年12月時点）

（万トン）

	当初計画	実績見込
普通鋼鋼材	455.0	275.0
特殊鋼	110.0	102.0
アルミニウム	18.5	12.0
石炭	6,200.0	5,080.0

出所：「第八十六回予算総会説明資料　昭和十九年度物動計画実施概況並ニ二十年度国力ノ見透ニ付テ（秘密会要求）」前掲『後期物資動員計画資料』第11巻所収、197頁。

体燃料用に 4 万トンあまりの緊急配当を実施し、その上で鋼塊、中間製品等から新たに圧延された 11.4 万トンなどを利用して、表 3-125 のような 12 万トンの第 3 四半期の追加配当を決定した。重視されたのは造船と陸上輸送力の増強用であった。

　100 万トン以上の鉄源を見いだすことはできても、既に見たように鋼材として配当されるまでには、破砕、輸送、熔解、圧延といった課題が残っていた。第 3 四半期末時点での 1944 年度の物動重要物資の計画達成見込みは急激に悪化していた。サイパン失陥後の船舶徴傭、新造船の応急タンカーへの改装により C 船輸送力は、第 2 四半期以降急減し、それによる石炭供給不足と相俟って計画達成見込みは、表 3-126 のように予想される事態となった。特に液体燃料の南方還送量は第 2、第 3 四半期の緊急輸送対策にかかわらず当初見通しの 46% にとどまるとみられていた。それ故に、「一毫ノ未稼働資材等アルヲ許サナイ」「緊急ニ戦力化シ以テ目標達成ニ努力」すると説明していたが[294]、後述のように下期の重要物資生産はこの予想を超えて急速に減少することになった。

3　第 4 四半期実施計画

第 4 四半期供給計画

　前節で見たように、12 月初めに民需汽船の第 4 四半期輸送力を一般船舶・特別船舶合わせて 570.6 万トンと見積もっていたが、この少し前の 11 月 22 日に、第 4 四半期物動供給計画案が策定され、その後 12 月半ばに暫定案が策定された[295]。11 月案には第 11 回行政査察による未稼働物資として鋼材 23 万トンが屑鉄在庫に組み込まれ、一般回収屑 27 万トン、非常回収屑 8 万などと合わせて屑鉄供給は 61.6 万トンを見込んだ。第 3 四半期計画とはこの点が大きく異なっていた。しかし、鉄鉱石供給は朝鮮 95 万トン、内地 81.7 万トンに中支 19 万トン、北支 4.5 万トン、満関 2 万トンの 202.2 万トンと砂鉄 10.7 万トンの計 212.9 万トンとなり、第 1 四半期の 296.3 万トン、第 2 四半期の 335 万トン、同改訂計画の 272.6 万トン、第 3 四半期の 254.8 万トンと推移した鉄鉱石供給計画はここに来て大きく落ち込んだ。それでも未稼働物資等の回収分を投入することで、鉄鋼供給は第 3 四半期よりも高い水準を目指した。銑鉄供給は前期の 88.1 万トンから 100.1 万トン（うち小型溶鉱炉銑 11.5 万トン）になり、

これを基に普通鋼鋼材生産は内地68万トン、朝鮮2万トンの計70万トンに回復し、回収鋼材も2万トンを見込んで供給計画は73.5トンとした。一方、満洲の鞍山製鉄所は爆撃によって「対日供給ハ激減」していたので[296]、国外からの供給はほとんど期待できなくなっていた。

アルミニウムに関してはボーキサイトの供給計画が消え、北支の礬土頁岩20.6万トンを利用した2.2万トンの生産計画に貨幣回収、非常回収などで2.7万トンの供給計画としていた。銅に関しては、内地の銅鉱生産40万トンを中心に43.3万トンの原料を基に、回収分と合わせて2.4万トンの供給計画とした。いずれの計画も回収計画に大きく依存するものになった。

その後12月12日までに海上輸送、鉄道輸送、石炭・液体燃料、塩・ソーダの需給計画からなる物動基本計画と同時に、表3-127のように第4四半期の主要物資需給計画が策定された。船舶の陸海軍増徴はその後3月まで実施せず、

表3-127　1944年度第4四半期実施計画供給力暫

			国内生産			回収	在庫	円域輸入	
			内地	その他	計			満関	その他
第一	普通鋼鋼材	千トン	680	20	700	140		1	
	普通銑	千トン	671	169	840			100	70
	普通鋼鍛鋼	千トン	52	1	53				
	普通鋼鋳鋼	千トン	80	5	85				
	特殊鋼鋼材	千トン	270	8	278			0.25	
	鉄鉱石	千トン	924	950	1,874	0		20	235
第二	銅	トン	22,480	300	22,780	1,220			
	鉛	トン	4,690	1,500	6,190	6,000			
	亜鉛	トン	16,000	1,000	17,000				
	アルミニウム	トン	11,750	7,250	19,000	3,150		1,725	
第三	紡績用棉花	千担		210	210				564
	羊毛	俵	1,195	261	1,456		3,685	365	
	生ゴム	トン					5,599		
第四	石炭	千トン	14,500	85	14,585			210	500
第五	工業塩	トン		19,050	19,050			241,100	

注：普通鋼鋼材の回収のうち2万トンは転活用物資、12万トンは第11回行政査察による供出鋼材の第2次配当含む。普通銑には小型溶鉱炉銑11.5万トンを含む。普通銑の満関分には陸軍の現地取得0.6万トンを含む。銑生ゴムの合計は原資料では12,600とされ、配給計画と一致しており、700トンの差が生じる原因は不明。石炭
出所：軍需省「昭和十九年度物資動員計画第四、四半期実施計画（案）」、同「四／一九物動基本計画」1944年頁。

日満支配船が僅かに増強されたこともあって11月案が若干修正されている。鉄鋼関係は未稼働物資の回収の進捗を期待して11月案の回収計画にさらに12万トンを増量して84.1万トンとなった。しかし、アルミニウムは前案より生産計画を縮小した。国内生産1万9,000トンのうちボーキサイトによる分は僅か3,500トンとなる一方で、礬土頁岩などによる1万3,000トン、緊急動員による2,500トンなどに依存したが、原料転換は間に合わなかった。アルミ不足を補うためアルミ硬貨1,650トンを含む屑回収の強化と、満洲国側での増産努力に僅かの期待をしていた。国内鉱石が中心となった銅は、内地での増産によって前期以上の供給計画としたが、低品位の山行屑銅からの再生品である回収分が徐々に減少し、供給を維持するには鉱石の増産以外の手立てはなくなっていた。鉛はビルマ鉱石を入手できなくなったため15％減少した。回収が供給力の2分の1を占めるが、これは新たに回収するのではなく既に回収済みで未

定計画（1944年12月）

甲地域	合計	第3四半期	第2四半期	第1四半期	1944年度供給計画
	841	583	1,139	1,155	4,550
	1,010	881	1,347	1,257	5,706
	53	53	69	58	234
	85	88	93	81	339
	278	250	290	285	1,100
	2,129	2,548	3,350	2,963	
	24,000	23,000	26,600	28,500	121,700
	12,190	14,350	14,030	14,900	55,400
	17,000	17,000	19,700	19,500	82,000
	23,875	27,025	47,350	44,240	196,900
	774	706	877	971	2,789
	5,506	4,510	8,452	5,010	20,031
7,701	13,300	8,000	15,500	13,500	64,000
	15,200	13,540	15,993	15,109	65,971
	260,150	190,500	250,400	227,000	1,034,160

分。普通鋼鋼材内地生産分には陸海軍供出屑各4万トンによる6.66万トンを
鉄供給には、このほかに内外地盟外銑2.3万トン、再生銑0.5万トンがある。
の供給は内地に供給した分のみで、合計欄との不一致分は内地からの移出分。
12月12日前掲『後期物資動員計画資料』第11巻所収、234、252、254〜279

処理のものを再生するもので、回収資源もこれで消尽することになる。錫は輸送計画でも触れたように「本期ニ於ケル困難ナル資材ノ一ツ」であり、甲地域からの8,000トン、内地生産200トンの計8,200トンの確保は「仲々難シイ問題」であるため、タンカー追積などの増送の工夫をするとともに、今期は4,200トンのみを配当し、残りは来年度用とすることになった。

　南方甲地域に全面依存する生ゴムの輸入は還送期待量を掲示したものに過ぎず、この実現にはタンカー追積等の「特段ノ措置ヲ講ズル要アリ」とされていた。このため、交易営団、関係工場の推定在庫分によって供給力を増強したが、これは第3四半期末時点の既発注を打ち切り、前期配当のズレとして扱っている未出荷分を「在庫分」と想定しているに過ぎないので、実質的に供給が増加したわけではなかった。しかも在庫全量5,599トンを消尽する計画であり、今後は再生ゴムのみに依存することになった。繊維原料中の「最重要」物資の紡績用棉花は、北・中支の占領地における治安の悪化、食糧生産との競合によって不振となり、70.4万担のうち30万担は今年度の上半期計画の不足分の充足にあて、残りを今期の割当とした。一般洋紙は前期並、新聞用紙も1日2頁建てを維持する現状程度となった。

石炭・塩の第4四半期需給計画

　石炭の供給は年度当初に上期2,865万トン、下期3,236万トンとしていたが、第4四半期は1,512万トンとなった。表3-128から地域別の需給状況を見ておこう。関東、東海、近畿等の「重要産業地帯」は依然として「特ニ苦シイ」状況であった。計画の達成状況も悪く、第3四半期の11月の需給状況は、関東で月当たり72万トンの配当に対して実績は56万トン、近畿は月69万トンに対して58万トンにとどまった。東海地区も月30万トンの配当に対して実績は21.5万トンであり、第3四半期に取り組んだ100万トン増送計画は実現できなかった。それにもかかわらず、第4四半期は、増強を目論んだ前期の計画と同規模の計画とし、「是非一〇〇％ノ完遂ヲ期シタイ所存」としていたが、対策は既に尽きていた。

　塩の需給関係は台湾塩の内地還送が第3四半期に急減したことから深刻になった。第3四半期計画の改訂の際、工業塩の供給計画が19.1万トンから17.1

表3-128　1944年度第4四半期石炭地域間需給計画

(千トン)

		12月12日暫定計画					1月28日改訂計画
		北海道	東部	西部	九州	計	
国内生産		3,700	1,090	1,210	8,500	14,500	14,000
移入（朝鮮）			65	20		85	85
移出（朝鮮）					150	150	180
輸入	満洲		60	95	55	210	200
	北支		184	162	154	500	300
	計		244	257	209	710	500
供給		3,700	1,399	1,487	8,559	15,145	14,405
内地間移動	北海道炭	-2,055	2,000	55			
	九州炭		780	3,002	-3,782		
	宇部炭		40	-40			
域内供給		1,645	4,219	4,504	4,777	15,145	14,405
前期末貯炭		1,650	30	200	1,400	3,280	3,330
本期末貯炭		945	30	250	2,000	3,225	3,435
物動手持ち			25	57		82	200
配炭可能量		2,350	4,194	4,397	4,177	15,118	14,100

出所：軍需省「四／一九物動基本計画」1944年12月12日、軍需省「昭和十九年度物資動員計画第四・四半期改訂実施計画（基本計画）（主要物資需給計画）」1945年1月28日前掲『後期物資動員計画資料』第11巻所収、234、339頁。

に縮小していたが[297]、一方で台湾の期末の繰り越し在庫は49.4万トンにも上っていた。第4四半期の供給力も台湾は食料塩・工業塩を合わせて52.9万トンであったが、ここから食料塩を15.9万トン還送し、第3四半期の37.3万トンから39.5万トンに微増させると、工業塩は台湾塩0.5万トン、朝鮮塩1.4万トンと輸入24.1万トンの26万トンにとどまった。それでも前期の危機的状況を脱し、工場の補修資材特配などと相俟って、ソーダ灰は、前期の3万9,620トンから5万4,150トンに増産が可能となり、軽金属工業に1万9,690トン、陸海軍・航空兵器総局へ8,000トンを配当した。苛性ソーダも2万8,700トンから4万8,800トンに増産し、陸海軍・航空兵器総局へ8,000トン、軽金属へ7,045トン、人絹・スフ部門へ5,789トン、ジェットエンジン（呂号兵器）開発へ4,530トンなど、兵器用を中心に増配を企図した[298]。石炭・塩ともに前期水準を維持する計画を策定していたが、1945年に入り、石炭・塩の需給逼迫は

750

極めて深刻であることが判明し、物資動員計画の最大隘路と認識されるようになる。

第4四半期配当計画

第4四半期実施計画の配当計画を表3-129から概観しよう[299]。鉄鋼関係の配当量は第11回行政査察の結果、いずれも増強されているが、増加分は軍需と重点産業向けで、その他分野はほとんど前期と同じ供給量とされた。鉄鋼配当の増額された分の多くは、未稼働物資として供出されたもので、供出鋼材12万トンの配当は、陸海軍それぞれ4,500トン、軍需省航空兵器総局関係1万

表3-129　1944年度第4四半期主要物資暫定配当計画（1944

			普通鋼鋼材	普通鋼鍛鋼	普通鋼鋳鋼	普通銑	特殊鋼	電気銅
軍需		陸軍需一般A	80,000	7,320	17,720	16,170	34,420	3,700
		海軍需一般B	82,350	14,385	15,950	20,880	51,070	4,455
		航空機D	87,670	5,000	10,000	41,000	170,710	6,400
		計	250,120	26,705	43,670	78,050	256,200	14,555
造船用 Bx			292,010	12,500	12,000	34,200	4,000	4,245
民需C		陸送増強 C_X	60,000	4,400	10,000	10,530	4,320	520
		乙造船	9,000	1,700	980	7,070	100	190
		生産拡充 C_2	142,000	4,870	10,400	82,100	12,200	1,900
		官需 C_3	1,530	40	100	630	120	155
	輸出 C_4	満洲	2,000	273	600	1,850	394	650
		中華民国	775	87	100	395	106	150
		南方	60			5		8
		一般民需 C_5	6,500	380	840	5,400	420	352
		民間防空 C_Z	5,600	23	70	500	40	250
		調整用保留	36,400	22	40	4,770	350	1,025
		計	263,870	11,795	23,130	113,250	18,050	5,200
生産確保用 C_6			15,000	2,000	5,000	780,000		
第4四半期配当			841,000	53,000	84,800	1,010,000	278,250	24,000
第3四半期配当			577,600	51,500	83,300	890,000	256,550	23,000
第2四半期配当			1,108,600	69,000	81,000	1,407,000	290,000	26,600

注：鋼材配当のうち転活用2万トンの配分は不明。
出所：軍需省「昭和十九年度物資動員計画第四、四半期実施計画（案）（主要物資需給計画）」1944年12月12日 254～279頁。

4,000トン、軽金属用1万2,000トン、燃料工業用2万トン、陸運増強用1万トン、調整用保留分2万トン、造船用も3万5,000トン配当された。これを合わせて造船用は29.2万トンとなった。これは船舶建造目標を180万総噸に維持するためには、第4四半期に30万トンが求められたためである。しかも、第3四半期の鋼材割当27万トンに対して既配当が20万トンにとどまっていることもあるので、「尚相当ノ不足」があり、未稼働物資の第2次査察作業による一層の供出増に期待していた。

とはいえ、行政査察による供出12万トンがあったため、生産拡充産業向け鋼材は大幅に増強された。液体燃料関係の需要は12万トンであったが、鋼材配当は供出分と合わせて5.4万トンであった。これに査察による追加3万トン余によって8.8万トンとなり、需要量には及ばぬものの、計画上はある程度確保することができた。軽金属関係は2.5万トンとなり、依然として要望された6万トンには及ばないものの、陸海軍・航空兵器総局からの支援鋼材2.6万トンと合わせて、アルミニウム15万トン、マグネシウム1.5万トンの生産計画を支えることになった。鋳物用銑鉄の増加分も同様の基準で配当された。鍛鋼の増額した分は軍需向けとし、一部は軽金属、液体燃料などの生産拡充向けとされた。

北方炭を九州まで輸送するための山陽本線の強化、博釜間の航送船輸送設備、大陸鉄道増強に要する鋼材7万トンは、6万トンに抑えられたものの、陸送設備の増強が計画された。一方、ボーキサイトの途絶によって急減したアルミニウムについては、陸海軍需、民需も配当をやめ、大部分を航空機用とし、一部を生産確保用(原料用)

年12月)

(トン)

アルミニウム	生ゴム	セメント
	1,600	153,520
	1,600	151,850
22,650	6,000	73,590
22,650	9,200	378,960
70		50,090
	90	55,580
	20	2,630
	1,156	222,810
	83	7,570
	155	
	79	20,000
	1,141	80,760
	196	25,600
		46,000
	2,920	460,950
1,225	480	
23,875	12,600	890,000
29,025	8,000	880,000
47,350	15,500	1,272,550

前掲『後期物資動員計画資料』第11巻所収、

表 3-130　1944 年度第 4 四半期液体燃料暫定需給計画（1944 年

			航空揮発油	普通揮発油	灯油	軽油	B重油	C重油	普通機械油
供給力		繰り越し	3	44	30	98	1,571		1,661
	国産	天然原油	4,575	4,575	12,962	7,625	3,813	5,337	13,725
		人造石油		6,200		3,620	2,000	15,200	1,000
		小計	4,575	10,775	12,962	11,245	5,813	20,537	14,725
	在庫等	在庫製品		2,200				9,500	
		在庫原料油			750	587	1,400	2,638	2,625
		アルコール		400					
		油脂							2,340
		クレオソート					7,600	-6,000	
		小計		2,600	750	587	9,000	6,138	4,965
	還送油	軽質セリヤ	900	1,300	1,300		4,200	1,200	
		重質セリヤ		780	4,480	1,560	1,040		8,700
		製品		12,000			38,000		
		小計	900	14,080	5,780	1,560	43,240	1,200	8,700
	保管転換D分			4,700	830	2,100	3,200	7,000	3,200
	合計		5,478	32,199	20,352	15,590	62,824	34,875	33,251
配当		陸海軍需A+B	5,430	1,250	4,800	2,300	925		3,100
		航空機用D		4,700	830	2,100	3,200	7,000	3,200
	民需	造船用B_X				7	1,480	1,325	451
		$C_2〜C_5$	42	24,070	10,816	10,268	50,348	25,314	21,135
		満洲		1,419	3,408	282	1,305		1,812
		中華民国		675	438	51	729		249
		南方							
		小計	42	26,164	14,662	10,608	53,862	26,639	23,647
	合計		5,472	32,114	20,292	15,008	57,987	33,639	29,947
次期繰り越し			6	85	60	582	4,837	1,236	3,304

注：「在庫製品」にはこの他に樺太所在の 10,680kl があるが、樺太に残置され取引不能となったため計上されていて配当されたものの、現物化されていない分を第3四半期末に切り捨て、第4四半期に航空機用として再配分
出所：前掲「四／一九物動基本計画」248 頁。

とした。生ゴムは前述のように実質的に増額されたわけではないが、前期末未出荷分を打ち切ったことで生じた増加配当分を軍需と生産拡充用にあてた。

12月）

輸入機械油	半固体機械油	計 (kl)
	15	3,422
	763	53,375
		28,020
0	763	81,395
4,750		16,450
	300	8,300
		400
		2,340
		1,600
4,750	300	29,090
		8,900
	2,260	18,820
		50,000
	2,260	77,720
	550	21,580
4,750	3,888	213,207
3,100	490	21,395
	550	21,580
	16	3,279
1,479	2,240	145,712
138	330	8,694
	87	2,229
33		33
1,650	2,673	159,947
4,750	3,713	202,922
0	175	10,285

ない。「保管転換D分」はC_2〜C_5としした もの。

第4四半期液体燃料需給計画

　重点的拡充対策が実施されたとはいえ、液体燃料問題を処理する見通しは立たなかった。国産の天然原油と人造石油を精製したものや、第3四半期に大量の船舶を犠牲にして南方から還送した分の在庫を合わせて策定した液体燃料需給計画は表3-130の通りである。1944年度は128万kl（各四半期32万kl）の国内配当を最低水準として発足していたが、第4四半期の配当量は63.4％の20.3万klに過ぎなかった。確実性の高い国産分は天然原油7万6,250klを基にした製品5万3,375kl、人造石油からの製品2万8,020kl、計8万1,395klとなり、概ね第3四半期と同様であった。このうち2万1,395klは国内の軍需分として確保し、民需配当に回せるのは6万トンに過ぎなかった。民需の不足分は南方還送油に依存していた。還送油は最高戦争指導会議で決定したセリヤ原油8万6,000klと製品還送をそのまま計画に組み込んで、製品7万7,720klの計画となった。こうして配当計画は第3四半期とほぼ同様としたが、北ボルネオは「最近屢々爆撃ヲ受ケテ居ル事情カラ考ヘテ百％期待スルコトハ困難」であり、「実質的ニハ減少スル処カ多分ニアリマス」と還送油の供給が不確かなことを認めていた。しかも、第3四半期の民需配当の未出荷分は「保管転換D分」として総量2万1,580klが第4四半期の航空機用に再配当されるなど、その他の民需配当は極度に圧縮された。またB重油の不足を補うため、C重油在庫のクレオソート油を代替させて配当している。B重油配当については主力船舶となった粗悪な改E船に故障が多いため、計算上必要とされた燃料を余

754

すこともあり、剰余分は地区機帆船の動員に利用する予定とした。なお、高回転機器等に不可欠な輸入高級機械油は今期で払底することになった。

4 第4四半期改訂物動計画

第4四半期実施計画は当初の12月17日閣議決定の予定が流れ、その後22日に最終決定を予定していた。しかし、21日の最高戦争指導会議で15万総噸（12月5.5万総噸、1月7.5万総噸、2月2万総噸）の第7次船舶増徴が決定され、前述のように12月12日頃から海上輸送計画の修正作業が始まった。このため、準備してきた計画は暫定計画とすることで閣議諒解となり、続けて12月25日の改訂要領に基づいて作業に入った[300]。その背景には、「今次ノ船舶徴用ニ依リ招来セラレタル物動計画上ノ危局ハ特攻精神的努力ニヨリ之ヲ克服突破セサルヘカラザルモ、一面従来ノ実績ト最近ニ於ケル諸般ノ情勢ヲ勘案シテ、海陸輸送力並供給力ノ基礎諸元ニ付再検討ヲ加ヘ極限的努力ニヨリ概ネ達成可能ナル限度ヲ目途トシ堅実ナル計画ヲ策定シ決戦下ノ国力運営ニ重大ナル齟齬蹉跌ナカラシメンコトヲ期ス」という事情があった。「特攻的努力」や「極限的努力」によっても達成できないような「堅実」でない計画によって、計画が機能しなくなるという事態だけは避けようという配慮が働いていた。この結果、前述のように稼航率、修繕率、建造計画を修正した縮小輸送計画を作成することになった。

鉄鋼関連の生産計画の改訂方針は、普通鋼約52万トン、特殊鋼鋼材24万ト

表3-131 1944年度第4四半期実施計

			国内生産			回収	在庫	円域輸入	
			内地	その他	計			満関	その他
第一	普通鋼鋼材	千トン	550	20	570	190		1	
	普通銑	千トン	573	115	688			51	37
	特殊鋼鋼材	千トン	240	8	248			0.25	
第二	銅	トン	19,980	300	20,280	1,220	2,500		
	アルミニウム	トン	15,000	6,754	21,754	3,150		1,925	
第三	紡績用棉花	千担		230	230				354

注：普通鋼鋼材の回収のうち2万トンは転活用物資、回収の17万トンは第11回行政査察による供
　　万トンを含む。普通銑の満関分には陸軍の現地取得0.6万トンを含む。
出所：前掲「昭和十九年度物資動員計画第四、四半期改訂実施計画」350〜354頁。

ン以上、鋳物用銑20万トン以上とされ、大幅な縮小を避けられなかった。この中で、軽金属と液体燃料計画は暫定計画を維持し、主要食糧、食料塩、非鉄金属類は「勉メテ」暫定計画を維持することとした。石炭配当もこの基準で調整した上で、鉄道用、火薬爆薬用、航空機・造船・その他機械工業用、ガス・コークス用、電力用を優先した。鋼材配当については、軽金属、燃料、航空機関係は暫定計画の90％とし、それ以外は暫定計画の70％として、特殊鋼・非鉄金属の配当は未稼働物資の引当状況によって調整することとした。

1月28日に策定された改訂実施計画の主要物資供給力は、表3-131の通りであるが、鉄鋼、棉花は暫定計画より大幅に絞られている。普通鋼鋼材の生産縮小に対しては、行政査察によって織り込んだ第1次・第2次分の未稼働物資鋼材12万トンに第3次分の配当5万トンを見込んで、縮小幅を抑えた。この第3次分は、実施中の査察の供出目標に過ぎなかったが、2月5日の閣議で軍需省は「絶対確保スルヲ必要」として、関係各庁の「格別ノ」協力を仰ぐことになった[301]。

銅は内地生産が縮小したが、在庫2,500トンを取り崩して暫定案のままとした。アルミニウムは礬土頁岩の直接電解による1,000トンと、台湾での生産分1,754トンを含むが、その配分は輸送問題の解決を待って追って定めるとしていた。

石炭の地域別需給調整は前掲表3-128の改訂計画のようになった。前期末在庫が微増し、生産と輸入量が縮小したことで供給量が減少し、1945年度当初

画供給力暫定計画（1945年1月）

第4四半期改訂計画	第4四半期暫定計画	第3四半期実施計画	第2四半期実施計画	第1四半期実施計画	1944年度当初供給計画
761	841	583	1,139	1,155	4,550
776	1,010	881	1,347	1,257	5,706
248	278	250	290	285	1,100
24,000	24,000	23,000	26,600	28,500	121,700
26,829	23,875	27,025	47,350	44,240	196,900
584	774	706	877	971	2,789

出鋼材の第1次・第2次配当分の12万トンと第3次配当5万トン。普通銑には小型溶鉱炉銑11.5

の在庫分を積み増したことから、第4四半期の配当可能量は1,512万トンから1,410万トンに縮小した。産業別の配当では、改訂方針に沿って一部産業にしわ寄せするのは困難だったと見られ、航空機、造船も含め広く薄く削減して処理している[302]。

普通鋼鋼材の配当優先順位も、第1位航空機・液体燃料対策、第2位陸海軍需、軽金属対策、甲造船、陸運増強、食糧関係、第3位その他部門としたが、配当率は第1位80％、第2位70％、第3位は68％といずれも削減せざるをえなかった。その上、陸軍が本土防衛用15万トン、海軍が艦艇修繕用6万トンを求め、呂号兵器用も3万トン必要であったため、造船用資材6.2万トンを削減した上で、油槽船建造量の縮小、高速貨物船重点化などの調整が必要になった。南方還送の液体燃料も当然減少する「虞レ大」であったが、見通しがつかないため当初計画のままとなった。

第4四半期計画が1945年度の本土決戦を想定した「決勝非常措置ノ発足点」であるにもかかわらず「戦局ノ急ニ応ズル措置」によって縮小された。このため軍需省は「決勝非常措置ガ如何ニ益々難事業ニナッタカヲ茲ニ反省スル必要ガアリマスト共ニ、之ガ完遂ノ為ニハ愈々超異常ノ決意ト実行力トヲ絶対必要」であると、海上輸送力の増強、石炭の増産、食糧の確保を訴えた[303]。

5 1944年度物資動員計画の実績

鉄鋼生産実績

1945年度の物資動員計画の実績を鉄鋼関連計画、液体燃料計画などから概観しておこう。鉄鋼生産は海上輸送力の推移に並行して急落したことは既に指摘した通りである。45年6月の軍需省鉄鋼局の報告[304]から、44年度の鉄鋼関連計画の推移と、45年度第1四半期の見通しを見てみよう。

元々製鉄用原料物資の海上輸送は「C船全船腹量ノ約四〇％乃至五〇％ヲ占メ鉄鋼生産ハ海上輸送力ノ多寡ニ左右」されていた。44年度の鉄鉱石の海送実績は表3-132の通りであるが、これについて軍需省は次のように説明している。「大東亜戦争開戦前迄ハ総使用量ノ七〇％程度ヲ海外ニ求メタルモ海上輸送事情ノ急変ハ極力之ヲ内地鉱石ニ振替ヘザルヲ得ザルニ至レリ之ニ因ル鉄鉱石ノ品位低下ハ八幡、広畑、鋼管等ノ出銑減ヲ来セルノミナラズ低銅銑吹製ニ

表3-132　1944年度鉄鉱石海送実績

(トン)

	第1四半期	第2四半期	第3四半期	第4四半期	合計
八幡	525,940	349,646	240,559	184,662	1,300,807
広畑	68,765	68,013	42,341	24,486	203,605
阪神地区	66,883	27,470	28,050	0	122,403
その他	29,701	11,070	9,200	1,500	51,471
計	691,289	456,199	320,150	210,648	1,678,286

出所：軍需省鉄鋼局「最近ノ製鉄事情」1945年6月1日（『日高準之介資料』31）。

モ支障ヲ来シ鋼材含銅分ハ急激ニ上昇シ兵器用鋼材等ノ生産ニ重大ナル支障ヲ来セリ」と、減産と品質の低下が指摘された。しかし「優良鉱石ヲ要スル製鋼用鉱石ハ従来海南島鉱石ニ依存セルモ是ガ入荷絶無トナリタルタメ華中、北支及満洲鉱石ヲ以テ之ガ代替ヲ図レルモ之又入手困難トナリ海送鉱石ノ見込無キ今日ニ於テハ内地鉱石ニヨリ之ガ代替ヲ求メザルヲ得ザル実状ニ在リ」と、1945年度に入ると、もはや国内の低質原料へ依存するしかなくなっていた。

　鉄鋼用石炭の問題も同様であった。「最近ノ輸送事情ノ悪化ハ石炭ノ量的不足ヲ来シ鉄鋼生産ノ重大隘路トナレリ」とされ、「製銑用コークスノ原料炭タル強粘結炭ハ内地ニ於テハ九州ニ於テ僅カ産スルノミニテ其ノ所要量ノ大部分ハ北支ニ俟タザルベカラズ　原料炭ノ使用量ハ全製鉄用炭ノ三分ノ二ヲ占メ居リ従テ強粘結炭ノ所要量モ相当大ナリ　然ルニ船舶事情ノ逼迫ハ強粘結炭ノ使用量ヲ規制スルノ已ムナキニ至リ操業ヲ阻害シツツアル状態ナリ」と報告された。表3-133のように石炭入手は減少し、特に強粘結炭の入手難は深刻であった。強粘結炭の1944年度第1四半期の入荷実績のうち内地分は64万6,990ト

表3-133　1944年度鉄鋼原料入手状況

		第1四半期	第2四半期	第3四半期	第4四半期	合計
強粘結炭	千トン	882	772	687	509	2,850
弱粘結炭	千トン	1,400	1,248	1,155	1,006	4,809
人造電極	トン	6,849	6,789	6,478	4,967	25,083
天然電極	トン	11,911	14,818	16,055	11,485	54,269

出所：前掲「最近ノ製鉄事情」。

ンであったが、第2四半期以降減少し、45年度第1四半期の内地の入荷計画はその27％に過ぎない17万7,000トンとなった。しかも、45年5月以降は機雷投下や船舶に対する銃撃・爆撃によって「損耗甚大ニシテ各製鉄所ハ軽操業ヲ維持シツツアリ」という事態になった。

　電極も主要原料の黒鉛（天然用）、ピッチコークス（人造用）や原料炭の不足から逼迫した。特に黒鉛は全面的に朝鮮、満洲に依存したため「天然黒鉛電極ノ生産ハ専ラ黒鉛ノ大陸輸送及海上輸送ニ左右セラルル現状」であったが、1944年度第4四半期から「入荷甚ダシク悪化」した。さらに、国内開発も「遽ニ期待シ得ザル」ことから、結局45年度も大陸からの輸送確保が鍵であることが指摘されていた。ピッチコークスは国産が可能であったが、「国内輸送ノ不円滑ガ最大ノ隘路」であり、45年度第1四半期に8,070トンを計画したものの石炭も配当量の不足と輸送不円滑で「現物入手困難ナル現状ニシテ一／二〇計画生産ノ確保ハ至難ノ実情ニアリ」とされた。天然電極も第1四半期に1万4,700トンを計画したものの、海上輸送の途絶によって44年度末にその供給は停止した。

　1944年度の鉄鋼と船舶の大量生産の切り札として喧伝された「雪達磨式」によって建造された特別船も輸送力問題の解消に繋がらなかった。44年末時点で76隻、14.63万総噸が特別船に組み込まれ、「鉄鋼生産ノ特殊性ニ応ズル機動配船等ノ妙味ヲ発揮」したとされるが、民需船自体が急速に減少する中で鉄鋼の減産は避けられず、45年度からは「糧穀輸送ノ重点化」によって特別船の鉄鋼重点措置も解消された。

　釜石鉱石の八幡への輸送など、原料の陸送にも「輸送距離ノ遠大化」に伴う輸送負担の限界があった。1944年4月に日本鋼管の自社鉱山、関係鉱業会社を統合して設立した日本鋼管鉱業が推進した群馬鉄山鉱石の日本鋼管への輸送も45年1月から始まったが、「荷受力弱体」のため不調であった。青函連絡船、関門トンネル等の「隘路区間ニ対スル加重」と空襲の激化に伴う線路事故の頻発により輸送状況は悪化していた。北海道炭の青函航送船輸送は「昨年冬以来ノ雪害ニ依リ不振ヲ極メ」、「近時稍回復シ来レルモ東北地区路線容量弱体ナルタメ急激ナル増強ハ期待薄ナリ」とされた[305]。

　1945年2月23日には、決戦鉄鋼増産非常措置要綱が閣議決定となり、3月

表3-134　1944年度鉄鋼生産の推移

(千トン)

	第1四半期	第2四半期	第3四半期	第4四半期	合計
銑鉄	987	749	712	536	2,987
普通鋼鋼材	985	633	628	433	2,681
特殊鋼	263	258	255	208	986
鋳鋼	85	79	71	69	305
鍛鋼	51	47	48	33	179

注：四半期合計が僅かに一致しないが原資料のまま。
出所：前掲「最近ノ製鉄事情」。

から5月の3ヶ月を非常増産期間として「軍官民末端ニ至ル迄真ニ挙国的体制ニ於テ鉄鋼生産最優先主義」に徹することとした。輸送力、鉄鉱石、石炭等の原料を確保して、1週間分程度の在庫を確保し、この3ヶ月間に普通鋼70万トン、特殊鋼27万トンの生産を目指すことになった。しかし、1943年度の銑鉄、普通鋼鋼材生産が毎四半期ほぼ100万トン水準を維持したのに対して、44年度の鉄鋼生産は、表3-134のように第2四半期から急減した。第4四半期には第1四半期の2分の1にまで下がり、特殊鋼、鋳鋼、鍛鋼が辛うじて持ちこたえる状態になった。45年度第1四半期の鉄鋼生産は、15万トン（4月実績8.2万トン、5月見込4.8万トン、6月見込2万トン）に過ぎず、一挙に落ち込む見込みとなった。というのも、「一／二〇ニ至リ海上輸送力ノ過半ハ糧穀塩等主要食料ノ緊急輸送ニ充当セラレタル関係上鉄鋼関係ニ対スル配船ハ従来ヨリ更ニ著シク減少セラレ加フルニ海上危険ノ増大ニ伴フ船舶航行率ノ低下ニヨリ製鉄所ノ操業ハ全面的ニ危機ニ曝サレツツ」あったからである。北支炭の海上輸送も「前期ズレ船ニ依リ若干ノ入荷」があるに過ぎなかった。関門地区の航行停止は頻発し、広畑は「極度ノ軽操業」となり、釜石も北洋方面の「敵潜ノ出没」による「出航停止屢次」となり、操業に支障を来していた。京浜地区（日本鋼管）に対する原料炭輸送は大部分が新潟港からの中継輸送になっていたが、「荷揚力ノ弱体」のため、これも「著シク阻害サレ」ていた。

1945年5月時点の製鉄所の操業状態を見よう。原料不足の場合、高炉能力の25％近くまでは軽操業状態を続け、それ以下になる場合は再稼働可能な状態を維持しつつ送風を止めることになるため、八幡2基、川崎3基、尼崎1基、中山1基が一時休止となっていた。コークス炉も、石炭原料とりわけ強粘結炭

の不足のため軽操業状態であったが、能力の50％以下の操業率では炉破壊の危険があった。コークス炉の休止は、製鋼、圧延に利用されるコークス炉ガスの不足を来たし、ベンゾール、トルオールなどの化成品の生産にも重大な支障があるにもかかわらず、尼崎1基、中山2基が休止中であった。

　平炉作業も熱源の石炭の入荷減、炭質の低下のため関東地区、関西地区の平炉はほとんど全施設で作業休止になっていた。僅かに稼働している銑鋼一貫工場もガス不足や発生炉用炭の不足となり、八幡は撫順炭の入荷が皆無となって稼働率が急速に落ち込んだ。最重要部門である製鉄業でもこの惨状であった。

　海上輸送に依存していた一部の銑鉄でも滞貨が増大し、日本製鉄輪西5.2万トン、清津2.1万トン、兼二浦2.2万トン、満洲銑も中継港の馬山に3.8万トンが滞留する状況であった。

液体燃料供給の実績

　南方液体燃料の生産・還送実績を前年と比較しながら見ておこう。南方生産実績は、南方油田地帯の復旧と採油にあたった帝国石油株式会社の調査によれば、表3-135のように推移した。暦年で集計されたため、物動年度計画に対応しないが、陸海軍所管地区ともに破壊された油井の復旧作業が概ね完了した1943年がピークであった。44年には陸軍地区の北ボルネオ地区の原油産出が増加したものの、資材・機器類の補修が困難な上、戦線の激化によって最大の油田地帯であるスマトラ島

表3-135　南方原油生産実績（1943～45年）

(千 kl)

	1943年	1944年	1945年
北ボルネオ	823.0	1,214.0	273.0
南スマトラ	4,032.8	2,982.8	725.0
リマウ	775.8	395.8	118.0
アババ	1,953.0	1,296.0	331.0
ダワス	306.0	173.0	84.0
ジャムビ	998.0	1,118.0	192.0
北スマトラ	290.0	150.0	
ジャワ	597.0	391.0	244.0
ビルマ	159.0	119.0	115.0
陸軍計	5,883.8	4,856.8	1,357.0
ボルネオ	1,303.0	612.0	200.0
サンガサンガ	922.0	402.0	200.0
タラカン	381.0	210.0	
セラム・ニューギニア	3.3	3.3	
海軍計	1,306.3	615.3	200.0
合計	7,190.1	5,472.1	1,557.0

注：1945年は8月までの実績。
出所：帝石史資料蒐集小委員会「帝石史編纂資料（その二）」1960年、57～58頁。

のほとんどの地域で減少が始まった。戦場に近い海軍地区の減少はさらに大きかった。

原油、石油製品別の取得、国内還送実績も、表3-136のように前年の1943年がピークであり、その多くは現地での陸海軍の消費であることは前年と同様であった。1944年の陸軍所管地区からの内地還送分は、30.7％減の190万kl、うち原油は80万klであった。45年初めに油槽船の還送を止める事態になったため、45年の内地還送実績は44年度第4四半期の様子を示すものである。この内地還送分から国内の陸海軍間の配分や、民需への配分が陸海軍石油委員会によって決定されたが、その内訳は判然としな

表3-136　南方石油取得実績（1943～45年）

(千kl)

			1943年	1944年	1945年
陸軍	内地還送	原油	1,907	800	
		航空揮発油	294	350	
		自動車揮発油	178	250	
		灯油、軽油			
		重油	361	500	
		潤滑油			
		製品計	834	1,100	
		原油・製品計	2,741	1,900	
	現地消費	航空揮発油	200	250	75
		自動車揮発油	280	220	90
		灯油、軽油	160	170	75
		重油	1,390	1,360	150
		潤滑油	8	40	10
		製品計	2,038	2,040	400
海軍	現地消費	航空揮発油	130	50	5
		自動車揮発油	110	70	8
		灯油、軽油	30	15	2
		重油	1,028	415	
		潤滑油	70	25	2
		製品計	1,368	575	17
総計			6,147	4,515	417

注：1945年は8月までの実績。
出所：前掲「帝石史編纂資料（その二）」。

い。国産天然石油と人造石油についてはほとんどが民需向けであったことは既に見た通りである。表3-119から推測されるように、年間民需配給量は60万kl程度、うち国産品53万トン余と見られることから、44年の還送液体燃料の多くは国内および大陸での軍需向けになったと考えられる[306]。

おわりに

1944年度の総動員諸計画は、年度当初から計画を外れ始め、急速に縮小した最も深刻な計画であった。徹底した重点措置を取った航空機の増産計画は、

6月をピークに発動機の減産が始まり、9月をピークに機体生産も減少し始め、戦線の建て直しの見通しは崩壊した。44年度の後半には総合的国力の回復をもたらすという船舶の大増産構想も早い段階で計画から逸脱し始めた。当初から実現不可能と見られる過大な計画によって、航空機や造船の関連産業には年産能力の数年分という過大な発注が生じ、特定の重要産業は大戦末期まで劇的な成長を続けたが、特殊鋼、厚板・鋼管等の不足など、全体の需給バランスを失って、総動員諸計画に大きな混乱をもたらすことになった[307]。

　1944年度の物資動員計画が早い段階で破綻を呈したのは、43年8月の計画策定の初期段階から陸海軍統帥部が企画院・軍需省の作業に強く介入し、独自の輸送力の見通し、鉄鋼、アルミニウム、造船、航空機の生産計画案を受け入れさせたことが大きい。43年9月30日の御前会議で決定された「今後採ルヘキ戦争指導ノ大綱」では、太平洋における作戦上の要衝として「帝国戦争遂行上太平洋及インド洋方面ニ於テ絶対確保スヘキ要域」を千島、小笠原、内南洋（中西部）および西部ニューギニア、スンダ列島、ビルマを含む圏域と定め、東部（マーシャル群島）を除く内南洋すなわちマリアナ諸島、カロリン諸島、ゲールビング湾以西のニューギニアの西側を絶対国防圏とした。これを確保するために大量の船舶徴傭を実施した上で、航空機、船舶、鉄鋼、軽金属等の供給計画を無理やり全体計画に組み込む必要があったためである。企画院がこの立案原則と統帥部の供給計画原案を物資動員計画大綱として受け入れ、その後軍需省もこの方式を継承した。これは戦時総動員計画の策定方針に関する大きな転換点であった。これ以降、国家総動員諸計画の立案は統帥部の要求に対して抵抗力を失い、計画策定の合理性は大幅に削がれた。

　この結果、統帥と国務の間では大きな摩擦を生む事態を生じた。1943年度末の船舶増徴によってそうした摩擦は一層高まり、計画の当事者であれば、年度当初からその破綻が明らかとなり、陸軍参謀本部に対して陸軍省側が総動員の収束時期、即ち終戦時期を明示するよう求める事態になっていた。総動員計画が実態から外れつつも、作戦と動員行政の一体性を繕うため、44年2月には陸軍参謀総長を首相兼陸軍大臣の東條が兼務し、海軍軍令部総長を嶋田海軍大臣が兼務した。国民向けには国務と統帥の一元化という大義を掲げた措置であったが、破綻した計画でも丸呑みする人物を中心に政権中枢を固めただけで

あった。総動員諸計画の破綻を可能な限り糊塗する形で、44年度の総動員計画はスタートを切ることになった。こうした人事上の摩擦も、44年度総動員体制の特徴であり、東條内閣瓦解の背景であった。

　1944年度物資動員計画の実施過程は、共栄圏構想の決定的破綻を示すものとなった。年度当初計画から南方圏の資源の多くは放棄され始め、石油、非鉄金属素材、ゴム、食糧などに徹底的に絞り込まれた。自給圏は、かつての日満支ブロックへと縮小し、さらに内地・朝鮮鉱物資源の徹底開発を求めることとなった。南方圏の自給態勢を支える工業計画も多くは未稼働状態にとどまり、交流計画も縮小していた。南方圏の物流を支える木造船計画も僅かな成果にとどまり、軍政による地域経済の統括は弱体化した。

　1943年度計画でも不確かな鉄鋼増産見通しを供給計画に組み込むなどの無理が見られたが、44年度では過大に見積もられた部分は、物資動員計画と切り離して、特別船舶と鉄鋼生産のリンク制を実施するという変則的な需給計画となった。船舶輸送力を基礎に素材の投入と産出を割り出す従来の方式では、統帥部の要求を満たせないことから、物動計画と平行して鉄鋼専用船（特別船舶）を設定し、これによる鉄鋼原料輸送と鉄鋼増産、船舶への集中投入によって、さらに専用船を建造するという「雪達磨式」の船舶建造計画を進めた。3月には藤原銀次郎を中心に臨時鉄鋼増産協議会を発足させて、専用船を活用した鉄鋼増産計画を動かすことになった。しかし、無理な増産見通しは鉄鋼と船舶の相互連関的拡張を作り出すことはなかった。また、鉄鋼専用船を一般船から切り離すことが「特別」の意味を持つこともなく、運航管理を二元化するだけで、両者の輸送効率にも違いがなかった。

　1944年度計画の実施過程は第1四半期から狂い始めた。鉱石・金属の投入・産出の問題だけでなく、民需船が激減したことによって石炭の需給が逼迫し、全般的かつ急激な生産縮小が生じた。7月のサイパン島失陥を機に、南方資源を確保しつつ国防国家体制の維持を目指していた東條内閣は分裂し始め、内閣改造で再度乗り切ろうする東條を宮中、重臣層が追い詰めて東條内閣は瓦解した。

　小磯内閣の下で、国務と統帥の連携を強化すべく大本営政府連絡会議を最高戦争指導会議に改組するが、小磯内閣も「戦争完遂目標の堅持」を決定するな

ど、戦争継続による国力の崩壊への配慮は欠落していた。会議参加メンバーの拡大による統帥部と政府の連携に関しても実質的効果はなかった。内閣顧問制度の拡充、綜合計画局の設置による権力基盤の強化も総動員計画には実質的意味を持たなかった。第2四半期の半ばから第3四半期にかけて、残された民需船を急遽大量に南方へ投入し、重要資源の還送に向けて輸送力を集中した。この結果、かつてない大量の船舶を一挙に喪失し、計画と実態の乖離が一段と急速に拡大したことの方がはるかに重い意味をもった。

　第3四半期、第4四半期には、鉄鋼統制会長であり内閣顧問である豊田貞次郎を査察使として、未稼働物資の強引なスクラップ化と回収を図った。建設計画の中断などで倉庫、工場、製鉄所に発生していた未稼働の施設、機械設備、製造準備材料など100万トン余りを鉄鋼原料として、液体燃料、軽金属、船舶部門へ投入する計画を立て、物動供給計画の補強策とした。しかし、施設・機械類等の破砕・解体・輸送の手段、労働力も十分に調達できず、物動計画の急速な縮小に歯止めをかけることはできなかった。

　小磯内閣発足後にとられた南方資源の集中的な還送計画は大量の船舶を一挙に失う結果となり、大陸の重要物資の最後の重要輸送ルートとなった南鮮中継輸送も45年に入って激減する事態となった。大陸物資の輸送実績全体は1944年第1四半期の334.8万トンから第2四半期に217.0万トンに急落してからも減少し続け、第4四半期には150.0万トンと見込まれる状況になった。これは前年度の65％という水準であった。この間鉄鉱石・銑鋼・石炭など製鉄関係物資は3分の2程度を占め、鉄鋼生産は大陸物資に多くを依存していたが、以後鉄鋼原料は内地産を中心とし、物動計画全体のバランスから、大陸物資は食料塩・工業塩、大豆、燐鉱石、研削用・耐火材用礬土頁岩、マグネサイト、マグネサイト、マンガン鉱、モリブデン等の希元素など国内での需給逼迫の激しい物資に限定することになった[308]。しかし、大陸との関係も途絶寸前となり、大東亜共栄圏構想は崩壊した。石炭と液体燃料の輸送手段を喪失して、軍需を支えてきた総動員計画は完全に破綻し、エネルギー危機と空襲によるインフラと設備の破壊は、長年にわたる設備補修の不備も手伝って急激な経済の縮小をもたらす事態になった。

第3章 太平洋戦争末期の総動員体制（1944年度）

注

1) 外務省編『終戦史録』新聞月鑑社、1952年。
2) 企画院第二部「昭和十九年度物資動員計画ノ策定方針ニ関スル件（案）」1943年6月17日、原朗・山崎志郎編『後期物資動員計画資料』第9巻、現代史料出版、2002年所収。
3) 企画院「昭和十九年度物資動員計画大綱事務設定要領」1943年7月12日前掲『後期物資動員計画資料』第9巻所収。
4) 限定航路、特定航路、一般航路を区分した計画は見当たらず、その内訳は不明である。限定航路は、性能上航路を限定した老朽小型船、特殊船などを利用した航路で前年度から計画が策定されている。特定航路は、船種としては貨客船が中心であり、船籍としては拿捕船、外国傭船の比重が比較的高く、航路と運航が定期化されている路線と見られる。特定航路の輸送実績の詳細は不明であるが、1943年度のC船輸送全体の18.9％、44年度4〜10月では24.8％を占めていた（海運総局輸送課「昭和20年度海上輸送計画増強試案」1944年11月21日前掲『後期物資動員計画資料』第14巻所収、429頁）。
5) 1943年6月から労働力、鋼材等の供出、電力・石炭等のエネルギーや、原料の効率的利用の観点から強力に推進された「戦力増強企業整備」については、山崎志郎『戦時経済総動員体制の研究』（日本経済評論社、2011年）第10、11章を参照のこと。
6) 企画院「昭和十九年度生産拡充計画設定要領」1943年7月28日前掲『後期物資動員計画資料』第9巻所収、52〜66頁。
7) 大本営政府連絡会議諒解（閣議決定）「昭和十九年度国家動員計画策定ニ関スル件」1943年8月3日前掲『後期物資動員計画資料』第9巻所収、67〜69頁。
8) 1943年6月の戦力増強企業整備要綱では、一般民需産業で高生産性企業への生産組織の集中と、不要企業の徹底的整理とスクラップ化が図られた。その一方で、機械工業においては、生産要素が全般的に不足する中で、加工組立の生産系列化による合理的再編が進められた。航空機工業などの重要軍需産業でも、分業関係の大規模な再編と、「協力工場」による生産系列・取引関係の最適化を図ることになった。機械工業の再編成構想については、前掲『戦時経済総動員体制の研究』539〜560頁。航空機工業および関連工業の組織強化は、同書751〜790頁を参照のこと。
9) 鉄鋼統制会「昭和十九年度鉄鉱石需給計画ニ関スル件」1943年6月20日、同「昭和十九年度普通鋼々材生産数量ニ関スル件」1943年6月20日前掲『後期物資動員計画資料』第9巻所収、3〜11頁。
10) 前掲『戦時経済総動員体制の研究』276〜278頁。
11) 企画院第二部「十九年度鉄鋼生産計画策定前提条件」1943年8月4日、鉄鋼統制会「昭和十九年度鉄鋼生産計画案——第二次物動大綱」1943年10月8日前掲『後期物資動員計画資料』第9巻所収、70、291〜296頁。
12) 商工省金属局「昭和十八年度鉄鋼生産計画参考資料」1943年4月15日『昭和18年度鉄鋼局資料』（『日髙準之介資料』）所収。

13) 企画院「昭和十八年度物資動員計画及各四半期実施計画（供給力計画）」1943年4月15日前掲『後期物資動員計画資料』第2巻所収、72〜75頁。
14) 前掲「十九年度鉄鉱生産計画策定前提条件」前掲『後期物資動員計画資料』第9巻所収、70〜71頁。
15)「昭和十九年度鉄鋼期別生産計画案（第一次案）」1943年8月7日前掲『後期物資動員計画資料』第9巻所収、74〜75頁。なお、鉄鋼統制会資料では第一次案としての確定は企画院、商工省との8月23日の打合せ後となっており、当初の前提条件は、折衝の結果、鉄鉱石本船輸送は335万トンから395.6万トンへ、銑鋼本船輸送は308万トンから410.1万トンに修正され、普通鋼材生産計画は、400.5万トンへと僅かに縮小されているが（前掲「昭和十九年度鉄鋼生産計画案——第二次動員大綱」291〜292頁）、8月末の第1次物動計画大綱では、依然として8月7日のデータが反映されている。
16) 企画院「昭和十九年度物動計画大綱ニ基ク供給力計画策定資料（石炭、ソーダ類配当）」1943年8月9日前掲『後期物資動員計画資料』第9巻所収、76〜81頁。
17) 日本ソーダ工業会『続日本ソーダ工業史』1952年、188〜190、196〜197頁、同『日本ソーダ工業百年史』1982年、225〜234頁。
18) 陸海軍の物動計画担当者による1943、44年度の総動員計画見通し（㊙研究）。航空機・船舶等の増産計画については、前掲『戦時経済総動員体制の研究』101〜110頁参照のこと。
19) 企画院「昭和十九年度物動計画大綱ニ基ク供給力計画算定資料（輸送関係）」1943年8月2日前掲『後期物資動員計画資料』第12巻所収。
20) 第六委員会「南方経済対策要綱」1941年12月11日『南方経済対策（其ノ一）』1942年7月30日（国会図書館憲政資料室所蔵『柏原兵太郎文書』447）。
21) 以下の1944年度計画大綱の供給力に関する記述は、企画院「昭和十九年度物資動員計画大綱（案）（対18年度計画比較ト要調整事項）」1943年8月27日前掲『後期物資動員計画資料』第9巻所収、113〜117頁の備考欄による。
22) 機械部品工業の取引は複雑であるため、鋳物用銑鉄の配給には制度上の問題も多かった。1942年6月の鋳物工業整備要綱による高度鋳物品種の指定工場制は、かえって鋳物部品取引を混乱させ、鋳物部品の低価格設定も鋳物用銑鉄の確保を難しくしていた。工作機械工業では43年6月に精機資材配給株式会社を設立して、所要資材を一元的に購入し、自家鋳造用銑鉄を確保しようとしていたが、軍発注品などでは原材料付きで発注されるなど、鋳物用銑鉄の一般的供給ルートは混乱を続けた（前掲『戦時経済総動員体制の研究』458〜460頁）。
23) 企画院「本州東部地区ニ於ケル石炭需給ト工場立地ニ関スル件」1943年8月27日前掲『後期物資動員計画資料』第9巻所収、125〜137頁。
24) 企画院「昭和十九年度日満支重要物資交流計画概案」1943年8月12日前掲『後期物資動員計画資料』第9巻所収、142頁。
25) 企画院「昭和十八年度物資動員計画及四半期実施計画（供給力計画）」1943年4月15日前掲『後期物資動員計画資料』第2巻所収、75頁。

26) 1939年度から本格化した生産力拡充計画では、電気銅は原料鉱石の半分以上を輸入に依存しており、輸入鉱石の安定確保を前提に41年度に年産17.9万トンとすることを目指した。このため、輸入鉱石に依存した設備計画が多かった（前掲『戦時経済総動員体制の研究』173～174頁）。しかし、44年度計画大綱では、175万トンの国産鉱石に若干の輸入鉱石で11.2万トンを生産する計画になっていた。
27) 前掲「昭和十八年度物資動員計画及四半期実施計画（供給力計画）」83頁。
28) 軍事史学会編『大本営陸軍部戦争指導班機密戦争日誌』下、錦正社、1999年、404～405頁。
29) 大本営政府連絡会議了解「昭和十九年度国家動員計画策定ニ関スル件」1943年8月2日参謀本部『杉山メモ』下巻、原書房、1986年、446～447頁。会議の席上、海軍に対しては大艦巨砲主義や艦艇第一主義からの脱却を求め、陸軍には地上兵備の抑制を求める意見が出されている。これに対して海軍岡敬純軍務局長は、「海軍としてはそうは簡単に決めるわけには行かぬ」と抵抗したという（種村佐孝『大本営機密日誌 新版』芙蓉書房、1985年、192頁）。軍需省設立の経緯や、統合を不利と考える海軍の軍需省に対する消極的姿勢については、前掲『戦時経済総動員体制の研究』593～601頁参照のこと。
30) 戦争指導班の業務日誌には、戦局の打開と国力の維持に関する検討作業について、1943年8月17日に参謀本部「麹町別館ニ立籠リシカ卓抜ナル着想モ別ニナ」く、19日も作戦課内にて「帝国国力推移判断並ニ戦争指導計画ノ研究ヲ終日麹町別館ニテ実施ス、悲観材料ノミナルモ一縷ノ希望ハ」「今日ヨリ手段ヲ講スレハ二十年度頃ヨリ国力増進ノ曙光ヲ発見シ得ル」点であると記している。また、「之カ為戦線ヲ整理シテ輸送行程ヲ短縮シ船舶ノ余裕ヲ捻出シテ国力増進ニ邁進スルヲ要ス」と記しており、この時期に、9月末の絶対的国防圏の設定と船舶の確保の構想が固められていった経過が断片的な記述ながら判明する。前掲『大本営陸軍部戦争指導班機密戦争日誌』411～413頁。
31) 前掲『大本営陸軍部戦争指導班機密戦争日誌』413～414頁。
32) 計画間の整合性が失われても、価格調整、利潤補償、優先的な物資特配、部分的な市場原理の導入、戦時損失補償などのインセンティブを提示することで、管理・監督工場、軍需会社に代表される重点部門の動員は、1944年度の半ばまで有効に機能していた。この時期の軽金属、鉄鋼の計画と実績推移は、前掲『戦時経済総動員体制の研究』217～237頁、計画造船の推移は同書276～292頁、航空機生産計画と実績推移は、同書401～541頁を参照。
33) 陸軍省海軍省「昭和十九年度鉄鉱生産ニ関スル研究」1943年9月8日前掲「㊙研究」227～239頁。
34) 1942年の秋頃から、統制会や統制会相互の調整機関である重要産業協議会は、統制会による原料・資材の一括購入などの直接的「経済行為」の解禁を強く求め、統制力の強化を政府に提案していた。しかし、政府は指令機関が直接売買にかかわることによる統制システムの混乱を恐れて消極的であり、軍は、独自の原料・資材・機器の購

買力と競合する強力な売買統制機関の出現を避けようとしていた。このため統制会による「経済行為」の認可や統制会への権限委譲は容易に進捗せず、5大重点産業の指定後に、鉄鋼、軽金属部門等で統制会やその下部機関による「経済行為」が拡張されたに過ぎず、最後まで、政府は民間統制団体や軍需会社法指定企業への権限委譲に慎重であった（前掲『戦時経済総動員体制の研究』第8章参照）。

35）「第二、基本案確保ノ為ノ所要輸送力」前掲『後期物資動員計画資料』第9巻、246〜255頁。なお本資料は同書208頁から始まる陸海軍主務者「㋩研究概案」1943年9月8日の「第一、昭和十九年度物的国力ノ規模ニ就テ」に続くものとみられるが、同書では原資料の保存状態を維持して編集したため、分離されて収録されている。

36）軍需省を中心とした総動員行政の再編については、前掲『戦時経済総動員体制の研究』第9章を参照のこと。

37）前掲「㋩研究」226〜255頁。

38）以下の、陸海軍主務者の提案に対する企画院、関係機関の検討経過は、当事者の発言を含め、田中申一著・原朗校訂『日本戦争経済秘史——十五年戦争下における物資動員計画の概要』コンピューター・エージ社、1975年、442〜467頁によった。

39）前掲『杉山メモ』下巻、455、458、473、485、486頁。

40）前掲『杉山メモ』下巻、487、488頁。この一大刷新が、陸海軍の両動員部門と商工省行政を一元化を意味しているのは明らかであるが、両航空本部の動員部門と商工省重要部門を統合しただけの軍需省では不十分であった。なお、陸海軍両統帥部の航空機に対する増産要求は、軍政部の抑制にもかかわらず、その後も暴走を続けた。

41）総動員体制の再編に向けた1943年8月頃からの動きについては、前掲『戦時経済総動員体制の研究』593〜615頁を参照のこと。

42）前掲「昭和十九年度鉄鋼生産計画案——第二次物動大綱」292頁。

43）企画院「昭和十九年度輸送力改訂ニ基ク配船計画」1943年10月12日前掲『後期物資動員計画資料』第12巻所収。

44）企画院「昭和十九年度物資動員計画大綱ニ関スル件」1943年10月29日前掲『後期物資動員計画資料』第9巻所収、382〜384頁。

45）総動員行政の再編や、軍需会社法（1943年12月）の施行、発注一元化などの軍需省行政については、前掲『戦時経済総動員体制の研究』593〜615頁を参照のこと。

46）製品（成品）物動の構想については、山崎志郎『物資動員計画と共栄圏構想の形成』日本経済評論社、2012年、462〜464頁を参照のこと。

47）1943年度における航空工業会、造船工業会の発足や、協力工場体制構築の動きは、前掲『戦時経済総動員体制の研究』第8章を参照のこと。

48）軍需省鉄鋼局「昭和十九年度鉄鋼生産計画資料」1943年11月30日前掲『後期物資動員計画資料』第9巻所収、385〜555頁。

49）前掲『戦時経済総動員体制の研究』219〜220、518頁。兵器産業に対する軍の工場管理は日中戦争勃発の直後から開始されたが、商工省所管の工場管理の実施は遅く、1942年6月の軽金属工業での実施が最初であり、鉄鋼業はそれに次ぐものであった。

50) 1943年度の労働市場は航空機、造船、鉄鋼、軽金属、石炭の5大産業の需要増大から極度の逼迫状態となった。東京警視庁管下の労働力市場では、大規模な徴備検査を実施しても、到底新規徴備の適格者を見いだせない事態となった（前掲『戦時経済総動員体制の研究』429～432頁）。
51) 1943年5月3日の閣議決定「昭和十八年度国民動員実施計画策定ニ関スル件」（前掲『後期物資動員計画資料』第7巻所収、148～166頁）では、軍需工業、5大重点産業のほか、重要金属、工作機械、重要機械、鉄道車輛、電力、石油、交通業のうちの重要工場を第一種工場事業場とし、常時要員のうちの「一般労務者」の割当に当たって重点化を図った。この結果、第一種工場事業場への割当は「一般労務者」164万5,804人中、110万3,724人となり、その他の工場事業場の労働者確保が困難になっていた。
52) 大本営政府連絡会議説明資料「昭和十九年度物資動員計画運営ニ関スル件」1944年3月25日、軍需省・運輸通信省「昭和十九年度海上輸送力並重要物資供給力ノ見透」1943年12月28日前掲『後期物資動員計画資料』第9巻所収、563頁。
53) 前掲「㋷研究」197頁。
54) 軍需省・運輸通信省「昭和十九年度海上輸送力並重要物資供給力ノ見透」1943年12月28日前掲『後期物資動員計画資料』第9巻、559頁。
55) 前掲『大本営陸軍部戦争指導班機密戦争日誌』下、468、469頁。1943年12月30日記載の軍需省報告による。
56) 前掲『杉山メモ』下巻、522頁。
57) 第6回行政査察（甲造船）による1944年度船舶建造計画の策定と増産施策、計画実施過程については、前掲『戦時経済総動員体制の研究』282～290頁を参照のこと。陸海軍統帥部の要望をそのまま受け入れ、航空機の生産可能量を5万機と算定した第3回行政査察も、同様の政治的意味を持っていた（同書428～444頁）。木造船業界にかかわりがないにもかかわらず、第5回行政査察（乙造船）の査察使となり、過大な建造見通しを2月に報告し、その直後の内閣改造で運輸通信大臣となって東條内閣を支えることになる五島慶太の役割も同様であった。行政査察の政策手法等については、同書590～592頁を参照のこと。
58) 前掲『大本営陸軍部戦争指導班機密戦争日誌』下、486頁。
59) なお実際の機帆船徴備は2月から3月にかけて陸海軍合わせて6.75万総噸であった。
60) 前掲『大本営陸軍部戦争指導班機密戦争日誌』下、487～492頁。
61) 前掲『大本営陸軍部戦争指導班機密戦争日誌』下、492頁。
62) 前掲『杉山メモ』下巻、536頁
63) 比較的副食物の潤沢であった41年当時に決めた2.3合（蛋白質23.8グラム、脂肪1.7グラム、炭水化物254.3グラム、1,155キロカロリー）という配給基準は、元々それだけでは中程度の労働を維持することも困難な水準であった（大原社会問題研究所『太平洋戦争下の労働者状態』東洋経済新報社、1964年、134～135頁）。
64) 軍需省「十九年度配船見透ヲ基礎トセル主要物資関係要絶対増送量」1944年2月16

日前掲『後期物資動員計画資料』第12巻所収、118〜121頁。
65) 前掲『大本営陸軍部戦争指導班機密戦争日誌』下、491〜496頁、前掲『杉山メモ』下巻、536〜538頁。軍務局長の10万総噸の提案に対して、参謀本部第一部長は「一〇万屯ノ場合ハ海軍ニ全部取ラル、虞大」であると危惧するほど、海軍側の事情が逼迫していることを認識していた。にもかかわらず、大本営政府連絡会議で陸海軍折半で決着したことは、その後に噴出する嶋田海軍大臣への批判との関連で留意すべきである。
66) 賀屋興宣『戦前・戦後八十年』浪漫、1975年、137〜138頁。
67) 石渡荘太郎伝記編纂会編（有竹修二執筆）『石渡荘太郎』1954年、421頁。
68) 矢次一夫『昭和動乱私史』下、経済往来社、1973年、398〜399頁、岸信介・矢次一夫・伊藤隆『岸信介の回想』文藝春秋社、1981年、68〜69頁、『木戸幸一日記』下、東京大学出版会、1966年、1119頁。
69) 前掲『大本営陸軍部戦争指導班機密戦争日誌』下、496〜497頁。この報告に対して、戦争指導班の記録者は、「計算過程カ非常ニ甘ク、船舶ノ稼航率、陸運転換量等更ニ向上ノ余地大ニシテ、昨年九月御前会議前ノ如キ意気込ニテヤレハ四〇〇万屯ノ鉄ハ問題ナラン、軍務課ノ態度ハ頗ル消極的」であると評し、「乗ルカ反ルカノ秋、統帥部ノ要望ヲ充足スルノ努力ト熱意ハ全然見受ケラレス」、「即刻軍務課首脳ヲ更迭セスンハ今後ノ省部関係ハ絶対ニ円滑ニ行カズ」と記した。
70) 前掲『大本営陸軍部戦争指導班機密戦争日誌』下、498〜499頁。大量の船舶損耗が続くことから、戦争指導班の記録者は日誌に、「此ノ調子デハ増徴スルモ価値ナシ」（2月29日）と、海上護衛の不備を記した。なお、今回の30万総噸に上る大規模増徴案について、日誌は「御前会議ニ奏請スヘキヤ、御前ニ於ケル連絡会議ニ於テ決定スヘキヤ、或ハ連絡会議ニ於テ単ニ増徴及国力関係ノミヲ決定スヘキヤニ関シ陸海省部ノ間ニ意見ノ一致ヲ見ス」（2月26日）と記しており、「本来ナラバ御前会議ヲ奏請シ戦争指導ノ本質ヨリ究明シ、戦争終結ノ目途ヲ確立シ完全ナル思想統一ヲ行フヘキ秋ナリト確信スルモ増徴ヲ事務的ニ取扱ハントスル空気濃厚ナリ」との所見を載せている。総動員計画に重大な齟齬を内包したまま増徴を決定するにもかかわらず、重要機関での決定や、政策判断の責任を避けようとしたことが窺える。
71) 大本営政府連絡会議決定「船舶ノ徴備竝補填ニ関スル件」1944年3月3日参謀本部所蔵『敗戦の記録』原書房、1967年、3〜4頁。
72) 伊藤隆・廣橋眞光・片島紀男編『東條内閣総理大臣機密記録　東條英機大将言行録』東京大学出版会、1990年、395、397頁。
73) 船舶保有量のデータはいくつかの異なるものがあり、ここでは物動物資の輸送に利用可能な民需用貨物、貨客船のほか、陸海軍徴備船のうち物動物資輸送に回せる分を合算したものと理解される。1944年3月1日時点の国内登録保有船腹量は、後掲表3-76のように、460万総噸余りとみられる。
74) 前掲『大本営陸軍部戦争指導班機密戦争日誌』下、500頁。
75) 前掲『大本営陸軍部戦争指導班機密戦争日誌』下、486頁。13〜15万総噸という建

第 3 章　太平洋戦争末期の総動員体制（1944 年度）

造見通しは参謀本部交通課の査察参加者からもたらされた情報であった可能性がある。その後の建造計画は機関製造が大幅に遅れたことから、途中で無動力船、被曳船、艀中心に組み替えられた。建造実績は 26 万総噸余りとなったが、機関製造の見通しとしては概ね的確であった。木造船建造計画の推移については、前掲『戦時経済総動員体制の研究』290〜291 頁を参照のこと。

76) 軍需省「昭和十九年度物資動員計画第一、四半期実施計画（案）」1944 年 4 月 14 日 前掲『後期物資動員計画資料』第 10 巻所収、177 頁。

77) 軍需省の発足にあたり、軍需大臣は東條首相が兼務したが、商工大臣であった岸信介は軍需次官兼国務大臣として、事実上、軍需省の行政全般を担っていた。岸はこの臨時鉄鋼増産委員会をもって「鉄管理の大臣」を置こうとする東條の提案に強く反対し、「ひとつの役所に大臣の資格をもった者が二人も三人もいるということでは、とてもやって行けない。藤原という人が適任とお考えなら、藤原さんを軍需次官兼国務大臣になさい」と、東條に辞意を伝えている。結局、この時は東條に慰留されて岸は次官兼国務大臣にとどまったが、これが「そもそも東條さんと意見が衝突する初めの段階」だったと回想している（前掲『岸信介の回想』67 頁）。藤原は行政査察を通じて運輸通信省船舶局や船舶運営会とも摩擦を生んでいたとみられる。後述のように「雪達磨式」造船と鉄鋼増産を組み合わせた構想には、物動計画と切り離した鉄鋼原料の優先輸送が必要であり、藤原は「現存船舶の極度の能率化された運営を行ふより道がない」として、山下汽船の創設者であり、同じ内閣顧問であった山下亀三郎に船舶運営会の総裁就任を依頼し、自らが船舶局長となることを提案している。しかし、山下からは「あなたの案をよく考へて見たが、どうも駄目なやうな気がする」として拒否され、その理由として、「あなたが邪魔になって次官や大臣に運動をして何のかんのと邪魔ばかりするに違いない」と指摘されたことを回想している。この回想からは「駄目なやうな気がする」理由が「雪達磨式」そのものか、官僚との摩擦かは不明であるが、第 6 回行政査察を担当し、海上輸送力の増強対策に発言を強めていた藤原と、軍需省や運輸通信省ないし海運総局で鉄鋼・海運統制を所管する官僚との間に円滑な協力関係がなかったことが窺われる。この時点で藤原が軍需省の実権を握れなかったのは、陸海軍の賛成は得られたものの、「岸次官やその部下の官僚達からは、行政査察といふものは計画は樹てられるが、これを実行する権能はない。「雪達磨式」造船をやるといふのならば、実行は軍需省でやるべきであるといふ意見が出」されたためであった。結局、岸信介軍需次官が計画に反対したため、「官制に反しないやうにと」、「便法として鉄鋼協議会なるものを設立」（藤原銀次郎述・下田将美著『藤原銀次郎回顧八十年』講談社、1949 年、382〜384 頁）し、発案者である藤原が会長に就任することになった。

78) 臨時鉄鋼増産協議会決定第 1 号「臨時鉄鋼増産協議会運営要領」1944 年 3 月 15 日『戦時海運関係資料』B-3-2 所収。幹事会は主任幹事の軍需省鉄鋼局鉄鋼課長ほか、特殊鋼課長、総動員局動員部第一、第二課長、燃料局石炭部炭務課長、軍需官、陸軍省からは整備局戦備課長、海軍省兵備局第二課長、運輸通信省鉄道総局業務局輸送課長、海運総局海運局輸送課長らによって組織された。このため軍需省鉄鋼局製鉄課長の下

に事務処理機関を置き、各省各部局、部外との連絡窓口とし、協議会専用電話を設置し、文書類の取扱も通常の鉄鋼局文書と区別して「迅速ナル取扱」とすることとした（「臨時鉄鋼増産協議会事務連絡要領ニ関スル件」前掲『戦時海運関係資料』B-3-2 所収）。

79)「第一回臨時鉄鋼増産協議会　十九年三月十五日午後二時開会　藤原会長ノ挨拶」前掲『戦時海運関係資料』B-3-2 所収。

80) 市川弘勝「太平洋戦争期における船腹減少と鉄鋼生産崩壊過程——臨時鉄鋼増産協議会の「特別船」構想とその破綻」『経済論集』（東洋大学）第 5 巻第 1・2 号、1980 年。

81) 臨時鉄鋼増産協議会決定第 2 号「鉄鋼増産第一回措置事項」1944 年 3 月 15 日前掲『戦時海運関係資料』B-3-2 所収。

82) 臨時鉄鋼増産協議会決定第 4 号「四月分鉄鋼増産用特別船舶ニ関スル件」1944 年 3 月 23 日前掲『戦時海運関係資料』B-3-2 所収。

83) 臨時鉄鋼増産協議会決定第 3 号「昭和十九年度第一、四半期鉄鋼生産計画」1944 年 3 月 15 日前掲『戦時海運関係資料』B-3-2 所収。

84) 軍需省鉄鉱局「昭和十九年度鉄鋼生産計画第二案ニ依ル輸送力不足補填対策（案）」1944 年 3 月 15 日前掲『戦時海運関係資料』B-3-2 所収。

85) 臨時鉄鋼増産協議会決定第 5 号「昭和十九年度第一、四半期ニ於ケル物動外二万瓲増産ニ関スル件」1944 年 3 月 23 日前掲『戦時海運関係資料』B-3-2 所収。このための条件としては、八幡におけるロール屑等の利用についてはパイレンの余力の利用、特別破砕班の編成、構内輸送の強化が求められ、広畑への銅鍰の輸送には「地方庁ノ強力ナル援助ト機帆船ノ特配」が必要された。

86)「第二回臨時鉄鋼増産協議会記録」（1944 年 2 月 23 日）前掲『戦時海運関係資料』B-3-2 所収。

87)「普通圧延鋼材品種別生産計画」1944 年 3 月 28 日前掲『戦時海運関係資料』B-3-2 所収。

88)「鉄鋼石炭関係増産配員具体策ノ件」1944 年 3 月 28 日前掲『戦時海運関係資料』B-3-2 所収。

89) 臨時鉄鋼増産協議会決定第 8 号「鉄鋼増産用特別船舶運営方針要領」1944 年 3 月 30 日前掲『戦時海運関係資料』B-3-2 所収。

90)「四月一万三千総噸追加ニ依ル生産量調」1944 年 4 月 18 日前掲『戦時海運関係資料』B-3-2 所収。

91)「鉄鉱石品位向上褒賞金制度実施ニ関スル件」1944 年 3 月 27 日前掲『戦時海運関係資料』B-3-2 所収。

92) 臨時鉄鋼増産協議会決定第 12 号「鉄鉱石品位向上報奨金制度要綱」1944 年 5 月 4 日前掲『戦時海運関係資料』B-3-2 所収。重要物資管理営団による輸入戦略物資の保管業務、輸出入調整業務、特殊物件の買上業務などについては、鴨井一司「戦時貿易統制における交易営団の役割」原朗・山崎志郎編『戦時日本の経済再編成』日本経済評論社、2006 年を参照のこと。

93）「朝鮮及海外鉄鉱石山元買上要領案」前掲『戦時海運関係資料』B-3-2 所収。
94）臨時鉄鋼増産協議決定第 13 号「内地朝鮮鉄鉱石類山元概算払要領」1944 年 5 月 4 日、臨時鉄鋼増産協議会決定第 14 号「支那産対日供給鉄鉱石ノ港頭（又ハ山元）貯鉱買上要領」1944 年 4 月 24 日前掲『戦時海運関係資料』B-3-2 所収。
95）臨時鉄鋼増産協議会決定第 7 号「鉄鋼増産用特別船舶運営方針要領」1944 年 3 月 30 日前掲『戦時海運関係資料』B-3-2 所収。
96）「4 月特別配船ニヨル生産増加量」1944 年 3 月 30 日前掲『戦時海運関係資料』B-3-2 所収。
97）船舶運営会『船舶運営会会史（前編）』上、1947 年、217〜218 頁。
98）臨時鉄鋼増産協議会幹事会「特別配船ニ依ル固有物動支援ノ補填ニ関スル件（案）」1944 年 3 月 30 日前掲『戦時海運関係資料』B-3-2 所収。
99）「第二回臨時鉄鋼増産協議会記録」1944 年 2 月 23 日前掲『戦時海運関係資料』B-3-2 所収。
100）特別船舶を一般船舶と切り離して運営することに「逓信省［運輸通信省—引用者］側と船舶運営会側とから」反対され、「敵意に満ちた連中の総攻撃」を受けていたと藤原は回想している（前掲『藤原銀次郎回顧八十年』387 頁）。
101）軍需省総動員局「昭和十九年度物資動員配当計画策定方針ニ関スル件」1944 年 1 月 20 日前掲『後期物資動員計画資料』第 9 巻所収、582〜583 頁。
102）「昭和十八年度物動員計画官需ニ就テ」1943 年 5 月 1 日前掲『後期物資動員計画資料』第 2 巻所収、341 頁。
103）以下、官需配当については、軍需省総動員局総動員部第一課「昭和十九年度物資動員計画 C_3 普通鋼鋼材配当概略案」1944 年 1 月 20 日（前掲『後期物資動員計画資料』第 9 巻所収）によった。
104）軍需省動員部第一課「昭和十九年度 C_3 鋼材配当方針及関連事項」1944 年 3 月 23 日。
105）軍需省「昭和十九年度物資動員計画運営ニ関スル件」1944 年 3 月 25 日前掲『敗戦の記録』9〜16 頁。以下、軍需省による 1944 年度物動計画の輸送力問題の脆弱性の説明は、同資料によった。
106）この「昨年秋ノ見透」は、1943 年 10 月の第 2 次物動計画大綱のものとみられるが、前掲表 3-21 のデータとは僅かに異なる。
107）大本営政府連絡会議決定「昭和十九年度甲造船計画ニ関スル件」1944 年 3 月 30 日前掲『敗戦の記録』16〜21 頁。
108）軍需省「昭和十九年度物資動員計画（案）」1944 年 4 月 14 日前掲『後期物資動員計画資料』第 10 巻、5 頁。
109）この点では、既に 1 月 4 日の閣議決定「陸上小運送力増強ニ関スル件」によって、複雑な小運送事業全般に対する増強対策が打ち出されていた。その内容を見ると、貨物自動車運送事業の増強では、①車両の増備、②効率的重点的輸送、③車両修理能力の増強、④貨物自動車運送事業組合による陸運大運送関連小運送・重要工場間輸送・生活必需品輸送に関する統制力を強化すること、⑤組合強化のために燃料、資材の配

給機能を把握させること、⑥重要地帯における監理官の配置、⑦大都市近郊での鉄道代替輸送の強化、⑧修理用部品・資材確保のための物動計画上の配当枠の確保、自動車用各種燃料、潤滑油の確保、そのための一括購入などの統制機構の整備などが挙げられた。荷牛馬車等による小運搬業者の輸送力の増強についても、①廃車の補充、②陸上小運搬業組合による輸送力の強化、③農耕用牛馬車の利用、④小運搬業組合への助成金交付、⑤牛馬用飼料の物動計画上の確保、⑥所要物資の一括購入の承認などが挙げられた。鉄道小運送事業については既に日本通運株式会社による一元化が進んでいたが、①日本通運の機能を最高度に発揮すること、②所要事業資金の調達に必要であれば帝国鉄道特別会計から支出することなどが打ち出された。このほか、①企業整備を完了した修理加工業者を戦力増強企業整備要綱における第一種事業場として扱い、所要人員を確保すること、②自動車運送事業組合等による運転者・修理技工の養成に助成金を交付すること、③各種輸送料金の均衡調整、④都道府県行政における陸上小運送関連業務の一元化、各地鉄道局との連携強化などが打ち出された。太平洋戦争期、とりわけ陸運転移を本格化させてからの陸上小運送事業の逼迫状況と業界の対応については、河村徳士「貨物自動車運送事業の統制団体」(前掲『戦時日本の経済再編成』所収) を参照のこと。

110) 軍需省「開戦以降物的国力ノ推移ト今後ニ於ケル見透参考資料」1944年8月10日前掲『後期物資動員計画資料』第10巻所収、465頁。
111)「海上輸送力非常増強協議会参考資料」1944年9月『柏原兵太郎文書』106所収。
112) 1944年度の機帆船建造計画については、前掲『戦時経済総動員体制の研究』290〜291頁を参照のこと。
113) 軍需省「昭和十九年度物動計画ニ対スル説明資料」1944年4月18日前掲『後期物資動員計画資料』第10巻所収、67頁。
114) 企画院「昭和十八年度物資動員計画及各四半期実施計画(供給力計画)」1943年4月15日前掲『後期物資動員計画資料』第2巻所収、軍需省「昭和十九年度物資動員計画(案)」1944年4月14日前掲『後期物資動員計画資料』第10巻所収。
115) 軍需省「昭和十九年度物資動員計画(案)」1944年4月14日前掲『後期物資動員計画資料』第10巻所収、17〜18頁。
116) 製鉄課、動員部、統制会「19.4.14基本計画検討」前掲『後期物資動員計画資料』第10巻所収、144〜146頁。
117) 前掲「昭和十九年度物資動員計画運営ニ関スル件」前掲『敗戦の記録』9〜16頁。以下、軍需省からの計画の説明は同資料によっている。
118) 前掲『大本営陸軍部戦争指導班機密戦争日誌』下、518頁。
119) 1940年6月に6大都市で始まった家庭用砂糖の消費規正は、同年11月の砂糖配給統制規則で全国に拡大した。当初、6大都市1人当たり月0.6斤、その他地域月0.5斤であったが、41年9月に郡部を0.5斤から0.4斤に削減し、業務用も逐次削減された。42年度以降は船舶不足のため、台湾で在庫が急増するなかで、配給の削減が行われ、44年2月には業務用の配給が中止された。4月から実施された家庭用配給は6大都市

0.5 斤、その他の市町区域 0.4 斤、郡部 0.3 斤であったので、軍需省の説明ほどには削減されなかった。しかし、実際の配給は滞り、10、11 月は 2 ヶ月分として一律に 1 人当たり 0.25 斤が配給されるにとどまり、翌 1 月に正月用 0.3 斤が配給されたのち、砂糖配給は乳児用を除いて廃止となった。東洋経済新報社編『昭和産業史』第 2 巻所収、394〜396 頁。

120) 産業小分類別の配炭計画は、企画院「昭和十八年度下半期石炭物動改訂計画案」1943 年 9 月 30 日（前掲『後期物資動員計画資料』第 5 巻所収）、軍需省「昭和十九年度物資動員計画（案）」1944 年 4 月 14 日（前掲『後期物資動員計画資料』第 10 巻所収）による。

121) 軍需省「昭和十九年度物資動員計画（案）」1944 年 4 月 14 日前掲『後期物資動員計画資料』第 10 巻所収、59 頁。

122) 軍需省「昭和十九年度主要物資日満支交流計画（案）及ニ／一九実施計画（案）」1944 年 6 月 12 日前掲『後期物資動員計画資料』第 13 巻所収、450〜458 頁。ただし、この時点で策定された計画は、鉄鉱石、石炭、主要食糧のみである。

123) 前掲『物資動員計画と共栄圏構想の形成』335、354、382、412 頁および終章を参照のこと。

124) 企画院「昭和十七年度物資動員計画及各四半期物資動員実施計画（配当及取得区分計画）」1942 年 4 月 20 日前掲『開戦期物資動員計画資料』第 7 巻所収、商工省「昭和十七年度物資動員計画供給並配給ニ関スル実績総括表」1943 年 8 月前掲『開戦期物資動員計画資料』第 11 巻所収、企画院「昭和十八年度物資動員計画及各四半期実施計画（配当計画）」1943 年 4 月 22 日前掲『後期物資動員計画資料』第 2 巻所収、前掲「昭和十九年度物資動員計画（案）」1944 年 4 月 14 日前掲『後期物資動員計画資料』第 10 巻所収。

125) 日中戦争期の機械工業の鉄鋼配給機構については、前掲『物資動員計画と共栄圏構想の形成』458〜464 頁、太平洋戦争期の諸問題については、前掲『戦時経済総動員体制の研究』539〜551 頁を参照のこと。

126) 「昭和十九年度 C_4 南方査定案」前掲『後期物資動員計画資料』第 10 巻所収、133〜143 頁。

127) 大東亜大臣「昭和十九年度交易計画策定ニ関シ閣議ニ於ケル大東亜大臣説明要旨」1944 年 5 月 23 日前掲『後期物資動員計画資料』第 13 巻所収、445〜449 頁。

128) 宮元静雄『ジャワ終戦処理記』ジャワ終戦処理記刊行会、1973 年、33 頁では、「ビルマ、仏印、比島、泰の数字は除く」としており、南方交流計画の全体像は不明であるが、米の多くはビルマ、仏印から、鉛亜鉛鉱石、マニラロープはフィリピンからと考えられる。

129) 前掲『ジャワ終戦処理記』35〜36 頁。なお、宮元はインドネシアにおける設備、技術力の不足を指摘し、諸産業の拡充にはオランダ、英国、米国の製糖、製茶施設から外して各地に移設したこと、木造船増産のためジャワに対して、南方軍は船体・機関の 60〜70% の生産を期待していたこと、そのため「チークの美林を惜しみなく伐った」

130) ジャワ陸輸総局史刊行会『ジャワ陸輸総局史』ジャワ陸輸総局史刊行会、1976 年、319〜327 頁。
131) 橋本徳壽『日本木造船史話』長谷川書房、1952 年、355 頁。
132) 「第八十六回帝國議会資料　昭和十九年度物資動員計画ノ実施状況及二十年度ノ見透如何」1944 年 12 年 9 日前掲『後期物資動員計画資料』第 11 巻所収、182 頁。
133) 前掲『大本営陸軍部戦争指導班機密戦争日誌』下、513 頁。
134) 「昭和十九年度物資動員計画ニ付テ」前掲『後期物資動員計画資料』第 10 巻所収、71〜75 頁。
135) 軍需省鉄鋼局「昭和十九年度鉄鋼供給確保ノ為措置スベキ事項」1944 年 4 月 21 日前掲『後期物資動員計画資料』第 10 巻所収、147〜150 頁。
136) 海運総局「海上輸送計画資料」1944 年 8 月前掲『後期物資動員計画資料』第 12 巻所収、369 頁。
137) 軍需省「二／一九〜一／二〇海上輸送力ノ見透検討」1944 年 6 月 13 日前掲『後期物資動員計画資料』第 12 巻所収、254 頁。
138) 海運総局「海上輸送計画資料」1944 年 8 月前掲『後期物資動員計画資料』第 12 巻所収、334 頁。
139) 大井篤『海上護衛参謀の回想』原書房、1980 年（原書は 1953 年刊行）、130 頁。
140) 前掲『海上護衛参謀の回想』128〜129 頁。
141) 「海上輸送計画資料 (仮題)」前掲『後期物資動員計画資料』第 12 巻所収、375 頁。
142) 前掲「海上輸送計画資料（仮題）」前掲『後期物資動員計画資料』第 10 巻所収、357 頁。
143) 1944 年度の航空機、造船の労働需要に応じるために、徹底した徴傭を実施したことは、前掲『戦時経済総動員体制の研究』428〜432 頁を参照のこと。
144) 運輸通信省「開戦以降海陸輸送力の推移、現状及見透」1944 年 8 月 11 日前掲『後期物資動員計画資料』第 10 巻所収、437〜441 頁。
145) 軍需省「二／一九〜一／二〇海上輸送力ノ見透検討」1944 年 6 月 13 日前掲『後期物資動員計画資料』第 12 巻所収、248 頁。
146) 前掲『敗戦の記録』28 頁。
147) 前掲『海上護衛参謀の回想』170〜171 頁。
148) 前掲『敗戦の記録』29〜30 頁。
149) 前掲『大本営陸軍部戦争指導班機密戦争日誌』下、552 頁。
150) 前掲『大本営機密日誌』218〜220 頁。戦争指導班の検討結果は、松谷班長から参謀本部第一部長眞田穣一郎、参謀次長秦彦三郎に渡され、参謀総長の東條へ口頭で伝えられた。直後の 7 月 3 日松谷班長は支那派遣軍参謀に転任となったが、後任となった種村は検討結果が東條らの「忌憚にふれた」と回想している。なお、松谷は 11 月には杉山陸相秘書官となり、鈴木内閣でも引き続き阿南惟幾陸相秘書官となったのち、まもなく首相秘書官となって、阿南陸相・梅津美治郎参謀総長と首相との連絡役として

第3章　太平洋戦争末期の総動員体制（1944年度）　777

終戦に向けた意見調整を担うことになった。
151）関係者の証言等では、内大臣木戸幸一の日記（前掲『木戸幸一日記』下）、倒閣運動の中心であった岡田啓介の回顧（同『岡田啓介回顧録』毎日新聞社、1950）、海軍省官房調査課長勤務以来、政府中枢の動きを記録し、1944年3月の海軍省教育局長として、重臣たちの倒閣の動きを詳細に記録し、自ら倒閣工作の主体でもあった高木惣吉の日記類（同『高木惣吉日記――日独伊三国同盟と東条内閣』毎日新聞社、1985年、同『高木海軍少将覚え書』毎日新聞社、1979年、伊藤隆ほか編『高木惣吉 日記と情報』みすず書房、2000年）、閣内からの観察では外務大臣重光葵の手記類（同『重光葵手記』中央公論社、1986年、同『続重光葵手記』同、1988年、同『重光葵 最高戦争指導会議日記・手記』中央公論新社、2004年）、また陸軍関係では軍務局長として東條に近かった佐藤賢了の回想（同『大東亜戦争回顧録』徳間書店、1966年）、戦争指導班にあって早期終戦の必要を説いた松谷誠の回想（同『大東戦争収拾の真相』芙蓉書房、1980年）、さらに近衛文麿のブレーンの一人であった矢部貞治の日記（同『矢部貞治日記 銀杏の巻』読売新聞社、1974年）などがある。これらを利用した東條内閣崩壊と終戦に至る政治過程の研究についても、伊藤隆『昭和十年代史断章』東京大学出版会、1981年など多くの研究がある。比較的近年の研究では纐纈厚『日本海軍の終戦工作』中公新書、1996年、村井哲也『戦後政治体制の起源』藤原書店、2008年、山本智之『日本陸軍戦争終結過程の研究』芙蓉書房出版社、2010年、鈴木多聞『「終戦」の政治史1943-1945』東京大学出版会、2011年、佐藤元英『御前会議と対外政略』第3巻、原書房、2012年などがある。
152）福間敏矩『集成学徒勤労動員』ジャパン総研、2002年、553〜554頁。
153）前掲『重光葵手記』433〜434頁。
154）労働給源の枯渇は、前掲『戦時経済総動員体制の研究』428〜432頁。工作機械工業の転換の失敗は、同書472〜473頁を参照のこと。
155）前掲『続重光葵手記』209〜210頁。岸は「私が東條さんと最終的に意見が合わなくなったのは、要するにサイパンを失ったら、日本はもう戦争はできない、という私の意見に対して、東條さんは反対で、そういうことは参謀本部が考えることで、お前みたいな文官に何がわかるかというわけです」（前掲『岸信介の回想』68頁）と、当時の東條との関係を説明している。
156）東條が岸信介の辞任を求めたのは、動員計画が破綻しても計画を押し通す藤原のような大臣に東條が活路を求めていたからである。統帥部の方針に動員行政を追随させることが、既に限界に達していたが、東條は戦争継続と内閣の補強に固執していた。
157）この間の、木戸内大臣、重臣、天皇、東條の動向については、多くの研究があるが、差しあたり関係者の記録として、前掲『木戸幸一日記』下、1116〜1121頁、前掲『東條内閣総理大臣機密記録　東條英機大将言行録』461〜468頁、前掲『岡田啓介回顧録』225〜230頁、前掲『高木惣吉日記　日独伊三国同盟と東条内閣打倒』261〜271頁を参照のこと。
158）小磯は首相就任に際して小磯を推挙した重臣よりも、東條の意向を重視した。東條

の陸相留任は避けたものの、東條に近い杉山元を陸軍大臣に、梅津美治郎を参謀総長に、藤原銀次郎を軍需大臣に起用したほか、嶋田も8月初めまで軍令部総長に留任させるなど、当初より戦争完遂路線をとっていた（前掲『高木海軍少将覚え書き』100頁）。

159) 大本営政府連絡会議決定「C船ノ転用並ニ陸海軍徴傭貨物船ノ損耗補填ニ関スル件」1944年8月3日前掲『敗戦の記録』33頁。なお、同文書は、「徴傭」とせずに、「転用」と称しているが、国民経済研究協会「未定稿 物動輸送史」第3輯は、規模を10.5万総噸とした上で、これを第5次増徴としており（同書12頁）、本書もそれに従った。

160) 前掲『船舶運営会会史（前編）』上、331〜332、357〜360頁。

161) 前掲「未定稿 物動輸送史」第3輯、12頁。

162) 前掲『敗戦の記録』33〜34頁。

163) 前掲『敗戦の記録』38〜162頁。

164) 以下、汽船、機帆船輸送の状況に関する記述は、運輸通信省「開戦以降海陸輸送力ノ推移、現状及見透」1944年8月11日前掲『後期物資動員計画資料』第10巻所収、435頁、軍需省「開戦以降物的国力ノ推移ト今後ニ於ケル見透参考資料」1944年8月10日前掲『後期物資動員計画資料』第10巻所収、464頁による。

165) 軍需省「第三、四半期物動計画中間報告説明要旨」1944年9月29日前掲『後期物資動員計画資料』第11巻所収、31頁。

166) 東條の内閣改造構想のまま、新内閣で軍需大臣となった藤原は、就任直後から物資動員計画の深刻な事態に直面した。9月1日の閣議では、300万総噸の船舶量を前提にした戦争であったにもかかわらず、「三十万トンニテヤル 造船計画モ減少」と説明し、「悲観論（物資）ヲ述」べ、対策として未稼働物資の利用や北支での鉄鋼増産に期待するなど、国内での鉄鋼増産施策はもはや尽きたとの判断を示していた（伊藤隆・武田知己編『重光葵 最高戦争指導会議記録・手記』中央公論新社、2004年、42〜43頁）。

167) 前掲「開戦以降海陸輸送力ノ推移、現状及見透」前掲『後期物資動員計画資料』第10巻所収、436頁。

168) 軍需省「開戦以降物的国力ノ推移ト今後ニ於ケル見透参考資料」前掲『後期物資動員計画資料』第10巻所収、472頁。

169) 前掲「開戦以降海陸輸送力ノ推移、現状及見透」前掲『後期物資動員計画資料』第10巻所収、436頁。

170) 「海上輸送計画資料（仮題）」前掲『後期物資動員計画資料』第12巻、376頁。

171) 大蔵省・日本銀行『昭和23年 財政経済統計年報』706、709頁、前掲「開戦以降海陸輸送力ノ推移、現状及見透」437頁。

172) 軍需省「三／一九鉄道輸送力物資別配分案」1944年9月22日前掲『後期物資動員計画資料』第10巻所収、435頁。

173) 軍需省「開戦以降物的国力ノ推移ト今後ニ於ケル見透参考資料」1944年8月10日前掲『後期物資動員計画資料』第10巻所収、472頁。

174) この時の経緯を軍需省の担当者であった田中申一は自身が総合輸送の発案者であったと回想している。田中は、海軍省から「目下陸軍は保有船腹五四万総噸中、四一万

総噸をフィリピン方面に向け転用中」との徴傭船の運航情報を受けて、残りの徴傭船の大部分は修理船と見れば台湾防衛、樺太千島、南方総軍向けは「殆ど配船皆無」であろうと推測し、30万総噸から40万総噸の増傭要求が来ると予想したという。陸軍省整備局長吉住正雄から軍需省総動員局動員部長の高嶺明達に申し入れのあった会談に、海軍兵備局長保科善四郎が同道したことには、「何だ、海軍までがまだ船を要求するのか。海軍基地は殆ど敵にとられてしまっているではないか!」と腹立たしく思ったことを回想している。20万総噸の徴傭の懇請に対して一旦は高嶺が拒否したものの、田中がＡＢＣ船の一元的運用を提案すると、徴傭なしに沿近海航路からＣ船20万総噸を陸海軍に2、3ヶ月貸し出すという話になってしまったと回顧している。そして、「Ｃ船相互利用はまるで子供だましみたいなものだ。考えようによっては徴用するより物動に悪影響が及ぶかも知れない。往航の兵員、軍需品積み込みに日数を食った挙句、それに兵器の揚陸港と物資の積載港が一致しないのが通例だから、航路は勢い三角航路になるし、稼航率低下は必定だ」と、自身の失敗を指摘している。

なお、回想の中で田中は「ＡＢＣ連合輸送」という表記をしているが、「連合輸送」は第１四半期の南方輸送計画でＡＢ船による物動物資の見返りとして一定量のＣ船を軍需物資輸送にあてた軍民協力の輸送計画に使われた用語である。第３四半期の海上輸送計画では、その後、甲地域全域で徴傭船と民需船を共同利用する一体方式には「綜合輸送」の用語が使われている。田中の発想は、輸送計画担当者として陸海軍徴傭船と民需船の最適配分を模索してきた経験から出たものであったが、結局徴傭は別途実施されることになった上に、民需船を南方の軍事物資輸送に大量投入するための方便になってしまった。前掲『日本戦争経済秘史』536～544頁。

175) 前掲「海上輸送計画資料（仮題）」前掲『後期物資動員計画資料』第12巻所収、378～379頁。
176) 前掲「第三、四半期物動計画中間報告説明要旨」前掲『後期物資動員計画資料』第11巻所収、31頁。
177) 前掲「昭和十九年度第三・四半期海上輸送計画」439頁。
178) 運輸通信省・軍需省「昭和十九年度交通動員計画調整暫定措置ニ関スル件」1944年10月8日前掲『後期物資動員計画資料』第13巻所収、26頁。
179) 運輸通信省・軍需省「昭和十九年度交通動員計画」1944年5月5日前掲『後期物資動員計画資料』第12巻所収、239頁。
180) 前掲「昭和十九年度交通動員計画」前掲『後期物資動員計画資料』第12巻所収、235頁。
181) 太平洋戦争末期におけるこうした貨物自動車運送業界の対応については、前掲「貨物自動車運送事業の統制団体」を参照のこと。
182) 最高戦争指導会議決定第7号「液体燃料確保対策ニ関スル件」1944年10月28日前掲『敗戦の記録』207～209頁。
183) 前掲『敗戦の記録』207～209頁。
184) 枢密院での審議では、旧内閣顧問制と特に変わらないことなどを指摘されているが、

小磯首相は下降する生産曲線を挽回する決意を述べて採択に持ち込んでいる。「内閣顧問臨時設置制」『枢密院会議筆記』1944年9月25日（国立公文書館所蔵）所収。
185) 新たに指名された内閣顧問は、尾野實信、末次信正、結城豊太郎、山下亀三郎、小泉又次郎、有田八郎、豊田貞次郎、鮎川義介、安藤廣太郎、小泉信三、正力松太郎、吉田俊之助であった。12月20日には大谷光瑞、寺井久信、1945年2月15日には八田嘉明、藤原銀次郎を加えた。遠山茂樹・安達淑子『近代日本政治史必携』岩波書店、1961年、42頁。
186)「奏任ノ綜合計画局参事官ノ特別任用ニ関スル件」『枢密院会議筆記』1944年9月25日（国立公文書館所蔵）所収。
187) 前掲『重光葵 最高戦争指導会議日記・手記』117頁。この結果、翌29日閣議決定された「内閣政策局（仮称）設置要綱」による所管事項は、内閣の下で総合国力の拡充に関して、①重要事項の企画、②各庁事務の調整、③各庁事務の考査を所管するにとどまった（同書120～126頁）。その後の業務も液体燃料対策、物価対策、復興対策の検討（古川隆久『昭和戦中期総合国策機関』吉川弘文館、1992年、第8章）などであり、戦争指導と連動する総動員諸計画は含まれておらず、総動員体制の総括的指令機関は遂に設置されずに終わった。
188) 以下、第3四半期海上輸送計画については、特に注記した箇所を除き、運輸通信省海運総局輸送課「昭和十九年度第三・四半期海上輸送計画」1944年10月1日（前掲『後期物資動員計画資料』第12巻所収）によった。
189) 稼航率の引き上げ方法をめぐって、10月3日の最高戦争指導会議の際、小磯首相は船舶運航を海軍に委託することを提案しているが、海軍大臣は「責任ヲ有スル省ガ努力スヘキモノ」と反対している。一方、運輸通信大臣は「同感但シ海軍ニ引受クルヲ得バ夫レデ可ナリ」と、燃料不足の中で運航効率を維持する自信を失っているかのような発言をし、「稼航率ハ1.29-1.28位ナリ」と計画値より低い見通しを示していた（前掲『重光葵 最高戦争指導会議記録・手記』186～194頁、125～126頁）。
190) 前掲「昭和十九年度第三・四半期海上輸送計画」461～465頁。
191) 以下、第3四半期に試みられた緊急措置については、運輸通信省・軍需省「昭和十九年度下期交通動員計画調整暫定措置ニ関スル件」1944年10月8日、「同説明資料」1944年10月16日（前掲『後期物資動員計画資料』第13巻所収）によった。
192) 最高戦争指導会議決定第8号「船舶ノ使用ニ関スル件」1944年11月8日前掲『重光葵 最高戦争指導会議記録・手記』191～193頁。
193) 前掲『重光葵 最高戦争指導会議記録・手記』219、225頁。
194) 第3四半期のボーキサイト入着は32万トンの配船に対して3万トンにとどまり、この時期に南方輸送に集中的な被害が発生した（軍需省総動員局第一部第一課「昭和十九年度物資動員計画第四、四半期実施計画説明要旨」1944年12月17日前掲『後期物資動員計画資料』第11巻所収、283頁）。
195) 前掲『重光葵 最高戦争指導会議記録・手記』186～194頁。
196) 最高戦争指導会議決定第9号「対潜護衛用機帆船ノ徴傭ニ関スル件」1944年11月

第 3 章　太平洋戦争末期の総動員体制（1944 年度）

16 日前掲『敗戦の記録』216 頁。
197）最高戦争指導会議決定第 10 号「機帆船徴傭ニ関スル件」1944 年 11 月 25 日前掲『敗戦の記録』217 頁。
198）11 月 16 日の最高戦争指導会議では、航空機生産計画が当初の 5 万 2,500 機から、8 月に 4 万 2,000 機となり、この時点で 2 万 8,800 機と報告された。これに対して 3 ヶ月で大きく縮小するのは「不可解」であり、「今後三ヶ月ニテ変化アレバ戦争ハ出来ズ」と米内光政海軍大臣が指摘した。遠藤三郎軍需省航空兵器総局長官は、航空兵器総局が陸海軍両大臣の指揮を受けていること、陸軍兵器行政本部や航空本部が「資材ヲ横取」り、「資材ヲ与ヘズ」と発言し、依然として陸海軍による資材の争奪が展開していることを説明した上で、こうした動員機構を「現状通リニテ宜シキヤ」と疑問を呈している。藤原軍需大臣は「今、来月ハ死力ヲ尽」し、4 万 2,000 機を目指すとしながらも、サイパン以後、原料の物動計画が急落している事情を説明したが（前掲『重光葵 最高戦争指導会議記録・手記』199 頁）、結局 12 月 19 日には病気を理由に大臣を辞任している。
199）前掲『重光葵 最高戦争指導会議記録・手記』206 頁。
200）前掲『大本営陸軍部戦争指導班機密戦争日誌』下、646 頁
201）行政査察使「第十一回行政査察中間報告」1944 年 11 月 8 日『美濃部洋次文書』H-56 所収。
202）前掲『重光葵 最高戦争指導会議記録・手記』209〜212 頁。
203）前掲『大本営陸軍部戦争指導班機密戦争日誌』下、617、624〜625 頁。なお、船舶運営会の集計（前掲『船舶運営会会史』上、191〜192 頁）によれば、陸軍徴傭船の保有量は 1943 年 11 月は 125.7 万総噸、44 年 11 月は 49.3 万総噸、12 月は 29.5 万総噸であり、激減している点では同じであるが、若干のズレがある。
204）前掲『大本営陸軍部戦争指導班機密戦争日誌』下、624〜627 頁。
205）以下、同会議の発言、決定は、前掲『重光葵 最高戦争指導会議日記・手記』241〜243 頁による。
206）この前田運輸通信大臣の民需船保有船舶の説明は、1943 年 10 月から実施された配当船と 44 年 4 月から実施された特別船舶等を除く稼働中の民需貨客船のことであり、船舶運営会によれば（前掲『船舶運営会会史』上、191〜192 頁）、44 年 12 月時点で民需船総保有量 1,269,132 総噸のうち、純粋の民需船は 78 万 7,652 総噸、特別船舶は 9 万 6,114 総噸、配当船は 23 万 3,815 総噸、損傷事故船は 15 万 1,551 総噸であった。
207）その内訳は、12 月陸軍 5.5 万総噸、1 月陸軍 4.7 万総噸、海軍 2.8 万総噸、2 月陸軍 1 万総噸、海軍 1 万総噸となった（前掲『大本営陸軍部戦争指導班機密戦争日誌』下、633〜634 頁）。
208）前掲「太平洋戦争期における船腹減少と鉄鋼生産崩壊過程」219〜220 頁。
209）「鉄鋼増産用特別船舶調」1944 年 10 月 10 日前掲『戦時海運関係資料』B-3-1 所収。
210）海運総局「特別船舶一般船舶稼行率比較」1944 年 10 月 10 日前掲『戦時海運関係資料』B-3-1 所収。

211) 前掲「昭和十九年度第三・四半期海上輸送計画」460 頁。
212) 前掲『船舶運営会会史』上、191～192 頁。
213) 前掲『大本営陸軍部戦争指導班機密戦争日誌』下、618 頁
214) 海上護衛参謀の大井篤は 1945 年 1 月の回想として、「南方資源航路は石油船団だけにして、ほかの船団はやめようということになった」と記している（前掲『海上護衛参謀の回想』211 頁）。
215) 軍需省「四／一九物動基本計画」1944 年 12 月 12 日前掲『後期物資動員計画資料』第 11 巻所収。
216) 以下、12 月 17 日の第 4 四半期物動実施計画の閣議決定に向けて準備した海上輸送計画の説明は、軍需省總動員局第一部第一課「昭和十九年度物資動員計画第四、四半期実施計画説明要旨」1944 年 12 月 17 日前掲『後期物資動員計画資料』第 11 巻所収、282～283 頁による。
217) 船舶運営会『船舶運営会史(前編)』中、1947 年、121 頁。
218) 軍需省總動員局第一課「四／一九物動計画改訂要領」1944 年 12 月 25 日前掲『後期物資動員計画資料』第 11 巻所収 309 頁。
219) 運輸通信省海運総局海運局輸送課「昭和十九年度第四、四半期海上輸送計画」1944 年 12 月 30 日前掲『後期物資動員計画資料』第 13 巻所収、171 頁。
220) 前掲「昭和十九年度第四、四半期海上輸送計画」167～170 頁。
221) 海運総局輸送課「四／一九海上輸送力改定ノ件」1945 年 1 月 11 日前掲『後期物資動員計画資料』第 13 巻所収、216～218 頁。
222) 軍需省「昭和十九年度物資動員計画第四、四半期実施計画改訂ニ関スル閣議説明要旨」1945 年 2 月 5 日前掲『後期物資動員計画資料』第 11 巻所収、361～373 頁。
223) 運輸省海運総局海運総局輸送課「昭和十九年度第四・四半期海上輸送計画（改訂）」1945 年 1 月 31 日前掲『後期物資動員計画資料』第 13 巻所収、231 頁。
224) この場合、海運総局の 12 月 30 日計画と、1 月 31 日改訂計画を比較すべきであるが、海運総局改訂案には、特別船舶 55 万トンや一般機帆船等の動員による増強分 30 万トンの内訳が記載されていない。このため、この 3 日前に軍需省がまとめた第 4 四半期物動改訂実施計画の配船総括表からのデータを利用した。軍需省データはこの追加分の内訳が判明しており、その他の両者のデータの違いはごく僅かである。
225) なお、軍需省の閣議説明資料では、当初輸送計画を 793.5 万トンではなく、839.3 万トンとしているため、減少量を約 120 万トンと説明している。さらに同資料では、①稼航率を 1.28 から 1.35 まで引き上げる、②汽船修繕率を 25% から 20% にする、③北海道機帆船の修理促進、④一般機帆船から西日本機帆船への輸送支援を求めるなどの増強對策が達成されなければ、減少量は約 200 万トンにもなるという危惧も表明していた（前掲「昭和十九年度物資動員計画第四、四半期実施計画改訂ニ関スル閣議説明要旨」前掲『後期物資動員計画資料』第 11 巻所収、364 頁）。
226) 前掲「昭和十九年度物資動員計画第四、四半期実施計画改訂ニ関スル閣議説明要旨」前掲『後期物資動員計画資料』第 11 巻所収、364～365 頁。

第 3 章　太平洋戦争末期の総動員体制（1944 年度）

227) 海運総局「特別船舶保有量ニ関スル件」1945 年 1 月 18 日前掲『戦時海運関係資料』B-3-1 所収。
228) 最高戦争指導会議決定第 13 号「大陸重要輸送確保施策」1945 年 1 月 11 日前掲『敗戦の記録』218 頁。
229) 前掲『重光葵 最高戦争指導会議記録・手記』253、257 頁、前掲『大本営陸軍部戦争指導班機密戦争日誌』下、647～648 頁。
230) 前掲『敗戦の記録』235～237 頁。
231) 最高戦争指導会議決定第 14 号「支那戦時経済確立対策」1945 年 1 月 11 日前掲『敗戦の記録』218～219 頁。
232) 最高戦争指導会議報告第 8 号「支那ニ於ケル物資調達統一要領」1945 年 1 月 11 日前掲『敗戦の記録』219 頁。
233) 前掲『大本営陸軍部戦争指導班機密戦争日誌』下、648 頁。
234) 前掲『大本営陸軍部戦争指導班機密戦争日誌』下、627 頁。
235) 前掲『大本営陸軍部戦争指導班機密戦争日誌』下、617 頁、前掲『重光葵 最高戦争指導会議記録・手記』241～243 頁。保有船舶データは月初のものとみられる。最高戦争指導会議決定 12 号「船舶ノ徴備、損耗補填等ニ関スル件」1944 年 12 月 21 日前掲『敗戦の記録』217 頁。
236) 前掲『大本営陸軍部戦争指導班機密戦争日誌』下、683～684、686～687 頁。
237) 最高戦争指導会議決定第 20 号「民船ノ作戦使用並ニ輸送力の確保等ニ関スル件」1945 年 3 月 15 日前掲『敗戦の記録』236 頁。
238) 前掲『船舶運営会史（前編）』上、1947 年、244 頁。
239) 前掲『海上護衛参謀の回想』215～218 頁。
240)「海上輸送計画資料（仮題）」前掲『後期物資動員計画資料』第 12 巻、335 頁、「輸送実績」同第 13 巻 322 頁所収。
241) 以下の既述は、軍需省「昭和十九年度物資動員計画第一、四半期実施計画（案）」1944 年 4 月 14 日前掲『後期物資動員計画資料』第 10 巻所収の供給計画、配当計画とその備考欄によっている。
242) 軍需省鉄鋼局「最近ノ製鉄事情」1945 年 6 月 1 日『日高準之介資料』31。
243) 礬土頁岩、蛋礬土などボーキサイト以外の国内、北支資源によるアルミナ生産技術の試みと挫折については、国産軽銀株式会社の事例を参照のこと（山崎志郎『戦時金融金庫の研究』日本経済評論社、2009 年、199～208 頁）。
244) 前掲『戦時経済総動員体制の研究』453～476 頁。
245) 前掲『大本営機密日誌』211 頁。種村は、「陸海軍の物取り競争が深刻を極め」、物動を所管する陸軍の吉積正雄整備局長、海軍の保科善四郎兵備局長が、「物取りのコチコチの本尊だから、陸海軍間に政治的解決が出来ない。何もかも軍務局長の手を煩わさねばならなくなってきた」と記している。
246) 遠藤三郎『日中十五年戦争と私』田中書林、1974 年、300～301 頁。
247) 軍需省「昭和十九年度物資動員計画第一四半期 Cx 実施計画」1944 年 5 月 5 日前掲

『後期物資動員計画資料』第 10 巻所収。
248) 軍需省「昭和十九年度物資動員計画第一、四半期 C_Z 実施計画」1944 年 5 月 17 日前掲『後期物資動員計画資料』第 10 巻所収。
249) 軍需省「昭和十九年度物資動員計画第一四半期 C_3 実施計画」1944 年 4 月 25 日前掲『後期物資動員計画資料』第 10 巻所収。
250) 軍需省「昭和十九年度物資動員計画第一、四半期 C_5 実施計画」1944 年 5 月 18 日前掲『後期物資動員計画資料』第 10 巻所収。
251) 機械類の資材配当は物資動員計画の開始当初からの難問の一つで、機械類の需要団体で集計・査定した発注予定を、機械生産団体で生産能力の枠内に調整する発注承認制度を実施し、物資動員計画で一旦需要団体に割り当てた鋼材・銅などの資材を、機械用の資材分として商工省を通じて生産団体に移管するという手続きをとっていた（前掲『物資動員計画と共栄圏構想の形成』461〜462 頁）。1943 年 2 月には機械計画生産要領が決定され、商工省機械局が物資動員計画の 8 ヶ月前までに機械需要部門の機械用鋼材・銅の年度引当推定量を決定することになった。44 年度から C_7 枠を設定するのは、機械用の資材確保を確実にしようとしてきた経緯を踏まえたものとみられる。しかし、工作機械や鍛圧機械工業などでは、生産能力の数年分という発注を航空機産業などから受けており、その一方で、陸海軍などの有力な需要者は受給権ではなく現物の資材を提供して割り込み発注をすることが多く、生産計画と資材割当を一致させることは困難であった（前掲『政治経済総動員体制の研究』第 3 節）。
252) 軍需省「第一、四半期 C_7 実施ニ関スル件」1944 年 5 月 25 日前掲『後期物資動員計画資料』第 10 巻所収。
253) 軍需省「第八十五回臨時議会予算総会席上説明資料　最近ニ於ケル物資動員計画実施状況ト物的国力ノ見透」1944 年 9 月 8 日前掲『後期物資動員計画資料』第 10 巻所収、572 頁。
254) 鉄鋼統制会「昭和十九年度第二、四半期鉄鋼生産計画ニ関スル件」1944 年 6 月 12 日前掲『後期物資動員計画資料』第 10 巻所収、269〜274 頁。
255) 軍需省「昭和十八年度物資動員計画第二、四半期実施計画」1944 年 6 月 26 日前掲『後期物資動員計画資料』第 10 巻所収、299〜350 頁、軍需省「二／二〇物資動員実勢計画説明資料」1944 年 6 月 26 日同 351〜362 頁。
256) 軍需省「昭和十九年度第二、四半期鉄鋼生産計画」1944 年 6 月 30 日閣議決定前掲『後期物資動員計画資料』第 10 巻所収、363〜366 頁。
257) 以下物資ごとの供給力事情は、軍需省「昭和十九年度物資動員計画第二、四半期実施計画」1944 年 6 月 26 日、軍需省「二／一九物資動員実施計画説明資料」1944 年 6 月 26 日（前掲『後期物資動員計画資料』第 10 巻所収、300〜302、355〜357 頁）のほか、上記計画書の備考欄による。
258) 前掲「昭和十九年度物資動員計画第二、四半期実施計画」。
259) 前掲『高木海軍少将覚え書』93 頁。
260) 軍需省「二／一九供給力実施計画（第一分冊）（鉄鋼・軽金属・液燃関係ヲ除ク）」

1944年6月12日前掲『後期物資動員計画資料』第10巻所収、279頁。
261) 鉄鋼統制会「昭和十九年度第二、四半期鉄鋼生産計画ニ関スル件」1944年7月20日前掲『後期物資動員計画資料』第10巻所収、367頁。
262) しかも、今回の船舶抽出の影響を受けない7月上旬の段階で、鉄鋼生産は種々の生産条件の悪化から、改訂計画鋼材83.4万トンすら達成できない水準になっていた。前掲「昭和十九年度第二、四半期鉄鋼生産計画ニ関スル件」。
263) 鉄鋼統制会会長豊田貞次郎「鉄鋼生産ノ応変対策策定ニ関スル件」1944年7月24日、前掲『後期物資動員計画資料』第10巻所収、373〜391頁。
264) 企業整備による政府補償金や統制団体による共助金等は、企業整備資金措置法によって封鎖預金化された。企業整備については、前掲『戦時経済総動員体制の研究』第10章を参照のこと。
265) 軍需省「第八十五議会臨時議会予算総会席上説明資料」前掲『後期物資動員計画資料』第10巻所収、571〜576頁。
266)「昭和十九年度物資動員計画第二、四半期改訂実施計画」1944年8月16日、前掲「第八十五議会臨時議会予算総会席上説明資料」前掲『後期物資動員計画資料』第10巻所収、505、573〜574頁。
267) 当初計画は、前掲「昭和十九年度物資動員計画（案）」。こうした石炭逼迫に対して、9月初めの軍需省説明では、第2四半期配炭可能量は「各種特別措置分」を加えて1,451.3万トン（うち東部381.5万トン、西部416.1万トン）として、辛うじて年度当初の計画を維持しているとしていた（前掲「第八十五議会臨時議会予算総会席上説明資料」574頁）。
268) 鉄鋼統制会「昭和十九年度第二、四半期鉄鋼生産計画実施ニ関スル件」1944年7月28日前掲『後期物資動員計画資料』第10巻所収、417〜418頁。
269) 軍需会社法は軍需に関連する生産拡充産業で、企業に「国家性」を付与し、リスクを考慮した消極的行動を回避するものであった。1944年1月の第1回指定、4月の第2回指定で計577社が指定されたが、統制会の連絡調整機関である重要産業協議会は、同法に対して慎重な対応をし、種々の要望を提示していた（重要産業協議会編『戦時生産企業体制委員会報』1944年）。しかし、法案を推進していた革新官僚の美濃部洋次は、戦後の回想の中で、同法の運用が「軍需会社に指定される事に依って凡る面に於いて優先扱ひにされると云ふ点のみとなり、従って軍需会社指定を争う即ち誰も彼も軍需会社に指定して貰ふ事を要求して来る状態を現出した」と指摘している（同「戦時中の経済問題」1946年4月18日『美濃部洋次文書』K'-3）。
270)「昭和十九年度第二、四半期鉄鋼生産計画実施ニ関スル措置事項」（前掲鉄鋼統制会「昭和十九年度第二、四半期鉄鋼生産計画実施ニ関スル件」の付属文書）前掲『後期物資動員計画資料』第10巻所収、419〜420頁。
271) 前掲『高木海軍少将覚え書』93〜94頁。
272) 軍需省総動員局「昭和十九年度第二、四半期物動実施計画ノ調整方針ニ関スル件」1944年7月27日前掲『後期物資動員計画資料』第11巻、37〜44頁。以下、第2四半

期計画の改定見通しについては、同資料による。
273）前掲『大本営陸軍部戦争指導班機密戦争日誌』下、562頁。
274）軍需省鉄鋼局「本船輸送減並ニ配炭減ニ伴フ鉄鋼生産ニ及ボス影響調（未定稿）」1944年8月5日前掲『後期物資動員計画資料』第10巻所収、427～430頁。
275）前掲「第八十五議会臨時議会予算総会席上説明資料」574頁。
276）軍需省「昭和十九年度物資動員計画第二、四半期改訂実施計画」1944年8月16日前掲『後期物資動員計画資料』第10巻所収、522頁。
277）軍需省「昭和十九年度物資動員計画第二、四半期 Cx 実施計画」1944年9月1日前掲『後期物資動員計画資料』第10巻所収、541頁。
278）前掲「第八十五議会臨時議会予算総会席上説明資料」575頁。
279）「第三、四半期生産計画概案（第1次案）」1944年8月24日前掲『後期物資動員計画資料』第11巻所収、3～4頁。
280）前掲『重光葵 最高戦争指導会議記録・手記』65頁。
281）前掲『重光葵 最高戦争指導会議記録・手記』68～85頁。
282）以下、第3四半期供給力計画については、軍需省「三／一九供給力実施計画（案）」1944年9月23日、および軍需省「第三、四半期物動計画中間報告説明要旨」1944年9月29日前掲『後期物資動員計画資料』第11巻所収によった。
283）「供給力対二／一九比較」前掲『後期物資動員計画資料』第11巻所収、69頁。
284）前掲「第三、四半期物動計画中間報告説明要旨」前掲『後期物資動員計画資料』第11巻所収、34～35頁。しかし、期待された北支・蒙疆での物動計画も実際には上期末までに破綻の様相を示すようになっていた。北支の第2四半期銑鉄生産計画は第1四半期の5.8万を超える6.4万トンになり、年度後半に向けてさらに増加することを見込んでいた。軍需省鉄鋼局長岡田稔を班長に鉄鋼統制会、鉱山統制会、日本製鉄等の関係者を組織した北支蒙疆産業視察団製鉄班の5月の報告によれば、1943年度の中華民国の北支・蒙疆での出銑状況は、目標の35万4,890トンに対して11万9,989トンの33.8％にとどまる状況であった。このうち重点政策であった小型溶鉱炉は計画された59基のうち43年度末までに47基が完成していたが、出銑実績は僅かに4万4,496トンと当初計画の11％、物動計画に計上した目標の32％であった。4月に集中的に行った視察団の調査では、建設の遅れ、不良工事、建設と操業の並行による混乱、コークス設備の不備、鉱石品位の低下、原料配車の不円滑、石炭・鉱滓処理等の付帯設備の不備、技術者不足、工作力不足、酸素不足など数多くの成績不振原因が指摘され、その上で増産努力を促していた（大東亜省「北支蒙疆産業視察団報告書 別冊第一 製鉄班報告書」1944年5月）。しかし、視察団が指示した鉄鉱石品位48％の維持は、報奨金にもかかわらず6月には「極メテ困難」と報告され、原料炭の品位向上に向けた選炭、水洗設備も「直ニ実現スルコトハ困難」となり、「不取敢ボタヲ徐クコトヨリ着手」するだけであった。元々「比較的品質劣レルモノヲ原料トシ最少ノ資材ヲ以テ凡ユル創意工夫ニ依リ銑鉄生産」を行う小型溶鉱炉計画ではあったが、選炭等の付帯設備が整備されておらず、品質の劣化は避けられなかった（在北京大日本帝国大使館事務所「北

支ニ於ケル製鉄状況」1944年6月23日財務省所蔵『秋元順朝文書』Z530-99所収)。

　こうした問題を抱えながらも、小型溶鉱炉への期待は絶ち難く、臨時鉄鋼増産協議会を主宰する藤原国務大臣が6月19日から7月9日にかけて北支を視察した際に指示した北支・蒙疆の1944年度責任出銑量は年間約47万トン(蒙疆5万2,400トン、北支41万7,900トン)であった。このうち対日供給計画は中支の分を含めて40万9,000トン(蒙疆4万9,000トン、北支32万7,000トン、中支3万3,000トン)とし、これに合わせて龍家堡鉱山、烟筒山鉱山、利国鉱山で高品質鉱石を増産し、開灤炭鉱も出炭計画を上乗せするというものであった。藤原の視察報告は「幹部人事組織ノ質的不十分ト頭ノ切替ヘノ不徹底、技術陣営ノ貧困」といった査察のたびに使う空虚な文言に満ちており、「民間当事者が事々ニ当局乃至軍側ニ依存スル観念」を「遺憾」として強引に目標引き上げに同意させるというものであった(臨時鉄鋼増産協議会「藤原国務大臣朝鮮満洲北支蒙疆視察報告」1944年7月10日前掲『戦時海運関係資料』B-3-1所収)。47万トンの目標設定は44年12月完成予定の大谷重工業の600トン炉移設計画を含めた最大限の想定能力を基準にしていた。9月7日には「北支ニ於ケル製鉄及礬土頁岩処理ニ関スル緊急措置事項」が閣議決定され、大東亜省・軍需省の緊密な連携と、軍需省の推薦する有能者の指導による現地企業の機能強化、軍需省による資材・機器の配当等の支援などの方針が決定され、三村起一住友鉱業社長を顧問とし、大東亜省、軍需省関係者を随行させて、相当期間現地で指導にあたらせることになった。

　しかし、政策調整のための両省懇談会用の9月17日付大東亜省資料「『北支ニ於ケル製鉄及礬土頁岩処理ニ関スル緊急措置事項』ニ関スル懇談資料」(前掲『愛知揆一文書』Z526-50所収)は、藤原の計画を厳しく批判していた。銑鉄47万トン計画は「必要ナル客観的条件殊ニ日本内地ヨリノ資材及機器類ノ供給不円滑並ニ原料輸送ノ関係ヨリ右責任量ノ完遂ハ不可能ナル状況ニ立チ到リタリ」と報告されている。その原因は、①600トン炉の移設・操業が「各種機器類ノ内地ニ於ケル製作遅延ノ為絶対不可能」となり、完成は45年4月になること、②龍烟製鉄所100トン炉の資材不足と建設に協力していた満洲製鉄鞍山工場が被爆して建設の見込みがなくなったこと、③小型溶鉱炉の補強対策、コークス炉対策用の資材が入荷しないこと、④日満向け重要物資の輸送優先のため、原料輸送が困難なこと、⑤日満向けに優良石炭、鉄鉱石の大部分を輸送していること、⑥開灤炭鉱、井陘炭鉱向けの洗炭機の製作が日本内地で遅延していることなどであった。

　鉄鉱石についても、蒙疆龐家堡鉱山では日満からのコンプレッサー、輸送索道用ケーブル、巻揚げ機の供給が不円滑なこと、中支の鉱石は配船不足によって「或程度廃山」にせざるを得ず、「苦力ノ離散、坑内諸設備ノ朽廃」が進み「復旧困難」になることなどが報告されていた。石炭の出炭についても第1四半期の北支蒙疆の実績は計画の92％であったが、重要炭鉱である開灤炭鉱は84％、中興炭鉱は87％にとどまった。それは、一般補修資材の不足、熟練労働力不足、中国共産党の謀略工作などによると報告されていた。また、屑鉄回収のための紡織機の供出は、既定数量3万トン分の港頭積出を完了していたが、積取1.5万トン分が残されるなど配船が遅れていた。

一方、礬土頁岩は対日供給計画53万トンを達成できる見通しであったが、8月までの輸送実績は7万トンに過ぎず、貯鉱は約16万トンに上っていた。それは、礬土頁岩処理の技術が未確立であるため、処理が進まないことにも原因があった。山東省張店のアルミナ工場建設（第1期年産2万トン）も中華民国各地の設備転用や内地における機械製作の遅れから、差しあたりアルミナ・クリンカーのみにて操業する方針になった。第2期工事（年産4万トン）の着工についても慎重に判断せざるをえなかった。
　このほか、この懇談資料にはその他の動員計画の達成状況もまとめられている。棉花に関しては満洲、南方占領地ともに「自活度極メテ低度」にとどまっていた。日本、満洲の所要量は中華民国側に依存せざるをえなかったが、食糧問題も深刻であるため、棉花と食糧が「作付ニ於テモ収買ニ於テモ相互調整シ難キ」状況になっていた。
　北支・蒙疆の開発計画が鉄道輸送力拡充と一体であるにもかかわらず、鉄道輸送実績は1942年度をピークに輪転資材、補修資材の不足から漸減していた。補修用鋼材配当は年間最低量1万8,000トンに対して44年度第2四半期は2,000トンにとどまった。42年度末から南支向け石炭、満洲向け石炭・鉄鉱石、朝鮮向け石炭、日本向けの塩・棉花を陸運に転移し、43年度からは開灤炭も朝鮮半島を通じた陸送に切り替えたことから、陸送需要は激増し、44年度第3四半期には満洲より機関車115両、貨車2,200両の供出を受けることになった。しかし、それでも36万トンの輸送力が不足し、域外向け輸送を削減して調整して処理する事態になっていた。9月9日の大陸鉄道輸送会議で大本営交通担当参謀は、第3四半期の北支鉄道輸送力について「主トシテ空襲及治安ノ見地ヨリ絶対ニ確保不可能」と発言していた。小運送もトラックの「作戦面ヘノ供出ガソリン不足等ニヨリ極度ニ逼迫」していた。第3四半期からは中興炭の鉄道輸送も計画され、山東省の棗荘から南鮮諸港までの約2,000kmの距離は「余リニモ甚シキ輸送力ノ損失タルノミナラズ他物資ノ輸送ニ対スル影響亦少ナカラ」ずとして、長崎・上海以北の黄海ルートの確保が必要であると指摘していた。
　しかし、海上輸送は崩壊し始めていた。北支4港のうち、第3四半期の連雲港積出計画は燐鉱石3万トンのみとなり、泰皇島積出は朝鮮向け開灤炭と若干の冀東礬土の4万トンとなり、「余リニモ船舶側ノ実情力急変スルヲ港湾荷役力ノ確保荷役機械其他港湾施設ノ整備ヲ計画的ニ行フ事不可能」となり、船舶停泊日数も増加していた。こうして、1943年度動員まではある程度物資動員計画が機能していた北支方面でも、44年度半ば以降前年度並みの実績を維持することができなくなり、急速に悪化する見通しになっていた。
　9月16日の最高戦争指導会議でも藤原軍需大臣と重光大東亜大臣は対立した。「北支ニハ石炭、鉄、労務ノ供給潤沢」という藤原の説明に反論して、重光のメモには「同様ニ楽観ハシ居ラサル旨注意セリ」（前掲『重光葵 最高戦争指導会議記録・手記』83〜84頁）と簡潔に記されている。ところが大東亜省内部資料では、その際重光が辛辣な批判をしていたことがわかる。「最高戦争指導会議ニ於ケル重光大臣発言」と紙面に注記された同日付資料「満支就中支那ニ於ケル物ノ戦力増強ニ付テ」（『愛知揆一文書』Z526-50所収）には、「帝国当面ノ物的戦力ノ基底ガ北支ニ依存スル処益々多大ナ

ル」ことを認めた上で、「稍々モスレバ現地ノ努力ニ不足アリ乃至ハ大東亜省ヲ通ズル機構ニ欠陥アリ等ノ意見ヲ耳ニスルハ遺憾ナリ」とし、「現地機関ヲ督励シ軍方面ト緊密一体トナリ」努力していると説明し、問題はむしろ中央の企画・決定が局部的ないし内地偏重であること、総合的でないこと、しばしば改変されること、資材・機器の大陸向け供給が不円滑であることにあると説明している。特に、①藤原が視察の際に約束した所要機械の供給が実現していないこと、②藤原の指示した北支・蒙疆の銑鉄47万トンは、新設・移設溶鉱炉の完成など「客観的条件ガ全ウ」された場合の設備公称能力（1944年度77万トン）に基づくものであり、その発揮は「既ニ極メテ困難」であり、47万トンは「殆ド完遂不可能ナル数字」となっており、「斯ル状態ニ置カレナガラ現地機関ハ未ダ右責任量ヲ至上命令トシテ徒手空拳ヲ以テ敢闘」していると、藤原の空虚な計画を批判している。さらに、北支の陸上輸送力が「殆ド極限迄達シ居ル状況」であるにもかかわらず、北支の製鉄計画を縮小してでも、対日満向けの輸送力を増強するようにとの要望にも接していると報告している。また、日満の空襲被害を避け、北支に鉄鋼の重点を置こうとしても、「北支ニ於ケル敵ノ空襲及地上ゲリラ」は労働者の離散など、日満よりも深刻な影響が出ているとしていた。

　北支の軽金属増産計画にも批判は及び、礬土頁岩は採掘が日本側の要請通り進捗している一方、大量の滞貨を生じていた。これについて、「内地ニ於ケル之ガ処理施設ニ危惧ノ念」を持つとして、むしろ内地の処理問題に重点を置くべきであると指摘している。また、張店の2期工事を止めているのは「偏ヘニ空襲等ニ対スル懸念ト内地ニ期待スベキ機器類ノ見透シニ関連シ不確実ナル計画ヲ避ケントシタルモノニ外ナラズ」と、藤原の計画自体の無謀さを訴えている。「斯ル実情ノ下ニ責任論ヲ押シ付ケ気合ヒト人ノ派遣ノミニ依リ声ヲ大ニシテ減産ヲ叱咤ヘ軽金属ニ付テハ北支当局ノ挙ゲ居ル成果ヲ黙過シ、徒ニ督励指導ヲ続クル如キハ此ノ際採ルベキ措置ニ非ズ」として、三村顧問の北支派遣を含めて藤原主導の動員行政を厳しく批判していた。1944年第2四半期に入ると、海上輸送力の急減や北中支の治安悪化が進み、大陸でも物資動員計画が破綻し始めていた。中華民国での経済開発の経緯については、中村隆英『戦時日本の華北経済支配』（山川出版社、1983年）を参照のこと。

285）軍需省「石炭増送ニ伴フ三／一九物動調整計画」1944年11月7日前掲『後期物資動員計画資料』第11巻所収、164～171頁。
286）前掲「第八十五議会臨時議会予算総会席上説明資料」575～576頁。
287）「活用物資判定基準」1944年9月18日、前掲『軍需省関係資料』第6巻、749～750頁。太平洋戦争期に入ると、需要工場では受注が数年分に上る一方で、一部の材料、部品の入手難から機械・設備の仕掛品等が膨れあがり、企業財務面では運転資金が急激に膨張する傾向があったことについては、前掲『戦時金融金庫の研究』第1章参照。
288）「未完成工事整理戦力化ニ関スル件」1944年9月29日閣議報告前掲『軍需省関係資料』第6巻、751～764頁。
289）「既発注機器ノ整理ニ関スル件（案）」1944年9月26日前掲『美濃部洋次文書』I-11-47。

290）行政査察使豊田貞次郎「第十一回行政査察中間報告」1944年11月8日前掲『美濃部洋次文書』I-56-26。
291）「活用物資ノ処理協力班派遣ニ関スル件」1944年11月10日前掲『美濃部洋次文書』I-56所収。鉄鋼販売統制、交易営団、産業設備営団等による未稼働物資の回収実績を解明することは、資料的に困難である。このうち交易営団では、重要物資の受け入れに要する1944年の借入額が、2.2億円から2.4億円程度で推移していたが、11月末には約3億円、12月末には5.2億円台へと急増した。輸出滞貨の買上が停滞し、交易調整業務の借入が12月から急減する中、この屑鉄買入業務の拡大が目立っている。45年1月以降のデータは欠いているが、44年12月末の借入総額15億7千万円が45年3月末には19億円と、3億円余り増加した点から、この時期以降の交易営団業務の中心が未稼働物資の買い入れであったとみることができる（前掲「戦時貿易統制における交易営団の役割」を参照のこと）。一方、44年度に実施した鉄鋼在庫の第3次買上（第1次・第2次は前身の重要物資管理営団時代のもの）は、計画7.3万トンに対して実績は2.2万トンにとどまり、達成状況は不調であった（閉鎖機関整理委員会『閉鎖機関とその特殊清算』在外活動関係閉鎖機関特殊清算事務所、1954年、573頁）。
292）「地方派遣処理協力班ノ報告要旨」1944年11月22日前掲『美濃部洋次文書』I-56所収。
293）「未稼働鉄返リ材ノ破砕ニ関スル件」1944年11月21日前掲『美濃部洋次文書』I-56所収。
294）前掲「第八十六回帝国議会資料　昭和十九年度物資動員計画ノ実施状況及二十年度ノ見透如何」、「第八十六回予算総会説明資料　昭和十九年度物動計画実施概況並ニ二十年度国力ノ見透ニ付テ（秘密会要求）」前掲『後期物資動員計画資料』第11巻所収、184～188、196～198頁。なお、両資料は同じ時期に作成されたものであるが、実績見通しが異なり、秘密会要求の答弁資料の方が厳しい見方をしている。
295）軍需省「四／一九供給力実施計画（案）」1944年11月22日前掲『後期物資動員計画資料』第11巻所収。
296）軍需省総動員局第一部第一課「昭和十九年度物資動員計画第四、四半期実施計画説明要旨」1944年12月17日前掲『後期物資動員計画資料』第11巻所収、254～292頁。以下、第4四半期実施計画の説明はこの説明要旨による。
297）軍需省「昭和十九年度物資動員計画第四、四半期実施計画（案）（主要物資需給計画）」1944年12月12日前掲『後期物資動員計画資料』第11巻所収、279頁。
298）軍需省「四／一九供給力実施計画（案）」1944年11月22日前掲『後期物資動員計画資料』第11巻所収、253頁。
299）軍需省「昭和十九年度物資動員計画第四、四半期実施計画（案）（主要物資需給計画）」1944年12月12日前掲『後期物資動員計画資料』第11巻所収。
300）軍需省総動員局第一課「四／一九物動計画改訂要領」1944年12月25日前掲『後期物資動員計画資料』第11巻所収、309～310頁。
301）軍需省「昭和十九年度物資動員計画第四、四半期実施計画改訂ニ関スル閣議説明要

旨」1945年2月5日前掲『後期物資動員計画資料』第11巻所収、366～367頁。
302) 軍需省「四／一九物動基本計画」1944年12月12日、軍需省「昭和十九年度物資動員計画第四、四半期改訂実施計画（基本計画）（主要物資需給計画）」1945年1月28日前掲『後期物資動員計画資料』第11巻所収、236～239、341～345頁。
303) 前掲「昭和十九年度物資動員計画第四、四半期実施計画改訂ニ関スル閣議説明要旨」前掲『後期物資動員計画資料』第11巻所収、370～372頁。
304) 軍需省鉄鋼局「最近ノ製鉄事情」1945年6月1日（『日高準之介資料』31）。以下の1945年度初頭の状況は、特に注記しない限り同資料によっている。
305) 北海道炭の輸送力確保に向けた道内鉄道輸送力の増強措置や、1944年度200万トンを計画した航送船の石炭輸送が44年1月から急増し、147.3万トンの輸送実績を上げたことなどは、古川由美子「戦時中の北海道石炭輸送」（九州大学石炭研究資料センター編『エネルギー史研究』19号、2004年所収）を参照のこと。また、鉄道施設への鋼材配給が太平洋戦争期に急減した結果、レールの減耗、施設の老朽化が進み、戦後復興の足枷になった点については、前掲『戦時経済総動員体制の研究』730～731頁を参照のこと。
306) 海軍の場合、1944年度は還送液体燃料20万kl、還送原油を利用した海軍燃料廠における製品生産8万kl、これに国内備蓄燃料72万klと合わせて、44年度の海軍国内消費は100万klであった。開戦時にあった352.4万klの貯油は7.8万klとなり、ほぼ使い果たすことになった（三輪宗弘『太平洋戦争と石油　戦略物資の軍事と経済』日本経済評論社、2004年、182頁）。
307) 物資動員計画を根幹とする物資統制が混乱し、統制会が統制規律の再構築を求める一方、軍工業会、航空工業会が独自の物資配給ルートを築き、物資配給機構を蚕食していく状況については、前掲『戦時経済総動員体制の研究』第8章を参照のこと。
308) 大東亜省「本邦経済ノ大陸資源依存状況並ニ今後ニ於ケル大陸物資対日供給方針ニ就テ」1945年2月15日『美濃部洋次文書』E-5-1。

第4章　総動員体制の破綻——1945年度物資動員計画

はじめに

　1945年度物資動員計画の策定は44年10月頃に開始されるが、既に急速に海上輸送力を喪失しつつあったことから、物資動員計画の全物資にわたって整合性を考慮することはできなくなった。44年度第4四半期計画がそうであったように、海上輸送力を基礎に石炭、塩・ソーダ、液体燃料、食糧などの最重要物資についてのみ地域別、産業別配当の見通しを立て、これを基本計画とした。各分科の所管物資は絞り込んだ上で需給計画を策定した。しかし、44年度末に至り、硫黄島の陥落、沖縄戦の開始、本土決戦準備と戦局は劇的に悪化した。新たな船舶の徴傭と大量喪失によって、海上輸送力の下落は加速した。結局、年度計画の見通しは全く立たなくなり、第1四半期計画のみを立案することになった。しかも船舶の損耗状況に応じて計画値に大きな幅をもたせるという、変則的な計画になった。

　輸送力の配分、総動員計画の争点となったのは、兵器関連工業やその基礎素材部門の生産継続と、糧穀・食塩の相克であった。地域的に飢餓状態の発生が予測されるというギリギリの線で、物動計画が策定されるのも初めてであった。また、鉄鋼、非鉄金属素材といった産業の上流での生産継続を放棄し、在庫品の総ざらい、仕掛品の加工・組立などの最終工程を中心に下流部門の稼働の維持を図るという計画立案方針も初めてであった。数ヶ月後には全面的な生産停止が起こることが予測されていた。

　第1四半期の実績は振るわず、当初から予想されていたように第2四半期は、一層深刻なものになった。汽船輸送力は前期の4分の1になり大陸物資の還送はほぼ不可能になった。国内輸送力の最大隘路である青函航送・関門隧道輸送もさらに縮小し、第2四半期の終盤には国内輸送は寸断される状況であった。

石炭配当は激減し、液体燃料は発酵アルコールと大規模に国民を動員した松根油の生産に依存するというほとんど見込みない計画を推進することになった。

このため第2四半期計画は、交通体系の分断を前提として、中央計画と地方計画に分離され、中央計画は石炭、液体燃料、塩・ソーダの産業別配分と、厳選された重点物資の需給計画のみとなり、配当は軍需、航空機、造船、陸運増強向けのものだけになった。地方計画は、中央計画の中で地方計画分として取り分けられた物資を8つの地方総監部ごとに各種の民需向けに割り当てた。こうして戦時経済の行き詰まりの中で動員行政は大きく再編され、広域行政の柔軟な対応力に期待して、地域経済の維持を図ることになった。

1945年度の総動員体制の研究は、ほとんどが終戦に向けた政治、軍事、外交問題の研究であり、主に小磯国昭内閣の崩壊、鈴木貫太郎内閣による終戦の模索などを扱ってきた。関係者の証言もGHQによる聞き取りや、極東国際軍事裁判関係の証言記録が多く残されている[1]。その中にあって経済総動員計画の推移を明らかにする作業は遅れている。軍需省や内閣綜合計画局の作成文書は、本来総動員諸計画の破綻を回避し、動員体制の維持を図るものであったが、本土決戦や戦争継続が物理的に不可能であることを示す多くのメッセージが込められており、その立案作業は陸海軍統帥部や内閣を終戦に向かわせる深部の動力にもなっていた。

第1節　海上輸送計画の策定

1945年度海上輸送計画は、44年7月の小磯内閣の発足直後から算定作業が始まった[2]。45年3月末の船舶保有量を、貨物船77.47万総噸、貨客船24.17万総噸と予測し、陸海軍徴用船の民需船からの補填は、4月以降、毎月3.5万総噸、喪失船は月5万総噸と相当に少ない予測を立てた。一方、45年度の新造船は4月の12万総噸から第4四半期には月7万総噸に漸減し、44年度計画より大幅に減小した。とはいえ、これによって45年度第3四半期頃まで輸送力を僅かに引き上げていき、年間2,310万トンの輸送を実現するという見込みであった。8月8日に軍需省が算定したC船輸送力は表4-1の通りである。前章で見たように、その後民需船を南方海域に大量投入し、その大半を失うとい

表 4-1 1945 年度民需汽船輸送力の算定（1944 年 8 月）

（船腹量：千総噸、輸送力：千トン）

		第1四半期	第2四半期	第3四半期	第4四半期	計
期首船腹	貨物船	2,538.1	2,695.1	2,740.1	2,675.1	10,648.4
	貨客船	725.1	725.1	725.1	725.1	2,900.4
新造船		332.0	290.0	250.0	210.0	1,082.0
徴用船補填		105.0	105.0	105.0	105.0	420.0
喪失大破		150.0	150.0	150.0	150.0	600.0
使用船腹	貨物船	2,615.1	2,720.1	2,735.1	2,630.1	10,700.4
	貨客船	725.1	725.1	725.1	725.1	2,900.4
輸送力	貨物船	5,166.9	5,374.4	5,404.0	5,196.5	21,141.8
	貨客船	490.5	490.5	490.5	490.5	1,952.0
	計	5,657.4	5,864.9	5,894.5	5,687.0	23,103.8

注：各四半期の期首船腹、使用船腹は各月初めの船腹量の3ヶ月合計。実際の保有船腹は3分の1程度。船腹の年間合計は12ヶ月合計。
出所：軍需省「昭和二十年度海上輸送力ノ見透」1944年8月8日前掲『後期物資動員計画資料』第14巻所収、419頁。

う深刻な状況へ突入していくが、この時点では改訂された現行の44年度計画並の輸送力を維持すると見込んでいた。このため南方への配船は全て取り止め、大陸物資の輸送の鍵を握る南鮮中継を各四半期120万トンとして、海上輸送力を極力節約する構想を立てていた。ただし、船舶用B重油の供給は汽船・機帆船を合わせて月6,100klと、44年度下期配当の50％程度しか見込めず、総建造船舶130万総噸のうち貨物船108.2万総噸の全てを石炭焚としていたため、速力の点で輸送力の増強にも限りがあった。

国家管理下の運航機帆船、北海道・西日本機帆船は、1944年7月1日時点で2,306隻、24.3万総噸であったが[3]、これら徴備機帆船を含む民需船輸送力全体は、8月の時点で表4-2のような見通しであった。機帆船に配当できる液体燃料はほとんどなく、44年度の当初輸送計画は、8月の改訂で大幅に削減された上に、45年度は2,557.2万トンと923.8万トンも激減することが見込まれた。機帆船の運航休止を避けるため、速力、稼航率は下がるものの、代用燃料船への改装・再稼働を44年度第4四半期から各期2割ずつ実施することと見込んだ。こうして45年度末までに運航機帆船334隻、北海道機帆船334隻、西日本機帆船1,670隻の国家使用機帆船の全てを代燃化することを予定した。この

表 4-2　1944 年度輸送計画と 45 年度輸送力の見込み（1944 年 8 月）

(千トン)

		第1四半期	第2四半期	第3四半期	第4四半期	計
C船	1944年度	5,947.3	6,611.7	7,361.7	8,029.1	27,949.8
	同改訂	5,947.3	6,326.4	5,413.1	5,337.8	23,024.6
	1945年度	5,657.4	5,864.9	5,894.5	5,687.0	23,103.8
運航	1944年度	408.3	632.1	656.5	728.6	2,425.5
	同改訂	408.3	632.1	236.1	0.0	1,276.5
	1945年度	23.7	38.4	40.5	44.8	147.4
北海道	1944年度	399.8	679.2	828.3	988.5	2,895.8
	同改訂	399.8	679.2	708.8	683.5	2,471.3
	1945年度	69.2	154.3	166.8	129.1	519.4
西日本	1944年度	2,367.5	2,544.9	2,232.7	2,183.7	9,328.8
	同改訂	2,367.5	2,544.9	1,758.7	1,366.3	8,037.4
	1945年度	116.4	186.7	441.8	648.4	1,393.3
	友曳	34.9	56.0	132.5	184.5	407.9
合計	1944年度	9,122.9	10,467.9	11,079.2	11,929.9	42,599.9
	同改訂	9,122.9	10,182.6	8,116.7	7,387.6	34,809.8
	1945年度	5,901.6	6,300.3	6,676.1	6,693.8	25,571.8

注：西日本機帆船の 1945 年度輸送力の友曳は外数、合計欄では合算してある。
出所：前掲「昭和二十年度海上輸送力ノ見透」418 頁。

　結果、運航機帆船は 44 年度第 4 四半期計画で一旦運航を停止した後、45 年度に僅かばかり回復するという計画となったが、いずれにしても輸送力全体は 44 年度の改訂計画と比べて大幅に縮小すると予想された。北海道炭の機帆船輸送も同様に 44 年度の 41％ となり、鉄道輸送への転換を進めるものの、東日本の石炭配給に深刻な影響が予想される事態となった。西日本機帆船はさらに深刻で、友曳の拡充を図っても、44 年度の 22％ となり、鉄道輸送力の増強と転換が急務となった。しかし、この規模の海上輸送力では、小磯内閣の戦争継続方針を支えることはできなかった。海上輸送力を基に 10 月に推計した 45 年度の国力、主要物資の供給力は、深刻な事態を示した。

　しかも、小磯内閣時の最高戦争指導会議は、8 月以降民需船を南方へ大量投入し、その結果として多くの船舶を一挙に喪失するという大失策を演じていた。南方原油の還送が全くできなくなる見通しが確定して、海上輸送力の抜本的な増強対策が求められた。表 4-3 は海運総局が液体燃料を極度に削減し、最大限の輸送力を引き出そうとして 11 月に策定した対策である[4]。汽船の物動輸送

表 4-3　1945 年度輸送力増加対策（1944 年 11 月）

(千トン)

		汽船	運航機帆船	北海道機帆船	西日本機帆船	合計
特定航路就航船の動員		873.6				873.6
遊休輸送力の動員	汽船曳航		69.2	31.1	186.0	286.3
	曳船			511.7		511.7
	機帆船友曳			155.4	281.2	436.6
	代燃改装		754.7	884.2	543.3	2,182.2
	計		823.9	1,582.4	1,010.5	3,416.8
新造船	代燃機帆船		66.7	106.4	256.9	430.0
	曳船及び被曳船				860.0	860.0
	純帆船				41.0	41.0
	計		66.7	106.4	1,157.9	1,331.0
増加輸送力合計		873.6	890.6	1,688.8	2,168.4	5,621.4
基本輸送力		未定	0.0	600.0	7,283.0	
合計			890.6	2,288.8	9,451.4	

注：西日本機帆船の基本輸送力は、原資料に手書きの修正が入って 728.3 万トンから 444.8 万トンとなっており、この場合は増加分と合わせると、661.6 万トンとなる。
出所：海運総局輸送課「昭和 20 年度海上輸送力増強試案」1944 年 11 月 21 日前掲『後期物資動員計画資料』第 14 巻、426 頁。

力の増強対策は、特定航路船で特定の物資輸送を担当していた船舶のうち、現に南方、北中支、朝鮮の各方面に就航している貨物船を物動輸送力に計上することであった。特定航路就航船の総量は 1944 年 10 月時点で 41.66 万総噸、そのうち貨客船が 44.5％を占め、その多くは拿捕船と一部外国傭船であった。これらの船舶は既に物動物資の輸送にも動員されており、43 年度では C 船汽船輸送の 18.9％、44 年度上期も 10 月までに 24.8％を占めるなど、重要な輸送力として寄与していた。したがってこの動員で画期的な増強になるわけではないが、この対策では南方の 5.66 万総噸、北中支方面の 4.34 万総噸、朝鮮方面の 1.23 万総噸、計 11.23 万総噸から 3 分の 1 を新たに抽出し、年間で 87.36 万トンの輸送力を増強した。C 船の主力である不定期汽船の基本輸送力は第 3 章でみたように大量に南方へ派遣されており、見通しが立たなかった。

　また燃料不足から遊休化する機帆船については、汽船による曳航を実施することとした。青函ルートは積揚港の荷役力の制約から現状程度にとどまったが、瀬戸内海ルートでは九州炭輸送汽船を全て利用することとし、運航機帆船の南

鮮中継についても、現在就航中の機帆船を全て曳航とすることとして、就航させようとした。また、44年度建造の鋼製曳船のうち30隻を民需輸送用として割り当て、青函ルートで遊休機帆船を曳航させて、51.17万トンの輸送力を増強した。機帆船による友曳は、青函ルート、瀬戸内海ルートの石炭輸送で実施し、青函間は積揚港の荷役力の限度まで、瀬戸内海では就航機帆船の3分の1を被曳させることを予定して43.66万トンを増強した。これらの措置によっても活用できない機帆船4,050隻、40.5万総噸は機関を6月までに全て代燃装置に改装するという目標を立て、年間218.22万トンの増強を図った。

新造船では、100総噸、115馬力代燃装置付き機帆船を800隻建造し、西日本400隻、運航機帆船と北海道機帆船にそれぞれ200隻を割り当てて43万トンを増強した。また70総噸、200馬力曳船を200隻と、300積トン被曳船1,500隻を建造し、西日本機帆船の九州炭輸送を86万トン増強することを図った。さらに50総噸の純帆船200隻を建造し、これも九州炭輸送に投入する計画を立てた。これによって年間133.1万トン、総合計で年間562.14万トンの輸送力増強を企図した。

大量の木造船建造に伴って船舶用マニラロープの増産も求められた。このため「極力之ヲ取得スル如ク凡有ノ措置ヲ講ズル」としたものの、曳航用ロープは「可及的ニワイヤー・ロープヲ使用」することになり、2,500隻の被曳船用に普通鋼鋼材800トンを確保することになった。

こうして、無動力船も活用することで、B重油の配給月間1万2,000kl（うちクレオソート2,000kl）を基準に、徹底的にB重油の使用を削減した。これに代燃装置改装用2,581kl、新造代燃船用513klなどの年間所要量3,095klを加えて、この時点のB重油の年間配給見通し15万3,250klの枠内で、上記の海上輸送力562.14万トンの増強を計画した。このようにして、液体燃料を極力使用せずに海上輸送力を創出する努力が続けられた。次節では、この輸送力の見通しに基づいて策定された1945年度の重要物資の供給見通し（国力）の推計経過を見ておこう。

第2節　1945年度物資動員計画の策定準備

1　1945年度第1次国力予測

第1次海上輸送力予測と配炭見通し

　前章で指摘したように、絶対国防圏が破られて東條英機内閣が瓦解したのち、小磯内閣は大量のC船海上輸送力を南方物資の還送に投入し、一挙に船舶を喪失した。その結果、重要物資の生産は加速度的に落ち込み始めた。様々な物資が隘路を抱える中、海上輸送力を基準とした石炭地域別需給計画、産業別配炭計画、鉄鋼・非鉄金属・液体燃料・ソーダ・食糧等の限定された物質の供給見通しが、総動員計画の最優先課題となった。これを「物的国力」（その後「基本計画」）と称し、1944年10月頃から物資動員計画に先行して推定することになった[5]。南方で大量に喪失しつつあった汽船の保有量は、次のように予測した。①軍徴用船、民需貨物船ともに毎月10％喪失する、②軍徴傭船の喪失量の2分の1を毎月民需船から補填する、③民需貨客船の喪失は、当面毎月7,000総噸、44年度第4四半期からは毎月2,000総噸とする、④貨物船建造量は44年度下期44.3万総噸、45年度60万総噸とし、南方石油の還送を期待して、このうち油槽船建造量は40万総噸とする。この結果、貨物船・貨客船の保有量は、表4-4のように推移するとみられた。44年度第3四半期の期首には軍徴傭船115.1万総噸、民需貨物船107.2万総噸、同貨客船18.8万トンを擁していた。しかし、下半期に軍徴傭船を58.1万総噸、民需貨物船を53.8万総噸喪失するため、下期に44.3万総噸を建造しても45年度当初の保

表4-4　1944年度第3四半期以降の各期首船腹量予想（1944年10月）

（千総噸）

	軍徴傭船腹	民需船腹	
		貨物船	貨客船
1944年度第3四半期	1,151.0	1,071.7	187.5
1944年度第4四半期	934.5	855.6	169.5
1945年度第1四半期	716.7	718.4	164.5
1945年度第2四半期	614.3	588.2	158.5
1945年度第3四半期	526.7	496.3	152.5
1945年度第4四半期	451.5	424.4	146.0
1946年度第1四半期	387.0	360.0	140.5

出所：軍需省「想定ニ依ル四／一九～四／二〇　物的国力推移見透試案（第一次）」1944年10月11日、原朗・山崎志郎編『後期物資動員計画資料』現代史料出版、第14巻所収、5頁。

有船腹は、軍徴傭船71.7万総噸、民需貨物船71.8万総噸、同貨客船16.5万総噸になった。その後も急速に保有船腹量は減少し、年度末には軍徴用船38.7万総噸、民需貨物船36万総噸にまで縮小すると予想された。

この船腹量に基づいて、日満支間の平均稼航率で算出した民需汽船の海上輸送力は、表4-5のように推計された。1944年度第4四半期の汽船輸送力は、制海権を失った南方での緊急輸送に抽出された分を除くと、同表注記のように日満支輸送力換算で381万トンとなった。南方に抽出された船舶の多くは失われるとみられたことから、45年度第1四半期も、機帆船と合わせて530万ト

表4-5 1945年度汽船、機帆船等の輸送力の見通し（1944年10月）

（船腹：千総噸、輸送力：千トン）

		1944年度	1945年度				
		第4四半期	第1四半期	第2四半期	第3四半期	第4四半期	年度計
汽船船腹と日満支換算輸送力							
稼働船	貨物船船腹	2,286.7	1,881.9	1,571.2	1,337.4	1,137.5	5,928.0
	貨客船船腹	499.5	481.5	463.5	445.5	427.5	1,818.0
	計	2,786.2	2,363.4	2,034.7	1,782.9	1,565.0	7,746.0
日満支換算輸送力		4,461.3	3,719.4	3,147.3	2,713.7	2,341.1	11,921.5

注：各四半期の稼働船腹は各月の保有船腹を合算している。実際の稼働船腹は各四半期の概ね3分の1である。
　　1944年度第4四半期の輸送力には、南方への一時的な集中配船の輸送力64.88万トン分があるため、日満支輸送力は381.26万トンとなる。

汽船、機帆船、帆船・被曳船輸送力

		1944年度 第4四半期	1945年度 第1四半期	第2四半期	第3四半期	第4四半期	年度計
日満支汽船		2,951.5	2,711.7	2,119.3	1,636.5	1,204.9	7,672.4
南鮮中継	汽船	1,021.5	1,215.7	1,243.0	1,274.2	1,301.2	5,034.1
	関釜連絡船	30.0	30.0	30.0	30.0	30.0	120.0
	暁機帆船	60.0					
	小計	1,111.5	1,245.7	1,273.0	1,304.2	1,331.2	5,154.1
北海道機帆船		300.0	150.0	150.0	150.0	150.0	600.0
西日本機帆船		800.0	600.0	600.0	600.0	600.0	2,400.0
帆船・被曳船		600.0	600.0	600.0	600.0	600.0	2,400.0
合計		5,763.0	5,307.4	4,742.3	4,290.7	3,886.1	18,226.5

注：汽船輸送力は一部を稼航率が2割高い南鮮中継に投入されており、日満支間と合わせて輸送力が増強されている。北海道機帆船と西日本機帆船の輸送力は、石炭クレオソートの配当（それぞれ月500klと1,500kl）から算出されている。

出所：前掲「想定ニ依ル四／一九～四／二〇　物的国力推移見透試案（第一次）」7～8頁。

ン程度と見込まれた。実際44年度第3四半期638.6万トン、第4四半期514.3万トンという実績から見ても、妥当な推計であった。この建造見込みと喪失、徴傭補填の想定では輸送力は回復することなく急減を続けることになり、第4四半期には44年度同期の2分の1程度、年間輸送力は1,192.5万トンとみられた。

　汽船・機帆船・帆船・被曳船を地区別に割り当てた1945年度の総合的輸送力は、同表下欄の通りであり、汽船輸送力のうち日満支間輸送には僅か767万トンをあて、稼航率が2割高い南鮮中継に425万トン分を回すことで大陸物資の還送を各期130万トン程度維持し、年間503万トンとした。運航機帆船による南鮮中継輸送は、燃料割当がないため運航見通しが立たなかった。44年第4四半期に実施した陸軍徴用機帆船の一部を利用した暁機帆船輸送団も、計画から外され、関釜連絡船による月1万トンだけを計画化した。

　内地の石炭輸送の根幹を担う北部機帆船運航統制ほか4社からなる北海道機帆船と西日本機帆船の輸送力は、液体燃料の配当難のため、船腹基準ではなく、石炭（コールタール）を蒸留した重油代用品であるクレオソートの配給見通しから策定され、輸送力の低下を防ごうとしている。北海道機帆船は月500klの配当を基に1kl当たり輸送重量100トンとして算出し、西日本機帆船は月1,500klの配当を基に1kl当たり133.3トンとして輸送力を算出している。それは、45年度第4四半期には前年同期に比して北海道で半減、西日本で25％減になる水準であった。総合の石炭輸送力は1,822.7万トンと見込まれ、これは前年度実績2,773.5万トンの3分の2であった。

　物資別の海上輸送の内訳は、表4-6の通りである。汽船による日満支輸送が大幅に縮小する中で、1944年度第4四半期に比して45年度は石炭の比重が47.6％から38.5％へ、鉄鉱石が10.3％から8.1％と下がり、飼料・油脂は輸送力の割合がなくなった。一方、銑鋼が13.5％から15.3％に上がっているのは、鉄鋼原料構成が内地屑に一層シフトしたことを示している。穀類については絞ることができなくなっているため、その比重は7.5％から12.0％に、塩についても6.4％から8.5％に上がり、食糧確保が優先されつつある事態を反映している。北海道機帆船、西日本機帆船、帆船・被曳船は、ほぼ全量が石炭輸送であり、基本エネルギーの供給を極力安定させようとしていた。このほかの海上輸送手

表 4-6　1945 年度物資別輸送機関別輸送計画（1944 年 10 月）

(千トン)

	C船	機帆船等	計	鉄道	
				青函航送	関門隧道
石炭	4,934.0	5,000.0	9,934.0	3,390.0	7,500.0
鉄鉱石	1,039.0		1,039.0	256.0	800.0
銑鋼	1,960.0		1,960.0		
非鉄金属	1,849.0		1,849.0	148.0	248.0
コークス類	66.0	400.0	466.0	120.0	120.0
セメント類			0.0		180.0
油類	18.0		18.0		
ソーダ類	4.0		4.0		
紙パルプ	86.0		86.0	132.0	32.0
棉花羊毛	29.0		29.0		
生ゴム			0.0		
塩	1,085.0		1,085.0		
木材	26.0		26.0	200.0	152.0
穀類	1,545.5		1,545.5		
砂糖	70.0		70.0		
燐鉱石	69.0		69.0		
肥料	36.0		36.0	12.0	
油糧種実	10.0		10.0		
その他			0.0	926.0	2,908.0
合計	12,826.5	5,400.0	18,226.5	5,184.0	11,940.0

注：C船は汽船による日満支航路と南鮮中継。機帆船は北海道機帆船、西日本機帆船、帆船、被曳船による内地沿岸輸送。
出所：前掲「想定ニ依ル四／一九～四／二〇　物的国力推移見透試案（第一次）」10 頁。

段では、貨車航送船を強化した青函連絡船が石炭 339 万トン、鉄鉱石 25.6 万トン、非鉄金属類、紙・パルプ、木材などの輸送で期待され、関門連絡船は関門トンネル開通後も年間 1,194 万トンの輸送を期待されていた。

　この輸送力による石炭の地域間需給計画は表 4-7 の通りである。1944 年 4 月に策定された生産計画 6,099 万トンに対して、45 年度は 5,400 万トンと、11.5％減の計画とした。北海道炭の内地搬出は前年度の 939 万トンから 470 万トンになり、九州炭の内地搬出は 1,418 万トンから 1,163 万トンに減少した。その結果北海道、九州の年度末貯炭が大幅に増加するという異変が生じている。配炭可能量は北海道、九州では前年度と同水準であるが、石炭枯渇が深刻であ

表 4-7　1945 年度石炭地域間需給計画（1944 年 10 月）

(千トン)

		北海道	東部	西部	九州	計
国内生産		15,900	3,850	4,550	29,700	54,000
移入（朝鮮）			180	20		200
移出（朝鮮）					640	640
輸入	満洲		280	260	160	700
	北支		430	548	382	1,360
	計		710	808	542	2,060
供給		15,900	4,740	5,378	29,602	55,620
内地間移動	北海道炭	-4,702	4,642	60		
	九州炭		3,520	8,112	-11,632	
	宇部炭		120	-120		
域内供給		9,800	13,023	13,430	17,970	54,223
前年度末貯炭		1,725	240	552	3,207	5,724
本年度末貯炭		3,123	490	1,262	7,285	12,160
配炭可能量		8,402	12,773	12,720	13,892	47,787

出所：前掲「想定ニ依ル四／一九〜四／二〇　物的国力推移見透試案（第一次）」22頁。

った東部の配炭は、1,800 万トンから 1,277 万トンに、西部も 1,757 万トンから 1,277 万トンにまで抑制され、僅かに年末貯炭を増強しようとしていた。

重点物資の第 1 次供給見通し

　これを前提にした鉄鋼需給計画は、表 4-8 のようになった。特殊鋼、鍛鋳鋼、鋳物用銑などの航空機、兵器生産に不可欠な素材の生産縮小を回避しようとすれば、普通鋼鋼材の供給は急減し、年間でも僅かに 175 万トンとなった。供給計画の前提条件である大陸の鉱石・強粘結炭の海送が早く落ち込み、平炉用鉱石をある程度確保すれば、多くの高炉は休止が避けられなかった。内地鉱石を増産し、それを八幡製鉄所に重点的に供給している。一方、原料輸送の制約が比較的緩い中国占領地や満洲での銑鉄生産は極力維持し、若干の増産も期待した。1944 年度下期に取り組んだ未稼働設備のスクラップ化から出された非常回収屑も、45 年度第 3 四半期には底をつくとみられた。鋼材配当は、陸海軍需、軍需省航空兵器総局関連事業でも概ね 4 分の 3 となり、民需用では海上輸送を

表4-8　1944年度第4四半期および45年度鉄鋼需給見通し（1944年10月）

(千トン)

		1944年度	1945年度				
		第4	第1	第2	第3	第4	合計
供給力	普通銑	610	610	570	530	440	2,150
	普通鋼鋼材	530	500	450	420	380	1,750
	鍛鉄	51	49	47	45	42	183
	鋳鉄	80	75	70	66	62	273
	特殊鋼	250	240	230	220	210	900
	鋳物用銑	200	200	190	180	160	730
供給力の条件	海送鉱石	420	413	279	202	145	1,039
	うち平炉用	155	155	140	130	125	550
	海送強粘結炭	413	388	340	300	270	1,298
	銑鋼輸送	550	490	490	490	490	1,960
	八幡鋼材陸送	140	220	200	190	170	780
	内地鉱石	790	810	870	880	700	3,260
	うち八幡向け	100	120	150	180	180	630
	朝鮮小型溶鉱炉銑	40	45	50	50	46	191
	支那銑	65	75	90	90	85	340
	満洲銑	100	120	120	120	120	480
	一般回収屑	90	90	80	70	60	300
	非常回収屑	40	30	20	10		60
	陸海軍供出屑	80	80	80	80	80	320
	特殊鋼屑	60	55	50	50	45	200
	屑鉄在庫利用	60	50	20			70
鋼材配当	陸海軍・航空兵器	242	231	209	195	173	808
	造船	156	141	123	114	105	483
	民需　物流強化	50	50	50	50	50	200
	民需　その他	82	78	68	61	52	259
	民需　小計	132	128	118	111	102	459
	計	530	500	450	420	380	1,750

出所：前掲「想定ニ依ル四／一九～四／二〇　物的国力推移見透試案（第一次）」27頁。

補完する鉄道、自動車関連および物流施設の増強用を優先した。

　液体燃料の需給計画は、前年度までは軍需用液体燃料の多くが南方製油施設で精製、消費され、一部の南方原油や製品が軍徴用油槽船で国内の軍製油施設に送られたため、その実態が正確に掴めなかった。物動液体燃料計画は、ほぼ全てが民需用であり、計画の一部で軍委託精製の形で軍需と接点を持つだけだった。南方原油・精製施設を喪失することが確実になったこの段階から深刻な

第 4 章　総動員体制の破綻（1945 年度）　805

表 4-9　1945 年度液体燃料需給見通し（1944 年 10 月）

(kl)

	原料	航空揮発油	普通揮発油	灯油	軽油	B 重油	C 重油	普通機械油	半固体機械油	計
国産原油	303,000	18,300	18,300	51,850	30,500	15,250	24,400	53,375	7,625	219,600
内外人造石油	150,000	1,000	24,700		19,000	25,000	78,600	1,700		150,000
内地アルコール	32,000		32,000							32,000
油脂	5,200							5,200		5,200
在庫原料油	18,000			1,800	900		5,040	3,060		10,800
タール製品	48,000					12,000				12,000
松根油	151,200		25,700			65,000				90,700
						36,000	(−36,000)			
計	707,400	19,300	100,700	53,650	50,400	153,250	72,040	63,335	7,625	520,300

出所：前掲「想定ニ依ル四／一九～四／二〇　物的国力推移見透試案（第一次）」28 頁。

事態が予想され、日満支域内部の燃料資源で全ての国内の液体燃料需要を賄い、軍・民で分け合う計画にすることになった。しかし、8 月時点では、1945 年度の製品総供給見通しはわずか 43 万 3,200kl に過ぎなかった。その内訳は国産原油由来 21 万 9,600kl、人造石油 14 万 6,800kl、アルコール 1 万 2,000kl、クレオソート 1 万 6,000kl、機械油用油脂 1 万 6,000kl、在庫 1 万 800kl などであったが[6]、戦争継続を前提とすれば、到底 45 年度の総動員計画を支えることはできなかった。このため、10 月には表 4-9 のような需給計画を策定し、内地アルコール生産を 2.66 倍に引き上げて、普通揮発油を補填した。さらに松根 100kg 当たり 12 リットルの松根油の収油を期待して 15.1 万 kl の生産計画を農林省所管事業として策定し、ここから B 重油や普通揮発油を大量に精製するなど、技術的に困難な計画も策定した。このための乾溜釜の

表 4-10　1944 年度下期、45 年度日満支液体燃料努力目標（1944 年 10 月）

(千 kl)

	44 年度下期	45 年度
国産原油 (原油)	150	310
人造石油 (製品)	95	270
頁岩油 (製品)	100	280
内地アルコール	200	530
満洲アルコール	30	70
メタノール	20	50
松根油等簡易低温乾留製品	60	300
タール製品	30	50
油脂類	40	100
計	725	1,960

出所：最高戦争指導会議決定「液体燃料確保対策ニ関スル件」1944 年 10 月 28 日、参謀本部『敗戦の記録』原書房、1967 年、209 頁。

表 4-11　1945年度内地主要食糧需給見通し
（1944年10月）

(千石)

供給		需要	
持越し米	2,300	農家消費	24,300
44年産米	58,500	都道府県用	50,722
45年産米	2,000	特殊用	3,015
朝鮮米	2,400	酒造用	850
台湾米	配船なし	味噌用	550
麦類	5,200	政府直配当	500
諸雑穀	2,900	樺太移出用	400
満洲雑穀	4,565	持越し用	2,500
計	77,865	計	82,837

出所：前掲「想定ニ依ル四／一九～四／二〇　物的国力推移見透試案（第一次）」36頁。

増設資材は陸海軍が農商省に協力することになった[7]。こうして、70.7万klの原料確保と52万klの製品供給計画とした。製品間のアンバランスについては、C重油3万6,000klを不足していたB重油に転用して需給関係を調整した。こうした対策をとっても、128万klを配当基準としてきた前年度までの民需向け供給計画の6割減、44年度第3四半期の年度換算72.4万klに比しても、3割近い圧縮となった。

　しかし、この程度の液体燃料では、民需はおろか日満支原料に依存することになる軍需用も、最低限度すら満たせなかった。このため、10月28日の最高戦争指導会議は、表4-10のような196万klに及ぶ液体燃料の「生産努力目標」を設定して、問題を糊塗しようとした。それは、技術的困難から低迷してきた人造石油や、撫順炭鉱などで僅かに採掘されてきた頁岩油、糖蜜等からの発酵アルコール、松根油等による液体燃料生産を1944年度下期から急速に拡張し、日満支原料だけで自給を実現しようというものであった。大規模な施設の拡充計画にも取り組むことになり、物動計画の鋼材配当計画などでも、新たな配当枠が設定され、最重要課題として取り組んだ。

　第1次国力予測に戻り、内地の米・麦・雑穀などの主要食糧の需給見通しを見よう。表4-11のように食糧問題も深刻になり、台湾米については配船がなく、供給計画から外されたため、需要の6％、497.2万石の供給不足が生じた。

　主要食糧、砂糖、肥料等の農商省関連物資に割くことができる船腹需給見込と配当見込量は、表4-12のように算定されていた。船舶は所要量456.4万トンに対して280.5万トンも不足した。その中で物資配当計画は1944年度見通しよりも回復させようとしていた。しかし、その見込みは主要食糧でも、都道府県配当量は1割近い不足となり、現行の成人男子1日2.3合を維持すれば、

表 4-12 食糧等の農商省所管物資の 1945 年度需給見込み（1944 年 10 月）

(千トン、主要食糧配当は千石、砂糖は千担)

			1945年度船腹需給見込			1945年度配当状況			
			所要量	配船量	不足	44年度見込	計画	見込	不足
穀類	主要食糧		2,067	1,231	836	81,865	82,837	77,865	4,972
	うち大豆粕		100	0	100				
	大豆固有	味噌	200	195	5	191	200	195	5
		醤油	195	0	195	160	195	0	195
		その他	155	20	135	137	185	70	115
		小計	550	215	335	488	580	265	315
	飼料		307	100	207	481	490	205	285
	うち大豆粕		162	0	162				
	小計		2,924	1,546	1,378				
	うち大豆粕		262	0	262				
砂糖	食用		222	0	222	4,570	3,030		3,030
	工業用		692	70	622	3,300	10,380	1,245	9,135
	小計		914	70	844	7,878	13,410	1,245	12,165
肥料	無機質窒素		36	36	0	779	840	691	149
	過燐酸石灰		240	71	169	60	140	7	133
	有機質		250	0	250	225	250	0	250
	小計		526	107	419	1,064	1,230	698	532
油脂			160	10	150	138	94	49	45
木材			40	26	14	―	―	―	―
合計			4,564	1,759	2,805				

出所：前掲「想定ニ依ル四／一九～四／二〇 物的国力推移見透試案（第一次）」35 頁。

8月以降の「米ノ配給ハ殆ンド不能」となった（実際 7 月からは 2.1 合に制限された）。大豆の固有用途のうち味噌は前年度並の輸送力が確保され、配給の見通しが立ったが、醤油は 10 月以降の「配給ハ全然不能」とされていた。「その他」も配船がなく、和紙用で配当計画の 70％、カゼインなどの化学工業用で 52％程度が確保されるほかは、「全部配給不能」となった。飼料不足は、都市部の輸送力の要となった挽き牛馬を「漸ク維持」するだけとなり、軍用保護馬や乳牛向けは「皆無」となった。食用砂糖も「配給皆無トナリ乳児用菓子アメ練乳モ皆無」となった。一方、アルコールの増産計画用の砂糖需要は激増した。それに対応した計画を立てたものの、海上輸送力がほとんど確保できず、

1,038万担（62.28万トン）の原料糖配当計画に対して、124.5万担（7.47万トン）の供給見通しとなった。

肥料では、硫安・石灰窒素などの無機質窒素が前年度の1割減、1945年度配給計画の2割減で済んでいるものの、過燐酸石灰は軍需とトーマス製鋼の最低限度を確保すると、肥料向けは14万トンの配給計画に対して見通しは僅か7,000トンにすぎず、「米麦ノ生産ニ影響極メテ大」とされた。大豆粕などの有機質肥料も25万トンを計画しながら輸送力もなく、配当も全くない状態となり、「唯単ニ肥料要素ノ減少ニ止マラズ地力維持ニ及ボス影響大」であるとされていた。機械油代用品の油脂も、陸海軍需、造船、航空機部門の配当を維持すると、他の工業用、食用ともに「殆ド配給不能」という見込みになった。

2　1945年度第2次国力予測

第2次海上輸送力予測と配炭見通し

1944年10月の第1次国力予測の鉄鋼、石炭、エネルギー、食糧等の供給見通しでは、戦争継続を支える総動員計画を策定することが困難であった。このため、航送船・曳船の増強などによって海上輸送計画を見直し、日満支液体燃料の緊急大増産を基に、主要物資、軽金属、液体燃料、食糧需給見通しを再検討することになった[8]。

表4-13　1945年度海上輸送力第1次・第2次推計比較

（千トン）

	第1次	第2次
民需汽船	12,707	24,540
北海道機帆船	600	600
西日本機帆船	2,400	2,400
関釜連絡船	120	120
博釜航送船	0	440
曳船・帆船	2,400	7,230
合計	18,227	35,330

出所：前掲「想定ニ依ル四／一九～四／二〇物的国力推移見透試案（第一次）」8頁、軍需省「一／二〇～四／二〇物的国力見透試案（第二次）」1944年11月13日前掲『後期物資動員計画資料』第14巻所収、46頁。

船舶建造計画は、第1次推定で貨物・貨客船60万総噸、油槽船40万総噸としていたが、これを105万総噸、45万総噸の計150万総噸と1.5倍にした。毎月10%とした船舶の損耗率は5%とし、南方物資輸送に抽出した船舶の1944年度第4四半期入着船は50%の損耗率として計算した。喪失徴用船の補填も軽減し、44年度第4四半期から45年度第2四半期までは、新造木造船を補填にあて、汽船からの補填をやめた。第3四半期以降も各月3.5万総噸の補填として、補填負担をほぼ半減させた。

南方甲・乙地域と海南島への航路には配船をせず、日満支平均稼航率は 1.35（南鮮中継は 2 割増）とした。一方、大陸物資輸送を担ってきた運航機帆船、南鮮中継を 44 年度第 4 四半期に担った朝鮮機帆船や陸軍徴傭機帆船による暁機帆船団は、重油不足から運航不能になった。その他の一般機帆船による特定物資輸送は概ね現状のままとし、関釜連絡船も第 1 次推計の各期 3 万トンのままとした。その上で、青函航路の航送船は 44 年 12 月から 45 年 12 月までに、第 9 船から第 15 船まで順次竣工させて増強し、博釜航路でも 45 年 7 月から 10 月にかけて航送船を第 1 船から第 4 船まで竣工し、貨車を直送して輸送力を大幅に増強する計画を立てた。曳船の増強にも取り組み、150 総噸、500 馬力の

表 4-14　1945 年度産業別石炭配当計画案（1944 年 11 月）

(千トン)

	本州東部				本州西部			
	1945 年度			44 年度	1945 年度			44 年度
	第 1	第 4	年間	年間	第 1	第 4	年間	年間
鉄鋼	919	1,069	3,976	4,214	801	946	3,479	3,398
鉄鋼二次製品	12	12	48		10	10	40	
鉱山製錬	50	50	200	320	36	36	144	250
造船造機	260	260	1,040	1,397	163	163	652	979
金属工業	26	26	104		30	30	120	
軽金属工業	152	222	769		98	147	500	
窯業	200	200	800	733	210	210	840	702
化学工業	324	326	1,283	1,864	458	522	1,965	2,385
液体燃料	83	86	327	137	512	526	2,073	636
ガス・コークス	390	390	1,560	1,721	320	320	1,280	1,200
風船爆弾	9	9	36		5	5	20	
繊維工業	60	60	240	186	54	54	216	250
食品工業・塩業	69	69	286	43	103	93	722	231
練炭	23	23	92	273	21	21	84	115
電力業	100	320	790	948	500	820	2,540	2,650
運輸業	914	946	3,689	4,094	596	629	2,449	2,546
官需	270	300	1,110	2,066	275	275	1,100	2,224
その他	45	49	183		32	32	128	
合計	3,906	4,417	16,533	17,996	4,224	4,839	18,352	17,566

注：その他は暖房・厨房・浴場用、小口用、山元消費等。運輸業は鉄道省用、私鉄用。
出所：前掲「一／二〇～四／二〇　物的国力見透試案（第二次）」1944 年 11 月 13 日、52 頁、軍需省「昭和十九年度物資動員計画（案）」1944 年 4 月 14 日前掲『後期物資動員計画資料』第 10 巻所収、20～23 頁。

規格で各期40隻、年間160隻を建造する計画とし、曳船1隻で被曳船（積載量300トン）8隻を予定し、在来曳船、帆船は現状水準を維持するとした。

11月の第2次推計ではこの結果、海上輸送力は表4-13のように第1次推計より、1,710万トンも多い3,533万トンに増強されることになった。1944年4月に策定された民需船C船の44年度海上輸送計画4,300万トン、5月の交通動員計画の物動民需船の輸送計画4,464万トンには及ばないものの、44年度の各四半期実施計画の合計3,668.7万トンに近い目標設定であった。急速に弱体化した輸送力の実態からはかけ離れた目標を設定してでも、44年度並の総動員計画を維持しようとしていた。この輸送力は、鉄鋼関係輸送583.3万トン、石炭531.1万トン、液体燃料249.7万トン、アルミニウム関係131.8万トン、主要食糧126.8万トン、非鉄95万トン、塩9.2万トンなどに振り分けられた。

表4-15 1945年度鉄鋼関係生産計画（1944年11月）

（千トン）

分類	項目	数量	分類	項目	数量
鉄鋼生産	普通鋼鋼材	3,000	原鉄	国内生産	320
	鍛鋼	220		A・B特殊製鉄	75
	鋳鋼	320		満洲より輸入	20
	特殊鋼	1,000		計	415
鉄鉱石	内地鉄鉱石	3,300	屑鉄	一般回収	350
	海送鉄鉱石	3,290		非常回収	100
	砂鉄	500		満洲屑	20
	タタラ滓	60		支那屑	10
	銅滓	40		朝鮮屑	10
	計	7,190		A・B供出屑	200
銑鉄	普通銑鉄	3,577		特殊鋼屑	220
	組合銑	140		満洲鋼塊片利用	12
	再生銑	30		ロール鋳型屑	120
	朝鮮小型溶鉱炉銑	260		在庫利用	160
	台湾小型溶鉱炉銑	20		計	1,202
	満洲銑	400	本船輸送	鉄鉱石	3,290
	支那銑	275		北支炭	1,920
	軍現地取得	44		銑鋼	2,840
	朝鮮低燐銑	24		南方マンガン	80
	満洲低燐銑	300		計	8,130
	計	4,746			

出所：前掲「一／二〇～四／二〇　物的国力見透試案（第二次）」1944年11月13日、54頁。

第1次国力推計から増強された海上輸送力と石炭増配による鉄道輸送力の強化が相俟って、本州の石炭配当も、表4-14のように東部で378.1万トン、西部で559.2万トン増強された。特に石炭危機が深刻であった西部については、1944年度当初案よりも若干積み増す計画案となり、増配された分は鉄鋼、軽金属、液体燃料等の重点部門に投入することを予定した。

重点物資の第2次供給見通し

鉄鋼生産計画も、583.3万トンの海上輸送力に国内炭輸送200万トン等を追加することによって大幅に増強される見通しになった。新たな生産条件を基に策定されたのが、表4-15の鉄鋼関係生産計画案である。北支等からの海送鉄鉱石は、第1四半期の73.5万トンから第4四半期の101万トン、年間329万トンに増強され、第1次推計の3倍となって内地鉱石の低迷を補った。普通銑鉄も第1四半期の86.5万トンから第4四半期には91.8万トン、年間357.7万トンに増強し、輸入銑鉄等を合わせて474.6万トンとなり、第1次国力推計の普通銑、鋳物用銑の合計288万トンを大きく上回る見通しを立てた。各種の屑鉄回収も僅かずつ増強して、普通鋼鋼材生産は175万トンから300万トンへ、鍛鉄は18.3万トンから22万トンへ、鋳鉄は27.3万トンから32万トンへ、特殊鋼は90万トンから100万トンへと増強された。

非鉄金属類の海上輸送力の配分は表4-16の通りとなり、銅、鉛、亜鉛や鉄鋼原料も大幅に増強された。特にボーキサイトに代わるアルミニウム原料として

表4-16　1944年度非鉄金属配船計画第1・2次案比較

(千トン)

	44年10月	44年11月
銅及び銅鉱	116.7	181.0
鉛及び鉛鉱	11.5	21.0
亜鉛及び亜鉛鉱	29.5	76.0
硫化鉄鉱	57.0	100.0
マンガン鉱	38.0	84.0
アルミナ・アルミニウム	38.0	55.0
アルミナクリンカー	24.0	250.0
蛍石	59.0	130.0
黒鉛	55.0	97.8
石灰石	281.4	642.0
礬土頁岩	901.0	1,012.0
粘土	38.0	85.0
苦灰石	29.0	73.0
明礬石	23.0	134.0
マグネシアクリンカー	86.0	204.0
その他とも合計	1,849.0	3,342.3

出所：前掲「想定ニ依ル四／一九〜四／二〇　物的国力推移見透試案（第一次）」16頁、前掲「一／二〇〜四／二〇　物的国力見透試案（第二次）」55頁。

期待された礬土頁岩、明礬石や、アルミニウム精錬時の不純物を含むクリンカーなどの利用の拡大が計画に組み込まれた。

3　決勝非常措置構想

こうした国力推計に基づいて、1944年12月には「戦勢挽回を目的とする施策要綱」の策定作業が始まり、その一環として陸軍からは陸海軍の統合案も提示された[9]。45年1月25日の最高戦争指導会議は「決勝非常措置要綱[10]」を決定し、45年度も経済総動員体制を維持しようとした。総力戦の中核戦力は航空機[11]と特攻戦力とした上で、重要資源の年間供給目標は表4-17のように設定した。これが小磯内閣時の最高戦争指導会議の下で検討された45年度の至上目標であった。しかし、無理の多い計画である上に、後述のように本土決戦を想定した軍備重点施策によって、閣議等で決定済みの防空対策、自給アルミ原料開発、自給製塩、食糧対策等の重要課題の実施が不可能になった。

4月7日の小磯の首相辞任時には、海上輸送計画が根底から破綻する事態になり、この決勝非常措置要綱は実施されなかったが、その内容を確認しておこう。資源の獲得基盤は日満支のほか、自給困難な南方物資の確保を目指した。施策の重点としては、①液体燃料の急速な増産、②海陸輸送力の維持増強、③生産防空態勢の徹底的強化、④食糧確保に「特段ノ措置」を講じること、⑤航空揮発油やその他の南方資源の急速な還送を挙げた。しかし、最早南方石油の新たな還送計画は不可能であった。航空機の機体生産は1944年9月をピークに急減しており、同表の2万機の努力目標は可能な状況ではなかった。44年度第4四半期、45年度第1四半期におけるボーキサイトの繰上還送を掲げたものの、45年1月以降、石油同様に南方から

表4-17　決勝非常措置要綱（1945年1月）における年間目標

		確保目標	努力目標
航空機	機	16,000	20,000
石炭	千トン	52,000	55,000
アルミニウム	トン	150,000	
液体燃料（製品）	千kl	2,000	2,500
甲造船	千総噸	1,590	
乙造船	千総噸	450	
機関車	両	207	
貨車	両	7,500	
貨物自動車	両	5,500	
軽車両（荷車等）	両	149,000	
海上輸送力	千トン	32,000	35,000
陸上輸送力	千トン	850,000	

出所：参謀本部『敗戦の記録』原書房、1967年、221～227頁。

の還送は、ほぼ途絶していた。礬土頁岩や明礬石等の日満支原料による高級アルミニウムの生産も、技術的問題を解決する見通しがなかった[12]。鉄鋼生産300万トンを達成するため、①国内における鉄源供出の徹底、②内地鉄鉱石の最大活用、③海送強粘結炭の配合比の合理的節減、④余剰電力の活用による電気製錬の促進、⑤満支での製鉄の増強など、従来から指摘されてきた方法に加え、⑥農山村における木炭銑の生産奨励なども掲げた。しかし、44年度鉄鋼生産は、第1四半期の98.5万トンから第3四半期に62.8万トンとなり、第4四半期には43.3万トンにまで落ち込み、年間では268.1万トンの実績にとどまる見込みになっており[13]、既に多くの高炉は休止していた。

軍需を含めた年間液体燃料200万〜250万klという計画は、南方からの還送燃料を上期中に50万klとし、これに加えて国内100万kl、松根油84〜160万klから精油した84万kl、さらに下期の還送油15.6万klの見通しなどから構成されており[14]、下期末には日満支での自給を達成するというものであった。しかし、1月25日の最高戦争指導会議の席上、海軍軍令部次長小沢治三郎は、液体燃料200万klでは「到底不足ニテ是非三〇〇万瓩ヲ必要トスト述ヘ且上半期ニ五〇万瓩ヲ還送スルハ到底不可能」であると説明するなど、この時点から計画は綻び始めていた[15]。アルコール原料の糖蜜を台湾から還送するための船舶も確保できず、日満支の油田開発、甘藷・馬鈴薯の大増産、石炭乾溜余剰設備の流用、中国産油脂の確保などの見通しがないなど、多くの課題が残されていた。しかし、杉山元陸軍大臣の「閣内ニ於テハ各種ノ異論アリタルモ無条件ニ決定セル経緯モアリ此ノ際一刻モ速カニ発足スルコト肝要ナリ」との説明を受けて、数字を変えずにそのまま承認した。陸軍参謀本部戦争指導班では、1944年12月以来、「統帥部トシテ必死ノ努力ヲ続ケ来リタル国内施策ハ一応発足ノ運ヒトナレリ[16]」としており、計画に無理があっても、この決勝非常措置要綱の決定によって統帥部の戦争継続意思を政府に確認させたことに意義があった。

輸送力の増強対策は、決定計画自体に無理が多かった。甲造船159万総噸は、上期における繰上建造に努力しつつ、貨物船約107万総噸、油槽船約38万総噸、雑船約14万総噸とした。量産よりも優速化、石炭焚とし、油槽船は貨物船に改造可能な設計にすることとした。乙造船45万総噸は曳船、被曳船とし、

続行船・既発注船もこれに切り替え、燃料重油の枯渇に対応しようとした。海上輸送力3,200万トンを維持するための措置として、①海上防衛の強化、②軍徴用船、民需船の統合運用など、海運行政の抜本刷新、港湾行政の一元化、③船舶修理の画期的促進、④稼航率の向上、⑤南方航路のABC総合輸送、⑥船員の養成、⑦木造船建造・運航体制の刷新強化、内地帆船の計画的利用などを掲げた。また陸運8億5,000万トンの確保のため、①旅客列車の極限的圧縮、②貨車運用効率の向上、③隘路線区の施設増強、④要員確保、勤労の強化、⑤小運送の画期的強化などがあげられた。海陸輸送の総合運用のため、大陸輸送の一元的運用、中継輸送力の強化なども掲げられた。貨物自動車については、修理に「特段ノ処置ヲ講シ代燃機ノ急速増産」に力点をおいた。

このほか、決勝非常措置要綱は、重要企業の防空態勢、分散疎開、地下施設の建設、交通遮断の場合の通信連絡体制といった空襲下での生産体制の維持や、食糧供出割当の強化、配給方法の改善、補填食糧給源（特に水産資源）の開発と培養を進め、都市有閑人口の疎開などによって満洲穀類に依存しない食糧自給体制の確立を目指した。また、学徒勤労動員、女子徴傭の実施を含む人的国力の動員の強化と適正化によって、将来の軍需動員計画に弾力を確保することも求められた。

同要綱では、中央・地方の動員行政全体の再編も求めており、①動員行政と作戦の一体化、②日満支の生産・輸送計画の総合化、③強固なる国内防衛態勢、④地方行政の刷新強化と陸海軍関係機関の緊密な吻合、⑤軍需行政の一元化、労務、資金の一元化、⑥重要軍需企業、交通機関、金融機関の整備、⑦生産性昂揚のための統制機構、統制法規、⑧闇経済の粛正、配給の合理化、⑨生産・輸送部門の監査、技術指導などがあげられた。陸海軍・民需部門の一元的統制、地方総監府に繋がる地方単位の軍民動員行政の一体化、軍需融資指定金融機関制度の拡張による企業・銀行の破綻回避など、戦争末期にとられた一連の措置もまとめて提示されている[17]。

1945年度における主要物資の供給能力に関する陸海軍、軍需省、綜合計画局による国力の検討作業は、設置時期は不明であるが「国力会議」の下で、その後も続けられた。2月には海軍省兵備局が戦備と物的国力の見通しを策定している[18]。戦略資源の45年度供給見通しは、2月初めには表4-18のように縮

小していた。船舶建造、海上輸送の計画は決勝非常措置と同じで、甲造船159万総噸、乙造船45万総噸、海上輸送力3,200万トン（民需船喪失率は月7％、稼航率は現状の1.27を1.35に向上、ABC総合輸送を実施）であった。しかし、鉄鋼は300万トンを依然として目標としつつ、260万トンに縮小し、特殊鋼も95万トンに縮小した上で「増産ニ努力ス」とされた。このため、11月の第2次案でも数十万トンであった屑鉄回収につい

表4-18 1945年度主要物資供給の見通し（1945年2月）

(千トン)

	1945年度見通し	1944年度計画
普通鋼鋼材	2,600	4,550
特殊鋼	950	1,100
アルミニウム	150	196.9
マグネシウム	15	11
電気銅	90	121.7
鉛	30	55.4
錫	3	19.6
セメント	2,500	5,238
生ゴム	40	64
アンモニア	280	223

出所：海軍省兵備局「昭和二十年度ニ於ケル戦備卜物的国力トノ見透資料」1945年2月6日前掲『後期物資動員計画資料』第14巻所収、59頁。

ては、「鉄源ノ根コソギ動員」を実施し、企業整備による供出目標を160万トンと想定し、44年度後半に100万トン以上の供出を目指しながら解体・輸送力の不足から進んでいなかった未稼働設備の回収を再度徹底しようとしていた。内地鉄鉱石もこれまでにない415万トンに引き上げるなど、北支鉱などの大陸資源の還送が殆ど期待できなくなっていることを示している。

　国内資源の開発と施設の資源化よって、無理に引き上げられた鉄鋼供給目標の260万トンは、陸海軍航空兵器用（A.B.D）75万トン、燃料増産用14万トン、甲造船用B_x 94.5万トン、乙造船5.5万トン、輸送力増強用C_x 22万トン、生産拡充計画用35万トン、一般民需等14万トンというように、兵器類と輸送力に徹底的に重点配分することを予定した。兵器類75万トンの内訳は陸海軍兵器29万トン、航空機2万機用の35万トンのほか、特攻兵器用の11万トンを確保し、橘花、秋水、桜花、無線誘導弾といった航空兵器や、特殊潜航艇、特攻艇の建造を計画していた。

　航空機生産に不可欠のアルミニウムについては、国産原料の採掘強化と処理施設の増強があげられ、特殊鋼についてはタングステン、モリブデン、ニッケル等の増産のほか規格の簡素化によって95万トン以上の生産を求めていた。セメントは前年度に比して需要が「激増」すると予想されていたが、実際の供

給見込みは原料炭の供給、施設の補修の点から前年度の 48％ になった。この
ため代用セメントの大幅利用の研究に期待した。南方資源に依存する錫と生ゴ
ムは、進行中の「特別還送」に全面的に依存していたが、対前年比で激減する
ことが予想された。

4　1945 年度第 3 次国力予測（物動基本計画）

第 3 次海上輸送力予測

　しかし、急速に海上輸送力を失い、2 月初めの供給見込みもまもなく困難な
ことが明らかになった。1945 年度物資動員計画策定を急ぐべき 3 月 1 日にな
って、ようやく計画策定事務要領が決定された[19]。この時点では、年度計画と
並行して各四半期実施計画の同時策定も予定されていが、「輸送力、供給力等
ノ算定ニ当リテハ客観的諸条件ノ峻徹ナル判定ノ上ニ確実ナル数量ヲ算定シ計
画ノ浮遊化ニ依ル困難ヲ極力防止スルト共ニ別途各般ノ増強措置ヲ講ジ反撃戦
力ノ造出ニ努ムルコト」という指示には無理が多かった。結局、前年度同様に
年度計画を目安にとどめ、四半期計画のみが実質的に意味を持つことになった。
計画対象も最重要物資に絞り、輸送力の配分、供給見通しを立て、それを地域
別・事業別に配分したものを「基本計画」とし、従来からの分科ごとの供給計
画と陸海軍、民需等の配分計画を合わせて「需給計画」と呼ぶことにした。

　基本計画は、需給計画の基礎ではあるが、輸送力と主要原料の配分計画を
「適時策定シ軍需並ニ各種事業運営トノ調整基準タラシム」ものと位置づけら
れ、状況に応じて従来以上に弾力的に扱うことになった。基本計画の計画事項
は、1944 年度下期同様に、海上輸送力配分計画、鉄道輸送力配分計画、固体
燃料供給と事業別配分計画、液体燃料供給と事業別配分計画、塩およびソーダ
供給と事業別配分計画、電力供給と事業別配分計画とし、これらを基本計画で
確定した上で、これを基準に各種物資の需給計画を設定した。そして、「峻徹
ナル判定」を基に、第 1 次、第 2 次国力推計のような無理な上乗せをせず、急
激な国力の減退も受け入れることになった。

　こうした編成方針によって、3 月 4 日に物動基本計画が策定された。これは、
前年 11 月の第 2 次に次ぐ、第 3 次国力推計でもあった。汽船輸送力は大幅に
縮小した。11 月の第 2 次国力推計で 150 万総噸とされた甲造船計画は、その

後の国力会議で145万総噸（貨物船107万総噸、油槽船38万総噸）になっていたが、第3次では84万総噸（貨物船76万総噸、油槽船8万総噸）にまで縮小した。民需船の喪失と軍徴用船補填は、上期の各月が7％、下期は各月10％（喪失7％、補填3.5万総噸）とされた。稼航率は日満支域1.35（ただし12～2月は1.28）、南鮮中継は2割増とした。修繕率は国力会議で保有船の11％としていたが、第3次推計では20％に修正した。結局、輸送力は表4-19の通りとなった。甲造船計画を縮小したため、C船の年間輸送力は、前掲表4-13の第2次推計と比べて491万トン減少して1,961.6万トンとなった。そのため、燃料不足で運航不能としてきた運航機帆船の稼働を組み込み、また、北海道機帆船、西日本機帆船については、基本計画はほぼ同じであるが、曳船・被曳船、友曳などを大きく見込んだ。これに鉄道輸送との接合部分である青函航送船と関門隧道の輸送力を合わせて、第1四半期1,103.5万トンとした。その後、重油から石炭焚への改装などでも補強して、第2四半期1,141.1万トン、第3四半期1,160.3万トン、第4四半期1,181.5万トンと、ほぼ一定の水準に維持して、年間合計で4,586万トンとした。関門隧道、王子製紙機帆船など、新たな項目が加えられているので第2次推計と比較するのが難しいが、比較可能な項目を集計すると、輸送力は第2次国力推計の約2割減に収めていた。

表4-19　1945年度海上輸送力（基本計画・第3次国力推計）

（千トン）

		第1四半期	年度合計
民需船（C船）	基本	5,020.8	18,415.6
	九州炭支援	300.0	1,200.0
	小計	5,320.8	19,615.6
運航機帆船		17.3	69.2
王子製紙機帆船		13.5	54.0
北海道機帆船	基本	150.0	600.0
	汽船曳船	8.6	31.1
	友曳	44.1	155.4
	代燃改装		226.4
	小計	202.7	1,012.9
西日本機帆船	基本 機帆船	800.0	2,600.0
	帆被曳船	512.0	2,048.0
	汽船曳船	46.5	186.0
	友曳	70.3	281.2
	代燃改装		510.1
	曳船	192.1	2,384.6
	小計	1,620.9	8,009.9
関釜・博釜連絡船		60.0	240.0
航送船	青函航路	940.0	5,060.0
	博釜航路		363.0
関門隧道		2,860.0	11,440.0
合計		11,035.2	45,864.6

出所：軍需省「昭和二十年度物の国力見透（基本計画）」1945年3月4日前掲『後期物資動員計画資料』第14巻所収、81頁。

表 4-20　1945 年度物資別輸送力配分計画（1945 年 3 月）

(千トン)

	第 1 四半期				年度計画			
	C船	機帆船	鉄道	合計	C船	機帆船	鉄道	合計
石炭	2,400.2	1,687.1	2,270.0	6,357.3	7,875.5	8,476.8	10,380.0	26,732.3
鉄鉱石	386.0			386.0	1,684.0			1,684.0
銑鋼	527.0		264.0	791.0	2,128.5		1,234.0	3,362.5
非鉄金属	622.1	17.3	4.5	643.9	2,619.5	69.2	155.3	2,844.0
コークス類	146.1	136.5	54.0	336.6	642.4	546.0	216.0	1,404.4
セメント類	13.0		45.0	58.0	68.5		180.0	248.5
油類	5.2			5.2	22.0			22.0
ソーダ類	7.5			7.5	31.7			31.7
紙パルプ	27.2	13.5	39.5	80.2	128.6	54.0	158.0	340.6
棉花羊毛	40.0			40.0	60.0			60.0
塩	360.0			360.0	1,576.2			1,576.2
木材			86.5	86.5			346.0	346.0
穀類	644.5		55.5	700.0	2,132.5		269.7	2,402.2
燐鉱石	23.0			23.0	97.2			97.2
肥料	52.0			52.0	220.0			220.0
油糧種実	47.0			47.0	267.0			267.0
その他	20.0		1,041.0	1,061.0	62.0		4,164.0	4,226.0
合計	5,320.8	1,854.4	3,860.0	11,035.2	19,615.6	9,146.0	17,103.0	45,864.6

出所：前掲「昭和二十年度物的国力見透（基本計画）」77 頁。

　この輸送力を物資別・輸送手段別に配分したのが、表4-20 である。石炭が海送物資である素材類の輸送の 58％を占めており、物動物資輸送がますますエネルギー供給の維持に傾斜していることがわかる。また、民需汽船（C船）が徐々に衰退するのを、機帆船、鉄道の増強でカバーしようとしていた。

　朝鮮、満洲、北支からの物資取得計画も見ておこう。表4-21 のように、大陸・朝鮮に依存する重要物資のうち、石炭では北支、満洲が、銑鋼では満洲、鉄鉱石では朝鮮、非鉄金属類・塩では北支、満洲、穀類・肥料では満洲が依然として期待され、大連、天津、朝鮮諸港との輸送力を維持しなければならなかった。

エネルギー供給の見通し

　国内での石炭配当の見通しは、輸送力の減少に伴って、前年11 月の第 2 次

表 4-21　1945 年度上期大陸・朝鮮物資輸送ルート別取得計画（1945 年 3 月）

(千トン)

		第1四半期					第2四半期				
		南鮮中継	黄海	北鮮	西南鮮	合計	南鮮中継	黄海	北鮮	西南鮮	合計
石炭	北支	90.0	210.0			300.0	90.0	210.0			300.0
	満洲	150.0		500.0		200.0	150.0		500.0		200.0
	朝鮮				85.0	85.0				85.0	85.0
	計	240.0	210.0	500.0	85.0	585.0	240.0	210.0	500.0	85.0	585.0
鉄鋼	北支		50.0			50.0		50.0			50.0
	満洲	96.0	5.0	15.0		116.0	96.0	5.0	15.0		116.0
	朝鮮	45.0		10.0		55.0	47.0		28.0		75.0
	計	141.0	55.0	25.0		221.0	143.0	55.0	43.0		241.0
鉄鉱石	北支		30.0			30.0		30.0			30.0
	満洲		30.0			30.0		30.0			30.0
	朝鮮			150.0	56.0	206.0			200.0	51.0	251.0
	計		60.0	150.0	56.0	266.0		60.0	200.0	51.0	311.0
非鉄	北支		151.0			151.0		170.0			170.0
	満洲	45.9	127.2	4.2		177.3	49.1	116.2	3.8		169.1
	朝鮮	48.0		34.3	5.5	87.8	54.8		32.5	6.5	93.8
	計	93.9	278.2	38.5	5.5	416.1	103.9	286.2	36.3	6.5	432.9
コークス類	満洲	1.5				1.5	1.5				1.5
セメント	朝鮮				3.0	3.0				3.0	3.0
棉花	北支		3.0			3.0		2.0			2.0
	朝鮮				6.0	6.0				3.0	3.0
	計		3.0		6.0	9.0		2.0		3.0	5.0
塩	北支		220.0			220.0		225.0			225.0
	満洲	65.0	75.5			140.5	75.0	82.5			157.5
	計	65.0	295.5			360.5	75.0	307.5			382.5
穀類	満洲	200.0	90.0	448.2		738.2	125.0	90.0	282.3		497.3
	朝鮮				130.0	130.0				68.2	68.2
	計	200.0	90.0	448.2	130.0	868.2	125.0	90.0	282.3	68.2	565.5
燐鉱石	北支		23.0			23.0		24.2			24.2
肥料	満洲	45.0	60.0	51.8		156.8	5.0	39.8	67.7		112.5
	朝鮮			5.0		5.0			6.0		6.0
	計	45.0	60.0	56.8		161.8	5.0	39.8	73.7		118.5
油糧種実	北支		15.0			15.0		35.0			35.0
	満洲	15.0	1.3	15.7		32.0	15.0				15.0
	計	15.0	16.3	15.7		47.0	15.0	35.0			50.0
合計	北支	90.0	702.0			792.0	90.0	746.2			836.2
	満洲	618.4	389.0	584.9		1,592.3	516.6	363.5	418.8		1,298.9
	朝鮮	93.0		199.3	285.5	577.8	101.8		266.5	216.7	585.0
	計	801.4	1,091.0	784.2	285.5	2,962.1	708.4	1,109.7	685.3	216.7	2,720.1

出所：前掲「昭和二十年度物の国力見透（基本計画）」80 頁。

表 4-22　1945年度液体燃料供給計画（1945年

		努力目標	確保目標	航揮	普揮	灯油	軽油	B重油
国産原油		375,000	330,000	21,450	21,450	56,100	29,700	9,900
人造石油	内地	137,500	125,500	10,800	20,200		18,000	30,600
	朝鮮	10,000	10,000		500		2,500	
	樺太	50,000	50,000		5,700		4,800	14,500
	満洲	8,500	8,500		2,700		1,800	
	支那	24,000	6,000		1,150			2,730
	計	230,000	200,000	10,800	30,250		27,100	47,830
頁岩油		250,000	230,000		23,100		2,500	182,000
酒精（内地）		300,000	300,000	280,000	20,000			
酒精（満支）		100,000	100,000	65,000	35,000			
メタノール		60,000	50,000		50,000			
タール製品		50,000	50,000					10,000
簡易低温乾留		15,000	10,000					1,500
油脂		75,000	75,000					
松根油	内地	300,000	200,000	50,000				40,000
	朝鮮	30,000	25,000		1,250		2,500	5,000
	樺太	1,500	1,000		50		100	200
	計	331,500	226,000	50,000	1,300		2,600	45,200
合計		1,786,500	1,571,000	427,250	181,100	56,100	61,900	296,430
台湾	国産原油		5,000	1,550	1,400	750	350	550
	酒精		110,000	90,000	20,000			
	松根油		4,000		200		400	800
	計		119,000	91,550	21,600	750	750	1,350

注：努力目標、確保目標は、原油相当分。半固体燃料とその他燃料は単位が異なるが、慣例によって合計欄は合算
出所：前掲「昭和二十年度物的国力見透（基本計画）」84頁。

推計よりさらに減少した。本州東部地区の第1四半期390.6万トン、年間1,653.3万トンは、第1四半期348万トン、年間1,457.2万トンに1割余り縮小し、西部地区も第1四半期422.4万トン、年間1,835.2万トンが、それぞれ391.9万トン、1,678.9万トンにと、1割近く縮小した[20]。

　液体燃料の供給計画については、表4-22のように策定された。1945年度計画は、南方の陸海軍の製油施設の利用は想定されず、軍需・民需を合算した計画となっている。しかしその規模は、これまで民需の最低ラインといわれてき

3月）

（半固体はトン、他はkl）

C重油	機械油	半固体	計
23,100	66,000	3,300	231,000
42,900	3,000		125,500
7,000			10,000
25,000			50,000
2,500	1,500		8,500
2,120			6,000
79,520	4,500		200,000
12,400	10,000		230,000
			300,000
			100,000
			50,000
40,000			50,000
3,100	400		5,000
	60,000		60,000
30,000			120,000
6,250			15,000
250			600
36,500			135,600
194,620	140,900	3,300	1,361,600
	50		4,650
			110,000
1,000			2,400
1,000	50		117,050

値としている。

た128万klとほぼ同じ136.2万klであり、軍令部次長が求めた300万klには到底及ばなかった。しかも、その原料内訳は、南方石油に依存した前年までとは大きく変わり、国産原油、人造石油、頁岩油、アルコール、松根油など、日満支全域の多様な資源からの抽出に依存した。日満支の自給方向を打ち出した前年10月28日の最高戦争指導会議決定の液体燃料196万klから3割縮小したとはいえ、それでもなお無理の目立つ計画であった。

例年30万klとしてきた国産原油は37.5万klとし、15万kl程度としてきた人造石油を20万klに増強した。その上に、普通揮発油用として数千klに過ぎなかったアルコールは、航空揮発油の主原料とするために、内地・満洲で一挙に40万klの生産を予定するという強引なものであった。しかも、発酵アルコール主原料の糖蜜供給地である台湾に向けて輸送力を割くことができずに、国内と分離した計画とし、国内の食用砂糖の配当は全面的に抑圧される事態となった。機械油代用品の油脂も従来の10倍以上として不足分を補った。さらに木酢液を蒸留したメタノールを普通揮発油に、クレオソートをB重油やC重油に充当するなど、従来あまり顧みられなかった原料を急速に開発する必要があった。極め付けは、松根の大量採取を国民的動員によって実現し、精製した松根油で液体燃料の10分の1を賄い、航空揮発油から各種重油など、幅広く液体燃料製品の不足をカバーさせるとい

う計画であった。これには燃料需給の行き詰まりの中で、前年末から期待をかけ始めていた。

「特殊想定」による物的国力の推計

　1月25日の決勝非常措置要綱も3月4日策定の基本計画にも、相当の無理があることは既に見た通りである。その中で空襲の激化や、2月19日の米軍の硫黄島上陸を受けて、陸軍による本土防衛の決号作戦、海軍による東シナ海・南西諸島方面での天号作戦が具体的に検討されることになった。本土作戦に必要な大陸、本土間の軍隊・軍需品の輸送には、船舶輸送力が3月中21万総噸、4月3.3万総噸、5月22万総噸、6月7万総噸と、4ヶ月で53万総噸余の不足が見込まれた。この分の徴傭を実施すれば、6月にはC船が「皆無トナル見込」となったが、2月26日に陸軍省・参謀本部は本土決戦完遂基本要綱を決定し、軍需省などと「今後活発ニ」対外折衝を開始することを決定している[21]。

　3月8日には陸海軍省、統帥部の局長会議が開かれ、大陸からの緊急の物資輸送等のため、陸軍が3月中に24万総噸の船舶徴傭を求めることを決定した。これに伴って、陸海軍徴用船、民需船は今後一元的に運用することとし、大本営に輸送会議を設定することなどの方針を決めている[22]。

　こうした事情を背景に、3月9日に大量の船舶喪失や造船所の空襲被害等を組み込んだ「特殊想定ニ基ク物的国力」の推計結果がまとめられた[23]。既に西日本の主要都市への空爆は本格化し、東京でも2月下旬から空襲が始まり、3月4日の物動基本計画の条件を維持することは困難になっていた。その「特殊想定」は次の通りである。①一般船舶の月当たり損耗率は1〜3月の6％から、4〜5月8％、6〜7月10％、8〜9月20％、10〜12月25％、46年1月30％、2〜3月35％と累増する、②空襲地域で行動する船舶の損耗率は3〜5月80％、6〜7月70％、8〜12月50％、46年1〜2月70％、3月50％と推移する、③敵機動部隊による全造船能力の減耗率は、3月20％、4〜12月30％、46年1〜3月50％と上昇する、④造船量は1月6.3万総噸、2〜3月8万総噸、以後毎月9万総噸（45年度108万総噸）とする、⑤機帆船稼航率は、4日の基本計画に対して、第1四半期10％減から逐次減少し、第4四半期は40％減を見込む、

⑥機帆船保有量は、基本計画に対して第2四半期に10％減、第3四半期20％減、第4四半期30％減と急減する、⑦内地鉄道輸送力は1944年度第4四半期に対して、第1四半期40％減から逐次縮小し、第4四半期は90％減、同様に朝鮮鉄道の輸送力は第1四半期の30％減から第4四半期には90％減へ、満洲鉄道輸送力は第1四半期の20％減から第4四半期50％減となり、北支鉄道輸送力は第1四半期に50％減となり第4四半期には全てを失う、⑧この輸送力の縮小に対して、優先的配分順位を、第1位食糧・塩、第2位石炭、第3位鉄鋼・アルミニウムとし、その他は極限まで削減する。この推計がまとめられた3月9日深夜から10日には首都圏への大規模な空襲があり、船舶の一挙的喪失は、もはや「特殊想定」ではなく、現実のものとなっていた。

こうした「特殊想定」の結果、海運関係では、C船輸送力が第1四半期の264.5万トンから第4四半期には3.4万トンとなった。関釜・博釜連絡船も第1四半期5.4万トンから第4四半期には2.5万トンとなり、西日本機帆船も127.9万トンから59.7万トンへと激減し、これを補完する関門隧道も171.6万トンから28.6万トンとなった。C船、機帆船、鉄道の物動輸送力は、第1四半期の633.6万トンから第4四半期には110.8万トンとなり、優先順位1位の塩が27万トンから5.9万トンへ、2位の石炭が406.1万トンから104.9万トンになるなど、年度末には深刻な食糧・経済危機が見込まれた。

こうした事態が予測されるにもかかわらず、3月15日の最高戦争指導会議は、3月から6月の4ヶ月間にわたって実働民需船腹8万総噸を陸軍が利用することを認めた。また、輸送力維持のため、船舶、港湾を一元的に運営することを決定し、特に「本年上半期ニ最大輸送力ヲ発揮スル為遅クモ四月一日ニハ全面的ニ発動シ得ル如ク強力ニ措置ス[24]」るとして、後述のように海上輸送力の動員体制を再編することになった。保有船舶の激減や建造能力の喪失は明白となり、3月末になっても年間の見通しは全く立たず、不確実なまま第1四半期計画のみを策定することに作業を切り替えることになった。

第3節　1945年度物資動員実施計画

1　第1四半期の海上輸送力の配分問題

隘路の多発と計画の簡素化

　海上輸送力が急減する可能性が高い中で、軍需省総動員局は1945年度第1四半期物動計画の検討を急ぐことになった。3月22日には、8万総噸の船舶徴傭を決めた15日の最高戦争指導会議決定に基づいて、配船・配炭計画、供給力計画・配当見込み等の総動員局原案を、関係各省の主務課長で討議し、28日までに「即決」するスケジュールを組んだ[25]。重点的な検討課題は、輸送力関係では、①C船損耗率の見通し、②船舶用B重油の配給見通し、特にクレオソートの供給見込み、③青函航路、関門航路の上り輸送力、④改E船と機帆船の稼働率、⑤一元的運営による稼航率の向上見通しであった。一元化とはいえ、軍の徴傭制度は廃止されなかった。兵員・軍関係者、兵器・糧秣等の軍需資材の輸送が最優先されることに変わりはなく、民需物資の輸送が大きく改善されるわけではなかった[26]。

　配船計画の重要検討課題は、①北洋漁業実施の可否と規模、②満洲産糧穀の配船量（集荷・出荷・港頭集積の輸送能力）、荷役能力、③南北朝鮮・黄海の港湾荷役力、配船限度、④裏日本中継の規模、⑤樺太炭積み取りの可否、⑥優先的配船をする物資の適否などであった。供給力についても懸案が多く、以下のような多くの検討課題が指摘された。①石炭供給と他物資の供給力との均衡、②鉄鋼生産見通し、③大陸からの供給を期待する強粘結炭、発生炉炭、無煙炭の必要量とそれに対応した消費規制対象の検討、④火薬と肥料の生産調整、⑤主要食糧の需給調整、⑥食塩需給、⑦工業塩とソーダ需給、⑧非常用貯炭の確保量とその運用法、⑨在庫物資の供給力への織り込み程度、⑩配炭・配船計画と液体燃料の供給力、⑪繊維の総合供給力、⑫アルミニウム・木材、セメントの供給力、⑬交易計画方針などの不確定要素など。重要物資相互の相克も顕在化していた。配当計画で危惧されていたのは、鉄鋼配当の減少による、①石炭生産や生産拡充産業への影響、②甲造船・乙造船計画への影響、③航空機

生産への影響、④重要防空施設の実現見通し、⑤製鉄設備移設の実施見通し、⑥内地の鉄道防衛、⑦燃料増強用施設の建設計画への影響などであった。

　結局、年度内にはまとまらず、4月5日の総動員局の策定方針でも[27]海陸輸送力の長期見通しが立たないことから、年度計画は上期末の情勢判断を基に検討することにして、第1四半期実施計画の策定を急ぐことになった。策定作業にあたっては、交通、通信能力の実態が把握困難になった場合の地方ごとの「臨機応変ノ措置」が必要になった。計画は極力簡素なものとし、地方行政協議会ないし軍需監理部では決定しえない基本的事項のみを中央政府で計画化することにした。これまでの検討作業も使えなくなった。そして、「船舶港湾鉄道ノ損耗ノ急激ナル増大ト生産施設ノ破壊必至ニシテ之カ為海陸輸送力ト生産力ノ大巾低下ヲ織込ムヲ要スルニ至レリ茲ニ於テ決勝非常措置要綱ノ構想ヲ一擲シ物動計画ノ策案ヲ根本的ニ再発足スルコト」とした。小磯の退陣に合わせて、1月25日に最高戦争指導会議で決定した本土決戦に向けた決勝非常措置構想も取り消した。

海上輸送力の急減と食糧問題

　民需船（C船）の月間損耗率は、これまで想定してきた7％を28％とし、3月9日の「特殊想定」並の高水準に設定した。この結果、第1四半期の民需C船輸送力は、4月110.6万トン、5月78.7万トン、6月52.4万トンの計241.7万トンに過ぎなくなった。仮に第2四半期も同等の損耗率とすれば、期中の輸送力は92.3万トンとなり、1944年第4四半期に対しては、第1四半期が65％、第2四半期は25％になると見込まれた。3月26日には米軍の沖縄上陸作戦が開始されており、早晩、西日本の制空権も米軍に制圧されると見通され、「下期ニ於テハ汽船輸送力ハ殆ント壊滅スヘク大陸物資取得ノ余地殆ントナシ」とみられた。西日本機帆船、北海道機帆船、運航機帆船、王子機帆船の第1四半期の機帆船輸送力は、158万トンを計画していたが、燃料の配当見込みからは50％程度に低下する恐れがあるとされた。鉄道輸送も内地、大陸ともに「相当ノ低下ヲ見込ムヲ要スル状況」であった。

　民需物資の第1四半期海上輸送力は、3月初めの第3次国力推計・基本計画では、表4-19、4-20のように民需汽船や特定機帆船に海送物資の鉄道転移分

表 4-23　1945 年度上期食糧関係配船の削減による軍需生産等への影響（4月5日）

(千トン)

		甲案	乙案
第1四半期民需船輸送力		2,670	2,670
上期糧穀輸送	民需一般配給	105	1,060
	大豆固有用途・肥飼料		450
	軍需追加需要		600
	アルコール原料	210	210
	計	1,260	*2,300
	うち第1四半期	830	1,500
塩	食料塩	200	200
	工業塩	250	250
	計	450	450
糧穀・塩以外に充当しうる輸送力		1,390	720
	石炭	900	400
	その他	490	320

注：民需船輸送力の算出には南鮮中継等を含む。＊は合計が一致しないが原資料のまま。
出所：軍需省総動員局「昭和二十年度第一、四半期物動計画策定方針ニ就テ」1945年4月5日前掲『後期物資動員計画資料』第14巻所収。

を合わせて 1,103.5 万トン、うち民需汽船は 532 万トン、特定機帆船は 185.4 万トンされ、海上輸送力を 717.5 万トンと見込んでいた。しかし新たな想定では、いずれも激減することが予測され、4月下旬には後述のように 422.7 万トンを基本計画とする事態になった。

この状況下で、「今期計画ノ策定上最大ノ問題ハ満洲糧穀類ト大陸食料塩ノ取得ヲ中心トスル直接的食糧確保ト石炭、鉄鋼等ヲ主体トスル直接的戦力物資ノ最低需要充足トノ調整方策ニ在リ」とされた。

　この食糧と「戦力物資」の相克をめぐって、第1四半期物動実施計画の策定は大きく遅れることになった。この際に検討されたのは、表 4-23 の甲乙二つの輸送力配分案であった。第1四半期の民需汽船輸送力は、南鮮中継の稼航率を2割増として、262.2 万トンと想定した。ここから 1945 米穀年度末まで、つまり 45 年度上期までに輸送すべき一般配給用の民需糧穀は、本来乙案のように国内での補填対策、防空備蓄米の放出等を実施しても 106 万トンであり、大豆も固有用途を極力制限しても 45 万トンが必要とされた。台湾産砂糖の輸入途絶への対応として、21 万トンのアルコール原料も液体燃料政策に不可欠であった。この結果、糧穀の所要海上輸送量は 230 万トン余となり、このうち第1四半期には 150 万トンを必要とした。こうして糧穀の最低限の確保を優先した場合、塩の輸移入 45 万トンを除いた他の物資に充当できる第1四半期の輸送力は 72 万トンにまで縮小した。

　これに対して、甲案は都道府県向け一般配給、軍需補給用を1割程度削減、

大豆固有用途と肥飼料等については3〜5割削減するというもので、これに要する海上輸送量は上期に126万トン、うち第1四半期は83万トンに圧縮された。糧穀・塩以外に向ける輸送力も139万トン確保され、石炭輸送も40万トンから90万トンになった。しかし、食糧を犠牲にした甲案によっても鉄鋼生産量は僅か30万トン、アルミニウムは9,000トンに過ぎなかった。本州地区の石炭配当は、1944年度第4四半期に対して65％、鉄道用炭を除くと一般産業向け配炭は50％になった。このため鉄鋼、金属類、化学工業等の原料物資の生産をはじめ航空機、機械工業等の加工工業も大幅に稼働率を低下させ、工場保有の半製品・材料の製品化にも支障が生じるとしていた。

糧穀優先の乙案に至っては、本州地区配炭はさらに1割減少すると分析していた。「斯ル段階ニ於テハ既ニ鉄鋼其他金属類等原料素材ノ生産ハ之ヲ大巾ニ削減シテ配炭ヲ現有素材半製品等ノ製品化ニ集中スヘキト信ス、第二四半期ノ見透ヲ考慮スルニ今期ノ原料素材等ノ生産ハ翌期ニ於テ戦力化スルハ至難ナレバナリ」としていた。第2四半期の輸入を「需給計画ニ織込ムハ極メテ危険」であり、「両軍ノ計画シアル今期ノ鉄鋼生産等ニ期待スル反撃戦力増強ノ為ノ兵器弾薬等ノ整備ハ画餅ニ飯スヘシ」として、素材生産を放棄し、加工段階に集中する必要があるとしていた。

なお、食料塩・工業塩の輸移入計画はそれぞれ第1四半期20万トン、25万トンと両案に共通であったが、「塩ノ需給見透ハ一層重大」であった。国内の食料塩生産は石炭を優先配当しても上期35万トンに過ぎず、「画期的ニ増強」をしても10万トンを加える程度であった。しかし、国内の食用塩需要は上期75万トンであったから、最低上期に30万トンの輸入が必要であった。第2四半期以降の輸送力急減を考慮して、両案とも第1四半期中に20万トンを確保しようとしていた。工業塩は毎四半期20万トンの所要量に対して全量を輸入に依存していたが、第1四半期は25万トン確保して、第2四半期に備えようという提案であった。第2四半期に輸送力が急減すれば、下期のソーダ生産は「殆ンド期待シ難ク、アルミニウム、火薬、液体燃料ノ生産其他工業全般ニ致命的打撃ヲ与フルニ至ルヘシ」とされ、化学工業が第1四半期以降、急降下する可能性を示唆するギリギリの削減提案であった。その他の物資も、交通・通信など作戦に必須な部門以外は極端に配船を制限する結果、「殆ント全物資ニ

亘リ配当ヲ停止スルノ止ムナキ状態」であった。

　液体燃料の需給計画も、資材不足によって予定した拡充工事が圧縮され、原料取得も困難になって、最高戦争指導会議の 196 万 kl の計画は、3 月 4 日の基本計画で既に年間粗油 157 万 kl、製品 136 万 kl の供給計画に縮小されていた。4 月 5 日案では「諸般ノ条件ハ更ニ悪化シ」、第 1 四半期は甲案の場合で粗油 21.4 万 kl、製品 18.6 万トンとなり、配分は民需 10 万 kl、陸海軍需 8.6 万 kl と見込まれた。民需は最低需要とされる量の 3 分の 1、前期の 2 分の 1 となり、「小運送並海上輸送力ニ重大ナル影響ヲ及ス」と予想した。

　アンモニアの減産も硝酸生産を半減させ、鉄鋼の減産によってコークス炉副生物の爆薬原料も「大巾ニ減少」することになった。化学肥料も「主トシテ石炭事情ヨリ其生産ハ激減セサルヲ得ス」、紙類では新聞用紙は前期の 60％、出版用紙類の配当は中止、その他は「概半減」と見込まれた。繊維類の総合供給力は前年度の 20％ 以下となった。そして、仮に糧穀優先の乙案を採用すれば、液体燃料等の供給は「更ニ大巾ニ減少ス」と指摘された。

　いずれにしても第 2 四半期には海上輸送力は 90 万トン程度であるから、糧穀と塩の必要量を配船するだけとなり、「爾余物資ニ配船スルノ余地ナキ見込」となった。さらに「仮令船舶ハ残存スルモ西南鮮、黄海方面ヘノ配船至難ニ陥ルノ公算尠ラサルヲ以テ第二四半期輸入ハ之ヲ胸算スルコトナク需給計画ヲ策定スル必要アリ」と、食糧・塩不足も深刻になることを指摘した。本州への石炭輸送は鉄道と機帆船のみとなり、東部、西部ともに 150 万トンを「若干超ス程度」となり、第 1 四半期に対して両地区とも 100 万トン近く減少することになった。「産業活動ハ愈々逼息セサルヲ得サル状況」とされた。総動員局の計画策定方針は、こうした「我ガ物的国力ノ実相ヲ正視」することを求め、「第一四半期ヨリハ主要食糧ヲ若干規正スルモ最少限ノ軍需生産ハ之ヲ続行スルヲ要スルヤ否ヤ戦局ノ現段階及其推移ヲ勘案シ之カ根本方針ヲ速ニ確定スルコト最モ緊要ナリト信ス」と、早晩消滅する軍需生産を食糧を犠牲にしても継続するのか、食糧確保に軸足を移すのか、戦争指導の決断を、4 月 5 日の軍需省総動員局の報告は迫っていた。物資動員計画の立案機関から、こうした作戦指導のあり方を問うというのは希有なことであった。

小磯内閣の瓦解

　4月5日、この問題に決着を付けずに内閣が瓦解した。小磯首相の辞任に至る理由には、就任時に天王山としていたレイテ島での敗北や、軍需関連物資の増産を請け負っていた藤原銀次郎軍需大臣の辞任などで、戦争継続方針が1944年末に揺らぎ始めたことに加えて、4月初めに国務大臣緒方竹虎らが重慶政府との講和交渉を進めようとした繆斌(みょうひん)工作が重光葵外相らの反対によって失敗したこと、ソ連からの日ソ中立条約の非延長通知といった外交面の挫折や、小磯の陸相兼務を陸軍が拒否したことが続いたことなどがあったと言われている。これに加えて、2月以降小磯支持派であった二宮治重文部大臣の病気辞任、田中武雄内閣書記官長の辞任、杉山元陸軍大臣による陸海軍統合処理の失敗が続き、一方で米内光政海軍大臣派の廣瀬久忠・石渡荘太郎が相次いで書記官長となったことなどの人事要因を真田穣一郎軍務局長（当時）が戦後に指摘している[28]。

　しかし、ここでは、1945年度の総動員計画の立案作業が暗礁に乗り上げ、食糧と軍需生産の相克から本土決戦とそれを支える決勝非常措置はおろか、飢餓との戦いが始まっていたことを、政権の中枢でも共有していたことを指摘しておく。後継首相をめぐっては、4月5日の重臣会議は東條が強く推薦する畑俊六を他の重臣が抑える形で鈴木貫太郎の推薦を決定した[29]。

海運一元化

　小磯内閣が行き詰まり、4月7日に鈴木内閣が発足する間に、海上輸送力の動員体制は大きく再編されつつあった。陸海軍徴傭船と民需船の運航管理の統合問題や、運航実務者を通じた間接的統制の解消を検討していた海運総局は、3月7日に船舶運営会強化実施要領を決定し、陸海軍徴用船と民需船の運営一元化方針をまとめていた[30]。15日の最高戦争指導会議は、陸軍による8万総噸の使用許可の際に、国家使用船舶や港湾運営の一元化を決定し[31]、これに基づいて、3月末をもって汽船の運航実務者制度を廃止し、4月1日から船舶運営会による徴傭船、民需船運航の一元管理体制を実施した。また3月29日の最高戦争指導会議では、陸軍軍務局長から、陸海軍ノ意見一致シ大本営ニ戦力協議会ノ如キ混合委員会ヲ設ケ船舶運営ノ最高指導ヲ行フ」との方針も説明さ

れた[32]。

　鈴木内閣成立後、4月19日の最高戦争指導会議は、その具体的実施要綱を決定し、新たな船舶運営体制を制定した[33]。国家船舶（差しあたり100総噸以上の汽船）による輸送総量、輸送物資、順位等に関する決定は、綜合計画局長官、陸海軍関係部局長、軍需省動員局長、海運総局長官などからなる戦力会議を設置してここが所管し、国家船舶の管理運営の最高指導機関として、5月1日大本営に海運総監部が設置された。1944年度の目玉政策であった「雪達磨式」造船による特別船舶を一般船舶と切り離した扱いも解消された。海運総監部は海軍軍令部総長、陸軍参謀本部総長の指揮を受け、現場実行機関の船舶司令部のほか、鎮守府司令長官、警備府司令長官、海運総局長官、鉄道総局長官に指示し、また海運地方実行機関を指揮するとした。また港湾能力の総合的、能率的運営のため、運輸通信大臣の指揮下に港湾行政を地方長官に一元化し、各港湾に貨物揚搭作業を指揮する揚搭指揮官を常置することとした。権限の強化や一元的統制が進捗してはいるものの、もはや残された船舶は僅かであった。

食糧・軍需相克問題の処理

　米穀等の食糧輸送用の配船計画は依然として難航していた。軍需省は4月16日、改めて輸送力の食糧輸送への配分をめぐって表4-24のような三つの案を策定し、最高戦争指導会議での判断を求めた。1945年度の上期に必要な食糧輸送量は、240.4万トン（第1四半期160万トン、第2四半期80.4万トン）であったが、既に見たように都道府県向け一般配給、味噌・醤油等の大豆固有用途、軍需集積用、軍需馬糧などを削減しなければ、鉄鋼、爆薬、液体燃料等の生産に大きな影響が出る事態であった。第1案は都道府県向け一般配給はそのままに、大豆固有用途30％減、軍用集積用30％減、軍需馬糧等10％減として、上期輸送量を215万トン、うち第1四半期を143万トンとするものであった。第2案は第2四半期の都道府県向け一般配給等を10％減とし、大豆固有用途50％減、軍需集積30％減、軍需馬糧等30％減とし、上期161.5万トン、第1四半期107万トンとするものであった。さらに食糧用の削減率を上げた第3案も含めて、その食糧輸送力を確保することが可能か、またその浮いた輸送力を軍需関連生産に回すことによる軍需生産の増強ないし減産回避の程度を検討した。

表 4-24　1945年度上期食糧関係配船の削減による軍需生産等への影響（4月16日）

(千トン)

		第1案	第2案	第3案
規制率（％）	都道府県、軍需味噌用	なし	7月から10	4月から10
	大豆固有用途、肥飼料用	30	50	50
	軍需集積用	30	30	50
	軍需馬糧	10	30	30
上期輸送量	一般食用（1,061）	1,061	707	456
	その他用途（450）	315	225	225
	アルコール用（210）	210	210	210
	軍需集積用（259）	182	182	130
	軍需馬糧（424）	382	291	291
	合計（2,404）	2,150	1,615	1,312
	うち第1四半期（1,600）	1,430	1,070	1,070
各案実行の条件	満洲出荷能力	関東軍の集積分の供出が必要	概ね充足	
	港頭出荷のための鉄道輸送力	他の物動物資、軍需品輸送を若干規制し、地場輸送は徹底圧縮が必要	地場輸送を大幅に圧縮	
	大陸港湾積出能力	相当不足し、完遂困難	陸軍の荷役力増強策が予定通り完成すれば、辛うじて可能	
	内地港湾能力、鉄道中継能力	裏日本のほかに阪神、関門を相当利用するを要する	裏日本のほかに阪神関門を若干利用するを要する	
	第2四半期海上輸送力	C船輸送力（90万トン）の大部分を必要とする。塩輸入の余地は僅少	戦局ノ推移により南鮮方面への配船困難	戦局悪化の状況下で、堅実な案と認められる
第一・四半期軍需生産への影響	糧穀以外に充当可能な輸送力	食料塩	200	200
		工業塩	250	250
		石炭	450	700
		その他	340	450
		計	1,240	1,600
	本州配炭量	東部（対前期）	2,260（60％）	2,360（64％）
		西部（対前期）	2,400（62％）	2,550（65％）
	配炭量に基づく産業稼働状況	第2案以上に鉄鋼等の素材生産を圧縮	僅かな重点産業以外は前期の50％	
	鉄鋼	普通鋼（対前期）	20万トン（35％）。ABDの配当を第2案並にすれば、Cは全て配当なしとなる	25万トン（44％）。AB需要の一部とD需要の大部分を充足すれば、C関係は鉄道小運送、通信等の作戦と直接関連する部門以外、配当不能。燃料対策は実施不能
		特殊鋼（対前期）	140（60％）	170（70％）
	航空機	第2案より若干減	既定計画の60％	
	火薬	硝酸対前期	50％	50％
		爆薬原料対前期	52％	60％
	硫安対前期	35％	35％	
	石灰窒素対前年同期	30％	30％	
	液体燃料	第2案と概ね同じ。クレオソートは減少する	総供給21.4万kl（製品換算18.6万kl）。AB配当8.6万kl。CD配当は10万klで、前期の62％、最低需要の3分の1	
	繊維総合供給（対前年）		18％	
	新聞・一般用紙（対前期）		65％	

出所：前掲『敗戦の記録』245〜249頁。

3案ともC船損耗率は前述のように月当たり28％とし、第1四半期の海上輸送力は4月5日案とほぼ同じ262万トン、前四半期に対して35％減、第2四半期は92万トン、対前期62％減と想定した。この輸送力は「食糧ト兵器関係以外ニ対シテハ殆ンド割クコト能ハザル」状況であり、「問題ハ食糧ト兵器トノ何レヲ優先セシムベキカ其ノ案配ヲ如何ニスルヤト謂フ究極ノ所ニ局限」されていた[34]。

輸送力の最大の隘路となるのは、大陸側の鉄道輸送、船積能力、内地側の荷揚・鉄道輸送であった。大陸物資の各期の輸送は「一三〇萬瓲程度ヨリ多クノ還送ハ見込難シ」としていたが、実際には第2案、第3案の第1四半期107万トンですら、1944年度第4四半期実績の3.5倍にのぼる計画であり、第3案の上期合計131.2万トンの輸送計画でも実現困難な水準であった。このため「国内施策ヲ全面的ニ強力ニ実施シ主要食糧配給基準モ軍民共即時一割規正ヲ」必要としていた。

こうした検討の結果、都道府県向け一般配給に手を付けない第1案は、本来の海上輸送必要量240.4万トンに近い215万トンを実現するものであるが、その場合は関東軍の作戦集積分からの食糧供出を求め、第2四半期のC船輸送力（90万トン）のほとんどを使用することになり、作戦の制約となった。また、塩の輸入も困難になり、食糧・物動物資以外の地場輸送の余地がないなど、第1案の可能性は「極メテ疑ハシ」かった。また、これによって捻出できる海上総力は124万トンであったが、この程度では石炭配当は、東部で前期（1944年度第4四半期）の60％、西部で62％にとどまった。鉄鋼配当は20万トン、対前期35％となり、民需配当は全面的に削除される事態となった。

第2案は食糧関係の配船を161.5万トンまで圧縮するもので、第3案より輸送量が30万トン多く、「此ノ点ニ不安」があり、地場輸送はやはり大幅に圧縮せざるをえなかったが、出荷、積出、中継、海上輸送力は可能な水準とされた。糧穀類以外の物資に捻出される海上輸送力は160万トンで、前案より石炭配当が若干改善されるが、それでも重点産業以外は前期の50％という水準であった。鉄鋼生産は対前期44％であり、民需関係は小運送、通信以外は配当不能、液体燃料増強対策は実施不能とされた。液体燃料の民需配当は前期の62％の僅か10万klとなり、最低需要の3分の1であった。

一方、第3案の水準まで一般食糧を絞り込んでも、さして軍需関連生産の補強とならないと判断された。この結果、最高戦争指導会議では、4月16日に第2案で行くことが決定され、これを基礎に物動計画の立案作業が進められたが、食糧事情も軍需生産の継続も極めて危うい状況であった。第2案の実現のためには、①国内の「自活自戦態勢」の推進（物資非常供出、在庫の配置転換）、②国内所在物資の保護、利用、融通の徹底、③船舶損耗の防止、港湾荷役力の向上、④木船建造の促進と大陸資源の「非常輸送」が必要とされたが、その条件は失われていた。

2　第1四半期物資動員実施計画

(1)　第1四半期海上輸送計画

4月26日に決定となった第1四半期物資動員実施計画の輸送力計画では、作戦の展開や民需船の沈没・大破の見通しが不確定だったため、結局、減耗率28％と7％案の両案を併記した。そして、28％案を新たな「基本計画」として供給・配当計画を組み、減耗率7％をもって「努力目標」を設定し、増送が可能になった分を按分することとした。機帆船も減耗率によっては大幅な縮小となった。結局、4月策定の基本計画では汽船と機帆船を合わせて422.7万トンとなり、3月の基本計画717.5万トンから41％も縮小した[35]。縮小分は鉄道へ転換することを図り、内地産の石炭輸送は3月の基本計画とほぼ変わらない水準とした。

大陸物資の輸送計画や特定重点物資については、これまでも基本計画と努力目標の2段構えとしたことがあるが、全面的に計画を二重化し、大きく幅を持たせたのは初めてであった。海上輸送力およびそれを補完するとともに鉄道輸送の最大隘路でもあった青函航路、関門隧道の輸送力とその物資別の輸送計画は表4-25の通りである。稼航率を1.3とし、損耗率が7％であれば、南鮮中継輸送を含むC船輸送力は418.7万トンであったが、損耗が実情に近い28％であれば、その62.6％の262.2万トンとなった。

損耗率28％案を中心に見ると、石炭の削減が最も多く、C船輸送力は3月の基本計画の240万トンから僅か71.9万トンと29.9％になり、北支・満洲等からの鉄鋼用原料炭は深刻な事態となった。その一方、食糧不足分の補填のた

表 4-25　1945 年度第 1 四半期物資別輸送機関別輸送計画（1945 年 4 月）

(千トン)

	損耗率 7 %案					損耗率 28 %案				
	C船	機帆船等	関釜	鉄道	合計	C船	機帆船等	関釜	鉄道	合計
石炭	1,479.5	1,663.0		1,900.0	5,042.5	718.8	1,416.4		1,900.0	4,035.2
鉄鉱石	90.0				90.0					
銑鋼	370.0			302.0	672.0	142.0			207.0	349.0
非鉄金属	431.6	86.8	4.5	99.0	621.9	225.0	84.6	4.5	83.0	397.1
コークス類	38.6	146.0		54.0	238.6	35.0	48.0		46.0	129.0
セメント類	3.0	5.0		45.0	53.0					
油類	1.5				1.5	1.5				1.5
ソーダ類		5.0			5.0					
紙パルプ	10.0	13.5		39.5	63.0	10.0	10.8			20.8
棉花羊毛	3.0				3.0					
塩	430.0	20.0			450.0	430.0	20.0			450.0
木材				48.5	48.5					
穀類	1,121.5	6.0	45.5		1,173.0	1,019.5		25.5		1,045.0
燐鉱石	15.0				15.0	15.0				15.0
肥料	151.9		10.0		161.9	25.0				25.0
油糧種実	31.8				31.8					
その他	9.4			1,122.0	1,131.4				727.0	727.0
合計	4,186.8	1,945.3	60.0	3,610.0	9,802.1	2,621.8	1,579.8	30.0	2,963.0	7,194.6

注：C船は汽船による日満支航路と南鮮中継。機帆船は北海道機帆船、西日本機帆船、帆船、被曳船による内地沿岸輸送と、南鮮中継に投入された運航機帆船の合計。関釜は関釜連絡船による南鮮中継輸送。鉄道は、隘路部分の青函航路と関門隧道輸送の合計。
出所：軍需省「昭和二十年度物資動員計画第一、四半期実施計画」1945 年 4 月 26 日前掲『後期物資動員計画資料』第 14 巻所収、124 頁。

め、満洲の糧穀と大陸塩の取得は「最優先配船」した[36]。その上で、米軍の本土上陸に備えた「最少限ノ戦備」のため、一部の軍需生産を続行するとの基本方針がとられ、増送・増産が可能になった分は軍需関連部門に追加配当することとした。こうして「主要食糧等ノ配給ハ若干規正スルト共ニ重要産業ハ概ネ前期ノ五割程度ニ稼働セシム」という見通しを立てた。

　C船による鉄鉱石の輸送は、3月の基本計画で 38.6 万トン計画であったが、損耗率が 28%なら輸送計画から外れることになり、減耗率 7%でも 9 万トンに削減された。同様に銑鋼は 52.7 万トン計画が 14.2 万トンないし 37 万トンになり、非鉄金属は 62.2 万トンが 22.5 万トンないし 44.1 万トンと二重に設定され、その後素材部門の施設は次々に稼働休止を予定することになった。

軍需素材の中核となる特殊鋼、軽金属原料である非鉄金属類のC船輸送は、3月の基本計画で62.2万トンであったが、損耗率7%なら43.2万トン、28%なら22.5万トンになり、機帆船輸送をここに割くことで、ある程度まで維持しようとした。その重点はアルミ原料の礬土頁岩であり、これが3分の1を占めた。これに石灰石、黒鉛、マグネサイトクリンカー、蛍石、銅鉱などが次ぎ、航空機素材については、最後まで生産を維持しようとしていた。

こうした素材部門の動向に対して、3月の基本計画では64.5万トンしかC船輸送力を配分されなかった穀類は損耗率28%でも102万トン、7%では112.25万トンを計画した。同様に3月の基本計画で36万トンだった塩については、両案とも43万トンとされ、機帆船分2万トンも追加されて45万トンとなった。大陸・朝鮮の糧穀類は事あるごとに削減の対象とされ、内地自給方針を強化してきたが、ここに来て大陸からの糧穀の補填が最重点化された。鉄道輸送量は全国で4,100万トンとなり、1944年度計画4,724万トンより縮小したが、実績の3,603万トンよりは高く設定し、青函、関門の隘路区間については376.2万トンと、3月の基本計画を維持した。

こうした3月の第3次国力推計・基本計画からの組み替えによって、ようやく第1四半期の食糧配給の都道府県向け一般配給や大豆固有用途、肥飼料、軍需人馬糧とアルコール原料は維持された。ただし、第2四半期には、一般配給、軍需常備補給用も1割減、味噌・醤油、肥飼料用は5割減、軍需集積用馬糧は3割減を余儀なくされることになり、深刻な食糧事情に変わりはなかった。輸入実績は4月下旬には「計画ニ対シ相当低下シアリ今後戦局ノ推移ニ依リテハ各般ノ困難更ニ加重スヘク特ニ第二、四半期以降ノ輸入ハ至難ナル見透ナリ仍ツテ国内ニ於ケル増産対策竝配給調整ニ関シテハ真ニ強力ナル施策ヲ必要トスル」としていた。

食塩・工業塩も深刻であり、最低年間75万トンとみられる食塩需要に対して、今後は自給製塩を「画期的ニ増産」しても10万トンに過ぎず、結局年間30万トンは輸入に頼らざるをえなかった。このため第1四半期には食塩20万トンの輸入を確保することにしたが、第2四半期の輸入の保障はなかった。一方、工業塩は四半期当たり約20万トンを要し、これを常時輸入で賄っていたが、今期は第2四半期に相当量の在庫を繰り越すことを想定して25万トンと

した。しかし、第2四半期のソーダ類の生産は「殆ント期待シ難ク工業全般ニ致命的打撃ヲ与フルニ至ル」とされ、塩の国内での増産について「真ニ徹底ナル対策」が求められた。

　1944年度には四半期当たり100万トン以上の輸送を期待した南鮮中継輸送も、前章で見たように44年第3四半期の実績は70万トン程度となった。45年1月の船積実績は13.6万トンになって、急速に縮小していたが、第1四半期には損耗率に応じて84.4万トンないし120.3万トンとして、依然として大きな期待を寄せている。輸送物資は、満洲の撫順炭、鉄鋼関係、非鉄金属類、コークス、塩、糧穀、肥料、油糧種実を62.3万トンから84万トン、北支の石炭、塩を6万トンから15万トン、朝鮮の銑鉄、非鉄金属類、糧穀等を16.1万トンから21.3万トンと見込んでいた[37]。

(2)　物資需給計画

石炭需給計画

　石炭の地域間需給関係は、C船損耗率7％と28％の場合に分けて、表4-26各欄の上下段のようになった。地区内生産は、影響を受けないと想定したが、朝鮮炭の移入は最少となり、鉄鋼生産に欠かせない満洲・北支炭の輸入は、損耗率次第で大きく見通しが変わっていた。供給量は1944年10月の第1次国力推計の水準よりも17.6％低下したが、やや九州地区の低落が大きいのは空襲の影響が考えられる。前章で見た44年度第4四半期の12月時点の配給可能量1,511.8万トンや、45年1月改訂計画の1,410万トンに比しても、一層の落ち込みとなった。そのため、汽船の利用を縮小し、機帆船・鉄道輸送に依存することで、損耗率による配炭量の変動幅を4％程度に抑え、特別貯炭や物動手持ち分を留保することで、調整手段を確保しようとしていた。一方、北海道、九州地区はともに本州に比して貯炭量が多く、輸送力不足が地域間バランスを崩し、生産増強を妨げていた。

　石炭の産業別配分計画も例年以上に詳細となり、産業中分類、必要に応じて小分類ごとに策定された。さらに行政区分ごとにある程度自立した総動員業務を遂行しつつあった。その概略は表4-27の通りである。船舶の損耗率によって配炭量が増加する可能性のある40万トン余については、各地区の重点産業

表 4-26　1945 年度第 1 四半期石炭地域間需給計画（1945 年 4 月）
（上段は C 船損耗率 7 ％の場合、下段は損耗率 28 ％の場合）

（千トン）

		北海道	東部	西部	九州	計
国内生産		3,400	810	916	6,000	11,126
移入（朝鮮）			46	14		60
			26	4		30
移出（朝鮮）		-50			-50	-100
					-50	-50
輸入	満洲		60	90	30	180
			60			60
	北支		57	86	43	186
	計		117	176	73	366
			60			60
供給		3,350	973	1,106	6,073	11,502
		3,400	896	920	6,000	11,216
内地間移動	北海道炭	-1,406	1,316	90		
		-1,204	1,129	75		
	常磐炭					
	九州炭		618	2,029	-2,647	
			586	1,722	-2,308	
	宇部炭		10	-10		
			10	-10		
域内供給		1,944	2,917	3,245	3,385	11,687
		2,196	2,671	2,707	3,260	10,738
前年度末貯炭		2,000	100	220	1,800	4,120
本年度末貯炭		1,794	100	200	1,791	3,885
		1,998	100	220	2,057	4,375
特別貯炭			100	100		200
物動手持ち			274	378	120	772
			100	100	50	250
配炭可能量		2,150	2,543	2,757	3,265	10,715
		2,150	2,421	2,507	3,210	10,288

注：西部本土炭は宇部炭に合算した。北海道配炭可能量の合計など、数カ所に計算不突合があるが、明らかな計算ミス以外はそのままとした。
出所：前掲「昭和二十年度物資動員計画第一、四半期実施計画」130 頁。

表 4-27　1945 年度第 1 四半期石炭産業別、地域別配当計画（1945 年 4 月）

(トン)

	北海道	東部	西部	九州	計	追加
鉄鋼	436,000	464,000	240,000	801,600	1,941,600	135,000
製銑	280,000	231,000		550,000	1,061,000	100,000
鉱山・製錬	31,100	27,000	23,000	28,000	109,100	1,500
造船造機	13,310	143,100	89,500	37,380	283,290	
金属工業		24,000	20,000	7,900	51,900	
軽合金		12,500	12,000	4,000	28,500	
軽金属工業	3,000	55,000	36,750	24,000	118,750	19,500
窯業	34,500	83,600	83,650	114,520	316,270	
セメント	20,500	34,000	39,000	75,000	168,500	
化学工業	28,550	196,900	386,600	372,900	984,950	65,500
硫安・硫酸等	6,000	24,000	184,000	100,000	314,000	16,000
ロケット燃料	3,000	35,000	28,000	35,000	101,000	
液体燃料	82,950	36,000	187,500	202,100	508,550	17,500
ガス・コークス	50,000	290,000	210,000	120,000	670,000	20,000
繊維工業	81,501	20,000	27,000	37,000	165,501	3,000
食料品・製塩業	42,500	36,000	121,700	27,100	227,300	10,000
練炭			8,000	10,000	18,000	
電力		15,000	240,000	400,000	655,000	
運輸	385,200	783,500	609,500	385,500	2,163,200	51,900
国鉄	310,000	760,000	590,000	270,000	1,930,000	40,000
私鉄	7,900	16,000	6,500	6,500	36,900	11,900
船舶焚料	67,300	7,000	11,000	109,000	194,300	
官需	224,000	218,000	181,500	250,000	873,500	80,000
公衙	20,000	700	2,300	2,000	25,000	
暖厨房・浴場	400,000	4,000	4,000	15,000	423,000	
山元消費	300,000	24,000	15,000	360,000	699,000	
その他	20,000	7,000	800	15,000	42,800	
合計	2,152,610	2,421,000	2,507,000	3,210,000	10,290,610	403,900

出所：前掲「昭和二十年度物資動員計画第一、四半期実施計画」1945 年 4 月 26 日前掲『後期物資動員計画資料』第 14 巻所収、131～135 頁。

に配分されることになった。

　鉄鋼関係が輸送用と並んで最大の石炭投入先であるが、地区ごとに見ると、近畿地区の製銑用は大きく削減され、追加があれば最大 10 万トンを配分するという計画になり、確実に配当される重点配分先は北海道、関東、東海、近畿、九州の鋼材と特殊鋼向けであった。造船造機部門の 28.3 万トンの内訳をみると、造船は近畿への 1.5 万トンが最大で全体でも 2.9 万トンであり、航空機への 5.5

万トンや、兵器の2.5万トンを合わせた直接的な軍需に最後の集中動員を実施している。造船・航空機部品は7.8万トンであるが内訳は判明せず、この段階では修理用部品も相当な比重を占めていたと思われる。輸送機械、一般機械は振るわず、電気機械が2.8万トンのほかは自動車用も7,900トンに過ぎなかった。金属工業は軽合金が中心であり、軽金属部門は追加配当も集中的に投入する計画であった。化学工業部門98.5万トンの内訳では、硫安・硫酸・メタノール31.4万トン、ソーダ15.6万トン、有機合成5.5万トンが多くを占め、追加配当もここに集中しているが、最後の兵器開発となったロケット燃料用も10.1万トン確保されていた。液体燃料の拡充も最重要課題であり、人造石油とアルコール増産計画に見合う割当がされた。繊維工業は人絹関係と紙パルプが中心であるが、風船爆弾用も2,500トン確保された。こうして、産業活動の維持に関しては、最大隘路である石炭を中分類・小分類の産業別に地方行政協議会単位で割り当てることが最重要課題となった。

液体燃料需給計画

　ほとんどを国産の原油、油料に依存した液体燃料の需給計画は表4-28の通りとなった。総供給量は、3月4日付基礎案の1四半期分に比べると、原油相当分で45％縮小した。統帥部は軍民の年間の製品総需要を300万klと主張していたが、18.7万klは、その僅か25％であった。基本計画のうち、短期的に実現可能性のないものは削除され、人造石油では中華民国での生産計画がなくなり、簡易低温乾留油と樺太での松根油の計画も消えた。多くの油種に精製されることが期待された松根油計画は大幅に縮小され、B、C重油にのみに利用されることになった。航空揮発油、自動車揮発油は、1937年の国有事業化以来、政府が力を入れてきたアルコールによって賄うことになった。このほかに輸送力の減耗率によっては、メタノール1,800klを普通揮発油として追加供給することも見込んでいた。

　この18.7万klのうち、民需用は約10万klと、最低需要水準の3分の1となった。民間事業別の配分では、普通揮発油の77％は自動車用で、輸送末端の小運送事業を支え、残りは航空機工業、ゴム工業、石炭・金属鉱山等に配当された。灯油は、農林水産用が56％、12％が船舶用だった。軽油は軍の

表 4-28 1945 年度第 1 四半期液体燃料供給計画（1945 年 4 月）

		原油	航揮	普揮	灯油	軽油	B重油	C重油	機械油
国産原油		75,000	4,500	4,500	10,497	7,500	11,530	3,250	10,000
人造石油	内地	21,000		5,500		1,500	9,500	4,000	500
	朝鮮	2,500		50		750		1,700	
	樺太	9,830		800	30	700	1,810	6,490	
	満洲	1,400		200		200		500	500
	計	34,730		6,550	30	3,150	11,310	12,690	1,000
頁岩油		35,000		2,200		6,400	25,400		1,000
酒精（内地）		33,000	23,000	10,000					
酒精（外地）		5,000	2,500	2,500					
メタノール		4,400		4,400					
タール製品		5,000					1,000	4,000	
油脂		10,500					1,700		7,920
松根油	内地	10,000					3,500	1,500	
	朝鮮	2,500					875	375	
	計	12,500					4,375	1,875	
合計		215,130	30,000	30,150	10,527	17,050	55,315	21,815	19,920
うち民需				20,178	7,527	5,436	30,807	15,474	18,714

出所：前掲「昭和二十年度物資動員計画第一、四半期実施計画」142 頁。

ディーゼル機関用が多く、民需では農林水産用 35％、船舶用 21％であった。B 重油は 80％が船舶用であり、海上輸送計画を支え、農林水産用 11％のほか、鉱山、航空機工業などへ配当された。C 重油は 34％が鉄鋼用、26％が航空機工業用で、残りは船舶用、軽金属工業、人造石油工業であった。このため C 重油による B 重油の代替、船舶用への転用にも限度があった。機械油は、自動車用、船舶用がそれぞれ 18％を占め、そのほかは国鉄、航空機工業、石炭、鉄鋼業、電気機械工業、電力業などであった。いずれも輸送部門、軍需関連産業の稼働維持と食糧生産が重点化された。

物資需給計画

　物資動員計画の中心であった供給計画、配当計画は、概ね前掲表 4-25 の船舶損耗率 7％の希望的観測を前提に組み立てられた。供給計画は簡素化され、甲・乙地域からの還送計画はなくなり、ごく僅かの円域輸入、内地・朝鮮の生

第4章　総動員体制の破綻（1945年度）

産、回収、在庫、その他の区分だけが示された。各分科の計画物資も整理され、第一分科は鋼材、普通銑、特殊鋼だけとなった。配当計画では軍需・民需に属さない形で液体燃料用、民需用には食糧増産用、緊急保留用の枠が新たに分離され、需給計画は表4-29のようになった。

　普通鋼鋼材は内地生産分のみを配分する25.2万トンの計画となったが、これは1944年度第4四半期の未稼働設備の大量資源化を前提にした82.1万トン計画に比べると3分の1以下になり、57.8万トンとしていた第3四半期計画に比しても2分の1以下になった。高炉の多くを休止させざるをえなかった銑鉄生産もほぼ前期の3分の1の36万トン計画になった。特殊鋼生産は前期の3分の2を維持しようとしていた[38]。電気銅のほとんどは軍需関連向けとなった。ゴムは在庫からの7,000トンのみの供給となり、うち5,000トンは軍需が占めた。前期よりも増額した数少ない物動物資の木材も、57％は軍需向けであった。セメントの需給計画はやや遅れて策定されたが、44年度上期に四半期当たり130万トン前後であった供給計画は、第4四半期に89万トンとなり、今期は65.5万トンとなった。内訳は内地49万トン、朝鮮16.5万トンであり、40.5万トンは軍需であった。

　鋼材配当の激減は、1944年度から45年度にかけて実施予定であった重要施策を全く不可能にした[39]。44年度末から、小磯内閣の下で臨時軽金属増産対策本部の軽金属増産対策や液体燃料増産施策、防空・食糧対策、インフラ整備等の重要施策が次々に決定されていた。表4-30のように、この施策に要する鋼材量は、年間44.2万トン、第1四半期だけでも17.8万トンに上っていた。しかし、第1四半期の配当総額が軍需を含めて25.3万トンという状況では、こうした積極的施策を実現する余地は全くなかった。

　表4-29に戻り、第1四半期の鋼材配当を前期の計画と比較しつつ概観しておこう。甲造船・乙造船を合わせて30.1トンであった造船用鋼材は1.5万トンとなり、曳船、被曳船、艀を「若干建造」するだけとなった。石炭焚等の代燃

（半固体はトン、他はkl）

半固体	計
2,450	54,227
	21,000
	2,500
	9,830
	1,400
	34,730
	35,000
	33,000
	5,000
	4,400
	5,000
	9,620
	5,000
	1,250
	6,250
2,450	187,227
1,863	99,999

表 4-29　1945 年度第 1 四半期主要物資需給計画（1945 年 4 月）

（木材：千石、その他：トン）

		普通鋼鋼材	普通銑	特殊鋼	電気銅	アルミニウム	生ゴム	木材
供給内訳	輸入（満洲国）		30,000	500		2,000		
	回収				2,000	5,000		
	在庫						7,000	
	朝鮮生産		37,000		250	2,760		
	内地生産	252,500	293,000	190,000	13,750	6,240		31,400
	合計	252,500	360,000	190,500	16,000	16,000	7,000	31,400
軍需	陸軍需一般 A	51,840	12,000	33,000	7,500		1,200	17,856
	海軍需一般 B	44,160	12,000	37,000			1,100	
	航空機 D	65,000	30,000	110,000	6,000	15,200	2,700	
	計	161,000	54,000	180,000	13,500	15,200	5,000	
造船用 B_x		15,000	6,000	1,000	900	70		
液体燃料		10,000	1,500	300	100			
民需 C	陸送増強 C_x	46,500	10,000	5,000	450		683	1,373
	生産拡充 C_2	11,000	25,040	3,300	600		400	6,691
	官需 C_3・一般民需 C_5	1,200	830	210	160		512	3,148
	輸出 C_4 満洲			120			95	345
	中華民国						40	
	食糧増産	1,500	690	50	30		150	526
	民間防空 C_z	2,600	560	20	100		70	633
	緊急保留	2,000	690	500	160		50	829
	計	64,800	37,810	9,200	1,500		2,000	13,545
生産確保用 C_6		1,700	260,690			800		
1944 年度第 4 四半期		821,000	1,010,000	278,250	24,000	23,875	12,600	20,662

注：木材は、兵器用、航空機用、造船用、車両用、一般用、坑木用、パルプ用材、枕木、電柱用、合板用の合計。
出所：前掲「昭和二十年度物資動員計画第一、四半期実施計画」150～156 頁、軍需省「昭和十九年度物資動員計画第四、四半期実施計画（案）（主要物資需給計画）」1944 年 12 月 12 日前掲『後期物資動員計画資料』第 11 巻所収。

装置、レシプロ化も「一部ヲ実施シ得ルノミニシテ今後ノ甲造船建造用資材ノ配当ハ零ナルハ勿論、修理用資材スラ現在ノ造船業者手持資材ヲ以テ賄フヲ要ス」とした。甲造船の新規着工はなく、45 年度上期に 60 万総噸弱の建造を予定するものの、下期は「零トナル」としていた。

　前期に 14.2 万トンであった重要物資の生産拡充用 C_2 の鋼材も 1.1 万トンとなって、国力の増強はほぼ放棄された。石炭鉱業向け鋼材は 2,000 トン程度と

表 4-30 1945 年度重要課題と鋼材所要量

(トン)

		鋼材所要量		
		総量	1945 年度	第 1 四半期
生産拡充	アルミニウム生産ノ為工場建設ニ関スル二十年度基本方針ニ関スル件（臨時軽金属増産対策本部決定 2 月 26 日）	50,000	50,000	20,500
	二十年度内地アルミナ工場設備建設計画修正要領ニ関スル件（臨時軽金属増産対策本部決定 3 月 20 日）			
	伊豆明礬石緊急開発（臨時軽金属増産対策本部決定 2 月 26 日）	8,000	8,000	5,000
	決勝非常措置要綱（石炭）（閣議決定 2 月上旬）	140,000	140,000	40,000
	日満支液体燃料緊急確保対策（閣議決定 44 年 10 月 20 日）	175,900	91,900	65,500
	アンモニア系工業製品生産強化ニ関スル件（閣議決定 3 月 30 日）	14,500	14,500	7,000
官需	電気通信設備ノ動員整備ニ関スル件（閣議決定 4 月 6 日）		1,275	500
	紙幣軍票銀行券ノ製造確保緊急対策（閣議決定 3 月 19 日）		450	80
	科学研究ノ緊急整備方針（閣議決定 43 年 8 月 20 日）		308	80
	科学技術ノ戦力化ニ関スル件（閣議決定 44 年 8 月 29 日）			
民需	放送施設決戦態勢整備強化（閣議決定 3 月 9 日）	1,006	1,006	250
	戦時住宅対策（次官会議決定 1 月 18 日）	1,200	1,200	300
	亜炭並ニ亜炭コークスノ増産ニ関スル件（次官会議決定 44 年 12 月 23 日）	1,200	1,200	300
	戦時建設機構確立ニ関スル件（閣議決定 2 月 23 日）	31,920	31,920	7,980
	自給製塩緊急対策ニ関スル件（閣議決定 3 月 9 日）	2,280	2,280	2,280
	新聞非常態勢（閣議決定 3 月 13 日）	270	270	20
防空対策	防空緊急強化対策（閣議決定 1 月 19 日）	4,000	4,000	2,700
	防衛通信対策（ABC 協定）（下段は陸海軍負担分）	11,230	11,230	1,000
		19,848	19,848	7,000
	電波防空（閣議決定 3 月 9 日）	386	386	320
	重要工場疎開対策（生活防空緊急対策決定 3 月 14 日）	45,350	45,350	11,350
	朝鮮水力発電所防護（下段は満洲側の支援分）	2,000	2,000	2,000
		1,000	1,000	
食糧対策	第三次食糧増産対策土地改良（1943 年 8 月 17 日閣議決定第 2 次対策ノ継続）	1,576	613	300
	諸類増産対策（閣議決定 1 月 30 日）	3,023	2,167	1,246
	都市疎開者ノ就農ニ関スル件緊急措置（閣議決定 3 月 30 日）	1,746	1,746	1,000
	朝鮮土地改良		3,040	750
	満洲緊急農地造成（閣議決定 43 年 11 月 22 日）	13,642	6,724	1,000
	合計	530,077	442,413	178,456

出所：「昭和二十年度第一、四半期物動実施計画要旨」前掲『後期物資動員計画資料』第 14 巻、161〜176 頁。

なり、年産4,800万トンの出炭を維持するための必要最低鋼材量に対して1割程度を充足するだけであった。軽金属工業向けも2,400トンにとどまり、補修用最小限度の1,000トンを控除した残りで、国産原料への転換計画の一部のみを実施することになった。期待していた伊豆明礬石の緊急開発用の鋼材は「皆無」であった。残りの6,600トンに対しても、生産拡充用の容器類が最低3,000トン、重要鉱物出鉱維持用も3,000トンを要したため、重要工場の補修も「殆ド不可能ナリ、特ニアンモニア、火薬、爆発塩ノ増産至難ナリ」と指摘された。

そのなかで陸送増強用 C_z は2割減程度で維持されたが、現有鉄道車両の補修のほかは、内地での防空備蓄と防空施設用にとどまり、重大な隘路となっている大陸鉄道については、「自給困難ナル特定ノ部品ヲ若干確保シ居ル」にとどまった。小運送についても新造1,500両用のほかは、修理部品、代燃装置を「若干整備」し、リヤカー等の軽車両を「相当整備」することを目指すだけだった。

液体燃料関係の鋼材は別枠として1万トンを確保したが、このうち8,000トンは容器用であり、「残量ヲ以テハ人石アルコール等既定拡充計画ノ全面中止ハ勿論国産原油ノ開発ニ甚大ナル影響ヲ及ホスト共ニ工場補修殆ンド不能」になった。アルコール増産のための甘藷処理用澱粉工場の建設も「約1/2ハ中止」となった。食糧増産用の鋼材も確保できず、1,500トンは「鍬、鎌ノミ辛シテ生産シ得」る水準であった。空襲対策用2,600トンも、「既定計画ノ一部ヲ遂行シ得ルニ止マリ従来ノ閣議決定（例防空強化対策等）ノ遂行不能トナルノミナラス工場疎開用資材ハ全然零ト」なった。

官需 C_3・一般民需 C_5 の鋼材合計1,200トンでは、釘、針金等の鉄鋼二次製品を「一部充足シ得ルニ止マリ補修資材ハ勿論木材生産資材、馬具蹄鉄スラ充足不能」とされた。生産確保用 C^6 は、製鉄設備の大陸移設計画用を想定していたが、「全面的ニ中止」され、補修用に充当することになったが、実際には「補修殆ンド不能」とされていた。

以上の25万トン余の鋼材需給計画のほかに、前年度末の行政査察による未稼働物資の処理によって約5万トンが、物動計画外で利用可能になることを期待していた。この分は、地方行政協議会を8地区の地方総監府に再編するにあ

たって、その核となる軍需省軍需監理部長の裁量に任せることとした。災害復旧、重要工場の修理等に利用することを予定したが、実際には容器等の鉄鋼二次製品の「適品ノ供給ハ見込薄」とされ、緊急対応は困難になっていた。

3　第1四半期物資動員計画の実施過程

(1)　主要物資輸送力の修正と総動員体制の瓦解

海上輸送力の縮小と本土決戦構想

輸送計画の詳細な実績は、第2四半期と一括して検討することにして、ここでは、船舶損耗率28％を前提として組み立てられた第1四半期の海上輸送基本計画（427.7万トン）を基に、海運総局が月ごとに策定したC船物資別輸送実施計画を見ておこう。表4-31のように5月までは当初計画通り月当たり総計140万トン程度の汽船輸送計画を維持し、石炭、塩、穀類などでは、差し迫る需給逼迫に対応して、計画を引き上げていることがわかる。しかし、沖縄戦が終結した6月には92.2万トンの輸送実施計画しか組めなくなり、石炭、塩、穀類すら大幅に縮小せざるをえなくなった。

第1四半期輸送実施計画は、軍需関連工業の最低操業水準、生存最低限の食糧確保を基準としていたため、僅かでも達成されなければ深刻な影響が出るものであった。しかし4月末の策定から1ヶ月あまりで、早くも行き詰まりが明らかになり、「努力目標」など問題にならなくなった。物動主要物資の輸送計画が後述のように5月には大きく狂い始め、6月初旬には、鋼材、石炭、繊維、液体燃料、銅、火薬・爆薬、生ゴム等の主要物資について、全体計画との不整合を調整する必要が生じ、不均衡は結局第2四半期に先送りする形で処理せざるをえなくなっていた[40]。

こうして、物資動員計画が発足早々に行き詰まる中で、6月8日の御前会議決定「今後採ルヘキ戦争指導ノ基本大綱」[41]は、「皇土戦場態勢」の強化、つまり本土決戦を準備し、終戦判断を遅らせた重大な要因となった。「基本大綱」を準備したのは、陸軍参謀本部第二十班高級部員の種村佐孝であり、西村敏雄の加筆修正を経て4月15日に陸軍大臣、参謀総長の裁決を得たものであった。5月中旬に種村は最高戦争指導会議の幹事補佐として、内閣書記官長の迫水久常に原案を提示し、迫水から幹事補佐の海軍省軍務局末沢慶政、綜合計画局第

表 4-31　1945 年度第 1 四半期各月 C 船輸送計画の推移

(千トン)

	4月		5月		6月		第1四半期	
	当初計画	実施計画	当初計画	実施計画	当初計画	実施計画	当初計画	実施計画
石炭	512.3	507.3	496.4	574.0	470.8	393.1	1,479.5	1,474.4
鉄鉱石	31.7	31.7	30.4		27.9		90.0	31.7
銑鋼	128.5	126.5	124.4	72.3	117.1	90.5	370.0	289.3
非鉄金属	152.9	153.9	148.5	108.3	139.3	90.4	440.7	352.6
コークス類	13.7	13.2	13.2	12.7	11.7	15.7	38.6	41.6
セメント	1.0	3.5	1.0		1.0		3.0	3.5
油類	0.5	0.5	0.5		0.5	0.5	1.5	1.0
紙パルプ	3.5	3.5	3.4	6.4	3.1	4.9	10.0	14.8
棉花羊毛	1.0	1.0	1.0	6.0	1.0	5.0	3.0	12.0
塩	156.6	156.6	151.3	171.3	142.1	122.1	450.0	450.0
木材				10.0		1.0		11.0
穀類	402.1	336.7	393.0	432.1	377.9	197.2	1,173.0	966.0
燐鉱石	5.2	5.2	5.3	5.0	4.5		15.0	10.2
肥料	56.3	65.7	54.6	40.0	51.0		161.9	105.7
油脂類	0.4	0.4	0.4		0.4		1.2	0.4
油料種実	10.5	5.0	10.3		9.8		30.6	5.0
その他	3.5	3.5	3.7	3.7	2.2	1.5	9.4	8.7
合計	1,479.7	1,414.2	1,437.4	1,441.8	1,360.3	921.9	4,277.4	3,777.9

出所:「1／20 C 船輸送計画及実施計画対照表 (決定)」1945 年 6 月 5 日前掲『後期物資動員計画資料』第 14 巻所収、465 頁。

一部長毛利英於菟、外務省政務局第一課長曽禰益らにも示した。この基本大綱の付属説明文書として総動員計画の現状報告や、国際情勢の検討結果が策定された[42]。この幹事補佐らの起案を、秋永月三綜合計画局長官、吉積正雄陸軍軍務局長、保科善四郎海軍軍務局長、迫水内閣書記官長らの最高戦争指導会議幹事が調整して、「国力ノ現状」「国際情勢ノ判断」および「今後採ルヘキ戦争指導ノ基本大綱」の 3 文書がまとめられた。その後、6 月 6 日の最高戦争指導会議で確認され、8 日の御前会議決定となった。それは、翌 9 日から開催される第 87 回臨時議会で、戦時緊急措置法など本土決戦を想定した広範な政府委任立法が成立されるため、内閣、陸海軍統帥部の戦争継続の見解を統一しておくための措置であった[43]。

「国力ノ現状」

　しかし、「国力ノ現状」の内容は、戦争継続、本土決戦方針とは明らかに背馳し、1945年度中期をもって経済活動が破綻することを明確に示していた。第1四半期の需給計画の実績を見ておこう。その結論は、「戦局ノ急迫ニ伴ヒ陸海交通竝ニ重要生産ハ益々阻害セラレ食糧ノ逼迫ハ深刻ヲ加ヘ近代的物的戦力ノ綜合発揮ハ極メテ至難」となり、民心の動揺を強く危惧するというものであった。「人的国力」の消耗については、「物的国力」に比して「尚余裕」があるとされ、人員の「偏在遊休化」を避け、徹底的配置転換と能率を増進することで、「戦力造出」の余地があるという認識ではあった。しかし、その「余裕」それは工場稼働率の低下で析出された労働力であった。

　汽船は100万総噸をなお保有するも、①燃料不足、②「敵ノ妨害激化」、③荷役力の低下によって、「著シク運航ヲ阻害」されていた。直近の損耗実績で推移すれば、本年末には使用船が「殆ンド皆無ニ近キ状態」になること、大陸との交通を確保できるかは沖縄戦如何にかかっており、6月以降の計画的交通は「期シ得ザルニ至ルベシ」と報告された。機帆船輸送力も同様に「急激ニ減少スル」ことが見込まれた。

　鉄道輸送力も、①施設等の疲弊、②敵の妨害、③空襲被害により低下し、さらに今後の交通破壊、空襲により、前年度の2分の1程度に停滞し、中期以降は長距離輸送の一貫性を失い、「局地輸送力」となるとされた。小運送、港湾荷役力は、資材、燃料、労働事情、運輸態勢の不備等によって、末端輸送、海陸輸送の接続機能を低下させ、鉄道・海運の重大な隘路を形成しつつあり、港湾機能は敵襲によって停止する恐れがあった。通信機能も資材、要員の不足と空襲被害によって低下し、本年中期以降は、各種の通信連絡は「甚シク困難」となると予想された。

　この結果、物的国力を見ると、鉄鋼生産は原料炭、鉱石の輸送・入手難によって、1944年前期の4分の1の水準となり、鋼船の新造は本年中期以降、「全然期待シ得ザル状況」になった。前年末以来取り組んでいる遊休資材等の活用・戦力化も「実行上多大ノ困難ヲ克服スル要アリ」と進捗しておらず、その事情は前章で見た通りである。本州東部、西部地区への石炭供給は、生産と輸送の減少によって「著シク低下シ空襲被害ノ増大ト相俟ツテ中枢地帯ノ工業生

産ハ全面的ニ下向シツツアリ中期以降ノ輸送ノ状況ニ依リテハ中枢地帯ノ工業ハ石炭供給ノ杜絶ニ依リ相当部分運転休止トナルノ虞大ナリ」とされた。

大陸の工業塩の還送も減少し、ソーダを基盤とする化学工業の生産は、「加速的ニ低下シツツアリ特ニ中期以降原料塩ノ取得ハ危機ニ直面スベク之ガ為軽金属及人造石油ノ生産ハ固ヨリ火薬、爆薬等ノ確保ニモ困難ヲ生ズル」と見込まれた。

液体燃料は日満支の自給のみとなり、貯油の払底と増産の遅延によって、航空燃料の逼迫は中期以降の戦争遂行に「重大ナ影響ヲ及ボス」とされ、航空機等の兵器生産も、空襲による交通、施設の破壊や原料、燃料の逼迫により、「遠カラズ至難トナルベシ」とされた。

食糧の逼迫も深刻となり、「本端境期ハ開戦以来最大ノ危機」とみられた。大陸からの糧穀は計画輸入量を確保しても、「強度ニ規制セラレタル基準ノ糧穀ト生理的必要最小限度ノ塩分ヲ漸ク摂取シ得ル程度トナルヲ覚悟セザルベカラズ」と指摘され、輸移入の妨害、国内輸送の分断、天候、敵襲を考慮すると、「局地的ニ飢餓状態ヲ現出スルノ虞アリ治安上モ楽観ヲ許サズ」、来年度にはさらに悪化すると報告された。最後の行政査察（第13回）も労務動員、戦災処理と並んで食糧を巡る軍と民の相克問題であった[44]。さらに「国力ノ現状」は、物価の騰貴、闇経済の横行、経済道義の頽廃による「経済秩序紊乱」とインフレの昂進によって戦時経済の組織的運営が不能となる恐れも指摘していた[45]。

国家意思の最高決定機関でこれだけの深刻な事態を明らかにしているにもかかわらず、「国力ノ現状」の末尾に付された「判決」は、「最大ノ隘路ハ生産意欲並敢闘精神ノ不足ト国力ノ戦力化ニ関スル具体的施策ノ不徹底」にあると総括し、「国民ノ戦意特ニ皇国伝統ノ忠誠心」に活路を求め、本土決戦構想との辻褄を合わせようとしていた。これは、最高戦争指導会議が合理的な政策決定機能を失っていることを示していた[46]。しかし、この「判決」の非合理性が最高戦争会議に代わる「聖断」方式の戦争指導方法を浮上させることにもなった。

(2) 物資需給計画の行き詰まり

海上輸送計画の変更

第1四半期の物資動員計画が急激な生産縮小過程における需給計画であった

ことから、縮小そのものの問題のほかに、関連する他物資等との不均衡問題も顕在化した。以下では、6月初めに検討された需給調整の細部で生じている深刻な不均衡問題とその対策資料から、第1四半期末の行き詰まり状況を見よう[47]。海上輸送計画は4月の基本計画422.7万トンに対して、月ごとの実施計画では、大陸鉄道輸送20万トン、穀物26万トンを削減して合計は377.8万トンになっていた。それでも、実績はさらに悪く、287万トンになるとみられ、穀物輸送の第1四半期計画107万トンと塩の45万トンは、陸海軍徴傭船の協力を「極力考慮」しても第2四半期末までにようやく達成される見込みとなった。石炭の鉄道、機帆船輸送の60万トン減は補填不能とみられ、総じて「鉄鋼関係ヲ極度ニ圧縮シ穀類、塩ニ最優先配船」を実施しても、第1四半期輸送計画を第2四半期末に「辛ジテ完遂」するにとどまると予想されていた。「石炭配船ノ振替ヲ考慮シ得ルモ石炭自体又実績甚シク低下シ戦力造出ノ最低限ヲ下廻リアル現状ニシテ振替不能」とされていた。

重要物資の需給不均衡

普通鋼鋼材　普通鋼鋼材の場合、1945年度第1四半期の生産計画は、44年度第4四半期実績の6割とその他物資に比しても著しく縮小され、「重要産業ノ稼働率ハ概ネ前期ノ五割程度[48]」であった。しかし、「工場、工廠ニ於ケル諸物資ノ需給状態ノ現況ヲ見ルニ先行基礎物資タル普通鋼々材ニ付テハ他物資ニ比シ比較的在庫多シ」とされていた。つまり、全般的な生産麻痺の中で、鋼材については在庫分だけでも当面の対応が可能であるとされた。さらに「多量ノ石炭ヲ要スル基礎物資ノ生産ヨリモ寧ロ少量ノ石炭ヲ以テ一刻モ早ク在庫物資ノ急速製品化ヲ図ルコト刻下ノ急務」であるとし、銑鉄、銅、鉛の金属類やセメント、苛性ソーダ、濃硝酸などの素材類との総量バランスは縮小しつつも「概ネ均衡」していると判断されている。問題は主要製鉄所の被爆による品種別需給の不均衡であり、「大型品ハ過剰ニシテ小型品特ニ二次製品等ハ極端ニ不足スル状況」であるため、「重量一本ノ命令ヲ改メ」ることが指示されている。

繊維の不均衡　繊維関係の需給計画は当初計画には間に合わなかった。6月の時点で近く策定される予定の1945年度計画[49]では「配船ノ関係上支那棉花

ノ取得ヲ断念シ朝鮮棉花ノミ掲上スル」としていたが、朝鮮も「天候ニ依リ減産ヲ余儀ナク」されていた。人造繊維工業部門でも、「苛性曹達配当ノ減少、配炭ノ悪化」によって生産は減少し、生糸・短繊維についても、「配炭減ニ伴ヒ生繭ノ乾燥不能トナリ供給ヲ減」じていた。このままでは、総合的な繊維供給は、44年度計画の6億5,137.2万ポンド（約29万5,456トン）に対し、45年度は1億1,845.3万ポンドと見込まれ、「一般産業部門並ニ民生ニ影響スル所深甚ナルモノアル」とされていた。このため、支那棉花輸入のために1万トン程度の配船を確保して、1億4,296.6万ポンド（約6万4,847トン）にまで引き上げようとしていた。しかし、「尚他物資ニ比シ完全ニ均衡ヲ得タルモノトハ言ヒ難ク諸種ノ生産部門ニ於テ繊維ガ隘路トナリテ増産ヲ阻害スル虞ナシトセズ」とされ、繊維を隘路として多方面で深刻な需給不均衡が生じていた。

輸送増強用 C_x の繊維配給では、作業衣、軍手等の被服用の配当が「皆無」となり、車両用帆布、ホース、絶縁用テープ、電線被覆の不足は、輸送機関における「深刻」な障害になった。防空用 C_z、乙造船用、石炭部門の安全帽子の生産は「困難」となり、鉱山部門は精錬用濾布のみとなった。石油部門は優先配当を実施するものの、松根油等の代燃対策は「皆無」とされた。軽金属部門もアルミナ濾布、補修用の一部のみとした。官需 C_3 では通貨製造、煙草関係、電気通信用の行嚢に「若干ヲ配当」するのみとし、衣料、作業用品等は、「全面的ニ配当ヲ中止」した。この結果、木材生産、試験研究、各種要員養成に関する「国家機能ノ減退」が予想された。輸出用 C_4 も、雑穀輸入の見返りとしての繊維製品や、生産資材向けが「皆無」となり、大陸の基礎産業の維持が困難となった。一般民需 C_5 でも、漁網不足による食料減産、機械工業・電気部門の補修用の不足、電線被覆用の不足による電源利用の隘路が予想された。化学工業での濾布の補修も困難となった。ゴム工業でのタイヤコード不足で、タイヤは小運送需要の1割を充足するだけとなり、鉱工業の伝導運搬用ベルトの補修も「一層減少」することになった。その他、一般民生用としての作業衣等、妊産婦・嬰児用品、靴下・タオル・足袋等の一般用品、衛生用品の配当は「皆無」となった。なお、朝鮮向け一般民需は全体で15万担（9,000トン）にとどめられたが、それでも供出裏賞用は100％確保され、労務者用、衛生用、妊産婦用、一般用等が内地で配当「皆無」とされる中、朝鮮では需要の30〜50

％は充当できるだろうとしていた。

　こうした内地における深刻な事態に対して、海運総局には北支棉8,000トン、朝鮮棉5,000トン分の配船確保を求め、陸軍に対しては本年度織り込み済みの支那棉11.5万担（6,900トン）の輸送確保を求めた。農商省には発注調整の厳格化によって供給が減少した場合でも軍需・民需の按分負担によって民需生産用の維持を要望していた。

　液体燃料　液体燃料の供給も、一般物資の供給力との均衡を欠けば、「全般ニ亘リ重大隘路ヲ形成」するため、対策が求められていた。油脂、脂肪酸について、在庫量を調整し、火薬用と睨み合わせて、「爾余ヲ全面的ニ重油代替燃料トシテ使用シ之ヲ急速戦力化」することを求めた。疎開が必要な地区の在庫油脂は、転送せずにそのまま重油代替燃料とすること、油脂分解用石炭を月当たり約4,500トン確保し、休眠状態にある油脂の分解を継続し、月当たり約1,000klの脂肪酸を重油代替燃料として9月まで供出させることなどを求めた。クレオソート、コールタール等の高温タール系製品の増産のため、クレオソート稼働機帆船によって配炭減を防ぎ、余剰能力のあるアルコール炉に石炭を増送するなど、代用液体燃料の増産を進めた。木材防腐用として備蓄されているクレオソート、コールタールの在庫も代用燃料として動員することになった。アルコール用原料としての満洲穀類21万トンを確保すること、陸軍徴用船による満洲穀類輸入を物動計画に計上すること、さらに「甘藷ノ早堀」による増産も求めた。松根油の「急速戦力化」のため、動員行政の一元化、輸送増強、精製方法の確定なども課題であった。陸海軍・民間の在庫燃料の相互融通も求められていた。

　石炭　石炭生産と輸送の不均衡も発生した。石炭生産は1944年度に「漸減シ特ニ筑豊炭ニ付テハ出炭減著シク」、45年度第1四半期は生産計画自体を前期に比して「相当大巾ニ低下シ策定」したにもかかわらず、達成率は9割になっていた。その一方で、3月から本格化した機雷投下によって瀬戸内方面の汽船、機帆船の運航は「著シク低下」し、関門鉄道輸送も計画に対して「相当低下」した。この結果、九州炭については「輸送ガ出炭ニ伴ハザル」状況となり、九州炭については差しあたり地場向け配炭を増やすことになった。掃海作業によって海上輸送力の回復と、鉄道輸送力が増強されれば、今度は筑豊の発生炉

炭、原料炭の増産が「焦眉ノ急」になることなどが指摘された。常磐炭、宇部炭については「輸送特ニ小運送」の問題と増産問題の両面の解決が必要とされ、運輸通信省に対しては、海上輸送が機雷投下で大幅に変動するため、重点的転移として関門隧道による本土送り、九州地場消費、若戸・苅田向け輸送の増強を要望していた。

銅 第1四半期の銅供給量は当初1万1,000トン（うち軍需7,310トン）であったが、航空機の機関砲用の薬莢向け需要が急増したため、配炭の増加等によって、実施計画では1万6,000トン（うち軍需1万3,500トン）として最低需要を確保する計画とした。これに対する実績見通しは1万4,000トンであった。しかし、第1四半期に入って採掘・選鉱用の資材、特に爆薬の入手が著しく困難となり、8万函の薬莢所要量に対して入手見込みは3万5,000函となって、第2四半期以降の供給に「大ナル暗影ヲ投ジツヽ」あった。軍需との競合もあって「急速ニ改善シ難ク加フルニ配炭ノ趨移（ママ）ハ益々深刻ニシテ依然最大ノ隘路」となるなど、ここでも配炭問題が深刻であった。このため、「容易ニ戦力化」しうる故銅を動員すべく、①軍その他の保有故銅を製錬所に送ること、②戦災故銅を速やかに集荷、選別し市場または製錬所に送ること、③集荷・輸送要員は、鉱山採掘を中止し、「鉱山労務者ヲ下山」させるなどの非常措置を講ずること、④故銅供給力を検討し、要員移動・転用可能量を算出すること、⑤既設製錬所の設備能力の増強を図ることなどを求めていた。

火薬類 火薬・爆薬の第1四半期の生産実績は表4-32の通りである。濃硝酸を除くと前期比5、6割台であり、必要最低量にも全く達しなかった。このため軍用火薬需要も工業用需要も満たさなかった。炭鉱用は70％、鉱山用は60％を充足する程度にとどまり、急速な整備が求められている地下工場建設用、横穴式

表4-32 1945年度第1四半期火薬類の生産状況（1945年6月）

(％)

	計画比	前期比	最低必要量比
アンモニア	60	66	30
濃硝酸	66	86	55
硝酸アンモニア	51	未定	未定
グリセリン	37	53	25
純ベンゾール	85	68	65
トルオール	87	65	65

出所：「第一四半期物動計画均衡検討並補正対策」1945年6月5日前掲『後期物資動員計画資料』第14巻、193頁。

壕、各種隧道工事用の需要は充足することが「至難」とされた。このため主原料の濃硝酸の不足、硝酸アンモニア、グリセリンの生産減を解決するため、「今后ノ物動条件ノ悪化ニ於テモ火薬類ノ需要」については、「他ノ資源ノ犠牲ニ於テ所要量ヲ維持ニ努ムルコト肝要」とされていた。このためグリセリンの計画の達成には、船舶用燃料として脂肪酸を月1,000トン供出して船舶量を確保し、見返りとして石炭月6,600トン（既配当を含む）を現物化し、分解グリセリンの月約350トンの生産を維持することがあげられた。ベンゾール対策では八幡製鉄所コークス炉に月4万トンの石炭を装入し、純ベンゾール月約14トン、トルオール月約35トンの増産を図り、副産品のクレオソートから石炭所要船腹の燃料を供給することなどがあげられた。また硝酸、生産アンモニアの生産確保のためアンモニアの優先確保を必要とし、農商省と協議して、共同所管としている硫安の生産を抑制せざるをえないとしていた。なお、火薬主原料を所管しながら軍需省が軍の火薬整備計画を依然として把握していない問題も指摘されていた。

生ゴム　4月末時点の生ゴム在庫は、交易営団・ゴム資材会社1万5,000トン、工場在庫5,000トン（推定）、陸海軍潤滑油用1万5,000トン（推定）の3万5,000トンとみられ、消費量は1期9,000トンとし、第1四半期割当は7,000トンであった。1946年度以降はゴム製品の生産は「皆無」となることが予想されていたが、既に戦災を受けたゴム工場は93工場に上り、27％の能力低下が生じていたことから、以下の対策が必要な状況であった。①空爆予想地域にある重点ゴム工場を全幅操業とし、生ゴムを速やかに製品化して、製品物動に移行すること、②自動車タイヤ、ベルト、ホース、電槽、再生ゴム関係の工場が戦災を受けて、業種別不均衡が生じているため、業種転換を急ぐこと、③急速な製品化をするため、石炭、セメント、木材、金型、配合剤、繊維等の副資材の確保に「特ニ考慮」し、労務確保についても「特段ノ措置」を講じること、④品目別重点生産を実施し、「徹底的消費節約」を図ること。また軍に対しても、軍からの「官材交付」は「工場消化能力其ノ他ノ点ニ於テ物動実施上弊害多」いとして廃止することを求めていた。これは配給計画上の重大問題として早くから指摘されていたが、結局改善しなかった。44年度から発注一元化と資材配当の一致が叫ばれていたが、依然として軍が原料在庫を利用して工場能

力を超える発注をしていることを示している。なお、潜水艦電槽隔離板用が逼迫し、7、8月には在庫「皆無」となることから、「軍艦等ニヨル特別輸送ヲ強行スルノ措置」を求めていた。

農業部門 食糧生産にかかわる労力、肥料、農機具の需給均衡も重要問題であった。労力については、工場労務の配置転換、戦災者、疎開者の帰農によって調達は可能であった。しかし、肥料生産は配炭事情から見て、所要量の確保は「到底不可能」であり、結局、労力を活用するための農機具を確保する必要性が「倍加」していた。しかし、農機具用の第1四半期の内地向け鋼材配当は500トン、銑鉄も500トンに過ぎず、それぞれ前年同期の6％、26％に過ぎなかった。空襲被災地域ではこれに加えて屑鉄の特配があり、東京では6月2日に鋼材703トン、銑鉄283トンの割当があり、農機具修理用などに充当されたが、厚板等の希望品種は僅かであった。農機具関係の緊急調整用の資材として、農商省は疎開就農者が45万戸であれば、鋼材3,528トン、特殊鋼269トン、10万戸であればそれぞれ1,446トン、119トンが必要であると主張していた。しかし「疎開就農者及勤報隊等ノ転入労務ニ対スル所要農具（鍬、鎌、シャベル、斧）供給ハ殆ド不可能ナル事情」とされ、軍需監理部が保有する未稼働資材の転用、戦災地の屑鉄利用の強化によって「動員労力ノ生産力化」を促進することを求めていた。

塩 食料塩と工業塩の均衡問題を見よう。第1四半期の食料塩は基本量の維持、一般用途の規制、第2四半期への繰り越しのほか、特別繰上輸送5万トンを含めて32万8,000トンを計画し、工業塩はソーダ類の供給を確保する必要最小限として18万5,000トンを計画した。しかし、その達成状況は工業塩60％、工業塩70％と「危フキ状況」となり、第2四半期に繰り越せるのは、表4-33のように工業塩、食料塩の合計で3万7,200トンと見込まれた。第2四半期の食料塩供給は第1四半期の86％となり、配当は生理的必要摂取量15万7,000トンを確保するだけとなった。工業塩の供給は前期の53％となってソーダ類の供給は半減することになった。第3四半期の食料塩供給は11万6,000トンとなり、第2四半期の68％と見込まれた。第3四半期にはあらゆる「戦力資材」の生産が不可能となり、「生命維持ニ要スル塩類」にも4万1,000トンの不足が生じる状況であった。このため、第2四半期から工業塩の配当を削

表 4-33　1945 年度第 1 実績と第 2・第 3 四半期の塩需給見通し（1945 年 6 月）

(トン)

		食料塩			工業塩			
		供給		配当		供給		配当
第1四半期	生産	65,000	基本	47,000	回収	3,000	ア法用	73,800
	輸移入	132,000	その他	130,000	輸移入	126,000	電解法用	36,000
							その他	2,000
	計	197,000	計	177,000	計	129,000	計	111,800
			次期繰越	20,000			次期繰越	17,200
第2四半期	生産	70,000	基本	47,000	回収	1,000	ア法用	38,200
	自給	30,000	その他	110,000	輸移入	50,000	電解法用	30,000
	輸移入	50,000			前期繰越	17,200	その他	0
	前期繰越	20,000						
	計	170,000	計	157,000	計	68,200	計	68,200
	次期繰越			13,000			次期繰越	0
第3四半期	生産	73,000	基本	47,000				
	自給	30,000	その他	110,000				
	前期繰越	13,000						
	計	116,000	計	157,000				
	次期繰越			-41,000				

注：集計ミスと思われる部分は修正した。工業配当の「ア法」、「電解法」は、それぞれアンモニア・ソーダ法、電解ソーダ法。
出所：前掲「第一四半期物動計画均衡検討並補正対策」198 頁。

減するほか、①輸送力の増加、少なくとも計画量の完遂、②国内製塩用炭の絶対確保、③自給製塩（電気製塩、冷凍製塩、簡易製塩、鹹水利用など）のほか、物動条件が悪化した場合は、第 2 四半期初めから工業塩を食料塩供給に切り替える必要が指摘されていた。

　陸上輸送　最後に鉄道輸送力と小運送の需給不均衡を見ておこう。第 1 四半期の鋼材の C_x 配当は内地鉄道 3 万 3,000 トン、小運送 8,500 トンであった。これによって内地鉄道の所要補修資材のほか 1 万トンの空襲被害応急復旧用備蓄資材を確保した。しかし、小運送用鋼材は 2 月に実施された京浜・阪神地区の自動車等の陸上輸送力増強を目指した第 12 回行政査察の際、2 万 300 トン必要とされたにもかかわらず、配当はその 42％に過ぎず、自動車 1,500 台、軽車両 4 万 9,000 台を製造するのみとなった。3 月 10 日以後の度重なる空襲によっ

て、自動車・軽車両の焼失も多く、第1四半期の実働自動車は、行政査察時に目標とした2万8,000台に対して、2万台程度になると見込まれた。鉄道輸送力が辛うじて補修用を確保したのに対して、小運送の輸送力は「一段ノ脆弱性」を示していた。小運送業は元来計画性の付与が難しく、特定顧客との輸送契約を中心とするか、機会主義的に受注することが多く、計画輸送や緊急輸送需要への対応力は弱かった。計画輸送の観点からは、「小運送業者ガ概ネ自由主義的色彩濃厚」であると見られていた上に、小運送機器の生産減少、修理不如意、空襲被害が重なった。その輸送力は「極メテ微弱」であるとされ、「戦時国家運営上ノ支障ハ甚大」であった。このための対策として、①自動車、軽車両用資材の増配、現品確保、②自動車部品、代燃装置の増産、軽車両工場の増強と復旧、③修理資材、修理工場の復旧、④燃料（特に代用燃料）、潤滑油の確保、⑤軍隊的編成よる小運送業者の完全掌握、⑥生産・修理運営の一元化に向けた具体的方策が必要であると指摘されていた。

(3) 第1四半期物資動員計画の実績

上記のように、6月初旬には主要物資の需給において、計画の破綻が明らかであった。第1四半期物動計画の実績を正確に知ることは困難であるが、6月末に軍需省が最高戦争指導会議資料として策定した報告書を基に、概要を見ておこう[50]。

汽船による海上輸送力の推移は、船舶と港湾の一元的運営体制を強化しつつも、空襲の激化や機雷投下による損耗率の増大と稼航率の低下によって、1944年度末の月150万トンから、第1四半期平均では月100万トンになった。第2四半期には、7月の約50万トンから期末にはさらに半減するとみられた。6月末時点で、既に大陸との輸送は、南鮮、東北鮮方面のみに制約されており、以後の大陸物資輸送は「遮断」されると予測された。海上輸送は北洋と日本海側の諸港間を中心とする沿岸輸送のみとなり、軍需生産には「概シテ大陸資源ヲ利用シ得ザル状態」になるとされた。

機帆船輸送は、1944年度初頭まで西日本機帆船と北海道機帆船を合わせて石炭輸送を月100万トン以上実現していたが、燃料配給の不円滑と故障船の増加、軍の徴傭によって低下を続け、45年6月時点では月30～40万トンに「激

減」した。

　国鉄輸送力は1944年度を通して概ね月1,500万トン水準を維持したが、逐次低下して45年度第1四半期は月1,300万トンとなった。第2四半期末には月1,100万トン程度に低下する見通しであり、空襲の重点が交通網の破壊に向かった場合は、「輸送力ハ一挙大巾ニ減少シ軍需生産ニ重大ナル影響ヲ及ホス」とされた。第3四半期には「常時相当数ノ遮断箇所ヲ生シ局地輸送力化シ軍需生産ニ致命的打撃ヲ与フルニ至ル惧大ナリ」と予測していた。

　かくして軍需生産は食糧関係物資の海陸輸送の負担も加えれば、さらに深刻な減少になることが指摘された。空襲の軍需生産に及ぼす影響も深刻で、焼失、破壊された工場は「相当厖大ナル数」に達し、「特ニ航空機工場ニ於テ深刻」であった。「強力ナル分散疎開ヲ断行セルヲ以テ実害ハ左程大ナラズ」と見込んではいたが、疎開自体が航空機工業に大きな打撃を与えていた。被害工場は、大都市ないしその周辺地区の機械工場を中心とした中小加工工場が多く、基礎産業の重化学工業大工場の被害は「未ダ比較的軽微」としたが、素材部門よりも製品工場といった「戦力化ノ終末工程ヲ担当スル工場ノ被害大ナルハ復旧等ハ比較的容易ナリト雖モ現下ノ戦局ニ鑑ミ寧ロ痛手」であった。全体としては石炭事情によって稼働率が低下していたため、復旧を必要とするものは「僅少」であり、生産移転によって「糊塗シ得ヘシ」とし、残存工業は予備の設備能力として保有するとしていた。そして、空襲の最大の影響は「労務者ノ離散出勤率低下ニ在リ」として、労務者住宅、食糧確保の必要を訴えていた。

　個別物資の状況では、石炭の不足が「軍需生産不振ノ最大原因」であり、特に本州への石炭増送が「戦力増強ノ眼目」になった。従来は年間6,000万トン前後の出炭を見ていたが、資材不足、機械の消耗、労働者不足、特に「素質」の低下によって、1944年度は炭質の低下も伴いながら約5,000万トンとなった。45年度は約4,000万トンと予想したが、特に九州炭の減産が深刻であった。第1四半期の本州の所要量は約800万トンであったが、配給実績は約500万トンとなり、第2四半期には350万トンを下回るとみられた。本州への石炭用の汽船配船は44年度下期は月100万トンを確保したが、45年度第1四半期は月50万トン弱となり、第2四半期は月10万トン余に急減し、「本州石炭飢饉ヲ招来セル最大原因」になるとした。燃料不足による機帆船の不振も解消できず、関

門隧道と青函航送が本州への炭鉱輸送の主力となるだろうとしていた。さらに地域別に見れば、阪神地区は月50万トンを必要とするところ、入着量は20万トン程度で、「需給最モ窮屈ニシテ戦力補給上真ニ憂慮スベキ状況」とされた。

航空機工業は空襲による破壊が「相当痛烈」であり、一時生産水準は被爆前の60%程度に低下した。6月末時点では「目下綜合生産力ニ於テ被爆前ノ約七五％ヲ保持」しているとしたが、「発動機生産ノ低下率大ニシテ機体ト均衡ヲ失」っていた。関連兵器は先行整備をしているため「支障ナキ」状態であったが、京浜地区の重要装備兵器工場や、協力工場の喪失の影響は「相当大」としていた。疎開地下工場の建設は重点機種を中心とした第1期工事が概ね7月末の完成を目指しており、5月20日現在の進捗状況は工事50％、生産移転40％強であると報告された。

こうして重要物資の減産が続く中で、配当計画では航空機生産用資材の確保を「第一ニ優先シ」[51]「軍需ノ充足ヲ図」ったため、民需は「前期ニ比シ一層圧縮セザルヲ得」なかった。民需は既に極限まで抑制されていたが、そのなかでは、米軍の本土上陸に備えて、鉄道、小運送関係資材を「極力優先確保シ軍隊ノ機動力ノ発揮」を図るとし、その他の民需は「徹底的ニ圧縮」した。

第2四半期物資動員計画の策定はさらに困難になることが予想された。空襲が激化し、大量の機雷が投下される中で、造船・修理能力が低下し、液体燃料も不足していたため、海陸輸送力や重要物資生産を予測することは極めて困難になっていた。第1四半期より汽船輸送は「相当減少」し、糧穀と塩の輸送に重点を置けば、軍需生産関係は「僅ニ石炭ノ輸送ヲ為シ得ルニ止マ」った。機帆船、鉄道輸送力も同様とみられ、本州向けの配炭も前期に比して「相当大巾ニ低下」するとしていた。しかし、「物動状勢ハ……益々困難ヲ累加シツヽアルモ第二四半期計画ニ於テハ真ニ戦争完遂一本ニ徹底セル方策ヲ講セント」して、「先ズ軍民ノ食糧ヲ戦争遂行ニ耐ヘル程度ニ確保シ以テ基盤ヲ鞏固ナカラシメタル上航空機ト武器就中特攻兵器ト爆薬ノ増産ニ全努力ヲ集中スルト共ニ陸上輸送力ノ確保ヲ強力ニ進捗シ以テ必勝不敗ノ激撃態勢ヲ確立セントスル」としていた。6月22日の御前会議で天皇の終戦の意思が示されており、一方、物資動員計画は供給縮小によって至る所で生じる不均衡問題への対応に追われていながら、依然として戦争継続方針を支えるものになった。

4　第2四半期物資動員計画の策定と実績

(1)　第2四半期物資動員計画の編成方針

計画構成の変更

　空襲等によって国内交通体系が分断されつつある中で、1945年度第2四半期の物資動員計画は編成方針を変更した。軍需省が策定する基本的事項に関する「中央計画」と、関係各省の現地機関と軍需省の地方軍需監理局が相互に連絡の上で策定する「地方計画」に分け、広域地方行政の動員力に期待した[52]。第2章で見たように、43年6月の閣議決定「地方行政刷新強化ニ関スル件」に基づき、九つの地方行政協議会が設置され、地方レベルの経済総動員体制が次第に自立性を持ち始め、物資動員計画の末端行政で重要な役割を演じるようになっていた。45年6月から地方行政は八つの地方総監府に再編され、合わせて陸軍の軍管区も一体のものとして再編された。地方動員行政に一層の自立性を持たせることになり、事務の相当部分も地方に移譲され、これに伴い軍需省の機構も適宜再編されることになった。

　中央計画は基本計画と需給計画から構成され、基本計画は、①重要物資海上輸送力配分計画（別途、積揚地別配船計画）、②重要物資鉄道輸送力配分計画（別途、鉄道局別輸送計画）、③固体燃料地区別部門別・用途別配分計画、④液体燃料供給、部門別・用途別配分計画（別途、地区別配分計画）、⑤塩・ソーダ供給、部門別・用途別配分計画（別途、地区別配分計画）であった。重要物資だけ先行して決定し、「基本計画」と称するのは、第1四半期からの措置でもあった。需給計画の供給力計画は項目を整理した上で基本的に従来の区分を踏襲したが、配当計画は、相当に複雑なものになった。陸軍需A、海軍需B、軍需省航空兵器総局関係需要D、海軍所管甲造船用B_x、鉄道・自動車・港湾関係の陸運増強用C_xは従来通りであるが、これに通信施設用、航空機工業向けに需給が逼迫していた工作機械、軸受、工具類、鍛圧機械、鑿岩機、真空管等の「計画機器」と「計画製品」用の区分を設け、重要機器類の生産計画を確保しようとした。これは、以前から機器類、資材・部品の航空機工業向け供給を計画化するために「成品物動」の名称で主張されていた措置であり、A、B、$C_2 \sim C_5$に分散して含まれていた特定機器・製品の原材料を特掲して優先的に

確保しようというものであった。そのほか特に中央で計画化を要する物資生産も中央計画で扱うこととした。

一方、地方計画でも別途供給計画、配当計画が策定されることになった。供給計画は、中央計画を受けて軍需省関係部局と連絡の上、地区内の工場・事業場別生産、回収、在庫、前期繰越、他地区からの流入・移入等を総合して物資別に策定するものであった。地方配当計画も中央計画を基準に地区内での用途別、最終需要者別配分を策定することになった。既にA、B、D、B_x、C_x等の配当計画は中央計画で決定されているため、地方計画では民需のC_2～C_5向けが主な配分項目になった。

配分計画にあたっては地区間の原材料・製品の「交流計画」が必要になり、従来各種統制会や統制組合傘下の一元的配給統制機関が需給状況に応じて適宜調整していた会員企業等への生産や出荷の指示を、地域間取引として厳格に計画化しようというものである。しかし、実際にこれが機能しうる状況であったかは疑わしい。地方が所管する民需配当用の割当はほとんどできなくなっており、民需産業の戦災、操業停止状況に応じて僅かな在庫、戦災屑などを地方独自に配分することを期待するものであった。こうして、全国の通信機能が麻痺することが想定される中で、本土決戦に備えて地区ごとに自立した総動員体制を構築しておくため、地方行政協議会を地方総監府行政区に再編し、地方行政の機構整備を急ぐことになった[53]。

第2四半期物資動員計画の基本目標は、「本土戦場化ニ伴フ緊急諸施策ヲ百難ヲ克服シテ第二・四半期末迄ニ完成スル」ことであった[54]。そのための重点措置は、①石炭の増産・増送に寄与する「万策ヲ優先強行」し、戦力増強の「根基」を培養すること、②交通防衛、特に鉄道輸送力の強化を「全巾支援」すること、③塩の増産の「必成ヲ期ス」こと、④食糧の最低量確保のための施策は「戦力資材整備ニ優先」させること、⑤航空機、特攻兵器、液体燃料、火薬・爆薬、電波兵器等の生産目標を確保すること、⑥在庫、退蔵物資の戦力化を促進すること、⑦防衛生産態勢を整備することなどであった。地域の特性に合わせて、食糧確保と「戦力造出」の調整を慎重に考慮することも合わせて指示した。

部門別重点措置

　物資別の生産、配給の重点や輸送問題への対応は次の通りであった。石炭については、「産業ノ比重決定ノ主要ナル要素」であることから、「従来ノ惰性ニ捉ハレ大口消費工場ヲ偏重スルコトナク真ニ戦局ノ要請スル生産ヲ確保」するとされ、特に本州、四国の製塩用石炭は「全部門ニ優先確保セシムルコト」とされた。九州炭、北海道炭の本土向け輸送の減少に対しては、自給燃料である亜炭の増産に「責任生産態勢」をとることなどを指示した。液体燃料については、天然石油、人造石油の中間製品輸送を迅速にし、製品の配給計画の不円滑を是正することや、アルコール原料用糧穀の最低量を陸海軍需、民需分を調整して確保することを指示した。

　火薬類の増産では、硝酸、硝酸アンモニウム、グリセリン、塩素酸、塩類の確保に重点を置き、添加剤のベンゾール、トルオールのため、八幡製鉄所コークス炉の稼働率増強を「万難ヲ排シ推進」することとした。広畑製鉄所でも内地の自給燃料によって遊休機帆船を稼働させ、八幡に準じた措置をとることを指示した。

　鉄鋼類については、「原則トシテ在庫品等ヲ以テ当面ノ需要ヲ充足スルニ努メ新規生産品種ハ弾丸鋼油井管線材其ノ他戦局ニ鑑ミ特ニ緊要ナル特定工場ノ限定生産品並ニ需給ノ均衡ヲ失シアル二次製品等ノ生産ニ重点ヲ指向スルコトトシ単ナル重量的目標達成ハ第二義トシ緊要品種ノ生産ヲ優先確保」することを指示した。

　大陸からの物資輸送は、既に軍需特殊物資でも僅かの量を取得するのみとなり、「下期以降ハ大陸トノ交通遮断」を「覚悟シ大陸資源依存ヲ完全ニ脱却スル」必要が指摘された。国内の海陸輸送も「逐次困難ニ陥ル」と予想されることから、重要物資の「繰上増送」を図った。このため貨車、艀等の回転率など、荷主側の総力を挙げて輸送力を増強することを指示した。特に7月に計画されている九州炭、北海道炭の本土向け増送計画の「完遂」を求めた。下期においては空襲が「苛斂化」し、海陸輸送は分断され、局地化するため、地域ごとの「防衛生産体制ノ迅速ナル確立」を求めていた。物動計画の実施権限は地方に移譲し、非常事態が生起する場合に向けて「独立運営態勢」を整備するまでは、中央、地方の連携を図るとした。

こうした立案要領に基づき、戦争継続を前提とした第2四半期物動計画が策定された。その特徴は、「食糧及塩ニ付テハ戦争遂行上必要ナル最低量ヲ優先確保スルト共ニ之ト節調ヲ保持シツ、爾余ノ国力ヲ挙ケテ航空機、特攻兵器、液体燃料、火薬爆薬、電波兵器ノ生産防衛強化特ニ交通防衛ノ強靱化ニ集中スルモノトス之カ為先ツ基底タル石炭及亜炭ノ増産増送ヲ強力ニ推進セントス」というものであった[55]。

(2) 海上輸送計画の一元化

第2四半期からは、かねてより必要性が指摘されてきた船舶の統合運用を本格的に実施することになった。陸海軍徴用船は、南方所在船を除いて6月中に解傭し、国家使用船舶の完全な一元的運営を前提に輸送計画を策定した。6月初めの時点で国家使用船として利用可能な船舶は、表4-34のように貨物船855隻151.7万総噸、油槽船91隻22.3万総噸であった。貨物・貨客船のうち、長期修理を要する戦傷船54隻14.6万総噸、病院船・救難船・冷凍船などの特殊船6隻8.9万総噸、帰還不能の南方配当船25隻6.7万総噸、大陸連絡会同で大陸に転用することになった船舶5隻4,400総噸、石炭焚改装中の船舶11隻9,680総噸、北洋漁業15隻3.7万総噸の計116隻27.3万総噸を控除すると、物動計画に利用可能な貨物・貨客船は739隻124.4万総噸となり、積載重量トンでは198.7万トンであった。これに稼航率を加味して算出した6月中の輸送重量は202.62万トンとなり、損耗率28%による減少分56.73万トンを差し引くと、輸送可能量は145.89万トンと算出された。

このデータを基礎に、第2四半期7月分の輸送力を算出すると、7月の月頭の輸送力145.89万トンから戦力会議主務者会同で概定し

表4-34 国家使用船舶の現況（1945年6月1日）

（千総噸、千トン）

		隻数	総噸	重量トン
貨物船	陸軍徴傭船	85	204.8	306.4
	海軍徴傭船	58	142.7	215.8
	民需船	712	1,169.4	1,910.5
	計	855	1,517.0	2,432.7
油槽船	陸軍徴傭船	4	6.9	10.4
	海軍徴傭船	64	196.5	302.0
	民需船	23	19.3	28.3
	計	91	222.9	239.4

出典：海運総監部「（戦力会議資料）七月海上輸送力ニ就テ（思想統一資料）（註 六月九、十日主務者打合済）」1945年6月12日前掲『後期物資動員計画資料』第14巻、508頁。

た純作戦利用による8.5万トン（損耗分の補塡）、損耗率30％による損耗分44.33万トンを差し引き、新造船による9.58万トン、北洋漁業からの復帰分8,100トンを加えると103.45万トンとなり、修理見込み43％による44.48万トンを差し引き、稼航率を1と想定して、輸送見込みを58.97万トンと算出した。

　航行可能な航路も限定された。7月には黄海航路、東シナ海南西・西北方面と九州間の航路も途絶し、8月には東北・九州間航路も逐次途絶するとみられた。大陸との限られた航路となった南鮮輸送については、7月に約20万トン、8月に8万トン、9月に4万トンの配船を「強行」することを予定した。また、瀬戸内海は機雷投下や沖縄船舶基地の状況によって、6月には「既ニ事実上途絶ノ状態ニ陥ルヘキモ作戦及物動上ノ絶対要請トシテ七月ニ於テ所要量ノ最低限約一〇万屯ト爾後ハ輸送力ノ減少ニ伴ヒ已ヲ得ス八月約七万屯九月約三万屯程度ノ行強配船ヲ考慮ス」（ママ）としていた。沖縄を基地とする米軍の本格的攻撃と本土上陸が7月以降想定され、米軍機動部隊、大型機の「来襲ハ急増」するとしながらも、日本海へ配船を転換することで、損耗率と修理率（定期・臨時・戦傷修理、修理待ち等）は、7月に30％と43％、8月は35％と44％、9月は40％と49％になると査定した。投下機雷も増加すると見ていたものの、日本海沿岸諸港での損耗は瀬戸内海配船分に比して少ないと想定し、日本海方面の修理能力の増強、建造能力の修理能力への全面転換などを講じて、強引な計画を策定することになった[56]。

（3）　7月配船計画

　7月の配船計画は、重点順位を1位南鮮―北九州関門・中国地方西部、2位北鮮―裏日本（新潟以西）、3位北洋―裏日本（新潟以北）、4位北九州―瀬戸内、5位千島輸送、6位北洋―裏日本とした。特に7月は1位の南鮮経由を重点化し、「本航路ヲ大陸本土連接ノ大動脈輸送路」として、7月中に重

表4-35　1945年7月配船計画

(トン)

	計画	配船	追加分
北洋	157,000	185,300	28,300
内地相互	40,000	138,840	98,840
南鮮	77,720	247,930	170,210
北鮮	234,080	334,930	100,850
合計	508,800	907,000	398,200

出所：海運総監部「七月物動配船計画」1945年6月26日前掲『後期物資動員計画資料』第14巻、517～518頁。

要物資を「為シ得ル限リ多量ニ皇土ニ蓄積」しようとした。留意点として、①戦況によって中央の指示が現地に到達しない場合は、現地で配船を調整すること、②索敵に努め、船舶の損耗よりも運航効率を優先する、③「団子配船」が必至の状況で「超短切揚搭能力」を発揮することなどが指示された[57]。大陸物資輸送の最終局面を示す計画であった。

こうして7月の輸送力58.97万トンを北洋、内地相互、南鮮、北鮮の各方面に振り分けた50.88万トンの基本計画に加え、物動計画外の小型船等の予備輸送力や予測外の損耗率低下による輸送力を動員した特別措置によって39.8万トンを追加した90.7万トンの計画を表4-35のように策定した。この追加分のうち南鮮・北鮮の27.1万トンが後述の陸海軍の護衛作戦（日号作戦）による

表4-36　物資別輸送機関別輸送計画の第1、第2四半期比較

(千トン)

	第1四半期					第2四半期				
	C船	機帆船	計	鉄道		C船	機帆船	計	鉄道	
				青函	関門				青函	関門
石炭	1,479.5	1,663.0	3,142.5	450.0	1,450.0	360.0	1,050.0	1,410.0	450.0	1,300.0
鉄鉱石	90.0		90.0							
銑鋼	370.0		370.0	64.0	238.0	50.0		50.0	78.0	146.1
非鉄金属	440.7	82.2	522.9	37.0	62.0	40.0	31.7	71.7	39.0	36.0
コークス類	38.6	146.0	184.6	24.0	30.0	7.0	74.0	81.0	44.0	42.0
セメント類	3.0	5.0	8.0		45.0		4.4	4.4		44.7
油類	1.5		1.5							
ソーダ類		5.0	5.0							
紙パルプ	10.0	13.5	23.5	31.5	8.0	12.0	11.5	23.5	14.1	
棉花羊毛	3.0		3.0			3.4		3.4		
塩	450.0		450.0			150.0		150.0		
木材			0.0	48.5	152.0				33.6	
穀類(肥料)	1,334.9		1,334.9			430.0		430.0		
燐鉱石	15.0		15.0							
油糧種実	31.8		31.8							
その他	10.9		10.9	95.0	1,027.0	1.7	0.4	2.1	189.4	341.3
合計	4,278.9	1,914.7	6,193.6	750.0	3,012.0	1,054.1	1,172.0	2,226.1	848.1	1,910.1

注：第1四半期計画は、船舶損耗率7％を想定した計画であるが、4月26日決定の実施計画と出所である「要旨」とはごく僅かに異なる。ここではその後の確定値がわかる「要旨」の数値を採用した。C船は汽船による日満支航路と南鮮中継。機帆船は北海道機帆船、西日本機帆船、帆船、被曳船による内地沿岸輸送。第1四半期の関門隧道の輸送合計が一致しないが、原資料のまま。
出所：前掲「昭和二十年度第一、四半期物動実施計画要旨」170頁、軍需省「昭和二十年度物資動員計画第二・四半期実施計画」1945年7月5日前掲『後期物資動員計画資料』第14巻、321頁。

「特攻朝輸送」である。羅津等の朝鮮諸港の在庫を小型船等で日本海側へ輸送するもので、そのほとんどが穀類、塩、鉄・非鉄金属であった。「特攻」の名称は危険海域での小型船輸送のリスクの高さにちなんだものであろう[58]。

(4) 第2四半期輸送計画

このような海上輸送力の算定方法を基に、第2四半期物動実施計画が7月5日に策定された[59]。液体燃料を除く物資別、機関別の海上輸送計画を、第1四半期実施計画と比較したのが表4-36である。汽船輸送力は7月50.9万トン、8月33.4万トン、9月21.1万トンと、第1四半期計画の4分の1以下、「実績ノ約三分ノ一」の105.4万トンとなった。同様に機帆船輸送力は、46.6万トン、38.6万トン、32.0万トン、計117.2万トンとなったが、被害想定が少ないため、8月には汽船を上回ることが見込まれた。鉄道輸送の隘路である青函航送と関門隧道はそれぞれ毎月28万トン、64万トンで安定していると想定した。

汽船による物資輸送は「交通遮断ヲ念慮シ満洲糧穀類大陸塩、黒鉛、蛍石等大陸物資ノ取得ニ重点ヲ置」くことになった。アルミニウム原料の最後の切り札とされていた礬土頁岩への配船はできなくなった[60]。最重点物資のC船輸送は、石炭36万トン、塩15万トン、穀類43万トンとなり、石炭輸送の内訳は、朝鮮炭2万トン、満洲炭2.1万トン、北海道炭25.5万トン、九州炭5万トンなどであった[61]。1944年度下期の実績月間約100万トンから、第1四半期は月間約50万トンに半減し、さらに第2四半期は30万トン余になるという惨状であった。石炭輸送は、この汽船に加えて機帆船輸送が前期の63.1%の105万トンであった。これに鉄道輸送が加わって国内石炭供給総量が決定されることになるが、関門隧道は前期の水準を維持できず130万トンにとどまり、青函航送船を利用した鉄道輸送45万トンと合わせてエネルギー供給の根幹を支えることになった。こうして、計画立案の時点から「軍需生産確保ノ上ニ石炭ガ最大隘路」であると認識されていた。しかも、「今後ノ空襲見透ニ依リ計画的一貫輸送ノ実施ハ逐次困難ニ陥リ特ニ第二四半期後半ニ於テハ著シキ低下ヲ来タスモノト予想」された。青函航送船、関門隧道の「両隘路区間ノ輸送ニ付テハ期初ニ於テ重要物資ノ繰上増送ニ努ムル」[62]と、7月中の増送が決定的に重要であると認識していた。

表 4-37　1945 年度第 2 四半期石炭地域間需給計画（1945 年 7 月）

(千トン)

		北海道	東部	西部	九州	計
国内生産		2,800	680	680	5,300	9,460
移入（朝鮮）			20			20
移出（朝鮮）					30（計画外）	30（計画外）
輸入	満洲		21			21
供給		2,800	721	680	5,300	9,501
内地間移動	北海道炭	-1,005	990	15		
	常磐炭		717			
	九州炭		305	1,495	-1,800	
	宇部炭			716		
域内供給		2,034	2,053	2,241	3,500	9,828
前期末貯炭		1,650	110	150	1,750	3,660
本期末貯炭		1,411	73	94	2,049	3,627
物動手持ち			91			91
配炭可能量		2,034	1,962	2,099	3,201	9,296

注：常磐炭には本州東部のその他炭を含む。宇部炭にはその他の西部炭を含む。集計ミスと見られる部分は修正した。
出所：前掲「昭和二十年度物資動員計画第二・四半期実施計画」324 頁。

　6 月末には大陸産穀物、塩の輸送を重点化した陸海軍共同の日号作戦が発令され、南鮮諸港、北鮮東岸諸港から、北九州、山陰、北陸諸港に向けた緊急輸送が実施された。船舶、艀が集中され、兵員も荷役に動員されたが、この頃には機雷封鎖によって、大陸との海上交通は遮断されていった[63]。

(5)　第 2 四半期物資需給計画

石炭・液体燃料需給計画

　石炭の地域別配当は、表 4-37 のように、国内生産計画が第 1 四半期の 1,112.6 万トンから 946 万トンに 15％縮小した。また、満洲・北支からの原料炭輸入はほぼ消滅し、国内炭だけの計画になった。北海道炭は 100.5 万トンを航送船と（45 万トン）と一般船舶（55.5 万トン）で本州東部等に供給し、九州炭は 180 万トンを関門隧道（130 万トン）と一般船舶（50 万トン）で本州西部等に供給する計画になった。本州東部・西部の配炭は合わせて 400 万トンと、「前期ニ比シ八割弱ニ低下シ鉄道運転用炭ヲ除ケバ爾余ノ配炭ハ前期ノ約七割

表 4-38　1945年度第2四半期石炭産業別、地域別配当計画（1945年7月）

(トン)

	北海道	東部	西部	九州	計	第1四半期
鉄鋼	423,000	256,000	175,000	778,600	1,632,600	2,076,600
製鉄	270,000	120,000		*550,000	940,000	1,161,000
鉱山・製錬	31,000	15,000	13,000	25,000	84,000	110,600
造船造機	12,410	96,000	56,830	36,250	201,490	283,290
金属工業		16,800	14,100	7,700	38,600	51,900
軽合金		8,700	8,400	4,000	21,100	28,500
軽金属工業	3,000	46,750	28,100	16,700	94,550	138,250
窯業	34,500	65,950	48,500	112,120	261,070	316,270
セメント	21,000	27,000	23,000	75,000	146,000	168,500
化学工業	35,200	164,900	323,990	426,250	950,340	1,050,450
硫安・硫酸等	8,000	25,000	148,840	110,000	291,840	330,000
ロケット燃料	3,000	22,000	25,500	35,000	85,500	101,000
液体燃料	85,650	45,900	174,980	193,100	499,630	526,050
ガス・コークス	50,000	180,000	150,000	110,000	490,000	690,000
繊維工業	70,500	11,000	14,300	35,000	130,800	168,501
食料品・製塩業	41,500	26,100	160,300	30,700	258,600	237,300
練炭				10,000	10,000	18,000
電力		15,000	160,000	400,000	575,000	655,000
運輸	367,500	758,000	530,000	356,500	2,012,000	2,215,100
国鉄	310,000	725,000	520,000	280,000	1,835,000	1,970,000
私鉄	7,900	16,000	6,500	6,500	36,900	48,800
船舶焚料	50,000	150,000	4,000	70,000	274,000	194,300
官需	259,300	241,800	234,000	328,000	1,063,100	953,500
公衙	20,000	500	1,500	2,000	24,000	25,000
暖厨房・浴場	350,000	2,500	2,500	13,000	368,000	423,000
山元消費	250,000	19,000	10,000	320,000	599,000	699,000
合計	2,033,560	1,961,200	2,097,100	3,200,900	9,292,760	10,694,510

注：＊九州の銑鉄配当には、この55万トンに加えて10万トンの重油配当がある。九州の合計が一致しないが、原資料のまま。
出所：前掲「昭和二十年度物資動員計画第二・四半期実施計画」325～327頁。

ニ過ギザル状態」とされた。しかも、「空襲ニ依ル今後ノ交通分断ヲ予想スルトキハ本州中央部ニ於ケル工業地帯ノ生産ヲ維持スル為常磐炭、宇部炭ノ生産増強、特ニ近接亜炭山ノ徹底的開発利用、九州炭、北海道炭ノ本州、四国最寄地ヘノ早期繰上貯炭ノ実施ニ付強力ナル施策ヲ要ス」としていた。こうした事情から、炭質の悪い常磐炭も加えて供給計画が作られている。したがって、実質的に本州東部地区では量的にも質的にも劇的な縮小になっており、緊急対応分の「物動手持ち」も僅かになった。

続いて表4-38によって石炭の産業別・地域別配当を、第1四半期と比較しながら見ておこう。総供給量は13％減の929.3万トンとなり、このなかで前期水準を維持しようとしていたのは軍需を含む官需、運輸部門、食料・製塩業、硫酸・火薬を含む化学工業であった。このうち製塩用は「最重点」として「全部門ニ優先確保」するとされた。鉄道運輸用炭は、所要量を確保した上で「本土分断ニ備ヘ相当量ノ備蓄ヲ保有」するよう指示された。石炭焚への転換を図った船舶用は27.3％増とした。火薬爆薬原料のアンモニア関係、液体燃料の配炭も計画の「一〇〇％確保」を求めていた。航空機、特攻兵器、電波兵器生産を最重点化している陸海軍需、化学・金属工業部門の素材・半製品の早期製品化の支援も重点配分とされた。一方、その他部門への割当は圧縮され、石炭の最大消費産業であった鉄鋼業は、21.3％減となり、高炉用には石炭に代わって重油が使われるようになっていた。生産品種は、需要逼迫品種に集中し、操業を維持しようとしていた。
　地域別では、本州東部地区が19％減、西部地区が16.4％減となり、工業の中心地域で深刻な割当抑制を行わざるをえなかった。東部地区で特に著しく制約されたのは鉄鋼の44.8％減、造船造機の32.9％減、ガスコークス37.9％減などで、重工業の拠点地区の稼働を著しく制約することになった。
　液体燃料の供給計画は表4-39のようになった。第1四半期と比較すると、人造石油計画を大幅に削減し、前期に3万5,000klを予定した頁岩油の取得計画も放棄した。その分を松根油を1万2,500klから4万3,800klとすることで相当部分をカバーし、船舶燃料として特に不足の著しいB重油については、他の油種からの振替や油質転換によって補うことで、総供給量は第1四半期の18.7万klから15.8万klと、15.4％減にとどめていた。国産原油、アルコールによって航空燃料の生産を2倍の6万klとしたことで、小運送の要である普通揮発油など他の油種の配当を圧迫した。しかし、B重油以外は新規の軍需配当を止めたことで、民需分の縮小は前期の11.8％減に抑えている。軍需は軍の在庫で処理することにしたものとみられる。それでも陸上小運送、機帆船は代燃化をさらに進めることを指示した。また、「敵襲ヲ考慮シ保有原油ノ精製ヲ促進ス」ることが指示され、原油貯蔵への考慮は止め、可能な限りの増産を目指したが、第1四半期よりもさらに1割削減されていた。

表 4-39　1945 年度第 2 四半期液体燃料供給計画（1945 年 7 月）

（半固体はトン、他は kl）

		原油	航揮	普揮	灯油	軽油	B 重油	C 重油	機械油	半固体	計
国産原油		77,500	12,225	4,100	120	8,355		9,530	10,000	1,500	45,830
人造石油	内地	13,000	350	1,150		1,340	2,500	6,450			11,790
	樺太	8,500		900	24	376	1,000	6,200			8,500
	計	21,500	350	2,050	24	1,716	3,500	12,650			20,290
酒精		45,000	41,000	4,000							45,000
メタノール		4,000	3,500								3,500
タール製品		3,500					3,500				3,500
油脂		10,000					10,000				10,000
松根油	A 地区	15,000	970				2,910				3,880
	B 地区	28,800	2,070				6,210				8,280
	計	43,800	3,040				9,120				12,160
調整						2,476	1,500	-1,500			
						-2,476	13,500	-9,000			4,500
繰越			655	1,690	520	565	491	4,850	3,320	400	12,490
合計		205,300	60,770	11,840	3,140	*9,195	41,611	16,530	13,320	1,900	158,306
うち民需				11,840	3,140	9,195	32,491	16,530	13,320	1,700	88,216

注：調整のうち、軽油・灯油の 2,476kl は振替。BC 重油 1,500kl は人造石油由来の C 重油の B 重油振替。C 重油 9,000kl は、脂肪酸エステル 4,500kl と結合させて B 重油化したもの。＊軽油の合計には満洲からの供給期待 1,035kl を含む。
出所：前掲「昭和二十年度物資動員計画第二・四半期実施計画」333 頁。

主要物資の需給計画

次に、表 4-40 によって主要物資の第 2 四半期の需給計画を見よう。供給力はいずれも前期に比して大きく落ち込んでいる。計画の内訳もさらに簡素になっているが、軍需では秋水などのロケット開発用の配分枠を設け、民需内に通信機器拡充用の配分枠を設定した。生産拡充用、官需、防空用などの民需は一部を中央計画の「その他」に区分し、残りは地方計画に譲る形になった。資材に分解した需給計画が機械生産などの加工組立産業では種々の不具合が生じるという物動計画の発足当初からの問題点に対して、航空機関連部品、航空機搭載機器等の用途が明確な最重要機器類については、その計画製品を素材の需給計画である物動計画の外枠の項目として組み込み、割り当て計画を策定することとした。航空機関連工業では 1943 年秋頃から、納品に数年を要しかねないほど発注が集中し、発注一元化が課題となっていた。受発注の管理のためにも

表 4-40　1945 年度第 2 四半期主要物資需給計画（1945 年 7 月）

(トン)

		普通鋼 鋼材	普通鋼 製品	普通鋼 合計	普通銑	特殊鋼	電気銅	アルミニウム	生ゴム
供給内訳	移輸入				25,000	5,000		1,950	
	回収						2,200	750	
	在庫				11,000				
	朝鮮生産							1,500	
	内地生産	120,787	29,213	150,000	262,000	120,000	8,000	5,000	6,000
	合計	120,787	29,213	150,000	298,000	125,000	10,200	9,200	6,000
中央計画分	軍需 陸軍需一般 A	22,928	5,572	28,500	8,400	21,650	2,162		760
	海軍需一般 B	19,745	3,655	23,400	8,000	24,270	2,378		760
	航空機 D	28,459	7,041	35,500	21,240	72,260	4,500	8,556	2,220
	ロケット開発	1,000		1,000	400		120		Bに含む
	計	72,132	16,268	88,400	38,040	118,180	9,160	8,556	3,740
	造船用 Bx	7,660	240	7,900	4,200	660	378		
	民需 陸送増強 C_x	19,418	3,670	23,088	6,180	3,040	250		
	通信	277	203	480	40	20	70		1,440
	その他	1,000		1,000					
	中央保留	10,348	4,172	14,520	480	100	92	644	
	計	31,043	8,045	39,088	6,700	3,160	412	644	1,440
地方計画分		7,840	4,510	12,350	3,100	1,200	100		
計画機器		2,112	150	2,262	15,500	1,800	150		
計画製品		1)29,213			2,460				820
配当合計		120,787	29,213	150,000	2)70,000	125,000	10,200	9,200	6,000
1945 年度第 1 四半期				252,500	360,000	190,500	16,000	16,000	7,000

注：液体燃料開発資材は陸海軍需に合算。
　1）鋼材の計画製品用配当は外数。
　2）普通銑鉄の未配当分 22 万 8,000 トンは生産確保用 C_6。
出所：前掲「昭和二十年度物資動員計画第二・四半期実施計画」336～343 頁。

重要機器類の資材を物動計画上で区分し、確実に鋼材・銑鉄等の原材料が供給されることを模索していた。このため、計画機器、計画製品という配当区分を設けることで特定機器の生産を担保しようとした。

　物資ごとに見ておこう。普通銑の輸移入は朝鮮 5,000 トン、満洲 2 万トンと前期に近い水準を期待しているが、国内生産は鉄鉱石・石炭の輸送難から対前期 2 割減となっている。屑鉄供給が見込めないため、鋼材供給は 4 割減の僅か 15 万トンとなった。その原因は「主トシテ配炭上ノ影響」と説明されており、

日本鋼管、日本製鉄広畑製鉄所は、「物動上休止セシムルノ余儀ナキ状態」でありながら、前述のように爆薬添加剤の生産維持のため、「更ニ工夫」を講じて稼働を維持するよう求めた。また、在庫の「戦力化ノ措置ヲ強行」するほか、弾丸鋼二次製品等の緊要品種の確保にも努めることが指示され、鋼材加工段階の停滞だけは避けようとしていた。

　鋼材配当の大部分は本土決戦に向けた陸海軍の戦備増強用であり、制空権、制海権を失い、近海輸送すら困難になったため、船舶の建造用は半減した。アルコールや松根油の増産用として前期に1万トンを配当した液体燃料用も激減

表4-41　1945年度第2四半期民需用鋼材地方総監府別部門別配当計画（1945年7月）

(トン)

		北海	東北	関東	東海	近畿	中国	四国	九州	計
生産拡充	素材	808.0	808.9	873.8	259.8	575.1	472.8	82.6	729.1	4,610.1
	製品	620.0	420.0	360.0	90.0	240.0	300.0	60.0	1,250.0	3,340.0
	計	1,428.0	1,228.9	1,233.8	349.8	815.1	772.8	142.6	1,979.1	7,950.1
官需	素材	2.2	12.9	44.7	2.7	4.6	0.3	3.7	4.6	75.7
	製品	12.3	5.8	22.8	6.3	3.0	0.8	1.0	2.1	54.3
	計	14.5	18.8	67.5	9.0	7.6	1.1	4.5	6.7	130.0
食糧増産	素材	35.0		230.8	87.1	183.9	6.0		18.8	561.6
	製品	23.0	16.0	137.1	17.7	58.2	8.5	4.0	13.9	278.4
	計	58.0	16.0	367.9	104.8	242.1	14.5	4.0	32.7	840.0
一般民需	素材	4.0	11.9	80.0	23.5	148.6	9.8	3.0	11.0	291.8
	製品	27.0	13.9	68.5	13.3	15.3	8.8	4.0	7.3	158.1
	計	31.0	25.8	148.5	36.8	163.9	18.6	7.0	18.3	449.9
輸送増強	素材	119.0	124.0	258.0	205.0	137.0	72.0	28.0	167.0	1,110.0
	製品	19.0	36.0	51.0	33.0	38.0	19.0	7.0	37.0	240.0
	計	138.0	160.0	309.0	238.0	175.0	91.0	35.0	204.0	1,350.0
防空対策	素材	8.2	37.5	287.0	54.5	96.0	18.5	13.2	245.5	760.4
	製品	27.8	35.5	201.0	40.5	68.0	18.0	12.3	36.5	439.6
	計	36.0	73.0	488.0	95.0	164.0	36.5	25.5	282.0	1,200.0
計	素材	976.4	995.2	1,774.3	632.6	1,145.2	579.4	130.5	1,176.0	7,409.5
	製品	729.1	527.2	840.4	200.8	422.5	355.2	88.3	1,346.8	4,510.5
	計	1,705.5	1,522.5	2,614.7	833.4	1,567.8	934.5	218.6	2,522.8	11,920.0

注：僅かに集計誤差があるが、原資料のまま。
出所：「二／二〇Ｃ関係鋼材中地方移管分部門別総括表」前掲『後期物資動員計画資料』第14巻所収、388頁。

して、陸海軍用としてそれぞれ800トンがAB枠に包摂された。民需の「その他」に計上されたB重油拡充用鋼材1,000トンはBxに移管されて、兵器と燃料の相克は陸海軍独自に問題処理をするようになった。生産拡充産業のうち軽金属工業向けは航空機Dの枠に包摂され、残りの生産拡充産業や官需、一般民需の配分枠は中央計画ではなく、地方計画で処理されることになった。1939年度の生産力拡充計画では200.8万トン、鋼材配当総量624.8万トンの32.1％を占めていたが（前掲表序-1）、その配当量は鋼材配当の僅か8.2％になった。

ほぼ全てが軍需である特殊鋼、アルミニウムもそれぞれ前期比34.4％減、42.5％減となった。アルミニウムの減産理由は配炭とソーダ配当の減少とされた。さらに下期以降の輸入原料は期待できなくなり、明礬石等の内地原料の開発、工業塩の増産に「邁進スル」ことを求めていた。なお、火薬、爆薬類の基本原料であるアンモニアも、配炭減によって対前期1割減となった。このなかで、硫安を抑制して硝酸を1割増産し、タール系火薬の増産は配炭上困難なため、硝酸アンモニウム、塩素酸塩に重点を移すこと、ベンゾール、トルオールの減産を補填すべく、八幡のコークス炉は極力稼働させることなどを指示した。

表4-42　1945年4～8月

	4月			5月		
	計画	実績	過不足	計画	実績	過不足
石炭	507,300	578,834	71,534	611,000	471,238	-139,762
鉄鉱石	31,700	71,357	39,657		41,099	41,099
銑鋼	126,500	88,620	-37,880	72,300	74,144	1,844
塩	152,400	70,431	-81,969	151,300	82,843	-68,457
非鉄金属	150,300	74,392	-75,908	108,300	79,882	-28,418
コークス類	13,200	27,793	14,593	12,700	22,143	9,443
セメント類	3,500	3,120	-380		1,760	1,760
ソーダ類		555	555		420	420
油類		1,053	1,053		1,272	1,272
紙パルプ	3,500	11,005	7,505	3,400	1,133	-2,267
棉花羊毛	1,000	2,791	1,791		6,540	6,540
木材		14,276	14,276	10,000	3,730	-6,270
穀類	314,200	181,097	-133,103	432,100	189,866	-242,234
燐鉱石	5,200		-5,200	5,000		-5,000
肥料	65,700	27,020	-38,680	40,000	70,260	30,260
飼料		1,820	1,820			
油脂	400		-400		1,100	1,100
油糧種実	5,000	8,913	3,913		2,215	2,215
その他	3,500		-3,500			
合計	1,383,400	1,163,077	-220,323	1,446,100	1,049,645	-396,455
雑貨		95,331			44,691	

注：船舶運営会によっても1945年度は「資料不揃」のため詳細な調査ができず、計と機械、車両の合計。
出所：船舶運営会会史編纂室調査「自昭和十六年四月至昭和二十年八月輸送計画

（終戦時）の主要物資海上輸送計画とその実績

(トン)

	6月			7月			8月		
	計画	実績	過不足	計画	実績	過不足	計画	実績	過不足
	504,000	270,552	-233,448	400,000	289,920	-110,080	230,000	219,021	-10,979
		15,887	15,887		1,040	1,040		572	572
	65,600	24,807	-40,793	90,000	16,377	-73,623	23,000	7,598	-15,402
	111,900	105,919	-5,981	150,000	111,540	-38,460	155,000	33,447	-121,553
	90,400	28,944	-61,456	85,000	34,943	-50,057	34,830	6,951	-27,879
	11,200	19,770	8,570	15,000	11,271	-3,729	14,000	5,224	-8,776
		250	250		1,500	1,500			
	500	188	-312	500	646	146			
	7,100	3,762	-3,338	5,000	2,440	-2,560	7,000	3,652	-3,348
	4,000	1,000	-3,000		1,564	1,564	3,000	471	-2,529
	5,000	1,237	-3,763	10,000	25	-9,975		156	156
	148,800	260,229	111,429	270,000	237,361	-32,639	210,800	18,215	-192,585
		17,516	17,516		14,221	14,221		8,453	8,453
		1,970	1,970						
	1,500		-1,500		12,512	12,512	5,170	8,244	3,074
	950,000	752,031	-197,969	1,025,500	735,360	-290,140	682,800	312,004	-370,796
		45,000			44,496			11,793	

画は海運総局輸送課保管資料、実績は輸送部査業課統計係によるとされている。雑貨は、一般雑貨及実績表」前掲『後期物資動員計画資料』第14巻所収、645頁。

　鋼材の各地方総監府での配当計画を表 4-41 によって見ておこう。前掲表 4-40 の地方計画分の 7,840 トンのうち、7,409 トンが八つの地方総監府に素材の形で配分され、特定の機械器具製品の形で 4,510 トン分が供給される計画であった。この「製品」は中央計画の「計画製品」からの移管分とみられる。部門別では生産拡充、輸送増強、防空対策が中心で、地区別で供給量の多いのは関東、近畿、九州、北海、東北の地方総監府であった。生産拡充向けを事業種類別で見ると、関東、東北地方総監府は国産原油、石油精製向けが多く、北海地方総監府は石炭、人造石油、アンモニア事業向け、九州地方総監府は石炭、電力事業向け、近畿地方総監府は鉄鋼、電力事業向け、中国地方総監府は電力事業向けが多かった。輸送増強用は、中央計画とは別に地方計画分を設定しているが、鋼材 1,350 トンのうち、1,000 トンはリヤカー等の軽車両向けで、人

馬による輸送の増強が地方行政としての最後の動員対策であった。総じてエネルギー供給能力の維持と、滞貨の解消に取り組むことが地方総監府の総動員行政の中心課題であったといえよう[64]。

(6) 1945年度上期物資動員計画の実績
海上輸送計画の実績

戦後の船舶運営会の集計から海上輸送計画とその実績を表4-42によって見ておこう。ここで見てきた海運総監部の計画と若干の違いがあるが、日満支航路、限定航路、南鮮中継等の月間海上輸送の実績は雑貨を含めて4月の120万トン台から、5月には110万トンを切り、6月に70万トン台に急減し、8月は終戦時までの実績であるが31万トンにまで落ち込んだ。この間、計画も縮小されており、達成率では4月の84％からその後7月まで70％台を推移した。発足直後から計画が達成できない事情については、①敵潜水艦の攻撃による満支航路の航行停止、②投下機雷による関門、阪神、瀬戸内海の航路閉塞、③北支塩、礬土頁岩の荷役力の低下、④北鮮糧穀の荷役力不足、⑤阪神鋼材揚塔能力の不足、⑥燃料油の配給不円滑、⑦南鮮中継の到着貨物の不振、⑧船舶の故障、修理率の上昇、⑨3月分の輸送力配当の4月へのずれ込みなど、連合軍による攻撃以外にも、僅かになった船舶輸送すら維持できない種々の不均衡が指摘されている[65]。

物資別の内訳を見ると、最大の比重を占める石炭は4月に57.8万トンと計画を超過達成したものの、その後は計画に届かず、6月には27万トンに落ち込んだ。7月に集中的な増送を企図したものの、横ばいで推移した。鉄鉱石は5月以降、輸送計画を立てなかったが、4月の7.1万トンの実績から7月には僅か1,040トンとなり、製銑作業は八幡製鉄所を除いてほぼ消滅する事態となった。塩は4、5月に計画を大きく下回ったが、6月は石炭輸送が大幅に減少する中で、ほぼ計画を達成した。穀類も6月は計画を超過達成し、7月も88％の達成率となった。肥料も5月以降は計画を超えて輸送しているなど、輸送計画の重点は飢餓対策へシフトした。

南鮮中継、青函隧道、瀬戸内海運の戦災は、早くから深刻になっていたが、7月に入ると米機動部隊の攻撃は東北・北海道でも本格化した。17日の最高戦

争指導会議の際、豊田軍需大臣は14日の釜石製鉄所等への米海軍機動部隊の艦砲射撃、14、15日の函館船梁室蘭造船所、日本製鋼所室蘭製作所、日鉄輪西製鉄所等や、汽船、機帆船に対する空襲、艦砲射撃による深刻な被害を以下のように説明した[66]。「今次ノ青函連絡船ノ喪失、釜石輪西製鉄所等ノ被害ハ二三ノ中小都市ノ焼失等ト本質ヲ異ニシ戦力増強ニ関スル諸般ノ施策ヲ根本的ニ崩壊セシムルニ至ル重大ナ結果ヲ招来スル懼アリ」。青函連絡船による石炭輸送能力を喪失することは、「関東信越地区石炭総消費量ヲ半減」させ、兵器生産に「深刻ナル影響ヲ及ボス」事態であった。その他の北海道物資も、軍需生産や食糧確保の確保に当たって「特ニ厳選セル重要物資」であっただけに、その喪失は大きな痛手となった。第2四半期実施計画でもその前半に特別な増送を求めていただけに、「代替策ヲ他ニ求メ難シ」と、その深刻さを指摘している。釜石、輪西の被害の詳細はまだ不明としながらも、「弾丸鋼其ノ他重要鉄鋼ト強力爆薬ノ原料タル、タール製品ノ大巾ノ減産必至ニシテ之亦補填困難ナリ」と、重大な被害が出たことを指摘していた。豊田は兵力温存などの作戦上の事情に理解を示しつつも、「斯ル緊要ナル生産輸送施設ノ防衛ニ関シテハ若干ノ兵力ノ消耗ヲ覚悟スルモ断固強力ナル反撃ヲ加ヘ尠クトモ被害ノ軽減ヲ計ル如クセラレザル限リ軍需生産ニ関ル見透ハ全ク樹立シ得ス」(ママ)と、疎開が困難な重要装置産業への攻撃に対して、全く反撃ができない防衛態勢を批判した。

石炭・鉄鋼の生産実績

石炭の生産実績は、表4-43の通りであり、第1四半期は前年度実績に近い産出量を維持し、統制会の設定した毎月の生産計画には及ばないが、物資動員計画の生産計画の1,112.6万トンの97％の実績を上げている。にもかかわらず、前述のような配炭の不円滑が叫ばれたのは、輸送力、特に海上輸送力の崩壊

表4-43 1945年度石炭産出実績

	鉱夫数 (千人)	産出 (千トン)	月産／人 (トン)
前年度平均	381.0	4,111	10.8
4月	406.4	3,598	8.9
5月	405.8	3,677	9.1
6月	396.7	3,514	8.9
7月	390.1	2,788	7.1
8月	329.7	1,673	5.1
9月	271.7	890	3.3

出所：三菱経済研究所『石炭経済の基本問題』1947年、95〜96頁。

表 4-44　1945 年度鋼材生産と配炭実績

(千トン、%)

		銑鉄	鋼材	配炭量	配分率
1945 年度	第 1 四半期	111.5	82.3	661	20
	第 2 四半期	25.7	22.6	260	15
	第 3 四半期	8.8	8.5	85	7
	第 4 四半期	9.9	18.7	95	5
1946 年度	第 1 四半期	13.5	22.9	122	6
	第 2 四半期	12.3	24.1	110	6

注：配炭量は、荷渡し実績。配分率は石炭総配炭量に占める鉄鋼向けの比率。
出所：三菱経済研究所編『石炭経済の基本問題』1947 年、35 頁。

に起因していた。第 2 四半期に入ると、鉱夫数の減少の影響も現れるが、それ以上に爆薬、その他の鉱山用資材、食糧配給が減少し、一人当たり出炭量が急減するなど、鉱山の操業が困難になっている状況が窺える。この結果、目標の 946 万トンに対し、出炭実績は 57％ の 535 万トンにとどまり、経済活動を一挙に麻痺させることになった。敗戦後には労働者の流出が止まらず、補修用・運転用資材も不足した。このため、出炭量は 9 月の 89 万トンから 11 月には 55.4 万トンにまで落ち込んだ。11 月の石炭需給非常調整対策などの緊急措置によって、12 月以降、百数十万トン台に持ち直すものの、その後の石炭生産の低迷は戦後の長い経済的停滞をもたらすことになった。

　鋼材生産も表 4-44 のように第 1 四半期の実績は 8.2 万トンと、目標の 25.3 万トンの 32％ にとどまり、第 2 四半期には目標 15 万トンに対して僅かに 2.3 万トンになった。鉄鋼用石炭の配炭比率が下げられるなど、金属素材などの産業の上流から、動員政策が休止状態になっていることが判明する。終戦後も鉄鋼生産は低迷を続けた。それは、1945 年度下期の物資需給計画で資本財の復興を優先しながらも、その後、46 年度第 4 四半期の傾斜生産方式の採用まで、基礎素材産業よりも生活関連産業の復興を優先したためであった[67]。製銑部門は、復旧用資材も配炭割当もほとんどない中で、保温用だけを確保して、超低操業状態を保持する体制が続いた。

燃料需給計画の実績

　燃料需給を主に支えるのは国産原油となり、第 2 四半期も 7 万 7,500kl を計画していた。四半期別の産油実績は判明しないが[68]、1945 年度実績は 23 万 9,287kl（暦年 24 万 7,360kl）、第 4 四半期実績 6 万 kl とされていることから、概

ね安定して各四半期 6 万 kl 水準であったとみられる。人造石油は 43 年度に国内 10 万 7,988kl、満洲 16 万 3,904kl の計 27 万 1,892kl のピークとなった後、44 年度には国内で 12 万 2,753kl になるものの、満洲生産が 8 万 4,507kl に半減し、45 年度は不正確ながら国内 3 万 8,972kl、満洲 1 万 6,526kl と一挙に下落した。第 2 四半期は国内で 2 万 1,500kl を計画していたが、実績は 2 分の 1 程度とみられる。ここでは、45 年度需給計画の目玉であり、4.38 万 kl 生産を目指した松根油の生産実績を確認しておこう。松根油の原料確保にあたっては、全国を陸軍支援地区、海軍支援地区に区分して大量の国民を動員して採根作業を実施した。集荷された松根は陸海軍の燃料廠や民間石油会社で蒸溜され、溜分に応じて改質、分解水素添加などを経て、液体燃料が精製されたが、5 月中旬までの集荷実績では陸軍地区は「成績上がらず」、生産実績もほとんどなかった。海軍地区の集荷は「成績良好」と報告されたが[69]、航空揮発油の精製を担った海軍第二、第三燃料廠や東邦化学での生産実績はほとんど上がらなかった。第三燃料廠は 5 月に空襲を受け、その後運転を再開して約 500kl の航空揮発油を生産したが、実績としてはこれが唯一のものとなった。第二燃料廠では、6 月に分解水素添加を開始した直後、2 度の空爆によって松根原料油を全て焼失し、終戦まで航空揮発油の生産を見なかった。東邦化学は 7 月下旬作業開始と予定していたが、原料油の搬入と同時に被爆し、施設が壊滅状態となった[70]。

おわりに

大陸物資の最後の集中輸送によって戦争継続を図った 1945 年度物資動員計画は、制海権、制空権ともに完全に失う中で急速に縮小した。沿岸海運ですら空爆と機雷封鎖で維持できず、国土が分断される見通しの下で、第 2 四半期では海上輸送の一元的管理を実施し、軍需品など特定産業の維持以外は地方計画に委ねることになった。本土決戦時の地域の総動員機関として期待された地方総監府は、その成果が出ないうちに経済活動はあらゆる部面で麻痺することになった。

物動計画の最終段階で、鉄・非鉄・化学部門の素材生産の継続、拡充が放棄され、加工組み立て部門における仕掛品の製品化に向けて残された生産要素を

投入した。鋼材や鉄鋼二次製品の在庫の枯渇は、戦後になって、老朽化し、戦災を受けた生産施設の補修作業に重大な足かせとなった。

終戦後における陸海軍所管施設からの在庫資材の放出、民間軍需企業の在庫を利用した民需転換、配給統制機関の隠匿物資の摘発などによって、戦後しばらく低水準を低迷した金属、機械産業は、1946年春頃から在庫品の払底、鉄道等のインフラ部門保守の困難、石炭生産の低迷などが重なって、さらに生産水準が低下するという最悪の事態が進行することになった。

戦後の経済復興は、復興に向けた動員方式の未決定、貿易再開の見通し難、1946年度当初の消費財産業の優先方針、財閥解体・賠償問題の未決定などが重なり、46年度後半にようやく動き出すことになったが、インフレ収束措置の遅れも相俟って、大幅に遅れた。戦争末期の自己破壊的動員と戦後動員の初動措置の遅れが日本経済の大きな足かせとなった。

注
1) 終戦に向けた政治過程については、関係者の日記類の刊行も多く、戦後の各種証言を利用した当事者たちの著作もある。天皇・重臣周辺の動向は、内大臣木戸幸一の『木戸幸一日記』下巻、東京大学出版会、1980年、細川護貞『細川日記』中央公論社、1978年（同『情報天皇に達せず——細川日記』上下、同光社磯部書房、1953年）、鈴木貫太郎首相周辺の動向は、東郷茂徳『東郷茂徳手記 時代の一面』原書房、1967年、迫水久常『終戦の真相（1955年の講演記録）』、同『機関銃下の首相官邸　2.26事件から　終戦まで』（恒文社、1964年）、同『大日本帝国最後の四か月』（オリエント書房、1973年）、同『大日本帝国』海軍関係者・重臣の動向は高木惣吉『私観太平洋戦争』（文藝春秋、1969年）、同『高木海軍少将覚え書』（毎日新聞社、1979年）、伊藤隆編『高木惣吉日記と情報』上下（みすず書房、2000年）、陸軍内の主戦派と終戦派の動向については、松谷誠『大東亜戦争収拾の真相』（芙蓉書房、1980年）などが詳しい。証言記録としては、GHQ歴史課による広範な関係者への聞き取り記録を収録した佐藤元英・黒沢文貴編『GHQ歴史課陳述録 終戦史資料』上下（原書房、2002年）があり、日記類、回想を集録した江藤淳編『終戦工作の記録』上下、講談社文庫、1986年がある。こうした関係者の証言や海外の資料を利用した終戦をめぐる国内政治・経済、外交関係に関する研究では、日本外交学会編『太平洋戦争終結論』（東京大学出版会、1958年）が古典的地位を占め、外務省編『終戦史録』（新聞月鑑社、1952年）も優れた記録となっている。近年の研究では、纐纈厚『日本海軍の終戦工作——アジア太平洋戦争の再検証』（中公新書、1996年）、同『日本降伏』（日本評論社、2013年）、山本智之『日本陸軍戦争終結過程の研究』（芙蓉書房、2010年）などがある。

第 4 章　総動員体制の破綻（1945 年度）　879

2）軍需省「昭和二十年度海上輸送力ノ見透」1944 年 8 月 8 日原朗・山崎志郎編『後期物資動員計画資料』第 14 巻、現代史料出版、2002 年、415～422 頁。
3）船舶運営会『船舶運営会々史（前編）』中巻、1947 年、58 頁。
4）以下の増強対策は、海運総局輸送課「昭和 20 年度海上輸送力増強試案」1944 年 11 月 21 日前掲『後期物資動員計画資料』第 14 巻所収による。
5）以下、第 1 次国力推計に関する説明は、軍需省「想定ニ依リ四／一九～四／二〇 物的国力推移見透試案（第一次）」1944 年 10 月 11 日（原朗・山崎志郎編『後期物資動員計画資料』現代史料出版、第 14 巻所収）によっている。
6）前掲「昭和二十年度海上輸送力ノ見透」422 頁。
7）燃料懇話会編『日本海軍燃料史』上巻、原書房、1972 年、366～367 頁。
8）第 2 次国力推計は、軍需省「一／二〇～四／二〇物的国力見透試案（第二次）」1944 年 11 月 13 日（前掲『後期物資動員計画資料』第 14 巻所収）によっている。
9）佐藤元英・黒沢文貴編『GHQ 歴史課陳述録 終戦史資料』原書房、2002 年、真田穣一郎陸軍軍務局長（当時）の陳述（下巻、952～955 頁）。真田によれば、1944 年 12 月 15 日に軍務局長に着任した際には、既に局内で陸海軍統合を含む決勝非常措置要綱の検討が始まっていた。45 年 1 月 4 日の最高戦争指導会議の後、海軍軍務局長多田武雄に統合案を説明している。多田からは「個人として趣旨同意。但し統帥の問題がある。上司及び軍令部の意見も求めよう」との返事を得ていたが、結局海軍側の賛同は得られなかった。
10）参謀本部『敗戦の記録』原書房、1967 年、221～227 頁。
11）戦争末期の航空機生産計画とその帰結については、山崎志郎『戦時経済総動員体制の研究』日本経済評論社、2011 年、第 7 章を参照のこと。
12）礬土頁岩、明礬石などの国内や北支産原料によるアルミニウム生産がことごとく不調であったことは、前掲『戦時経済総動員体制の研究』第 4 章を参照のこと。国内原料による大規模なアルミニウム生産を試みた国産軽銀株式会社の挫折については、山崎志郎『戦時金融金庫の研究——総動員体制下のリスク管理』日本経済評論社、2009 年、第 6 章を参照のこと。
13）軍需省鉄鋼局「最近ノ製鉄事情」1945 年 6 月 1 日、『日高準之介資料』31 所収。
14）国内の 100 万 kl など 199.6 万 kl の内訳は、重光葵『最高戦争指導会議記録・手記』（中央公論新社、2004 年）、281 頁の重光メモによる。
15）前掲『最高戦争指導会議記録・手記』277 頁。
16）軍事史学会編『大本営陸軍部戦争指導班機密戦争日誌』下、錦正社、1998 年、656 頁。ただし、「統帥部ノ企図セル所トハ精神ニ於テ凡ソ低調ニシテ、引キ続キ鞭撻ノ要アリ」として、戦争指導班では、以下の諸点で決勝非常措置要綱が陸軍案よりも後退していると指摘した。①陸海軍統合問題に触れていないこと、②人事権の内閣集中による強力政治の実行を避けたこと、③重要産業、交通、金融の国有化と一層の国家性付与を避けたこと、④食糧の各地域別増産自給を避けたこと、⑤道州制を直ちに実施しなかったこと、⑥甲造船計画にはタンカーの削減などの問題があるにもかかわらず変更さ

れていないこと、⑦地上兵備の近代化整備を避けたこと、⑧国民組織の再編制に触れていないこと。ここからは、陸軍が1945年度の総動員体制に向けて強く求めていた項目が浮かび上がる。一方、③の国有化をめぐっては、憲兵司令官から「最近大阪商人中ニハ企業国営論者多シ、是等ハ戦局ノ前途ヲ悲観シ、危険ヲ国家ニ負担セシメント企図スル者アルヲ以テ注意ヲ要ス」との報告もあった（同書下、656～657、664頁）。実際、43年10月の軍需会社法に基づく企業指定には損失補償への対応が含まれており、45年4月1日公布の軍需工廠官制による中島飛行機の第一軍需工廠化、7月の川西航空機の第二軍需工廠化による国営措置には、空襲によって破壊される施設を一括して国が借り上げることによって、財務上の経営破綻を回避する目的があった。

17) このうち重要軍需企業、金融機関の整備については、1月26日の軍需充足会社令によって幅広く軍需関連企業を軍需会社法の指定企業に準じて扱うことになった。これによって、2,000社余りに対して資金調達の簡易化と融資機関の損失補償措置が講じられた。地方行政協議会の強化や軍管区の直結については、1月31日の地方行政協議会令の改正によって、その役割が地方行政の「綜合連絡調整」から「統一及推進」に強化され、北陸地方行政協議会を解消して、関東地方行政協議会を関東甲信越地方行政協議会に、東海地方行政協議会を東海北陸地方行政協議会に地区割を大括り化した。これは、6月の地方総監府行政への移行を準備するものであった。こうした、総動員体制の最終段階については、前掲『戦時経済総動員体制の研究』108～110、623～626頁を参照のこと。

18) 海軍省兵備局「昭和二十年度ニ於ケル戦備ト物的国力トノ見透資料」1945年2月6日前掲『後期物資動員計画資料』第14巻所収。なお、陸軍でも、2月14日に国力会議の鋼材260万トン案を基に、陸海軍需用40万トン、航空兵器用35万トンの配当計画案を検討している。その際、陸軍省は陸海軍需40万トンのうち27万トン、できれば30万トンを利用して陸軍兵器の生産にあてる計画を立てた。しかし、これに対して陸軍参謀本部は42.3万トンを求めるなど、収拾困難な状況を作り出している（前掲『大本営陸軍部戦争指導班機密戦争日誌』下、666～667頁）。

19) 軍需省「昭和二十年度物資動員計画策定事務要領」1945年3月1日前掲『後期物資動員計画資料』第14巻所収、64～65頁。

20) 軍需省「昭和十九年度物資動員計画（案）」1944年4月14日前掲『後期物資動員計画資料』第14巻所収、82頁。

21) 前掲『大本営陸軍部戦争指導班機密戦争日誌』下、670、679頁。

22) 前掲『大本営陸軍部戦争指導班機密戦争日誌』下、683～684頁。

23) 軍需省「昭和二十年度特殊想定ニ基ク物ノ国力見透試案」1945年3月9日前掲『後期物資動員計画資料』第14巻所収。

24) 最高戦争指導会議決定「民船ノ作戦使用竝ニ輸送力ノ確保等ニ関スル件」1945年3月15日前掲『敗戦の記録』236頁。

25) 軍需省総動員局第一課「一／二〇物動計画検討要領」1945年3月22日前掲『後期物資動員計画資料』第14巻所収、104～106頁。

26) 陸海軍徴用船・民需船の統合運用について、当時軍需省で配船計画を担当していた田中申一は、1971年の回想の中で、「成果としてはまあまあ良かった」「構想は良かった」としつつ、「作戦上の要求とぶつかって、物資運んで行ったのでは時間が遅れるというので」「引き返せと言われれば、引き返さざるを得ない、命令だから」「物動命令と作戦命令が一緒になれば良かったのですが、それが出来なかったのです」「作戦命令が優先されたので、連携が出来なかった」などと指摘している（内政史研究会『田中申一氏談話速記録』1972年、97頁）。

27) 軍需省総動員局「昭和二十年度第一、四半期物動計画策定方針ニ就テ」1945年4月5日前掲『後期物資動員計画資料』第14巻所収、107～117頁。以下、第1四半期計画の策定方針は同資料による。

28) 前掲『GHQ歴史課陳述録 終戦史資料』、真田穣一郎の陳述（下巻、955頁）。小磯は、3月21、24日に木戸内大臣を訪れ、フィリピン奪還作戦が実施されなかったこと、人心が離反していることなどから辞意を漏らし、4月3、4日にも繆斌工作の推進や内閣改造などを相談しているが、結局5日に総辞職となった。後任について、同日の重臣会議では東條が畑俊六を推したが、平沼騏一郎、近衛文麿、若槻礼次郎が鈴木貫太郎を推し、木戸も敢えて「鈴木閣下のご奮起を願ひ度し」と発言し、東條の抵抗を抑えて鈴木を推挙することになった（前掲『木戸日記』下、1179～1180、1185～1186、1193～1194頁）。なお、鈴木推挙の経緯について、GHQ歴史課の質問に答えた木戸は、新内閣の和平方針について、「無論私の肚はそこにあった訳です。但し鈴木さんもその肚であるから、和平の時機については、話をする必要もありませんでした」（『GHQ歴史課陳述録 終戦史資料』、木戸幸一の陳述、上巻、31～34頁）と証言している。

29) 前掲『木戸日記』下、1186～1194頁。鈴木内閣は、近衛内閣時の閣僚・次官らが入閣しており、内閣書記官長に迫水久常、綜合計画局長官に秋永月三を配するなど、いわゆる「革新派」が参画している（前掲『細川日記』384～385頁）。後述のように最高戦争指導会議の幹事層には戦争継続を唱えるものが多かった。同様に継続を主張する阿南惟幾陸軍大臣、梅津美治郎参謀総長や、ポーズだけにしても継続を唱える鈴木首相などが組閣当初は継戦論を展開した。終戦派の東郷茂徳外相、米内光政海相を除くと、最高戦争指導会議メンバーには終戦判断を巡って腹の探り合いを続ける者が多く、各種の証言をもってしても、それぞれが敗戦を受け入れていく時期を明確することは難しい。

30) 前掲『船舶運営会会史（前編）』上巻、169頁。

31) 前掲「民船ノ作戦使用竝ニ輸送力ノ確保等ニ関スル件」。

32) 前掲『最高戦争指導会議記録・手記』360頁。

33) 最高戦争指導会議決定「国家船舶及港湾一元運営実施要綱」「船舶及港湾ノ一元運営ニ関スル陸海軍中央協定」1945年4月19日前掲『敗戦の記録』251～254頁。

34) 以下、3案の説明は、「当面物的国力ノ運用特ニ食糧及戦備ノ調整ニ関スル件（三案）説明」1945年4月16日（前掲『敗戦の記録』249～250頁）による。

35)「第一、四半期物動計画均衡検討並補正対策」1945年6月5日前期『後期物資動員

計画資料』第 14 巻所収、185 頁。
36) 以下、第1四半期実施計画の説明は、「昭和二十年度第一、四半期物動実施計画要旨」（前掲『後期物資動員計画資料』第 14 巻所収、161～176 頁）によっているが、同資料に掲載されるデータは 4 月 26 日付の実施計画とは、僅かながら異なっている。
37) 軍需省「昭和二十年度物資動員計画第一、四半期実施計画」1945 年 4 月 26 日前掲『後期物資動員計画資料』第 14 巻所収、126 頁。以下、石炭、液体燃料の需給計画の説明は同資料 130～147 頁によっている。
38) なお、鉄鋼各社への銑鉄、鋼材の生産割当は物動実施計画より若干多く、銑鉄 39.9 万トン、鋼材 32.4 万トンであった。一方、特殊鋼は 17.6 万トンと若干少ないが、このほかに鋳鋼 5 万トン、鍛鋼 3 万トンを割り当てている（前掲「最近ノ製鉄事情」）。
39) 以下、第1四半期鉄鋼配当の影響については、前掲「昭和二十年度第一、四半期物動実施計画要旨」171～173 頁によっている。
40) 以下の海上輸送力減少に伴う調整は、「第一、四半期物動計画均衡検討並補正対策」1945 年 6 月 5 日（前掲『後期物資動員計画資料』第 14 巻所収）による。5 月前半に生じた輸送計画からの減少分 33.26 万トンの原因別内訳をみると、故障修理 12.52 万トン、機雷 8.57 万トン、荷役不足 7.48 万トン、油待ち 4.69 万トンとなり、整備不良や 3 月から始まる機雷攻撃が早くも深刻な影響を持ち始めていた。このため、5 月 24 日時点の予測では 6 月の輸送力も 59.1 万トンの減退が生じ、実績は 50.8 万トンになるとされていた（海運総監部「6 月輸送力ニ関スル検討（案）」1945 年 5 月 24 日前掲『後期物資動員計画資料』第 14 巻、487～488 頁）。
41) 同要綱の決定過程と審議については、佐藤元英『御前会議と対外政略』第 3 巻（原書房、2012 年）116～143 頁が詳しい。
42) 前掲『GHQ 歴史課陳述録 終戦史資料』、種村佐孝の陳述（下巻、838～843 頁）、保科善四郎の陳述（下巻、584～590 頁）、末沢慶政の陳述（下巻、622～626 頁）。
43) 前掲『機関銃下の首相官邸』171 頁。6 月 9 日の臨時議会招集の是非をめぐっては、5 月 30 日に、米内海相と鈴木首相、阿南陸相らの懇談があり、米内は早期終戦の立場から、議会で戦争完遂方針を表明することに反対した。鈴木、阿南はともに「トコトン迄やることに依ってのみ皇位皇統も損なわず守護出来るし、トコトン迄やらなくて済む」と主張して、議論は平行線であった。このやりとりは、直ちに陸軍部内に漏れ、東條は同日の陸相不在時に陸軍省を訪れ、「今日の会議で米内海相や東郷外相の発言を聞くと、戦争完遂を放擲しているようだ。しっかりして貰わなくては困る。陸相に飽く迄戦争完遂に邁進されるように伝えて呉れ」と伝言を残している。さらに、陸軍の一部は閣内不統一による鈴木内閣総辞職、阿南内閣擁立の動きを見せていた（前掲『高木海軍少将覚え書』262～263、265、272～273 頁）。
44) 加瀬和俊「太平洋戦争期食糧統制政策の一側面」（原朗編『日本の戦時経済 計画と市場』東京大学出版会、1995 年所収）300～302 頁。
45) この報告に沿って、豊田貞次郎軍需大臣は、補足説明をしている。海上輸送力は「総量的ニハ最低目標ヲ確保シ得ベキ見込」であること、大陸からの穀類、塩は、「港湾荷

第 4 章　総動員体制の破綻（1945 年度）

役力ノ不足、機雷投下等ノ為相当実績不良デアリマシテ或ハ第一・四半期計画量ヲ上半期ニ於テ実行シ得ル程度ニ止マリ第二・四半期分ハ殆ンド期待シ得ザル状況ニ陥ルコトナキヤヲ保シ得ザルコトヲ懼ルル次第」とし、鉄道・機帆船の輸送実績も「十分ナラズ之ガ為重要物資ノ生産モ相当計画ヲ下廻ル状況デアリマス」と発言している。第 2 四半期の見通しについても説明しており、「汽船輸送力ハ主トシテ空襲ノ激化ニ依リ前期ニ比シ更ニ著シク低下スベク大陸糧穀及ビ塩ノ輸送ニ重点ヲ置キマストキハ軍需生産関係トシテハ僅少ナル石炭ヲ輸送シ得ルニ止リ機帆船輸送力及鉄道輸送力ニ付テモ空襲ニヨリ前期ニ比シ相当低下スル」と報告している。この結果、第 2 四半期には、「本州中枢部ノ石炭配当量ヲ前期ニ比シ相当大巾ニ低下セシメ産業稼働ハ前年同期ノ三割内外ニ低下スルモノト予想セラレ特ニ重要ナル軍需関係資材ノ生産ニ於テモ前期ノ六割乃至七割程度ニ低下スル」とした。さらに「沖縄ノ戦局最悪ノ事態ニ陥ルガ如キ場合」は、「軍需生産ハ更ニ悪化スル懼ガ頗ル大」とし、「情勢ノ推移ニ依リマシテハ先ニ綜合計画局長官ノ述ベマシタル生産ノ見透ハ更ニ急激ニ悪化スル可能性ガアル」と率直な説明をしている。しかし、第 2 四半期の航空機生産については、関連工業の状況に影響されるとしながらも、「当初計画ノ六割程度即チ月二〇〇〇機程度ノ生産ヲ維持シ得ル見込デアリマス」と述べ（前掲『敗戦の記録』271 頁）、月 1,500 機を割り、急速に減退し始めた実態とは食い違う説明をし（戦略爆撃調査団報告第 15「航空機工業」、冨永謙吾編『現代史資料 39 太平洋戦争（五）』みすず書房、1975 年、269 頁）、結論的には戦争継続の可能性に力点を置いた報告をした。

　なお、「国力ノ現状」の末尾に、経済総動員の継続が可能であるという矛盾した「判決」を加えたのは秋永で、本土決戦を内容とする基本大綱との「矛盾の辻褄を合わせる為」であったと迫水は陳述し（前掲『GHQ 歴史課陳述録　終戦史資料』、迫水の陳述、上巻 179 頁）、海軍軍務局第二課長（当時）だった末沢は秋永の補佐の毛利の起案であったと指摘している（前掲『GHQ 歴史課陳述録　終戦史資料』、末沢の陳述、下巻 628 頁）。いずれにしても最高戦争指導会議の事務を掌る幹事・幹事補佐層が本土決戦に向けた合意形成に積極的に動いていたことがわかる。

46）「今後採ルヘキ戦争指導ノ基本大綱」の本土決戦方針や「国力ノ判断」末尾の「判決」は、その後の戦争指導を左右する極めて重大な決定であった。そのため、決定直後から大きな波紋を呼び、結果的には逆の方向へ事態は動いた。当事者の証言も多く残されているので、この基本大綱の決定から天皇の「聖断」を利用した終戦判断に至る経過を簡単にまとめておこう。

　まず、東郷外相の証言から見よう。最高戦争指導会議の政策文書の作成を担当する幹事を外務省が出していないために、基本大綱等の原案を知らされずに 6 月 6 日の会議に出席した東郷は「びっくり」し、鈴木首相が戦争継続に向けて「国民の士気」を高めるため議会を開こうとしたこと、「海軍はあまり賛成しなかった」が、陸軍は「本土決戦の機運をここで作ろう」としていたことなどを回想している。東郷の証言によれば、内閣綜合計画局長官の秋永が「国力が非常に弱って来たそれで生産を増強しなければならぬ。でないと戦争の継続はむずかしい。併し生産の増強不可能にあらず」

と説明し、内閣書記官長迫水が「士気の昂揚をはかる必要がある、国際問題についてもなるだけ日本に援助せしめることに仕向けて行く必要がある」と、国民の意思統一の必要性とソ連の和平仲介への期待を述べた。また梅津参謀総長の代理で出席した参謀次長河辺虎四郎が、戦場が日本本土に近くなればなるほど戦争は有利なると説明したことに対して、東郷は空襲が激化する中で「生産の増強が出来るか、僕にはどうも納得がいかん、これが出来ないと言うなら日本は覚悟することが必要だと言う趣旨を述べた」という。これに対して豊田軍需相は、「なかなか生産の増強はむずかしい」と、「色々条件を挙げ」た上で、軍需生産の回復可能性を説明した。東郷は「条件の実行は殆ど出来ないじゃないか」と指摘したが、結局「総理の方では議会に臨むために強いことを言って決めて置く必要」があると理解したという（前掲『GHQ歴史課陳述録 終戦史資料』、東郷の陳述、上巻、280〜282頁）。

この日の河辺の日記には、「もしそれ仮にも当局の諸公の口より『和平』（予はすなわち無条件降伏を意味すと信ず）の意を洩らすものあらんか、直ちに参謀本部将校全員の名において政府に対する不信任を表明し、退席の許しを得んものと覚悟して臨みたるも、善いかな、老首相の胸底に些毫の疑いを投ずるの要なきのみならず、私かに予想したる一部においてもそんな気色を現すこともなく、予のかねて大臣等に対しても希望し置きたる如く、和戦の岐点において右せんか左せんかの議論とならず、右はきまりきっているのと一般観念の下に議を進められ、殊に最後の時期において幹事連の熱意ある意思表示あり、これに対する阿南陸相の明朗なる対応等ありしは極めて快感をもって終始するを得たり」と記しており（河辺虎四郎『河辺虎四郎回想録 市ヶ谷台から市ヶ谷台へ』毎日新聞社、1979年、229頁）、基本大綱の戦争継続方針をめぐって参謀本部側が極めて強い態度で臨んでいたことがわかる。

一方、深刻な内容である「国力ノ現状」をまとめながら、具体性がなく打開可能性もない方策をまとめ、戦争継続だけを確認しようとした秋永、迫水らの提案について、出席者の海軍軍務局長保科善四郎は、強い疑念を懐いたという。「これでは戦局の実情に合わぬ」と考え、「米内海相に持って行って『どうしましょうか』と意見を仰いだ」が、「海相は笑い乍ら『これはこれで良いヨ』といわれただけであった」と証言している。そこから保科が理解した米内の考えは、「終戦は早くやらねばならぬのだが、それは六巨頭以上で考える。その他の凡てのものは却って一致結束戦う態勢にして置くことが終戦をうまくやる上に大切なことだ」というものであった（前掲『GHQ歴史課陳述録 終戦史資料』、保科善四郎の陳述、下巻、584〜586頁）。

陸海軍統師部、陸海軍軍務局の中堅からなる最高戦争指導会議の幹事、幹事補佐層が原案を作成し、臨席する最高戦争指導会議では強硬意見が多くなる傾向があることから、ドイツ軍の崩壊が始まっていた5月11、12、14日に総理、陸海軍大臣、陸海軍総長、外務大臣の6者だけで構成される懇談会が持たれ、「終戦に関する重大事項は凡て此会合で協議」するようになっていた。そして、「七月中旬近衛特使派遣問題発生迄は相当永きに亙って漏洩することなく懇談を遂げ」たと東郷は回想している（前掲『東郷茂徳手記 時代の一面』330頁）。その5月半ば時点の合意はソ連を戦争終結に向けて

利用することであり、①ソ連の参戦を防止する、②さらに進んで好意的中立を引き出す、③戦争終結に向けて日本に有利な仲介をさせるため交渉を開始するというもので、ソ連に引き渡す領土、利権等の検討もしていた（前掲『高木海軍少将覚え書』312～313頁）。5月29日に軍令部総長に着任した豊田副武も、6月8日の御前会議の前に、「及川大将から総長職務申継ぎの際会議構成員六人の間で極秘裏に終戦の話をして居ることを聞いていたので、六人の戦争指導の真意は何処にあるかを知っていた」。「六人に関する限り此の公式会議には肚の底と表面の態度とに違ったものを持って臨んで居ることが解って居た。又実際こんなに大勢集まった会議で和平の肚を吐露して審議するなどは頗る危険であると云うのが当時の情勢でもあった」。「あの会議は私共の真意とは背馳したことを議決したものであった」と回想している（前掲『GHQ歴史課陳述録 終戦史資料』、豊田の陳述、下巻885、898頁）。

　しかし、御前会議参考文書の「国力ノ現状」を見た木戸内大臣は、「あらゆる面より見て、本年下半期以後に於ては戦争推行の能力を事実上殆ど喪失する」と判断した。基本大綱を認めたまま、軍部からの和平提案を待っていては「時機を失し、遂に独乙の運命と同一轍を踏み、皇室の御安泰、国体の護持てふ至上の目的すら達し得ざる悲境に落るつことを保障し得ざるべし」として、「天皇陛下の御勇断」で戦局を収拾するという「時局収拾の対策試案」を起草した。木戸は「判決」に同意した鈴木首相にも、真意を問いただし、「実は自分も終結を考えて居る」との答えを得ており、御前会議直後に天皇からも「皆誰か云ひ出すのを待って居る様だ」と会議の様子を伝え聞いていた。木戸は近衛に対して「海軍大臣が云ひ出すかと思ってゐたが一向やらぬ。此の上は自分がやらねばならぬ。さうすれば殺されるだらうが、後は頼む」と伝えている（前掲『細川日記』400～401頁）。木戸の「対策試案」は具体的には天皇の親書を奉じてソ連を仲介国とし、交渉するというものであったが、この時局収拾対策は翌9日には天皇に伝えられた。議会閉会後の13日には鈴木首相、米内海相、15日に東郷外相、18日に阿南陸相に伝えられたが、このなかで阿南だけが本土決戦で一撃を加えた後の戦争終結を唱えた。同日の夕刻の6者協議でも阿南、梅津が本土決戦の戦果を利用した交渉を主張したものの、「兎も角平和への機会を得るに努力することには異存なく、一同の意見の一致を見た」。また、25日には平沼枢院議長の同意も得ることになった（前掲『木戸幸一日記』下巻、1208～1210頁、木戸日記研究会編『木戸幸一関係文書』東京大学出版会、1966年、75～79頁）。

　一方、6月8日の御前会議決定については、内大臣秘書官長（当時）松平康昌も「天皇に甚だ不可解な印象を与えたと思う」と回想している。基本大綱の「資料（結論の前提をなす文書）の内容と結論との間の関連が不自然で非論理的で寧ろ矛盾であると思われ、その矛盾を会議の後陛下が御独りで検討されたけれども遂に不可解であると結論された。その点を今一度明らかにしたいと云う希望を総理に漏らされ総理が賛成して六月二十二日の御前会議になった」と陳述している。松平は木戸内大臣に「陛下が矛盾を御感じになっているなら此の機会を御捉えになり陛下平素の御考え即和平を表面に進められるよい機会にされるのがよい」と進言し、木戸も「全く同じ事を考え

ていたと云われた」としている（前掲『GHQ歴史課陳述録 終戦史資料』松平の陳述、上巻、59〜61頁）。最高戦争指導会議構成員のみを出席させた6月22日の御前会議で、天皇は「先日の御前会議の決定による作戦はそのままとするも他方なるべく速やかに戦争を終結することに一同の努力を望む」と発言し、同意を取り付けている（前掲『GHQ歴史課陳述録 終戦史資料』東郷茂徳の陳述、上巻、296〜297頁）。豊田軍令部総長の証言によれば、鈴木総理はこれに対して「吾々構成員の間に於いてもかねがね協議を致しております」と述べ、東郷外相はソ連を仲介とする和平工作について特派大使をモスクワに派遣する準備工作をしているが、「話が具体的に進捗して居りません」と報告し、阿南陸軍大臣は「時局を収拾することに異論はありませんが、功を急ぎ過ぎて、我が方の弱みを曝露してはならないので、慎重に考えを廻らす必要があると存じます」と発言し、梅津参謀総長も同趣旨の発言をしたという（前掲『GHQ歴史課陳述録 終戦史資料』豊田の陳述、下巻、881〜882頁）。これに対して天皇は「慎重に措置する必要があると言うことであるが、根本的に反対であると言う意味ではなかろう」と尋ね、梅津も「そういう訳ではありません」と回答したと東郷は回想し（前掲『GHQ歴史課陳述録 終戦史資料』東郷の陳述、上巻、296頁）、木戸は天皇からの伝聞として「慎重を要することは勿論なるも、其の為時機を失することなきやとの御質問あり、之に対し総長は速やかなるを要すとはっきり奉答せり」と記している（前掲『木戸幸一日記』下巻、1213頁）。

　こうして、両統帥部、両軍務局の中堅層による戦争指導原案の作成を経て、最高戦争指導会議ないし御前会議で決定するという従来の政策決定方法では、終戦判断は進まず、別の最高意思決定方式が5月半ばから模索されることになり、最終局面では「聖断」をも利用することになった。その意味で6月22日の御前会議は、迫水も「忘れることの出来ない日」と回想するなど（前掲『終戦の真相』31頁）、終戦に向けた重要な転換点であり、これで8月9日の御前会議でのポツダム宣言受け入れに至る道筋が明確になった。

　ちなみに、天皇自身は、2月14日の近衛の上奏の際には、「未だ見込みがあるのだ」と述べ、「一度叩いてから終結」という考えを持っていた。しかし、その後木戸内大臣が近衛に伝えた話として「従来は、全面的武装解除と責任者の処罰は絶対に譲れぬ、それをやるようなら最後迄戦うとの御言葉で、武装解除をやれば蘇聯が出て来るとの御意見であった。そこで陛下の御気持を緩和することに永くかかった次第であるが、最近（五月五日の二、三日前）御気持が変わった。二つの問題も已むを得ぬとの御気持になられた。のみならず今度は、逆に早い方が良いではないかとの御考えにさえなられた」との証言がある（5月13日近衛から高木への伝言、前掲『高木海軍少将覚え書』227〜229頁）。また、木戸の「時局収拾の対策試案」の説明があった日から2日後の6月11日の梅津参謀総長の上奏も重要な判断に結びついたとみられる。その様子を松平秘書官長が高木に伝えたところでは、「在満支兵力は皆合わせても米の八個師分位の戦力しか有せず、しかも弾薬保有量は、近代式大会戦をやれば一回分よりないということを奏上したので、御上は、それでは内地の部隊は在満支部隊より遙かに装備

第 4 章　総動員体制の破綻（1945 年度）　887

が劣るから、戦にならぬではないかとの御考えを懐かれた様子である」とされている。梅津のこの上奏からは「御上に助け船を出して戴きたい考えかもしれぬ」（前掲『高木海軍少将覚え書』288〜289 頁）とのようすも窺われたとしており、こうした経過から天皇自身も「聖断」の必要を認めるに至ったとみられる。

　なお、ポツダム宣言の受諾と受諾後の国体の護持を巡る、8 月 9 日の御前会議から、14 日の御前会議で再度受諾を決定するまでの統帥部の慎重論や宮中、外相らの即時受諾論、天皇の聖断については、総動員計画を扱う本書の範囲から外れているが、前掲『終戦史録』第 39〜54 篇が詳しい。

47）以下、第 1 四半期における普通鋼鋼材、繊維、液体燃料、石炭、銅、火薬、生ゴム、食糧等の需給不均衡問題については、前掲「第一、四半期物動計画均衡検討並補正対策」185〜199 頁による。
48）「昭和二十年度第一、四半期物動計画ノ概要並ニ第二、四半期ノ見透（秘密会用）」前掲『後期物資動員計画資料』第 14 巻所収、301 頁。同資料は、6 月 9 日開催の第 87 回臨時議会用資料とみられる。
49）1945 年度の年度計画が策定されたことは、確認できない。
50）軍需省総動員局総動員課「最高戦争指導会議報告案　最近ニ於ル軍需生産状況ニ就テ」1945 年 6 月 29 日前掲『後期物資動員計画資料』第 14 巻所収、201〜209 頁。
51）前掲「昭和二十年度第一・四半期物動計画ノ概要並ニ第二、四半期ノ見透（秘密会用）」。鈴木首相は第 87 回帝国議会で戦争目的の完遂を訴えているが、秘密会用に起草された同資料は、「各部門ニ及ブ影響ハ相当深刻ナルモノアルヲ覚悟シ国民各層ノ堅忍不抜ノ精神ヲ此ノ際特ニ振起鼓舞スルノ要愈々肝要」としていた。
52）軍需省「第二、四半期以降物資動員計画策定要領」1945 年 6 月 25 日前掲『後期物資動員計画資料』第 14 巻所収。
53）地方動員行政の変遷については、前掲『戦時経済総動員体制の研究』第 9 章を参照のこと。
54）軍需省総動員課「昭和二十年度第二・四半期物動計画運営要領」1945 年 7 月 1 日前掲『後期物資動員計画資料』第 14 巻所収、317〜318 頁。
55）「昭和二十年度第二四半期物動実施計画要旨」前掲『後期物資動員計画資料』第 14 巻所収、346〜350 頁。
56）海運総監部「七月物動配船計画」1945 年 6 月 26 日前掲『後期物資動員計画資料』第 14 巻所収、517〜518 頁。
57）海運総監部「七月船舶輸送作戦実施要綱」1945 年 6 月 26 日前掲『後期物資動員計画資料』第 14 巻所収、454〜460 頁。
58）「特朝輸送ニ関スル打合」1945 年 6 月 21 日『後期物資動員計画資料』第 14 巻所収、449〜450 頁。
59）軍需省「昭和二十年度物資動員計画第二・四半期実施計画」1945 年 7 月 5 日前掲『後期物資動員計画資料』第 14 巻所収、323 頁。
60）前掲「昭和二十年度第二四半期物動実施計画要旨」346 頁。

61) 前掲「昭和二十年度物資動員計画第二・四半期実施計画」324頁。
62) 前掲「昭和二十年度第二四半期動実施計画要旨」347～348頁。以下、7月5日に策定された第2四半期実施計画に関する説明は、同資料348～351頁によっている。
63) 大井篤『海上護衛参謀の回想』原書房、1975年、237～242頁、防衛庁防衛研究所戦史室編『海上護衛戦』朝雲新聞社、1971年、473～480頁。
64)「二／二〇Ｃ関係鋼材中地方移管分部門別総括表」前掲『後期物資動員計画資料』第14巻所収、388～389頁、393頁。
65)「民需輸送状況ニ就テ」1945年5月10日前掲『後期物資動員計画資料』第14巻所収、462頁。
66)「為参考（七月十七日最高戦争指導会議席上軍需大臣発言要旨）」前掲『後期物資動員計画資料』第14巻所収、306～307頁。
67) 物資動員計画を継承した1945年度第3四半期からの物資需給計画の推移については、山崎志郎「物資需給計画と配給機構」原朗編『復興期の日本経済』（東京大学出版会、2002年所収）を参照のこと。
68) 天然原油の年度実績は帝石史資料蒐集小委員会『帝石史編纂資料（附属資料諸統計）』（1960年）218～219頁、暦年実績は通産省『石油統計年報』、1945年度第4四半期実績は齋藤栄三郎『太平洋戦争期における日本経済の研究』（東京早稲田出版社、1949年）140頁、人造石油の年度実績は榎本隆一郎『本邦人造石油事業史概要』（人造石油事業史編纂刊行会、1962年）232～233頁による。
69) 遠藤三郎軍需省航空兵器総局長の高木惣吉への報告（前掲『高木海軍少将覚え書』260頁）。
70) 前掲『日本海軍燃料史』上巻、372～373頁。

終章　大東亜共栄圏構想の崩壊過程

はじめに

　太平洋戦争期の各年度の物資動員計画の変遷は、第1章から第4章で詳細に見た通りである。年間計画は前年秋頃から海上輸送力の予測と重要物資の供給見通しの策定作業から始まり、年度当初までに供給計画、配給計画が準備された。各章ではこうした立案作業を追い、海上輸送、供給計画の全体像を分析した。実施段階では、毎年第2四半期に入る頃から計画の見直しが必要になり、下期には四半期実施計画を改訂するのが通例になっていた。各章では海上輸送の推移、物資供給の実績を追いながら、共栄圏からの資源還送の状況を概観した。計画物資の生産・供給が滞る中で、代替材の利用、企業整備等による既存施設のスクラップ化など、国民生活を犠牲にしていく物資動員計画のあり方も明らかになった。

　政策環境の変化に応じて頻繁に計画が見直され、年間計画としての体をなしてはいなかったが、実施計画を改訂することで計画の空文化を避け、軍需動員計画・生産拡充計画など、総動員諸計画の根幹を支え続けたことを確認した。計画を支える統制手法の開発、動員行政の変更についても、各章のまとめの中で触れており、総動員体制の進化や徹底化の過程も概観した。それは、変更されるたびに計画を妨げる重大隘路に対応した措置であり、その弥縫策は戦時総動員体制に次々と生じた綻びを示すものでもあった。

　本章では物資動員計画の推移を通観する。第1節では、物資動員計画の最大の制約要因であった海上輸送計画について、造船量、船舶保有量、物資別の海上輸送実績などを概観する。第2節では、各年度の物資動員計画の特徴をまとめ、計画の運行にまつわる重要事項を振り返るとともに、鉄鋼、石炭、ソーダ類などの重要物資の供給推移を概観する。第3節では、超重点産業として扱わ

れた航空機工業への動員のあり方と、それとは対照的に再資源化に向けて動員された一般民需産業の動員を取り上げ、最後に太平洋戦争期の戦時経済総動員体制の段階的特質を、日中戦争期の総動員体制を概観した序章第1節に続く形でまとめておく。

第1節　海上輸送力と重要物資輸送の推移

船舶建造

　以下では、開戦後の物資動員計画と密接に関連した海運事業の推移を見よう。太平洋戦争の開戦に備えて、1941年8月から作戦用船舶の大量徴用が始まると、海上輸送力の縮小が総動員計画の最大の隘路となった。その後も、太平洋戦争期の経済総動員の重要な焦点が、共栄圏内の物流を担う船舶の大量建造計画であった。これに要するあらゆる設備、原材料、資金、労働力、技術力を集中するため、行政査察、地方行政協議会、種々の統制団体からなる造船協力会など、中央・地方行政や経済団体が動員された[1]。

　海運業界の船舶保有量は、1937年度末に447.5万総噸と、英国の2,063万総噸、米国の1,243万総噸には遠く及ばないものの、世界第3位、世界全体の6.8％を占め[2]、多くの国際航路に船舶を就航させていた。このため、戦時動員に際しても商船にはある程度の余裕があると考えられていた。造船業は生産力拡充計画産業であったが、日中戦争期には軍の管理下で艦艇建造に傾斜する一方で、建造設備の拡充には積極的でなく、物動計画では所用資材の確実な供給が主要課題であった。第1次欧州大戦後に起きた過剰設備問題への危惧や、戦時標準船に対する海運会社の忌避、それに幾度か浮上した短期講和の見通しもあって、旅客船受注の抑制や同一船型への受発注の切り替えの慫慂などによって、既契約船の工期短縮や資材を節約することが、差しあたりの増産対策であった。39年9月には海運統制の強化と平行して、陸海軍、大蔵・商工・逓信省の関係官、海運・造船業界関係者からなる造船調整協議会が設置され、用途によって大型鋼船の建造計画を審査し、需給の調整を開始した。40年10月からは地方別の造船調整会議によって小型船・木造船についても需給を調整したが、日中戦争期は戦時標準船の設定と切り替えを急がず、継続船の工事を促進

し、艦艇などの緊急需要に対応するにとどまった。

　商船建造の増強に本格的に取り組んだのは、太平洋戦争の開戦後であった。1942年4月に第1次戦時標準船の10船型が決定され、受注を1造船所当たり2船型までに集約するなどの措置がとられた。また、建造工程に応じて運転資金を調達しなければならない造船会社や海運会社の資金繰りを緩和するため、同年5月からは産業設備営団が一元的に戦時標準船を発注し、造船会社に運転資金を供給した。営団の所要資金は社債のシンジケート団引き受けによって調達し、引き渡しを受けた完成船は、営団を通じて船主や運航実務者である海運会社に売却された。

　船台の増強などの生産力拡充計画も1942年度からようやく本格化したが、大型設備の完成まで漕ぎ着けた計画は多くなく、造船用の厚板、鋼管の生産能力の拡充にも限界があった。このため、太平洋戦争期の増産は、戦時標準船への切り替えや、42年12月決定の第2次標準船型決定による作業の徹底した単純化・簡略化と資材節約によっていた。なかでも第2次標準船の一つの改E型船は、粗製濫造という点で戦時標準船を代表する船種であり、即席の専用建造施設が播磨造船所、三菱重工業、川南工業、石川島造船所によって建設され、受刑者をも動員しつつ増産を図った。建造計画は所管した海軍艦政本部によって頻繁に改訂され、達成率も高くはなかったが、資材、労働力、資金の集中的動員によって太平洋戦争期には量産化が進んだ。日中戦争期に年間30万総噸前後であった建造実績は、表終-1のように推移し、42年度の建造量は35.7万総噸となり、標準船の計画造船に切り替えが進んだ43年度には116.6万総噸となった。44年度は喪失船舶の回復と鉄鋼、石炭の生産維持に向けて255万総噸を目標とし、9、10月頃まで比較的高い建造実績を示した。その後、年度末には建造ペースが急落したとはいえ、年間173.3万総噸の建造実績を上げた[3]。

　交戦国の拿捕船は1942年度に集中し、新造船の伸び悩みを補完する意味を持っていたが、43年9月以降は比重が低下した。外国傭船は、42年度当初に集中し、それ以降はほとんどなかった。42年度下期に入ると、戦争による沈船・大破船や海難船の一部の引き揚げ、修理が進み、43年度上期頃まで、喪失分をある程度カバーしたが、それ以後は沈船引き揚げより新造船に集中している。

表終-1　100総噸以上の船腹の増減推移

(総噸)

	増加船腹					減少船腹				差引増減
	新造船	拿捕船	外国傭船	その他	計	喪失・大破	海難	その他	計	
41年12月	9,492				9,492	40,459	4,079		44,538	-35,046
42年 1月	24,206				24,206	55,979			55,979	-31,773
42年 2月	16,360	6,021			22,381	31,046	5,822		36,868	-14,487
42年 3月	24,365	19,803			44,168	67,215	267		67,482	-23,314
42年 4月	8,286	18,409			26,695	31,675	500		32,175	-5,480
42年 5月	18,112	3,777	36,649		58,538	94,341			94,341	-35,803
42年 6月	25,138	15,449	37,499		78,086	29,097	5,640		34,737	43,349
42年 7月	26,101	9,616	15,105		50,822	36,854			36,854	13,968
42年 8月	27,210	2,142			29,352	91,030	400		91,430	-62,078
42年 9月	27,752				27,752	26,151			26,151	1,601
42年10月	39,092	3,143	4,423	5,031	51,689	110,405	7,819	288	118,512	-66,823
42年11月	24,211	27,042		3,588	54,841	111,175			111,175	-56,334
42年12月	33,831	35,119	668	9,645	79,263	52,973	12,006	2,075	67,054	12,209
43年 1月	26,919	29,063		200	56,182	205,056	7,899	4,484	217,439	-161,257
43年 2月	36,589	7,915		38,076	82,580	112,054	7,200	821	120,075	-37,495
43年 3月	63,857		1,422	750	66,029	86,264	3,035	1,428	90,727	-24,698
43年 4月	70,529			2,602	73,131	208,438	14,415		222,853	-149,722
43年 5月	38,524	26,038		17,798	82,360	156,429	5,433	16,726	178,588	-96,228
43年 6月	68,778	4,953		2,089	75,820	130,770	4,418	686	135,874	-60,054
43年 7月	56,596			2,091	58,687	89,927	3,963	2,003	95,893	-37,206
43年 8月	74,829	24,330		2,199	101,358	126,218	8,470	550	135,238	-33,880
43年 9月	81,668		1,910	8,566	92,144	156,722	10,515	235	167,472	-75,328
43年10月	93,430		5,753	4,725	103,908	118,831	18,320	249	137,400	-33,492
43年11月	66,384	4,487			70,871	255,721	8,198		263,919	-193,048
43年12月	137,279		1,544	7,531	146,354	179,097	4,259		183,356	-37,002
44年 1月	104,373	13,423		240	118,036	311,815	2,795		314,610	-196,574
44年 2月	127,260				127,260	484,770	8,489		493,259	-365,999
44年 3月	246,540				246,540	221,963	17,577		239,540	7,000
44年 4月	133,825	5,294	318		139,437	151,108	11,661		162,769	-23,332
44年 5月	158,260				158,260	247,748	8,008	990	256,746	-98,486
44年 6月	144,062	13,871		3,690	161,623	272,572	7,376		279,948	-118,325
44年 7月	144,466				144,466	220,920			220,920	-76,454
44年 8月	105,197				105,197	262,125	10,067		272,192	-166,995
44年 9月	198,610	3,142			201,752	356,272	1,371	440	358,083	-156,331
44年10月	152,014				152,014	491,244	3,957		495,201	-343,187
44年11月	130,394			531	130,925	426,297	2,993		429,290	-298,365
44年12月	143,808			1,398	145,206	165,194	2,966		168,160	-22,954
45年 1月	135,847				135,847	379,460	3,752		383,212	-247,365
45年 2月	164,400				164,400	82,843			82,843	81,557
45年 3月	121,617		318		121,935	175,714			175,714	-53,779

注：毎月1日現在の保有数。増加船腹の合計欄には満洲置籍船1万2,191総噸（1943年2月）、同1,806総噸（43年8月）、同1,398総噸（44年12月）を含む。新造船は当月中の稼働開始船腹。拿捕船には沈船を含む。その他は損傷修理および沈船引き揚げ後の登録船等。減少船腹の喪失大破は当月に報告されたもの。その他は外国船の返船、船質・船格変更等。

出所：海運総局「海上輸送計画資料（仮題）」前掲『後期物資動員計画資料』第12巻所収、311、312、332頁。
　1944年8月以降の増減データは、関係者による戦後の書き込みとみられる同資料332頁記載のデータによった。

一方の船舶の減少は、いうまでもなく喪失・大破が最大要因であった。1942年の半ば頃より損害が大きくなり、第3四半期以降、月10万総噸を超える被害を受けるようになった。44年2月には40万総噸を大きく超える事態となり、44年度下期には強引な南方物資の還送を図ったことで、かつてない大量喪失を経験した。45年度に入っても、内地港湾の機雷封鎖の被害や南鮮航路の集中攻撃などによって毎月20数万総噸の損害を出し続け[4]、終戦の直前には海上輸送がほぼ麻痺する事態になった。

船舶管理体制

　物動計画の策定には、その前提作業として船舶による物資別の輸送計画を策定することが必要であった。海上輸送力を合理的に編成するため、海運統制は、1941年8月の戦時海運管理要綱によって本格化し、大型船舶すべてを国家徴傭し、42年度からは船舶運営会を設立して一元的に運用するなどの方針が打ち出された。これによって海運業者は戦時固有のリスクからは解放される一方、形式的には貸船業者となり、経営の自主性を失うことになった。また海運行政の所管も逓信省から12月に海務院が外局として分離され、その要職に海軍軍人が就くと、輸送計画・船舶増産行政は海軍主導に転換した。42年3月の戦時海運管理令に基づいて、4月に船舶運営会が発足すると、100総噸以上の汽船および150総噸以上の機帆船（43年10月以降は50総噸以上機帆船）や船員を一元的に統括し、海運会社は事務処理手数料を受け取る運航実務者に再編された。太平洋戦争期を通じて、この船舶運営会による配船管理が実施された。

船舶保有

　保有船舶量は、船舶運営会の戦後の集計によれば、表終-2のように推移した。前表の増減データとは正確には一致せず、総じて船舶運営会のデータは海務院（その後海運総局）などが戦時下で作成したデータよりも僅かではあるが数字が大きい[5]。総保有船腹は開戦時に633.7万総噸であったが、1941年の夏以降開戦準備に入った陸海軍の徴傭船舶は、開戦時には陸軍216万総噸、海軍174万総噸となり、総保有量の61.5％を占める事態となった。この結果、一般民需船は僅か243.6万総噸であった。ここから修理船や特殊用途の船舶を除い

表終-2　100総噸以上の船舶保有量の推移

(千総噸)

	総保有船腹	陸軍徴傭船	海軍徴傭船	一般民需船				物動計画対象船
				貨物・貨客船	油槽船	特殊船	合計	
41年12月	6,337.0	2,160.5	1,740.2	2,060.3	155.9	220.1	2,436.3	
42年 1月	6,375.2	2,186.7	1,827.4	2,014.4	125.6	221.1	2,361.1	
42年 2月	6,414.3	2,165.8	1,835.1	2,082.8	109.2	221.4	2,413.4	
42年 3月	6,429.7	2,150.3	1,861.3	2,105.1	91.9	221.1	2,418.1	
42年 4月	6,393.2	2,112.7	1,824.9	2,148.9	85.6	221.1	2,455.6	
42年 5月	6,389.5	2,013.6	1,815.9	2,252.6	85.6	221.8	2,560.0	
42年 6月	6,220.5	1,796.4	1,772.6	2,343.2	85.2	223.1	2,651.5	2,317.8
42年 7月	6,244.5	1,629.6	1,779.1	2,527.5	81.1	227.2	2,835.8	2,384.8
42年 8月	6,266.7	1,382.9	1,771.5	2,801.9	83.2	227.2	3,112.3	2,618.8
42年 9月	6,160.8	1,325.6	1,697.1	2,807.6	101.7	228.8	3,138.1	2,691.7
42年10月	6,158.6	1,318.1	1,705.2	2,803.9	102.6	228.8	3,135.3	2,689.5
42年11月	6,075.6	1,292.4	1,699.0	2,741.9	107.8	234.5	3,084.2	2,677.4
42年12月	6,084.5	1,290.6	1,689.9	2,758.9	114.5	230.6	3,104.0	2,567.6
43年 1月	5,966.7	1,623.4	1,714.0	2,267.3	129.5	232.5	2,629.3	2,226.0
43年 2月	5,873.0	1,460.6	1,784.9	2,257.7	135.7	234.1	2,627.5	2,224.7
43年 3月	5,889.9	1,489.1	1,801.6	2,230.0	135.7	233.5	2,599.2	2,143.3
43年 4月	5,840.6	1,507.0	1,809.6	2,161.4	134.3	228.3	2,524.0	2,048.1
43年 5月	5,693.7	1,194.7	1,728.0	2,392.5	150.5	228.0	2,771.0	2,272.2
43年 6月	5,627.0	1,174.9	1,668.7	2,386.9	160.9	235.6	2,783.4	2,278.6
43年 7月	5,600.0	1,183.3	1,677.1	2,314.5	181.8	243.3	2,739.6	2,182.4
43年 8月	5,591.3	1,208.2	1,723.2	2,214.1	203.6	242.2	2,659.9	2,108.2
43年 9月	5,559.8	1,179.4	1,687.9	2,230.6	229.0	232.9	2,692.5	2,119.4
43年10月	5,547.3	1,207.6	1,621.0	2,163.6	307.2	247.7	2,718.7	2,027.6
43年11月	5,491.7	1,257.0	1,576.6	2,037.7	380.6	239.8	2,658.1	1,959.8
43年12月	5,297.2	1,206.1	1,513.2	1,980.2	367.0	231.0	2,578.2	1,905.2
44年 1月	5,260.5	1,200.8	1,432.5	1,971.4	408.9	246.8	2,627.1	1,969.0
44年 2月	5,045.1	1,069.1	1,323.6	1,998.0	408.5	245.9	2,652.4	1,993.6
44年 3月	4,656.2	981.1	1,078.4	1,938.6	412.2	245.9	2,596.7	1,951.6
44年 4月	4,631.8	964.8	1,029.1	1,910.7	483.3	243.9	2,637.9	1,996.8
44年 5月	4,620.5	986.0	1,044.4	1,856.6	486.2	247.3	2,590.1	1,929.2
44年 6月	4,537.7	924.0	1,033.1	1,865.0	484.5	231.1	2,580.6	1,911.1
44年 7月	4,416.2	849.6	915.3	1,915.9	508.2	227.2	2,651.3	2,009.8
44年 8月	4,204.6	761.2	846.7	1,841.7	524.2	231.0	2,596.9	2,013.6
44年 9月	4,025.9	747.0	819.9	1,718.3	529.0	211.7	2,459.0	1,847.0
44年10月	3,853.4	627.2	745.1	1,688.3	580.5	212.3	2,481.1	1,880.6
44年11月	3,511.1	493.2	609.5	1,599.8	595.8	212.8	2,408.4	1,846.8
44年12月	3,187.4	294.6	482.4	1,549.7	645.0	215.7	2,410.4	1,913.1
45年 1月	3,148.5	294.1	446.3	1,542.5	643.6	222.0	2,408.1	1,865.8
45年 2月	2,891.1	302.6	420.8	1,441.8	504.2	221.7	2,167.7	1,744.0
45年 3月	2,921.7	314.2	433.2	1,490.9	461.0	222.4	2,174.3	1,700.8
45年 4月	2,864.8	270.7	378.5	1587.1	394.2	234.3	2,215.6	1,791.8
45年 5月	2,778.5	288.8	330.6	1534.5	391.6	233.0	2,159.1	1,664.2
45年 6月	2,640.5	222.1	303.8	1496.1	365.7	232.9	2,094.7	1,612.3
45年 7月	2,349.5	92.6	303.6	1381.3	343.1	228.9	1,953.3	1,543.4
45年 8月	2,207.4	76.7	289.2	1317.4	295.2	228.9	1,841.5	1,315.2

注：保有船舶の陸海軍徴傭船には貨物船ほかの全ての船種を含む。物動用船舶の1942年5月以前、同油槽船の44年3月以前については判明しない。
出所：船舶運営会『船舶運営会会史（前編）』上巻、1947年、191～194、217～218頁。

た貨物船・貨客船と油槽船が物動計画の対象船舶であり、これが物動物資を優先しつつ貨物輸送にあたった。物動計画に利用できる一般民需船は、開戦時の見通しでは、当初の作戦が一段落する42年度の夏には徴傭解除によって300万総噸に回復し、その後も船腹の増減を均衡させて、41年度の輸送力水準を維持するとしていた。しかし、42年度の解傭は遅々として進まず、秋以降の大量喪失を受けて、最初の船舶増徴が実施されるなど、一般民需船の物動対象船は徴傭や戦災・海難事故などで減少を続けた。43年度下期以降、建造ペースが上がり、44年度上期の増産によって200万総噸前後を維持したが、44年秋以降南方で大量に喪失した結果、同年度末には170万総噸前後となった。45年8月には131.5万総噸にまで減少し、その多くも修理を必要とする状態で終戦を迎えた。

　こうして西太平洋での戦況が悪化するたびに大量の船舶が新規に徴用されて、国内経済は縮小を続けた。1944年7月のサイパン島失陥によって、前年9月に防衛の要として設定した絶対国防圏が崩れて、東條英機内閣も総辞職に追い込まれた。海上輸送のリスクが飛躍的に上がっているにもかかわらず、次の小磯国昭内閣は残された船舶を大量に投入して南方物資を確保しようと試み、一挙に船舶を喪失して、日本経済は麻痺状態となった。

海上輸送計画

　海上輸送計画は、こうした保有船舶の推移に依存した。まず民需用の貨物船・貨客船・油槽船を基礎に、国内への還送量が策定された。総噸数から積載可能な重量トンを計算し、日満支地域や南方地域の1ヶ月の運航回数である稼航率を乗じて月当たりの輸送重量やさらに年間輸送重量を算出した。陸海軍徴傭船の一部は戦地に張り付いていたが、国内から軍需物資を前線に輸送した徴傭船の場合は、復航を利用して物動物資の還送にあたって物動輸送に協力する場合もあった。これを合算して、輸送力が算定された。

　この総合的輸送力を、物動物資ごとや積出地ごとの必要海上輸送量を調整して、物動計画の重量と輸送計画を接合させていた。実際には物資によって輸送距離や荷役日数が大きく異なるため、月別の積地・揚地別、物資別輸送計画は海務院（海運総局）が策定し、物動計画の運行を確実なものとしていた。

表終-3　1941〜45年度（終戦時まで）の海上輸送計画と実績

(トン)

	計画	実績		計画	実績
41年4月	5,599,535	5,160,814	7月	2,828,246	2,895,467
5月	5,396,300	5,607,330	8月	2,812,083	2,775,395
6月	5,856,520	5,435,205	9月	2,814,290	2,377,794
7月	4,865,000	4,899,700	10月	2,540,063	2,377,348
8月	4,337,816	4,189,950	11月	2,592,774	2,235,943
9月	5,035,916	4,444,493	12月	2,597,480	2,085,772
10月	4,565,450	3,592,097	1月	2,922,403	1,964,860
11月	3,468,517	3,289,523	2月	3,037,371	1,941,091
12月	2,782,549	2,980,949	3月	2,498,713	2,279,553
1月	2,704,454	2,644,360	43年度計	33,464,764	30,092,441
2月	2,661,723	2,830,807	44年4月	2,134,659	2,160,591
3月	2,303,693	3,137,250	5月	2,082,406	2,048,442
41年度計	49,577,473	48,212,478	6月	2,280,253	1,918,865
42年4月	3,360,659	3,107,199	7月	1,862,391	1,782,330
5月	2,951,819	3,042,106	8月	2,698,561	1,323,467
6月	3,102,611	3,142,393	9月	2,665,000	1,227,181
7月	3,739,306	3,598,371	10月	1,555,780	1,309,137
8月	3,769,119	3,576,150	11月	1,830,120	1,478,383
9月	4,348,013	3,552,749	12月	2,252,434	1,284,440
10月	4,084,322	4,059,284	1月	1,368,329	1,108,906
11月	4,053,512	3,517,858	2月	1,416,110	1,032,303
12月	3,288,494	3,277,834	3月		1,126,577
1月	2,936,781	2,970,841	44年度計	22,146,043	17,800,622
2月	2,838,151	2,871,843	45年4月	1,383,400	1,163,077
3月	2,615,716	3,307,105	5月	1,446,100	1,049,645
42年度計	41,088,503	40,023,733	6月	950,000	752,031
43年4月	2,850,961	2,971,541	7月	1,025,500	735,360
5月	2,956,972	3,294,144	8月	682,800	312,004
6月	3,013,408	2,893,533	小計	5,487,800	4,012,117

注：1944年3月の計画は不明。44年度輸送計画の合計は4〜2月の11ヶ月分。
出所：船舶運営会『船舶運営会史（前編）』上巻、589〜592頁。

　海上輸送計画と実績は、表終-3のように推移した。稼航率の引上げや港湾作業の合理化による輸送力の増強が叫ばれ続けたが、民需船の減少とともに輸送計画も実績も減少した。月当たり500万トンを超えていた開戦前の海上輸送実績は、開戦とともに月300万トン水準となり、1942年度の夏から秋に月350万トン水準に持ち直したものの、年度末には月300万トンを切り始めた。43

年度は度重なる増徴によってそのまま減少を続け、年度末には月200万トンを切る水準となった。44年度も7月を境に急減を続け、年度末には月100万トン前後という水準となり、朝鮮諸港から僅かに大陸物資を輸送するだけとなった。45年度に入り、6、7月は70万トン台という事態になった。

輸送計画の実効性の検証という点では、数次にわたる増徴の際に実績率が低下する局面があり、趨勢としても1943年の夏以降、計画との乖離が拡大する厳しい状況になった。しかし、43年度の85％、44年度は3月を除く11ヶ月で75％、45年度で73％という実績は、過度な要求を押しつけられた状況の中で、辛うじて計画の実効性を認めることができる水準であったと考える。この未達分をどの物資で負担するかが、後述のように総動員上の重要判断になって

表終-4　民需船向け燃料割当の推移

(kl)

		民需汽船			機帆船各社B重油			
		B重油	C重油	計	西日本	運航・北海道	一般	計
1941年12月		25,800	500	26,300	7,600	750	7,555	15,905
41年度第4四半期		89,610	1,500	91,110	24,800	3,750	32,475	61,025
42年度	第1四半期	101,598	11,434	113,032	27,800	4,500	40,433	72,733
	第2四半期	102,934	20,001	122,935	26,900	4,500	43,979	75,379
	第3四半期	78,892	16,834	95,726	20,756	6,000	30,115	56,871
	第4四半期	60,900	10,000	70,900	21,000	5,500	17,103	43,603
43年度	第1四半期	62,018	9,000	71,018	24,300	4,840	16,178	45,318
	第2四半期	64,459	9,000	73,459	26,437	6,004	14,053	46,494
	第3四半期	69,907	9,000	78,907	24,000	7,373	17,922	49,295
	第4四半期	60,397	6,500	66,897	21,375	8,842	13,859	44,076
44年度	第1四半期	54,345	4,500	58,845	19,473	6,636	11,533	37,642
	第2四半期	55,250	2,862	58,112				
	第3四半期	47,411	1,815	49,226				
	第4四半期	33,135	1,634	34,769				
45年度	第1四半期	24,334	1,080	25,414				
	7月	7,397	800	8,197				
	8月	6,581	520	7,101				

注：割当実績は、実際の消費実績ではなく、消費量はこれを下回る。44年度第2四半期以降の機帆船への割当は不明。
出所：船舶運営会『船舶運営会会史（前編）』上巻、433～434頁。機帆船各社は、海運総局「海上輸送計画資料」1944年8月前掲『後期物資動員計画資料』第12巻所収、369頁。

いた。

　船舶保有量を基準に輸送計画を策定していながら、実績率が低下する原因は、稼航率や荷役日数の計算に無理があったためであるが、民需汽船の燃料割当も表終-4のように1943年度第4四半期から急速に縮小した。実際の消費実績はさらに縮小していたと考えられるが、44年度下期からは加速度的に縮小していることがわかる。そのなかで、内地の石炭輸送の根幹を担う西日本石炭輸送

表終-5　1941〜45年度（終戦

	1941年度		1942年度		1943年度	
	計画	実績	計画	実績	計画	実績
石炭	25,158,670	24,155,825	19,493,650	19,710,379	14,876,920	14,228,954
鉄鉱石	5,569,200	4,880,024	5,269,285	4,669,856	3,934,050	3,291,956
銑鋼	3,345,951	3,734,530	3,757,350	3,533,031	3,446,412	3,201,004
塩	1,776,300	1,759,809	1,883,544	1,726,902	1,721,325	1,561,573
非鉄金属	3,011,625	3,114,795	2,868,453	2,694,797	3,155,495	2,523,240
コークス類	161,510	169,081	269,850	248,413	284,340	258,990
セメント	537,286	790,160	301,675	322,074	219,810	209,283
ソーダ類	53,671	52,667	65,765	71,028	38,880	29,337
油類	133,130	151,697	137,949	89,924	138,861	105,448
紙パルプ	601,305	638,600	475,768	673,164	344,342	395,309
棉花・羊毛	236,231	265,312	116,405	94,649	64,750	31,103
木材	1,968,210	2,025,594	850,930	1,260,048	296,755	349,835
穀類	3,495,072	3,377,043	2,794,824	2,251,460	2,806,958	2,139,112
砂糖	503,650	477,593	538,410	521,447	515,386	334,838
燐鉱石	649,000	452,791	311,700	256,950	356,380	243,818
肥料	1,289,979	1,136,912	1,045,635	1,039,255	782,667	615,141
飼料	391,712	279,658	258,190	221,880	181,980	153,133
油脂	36,160	28,927	36,848	21,538	7,850	6,452
油料種実	229,490	205,259	195,810	125,333	159,760	135,585
生ゴム	46,192	31,819	56,574	44,085	38,939	39,276
練乳・粉乳	11,973	6,695	17,845	18,208	18,590	17,135
機械・車両	266,348	314,046	211,257	284,295		
その他	104,808	163,641	130,786	145,017	74,314	221,919
合計	49,577,473	48,212,478	41,088,503	40,023,733	33,464,764	30,092,441
北洋漁業	560,900	560,972	180,000	196,082	189,700	187,678
雑貨　一般雑貨		1,541,212		1,421,617		2,812,284
機械・車両				114,166		403,179

注：日満支輸送、第三国関係、限定航路、南鮮中継の輸送データ。内地間の輸送計画も含まれているとみられる。
出所：船舶運営会『船舶運営会会史（前編）』上巻、597〜610頁。

終章　大東亜共栄圏構想の崩壊過程　899

は、42年7月に関門隧道が開通し、その後鉄道輸送力が増強される中でも、輸送割当が維持され、高い期待が寄せられた。汽船輸送を補完して大陸物資の輸送にあたった運航機帆船に対しては、43年度末まで燃料が増配された。一方で、その分、全国の沿岸輸送を担った一般機帆船の燃料割当は犠牲となり、44年度第1四半期には41年度第4四半期の3分の1近くまで減らされた。運航休止状態となった一般機帆船は西日本石炭輸送や運航機帆船に傭船として編

時）の海上輸送物資別計画と実績

（トン）

1944年度		1945年度		達成率（％）				
計画	実績	計画	実績	41年度	42年度	43年度	44年度	45年度
9,116,965	8,451,671	2,252,300	1,829,565	96.0	101.1	95.6	92.7	81.2
1,288,900	1,051,697	31,700	129,955	87.6	88.6	83.7	81.6	410.0
2,586,808	2,033,679	377,400	211,546	111.6	94.0	92.9	78.6	56.1
1,308,000	978,118	720,600	404,180	99.1	91.7	90.7	74.8	56.1
2,965,031	1,902,358	468,830	225,112	103.4	93.9	80.0	64.2	48.0
333,887	295,195	66,100	86,201	104.7	92.1	91.1	88.4	130.4
49,900	68,486	3,500	6,630	147.1	106.8	95.2	137.2	189.4
13,300	7,018		975	98.1	108.0	75.5	52.8	
65,165	55,730	1,000	3,159	113.9	65.2	75.9	85.5	315.9
150,565	149,513	26,000	21,992	106.2	141.5	114.8	99.3	84.6
98,060	29,194	8,000	12,366	112.3	81.3	48.0	29.8	154.6
159,528	273,456	25,000	19,424	102.9	148.1	117.9	171.4	77.7
2,543,080	1,494,009	1,375,900	886,768	96.6	80.6	76.2	58.7	64.5
371,760	160,920			94.8	96.8	65.0	43.3	
200,400	77,332	10,200		69.8	82.4	68.4	38.6	0.0
613,180	479,376	105,700	137,470	88.1	99.4	78.6	78.2	130.1
58,115	73,741		1,820	71.4	85.9	84.1	126.9	
4,180	4,623	400	1,100	80.0	58.5	82.2	110.6	275.0
86,000	52,745	5,000	13,098	89.4	64.0	84.9	61.3	262.0
59,289	22,596			68.9	77.9	100.9	38.1	
20,520	8,851			55.9	102.0	92.2	43.1	
				117.9	134.6			
53,410	130,314	10,170	20,756	156.1	110.9	298.6	244.0	204.1
22,146,043	17,800,622	5,487,800	4,012,117	97.2	97.4	89.9	80.4	73.1
112,800	69,188			100.0	108.9	98.9	61.3	
	1,675,231 324,184		241,311					

1944年度の計画合計は45年2月の計画が不明のため、4～2月の合計。45年度は8月までの合計。

入され、一部は軍徴用船舶の重要な給源となった。

海上物資輸送実績

　海上輸送計画の物資別実績を表終-5から確認しておこう。計画、実績ともに最大の輸送物資は基本的なエネルギー資源であり、鉄鋼など重要部門の原料であった石炭である。開戦当時は計画、実績ともに輸送量の5割近い比重を占めたが、1944年度以降、4割近くに低下した。石炭の輸送実績は、国内のエネルギー供給に決定的な意味を持ったため、計画の達成率も、常に平均より高く推移した。一方、事業別に見て、特に輸送計画で重視されたのは、最大の利用口である製鉄事業向けであった。銑鉄生産に必要な、鉄鉱石、石炭、副資材と製品の銑鉄、鋼材の海上輸送量を基に、鉄鋼統制会は期ごとの鉄鋼生産計画を策定した。鉄鋼生産の最大化のために、輸送計画の立案に際しては、多くの事業がしわ寄せをされる関係にあった。鉄鋼業同様に、海上輸送原料が大きな影響力をもったのがソーダ工業であった。主要原料の工業塩は、ほぼ全てが外地、満支地域からの輸入に依存していた。

　戦争末期には輸送力の衰微を起点に、大陸・南方資源の輸送に依存する鉄鋼・アルミニウム生産が激減した。これによって、造船・航空機の減産が始まった。鉄鉱石の海上輸送データがやや不自然であり、この点は第3章表3-132で補正したが、いずれにしても、1944年度に急減して最重要物資としてきた鉄鋼生産を縮小させ、多くの高炉を休止状態にさせた。43年度以降、塩の輸送が減少した点も深刻であり、最低限度の食料塩を確保しようとすれば、ソーダ工業が停止する事態となり、広汎な産業向けの副原料が失われて、経済活動の麻痺状態が拡大していった。その一方で、輸送量の比重は高くないが、計画を超過達成することが多いのが建設、復旧用の緊急輸送が多いセメントと木材であり、空襲への臨機の対応が輸送計画を制約してしたことが窺われる[6]。そして、飢餓の発生が危惧された45年度には、穀類の計画が比重を高めているが、達成率は上がらなかった。

　太平洋戦争半ばの海上輸送計画では、本来沿岸輸送にあたっていた機帆船も日満支間の輸送に動員された。この結果、北海道・九州の産炭地から軍需工業など、重要産業が集中する本州への石炭輸送が深刻な打撃を受けることになり、

内地の幹線輸送ルートで集中的、弾力的に運航するため、内地沿岸輸送でも全国的な運航体制の再編を実施した。また、関門トンネルや、青函航路での貨車航送を利用して、鉄道輸送力を増強し、配車の合理化を進めた。大陸物資の輸送には 1942 年 12 月から朝鮮半島南部諸港まで可能な限り鉄道で輸送し、そこから内地へ中継輸送をするなどして船舶を節約した。しかし、44 年度には B 重油の配当が急減し、僅かに内地に残された機帆船も、石炭炊きへの燃料転換が進まずに、多くは運航休止に追い込まれたまま終戦を迎えた。

第 2 節　物資動員計画の推移

(1)　年度別計画の特質
1942 年度物資動員計画

　以下では、各年度の物資動員計画の立案から実施過程を、鉄鋼などの主要物資の需給計画を中心に振り返り、各年度に生じた総動員体制上の問題を整理しておこう。

　1942 年度計画の立案は、対日資産凍結と対米英蘭貿易関係の遮断という深刻な状況に追い込まれた 41 年 8 月から始まった。第三国貿易が遮断され、日満支経済圏に限定された 41 年 10 月初めの第 1 次案は、鉄鋼等の重要物資で初めての大幅な縮小計画になった。開戦決定後、南方資源の軍事占領による獲得を前提とした計画に組み替えられ、占領地域における開発・輸入計画も策定された。しかし、民需船による海上輸送力は急減し、供給計画を強く規制する事態になった。当初の作戦が一段落すれば、42 年度下期には物動計画用の民需船舶が開戦時の 170 万総噸程度から 300 万総噸に復元し、長期戦に対応した輸送体制が確立する予定であった。しかし、陸海軍の船舶解傭は大幅に遅れ、結局 300 万総噸に戻ることはなく、その後も船舶の増徴が続き、総動員計画の重大な制約となった。42 年末には海上輸送力の節約のため、大陸資源を南朝鮮諸港まで鉄道によって輸送する海陸中継輸送も始まり、輸送計画は高度に複雑なものが求められた。港湾荷役業務の一元化、合理化も強く求められ、陸運を含む交通体系の整備が進んだ。

　液体燃料需給計画については、民需用を大幅に削って需給計画を成立させた。

南方油井の多くは占領前に破壊されたが、その復元を急ぐことで南方原油や液体燃料在庫を大量に確保し、南方作戦を支えた。ただし、国内の液体燃料の配給は、一層の削減と自動車等の代用燃料化が進められ、軍用を除き、一般乗用車、タクシー、バスの稼働には順次厳しい規制が課せられた。

　鉄鋼配給では、1941年度末に品種別・寸法別の需給のズレが拡大したことから、未入手分の配給券を原則的に無効とした。42年度からは注文の管理、限定品種の圧延計画、在庫管理が厳格化され、鉄鋼需給計画は重点的動員に向けて精緻なものを目指すことになった。しかし、42年秋からの大量の船舶喪失によって、物動計画は鉄鋼供給を重点化しつつ、全体としては縮小を余儀なくされていった。普通鋼鋼材の生産は各四半期100万トン水準を維持したが、毎期契約残額が生じた。四半期実施計画の配当のズレを次期以降に積み残した結果、需給計画化については期待通りの成果を生まなかった。しかし、軍需、鉄道、造船用の大口契約である特定需要については、総需要に占める比重を高めるとともに、契約履行率も高かったことから、重点部門への優先配当は実現していたと見てよいだろう。

　一般民需は、そのしわ寄せを受けることになった。鉄鋼の生産水準は維持されていながら、鋼材配当実績は1941年度実績の8割弱、42年度の計画に対しては7割弱という水準にとどまり、施設・設備の設置や補修に重大な影響が出た。石炭、木炭、セメント、繊維原料をはじめ、あらゆる物動物資の配当が削減され、操業短縮などの個別対応では対応できなくなった。42年度からは民需品を扱う商工業部門において、大規模な組織的企業整備を実施することになった。

　その一方で、鉄鋼、石炭、軽金属、造船、航空機の5大重点産業への集中的な資源動員が始まった。1942年11月には内閣に臨時生産増強委員会が設置され、12月以降各地に各省庁の地方機関を組織した地方各庁連絡協議会が設置された。至る所で隘路を生んでいた動員行政を円滑にするために、中央・地方行政の連絡・連携が強化された。43年3月には戦時行政特例法によって、各省権限の分立という明治憲法の問題を克服して、首相への権限集中を図った。統制会会長を中心にした内閣顧問制度も設置され、顧問を勅任官とした行政査察によって強力な職権の発動も可能とした。

1943年度物資動員計画

　1943年度計画の立案は、海上輸送力の復元の見通しがなくなり、徹底した重点措置をとることになった1942年秋から始まった。その立案や実施段階では民間船舶の陸海軍増徴が数次にわたって行われ、その都度大幅に輸送力が縮小された。海上輸送を節約する中継輸送は本格化し、九州・北海道炭の海上輸送を途中港から鉄道輸送に振り替えて阪神、京浜地区に輸送して船舶稼行率を上げるなど、最高度の輸送力を発揮する輸送計画が策定された。満洲国、中国占領地に加えて、軍政が本格化した南方諸地域からの資源供給も最大限に組み込まれた。

　しかし、物動計画の立案は輸送力の縮小による改訂を幾度も余儀なくされた。鉄鋼生産では、粉鉱、褐鉄鉱、鉄滓、銅滓等の低品質鉱の活用、簡易特殊製鋼法の試行、鉄屑の非常回収など、やや不確かな要素を盛り込んだ初めての計画であった。それでも、あらゆる措置を集中することで品質を犠牲にして生産水準の維持を図ろうとした。この結果、1943年度上期の鉄鋼需給計画は、比較的順調に推移し、第1四半期は122万トン、第2四半期も102万トンの出荷実績となって、配当計画を上回った。他の物動計画物資についても、特殊鋼、銅、石炭などで計画達成率が高かった。

　ただし、需給計画の厳格化という課題は依然として果たせなかった。陸軍への出荷実績は、上期の配当計画27.9万トンに対して43.7万トン、海軍は35.1万トンに対して62.4万トンと、計画を無視したような高い実績となった。その一方、生産力拡充産業への出荷は25.8万トンの計画に対して21.1万トンにとどまり、計画からの逸脱があった。陸海軍の超過発券量は、1942年度末時点で既に52.6万トンに及んでいたが、43年度も上期だけでさらに40.7万トンの超過発券があり、それが一般産業を圧迫した。発注の一元化が叫ばれ、陸海軍の航空機関連の鋼材、機械、部品等の発注だけでも一元化しようとしたのが11月の軍需省設置であった。それは、逆に一層の軍需優先に帰結した。

　そうした中で、1943年7月と9月に実施された大規模な船舶徴傭は下期計画の抜本的見直しを迫ることになった。下期から44年度に向けた陸海軍統帥部の物資要求は膨れあがった。陸海軍の総動員業務担当者による㋬研究では、統帥部主導で海上輸送計画、航空機・造船・鉄鋼等の生産計画を独自に策定し、

その実施を政府に迫る事態となった。商工省の重点部局と企画院を統合し、総動員計画立案の中心となった軍需省は、㋩研究の成果を概ねそのまま受け入れた結果、以後の計画整合性は大きく損なわれていった。それでも、鉄鋼、石炭、造船、航空機の増産を目指す行政査察が実施され、徹底した重点化がとられた結果、鋼材生産は第3、第4四半期も概ね100万トン水準を維持し、特殊鋼、鍛鋼、鋳鋼、軽金属の増産も実現した。造船、航空機については44年度の大量生産に向けた体制が整備された。結果的には鉄鋼生産が高原状態を維持し、超重点産業で顕著な成果があがった1年であったが、軍の超過発注や、優先圧延作業による混乱は拡大し、結局43年度の契約残は44年4月をもって打ち切って処理するなど、総動員計画の全体整合性はいよいよ軽視されることになった。

　液体燃料の国内供給も年度末には深刻な事態になった。年度当初には、破壊された南方施設を復旧し、南方での1943年の生産は前年の2倍近くに達した。軍は南方作戦に必要とした燃料補給を南方石油施設で直接補給することができた。内地への還送も上期に本格化したが、下期に入るとこれも急減した。この結果、民需用の液体燃料配当は年間128万klと想定されていた圧縮の限界水準を下回り、国内経済は極度の節約を強いられた。石炭配当も第2四半期以降、輸送力の縮小から影響が拡大し、下期になると本州東部が対前年比で74.4％、本州西部が73.6％となるなど、液体燃料問題と同様に、工業の集積地帯で深刻なエネルギー不足が顕在化した。

1944年度物資動員計画

　1944年度計画は、43年9月に実施された大量の船舶増徴の最中に検討が始まり、㋩研究では相当に無理な目標値が掲げられた。しかも、43年度末にさらなる船舶増徴が実施されて、絶対国防圏を維持する軍事力と鉄鋼等の基盤産業の増強は、到底実現不可能になっていた。それを44年2月の決戦非常措置要綱による最終的総動員体制で支えようという計画であった。それは、翻弄される輸送力をあらゆる手段で立て直し、鉄鋼生産、船舶増産、軍需との調整を付けようとして、無理に無理を重ねたものであった。

　輸送力問題を解決する方法として、東條首相が強い期待を寄せたのが「雪達

磨式」造船という鉄鋼専用船と船舶増産用鋼材を物動計画外でリンクさせた奇策であった。このため発案者の藤原銀次郎国務大臣を中心に関係事務官を組織した臨時鉄鋼増産協議会が設置された。そして43年度下期の集中措置で建造された船舶の一部を物動計画の外側に置き、これを鉄鋼増産用の特別船舶とし、増産された鋼材を優先的に造船用に回すという変則的な二重構造を持つ物資動員計画が策定された。しかし、一般船舶と分離して鉄鋼用特別船舶を運用することと、一般船舶を鉄鋼生産に優先的に運航することの違いはほとんどなく、物動計画と分離して造船と鉄鋼増産をリンクさせる意味もなかった。この意味で、43年度以上に危うい要素を抱えた計画であった。

　サイパン島失陥によって絶対国防圏が突破され、東條内閣が瓦解した後も、小磯内閣は南方資源について最後の集中輸送を試みた。このため、日満支域から大量の民需船を南方域に派遣したが、一挙に船舶を失い、国内の戦略物資生産は急減した。海上輸送距離を最短にした南鮮中継による大陸物資の輸送は、第1四半期をピークに減少していき、年度末には急減した。3月には日本海側諸港の機雷封鎖が本格化し、外地との交流が厳しく制約される事態となった。海上輸送の減退を陸運転移などによってカバーし、1943年度まで増加を続けた鉄道貨物輸送も、施設や貨車の補修の遅れ、石炭配給の削減の結果、第1四半期の4,605万トンから第4四半期には3,603万トンへと低落し、年間でも43年度の1億7,790万トン（420億トンキロ）から44年度は1億6,736万トン（404億トンキロ）へと減少に転じた。

　この間、緊急事態に対応した行政査察が頻繁に実施された。南鮮中継輸送の港湾・鉄道隘路問題、東京・大阪の食糧入荷・配給問題、徴傭・女子挺身隊・学徒動員等の労務動員と作業能率の問題、電波兵器の増産対策、未稼働物資の回収計画、京浜・阪神地区の陸上小運送対策について実情把握と集中的対策が取られた。軍需会社や関係機関に目標に向けた最大限の努力を約束させるとともに、関係者の要望を聴取し、その後中央、地方の経済行政を動員して、要望を満たそうとした。1944年度物資動員計画の際立った特徴は、未稼働施設の建物、設備・器具類を資源として回収し、下期の供給計画に大きく取り込んだことであった。重点事業として拡充してきた産業施設も含め、100万トンを超える鋼材を回収するため、施設や倉庫在庫を全国一斉に指定したが、これは重

点部門の自己破壊でもあった。

　普通鋼鋼材の第1四半期供給計画は115.5万トンであったが、特別船舶による増産分を造船用、特定機械用に追加するなどして配当計画では強引に136.0万トンとしていた。「雪達磨式」造船による特別船舶による累積的な増産効果で年間供給計画は499.5万トンを目指すというもので、形だけは前年度当初計画並としたが、結局鉄鉱石の海上輸送実績は、第1四半期の69.1万トンから、第2四半期以降全面的に急落した。このため、普通鋼鋼材生産は大量の屑鉄の投入にもかかわらず、前年度水準を維持したのは第1四半期の98.5万トンまでであり、その後減少を続け第4四半期には43.3万トンへと落ち込んだ。

　資源輸送全般の急落の中で、満洲、中国占領地区に依存した塩の供給も急減して、化学工業の全般的萎縮が進み、石炭供給も1943年度の6,175.8万トンから44年度は5,265.9万トンに急落した。液体燃料の内地還送も急減した結果、国内へのエネルギー供給は激減し国内経済は麻痺していった。

1945年度物資動員計画

　海上輸送力が急減し、大陸物資の輸送が困難になって石炭供給、鉄鋼生産が急速に縮小しつつも、戦争終結に向けた意思形成が進まなかった。1945年度の物資動員計画では、軍需動員の維持と生存条件ギリギリの食糧供給という深刻な相克が強まった。44年10月頃から、海上輸送力を基に鉄鋼、軽金属の生産見通しを策定すれば、航空機の生産水準を維持しようとする軍需動員目標には到底達しないことが明らかになっていた。その一方で、大陸の糧穀・食料塩のために相当の輸送力を割かなければ、国内で飢餓が発生することが予測される事態となって、45年度は年間計画はおろか上期の需給見通しすら立たなくなった。本土決戦を強硬に主張する陸軍に押された格好で穀類、塩の所要量の一部を第2四半期以降の供給に待つことにして、第1四半期計画だけは飢餓問題との折り合いを付けて物動計画が始められた。しかし、海上輸送力、石炭配当計画は44年度第4四半期の2分の1ないし3分の1に過ぎなかった。もはや数ヶ月以上戦争を継続することはできないと予測し、諸産業の上流から順次生産を縮小することを決断し、素材生産を放棄して、そのための原料輸入や輸送計画を削減した。そして、半製品を残したまま軍需工業動員が終結すること

を回避し、現存の原材料が尽きるまで加工作業を維持することに集中するという特異な計画になった。生産停止に向けた動員計画において、配給の際に考慮したのは物資間の隘路の補塡であった。

　6月に入ると、早くも第1四半期計画が到底達成されないことが明らかになった。海上輸送は機雷封鎖と重油不足によって激減し、7月には空爆と艦砲射撃で青函連絡航路も途絶した。本州東部のエネルギー供給は危機的状況になり、鉄鋼・石炭生産も急激に低下した。降伏の検討が始まる6月には、第2四半期と合わせてようやく第1四半期計画の目標を満たそうという計画が策定されたが、国力の回復に向けた復興用資材などの供給見通しを検討した痕跡はなく、飢餓と疫病の拡大に怯えつつ穀物・塩の還送に注力し、敗戦を迎えることになった。こうした資材を使い尽くす最終局面での物資動員計画のあり方が、諸産業の戦後復興を著しく困難にする一つの要因になった。

(2)　主要物資の供給推移

石炭

　鉄鋼の需給計画は各章でも詳細に検討しているので、ここではその他の重要物資の供給と配当について、太平洋戦争期の推移を概観しておこう。

　石炭事業の推移を見た表終-6から、石炭供給状況を概観しておこう。太平洋戦争期に急増していた鉱夫は、労務給源の枯渇が叫ばれた1943年度をピークに減少が始まった。爆薬、電力の供給は維持されていたが、坑道の構造材である鋼材の使用量は太平洋戦争前の40年の3分の1になり、炭鉱での罹災者も44年度に急増した。

　内地での生産は1943年度まで5千数百万トン台を維持したが、44年度から5千万トンを割り、以後急減した。品質の低下も進んだ。1kg当たりの平均熱量は37年度の6,194kcalから、40年度の6,155kcalまでは辛うじて維持されていたが、44年度は5,980kcal、45年度上期には5,963kcalへと1割近く低下し、その分が実質的には減産であった[7]。朝鮮・樺太等の外地からの移入も、43年度には41年度の2分の1に急減し、44年度はさらに半減している。これをカバーしようと、期待をしていた北支炭等の輸入も、42年度をピークに減少した。内地の減産原因には、港頭、坑所での貯炭が連年増加するなど、陸上、海上の

表終-6 石炭事業の推移（1940～45年度）

(人、千トン)

		1940年度	1941年度	1942年度	1943年度	1944年度	1945年度
平均在籍鉱夫		335,997	351,737	387,757	409,705	403,477	310,716
消費鋼材		138	117	71	68	46	29
消費坑木	千石	11,000	11,780	9,200	11,000	10,500	7,325
消費爆薬	トン	12,200	12,530	12,220	12,720	12,340	6,770
消費電力	百万kwh	1,723	1,910	2,019	2,094	2,212	1,827
罹災者		83,439	85,347	85,735	86,449	100,694	50,059
内地生産		57,318	55,102	54,179	55,539	49,335	22,335
移入		4,820	4,427	3,282	2,151	1,129	43
輸入	満洲	809	686	642	603	589	75
	中華民国	3,787	4,118	4,539	3,390	1,606	194
	仏印	473	351	274	75	0	0
	その他とも計	5,076	5,155	5,455	4,068	2,195	269
合計		67,214	65,184	62,916	61,758	52,659	22,647
輸出		548	643	582	295	0	54
移出		943	1,096	1,014	805	714	419
差引内地供給		65,723	63,445	61,820	60,658	51,945	22,174
年度末貯炭		1,704	3,304	2,883	3,823	4,031	1,342
港頭		669	1,189	811	1,001	1,113	234
坑所		1,035	2,115	2,040	2,333	2,614	1,040

注：投入鋼材・坑木は暦年。消費鋼材には銑鉄、二次製品が含まれる。罹災者は死亡、負傷の合計。年度末貯炭の1942年度以降の合計には沿線貯炭が含まれる。
出所：草間亮一『石炭経済』交通日本社、1950年、巻末統計1、12、13、17頁（石炭鉱業会調査、貯炭は配炭公団調査）。

輸送力が衰退していたことも大きかった。坑道の荒廃、朝鮮半島労働者の離職、輸送力の一層の縮小によって、45年度には供給が激減し、周知のように46年からは、石炭生産量3,000万トンが日本経済の復興のカギとして認識されることになった。

表終-7から産業別の内地荷渡しの実績を見よう。最大の需要産業であった製鉄・鉄鋼業への供給は、石炭海上輸送が縮小する中でも、鉄道輸送に転換するなどして1943年度まで一定水準を維持した。しかし、44年から海上輸送が急減すると、鉄鋼向け供給も減少し始め、45年度には急激に減少した。原料輸送が大きな隘路となる素材産業では、こうした陸海の輸送計画が産業の消長に決定的な影響を与えた。ガス・コークス、電力業などの公益部門や、化学工

表終-7　1941～47年度の内地石炭需給状況

(千トン)

		41年度	42年度	43年度	44年度	45年度	46年度	47年度
内地供給		63,445	61,820	60,658	51,945	22,174	22,523	28,924
内地荷渡し		62,940	61,997	59,693	50,434	24,414	22,017	28,706
内地荷渡し産業別内訳	製鉄・製鋼業	13,171	13,315	13,652	11,242	3,309	1,448	2,269
	ガス・コークス業	4,080	3,946	3,804	3,357	1,132	1,397	1,845
	電力業	4,207	5,261	5,077	3,705	698	1,064	2,476
	造船・造機・金属工業	2,024	2,196	2,459	2,740	855	413	644
	窯業	3,779	3,457	2,929	2,029	848	1,036	1,435
	化学工業	6,572	5,803	6,158	4,600	1,857	1,917	2,660
	繊維工業	4,926	3,080	2,109	1,026	583	737	1,188
	食料品工業	1,527	1,218	958	684	493	383	647
	製塩業	355	374	362	331	303	321	48
	鉄道業（官民）	5,105	6,300	6,960	8,097	6,346	6,967	6,833
	鉱山・精錬業	952	778	714	603	265	167	285
	製油・人造石油業	603	1,012	1,234	1,573	685	10	11
	練炭製造業	1,780	1,358	1,035	439	191	289	409
	暖厨房・浴場	3,559	3,124	2,479	1,976	1,677	1,338	1,369
	船舶焚料	2,931	2,517	2,010	1,047	510	779	1,082
	山元消費	2,915	3,195	3,031	3,000	2,734	2,377	2,562
	官公用	505	664	700	497	311	258	382
	特殊用	3,325	3,766	3,567	2,848	850	843	1,436
	その他	624	633	455	640	767	273	1,125

出所：前掲『石炭経済』巻末統計、1、16頁。

業向けも、海上輸送力の減少にもかかわらず、43年まで高い水準を維持し、特に鉄道、製油・人造石油向けは44年度にピークを迎えるまで供給を増し、太平洋戦争末期の物流とエネルギー供給を支え続けた。そのなかで造船・造機・金属加工などの機械工業へも、44年度まで供給を増やし、船舶、航空機・兵器等の増産を図っていた。インフラや軍需関連産業を極力支える一方で、窯業、繊維、食料品、練炭、厨暖房・浴場向けは一貫して犠牲となった。民需産業は、徹底した転廃業政策を伴いながら、整理・縮小された。共栄圏からの供給、陸海輸送力の推移に強く規定された石炭物動の推移は、鉄鋼の計画と並んで、戦時経済総動員計画の実態をそのまま映し出していた。

表終-8　ソーダ灰部門別配当実績（1941～46年度）

(トン)

	41年度	42年度	43年度	44年度	45年度	46年度
軍需	13,444	32,297	44,303	31,935	5,330	—
原塩精製	4,830	3,015	2,585	1,850	610	1,080
人造石油	790	585	820	1,458	320	—
軽金属	9,850	10,910	17,170	50,540	10,000	—
硫安	1,950	1,470	1,080	280	360	920
製鉄冶金	5,247	6,002	6,145	3,918	502	23
鉱山	1,400	1,400	1,430	1,208	360	125
紙パルプ	2,126	919	683	185	80	190
調味料	7,880	4,670	12,425	16,250	2,950	2,320
ガラス	56,546	43,880	32,165	15,430	4,500	10,200
人絹	1,070	129	—	—	—	—
油脂加工	3,972	2,104	1,237	590	250	215
洗ソーダ	2,073	1,237	1,219	360	80	200
医薬品	1,840	1,030	772	900	730	1,170
重曹	11,000	9,148	9,067	6,350	2,200	4,000
農薬	710	665	683	593	450	695
石炭酸・染料・中間物	5,759	3,193	3,445	1,700	585	1,690
無機薬品	20,864	12,371	12,135	9,122	2,775	2,870
有機薬品	3,608	1,564	1,372	1,264	250	170
綿布羊毛処理	4,000	1,460	1,066	310	128	930
輸移出	2,605	958	1,707	1,945	—	—
その他	8,410	6,040	4,077	15,605	5,620	4,402
合計	169,974	145,048	155,586	161,793	38,080	31,200

出所：日本ソーダ工業会『続日本ソーダ工業史』1952年、189～190頁。

ソーダ類

　ソーダ類の物資動員計画も、戦時経済の重要な側面を明らかにしている。ソーダ類は爆薬用の軍需以外にも、さまざまな産業の重要原料であり、主原料の工業塩はほとんどを北支、満洲、朝鮮からの輸移入に依存していた。そして工業塩や石炭の供給は、増大する軍需関連ソーダ需要に追いつかず、民需配当は大幅に削減された。その影響は石炭同様に広範な産業に及んだ。表終-8のように、ソーダ灰は1944年度まで生産を維持したが、アルミニウム原料のアルミナ精製用が急拡大したほか、人造石油向けも増加し、最大の需要部門だったガラス工業向けや、硫安、紙パルプ、油脂、薬品類向けは配当を圧縮された。民需分の例外は、大豆・小麦不足に対応して代替醤油を増産するため、調味料

表終-9　苛性ソーダ部門別配当実績（1941〜45年度）

(トン)

	41年度	42年度	43年度	44年度	45年度	46年度
軍需	18,229	42,678	50,507	45,970	9,450	―
人造石油	1,497	1,184	2,220	2,830	900	30
石油精製	1,653	1,683	1,059	400	90	290
軽金属	25,741	27,350	53,520	34,700	3,250	38
金属ソーダ	12,498	11,700	11,700	11,645	2,290	30
硫安	3,284	1,860	2,395	1,885	1,430	4,525
紙パルプ	20,070	10,784	8,072	2,380	1,370	3,750
人絹スフ	119,850	82,097	50,035	18,650	7,100	10,800
セロファン	3,280	1,192	436	138	―	120
調味料	5,124	6,464	1,910	850	427	805
油脂加工	11,741	7,941	6,593	3,062	1,170	2,200
医薬品	2,216	1,288	1,356	870	800	1,240
有機薬品	1,714	2,859	4,266	3,260	765	410
無機薬品	3,142	1,680	1,950	2,257	480	510
農薬	1,168	825	720	280	300	680
染料・中間物	14,262	7,148	7,365	3,350	922	2,080
綿布羊毛処理	12,211	6,336	4,261	1,800	610	1,530
輸移出	10,256	7,943	8,049	1,295	―	―
その他	20,862	17,634	9,500	14,623	10,296	5,922
合計	288,798	240,646	225,914	150,245	41,650	34,960

出所：前掲『続日本ソーダ工業史』197頁。

のタンパク質分解用が急増したくらいであった。

　苛性ソーダは表終-9のように太平洋戦争期を通じて緩やかに減産していたが、1944年度に入って急減した。にもかかわらず、軍需、軽金属用は依然として高い比重を占めた結果、硫安、紙パルプ、人絹・スフ、医薬品、繊維処理用などの民需関連向けを一挙に圧迫することになった。石炭・工業塩の確保ができなくなった45年度には、さら減少して広範な産業を麻痺させる事態となった。

鉄道

　石炭をはじめとする重要物資の近海輸送を補うべく拡張計画が立てられた鉄道輸送の実績についても見ておこう。表終-10のように、貨物鉄道は日中戦争勃発以来、劇的な拡張を遂げた。民営鉄道が1942年度をピークに縮小したも

表終-10　戦時下の鉄道輸送実績（1937～45年度）

（貨物：百万トンキロ、旅客：百万人キロ）

	貨物輸送			旅客輸送		
	官営	民営	計	官営	民営	計
1937年度	18,253	670	18,923	29,052	5,455	34,507
1938年度	21,228	718	21,946	33,633	6,423	40,056
1939年度	24,574	772	25,346	42,058	8,531	50,589
1940年度	27,203	792	27,995	49,339	10,565	59,904
1941年度	28,948	791	29,739	55,545	12,524	68,069
1942年度	32,730	851	33,581	60,451	14,733	75,184
1943年度	41,222	837	42,059	74,073	18,960	93,033
1944年度	39,853	583	40,436	77,283	21,982	99,265
1945年度	18,266	365	18,631	76,034	19,554	95,588

注：貨物には軍用貨物等の無賃輸送を含まない。
出所：大蔵省・日本銀行『昭和23年　財政経済統計年報』706、709頁。

のの、輸送力の大部分を占める官営鉄道は43年度まで拡大した。44年度第1四半期をピークに貨物輸送力は低下をし始めるが、概ね前年度の水準を維持した。通勤定期客を中心とする旅客輸送は、太平洋戦争の後半期も強力な労務動員に合わせて、44年度まで急増し、石炭の欠乏と都市空爆による工場、都市機能の麻痺が起きた戦争末期まで、輸送能力を維持したことが窺える。

　物資別の達成状況は海上輸送計画と同様であった。前章で見たように、石炭、銑鋼、液体燃料、セメント、木材輸送が重点化されていた。

(3) 　共栄圏の物資交流実績

　軍事占領と軍政による南方経済の安定も、大東亜共栄圏経済の維持には不可欠の課題であった。ゴム、錫、水銀、マニラ麻、油脂類、石油などの各地特産の国際商品を輸出し、ビルマ、タイから食糧を輸入するなどの域内・域外との分業は、太平洋戦争と日本軍政によって大規模な再編を余儀なくされ、域内の自立的経済圏の建設が求められた。軍政地域間の経済交流は、臨時軍事費を利用して軍政当局が軍用米と同様に一元的に計画物資を買い入れ、軍政地域内の民需分を払い下げるという方式が原則であった。しかし、食糧、生活物資の流通を担ってきた華僑など、現地商人のネットワークを封じ込めることはできず、特に大量の米輸入に依存していたマレー地区の場合、域内での米作付面積の拡

表終-11　マレー地区食糧輸入実績

(トン)

	仕出地	1942年度	1943年度	1944年度	1945年度
米穀	タイ	134,262	149,753	55,430	12,280
	ビルマ	220,022	55,877	5,687	
	ジャワ	16,894	5,086		
	仏印	3,537	18,061	32,985	
	計	374,670	228,777	94,102	12,280
タピオカ粉	ジャワ	11,301	46,096	7,977	
キャッサバ粉	ジャワ	1,537	8,214		
トウモロコシ	ジャワ	6,208	7,487		
大豆	ジャワ	6,322	2,745	1,044	
塩	ジャワ	39,054	41,195	16,501	2,895
砂糖	ジャワ	53,793	29,189	14,760	1,460

注：1945年度の米穀、砂糖は7月まで、塩は8月までのデータ。
出所：岩武照彦『南軍軍政下の経済政策——マライ・スマトラ・ジャワの記録』下、汲古書院、1981年、501頁（原資料はマラヤを語る会『馬来の回想』1976年、113頁）。

大、ゴム農園の作付転換などによっても食糧の輸入は不可欠であった。その実績は表終-11の通りであり、米穀が1944年度には42年度の4分の1にまで縮小し、その他の代替食糧が僅かに補填する状況になっている。これは、軍政が食糧統制に失敗し、その枠外で相当量の流通があることを窺わせるものである。品種改良・農業技術指導に一定の増産効果があっても、米穀等の供出制度の導入が農民に容易に受け入れられたとも考えにくく、食糧生産は停滞していた。にもかかわらず、軍務や開発作業のために動員した大量の労働者向けの食糧は軍政当局が供給する必要があった。そのため、軍政が食糧の生産と流通を把握しきれなかったことは重大な意味を持ち、過酷な労務動員と食糧不足が、各地で飢餓を生じさせたことが知られている[8]。

その他の物資を含む物資交流の実績は、表終-12の通りである。同表は第七方面軍関係者による敗戦後の推計であり、これも臨時軍事費による買い上げ、払い下げ方式による経済交流の実績とみられる。同表の推計値は、米穀のデータが前表と整合しないなどの問題があるが、1943年度まで、ある一定の水準を維持したものの、44年度から深刻な縮小が起き、軍政による流通の統括が不能になりつつあることを窺わせる。

表終-12　主要物資南方交流実績

(トン)

仕向地	物資	仕出地	1942年度	1943年度	1944年度	1945年度
マレー	米	ビルマ	30,000	10,000		
		タイ	150,000	200,000	100,000	35,000
		仏印	100,000	160,000	50,000	5,000
		ジャワ				30,000
		計	280,000	370,000	150,000	70,000
	雑穀	ジャワ	1,000	70,000	20,000	
	塩	ジャワ	37,000	37,000	15,000	6,500
		タイ	2,000	2,000		
		フィリピン		2,000	1,000	
		計	39,000	41,000	16,000	6,500
	砂糖	ジャワ	55,000	30,000	15,000	8,000
	石炭	スマトラ	100,000	120,000	60,000	30,000
		仏印		4,000		
		計	100,000	124,000	60,000	30,000
	コークス	スマトラ				1,500
	紙巻煙草	ジャワ	6億本	7.2億本	5億本	0.7億本
スマトラ	米	タイ	20,000			
	塩	ジャワ	30,000	24,000	16,000	6,000
	砂糖	ジャワ	26,000	20,000	14,000	5,000
	葉煙草	ジャワ	240	360	300	45
ジャワ	石炭	スマトラ	150,000	20,000	120,000	40,000
北ボルネオ	米	仏印	20,000	20,000	10,000	
	塩	ジャワ	1,000	800	500	300
		フィリピン	200	200	200	
		計	1,200	1,000	700	300
	砂糖	ジャワ	800	600	400	
		フィリピン	200	100	100	
		計	1,000	700	500	
	葉煙草	ジャワ	48	60	30	

出所：前掲『南方軍政下の経済政策——マライ・スマトラ・ジャワの記録』下、500頁。

第3節　物資動員計画と総動員体制

物資動員計画と航空機工業

　物資動員計画を根幹として推進された軍需工業動員計画、生産力拡充計画や、資金統制計画などの国家総動員諸計画の推移や、中央・地方の総動員行政については、前掲『戦時経済総動員体制の研究』で詳述している。以下では、物資動員計画の推移と関連づけながら、軍需動員計画の最重点課題であった航空機部門の生産機構の整備と、それとは対照的に国内では最大の犠牲部門になった一般民需産業の整備過程を概観し、動員行政の再編、統制経済の諸段階について最後に考察しよう[9]。

　航空機製造業では、1920年代後半から陸海軍航空本部が、教育発注制度や技術支援を通じて民間航空機会社を監督・支援するようになり、満洲事変期にも着実に発注量を増加させた。この結果、陸海軍が全面的な戦時体制に入った場合に、航空機関連工業を奪い合うことを回避する必要が生じ、37年5月には陸海軍の動員協定が締結されて、個々の民間企業の利用管理区分を決定した。日中戦争に伴う軍需動員計画の発動とともに、陸軍は長期の発注計画を示し、機体、発動機、プロペラ、関連機器について、生産力の拡充を関係各社に示達した。海軍も38年から生産能力の拡充を示達し、外貨割当がある中で米国製新鋭工作機械などを集中的に輸入し、また陸海軍保有の機械を民間企業に貸与するなどして、急速な生産増強を図った。

　物資動員計画と航空機工業の関係は以下の通りである。軍需工業動員法（1938年4月以降は国家総動員法）を根拠法とする工場事業場管理令によって陸海軍の航空本部が航空機製造会社を管理工場に指定し、航空本部の軍備増強計画に基づいて各社に対して設備拡充計画が示達された。各社からは設備、機械、資材の所要量が示され、これを航空本部がとりまとめ、他の動員部隊の要求とともに陸海軍の需要量が集計され、物動計画の立案のたびに企画院に示された。企画院は供給計画の枠内で陸軍需A、海軍需Bの配当を決定し、陸海軍では動員部隊間の調整を経て各部隊に示達した。陸海軍の航空本部はこれを管理工場に割り当て、管理工場は優先的に原材料資材を一元的配給会社等から購入し

たが、発注とともに軍から直接支給されることも多かった。管理工場が必要とする各種機械類も、陸海軍需ABないし充足軍需C_1の枠から航空本部が機械類の工業組合等に資材を割り当て、完成品は航空会社が優先的に購入することができた。加工部品の入手には航空機会社から部品加工会社に資材を支給した。完成部品類の場合は、航空本部から資材を部品の工業組合に割り当て、航空本部が完成部品を買い上げて、航空機会社に官給する形もとられた。

こうした配給方式は、企業の設備計画や生産計画に強い統制力と損失補償を伴う工場管理制度の指定工場だけでなく、より緩い統制と指導を行う工場監督制度による監督工場でも実施され、航空機工業をはじめとする軍需工業の動員計画を支えていた。一方、直接的軍需産業ではない機械工業の場合、工作機械や軸受け工業は生産力拡充計画の配当枠C_2から、各種電気機械などの場合は一般民需C_5の枠から、所属の工業組合等が企画院から割当を受け、組合員へ配給切符等の形で割り当てられ、一元的配給統制会社から購入した。しかし、配当資材の現物化率では、各章で見たように圧倒的に軍需優先であった。

物資動員計画と軍工業会

組立ラインを頂点に、素材、素材加工、部品製造などの広範な関連工業を抱える機械工業では、関連工業に適切に資材を行き渡らせ、生産計画を着実にする特別な工夫が必要であった。1940年12月の機械鉄鋼製品工業整備要綱は、機械工業における下請や関連部門との取引を、専属化・定常化する方針を掲げ、生産ロットの引き上げ、品種の整理と専門生産による合理化や、親工場からの資材・部品、機械・器具の提供などによって品質を上げ、かつ重要資材の横流れを防止して生産計画を確実にすることを目指した[10]。機械部品メーカーには、独自の製品開発を目指し、専属化・系列化することを忌避する動きもあった。しかし、資材統制の強化によって機械関連の原料配給機構は、最も優先されA・B・C_1枠から資材を供給される軍需工業、次いで生産拡充用C_2枠から供給される精密機械・電気機械・産業機械工業等の統制会、その次に一般民需C_5の中では相対的に優遇された品種別工業組合、そして最もしわ寄せを受けた府県別工業組合連合会と序列化された。こうした中で、金属加工・部品メーカーの多くはより重点化され有利な取引系列に参画することを望むようになっ

た。

　陸軍工廠や航空本部から受注した機械金属メーカーには、物資動員計画の民需枠からも陸海軍需枠からも資材ルートがあった。1940年7月に陸軍の造兵廠・兵器廠が兵器本部に統合されるにあたって、同年4月に陸軍関係企業は陸軍工業会に組織され、軍需品生産に要する原材料が優先的に支給されるようになった。陸軍工業会では管理工場を中心に、太平洋戦争期に大砲、銃器、光学、通信機、化学、工作機械工業など五つの工業会とその下に大形装置から部品にわたる20の部会が編成され、そこに678の親工場が組織された。親工場はその下にそれぞれ協力工場群を抱えるという巨大な組織を作り上げ、資材の支給、機械の貸与、労働・資金調達の斡旋、技術・情報の供与、潤沢な前受金を利用した運転資金の供給などの面で最も強力な支援体制をとった。海軍も41年に入ると12の部会をもつ海軍工業会を組織した。さらに陸軍航空本部は、42年11月に陸軍工業会から航空機部門を独立させ、陸軍航空工業会に優良な素材、部品企業を組織して、航空機の増産にあらゆる物資を集中する措置をとった。この結果、工作機械、軸受けなどの量産型機械工業における設備、資材等は、本来一括して物動計画のC_2の枠から精密機械統制会が配当を受けることになっていたが、需要の大部分を占める陸海軍関係の発注分の資材については、AB枠で陸海軍が原材料を購入し、現物でメーカーに提供することが増えた。

　1943年11月の総動員行政の再編に際して陸海軍航空本部の動員行政は軍需省航空兵器総局に統合され、機体、発動機だけでなく部品、原材料、加工部門の動員行政も統括されることになった。それらが必要とする資材は、物資動員計画に新設された航空機需要Dに一括され、最重要扱いとなった。これに伴って、陸海軍の航空機関連の工業会組織も統合され、44年1月に航空工業会となった。同年7月には傘下企業約2,500社を組織しつつ航空機増産に邁進することになった。高度に複雑な分業体制をとる機械工業を、細部の部品取引、加工委託にまで管理、統制することは不可能であったが、このような配給機構の序列を作りだすことで、軍工業会や統制会の加盟企業を頂点とし、優良企業群を引きつけ、機械工業用の資材が優先製品以外の部品取引に漏れないような体制を築いた。

　こうした優遇措置によって、1937年度に陸海軍合わせて2千機足らずであ

った機体生産量は、40年に4千機を超え、太平洋戦争開始後の42年度には1万機、43年度には2万機を超えた。さらに43年度半ばから戦況の打開に向けて統帥部の航空機増産要求が膨れ上がると、44年度には5万機を超える生産目標が設定された。しかし、アルミニウムの量産、特殊鋼増産とその精密加工など、高度な技術を要する航空機工業を急速に拡充するという要求には対応しきれなかった。ボーキサイトの還送量はその半ば以上を軍徴用船に依っていたため正確を期すことができないが、概ね44年第1四半期まで維持されたのち、9月以降急落した。アルミナ・アルミニウム生産もやはり44年第1四半期がピークであり、5月にアルミナ2万9,771トン、アルミニウム1万5,080トンを記録した後、逓減した[11]。経済総動員の最重点課題であるにもかかわらず、44年度半ばをピークに航空機生産は低落し、44年度は2万6千機余、45年度は終戦までに6千機余にとどまった。

　こうした動員体制は、海軍が所管した造船事業でも同様であり、軍需並に優遇されたB_x枠を利用して、鋼材、造機、機械、金属加工部門を造船業に向けて動員した。計画造船に基づき造船各社は、厚板・鋼管など造船資材の優先供給や、産業設備営団の一括発注、迅速な代金支払いを受けて、関連企業へ資材や運転資金を提供した。物資動員計画は鉄・非鉄金属、化学工業、繊維素材などの産業の上流にあたる素材産業では、配船や原料割当と価格補償制度、報奨金制度などで相当に厳格に生産計画を動かしていた。しかし、鋼材、鉄鋼二次製品、化学製品などの配当計画や、それを利用する加工産業、機械工業などの産業の下流では、陸海軍需要を巡る企業間競争、有利な発注単価、技術支援、原料・資金提供と定常的取引などの有利な条件による下請け加工会社の囲い込みや、資本関係の強化戦略、工場買収が誘発された。こうした競争的な動員が素材部門から、部品工業、加工・組み立て工業に至る広範な機械・金属産業を系列企業などの形で航空機工業や造船業へ組織化した。これに、人的、資金的動員体制が相俟って、巨大な機械工業企業群が創出されることになった。

物資動員計画と民需産業の犠牲

　物資動員計画による締め付けで、民需部門は計画直後から鋼材、石炭、棉花、スフ、木材等の物動物資の割当が削減された。特に1940年末頃から輸入に依

存した繊維原料などの割当が激減し、工場・設備の大幅な整理が求められた。一般民需産業向け C_5 の施設・機械・原材料としての鋼材配当の実績は、39年度に内外地合計90万トンを維持したものの、40年度以降、内地向けの実績は58万トン、41年度38万トン、42年度28万トンと激減し[12]、以後は C_2、C_3、C_5 から分離された防空用 C_z、陸運増強用 C_x などの特殊用途向けは増強されたものの、一般生活物資用の C_5 は徹底的に絞り込まれた。

　1940年度末頃から、こうした総動員計画を起点とする産業構造の再編を円滑に進め、民需産業に投じられた設備、原材料、製品・半製品の転活用、再資源化や、そこから析出された労働力を再配置することが重要課題となった。商工省、農林省などは、基準規模以下の小企業への物動計画物資の割当を中止し、商業組合、工業組合等に対して、企業統合と劣等設備の廃棄を積極的に推進するよう要請した。その際、設備廃棄の損失を業界（組合）全体で分散して負担すること、また商工業組合単位で営業権（原料割当権）に相当する共助金を転廃業者に給付し、企業整備を円滑に進めることを指導した。必要な共助金の原資は、40年10月に設立された特殊機関である国民更生金庫が長期・無利子で商業組合、工業組合に融資し、さらに転廃業者に対して廃業にかかる退職金等の一時的資金の貸付を実施した。融資業務ばかりでなく、同金庫の最も重要な業務は、中小商工業者の廃棄予定設備や施設を好条件の中古品価格で買い取り、転用またはスクラップとして処分したことである。資産の買取と売却によって同金庫に発生する膨大な損失はすべて国庫負担とすることで、111万件に上る中小商工業者の転廃業を円滑化した。買上資産は25.9億円、共助金原資の貸付は7.5億円に上った[13]。また、繊維工業などの大規模工場の設備の縮小・整理では産業設備営団が同様の資産買上と処理を実施し、解体・回収された屑鉄などは、物資動員計画の重要な給源の一つとなり、機械の一部は原料繊維の生産が継続されている朝鮮や南方へ送られた[14]。44年度下期からは、重点産業として設備が増設されてきた産業や鉄道施設などからも、未完成ないし原材料の不足によって「未稼働設備」となった分の廃棄・供出を求めることになった。44年度第1四半期には100万トン以上の供給計画であった鋼材は、第3四半期には50数万トンの供給しか望めなくなり、未稼働設備から100万トンの屑鉄を回収する計画が立てられた。価値が低いとされた文化財、橋梁、教育施設

など、あらゆる国内資源を物資動員計画に計上し、戦力化しようとした。この結果、戦後算出された兵器類を除く国富の戦争被害総額653億円のうち、空襲などによる直接的被害以外の物的被害、すなわち補修の不足、屑化や疎開などによる間接被害は24％、156億円に上った[15]。こうして非軍需部門の資産を積極的に廃棄して、軍需関連部門の動員計画を支えたのである。

物資動員計画と総動員行政

　大量の船舶を喪失するようになり、物動計画の大幅な縮小改訂が検討された1942年秋になると、海上輸送力の維持と航空戦力の増強が太平洋戦争期の最重点課題として浮上した。民需産業は勿論のこと、自動車、各種産業用機械、電気機械でも、造船、航空機に関連の薄い作業向けは抑制せざるをえないことが明確になった。11月には内閣に企画院を中心とした臨時生産増強委員会が設置され、航空機、造船、鉄鋼、軽金属、石炭の5大重点産業に絞って、あらゆる生産要素を動員する体制をとった。総動員諸計画の根幹を担う物資動員計画は、重点産業に著しく傾斜し、これに対応して総動員行政も再編を繰り返すことになった。

　1943年3月には戦時行政特例法、戦時行政職権特例（勅令）、内閣顧問制設置などに基づいて、首相の各省行政への指揮権を強化し、統制会会長など特定領域の専門家数名からなる顧問による政策提言を直ちに具体化した。また、これを支える内閣官房調査官の設置による内閣官房機能の強化を通じて首相中心の簡素で強力な行政指揮系統が築かれた。また内閣顧問らを行政査察使に任命し、石炭、鉄鋼、航空機工業や、海上輸送、陸上輸送の円滑化、港湾行政の効率化などに思い切った措置をとり、隘路産業の打開策を検討・処理する行政査察も、終戦までに13回実施された。

　1943年9月には絶対国防圏の設定と平行して、「現情勢下に於ける国政運営要綱」が閣議決定となり、中央行政機構の統合・簡素化と行政指揮系統の一元化方針が打ち出された。海陸輸送体制を一元的に統括するために、逓信省海運行政、鉄道省鉄道監督行政、内務省港湾行政、商工省倉庫監督行政などを統合した運輸通信省が設置された。また、商工省の重要資源を所管した各局は、陸海軍の航空本部の工業動員部局、逓信省電力局などと統合され、新設の軍需省

となった。そして陸海軍航空本部の物資動員業務を統合した航空兵器総局の下で関連物資を徹底的に集中する体制がとられた。企画院も総動員局として軍需省へ吸収された結果、国家総動員諸計画の立案も多くを軍需省が担当した。

　中央レベルの行政再編だけでは、行き詰まった総動員体制を動かすのに不十分であり、細分化された行政機能を敏速に動かすには、現場に近いレベルでの行政対応が必要であった。省庁間の横断的機関を設けて、重点課題に対する総合的運用も求められ、1942年11月10日の閣議決定「戦時港湾荷役増強ニ関スル件」を機に特定地域における行政諸官庁の総合的運用が進められた。12月には港湾荷役増強連絡委員会が東京、横浜、名古屋、神戸、関門、八幡、小樽、室蘭、新潟、伏木の各港に設置された。さらに広範な課題への対応策として、11月27日の閣議決定「地方各庁連絡協議会ニ関スル件」に基づいて、道府県が各省の土木出張所、財務局、税関、専売局、陸海軍関係官衙、営林署、食糧事務所、鉱山監督局、工務官事務所、逓信局、海務院、労務官事務所などを横断的に組織して各地に地方各庁連絡協議会が設置された。また、内務省地方行政の連携と広域化のため、43年7月には全国を9地区に集約した地方行政協議会が設置され、物資動員計画の重点化に沿った地方レベルの動員行政が実施された。45年6月には軍需監理部、地方燃料局、地方鉱山局、海運局等の地方機関を統合し、それぞれが中枢的機能を持つ8地区の地方総監府が設置され、地方行政の末端まで総動員体制に組み込まれた。

　こうした行政再編を経て、不十分さを残したとはいえ、陸海軍に分立した軍需関係工業動員行政と、輸送体制の一元化が進み、物資動員計画の実施上で大きな問題となっていた明治憲法体制下の分権的行政にも一体性が創出されていった。

　1944年以降、重要企業の国家性の明確化、企業統制の緩和、出荷から配給末端までの物流の監督、価格弾力化など、総動員体制下での柔軟で臨機の行政対応という課題は、軍需会社法、統制会社令、発注の一元管理などの形で実現し、その後の軍需省行政の柱となった。これらの措置は企業統制の強化ではあったが、操業維持が危ぶまれる状況下では、最大級の優遇措置であった。

戦時経済動員体制の諸段階

　最後に国際的外部条件が大きく動いた太平洋戦争期の総動員体制の段階的特徴を見ておこう。前著『物資動員計画と共栄圏構想の形成』(日本経済評論社、2012年)と本書を通じて、総動員計画を年度単位で時期区分すれば、概ね1929年から36年の総動員準備期、37～39年度の起業ブーム創出期、40～41年度の第2次欧州大戦に伴う国際環境の激変に対応した長期動員体制整備期、42～43年度の超重点化と行政一元化による臨機対応型の動員体制期、44～45年度の崩壊期に区分して、その特質を見ることができる。40年度以降を中心に、その特徴を簡潔にまとめておこう。戦時統制経済を通じて指摘できるのは、不要不急部門への資源の流入を規制する一方、戦時鉱工業動員体制の中核部分では、労働市場に対する強い規制と対照的に、一貫してある程度の市場経済性、利潤インセンティブが組み込まれ、企業間競争も巧みに利用されていたことである。計画産業ないし企業に所用物資を流すため、資源配当量だけでなく、配給機構の整備でも差別化と戦略産業への誘導が行われていた。

　1940～41年頃には、本書第1章第1節で示したようにさまざまな市場規制に加えて、補完的措置が講じられて、物資需給関係の計画性が担保された。第2次欧州大戦による国際的な物価上昇と公定価格制度は、生産性の格差に基づく利益格差問題を顕在化させた。この問題に対しては、プール平準価格制の導入によって計画対象企業の利害を調整し、原材料の安定供給と合理的な工程管理のために金属・機械工業での系列化を進めた。膨れあがる金融市場のリスクに対しては、金融統制会を核にした金融機関の協調的な投融資行動を組織化した。さらに労使関係の安定化に向けた雇用制度の改革に取り組んだ。原材料の供給が激減した民需品工業や配給機構では、組合全体で犠牲を分担する形で企業整備が推進された。このため41年7月には国民更生金庫の機構を改組・拡充しつつ、転廃業の円滑化のため、中小商工業者の資産を買い上げ、共助金支給の負担を負う商工業組合に共助金原資を積極的に融資し始めた。また対外的には、第2次欧州大戦勃発後の東南アジアに対しては、軍事的圧力を強化して対英米蘭開戦を回避し、国際的覇権の再編を展望しつつ、安定的自給圏の確保を目指した。総じていえば、この時期までは市場機能を生かしつつ総動員のリスクを協調的に回避し、物的・人的資源、資金を傾斜的に配分するシステムが

機能していた。

　しかし、1941年6月の独ソ開戦と米国の対日戦略の硬化が事態を一変させた。対日資産凍結を受けて太平洋戦争を遂行しつつ軍事的占領と自給体制の確立を目指すことになる1942年度から43年度計画では、総動員体制は均整のとれた計画的動員というよりも、航空機・造船などの徹底した重点化と臨機の行政対応が重視された。特に、43年度半ば過ぎから海上輸送力が急減し、計画の縮小改訂が頻繁になると、民間企業の組織的協調ではリスクの回避は困難になった。42年秋以降、一連の中央・地方の行政組織の改編が進み、経済新体制論における経営理念の転換として構想されていた軍需会社・統制会社など、株式会社と異なる公的性格をもつ会社制度の導入も、43年秋になると、結局、特定産業のリスク軽減と優遇強化策として実施され、構想時には経済界から忌避された企業への公的性格の導入も、動員システムの行き詰まりを打開する方策として産業界から歓迎されることになった。

　太平洋戦争期に設備投資や、産業資金需要が激増し、企業・金融機関の経営リスクが高まると、動員対象企業の巨大投資のリスク軽減でも政府機関が前面に出るようになった。金融機関のリスクは共同融資、共同社債引受ではカバーできなくなり、1941年12月に発足した産業設備営団が、42年度以降活発に動き出し、工場・設備の建設と貸与による資本固定化のリスクの軽減を図った。また、紡績業などの稼働率が低下した民間の大規模工場の資産を買い上げ、投資の流動性を確保して、軍需産業への転換を円滑にした。重要産業への回避し難い高リスク事業に関しては、42年4月に発足した戦時金融金庫による増資引受や融資が実施され、金融市場のリスクを回避した[16]。

　そして、1944年度、特に第2四半期以降の強引な南方物資の還送計画で大量の船舶を一挙に喪失し、空襲が激化すると、総動員体制は破綻し始めた。南方開発も自給圏建設構想も画餅に帰した。国内では、基礎素材生産の停止、原料在庫の枯渇など、あらゆる産業で川上の素材、素材加工段階から産業の麻痺が拡大し、原料の供給や安定稼働の目標は放棄された。工場設備自体の破壊と転用・資源化や、最終加工段階のみの稼働を目指し、徹底した自己破壊による動員を続けた。軍需産業の中では中島飛行機を第一軍需廠、川西航空機を第二軍需廠として工場・設備を国が全面的に借り上げて民有・国営化による最後の

リスク回避と資産保全を図り、終戦まで稼働状態を維持しようとした。しかし、食料塩、食糧供給の途絶が予想される事態になって、ようやく政府中枢は敗戦を受け入れ、戦時総動員体制が停止された。

おわりに——戦後統制とその解除

　物資動員計画は、国家総動員法などの戦時法令の暫定的な延長措置と、1946年10月の臨時物資需給調整法の下で、45年度第3四半期から48年度まで物資需給計画の名称で継続された[17]。鉄鋼需給統制計画を見ると、鉄道、船舶などの大口需要部門や国有鉄道などの官需部門には、軍需省を改組した商工省から直接当該主務官庁に割当をした。一般民需については一元的統制機関である鉄鋼統制会（45年7月に鉄鋼販売統制株式会社を統合）を通じて需要団体に割当をさせた。45年9月に入り、GHQの独占禁止政策と物資需給計画の統制方式をめぐる長い交渉が始まるが、戦時統制の原型を残しながら、需給調整の基本方針としては復興促進を主な目標とした資源の集中措置をとることになった。

　しかし、敗戦と占領によるさまざまな社会改革が進む一方で、インフラストラクチャの復旧と基礎資材産業の設備補修を基礎とした経済復興事業は遅々として進まなかった。最大の要因は、占領直後に一旦は統制解除方針が発表されるという状況で、臨時軍事費を使った戦時損失補償を実施したことによるインフレの昂進であった。企業整備の際に封鎖預金化された転廃業者への補償金も一斉に引き出され、投機的な換物運動が拡大した。産業界では原料購入・生産・販売による正常な利益確保の見通しが立たなくなった。この統制解除方針によって緻密に組み合わされた市場規制の体系は一旦崩壊しかかった。

　1946年度から再設定された物資需給計画では、占領政策の一環として貿易が国家管理とされ、最小限度にとどめられたことが、平時から貿易依存度が高く、既に海外資源から長く遮断されていた日本経済を一層縮小させた。配当計画では、復興に向けて国内資源開発やインフラの整備と基礎物資の増産を図ったが、進駐軍需要が大きな比重を占め、復興用機械・施設向け、補修用資材が確保できなかった。軍の施設や重点工場に残った在庫資材などを取り崩しながら「回復」を始めた日本経済は、在庫の枯渇とともに46年半ばから再び縮小

の危機に陥った。とりわけ、終戦末期から労働力と輸送手段の面で縮小を続け、施設の補修も不十分であった石炭事業が、敗戦後食糧配給の悪化などによってさらに収縮したことの影響が大きかった。

さらに物資需給計画においても、敗戦直後のインフラの補修や基礎素材回復へ向けた重点方針が、第1次吉田茂内閣発足後の1946年度第2四半期以降、消費財部門の復興優先に転換した結果、再び石炭・鉄鋼生産が縮小する事態となった。その意味で、45年度からの物動計画の崩壊期は、46年度第3四半期まで続いたことになる。基礎産業の復興重点へと舵を切り直した第4四半期以降は、改めて石炭と鉄鋼を重視したいわゆる傾斜生産を実施するなど、拡大均衡を目指す物動復興期ということができるが、こうして敗戦後に重点目標がブレたことも復興事業を遅らせた。

さらに問題を企業レベルで見れば、財閥解体、過度経済力集中排除法による指定を受け、また賠償工場に指定されたことで、工場の再開や、戦時から平時への事業再編計画の承認が極度に遅れたことの影響も大きかった。戦災被害、植民地資産の喪失と政府の戦時補償放棄によって財務的に大きく傷ついた企業には、企業再建のために新旧勘定分離など企業再建整備措置がとられた。その際、過度経済力集中排除の視点が導入されて、再建整備計画の承認に際して事業・工場ごとの企業分割が奨励され、企業内の関連事業が機械的に分離されるなど、政策介入による無用の混乱を引き起こす場合もあった。

金融面ではインフレの中で長期資金調達が困難になった。このため、日本銀行の斡旋による共同融資や、1946年度第4四半期からの傾斜生産方式に合わせて設立された復興金融金庫の設備資金融資など、戦時統制と同様の統制方式が実施された。その後、徐々に貿易が再開され、インフレ収束の兆しが見え始めたことによって、ようやく48年から生産が回復軌道に乗った。統制価格体系と闇価格との差が縮小し、49年度から一挙に財政均衡と統制解除を進めるドッジラインが実施された。財政の健全化、長短金融市場の機能回復が進み、市場経済への復帰を果たすことになった。貿易の拡大はまだ弱々しく、貿易均衡と「経済自立化」が重要な政策課題として残っており、自給圏構想に代わるGATT（General Agreement on Tariffs and Trade）の自由貿易や多角的決済システムなどの戦後経済秩序は依然として未確定ではあったが、資源輸入は再開

された。こうして物資動員計画を根幹とした総動員計画による自給圏構想からの離脱を完了することになった。

ただし、物資動員計画からの離脱は、完全な市場経済化を意味していない。資源配分、生産計画、投資計画の策定に必要な多くの情報と指示系統は、大規模な行政機構内部の情報処理機関のみでなく、さまざまな産業別の企業団体の協力によって成り立っており、総動員計画には、政府のほかにも、産業別の企業団体、海運・陸運企業団体、業態別の金融団体、労働団体が計画の立案から実施まで組み込まれていた。総動員体制による資源配分、生産、投資の計画化の経験は、1949年の統制解除の後も、経済的自立に必要な国際収支のバランス維持、国際競争力の確保を政策目標とした生産、投資調整に生かされた。50年代以降の需給調整で重視された指標は、①現有設備の安定的な稼働状態を維持すること、②輸入依存を低下させつつ拡大する国内需要を満たすこと、③国際競争力を獲得する中長期的に最適な技術、投資規模を選択することであった。このため、外貨割当、市場誘導、政府系金融機関のリスク負担、生産・投資調整の勧告などが組み合わされた。50年前後から始まる産業合理化政策、電力、鉄鋼、造船などに見られる長期設備計画は、外貨配分などの点で総動員諸計画との類似性を有しており、繊維工業などでは、早くも復興期から操業調整、設備調整が始まった。60年代には貿易・資本自由化への対応として、大型設備投資の調整などが幅広く展開し、計画造船が再び一定の役割を果たすなど、総動員体制の遺産は時々に活用されることになった[18]。

注

1) 日中戦争期から太平洋戦争期の計画造船とその支援体制については、山崎志郎『戦時経済総動員体制の研究』日本経済評論社、2011年、第5章、中央・地方行政の動員については、同書第9章、造船を含む5大重点産業に対する統制会等による協力会については、同書第8章を参照のこと。
2) 山縣勝見『戦時海運統制論』辰馬海事記念財団、1944年、第1章附録参考統計。
3) 船舶建造実績のデータは、企画院の生産力拡充実施計画記載のもの、戦略爆撃調査団の報告書記載のもの、東洋経済新報社編『昭和産業史』第1巻記載のものなど、いくつか出典がある。それぞれは、1941年度にやや大きな食い違いがあるものの、傾向としては大きな違いはない。ここでは、増減のデータが網羅された海務院の集計を利用した。ただし、その増減数と船舶運営会編『船舶運営会会史（前編）』上巻記載の保

終章　大東亜共栄圏構想の崩壊過程　927

有船舶数は僅かではあるが異なっている。
4）防衛庁防衛研修所戦史室編『海上護衛戦』朝雲新聞社、1971年、543頁。なお、同書のデータは、本書で主に利用している海務院や船舶運営会のデータと若干の違いがある。
5）船舶運営会による集計データは、一般民需船だけでなく、陸海軍徴備船の保有量も戦時下で利用されていたデータよりも大きい。その差は、全国家使用船舶量と修理中あるいは修理不能船を除いたものとのズレ、あるいは物動輸送計画に組み込まれない特殊船舶を含むことによっていると思われるが、正確な事情は不明である。年度計画の策定、改訂、実施過程を追った各章の記述では、海務院や海運総局が依拠していたデータとその推移を利用した。しかし、長期的推移を捉えるには、戦後に集計された船舶運営会のデータによる以外になく、本書の「はしがき」にも記したように、終章のデータと各章のデータのズレは、そのように理解した上で利用している。
6）これら共栄圏内から国内への海上輸送の実績に対して、国内から共栄圏経済への生活用諸物資、開発用機器類の輸送については、貿易データを利用した研究がある。金額ベースの分析で、平井廣一は、①食料品輸出が1943年まで満洲、関東州向けにあり、44年には途絶したこと、②繊維製品は43年まで満洲を中心に、関東州、中国、南方諸地域で一定水準を保ち、44年から減少すること、③鉄鋼は満洲、関東州、中国向けが中心であるが、43、44年には南方甲地域向けがやや増加すること、④機械、機器類では、機関車、貨車を中心に金額ベースでは44年まで輸出総額に高い比重を占め、金属工作機械も44年まで輸出が増加し、特に甲地域に対しては44年に満洲、関東州向け以上の輸出をしたこと、また紡績機械輸出は年を追うごとに増加したことを指摘している（同「『大東亜共栄圏』期の日本の物資供給」『北西論集（経）』50-1、2010年）。これらの機械、機器類には企業整備で供出された中古機械も相当含まれているとみられるが、日本の著しい貿易赤字の中で、可能な範囲で共栄圏経済の維持に向けた生活資材、開発用機械類が輸出され、経済建設が細い線で継続していたことを窺わせる。
7）経済再建研究会編『石炭と鉄鋼』山水社、1948年、42～43頁。
8）倉沢愛子『資源の戦争――「大東亜共栄圏」の人流・物流』岩波書店、2012年、第1、2章。
9）鉄鋼、アルミニウム、船舶、兵器類の生産推移は、前掲『戦時経済総動員体制の研究』第4～6章、航空機生産は第7章、総動員体制の再編は第9章、民需産業の整備は第10章を参照のこと。
10）植田浩史『戦時期日本の下請工業――中小企業と「下請＝協力工業政策」』ミネルヴァ書房、2004年、沢井実『マザーマシンの夢――日本工作機械工業史』名古屋大学出版会、2013年、第Ⅱ部。
11）置村忠雄編『軽金属史』金属工業調査会・軽金属協議会、1947年、147、158、168頁。
12）企画院「昭和十四年度重要物資ABC区分別配当実績一覧表」1940年3月23日、原朗・山崎志郎編『初期物資動員計画資料』現代史料出版、1998年、第9巻、企画院「昭和十七年度物資動員計画一般民需配当表（附前年度配当実績表）」1942年5月30

日原朗・山崎志郎編『物資動員計画重要資料』現代史料出版、2004年、第3巻、企画院「昭和十八年度物資動員計画一般民需用用途別配当表」1943年5月10日原朗・山崎志郎『後期物資動員計画資料』現代史料出版、2001年、第3巻所収。

13) 前掲『戦時経済総動員体制の研究』665頁。企業整備の業種別実態については、原朗・山崎志郎編著『戦時日本の経済再編成』（日本経済評論社、2006年）を参照のこと。

14) 朝鮮では、これらの紡織機械類の多くは、工場で未設置のままとなり、一部は駅頭などに放置された状態で終戦を迎え、戦後の混乱期や、朝鮮戦争による工場破壊の中で、設備の復旧用として利用されている（徐文錫「綿紡績業」原朗・宣在源編著『韓国経済発展への経路──解放・戦争・復興』日本経済評論社、2013年）。

15) 中村隆英・宮崎正康編『史料・太平洋戦争被害調査報告』東京大学出版会、1995年、14頁。

16) 太平洋戦争期の資金需要の急増に対して、特殊金融機関が高リスク部門を肩替わりし、金融市場の健全性を維持していたことについては、山崎志郎『戦時金融金庫の研究──総動員体制下のリスク管理』日本経済評論社、2009年を参照のこと。

17) 1945年度下期から49年のドッジラインによる統制撤廃に至る物資需給計画の重点の変遷や、独占禁止思想と統制機構や方法をめぐるGHQと政府の対立構図と実際の処理については、前掲『戦時経済総動員体制の研究』第12章を参照のこと。

18) 1950年代以降の、生産と投資に関する政府・民間による調整経緯は、極めてラフなスケッチではあるが、山崎志郎「戦後日本の生産・投資調整」（『三田学会雑誌』109-2、2016年所収）で示した。投資調整の事例については、山崎志郎「石油化学工業における投資調整」（原朗編著『高度成長始動期の日本経済』日本経済評論社、2010年所収）を参照のこと。

あとがき

　本書は、「はしがき」で初出を示したようにこの4年ほどの間に発表した論稿を再構成したものであり、太平洋戦争開戦の1941年度までを扱った前著『物資動員計画と共栄圏構想の形成』（日本経済評論社、2012年）に続く42〜45年度上期の物資動員計画について立案から実施過程を検討したものである。序章「経済総動員体制の体系化と大東亜共栄圏」の第1節「戦時経済総動員体制」は、本書の導入として戦時経済総動員体制の構想から日中戦争期の具体化と深化を扱っている。従来あまり注目されてこなかった資源局作成の総動員諸計画が、いわゆる満洲事変期の自給圏構想や生産力拡充政策に深くかかわり、日中開戦と同時に一挙に具体化されている事情や、総動員期間計画が物資動員計画として軍需動員計画、生産力拡充計画等の根幹として策定されていることを示した。また第2次欧州大戦後の国際経済の変調や、「計画ないし統制」と「市場」との摩擦を調整する手法として協調的市場管理が定着していくことを指摘しており、本書の予備的考察となっている。

　序章第2節でやや詳しく資源外交の変遷を扱ったのは、総動員自給圏構想の大きな転換点として、戦時下の物資動員計画の検討を日中戦争期と太平洋戦争期に分けることの意味を考察するためである。物資動員計画史研究を2分冊としたことには、分量上そうせざるを得ないという事情もあるが、日中戦争勃発時の日満支ブロック構想と、第2次欧州大戦勃発による国際環境の変化や、独ソ開戦と日本の対英米蘭開戦を契機とする第2次世界大戦への拡大といった、政策環境の国際的規定性の違いにもよっている。1930・40年代の日本社会研究において、軍部の権力奪取に至る社会、文化、政治、経済事情などの内的要因が重要であるのは言うまでもないが、日中戦争の国際的背景には、満洲事変後の国際的孤立、蒋介石政権と英米など九カ国条約関係国や、ソ連の外交・軍事政策、さらには中国少数民族の独立を巡る動きなど、日中を取り巻く30年代固有の国際関係が考慮される必要がある。さらにドイツ、ソ連それぞれをめ

ぐる欧州の社会秩序や外交関係の再編の中で生じた第2次欧州大戦という事態とそれを踏まえた三国同盟という枢軸国の世界秩序再編構想や、それに対応した米英の国際戦略との連係も、40年頃までの日本経済の外的な規定性を激変させた。40年秋以降、欧州大戦のアフリカ、中東への戦域拡大、そして41年6月の独ソ開戦を契機とした第2次世界大戦への拡大は、対日資産凍結と対英米蘭開戦後の日本の戦時動員体制が日中戦争の単純な延長線上にはないという点で、本書の対象時期に固有の課題がある。その意味で、この第2節は前著『物資動員計画と共栄圏構想の形成』との歴史的位相の転換を明示する意味を持っている。

1942年度から45年度の4年間の物資動員計画を扱った第1章から第4章の構成は、立案過程から計画実施過程をカバーするため、各章とも前年秋から1年半程度の期間を扱っている。立案開始時は、下期実施計画が進行中ないし計画改訂作業と並行していることが多く、実施中の計画が大きく揺らぎ、陸海軍による船舶徴傭の要求と現行計画の変更が繰り返され、次年度計画の策定にも直結していた。しかし、各章で記述が重複することは極力避けたつもりである。このため各章冒頭の計画立案経緯の部分は、前章の実施過程や計画改訂事情を念頭に読んでいただきたい。各年度の特徴は、終章で簡単に整理したのでここでは繰り返さないが、大東亜を包摂した自給圏構想が大量の船舶徴傭によって次々に崩れていく過程を物資動員計画から分析を試みている。終章は、年度単位の分析の欠陥やわかりにくさを補う目的で、主要物資、重要計画の推移と統制システムの変遷を通史的に概観したものである。

かつて筆者が『戦時経済総動員体制の研究』(日本経済評論社、2011年)を著した際、第1章で物資動員計画を通観すべきところを十分に果たせず、同書「あとがき」で今後の課題としたことを釈明した。その後、物資動員計画の全体像の解明なくして戦時経済研究は到底完結しないと考え、資料を読み直し、多くの発見を得た結果、その課題が到底一書では完結しなくなったという事情は、翌年刊行した前著『物資動員計画と共栄圏構想の形成』の「はしがき」や「あとがき」で述べた。『戦時経済総動員体制の研究』で生産力拡充計画の成否や兵器・航空機の増産態勢において、他の何よりも物資動員計画による選別的

あとがき　931

資源分配が効いていることを指摘し、臨時資金調整法による設備資金調整や、軍需工業動員や労務動員においても、また総合輸送力の増強、効率化においても、あるいは民需産業の大量整理政策においても、統制や規則類が機能する背景に物的資源配分があることを指摘した。前著と本書の物資動員計画分析では、これまでの筆者の戦時経済研究と物資動員計画の関連性に留意し、ややくどいくらい相互関係を注記した。それ故に、煩瑣ではあるが本書と『戦時経済総動員体制の研究』との関係性についても確認していただくとありがたい。そうした既存研究との関連性をつけることによって、ようやく戦時経済総動員体制の全体像を見渡せる地点に立つのだろうと思う。とはいえ前著から4年、物資動員計画の分析に着手して以来、多くの時間を費やしてしまった。年齢相応に勤務先での業務が増えたことをいい訳にするにしても、改めて自分の非力さを思い知ることになった。

　物資動員計画書類に綴じ込まれた膨大なデータや政策文書に比して、本書では十分に扱えなかった論点も依然として多い。物資動員計画は最大時でおよそ300の物資の需給を計画化したが、本書でデータを示したのは鉄鋼、非鉄・軽金属、石炭、木材、塩、棉花・麻、ゴム、樹脂といった植物原料、液体燃料等であった。化学薬品類、砂糖、雑穀、工作機械などは検討からほぼ除外している。取り上げた物資も記述の多くは海上輸送と鉄鋼物動計画に充てられている。鉄鋼の動きを追うことで、上流の鉄鉱石、石炭問題から、下流の重要・非重要産業の動向や、輸送力問題が浮き彫りにはなったとは思うが、鉄鋼以外の物資については問題の広がりを深く掘り下げることができていない。石炭は鉄鋼問題以上にさまざまな産業の死命を制する物資であり、その石炭物動計画は戦略的重点産業だけでなく消費財産業と国民生活を解明する上で欠くことができない課題であった。木材の需給計画も、掘り下げていけば、木造船建造その他の関連産業や鉄道・鉱山の保守整備、住宅供給の問題の一端が判明するだろう。塩の需給計画も多様な論点を提示するはずである。ほぼ全量を輸入と海上輸送に依存していた工業塩は、ソーダ工業を通じてガラス、石鹸など多様な消費財産業や、金属・化学工業の原料となっており、その配給計画はそれぞれの産業に絶大な影響を及ぼした。食料塩の需給は味噌・醤油の醸造業、食料品産業と国民の生命維持に圧倒的な重要性を有していた。牛皮等の皮革の大量動員も、

食糧維持と小運送力の増強に深く関連していた。物資動員計画に翻弄されたそれら物資を巡る関連産業の動向を解明することや、そもそも記載対象から外した物資の需給計画の解明は今後の課題としたい。さらに日満支地域や南方諸地域を「共栄圏」と称し、相当程度自立した自給経済圏としようとした計画の全貌を明らかにすることも甚だ不十分であった。盛んになった東アジア・東南アジア研究の成果を吸収し切れておらず、数少ないとはいえ残された軍政資料の読み込みも不十分であった。このように本書は国内事情を中心としたものになったが、本書を通じて物資動員計画資料に関心を抱き、その膨大なデータをさらに深く掘り下げた研究やアジア各地の物資動員計画との関係を解明する研究が現れることに強く期待したい。

　本書および前著『物資動員計画と共栄圏構想の形成』の分析作業の基礎になったのは、原朗教授との共編による戦時経済政策の資料集『戦時経済総動員計画資料』全59巻（現代史料出版、1996〜2004年）であり、物資動員計画については、このうち『初期物資動員計画資料』全12巻（1997〜1998年）、『開戦期物資動員計画資料』全12巻（1999〜2000年）、『後期物資動員計画資料』全14巻（2001〜2002年）、補遺版である『物資動員計画重要資料』全4巻（2004年）である。現代史料出版の発足直後の赤川博昭社長に無理をお願いして出版し続けた資料集である。収録資料は戦時下に所管機関が作成した原資料であり、1960年代末から原教授が整理されてきたものを中心にしている。資料集として編纂するに至る経緯は『物資動員計画と共栄圏構想の形成』の「あとがき」で触れているので繰り返さないが、資料集編纂と刊行に10年、さらにその前の原教授の30年もの調査、整理作業を経て本書が成り立っている。経過を辿れば、終戦時の資料焼却指示を乗り越えて私的に保管を続けた企画院関係者、戦後最初に収集を始められた国民経済研究協会の方々、その移管を受けてさらに補充を続けられた原教授の並々ならぬ努力に改めて感謝の気持ちを伝えたいと思う。

　本書では原教授と編纂した資料集を出典にしている。引用にあたっては煩瑣を避けるため基本的に当該資料の収録巻を示したが、引用箇所がある場合など、必要に応じて当該ページを示した。これ以外でも、国立国会図書館憲政資料室

所蔵『柏原兵太郎文書』には、柏原の企画院勤務時代の物資動員計画、鉄道輸送計画等の資料があり、東京大学が所蔵する『美濃部洋次文書』は美濃部の商工省繊維局、総務局、企画院勤務時代の資料が多く残され、『戦時海運関係資料』には海務院・海運総局の海上輸送計画資料が収録されており、筆者の研究に常に重要なデータを提供してくれている。近年では、もはや存在しないと思われていた商工省・軍需省大臣官房で公文書として整理された公文類集が、防衛省防衛研究所戦史室図書館で『文庫 商工省・軍需省』の資料群として公開されるようになった。物資動員計画書類そのものはさほど含まれていないものの、各局の「発・来簡書類」をはじめ、日々の商工行政を知る重要資料であり、本書でも適宜利用した。財務省が所蔵している『愛知揆一文書』『秋元順朝文書』など大蔵省から興亜院・大東亜省へ出向した幹部職員が残した資料には、南京の中華民国政府下の物資動員計画や対日物資交流を知る上で重要な原資料が含まれており、本書では故中村隆英教授が残された複製の一部を利用している。

　残された原資料には、当然重大な欠落部分があるやも知れず、政策決定過程を追っている本書でも、決定因果関係に不連続の断層が生じている恐れがある。重要な転換点や、決定的重要文書の検討を欠いている可能性もたくさんあることに留意しなければならないし、修正が必要なことも今後出てくることを覚悟しなければならない。また実績値についても、常に速報値や暫定値を利用して政策判断をしている以上、後の集計数値とは異なることも多かったはずである。とはいえ、戦後の集計が正確かといえば、米国戦略爆撃調査団（United States Strategic Bombing Survey）のデータは統一集計書式を関係企業に配布し、1945年秋に短期間にとりまとめたため、数値の多くは各社の概数を集約したに過ぎないことが多い。戦後政府や産業団体が開示したデータは統制に当たった当事者だけに精度は高いとみられるが、そうしたデータを開示した産業は多くはなく、生産計画と実績が判明しても、生産と供給・配給実績を区別し物資動員計画に接合して利用できるような形になっていないことが多い。いずれにしても物資動員計画の正確な実績値を得ることはむずかしく、経年変化を追う場合にも相当な留保が必要であり、本書でもその点は慎重に対応した。

物資動員計画の解明作業は、資料集編纂時に執筆した資料解説をベースに、当初は1冊で完結させる予定であったが、予想外に長大なものになった。この分量で、数字データ中心になると、商業ベースにはほとんど乗らないことは、昨今の出版事情を考慮すれば明らかであるが、今回も日本経済評論社の栗原哲也前社長（現会長）、柿﨑均社長の英断に甘えることにした。同社とは、閉鎖機関整理委員会資料の整理を通じて集まったメンバーによる国民更生金庫の研究を原朗・山崎志郎編著『戦時日本の経済再編成』（2006年）にまとめて以来、お世話になり続けている。笠信太郎の『日本経済の再編成』（中央公論社、1939年）が市場を乗り越えた計画性を主張し、経済新体制「理念像」の原型とされたことに対峙する秘めた意図を込めて、経済新体制理念の「現実像」が市場親和的な組織的協調であったことを、企業整備政策を通じて明らかにしようとしたものであった。資料分析を積み上げた堅い実証論文で構成したものであったが、快く出版を引き受けていただき、その後も地味な原稿ばかりを持ち込み、『戦時金融金庫の研究』（2009年）や上記の『戦時経済総動員体制の研究』、『物資動員計画と共栄圏構想の形成』を刊行していただいた。この間、編集者の新井由紀子氏には、大変なご苦労を掛け続けている。表の不自然な数値や計算結果、本文と表の整合性をはじめ、数多くの指摘をいただいてきた。本書では吉田桃子氏も担当に加わっていただき、いつものように膨大な不明点をご指摘いただいた。本書が普段の私の悪文より読みやすく、大量の表を収められているのは両氏の正確で適切な編集技術のおかげである。本研究は日本学術振興会科学研究費補助事業基盤研究C「太平洋戦争期の物資動員計画と自給圏構想に関する研究」（2012～16年度）の成果であり、また同補助事業研究成果公開促進費（2016年度）の助成を受けた。改めて、関係された方々や機関の支援に感謝の気持ちを表したい。

索　引

[あ行]

秋永月三　99, 668, 846, 881, 883, 884
圧延委員会　410, 445, 449, 485
圧延鋼材委員会（商工省）　410, 441, 444, 446, 447, 449, 450, 485-487
阿南惟幾　776, 881, 882, 884-886
阿部信行（阿部内閣）　31, 32, 37, 56, 66, 93, 105, 106, 108, 567
有田八郎　29, 30, 42, 66, 67, 108, 109, 780
安藤紀三郎　652
アンリー（Charles Arsène-Henry）　41
イーデン（Robert Anthony Eden）　68
井川忠雄　72, 110
池田純久　668
池田成彬　5, 96
石井秋穂　137, 272
石井菊次郎　64
石沢（豊）・ハルト（G.H.C. Hart）協定　47
石原莞爾　5, 10, 95, 478
石渡荘太郎　30, 566, 567, 685, 829
板垣征四郎　5, 30
今井武夫　26, 27, 37, 98
鋳物工業整備要綱（1942年6月）　766
医薬品衛生材料動員計画　457
岩国陸軍燃料廠　89
岩畔豪雄　72, 75, 110, 112
岩武照彦　137, 271, 272
インドシナ銀行　155, 156
植場鉄三　668, 676
植村甲午郎　95
ウォーカー（Frank Comerford Walker）　72, 113
ウォルシュ（James E. Walsh）　72
宇垣一成　26, 29, 98
内田信也　566
梅津美治郎　31, 654, 685, 721, 776, 778, 881, 884-887

援蒋政策　29, 30, 35, 36, 38, 40, 42, 49, 53, 57, 58, 61, 63-65, 85, 106
援蒋ルート　38-42, 56, 64, 68, 79, 652
遠藤三郎　700, 781
及川古志郎　44, 83, 101, 479, 654, 675, 885
応急総動員計画　3
応急物動計画試案（1940年8月）　43, 101
王克敏　37
欧州戦対策審議委員会　35
汪兆銘（汪精衛）　27, 29, 30, 37, 38, 41, 53, 54, 73-75, 77, 98, 104, 105, 114, 320, 329, 567, 621
大達茂雄　685
岡敬純　38, 468, 767
岡田菊三郎　42, 68, 69, 277
岡田啓介　652, 653, 777
小沢治三郎　813
オット（Eugen Ott）　42, 44, 45, 77

[か行]

海運自治統制委員会　17
海運自治連盟　17, 202
海運総監部　371, 830, 874
海運中央統制輸送組合　17, 189, 200
海運統制委員会　17
海運連盟　17, 202
海軍国防政策委員会　71, 110, 113
海軍造船委員会　667
海軍第三次補充計画　5
外国為替基金　286
改五線表　304
海上輸送協議会　140, 272, 314
改六線表　317, 359
科学技術者動員計画設定要綱（1944年7月）　652
価格等統制令（1939年10月）　18, 258
革新官僚　18, 19, 20, 257, 785
影佐禎昭　26, 27, 98

華興商業銀行　104
柏原兵太郎　279, 411
ガダルカナル島　138, 265, 279, 363, 365, 517, 569
学校卒業者使用制限令（1938年8月）　15
過度経済力集中排除法（1947年12月）　925
金子喜代太　575
賀屋興宣　6, 12, 13, 566
神田遥　207
関東軍特種演習　79, 136
関満支輸出調整令（1939年9月）　26
機械生産審査委員会　739, 740
機械鉄鋼製品工業整備要綱（1940年12月）　21, 916
企画院事件　19
企画院生産力拡充委員会　10, 483
企業整備資金措置法（1943年6月）　712, 713, 785
岸信介　96, 469, 480, 489, 490, 531, 652, 653, 771, 777
北樺太石油株式会社　236, 283
北支那開発株式会社　65, 463
木戸幸一　101, 112, 113, 567, 653, 777, 881, 885, 886
機帆船回漕統制会社設立要綱（1942年4月）　203
基本国策要綱（1940年7月）　40
求償貿易　34, 269
行政査察　211, 266, 399, 415, 419, 438, 461, 465, 468, 483, 489, 531, 557, 567, 570, 577, 614, 638, 674, 679, 732, 737, 745, 750, 755, 769, 771, 844, 848, 855, 869, 890, 902, 904, 920
共同企業株式会社　90
協同企業株式会社　89
業務考査（商工省）　440, 442, 443
桐工作　37, 53
緊急物価対策要綱（1943年2月）　289, 485
銀行等資金運用令（1940年10月）　14
金属回収統制株式会社　211, 218, 744
勤労報国隊　550

グルー（Joseph Clark Grew）　37, 65-67, 83, 109
来栖三郎　43, 85, 101, 115
軍工業会　454-456, 488, 791, 916, 917
軍需会社法（1943年10月）　476, 526, 657, 716, 718, 768, 785, 880, 921
軍需工業動員計画　2, 95, 915
軍需工業動員法（1918年4月）　2, 6, 915
軍需融資指定金融機関制度　814
軍政総監部　137, 157, 475
軽金属製造事業法（1939年5月）　12
経済新体制　18, 19, 88, 96, 100, 257, 259, 445, 923
経済封鎖　11, 26, 43, 113, 115, 129
決勝非常措置要綱（1945年1月）　812-814, 822, 825, 843, 879, 467, 474
決戦鉄鋼増産非常措置要綱（1944年2月）　758
決戦非常措置要綱（1944年2月）　398, 614, 647, 904
現情勢下ニ於ケル国政運営要綱（1943年9月）　466, 532, 920
小磯国昭（内閣）　492, 653, 658, 668, 672, 674, 677, 685, 729, 738, 740, 763, 777, 780, 794, 796, 799, 812, 825, 829
興亜院　25, 26, 28, 38, 97, 98, 274, 470, 472
交易営団　259, 286, 426-428, 582, 741, 743, 748, 790, 853
航空機緊急増産ニ関スル非常措置ノ件（1944年7月）　652
航空工業会　768, 791, 917
工作機械製造事業法（1938年3月）　12
工場管理（制度）　7, 20, 211, 549, 768, 916
工場事業場管理令（1937年9月、38年5月）　7, 549, 915
工場事業場技能者養成令（1939年3月）　15
交通動員計画　10, 139, 144, 314, 325, 338, 467, 474, 599, 634, 641, 643, 646-649, 655-673, 677, 687, 705, 810
工務官　404, 405, 468, 921

索 引 937

港湾運送業統制令（1941年9月） 203
港湾運送業等統制方針要綱（1941年9月） 203
港湾荷役増強連絡委員会 921
国際電気通信株式会社 357
国策ノ基準（1936年8月） 4
国内態勢強化方策要綱（1943年9月） 468
国民勤労訓練所 285
国民健康保険法（1938年4月） 23
国民更生金庫 257, 285, 347, 474, 476, 919, 922
国民精神総動員 13
国民徴用令（1939年7月） 15
国民労務手帳法（1941年3月） 16
5大重点産業 266, 302, 330, 337, 350, 358, 360, 466, 468, 495, 517, 552, 715, 768, 769, 902, 920, 926
国家総動員業務委員会 10, 13, 28
国家総動員法（1938年4月） 7, 915, 924
五島慶太 566, 567, 570, 769
近衛文麿（近衛内閣） 6, 18, 23, 26, 29-31, 38, 40, 43, 45, 54, 57, 60, 67, 72, 76, 79-83, 88, 92, 96, 98, 100, 102, 107, 110, 113-116, 128, 129, 257, 267, 653, 777, 881, 885, 886
小林一三 18, 48-50, 55, 96
今後採ルヘキ戦争指導ノ大綱（1943年8月、9月） 492, 651, 654, 729, 762
近藤信竹 101

［さ行］

財政金融基本方策要綱（1941年7月） 173
財政経済三原則 6
サイパン島 492, 569, 639, 646, 650, 652, 673, 687, 709, 727-730, 745, 763, 777, 781, 895, 905
迫水久常 845, 846, 881, 883, 884
佐藤賢了 76, 111, 469, 489, 559, 674, 777
佐藤尚武 39
真田穣一郎 76, 111, 559, 685, 829, 879
澤田虎夫 575
産業設備営団 22, 219, 220, 282, 346, 347, 476, 575, 743, 790, 891, 918, 919, 923
産業報国連盟 23
産金法（1937年8月） 11
暫定期間計画 3
椎名悦三郎 575, 700, 738
自活自戦態勢 654, 730, 833
時局下帝国経済政策大綱（1939年9月） 32
時局共同融資団 22
時局経済対策委員会 32
資金統制委員会 10, 13
資金統制計画 1, 10, 12, 23, 28, 338, 915
重光葵 652, 668, 686, 729, 730, 788, 829
市場対策協議会 17
自動車運送事業組合 321, 739, 773, 774
自動車工業確立協議会 4
自動車製造事業法（1936年5月） 4, 11, 146
支那経済建設基本方策（1942年8月） 274
支那建設基本方策（1942年9月） 274
支那事変処理要綱（1940年11月） 53, 103, 104
嶋田繁太郎 338, 566, 567, 652-654, 762, 770, 778
従業員雇入制限令（1939年3月） 15, 16
従業者移動防止令（1939年3月） 16
重要鉱物増産法（1938年3月） 12
重要産業協議会 19, 250, 466, 531, 767, 785
重要産業統制団体令（1941年8月） 121
重要物資管理営団 426, 772, 790
需給調整協議会 10, 19, 121, 451
主計課別班（秋丸機関） 136, 270, 271
蒋介石 26, 27, 29, 32, 38, 42, 72, 76, 81, 92, 94, 105
商工省特別室 130, 268
情勢ノ推移ニ伴フ帝国国策要綱（1941年7月） 79, 80, 136
昭和研究会 6, 26
職員健康保険法（1939年4月） 23
人造石油製造事業法（1937年8月） 12
枢密院 45, 46, 63, 109, 265, 779
杉山元 366, 518, 566, 722, 776, 778, 813, 829
鈴木貫太郎 491, 776, 794, 829, 830, 878

881-887

鈴木貞一　83, 110, 113, 129, 158, 365, 461, 469, 474, 489

スターマー（Heinrich Georg Stahmer）43-46, 102

スティムソン（Henry Lewis Stimson）85

精機資材配給株式会社　251, 284, 766

青少年雇入制限令（1940年2月）　16

製鉄事業法（1937年8月）　11

精密機械統制会　251, 917

世界情勢ノ推移ニ伴フ時局処理要綱（1940年7月）　40, 53

石油委員会　182, 183, 187, 212, 227, 351, 474, 477, 630, 761

石油業法（1934年3月）　4, 11, 89

石油専売法（1943年3月）　351

石油配給統制株式会社　351

石景山製鉄所（北支那製鉄）　439, 534, 542, 544, 713

絶対国防圏　374, 376, 380, 392, 480, 481, 492, 537, 557, 558, 650-652, 669, 762, 799, 895, 904, 905, 920

繊維製品輸出振興株式会社　259

船員保険法（1939年4月）　23

全国貨物自動車運送事業組合連合会　739

全国機帆船海運組合連合会　17, 389, 394

全国漁業組合連合会　351

全国購買組合連合会　351

全国産業報国会　23

全国陸上小運搬業統制組合　739

戦時海運管理要綱（1941年8月）　893

戦時海運管理令（1942年3月）　201, 377

戦時行政職権特例（1943年3月）　266, 403, 465, 920

戦時行政特例法（1943年3月）　266, 403, 465, 902, 920

戦時金融金庫　22, 96, 923

戦時特殊損害保険法（1944年2月）　712

戦時標準船　165, 187, 305, 316, 320, 360, 366, 394, 505, 630, 676, 890, 891

戦時物資活用協会　282

戦時輸送委員会　140, 144, 272, 321

戦争指導班　76, 103, 129, 213, 278, 279, 281, 366, 371, 372, 376, 380, 478, 479, 481, 489, 517, 518, 559, 568, 570, 651, 686, 767, 770, 776, 777, 813, 879

銑鉄協議会　222, 421

船舶運営会　140, 189, 192, 194, 197, 200, 278, 321, 371, 383, 388, 389, 583, 684, 771, 829, 874, 893, 927

船舶運航体制緊急整備要領（1943年6月）　389

戦力増強企業整備要綱（1943年6月）　221, 235, 347, 470, 765, 774

船舶増徴
　第1次——　195, 363
　第2次——　290, 363, 365, 411, 419
　第3次——　376, 425, 466, 517
　第4次——　371, 558, 567, 571, 579
　第5次——　653
　第6次——　671
　第7次——　674, 754
　第8次——　684

総合運航統制会議　371

造船事業法（1939年4月）　12

造船調整協議会　890

総動員期間計画　3, 11, 119, 277
　第二次——　3, 5, 6
　第三次——　5

総動員基本計画　3

総動員計画委員会　10

総動員法制委員会　10

[た行]

第一委員会（海軍）　70, 71, 91, 110, 113

第一委員会（内閣）　7

第二委員会　11

第三委員会　25, 26, 28

第五委員会　49, 130, 267, 269

第六委員会　88, 117, 130, 131, 134, 136, 143, 148, 253, 262, 264, 268, 284, 418, 505

第1次日蘭会商　47

索　引　939

第一補給圏　86, 88, 122, 158, 229, 233, 260
第二補給圏　122, 158, 164, 180, 229, 233, 331
滞貨機械器具供出実施要綱（1942年8月）
　　220
対関満支貿易調整令（1940年9月）　258
大持久戦　53, 59, 103, 104
退職積立金及退職手当法（1936年6月）　22
大政翼賛会　19
大東亜会議　419
大東亜経済建設基本方策（1942年5月）
　　253, 274
大東亜建設審議会　91, 253, 270, 284
大東亜省連絡委員会　332, 418
第2次生産力拡充計画　276
対日資産凍結　2, 52, 64, 79, 86, 92, 93, 113,
　　114, 119-122, 126, 129, 176, 260, 264, 286,
　　351, 901, 923
対米政策審議会（外務省）　66
対満事務局（内閣）　470
大冶鉄山　123, 546, 577, 580
大陸鉄道輸送協議会　511, 685
台湾拓殖　134
高嶺明達　738, 779
竹内可吉　43
田島正雄　575
多田武雄　674, 676, 879
建川美次　60
田中義一（田中内閣）　3
田中申一　489, 529, 881
田辺俊雄　530
種村佐孝　42, 279, 478, 776, 783, 845, 882
地方各庁連絡協議会　228, 266, 283, 468,
　　474, 482, 902, 921
地方行政機構整備強化措置要綱（1943年10
　　月）　468
地方行政協議会　228, 389, 468, 474, 482,
　　580, 825, 839, 844, 859, 880, 890, 921
地方総監府　814, 844, 859, 860, 871, 873,
　　874, 877, 880, 921
中央儲備銀行　686
中央物価協力会議　23

中華民国維新政府　37, 54
中華民国臨時政府　30, 37, 54, 105
鋳鋼協議会　222
中国聯合準備銀行　465, 686
中小企業再編成協議会　258
中小商工業者ニ対スル対策（1940年10月）
　　257
中立法（米国）　1, 11, 33, 67
調査局（内閣）　5
朝鮮総督府　9, 223, 225, 550, 580
賃金統制令（1939年3月）　15
土橋勇逸　37, 100
壷井玄剛　137, 138, 629
帝国鉱業開発株式会社　149, 259
帝国国策遂行要領（1941年9月、11月）
　　82, 83, 85, 88, 129, 236
帝国石油株式会社　153, 180, 237-239, 283,
　　760
帝国石油資源開発株式会社　236, 237
鉄鋼原料統制株式会社　259, 445, 526, 582,
　　712, 739, 744
鉄鋼需給計画化　207, 214, 217, 223, 422,
　　441, 451, 487
鉄鋼需給調整実施要綱（1944年3月）
　　451, 596
鉄鋼増産確保ニ関スル措置要綱（1943年5
　　月）　398
鉄鋼増産用特別船舶運営方針要領（1944年
　　3月）　583
鉄鋼統制協議会　10
鉄鋼販売統制株式会社　214, 435, 440, 441,
　　484, 741, 743, 790, 924
鉄道輸送中央協議会　314
電気機械統制会　251, 434, 626
電気事業協同会　222, 251, 421
天津英租界地封鎖事件（1939年6月）　30
電力動員計画　338, 358, 468, 476
東亜共栄圏液体燃料自給対策要綱（1942年
　　3月）　180
東亜共同体論　26
東亜石油協会　90

道義的禁輸措置（moral embargo）　66, 90, 108
東郷茂徳　56-60, 106, 881-886
東條英機（東條内閣）　53, 70, 83, 84, 88, 110, 116, 129, 279, 338, 366, 466, 468, 469, 489, 491, 492, 537, 557, 566, 567, 576, 583, 652-654, 668, 669, 762, 763, 769, 771, 776-779, 829, 881, 882, 895, 904, 905
統制会社令（1943年10月）　286, 467, 921
東南海地震（1944年12月）　677
東洋拓殖　134
特殊鋼協議会　222
独ソ不可侵条約　31, 35, 38, 56, 59, 92
特別円決済　154
徳山海軍燃料廠　89
豊田副武　885, 886
豊田貞次郎　79, 80, 83, 338, 344, 346, 401, 417, 484, 674, 738, 740, 741, 764, 780, 875, 882, 884
ドラウト（James M. Drought）　72
トラウトマン（Oskar P. Trautmann）　26

[な行]

内政関係緊急対策要綱（1940年7月）　38
中支那振興株式会社　65
永野修身　110, 566
南部仏印進駐　24, 64, 78-80, 84, 93, 113, 114
南方開発金庫　137, 156, 261, 268, 271, 274, 628
南方経済施策要綱（1940年8月）　130, 269
南方経済対策要綱（1941年12月）　130, 253, 268, 271, 332
南方経済陸軍処理要領（1941年12月）　475
南方甲地域経済対策要綱（1943年5月）　332, 418
南方燃料廠（南方燃料本部）　180, 183, 237
南洋興発　134
南洋貿易会　259, 260
日タイ金融協定（1942年4月）　154
日独伊防共協定　29, 30, 36, 56, 92
日仏印経済協定（1941年5月）　155

日仏印経済協定（1942年7月）　135
日米通商航海条約　30, 31, 33, 37, 64, 73, 92, 108
日米諒解案　72, 73, 75-77, 113
日満経済統制方策要綱（1934年3月）　3
日満財政経済研究会　10, 95
日満支基幹計画実施要領（1943年7月）　493
日満支経済建設方針要綱（1940年10月）　88
日満支ブロック　17, 25, 27, 28, 33, 38, 148, 149, 643, 763
日支新関係調整方針（1938年11月）　27
日本医療団令（1942年4月）　171
日本原皮輸入株式会社　260
日本工業協会　23
日本故銅統制株式会社　211
日本雑貨交易統制株式会社　286
日本産金振興株式会社　150
日本水上小運送業組合連合会　203
日本石炭株式会社　259, 449, 576
日本石油株式会社　89, 236, 237
日本畜産増殖株式会社　150
日本鉄屑統制株式会社　211
日本東亜必需品輸出組合　258, 286
日本東亜輸出組合連合会　258
日本東亜輸出入組合連合会　258, 259
日本発送電株式会社　235, 255, 256
日本貿易会　259
日本貿易振興会　25
日本貿易振興株式会社　259, 285, 286
日本貿易振興協議会　55
日本棉花栽培協会　134
燃料確保対策ニ関スル件（1944年7月）　650
農地開発法（1941年3月）　171
ノックス（William Franklin Knox）　85
野村吉三郎　37, 65, 66, 72, 74-86, 108, 111-113

[は行]

配給機構整備要綱（1941年1月）　21, 256
畑俊六　31, 40, 829, 881
八田嘉明　566, 780
発注承認制度　284, 784
林銑十郎（林内閣）　5, 12, 95
ハル（Cordell Hull）　72, 74, 75, 80, 82–86, 111–115
バルバロッサ作戦（Unternehmen Barbarossa）　60
ヒトラー（Adolf Hitler）　46, 59, 60, 62, 75
平沼騏一郎　30, 31, 37, 56, 92, 567, 653, 881, 885
広田弘毅（広田内閣）　4, 5, 12, 37, 95, 100, 653
プール平準価格制度（プール制）　21, 90, 96, 163, 212, 258, 435, 455, 544, 712, 922
フェロアロイ協議会　222, 421
武器貸与法（米国 Lend-Lease Acts, 1941年3月）　91
府県石油配給株式会社　351
藤原銀次郎　399, 414, 415, 438, 466, 469, 476, 483, 489, 491, 531, 557, 570, 575, 576, 579, 583, 653, 655, 677, 681
物資動員委員会　10
貿易委員会　7, 10, 11
貿易業整備要綱（1941年12月）　260
ホーンベック（Stanley Kuhl Hornbeck）　30, 65
北支蒙疆産業視察団　786
北部仏印進駐　24, 41, 42, 67, 130
保科善四郎　575, 779, 783, 846, 884
星野直樹　46, 101, 489
堀木鎌三　575

[ま行]

前田米蔵　567, 676, 781
増田繁雄　529
松井春生　6
松岡洋右　40–46, 50, 51, 56–64, 67, 68, 72, 75–77, 79, 80, 93, 102, 107, 109, 111–114
松谷誠　651, 776
松宮順　41
㊙研究　372, 374, 377, 425, 479, 480, 484, 518, 526, 529, 554, 766, 768, 903, 904
満洲産業開発五箇年計画　229
未稼働物資　674, 730, 737–741, 745, 747, 750, 755, 764, 778, 790, 844, 905
未完成機器緊急回収要綱（1943年5月）　282
未完成工事整理戦力化ニ関スル件（1944年9月）　740
三島美貞　97, 98
美奈川武保　575, 738
美濃部洋次　738, 739, 785
繆斌工作　829, 881
向井忠晴　49
武藤章　38, 72, 76, 113
毛利英於菟　668, 846, 883
木材統制整備要綱（1943年10月）　458
木船海運協会　388, 389
木船建造緊急方策要綱（1942年1月）　313
木造船建造会議　138
モロトフ（Vyacheslav Mikhailovich Molotov）　57, 59, 60, 63, 106, 107

[や行]

山口六平　575
山崎達之輔　566, 567
山下亀三郎　679, 771, 780
山田秀三　415, 489, 575
有機合成事業法（1940年4月）　12, 227
結城豊太郎　12, 780
油脂統制会　456
輸出承認制度　258
輸出代行制度　258
輸出用品原材料配給統制規則（1940年12月）　285
横浜正金銀行　155, 156, 271
芳沢謙吉　50, 162

吉積正雄　575, 783, 846
吉田茂（吉田内閣）　925
吉田善吾　43, 44
米内光政（米内内閣）　37-40, 100, 108, 567, 653, 781, 829, 881, 882, 884, 885

[ら・わ行]

蘭印経済交渉　2, 46, 69, 78, 121
蘭印経済使節団　48, 50
陸運転移　197, 201, 213, 225, 296, 298, 307, 310, 314, 320-323, 354, 377, 385, 396, 433, 470, 480, 493, 532, 534, 538, 542, 634, 657, 660, 774, 905
陸軍軍需動員計画　6, 7, 14
陸軍軍備充実六カ年計画　5
硫酸アンモニア増産及配給統制法（1938年4月）　12
梁鴻志　37
臨時軍事費特別会計　137, 261, 448, 450, 628, 912, 913, 924

臨時資金調整法（1937年9月）　6, 7, 13, 454, 455
臨時生産増強委員会　120, 189, 212, 221, 227, 266, 282, 289, 290, 302, 389, 399, 403, 465, 489, 531, 575, 902, 920
臨時鉄鋼増産協議会　438, 469, 491, 575, 576, 580, 582, 592, 596, 676, 763, 787, 905
臨時物資需給調整法（1946年10月）　924
臨時物資調整局　99
労働者年金保険法（1941年3月）　23
労務調整令（1941年12月）　16
労務動員委員会　10, 15
労務動員計画　1, 10, 14, 15, 23, 28, 257
ローズベルト（Franklin Delano Roosevelt）　68, 72, 79-82, 85, 114, 115
若槻礼次郎　3, 653, 881
若松石炭類輸送用重油規正組合　389
渡辺義介　575
渡辺四郎　576

【著者紹介】

山崎志郎（やまざき・しろう）

1957年生まれ
東京大学大学院経済学研究科第二種博士課程単位取得退学
現在、首都大学東京　大学院社会科学研究科教授
主な業績：『新訂　日本経済史』（放送大学教育振興会、2003年）
　『戦時中小企業整備資料』全6巻（原朗と共編、現代史料出版、2004年）
　『戦時経済総動員関係資料集』全59巻（原朗と共編、現代史料出版、1996～2004年）
　『戦時日本の経済再編成』（原朗と共編著、日本経済評論社、2006年）
　『戦時金融金庫の研究——総動員体制下のリスク管理』（日本経済評論社、2009年）
　『戦時経済総動員体制の研究』（日本経済評論社、2011年）
　『1980-2000年通商産業政策史』第6巻基礎産業政策（編著、経済産業調査会、2011年）
　『物資動員計画と共栄圏構想の形成』（日本経済評論社、2012年）

太平洋戦争期の物資動員計画

2016年12月22日　第1刷発行　　定価（本体22000円+税）

著　者　　山　崎　志　郎
発行者　　柿　﨑　　均
発行所　　株式会社　日本経済評論社
〒101-0051　東京都千代田区神田神保町3-2
電話 03-3230-1661　FAX 03-3265-2993
URL：http://www.nikkeihyo.co.jp
印刷＊藤原印刷／製本＊誠製本
装幀＊渡辺美知子

乱丁落丁本はお取替えいたします。　　　　Printed in Japan
ⒸYAMAZAKI Shiro, 2016　　　　ISBN978-4-8188-2433-1

・本書の複製権・翻訳権・上映権・譲渡権・公衆送信権（送信可能化権を含む）は、㈱日本経済評論社が保有します。
・ JCOPY 〈㈳出版者著作権管理機構　委託出版物〉
本書の無断複写は著作権法上での例外を除き禁じられています。複写される場合は、そのつど事前に、㈳出版者著作権管理機構（電話03-3513-6969、FAX03-3513-6979、e-mail: info@jcopy.or.jp）の許諾を得てください。

物資動員計画と共栄圏構想の形成	山崎志郎 著	14000円
戦時経済総動員体制の研究	山崎志郎 著	18000円
戦時金融金庫の研究 ――総動員体制下のリスク管理	山崎志郎 著	4600円
戦時日本の経済再編成 〔オンデマンド版〕	原朗・山崎志郎 編著	5700円
高度成長始動期の日本経済	原朗 編著	6400円
高度成長展開期の日本経済	原朗 編著	8900円
戦時日本の金融統制 ――資金市場と会社経理	柴田善雅 著	6500円
日本戦時企業論序説 ――日本鋼管の場合	長島修 著	6300円
戦間期日本石炭鉱業の再編と産業組織 ――カルテルの歴史分析	長廣利崇 著	6200円
太平洋戦争と石油 ――戦略物資の軍事と経済 〔オンデマンド版〕	三輪宗弘 著	5600円
両大戦間期の都市交通と運輸	老川慶喜 編著	6300円

表示価格は本体価（税別）です。

日本経済評論社